Libro interattivo eBook+

Webook

eBook+: il libro digitale interattivo

Il libro interattivo ("eBook+") è la versione digitale interattiva del libro di testo. Nel libro interattivo i contenuti vengono ampliati e affiancati da contributi digitali e funzioni interattive che rendono l'esperienza dell'apprendimento più completa e stimolante.
Nelle pagine del libro interattivo è possibile:
- inserire note;
- sottolineare ed evidenziare i passaggi di maggior interesse;
- ingrandire e portare in primo piano aree specifiche;
- scrivere o disegnare sulle pagine simulando un pennarello;
- selezionare il testo e ricercare i vocaboli all'interno dell'intero libro;
- richiamare velocemente glossari, schede o altri materiali.

I nostri libri interattivi sono multidevice: possono essere letti su PC (Windows e Mac) e su tablet (Windows, iPad, Android).

L'uso dell'eBook+ è regolato dalle condizioni generali di licenza di G.B. PALUMBO & C. EDITORE S.p.A., accessibili all'indirizzo web www.palumboeditore.it; l'inserimento del codice di attivazione ed il conseguente download dell'eBook+ implicano la conoscenza e l'accettazione delle suddette condizioni di licenza.

Dove trovare il codice di attivazione del libro digitale interattivo

Come scaricare
il libro digitale interattivo

1. Registrati su Scuolabook (www.scuolabook.it) utilizzando un indirizzo email valido. Se hai già un account, accedi con le tue credenziali.
2. Accedi alla pagina **Acquisti**, dove troverai il campo per inserire il codice di attivazione.
3. Una volta inserito il codice, scarica e installa l'applicazione Scuolabook Reader adatta per il tuo sistema.
4. Utilizza le credenziali che hai creato su Scuolabook per eseguire il login anche sull'applicazione. All'interno della tua libreria troverai tutti i tuoi libri, compreso quello associato al tuo codice, e potrai leggerli con Scuolabook Reader semplicemente cliccando su ciascuna copertina.

Hai bisogno di ulteriori informazioni?
Accedi al supporto www.scuolabook.it
Per ogni chiarimento scrivi a info@scuolabook.it

ATTENZIONE: l'accesso al libro digitale interattivo eBook+ è a titolo gratuito ed è riservato all'utente registrato che ha accettato le relative condizioni generali di licenza d'uso e ha inserito il codice di attivazione. Tale codice può essere attivato una sola volta e la relativa utenza e la connessa licenza di utilizzo non sono trasferibili a terzi.

Il Webook: che cos'è, come si accede

I contenuti digitali integrativi del libro di testo (Webook), incrementabili ed aggiornabili dalla casa editrice, sono disponibili all'indirizzo del minisito del libro, presente all'interno del sito della casa editrice.

L'indirizzo del Webook di quest'opera è il seguente

| www.palumboeditore.it/laletteratura |

L'uso del Webook è regolato dalle condizioni generali di licenza di G.B. PALUMBO & C. EDITORE S.p.A., accessibili all'indirizzo web www.palumboeditore.it.

Dove trovare il codice di attivazione del Webook

Il codice è formato da 25 caratteri e si trova all'interno del bollino SIAE

Come accedere al Webook

Per accedere al Webook, la prima volta sarà necessario registrarsi, accettare le condizioni generali della relativa licenza d'uso ed inserire il codice di attivazione.

ATTENZIONE: l'accesso a Webook è gratuito e riservato all'utente registrato che ha accettato le relative condizioni generali di licenza d'uso e ha inserito il codice di attivazione. Tale codice può essere attivato una sola volta e la relativa utenza e la connessa licenza di utilizzo non sono trasferibili a terzi. La durata della licenza è di 15 mesi dalla data di attivazione del codice.

I testi ad alta leggibilità sono realizzati con il carattere **EasyReading**™.

Font ad alta leggibilità: strumento compensativo per i lettori con dislessia e facilitante per tutte le categorie di lettori.

www.easyreading.it

© 2015 by G. B. Palumbo & C. Editore s.p.a.

hanno collaborato a questo volume:

Claudia Carmina, *per le analisi dei testi*

Vito Chiaramonte, *per i paragrafi di storia dell'arte e la ricerca iconografica*

Giovanni Inzerillo, *per le sezioni Dal ripasso alla verifica*

Emanuele Zinato, *per i Testi laboratorio, epoca e opera*

coordinamento editoriale   Giancarlo Biscardi

revisione redazionale   Claudia Carmina

redazione   Laura Rappa, Chiara Rizzuto

progetto grafico, coordinamento tecnico, copertina   Federica Giovannini

impaginazione   Fotocomp - Palermo

realizzazione dei materiali multimediali   Palumbo Multimedia

cartografia   Federigo Carnevali

fotolito e stampa   Petruzzi S.r.l. - Città di Castello (PG)

Proprietà artistica e letteraria della Casa Editrice

Stampato in Italia

Finito di stampare dalla Petruzzi S.r.l., Città di Castello (PG), nel mese di settembre 2018 per conto della G. B. Palumbo & C. Editore s.p.a., Palermo

Le fotocopie per uso personale del lettore possono essere effettuate nei limiti del 15% di ciascun volume/fascicolo di periodico dietro pagamento alla SIAE del compenso previsto dall'art. 68, commi 4 e 5, della legge 22 aprile 1941 n. 633.

Le fotocopie effettuate per finalità di carattere professionale, economico o commerciale o comunque per uso diverso da quello personale possono essere effettuate a seguito di specifica autorizzazione rilasciata da CLEARedi, Centro Licenze e Autorizzazioni per le Riproduzioni Editoriali, Corso di Porta Romana 108, 20122 Milano, e-mail **autorizzazioni@clearedi.org** e sito web **www.clearedi.org**

L'Editore è a disposizione degli aventi diritto tutelati dalla legge per eventuali e comunque non volute omissioni o imprecisioni nell'indicazione delle fonti bibliografiche o fotografiche.

Romano Luperini
Pietro Cataldi
Lidia Marchiani
Franco Marchese

perché LA LETTERATURA

Storia e antologia della letteratura italiana nel quadro della civiltà europea

2 Umanesimo e Rinascimento
(dal 1380 al 1545)

G. B. PALUMBO EDITORE

Indice

Parte terza

L'età delle corti. La civiltà umanistico-rinascimentale
(dal 1380 al 1545)

Capitolo I

Umanesimo e Rinascimento. Storia, immaginario, letteratura 2

    VIDEOLEZIONE La cultura del Rinascimento: l'Umanesimo e la sua difficile attualità [a cura di R. Luperini]

1. La civiltà umanistico-rinascimentale: i tempi, i luoghi, i concetti-chiave 3
2. La situazione italiana: dallo splendore alla decadenza 6
3. Un mondo in trasformazione: la scoperta dell'America, la Riforma protestante e i nuovi assetti sociali ed economici in Europa 9
   - **S1** MATERIALI E DOCUMENTI • Il rapporto fra l'etica protestante e lo spirito del capitalismo 11
4. La vita delle corti e la nascita del ceto intellettuale moderno 12
   - **S2** INFORMAZIONI • La Chiesa e la stampa: l'Indice dei libri proibiti 14
5. L'organizzazione della cultura e l'invenzione della stampa 15
   - **S3** ITINERARIO LINGUISTICO • Accademia 15
   - **S4** ARTE • L'individuo, il potere e la gloria 16
   - **S5** INFORMAZIONI • L'invenzione della stampa 18
   - **S6** MATERIALI E DOCUMENTI • Le conseguenze della diffusione della stampa in Europa 19
6. Una nuova visione del mondo: l'importanza della ragione e la dignità dell'uomo 20
   - **S7** ARTE • L'invenzione della prospettiva 21
   - **IMMAGINE ATTIVA** Masaccio, *La Trinità*
   - **S8** ITINERARIO LINGUISTICO • Ermetismo, alchimia, astrologia 24
7. I grandi temi dell'immaginario: il rapporto con il passato, la superiorità dell'intellettuale, il mito del cavaliere, il confronto con il "diverso" 25
   - **S9** INFORMAZIONI • Stoicismo ed epicureismo 26

8. Il pensiero filosofico e scientifico 29
   - **S10** ITINERARIO LINGUISTICO • Gnosi, gnosticismo 29
   - **S11** ITINERARIO LINGUISTICO • Cabala 30
9. L'estetica, la poetica, la gerarchia delle arti 31
   - **S12** INFORMAZIONI • Le tre "unità aristoteliche" 33
10. Il sistema dei generi 33
    - **S13** MATERIALI E DOCUMENTI • Pico della Mirandola, *La dignità dell'uomo e il libero arbitrio* 35
11. La questione della lingua 37
12. L'arte umanistico-rinascimentale 39
    - **S14** ARTE • L'arte del Rinascimento maturo a Roma 41
    - **IMMAGINE ATTIVA** Raffaello, *La scuola di Atene*
    - **TESTO EPOCA** Sandro Botticelli *La nascita di Venere* 43
    - Perché è un testo epoca? 43
13. L'Umanesimo e il Rinascimento in Europa 46

Percorso LO SPAZIO E IL TEMPO Nascita della coscienza storica e di una nuova percezione del tempo e dello spazio 47

Percorso LO SPAZIO E IL TEMPO La rottura delle frontiere medievali. La cultura europea di fronte al Nuovo Mondo 49

Percorso LA GUERRA E LA PACE La guerra rinascimentale e il mito del cavaliere 52

DAL RIPASSO ALLA VERIFICA 54

ESPANSIONI DIGITALI

TESTI
- *Il modello dell'uomo saggio secondo Leon Battista Alberti*
- Luigi Pulci, *Astarotte, diavolo teologo*
- Poggio Bracciolini, *I bagni di Baden* [*Lettere*]
- Leonardo Bruni, *Elogio del dialogo* [*Dialogi ad Petrum Paolum Histrum*]
- Leon Battista Alberti, *La difesa del volgare* [*Della famiglia*]
- Giannozzo Manetti, *La rivalutazione del corpo umano* [*De dignitate et excellentia hominis*]
- Lorenzo Valla, *La falsa donazione di Costantino* [*De falso credita et ementita Costantini donatione*]

SCHEDE
- I caratteri distintivi del Rinascimento (J. Burckhardt)
- Il Rinascimento da Burckhardt a oggi
- Un ufficiale dell'esercito imperiale descrive il sacco di Roma (A. Chastel)
- Le conseguenze del sacco di Roma per gli intellettuali italiani (A. Chastel)
- I traffici transoceanici e la situazione economica in Europa (M. Cipolla)
- La clericalizzazione degli intellettuali (F. Gaeta)
- I centri culturali delle corti italiane
- I cenacoli umanistici (V. De Caprio)
- La rivoluzione della stampa
- Filologia
- Ermetismo
- Alchimia
- Astrologia
- L'uomo integrale come ideale pedagogico degli umanisti (E. Garin)
- Il riscatto dei moderni, secondo Giovanni Francesco Pico della Mirandola (F. Tateo)
- La condanna delle armi da fuoco in Ariosto e in Cervantes
- Ariosto, Tasso, Parini e il tema del "Mondo Nuovo"
- Il simbolismo umanistico-rinascimentale e quello moderno (U. Eco)

INDICAZIONI BIBLIOGRAFICHE

ASCOLTO
- Sintesi

MATERIALI PER IL RECUPERO
- L'Umanesimo e il Rinascimento
- Dal Rinascimento alla crisi

MAPPA CONCETTUALE
- Umanesimo e Rinascimento

Capitolo II

François Villon 58

1 I caratteri generali della letteratura in Europa .. 58

2 La crisi del mondo medievale nella poesia di François Villon 59

T1 François Villon
La ballata degli impiccati [*L'epitaffio di Villon*] 60

S1 PASSATO E PRESENTE • Luzi e Sanguineti leggono Villon .. 63

Percorso L'ANIMA E IL CORPO Amore per la vita e senso della morte nella poesia di François Villon 64

DAL RIPASSO ALLA VERIFICA 66

ESPANSIONI DIGITALI

TESTI
- François Villon, *Introduzione a* Testamento
- François Villon, *La ballata delle dame di un tempo*

INDICAZIONI BIBLIOGRAFICHE

ASCOLTO
- Sintesi

MAPPA CONCETTUALE
- François Villon

Capitolo III

L'Umanesimo volgare, il sistema dei generi letterari, la poesia lirica e il poema epico-mitologico 68

1 La letteratura in volgare prima di Lorenzo .. 68

T1 Burchiello
«Nominativi fritti e mappamondi» 69

2 La Firenze di Lorenzo e di Savonarola 71

3 Lorenzo de' Medici, principe e artista 72

S1 ITINERARIO LINGUISTICO • Carnevale, carnevalesco e il mondo alla rovescia 74

T2 Lorenzo de' Medici Canzona di Bacco 75

TESTO INTERATTIVO

4 Angelo Poliziano: un modello di grazia ed equilibrio 77

S2 PASSATO E PRESENTE • Una riflessione di Freud sulla precarietà 79

S3 ARTE • Botticelli e Poliziano 80

T3 Angelo Poliziano «I' mi trovai, fanciulle, un bel mattino» 81

T4 Angelo Poliziano «Ben venga maggio» 83

Percorso LO SPAZIO E IL TEMPO Il tempo della festa e il tempo della penitenza 86

Percorso L'AMORE E LA DONNA La donna e la natura 88

DAL RIPASSO ALLA VERIFICA 89

ESPANSIONI DIGITALI

TESTI
- Masuccio Salernitano, *La beffa della coppa d'argento* [*Novellino*, XVII]
- Burchiello, «Quelli ch'andarono già a studiar a Atene»
- Girolamo Savonarola, *Il tempo della penitenza*
- Lorenzo de' Medici, «Cerchi chi vuol le pompe e gli altri onori» [*Comento ad alcuni sonetti d'amore*]
- Angelo Poliziano, *Il lamento di Orfeo e la sua discesa agli inferi* [*Fabula di Orfeo*]
- Angelo Poliziano, *L'apparizione di Simonetta* [*Stanze per la giostra*, I, 43-54]
- Angelo Poliziano, *Il regno e la reggia di Venere* [*Stanze per la giostra*, I, 70-74, 77-78, 81-83, 89-90, 93-95]

SCHEDE
- Una interpretazione del sonetto di Burchiello «Nominativi fritti e mappamondi» (A. Tartaro)
- Orfeo ed Euridice in due autori del Novecento: Pavese e Bufalino

INDICAZIONI BIBLIOGRAFICHE

ASCOLTO
- Sintesi

MAPPA CONCETTUALE
- La letteratura nella Firenze del Quattrocento

Capitolo IV

Il poema cavalleresco alle corti di Firenze e di Ferrara 92

1 La tradizione dei cantari e la nascita del poema cavalleresco 92

2 Un poeta controcorrente alla corte medicea: Luigi Pulci 93

    S1 CINEMA • Mario Monicelli, *L'armata Brancaleone* (1966) 95

    T1 Luigi Pulci Il "credo" gastronomico di Margutte [*Morgante*, XVIII, 112-126] 96

    T2 Luigi Pulci Il "tegame" di Roncisvalle [*Morgante*, XXVII, 50-57] 100

3 La tradizione cavalleresca a Ferrara: Boiardo e l'*Orlando innamorato* 103

    T3 Matteo Maria Boiardo L'esordio del poema [*Orlando innamorato*, I, I, 1-3] 106

    T4 Matteo Maria Boiardo Angelica alla corte di Carlo Magno [*Orlando innamorato*, I, I, 20-35] 108

    T5 Matteo Maria Boiardo Conversione e morte di Agricane [*Orlando innamorato*, I, XIX, 1-16] 112

    T6 Matteo Maria Boiardo L'ultima ottava dell'*Orlando innamorato* [*Orlando innamorato*, III, IX, 26] 116

    Percorso L'ANIMA E IL CORPO Il mondo alla rovescia: ghiottoni e furfanti 118

DAL RIPASSO ALLA VERIFICA 120

ESPANSIONI DIGITALI

TESTI
- Luigi Pulci, *Morgante e Margutte all'osteria* [*Morgante*, XVIII, 150-160]
- Luigi Pulci, *Astarotte, diavolo teologo* [*Morgante*, XXV, 228-238]
- Matteo Maria Boiardo, *La «memoria» dei «cavalieri antiqui»* [*Orlando innamorato*, II, I, 1-3]
- Matteo Maria Boiardo, *Bradamante si rivela a Ruggiero* [*Orlando innamorato*, III, V, 38-43]

SCHEDE
- Il riso di Pulci e gli aspetti rinascimentali della sua ricerca (G. Getto)
- Poeta, principe e pubblico nell'*Orlando innamorato* (P. Larivalle)

INDICAZIONI BIBLIOGRAFICHE

ASCOLTO
- Sintesi

MAPPA CONCETTUALE
- La letteratura cavalleresca

Capitolo V

L'Umanesimo volgare nelle altre corti italiane 123

1 L'Umanesimo volgare nelle corti del centro-nord e nel Regno di Napoli 123

    S1 ARTE • *Ultima cena* di Leonardo 124

    S2 ITINERARIO LINGUISTICO • Bucolico e arcadico 125

    T1 TESTO LABORATORIO Leonardo da Vinci «Omo sanza lettere» ma studioso della natura e dell'esperienza 126

    LABORATORIO Dall'interpretazione alla riappropriazione 128

    T2 Jacopo Sannazaro Il paesaggio pastorale dell'*Arcadia* 131

    Percorso LO SPAZIO E IL TEMPO Il *tópos* del paesaggio bucolico e quello della terra desolata 133

    Percorso L'ANIMA E IL CORPO L'occhio, finestra dell'anima, «abbraccia la bellezza di tutto il mondo». Leonardo da Vinci 135

DAL RIPASSO ALLA VERIFICA 137

ESPANSIONI DIGITALI

TESTI
- Leonardo da Vinci, *Leonardo anticipa i principi del metodo galileiano*
- Leonardo da Vinci, *Proemio della anatomia*
- Jacopo Sannazaro, *Epilogo* [*Arcadia*]

SCHEDE
- La novità dell'*Arcadia* di Sannazaro (M. Corti)

ASCOLTO
- Sintesi

MAPPA CONCETTUALE
- L'Umanesimo volgare

Capitolo VI

Il trattato: proposte di stile e codificazioni di modelli 139

1 La centralità del trattato 139

2 Pietro Bembo e il dibattito sull'amore e sulla lingua 140

    S1 MATERIALI E DOCUMENTI • Petrarca, Bembo e Aldo Manuzio 141

    T1 Pietro Bembo «Crin d'oro crespo e d'ambra tersa e pura» [*Rime*, V] 143

    LA LINGUA ATTRAVERSO I TESTI
Bembo e il petrarchismo 144

    T2 Pietro Bembo L'amore spirituale, secondo il Romito [*Gli Asolani*, Libro terzo, cap. XVII] 147

T3 Pietro Bembo **La differenza fra lingua scritta e lingua parlata e la necessità di prendere a modello Petrarca e Boccaccio** [*Prose della volgar lingua*, Libro primo, capp. XVIII e XIX] 149

3 La trattatistica sul comportamento e il *Cortegiano* di Baldassar Castiglione 153

S2 MATERIALI E DOCUMENTI • Realismo e idealismo nel *Principe* di Machiavelli e nel *Cortegiano* di Castiglione 154

S3 MATERIALI E DOCUMENTI • «Grazia», «buon giudicio» e «sprezzatura»: tre espressioni tematiche (A. Quondam) 155

S4 INFORMAZIONI • Cortigiano/cortigiana 156

S5 INFORMAZIONI • Il «cortigiano», un modello del gentiluomo europeo 156

T4 Baldassar Castiglione **La corte di Urbino** [*Il libro del Cortegiano*, Libro primo, capp. II-V] 158

T5 Baldassar Castiglione **La «donna di palazzo»** [*Il libro del Cortegiano*, Libro terzo, capp. IV-VI] 162

4 Il *Galateo* di Della Casa 165

5 Uno spregiudicato «avventuriero della penna»: Pietro Aretino 165

T6 Pietro Aretino **Come ingannare gli uomini** [*Dialogo nel quale la Nanna insegna a la Pippa*, Giornata prima] 167

6 Il trattato nell'Europa della Riforma: le opere di Erasmo, Moro, Lutero, Calvino 170

S6 ITINERARIO LINGUISTICO • Utopia 171

Percorso L'AMORE E LA DONNA La «donna di palazzo» e la «cortigiana», amor platonico e suo rovesciamento 173

DAL RIPASSO ALLA VERIFICA 175

ESPANSIONI DIGITALI

TESTI
- Pietro Bembo, *L'amore platonico, secondo Lavinello* [*Asolani*, III, VI]
- Pietro Bembo, *Il primato della scrittura e degli intellettuali* [*Prose della volgar lingua*, I, I]
- Baldassar Castiglione, *Il «bon giudicio», la «grazia» e la «sprezzatura»* [*Il libro del Cortegiano*, I, XXVI]
- Baldassar Castiglione, *Il cortigiano e il principe* [*Il libro del Cortegiano*, IV, V]
- Giovanni Della Casa, *Necessità di uniformarsi al «piacer» delle persone che si frequentano* [*Galateo*, III]
- Pietro Aretino, *Lettera contro i pedanti* [*Lettere*]
- Pietro Aretino, *Istruzioni per un incontro con un «uomo da bene»* [*Dialogo nel quale la Nanna insegna a la Pippa*, Giornata prima]
- Erasmo da Rotterdam, *La pazzia dei teologi e quella dei monaci* [*Elogio della follia*]
- Tommaso Moro, *Per l'uguaglianza, contro la proprietà privata* [*Utopia*, I]

SCHEDE
- Il primato della scrittura: Dante e Bembo (G. Mazzacurati)
- Il ruolo marginale e subalterno della «donna di palazzo» (A. Quondam)

INDICAZIONI BIBLIOGRAFICHE

ASCOLTO
- Sintesi

MAPPA CONCETTUALE
- Il trattato

Capitolo VII

Machiavelli 178

VIDEOLEZIONE Machiavelli: lo scandalo del *Principe* [a cura di R. Luperini]

1 Il trattato politico e la nascita della saggistica moderna: lo scandalo del *Principe* 179

S1 ITINERARIO LINGUISTICO • Machiavellismo, machiavellico e machiavelliano 179

S2 INFORMAZIONI • Critica dell'ideologia e pensiero del sospetto 180

2 La vita e la formazione culturale 181

MACHIAVELLI E IL SUO TEMPO 181

T1 La lettera a Francesco Vettori del 10 dicembre 1513 183

3 Gli scritti politici minori di Machiavelli "segretario fiorentino" (1498-1512) 189

4 Un manifesto politico: *Il Principe* 190

5 I fondamenti della teoria politica: i *Discorsi sopra la prima Deca di Tito Livio* 191

T2 Il conflitto di classe non va soppresso, ma istituzionalizzato [*Discorsi sopra la prima Deca di Tito Livio*, Libro I, cap. IV] 194

T3 **Le colpe della Chiesa** [*Discorsi sopra la prima Deca di Tito Livio*, Libro I, cap. XII] 197

T4 **La fortuna e l'uomo** [*Discorsi sopra la prima Deca di Tito Livio*, Libro III, cap. IX] 201

6 L'*Arte della guerra* e gli ultimi scritti politici 204

T5 **Contro l'inettitudine dei principi italiani** [*Arte della guerra*] 205

7 Machiavelli storico: le *Istorie fiorentine* 208

8 Le opere letterarie: la novella di *Belfagor arcidiavolo* 209

T6 **Belfagor arcidiavolo** 210

9 Le commedie di Machiavelli: *La mandragola* 217

S3 INFORMAZIONI • Mandragola 218

T7 **Lucrezia fra Sostrata e Timoteo** [*La mandragola*, atto III, scene 9ª, 10ª e 11ª] 219

TESTO IN SCENA

T8 Messer Nicia, Timoteo, Ligurio e Sirio catturano Callimaco travestito da «garzonaccio» [*La mandragola*, atto IV, scene 6ª, 7ª, 8ª, 9ª e 10ª] ... 223

T9 La conclusione della beffa: tutti contenti [*La mandragola*, atto V, scene 1ª, 2ª, 3ª e 4ª] ... 228

S4 MATERIALI E DOCUMENTI • Lucrezia: un personaggio controverso ... 232

10 La personalità di Machiavelli e la sua persistente attualità ... 233

DAL RIPASSO ALLA VERIFICA ... 234

ESPANSIONI DIGITALI

VIDEO
- TESTO IN SCENA Lucrezia fra Sostrata e Timoteo

TESTI
- *Il Proemio al libro primo*
- *La religione e il potere: l'esempio dell'antica Roma* [*Discorsi sopra la prima Deca di Tito Livio*, I, XI]
- *Il proemio delle* Istorie fiorentine [*Istorie fiorentine*, I]
- *Dal «Prologo» della Mandragola* [*La mandragola*, Prologo, vv. 45-66]

SCHEDE
- Il confronto fra *Il Principe* e i *Discorsi* (G. Procacci)
- Ermanno Olmi, *Il mestiere delle armi* (2001)
- Sia gloria al Machiavelli (F. De Sanctis)

ASCOLTO
- Sintesi

MAPPA CONCETTUALE
- Niccolò Machiavelli

Capitolo VIII — PRIMO PIANO

Il Principe ... 239

1 La composizione: datazione, titolo e storia del testo ... 239

S1 INFORMAZIONI • La data di composizione del *Principe* e il suo rapporto con i *Discorsi* ... 240

2 La struttura generale del trattato ... 241

3 La lingua e lo stile del *Principe* ... 242

S2 ITINERARIO LINGUISTICO • La parola "stato" in Machiavelli ... 243

4 L'ideologia nel *Principe* ... 244

5 Etica e politica ... 245

6 Tensione saggistica e rapporto fra realismo e utopia in Machiavelli ... 246

7 La *Dedica* ... 246

T1 La lettera dedicatoria: l'intellettuale e il suo potente interlocutore ... 247

8 Tipologia dei principati. Principato nuovo e principato civile ... 250

T2 Il primo capitolo: tipi di principato e modi per acquistarli ... 251

S2 INFORMAZIONI • Il significato di "virtù" in Machiavelli ... 252

T3 Il sesto capitolo: ruolo della violenza storica ... 253
TESTO INTERATTIVO

T4 Il nono capitolo: la strategia del consenso ... 257

9 L'ordinamento militare ... 261

10 Le qualità e le virtù necessarie a un principe nuovo ... 261

T5 Il quindicesimo capitolo: la «verità effettuale» ... 263

LA LINGUA ATTRAVERSO I TESTI
Il fiorentino vivo di Machiavelli ... 267

T6 TESTO LABORATORIO Il diciottesimo capitolo. *Il leone e la volpe*: animalità e lotta politica ... 269
VIDEOLEZIONE: ANALISI DEL TESTO [R. Luperini]
MATERIALI PER IL RECUPERO
LABORATORIO Dall'interpretazione alla riappropriazione ... 274

S4 MATERIALI E DOCUMENTI • Bestia e uomo: la nuova antropologia di Machiavelli (G. Ferroni) ... 277

11 La fortuna. L'esortazione finale ... 277

T7 TESTO OPERA Il venticinquesimo capitolo: la fortuna ... 278
Perché è un testo opera? ... 281

S5 INFORMAZIONI • Il significato di "fortuna" in Machiavelli ... 284

T8 Il ventiseiesimo capitolo: l'esortazione finale ... 285

S6 MATERIALI E DOCUMENTI • *Il Principe* come «manifesto politico» in una pagina di Gramsci ... 290

12 Problemi e vicende della ricezione ... 291

S7 INFORMAZIONI • La nozione di "machiavellismo" e la "ragion di stato" ... 292

S8 CINEMA • Paolo Sorrentino, *Il divo* (2008) ... 292

Percorso L'ANIMA E IL CORPO
La bestia e l'uomo nella concezione di Machiavelli ... 294

Percorso LA GUERRA E LA PACE
«E' profeti armati vinsono, e li disarmati ruinorono». Armi proprie contro milizie mercenarie ... 296

DAL RIPASSO ALLA VERIFICA ... 299

ESPANSIONI DIGITALI

TESTI
- *Il terzo capitolo: principati misti. Esempi antichi e moderni e regole di comportamento*
- *Il settimo capitolo: la figura esemplare di Cesare Borgia*
- *I capitoli XII-XIV: il principe savio deve avere armi proprie*

SCHEDE
- Ordine e conflitto in Machiavelli e in Hobbes (R. Esposito)
- Machiavelli primo teorico dello Stato borghese (M. Horkheimer)
- Cesare Borgia e le contraddizioni del *Principe* (G. Sasso)
- Machiavelli induttivo o deduttivo secondo le interpretazioni di Chabod, Martelli e Geymonat
- Foscolo e Machiavelli

MATERIALI PER IL RECUPERO
- Machiavelli e *Il Principe*

INDICAZIONI BIBLIOGRAFICHE

ASCOLTO
- Sintesi

MAPPA CONCETTUALE
- *Il Principe*

ESPANSIONI DIGITALI

TESTI
- Francesco Guicciardini, *Ricordi*, 1 [*Ricordi*]
- Francesco Guicciardini, *Un esempio di tessitura dei* Ricordi [*Ricordi*, 6-12]
- Francesco Guicciardini, *Una conclusione in tono minore* [*Ricordi*, 220, 221]
- Francesco Guicciardini, *L'inizio della* Storia d'Italia
- Francesco Guicciardini, *Ritratti di Leone X e di Clemente VII* [*Storia d'Italia*, XVI, XII]
- Giorgio Vasari, *La pittura e la scultura nella seconda età* [*Le vite dei più eccellenti pittori, scultori e architetti*, Libro II, Proemio]

SCHEDE
- Aforisma
- I *Ricordi*: una forma nuova di pensiero (A. Asor Rosa)
- L'evoluzione del pensiero guicciardiniano dai *Ricordi* alla *Storia d'Italia* (E. Scarano)

INDICAZIONI BIBLIOGRAFICHE

ASCOLTO
- Sintesi

MAPPA CONCETTUALE
- Francesco Guicciardini

Capitolo IX

Fra trattatistica e storiografia: Francesco Guicciardini e l'arte della «discrezione» 303

1. Machiavelli e Guicciardini rinnovano la storiografia e la trattatistica 303
2. Vita e opere di Francesco Guicciardini 304
   GUICCIARDINI E IL SUO TEMPO 305
3. I *Ricordi*: la «discrezione» e il «particulare» 306
   S1 ITINERARIO LINGUISTICO • Discrezione 308
   T1 Francesco Guicciardini *L'uomo, l'ambizione e il caso* [*Ricordi*, 15, 17, 28, 30, 32, 35, 41, 44, 46, 57, 66] 308
   T2 Francesco Guicciardini *Il rifiuto di «parlare generalmente»* [*Ricordi*, 104, 110, 117, 118, 125, 134] 312
   T3 Francesco Guicciardini *Il popolo, il «palazzo», la politica* [*Ricordi*, 140, 141, 182, 187] 314
4. La *Storia d'Italia* 316
   T4 Francesco Guicciardini *Il sacco di Roma* [*Storia d'Italia*, XVIII, VIII] 318
5. La storiografia artistica: le *Vite* di Giorgio Vasari 322
   S2 ITINERARIO LINGUISTICO • Maniera 323

Percorso LO SPAZIO E IL TEMPO Machiavelli e Guicciardini: un nuovo senso della storia 324

DAL RIPASSO ALLA VERIFICA 326

Capitolo X

Ariosto 329

 VIDEOLEZIONE Ariosto e l'avventura della vita [a cura di P. Cataldi]

1. Novità di Ariosto 330
2. La vita 331
   ARIOSTO E IL SUO TEMPO 331
3. Le lettere 333
4. La produzione lirica 334
5. Le *Satire* 335
   T1 *Il poeta e i cortigiani* [*Satire*, I, 1-138; 238-265] 336
6. Il teatro 342
7. L'*Orlando furioso* 343
   S1 INFORMAZIONI • L'ottava 344

DAL RIPASSO ALLA VERIFICA 345

ESPANSIONI DIGITALI

TESTI
- *Una lettera dalla Garfagnana*
- «Fingon costor che parlan de la Morte» [*Rime, Madrigali*, X]
- «O più che 'l giorno a me lucida e chiara» [*Rime, Capitoli*, VIII]
- «Chiuso era il sol da un tenebroso velo» [*Rime, Sonetti*, XX]
- *Un ideale di vita minimalista* [*Satira* III, 40-66]

ASCOLTO
- Sintesi

MAPPA CONCETTUALE
- Ludovico Ariosto

Capitolo XI

PRIMO PIANO

L'*Orlando furioso* 348

▶ **VIDEOLEZIONE** Ariosto e l'avventura della vita [a cura di P. Cataldi]

1 La tradizione cavalleresca sino al *Furioso* in Italia e in Europa 348

2 Ideazione e stesura dell'*Orlando furioso* 351

3 La struttura del poema 352

4 La poetica del *Furioso*: tra epica e romanzo 354

    S1 INFORMAZIONI • Ariosto storico del suo tempo 354

    S2 MATERIALI E DOCUMENTI • La struttura aperta del *Furioso* (L. Caretti) 355

5 I temi: la *quête*, il labirinto, la follia 356

6 La voce del narratore: Ariosto demiurgo e Ariosto innamorato 357

    S3 MATERIALI E DOCUMENTI • L'ironia ariostesca (B. Croce) 358

7 Armonia e ironia: equilibrio rinascimentale e dissoluzione dei valori 359

8 Le tre edizioni del *Furioso*: dal poema cortigiano al poema "nazionale" 360

    S4 INFORMAZIONI • Ariosto correttore di se stesso 360

9 Il primo canto 361

    T1 TESTO OPERA Il proemio [I, 1-4] 362

    ▶ VIDEOLEZIONE: ANALISI DEL TESTO [P. Cataldi]

    TESTO INTERATTIVO

    MATERIALI PER IL RECUPERO

    Perché è un testo opera? 363

    T2 Il primo canto [I, 5-23, 32-45, 48-61, 65-71] 367

10 L'isola di Alcina 378

11 Angelica imprigionata e liberata 379

    T3 Ruggiero libera Angelica dall'orca [X, 90-107 e 109-115; XI, 1-3 e 6-9] 380

12 Una allegoria della condizione umana 387

    T4 Il palazzo di Atlante [XII, 4-22] 387

13 Cloridano e Medoro. Angelica e Medoro 393

    T5 Cloridano e Medoro [XIX, 1-15] 394

    S5 MATERIALI E DOCUMENTI • Il conflitto delle interpretazioni. L'epicità del *Furioso*: le posizioni di Croce e Zatti 398

14 La pazzia di Orlando 399

    T6 TESTO LABORATORIO La pazzia di Orlando [XXIII, 100-136; XXIV, 1-13] 400

    LABORATORIO Dall'interpretazione alla riappropriazione 411

15 Astolfo recupera il senno di Orlando 414

    T7 Astolfo sulla luna [XXXIV, 70-87, 4] 414

16 Il duello tra Ruggiero e Rodomonte 419

17 La ricezione: dai contemporanei a Italo Calvino 419

    S6 INFORMAZIONI • Calvino e Ariosto, *Il cavaliere inesistente* e l'*Orlando furioso* 421

Percorso LO SPAZIO E IL TEMPO Il labirinto temporale e spaziale dell'*Orlando furioso* 422

Percorso L'ANIMA E IL CORPO Passione e ragione nell'*Orlando furioso* 424

Percorso L'AMORE E LA DONNA L'amore-follia dell'*Orlando furioso* 425

Percorso LA GUERRA E LA PACE La guerra nell'*Orlando furioso* 427

DAL RIPASSO ALLA VERIFICA 429

ESPANSIONI DIGITALI

VIDEO
- Il tema della follia nell'*Orlando furioso* (G. Ferroni)

TESTI
- *Quattro esempi di Ariosto demiurgo* [XIII, 80-81; XV, 9, 4-8; XXXII, 1-2; XLVI, 1-3, 4]
- *Ariosto innamorato* [XXIX, 73-74; XXX, 1-4; XXXV, 1-2]
- *Astolfo e san Giovanni: la posizione del letterato di corte* [XXXV, 23-29]
- *L'isola di Alcina* [VI, 17-56]
- *Angelica si innamora di Medoro* [XIX, 1-42]
- *L'impresa notturna di Cloridano e Medoro* [XVIII, 165-192]
- *Il duello di Ruggiero e Rodomonte* [XLVI, 101-140]

SCHEDE
- Varietà e unità nel *Furioso* (L. Caretti)
- Cloridano, Medoro e Dardinello: due cortigiani e il loro signore (E. Saccone)
- I critici del *Furioso*
- La posizione di De Sanctis
- Il nuovo approccio al *Furioso* (W. Binni)

MATERIALI PER IL RECUPERO
- Ariosto e l'*Orlando furioso*

INDICAZIONI BIBLIOGRAFICHE

ASCOLTO
- Sintesi

MAPPA CONCETTUALE
- *Orlando furioso*

Capitolo XII

La parodia del poema cavalleresco e la scrittura dell'eccesso 434

1 Da Pulci a Folengo e a Rabelais, sino al romanzo picaresco 434

- **S1** INFORMAZIONI • Il latino maccheronico 435
- **S2** INFORMAZIONI • La poesia fidenziana 435

2 Vita e opere di Folengo: il *Baldus* 436

  T1 Teofilo Folengo L'invocazione iniziale alle Muse maccheroniche [*Baldus*, I, 1-63] 438

3 Il Rinascimento in Francia: Rabelais e la scrittura dell'eccesso 442

  S3 INFORMAZIONI • Una nuova idea del corpo, una nuova idea del mondo 443

  T2 François Rabelais L'infanzia di Gargantua [*Gargantua e Pantagruele*, Libro I, cap. XI] 446

  S4 MATERIALI E DOCUMENTI • L'epica smisurata di Rabelais secondo Primo Levi 449

Percorso LO SPAZIO E IL TEMPO Il paese di Cuccagna 451

DAL RIPASSO ALLA VERIFICA 453

ESPANSIONI DIGITALI

- **TESTI**
  - Teofilo Folengo, *Mira Tonnelli vis* [*Zanitonella*, XV]
  - Teofilo Folengo, *Ritratto di Cingar* [*Baldus*, IV, 81-129]
  - Teofilo Folengo, *La beffa ai pastori: pecore in mare* [*Baldus*, XII, 154-208]
  - François Rabelais, *L'educazione di Gargantua* [*Gargantua e Pantagruele*, I, XXIII]
  - François Rabelais, *L'abbazia di Thelème* [*Gargantua e Pantagruele*, I, LII e LVII]
  - François Rabelais, *La vendetta di Panurge* [*Gargantua e Pantagruele*, IV, VIII]
  - François Rabelais, *Le parole gelate* [*Gargantua e Pantagruele*, IV, LV e LVI]
- **SCHEDE**
  - L'espressionismo del *Baldus* (C. Segre)
  - La ricezione del *Gargantua e Pantagruele*
- **INDICAZIONI BIBLIOGRAFICHE**
- **ASCOLTO**
  - Sintesi
- **MAPPA CONCETTUALE**
  - La letteratura parodica

Capitolo XIII

La novellistica e la nascita del romanzo moderno 455

1 Uno sguardo all'Europa 455

2 La novella in Italia 456

  T1 Matteo Bandello La novella di Ugo e della Parisina [*Quattro libri delle novelle*, Parte I, novella XLIV] 457

3 La novella in Francia: l'*Heptaméron* di Margherita di Navarra 464

4 Il *Lazarillo de Tormes* e la nascita del romanzo moderno 465

Percorso L'AMORE E LA DONNA Amori sfortunati. Un giudizio diverso sul comportamento amoroso maschile e femminile 466

DAL RIPASSO ALLA VERIFICA 468

ESPANSIONI DIGITALI

- **TESTI**
  - Matteo Bandello, *La novella di Giulia di Gazuolo* [*Quattro libri delle novelle*, I, VIII]
  - Margherita di Navarra, *La novella della pia donna che si innamora del predicatore* [*Heptamèron*, IV, V]
  - *Lazarillo e il cieco* [*Vida de Lazzarillo de Tormes*, I]
  - *Lazarillo e lo scudiero* [*Vida de Lazzarillo de Tormes*, III]
- **SCHEDE**
  - Il gusto dell'orroroso (L. Russo)
  - Il *Lazarillo de Tormes* anticipa il romanzo moderno (F. Rico)
- **INDICAZIONI BIBLIOGRAFICHE**
- **ASCOLTO**
  - Sintesi
- **MAPPA CONCETTUALE**
  - La narrativa europea del Cinquecento

Capitolo XIV

Petrarchismo e antipetrarchismo 470

1 Il *Canzoniere* diventa un *"best-seller"* 470

2 Il modello di Petrarca nella lirica italiana del Cinquecento 471

  T1 Michelangelo Buonarroti «Giunto è già 'l corso della vita mia» [*Rime*, 285] 473

  T2 Giovanni Della Casa «O Sonno, o della queta, umida, ombrosa» [*Rime*, 54] 475

3 Una lettura femminile del *Canzoniere* 476

  S1 INFORMAZIONI • Codici maschili, scrittura femminile 478

  T3 Gaspara Stampa «Rimandatemi il cor, empio tiranno» [*Rime*, CXLII] 480

4 L'antipetrarchismo e la poesia burlesca e satirica di Francesco Berni 482

  T4 Francesco Berni «Chiome d'argento fino, irte e attorte» [*Rime*, XXIII] 482

5 Il petrarchismo nell'Europa del Cinquecento: Ronsard in Francia 484

DAL RIPASSO ALLA VERIFICA 486

ESPANSIONI DIGITALI

TESTI
- Michelangelo Buonarroti, «*Caro m'è 'l sonno e più l'esser di sasso*» [*Rime*, 247]
- Michelangelo Buonarroti, «*I' ho già fatto un gozzo in questo stento*» [*Rime*, 5]
- Giovanni Della Casa, «*Già lessi, e or conosco in me, sì come*» [*Rime*, 62]
- Giovanni Della Casa, «*O dolce selva solitaria, amica*» [*Rime*, 63]
- Galeazzo di Tarsia, «*Camilla, che ne' lucidi sereni*»
- Galeazzo di Tarsia, «*Te, lagrimosa pianta, sembra Amore*»
- Gaspara Stampa, «*Conte, dov'è andata*» [*Rime*, CCXXXVI]
- Gaspara Stampa, «*O notte, a me più cara e più beata*» [*Rime*, CIV]
- Francesco Berni, «*Se mi vedesse la segretaria*» [*Rime*]
- Francesco Berni, *Il capitolo del prete di Povigliano* [vv. 1-21; 49-177]
- Pierre de Ronsard, *Per la morte di Marie*

SCHEDE
- La politica di Venezia verso le donne e la figura di Gaspara Stampa (M. Zancan)

INDICAZIONI BIBLIOGRAFICHE

ASCOLTO
- Sintesi

MAPPA CONCETTUALE
- Petrarchismo e antipetrarchismo

Capitolo XV

Il teatro a corte 489

1 L'«invenzione» del teatro nelle corti rinascimentali 489

    S1 MATERIALI E DOCUMENTI • La nascita del teatro moderno come "spazio chiuso" (M. Baratto) 490

    S2 ARTE • Le origini dell'architettura teatrale 491

2 Gli iniziatori della commedia moderna: Ariosto, Machiavelli, Bibbiena 492

3 La commedia in dialetto nel Veneto: *La Veniexiana*; Ruzzante 493

    S3 ITINERARIO LINGUISTICO • Canovaccio 494

    S4 INFORMAZIONI • I contadini e la guerra 495

T1 Ruzzante   **Ruzzante ritrova la moglie Gnua** [*Parlamento de Ruzante*, scena 3ª] 496

4 Aretino e la normalizzazione della commedia; la "commedia dell'arte" 501

5 La tragedia 502

    S5 ITINERARIO LINGUISTICO • Catarsi 503

DAL RIPASSO ALLA VERIFICA 504

ESPANSIONI DIGITALI

TESTI
- Bibbiena, *Il prologo della* Calandria
- *La notte d'amore fra Angela e Iulio* [*La Veniexiana*, atto III, scene 3ª e 4ª]
- Ruzzante, *Le richieste di un contadino a un cardinale* [*Prima orazione*]
- Ruzzante, *La guerra di Ruzzante* [*Parlamento de Ruzante*, scena 2ª]
- Pietro Aretino, *Il dovere del matrimonio e le sue "gioie"* [*Il marescalco*, atto I, scena 9ª e atto II, scena 5ª]

LO SPETTACOLO TEATRALE: LA SCENA E GLI ATTORI
- Lo spettacolo teatrale nell'Italia rinascimentale

INDICAZIONI BIBLIOGRAFICHE

ASCOLTO
- Sintesi

MAPPA CONCETTUALE
- Il teatro

GLOSSARIO 506

INDICE DEI NOMI 514

INDICE DEGLI AUTORI 516

Parte terza

L'età delle corti. La civiltà umanistico-rinascimentale (dal 1380 al 1545)

Capitolo I
Umanesimo e Rinascimento. Storia, immaginario, letteratura

My eBook+

Cliccando su questa icona, docenti e studenti accedono ad un'area di personalizzazione che permette di arricchire i contenuti digitali già linkati lungo le pagine del libro. Nell'area di personalizzazione è possibile infatti salvare ulteriori materiali: selezionati da Prometeo, prodotti autonomamente o ricercati nella rete.

▶ Per un elenco di materiali integrativi presenti nella biblioteca multimediale di Prometeo o per attivare una ricerca cfr. p. 57

Lorenzo Costa, *Allegoria della corte di Isabella d'Este* (detta anche *Incoronazione di Isabella d'Este*), 1505-1506. Parigi, Museo del Louvre.

VIDEOLEZIONE
La cultura del Rinascimento: l'Umanesimo e la sua difficile attualità [a cura di Romano Luperini]

Il Rinascimento segna il momento di nascita di un mondo a noi più prossimo, con l'affermarsi di alcune grandi novità che s'impongono sul piano della storia e dell'immaginario: la scoperta dell'America, la nascita e la diffusione delle banche, l'invenzione delle armi da fuoco e della stampa, la Riforma protestante. Mentre i confini del mondo si allargano a comprendere popoli e terre fino ad allora sconosciuti, cambia profondamente e si laicizza il modo di intendere la vita materiale, l'uomo, la natura, l'arte. Romano Luperini illustra la genesi, il rapporto con il passato, le ambivalenze e gli elementi di modernità della cultura rinascimentale, discutendo anche la «difficile attualità» della nuova figura di intellettuale e di artista che nasce nell'Umanesimo.

- La cultura umanistica e il rapporto Umanesimo-Rinascimento [5 min. ca.]
- La filologia [5 min. ca.]
- La nuova figura dell'artista [4 min. ca.]
- La missione del dotto e la realtà del cortigiano [3 min. ca.]
- La rivalutazione del corpo umano e della dignità dell'uomo [3 min. ca.]
- Il Rinascimento maturo [3 min. ca.]
- Inattualità dell'Umanesimo [4 min. ca.]

- esercitare le competenze di ascolto
- fare ricerche in rete
- stabilire nessi tra la letteratura e altre discipline
- produrre testi brevi coesi e coerenti

Attiviamo le competenze
Fai una ricerca in rete e scegli tre immagini di opere d'arte rinascimentali che illustrino in modo esemplare i tratti significativi dell'epoca, messi in evidenza nella lezione di Luperini. Correda ciascuna immagine con una didascalia, in cui spieghi quali caratteristiche della cultura rinascimentale individui nell'opera che hai scelto.

1. La civiltà umanistico-rinascimentale: i tempi, i luoghi, i concetti-chiave

I concetti di Umanesimo e di Rinascimento

L'Umanesimo è la cultura della civiltà rinascimentale. Fra i concetti di **Umanesimo** e di **Rinascimento** esiste dunque una stretta vicinanza e per molti aspetti una sovrapposizione. Tuttavia **il primo** sottolinea in modo particolare il momento ideologico-culturale, la consapevolezza che di sé ebbe il nuovo periodo storico, mentre **il secondo** si riferisce soprattutto alle manifestazioni artistiche e ai fenomeni di costume, alla civiltà nel suo complesso.

Differenza fra *humanitas* e *divinitas*

La parola Umanesimo (per cui cfr. vol. 1, Parte Seconda, cap. I, § 1, **S1**) implica di per sé la coscienza di una **differenza fra *humanitas* e *divinitas*,** fra mondo umano-naturale e mondo religioso, **e fra *humanae litterae* e *divinae litterae***, cioè fra la scrittura dedicata al mondo umano-naturale e quella invece consacrata a quello divino. Tale distinzione mancava nel Medioevo, in cui ogni tipo di scrittura veniva considerata sotto la prospettiva religiosa. Una tendenza alla laicizzazione della cultura era emersa già nel secolo XIII, mentre in quello successivo sono evidenti quei fenomeni culturali che vengono definiti in genere **"preumanesimo"**. Ma solo a partire **dalla fine del Trecento**, grazie soprattutto all'insegnamento preumanista di Petrarca e di Boccaccio, lo studio delle letterature latina e greca, pagane ed estranee alle *divinae litterae*, diviene rivendicazione dei diritti dell'uomo naturale, quale appunto si era rivelato nelle epoche classiche.

Lo studio delle letterature classiche e la rivendicazione dei diritti dell'uomo

***Humanitas* e desiderio di conoscenza**

Inoltre, il **concetto di *humanitas*** serviva a sottolineare una proprietà tipica degli uomini, il desiderio di conoscenza che li distingue fra tutti gli esseri animati e a cui deve essere subordinata, nella concezione umanistica, la vita del saggio.

Rinascita degli studi classici e inizio di un'epoca nuova

La **riscoperta del mondo classico** costituisce la indispensabile premessa culturale del Rinascimento. La parola **Rinascenza** viene usata nel XVI secolo per significare, insieme, la rinascita degli studi classici e l'inizio di un'epoca nuova, dopo i «secoli bui» del Medioevo. Le generazioni dell'età umanistica e rinascimentale marcano con ciò una distanza rispetto all'«età di mezzo» e l'esigenza di ricollegarsi invece all'insegnamento del mondo greco-latino. Il concetto è poi ripreso e sviluppato nel Settecento dagli **illuministi** che vedono nella cultura rinascimentale la nascita del libero pensiero, sottratto all'irrazionalismo religioso e alle superstizioni medievali. Tuttavia la nozione di Rinascimento si impone solo a partire da un celebre saggio dello studioso svizzero **Jacob Burckhardt**, uscito nel 1860 con il titolo *La civiltà del Rinascimento in Italia*, in cui il Rinascimento è interpretato come un rinnovamento radicale in tutti i campi dell'agire umano, che rompe in modo netto con la tradizione

La nozione di Rinascimento e il saggio di Burckhardt

Vincenzo Foppa, *Fanciullo che legge un libro di Cicerone*, 1464 circa. Londra, Wallace Collection.

S • I caratteri distintivi del Rinascimento
S • Il Rinascimento da Burckhardt a oggi

medievale. Successivamente la valutazione di Burckhardt è stata posta in discussione e oggi non è più accettata. Tuttavia il dibattito storiografico continua e risulta assai articolato e complesso. Come abbiamo visto (cfr. vol. 1, Parte Prima, cap. I, § 1), tende oggi a prevalere la convinzione che una vera svolta epocale si sia avuta subito dopo il Mille con lo sviluppo della civiltà urbana: gli elementi di rinascita cominciano ad affermarsi allora.

Elementi di novità o che giungono a realizzazione nel periodo dell'Umanesimo

Ciò tuttavia non deve impedire di cogliere gli indubbi **elementi di novità** che **la cultura dell'Umanesimo** introduce nella civiltà rinascimentale, in cui giungono a maturazione e a completa e consapevole realizzazione tutti i fermenti emersi nei secoli precedenti: l'individualismo, la laicizzazione della cultura, la sottolineatura del carattere naturale della vita, la ripresa della lezione dei classici.

Un elemento di novità: il senso del passato

D'altra parte, proprio in questa maggiore consapevolezza va cercato l'elemento più importante di novità dell'Umanesimo. Ad esempio, **nei confronti del passato**, la cultura umanista ha la **percezione** precisa **di un distacco e di una distanza**, che era invece ignota alla cultura medievale: il passato non viene ingenuamente assimilato all'oggi, bensì considerato nella sua autonomia come una realtà diversa e lontana, e dunque separato dal presente.

Il ruolo dell'Italia e di Firenze

La culla dell'Umanesimo e del Rinascimento è l'Italia, e in **Italia** soprattutto **Firenze**. In Europa, il nostro Paese continua e sviluppa quella funzione di guida nel campo della cultura, delle arti e dei costumi che era emersa già nel Trecento grazie all'influenza di Dante, Petrarca, Boccaccio. Tuttavia l'Umanesimo è un **fenomeno eminentemente sovranazionale**: mira a costituire **una comunità internazionale di dotti** che usano tutti la stessa lingua, il latino, e si riconoscono negli stessi valori, al di là delle barriere fra Stati. L'Umanesimo non si sviluppò solo nell'Europa occidentale e centrale (Spagna, Francia, Inghilterra, Germania), ma anche in quella orientale, in Boemia, Ungheria e Polonia.

Il carattere sovranazionale dell'Umanesimo

L'area cronologica dell'Umanesimo e del Rinascimento

L'età dell'Umanesimo e del Rinascimento va dalla fine del Trecento alla metà del Cinquecento, quando il Concilio di Trento (1545) apre la fase della Controriforma e la pace di Cateau-Cambrésis (1559) quella del dominio spagnolo in Italia. In genere si distinguono tuttavia, al suo interno, **due fasi**, divise fra loro dalla morte di Lorenzo de' Medici e dalla scoperta dell'America (1492), a partire dalla quale comincerebbe, secondo una tradizionale periodizzazione, l'età moderna. **La prima** fase raggiunge il momento del suo massimo splendore nella Firenze di Lorenzo de' Medici e, in ambito letterario, può essere divisa in **due momenti**:

La prima fase dell'età umanistico-rinascimentale

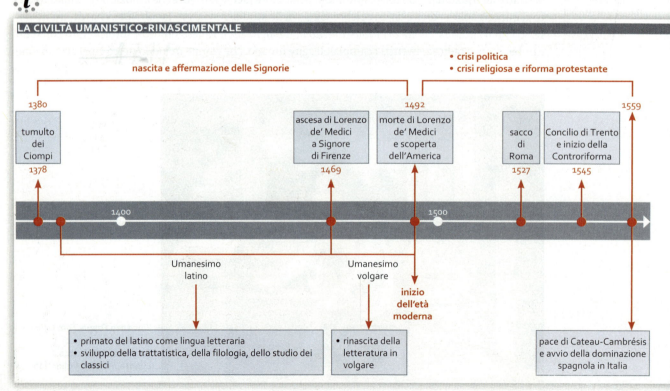

Perugino, *Consegna delle chiavi a San Pietro*, 1481-1482. Roma, Palazzi Vaticani, Cappella Sistina.

- il cosiddetto **"Umanesimo latino"**, che coincide con i primi sessant'anni del Quattrocento, in cui il latino diventa la lingua letteraria dominante e prevalgono gli studi dei classici e la filologia;
- l'**Umanesimo volgare**, che corrisponde all'età di Lorenzo de' Medici (1469-1492), segnato dalla rinascita della letteratura in volgare.

Il 1492: un anno di svolta

La vera cesura però si ha nel **1492**, un anno di svolta in cui si verificano due eventi decisivi: **la scoperta dell'America** e, in Italia, **la morte di Lorenzo**. La scoperta dell'America produce cambiamenti importanti: aumentano il potere e la ricchezza delle grandi monarchie atlantiche (Spagna, Portogallo, Francia, Inghilterra), mentre il Mediterraneo perde centralità. La circumnavigazione dell'Africa apre inoltre una nuova strada nei rapporti con l'Oriente. Cambia la percezione che l'uomo occidentale ha di se stesso e della Terra, aprendo così la strada alle grandi scoperte scientifiche.

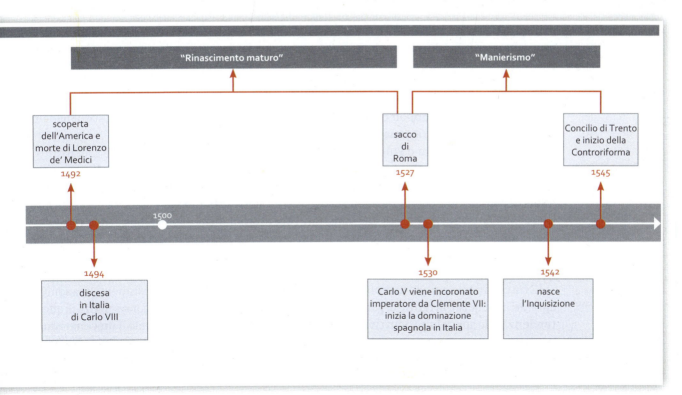

La crisi politica dell'Italia

In Italia la morte di Lorenzo de' Medici mette in crisi il sistema di equilibrio tra gli Stati italiani. Due anni più tardi, nel **1494**, la **discesa in Italia di Carlo VIII**, re di Francia, trasforma la penisola in una terra di conquista per le potenze straniere.

La seconda fase della civiltà umanistico-rinascimentale

Nel periodo che va **dal 1492 al Concilio di Trento (1545)** il Rinascimento raggiunge il suo culmine per poi esaurirsi pian piano. Anche questa seconda fase della civiltà umanistico-rinascimentale può essere suddivisa in due momenti:

- il **"Rinascimento maturo"** che va dal 1492 al 1527 (data del sacco di Roma) ed è l'**apogeo della civiltà rinascimentale**, caratterizzato dall'**egemonia culturale dell'Italia** in Europa e da una straordinaria **fioritura delle arti**: è l'epoca di Michelangelo, Raffaello, Ariosto, Machiavelli, Bembo, Castiglione. L'attività letteraria e artistica è posta al centro della nuova civiltà, ritorna il predominio del volgare come lingua letteraria e si giunge ad una complessiva riformulazione dei generi letterari. Intanto, dopo la morte di Lorenzo de' Medici, Firenze perde la sua preminenza a favore di **Roma**, che papi importanti come Giulio II, Leone X e Clemente VII trasformano nel principale centro culturale d'Europa;
- il **Manierismo**, che ha inizio con il tragico shock del **sacco di Roma (1527)** e si protrae per oltre un quindicennio, fino al 1545, data del Concilio di Trento e dell'inizio della Controriforma (che è la dura reazione della Chiesa alla Riforma protestante avviata da Lutero nel 1517). Il Manierismo implica l'idea di un'imitazione artificiosa della "maniera" (cioè dello stile) e dei modelli elaborati nel Rinascimento: il classicismo è portato ad esasperazione e gli artisti lo accettano come una gabbia entro cui dibattersi, come un limite da forzare dall'interno per gusto dell'eccesso. Questo periodo è caratterizzato da una profonda **crisi politica e culturale** dell'Italia, che passa sotto il dominio spagnolo e perde anche il primato nelle arti, ed è quindi contraddistinto dalla coscienza del tramonto di un mondo splendido, da un senso di esaurimento e di fine.

2 La situazione italiana: dallo splendore alla decadenza

L'Europa in crisi: la stagnazione, le guerre e la minaccia turca

In Europa la prima metà del Quattrocento è un periodo di stagnazione e di **crisi economica**, aggravata dalle guerre che diventano sempre più costose, per l'impiego di milizie mercenarie, e sempre più sanguinose, a causa dell'uso bellico della polvere da sparo e dello sviluppo delle armi da fuoco. In particolare la Francia e l'Inghilterra risentono negativamente degli effetti della lunghissima **guerra dei Cent'anni**, che si conclude nel 1453. In più un nuovo pericolo è alle porte: nel 1453 **i Turchi conquistano Costantinopoli** e impongono la loro presenza nel Mediterraneo, costituendo una minaccia per l'Europa Orientale e insidiando i traffici marittimi di Venezia.

La ripresa economica in Italia

A differenza del resto d'Europa, l'Italia però è in ripresa. La crescita coinvolge soprattutto il Centro-Nord della penisola, mentre nel Sud sopravvivono o rinascono forme feudali: è in questo periodo che comincia a manifestarsi nel nostro Paese una notevole **differenza di sviluppo fra Nord e Sud**. In particolare la crescita economica riguarda gli Stati di **Milano** e di **Venezia** e la Toscana: nel caso di Milano e Venezia è legata alle importanti opere di bonifica e allo sviluppo di una vivace borghesia rurale, mentre a **Firenze** è dovuta alla presenza di una **borghesia dinamica** che si specializza nella manifattura dei tessuti di seta e nei traffici di generi di lusso, come le spezie, il pepe e, appunto, la seta.

Mecenatismo e prodotti di lusso

E tuttavia per lo più questi profitti non vengono impiegati per nuovi investimenti, ma sono indirizzati all'acquisto di terre o di generi di lusso, di palazzi, di opere d'arte. Le conseguenze di questa **tendenza alle spese improduttive** sono duplici: sul breve termine si diffonde il **mecenatismo** e si assiste alla fioritura di un'eccezionale produzione artistica; sul lungo termine, però, essa finisce per favorire un **processo di decadenza**. Alla fine del Quattrocento, mentre il resto d'Europa esce dalla crisi grazie al dinamismo di una nuova borghesia capitalistica, l'Italia si ferma.

L'Italia a metà del Quattrocento

Le Signorie

Una nuova aristocrazia, costituita dalla parte più ricca della vecchia nobiltà e della borghesia cittadina, forma un'**oligarchia** che ha il dominio dei nuovi **Stati regionali**, gestendo il potere in proprio o, nella maggior parte dei casi, assegnandolo a un unico signore, che lo trasmette ai figli. Nasce il sistema delle **Signorie**, in cui lo Stato diventa una proprietà personale e familiare. Questo potere unico e accentrato da una parte diminuisce le contraddizioni interne al governo dello Stato, ma dall'altro è sottoposto all'insidia di congiure che nascono in seno alla stessa oligarchia dominante (o che addirittura sono tramate dai membri della stessa famiglia del signore) e può produrre un dominio autoritario e duro, che approfondisce la distanza esistente tra le classi sociali e tra città e campagna.

Un quarantennio di pace

L'**equilibrio politico** tra i diversi Stati italiani è garantito da un delicato sistema di alleanze, in un gioco di pesi e contrappesi, tra i **cinque Stati principali**: Milano, Venezia, Firenze, lo Stato della Chiesa, il Regno di Napoli. Ognuno di essi è abbastanza forte da impedire l'espansione degli altri, ma è troppo debole per imporsi a livello nazionale sui concorrenti. È il **particolarismo** italiano, che non ha equivalente negli altri Paesi europei, in cui si affermano invece i grandi Stati nazionali. La **pace di Lodi (1454)** firmata fra i cinque maggiori Stati italiani segna la raggiunta consapevolezza di questo equilibrio e garantisce una relativa pace per un quarantennio.

IL SIGNIFICATO DELLE PAROLE

● **Oligarchia**
L'*oligarchia* è una forma di governo in cui il potere è detenuto da una ristretta cerchia di persone, è nelle mani di pochi (in greco *olígos* significa 'poco').

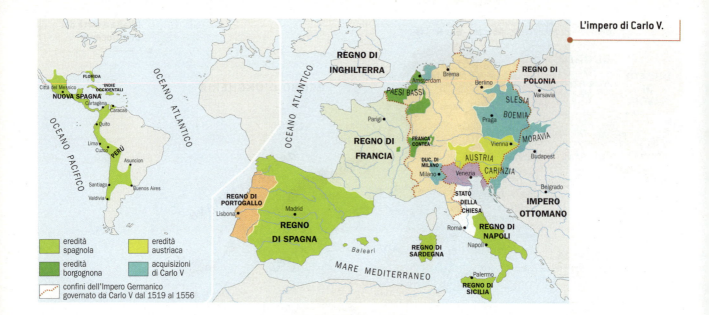

L'impero di Carlo V.

L'Italia diventa terra di conquista

La **morte di Lorenzo de' Medici**, signore di Firenze, nel **1492** mette in crisi questo equilibrio. Non è un caso che appena due anni dopo, nel 1494, il re francese Carlo VIII entra in Italia con le sue truppe: da questo momento in poi la penisola diventa una **terra di conquista**, preda delle ambizioni espansionistiche di Francia e Spagna.

Il conflitto tra Spagna e Francia e la pace di Cateau-Cambrésis (1559)

La prima metà del Cinquecento è infatti dominata dal **conflitto tra Spagnoli e Francesi**. Le diverse spedizioni di conquista condotte a più riprese da diversi sovrani francesi, anche quando sono vittoriose, non portano però alcun risultato duraturo. Viceversa l'Italia finirà per cadere sotto il **dominio della Spagna**, che già nel 1503 si insedia stabilmente nel Regno di Napoli e nel 1559 con la **pace di Cateau-Cambrésis** sancisce il proprio potere su buona parte della penisola. La Sardegna, la Sicilia, l'Italia Meridionale, il ducato di Milano, la costa tirrenica passano sotto il dominio diretto della Spagna; ma subiscono l'egemonia spagnola anche Firenze e la Toscana, affidate alla dinastia dei Medici, e Genova. Mantengono la propria indipendenza solo Venezia, lo Stato della Chiesa, Mantova, Ferrara, Lucca e il Ducato di Savoia.

Il primato culturale di Roma

Fra questi Stati solo **Venezia** è una grande potenza economica e militare. **Roma** invece ha un ruolo grandioso in campo culturale nel primo trentennio del Cinquecento. Sul soglio pontificio si succedono una serie di **papi-principi** (come Alessandro Borgia, Giulio II, Leone X e Clemente VII, che come il suo predecessore è della famiglia dei Medici) che finanziano un dispendioso **mecenatismo**, mondanizzano la Chiesa, la coinvolgono in spregiudicate speculazioni religioso-finanziarie come la **vendita delle indulgenze** (per cui dietro versamenti di denaro si assicuravano la remissione dei peccati e l'abbreviazione della espiazione in Purgatorio). Sono chiamati a Roma artisti come Bramante, Michelangelo, Raffaello e letterati come Bembo, Aretino, Castiglione.

Il sacco di Roma e la decadenza dell'Italia

S • Un ufficiale dell'esercito imperiale descrive il sacco di Roma (A. Chastel)
S • Le conseguenze del sacco di Roma per gli intellettuali italiani (A. Chastel)

Il **sacco di Roma** mette fine bruscamente a questo splendore. Nel maggio **1527** marciano su Roma i lanzichenecchi dell'imperatore **Carlo V**, che è erede sia della corona di Spagna sia della dinastia degli Asburgo e pertanto governa un territorio enorme («Sul mio impero non tramonta mai il sole», è l'affermazione che gli si attribuisce: difatti i suoi possedimenti andavano dall'America alla Spagna, dall'Austria alle Fiandre). Le truppe dell'Imperatore assediano il papa Clemente VII rifugiatosi a Castel Sant'Angelo, saccheggiano e mettono a ferro e fuoco la città, infine si ritirano. È uno **shock che colpisce l'immaginario dell'epoca**: la facile devastazione della capitale della classicità e della civiltà rinascimentale mette a nudo in modo inaspettato e traumatico la fragilità su cui poggia l'apparente splendore delle corti italiane. È la fine di un'epoca. Ha inizio la crisi italiana.

L'Italia dopo la pace di Cateau-Cambrésis.

3 Un mondo in trasformazione: la scoperta dell'America, la Riforma protestante e i nuovi assetti sociali ed economici in Europa

Nascita di un mercato mondiale

La rivoluzione dei prezzi

La scoperta dell'America nel 1492, la nascita di un impero coloniale spagnolo al di là dell'Oceano, la circumnavigazione dell'Africa e lo sviluppo di un impero commerciale da parte dei Portoghesi, la trasformazione di Anversa in grande centro commerciale e finanziario creano per la prima volta un **mercato mondiale** che richiede una sempre maggiore disponibilità di capitali. L'afflusso di metalli preziosi, provenienti dai tesori aztechi e inca saccheggiati dai *conquistadores* spagnoli e dalle miniere d'argento peruviane e messicane, produce una **spirale inflazionistica**: è la rivoluzione dei prezzi. A partire dagli anni Venti sino alla fine del XVI secolo i prezzi aumentano di cinque, sei volte, indebolendo le categorie a reddito fisso, in particolare i proprietari terrieri che avevano affittato le loro

---

IL SIGNIFICATO DELLE PAROLE

● **Inflazionistica**
L'aggettivo *inflazionistico* deriva dal sostantivo 'inflazione', termine con cui si indica quel fenomeno economico negativo per cui aumenta in maniera vertiginosa la quantità di moneta circolante e ciò provoca una diminuzione (o addirittura un crollo) del suo potere d'acquisto.

S • I traffici transoceanici e la situazione economica in Europa (M. Cipolla)

Le categorie sociali avvantaggiate

Il pauperismo

La difficoltà dell'economia italiana

La politica economica della curia pontificia

La vendita delle indulgenze

I movimenti di Riforma

La reazione della Chiesa

terre con contratti a lungo termine e i lavoratori salariati, e favorendo invece gli speculatori finanziari e i datori di lavoro. L'inflazione è determinata anche dalla maggiore circolazione dei titoli di credito e dall'indebitamento crescente degli Stati, dovuto soprattutto al costo sempre più elevato delle guerre per il pagamento delle milizie e per l'acquisto delle armi da fuoco.

Le nuove categorie dei **mercanti**, dei **banchieri**, dei **funzionari borghesi** risultano particolarmente avvantaggiate da questa situazione, che determina invece nelle classi sociali svantaggiate **vasti fenomeni di pauperismo**. Nelle campagne il fenomeno è ancora più grave e la miseria dilaga anche a causa della tendenza a sostituire i piccoli coltivatori diretti con i braccianti salariati. E infatti un altro elemento del quadro economico-sociale è rappresentato dalle **rivolte dei contadini**, represse duramente nel sangue.

In questa situazione la presenza degli **Italiani** sul mercato mondiale, per quanto ancora considerevole, comincia a incontrare alcune **difficoltà**. Alla base di esse vi sono tre elementi: 1) la **pressione dei Turchi** a est e sul Mediterraneo: l'Impero ottomano non solo giunge nel 1529 ad assediare Vienna, ma conquista Siria, Egitto, Rodi, Algeri e, per un certo periodo, Tunisi; 2) la **concorrenza dei Portoghesi** che importano le spezie dall'Oriente circumnavigando l'Africa e saltando l'intermediazione commerciale degli Arabi da cui dipendeva invece il commercio veneziano; 3) la **lontananza dall'Atlantico** che sfavoriva gli Italiani, rispetto a Spagnoli, Portoghesi, Olandesi, Inglesi, nel rapporto con il nuovo mondo americano. L'**economia italiana** si trova, dunque, in una situazione di maggiore **precarietà** rispetto al secolo precedente. Se si aggiungono la forte presenza di aspetti feudali, localistici, particolaristici, a causa anche della mancanza di uno stato nazionale, e la tendenza allo sperpero delle maggiori corti e soprattutto della più prestigiosa, la curia romana, si può capire la ragione delle difficoltà italiane, che sono ancora sotto controllo nei primi decenni del secolo, ma che diventeranno poi sempre più gravi.

La **curia pontificia**, divenuta ormai una corte come le altre, aveva bisogno inoltre di un afflusso costante di denaro. Esso serviva infatti non solo per il mantenimento dell'apparato burocratico e per il mecenatismo culturale, ma anche per il lusso e per la raffinatezza dei costumi e per la politica di nepotismo con la quale i vari pontefici favorivano e arricchivano i loro familiari. La **vendita delle indulgenze** costituiva un vero e proprio affare che vedeva coinvolti alti prelati, banchieri, familiari dei papi. Fu questa una delle **ragioni scatenanti della Riforma** promossa in Germania, a partire dal **1517**, da **Martin Lutero**, che mirava ad abolire la mediazione della Chiesa nel rapporto fra Dio e i fedeli e a sancire il principio del libero esame dei testi sacri. Mentre la Riforma si estendeva alla Danimarca, alla Svezia e, in parte, all'Olanda, diversi movimenti religiosi di scissione dalla Chiesa si svilupparono anche in Svizzera, dapprima con Huldrych **Zwingli**, poi con Giovanni **Calvino**. Il calvinismo ebbe una considerevole penetrazione in Inghilterra, in Francia e anche, in misura minore, in qualche ambiente culturale italiano. In Inghilterra la politica antiecclesiastica di Enrico VIII nasceva però da esigenze più politiche che religiose, e sfociò nell'Atto di supremazia del **1534**, che dette vita alla **Chiesa anglicana**, autonoma da quella romana.

La **Chiesa di Roma**, che aveva scomunicato Lutero già nel 1520, dopo un'iniziale sottovalutazione della protesta, **reagì con la durezza** che aveva sempre riservato agli eretici e di cui era stato vittima, in Italia, anche Savonarola. Suoi strumenti furono soprattutto le misure repressive dell'**Inquisizione** e della **censura**, la formazione della **Compagnia di Gesù** sulla base dell'incondizionata

Lucas Cranach il Vecchio, *Ritratto di Martin Lutero*, 1528. Wittenberg, Lutherhaus.

Il pittore Lucas Cranach, amico personale di Lutero e uno fra i maggiori pittori tedeschi del XVI secolo, contribuirà a formulare il repertorio di immagini vicino alla spiritualità riformata luterana. Nei numerosi ritratti di Lutero adotta una tipologia semplice ed austera che prevede un taglio ravvicinato sul volto serio e impassibile.

obbedienza al papa, il **dogmatismo religioso** sancito dal Concilio di Trento (1545-1563). In Italia gli scarsi nuclei di intellettuali erasmiani (cioè seguaci di Erasmo da Rotterdam) e calvinisti vennero sgominati o costretti a ricorrere alla pratica del <mark>nicodemismo</mark>, cioè a celare nell'intimità i propri sentimenti religiosi continuando in pubblico a obbedire ai precetti della Chiesa romana.

Rapporto fra lo sviluppo della Riforma e la nascita dello "spirito capitalistico"

A fondamento delle teorie religiose luterane e calviniste, pur diverse fra loro, stava il bisogno di una **fede più intima**, mentre il **libero esame** delle sacre scritture, senza più la mediazione della Chiesa, esaltava lo **spirito di iniziativa individuale**. Le stesse concezioni volte a sostenere la **predestinazione della grazia** (l'uomo si salva perché ha avuto in dono da Dio la grazia della fede e non per le opere che compie) incoraggiavano nell'uomo una **tendenza all'autorealizzazione**, a verificare nel lavoro e nelle opere il proprio carattere di "eletto" da Dio. Ne derivavano la svalutazione dei doveri ascetici rispetto a quelli mondani e un **culto del lavoro**, della intraprendenza individuale, del rigore e del metodo con cui organizzare la vita e le attività professionali che hanno favorito lo sviluppo di uno **"spirito capitalistico"** fra i popoli protestanti (secondo uno studioso tedesco, Max Weber, sarebbe questa una delle ragioni per cui la borghesia capitalistica si è sviluppata nel nord Europa e in nord America e non in Spagna e in Italia, rimaste sotto il controllo della Chiesa cattolica: cfr. **S1**).

Il Concilio di Trento e la Controriforma

Nel 1545 si apre il **Concilio di Trento**, con cui inizia la Controriforma, cioè la reazione della Chiesa cattolica contro la Riforma protestante. È la fine del liberalismo della Chiesa: comincia un periodo di dogmatismo religioso dominato dalla **Santa Inquisizione (1542)**, che perseguita gli ebrei e i riformati, e dalla **Compagnia di Gesù** fondata da Ignazio di Loyola nel 1543, che controlla l'educazione e la diffusione della fede cattolica.

IL SIGNIFICATO DELLE PAROLE

- **Nicodemismo**
Il termine *nicodemismo* deriva dal nome del fariseo Nicodemo che, secondo il Vangelo di Giovanni (3, 1), si recò a visitare Gesù di notte e in segreto.

S1 — MATERIALI E DOCUMENTI

Il rapporto fra l'etica protestante e lo spirito del capitalismo

In un saggio uscito all'inizio del Novecento, il grande sociologo tedesco Max Weber mostra come l'etica del protestantesimo abbia incoraggiato il formarsi di uno spirito capitalistico.

▶▶ Ciò che è veramente riprovevole dal punto di vista morale, è l'adagiarsi nella ricchezza, il godimento della ricchezza colla sua conseguenza dell'ozio e degli appetiti carnali, soprattutto di sviamento dallo sforzo verso la vita eterna. E la ricchezza è sospetta solo perché porta con sé il pericolo di questo riposo; poiché il «riposo eterno dei Santi» è nell'al di là; ma sulla terra l'uomo per esser sicuro del suo stato di grazia deve «compiere le opere di Colui, che lo ha mandato fintanto che è giorno». Non l'ozio e il godimento, ma solo l'azione serve, secondo la volontà da Dio manifestamente rivelata, ad accrescimento della sua gloria. La perdita di tempo è così la prima e, per principio, la più grave di tutte le colpe. Lo spazio della vita è brevissimo ed infinitamente prezioso per affermare la propria vocazione. La perdita di tempo nella società, «la conversazione oziosa», il lusso, persino il dormire più di quel che sia necessario alla salute – da 6 ad 8 ore al massimo – è da un punto di vista morale, assolutamente riprovevole.

Non si dice ancora, come dirà Franklin:[1] «Il tempo è moneta» ma questa sentenza vale, per così dire, in senso spirituale: esso è infinitamente prezioso, perché ogni ora perduta è tolta al lavoro a servizio della gloria di Dio.

Senza valore, talvolta addirittura riprovevole, è anche la contemplazione inattiva, per lo meno se essa avviene a spese del lavoro professionale. [...]

Il lavoro è oltre a ciò, e sopra a tutto, lo scopo della vita prescritto da Dio. La sentenza di San Paolo «Chi non lavora non deve mangiare» vale senza restrizioni per tutti. La scarsa voglia di lavorare è sintomo della mancanza dello stato di grazia. [...]

Manca alla vita di chi è privo di professione il carattere sistematico-metodico, che è richiesto dall'ascesi laica.[2] Anche secondo l'etica dei Quaccheri[3] la vita professionale dell'uomo deve essere un conseguente esercizio ascetico della virtù, una preservazione del suo stato di grazia, che si esprime nella cura e nel metodo, con cui egli attende alla sua professione. Non il lavoro di per se stesso, ma un razionale lavoro professionale è ciò che Dio richiede.

M. Weber, *L'etica protestante e lo spirito del capitalismo*, Sansoni, Firenze 1987, pp. 200-202, 205.

1. **Franklin**: Benjamin Franklin (1706-1790), noto scrittore, scienziato e uomo politico americano.
2. **ascesi laica**: il termine "ascesi" deriva dal greco e significa 'esercizio', cioè l'insieme delle pratiche spirituali necessarie a raggiungere la perfezione interiore. Tra queste l'etica protestante inserisce anche l'attività e la disciplina professionale, che richiedono una dedizione tale da configurarsi come un «esercizio ascetico della virtù».
3. **Quaccheri**: setta protestante inglese, fondata nel XVII secolo.

4 La vita delle corti e la nascita del ceto intellettuale moderno

Il mecenatismo

Nel Quattrocento il **mecenatismo** delle corti diventa un fattore determinante nella produzione e nella organizzazione della cultura. Come abbiamo visto, infatti, i grandi guadagni accumulati dallo sfruttamento della terra e dal commercio vengono usati per spese improduttive, per la costruzione di sontuosi palazzi, per l'acquisto delle opere d'arte, per mantenere gli intellettuali di corte. Questa scelta, che alla lunga impoverirà l'economia del Paese, è però alla base dello **splendore artistico delle corti italiane**.

La civiltà di corte

La corte diventa il centro principale dell'elaborazione della cultura. I principi danno prova della loro magnificenza circondandosi di artisti e incoraggiando la fioritura delle arti. Nasce una vera e propria **civiltà di corte** (che, proprio nel momento del suo tramonto, sarà descritta con nostalgia da Castiglione nel *Cortegiano*) fondata sulla **raffinatezza dei costumi**, sul culto della bellezza, su un **ideale di armonia** ripreso dai modelli classici.

L'umanesimo cortigiano

Il principale elemento di novità dell'età umanistica è la nascita dell'**intellettuale-cortigiano**, che dipende dal mecenatismo signorile. A **Milano**, **Ferrara**, **Mantova**, **Roma**, **Napoli** abbiamo allora un **Umanesimo cortigiano**, promosso dal signore ed espressione del suo mecenatismo: gli intellettuali di corte provengono per lo più dalla nobiltà cittadina e dalle famiglie mercantili e vivono una condizione necessariamente subordinata nei confronti del potere da cui dipendono, anche se spesso rivendicano una **superiorità morale e intellettuale**. Questi intellettuali che vivono a corte si dedicano esclusivamente agli studi e alle arti, praticando l'*otium* letterario (cioè la dimensione intellettuale dello studio, separata dagli impegni pratici).

L'intellettuale-cittadino

Fanno eccezione a questo scenario **Firenze** e **Venezia**, in cui permangono a lungo **istituzioni repubblicane**: qui sopravvive fino al terzo-quarto decennio del Quattrocento un **Umanesimo civile** o repubblicano, in cui continua a prevalere la figura dell'**intellettuale-cittadino** (o intellettuale-legista) che partecipa attivamente alla vita del Comune e di solito è un notaio o un politico.

Umanesimo civile nella Firenze repubblicana

Così ad esempio nella **Firenze repubblicana** del primo Quattrocento continuano a sussistere forme di produzione della cultura tipiche dell'età comunale: gli umanisti più importanti, come Coluccio Salutati, Poggio Bracciolini, Leonardo Bruni affermano il **primato della vita attiva**, partecipano alla politica e detengono importanti cariche pubbliche. Questa tradizione di **Umanesimo civile** tende a scomparire alla metà del secolo. Anche se si prolungherà fino a Machiavelli, di fatto, con il **dominio dei Medici** (nel 1435 si instaura la Signoria di Cosimo de' Medici) inizia ad affermarsi anche in questa città la nuova figura dell'intellettuale che vive a corte sotto la protezione del signore.

	Umanesimo civile	Umanesimo cortigiano
dalla fine del Trecento alla metà del Quattrocento	Firenze e Venezia	Milano, Ferrara, Mantova, Roma, Napoli
	intellettuale-legista (notaio e politico) • partecipazione alla vita politica • primato della vita attiva	**intellettuale-cortigiano** • subordinazione al potere del signore ed esclusione dalla vita politica • primato della vita contemplativa e dedizione esclusiva agli studi letterari
dalla metà del Quattrocento in poi	crisi dell'Umanesimo civile	intellettuale cortigiano — alle dipendenze del Signore / intellettuale chierico — alle dipendenze del Papato

UMANESIMO CIVILE E UMANESIMO CORTIGIANO

Arco di trionfo di Alfonso d'Aragona, 1450-1460. Napoli, Castelnuovo.

L'arco di trionfo, tra le due torri che difendono l'ingresso, fu voluto da Alfonso d'Aragona a completamento della fortezza di Castelnuovo (nota anche come Maschio Angioino). La struttura, concepita da due archi sovrapposti, compresi da due torri colossali, fu eseguita da maestranze di varia provenienza: i nomi che emergono sono Guillén Sagrera, spagnolo, Francesco Laurana, dalmata, e Domenico Gagini, lombardo. Fu un cantiere di grande importanza, in cui molti artisti appresero ed elaborarono le novità del linguaggio umastico-rinascimentale che poi esportarono in altri centri.

L'intellettuale-cortigiano

Con la **scomparsa dell'Umanesimo civile** si impone definitivamente il modello dell'**intellettuale-cortigiano al servizio del signore**. In genere gli scrittori di questo periodo sono «erranti per mestiere» (Bec), costretti a passar di corte in corte, a viaggiare non solo per l'Italia ma anche in Europa, sottoposti a tutti gli imprevisti dei cambiamenti del potere signorile, della rivalità fra le corti e all'interno di esse. La stessa competitività all'interno del ceto intellettuale si fa più viva in seguito alla crescita dell'individualismo e al carattere sempre più privato che va assumendo il lavoro intellettuale.

Il mito della repubblica delle lettere e i compiti dell'intellettuale

Lo stesso concetto di **libertà** si va via via modificando: essa cessa di essere un requisito politico e diventa invece una **condizione privata**, collegata alla possibilità di dedicarsi agli studi, e dunque essa va ricercata con continui spostamenti. Insomma **l'intellettuale diventa uno specialista** e acquista sempre maggiore coscienza di far parte di un ceto sociale ormai autonomo e separato. Di qui il **mito umanistico di una repubblica delle lettere** sovranazionale, abitata da spiriti superiori che amano gli studi classici e la filosofia. Mentre però l'intellettuale sogna una utopica repubblica delle lettere e tende a rivendicare per sé una libertà privata in nome di una superiore missione del dotto, di fatto egli è costretto a svolgere mansioni sempre più specifiche e limitate e **lavori subordinati per conto del principe**. Si tratta di attività molto varie e diverse: deve ricoprire alcune mansioni amministrative, provvedere alla stesura di opere a carattere storico-encomiastico che elogino la casata del signore, dedicarsi alla produzione oratoria di circostanza, allestire feste e cerimonie, educare i figli del principe.

La crisi delle corti e la subordinazione dell'intellettuale

La discesa di Carlo VIII nel 1498, rivelando la precarietà del potere dei principi, pone gli intellettuali di fronte all'esigenza di assumere incarichi più tecnici e "professionali", come già accadeva presso le grandi monarchie nazionali europee. Nel periodo che va **dalla discesa di Carlo VIII al sacco di Roma** (1527), l'intellettuale umanista cerca di assumere una dimensione più concreta di **precettore sociale** e di **legislatore di modelli** (si pensi a Castiglione, che elabora il modello del cortigiano perfetto, o a Machiavelli che descrive il principe ideale) ma senza rinunciare alla superiore funzione di letterato-filosofo.

Crescita di importanza della curia di Roma...

La **crisi politica e militare delle corti** induce i letterati a cercare lavoro sempre più frequentemente presso la **curia di Roma**: essa è più stabile delle altre corti e ha bisogno di un apparato culturale più vasto e complesso, che esige la creazione di molti posti di lavoro per segretari e funzionari e promuove carriere ecclesiastiche di sostegno agli intellettuali offrendo loro dei benefici economici. Alla figura dell'intellettuale cortigiano, che dipende da un signore, si affianca così quella dell'**intellettuale-chierico inserito in una gerarchia ecclesiastica. Si assiste, insomma, ad un processo di clericalizzazione dell'intellettuale, di cui sono illustri esempi le carriere di Bembo e Castiglione.

Di pari passo l'importanza culturale di Roma cresce oscurando quella di Firenze, la città che era stata la culla dell'Umanesimo, dove ancora resiste una residuale tradizione civile (incarnata soprattutto da Machiavelli e Guicciardini), legata alle alterne vicende del governo cittadino, in cui le spinte repubblicane entrano in conflitto con il potere mediceo.

Dopo il sacco di Roma, c'è un'involuzione anche nella curia romana, che appare ormai più preoccupata di reagire ai successi della Riforma e di controllare dogmaticamente l'operato degli uomini di cultura. Ogni spazio di libertà si riduce ulteriormente. L'**Inquisizione** (1542), la censura sulla stampa e poi l'**Indice dei libri proibiti** (1559, cfr. **S2**) sono strumenti repressivi di un **controllo religioso e politico** che si fa sempre più pesante.

L'intellettuale che vive nelle corti o nella curia si trasforma così in un mero "ministro": diventa cioè un **funzionario subordinato** e un **burocrate con precise competenze tecniche e professionali** che risponde del proprio operato non già direttamente al principe (o al papa) mecenate, ma ad altri burocrati più importanti di lui.

S • La clericalizzazione degli intellettuali (F. Gaeta)

... a danno di Firenze

Nel clima della Controriforma

L'intellettuale diventa un funzionario

Lorenzo Costa, *Allegoria della corte di Isabella d'Este* (detta anche *Incoronazione di Isabella d'Este*), 1505-1506. Parigi, Museo del Louvre.

Il dipinto fa parte di una serie di cinque opere tutte conservate al Louvre e commissionate dalla Marchesa di Mantova Isabella d'Este per il suo studiolo nel Castello di San Giorgio al palazzo ducale di Mantova. È una immagine mitizzata della corte non solo per il ricorso alla ambientazione ideale del paesaggio, ma anche per il linguaggio allegorico con cui viene descritto l'evento dell'incoronazione di Isabella d'Este da parte di Amore.

S2 INFORMAZIONI

La Chiesa e la stampa: l'Indice dei libri proibiti

La stampa svolse un ruolo determinante nella diffusione della riforma luterana: lo dimostra la quantità enorme di libri stampati in Germania nel Cinquecento (circa 180.000, un terzo dell'intera produzione europea).

La Chiesa di Roma si rese conto dell'importanza che aveva il controllo ideologico sull'attività editoriale per impedire la penetrazione della Riforma nei paesi cattolici. In una prima fase furono i singoli stati o università prestigiose, come quella di Parigi o di Lovanio, ad emanare misure contro i libri luterani. Solo nel 1559 Paolo IV pubblicò il primo Indice dei libri proibiti, emesso direttamente dall'autorità pontificia.

L'opera maggiormente colpita fu paradossalmente la Bibbia, di cui furono condannate tutte le traduzioni in volgare e in latino, esclusa la *Vulgata* (l'antica versione di san Gerolamo). La censura di Paolo IV, oltre a proibire i testi protestanti veri e propri, mise all'indice tutte le opere sospette di idee antipapali o che trattavano argomenti contrari alla morale cristiana. Perciò quasi tutte le opere pubblicate a stampa negli ultimi quaranta anni furono tolte di circolazione, dal *De Monarchia* di Dante alle novelle del Boccaccio agli scritti di Machiavelli ai classici latini e greci. L'intera produzione di Erasmo da Rotterdam fu messa al bando. Fu proibita inoltre la circolazione delle opere pubblicate da sessanta tipografie svizzere e tedesche, che avevano stampato in passato testi non conformi all'ortodossia cattolica.

Un secondo Indice, meno drastico, fu emanato nel 1564. Sette anni dopo nacque la Congregazione dell'Indice con il compito di controllare l'attività editoriale e di aggiornare il catalogo dei libri proibiti. L'inserimento nell'Indice significava per il libro la condanna al rogo. Roghi si accesero ovunque nell'Europa cattolica e non solo di libri: anche autori e tipografi subirono processi e condanne. Le conseguenze sulla stampa furono sconvolgenti. Controlli, perquisizioni e confische crearono – soprattutto in Italia e nei domini spagnoli – un clima di sospetto e di repressione che rese precaria e rischiosa l'attività intellettuale e danneggiò economicamente l'editoria.

5. L'organizzazione della cultura e l'invenzione della stampa

S • I centri culturali delle corti italiane

I cenacoli

Abbiamo visto come la corte diventi nel Quattrocento il principale centro di produzione della cultura. Accanto all'iniziativa delle corti, va registrata però anche quella degli stessi umanisti, riuniti in **cenacoli o in accademie**, talora indipendentemente dal potere signorile, talora invece sotto la sua protezione. I cenacoli erano aggregazioni volontarie e, all'inizio, informali (cfr. vol. 1, Parte Seconda, cap. I, § 5). Gruppi di umanisti si riuniscono al di fuori delle sedi tradizionali del sapere, nella casa di uno di loro, o in un convento, o in una sede messa a disposizione dal potere politico, per discutere liberamente dei propri studi e dei problemi filosofici ed etici che essi suscitavano.

Un modo nuovo di concepire la conoscenza

I cenacoli nascono dunque dall'esigenza del confronto fra posizioni diverse, dello scambio di esperienze intellettuali, del dialogo aperto. La formula organizzativa del cenacolo risponde da un lato a un bisogno di identità dei nuovi gruppi intellettuali, dall'altro anche a un modo diverso di concepire **la conoscenza**: questa non coincide più con un apprendimento di verità già date, ma è vista come un percorso di ricerca fondato sull'interscambio, su un atteggiamento fondamentalmente interdialogico, cioè fondato sul **dialogo**, sul confronto delle idee. Anche la **nozione di verità** si va dunque modificando: essa non è più qualcosa di assoluto e di dogmatico, ma diventa **processuale** – dunque legata a un "processo", a un cammino comune – e relativa. Il genere stesso del **dialogo**, che nasce nel Quattrocento in ambiente umanistico, si afferma proprio in relazione alla nuova «consapevolezza del valore conoscitivo della discussione» (De Caprio). Un'altra forma di comunicazione, sia fra i membri dello stesso cenacolo, sia fra i vari cenacoli, sia fra i singoli umanisti, è rappresentata dall'**epistola** (lettera). Anche il genere epistolare serve insomma come un poderoso strumento di coesione del ceto intellettuale: l'epistola, come il dialogo, presenta infatti una struttura aperta, presuppone un interlocutore e un atteggiamento conversativo e dialogico.

Il genere del dialogo

Il cenacolo, il dialogo, l'epistola

S • I cenacoli umanistici (V. De Caprio)

Le accademie

Alcuni cenacoli mantengono sempre una struttura non formalizzata, altri invece tendono a organizzarsi e a divenire **accademie** (cfr. **S3**). Queste ultime presentano forme più fisse e centralizzate, si fondano su rituali precisi e a volte su un vero e proprio cerimoniale. La struttura delle accademie si sviluppa soprattutto nella seconda metà del Quattrocento e si prolungherà sino a tutto il Settecento.

S3 — ITINERARIO LINGUISTICO

Accademia

Intorno al 387 a.C., il filosofo greco Platone acquistò un giardino alle porte di Atene, presso un bosco consacrato all'eroe attico Academo e perciò chiamato *akadémeia*: in questo giardino Platone si riuniva con i propri discepoli dando vita alla più antica scuola filosofica di Atene, detta a sua volta "Accademia" (dal latino *academia*) dal nome del luogo; "Accademia" è detta anche la dottrina di Platone, che egli insegnò per quarant'anni (fino al 347 a.C., anno della sua morte) e che continuò, nei secoli III e II a.C., nelle forme diverse della accademia media e nuova, giungendo fino ai Romani. Con la diffusione e l'affermazione del Cristianesimo, l'Accademia conobbe un periodo di crisi che si concluse con lo scioglimento della scuola a opera di Giustiniano (529 d.C.), il quale vedeva in essa una possibile fonte di eresie.

Solo nel XV secolo il pensiero di Platone conosce una vigorosa ripresa in ambito umanista con personalità quali Marsilio Ficino o Pico della Mirandola. Il termine "accademia" torna così in uso, ma avendo perso sia il significato originario di 'giardino di Academo' sia quello successivo di 'scuola e dottrina di Platone'. A partire dal Quattrocento, "accademia" significa infatti 'associazione di artisti, di letterati o di scienziati che si riuniscono con il fine di incrementare la cultura, promuovendo gli studi in vari campi'.

Oggi "accademia" ha anche un significato figurato: 'ostentazione di erudizione o di eloquenza, discussione a vuoto'; questa accezione negativa è presente anche nell'aggettivo "accademico" che, accanto al significato primario di 'relativo all'accademia', vale 'che segue pedantemente la tradizione, privo di novità, vuoto'.

Un altro significato odierno del termine "accademia" è 'università'. Un accademico è un professore universitario. Esistono poi, anche oggi, le Accademie, talora riconosciute dallo Stato e particolarmente prestigiose: per esempio, in Italia, l'Accademia dei Lincei.

La biblioteca pubblica — Altra forma di organizzazione culturale che ha un grande sviluppo in questo secolo è **la biblioteca pubblica**. Essa può essere creata da privati ma più spesso è promossa dal principe-mecenate. A volte può trattarsi di biblioteche specializzate, come quella creata dal duca Federico di Montefeltro a Urbino che si limita a raccogliere codici antichi e manoscritti. In genere però la biblioteca tende ad accogliere tutta la numerosissima nuova produzione libraria a stampa.

Le università — Un ruolo minore ha, invece, in questo periodo l'insegnamento universitario. L'ambiente delle **università** resta infatti refrattario all'Umanesimo e più legato alla tradizione medievale.

Le stamperie — A partire dall'invenzione della stampa, luogo d'incontro degli umanisti poteva essere anche **la stamperia e la bottega del libraio**. I prototipografi (come si chiamano i primi stampatori) avevano infatti bisogno dei consigli e dell'esperienza filologica degli umanisti, e ne favorivano le riunioni e talora le aggregazioni. Per esempio, a Venezia, lo stampatore **Aldo Manuzio**, grande filologo, a partire dal 1491 cominciò a riunire presso la sua stamperia i dotti della sua città sino a formare qualche anno dopo l'Accademia Aldina.

S4 ARTE
L'individuo, il potere e la gloria

Nel corso del Quattrocento l'iconografia artistica si appropria dei temi della cultura umanistica, tra cui uno dei più diffusi è la celebrazione della gloria terrena. Il desiderio di fama e di prestigio personale spinge i principi a legare il proprio nome alle opere d'arte. Sulla scorta dell'antichità nascono così nuovi generi. Particolare importanza assumono il ritratto (cfr. fig. 1, Piero della Francesca, *Federico da Montefeltro*) e il monumento equestre (cfr. fig. 2, Donatello, *Monumento equestre a Erasmo*

[1] Piero della Francesca, *Ritratto di Federico da Montefeltro*, 1465 ca. Firenze, Galleria degli Uffizi.

Il ritratto è di profilo e riprende la posa dei ritratti sulle medaglie romane cara alle corti quattrocentesche. Nel dipinto realismo e caratterizzazione individuale del personaggio si fondono con la solenne idealizzazione del ruolo. La figura si staglia in primo piano dominando su un paesaggio profondissimo, investita dalla luce che unifica i particolari fisici alla geometrica perfezione delle forme.

[2] Donatello, *Monumento equestre a Erasmo da Narni*, detto il Gattamelata, 1446-1450. Padova, Piazza del Santo.

Questo monumento costituisce il modello delle statue equestri che saranno costruite in Europa fino al XX secolo. La novità sta nel fatto che il monumento non sormonta più una tomba, come accadeva nel Trecento, ma è l'esaltazione della gloria terrena dell'uomo e del suo valore individuale. Qui per la prima volta un condottiero viene raffigurato a cavallo in una statua posta al centro della città. Non è un ritratto, il personaggio è idealizzato sul modello dei monumenti romani.

da Narni, detto il Gattamelata). Essi celebrano figure di principi e di condottieri: la loro potenza, energia e vitalità sintetizzano le virtù tipiche dell'individuo rinascimentale.

Anche il tema del Trionfo è strettamente legato all'esaltazione dell'individuo e del suo potere; non a caso *Il trionfo di Federico da Montefeltro*, ad opera di Piero della Francesca, si trova sul rovescio della tavoletta che ne contiene il ritratto.

La gloria personale si basa su un potere che ha il suo centro nella corte. La celebrazione della vita di corte ispira i cicli di affreschi che adornano i palazzi signorili, da quelli del palazzo Schifanoia di Ferrara, eseguiti da Francesco del Cossa (1434-1478) a quelli del Castello di San Giorgio a Mantova ad opera del Mantegna (cfr. fig. 3, *La camera degli sposi*). Le tematiche cavalleresche del gotico internazionale lasciano il posto a una fastosa rappresentazione del clima culturale e mondano della corte rinascimentale. Le scene sono tutte dominate dalla figura del Signore, in questo caso di Ludovico e Barbara di Brandeburgo, mentre l'autoritratto di Mantegna in una scena della famiglia ducale testimonia nell'artista la coscienza di un nuovo prestigio sociale e insieme la sua integrazione nel colto ambiente umanistico.

Il ritorno all'antico e la ripresa di soggetti mitologici si intensificano nel corso del Quattrocento come supporto ad una visione del mondo laica, basata su valori etici diversi da quelli medievali.

Anche l'architettura presenta significative novità: le costruzioni civili si affiancano per importanza alle costruzioni religiose. Il palazzo privato, insegna del potere mercantile e signorile, diventa un monumento, costruito secondo i principi di decoro classico tipici delle chiese (cfr. fig. 4, L.B. Alberti, *Palazzo Rucellai*). Fenomeno nuovo è la proliferazione delle ville di campagna. Il ritiro in villa, consigliato dalla situazione economica, è incoraggiato dalle suggestioni che esercita sui poeti umanisti la letteratura bucolico-pastorale classica. Essi celebrano la campagna come luogo ideale dell'*otium*, allietato dalle bellezze della natura e dell'arte. Un esempio significativo è la Villa Medici di Poggio a Caiano, opera di Giuliano da Sangallo (1485-1513) e sede di cenacoli umanistici.

[3] Andrea Mantegna, *La camera degli sposi*, 1474. Mantova, Castello San Giorgio.

I personaggi della corte sono raffigurati con precisione realistica nella spontaneità dei loro gesti e movimenti. Ampie architetture classicheggianti racchiudono la scena in uno spazio prospettico che conferisce all'insieme un perfetto dosaggio di naturalezza e solennità.

[4] Leon Battista Alberti, *Palazzo Rucellai*, 1450-1460. Firenze.

Il palazzo costituisce il modello dell'architettura civile rinascimentale, per l'imponenza della mole, la sua espansione in senso orizzontale e la geometrica definizione dello spazio della facciata. Essa è suddivisa in tre piani, ritmati da lesene di ordine diverso (dorico, ionico e corinzio) secondo il modello antico del Colosseo. Queste decrescono man mano che salgono ai piani superiori, creando un effetto prospettico di maggiore slancio dell'edificio verso l'alto.

L'invenzione della stampa e le sue conseguenze

L'invenzione della **stampa a caratteri mobili** in piombo avvenne a **Magonza** intorno al **1455**: la prima opera, una Bibbia composta con pagine di 42 righe ciascuna, uscì il 14 ottobre **1457** e fu firmata non da Johann Gutenberg, cui in genere si attribuisce la scoperta, ma dai suoi ex-soci Fust e Schöffer (cfr. **S5**). Essa poi si diffuse rapidamente in tutta Europa, **trasformando** radicalmente **il sistema delle comunicazioni**, il modo di leggere e di rapportarsi al libro. Anzitutto il libro a stampa contribuisce a togliere alla scrittura il suo carattere sacro e solenne e a **laicizzare la cultura**: esso tende a diventare una merce come un'altra, facilmente riproducibile (fra l'altro, esso costa molto meno del manoscritto). In secondo luogo si modifica il rapporto con l'immagine, che perde progressivamente importanza rispetto alla lettura. In terzo luogo la **lettura diviene sempre più astratta**: cessa di essere ad alta voce e diventa muta. Infine il libro favorisce l'alfabetizzazione, **allarga il pubblico dei lettori**, trasforma l'insegnamento sostituendo sempre di più l'oralità (che prima ne costituiva l'elemento principale) con la lettura.

Altre conseguenze

Altre conseguenze importanti da ricordare sono le seguenti: 1) mentre il testo manoscritto, passando di trascrizione in trascrizione, veniva annotato, ammodernato, modificato, trasferito nel presente, e ciò favoriva, nella tradizione medievale, una confusione fra il passato e l'attualità, ora il testo a stampa dei classici, reintegrati nelle loro versioni originali, li riconduceva alla loro lontananza temporale ed estraneità all'oggi, favorendo il **distacco scientifico e filologico** degli studi; 2) il libro a stampa è più stabile di quello manoscritto e costituisce perciò un evento fondamentale per la storia filologica di un testo; 3) diventa costante in esso l'**impiego della punteggiatura**, assente nei codici antichi; 4) la scelta delle opere pubblicate dai maggiori editori si presta a diventare un **«canone»**, a stabilire cioè una tradizione e una gerarchia di valori; 5) la lingua viene fissata in un modello astratto e immobile che favorisce la sempre maggiore **distanza fra parlato e scritto** (cfr. **S6**).

S • La rivoluzione della stampa

S5 — INFORMAZIONI

L'invenzione della stampa

La stampa silografica (su legno) era nota in Cina già sotto la dinastia dei Song (960-1279). Poi si sviluppò con l'invenzione di caratteri in bronzo e in piombo sotto l'imperatore T'agong della dinastia dei Yi (1400-1418), prima, dunque, dell'invenzione di Gutenberg in Occidente. Ma la stampa restò requisito esclusivo degli imperatori e riservata unicamente al palazzo imperiale e agli alti funzionari: non dette vita, insomma, a un mercato ed ebbe scarsa diffusione e incisività.

In Occidente si attribuisce l'invenzione a Giovanni Gensfleisch, detto Gutenberg (in tedesco 'Buona montagna') dall'insegna della casa del padre (*Zu Guten Bergen*). Gutenberg nacque a Magonza, in Germania, un po' prima della fine del Trecento e morì nel 1468. Suo padre era il capo della zecca e così sin da piccolo egli ebbe dimestichezza con i metalli e la loro lavorazione. Cominciò a lavorare alla stampa intorno al 1448, in società con Giovanni Fust, che aveva messo i capitali della comune iniziativa. In seguito a una lite giudiziaria, Gutenberg lasciò il lavoro comune cosicché il primo libro a stampa, la Bibbia di Magonza, uscì con la firma degli altri due soci, Giovanni Fust e Peter Schöffer, nel 1457.

In Italia la stampa fu introdotta da Conrad Sweynheym e Arnold Pannartz, provenienti dall'officina di Fust. Essi installarono una tipografia a Subiaco poco dopo il 1460 e stamparono nel 1465 il *De oratore* [L'oratore] di Cicerone. La prima opera in volgare pubblicata in Italia è il *Canzoniere* di Petrarca stampato a Venezia nel 1470 da un altro tipografo tedesco, Vindelino da Spira. A Venezia si ebbe il maggior numero di tipografie, fra le quali divenne presto famosa quella di Aldo Manuzio.

Uno dei due volumi della Bibbia gutenberghiana delle 42 linee. Magonza, Gutenberg Museum.

Aretino e il lavoro editoriale a Venezia

Tra gli scrittori italiani uno dei primi a intuire l'importanza della stampa fu Pietro **Aretino**. Non per nulla operava a Venezia, che, con le sue 200 stamperie, già all'inizio del Cinquecento era la capitale europea della stampa. Aretino capì che la stampa poteva diventare una vera e propria industria e che **il libro si poteva vendere come un prodotto qualsiasi**: per questo occorreva rivolgersi a un pubblico ampio, borghese e anche popolare. D'altra parte la diffusione dei libelli di propaganda – per esempio, nel nord Europa, quella religiosa dei luterani – e dei loro effetti era sotto gli occhi di tutti; il che indusse la Chiesa a rafforzare la censura sulla stampa e poi a istituire l'Indice dei libri proibiti (cfr. **S2**, p. 14). Ma ciò non impedì affatto la circolazione di edizioni clandestine.

S6 MATERIALI E DOCUMENTI

Le conseguenze della diffusione della stampa in Europa

Riportiamo alcune pagine in cui H.J. Martin mostra le conseguenze della diffusione della scrittura a stampa: la laicizzazione della cultura, lo sviluppo dell'alfabetizzazione, la riduzione del potere delle immagini.

▶▶ Nessuna invenzione ha colpito altrettanto le immaginazioni e nessuna è stata altrettanto celebrata dai contemporanei – proprio perché riguardava le cose dello spirito. Gargantua scrive nel 1532 a Pantagruel che la stampa era nata da una sorta di ispirazione divina, mentre l'artiglieria, come per contrasto, era il il risultato di un'ispirazione diabolica.[1] [...] Lutero si chiese talvolta se aveva avuto torto a tradurre la Bibbia per metterla fra le mani di lettori che ne traevano conclusioni ai suoi occhi condannabili. E si preoccupò, come molti umanisti del suo tempo; la proliferazione di libri non spingeva forse i suoi contemporanei a una lettura superficiale?

Tre secoli dopo Claude Frollo, l'arcidiacono di Nôtre Dame de Paris pronuncia, sfogliando un Pietro Lombardo stampato a Norimberga, questa frase in apparenza enigmatica: «Il libro ucciderà l'edifizio».[2] Di qui la famosa meditazione preceduta dal titolo celebre: *Questo ammazzerà quello*. Contemplando l'eroina del suo romanzo, la cattedrale violata dalla Rivoluzione, che si ergeva, scheletro spoglio delle sue statue, prima del restauro di Viollet-le-Duc, Victor Hugo annuncia in tono profetico che la stampa avrebbe ucciso la Chiesa, e che «il pensiero umano, mutando forma, cambierebbe il modo di esprimersi; che l'idea fondamentale di ogni generazione non si sarebbe più scritta allo stesso modo, che il libro di pietra, così solido e duraturo, avrebbe lasciato il posto al libro di carta ancora più solido e duraturo». E questo perché, diffuso dappertutto grazie alla stampa, era diventato in certo modo indistruttibile.

Discorso da poeta, certo. Ma di un poeta che presentiva i potenziali legami fra le costruzioni architettoniche e le strutture di pensiero d'un'epoca. E che anche c'incita a soffermarci a pensare a ciò che l'Occidente perse quasi a contropartita dell'invenzione della stampa.

Dapprima una certa forma di linguaggio delle immagini, che svanì nel corso di parecchi secoli. Abbiamo visto come la società del Medioevo prossimo alla fine, quella di Gutenberg, si trovasse ad essere in certo modo assillata dalle immagini e dalle forme della rappresentazione visiva che spesso ispiravano poeti e predicatori. Le stampe sono figlie di questo clima e i libretti silografici,[3] infelici rivali del libro tipografico, restano, contrariamente a ciò che si nota in Oriente, prima di tutto storie per immagini. Come le vetrate e gli affreschi delle chiese a cui rimangono strettamente legati, essi danno ai testi incisi il ruolo di semplici esplicitazioni o glosse[4] che, nella maggior parte dei casi, non sono neanche indispensabili per capire il racconto figurato. [...]

La scomparsa dei libriccini silografici conclude, in queste circostanze, il venir meno di un certo tipo di rapporti fra il testo e l'immagine che non tarderà a rinascere quando, nel secolo XIX, la comparsa di nuovi procedimenti, e in particolare della litografia,[5] ne renderanno facile la realizzazione. Al medesimo tempo si annuncia la scomparsa del linguaggio allegorico, che la logica della composizione tipografica riduce lentamente a un giuoco, a dispetto di tanti sussulti. Ormai l'illustrazione, collocata in testa all'opera, diventa pubblicità ed esaltazione dell'opera. Nel corso del testo, la figura o la tavola non è più altro che variazione o commento dei temi sviluppati, e conserva una forma di autonomia solo nelle opere scientifiche o tecniche. Al tempo stesso il libro a stampa diventa patrimonio delle *élites*. Di fronte all'aristocrazia si presenta come strumento di potere per la borghesia la cui ascesa si è trovata, appunto, ad essere legata all'uso della scrittura. Si capisce dunque che gli autori romantici, dei borghesi, l'abbiano esaltato, talvolta non senza qualche nostalgia delle società tramontate. E una volta di più si constata che nessun *medium*[6] è innocuo.

H.J. Martin, *Storia e potere della scrittura*, Laterza, Roma-Bari 1990, pp. 240-244, con tagli.

1 **Gargantua…diabolica**: si tratta della celebre lettera sull'educazione umanistica che Gargantua scrive al figlio Pantagruel contenuta nel *Gargantua e Pantagruel* (Libro II, cap. VIII) di François Rabelais.
2 **«Il libro ucciderà l'edifizio»**: Victor Hugo in *Nôtre Dame de Paris* (1831) fa le riflessioni che sono sotto riportate relative al potere della stampa di distruggere l'edificio della Chiesa.
3 **libretti silografici**: libretti illustrati con incisioni su legno.
4 **glosse**: note.
5 **litografia**: incisione su pietra.
6 **medium**: mezzo di comunicazione. L'autore osserva come nessun *medium* sia privo della capacità di nuocere. Il libro costituì infatti uno strumento di affermazione e di potere della borghesia contro l'aristocrazia feudale.

6. Una nuova visione del mondo: l'importanza della ragione e la dignità dell'uomo

Centralità dell'uomo

Al centro dell'universo, per gli umanisti, sta l'uomo, con la sua libertà e le sue infinite possibilità. Nella concezione umanistico-rinascimentale **l'uomo è «come un dio terreno»** (Garin): è creatore e signore del suo mondo. L'uomo è infatti visto come un microcosmo che riflette in sé l'armonia del macrocosmo, vale a dire dell'universo e della natura nella sua interezza, con cui stabilisce un rapporto armonico.

La rivalutazione del corpo e della natura

Questa concezione non è "pagana" e non entra in conflitto con la religione; al contrario, in genere, convive con la fede. Per gli umanisti, infatti, Dio ha fatto l'uomo a sua immagine e somiglianza, lo ha reso libero e creatore. Vengono conciliate così due dimensioni che invece nel Medioevo erano in contraddizione: **la dimensione terrena e quella spirituale e religiosa**. Ne deriva una rivalutazione del **corpo** e della **natura**, mentre acquista nuova importanza la ragione e viene incoraggiato un **atteggiamento conoscitivo più libero e spregiudicato**.

Il primato della ragione

Il **razionalismo** e l'atteggiamento scientifico si diffondono in ogni ambito dell'attività umana e informano di sé le diverse manifestazioni del pensiero e delle arti. Nell'economia alla figura del mercante intraprendente si sostituisce quella dell'organizzatore che amministra il denaro con prudenza, con metodo e calcolo.

La filologia

Negli studi classici viene elaborato un innovativo **metodo razionale e scientifico**: nasce la **filologia**, una nuova disciplina che mira alla ricerca, alla trascrizione e alla definizione dei **testi antichi** nella loro versione originaria e dunque alla depurazione dagli errori di trascrizione, dalle aggiunte e dalle imprecisioni con cui essi erano stati tramandati nel Medioevo. Questa nuova modalità di lettura e di interpretazione delle opere classiche, già avviata nel Trecento da Petrarca e Boccaccio, nel Quattrocento ha un nuovo e impetuoso sviluppo. Grandi intellettuali, come **Lorenzo Valla** e **Poliziano**, cominciano ad applicare, seppure in modo non sistematico, un nuovo procedimento volto a confrontare tra loro le diverse versioni di uno stesso testo per ristabilirne la versione più autentica.

S • Filologia

Un grande filologo: Lorenzo Valla

Valla applica questo rigoroso procedimento filologico anche alla Bibbia, scoprendo errori e travisamenti nella *Vulgata* di San Girolamo: in questo modo, per la prima volta, l'**approccio alle Sacre Scritture** obbedisce a criteri laici e razionali. La scoperta più clamorosa di Lorenzo Valla è però la dimostrazione della **falsità della cosiddetta "donazione di Costantino"**, cioè del documento con cui la Chiesa faceva risalire all'imperatore Costantino l'origine del suo potere temporale. In questo documento, infatti, l'Imperatore romano cedeva al Papa il possesso di Roma, legittimandone così dal punto di vista giuridico i possedimenti della Chiesa. Attraverso un'audace e scrupolosa analisi filologica Valla scopre invece che l'atto della donazione è un falso, perché la lingua in cui è redatto non è quella che si usava all'epoca di Costantino.

Il senso della distanza storica

La diffusione della filologia è il segno di un **modo nuovo di intendere il mondo antico**. Mentre l'uomo medievale non aveva una netta percezione della frattura tra passato e presente e tendeva ad assimilare gli antichi alla propria mentalità, nel Quattrocento si ha piena coscienza della discontinuità tra le epoche: nasce il senso della **distanza storica**.

Lo studio del greco

Nello stesso tempo la **conoscenza del greco** permette di risalire direttamente alle fonti filosofiche dell'antichità. Già Boccaccio e poi Salutati ne avevano incoraggiato lo studio a Firenze. La lingua greca poi diviene facilmente accessibile dopo la **caduta di Costantinopoli** in mano ai Turchi (1453) e la conseguente fuga in Italia di numerosi studiosi bizantini. Essi portano nel nostro Paese preziosi manoscritti greci e ne insegnano la lingua ai nostri umanisti. Ciò permette di **conoscere direttamente Platone**, che esercita una decisiva influenza in tutto il periodo umanistico e rinascimentale; ma anche **Aristotele** è letto nella sua versione originale e non più nelle traduzioni incerte derivanti dalla lunga trafila (dal greco all'arabo e dall'arabo al latino) con cui la sua opera era stata tramandata nei secoli precedenti.

IL SIGNIFICATO DELLE PAROLE

• **Filologia**
La *filologia* (dal greco *philologhía* 'amore della parola') è una disciplina che mira alla ricostruzione e alla corretta interpretazione di testi letterari e all'eventuale attribuzione della paternità dell'opera.

S7 ARTE

L'invenzione della prospettiva

Il termine "prospettiva" deriva dal latino *perspectiva* e dal verbo *perspicere* che significa 'vedere attraverso', 'vedere chiaro'.
La scoperta della prospettiva permise infatti agli artisti del Quattrocento di risolvere scientificamente il problema della rappresentazione dello spazio tridimensionale su una superficie a due dimensioni. Brunelleschi, a cui si attribuisce l'invenzione delle regole della costruzione prospettica, applicò alla visione pittorica i princìpi dell'ottica e della geometria euclidea.
Mentre nel Duecento non si avvertiva questo problema e la bidimensionalità era accettata come dato di fatto, nel Trecento invece il mondo visibile acquistò un'importanza tale da porre all'artista il problema di come rappresentarlo. Giotto lo risolse empiricamente e inserì le figure in uno spazio reale, creando il senso della profondità attraverso i volumi e la disposizione dei corpi. Resta tuttavia per tutto il Trecento il fondo oro e blu nei dipinti e negli affreschi, richiamo simbolico a un universo religioso.
Con la prospettiva gli artisti fiorentini, tra il secondo e terzo decennio del Quattrocento, presero pienamente possesso dello spazio naturale e terreno: la comparsa del cielo atmosferico sostituì quello divino, emancipando lo spazio da ogni trascendenza religiosa.
Questa nuova visione dello spazio, sperimentata in pittura la prima volta da Masaccio e diffusa da Donatello e Piero della Francesca, trova un'importante teorizzazione in Leon Battista Alberti nel trattato *De pictura* [La pittura] del 1436. «Il quadro è un'intersezione piana della piramide visiva», cioè dei raggi che collegano l'occhio dello spettatore agli oggetti da rappresentare (cfr. fig. 1 e fig. 2). Tutti i punti, i corpi come

IMMAGINE ATTIVA

Masaccio, *La Trinità*

Attiviamo le competenze

Ascolta la spiegazione fornita nell'immagine attiva prendendo appunti. Quindi, rielaborando le informazioni che trovi negli appunti, scrivi una definizione del termine "prospettiva".
In classe confronta la tua definizione con quelle formulate dai tuoi compagni. Collaborando con gli altri studenti elabora una definizione condivisa che nasca dal confronto tra i testi elaborati individualmente.

- esercitare le competenze di ascolto
- esercitare le competenze lessicali
- collaborare

[1-2] Masaccio, *La Trinità*, 1426-1428. Firenze, Santa Maria Novella.

Il dipinto comunica una straordinaria sensazione di profondità, come se una cappella si aprisse veramente nella parete. Ciò è dovuto all'ardita costruzione prospettica, che ha il centro visivo nell'occhio dello spettatore all'altezza del ripiano su cui sono inginocchiate le figure dei committenti e in cui convergono le linee di fuga della volta e delle strutture architettoniche. Questo permette una gerarchia dello spazio che pone in primo piano due personaggi mondani, rappresentati con grande realismo e in una scala metrica uguale a quella delle figure sacre. È una novità assoluta rispetto a tutta la pittura religiosa precedente.

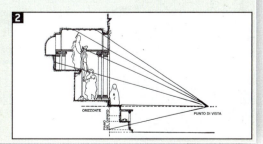

Umanesimo e Rinascimento. Storia, immaginario, letteratura — capitolo I

le cose, occupano nel quadro un posto geometricamente fissato e sono dotati di volumi e di proporzioni misurabili con esattezza. In questo tipo di prospettiva centrale (a punto di fuga unico) diventa fondamentale l'occhio dell'osservatore, che crea l'angolazione con cui la scena viene vista e dipinta e permette di dislocare le figure nello spazio lungo le linee di fuga secondo una rappresentazione a grandezza scalare. Il quadro diventa una finestra su uno spazio unificato e gerarchizzato in base a precise regole matematiche e geometriche.

L'esigenza rinascimentale di riprodurre in modo più vero ed esatto il mondo che ci circonda approda in realtà a una astratta razionalizzazione dello spazio, ispirata a princìpi di ordine e di proporzione. Questa visione non risponde alla reale impressione ottica. Noi di fatto percepiamo uno spazio limitato e discontinuo e, poiché il nostro campo visivo è fisiologicamente sferoidale, in parte noi vediamo curve invece che rette. La prospettiva lineare, usata dagli artisti del XV secolo, è dunque lo strumento per una rappresentazione ideale del rapporto uomo-natura secondo i criteri di unità e di armonia che caratterizzano la concezione del mondo e l'estetica rinascimentali.

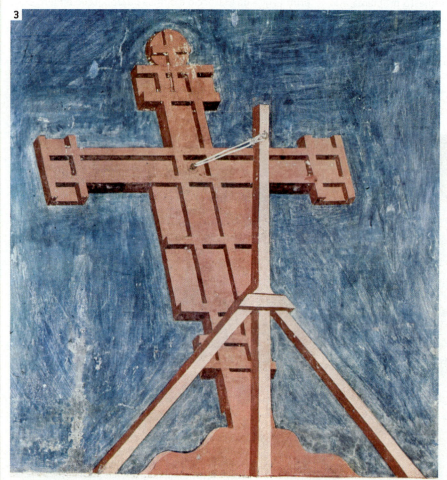

[3] Giotto, *Il presepe di Greccio* (part.), 1295-1300. Assisi, Basilica superiore.

[4] *La città ideale*, 1480 circa. Urbino, Galleria Nazionale delle Marche.

L'immagine di questa città perfettamente simmetrica e ordinata nasce da due bisogni che costituiscono la grande novità della pittura del Quattrocento: da un lato la riscoperta del mondo antico evidente nella scelta di caratterizzare in senso classico gli edifici della città, dall'altro la rigorosa applicazione delle regole della rappresentazione prospettica funzionale alla concezione dello spazio come entità unica e infinita.

Antonello da Messina, *Vergine annunziata*, 1475 ca. Palermo, Galleria Regionale di Palazzo Abatellis.

Anche nei dipinti sacri l'attenzione alla osservazione diretta della natura e la rivalutazione del corpo aprono nuove vie espressive. Nella *Annunziata* di Antonello da Messina il volto della Vergine è un ritratto preso dal vero in cui il rigore geometrico della composizione e la dignità del soggetto si fondono con l'esigenza di umanizzare una tematica sacra conferendole un'emozione tutta terrena.

L'atteggiamento scientifico dalle scienze naturali alle arti

Nuova concezione della natura

Il pitagorismo e l'ermetismo

Diffusione della magia, dell'alchimia, dell'astrologia

Intreccio fra razionalismo scientifico e misticismo magico

S • Ermetismo
S • Alchimia
S • Astrologia
S • L'uomo integrale come ideale pedagogico degli umanisti (E. Garin)

L'atteggiamento scientifico informa campi molti diversi fra loro: dalle **scienze naturali**, in cui si assiste a un grande sviluppo della magia e dell'alchimia usate come strumenti di manipolazione e di controllo della realtà fisica, alle **arti figurative** (pittura e scultura) e architettoniche, con la scoperta della prospettiva (cfr. **S7**) e la conseguente razionalizzazione dello spazio.

In particolare la natura cessa di essere considerata una entità passiva, e viene vista invece come vita in movimento collegata da mille fili alla esistenza umana. Si intravedono rapporti di corrispondenza fra ogni aspetto del creato in una sorta di **magica simpatia universale** che unisce tutte le cose. La diffusione del **pitagorismo** matematico, che vede rapporti numerici, misteriose simmetrie e proporzioni armoniche in ogni aspetto dell'universo, e la scoperta dell'**ermetismo** greco (cfr. **S8**, p. 24), che teorizzava pratiche magiche e l'influenza degli astri sul mondo naturale e umano, contribuiscono ad alimentare un interesse per la realtà fisica in cui esigenze scientifiche e tendenze mistiche e irrazionali sono strettamente connesse. La **magia**, l'**alchimia**, l'**astrologia**, che si diffondono rapidamente negli strati più elevati della società, portano tutte con sé questa costitutiva ambiguità, ma sono comunque già un segno dell'avvenuto superamento degli schemi medievali e di un'esigenza di manipolare il mondo naturale e di conoscerne le leggi. D'altronde, accanto a tendenze più mistichegginti, quali quelle di Marsilio Ficino (cfr. § 8), sostenitore dell'astrologia, compaiono anche istanze più razionali di lotta contro la superstizione e l'astrologia (ad esempio in Pico della Mirandola). D'altra parte, sarebbe anche sbagliato immaginarsi una moderna **contrapposizione** frontale **fra razionalismo e misticismo** irrazionale e magico: nell'età umanistica e rinascimentale i **due atteggiamenti si intrecciano** e possono convivere anche negli stessi pensatori. Come vedremo più avanti (cfr. § 8), nel corso del Cinquecento, la curiosità per la magia e l'astrologia cederà via via il passo ad una visione empirica dei fenomeni naturali, portando alla nascita di una cultura scientifica.

Il bisogno che l'uomo prova di forgiare il proprio destino lo induce anche a una nuova **attenzione** per la formazione dei giovani, **per i processi educativi** e per la pedagogia in generale. Ovviamente in questo atteggiamento si riflette anche l'esigenza pratica di innalzare a teoria la pratica di precettori dei figli del signore che impegna direttamente molti umanisti.

S8 ITINERARIO LINGUISTICO

Ermetismo, alchimia, astrologia

L'**ermetismo** è un movimento religioso diffuso in Grecia nei primi secoli dell'era cristiana (II e III d.C.). Deriva il suo nome dal dio greco Hermes, messaggero degli dèi, interprete dei loro ordini e delle loro leggi arcane e perciò nume dell'interpretazione. L'insieme di regole pratiche e morali e di tecniche iniziatiche proprie dell'ermetismo ha come fondamento filosofico la convinzione dell'esistenza di una potenza spirituale che permea di sé tutto l'universo e in cui si realizza la *coincidentia oppositorum* ('coincidenza degli opposti'); ha fede nel potere esercitato dalla magia sulla natura e nell'influenza degli astri sull'uomo e sulle sue vicende.

Il termine **"alchìmia"** (ma la pronuncia alchimìa è oggi prevalente) deriva, attraverso il basso latino *alchimia*, dall'arabo *alkīmīya*, 'pietra filosofale'. Furono infatti gli Arabi, dopo la conquista dell'Egitto (VII secolo), a diffondere in Occidente, con la cultura greco-orientale, l'alchimia.
L'alchimia aveva come obiettivo la trasformazione dei metalli vili in metalli preziosi tramite la "pietra filosofale". Si pensava inoltre che essa potesse guarire dalle malattie e che con essa si potesse forgiare il vetro e colorare le pietre preziose di rosso rubino. L'intervento dell'alchimista investiva perciò anche la sfera biologica e la medicina.
In Occidente l'alchimia si praticò dall'XI al XVII secolo ed ebbe il massimo sviluppo nel Medioevo e nel Rinascimento. Solo nel XVIII secolo, con l'avvento della scienza e del razionalismo moderni, l'alchimia perse l'importanza che aveva avuto nei secoli passati.

Il termine **"astrologia"** deriva dal greco e significa 'studio degli astri e dei loro movimenti'. Benché nel Medioevo i termini *astrologia* e *astronomia* venissero usati a volte indifferentemente (per esempio da Dante e Boccaccio), esiste tra loro una sostanziale differenza: mentre l'astronomia è lo studio scientifico degli astri e dei fenomeni a essi relativi, l'astrologia è una scienza occulta in cui l'osservazione degli astri, ai quali è attribuita la facoltà di influenzare le vicende umane, è finalizzata alla conoscenza del futuro.
Ancor oggi l'astrologia è praticata con larga diffusione, spesso nella forma semplificata e banalizzante, collegata allo zodiaco, della previsione del futuro immediato (sentimentale, economico, sanitario ecc.), quale appare in rubriche fisse su rotocalchi e programmi radio-televisivi.

[1] **Studiolo di Francesco I, 1570-1572. Firenze, Palazzo Vecchio.**
[2] **Jan Van der Straet (Giovanni Stradano),** *Il laboratorio dell'alchimista*, **1570. Firenze, Palazzo Vecchio.**

Lo studiolo di Francesco I a Palazzo Vecchio è un piccolo ambiente che il granduca Francesco I fece costruire per custodirvi reperti alchemici. I dipinti che ricoprono le pareti, infatti, costituiscono le ante degli armadi in cui vengono conservati i tesori scientifici del granduca. Non si tratta pertanto di un vero laboratorio, ma di un luogo privato, in cui Francesco I può coltivare i suoi interessi. L'apparato decorativo viene elaborato sulla base di un programma iconografico di tipo alchemico: sulla volta l'immagine di Prometeo, conoscitore dei segreti della natura, è il centro intorno a cui si dispongono i quattro elementi (aria, acqua, terra, fuoco) e i quattro legami fra gli elementi (flemma, sangue, umore nero, bile). L'immagine più famosa dello studiolo è *Il laboratorio dell'alchimista* del pittore fiammingo Jan Van der Straet: il dipinto ci dà un'idea del laboratorio di un alchimista cinquecentesco.

7. I grandi temi dell'immaginario: il rapporto con il passato, la superiorità dell'intellettuale, il mito del cavaliere, il confronto con il "diverso"

L'idea del tempo

Nell'immaginario umanistico l'**idea del tempo** presenta un elemento di continuità e di sviluppo rispetto a quella borghese-comunale, e un elemento di novità. La tendenza a quantificare il tempo per dominarlo si collega sempre di più alla nozione di «masserizia», cioè della prudenza economica, elaborata da Leon Battista Alberti nei *Libri della famiglia* scritti fra il 1433 e il 1440. Emerge il concetto di un'**economia del tempo**, di un suo uso cosciente e organizzato, che riprende con maggior consapevolezza intuizioni in tal senso già presenti nei due secoli precedenti. D'altra parte, l'organizzazione del tempo, il suo uso oculato, è anche uno dei modi con cui l'uomo cerca, con la sua «industria» e con la sua «virtù», di contrastare **la cieca «fortuna»** (il caso o il «fato») che altrimenti ne determinerebbe la sorte: come si vede, questi sono concetti già emersi nel *Decameron*, ma ora diffusi su larga scala e divenuti patrimonio comune della cultura quattrocentesca. E lo stesso si può dire per il tema dello **spazio**: attraverso la scoperta della prospettiva in arte, il suo controllo da parte dell'uomo è reso evidente e quasi tangibile. Lo spazio è geometrizzato, calcolato, studiato secondo misure e proporzioni che dimostrano la superiore capacità di dominio dell'uomo sull'ambiente.

Economia del tempo: la sua razionalizzazione

Il controllo dello spazio

Il rapporto con il passato e il collegamento con l'età classica

Per quanto riguarda il tempo, l'elemento di maggior **novità** sta nel **rapporto con il passato**. Si teorizzano infatti una rottura profonda con il Medioevo e un collegamento diretto con l'età classica mitologicamente concepita, nell'immaginario quattrocentesco, come una sorta di età dell'oro da far rivivere al presente. L'uomo quattrocentesco non si sente schiacciato dal paragone con le epoche classiche, ma spinto a imitarle o addirittura a rivaleggiare con esse.

Il rapporto fra "antichi" e "moderni" e il dibattito sull'imitazione

Comincia un dibattito sul tema del rapporto fra **"antichi" e "moderni"**, che investe anche il concetto di **imitazione**. Nessuno pone in discussione che si debba imparare dagli antichi: ma ci si deve limitare a imitarli, oppure la loro lezione consiste nel non assumere altri modelli all'infuori della natura? Cicerone e Virgilio costituiscono un modello perché offrono un sistema già perfetto da riprodurre al presente oppure perché si sono rifatti direttamente alla natura e dunque insegnano – si noti la paradossale contraddizione – che non esistono modelli? E, nel secondo caso, non ci sarebbe addirittura la possibilità – osserva, per esempio, all'inizio del Cinquecento Giovanni Francesco Pico della Mirandola – di considerare superiori i «moderni», che hanno una conoscenza maggiore della natura?

S • Il riscatto dei moderni, secondo Giovanni Francesco Pico della Mirandola (F. Tateo)

La natura e il problema del piacere

Queste considerazioni comportano poi la **piena rivalutazione della natura e del piacere**, e la rivendicazione del **valore superiore della cultura** dell'uomo saggio che studia e conosce la natura. Non solo **la natura** cessa di essere vista unilateralmente come espressione del demonio e diventa invece una realtà positiva da imitare, ma si cerca di conciliare il piacere che essa offre con i valori religiosi. Nasce una **nuova etica**, che non vede più nella *voluptas* ('piacere') un pericolo da demonizzare ma un fine da perseguire: abbandonate le virtù stoiche della rinuncia, si cerca di armonizzare *caritas* cristiana e tradizione epicurea di ricerca del piacere (cfr. **S9**, p. 26).

Restringimento reale delle mansioni degli intellettuali, rivendicazione della loro superiorità…

Per quanto riguarda i valori superiori della cultura, occorre notare che nel Quattrocento gli intellettuali diventano un **vero e proprio ceto**, più numeroso che nel passato, ma più separato dal resto della società. A mano a mano però che gli intellettuali diventano sempre più un **corpo separato** di letterati, che mira a un'affermazione individuale e di gruppo e non più a una immediata funzione sociale rivolta alla collettività, a mano a mano cioè che l'intellettuale diventa un uomo dotato di competenze specialistiche utilizzate in **ruoli subordinati** (di segretario, di precettore ecc.), questo restringimento reale di compiti pratici e di uso sociale viene ideologicamente capovolto in un **ampliamento ideale della loro missione** considerata altamente civilizzatrice e in una rivendicazione (corporativa, potremmo dire oggi) di superiorità. Per certi versi, si tratta di un vero e proprio **risarcimento ideologico** di una situazione pratica di impotenza e di frustrazione.

...e temi che ne derivano

Questo nuovo atteggiamento si articola in una serie di motivi o di temi che potremmo ridurre a quattro: l'**esaltazione dell'*otium*** (il rifiuto dell'attività pratica a favore di quella rivolta esclusivamente agli studi), la **celebrazione della parola** (cioè del principale strumento dell'intellettuale), l'**importanza della gloria**, l'enfatizzazione della **funzione del saggio**.

La parola, strumento della gloria

La **parola**, inoltre, viene già concepita come uno **strumento per conquistare la gloria**. Il fine dell'attività intellettuale cessa di essere sociale e diventa individuale: si identifica nella fama e nel successo, secondo **schemi individualistici** ignoti nel Medioevo, almeno sino all'età comunale, o comunque, anche allora, per lo più subordinati a un superiore scopo etico-religioso. Si riscopre così la consuetudine degli antichi Greci e Romani di attribuire «grandissimi premi e nobilissimi ornamenti» alle «illustri e virtuose opere di mano e d'ingegno» (come scrive Lorenzo de' Medici nel suo *Comento*). Il Quattrocento, infatti, è anche il secolo dei **"certami"** letterari (gare artistiche), delle elargizioni di doni, di denaro, di cariche e di onorificenze dei signori agli artisti.

La gerarchia sociale

L'umanista immagina poi un'**ideale gerarchia** al cui vertice sta l'uomo saggio, il filosofo, lo studioso della natura, il cui modello di vita viene preferito a quello stesso del principe che governa gli Stati. Da questo punto di vista presenta un eccezionale interesse un dialogo in latino di Leon Battista Alberti, **Intercoenales** (il titolo indica che si tratta di dialoghi fatti per essere letti durante la cena), che riassume in una sorta di visione allegorica i vari temi dell'immaginario sin qui considerati.

T • *Il modello dell'uomo saggio secondo L.B. Alberti*

Caratteri della cultura umanistica ieri e oggi

Insomma, soprattutto nella seconda metà del Quattrocento vengono gettate le **basi di una cultura umanistica destinata a durare secoli** e a condizionare in profondità l'uomo di lettere, consolidandone l'orgoglio di casta, fondato sull'idea della superiorità del letterato e della nobiltà della propria missione, le pretese ideologiche di missione universale al di sopra delle classi e dei conflitti sociali, i **valori positivi** – come l'esigenza di rigore razionale, il bisogno di salvaguardare comunque la dignità umana e di coltivare uno spirito critico e aperto al dialogo.

S9 — INFORMAZIONI

Stoicismo ed epicureismo

"Stoicismo" deriva da "Stoà", il portico di Atene, dove il filosofo Zenone di Cizio impartiva le sue lezioni. Lo stoicismo, nato nel IV secolo a.C., ebbe grande fortuna nel pensiero antico e in quello occidentale moderno perché, si prestava, per la sua forte ispirazione religiosa, a una conciliazione con la morale cristiana.

Secondo la fisica stoica l'universo è costituito di materia ed è penetrato dall'anima divina (*pneuma*), il soffio caldo, che dà forma e ordine alla natura. Niente di ciò che accade è dovuto al caso, ma ogni evento è "fatale": di qui il concetto stoico di destino, che coincide con quello di Provvidenza divina. Essa governa il mondo secondo un piano universale, dove ogni esistenza trova un significato e un fine. Necessità e razionalità si identificano.

In quanto essere razionale, l'uomo deve adeguarsi al disegno provvidenziale dell'universo, che subordina l'individuo alla conservazione del tutto. L'etica stoica ripone il sommo bene, la felicità, nella virtù, che è dovere e sacrificio. La beatitudine sta nell'imperturbabilità, nella rinuncia alle passioni, nel non cedere ai bisogni, nel disprezzo delle avversità, della sofferenza e delle malattie. Ne deriva una contrapposizione alla concezione edonistica della vita, tipica dell'epicureismo, e una svalutazione di tutto ciò che riguarda la vita materiale. Se a questo si unisce l'esaltazione della giustizia, della libertà e dell'universalità dell'uomo si capisce come il messaggio morale e umanitario dello stoicismo potesse avere presa sulla cultura dell'Occidente cristiano.

Allo stoicismo si contrappose l'epicureismo. Con questo termine si indica la dottrina del filosofo greco Epicuro e della sua scuola (fine IV secolo a.C.-II secolo d.C.), unica nell'antichità aperta anche alle donne e agli schiavi.

Epicuro ha una concezione materialistica della natura. Tutto ciò che esiste è costituito da atomi che si muovono nel vuoto e, deviando casualmente dalla verticale, si aggregano dando origine ai corpi, sia terreni che celesti. L'epicureismo non esclude l'esistenza della divinità, ma la beatitudine degli dèi consiste in uno stato di imperturbabilità e di totale indifferenza rispetto alle vicende umane. Perciò non ha alcuna ragione di esistere la paura degli dèi, che tanto angustia gli uomini, né quella della morte, poiché l'anima, formata di atomi di aria e di fuoco, si disgrega anch'essa con la morte del corpo. Su questi presupposti Epicuro fonda una morale della serenità, in cui la felicità e il piacere sono concepiti come controllo del dolore fisico e morale. L'ideale epicureo di felicità non tende però solo all'assenza del dolore, ma mira anche alla valorizzazione della capacità di godere la bellezza della vita attraverso il piacere dei sensi.

L'epicureismo, a differenza dello stoicismo, incontrò la violenta opposizione dei filosofi cristiani, tanto che per tutto il Medioevo «epicureo» fu sinonimo di ateo e di libertino. Ma già nell'Umanesimo è visibile un atteggiamento di simpatia per l'etica epicurea, preferita a quella stoica. Le ragioni vanno ricercate nella progressiva affermazione di un ideale laico di saggezza, basato su una concezione ottimistica della natura e dell'uomo e sull'equilibrio tra razionalità e piacere dei sensi.

Michelangelo, *Battaglia dei Centauri*, 1492 circa. Firenze, Casa Buonarroti.

Il soggetto del rilievo fu suggerito dal Poliziano. Il giovane Michelangelo ne approfittò per dimostrare di poter rivaleggiare con i modelli classici. In quegli stessi anni, del resto, aveva dimostrato di aver appreso la lezione di Donatello e di Masaccio.

Cause che producono la trasformazione dell'immaginario

Nel campo dell'immaginario, gli **elementi nuovi** nella seconda fase dell'età umanistico-rinascimentale sono introdotti: 1) dal **sacco di Roma**, che modifica l'immaginario degli intellettuali, ponendo in crisi la loro fiducia umanistica di poter svolgere un ruolo decisivo di civilizzatori e aprendo un periodo di declino e di ripiegamento pessimistico; 2) dalle **trasformazioni** dei rapporti fra le classi e **del modo di fare la guerra**, che tende a ridimensionare la funzione della nobiltà feudale e a trasformare il nobile e il cavaliere in ufficiali al servizio delle grandi monarchie: gioca in questo cambiamento anche il fatto che in battaglia la cavalleria cessa di essere decisiva, mentre un ruolo sempre più importante assumono le **armi da fuoco**; 3) dalla **scoperta dell'America**, dalla **circumnavigazione della Terra** effettuata dalla spedizione del portoghese Ferdinando Magellano (1519-1522), dal dominio sul mondo realizzato dalle grandi potenze europee, che da un lato modificano l'idea dello spazio, pongono in comunicazione tutti i popoli del pianeta e danno inizio alla storia universale, dall'altro costringono l'uomo occidentale a confrontarsi con il "diverso", con **il "selvaggio"** americano e con il "nero" africano (i Portoghesi danno inizio alla tratta dei "neri" dall'Africa all'America per portare braccia da lavoro nel nuovo continente).

Il ridimensionamento della cavalleria...

...e la nascita del mito del cavaliere

Considereremo qui il secondo e il terzo fenomeno, mentre per il primo rimandiamo al § 2. Nel Cinquecento si assiste a una **contraddizione** che può sembrare **paradossale**. Da una parte, il **ridimensionamento della cavalleria** fu accelerato dal ruolo sempre più decisivo degli archibugieri e dell'artiglieria; di conseguenza, i nobili (che costituivano la cavalleria) cessarono a poco a poco di essere i depositari delle virtù guerresche e di avere nei confronti del sovrano un patto di fedeltà paritario e divennero ufficiali di compagnie e di reggimenti che ormai appartenevano al re o al principe. Dall'altra parte, l'ideale di guerriero restò quello – ormai separato dalla realtà – del cavaliere, e ciò indusse al disprezzo delle armi da fuoco e alla **mitizzazione della antica civiltà cavalleresca** ormai in via d'estinzione. Il fatto che si sparasse da lontano e dunque si potesse colpire l'avversario senza uno scontro diretto alterava il tradizionale codice d'onore guerresco. Di qui la **condanna delle armi da fuoco** che Ariosto e Cervantes fanno rispettivamente nell'*Orlando furioso* e nel *Don Chisciotte*. Contemporaneamente poi presero a circolare in tutta Europa i romanzi cavallereschi, a partire dal più diffuso, il celebre *Amadigi di Gaula*, uscito per la prima volta a Saragozza nel 1508. Il mito dell'eroe a cavallo continuava dunque ad agire nell'immaginario di migliaia di nobili, intellettuali, funzionari di corte, proprio mentre veniva smentito dalla realtà dell'organizzazione sociale e della tecnica militare.

S • La condanna delle armi da fuoco in Ariosto e in Cervantes

Gli europei, "mediatori" del mondo

La scoperta dell'America, i traffici transoceanici e la circumnavigazione della Terra fanno degli europei i "mediatori" del mondo. Essi possono mettere in contatto i Giapponesi o i Cinesi con gli Africani e con gli indios americani. Si assiste insomma alla **internazionalizzazione e alla mondializzazione degli scambi e delle conoscenze**. Si modifica l'immagine della Terra e dell'uomo in essa. I galeoni armati, le merci, i cannoni, i missionari europei penetrano dovunque. Ha inizio la storia del dominio dell'Europa sul mondo che durerà per quattro secoli.

Rispetto per il "diverso" in Marco Polo e in Boccaccio

Anche **durante il Medioevo** gli europei erano entrati in contatto con Cinesi, Indiani, Arabi. Marco Polo nel *Milione* e Boccaccio nel *Decameron* già si erano incontrati con il "diverso". Tuttavia il punto di vista dominante era ancora quello del mercante che si reca in un paese straniero per scambiare merci o del missionario che intende conoscere popoli lontani per convertirli. Da qui un sostanziale **rispetto per il "diverso"**: l'uomo di un paese lontano è anzitutto un potenziale interlocutore economico o religioso con cui è possibile avere uno scambio alla pari. Invece **all'inizio del Cinquecento** si realizzano vere e proprie spedizioni militari, effettuate dalle potenze europee con lo scopo di depredare gli indios americani e di introdurre in Europa il metallo pregiato indispensabile per le spese delle monarchie nazionali. **Ha inizio il colonialismo**: in America, in Africa, in Asia si stabiliscono colonie di uomini bianchi con lo scopo di sfruttare economicamente quei paesi.

Inizio del colonialismo e cambiamento del rapporto con i popoli extraeuropei

La nozione di "selvaggio"

Nell'immaginario dell'uomo occidentale penetra la **nozione di "selvaggio"**, di un essere che abita le selve e che viene considerato non solo incivile ma paragonabile in tutto a un animale. Fa parte di una antica vicenda antropologica dell'uomo che i popoli sconosciuti vengano giudicati incivili o "barbari" (come facevano già Greci e Romani). Ma ora su questa tendenza viene a giocare in modo decisivo l'elemento economico dello **sfruttamento coloniale**, che giunge a porre in discussione l'appartenenza stessa degli indios alla razza umana. La scoperta della grande civiltà degli Inca e degli Aztechi, annientati dai *conquistadores* di Cortés e di Pizarro, non modificò affatto questo giudizio. D'altronde, solo poco prima della metà del Cinquecento, papa Paolo III riconobbe la natura umana degli indios. Quasi contemporaneamente si sviluppò la **discussione** che contrappose, a metà del secolo, il missionario domenicano **Bartolomé de Las Casas**, sostenitore dell'"umanità" degli indiani, all'umanista spagnolo **Juan Ginés de Sepúlveda** che invece li definiva «humunculi», cioè una sottospecie di uomini, una razza inferiore. Sarà poi il francese **Montaigne**, nella seconda metà del Cinquecento, a porre su basi razionali la questione dei "selvaggi" e a riconoscerne e rispettarne la "diversità" di cultura, mentre più tardi, nel Settecento, con **Rousseau**, si arriverà addirittura a contrapporre la sanità del "buon selvaggio" alle storture della civiltà europea.

Il dibattito fra Las Casas e Sepúlveda

In Italia prevale l'ideologia che legittima lo sfruttamento degli indios

Nella **letteratura italiana**, in una situazione che vedeva il nostro Paese sottoposto agli Spagnoli e incline ad accettarne il punto di vista, prevalse non la posizione di Montaigne, ma quella di Sepúlveda. A lungo dominò l'ideologia volta a **legittimare la conquista e le brutalità dei vincitori**, a sottolineare il carattere diabolico o subumano degli indios e a presentare i *conquistadores* come i portatori della civiltà e della vera fede. Vengono meno l'apertura intellettuale e la spregiudicatezza mostrate da Pulci nell'episodio di Astarotte (cfr. cap. IV, § 2). Incontriamo l'ideologia legittimante la conquista e lo sfruttamento degli indios già nel **canto XV dell'*Orlando furioso***, dove la scoperta dell'America viene presentata come il compimento spirituale del processo di universalizzazione dell'umanità. Nella *Gerusalemme liberata* di Tasso (canto XV) vengono riprese le accuse di idolatria e di cannibalismo rivolte agli indigeni per sostenere, in accordo con gli ideali della Controriforma, l'equivalenza fra evangelizzazione e civiltà. Nei numerosi poemi che si succedono fra la fine del Cinquecento e il Seicento il tema del "Mondo Nuovo" è ricorrente e dà il titolo al *Mondo nuovo* di Tommaso **Stigliani** (1628). Qui Colombo è presentato come il «Duce pio» che vuole evangelizzare gli infedeli, mentre, contro gli indios, vengono addotte le solite accuse di empietà, cannibalismo, sodomia, che autorizzano le stragi, la distruzione delle città e dei templi e la conversione forzata. Occorrerà attendere il Settecento e i versi di Giuseppe **Parini** per trovare la condanna del rovesciamento degli imperi legittimi degli Inca e degli Aztechi, dello sterminio delle popolazioni locali e delle altre infamie compiute da Cortés e da Pizarro.

T • Luigi Pulci, *Astarotte, diavolo teologo*

La posizione di Ariosto

La posizione di Tasso

La posizione di Stigliani

S • Ariosto, Tasso, Parini e il tema del "Mondo Nuovo"

La demonizzazione del "diverso" in Europa sino a oggi

Ma la **demonizzazione del "diverso"**, avviata in Europa a partire dai primi decenni del Cinquecento come copertura ideologica del processo di colonizzazione, è destinata a durare a lungo nei secoli futuri, anche in situazioni storiche del tutto diverse; né è ancora scomparsa.

8 | Il pensiero filosofico e scientifico

Il platonismo contro la Scolastica, fondata invece sul pensiero aristotelico

Nel Quattrocento la generale predilezione per Platone nasce nel segno del rifiuto della Scolastica e del pensiero aristotelico quale era stato elaborato dal tomismo (cfr. vol. 1, Parte Prima, cap. I, **S5**). Il **richiamo a Platone** va dunque nel senso di una rivendicazione di una maggiore libertà speculativa, di un modo aperto e dialogico di concepire il processo della verità. Inoltre il pensiero platonico può offrire la possibilità di concepire la religione in modo diverso rispetto al rigido razionalismo aristotelico-cristiano che l'ortodossia tomista aveva presentato. Insomma l'opposizione tradizionale Aristotele-Platone viene ora rivissuta in termini nuovi.

Platone nel Medioevo

Il Platone socratico e dialogico e quello gnostico ed ermetico

Nel Medioevo Platone, per quanto conosciuto solo parzialmente (dei *Dialoghi* era noto solo il *Timeo*), aveva avuto una larga influenza sino alla seconda metà del Duecento, quando era stato soppiantato dall'"Aristotele cristiano" proposto dalla Scolastica. **Nel Quattrocento** la conoscenza di Platone si amplia. Già Bracciolini traduce alcuni suoi dialoghi. Ma il Platone dell'Umanesimo civile fiorentino è diverso dal Platone che si imporrà poi nella seconda metà del secolo con Marsilio Ficino: è un Platone socratico, dialogico, civile, non il Platone gnostico (cfr. **S10**) ed ermetico (cfr. **S8**, p. 24) che è al centro della riflessione dell'Accademia Platonica fiorentina.

L'influenza dei dotti bizantini e il platonismo di Nicola Cusano

Il **platonismo**, che entra nella cultura umanistica italiana attraverso il contatto con i **dotti bizantini**, venuti a Firenze in occasione del concilio tenutosi prima a Ferrara e poi a Firenze (1438) oppure fuggiti in Italia dopo la caduta di Costantinopoli in mano ai Turchi (1453) (cfr. § 6), ha una sicura influenza sul filosofo tedesco **Nicola Cusano** (1401-1464), che fu vescovo di Bressanone nel 1450, e infine si afferma definitivamente grazie a Marsilio Ficino.

Marsilio Ficino e l'Accademia Platonica

Marsilio Ficino (1433-1499) ebbe in dono da Cosimo de' Medici il codice contenente tutto Platone e fu esortato a tradurlo. Sempre per iniziativa di Cosimo, venne poi fondata nel 1462 l'**Accademia Platonica**, di cui Marsilio divenne l'esponente principale. Il pensiero di Ficino, esposto soprattutto nei 18 libri della *Theologia platonica de immortalitate animorum* [La teologia platonica sull'immortalità dell'anima, 1482], si pone subito in una prospettiva religiosa: la filosofia è definita ***pia philosophia*** (filosofia religiosa) e ***docta religio*** (religione dotta). Filosofia, arte, etica e religione sono intimamente connesse, perché dipendono tutte dalla rivelazione di un Dio o Logos (il Logos è il *Verbum* divino, la parola di Dio) o Uno immobile superiore, da cui emanano tutte le cose esistenti. La realtà fisica è solo l'ultima emanazione e dunque si presenta come **simbolo e immagine imperfetta** di un assoluto da raggiungere per elevazione, per via ascensionale, mistico-intuitiva, non per via storica o razionale. Ogni aspetto della vita, anche il più imperfetto, allude a tale assoluto che può essere colto attraverso uno slancio mistico d'amore, affidandosi alla forza dei simboli o alla catena delle analogie: **ogni cosa rimanda a un'altra**, essendo tutte analoghe emanazioni di Dio, sino al grado più elevato.

La filosofia di Marsilio Ficino

Misticismo e simbolismo

S10 — ITINERARIO LINGUISTICO

Gnosi, gnosticismo

Il termine "gnosi" deriva dal greco *gnôsis* che significa 'conoscenza'. E la gnosi è infatti una forma di conoscenza, di ispirazione più o meno direttamente religiosa, che fiorì tra il II e il III secolo d.C. nel bacino orientale del Mediterraneo, divenendo poi un movimento ereticale all'interno del Cristianesimo: la concezione dualistica del mondo divino (spirito-materia, anima-corpo) confluì infatti nell'eresia manichea. A carattere sostanzialmente mistico, la gnosi accede alla verità assoluta attraverso una rivelazione misteriosa e iniziatica riservata a pochi eletti. Rifacendosi alla tradizione ermetica (cfr. **S8**, p. 24), gli gnostici ritenevano fondamentale per la salvezza non tanto la fede quanto la conoscenza di Dio.

Lo "gnosticismo" è pertanto il complesso di teorie filosofiche e religiose ispirate al concetto conoscitivo di gnosi, mentre con l'aggettivo "gnostico" si intende 'relativo alla conoscenza, soprattutto a quella religiosa'.

Rovesciamento della Scolastica

La **concezione religiosa di Ficino** (che era stato ordinato sacerdote a quarant'anni) non è ovviamente del tutto ortodossa. La sua apertura alla magia, al pensiero ermetico, gnostico, pitagorico, ai misteri orfici, alla antica religione egiziana, alla mistica ebraica (la cabala, cfr. **S11**) ribaltano completamente i procedimenti e il sistema dei valori della Scolastica.

Crisi dell'allegorismo medievale e nascita del simbolismo moderno

Ha inizio un nuovo modo di rapportarsi al problema della conoscenza e della verità: è un modo che potremmo chiamare **simbolico**, molto diverso da quello allegorico medievale. Mentre **l'allegorismo medievale** vedeva negli eventi storici e nei testi letterari un significato letterale e realistico e poi vi cercava, per via razionale, un significato secondo e metafisico, e tuttavia ragionevole e chiaramente riconoscibile, ora il procedimento è solo intuitivo e unisce simultaneamente il particolare a un universale oscuro e, nella sua essenza più profonda, irraggiungibile, a cui ci si può solo approssimare in modo inadeguato. Da questo punto di vista, il simbolismo umanistico-rinascimentale si differenzia anche dal simbolismo medievale (quello dell'età romanica precedente l'età gotica, invece allegorica), più ingenuo e primitivo, che si limitava a vedere nel particolare (negli animali e nelle piante, per esempio) immediatamente e semplicemente il significato universale voluto da Dio (sul simbolismo e sull'allegorismo medievale, cfr. vol. 1, Parte Prima, cap. I, § 4).

S • Il simbolismo umanistico-rinascimentale e quello moderno (U. Eco)

La prima metà del secolo XVI segna un momento importante per la **nascita di una cultura scientifica**, favorita dalle scoperte geografiche e dalle modifiche che esse comportano nell'immagine stessa dell'uomo, che appare sempre più padrone e signore della Terra.

Le scoperte geografiche e gli studi scientifici

Il ruolo della magia nella ricerca scientifica

Fra la fine del Quattrocento e l'inizio del Cinquecento è **la magia** a suscitare questo nuovo senso del potere umano. Essa inoltre esercita un ruolo propulsivo nella ricerca scientifica, contribuendo a sviluppare una visione empirica e sperimentale dei fenomeni naturali. L'idea – di derivazione platonica – che esista un'**armonia universale** che modella il microcosmo (per esempio, l'organismo umano) come il macrocosmo (l'organismo universale) e che comunque stabilisce fra l'uno e l'altro fitti e solidi legami, ha una duplice conseguenza: da un lato, incoraggia la tendenza a **unire magia e astrologia**, dall'altro favorisce lo sviluppo di pratiche rivolte a modificare il microcosmo attraverso il macrocosmo.

La medicina

Ciò influisce soprattutto sulla **medicina**, vista come arte capace di agire sul microcosmo dell'organismo umano attraverso la conoscenza del meccanismo del macrocosmo: non per nulla alcuni dei principali pensatori di questo periodo sono anche medici. Fu medico, per esempio, **Paracelso** (come era chiamato in Italia lo svizzero Philipp Theophrast von Hohenheim, 1493-1541) che cominciò a utilizzare sostanze chimiche per la cura dei corpi portando l'alchimia a prefigurare già la chimica moderna. La predisposizione a un atteggiamento più scientifico verso il corpo umano portò poi, attraverso la pratica dell'anatomia già sperimentata da **Leonardo**, a definire con esattezza il meccanismo del corpo e a superare la stessa prospettiva magico-astrologica: è il caso del *De humani corporis fabrica* [La struttura del corpo umano] pubblicato nel 1543 da **Andrea Vesalio** (nome italianizzato dell'anatomista e chirurgo fiammingo André Vésale).

S11 ITINERARIO LINGUISTICO

Cabala

Il termine "cabala" deriva dall'ebraico *qabbalah*, che significa 'dottrina tradizionale'. La cabala è infatti originariamente la dottrina ebraica relativa a Dio e all'universo che si diffuse a partire dal XII secolo tra Spagna e Provenza ed ebbe in Jizchaq Luria (1534-1572) il più importante qabbalista e nello *Zohar* [Splendore] il testo fondamentale di riferimento.
Di carattere mistico ed esoterico, e perciò rivelata a pochi iniziati che la tramandano di generazione in generazione, la cabala tende all'interpretazione simbolica della creazione e della natura: l'universo è racchiuso in una serie di combinazioni numeriche, linguistiche e grafiche che sta all'iniziato svelare. La dottrina cabalistica ebbe influenza su molti pensatori cristiani e su Pico della Mirandola in particolare.
Con significato più generale, la cabala è un'arte divinatoria che pretende di svelare il futuro attraverso il calcolo e la combinazione di numeri, lettere e segni.

Dall'astrologia all'astronomia: Niccolò Copernico

Gli studi matematici e scientifici aprirono un processo che gradualmente porterà a sostituire l'astrologia con lo studio rigoroso dei movimenti degli astri, e cioè con l'astronomia. Alla base di questo processo culturale c'è la ricerca di **Niccolò Copernico** (nome italiano del polacco Nikolaj Kopernik, 1473-1543), studioso di matematica, di geometria, di fisica, che fu a lungo in Italia (a Padova, Ferrara, Bologna). Queste discipline ebbero grande sviluppo grazie anche alla conoscenza diretta, nei testi originali, dei tre maestri della matematica greca, Euclide, Apollonio di Perge e Archimede. Copernico le applicò agli studi di astronomia dapprima cercando di dimostrare la validità delle tradizionali teorie geocentriche di tradizione tolemaica, poi, una volta constatata l'impossibilità di verificarla positivamente, passando a una **nuova e rivoluzionaria teoria**, quella **eliocentrica** (al centro del sistema dei pianeti non sta la Terra ma il Sole). Copernico lavorò su questa ipotesi a partire dal 1505-1506, ma pubblicò la sua opera sull'argomento solo nel **1543**: si tratta del *De revolutionibus orbium coelestium libri VI* [Sei libri sulle rivoluzioni dei mondi celesti]. La posizione di Copernico, che all'inizio non aveva incontrato l'ostilità della Chiesa, suscitò, nella seconda metà del secolo, nel clima della Controriforma, violente polemiche di carattere non solo scientifico ma religioso.

L'ipotesi eliocentrica

La spiegazione matematica e fisica dei fenomeni: la ricerca filosofica e scientifica di Pomponazzi

La tendenza ad affrancarsi dall'astrologia, che pure ha ancora un ruolo culturale di primo piano, è evidente anche nella **ricerca filosofica** più rigorosa. È questa la posizione del principale filosofo italiano della prima metà del secolo, il mantovano **Pietro Pomponazzi** (1462-1525): alla causalità astrologica egli tende a sostituire una nuova causalità matematico-fisica, che spiega i fenomeni in modo naturale e scientifico. La conoscenza diretta dei testi aristotelici, e la diffusione che ebbero, all'inizio del Cinquecento, le opere di un loro commentatore greco, Alessandro di Afrodisia (vissuto fra II e III secolo d.C.), influenzarono profondamente Pomponazzi, inducendolo a distinguere in modo netto fede e ragione e a liberare la ricerca filosofica dalle ingerenze dei dogmi religiosi. A suo avviso, dal punto di vista della conoscenza razionale, l'anima è destinata a morire con il corpo, dato che l'uomo è unità inscindibile di materia e di spirito. Da questa tesi, sostenuta nell'opera *De immortalitate animae* [L'immortalità dell'anima, 1516], deriva anche un profondo **capovolgimento nel campo dell'etica**, che viene liberata dall'idea che il bene vada compiuto per una ricompensa futura di tipo soprannaturale. Si tratta di una **visione materialistica della vita** umana, di cui viene sottolineato l'aspetto naturale in tutta la sua caducità e fragilità.

9 L'estetica, la poetica, la gerarchia delle arti

La poesia come elevazione spirituale

Nel Medioevo la poesia è soprattutto esemplificazione tecnico-retorica di un valore assoluto dato una volta per tutte. **Nell'Umanesimo** la poesia è invece una forma di educazione personale, stimolo al perfezionamento interiore. La stessa lettura dei classici viene vista in questa prospettiva.

Funzione civile della poesia nel primo Umanesimo

Nei primi decenni in cui prevale l'**Umanesimo civile**, questa funzione educativa non viene vista solo sul piano individuale, ma anche su quello etico-politico e sociale. La bellezza artistica è considerata inseparabile dalla perfezione retorica: il poeta è visto come retore e filosofo nello stesso tempo. **In un primo momento**, prevale un'immagine della retorica al servizio dei vari campi della vita civile (politica e pedagogia soprattutto). **In un secondo tempo**, la retorica diventerà invece culto tecnico-formale del bello e rivelazione di una saggezza divina.

Poesia come culto del bello

Nascita di una nuova retorica, fondata su Cicerone

Per restare al primo Umanesimo, già in questo periodo si fa strada l'esigenza di una **nuova retorica** rispetto a quella medievale: si cerca invece un'armonia più naturale e più vicina al modello degli antichi. Di qui le *Elegantiae latinae linguae libri sex* [I sei libri dell'eleganza della lingua latina] di **Lorenzo Valla** (1444), che considera ormai il latino come una lingua morta (e non ancora viva e continuante al presente, com'era concepita nel Medioevo), lo studia nella sua evoluzione e sceglie come modello da imitare il latino aureo di Cicerone e Quintiliano.

Già nel primo Umanesimo compare tuttavia anche l'esaltazione del **poeta come creatore** e della **poesia come** risultato dell'entusiasmo o del **«furore» creativo**. Era questo un tema già presente in Boccaccio e in Salutati (cfr. vol. 1, Parte Seconda, cap. I, § 9). Passando dal primo al secondo Umanesimo, questo aspetto viene ripreso e sviluppato in modi nuovi, per esempio attraverso la riproposizione del **mito di Orfeo**. Orfeo rappresenta la forza e il potere magici della parola, la sua capacità di incantare e conquistare ogni creatura, grazie alla ispirazione divina da cui la parola è prodotta.

La poesia come creazione e come furore divino

Nell'ottica neoplatonica, la bellezza estetica si pone come mediatrice fra l'uomo e Dio: essa rispecchia in sé l'armonica perfezione della divinità. Di qui la costante ricerca della misura, della proporzione, dell'equilibrio armonico. La matematica e la geometria sono considerate perciò indispensabili per il lavoro dell'artista. Insomma nell'opera d'arte si ricerca e si ritrova la verifica di una perfezione ideale.

La bellezza estetica secondo il platonismo

Secondo la concezione neoplatonica, l'anima può innalzarsi a Dio partendo dalla bellezza delle cose sensibili. La realtà, infatti, contiene solo immagini o «impressioni» dell'armonia divina: compito dell'artista è farle emergere alla luce, liberandole dall'opacità della materia bruta. Da questo punto di vista **l'artista è un sacerdote del divino**, il tramite di una verità assoluta.

L'artista, rivelatore e sacerdote del divino

L'arte si qualifica dunque per il suo valore simbolico, per l'**analogia che ha con l'assoluto**: è un "doppio" dell'assoluto, cui allude per una misteriosa via enigmatica, per i segni cifrati che a esso rinviano. Essa **non ha dunque un valore realistico**: la sua essenza più profonda coincide invece con la sua capacità di rendere la perfezione che sta nascosta nelle cose e che si rivela solo a chi riesce a trascendere la loro materialità e a elevarsi alla contemplazione dell'armonia divina.

L'arte come "doppio" dell'assoluto

Da questo punto di vista, **le arti** si pongono fra loro in un **rapporto gerarchico** determinato dalla loro possibilità di emanciparsi dalla materia. La **pittura** è la più limitata perché deve riprodurre nella materia la razionalità e la simmetria dell'universo; la **musica** è a un livello superiore in quanto meno tangibile e in quanto imitatrice dell'armonia delle sfere celesti; la **poesia** si colloca al grado più alto, perché sola fra le arti può avvicinare l'anima all'infinita sapienza del pensiero divino o Logos. È una concezione aristocratica dell'arte che riflette anche la condizione separata dell'intellettuale, la sua pretesa di superiorità e di privilegio.

La gerarchia delle arti

Concezione aristocratica dell'arte

Questo supremo ideale è costretto a confrontarsi di continuo con la questione centrale in tutta l'epoca umanistico-rinascimentale e propria di ogni classicismo: quella dell'**imitazione**. Da un lato infatti l'accento viene posto sul potere creatore dell'artista, dall'altro sul fatto che i grandi esempi del passato classico si pongono come modelli. Ne nasce un dibattito che durerà almeno due secoli. La discussione più famosa avviene fra **Paolo Cortese** (1465-1510) e **Poliziano**. Il primo rivendicava la necessità di un modello unico da imitare, Cicerone; per il secondo, Cicerone, pur essendo somma *auctoritas* (autorità), rappresenta un invito a creare originalmente, a essere se stessi attraverso la sperimentazione continua.

Il criterio dell'imitazione

La discussione fra Paolo Cortese e Poliziano

Nella seconda fase dell'età umanistico-rinascimentale l'**estetica dominante è invece di tipo classicistico**. Presuppone un ideale elitario: l'arte deve essere fondata su elevati contenuti intellettuali e su un rigore formale desunto dai grandi modelli dell'antichità. L'uso metaforico del linguaggio deve uniformarsi ai criteri di eleganza, di decoro e di moderazione che avvicinano la poesia all'oratoria.

Carattere classicistico dell'estetica

Altro criterio caratterizzante la nuova estetica è quello, già dibattuto nel secolo precedente, dell'imitazione: si teorizza tanto la necessità dell'**imitazione dei classici**, quanto dell'**imitazione della natura**.

Il criterio dell'imitazione

Infine, e soprattutto, la nuova arte si ispira a un **ideale di perfezione**, basato sui princìpi dell'armonia, dell'equilibrio, del rapporto di proporzione fra le parti. Se la seconda metà del Quattrocento era caratterizzata dallo sperimentalismo e dal non-finito (si pensi ai poemi di Pulci e di Boiardo, per esempio), ora la compiutezza, la stabilità, il rispetto del canone diventano valori dominanti.

L'ideale di perfezione attraverso l'armonia

Per raggiungere il modello ideale di armonica bellezza cui ora si tende, l'**uniformazione a una norma** viene ritenuta indispensabile. Di qui il fiorire della trattatistica sull'arte e sui generi letterari. L'estetica cinquecentesca è insomma di tipo precettistico.

Un'estetica precettistica

A partire dagli anni Trenta, la *Poetica* di **Aristotele** viene assunta come base di ogni discorso sull'arte.

S12 INFORMAZIONI

Le tre "unità aristoteliche"

Nella prima metà del Cinquecento avviene la "riscoperta" di un importante trattato del filosofo greco Aristotele (IV secolo a.C.): la *Poetica*. Pressoché ignota in epoca medievale e umanistica, la *Poetica* viene tradotta in latino per la prima volta nel 1498 da Giorgio Valla e diventa argomento di dibattito in ambito classicista a partire dalla traduzione di Alessandro de' Pazzi del 1536. Dei due libri in cui era articolata la *Poetica* divenne noto solo il primo sulla tragedia (il secondo, sulla commedia, è infatti andato perduto): esso diventò per gli studiosi classicisti un punto di riferimento fondamentale nell'istituzione di regole per il genere tragico.

In nome della poetica del "verisimile" (cioè della rappresentazione in arte non del vero ma della sua apparenza, non del particolare ma dell'universale che è in esso), e sulla scorta di un passo della *Poetica*, vengono fissate per la tragedia le regole delle tre unità: unità di azione, unità di tempo e unità di luogo. L'azione, ovvero l'argomento del dramma nello svolgimento del suo intreccio, doveva essere unica, nel senso che non doveva essere disturbata da episodi secondari; unico doveva essere il luogo, e parimenti unico il tempo (un giorno) in cui si svolgeva l'azione. Queste tre regole vennero assunte nel Cinquecento come canone di perfezione della tragedia classica.

Il dibattito sulla *Poetica* aristotelica

Gli ambiti del dibattito promosso dalla valorizzazione della *Poetica* aristotelica **sono soprattutto tre**:
1. lo statuto specifico della poesia, vale a dire la definizione di ciò che distingue la poesia dalla filosofia e dalla storia;
2. la discussione se la poesia sia puro diletto e assoluto piacere oppure disciplina morale e civile capace di purificare attraverso la catarsi (questa seconda tesi prevarrà, per effetto della Controriforma, nella seconda metà del secolo);
3. la questione delle regole da applicare ai due generi letterari considerati superiori, cioè il poema eroico e, soprattutto, la tragedia, per la quale si codificano le tre unità aristoteliche: di luogo, d'azione, di tempo (cfr. **S12**).

Le controtendenze antipetrarchiste

Occorre tuttavia ricordare che alla tendenza dominante del classicismo e del petrarchismo si oppongono **poetiche realistiche o "comiche"**, caratterizzate dall'immediatezza del parlato o addirittura del dialetto e dalla contraffazione parodica del sublime. Anche se esse hanno un ruolo minoritario, esprimono nondimeno una controtendenza assai vivace e ricca di risultati estetici significativi.

10 Il sistema dei generi

Sperimentazione e generi letterari

L'**esigenza della sperimentazione**, a cui abbiamo accennato nel paragrafo precedente, si faceva valere anche nel sistema dei generi letterari. Al modello unico ciceroniano o virgiliano, Poliziano contrapponeva la necessità di imparare dallo Stazio delle *Silvae* [Le selve] (da poco scoperte) la varietà dei contenuti e degli stili.

Evoluzione dei generi letterari e nascita di nuovi generi

Lo **sperimentalismo all'interno dei generi** e nella loro commistione è una caratteristica del Quattrocento. Nel campo della narrativa lunga in ottave (in cui rientra anche Poliziano con le *Stanze*) il genere del cantare (cfr. cap. IV, § 1) viene profondamente rinnovato e modificato o in direzione comica e giocosa (Pulci) o, all'opposto, in direzione encomiastica e cortese (Boiardo): nasce il **poema cavalleresco**. Sannazaro si ispira all'egloga dialogata tentando, con l'Arcadia, di conciliare in modo nuovo poesia bucolica e romanzo, e così dando vita a un nuovo genere, il **romanzo pastorale**. Anche il genere comico e giocoso viene rinnovato in modo originale nei **sonetti burleschi** inventati da Burchiello, che introduce per la prima volta in poesia il non-senso, l'accostamento gratuito e casuale. **Rinasce il teatro**, in cui alle sacre rappresentazioni di argomento biblico o religioso si alternano le rappresentazioni mitologiche di gusto profano, molto di moda nelle corti. A tale rinascita contribuisce la riscoperta della commedia latina (Plauto e Terenzio, soprattutto).

I generi nella fase di predominio del latino

I generi tipici dell'Umanesimo, soprattutto nel periodo nel quale predomina il latino, dalla fine del Trecento a Lorenzo de' Medici, sono l'epistola, l'orazione, il dialogo, il trattato. È evidente il primato della saggistica e della filologia sulla poesia o sulla narrativa.

L'epistola e l'orazione

L'epistola umanistica

L'uso dell'epistola in latino era largamente praticato in tutto il Medioevo: basti ricordare le epistole di Dante. L'**epistola umanistica ha** tuttavia **caratteri propri**: anzitutto ha una assai maggiore diffusione perché serve a collegare i vari umanisti e i vari cenacoli, a dar conto dei risultati delle ricerche filologiche e dei viaggi compiuti a questo scopo. Inoltre l'epistola è utilizzata per le polemiche letterarie e anche per dare forma a trattatelli d'ordine etico-filosofico o scientifico. Nella sua forma aperta, essa riflette bene il nuovo modo di concepire la verità e il processo di avvicinamento a essa che qualifica la cultura umanistica. L'epistola diventa insomma un **genere assai flessibile**, che può oscillare dai toni colloquiali delle lettere agli amici a quelli seri e solenni della trattatistica morale e filosofica.

Poggio Bracciolini

Il vario uso dell'epistola nel Quattrocento è documentato soprattutto da **Poggio Bracciolini** (nato a Terranuova Valdarno, Arezzo, nel 1380 e morto a Firenze nel 1459). Fra le epistole di Bracciolini giusta fama hanno quelle spedite durante il Concilio di Costanza agli amici restati in Italia. Particolarmente tre sono molto importanti: quella che descrive i bagni di Baden, quella sul processo e sull'esecuzione di Girolamo da Praga, avvenuta durante il Concilio di Costanza (1414-1418) e quella sulla scoperta dei codici antichi fatta all'abazia di San Gallo.

T • Poggio Bracciolini, *I bagni di Baden*

Caratteri e uso dell'orazione

L'orazione nasce sul modello ciceroniano. È concepita come un discorso da tenersi in pubblico, anche se il suo carattere orale può essere fittizio. Come ogni discorso pubblico, mira a convincere l'uditorio sostenendo una tesi precisa. L'orazione può assumere la forma di un trattatello filosofico, etico o letterario. Ma comunque il carattere oratorio e l'eloquenza del discorso restano prevalenti.

L'Oratio de hominis dignitate di Pico della Mirandola

L'orazione più famosa del Quattrocento è stata scritta da **Giovanni Pico della Mirandola** (nato a Mirandola, un paese vicino Modena, nel 1463, morto a Firenze nel 1494) con il titolo *Oratio de hominis dignitate* [Orazione sulla dignità dell'uomo]. L'orazione sostiene la tesi della dignità dell'uomo, tema ricorrente nella cultura umanistica, fondandola sul libero arbitrio concesso da Dio all'uomo (cfr. **S13**).

Il dialogo: Leonardo Bruni e Leon Battista Alberti

Caratteri del dialogo

Come si è già visto (cfr. § 5), il dialogo riflette la consuetudine della discussione e del dibattito culturale che avveniva nei cenacoli umanisti. Nello stesso tempo esso esprime – come l'epistola umanistica – un **nuovo modo di concepire la verità**, non più come qualcosa di prestabilito da apprendere, ma come un processo a cui concorrono voci e tesi diverse.

T • Leonardo Bruni, *Elogio del dialogo*

Non a caso, dunque, l'elogio della discussione apre il primo dei due libri dei *Dialogi ad Petrum Paolum Histrum* [Dialoghi a Pier Paolo Vergerio], chiamato Histrus perché nato a Capodistria nel 1370, scritti fra il 1401 e il 1406 da **Leonardo Bruni**.

Leon Battista Alberti

Il dialogo è prevalentemente **in latino**. Non mancano, tuttavia, esempi di dialoghi **in volgare**; fra questi ultimi i più importanti sono quelli di **Leon Battista Alberti**, che è una delle personalità più importanti dell'Umanesimo ed uno dei principali autori di trattati del Quattrocento.

La vita

Nato a Genova nel 1404, come figlio illegittimo di Lorenzo Alberti, esponente di una delle famiglie più potenti della borghesia fiorentina anche se recentemente turbata da crisi economiche, si laureò a Bologna e visse poi prevalentemente a Roma, al servizio della curia. A Roma Leon Battista Alberti morì nel 1472.

Gli *Intercoenales* e i trattati d'arte

Del periodo fra il 1428 e il 1440 sono i dialoghi in latino ***Intercoenales*** [Dialoghi da leggersi durante la cena], di natura morale. Contemporaneamente, sollecitato soprattutto dalla vista delle rovine e delle altre vestigia dell'antichità romana e dalla lettura del trattato latino di Vitruvio sull'architettura, scrive alcuni trattati in latino sulla pittura, la scultura, l'architettura.

I dialoghi *Della famiglia*

T • Leon Battista Alberti, *La difesa del volgare*

Agli anni Trenta risalgono i dialoghi pedagogico-morali in volgare: i primi tre libri ***Della famiglia*** sono del 1433-1434 e trattano rispettivamente dell'educazione dei figli, dell'amore e del matrimonio; del 1440 è il quarto libro, sul tema dell'amicizia. L'opera è scritta in volgare e ne contiene una difesa: il volgare infatti può «giovare a molti» e non solo «piacere a pochi» come invece il latino; inoltre può raggiungere la stessa raffinatezza del latino.

S13 — MATERIALI E DOCUMENTI

Pico della Mirandola, *La dignità dell'uomo e il libero arbitrio*

L'orazione *De hominis dignitate* [La dignità dell'uomo] è una sorta di manifesto dell'Umanesimo. L'uomo vi viene esaltato per la sua condizione privilegiata, intermedia tra la divinità e le cose materiali. Tale condizione viene definita sulla scorta dell'autorità sia della Bibbia che del *Timeo* platonico. L'orazione è dunque anche un interessante documento dell'incontro tra Umanesimo letterario e neoplatonismo filosofico. L'uomo, cui Dio ha concesso il libero arbitrio, può plasmare la propria vita come un artista la propria opera. Inoltre, collocato nel centro del mondo, può meglio dominarlo, anche se dipende solo da lui se innalzarsi verso le cose superiori oppure degenerare in quelle inferiori.

▶▶ Già il Sommo Padre, Dio creatore, aveva foggiato secondo le leggi di un'arcana sapienza questa dimora del mondo quale ci appare, tempio augustissimo della divinità. Aveva abbellito con le intelligenze la zona iperurania,[1] aveva avvivato di anime eterne gli eterei globi, aveva popolato di una turba di animali d'ogni specie le parti vili e turpi del mondo inferiore. Senonché, recato il lavoro a compimento, l'artefice[2] desiderava che ci fosse qualcuno capace di afferrare la ragione di un'opera sì grande, di amarne la bellezza, di ammirarne la vastità. Perciò, compiuto ormai il tutto, come attestano Mosè e Timeo,[3] pensò da ultimo a produrre l'uomo. Ma degli archetipi[4] non ne restava alcuno su cui foggiare la nuova creatura, né dei tesori uno ve n'era da largire in retaggio al nuovo figlio, né dei posti di tutto il mondo uno rimaneva in cui sedesse codesto contemplatore dell'universo. Tutti erano ormai pieni, tutti erano stati distribuiti nei sommi, nei medî, negli infimi gradi. Ma non sarebbe stato degno[5] della paterna potestà venir meno, quasi impotente, nell'ultima fattura;[6] non della sua sapienza rimanere incerto in un'opera necessaria per mancanza di consiglio;[7] non del suo benefico amore, che colui che era destinato a lodare negli altri la divina liberalità[8] fosse costretto a biasimarla in se stesso. Stabilì finalmente l'ottimo artefice che a colui cui nulla poteva dare di proprio fosse comune tutto ciò che aveva singolarmente assegnato agli altri. Perciò accolse l'uomo come opera di natura indefinita e postolo nel cuore del mondo così gli parlò: «non ti ho dato, o Adamo, né un posto determinato, né un aspetto proprio, né alcuna prerogativa tua, perché quel posto, quell'aspetto, quelle prerogative che tu desidererai, tutto secondo il tuo voto e il tuo consiglio ottenga e conservi. La natura limitata degli altri è contenuta entro leggi da me prescritte. Tu te la determinerai da nessuna barriera costretto, secondo il tuo arbitrio,[9] alla cui potestà ti consegnai. Ti posi nel mezzo del mondo perché di là meglio tu scorgessi tutto ciò che è nel mondo. Non ti ho fatto né celeste né terreno, né mortale né immortale, perché di te stesso quasi libero e sovrano artefice[10] ti plasmassi e ti scolpissi nella forma che avresti prescelto. Tu potrai degenerare nelle cose inferiori che sono i bruti; tu potrai, secondo il tuo volere, rigenerarti nelle cose superiori che sono divine».

G. Pico della Mirandola, *De hominis dignitate*, IV, in *De hominis dignitate, Heptaplus, De ente et uno*, a cura di E. Garin, Vallecchi, Firenze 1942.

---

1 zona iperurania: nella filosofia platonica con questo nome si indica un luogo ideale superiore al cielo in cui le idee sono poste nella loro eterna immutabilità.

2 l'artefice: è Dio, prima definito **architectus** e concepito sul modello platonico come un demiurgo ordinatore della materia.

3 Mosè e Timeo: Mosè è ritenuto l'autore dei primi cinque libri del Vecchio Testamento, tra i quali anche la Genesi. Il *Timeo* è un dialogo in cui Platone affronta problematiche cosmogoniche (relative cioè all'origine e alla formazione dell'universo) e tratta della creazione dell'uomo e dell'universo. È probabile che Pico abbia presente anche la tarda compilazione di questo dialogo (intitolato *De anima mundi* [L'anima del mondo]), attribuito a Timeo di Locri, forse filosofo di scuola pitagorica.

4 degli archetipi: sono i modelli originari e ideali del mondo sensibile.

5 non...degno: questa costruzione regge i seguenti **della paterna potestà** [...], **della sua sapienza** [...], **del suo benefico amore**.

6 nell'ultima fattura: cioè nel momento di dover creare l'uomo.

7 di consiglio: come nel testo originale (*consilii*) qui **consiglio** è da intendersi non solo come *senno*, ma anche come *intenzione*, *progetto*.

8 divina liberalità: cioè la generosità dell'amore divino.

9 secondo il tuo arbitrio: è il passaggio decisivo di tutta l'orazione; Pico rivendica all'uomo la possibilità di scegliere la conduzione della propria vita che, se da un lato implica una particolare libertà di azione, dall'altro espone l'uomo al rischio e all'errore. Ciò non impedisce, tuttavia, a Pico di collocare ogni essere umano **nel cuore del mondo** in un'esaltante visione antropocentrica dell'universo.

10 quasi...artefice: il **quasi** attenua appena un modo di raffigurare l'uomo un Dio: l'uomo si realizza appunto attuando il proprio potere creativo.

Il trattato: Giannozzo Manetti e Lorenzo Valla

Differenze tra il trattato medievale e quello umanistico

Il trattato ha una struttura argomentativa rivolta a sostenere una verità d'ordine intellettuale, morale o scientifico. Dall'antichità era passato al Medioevo ed era giunto poi all'età umanistica. In età umanistica **la trattazione si fa più aperta e problematica**: non mira più ad illustrare una verità superiore ed eterna, ma a dimostrare una verità particolare, specifica, limitata. Inoltre, più della struttura logica dell'argomentazione, contano l'eloquenza del discorso, la sua eleganza formale. La lingua del trattato è quasi sempre il latino.

Giannozzo Manetti

T • Giannozzo Manetti, *La rivalutazione del corpo umano*

Autore di trattati fu il fiorentino **Giannozzo Manetti** (1396-1459). Tra le sue opere occorre ricordare soprattutto il *De dignitate et excellentia hominis* [La dignità e l'eccellenza dell'uomo], trattato in quattro libri, scritto nel 1451-1452. Il tema, tipicamente umanistico, della dignità umana viene qui allargato a una rivalutazione dei valori terreni e del corpo umano.

Lorenzo Valla

Trattati di tipo filologico e linguistico scrisse uno dei maggiori umanisti del suo tempo, **Lorenzo Valla** (1405-1457), autore dell'importante *De falso credita et ementita Constantini donatione* [La donazione di Costantino contraffatta e falsamente ritenuta vera] (1440), in cui dimostrava che l'atto di donazione di Costantino a papa Silvestro era falso: non poteva risalire, per ragioni filologiche, al IV secolo dopo Cristo ed era invece opera di una contraffazione avvenuta secoli dopo. Con questa dimostrazione, Valla metteva in discussione il fondamento giuridico del potere temporale della Chiesa.

T • Lorenzo Valla, *La falsa donazione di Costantino*

Le *Elegantiarum latinae linguae*

Il capolavoro di Valla è ***Elegantiarum latinae linguae***, trattato scritto con lo scopo di definire, documentare ed esaltare il modello di latino classico rappresentato da Cicerone e da Quintiliano.

Il pubblico

Il pubblico di questi generi è quasi sempre costituito dai membri stessi della repubblica delle lettere, dalle famiglie signorili e dai funzionari di corte. In qualche caso, però, quando i dialoghi e i trattati sono in volgare, il pubblico tende ad allargarsi: il destinatario, allora, è anche la borghesia cittadina.

Due tipi di pubblico per la letteratura in volgare alla fine del Quattrocento

Quando, nell'ultimo trentennio del Quattrocento, il volgare diventa di nuovo la lingua della letteratura alta, si profilano **due pubblici separati** e molto diversi: il volgare ormai può essere utilizzato per una lettura popolare di intrattenimento o di devozione, oppure per una letteratura raffinata e colta. Questa situazione esprime una profonda frattura sociale fra le classi e una crescente distanza culturale fra città e campagna.

Evoluzione dei generi nel Cinquecento

Codificazione degli stili e dei generi

Nel Cinquecento, il prevalere di un'estetica classicistica e precettistica non poteva che condurre a una **codificazione** degli stili e dei generi letterari, che diventa **via via più rigida** dopo la svolta degli anni Trenta. La definizione teorica delle poetiche e la stessa critica letteraria assumono di conseguenza sempre maggiore autorità.

Il sistema dei generi letterari diventa rigido

Data l'impostazione classicistica, il sistema dei generi tende a modellarsi sugli **esempi del passato**: rinascono così la tragedia e la commedia, mentre il poema eroico viene modellato su quello omerico e sulle indicazioni della *Poetica* aristotelica.

La gerarchia dei generi

Il sistema dei generi presenta poi una **precisa gerarchia**. Il poema eroico e la tragedia, per il tipo di materia elevata e di personaggi nobili che presuppongono, sono considerati i generi più alti, insieme con il trattato filosofico. Infine si tende a limitare al massimo i generi misti e a semplificare i generi e le forme esistenti riducendone il numero (ad esempio, nella poesia lirica vengono privilegiati il sonetto e la canzone petrarcheschi).

La novellistica, la lirica, la poesia "comica": nasce il genere bernesco

Dei generi della tradizione in volgare vengono continuati la **novellistica** e la **lirica**, quest'ultima irrigidita nel canone petrarchesco teorizzato da Bembo. Il filone della poesia "comica" e burlesca viene ripreso e rinnovato: nasce, dal nome del suo fondatore, Francesco Berni, la **poesia bernesca**, in esplicita polemica con il modello petrarchesco.

Il trattato e la nascita della moderna saggistica

Il trattato assume ora un'importanza fondativa, assai maggiore che nel secolo precedente, nelle due forme del dialogo (Bembo, Castiglione) o della trattazione diretta (*Il Principe* di Machiavelli). Di fatto, soprattutto con **Machiavelli** e con **Guicciardini**, nasce ora la **moderna saggistica**, in cui l'autore si assume la responsabilità delle tesi presentate.

Rinascita del teatro laico

La commedia, genere di successo

La novità più consistente sta nella **rinascita del teatro laico** (il Trecento e il Quattrocento sono i secoli della sacra rappresentazione, a carattere religioso). Nel Cinquecento il teatro diventa una consuetudine sociale e uno spettacolo, con un suo spazio separato e una sua sede autonoma. La corte è nello stesso tempo committente e fruitrice degli spettacoli teatrali. La commedia, assai più della tragedia, diventa un genere di successo, soprattutto in occasione delle feste di corte.

11. La questione della lingua

La filologia testuale e la normalizzazione della lingua

Il Quattrocento non è solo il secolo in cui si afferma la filologia testuale, ma anche quello in cui si sviluppano gli studi linguistici e viene sviluppata una tendenza a **normalizzare la lingua**, tanto quella latina, quanto il volgare. **L'uso della stampa** ebbe una funzione normativa contribuendo in modo decisivo ad accelerare questo processo di stabilizzazione. È questo il momento in cui nascono le prime grammatiche del volgare detto ora fiorentino, ora toscano, ora italiano.

Il volgare nella prima metà del Quattrocento

Per buona parte del **Quattrocento**, l'**uso del latino prevale sul volgare**, che viene riservato per la vita pratica e civile: il volgare, per esempio, diventa la lingua ufficiale anche nei tribunali, a partire da quello fiorentino. Inoltre esso è usato nella scrittura di generi destinati a un pubblico largo (prediche, letteratura devota, sacre rappresentazioni, cantari ecc.). In latino si compongono non solo trattati, dialoghi, orazioni, come d'altronde accadeva già nel Medioevo, ma anche – e questo è un fenomeno nuovo, almeno nelle dimensioni che ora assume – poesie, novelle, poemi, tragedie. Il latino impiegato è assai diverso da quello medievale, perché ora modellato, nel lessico e nella sintassi, su quello classico.

Il ricorso al latino classico

Il **volgare** letterario torna a imporsi negli anni di Lorenzo de' Medici: esso ora **risulta anche arricchito** dalla precedente vasta esperienza della lingua latina fatta dagli umanisti italiani.

Leon Battista Alberti e il rilancio del volgare: il Certame coronario (1441)

Nella ripresa del volgare ebbe un ruolo importante, già nella prima metà del Quattrocento, **Leon Battista Alberti**. Nel Proemio dei suoi libri *Della famiglia*, egli ne sostenne la pari dignità rispetto al latino. Per rilanciare il volgare, l'Alberti promosse un **Certame coronario** in poesia volgare (la parola *Certame* viene dal latino e significa 'gara'; il termine "coronario" allude alla corona d'argento da consegnarsi al vincitore). Il tema era l'amicizia. Nessuno degli otto concorrenti (neppure Alberti che partecipò al concorso alla pari degli altri) ebbe il premio; e tuttavia la data del Certame, il **1441**, segnò un momento importante della ripresa del volgare. Per giungere però a una sua nuova affermazione come lingua letteraria occorre aspettare l'**età di Lorenzo**, il quale promosse l'uso del volgare come lingua ufficiale della cultura e delle corti. D'altra parte si andava diffondendo a livello nazionale una **lingua cortigiana** (una lingua parlata nelle corti) fondata su un volgare depurato da elementi dialettali e fortemente influenzato dal latino. È questo un primo aspetto della unificazione linguistica che si andava avviando fra le classi colte del nostro paese.

La promozione del volgare da parte di Lorenzo de' Medici

La lingua cortigiana

Il volgare della letteratura "alta" e quello della letteratura "bassa"

La ripresa del volgare non comportò affatto un avvicinamento della letteratura al popolo. Il volgare usato da Poliziano o da Sannazaro è estremamente colto e raffinato. **L'uso del volgare** insomma **si differenzia**: da un lato abbiamo il suo impiego nella vita quotidiana e nella letteratura popolare (devota o d'intrattenimento), dall'altro la sua elaborazione dotta e letteraria per una cerchia ristretta di letterati e di uomini di corte.

La "questione della lingua"

L'uso del latino

All'inizio del secolo XVI esplode la cosiddetta **"questione della lingua"**. Essa riguarda soprattutto **il volgare**, dato che è ormai fuori discussione il suo uso letterario, ormai predominante rispetto al latino. **Il latino** resta come lingua quasi incontrastata delle scienze, della medicina, degli atti giudiziari e dei verbali nei processi, dell'insegnamento universitario. Inoltre il latino continua a essere la lingua della Chiesa.

Il dibattito sull'uso del volgare: quale norma linguistica?

La "questione della lingua" si può sintetizzare in questa domanda: **quale doveva essere la norma linguistica** capace di dare unità al volgare scritto e a quello parlato dalle persone colte in Italia? Nei primi decenni del Cinquecento si fronteggiano sostanzialmente **tre posizioni**: 1) **quella di Bembo**, che nelle *Prose della volgar lingua* (1525) propone una lingua basata sul modello petrarchesco nella poesia e su quello boccacciano nella prosa; 2) **quella dei fautori di una lingua comune o "cortigiana"** che prenda a modello la lingua in uso nelle corti italiane, cioè una lingua "mista" anche se su una base di toscano: questa è la tesi del Calmeta (Vincenzo Colli), di Baldassar Castiglione e di Giangiorgio Trissino; 3) **quella di Niccolò Machiavelli** (*Discorso intorno alla nostra lingua*, 1515) e di altri intellettuali fiorentini che propongono l'uso del volgare fiorentino contemporaneo.

La proposta di Bembo

Prevalse il monolinguismo teorizzato da Bembo. Esso rispondeva all'esigenza di una cultura unitaria aristocratica, separata dalla vita quotidiana e dai bisogni del presente e invece fondata sul classicismo e dunque sul culto del passato. Ispirarsi, per la scrittura letteraria, a una lingua di due secoli prima comportava una netta separazione fra scritto e parlato. Ne derivava un **classicismo linguistico** riservato a una ristretta élite e un rischio di manierismo (di limitazione cioè dell'inventività del linguaggio, ridotto a rigida "maniera"). Inoltre si produceva una sorta di «artificiale **arresto dello sviluppo linguistico**» (Poggi Salani) per privilegiare invece l'imitazione di una norma fissa e immobile, atemporale e astorica.

Il classicismo linguistico e la sua conseguenza

La normalizzazione linguistica

A tale **fissità** collaborava anche la normalizzazione imposta dai grammatici. È infatti questo il secolo dei vocabolari e delle grammatiche che sanciscono in modo rigido la norma linguistica lessicale, ortografica, grammaticale.

L'unificazione linguistica e le controtendenze dialettali

Verso la metà del XVI secolo la letteratura di livello alto è ormai unificata in tutta Italia. L'unificazione avviene in nome del "bello stile" e del classicismo linguistico. Non mancano tuttavia **episodi importanti di opposizione**. Questa non proviene solo dall'uso linguistico del fiorentino contemporaneo, incline al realismo "comico" e più vicino al parlato, o dalle "miscele" del maccheronico e del fidenziano (cfr. cap. XII, **S1** e **S2**, p. 433), ma dagli scritti in dialetto. **Il dialetto** viene usato in chiave anticlassicistica, in funzione antagonistica o addirittura di eversione della norma.

La prosa subisce con minor rigore la norma bembiana

Occorre comunque osservare che, in generale, **la prosa** subisce con minore rigore la norma bembiana. Oltre alla commedia, anche la novella presenta una certa libertà e una apertura verso il plurilinguismo e il parlato. E altrettanto si deve dire per la saggistica storica e politica, in cui agisce il modello assai spregiudicato di Machiavelli.

Mutamento di significato di alcune parole e influenza dello spagnolo

Grazie alla trattatistica **alcuni termini specifici cambiano il loro significato**: è così per "stato" che, dopo Machiavelli, non significa più "regime" ma, come oggi, "territorio", o meglio l'estensione di territorio sottoposta a un medesimo potere politico. Sulla lingua italiana, poi, si fa sentire l'influenza dello spagnolo, data l'egemonia che la Spagna aveva sul nostro paese. Penetrano in Italia dalla Spagna termini relativi alla vita sociale ("complimento", "sforzo", "puntiglio") e domestica ("appartamento", "marmellata"), ma anche militari ("guerriglia", "parata") e marinareschi ("flotta", "rotta").

Influenza della lingua italiana all'estero

Viceversa va segnalato anche il fenomeno opposto, vale a dire **l'influenza che l'italiano esercita fuori della penisola**. Sia per l'importanza che alcuni intellettuali o grandi personalità del nostro paese vengono ad avere all'estero al servizio di sovrani stranieri (basti pensare a Colombo, a Vespucci, a Caboto fra i grandi navigatori, o a Leonardo e a Cellini fra gli artisti), sia per il prestigio che la cultura umanistico-rinascimentale italiana ha in Europa, nelle classi più elevate in Spagna, in Francia, in Inghilterra, in Germania «conoscere l'italiano è un segno di distinzione, di raffinatezza» (Baldelli).

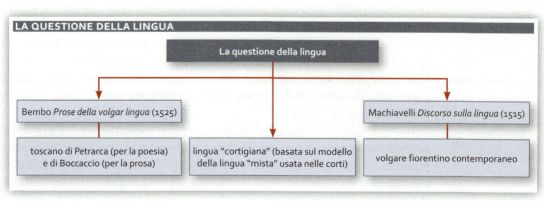

12 L'arte umanistico-rinascimentale

Una nuova idea di artista

Per molti versi le grandi novità dell'arte umanistico-rinascimentale sono sintetizzabili nella **nuova concezione dell'artista come intellettuale**, una concezione che si afferma a partire a partire dall'inizio del Quattrocento. Le conseguenze tematiche e formali di questo cambiamento non solo hanno rappresentato una evidente innovazione rispetto alla tradizione tardogotica, ma possono essere considerate **l'origine della modernità**. L'atteggiamento scientifico e razionale nei confronti della realtà, infatti, trova applicazione nella produzione artistica e la condizione sociale dell'artista evolve progressivamente dalla condizione di artigiano a quella di intellettuale e scienziato.

La prospettiva

L'invenzione della prospettiva nell'ambito della pittura è il sintomo più evidente di questo cambiamento. La prospettiva, che consente di rappresentare su un piano le figure tridimensionali, nasce dalla **razionalizzazione dello spazio** che si traduce nella sua **geometrizzazione**: lo spazio deve essere conosciuto e dominato perché questo consente di controllare e ordinare la realtà, di stabilire rapporti, di instaurare gerarchie. Filippo **Brunelleschi** (1377-1446) in architettura, **Donatello** (1386-1466) nella scultura, **Masaccio** (1401-1428) in pittura sono i pionieri della cultura prospettica.

L'imitazione della natura

Nelle grandi personalità di **Piero della Francesca** e di **Antonello da Messina** l'attenzione al rigore prospettico si fonde con l'attenzione al vero, alla osservazione diretta della natura e della luce. Questa tendenza, in cui i pittori fiamminghi come **Jan Van Eyck** avevano rappresentato il punto di massimo splendore, verrà ripresa da **Leonardo**. E anzi in Leonardo il disegno dalla natura è inteso come uno strumento privilegiato di conoscenza della realtà.

L'imitazione dei classici

D'altro canto proprio nello **studio dei classici** l'artista rinascimentale trova conferma alla intuizione di dover operare una sintesi fra l'osservazione della natura e l'applicazione di criteri mate-

Leon Battista Alberti, *Tempio Malatestiano*, metà del XV secolo. Rimini.
Concepito adottando il disegno dell'arco trionfale romano, il rivestimento murario con cui Alberti ricopre l'antico edificio gotico è fra gli esempi più alti di classicismo architettonico del Quattrocento. Il modello dell'arco trionfale romano viene adottato come vero e proprio modulo compositivo anche lungo i lati che accolgono le sepolture: è una soluzione completamente nuova rispetto al sistema ad arche monumentali isolate tipico del gotico.

Tarsia marmorea raffigurante un dodecaedro stellato. Venezia, Basilica di San Marco.
Paolo Uccello, oltre che uno dei maggiori pittori del Quattrocento, è autore di una straordinaria serie di disegni geometrici di figure solide che, come nel caso del dodecaedro stellato, anticipano di un secolo gli studi di Keplero. È questo un esempio utile a capire l'intreccio fra arte e scienza tipico del linguaggio figurativo umanistico-rinascimentale.

L'artista come intellettuale umanista

matici e geometrici. Così se da un lato l'imitazione dei classici legittima e conferisce autorevolezza alle scelte operate dall'artista, dall'altro contribuisce all'emancipazione delle attività artistiche dallo stato di arti meccaniche e alla loro trasformazione in vere e proprie attività intellettuali.

La pittura, la scultura e l'architettura, che nel Medioevo, per il coinvolgimento delle abilità pratiche, erano percepite in contrapposizione alle attività intellettuali pure, adesso vengono interpretate come ambiti propri dell'impegno intellettuale dell'artista-umanista. **L'artista** diventa anzi una **figura principe nell'immaginario umanistico-rinascimentale**, emblema dell'uomo nuovo, dell'uomo creatore, padrone del creato in quanto capace di riprodurne l'armonia.

I nuovi committenti

Anche dal punto di vista sociale l'arte subisce un mutamento molto evidente. Sempre più frequentemente, infatti, si richiedono da parte di **committenti privati**, spesso borghesi, **opere di carattere profano e di uso privato**. I nuovi mecenati delle arti tendono a diventare anche grandi collezionisti di opere d'arte, il loro ritratto sempre più spesso compare anche in scene di soggetto sacro. Analogamente, l'artista firma l'opera e la dichiara come l'esito del suo ingegno e della sua maestria pratica. **La bottega**, entro la quale si organizza la produzione artistica, è **un'impresa economica a carattere moderno**: attraverso lo strumento giuridico del contratto l'artista si obbliga con il compratore ad attenersi a colori, dimensioni, materiali, soggetto che sono stati pattuiti. In definitiva l'opera d'arte, che nel corso del Medioevo era avvertita come la creazione di una comunità, adesso muove gli interessi di singoli individui, artisti o committenti, spinti prevalentemente da motivi estetici ed economici.

Jan Van Eyck, *I coniugi Arnolfini*, 1434. Londra, National Gallery.

Mentre a Firenze Masaccio si fa portatore dell'idea che sia possibile superare il calligrafismo tardo-gotico attraverso la ripresa dell'eredità giottesca, anche il mondo artistico al di là delle Alpi vive vicende artistiche di grande rilievo. Jan Van Eyck è il pittore fiammingo al quale la tradizione attribuisce l'invenzione della pittura ad olio. Questo fatto è significativo perché la nuova tecnica consente, attraverso la sovrapposizione di sottili e traslucide stesure di colore (velature), di estendere all'infinito la gamma cromatica, alla ricerca di una rispondenza la più fedele possibile al dato visuale: la pittura può replicare, come in uno specchio, ogni dettaglio che la vista coglie. L'effetto, amplificato dall'artificio dello specchio alle spalle degli Arnolfini che ritrae un uomo e lo stesso pittore, è di un realismo vertiginoso. E anzi Van Eyck si spinge fino al punto di firmare il quadro con l'iscrizione, al di sopra dello specchio, 'Johannes de eyck fuit hic 1434': lo spazio dell'immagine è lo spazio concreto del mondo.

I centri del Cinquecento

Al comparire delle **corti cinquecentesche** le condizioni sociali e intellettuali entro cui si produce arte mutano profondamente. **La fruizione dell'arte** da parte di vaste categorie di pubblico viene via via meno e l'arte tende a concentrarsi nelle mani di pochi eletti in grado di comprenderne la raffinatezza culturale e formale. La **Firenze** di Leonardo e del giovane Michelangelo, l'**Umbria** di Perugino e di Raffaello, la Venezia di Bellini e di Giorgione, e infine la **Roma** di Bramante, di Raffaello e di Michelangelo, sono i centri in cui si realizzano le grandi idee della cosiddetta "maniera moderna", la fase più compiuta e matura del classicismo rinascimentale.

Andrea Mantegna, *San Sebastiano*, **1481 circa. Parigi, Museo del Louvre.**

Mantegna fonde l'esigenza naturalistica di raffigurare il corpo umano nella sua nudità con quella classicistica dell'armonia, dell'equilibrio, delle proporzioni fra le parti. Il suo san Sebastiano, immerso in un paesaggio in cui ogni elemento architettonico è citazione nostalgica del mondo antico, ha le fattezze di una statua classica.

S14 — ARTE

L'arte del Rinascimento maturo a Roma

Nel 1503 sale al pontificato Giulio II con il progetto di rinnovare gli antichi splendori di Roma. La sua politica tende a fondare l'universalismo religioso sulla massima affermazione della potenza e della gloria terrene. La trasformazione monumentale della città, il suo prestigio culturale e artistico ne sono un simbolo. La curia papale attira a Roma i più grandi artisti del tempo, da Bramante a Raffaello a Michelangelo.

L'arte del Cinquecento è un'arte essenzialmente mondana anche quando tratta soggetti sacri. In essa scompare ogni tensione tra anima e corpo e l'ideale estetico (il bello) si identifica con quello morale (il buono). Di qui l'importanza data all'aspetto fisico, al corpo, la cui forza e bellezza diventano immediatamente espressione di perfezione spirituale.

Già nell'arte del Quattrocento era presente un ideale di classicità che fondeva naturalismo e idealismo, ma ora esso si sviluppa su un piano più aristocratico, di grandiosità e di dignitoso distacco dalla realtà quotidiana. Il controllo delle passioni è perfetto: Cristo in croce non è più un uomo sofferente, la Madonna madre non è più affettuosa o addolorata: la loro divina regalità è superiore a ogni emozione e debolezza umane.

La "maniera grande" che caratterizza il classicismo romano è improntata all'esaltazione della potenza, della solennità, dell'ordine. Equilibrio e perfezione si traducono nella calma e stabilità di un'umanità sempre eroica, anche quando è rappresentata da figure umili. Il principio di accentramento e di subordinazione regola lo spazio cinquecentesco e trova la massima espressione nella pianta centrale delle chiese di Bramante, che diventa il modello architettonico del secolo. Gli artisti del Cinquecento riflettono in questo il clima di una società aristocratica e autocratica che, giunta all'apogeo della potenza, tende alla propria perpetuazione ed esaltazione.

Uno stesso ideale di perfezione, improntato a una classicità variamente rivissuta e conciliata con la visione cristiana, caratterizza la ricerca di Bramante, di Raffaello e di Michelangelo. Bramante, nella scelta della pianta centrale, della cupola ispirata ai templi romani, di una spazialità monumentale e grandiosa e insieme regolata da corrispondenze e simmetrie rigo-

rose, mira a riprodurre nelle strutture architettoniche l'armonia del cosmo (vedi fig. 1).
Raffaello è l'artista che fonde naturalismo e classicismo con una scioltezza e dignità impareggiabili: è la realizzazione più compiuta dell'ideale di *kalokagathía* (bellezza e bontà) e del modello di umanità, disinvolta e signorile, teorizzato dal *Cortegiano*.
Nella *Scuola di Atene* (vedi fig. 2), dipinta per le Stanze Vaticane, lo spazio ha un'importanza fondamentale nel dare unità alla scena affollata e nel sottolineare l'importanza del tema.
In Michelangelo la tendenza naturalistica e quella idealizzante non si risolvono nella calma e nella fluidità di Raffaello, ma rivelano una tensione e un'inquietudine crescenti. Lo studio anatomico e l'energica bellezza dei corpi nudi esaltano il protagonismo rinascimentale dell'uomo, ma all'interno di una visione della vita che non esclude il dramma e il dolore. I *Prigioni*, progettati per la tomba di Giulio II, esprimono il tormento che caratterizza la liberazione delle energie spirituali dalla materia, l'enorme fatica all'uomo necessaria per arrivare a una compiuta realizzazione di sé.
Le figure della Cappella Sistina (1508-1512) presentano un carattere possente e dinamico, energia eroica e carica drammatica, che si esprimono nelle audaci torsioni dei corpi. La volta della Cappella riflette una libertà totale di impianto e un'originalità che trasgredisce le regole compositive rinascimentali, dal principio prospettico a quello delle corrispondenze simmetriche (vedi fig. 3). È l'espressione del genio di un artista, ma anche il sintomo della percezione di una crisi, che si farà più evidente, dopo il 1530, nell'affresco del *Giudizio universale*.

[3] Michelangelo, *Creazione di Adamo*, 1510. Roma, Cappella Sistina.

Dio crea l'uomo veramente a sua immagine e somiglianza. Il gesto dell'Eterno che comunica ad Adamo la forza vitale stabilisce un'ideale continuità tra perfezione divina e umana, esaltata dalla bellezza del corpo.

[1] Bramante, *Tempietto di San Pietro in Montorio*, Roma, dopo il 1505-1506.

L'uso della pianta centrale per le chiese nel Rinascimento, sull'esempio dei templi antichi, ha anche un significato simbolico legato al neoplatonismo. Il cerchio è la figura perfetta, metafora della perfezione divina e della forma del cosmo provvisto dei princìpi divini di armonia e proporzione. Il tema del cerchio domina il tempietto: le colonne tonde, la galleria e la cella cilindriche, la cupola semisferica e le nicchie semicilindriche.

 IMMAGINE ATTIVA

Raffaello, *La scuola di Atene*

Raffaello, *La scuola di Atene*, 1509-1511. Roma, Palazzo Vaticano, Stanza della Segnatura.

La scena, complessa e grandiosa, è una celebrazione della sapienza antica, attraverso i suoi massimi rappresentanti, Platone e Aristotele. Naturalezza e libertà di movimento trovano una solenne unità, grazie all'ordine spaziale garantito dalla prospettiva centrale del monumentale edificio.

- esercitare le competenze di ascolto
- scrivere testi coesi e corenti

Attiviamo le competenze

Dopo aver ascoltato la spiegazione fornita nell'immagine attiva, spiega in un breve testo quale idea del sapere e della conoscenza emerge dall'affresco di Raffaello.

Sandro Botticelli
La nascita di Venere

TESTO EPOCA

Sandro Botticelli, *La nascita di Venere*, 1482-1485 ca. Firenze, Galleria degli Uffizi.

Quest'opera di Botticelli è una delle più famose della produzione umanistico-rinascimentale. Venere è rappresentata nell'atto di emergere dal mare su una conchiglia, che è spinta dei venti verso la spiaggia. Il corpo della donna-dea è nudo e flessuoso: la sua stilizzazione risolve il dato reale nella celebrazione di un'umanità eternamente giovane e bella.

 Immagine attiva
 Ascolto
 Alta leggibilità

▶ Dal testo al contesto storico-culturale
Perché è un testo epoca?

Perché celebra la centralità dell'uomo e valorizza la natura

La nascita di Venere, il dipinto realizzato da Botticelli tra il 1483 e il 1488, può essere considerato una vera e propria icona del Rinascimento italiano: si tratta infatti di un'opera pittorica che rappresenta esemplarmente il clima culturale di quest'epoca. Dopo che per secoli la pittura si era dedicata esclusivamente alla raffigurazione di immagini sacre, in quest'opera compare un nuovo soggetto mitologico capace di esprimere la bellezza e il valore della vita umana. Nel dipinto di Botticelli, emblematicamente, protagonista è la figura femminile di una dea pagana, cosciente di sé in quanto simbolo dell'amore e della bellezza, collocata al centro del dipinto e verso la quale convergono tutti gli altri elementi del quadro. Sia la fisicità del corpo di Venere sia l'attenzione con cui l'artista rappresenta lo sfondo paesaggistico testimoniano l'interesse fondamentale dell'umanista per la vita terrena. La natura cessa definitivamente di essere vista come espressione del male e diventa, anzi, il luogo in cui l'uomo può affermare se stesso e il proprio destino.

Perché è un manifesto pittorico del Neoplatonismo

Il centro del dipinto è occupato dalla dea Venere che sorge dalla schiuma delle acque, nuda su una conchiglia e sospinta dai venti verso la riva, dove la ninfa Flora, una delle Ore (cioè delle ninfe che presiedono alle stagioni), la accoglie per coprirla con un drappo fiorito.

La bellezza ideale espressa dal nudo centrale della Venere fa riferimento all'estetica neoplatonica di Marsilio Ficino. L'Accademia Neoplatonica, fondata a Firenze nel 1459 per volontà di Cosimo de' Medici, fu un rilevante cenacolo di artisti e intellettuali e doveva significare, simbolicamente, la riapertura dell'antica Accademia di Atene. Qui Marsilio Ficino tradusse in latino l'opera di Platone e di Plotino e nell'ambito di questa Accademia venne elaborata l'interpretazione del platonismo dominante nel contesto fiorentino: quella cioè che considerava Platone il capostipite di concezioni filosofiche tipiche dei filosofi cristiani, come Agostino o Boezio.

La V*enere di Botticelli*, nella sua preziosa e complessa simbologia, rappresenta da una parte il patrimonio pagano riportato a nuova vita (una rinascita, appunto), dall'altra la perfetta coincidenza di quell'evento con il mito cristiano della purificazione battesimale. La bellezza della donna-dea rappresenta, coerentemente con i principi della filosofia neoplatonica, la purezza dell'anima, e l'Amore, non più in contrasto con la salvezza dell'anima, diventa il principio vitale del mondo, la forza motrice della natura. Il soffio del vento, infine, ben presente nel dipinto, rinvia anch'esso alla concezione neoplatonica diffusa nella corte medicea: nella versione greca del *Nuovo Testamento* il vento non è solo il soffio vitale di Dio ma anche l'anima dell'uomo, creatura simile a Dio. Soffiando nelle narici dell'uomo, Dio dà vita a una creatura superiore a tutte le altre e, secondo i neoplatonici, "creativa" perché è la sola in grado di dare forma, cioè di creare, attraverso le arti. Il quadro di Botticelli è dunque un esempio significativo di come l'Umanesimo e il Rinascimento si accostino alla cultura antica: sottratto all'immobilismo in cui il Medioevo lo aveva confinato, il patrimonio classico è recuperato nei principi ispiratori per essere rielaborato e reinterpretato creativamente. In questo modo l'uomo del '400 e del '500, nel momento stesso in cui si rifà al passato, si dichiara, in quanto moderno, lontano, diverso e capace di rivaleggiare con gli antichi.

Perché è il trionfo di un ideale classico di bellezza e di armonia

Il legame del dipinto con la visione del mondo della sua epoca è verificabile a partire dalle sensazioni che esso induce ancora oggi nell'osservatore. *La nascita di Venere* infatti trasmette un senso di distacco, di allontanamento dei sensi, e nello stesso tempo di attrazione dell'intelletto. Questo effetto è raggiunto per mezzo dei colori irreali, delle forme idealizzate e astratte. Le proporzioni anatomiche della dea, inoltre, non sono del tutto rispettate: il collo è leggermente più lungo, le spalle troppo ricurve, il braccio troppo lungo. Tuttavia, come ha notato lo storico dell'arte Ernst Gombrich, questi aspetti asimmetrici del corpo non vengono neppure notati se non dopo un'attenta osservazione. La mancata attenzione alle proporzioni corporee finisce per rendere le figure stilizzate, come se fosse-

ro "ritagliate" su uno sfondo bidimensionale. La stilizzazione del paesaggio e del corpo stesso di Venere non mirano a smaterializzare la scena, ma a sottolinearne il clima di grazia e di equilibrio. Alleggerendo gli elementi plastici e giungendo alla purezza delle forme, Botticelli finisce per dare rilievo filosofico e allegorico alla rappresentazione.

Privata di particolari realistici, la natura stessa diventa lo spazio ideale in cui collocare la protagonista, perfetta sintesi di terra e cielo, di corpo e di spirito. Nel Rinascimento infatti, la Bellezza estetica non solo non è più espressione demoniaca ma diventa strumento di elevazione umana, tramite tra l'uomo e Dio; allo stesso modo anche il piacere terreno è sottoposto a un processo di nobilitazione, e viene completamente riscattato dal sospetto di perdizione ancora presente in Petrarca. In questa nuova prospettiva antropocentrica (che assegna all'uomo un primato nel mondo) il corpo non è più sottoposto al severo giudizio della Chiesa, che lo vedeva peccaminoso in sé, giudicandolo un'insidia per la salvezza dell'anima. Materia e spirito, ora, sono colti nella loro interdipendenza naturale ed armonica. Nel quadro di Botticelli la carnalità esibita di Venere oltrepassa i confini della realtà fisica e si risolve in una dimensione ideale di grazia e perfezione assoluta. Si ripropone così esattamente la concezione classica della Bellezza, vista come equilibrio e proporzione non solo delle caratteristiche fisiche ma anche come integrazione di queste con le virtù dello spirito.

Perché è riconducibile all'ambiente della Firenze medicea, centro di irradiazione del Rinascimento

Botticelli si ispira, nella composizione del dipinto, alle *Stanze per la giostra* (1475) di Poliziano, in cui si trova un soggetto analogo. Infatti il quadro illustra il celebre passo delle *Stanze* in cui Venere, su una conchiglia, nasce dal mare ed è spinta a riva dagli «Zefiri lascivi». Botticelli rappresenta questi venti (Zefiri) come due amanti abbracciati, intrecciati insieme mentre arrivano in volo e, soffiando, fanno sbocciare le rose e i fiori.

Sia il dipinto sia il testo che lo ispira possono essere collocati nell'ambiente della Firenze medicea. Come altre composizioni di Botticelli, *La nascita di Venere* fu infatti commissionata da un componente di una delle famiglie più celebri e potenti del Rinascimento italiano: Lorenzo di Pierfrancesco de' Medici, cugino di Lorenzo il Magnifico. La committenza potrebbe essere stata motivata dalla nascita, in un ramo della famiglia Medici, nel 1484, di Maria Margherita, al cui nome potrebbero alludere i fiori dipinti sul drappo.

Le corti signorili del '500, diventate veri e propri centri di elaborazione e promozione culturale alternativi ai monasteri e alle grandi università, fanno a gara a ospitare non solo gli studiosi e i poeti, ma anche i migliori artisti del tempo. È ad artisti come Leonardo da Vinci, Raffaello Sanzio, Tiziano Vecellio, e, appunto, Sandro Botticelli che, in cambio di ospitalità e protezione, il signore commissiona opere in grado di celebrare i propri fasti. Nella *Nascita di Venere*, come in tante altre pitture e sculture del Rinascimento, troviamo dunque l'omaggio al signore mecenate e l'espressione originale della nuova concezione di vita umanistica.

13 L'Umanesimo e il Rinascimento in Europa

Ruolo dell'Italia in Europa

Il centro dell'Umanesimo e del Rinascimento è l'Italia che, per tutto il Quattrocento e fino ai primi decenni del Cinquecento, **ha ancora un ruolo di primo piano** in Europa, più forte e profondo nella penisola iberica (la Spagna, d'altronde, egemone in Italia, ha con il nostro paese legami profondi) e in Francia (a causa delle campagne d'Italia dei suoi sovrani), meno rilevato in Inghilterra e in Germania.

Guardiamo rapidamente quale fu la diffusione della cultura umanistica nei vari Paesi europei. Nei **paesi nordici** riforma culturale e religiosa tendevano a coincidere. I maggiori umanisti tedeschi degli inizi del Cinquecento, von Hutten e Melantone, collaborarono con Lutero. Una posizione a sé ebbe il più grande umanista del tempo, **Erasmo da Rotterdam** (1466-1532), che si batté per la conciliazione fra una classicità depurata da ogni spirito pagano e una cristianità ricondotta all'originaria purezza evangelica.

Erasmo da Rotterdam e il tentativo di conciliare classicità e cristianità

Anche in **Inghilterra** mancò quasi subito quello spirito di serena fiducia nella cultura che animava la ricerca di Erasmo. Il primo Umanesimo, che si era sviluppato a Oxford ove era stato introdotto lo studio del greco alla fine del Quattrocento, e l'insegnamento di Erasmo condizionarono in profondità **Tommaso Moro** e soprattutto la stesura del suo capolavoro, l'*Utopia* (cfr. cap. VI, § 6); ma successivamente i movimenti di rinnovamento risentirono piuttosto delle tendenze puritane e calviniste.

Tommaso Moro

Più fecondo fu invece il **legame fra Rinascimento italiano e francese**. Le campagne d'Italia di Carlo VIII, di Luigi XII e di Francesco I avevano portato i sovrani francesi a diretto contatto con la vita delle corti italiane e li avevano spinti ad assimilarne l'eleganza e la cultura. L'età di Francesco I (1515-1547) e di Enrico II (1547-1559) è quella in cui il Rinascimento francese raggiunge il suo massimo splendore. Francesco I e la sorella Margherita di Navarra (1492-1549) – che fu anche importante scrittrice – protessero gli umanisti e la cultura. Il re dette vita a una tipografia reale e fece mettere la sua biblioteca a disposizione degli studiosi, trasferendola da Fontainebleau a Parigi. Inoltre appoggiò il tentativo del filologo umanista Guillaume Budé di creare una scuola di ebraico, di greco e di latino, dando vita al Collegio dei lettori reali (poi Collegio di Francia). Esso divenne una sorta di libera università dell'Umanesimo, in opposizione alla Sorbona, rimasta legata alla vecchia cultura medievale.

Stretto rapporto fra Rinascimento italiano e francese

Il ruolo di Francesco I e di Margherita di Navarra

Il Collegio di Francia

In Spagna la cultura umanistica si era affermata in alcune università. Soprattutto in quella di Alcalà, fondata dall'umanista Jiménez de Cisneiros, riforma culturale e riforma religiosa, studi filologici (in greco, ebraico, latino) e interessi di rinnovamento morale della Chiesa andarono di pari passo. Nell'**epoca di Carlo V**, che fu re di Spagna e imperatore dal 1519 al 1558, e che estese la propria egemonia su quasi tutta l'Italia, l'influenza degli artisti e degli scrittori italiani in Spagna fu assai profonda. Ma il periodo di massimo splendore della letteratura spagnola comincerà solo intorno alla metà del Cinquecento: dal 1550 al 1650 si svilupperà infatti il "secolo d'oro" (*siglo de oro*).

La cultura umanistica in Spagna

Percorso
LO SPAZIO E IL TEMPO

PERCORSI TEMATICI

Nascita della coscienza storica e di una nuova percezione del tempo e dello spazio

Filippo Brunelleschi, *Sagrestia vecchia di San Lorenzo*, 1422-1428. Firenze, San Lorenzo.

Su un vano quadrato si innalza la cupola sorretta da pennacchi. Lo spazio, costruito attraverso forme sferiche e cubiche, le superfici ritmate dalla geometria rigorosa di elementi verticali, orizzontali e curvilinei realizzano l'ideale di ordine, equilibrio e simmetria che caratterizza la nuova architettura.

L'idea del tempo, nel Quattrocento, registra un'importante novità. **Per la prima volta si ha la percezione precisa del passato come età diversa e lontana dal presente e quindi l'idea del succedersi delle epoche storiche come successione di modelli culturali diversi. Nasce una coscienza storica.**

Il Medioevo comunale aveva stabilito un rapporto di continuità con il passato feudale e con il mondo antico, di cui si sentiva l'erede naturale. Ciò significava sovrapporre e confondere valori e concezioni del presente con quelli del passato: l'interpretazione allegorica, applicata ai testi antichi, aveva costituito lo strumento per assimilare alle esigenze del presente medievale e cristiano un sapere legato ad una civiltà diversa.

L'Umanesimo è cosciente invece della netta separazione che distingue il proprio secolo da quelli precedenti, in cui individua due epoche ben diverse: l'età classica e il Medioevo. L'Umanesimo si definisce contrapponendosi al Medioevo e richiamandosi all'età classica, secondo uno schema che vede una successione tra perfezione del passato classico, barbarie medievale e rinascita umanistica.

Gli umanisti stabiliscono un rapporto nuovo con il passato che si cerca di recuperare nell'integrità dei suoi valori etici ed estetici (di qui l'importanza del concetto di imitazione). L'idea di rinascita infatti stabilisce una dialettica positiva fra antichi e moderni, che si ritengono capaci di far rivivere e di sviluppare i presupposti della civiltà antica. In antitesi alla visione teocentrica medievale i "moderni" derivano dall'antichità un senso tutto laico e terreno della dignità dell'uomo e della sua centralità nell'universo, che è alla base della filosofia umanistica e della nuova storiografia rinascimentale. Questo per quanto riguarda il tempo storico.

Ma c'è un'altra dimensione del tempo, non meno interessante, che attira la riflessione degli umanisti. È la percezione del tempo quotidiano, del breve giro della vita umana, dove l'Umanesimo porta a consapevolezza e a chiarificazione comportamenti e mentalità già affermatisi nell'epoca comunale. Abbiamo già visto come il mercante scopra l'importanza del tempo ai fini del guadagno e si appropri del tempo, misurandolo (orologi) e monetizzandolo (usura). La mentalità comunale è dominata dall'idea di una economia del tempo, concepito come un bene da non sprecare. Questa concezione utilitaristica del tempo, tipica del mercante, viene teorizzata nel Quattrocento da Leon Battista Alberti. Nei *Libri della famiglia* egli pone tra gli elementi che caratterizzano l'uomo, accanto al corpo e all'anima, il tempo. **Il tempo è un possesso che si può sprecare e perdere o risparmiare e capitalizzare.** «Per questo, figlioli miei, si vuole osservare il tempo, e secondo il tempo distribuire le cose, darsi alle faccende, mai perdere un'ora di tempo». Questo uso cosciente e organizzato del tempo è collegato da L. B. Alberti al concetto di "masserizia", giacché il tempo per il buon massaio è denaro.

L'idea di un impiego produttivo del tempo permea qualsiasi ambito, anche quello dell'educazione e degli studi. Guarino Guarini nel *De ordine docendi ac studendi* [Sul modo di insegnare e di studiare] insiste sulla necessità di un uso intensivo del tempo negli studi e ammonisce i giovani a non lasciare passare il tempo lontano dagli studi, dedicando loro «il riposo, la veglia e persino il sonno». Il tempo della vita è breve rispetto alla vastità del sapere richiesto dall'ideale umanistico dell'«uomo integrale» fondato sullo sviluppo equilibrato del corpo e della mente.

Nel XV secolo si afferma un'idea di spazio diversa da quella del Medioevo. **Lo spazio medievale è concepito sempre secondo criteri di ordinamento gerarchico. È uno spazio simbolico, dominato da un movimento ascensionale (basso-alto) che ha valore morale e religioso.** Questo è lo spazio degli affreschi e delle pitture con il fondo oro e azzurro o ridotto a pochi segni emblematici, che acquistano importanza in relazione alla scena sacra. Lo spazio fisico è uno spazio chiuso e immobile, definito dalla superficie piana, bidimensionale, della parete.

Percorso
LO SPAZIO E IL TEMPO — Nascita della coscienza storica e di una nuova percezione del tempo...

La prospettiva, inventata nel Quattrocento, rende invece possibile lo sfondamento nella terza dimensione. La scoperta è legata all'importanza che ha ormai assunto il mondo fisico e al bisogno di conoscerlo e di rappresentarlo razionalmente. Per la sua maggiore capacità di visualizzare la realtà, l'arte figurativa è all'avanguardia, rispetto alla letteratura, nella raffigurazione di questa nuova concezione dello spazio. Con la prospettiva centrale l'artista intende risolvere il problema della rappresentazione naturalistica dello spazio, ricorrendo a criteri di unificazione e di razionalizzazione secondo princìpi matematici e geometrici (cfr. **S7**, *L'invenzione della prospettiva*). In realtà noi oggi sappiamo che lo spazio prospettico rinascimentale non corrisponde alla nostra percezione ottica, ma è sottoposto ad un processo di astrazione ideale.

Questo modo diverso di rappresentare lo spazio nel Medioevo e nel Rinascimento, consistente nel passaggio da un procedimento analitico e sommatorio a un procedimento sintetico e unitario, si riflette anche nel dramma. Osserva Hauser: «Come la prospettiva centrale nella pittura, così nel dramma l'unità spaziale e temporale della scena è il mezzo specifico della visione simultanea».

Questo spazio simultaneo e indivisibile esprime una visione del mondo caratterizzata dalla nascente fiducia dell'uomo di misurare e controllare l'ambiente attraverso la ragione e la scienza. Alla gerarchizzazione divina dello spazio medievale subentra ora un criterio ordinatore che ha il suo unico centro nell'occhio umano. L'unità, l'ordine e l'armonia costituiscono per l'artista il più sicuro criterio di verità. Brunelleschi, nelle sue architetture, dalla chiesa di San Lorenzo a quella di Santo Spirito, ricerca un ordine e una legge contro l'incommensurabilità dello spazio gotico. In effetti una metrica spaziale basata su rapporti matematici elementari permette a chi entra in questi edifici di misurare e di impadronirsi subito della legge che regola i rapporti spaziali. È l'uomo che possiede l'edificio; prima era l'edificio a possedere l'uomo. Di qui la diffusione nel Rinascimento, con Bramante e Michelangelo, dello schema a pianta centrale che meglio risponde alla concezione unitaria dello spazio.

In questo spazio uniforme uomini e cose, personaggi sacri e profani, ubbidiscono allo stesso criterio di rappresentazione, caratterizzato da un'ottica essenzialmente laica. È questo sguardo nuovo sul mondo a inventare il paesaggio moderno.

Piero della Francesca, *Flagellazione*, 1460 ca. Urbino, Galleria Nazionale.

Lo spazio, costruito secondo rigorosi principi prospettici e scandito da una grandiosa architettura classica, è il vero protagonista di questo quadro di Piero della Francesca. In primo piano si accampano tre figure profane, sullo sfondo è rappresentata la scena sacra, immersa in un clima pagano (Cristo è legato ad una colonna sormontata da un idolo), che trasforma l'episodio religioso in un fatto puramente storico. I due gruppi sono perfettamente bilanciati nella simmetria della dislocazione spaziale e forse nella corrispondenza dei significati simbolici. La *Flagellazione* di Cristo alluderebbe all'uccisione nel 1444, in una congiura, di Oddantonio da Montefeltro, primo duca di Urbino, cui successe il fratello Federico. Il giovane si trova al centro dei tre personaggi in primo piano, ma l'interpretazione di queste figure è molto controversa.

Percorso
LO SPAZIO E IL TEMPO

La rottura delle frontiere medievali. La cultura europea di fronte al Nuovo Mondo

Americae pars quarta (Francoforte 1594) di Theodor de Bry. Roma, Biblioteca Casanatense.

Il primo sbarco in terra americana di Colombo, il quale, in piedi e in posa solenne, riceve in dono da un gruppo di indigeni monili e oggetti preziosi.

Nel 1492 Colombo varcava l'Atlantico; nel 1497 Vasco da Gama, circumnavigata l'Africa, penetrava nell'Oceano Indiano. A pochi anni di distanza i limiti, occidentali e orientali, dello spazio geografico medievale erano superati e gli europei iniziavano l'esplorazione di mondi ignoti, fin dall'antichità oggetto di favolose leggende. Il mondo diventa chiuso e finito: «Il mondo è piccolo» dice Colombo. L'uomo europeo non è più parte di una totalità sconosciuta, ma ha il privilegio di conoscere, nominare e misurare l'intero spazio terrestre.

La "scoperta" di nuove terre significò anche la loro conquista.
Grazie ai nuovi velieri armati di cannoni gli europei, nel giro di pochi anni, distrussero i traffici preesistenti nell'Oceano Indiano e si impadronirono del continente americano. Inizia così un processo di mondializzazione dell'economia, in cui fiumi di oro e di argento dall'America rifluiscono in Europa per sfociare in Oriente, in cambio di merci preziose. Fin da ora nasce una cultura, tipica espressione del capitalismo mercantile, che perde ogni senso del limite nello sfruttamento delle risorse naturali e umane, dall'oro agli schiavi.

Le conseguenze economiche, sociali e politiche della "scoperta" dell'America furono enormi, tanto che da questa data (1492) gli storici fanno iniziare l'epoca moderna. Non meno importanti furono le conseguenze culturali. **«È proprio la conquista dell'America che annuncia e fonda la nostra attuale identità»** (T. Todorov, *La conquista dell'America*, Einaudi, Torino, 1984, p. 7).

Mentre il rapporto dell'Europa con l'Oriente fu di confronto, quello con le popolazioni americane fu di conquista e di distruzione. Ciò deriva dal fatto che le società orientali possedevano un elevato grado di organizzazione e gli europei non erano capaci di creare in Asia imperi territoriali stabili. Non solo, ma nella scoperta degli altri continenti – osserva Todorov – non vi fu un vero e proprio sentimento di estraneità radicale: gli europei non avevano mai del tutto ignorato l'esistenza dell'Africa, dell'India, o della Cina. All'inizio del XVI secolo degli indioamericani si ignora tutto e l'incontro tra l'Europa e il Nuovo Mondo si risolve nel più grande genocidio della storia dell'umanità.

La cultura europea sconta drammaticamente il limite storico della sua incapacità a comprendere il "diverso", a riconoscere la diversità e insieme l'uguaglianza di popoli estranei al proprio modello.

Tuttavia le culture indigene costrinsero gli europei a interrogarsi per la prima volta sull'esistenza di un'umanità completamente diversa nei costumi e nella religione, di cui non si sospettava l'esistenza. Ci si chiese quale fosse l'origine di questi popoli, di cui non v'era traccia nella Bibbia, e se fossero anch'essi uomini. **La scoperta della varietà degli esseri umani avviò nel Cinquecento un dibattito tra filosofi, teologi e giuristi che si protrasse fino al Settecento.**

Soprattutto la figura del selvaggio affascinò l'immaginazione dell'uomo occidentale. Figura ambigua, positiva nel primo resoconto di Colombo (che rimase colpito dalla docilità e dalla generosità degli indigeni), diabolica nei racconti dei *conquistadores*, dove il selvaggio diventa un essere bestiale e corrotto. Non è da meno Amerigo Vespucci, le cui lettere, tradotte in latino, furono conosciute in tutta Europa. Egli nel 1503, in una celebre lettera a Lorenzo di Pierfrancesco de' Medici, intitolata *Mundus Novus*, così descrive gli indigeni: «Appresso di loro non vi ha patrimonio alcuno, ma ogni cosa è comune. Non hanno re né imperio; ciascuno è re a se stesso. Pigliano tante mogliere quante lor piace; usano il coito indifferentemente, senza aver riguardo alcuno di parentado. Il figliuolo usa con la madre e 'l fratello con la sorella; e ciò fanno pubblicamente come gli animali bruti... Similmente rompono i matrimoni secondo che lor piace, perché sono senza leggi e privi di ragione. Non hanno né tempii, né religione, né

Percorso
LO SPAZIO E IL TEMPO — La rottura delle frontiere medievali...

meno adorano gli idoli. Che più? Hanno una scelerata libertà di vivere... Si cibano di carne umana, di maniera che il padre mangia il figliuolo e all'incontro i figliuoli il padre» (cfr. figg. 1 e 2).

Ma che cosa pensarono degli indios gli uomini di cultura, gli ecclesiastici, i rappresentanti dello Stato spagnolo?
Il giudizio più negativo fu espresso, nel 1542, dal dotto umanista spagnolo Juan Ginés de Sepúlveda. Da Aristotele egli derivò la teoria della naturale inferiorità degli indios. Essi non erano uomini, ma «*humunculi*», servi per natura, appartenenti a una razza corrotta, che doveva essere convertita con la forza al Cristianesimo. La stessa posizione si ritrova presso uomini di chiesa, come Tommaso Ortiz, e anche presso il re di Spagna, che nel 1521 istituisce il sistema delle *encomiendas*, per cui interi villaggi messicani erano "raccomandati" ad un conquistatore.

Nel periodo successivo alla conquista il "selvaggio", il primitivo, diventa sinonimo di essere incivile e assimilabile all'animale. Si impone la visione eurocentrica di chi si considera portatore dell'unica, vera civiltà, quella cristiana, a una umanità barbara e inferiore. Ciò giustifica ogni atrocità, dal saccheggio delle ricchezze alla schiavitù, sino al genocidio.

Per la prima volta, inoltre, il motivo religioso, si unisce chiaramente a quello economico e politico. Dio e l'oro sono il movente sia della conquista che della colonizzazione. La conversione religiosa si identificava, attraverso il sistema del *requierimento*, con l'atto di sottomissione alla Spagna e viceversa. Queste ragioni resero difficile alla cultura europea la comprensione dei costumi e della umanità di questi popoli. **O si sottolinearono le differenze – tra cui, scandalosa, la nudità, i rituali religiosi e l'indifferenza per la proprietà privata – e allora gli indios erano inferiori e ciò legittimava il dominio violento degli europei, oppure si arrivò a riconoscere, in nome dell'universalismo cristiano, l'uguaglianza di tutti gli uomini, e allora si tese all'assimilazione di questi popoli ai costumi europei.** Questi due atteggiamenti caratterizzeranno i vari modelli di colonialismo fino al Novecento.

Il motivo della legittima espansione del Cristianesimo domina la riflessione generale. **Ma la scoperta di nuovi costumi apre ambiguità e contraddizioni nella coscienza europea.**

Bartolomé de Las Casas denunciò nella sua sconvolgente *Brevissima relazione della distruzione delle Indie* (1542), le violenze dei *conquistadores*, contrastò con forza le tesi di Sepúlveda e spese tutta la vita in difesa dei diritti umani degli indios. Tuttavia pone anch'egli il problema del rapporto con le culture indigene in termini di assimilazione: si deve evangelizzare e colonizzare, ma senza violenza.

[1] Questa incisione tedesca del 1505 illustra la lettera di Vespucci a Lorenzo di Pierfrancesco de' Medici e mostra l'agilità e la bellezza dei corpi degli indigeni, pacifici e inoffensivi.

[2] Questa seconda incisione, del 1509, illustra una traduzione tedesca delle lettere di Vespucci a Pier Soderini, che raccontano il suo secondo viaggio in America nel 1501. Ormai la violenza è esplosa nei rapporti tra europei e indios. Qui le donne indigene uccidono un marinaio per arrostirlo e mangiarselo.

In questo contesto emergono anche posizioni utopiche, che anticipano il mito del "buon selvaggio". La vita "secondo natura" non è sempre vista come condizione negativa, ma può assumere anche un valore positivo di alternativa ai mali e alla corruzione della società. Vasco de Quiroga, umanista e uomo di chiesa spagnolo, prospettò in Messico una società ideale, modellata sull'*Utopia* di Tommaso Moro. Del resto lo stesso Moro si era ispirato nell'immaginare la sua città utopica ai primi racconti entusiastici sul Nuovo Mondo (cfr. cap. VI, § 6). Il motivo dell'uguaglianza dei beni, di una superiore moralità intrinseca nello stato di innocenza naturale suggestiona tutto il filone della letteratura utopica.

L'immagine del Nuovo Mondo nella letteratura italiana è completamente dominata dalla storiografia dei *conquistadores*.
La posizione più avanzata era stata espressa dal *Morgante* di Pulci, pochi anni prima la scoperta dell'America, quando Astarotte riconosce l'appartenenza alla stirpe di Adamo dei popoli degli Antipodi e sottolinea il valore intrinseco di ogni atteggiamento religioso a prescindere dal contenuto della fede professata. Resta fermo che vera è solo la fede dei cristiani (cfr. cap. IV, § 2, **espansioni digitali** T *Astarotte, il diavolo teologo* e **espansioni digitali** S *Il tema del "Mondo Nuovo" nel* Morgante *di Pulci*).

Gli autori successivi, dall'Ariosto al Tasso, lontani da un rapporto diretto con il teatro delle scoperte e influenzati dalla dominazione politica spagnola, aderiscono a un'ottica celebrativa della Conquista, che viene unanimemente legittimata come atto necessario per sottrarre gli indigeni all'idolatria e ai loro culti diabolici.

Nell'*Orlando furioso* i *conquistadores* sono esaltati come strumenti della divina Provvidenza e l'evangelizzazione dei nuovi popoli nell'impero universale di Carlo V appare la meta di una restaurata età dell'oro (cfr. § 7 e **espansioni digitali** S *Ariosto, Tasso, Parini e il tema del "Mondo Nuovo"*). Dopo il 1530, con l'avvento della Controriforma, si fa più cupa la visione dei popoli selvaggi con una accentuazione della dimensione magico-demoniaca. Nella *Gerusalemme liberata* l'immagine degli indigeni riprende i luoghi comuni del selvaggio, barbaro di costume ed «empio di fede», non senza un accenno al cannibalismo «v'è chi d'abominevoli vivande / le mense ingombra scelerate e felle [malvagie]». Solo Montaigne, nell'Europa del Cinquecento, prende una posizione diversa, che non trova riscontro in Italia per tutto il Seicento. Egli nega ogni validità universale ai concetti di natura e di morale e rifiuta la contrapposizione tra cultura e barbarie. A proposito dei selvaggi osserva: «Noi li possiamo ben chiamare barbari, riguardo alle regole della ragione, ma non riguardo a noi che li superiamo in ogni sorta di barbarie» (*Essais*, I, 31, *De Cannibales*).

Bisogna aspettare il Settecento perché il giudizio sul Nuovo Mondo cambi anche in Italia. È la cultura illuministica, fondata sulla tolleranza e aperta al relativismo culturale, a dare inizio alla revisione di questo giudizio. Nel XVIII secolo Montesquieu e Voltaire pronunciano un atto d'accusa contro la devastazione spagnola dell'America, e con Rousseau il "buon selvaggio" diventa un mito dell'intera cultura europea.

Martin Waldseemüller, *Universalis cosmographia secundum Ptholomaei traditionem et Americi Vespucii aliorumque lustrationes*, 1507. Washington, Library of Congress. È la prima mappa in cui compare il nome "America" e la prima in cui questo continente è separato dall'Asia.

Percorso
LA GUERRA E LA PACE

La guerra rinascimentale e il mito del cavaliere

Vittore Carpaccio, *Ritratto di cavaliere*, 1510. Madrid, Museo Thyssen-Bornemisza.

Lo sfondo idillico esalta la grazia di questa figura di cavaliere e l'eleganza della sua lucente armatura. L'immagine rinascimentale del cavaliere è un segno di appartenenza signorile e insieme immagine lucida e spettacolare (vedi il cavaliere sullo sfondo).

Due novità caratterizzano le guerre rinascimentali: la fanteria mercenaria e le armi da fuoco.
Già la guerra dei Cento anni (1337-1453), dove gli arcieri inglesi avevano fatto strage dei cavalieri francesi, aveva segnato il declino della cavalleria pesante. Poi la fanteria svizzera si conquistò in Europa fama di invincibilità fino alla battaglia di Melegnano (1515). Qui fu sconfitta dall'artiglieria e dai mercenari tedeschi, a servizio del re di Francia, Francesco I, che avevano adottato la stessa strategia militare degli Svizzeri. Per infrangere le cariche della cavalleria essi marciavano formando un quadrato di migliaia di uomini, affiancati ai lati da quattro file di soldati armati di lunghe picche, tese orizzontalmente sopra la testa.

Prima la fanteria aveva messo in crisi la cavalleria pesante, poi la diffusione delle armi da fuoco, specie portatili, aveva costretto la fanteria a una maggiore mobilità, ponendo fine alla pesante fanteria svizzera. Fu la battaglia di Pavia (1525), dove i Francesi furono sconfitti dalle truppe imperiali di Carlo V, a segnare definitivamente il trionfo delle armi da fuoco. Da allora i progressi dell'artiglieria furono rapidi, anche se solo grandi risorse finanziarie potevano assicurare l'acquisto di armi nuove e più efficienti.

I mutamenti tecnologici influirono sulla strategia militare sempre più orientata sulla guerra di logoramento con conseguenze importanti sulla struttura delle città. Lo sviluppo della tecnica degli assedi portò alla necessità di mutare il sistema di fortificazioni: nacque una vera e propria architettura militare in cui si distinsero artisti famosi, come Francesco di Maria Martini e Giuliano da Sangallo.

Il saccheggio sistematico delle risorse agricole del territorio occupato diventò una prassi normale; non solo, ma i lanzichenecchi, privi di paga, non esitarono, nel 1527, a mettere Roma a ferro e a fuoco. Inoltre si prolungarono ad arte le operazioni militari per ottenere l'esaurimento finanziario dell'avversario: chi per primo finiva il denaro, aveva perso la guerra.

Il mutamento dell'arte militare è causa ed effetto di altri mutamenti nella società e nello Stato. Questo fenomeno segna la crisi della nobiltà feudale e dell'etica cavalleresca dell'onore e del valore. L'esito della guerra non è più frutto della prodezza dei combattenti, né questa è più fonte di gloria e di prestigio personale. Ariosto e Cervantes per questo condannano le armi da fuoco: «Per te la militar gloria è distrutta / per te il mestier de l'arme è senza onore; / per te è il valore e la virtù ridutta, / che spesso par del buono il rio migliore» (*Orlando furioso*, XI, 26, 3-6). Un secolo dopo Don Chisciotte, cavaliere errante in un'epoca poco propizia alla cavalleria, rimpiange il passato e si esaspera al pensiero che «della polvere e del piombo» abbiano a negargli la possibilità di diventare «noto e famoso» per il valore del suo braccio. D'altra parte questi mutamenti sono inconcepibili senza l'avvento dello Stato principesco e nazionale, accentrato e dotato della potenza finanziaria necessaria a sostenere le ingenti spese militari.

Un prodotto tipico della guerra rinascimentale italiana è la figura del condottiero (da *condotta*, il contratto stipulato con il principe), immortalato nelle statue equestri, ma anche criticato e condannato da Machiavelli, dopo la pessima prova data dalle milizie mercenarie italiane di fronte alla invasione francese.

Si tratta di un uomo "nuovo", appartenente per lo più alla nobiltà agraria, a cui la professione delle armi offre l'occasione di arricchirsi e di guadagnare prestigio e stima al di fuori delle carriere tradizionali. Il successo dipendeva dalle qualità personali, dal coraggio, dall'ambizione, ma soprattutto dalla prudenza militare e politica. Alcuni condottieri arrivano anche a impossessarsi di uno Stato, come Francesco Sforza, altri sono principi-condottieri, come Sigismondo Malatesta e Federico da Montefeltro, che dalla loro attività militare traggono mezzi per sviluppare un mecenatismo che le entrate dei loro piccoli stati non avrebbero permesso.

Ma proprio mentre la cavalleria è in declino come realtà storica si assiste a un'infatuazione collettiva per la figura del cavaliere.
In *Guerra e guerrieri nella Toscana del Rinascimento* (Edifir, Firenze 1990) lo storico Franco Cardini mostra la grande ascendenza che il mondo cavalleresco conserva in Italia, e perfino in Toscana, nel tardo Medioevo e nel Rinascimento. Ciò si spiega con la nascita delle corti principesche, dove l'onore e il fasto cavalleresco diventano il segno politico ed estetico del potere signorile. Dalle *Stanze per la giostra* di Poliziano al *Morgante* di Pulci la cultura dell'epoca medicea è tutta permeata di suggestioni cavalleresche, per non parlare della corte di Ferrara, patria dell'*Orlando innamorato* e dell'*Orlando furioso*, che consacrano per secoli il successo di questo personaggio.

Il cavaliere rinascimentale si differenzia però da quello dell'epica medievale: la sua immagine è depurata da ogni propensione alla guerra. Non a caso la storia del paladino Orlando è più una storia di amore che di battaglie.

Nel costume del tempo il cavaliere è un'immagine di potere e di divertimento spettacolare (vedi la diffusione dei tornei e delle giostre), che evoca valori di cortesia e di virilità. Anche al «cortegiano», che può essere considerato una riedizione cinquecentesca del cavaliere "cortese", si riconoscono virtù e coraggio militari, ma il mestiere delle armi diventa essenzialmente distinzione signorile ed esibizione di grazia e di eleganza.

L'immagine del cavaliere appare dotata di una carica mitica, che continua ad affascinare sia il vasto pubblico che la cultura umanistica. L'esaltazione dell'ideale del cavaliere – figura ormai lontana dalla realtà e dalle esigenze della guerra – coincide con la protesta contro la morte anonima provocata dai cannoni, ma soprattutto finisce per esprimere un sostanziale rifiuto della guerra da parte del pensiero umanistico italiano. Ciò portò anche a un'incomprensione di fondo delle nuove forme di guerra, dall'uso delle armi da fuoco a quello delle milizie mercenarie (Machiavelli).

Il mito dell'eroe a cavallo si adatta ai tempi mutati, e così continua a suggestionare la fantasia degli scrittori e dei lettori europei.

> **per approfondire**
> Suggerimenti bibliografici: *Guerra e guerrieri nella Toscana del Rinascimento*, a cura di F. Cardini e di M. Tangheroni, Edifir, Firenze 1990; M. Mallet, *Il condottiero*, in *L'uomo del Rinascimento*, a cura di E. Garin, Laterza, Roma-Bari 1991; P. Pieri, *Guerra e politica negli scrittori italiani*, Mondadori, Milano 1975.

Paolo Uccello, *La Battaglia di San Romano: disarcionamento di Bernardino della Ciarda, capitano delle truppe senesi* (1438 ca.). Firenze, Galleria degli Uffizi.

In questa scena Paolo Uccello trasforma la guerra in spettacolo, in una giostra tra cavalieri. La riproduzione geometrica delle forme naturali, con tutti i cavalieri corazzati, il gioco formale dei cavalli e delle armi, di colore chiaro contro lo sfondo scuro, i diversi assi prospettici conferiscono al quadro un particolare dinamismo, ma tolgono all'evento bellico ogni drammaticità.

DAL RIPASSO ALLA VERIFICA

MAPPA CONCETTUALE — Umanesimo e Rinascimento

Umanesimo e Rinascimento

contesto storico politico
- sviluppo degli stati regionali e nascita delle Signorie
- splendore e crisi delle corti italiane
- riforma protestante
- scoperte geografiche
- rivoluzione copernicana

contesto culturale
- laicizzazione della cultura. Valorizzazione dell'uomo, del corpo, della vita terrena, della ragione
- riscoperta del mondo classico
- mecenatismo e intellettuale cortigiano alle dipendenze del signore (umanesimo cortigiano)
- atteggiamento razionalistico e scientifico
- sviluppo delle scienze naturali e delle arti figurative e architettoniche
- invenzione della stampa
- nuovi centri di cultura: cenacoli, accademie, corti, stamperie
- primato della cultura italiana in Europa

contesto economico
- nascita di un mercato mondiale dopo la scoperta dell'America
- precarietà dell'economia italiana. Differenza di sviluppo tra Nord e Sud
- sviluppo della classe borghese

contesto letterario
- razionalismo degli studi classici e nascita della filologia
- questione della lingua e affermazione del monolinguismo teorizzato da Bembo
- dal primato del latino al primato del volgare

nuovi generi della letteratura umanistica

epistola	orazione	trattato	dialogo
varietà dei contenuti. Toni colloquiali o seri e solenni	nasce sul modello ciceroniano. Concepita come discorso da tenersi in pubblico, anche se il suo carattere orale può essere fittizio	argomentazione rivolta a sostenere verità di ordine morale, intellettuale o scientifico	riflette la consuetudine della discussione e del dibattito culturale nei circoli umanisti
Poggio Bracciolini	Pico della Mirandola	Lorenzo Valla	Leon Battista Alberti
	• *Oratio de hominis dignitate*	• *De falso credita et ementita Costantini donatione*	• *Della famiglia*

parte terza — L'età delle corti. La civiltà umanistico-rinascimentale (1380-1545)

SINTESI

Umanesimo e Rinascimento
L'Umanesimo è la cultura della civiltà rinascimentale. Fra i concetti di Umanesimo e di Rinascimento esiste dunque una stretta vicinanza e per molti versi una sovrapposizione. La parola Umanesimo implica la coscienza di una differenza tra *humanae litterae* e *divinae litterae*, cioè fra la scrittura dedicata al mondo umano-naturale e la scrittura consacrata a quello divino. Tale distinzione mancava nel Medioevo, in cui ogni tipo di scrittura veniva considerata sotto la prospettiva religiosa. La parola Rinascenza viene usata nel XVI secolo per significare, insieme, la rinascita degli studi classici e l'inizio di un'epoca nuova dopo i "secoli bui" del Medioevo. Tuttavia la nozione di Rinascimento si impone solo a partire dal 1860 quando viene pubblicato il saggio dello studioso svizzero Jacob Burckhardt dal titolo *La civiltà del Rinascimento in Italia*. Gli elementi di novità che la cultura dell'Umanesimo introduce nella civiltà occidentale sono: l'individualismo, la laicizzazione della cultura e la ripresa della lezione dei classici.

I luoghi e i tempi
La culla dell'Umanesimo e del Rinascimento è l'Italia, e in Italia soprattutto Firenze. Tuttavia l'Umanesimo è tendenzialmente un fenomeno sovranazionale, europeo. L'età dell'Umanesimo e del Rinascimento va dalla fine del Trecento alla metà del Cinquecento. In Italia si possono distinguere tre momenti: 1) dalla fine del Trecento all'ascesa al potere di Lorenzo de' Medici (1469); 2) dal 1469 alla morte di Lorenzo de' Medici (1492); 3) dalla morte di Lorenzo al Concilio di Trento e all'inizio della Controriforma (1545).

Il razionalismo umanistico
Un atteggiamento razionalistico e scientifico permea la cultura e le arti nel Quattrocento. Il razionalismo caratterizza innanzitutto lo studio dei classici. Allo studio del greco si accompagna la filologia, una nuova disciplina che mira alla ricerca, alla trascrizione e alla definizione dei testi antichi nella loro versione originaria. L'atteggiamento scientifico informa campi molto diversi tra loro, dalle scienze naturali alle arti figurative e architettoniche. La diffusione del pitagorismo e la scoperta dell'ermetismo greco contribuiscono ad alimentare un interesse per la realtà fisica in cui esigenze scientifiche e tendenze mistiche ed irrazionali sono strettamente connesse. Non a caso la magia e l'alchimia si diffondono rapidamente negli strati più elevati della società. Nella concezione umanistico-rinascimentale inoltre l'uomo «è come un dio terreno», è un microcosmo che riflette in sé l'armonia del macrocosmo. Vengono rivalutati i valori laici e terreni, l'atteggiamento speculativo diventa più libero e spregiudicato.

La figura dell'intellettuale e i centri della cultura
Il principale elemento di novità dell'età umanistica è la nascita dell'intellettuale cortigiano che dipende dal mecenatismo signorile. Questi intellettuali vivono nelle corti e si dedicano esclusivamente agli studi e alle arti. Tuttavia accanto all'Umanesimo cortigiano a Firenze e Venezia sopravvive sino alla prima metà del Quattrocento un Umanesimo repubblicano e civile, in cui continua a prevalere la figura dell'intellettuale-legista, cioè notaio e politico. Dopo il sacco di Roma la crisi politica e militare delle corti spinge i letterati a cercare lavoro sempre più frequentemente presso la curia di Roma, nasce così la figura dell'intellettuale-chierico inserito in una gerarchia ecclesiastica. I centri di produzione e organizzazione della cultura sono innanzitutto le corti signorili, i cenacoli, le accademie, le biblioteche, le università e, a partire dall'invenzione della stampa, le botteghe dei librai e le stamperie. L'invenzione della stampa (1455 ca.) trasforma radicalmente il sistema delle comunicazioni, il modo di leggere e di rapportarsi al libro.

Il "Rinascimento maturo"
Nella seconda fase della civiltà umanistico-rinascimentale il Rinascimento raggiunse il suo apogeo. Questo momento viene di solito chiamato "Rinascimento maturo" e va dalla morte di Lorenzo il Magnifico (1492) al sacco di Roma (1527). Dopo questo tragico evento comincia, nelle arti e nella letteratura, il cosiddetto "Manierismo". La data che chiude la seconda fase della civiltà umanistico-rinascimentale è il 1545, anno del concilio di Trento.

La cultura scientifica
La prima metà del secolo XVI riveste un ruolo importante per la nascita di una cultura scientifica, favorita dalle scoperte geografiche e dalle modifiche che esse comportano nell'immagine stessa dell'uomo. I campi in cui avvengono i maggiori progressi sono la medicina e l'astronomia.

L'arte figurativa
L'arte figurativa riesce in questo periodo a fondere l'esigenza naturalistica di raffigurare il corpo umano nella sua nudità, gli oggetti concreti, la realtà materiale con quella classicistica dell'armonia, dell'equilibrio, delle proporzioni fra le parti. La scuola romana (Bramante, Raffaello, Michelangelo), con la sua "maniera grande", si afferma come modello insuperabile di forza e di eleganza.

I generi letterari
I generi letterari tipici dell'Umanesimo sono l'epistola, l'orazione, il dialogo, il trattato. È evidente il primato della saggistica e della filologia sulla poesia e sulla narrativa. Il sistema dei generi tende a modellarsi sugli esempi del passato: rinascono così la tragedia e la commedia, mentre il poema eroico viene rimodellato su quello omerico e sulle indicazioni della *Poetica* aristotelica.

La questione della lingua
All'inizio del XVI secolo esplode la cosiddetta "questione della lingua" che riguarda soprattutto il volgare, ormai predominante nell'uso letterario rispetto al latino. Si fronteggiano tre posizioni: quella di Bembo, che propone una lingua basata sul modello petrarchesco nella poesia e su quello boccacciano nella prosa; quella dei fautori di una lingua comune o "cortigiana" che prende a modello la lingua in uso nelle corti italiane; quella di Niccolò Machiavelli e di altri intellettuali fiorentini che propongono l'uso del volgare fiorentino contemporaneo. Nonostante prevalga la proposta di Bembo, non mancano tuttavia importanti episodi di opposizione alla norma bembiana, specie per il genere della prosa.

DAL RIPASSO ALLA VERIFICA

DALLE CONOSCENZE ALLE COMPETENZE

1 L'età umanistico-rinascimentale va da .... a .... e si divide in due fasi. Quale importante data fa da spartiacque? (§ 1)

2 A A quali eventi storici corrispondono le date seguenti? (§ 1)
- A 1492
- B 1527
- C 1545

B Quali punti di svolta segnano tali eventi nella civiltà rinascimentale?

3 "Rinascenza" allude alla rinascita (due risposte) (§ 1)
- A dello spirito religioso
- B degli studi classici
- C della cultura, dopo secoli di decadenza
- D degli studi scientifici

4 Che cosa è la signoria? (§ 2)

5 Che cosa si intende per mecenatismo? (§ 4)

6 Scegli, nelle due frasi che seguono, le opzioni corrette
- A l'uso massiccio della *cavalleria/artiglieria* determina la *crisi/l'apogeo* della figura sociale del cavaliere, contemporaneamente si *rafforza/si indebolisce* nell'immaginario cortigiano il mito del cavaliere e *fiorisce/declina* il romanzo cavalleresco. (§ 7)
- B il contatto con le popolazioni indigene al di là dell'oceano è all'origine della *crisi dell'eurocentrismo/dell'opposizione uomo-selvaggio*. (§ 7)

7 Quali sono i generi letterari più diffusi nel XVI secolo? (§ 10)

8 Spiega il concetto di *humanitas* nella cultura umanistico-rinascimentale (§ 1)

9 Perché la riscoperta del mondo classico costituisce la premessa culturale del Rinascimento? (§ 1)

10 Qual è la differenza tra *humanae litterae* e *divinae litterae* e perché tale distinzione costituisce un superamento della cultura medievale? (§ 1)

11 Definisci la nuova figura dell'intellettuale cortigiano. In cosa si distingue dall'intellettuale cittadino? (§ 4)

12 Con la perdita di autonomia degli Stati italiani, soprattutto dopo il sacco di Roma, cambia la condizione degli intellettuali: a quale funzione essi devono rinunciare? Quali nuovi ruoli tendono ad assumere? (§ 4)

13 Indica gli effetti dell'invenzione della stampa (§ 5, S5, S6)
- sulla diffusione del libro ....
- sul pubblico dei lettori ....

14 A Le tre unità aristoteliche, relative al genere tragico, riguardano le unità di (§ 9, S12)
- A ....
- B ....
- C ....

B Sono ispirate alla poetica
- A del vero
- B del verisimile
- C fantastica
- D allegorica

15 Che cos'è la "questione della lingua" e quale soluzione prospetta Bembo? (§ 11)

PROPOSTE DI SCRITTURA

IL SAGGIO BREVE

L'uomo nuovo del Rinascimento
Sviluppa l'argomento in forma di saggio breve, utilizzando i documenti e i dati forniti. Argomenta la tua trattazione anche con opportuni riferimenti alle tue conoscenze ed esperienze di studio. Premetti al saggio un titolo coerente e, se vuoi, suddividilo in paragrafi. Non superare le cinque metà di foglio protocollo.

Il risveglio culturale, che caratterizza dalle origini il Rinascimento, è innanzitutto una rinnovata affermazione dell'uomo, dei valori umani, nei vari campi: dalle arti alla vita civile. Non a caso quello che più colpisce negli scrittori, e negli storici, [...] è questa preoccupazione per gli uomini, per il loro mondo, per la loro attività nel mondo.

Eugenio Garin, in *L'uomo del Rinascimento*, Laterza, Roma-Bari 1991.

«E che queste cose che si vedon nel mondo siano state ordinate e costituite dagli uomini, nessuno negherà. Gli uomini, infatti, signori di tutto, cultori della terra, la lavorano mirabilmente con la varia e diversa opera loro [...]. E se noi potessimo, come con l'animo, così anche con gli occhi vederle e contemplarle, nessuno, cogliendole in una sola visione tutte quante [...], potrebbe mai cessare un istante dall'ammirare e dallo stupire».

G. Manetti, *De dignitate et excellentia hominis* [1452], in E. Garin (a cura di), *Filosofi italiani del Quattrocento*, Le Monnier, Firenze 1942.

[Parla Dio, rivolto ad Adamo] T'ho collocato nel mezzo del mondo perché d'intorno più comodamente tu vegga quello che esiste nel creato. Non ti facemmo né celeste né terreno, né mortale né immortale, perché tu stesso, quasi libero e sovrano artefice del tuo destino, ti colpissi in quella forma che avrai preferita. Potrai degenerare in quelle inferiori che sono brute; potrai, per decisione dell'animo tuo, rigenerarti nelle superiori che sono divine».

G. Pico Della Mirandola, *De hominis dignitate* [1486], a cura di B. Cicognani, Firenze 1941.

[...] Non mi è incognito [so bene] come molti hanno avuto e hanno opinione che le cose del mondo sieno in modo governate, da la fortuna e da Dio, che li uomini con la prudenza loro non possino correggerle, anzi non vi abbino remedio alcuno; e per questo potrebbero iudicare che non fussi da insudare molto nelle cose [che non valga la pena di affaticarsi troppo nell'azione] ma lasciarsi governare dalla sorte. Questa opinione è suta [stata] più creduta ne' nostri tempi per la variazione grande delle cose che si sono viste e veggonsi ogni dì [...] A che pensando io qualche volta, mi sono in qualche parte inclinato nella opinione loro. Nondimanco [tuttavia], perché il nostro libero arbitrio non sia spento, iudico potere essere vero che la fortuna sia arbitra della metà delle azioni nostre, ma che etiam [anche] lei ne lasci governare l'altra metà, [...] a noi.

Niccolò Machiavelli, *Il Principe*, cap. XXV, in *Tutte le opere*, a cura di M. Martelli, Sansoni, Firenze 1971 (cfr. Primo Piano, cap. IV).

- **Materiali per il recupero** L'Umanesimo e il Rinascimento
- **Materiali per il recupero** Dal Rinascimento alla crisi
- **Indicazioni bibliografiche**

prometeo 3.0

Personalizza il tuo libro selezionando per questo capitolo materiali integrativi da Prometeo (di seguito ti proponiamo un elenco di materiali, ma puoi trovarne altri utilizzando il motore di ricerca).

- **SCHEDA** La differenza fra arte gotica e arte rinascimentale (A. Hauser)
- **TESTO** Poggio Bracciolini, *Il processo e il supplizio sul rogo di Girolamo da Praga* [Lettere]
- **TESTO** Poggio Bracciolini, *La scoperta del codice di Quintiliano* [Lettere]
- **LO SPETTACOLO TEATRALE: LA SCENA E GLI ATTORI** Il teatro del Quattrocento fra tradizione e sperimentazione
- **LO SPETTACOLO TEATRALE: LA SCENA E GLI ATTORI** Lo spettacolo teatrale nell'Italia rinascimentale

Capitolo II — François Villon

My eBook+

Cliccando su questa icona, docenti e studenti accedono ad un'area di personalizzazione che permette di arricchire i contenuti digitali già linkati lungo le pagine del libro. Nell'area di personalizzazione è possibile infatti salvare ulteriori materiali: selezionati da , prodotti autonomamente o ricercati nella rete.

▶ *Per un elenco di materiali integrativi presenti nella biblioteca multimediale di Prometeo o per attivare una ricerca cfr. p. 67*

Gentile da Fabriano, *Adorazione dei Magi* (particolare), 1423. Firenze, Galleria degli Uffizi.

1. I caratteri generali della letteratura in Europa

L'Italia, nazione-guida in campo culturale e artistico

Durante tutto il secolo XV, nel campo delle arti e della letteratura l'**Italia continua a essere la nazione-guida in Europa**. Dante, Petrarca, Boccaccio costituiscono sicuri modelli mentre comincia a farsi sentire all'estero anche l'influenza degli umanisti italiani. Tuttavia, nel resto d'Europa, il passaggio all'Umanesimo si realizza con un certo ritardo rispetto all'Italia e può darsi per compiuto solo alla fine del Quattrocento.

Le altre letterature europee

Si possono fare inoltre le seguenti osservazioni:
1. mentre la **letteratura spagnola** e quella **francese** conoscono un notevole rigoglio e personalità di rilievo, così non è per la letteratura **inglese** e per quella **tedesca**;
2. si assiste alla **affermazione del teatro**, in alcuni paesi (come la Francia, in cui si sviluppa anche il teatro comico) con qualche anticipo rispetto all'Italia;
3. nella prosa letteraria predomina **la storiografia**; in Francia, tuttavia, si ha un notevole sviluppo anche della narrativa (novelle e romanzi);
4. **la poesia** è l'unica forma letteraria largamente diffusa e praticata in tutti i paesi europei. I due generi dominanti sono il **poemetto allegorico**, che continua una lunga tradizione medievale, e **la poesia lirica**, in cui compaiono le personalità artistiche più rilevanti del secolo: Jorge Manrique in Spagna, Charles d'Orléans e soprattutto François Villon (il maggiore poeta del secolo) in Francia.

2. La crisi del mondo medievale nella poesia di François Villon

Temi medievali in Villon

Da un lato la poesia di Villon appare influenzata dai **motivi caratteristici della cultura medievale**: il trionfo della morte, il *tópos* dell'*ubi sunt?* ('dove sono?'), il "mondo alla rovescia" dei *clerici vagantes* con l'esaltazione del basso, dei beni materiali, della taverna e della donna. **Dall'altro lato**, essa **tratta questi motivi in modo nuovo**, con un realismo ora malinconico, ora scanzonato, che è espressione di un mondo in cui la realtà materiale è brutalmente in primo piano. Villon rappresenta un momento storico in cui **i vecchi valori sono crollati** e i nuovi non sono ancora nati: di fatto vive nel vuoto che si forma dopo la crisi dei sistemi culturali del passato e prima dell'affermazione della cultura umanistica. Il suo **rapporto con Dio** (quale si può vedere per esempio dalla *Ballata degli impiccati*: cfr. T1, p. 60) è diretto, privo di mediazioni, e si converte in una interna schermaglia fra riconoscimento di un'autorità superiore (che in Villon non manca mai) e sfida a essa, fra sentimento di colpa e strafottenza. **La religiosità** nasce dal senso della morte, ma non induce a un annullamento dell'io dinanzi alla divinità né al terrore dell'Inferno, bensì al tema, già umanistico, della eguaglianza fra gli uomini e soprattutto fra gli uomini e la natura, a un senso di pietà che affratella tutte le creature, e al tono ora violentemente realistico e provocatorio, ora solennemente tragico che ne scaturisce.

Crisi del vecchio mondo

Villon liquida i temi cortesi e mistico-religiosi del mondo medievale

Villon e la situazione francese dopo la guerra dei Cent'anni

Villon riflette la situazione economica, politica e morale della **Francia uscita dalla guerra dei Cent'anni**, percorsa da bande di malfattori, con una ristretta classe borghese spesso arricchitasi attraverso le speculazioni finanziarie sulla guerra e con grandi masse condannate alla povertà. **Nel dopoguerra tumultuoso**, miseria, epidemie, atroci delitti, sete di ricchezza, crisi dei valori tradizionali, sbandamento delle coscienze, senso della precarietà della vita si intrecciano in uno spettacolo caotico, le cui contraddizioni ritroviamo in **Villon, poeta e delinquente**, credente in Dio e volto unicamente a godersi i beni materiali, capace di tenerezze verso la madre e di irridente buffoneria verso ogni valore, sempre inquieto e risentito, e mai veramente cinico, nonostante le apparenze.

Un poeta che vive profonde contraddizioni

La vita

Villon (il suo vero cognome era Montcorbier: Villon è il cognome del tutore a cui, rimasto orfano, fu affidato) nacque nel **1431** a Parigi, dove studiò alla Facoltà delle Arti, ottenendo nel 1449 il titolo di baccelliere e nel 1452 quello di maestro in arti. Partecipò alla **vita irregolare** dapprima degli studenti e poi di bande di ladri, fu coinvolto in risse – in una delle quali uccise un prete – e implicato in rapine e furti clamorosi, subì varie condanne, fu chiuso tre volte in prigione, e infine **fu condannato a morte** per impiccagione. Ottenne nel 1463 la commutazione della pena di morte in un **bando per dieci anni** dalla città di Parigi e da questo momento non abbiamo più sue notizie. Secondo una leggenda ripresa da Rabelais, si sarebbe ritirato nel Poitou e si sarebbe dedicato alla messa in scena di rappresentazioni sacre per il popolo.

La prima opera, Lais

La prima opera, **Lais** [Lascito], fu scritta nel **1456**, quando dovette fuggire da Parigi in seguito a un furto. Il poeta finge di abbandonare la città per pene d'amore e fa diversi lasciti agli amici, come se non dovesse tornare più: ovviamente si tratta di oggetti di nessun valore e di **lasciti fittizi e scherzosi**, che alludono giocosamente alla sua reale miseria. Alla fine dell'elenco dei lasciti, ecco il suono della campana della Sorbona che agevola il sonno del poeta, che si addormenta sul proprio manoscritto. Quando si sveglia, si accorge che l'inchiostro è ormai gelato nel calamaio e non gli resta che chiudere il poemetto con la propria firma.

Testament e il tema dell'ubi sunt?

T • François Villon, *Introduzione a Testamento*

L'opera successiva è il capolavoro di Villon, **Testament** [Testamento], che riprende forme e temi della precedente. È stata scritta dopo il rilascio dalla prigione di Meung-sur-Loire fra il 1461 e il 1462. Comincia con un componimento di **introduzione** in cui il poeta, appena liberato, fa un **bilancio della propria vita**; poi prosegue con una serie di ballate, la prima delle quali è la famosa **Ballade des dames du temps jadis** [Ballata delle dame di un tempo], ove il *tópos* dell'*ubi sunt?* e della caducità

T • François Villon, *La ballata delle dame di un tempo*

della vita si scioglie nella musicalità dei nomi delle belle dame scomparse e nell'interrogativo ripetuto con struggente cadenza nel ritornello «*Mais ou sont les neiges d'anton?*» [«Ma dove sono le nevi dell'anno?»] che Spitzer ha definito «l'argine della sosta e del sogno, che respinge e placa ogni ansia e tristezza terrena». Il ritornello è – sempre per Spitzer – uno dei più bei versi della poesia francese.

Testamento può essere suddiviso in **due parti**: **nella prima** il poeta fa una sconsolata riflessione sulla condizione umana; **la seconda** contiene i lasciti e i carnevaleschi funerali del «povero Villon». Tuttavia fra queste due zone vi sono poi molte interferenze. D'altronde l'opera non vuole avere un ordine rigoroso e rispecchia l'atteggiamento sussultorio di uno spirito lirico turbato da ogni sollecitazione esterna piuttosto che la logica di una impostazione razionale.

Le due parti di *Testament*

Al di là di *Lascito* e di *Testamento*, Villon ha scritto anche altre composizioni, alcune delle quali in un gergo, quello della malavita d'allora, che le rende quasi incomprensibili. Fra le ballate non comprese nelle due opere principali, spicca *La ballade des pendus*, cioè **La ballata degli impiccati** (nota anche come *L'epitaffio di Villon*), da cui emana un tragico, profondo senso di pietà e di eguaglianza degli uomini di fronte alla morte (cfr. T1).

La ballade des pendus

Anche in questo testo Villon appare **lontano da ogni convenzionalismo**. Non solo i temi ma anche il linguaggio, che è borghese e popolare, sono di una **novità sconcertante**. Egli conosce sì, e pratica, le strutture retoriche del suo tempo, ma per portarvi all'interno la rottura di un realismo provocatorio, in cui immediatamente e drammaticamente si riflettono le contraddizioni di un animo e, insieme, di un periodo storico.

Realismo provocatorio

La figura di Villon è stata diversamente interpretata nel corso dei secoli: giullare, "poeta maledetto", poeta d'avanguardia. La critica più recente ha provveduto a storicizzare la poesia di Villon, cercando di collocarlo nella crisi del suo tempo. Tuttavia la sua figura continua a suggestionare i maggiori poeti contemporanei, che vedono nei suoi versi atteggiamenti ancor oggi attuali. È così, per esempio, nelle prese di posizione di due dei maggiori poeti del secondo Novecento, molto diversi fra loro, Mario Luzi ed Edoardo Sanguineti (cfr. S1, p. 63).

Le interpretazioni di Villon

T1 François Villon
La ballata degli impiccati (L'epitaffio di Villon)

CONCETTI CHIAVE
- uguaglianza e fratellanza degli uomini di fronte alla morte
- realismo macabro

FONTE
F. Villon, *Opere*, a cura di E. Stojkovic Mazzariol, trad. it. di E. Stojkovic Mazzariol e A. Carminati, Mondadori, Milano 1990.

Probabilmente questa ballata è stata scritta nel 1462, subito dopo la condanna a morte per impiccagione, nell'attesa di subire la stessa sorte di altri suoi compagni di malavita, come l'amico Colin de Cayeux morto sulla forca. Il tema macabro degli impiccati che oscillano al vento con gli occhi mangiati dagli uccelli si accompagna qui a una nota drammatica di pietà e di fratellanza umana.

I
Freres humains qui après nous vivez,
N'ayez les cuers contre nous endurcis,
Car, se pitié de nous povres avez,
Dieu en aura plus tost de vous mercis.

I
Fratelli umani, che ancor vivi siete,
non abbiate per noi gelido il cuore,
ché, se pietà di noi miseri avete,
Dio vi darà più largo il suo favore.

METRICA tre strofe di dieci decasillabi ciascuna, seguite da una di cinque. Lo schema metrico è ABABBCCDCD nelle prime tre, AABAB nella quarta.

• **1-10** Protagonista della ballata non è un'allegoria della morte, come nelle raffigurazioni contemporanee, ma sono gli impiccati stessi. Questi prendono direttamente la parola, e il poeta, con una soluzione del tutto originale, si identifica con il loro punto di vista. La ballata è concepita come una preghiera rivolta agli uomini, di cui si invoca la solidarietà (**fratelli**

5	Vous nous voiez cy attachez cinq, six:
	Quant de la chair, que trop avons nourrie,
	Elle est pieça devorée et pourrie,
	Et nous, les os, devenons cendre et pouldre.
	De nostre mal personne ne s'en rie;
10	Mais priez Dieu que tous nous vueille absouldre!
	Se freres vous clamons, pas n'en devez
	Avoir desdaing, quoy que fusmes occis
	Par justice. Toutesfois, vous sçavez
	Que tous hommes n'ont pas bon sens rassis;
15	Excusez nous, puis que sommes transsis,
	Envers le fils de la Vierge Marie,
	Que sa grace ne soit pour nous tarie,
	Nous preservant de l'infernale fouldre.
	Nous sommes mors, ame ne nous harie;
20	Mais priez Dieu que tous nous vueille absouldre!
	La pluye nous a debuez et lavez,
	Et le soleil dessechiez et noircis;
	Pies, corbeaulx, nous ont les yeux cavez,
	Et arrachié la barbe et les sourcis.
25	Jamais nul temps nous ne sommes assis;
	Puis çà, puis là, comme le vent varie,
	A son plaisir sans cesser nous charie,
	Plus becquetez d'oiseaulx que dez a couldre.
	Ne soiez donc de nostre confrairie;
30	Mais priez Dieu que tous nous vueille absouldre!
	Prince Jhesus, qui sur tous a maistrie,
	Garde qu'Enfer n'ait de nous seigneurie:
	A luy n'ayons que faire ne que souldre.
	Hommes, icy n'a point de mocquerie;
35	Mais priez Dieu que tous nous vueille absouldre!

5	Appesi cinque, sei, qui ci vedete.
	La nostra carne, già troppo ingrassata,
	è ormai da tempo divorata e guasta;
	noi ossa, andiamo in cenere ed in polvere.
	Nessun rida del mal che ci devasta,
10	ma Dio pregate che ci voglia assolvere.
	Se vi diciam fratelli, non dovete
	averci a sdegno, pur se fummo uccisi
	da giustizia. Ma tuttavia, sapete
	che di buon senno molti sono privi.
15	Poiché siam morti, per noi ottenete
	dal figlio della Vergine celeste
	che inaridita la grazia non resti,
	e che ci salvi dall'orrenda folgore.
	Morti siamo: nessuno ci molesti,
20	ma Dio pregate che ci voglia assolvere.
	La pioggia ci ha lavati e risciacquati,
	e il sole ormai ridotti neri e secchi;
	piche e corvi gli occhi ci hanno scavati,
	e barba e ciglia strappate coi becchi.
25	Noi pace non abbiamo un sol momento:
	di qua, di là, come si muta, il vento
	senza posa a piacer suo ci fa volgere,
	più forati da uccelli che ditali.
	A noi dunque non siate mai uguali,
30	ma Dio pregate che ci voglia assolvere.
	O Gesù, che su tutti hai signoria,
	fa' che d'Inferno non siamo in balìa,
	che debito non sia con lui da solvere.
	Uomini, qui non v'ha scherno o ironia,
35	ma Dio pregate che ci voglia assolvere.

umani). Giacché solo gli uomini che provano pietà possono chiedere il perdono divino.
- **12-13** È l'unica determinazione temporale della ballata, tutta immersa in un continuo presente.
- **17** *che la grazia non resti inaridita*: nella simbologia religiosa la grazia è acqua, sorgente di vita.
- **21-28** Le immagini dei corpi martoriati degli impiccati si ispirano al crudo realismo del linguaggio comune. I corpi sono ridotti a oggetti (**più forati da uccelli che ditali**) oscillanti al vento. Ciò non indica mancanza di pietà o di partecipazione, ma il rifiuto di ogni facile sentimentalismo. Le **piche** del v. 23 sono le gazze.
- **31** La preghiera rivolta dagli impiccati agli uomini si fonde coralmente con quella rivolta a Colui che ha potere «su tutti».
- **33** *che non ci sia da pagare un debito, da scontare pene, all'inferno*.

T1 DALLA COMPRENSIONE ALL'INTERPRETAZIONE

COMPRENSIONE

Realismo macabro e senso di fratellanza fra gli uomini A parlare sono gli impiccati, i quali si rivolgono a coloro che continuano a vivere dopo la loro morte. La ballata è infatti una **preghiera rivolta dai morti ai vivi** (tutte le strofe si chiudono con le stesse parole: «ma Dio pregate che ci voglia assolvere»). Già questo particolare le conferisce un pathos tragico. La scena degli **impiccati che dondolano al vento e parlano ai passanti** ha un sapore quasi dantesco (cfr. *Inferno* V, vv. 43-45). Il realismo macabro, che insiste sulla consunzione dei corpi sottoposti alla corruzione degli agenti atmosferici e alle offese degli uccelli, non è fine a se stesso né gratuitamente macabro, ma serve a comunicare un sentimento di **pietà** profonda e sconsolata e a ricordare che di fronte alla morte tutti gli uomini sono eguali. Da un lato si avverte il turbamento angoscioso di chi rivede nella morte per impiccagione di alcuni malfattori quella di amici in tal modo uccisi e immagina la propria stessa possibile morte, dall'altro la **fratellanza** cui si allude nella prima e nella seconda strofe («Fratelli umani») evoca una comunanza di destino di tutti gli uomini («Uomini», nell'ultima strofe) non tanto di fronte al comune Creatore, quanto nella sorte di dolore, di consunzione e di cenere che li attende. L'appello dei morti ai vivi perché pietosamente preghino per loro nasce drammaticamente da questo **senso di precarietà** ed è dunque sottratto a ogni schema ideologico precostituito, a ogni convenzionalismo retorico e religioso.

ANALISI

La morte, i morti Il tema della morte è ossessivamente presente nell'immaginario medievale: basterebbe ricordare i molti affreschi che raffigurano un "trionfo della morte" o una "danza macabra". In questi affreschi protagonista è la morte, rappresentata come uno scheletro con la falce, che giganteggia in primo piano colpendo indifferentemente uomini e donne, giovani e vecchi, ricchi e poveri, esponenti del potere religioso e di quello laico. Indubbiamente il tema macabro influenza la ballata, tuttavia essa presenta una novità decisiva: **protagonista del testo non è la morte, ma i morti**, gli impiccati, con i quali Villon si identifica. Il punto di vista insomma è quello dei *pendus*, gli impiccati a cui il poeta presta la propria voce. Proprio in questo cambiamento di prospettiva sta l'originalità del testo.

INTERPRETAZIONE

Lo scambio tra oggettività e soggettività. La morte «*par justice*» Il mondo nel quale abbiamo la fortuna di vivere non conosce da tempo lo spettacolo tragico degli impiccati che oscillano al vento dalle forche; conosce bene però l'orrore di chi viene ucciso «*par justice*», in nome della giustizia degli uomini. Si muore «*par justice*» sulla base del verdetto di una giuria, in uno dei molti paesi del mondo in cui la pena capitale è ancora in vigore, e sulla base del verdetto politico che uno Stato pronuncia ai danni di un altro Stato: questo seconda condanna – assai più devastante – ha un nome: guerra. Poco importa l'aggettivo che di volta in volta viene scelto per giustificare il sostantivo. Vittime di questa **giustizia disumana** sono spesso – oggi come nel medioevo – i più deboli, coloro che sono oggetto dello "scherno" di cui parla Villon.

T1 LAVORIAMO SUL TESTO

COMPRENDERE

1. Gli impiccati non rivolgono direttamente a Dio la loro preghiera, ma cercano la mediazione dei vivi. Come giustificano tale richiesta? A quali valori fanno appello?

ANALIZZARE E INTERPRETARE

2. Sottolinea le espressioni che si riferiscono al corpo. Perché il poeta vi insiste tanto? Quale sentimento vuole suscitare nei confronti di chi è stato giustiziato?

LE MIE COMPETENZE: CONFRONTARE

In un album del 1968, ***Tutti morimmo a stento***, Fabrizio De André canta una canzone che ha lo stesso titolo della poesia di Villon. Non si tratta, ovviamente, di una coincidenza. De André ha riletto e attualizzato Villon (il senso di questa attualizzazione risulta più chiaro se si guarda non solo a questa canzone, ma anche alle altre). È la spietatezza la chiave di lettura del disco: «*Tutti morimmo a stento* è un messaggio di disperato amore per tutti i diseredati cui una specie di morte morale impedisce di recuperare il perduto gusto della vita. E proprio la morte (come negazione della vita, ossia della dignità, della felicità, di tutto quanto gli antichi comprendevano nel termine *humanitas*) fornisce il fondale inquietante di questa cantata, un polittico che allinea tutto il triste repertorio di un'umanità derelitta» (Cesare G. Romana). Ascolta *La ballata degli impiccati* di De André, concentrando la tua attenzione sul testo della canzone. Quindi confronta la ballata di Villon e quella del cantautore ligure per riconoscere il diverso spirito che le anima.

Copertina dell'album di Fabrizio De André, *Tutti morimmo a stento*, Ricordi, Milano 1970 (prima edizione Bluebell Records, Milano 1968).

S1 — PASSATO E PRESENTE

Luzi e Sanguineti leggono Villon

Luzi è stato il principale esponente dell'Ermetismo, il movimento poetico affermatosi negli anni Trenta del Novecento; Sanguineti della neoavanguardia sorta invece negli anni Sessanta. Il primo è un poeta che si ispira a una tematica etico-religiosa, il secondo è un poeta marxista impegnato politicamente. Sono due ottiche molto diverse, che comportano attualizzazioni fortemente divergenti della poesia di Villon. Così Luzi, alla fine di una prefazione scritta per le *Opere* di Villon, dopo aver mostrato come il poeta francese vive la crisi di valori del suo tempo, conclude: «nel suo flusso ritmico di compianto e di malizia la sua arte rude ma duttile ha fatto volgere in tutte le pieghe, in tutte le sue smorfie mutevoli, un volto umano disarmato in cui, a parte le sue tracce patibolari, potremo riconoscerci noi, uomini appunto della "crisi dei valori"». La crisi del XX secolo si specchierebbe, insomma, in quella del XV: lo sbandamento odierno dell'uomo alla ricerca di un senso sarebbe assimilabile a quello successivo al crollo dei sistemi ideologici medievali.

L'influenza di Villon agisce su Sanguineti nel corso della sua produzione degli anni Ottanta. L'opera *Novissimum Testamentum* (1982) [*Novissimum* significa 'ultimo' e 'straordinario' insieme] riprende già nel titolo *Lascito* o *Testamento*, le due opere principali di Villon. L'inizio, l'elenco dei lasciti, la conclusione sono calcati in particolare su *Lascito*. Quest'opera di Villon comincia infatti con le parole «Nel quattrocentocinquantasei / io, François Villon» e quella di Sanguineti «nell'anno novecento e ottanta e due [...] io qui presente»; quella di Villon finisce con un riferimento all'inchiostro, e anche Sanguineti: «qui mi è alla fine il mio inchiostro, signori». Nello stesso periodo Sanguineti scrive una serie di ballate, in cui riprende non solo il tono rude e provocatorio di Villon, ma anche il tema medievale dell'*ubi sunt?* È interessante, però, notare il modo diverso con cui viene ripreso questo *tópos* in età moderna. Mentre i poeti medievali e anche Villon pensano alla caducità di fronte alla morte e alla prospettiva religiosa che essa apre, Sanguineti, particolarmente nella *Ballata della guerra*, lo introduce per sottolineare, in una ottica del tutto laica e mondana, e anzi scopertamente politica, l'assurdità delle guerre. La medesima tecnica dell'elenco delle cose famose scomparse serve ora a documentare in modo nuovo e originale l'inutilità delle guerre che si sono succedute: «dove stanno i vichinghi e gli aztechi / [...], dove stanno le vecchie e nuove Atlantidi, / la Grande Porta e la Invincibile Armata [...]? / dove stanno le Triplici e Quadruplici / [...] oh, dove siete, guerre di porci e di rose, / guerre di secessione e successione? / [...] Finite siete, lì a pezzi e a bocconi, / dentro il niente dal niente di ogni niente».

Percorso
L'ANIMA E IL CORPO

Amore per la vita e senso della morte nella poesia di François Villon

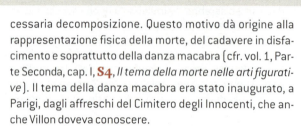

Tomba di John Fitz Alan Conte di Arundel, 1435. Arundel, Cappella del Castello di Arundel.

Nella scultura funeraria del XV secolo si diffonde una tipologia di sepolcro che presenta l'immagine del defunto giacente (detto *'gisant'*, dal francese) due volte, sul coperchio dell'arca come figura dormiente, negli abiti o nell'armatura adeguati al suo rango, e la seconda volta in basso, sul fondo di un'architettura che simula l'interno stesso dell'arca. In questo secondo gisant detto *'transi'* (dal francese) il defunto viene raffigurato nudo e in decomposizione, carico di dettagli macabri e raccapriccianti.

Il *Testamento* è il bilancio di una vita nella prospettiva della morte incombente. **Il tema della morte attraversa tutto il Medioevo, ma in Villon si rinnova nel recupero di un sentimento profondamente umano della vita per cui la morte è sentita, e rappresentata, come fine dell'esistenza terrena.** L'attenzione, anche in punto di morte, non è rivolta all'anima, ma al corpo, che resta il protagonista indiscusso del momento supremo. L'appello degli impiccati alla pietà umana e divina si esprime attraverso il linguaggio dei loro corpi deformi.

Nel XV secolo si era diffusa infatti nell'Europa decimata dalle epidemie e dalle guerre una sensibilità nuova di fronte alla morte. Pur restando la fede nella doppia sorte dell'uomo (immortalità dell'anima da un lato e distruzione del corpo dall'altro), un sentimento nuovo trova espressione nelle arti figurative e in letteratura: il dramma per l'annientamento fisico. L'amore per la vita del corpo, come vita dell'uomo, diventa dolorosa constatazione della sua necessaria decomposizione. Questo motivo dà origine alla rappresentazione fisica della morte, del cadavere in disfacimento e soprattutto della danza macabra (cfr. vol. 1, Parte Seconda, cap. I, **S4**, *Il tema della morte nelle arti figurative*). Il tema della danza macabra era stato inaugurato, a Parigi, dagli affreschi del Cimitero degli Innocenti, che anche Villon doveva conoscere.

Nell'immaginario quattrocentesco il *topos* ascetico-medievale del "contemptus mundi" (cioè del disprezzo del mondo), nel momento in cui viene ripreso ed esasperato, **cambia segno. Non mira più alla predicazione del "memento mori" (ricordati che devi morire) e al richiamo all'aldilà, ma a un accorato rimpianto della bellezza della vita terrena**. Il sentimento della morte diventa in Villon sentimento angoscioso per un destino umano irreparabile. Basta confrontare la rappresentazione del corpo in Jacopone da Todi e in Villon per avere un'idea della differenza profonda che separa la concezione ascetico-religiosa medievale della morte dalla nuova sensibilità laica e terrena che si va affermando nel XV secolo.

Il tema della fugacità del tempo che tutto travolge si esprime in Villon nel rimpianto struggente della giovinezza, che è fuggita troppo rapidamente. La gioventù è stata «folle» non solo perché fonte di peccato, ma perché, materialmente dissipata, ha ridotto il poeta in povertà, «senza rendita, censo, né avere».

In tutto il *Testamento* circola un senso puramente mondano del tempo: la percezione della fugacità delle cose terrene accentua l'attaccamento alle gioie della vita. Il poeta cerca quasi una giustificazione alla propria condotta edonistica nel messaggio dell'*Ecclesiaste*, di cui evidenzia, a proprio uso e consumo, il carattere contraddittorio: «Godi figliuolo, in adolescenza» e poi «Adolescenza e gioventù [...] non sono che inganno e ignoranza».

Su tutte le creature, vicine e lontane, incombe uno stes-

Danza Macabra, incisione da un manoscritto francese del 1486. La Morte porta via il vescovo e lo scudiero; la Morte danza con l'astrologo e il borghese; la Morte afferra il maestro di scuola e l'uomo d'armi; la Morte assale il monaco e l'usuraio. Parigi, Bibliothèque Nationale, Réserve, Réserve Ye. 88.

so destino di morte. Il padre è ormai «un corpo sotto la pietra». **Lo strazio crudele della morte è uno strazio rappresentato fisicamente.** «Morte fa impallidire e fremere / incurva il naso, le vene tira, / enfia il collo, le carni spreme, / giunture e nervi dilata e stira». La morte è la fine, una fossa scura. Dice il poeta degli amici: «Alcuni son morti e consunti / di loro non resta più niente». **Con particolare angoscia è rappresentata da Villon la corruzione del corpo femminile**, dal *Rimpianto della bella Elmiera*, che vorrebbe suicidarsi quando guarda il suo vecchio corpo disfatto, all'affascinata e struggente rievocazione, nel *Testamento*, del «corpo femmineo» («tu così tenero, / così prezioso, liscio, soave / tale insulto dovrai attendere?»).

La morte diventa il segno della labilità e imprevedibilità dei destini umani. Anche Villon ricorre al motivo della danza macabra messa in scena dalla pittura europea del tempo. Qui la morte non è rappresentata attraverso un'allegoria, non colpisce a tradimento con la falce o con i dardi. La morte incontra direttamente i viventi e si fa beffe di loro. Ciascuno si trova a tu per tu con il proprio scheletro (vedi figura). L'ironia è la componente nuova della danza macabra e inaugura un atteggiamento che ha ben poco di religioso. Esso è legato al bisogno di esorcizzare la paura della morte attraverso il riso carnevalesco, ma è anche un segno di democratizzazione dell'immagine della morte, che coinvolge ugualmente tutte le categorie sociali nella stessa inesorabile danza.

Alla smorfia ironica della danza macabra subentrano nella *Ballata delle dame di un tempo* (cfr. espansioni digitali T) un sentimento di pietà e la malinconica contemplazione del ritmo ineluttabile della vita e della morte, della bellezza e della distruzione. Il ritmo della vita umana riproduce il ritmo circolare delle stagioni. Dov'è «Flora la bella romana», «Dov'è la sapiente Eloisa» e «Giovanna buona di Lorena», «Ma ove sono le nevi dell'anno?». Il potere della morte qui non deriva tanto da Dio quanto dalla natura. In questa singolare corrispondenza tra la natura e l'uomo, osserva L. Spitzer, «sta quanto di moderno, di rinascimentale è contenuto nella poesia di Villon: in mezzo all'atmosfera di "autunno del Medioevo": in mezzo al lezzo di putrefazione [...] affiora una visione del mondo riconciliata con l'umano destino, con le leggi della natura, con la corporeità, con la morte».

In T1 *La ballata degli impiccati*, i corpi sono cadaveri spolpati, oscillanti al vento, «più forati da uccelli che ditali», ridotti a oggetti, a puro, materiale involucro della coscienza. L'insistenza su quello che potrebbe apparire un quadro di realismo macabro dà forma a una visione fortemente soggettiva, quasi allucinata, che riflette, fisicamente, la pietà e le angosce del poeta. L'intensità del messaggio deriva dall'ottica straniata da cui esso proviene: sono i morti stessi a parlare e con loro si identifica Villon. **Da questi corpi di malfattori e di giustiziati, che non hanno più niente di umano**, che potrebbero essere oggetto di odio e di ingiuria, **sale un appello ai «fratelli umani»**. La voce dei morti è rivolta prima di tutto ai viventi, è un invito alla pietà dei vivi per poter accedere alla misericordia divina. L'unica speranza di salvezza, in un mondo in cui la giustizia umana non coincide affatto con quella divina, è un nuovo patto di fratellanza umana in nome di un comune destino di debolezza e di dolore. **Solo attraverso il recupero di un valore integralmente umano, come la compassione, si arriva al divino**.

Il senso di pietà per la fine del corpo e l'ironia della danza macabra sono stati d'animo nuovi. Essi esprimono una nuova visione della morte e richiamano l'uomo a una coerenza tra anima e corpo ormai totalmente terrena.

Hans Baldung Grien, *Le tre Grazie*, 1541-1544. Madrid, Museo del Prado.
Hans Baldung Grien, *Le tre età e la Morte*, 1541-1544. Madrid, Museo del Prado.

Le due grandi tavole di Hans Baldung Grien, uno dei maggiori pittori tedeschi del XVI secolo, riprendono il tema quattrocentesco della celebrazione della vita nella consapevolezza dell'incombenza della morte. *Le tre Grazie* (con questo titolo la tradizione ha indicato il soggetto del dipinto) presentano una scena di nudo in cui tre giovani donne ingioiellate e sorridenti sembrano godere dei piaceri della vita: due di loro leggono, l'altra tiene in mano un liuto. Ai loro piedi dei bambini giocano con un cigno. Uno di loro sbuca dalla veste di una delle giovani donne. Il serpente sull'albero può essere interpretato come simbolo del peccato. Il senso del dipinto è chiarito dall'accostamento con il suo *pendant* intitolato *Le tre età e la Morte* che raffigura, in uno scenario di distruzione, il tema luttuoso della Morte che prende per il braccio una vecchia donna mentre questa si rivolge a una giovane in lacrime. Ai loro piedi un bambino dormiente, o morto, e un gufo. Il tema del nudo femminile al posto di rivelare i piaceri della vita qui segnala la fragilità dell'esistenza umana.

DAL RIPASSO ALLA VERIFICA

MAPPA CONCETTUALE François Villon

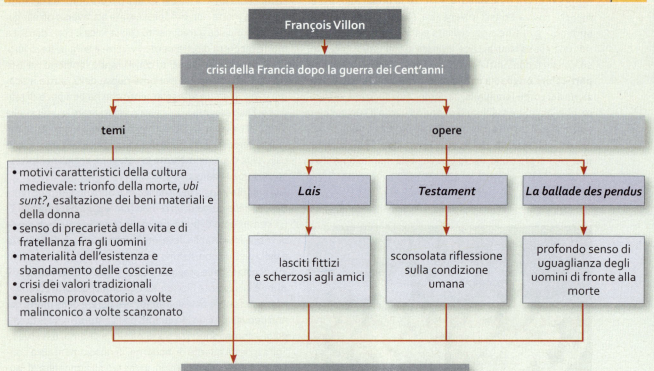

SINTESI

Il primato letterario italiano nel XV secolo
Durante tutto il secolo XV, nel campo delle arti e della letteratura l'Italia continua ad essere la nazione-guida in Europa. Nel resto dell'Europa, il passaggio all'Umanesimo si realizza con un certo ritardo rispetto all'Italia e può darsi per compiuto solo alla fine del Quattrocento. La poesia è l'unica forma letteraria largamente diffusa e praticata in tutti i Paesi europei. Nella prosa predomina la storiografia.

François Villon
Il maggior poeta francese del Quattrocento è François Villon. Le sue opere (*Lais* [Lascito], *Testament* [Testamento], *La ballade des pendus* [La ballata degli impiccati]) appaiono influenzate, da un lato, dai motivi caratteristici della cultura medievale: il trionfo della morte e il motivo dell'*ubi sunt?* ('dove sono?'), il mondo alla rovescia dei *clerici vagantes* con l'esaltazione del basso, dei beni materiali, della taverna e della donna. Dall'altro lato, egli tratta questi motivi in un modo nuovo, con un realismo ora malinconico ora scanzonato. Villon rappresenta un momento storico in cui i vecchi valori sono crollati e i nuovi non sono ancora nati: di fatto si vive nel vuoto che si forma dopo la crisi dei sistemi culturali del passato e prima dell'affermazione della cultura umanistica.

DALLE CONOSCENZE ALLE COMPETENZE

1. Quali sono i caratteri generali della letteratura europea del XV secolo? (§ 1)
2. Chi era François Villon e in quale epoca storica visse? (§ 2)
3. Qual è la sua opera principale? (§ 2)
4. Individua nella *Ballata degli impiccati* (T1) gli elementi che rimandano a Dio, alla religione, alla morte.

5 Da quale punto di vista è rappresentata la morte? (T1)

6 «La pioggia ci ha lavati e risciacquati, / e il sole ormai ridotti neri e secchi». Il linguaggio usato è (T1)
- A letterario
- B realistico
- C popolare
- D surreale

7 Qual è l'argomento fondamentale della *Ballata delle dame di un tempo*? Trovi che questo tema sia attuale nel mondo di oggi? (§ 2, espansioni digitali T *La ballata delle dame di un tempo*)

8 TRATTAZIONE SINTETICA Come si manifesta nella poesia di Villon la crisi del mondo medievale e delle sue certezze? (§ 2, T1) Spiegalo in un testo che non superi le dieci righe.

• Indicazioni bibliografiche

prometeo 3.0

Personalizza il tuo libro selezionando per questo capitolo materiali integrativi da Prometeo (di seguito ti proponiamo un elenco di materiali, ma puoi trovarne altri utilizzando il motore di ricerca).

- **SCHEDA** Temi tardogotici e aspetti umanistici nella *Ballata delle dame di un tempo* (L. Spitzer)
- **SCHEDA** Ritratto di Villon nella sua epoca (M. Luzi)

Capitolo III

L'Umanesimo volgare, il sistema dei generi letterari, la poesia lirica e il poema epico-mitologico

My eBook+

Cliccando su questa icona, docenti e studenti accedono ad un'area di personalizzazione che permette di arricchire i contenuti digitali già linkati lungo le pagine del libro. Nell'area di personalizzazione è possibile infatti salvare ulteriori materiali: selezionati da **Prometeo**, prodotti autonomamente o ricercati nella rete.

▶ *Per un elenco di materiali integrativi presenti nella biblioteca multimediale di Prometeo o per attivare una ricerca cfr. p. 91*

Giorgio Vasari, *Lorenzo il Magnifico riceve l'omaggio degli ambasciatori* (particolare), 1556-1558. Firenze, Palazzo Vecchio.

1 La letteratura in volgare prima di Lorenzo

La letteratura religiosa

La trasformazione della predica

La predica subisce nel corso del Quattrocento importanti modifiche. Viene a cadere l'impalcatura rigida e la raffinatezza retorica e stilistica di Cavalca e di Passavanti (cfr. vol. 1, Parte Seconda, cap. V, § 2) e, in genere, della predica domenicana. Il più grande predicatore della prima metà del secolo è un francescano, **san Bernardino da Siena** (1380-1444), che si collega alla tradizione di spontaneità e di semplicità popolaresca del francescanesimo.

Dalla lauda alla sacra rappresentazione

Il teatro sacro nasce dalla lauda, un genere di lirica religiosa che conteneva già alle sue origini forme dialogate e drammatiche. Già alla fine del Trecento la lauda accentua il proprio aspetto drammatico, gradualmente trasformandosi in genere teatrale. La lauda diventa così una sorta di dramma sacro rappresentato nelle piazze cittadine e destinato a un pubblico borghese e popolare.

La novellistica

La novellistica quattrocentesca è dominata e condizionata dal grande esempio del *Decameron*, sicché assai scarsi sono i suoi sviluppi originali. È interessante semmai notare che, anche in questo campo, si assiste a una ripresa del volgare, parallela a quella sperimentata da Leon Battista Alberti.

Le novelle possono essere provviste di cornice, oppure presentarsi anche "spicciolate", cioè in raccolte senza cornice, o addirittura isolate. Isolata è la *Novella del Grasso legnaiuolo*, mentre senza cornice sono quelle del ***Novellino* di Masuccio Salernitano**. In questa opera l'invenzione narrativa e linguistica contiene una tale spinta all'eccessivo, al violento, al deformante, una tale tendenza al cupo e al grottesco, che l'intenzione di imitare Boccaccio, pure apertamente dichiarata, trova esecuzione molto parziale. Da segnalare poi le raccolte di aneddoti e di facezie, fra le quali spicca *Motti e facezie del Piovano Arlotto*, di anonimo autore.

> *Ripresa del volgare a fini umanistici*
>
> *Le novelle con e senza cornice. Masuccio Salernitano*
>
>
> T • Masuccio Salernitano, *La beffa della coppa d'argento*

La poesia lirica

Sino all'età di Lorenzo, i risultati artistici nel campo della poesia lirica sono assai modesti, tanto che si è potuto parlare del **Quattrocento** come di **un secolo «senza poesia»** (Benedetto Croce). In effetti, nel periodo che va dal 1380 al 1470 circa la forma espressiva che caratterizza la cultura umanistica è la prosa, non la poesia.

Tra i poeti lirici va ricordato soprattutto **Leonardo Giustinian** (1388-1466), veneziano, la cui fama è legata soprattutto alla lirica d'amore trattata in toni popolareggianti. I suoi strambotti e le sue canzonette, da lui stesso musicati, ebbero larghissimo successo. Particolarmente le canzonette si diffusero in tutta Italia con il nome di *Giustiniane*.

Invece, **la poesia comica**, che nel Trecento aveva ricalcato senza originalità quella di Rustico Filippi e di Angiolieri, **si rinnova** nel Quattrocento per merito di Domenico di Giovanni detto **il Burchiello**, fiorentino (1404-1449). L'elemento di novità sta nell'**introduzione del non-senso**: la sua poesia non solo si compiace di immagini bizzarre, ma accoglie e accosta, talora senza nessi logici, i particolari più disparati. D'altronde, la burchia era una piccola barca da carico su cui si ammassavano le merci più varie. La capacità inventiva è tale, tale l'estro delle trovate, che non è facile individuare sempre un senso compiuto.

La poesia del Burchiello è **giocosa, irridente**; mescola alla rinfusa riferimenti alla tradizione classica e toni plebei. Il gioco è spinto sino alla libera associazione provocata dal **gusto della rima**, con esiti funambolici che possono apparire oggi persino surrealisti (cfr. **T1**).

> *Il secolo «senza poesia»*
>
> *Il rinnovamento della poesia comica: Burchiello e il non-senso*
>
>
> T • Burchiello, *«Quelli ch'andarono già a studiar a Atene»*

T1 Burchiello
«Nominativi fritti e mappamondi»

CONCETTI CHIAVE
- il non-senso
- la critica alla cultura pedante umanistica

FONTE
Sonetti del Burchiello, del Bellincioni e d'altri poeti fiorentini alla burchiellesca, Londra [ma Lucca e Pisa] 1757.

S • Una interpretazione del sonetto di Burchiello «Nominativi fritti e mappamondi» (A. Tartaro)

Questo sonetto è un esempio, almeno in apparenza, di nonsenso: gli accostamenti tra gli oggetti sembrano infatti del tutto casuali e paradossali e il significato si direbbe assente. Non manca tuttavia la possibilità di interpretare il testo attribuendogli un senso abbastanza preciso, come ha fatto Achille Tartaro **espansioni digitali S**, *inserendolo nel filone polemico e satirico contro la cultura pedante e l'erudizione proprie dell'età umanistica.*

> Nominativi fritti e mappamondi,
> e l'arca di Noè fra due colonne
> cantavan tutti *Chirieleisonne*
> per l'influenza de' taglier mal tondi.

METRICA sonetto caudato, con schema ABBA, ABBA, CDC, DCD; dEE.

• **1-4** *Nominativi fritti e mappamondi, e l'arca di Noè fra due* colonne cantavano tutti il Kyrie eleison per l'influsso dei piatti non perfettamente tondi [: degli astri]. Un coro di oggetti personificati (**nominativi, mappamondi, l'arca di Noè**) chiede pietà a Dio (**cantavan…Chirieleisonne**) per l'influsso

    5   La luna mi dicea: «Ché non rispondi?»
        Ed io risposi: «Io temo di Giansonne,
        però ch'i' odo che il diaquilonne
        è buona cosa a fare i capei biondi».
        Per questo le testuggini e i tartufi
   10   m'hanno posto l'assedio alle calcagne,
        dicendo: «Noi vogliam che tu ti stufi».
        E questo sanno tutte le castagne:
        pei caldi d'oggi son sì grassi i gufi,
        ch'ognun non vuol mostrar le sue magagne.
   15   E vidi le lasagne
        andar a Prato, a vedere il Sudario,
        e ciascuna portava l'inventario.

(**l'influenza**) malevolo degli astri (**de' taglier mal tondi**). Il coro rappresenta alcuni elementi della cultura umanistica criticata da Burchiello: la riscoperta del latino (**nominativi**), l'erudizione geografica (**mappamondi**) e teologica (**l'arca di Noè, Chirieleisonne**). **Nominativi fritti**: il nominativo è il primo caso delle declinazioni latine e greche ed esprime le funzioni del soggetto. L'aggettivo **fritti** ha qui il significato di 'triti e ritriti'. **L'arca di Noè…colonne**: l'arca è il simbolo della comunità cristiana; le colonne possono avere una connotazione sia sacra che profana mantenendo in entrambi i casi una coerenza metaforica: possono essere o le **colonne** di una chiesa o quelle mitiche di Ercole, poste nello stretto di Gibilterra per indicare i limiti del mondo conosciuto (con riferimento ai **mappamondi**). **Chirieleisonne**: deformazione dell'invocazione liturgica "Kyrie eleison" (= Signore, abbi pietà). **Taglier mal tondi**: l'irregolarità dei corpi celesti ne determina un influsso negativo.

● **5-8** *La luna mi diceva: «Perché non rispondi?» Ed io risposi: «Temo Giasone perché ho sentito dire* (**però ch'i' odo**) *che il diàchilo è indicato* (**è buona cosa**) *per tingere i capelli di biondo.* La luna, astro benefico perché perfettamente tondo, invita a rispondere al coro: il poeta dichiara ironicamente di aver paura di Giasone (**Giansonne**) che rappresenta qui «l'erudizione mitologica ma più in generale la cultura libresca dei moderni pedanti» (Tartaro). Un'allusione satirica alla cultura del tempo è anche nei **capei biondi** del v. 8, che evocano quelli della Laura petrarchesca ma con un abbassamento di tono che attribuisce il loro colore a una tintura (**diaquilonne**). **Giansonne**: Giasone è il mitico eroe greco che conquistò il vello d'oro. **Diaquilonne**: deformazione (analoga a quella di "Kyrie eleison" e di Giasone) di "diàchilo", un decotto medicamentoso utilizzato anche come tintura per i capelli.

● **9-11** *Per questo le tartarughe e i tartufi mi assediano in modo stringente* (**m'hanno posto l'assedio alle calcagne**) [: *senza darmi tregua*] *dicendo: «Vogliamo che tu sia cotto a fuoco lento»* [: *che ti stanchi*]. Ancora oggetti personificati (**testuggini** e **tartufi**) che perseguitano il poeta e che vogliono esasperarlo (**vogliam che tu ti stufi**). **Testuggini**: *tartarughe*; ma più probabilmente (dato il contesto) 'macchine da guerra usate dai Romani'. **Tartufi**: tuberi molto pregiati simili ai funghi. **Calcagne**: il "calcagno" è la parte posteriore del piede.

● **12-14** *E lo sanno perfino le castagne* [: *lo sanno tutti*] *che i canonici* (**i gufi**), *godendo ai nostri tempi di una situazione agiata e vantaggiosa* (**pei caldi d'oggi**) *sono così grassi che non c'è chi voglia mostrare le proprie magagne* [: *che si possono permettere il lusso di nascondere vizi e inadempienze*]. È probabilmente un'allusione anticlericale.

● **15-17** La satira anticlericale continua: una processione di lasagne si reca a Prato per vedere il Sudario, ovvero il panno con cui la Veronica asciugò il viso di Cristo. Il **Sudario** si trova però a Roma: il poeta si riferisce probabilmente alla festa religiosa del «sacro cingolo» (cioè della cintura appartenuta alla Vergine) che si svolgeva a Prato, ma usa la parola **sudario** con allusione paronomastica al sudore delle folle che vi partecipavano. **Lasagne**: è uno dei tanti riferimenti al cibo (**fritti, taglier', tartufi, stufi, castagne, grassi**): ma qui la processione di lasagne allude forse alla ghiottoneria dei canonici **grassi**. **L'inventario**: *l'elenco*; ma non è detto di che cosa. Se la processione di lasagne è un metaforico pellegrinaggio di canonici, **l'inventario** potrebbe essere quello delle **magagne** da farsi perdonare.

T1 DALLA COMPRENSIONE ALL'INTERPRETAZIONE

COMPRENSIONE E ANALISI

Il *nonsense* Questo è uno dei più tipici sonetti di Burchiello: si basa sull'accostamento spericolato e bizzarro di cose, parole, immagini, al limite del surreale. È un procedimento comico che definiamo "*nonsense*", dove il riso nasce proprio dall'**assurdo** e dall'**insensatezza** degli elementi in gioco.

Comicità e straniamento I termini impiegati non hanno alcun legame logico, non generano **nessun significato**, ma al massimo sembrano contenere generiche allusioni satiriche contro la cultura del tempo (cui potrebbe rimandare al v. 8 il riferimento ai «capei biondi», tipici delle figure femminili che popolano la tradizione lirica petrarchesca) e contro la corruzione della Chiesa (con i richiami al «*Chirieleissonne*» del v. 3, e all'idea del pellegrinaggio espressa nei vv. 15-16). Viceversa la struttura formale è molto compatta e definita, come dimostrano l'uso insistito dei nessi causali («però», che sta per "perché", al v. 7; «Per questo» al v. 9), la consequenzialità nell'alternanza tra domande e risposte (cfr. vv. 5-6), il gioco delle riprese e delle anafore (ad esempio della congiunzione «E» che apre le ultime terzine). Questo **contrasto tra l'assenza dei significati e la rigorosa compiutezza della struttura formale** accentua la **comicità stralunata** del testo e produce nel lettore un senso di divertito straniamento.

INTERPRETAZIONE

La confusione del mondo In questa poesia Burchiello porta al culmine il gusto per gli accostamenti più strani, senza nessi logici, accumulando immagini e concetti apparentemente alla rinfusa, per via di **richiami analogici o puramente fonici**. Questo gioco comico sembra mimare la disgregazione e il **disordine del reale**. Così, in modo paradossale, la poesia di Burchiello denuncia il caos e l'instabilità del mondo.

T1 LAVORIAMO SUL TESTO

COMPRENDERE E ANALIZZARE

1. Le immagini sono associate senza senso o è possibile individuare un criterio? Quale?

INTERPRETARE

2. Riesci ad attribuire un senso al testo? Ti sembra convincente l'ipotesi di chi vi ravvisa una polemica antiumanistica?

LE MIE COMPETENZE: INDIVIDUARE COLLEGAMENTI

Con i suoi accostamenti paradossali e il rifiuto della coerenza logica, la poesia di Burchiello è dominata dal *nonsense*. In tempi più recenti la letteratura del *nonsense* ha avuto grande successo nell'Inghilterra vittoriana: ad esempio Lewis Carroll (1832-1938), il celebre autore di *Alice nel paese delle meraviglie*, sembra recuperare il gusto di Burchiello per gli accostamenti incongrui e per l'invenzione linguistica. La sua comicità, basata sullo straniamento e sul sovvertimento della logica tradizionale, influenzerà anche il Surrealismo del primo Novecento. Con una ricerca in biblioteca o in rete, seleziona una poesia o un brano di Carroll da cui emergano la bizzarria e il nonsenso che caratterizzano anche l'opera di Burchiello.

2 La Firenze di Lorenzo e di Savonarola

La politica di Lorenzo de' Medici

Lorenzo de' Medici giunse al potere ventenne, nel **1469**. Dovette fronteggiare vari tentativi di infrangere la lega fra gli Stati italiani e gli accordi che garantivano la pace di Lodi (1454), muovendosi con molta abilità in modo da garantire il sistema di equilibrio fra i vari Stati e la conseguente stabilità (fu l'"ago della bilancia" della situazione politica italiana). Questi tentativi furono sostenuti anche dal papa antimediceo Sisto IV, che giunse a promuovere la **congiura dei Pazzi** (è il nome di una famiglia fiorentina ostile ai Medici) e a tentare di uccidere Lorenzo e il fratello Giuliano (1478). Lorenzo, a differenza di Giuliano, riuscì però a sfuggire all'attentato; anzi, il fallimento della congiura, dovuto anche all'appoggio del popolo fiorentino, provocò un ulteriore rafforzamento del suo potere.

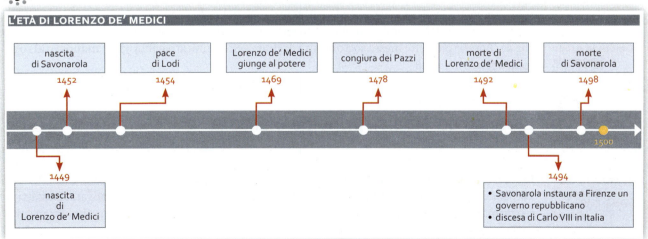

Il rogo di Girolamo Savonarola in Piazza della Signoria, 1498. Firenze, Museo di San Marco.

La morte di Lorenzo (1492), una svolta storica

Girolamo Savonarola a Firenze

Feste pagane e moralismo religioso nell'ultimo decennio del Quattrocento

T • Girolamo Savonarola, *Il tempo della penitenza*

La repubblica di Savonarola

Condanna al rogo di Savonarola

Quando Lorenzo morì nel **1492**, si aprì un **periodo di conflitti politici e culturali** a Firenze, mentre la crisi italiana si acutizzava e offriva al re di Francia, Carlo VIII, la possibilità di invadere penisola (1494). Da questo momento l'Italia diventava terra di conquista per le potenze straniere.

Protagonista della politica fiorentina negli anni successivi alla morte di Lorenzo fu il frate domenicano **Girolamo Savonarola**. Questi, nato a Ferrara nel 1452, si era stabilito a Firenze nel 1489, chiamato da Pico della Mirandola. Dal 1491 fu priore di San Marco. Morto Lorenzo, Savonarola accentuò però la sua **polemica antiumanista e antiprincipesca**. La Firenze dell'ultimo decennio del Quattrocento non è solo quella delle feste carnevalesche, dei riti celebranti la natura, dello splendore artistico, della vita sfarzosa delle classi più ricche, ma anche quella dell'**accesa predicazione di Savonarola**, dei roghi delle "vanità" in cui si bruciavano in piazza libri e disegni giudicati pagani, di movimenti che mettevano sotto accusa la corruzione delle famiglie più ricche e della stessa Chiesa e chiedevano un profondo rinnovamento della vita religiosa. Le inquietudini che attraversano gli ultimi anni di vita di Lorenzo, diviso fra l'esaltazione pagana di una vita goduta attimo per attimo, senza pensare alla morte, e le angosce religiose, fra produzione profana e produzione devota, riflettono bene questa situazione di conflitto e di divisione.

Sul piano politico, Savonarola promosse una **riforma istituzionale**, instaurando, dopo la caduta di Piero II de' Medici (1494), successore di Lorenzo, un **governo repubblicano** che durò sino al **1512**. Savonarola voleva sollecitare la partecipazione del popolo alla vita cittadina, ma incontrò l'opposizione sia delle grandi famiglie dei magnati fiorentini, sia del papa Alessandro VI della famiglia dei Borgia (più volte messa sotto accusa dal frate). Scomunicato nel 1497, fu **mandato al rogo** come eretico nel **1498**.

3 Lorenzo de' Medici, principe e artista

La formazione letteraria di Lorenzo: l'influenza di Pulci

La formazione letteraria di **Lorenzo de' Medici**, nato nel **1449** da Piero de' Medici e da Lucrezia Tornabuoni, fu all'inizio condizionata dal poeta **Luigi Pulci**, suo compagno di brigata. E infatti la sua prima produzione presenta, accanto a rime d'ispirazione petrarchesca, componimenti in cui si avverte soprattutto l'influenza del registro comico e burlesco caro a Pulci. Spicca infatti, in questa

La Nencia da Barberino

prima fase, la ***Nencia da Barberino***, un poemetto rusticale scritto in età molto giovanile in un linguaggio che sembra fare il verso a quello dei contadini.

La seconda fase: la produzione lirica

Al periodo degli esordi, segue una **seconda fase**, che va all'incirca dal 1476 al 1484, in cui **la produzione** di Lorenzo **è prevalentemente lirica**. Spinto da Marsilio Ficino e da Poliziano, Lorenzo, che sino allora aveva scritto rime liriche d'impronta petrarchesca, si avvicina al modello stilnovistico e all'esempio della *Vita nuova* di Dante unendo i propri sonetti d'amore attraverso uno scritto in prosa che ne spiega la genesi e il significato: è il ***Comento ad alcuni sonetti d'amore***. Nei sonetti Lorenzo racconta la morte di una donna, Simonetta Cattaneo, che ha le doti divine di Beatrice, e del successivo amore per una fanciulla (identificabile in Lucrezia Donati) che ha la stessa funzione della donna gentile della *Vita nuova*.

I sonetti d'amore per Simonetta Cattaneo

Giorgio Vasari, *Lorenzo il Magnifico riceve l'omaggio degli ambasciatori*, 1556-1558. Firenze, Palazzo Vecchio.

T • Lorenzo de' Medici, «*Cerchi chi vuol le pompe e gli altri onori*»

Fra classicismo umanistico e tematica religiosa: le opere dell'ultimo periodo

L'ultimo periodo della produzione di Lorenzo riguarda i componimenti scritti nella seconda metà degli anni Ottanta e all'inizio dei Novanta. Esso è caratterizzato da un lato dal **classicismo umanistico** di Poliziano e dall'altro dall'**affiorare di una tematica religiosa**. Di nuovo, insomma, la personalità di Lorenzo appare scissa fra una tendenza pagana a sfondo naturalistico e sensuale e una devota, in cui si avverte un senso di precarietà personale (è il presentimento della fine, in correlazione con la malattia che lo condurrà alla morte) e politica (la percezione dell'instabilità dell'equilibrio italiano). Le due figure che assisteranno Lorenzo morente, Poliziano e Savonarola, indicano bene questa scissione.

La *Canzona di Bacco*

Il componimento più importante di questa ultima fase è la ***Canzona di Bacco***, scritta per il carnevale (cfr. **S1**, p. 74) del 1490. Si tratta di un "trionfo", vale a dire di un testo fatto per essere cantato da un corteo (o "trionfo", appunto) di maschere ispirate a soggetti mitologici (cfr. **T2**, p. 75). I "trionfi" si distinguevano dagli altri canti **carnascialeschi** perché, mentre questi ultimi si ispiravano a consuetudini o a lavori della vita quotidiana giocando sul doppio senso e cioè interpretandone i vari atti in modo osceno, i "trionfi" sono di argomento mitologico e restano lontani da un'eccessiva volgarità.

IL SIGNIFICATO DELLE PAROLE

● **Carnascialeschi**

L'aggettivo *carnascialesco* (dal basso latino *carnem laxare*) è la forma arcaica toscana di "carnevalesco", e vale quindi 'relativo al carnevale', cioè a quel momento dell'anno liturgico che precede la penitenza quaresimale e l'astinenza alimentare.

S1 ITINERARIO LINGUISTICO

Carnevale, carnevalesco e il mondo alla rovescia

Carnevale: il significato

"Carnevale" deriva dal latino *carnem levare*, cioè da 'carne' e 'levare': dopo questo periodo, infatti, inizia il periodo di astinenza, digiuno e penitenza della Quaresima, durante la quale è proibito mangiare la carne. Nel carnevale le leggi della morale religiosa e ufficiale hanno dunque una tregua momentanea e concordata, in qualche modo consentita e disciplinata dalla Chiesa e dalle autorità stesse. Si consente di fare per scherzo ciò che altrimenti sarebbe proibito. In particolare, vengono meno le gerarchie consolidate e i valori si invertono.

Carnevalesco: la categorizzazione di Bachtin

Il russo Michail Bachtin (1895-1975), nel libro *L'opera di Rabelais e la cultura popolare. Riso, carnevale e festa nella tradizione medioevale e rinascimentale* (1965), dà particolare rilievo al capovolgimento dei valori che si realizza durante il carnevale medievale e rinascimentale. Nell'analisi dello studioso, il carnevalesco costituisce un elemento tipico del carnevale che si può trasporre nella letteratura (per esempio il mondo alla rovescia, il ribaltamento dei ruoli, la soppressione delle gerarchie, ecc.). Bachtin vede nel carnevale la manifestazione di una cultura censurata e repressa, che esprime una visione della vita e bisogni radicalmente alternativi rispetto a quelli della cultura alta e ufficiale.

Il mondo alla rovescia

Rovesciare il mondo, vedere tutto da una prospettiva capovolta, sovvertire l'ordine costituito: *semel in anno licet insanire* ('una volta all'anno è lecito comportarsi da pazzi'), dicevano gli antichi. E nel Medioevo si creò un'occasione per dar sfogo all'esigenza che è insita in ciascuno: il carnevale. Allora, giocolieri, saltimbanchi, buffoni e goliardi catturavano l'attenzione della gente con battute salaci e spesso spinte, improvvisando canti parodici e irriverenti.

Pieter Bruegel, *Il combattimento fra Carnevale e Quaresima*, (part.), 1559. Vienna, Kunsthistorisches Museum.

In primo piano è il personaggio di Carnevale: grasso e panciuto, a cavalcioni d'una botte, ha per staffe due pentole, in capo un pasticcio e uno spiedo in mano. Seguono un giovane con salsicce a tracolla e un altro con in testa una tavola imbandita (elemento dominante della festa è il cibo). Il corteo è costituito da gente mascherata che suona vari strumenti.

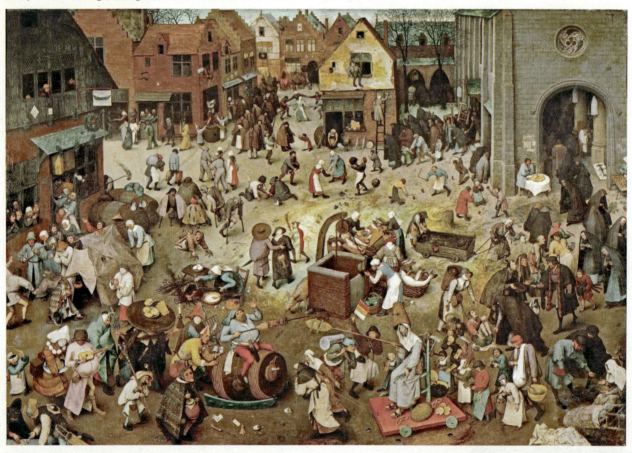

T2 Lorenzo de' Medici
Canzona di Bacco

CONCETTI CHIAVE
- l'esaltazione della vita e della corporalità di fronte alla caducità dell'esistenza

FONTE
Lorenzo de' Medici, *Opere*, a cura di A. Simoni, Laterza, Bari 1937.

- Testo interattivo
- Ascolto
- Alta leggibilità

La canzone rappresenta vari aspetti del "trionfo" o corteo carnevalesco di maschere mitologiche. Protagonisti ne sono Bacco, dio dell'ebrezza, e la sua sposa Arianna; satiri e ninfe che li accompagnano; Sileno ubriaco che fu maestro di Bacco; il re Mida che aveva ottenuto da Bacco, come ricompensa per avergli ritrovato Sileno, il dono di trasformare in oro tutto ciò che tocca e che ora si lamenta perché deve constatare l'inutilità della ricchezza se questa impedisce il godimento della vita. Il canto è un'esaltazione del tema pagano del «carpe diem» ('cogli l'attimo', cioè goditi la vita attimo per attimo senza pensare al futuro).

Quant'è bella giovinezza,
che si fugge tuttavia!
Chi vuol esser lieto, sia:
di doman non c'è certezza.

5   Quest'è Bacco ed Arïanna,
belli, e l'un dell'altro ardenti:
perché 'l tempo fugge e inganna,
sempre insieme stan contenti.
Queste ninfe ed altre genti
10 sono allegre tuttavia.
Chi vuol esser lieto, sia:
di doman non c'è certezza.

Questi lieti satiretti,
delle ninfe innamorati,
15 per caverne e per boschetti
han lor posto cento agguati;
or da Bacco riscaldati,
ballon, salton tuttavia.
Chi vuol esser lieto, sia:
20 di doman non c'è certezza.

Queste ninfe hanno anche caro
da lor essere ingannate:
non può fare a Amor riparo,
se non gente rozze e ingrate:
25 ora insieme mescolate
suonon, canton tuttavia.

Tiziano, *Bacco e Arianna*, 1520-1523. Londra, National Gallery.

Nel dipinto che Tiziano esegue per la corte di Ferrara, il balzo di Bacco dal carro trionfale verso Arianna è il punto da cui sembra liberarsi il dinamismo di tutta la composizione. Come nella *Canzona di Bacco* il quadro sembra esprimere, attraverso lo stesso riferimento alla mitologia classica, un invito a cogliere il momento e a godere della vita.

METRICA è una frottola di ottonari, costruita sullo schema della ballata. Dopo una proposta (o ripresa) di quattro versi con rime ZYYZ, seguono strofe di otto versi con lo schema ABABBYYZ. Gli ultimi due versi di ogni strofa fanno da ritornello, riprendendo gli ultimi due della proposta. Inoltre il terzultimo verso è in rima con il penultimo tramite la parola «tuttavia» in rima con «sia» in tutte le strofe, tranne nell'ultima, dove «tuttavia» non compare e al suo posto troviamo invece «sia» in rima tautologica con il «sia» del penultimo verso.

- **1-4** *Quant'è bella* [la] *giovinezza che fugge continuamente* (**tuttavia**)! *Chi vuole essere felice* (**lieto**), [lo] *sia* [adesso]: *non c'è certezza sul futu-*

ro (**di doman**). Questa quartina esprime il nucleo della filosofia epicurea cui si ispira Lorenzo in questa canzone: l'oraziano «carpe diem».

- **5-10** *Questi sono* (**quest'è**) *Bacco ed Arianna, belli e innamorati* (**ardenti**) *l'uno dell'altro: poiché* (**perché**) *il tempo fugge e illude* (**inganna**), *stanno sempre insieme contenti.* [Anche] *queste ninfe e* [questi] *altri personaggi* (**genti**) [: i satiri] *stanno* (**sono**) *sempre* (**tuttavia**) *allegri.* **Bacco ed Arïanna**: Arianna era stata abbandonata dal leggendario eroe greco Teseo nell'isola di Nasso; qui le apparve Bacco che se ne innamorò e la portò con sé in cielo. Il corteo di Bacco e Arianna è seguito da ninfe (le Baccanti) e satiri.

- **13-18** *Questi satiretti felici* (**lieti**), *innamo-*

rati delle ninfe, hanno fatto loro (**han lor posto**) [: *alle ninfe*] *cento agguati tra* (**per**) *caverne e boschetti; ora eccitati* (**riscaldati**) *dal vino* (**da Bacco**), *ballano* (**ballon**; ant. fior.), [e] *saltano in continuazione* (**tuttavia**).

- **21-26** *Queste ninfe hanno anche piacere* (**hanno...caro**) [a] *essere ingannate* [: *a cadere negli agguati*] *da loro* [: *dai satiri*]: *a*[ll']*Amore non può opporre resistenza* (**fare...riparo**) *se non gente rozza e insensibile* (**ingrate**): *ora* [le ninfe] *mescolate* [insieme ai satiri] *suonano,* [e] *cantano senza sosta* (**tuttavia**). Le ninfe gradiscono gli approcci dei satiri in quanto agli animi sensibili è impossibile non ricambiare una profferta amorosa: è un riferimento ai canoni dell'amore cortese e stilnovistico.

Chi vuol essere lieto, sia:
di doman non c'è certezza.

    Questa soma, che vien drieto
30 sopra l'asino, è Sileno:
così vecchio è ebbro e lieto,
già di carne e d'anni pieno;
se non può star ritto, almeno
ride e gode tuttavia.
35 Chi vuol esser lieto, sia:
di doman non c'è certezza.

    Mida vien drieto a costoro:
ciò che tocca, oro diventa.
E che giova aver tesoro,
40 s'altri poi non si contenta?
Che dolcezza vuoi che senta
chi ha sete tuttavia?
Chi vuol essere lieto, sia:
di doman non c'è certezza.

45   Ciascun apra ben gli orecchi,
di doman nessun si paschi;
oggi siàn, giovani e vecchi,
lieti ognun, femmine e maschi;
ogni tristo pensier caschi:
50 facciam festa tuttavia.
Chi vuol esser lieto, sia:
di doman non c'è certezza.

    Donne e giovinetti amanti,
viva Bacco e viva Amore!
55 Ciascun suoni, balli e canti!
Arda di dolcezza il core!
Non fatica, non dolore!
Ciò c'ha a esser, convien sia.
Chi vuol esser lieto, sia:
60 di doman non c'è certezza.

- **29-34** *Questo carico* (**soma**), *che segue* (**vien drieto**; **drieto** = *dietro*) [: *nel corteo*] [*trasportato*] *sopra l'asino, è* [*il satiro*] *Sileno:* [*benché sia*] *così vecchio è ubriaco* (**ebro**) *e allegro* (**lieto**), *ormai* (**già**) *pieno di carne e di anni* [: *grasso e vecchio*]; [*anche*] *se non riesce* (**può**) [*a*] *stare eretto* (**ritto**) [*sul dorso dell'asino, comunque* (**tuttavia**) *almeno ride e* [*se la*] *gode.* **Sileno** è un vecchio satiro grasso e ubriaco al punto di non poter camminare e di non riuscire neanche a stare con la schiena dritta in groppa all'asino che lo trasporta. La **soma** è il carico portato sul dorso da asini, muli e altri animali da trasporto (le 'bestie da soma'): Sileno, nella sua grassezza e scompostezza, sembra aver perso le sue caratteristiche fisiche riducendosi quasi a un ammasso informe.

- **37-42** [*Il re*] **Mida** *viene dietro a costoro* [: *i personaggi del corteo*]: *ciò che tocca, diventa oro. Ma* (**e**) [*a*] *che* [*cosa*] *serve* (**giova**) *avere ricchezze* (**tesoro**) *se uno* (**s'altri**; impers.) *poi non si accontenta? Che dolcezza vuoi che senta* [: *può provare*] *chi ha sempre* (**tuttavia**) *sete?* **Mida** è il mitico re della Frigia che ottenne da Bacco il potere di trasformare in oro tutto quello che toccava e che poi, ciò nonostante, morì di fame. L'insaziabile desiderio di ricchezza impedisce di provare il piacere (**dolcezza**) di ciò che si possiede.

- **45-50** *Ognuno* (**ciascun**) *apra bene le orecchie* [: *stia a sentire*], *nessuno si nutra* (**si paschi**) *del* (**di**) *domani; giovani e vecchi, femmine e maschi, tutti* (**ognun**) *siano felici* (**lieti**) *oggi; si abbandoni* (**caschi**) *qualsiasi* (**ogni**) *pensiero cattivo* (**tristo**): *facciamo festa comunque* (**tuttavia**). Chi vive sperando sempre nel domani, senza assaporare i piaceri del momento (**oggi**), è destinato all'infelicità.

- **53-58** [*Oh*] *donne e giovinetti amanti, viva Bacco* [: *l'ebbrezza*] *e viva Amore! Ognuno* (**ciascun**) *suoni, balli e canti! Il cuore si infiammi* (**arda**) *di dolcezza! Non* [*ci sia più*] *fatica, non* [*ci sia più*] *dolore! Ciò che deve accadere* (**c'ha a esser**), *accada pure* (**convien sia** = è *inevitabile che avvenga*). L'invito a godere il presente in questa ultima strofa diventa incalzante. Il riferimento a **fatica** e a **dolore** introduce un sentimento angoscioso, tenuto sotto controllo e anzi smentito dalla negazione; si tratta perciò, in una certa misura, di una negazione freudiana.

T2   DALLA COMPRENSIONE ALL'INTERPRETAZIONE

COMPRENSIONE

La fuga del tempo e l'invito a cogliere l'attimo   Questa canzone fu composta da Lorenzo il Magnifico intorno al 1490. Si tratta di un "**canto carnascialesco**", nato per essere cantato durante il carnevale dal corteo di uomini e donne mascherati da satiri e ninfe che accompagnava tradizionalmente il carro di Bacco e Arianna. Pertanto i personaggi mitologici citati nel testo (Sileno, re Mida, Bacco, Arianna) rappresentano le maschere che in occasione del carnevale percorrevano le vie di Firenze. Nella poesia Lorenzo de' Medici riprende e sviluppa il **tema oraziano del «carpe diem»** ("afferra l'attimo") invitando a godere di ciò che la vita offre momento per momento, senza pensare al domani. Questo desiderio di vivere l'oggi in modo gioioso nasce però dalla consapevolezza della **fugacità della vita**: nel ritornello che si ripete alla fine di ogni strofa Lorenzo ci ricorda che la giovinezza passa in fretta, che il tempo scorre via inesorabile, che non sappiamo cosa ci aspetti in futuro. Nella sua compresenza di luce e ombra, nella sua **malinconica gaiezza** la poesia di Lorenzo rispecchia le **contraddizioni del Rinascimento**, un periodo di grandi entusiasmi e di profondi turbamenti, di miseria e splendore.

ANALISI

Temi classicheggianti e tono popolaresco   Nella canzone si realizza un incontro originale fra situazioni e temi classicheggianti e tono popolaresco. Sono **elementi classicheggianti**, derivanti da Orazio e da Ovidio, il motivo del "tempo che fugge" e delle figure mitologiche di Bacco, Arianna, Sileno, Mida. Sono **elementi popolareschi** la metrica facile e cantabile della frottola, con accenti forti e ben scanditi e un ritornello ripetuto molto frequentemente («Chi vuol esser lieto, sia: / di doman non c'è certezza»), la sintassi piana ed elementare che accompagna e asseconda il ritmo metrico, il linguaggio semplice e immediato.

Bacco e il vino   L'esaltazione di Bacco e del vino, capace di liberare – sia pure temporaneamente – gli uomini dalle pene del presente, ha una lunga tradizione nel Medioevo. Si veda, ad esempio, il *Canto dei bevitori*, un testo goliardico dei *Carmina Burana* (cfr. vol. 1, Parte Prima, cap. I, **S10**) e *«Tre cose solamente m'ènno in grado»* (cfr. vol. 1, Parte Prima, cap. V, **T2**), un sonetto di Cecco Angiolieri. In questa tradizione l'esaltazione del vino e della taverna è legata a una **visione carnevalesca della vita**, in cui cioè i valori "bassi" della fisicità e dell'eros, solitamente repressi, hanno modo di emergere.

INTERPRETAZIONE

Il carnevale e il tema della caducità   Evidentemente Lorenzo, in questa sua produzione rivolta a una festa popolare, ha tenuto conto della **tradizione popolaresca medievale**: in essa, in occasione del carnevale, il popolo contrapponeva alla visione repressiva e spiritualistica della classe dominante una sua visione materialistica fondata sulla liberazione delle forze vitali e istintuali e sui diritti della corporalità. Così lo stesso **tema della caducità della vita** poteva essere svolto in due modi molto diversi: poteva indurre alla penitenza religiosa e alla repressione dei sensi in vista della salvezza eterna (è il modo di cui, nella Firenze di Lorenzo, si farà interprete Girolamo Savonarola) oppure alla spensieratezza e ai godimenti materiali senza pensare al domani. Nel periodo umanistico la ripresa di tematiche classicheggianti di tipo pagano poteva incontrarsi con un paganesimo popolare primitivo, rimasto intatto in riti e in culti inneggianti alla fecondità mai del tutto estirpati dal pur dominante Cristianesimo. Così il tema struggente della fuga della giovinezza e della vita, invece di concludersi nel tradizionale "trionfo della morte", induce qui a un'**esaltazione della vita e della corporalità**.

T2 LAVORIAMO SUL TESTO

COMPRENDERE

1. Con quali piaceri viene identificata la gioia di vivere?

ANALIZZARE

2. Distingui i riferimenti mitologici da quelli popolareschi: su quale terreno si incontrano?
3. **LINGUA E LESSICO** Sottolinea nel testo i termini che esprimono allegria e quelli riconducibili al motivo della fuga del tempo.

INTERPRETARE

4. Perché il tema della precarietà della vita non approda al tradizionale invito alla penitenza?

LE MIE COMPETENZE: PROGETTARE

Immagina di dover organizzare a Firenze un evento-degustazione del vino Chianti destinato ai turisti stranieri. Per pubblicizzare l'evento utilizza il Rinascimento come *intangible asset* ('capitale immateriale') e strumento di promozione del Chianti per il pubblico internazionale. Collaborando con un gruppo di compagni, progetta l'organizzazione della degustazione e realizza un invito, richiamando la *Canzona di Bacco* e giocando sull'associazione tra patrimonio vinicolo, *made in Italy* e tradizione di buon gusto che affonda le proprie radici nel Rinascimento.

4 Angelo Poliziano: un modello di grazia ed equilibrio

Vita e opere di Poliziano   Lo scrittore che meglio trasferisce la sensibilità e il gusto umanistico-rinascimentale del Quattrocento sul piano poetico è Angelo Ambrogini, detto Poliziano dal nome latino (Mons Politianus) di Montepulciano (oggi in provincia di Siena), dove nacque nel **1454**. Restato presto orfano di padre, si trasferì a Firenze, dove ebbe gli stessi maestri di Lorenzo, da cui imparò perfettamente il latino e il greco. Nel 1473 divenne membro della cancelleria di Lorenzo e due anni dopo precettore del figlio Piero. Con Marsilio Ficino divenne **il più grande umanista di Firenze**. La sua prima produzione è in versi latini. Comincia presto anche a scrivere rime in volgare.

Le *Stanze* per la giostra

Per celebrare la vittoria di Giuliano de' Medici, fratello di Lorenzo, nella giostra (un torneo d'armi) del 1475, Poliziano concepisce un poemetto in ottave, le ***Stanze per la giostra***, in cui all'**impostazione epica** si associa l'**intento encomiastico**, e cioè l'esaltazione dei due fratelli (Giuliano e Lorenzo) e della casata dei Medici. Il poema assume subito, però, un aspetto mitologico: fatti e personaggi sono trasfigurati nel mito e riportati a situazioni della mitologia greca e latina.

L'interruzione del poemetto e il carattere episodico della struttura

Le *Stanze* restano **interrotte all'ottava 46 del libro II**. Se già la morte nel 1476 della donna amata da Giuliano, Simonetta Cattaneo, aveva creato un ostacolo alla continuazione del racconto, quella di Giuliano nel 1478 (in seguito alla congiura dei Pazzi) ne impedì di fatto il proseguimento. Lasciate incompiute, le *Stanze* non vennero pubblicate dall'autore, ma furono stampate a Bologna nell'anno della sua morte senza il suo consenso e poi arbitrariamente manipolate. Allo stato in cui le lasciò l'autore, esse sembrano seguire con difficoltà un filo narrativo e risolversi in **episodi debolmente collegati fra loro**.

Il linguaggio

Il linguaggio è il **volgare fiorentino** della tradizione letteraria stilnovistica e petrarchesca arricchito da prestiti dal parlato, che servono a conferirgli una maggiore "freschezza", e soprattutto da termini aulici derivati dal latino che gli danno una raffinata eleganza.

Il sogno di evasione dalla società, che è alla base delle *Stanze*, produce una **trasfigurazione del reale in chiave mitica e idillica** in cui si realizza un ideale – già rinascimentale – di calma, di perfezione, di eterna bellezza. È la stessa eleganza che troviamo nel mondo aggraziato di Botticelli, l'artista fiorentino più vicino e congeniale a Poliziano (cfr. **S3**, p. 80).

La vicenda delle *Stanze*

Dell'opera restano le 125 ottave del libro I e le 46 a cui si limita il libro II, rimasto interrotto. Giuliano è rappresentato come **Iulio**, giovane che disprezza l'amore e si dedica solo alla caccia. Iulio esorta gli amanti a non lasciarsi sedurre dal dio Amore, provocando la reazione di quest'ultimo. Amore, durante una partita di caccia, gli fa apparire una **cerva bianca**. Il giovane la insegue separandosi dai compagni finché essa si trasforma in una bellissima fanciulla, **Simonetta**. Scesa la notte, Iulio torna presso i compagni e Amore nel regno di Venere. Segue la descrizione del regno e del palazzo della dea. Poi riprende la narrazione con la scena di **Amore** che si presenta a **Venere**, appena separatasi dall'amante Marte. Il libro II comincia con Amore che racconta la propria impresa a Venere e, per meglio gloriarsene, descrive la nobiltà e la grandezza non solo di Iulio, ma del fratello Lorenzo e della casata dei Medici. Venere approva il comportamento del figlio Amore e fa apparire **in sogno** a Iulio Simonetta. Nel sogno la donna si difende dall'amore con le armi di Minerva, ma poi la Poesia, la Gloria e la Storia tolgono a Simonetta ogni difesa consegnandola all'amore e a Iulio. Il giovane capisce il significato del sogno: per conquistare la donna dovrà compiere imprese gloriose.

T • Angelo Poliziano, *L'apparizione di Simonetta*
T • Angelo Poliziano, *Il regno e la reggia di Venere*

S2 — PASSATO E PRESENTE

Una riflessione di Freud sulla precarietà

Il senso della fugacità della bellezza e delle gioie della vita ha sempre provocato reazioni diverse non solo sul piano ideologico e culturale, ma anche psicologico. Questo tema, a distanza di secoli, è oggetto di una interessante riflessione di Freud. In un dialogo con un giovane poeta, egli mostra come le due opposte tendenze generate dalla percezione della caducità, da una parte a svalutare i beni passeggeri, dall'altra a rimuovere l'idea della morte, corrispondono a impulsi profondi della psiche umana. «Dal...precipitare nella transitorietà di tutto ciò che è bello e perfetto sappiamo che possono derivare due diversi moti dell'animo. L'uno porta al doloroso tedio universale del giovane poeta [a cui la bellezza umana e naturale sembra priva di valore a causa della sua precarietà], l'altro alla rivolta contro il presunto dato di fatto. No! è impossibile che tutte queste meraviglie della natura e dell'arte, che le delizie della nostra sensibilità e del mondo esterno debbano veramente finire nel nulla. Crederlo sarebbe troppo insensato e troppo nefando. In un modo o nell'altro devono riuscire a perdurare, sottraendosi ad ogni forza distruttiva. Ma questa esigenza di eternità è troppo chiaramente un risultato del nostro desiderio per poter pretendere a un valore di realtà: ciò che è doloroso può pur essere vero. Io non sapevo decidermi a contestare la caducità del tutto e nemmeno a strappare un'eccezione per ciò che è bello e perfetto. Contestai però al poeta pessimista che la caducità del bello implichi un suo sviliemento. Al contrario ne aumenta il valore! Il valore della caducità è un valore di rarità nel tempo. La limitazione della possibilità di godimento aumenta il suo pregio». (S. Freud, *Caducità*, 1915, in *Opere*, Boringhieri, Torino 1973, vol. VIII, p. 173).

La carriera ecclesiastica

Nel 1477, avendo intrapreso la carriera ecclesiastica, Poliziano **venne nominato priore**. Bisogna notare però che questa carriera fu intrapresa solo per i benefici economici che essa comportava: in realtà Poliziano condusse sempre una vita ispirata al naturalismo pagano tipico degli ambienti umanisti (ebbe, fra l'altro, vari amori).

La *Fabula di Orfeo* a Mantova

Dopo un litigio con Lorenzo o, più probabilmente, con la moglie di lui, lasciò per quasi un anno Firenze, soggiornando soprattutto a **Mantova**, dove, per i Gonzaga, compose e mise in scena la ***Fabula di Orfeo*** (1480). *Fabula* significa qui "rappresentazione scenica". Si tratta in effetti della prima rappresentazione in Italia di teatro profano.

Il mito di Orfeo nella cultura umanistica

Il mito di Orfeo era particolarmente caro alla cultura umanistica, che vi ritrovava il motivo del dominio dell'anima sulle cose e quello dell'arte che incanta ogni creatura e vince la morte (e, dunque, del valore della poesia superiore a quello di ogni altra umana attività): Orfeo, infatti, con il suo canto, ammansisce le fiere e civilizza gli uomini. Poliziano riprende il mito dalle *Georgiche* di Virgilio e dalle *Metamorfosi* di Ovidio. Ma – sta qui l'originalità dell'opera – piuttosto che sugli effetti positivi del canto e sulla funzione civilizzatrice della poesia egli insiste sulla sconfitta di Orfeo.

La vicenda

La vicenda infatti è questa: la ninfa **Euridice**, per sfuggire ad **Aristeo**, un pastore che vorrebbe amarla, fugge e muore morsa da un serpente; **Orfeo**, che ne è innamorato, con il suo canto commuove Proserpina, regina degli Inferi, e infine ottiene da **Plutone**, che ne è il re, il permesso di ricondurre Euridice fra i vivi: tale concessione gli viene fatta, però, a patto che egli, mentre ritorna indietro, non si volti a guardare l'amata; Orfeo però si volta ed Euridice è costretta a tornare nel mondo dei morti; a questo punto Orfeo maledice l'amore e viene perciò punito dalle **Baccanti**, dedite al culto orgiastico di Bacco, che lo fanno a pezzi e intonano un inno al loro dio. Nonostante le vicende tragiche, ogni scena viene risolta con misura ed eleganza. Nella *Fabula di Orfeo* non c'è dramma, ma solo, nei momenti più dolorosi, una nota di mestizia.

T • Angelo Poliziano, *Il lamento di Orfeo e la sua discesa agli inferi*
S • Orfeo ed Euridice in due autori del Novecento: Pavese e Bufalino

Ritorno a Firenze

Richiamato a Firenze da Lorenzo già nell'estate del 1480, non ebbe più incarichi di precettore ma ricoprì la **cattedra di eloquenza greca** e latina presso lo Studio cittadino. Sino alla **morte**, avvenuta nel **1494**, si occupò prevalentemente di studi eruditi e filologici.

La produzione lirica in volgare

La produzione lirica comprende, oltre ai *Rispetti continuati* e *spicciolati*, *Ballate* e *Rime* varie. L'elemento che caratterizza le rime in volgare di Poliziano è una **leggerezza incantata**, una stilizzazione delicata ed elegante che non resta tuttavia puro gioco letterario perché pervasa da un sentimento forte della natura, della caducità dell'amore e della vita e dal desiderio paganamente vissuto di godere l'uno e l'altra. Quello di Poliziano è un **paganesimo** sempre equilibrato e come smorzato:

Un paganesimo equilibrato

il suo **naturalismo** non è mai sfrenato, si esprime nelle sfumature, resta lontano da ogni eccesso. La sua lirica esclude ogni tipo di violenza; vi mancano drammi e angosce; **il linguaggio** limpido e scorrevole ha una grazia ora stilnovistica ora popolaresca, sempre giocata ai confini fra la ricercatezza raffinata e la semplicità ingenua.

Il motivo della rosa e della caducità della bellezza

Con Poliziano l'incanto del paesaggio – e soprattutto del paesaggio primaverile – si accompagna al tema struggente della caducità della bellezza. **Il *tópos* della rosa** come emblema della bellezza femminile si unisce così al motivo del suo rapido dileguare; ma la venatura malinconica che questa considerazione comporta è subito risolta nell'invito a godere la bellezza mentre è ancora in fiore (cfr. la ballata «*I' mi trovai, fanciulle, un bel mattino*», **T3**, p. 81 e **S2**). Questo passaggio è ancora più evidente in un'altra ballata, «*Ben venga maggio*» (cfr. **T4**, p. 83), dove l'accenno alla fugacità della giovinezza è solo funzionale all'invito all'amore, che qui risuona con una nota più marcatamente pagana.

IL SIGNIFICATO DELLE PAROLE

• **Caducità**
Il sostantivo *caducità* indica tutto ciò che è temporaneo, transitorio, fragile; alla base del sostantivo caducità e dell'aggettivo 'caduco' è il verbo latino *cadere*. Caduco è dunque tutto ciò che cade, tramonta, finisce.

S3 Botticelli e Poliziano

Le figure femminili e il paesaggio primaverile di Poliziano hanno stretti rapporti con la rappresentazione degli stessi temi in Botticelli (cfr. fig. 1): la stilizzazione è molto simile, – le vesti ugualmente fiorite, le fanciulle si reggono il grembo pieno di fiori – simile la grazia e l'eleganza. Nelle *Stanze per la giostra* ritorna il motivo figurativo della donna posta al centro di una natura riccamente fiorita, ma compare anche quello dell'amore di Venere e Marte, alla fine del libro I. Esso attrae anche Botticelli che lo rappresenta in un dipinto del 1483 (pochi anni dopo le *Stanze*, dunque; cfr. fig. 2). Botticelli ha probabilmente anche lasciato un ritratto di Simonetta Cattaneo, amata da Giuliano de' Medici e protagonista delle *Stanze per la giostra*.

[1] Sandro Botticelli, *La Primavera*, 1477-1478. Firenze, Galleria degli Uffizi.

Sullo sfondo di un boschetto, che ha tutti i caratteri del *topos* del giardino (prato, fiori, alberi, foglie sono tutti squisitamente stilizzati), è rappresentata una scena mitologica. Zefiro, sulla destra, agguanta Cloris, una ninfa, che si tramuta in Flora, la Primavera. Venere, al centro, stende la mano verso le tre Grazie danzanti coperte di veli. Dall'alto Cupido scocca una freccia contro una delle tre danzatrici. Chiude il quadro, a sinistra, Mercurio con il caducèo (un bastone con due serpenti intrecciati, simbolo di prosperità e pace) puntato verso l'alto.

[2] Sandro Botticelli, *Venere e Marte*, 1483. Londra, National Gallery.

La stessa Venere della *Primavera*, simbolo della concordia e dell'amore, compare in congiunzione simmetrica con Marte, dio della guerra. La composta saggezza di Venere trionfa sugli istinti bellicosi di Marte, che, deposte le armi, precipita in un sonno profondo.

T3 Angelo Poliziano
«I' mi trovai, fanciulle, un bel mattino»

OPERA
Rime

CONCETTI CHIAVE
- l'invito a godere la giovinezza e a cogliere "la rosa" finché è fresca

FONTE
A. Poliziano, *Rime*, a cura di N. Sapegno, Edizioni dell'Ateneo, Roma 1965.

A intonare questa canzone è una ragazza che parla ad alcune compagne, descrivendo un giardino di fiori a metà maggio e indugiando soprattutto sullo spettacolo delle rose, alcune in boccio, altre in fiore, altre ancora già appassite. La vista della bellezza che fugge non induce però a considerazioni malinconiche ma all'invito a cogliere la rosa – cioè la bellezza femminile – quando è più fiorita, a non sprecare la giovinezza.

> I' mi trovai, fanciulle, un bel mattino
> di mezzo maggio in un verde giardino.
>   Eran d'intorno violette e gigli
>   fra l'erba verde, e vaghi fior novelli
> 5 azzurri gialli candidi e vermigli:
>   ond'io porsi la mano a côr di quelli
>   per adornar e' mie' biondi capelli
>   e cinger di grillanda el vago crino.
>   Ma poi ch'i' ebbi pien di fiori un lembo,
> 10 vidi le rose e non pur d'un colore:
>   io colsi allor per empir tutto el grembo,
>   perch'era sì soave il loro odore
>   che tutto mi senti' destar el core
>   di dolce voglia e d'un piacer divino.
> 15   I' posi mente: quelle rose allora
>   mai non vi potre' dir quant'eran belle:
>   quale scoppiava della boccia ancora;
>   qual'eron un po' passe e qual novelle.
>   Amor mi disse allor: «Va', co' di quelle
> 20 che più vedi fiorite in sullo spino».
>   Quando la rosa ogni suo' foglia spande,
>   quando è più bella, quando è più gradita,
>   allora è buona a mettere in ghirlande,
>   prima che sua bellezza sia fuggita:
> 25 sicché fanciulle, mentre è più fiorita,
>   coglián la bella rosa del giardino.

METRICA canzone a ballo o ballata. Dopo la proposta (o ripresa) iniziale di due endecasillabi a rima baciata XX, seguono strofe di sei endecasillabi con lo schema ABABBX (l'ultimo verso riprende dunque quelli della proposta).

- **1-8** Un bel mattino a metà (**di mezzo**) maggio io mi trovai, [o] fanciulle, in un giardino verde. [Vi] erano tutt'intorno (**d'intorno**) fra l'erba verde violette e gigli, e graziosi (**vaghi**) fiori appena sbocciati (**novelli** = nuovi) azzurri gialli bianchi (**candidi**) e rossi (**vermigli**): per cui (**ond'io**) stesi (**porsi**) la mano per raccogliere (**a côr**) [qualcuno] di quelli per adornar[ne] i miei (**e' mie'**) capelli biondi e circondare (**cinger**) i bei capelli (**el vago crino**) con una ghirlanda (**di grillanda**; toscano antico).

- **9-14** Ma dopo (**poi**) che io ebbi riempito (**ebbi pien**) di fiori un lembo [del vestito], vidi le rose, e non solo (**pur**) di un colore: io allora [ne] raccolsi [tante] da (**per**) [ri]empire tutto il grembo, perché il loro profumo (**odore**) era così piacevole (**soave**) che mi sentii animare (**destar** = svegliare) tutto il cuore di [una] dolce voglia e di un piacere divino. La fanciulla che raccoglie fiori per farne una ghirlanda da mettere in testa, intorno ai capelli biondi, è un *tópos* letterario. **Tutto el grembo**: la fanciulla tira su un lembo del vestito e ne fa una sorta di sacca all'altezza del ventre.

- **15-20** Io feci attenzione (**i' posi mente**) [alle rose] [le guardai attentamente]: non vi potrei mai dire quanto quelle rose erano belle in quel momento (**allora**): alcune (**quale**) erano ancora in boccio (**scoppiava della boccia**); altre erano (**qual'eron**) un po' appassite (**passe**) e altre (**qual**) [ancora erano] appena sbocciate (**novelle**). Amore allora mi disse: «Va', cogli (**co'**) [scegliendo] tra (**di**) quelle [rose] che vedi più fiorite sullo stelo (**in sullo spino**)». **Scoppiava della boccia**: nel vb. "scoppiare" c'è tutta la tensione del fiore che sta per sbocciare ma che è ancora chiuso. I tre stadi della rosa (in boccio, sbocciata e appassita) rimandano a tre fasi della bellezza femminile: l'adolescenza, la giovinezza e la maturità. **In sullo spino**: lo stelo della rosa è pieno di spine.

- **21-26** Quando la rosa distende (**spande**) ogni suo petalo (**suo' foglia**) [: è nel pieno della fioritura], quando è più bella, quando è più gradita, allora è adatta (**buona**) a essere messa (**a mettere**) nelle (**in**) ghirlande, prima che la sua bellezza sia fuggita: perciò (**sicché**), fanciulle, raccogliamo (**coglián**; esortativo) la bella rosa del giardino nel momento in cui (**mentre**) è più fiorita. **Sicché fanciulle...del giardino**: è l'invito a non sprecare la bellezza e la giovinezza.

T3 DALLA COMPRENSIONE ALL'INTERPRETAZIONE

COMPRENSIONE

Le fanciulle e la primavera Questa **poesia limpida, scorrevole e raffinata** è ambientata in una **natura primaverile**, rappresentata con colori accesi e brillanti («azzurri, gialli, candidi e vermigli», v. 5). In questo giardino, concepito come un *locus amoenus* (cioè un "luogo piacevole" che ha le caratteristiche del Paradiso terrestre, ricco di bellezza e di delizie), una fanciulla si rivolge alle compagne celebrando lo spettacolo della natura fiorita e indugiando in particolare sulla descrizione delle rose che ha raccolto. Quindi invita le altre fanciulle a godere della giovinezza prima che la loro bellezza sfiorisca. La ballata è infatti una **celebrazione della bellezza**: quella naturale della primavera e quella femminile, rappresentata attraverso l'immagine tradizionale della rosa.

ANALISI

La donna e la rosa Il **parallelo fra la rosa e la donna** è un *tópos* della letteratura medievale: basti ricordare il **Roman de la Rose** (cfr. vol. 1, Parte Prima, cap. II, § 8) e il **Contrasto di Cielo d'Alcamo**, dove è presente in chiave parodica (cfr. vol. 1, Parte Prima, cap. IV, T2). Il tema ritorna in Poliziano e poi, all'inizio dell'*Orlando furioso*, in Ariosto. Una dimostrazione della diffusione e della persistenza di questo *tópos* si può anche avere leggendo «*Già vidi uscir de l'onde una matina*» di Boiardo (cap. IV, § 3, espansioni digitali T) e *Per la morte di Marie* di Ronsard (cap. XIV, § 5, espansioni digitali T). Per Poliziano possiamo far riferimento, oltre che a questa ballata, anche alla presentazione della rosa nella descrizione del regno di Venere contenuta nelle *Stanze per la giostra*. Per **Ariosto**, alla rappresentazione della rosa nel canto I dell'*Orlando furioso*, ottave 42-43 (cfr. cap. XI, T2, p. 367):

> La verginella è simile alla rosa,
> ch'in bel giardin su la nativa spina
> mentre sola e sicura si riposa,
> né gregge né pastor se le avicina;
> l'aura soave e l'alba rugiadosa,
> l'acqua, la terra al suo favor s'inchina:
> giovani vaghi e donne innamorate
> amano averne e seni e tempie ornate.
>
> Ma non sì tosto dal materno stelo
> rimossa viene e dal suo ceppo verde,
> che quanto avea degli uomini e dal cielo
> favor, grazia e bellezza, tutto perde.
> La vergine che 'l fior, di che più zelo
> che de' begli occhi e de la vita avere de',
> lascia altrui côrre, il pregio ch'avea inanti
> perde nel cor di tutti gli altri amanti.

In tutti i casi ora citati viene stabilita un'analogia simbolica fra la rosa e la donna, e fra la rosa e l'amore. Vi sono tuttavia da considerare significative differenze: mentre nel *Romanzo della Rosa* la conquista della rosa-donna presuppone una elevazione morale dell'amante, che deve prima superare una serie di ostacoli, questo motivo viene a cadere nella civiltà umanistico-rinascimentale e dunque sia in Poliziano che in Ariosto. In questi due poeti c'è una sensualità naturalistica che nel Medioevo non era possibile.

Ma anche fra Poliziano e Ariosto si può cogliere poi qualche differenza. In Poliziano è presente il motivo della **caducità della giovinezza** e della vita e della **fugacità della bellezza**, che introduce una nota lirica di malinconia subito peraltro superata nell'**invito a godere l'amore** quando si è ancora in tempo: il tono di Ariosto è invece più discorsivo e narrativo: si avverte dietro i versi il sorriso divertito dell'autore che sta impostando un complesso sviluppo narrativo: a parlare è Sacripante, ma Angelica, la rosa che egli vorrebbe cogliere, lo sta ascoltando di nascosto e si prepara a presentarglisi. Ariosto, insomma, narra; Poliziano descrive.

INTERPRETAZIONE

Chi coglierà la rosa? Il punto di vista maschile La ballata riconduce allo stesso **clima culturale della *Canzona di Bacco*** (cfr. T2, p. 75). È un invito a godere senza sensi di colpa le gioie della vita e dell'amore, a "cogliere la rosa", finché si è in tempo, prima che la «sua bellezza sia fuggita». È interessante osservare nel testo di Poliziano la presenza di un **duplice punto di vista**, uno esplicito e uno implicito. A parlare è una ragazza che si rivolge alle «fanciulle» sue compagne. Il punto di vista esplicito è dunque **femminile**, come pure femminile è l'ingenuo desiderio di farsi bella adornando i capelli già belli («el vago crino») con una ghirlanda di fiori. Ma dal momento in cui la ragazza scorge nel «verde giardino» in cui si trova le rose, e sente il cuore animarsi «di dolce voglia e d'un piacer divino», incomincia a manifestarsi un diverso punto di vista, **maschile** questa volta, che risuona chiaramente nell'invito finale «cogliàn la bella rosa del giardino».

T3 LAVORIAMO SUL TESTO

COMPRENDERE

1. L'ultima strofa chiarisce il significato allegorico del componimento: che cosa rappresenta la rosa e che cosa il giardino?

ANALIZZARE E INTERPRETARE

2. A che cosa allude fuor di metafora l'invito finale? Non suona un po' strano in bocca a una fanciulla?

3. **TRATTAZIONE SINTETICA** In una trattazione sintetica (max 15 righe) confronta il messaggio di Poliziano con quello di Lorenzo (T2): quale ti sembra più spensierato e perché?

T4 Angelo Poliziano
«Ben venga maggio»

OPERA
Rime

CONCETTI CHIAVE
- la caducità della vita e l'invito a goderla abbandonandosi all'amore

FONTE
A. Poliziano, *Rime*, cit.

È una ballata destinata a essere cantata e accompagnata dalla musica. Doveva essere intonata da gruppi di giovani che si preparavano alla giostra in occasione della festa di Calendimaggio (che si celebra il primo giorno di maggio in onore della primavera) ed erano perciò incoronati dalle fanciulle prima di entrare in campo.

Ben venga maggio
e 'l gonfalon selvaggio!
Ben venga primavera,
che vuol l'uom s'innamori:
5   e voi, donzelle, a schiera
con li vostri amadori,
che di rose e di fiori,
vi fate belle il maggio,
venite alla frescura
10   delli verdi arbuscelli.
Ogni bella è sicura
fra tanti damigelli,
ché le fiere e gli uccelli
ardon d'amore il maggio.
15   Chi è giovane e bella
deh non sie punto acerba,
ché non si rinnovella
l'età come fa l'erba;
nessuna stia superba
20   all'amadore il maggio.
Ciascuna balli e canti
di questa schiera nostra.
Ecco che i dolci amanti
van per voi, belle, in giostra:
25   qual dura a lor si mostra
farà sfiorire il maggio.

METRICA canzone a ballo o ballata. Dopo la proposta (o ripresa) formata da un quinario e da un settenario in rima baciata (XX), seguono otto strofe di sei settenari con lo schema ABABBX.

- **1-2** *Ben venga maggio e il simbolo* (**'l gonfalon**) *agreste* (**selvaggio**) [: un ramo fiorito]! **'l gonfalon selvaggio**: il "gonfalone" è propriamente uno stemma, un'insegna (per esempio una bandiera, uno stendardo ecc.). Qui il termine è usato nel significato figurato di 'simbolo, emblema' e indica il ramoscello fiorito o il mazzo di fiori (detto "maio") che il primo giorno di maggio gli innamorati appendevano alle porte o alle finestre delle loro ragazze. L'usanza del "bruscello" (= arbuscello) è ancora viva a Montepulciano, la cittadina natale di Poliziano. **Selvaggio**: preso nel bosco o nei campi.

- **3-14** *Ben venga [la] primavera, che vuole che ci si innamori* (**vuol l'uom s'innamori**; impersonale): *e voi, fanciulle* (**donzelle**), *che [nel mese] di (il) maggio vi adornate* (**vi fate belle**) *di rose e di fiori, venite tutte* (**a schiera** = in gran numero) *insieme ai* (**con li**) *vostri innamorati* (**amadori**) *all'ombra fresca* (**alla frescura**) *dei verdi alberelli* (**arbuscelli**). *Ogni bella [fanciulla] è sicura fra tanti giovani amanti* (**damigelli**), *[poi]ché le belve* (**fiere**) *e gli uccelli in* (**il**) *maggio bruciano* (**ardon**) *d'amore*. **Ogni bella...il maggio**: le fanciulle sono protette dai loro innamorati nel momento in cui tutta la natura esplode all'amore. Ma anche: ogni fanciulla è sicura di trovare il proprio amante nel momento in cui ecc. **Il maggio**: è complemento di tempo. Il mese di **maggio**, con cui si apre e si chiude la ballata (cfr. vv. 1 e 50), è nominato in tutte e otto le strofe.

- **15-20** *Chi è giovane e bella deh non sia affatto scontrosa* (**non sie punto acerba**), [per]ché l'età [: la giovinezza] non ritorna (**non si rinnovella**) *come fa l'erba [ogni primavera]; nel mese di maggio nessuna sia sprezzante* (**stia superba**) *con l'innamorato* (**all'amadore**). Il motivo oraziano del *carpe diem* [afferra il giorno, cioè gòdilo] si presenta qui nella forma della giovinezza che non si ripete più e che va perciò goduta.

- **21-26** *Ogni* (**ciascuna**) *[fanciulla] di questo nostro gruppo* (**schiera**) *balli e canti. Ecco che i dolci amanti, [o] belle, per voi gareggiano nel torneo* (**van...in giostra**): *il [mese] di maggio farà sfiorire [la bellezza di] quella [fanciulla] che si mostra insensibile* (**dura**) *nei loro confronti* (**a lor**) [: degli amanti]. **Giostra**: in senso storico indica una torneo medievale tra due cavalieri armati di lancia, ma anche – come in questo caso – una gara di abilità, disputata in gruppo e all'aperto, in occasione di feste locali.

    Per prender le donzelle
si son gli amanti armati.
Arrendetevi, belle,
30 a' vostri innamorati,
rendete e cor furati,
non fate guerra il maggio.
    Chi l'altrui core invola
ad altrui doni el core.
35 Ma chi è quel che vola?
è l'angiolel d'amore,
che viene a fare onore
con voi, donzelle, a maggio.

    Amor ne vien ridendo
40 con rose e gigli in testa,
e vien di voi caendo.
Fategli, o belle, festa.
Qual sarà la più presta
a dargli e fior del maggio?
45 – Ben venga il peregrino. –
– Amor, che ne comandi? –
– Che al suo amante il crino
ogni bella ingrillandi,
ché li zitelli e grandi
50 s'innamoran di maggio. –

- **27-32** *Gli amanti si sono armati per conquistare (prender) le fanciulle (donzelle). Arrendetevi, [o] belle, ai vostri innamorati, restituite (rendete) i cuori rubati (e cor furati), non fate guerra [: siate arrendevoli] in (il) maggio.* La metafora della guerra (**armati, arrendetevi, guerra**) riguarda sia il combattimento della giostra che la schermaglia amorosa tra gli amanti. I vv. 31-32 si possono anche interpretare così: la fanciulla che non cederà all'amore del suo amante farà sfiorire il ramo che lo rappresenta (cfr. nota ai vv. 1-2).
- **33-38** *Chi ruba (invola) il cuore di qualcuno (l'altrui core) gli (ad altrui) doni il [proprio] cuore. Ma chi è quello che vola? è l'angioletto (l'angiolel) [messaggero] d'amore, che viene a fare onore a maggio insieme a (con) voi.* **L'angiolel d'amore**: è Cupido, il mitico dio dell'amore figlio di Venere, rappresentato come un fanciullo alato e dotato di arco e frecce con cui accendere la passione amorosa negli uomini e negli dei.
- **39-50** *Amore viene (ne vien) ridendo con [una corona di] rose e gigli in testa, e viene cercando (caendo) di voi [: fanciulle]. O belle, fategli festa. Chi (qual) sarà la più veloce (presta) a dargli i fiori di maggio? «Ben venga lo straniero (il peregrino) [: Amore]». «Amore, che [cosa] ci chiedi (ne comandi)?» «Che ogni bella [fanciulla] metta una ghirlanda (ingrillandi) sui capelli (il crino) al proprio (suo) amante, [poi]ché i giovani (li zitelli) e [i] grandi s'innamorano in (di) maggio».* La ballata si conclude con un breve dialogo tra Amore e le fanciulle: queste, dice Amore, devono incoronare gli amanti in segno di vittoria e della loro disponibilità, poiché maggio è il mese in cui tutti, grandi e piccoli, s'innamorano. **Zitelli**: la "zitella" e lo "zitello" sono donne e uomini non ancora sposati e, quindi, verosimilmente giovani.

T4 DALLA COMPRENSIONE ALL'INTERPRETAZIONE

COMPRENSIONE

Il trionfo dell'amore Questa ballata invita a festeggiare la primavera abbandonandosi completamente all'amore e può essere divisa in due parti:
- vv. 1-45: contiene una ricca descrizione di ciò che avviene a maggio, che è il mese in cui la **primavera** esplode in tutto il suo rigoglio, quando le fanciulle si adornano con ghirlande di fiori e i giovani gareggiano in torneo e cercano di conquistare il cuore delle donne, a loro volta pronte ad innamorarsi;
- vv. 46-50: contiene il **dialogo tra Amore e le fanciulle**, in cui il dio raccomanda alle ragazze di cedere all'amore, perché maggio è il mese in cui tutti s'innamorano.

ANALISI

La musicalità dei versi Questa è una **ballata**, cioè una poesia composta per essere cantata e accompagnata dalla musica, in occasione delle feste che celebravano l'inizio della primavera. Il testo è dunque scorrevole e musicale, scandito dalle **rime baciate** e dal continuo **ricorrere del termine «maggio»** che, introdotto nel primo verso, ritorna in conclusione di ogni strofa.

La primavera, la giovinezza, la fuga del tempo Questo testo è esemplare perché vi si trovano i tratti tipici della produzione di Poliziano e di tutta poesia prodotta alla corte di Lorenzo il Magnifico:
- il culto della parola e la ricerca di un'**eleganza semplice e nitida**;
- l'esaltazione della primavera e della **giovinezza**;
- un'insinuante vena di **malinconia** per il tempo che passa.

INTERPRETAZIONE

Poliziano e Lorenzo Temi stilnovistici e popolareschi si fondono in questo testo che può essere proficuamente confrontato con la *Canzona di Bacco* di Lorenzo (T2, p. 75), con cui presenta vari punti di contatto: l'unione di aspetti classicistici e popolareschi, l'**esortazione pagana all'amore** come risposta alla **caducità della vita**, l'occasione di feste popolari in cui tornavano a rivivere riti e consuetudini pre-cristiani.

T4 LAVORIAMO SUL TESTO

COMPRENDERE

1. L'invito all'amore attraverso quali immagini viene espresso?

ANALIZZARE

2. Individua gli elementi che conferiscono alla ballata il ritmo movimentato della festa: modi e tempi dei verbi, personificazioni, dialoghi.

INTERPRETARE

3. Confronta questa ballata con *«I' mi trovai, fanciulle, un bel mattino»* (T3), evidenziandone i punti di contatto.

LE MIE COMPETENZE: PRODURRE, CONFRONTARE

Qualche tempo fa ha avuto successo su Twitter l'hashtag #SpringBook: decine e decine di lettori hanno suggerito libri e poesie che parlano della primavera. Collaborando con i compagni, allestisci una piccola antologia di poesie sulla primavera da intitolare appunto *#SpringBook*. Leggi in classe la poesia che ti è piaciuta di più tra quelle selezionate per la tua antologia e confrontala con *Ben venga maggio*.

Percorso
LO SPAZIO E IL TEMPO

Il tempo della festa e il tempo della penitenza

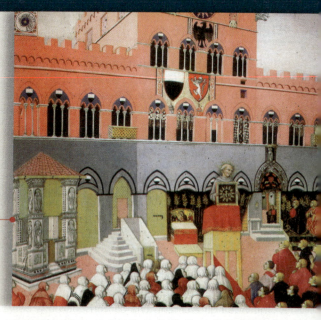

Sano di Pietro, *Predica di san Bernardino nel Campo di Siena* (particolare), 1448. Siena, Museo dell'Opera del Duomo.

Poliziano e Savonarola rappresentano due facce opposte della propria epoca. Questa polarità si esprime soprattutto nell'**antitesi, che lacera il secolo XV, tra il senso laico e il senso cristiano del tempo**. Entrambi gli aspetti coesistono nella contraddittoria personalità di Lorenzo il Magnifico, autore di canti carnascialeschi e insieme di laudi religiose. Tale duplice sensibilità, edonistica e ascetica, deriva in fondo da una stessa radice e cioè da un modo di percepire il tempo come durata puramente terrena. In questo contesto **ora prevale l'idea classica del Tempo come Occasione fuggente (*Kairós*), ora s'impone invece l'immagine del Tempo Distruttore**.

Per gli umanisti il tempo della vita terrena non è un labile passaggio verso l'aldilà, ma assume un valore in sé, per cui è indispensabile un suo buon impiego. Di qui l'esaltazione della vita attiva, tipica dell'Umanesimo civile, a cui subentra, nella seconda metà del Quattrocento, un ideale di vita più idillico ed edonistico, basato sul piacere della bellezza e dell'amore.

Ma la valorizzazione mondana del tempo evoca contemporaneamente il senso della fugacità dei beni terreni, del declino fisico, della vecchiaia («Quant'è bella giovinezza, / che si fugge tuttavia!»). **Ciò provoca reazioni diverse: da una parte un maggior attaccamento ai piaceri della vita**, l'invito a cogliere l'attimo fuggente senza pensare al futuro; **dall'altra l'appello alla rinuncia alle gioie materiali, l'invito al pentimento e alla penitenza**. La *Canzona di Bacco* [T2], «I' mi trovai, fanciulle, un bel mattino» [T3], «Ben venga maggio» [T4] esaltano la priorità dell'oggi sul domani («Chi vuol esser lieto, sia: / di doman non c'è certezza») e rinnovano la lezione classica del *carpe diem* (cogli l'attimo), sempre viva nell'istintivo paganesimo del folklore popolare.

Di qui l'importanza che assume la festa, non solo quella di carnevale, nella civiltà signorile. Il tempo della festa, dello spettacolo religioso, che ha la sua radice nella processione, sostituisce il tempo liturgico. La stessa sacra rappresentazione ha una funzione di diletto e di divertimento e sostituisce il piacere della narrazione al fervore religioso e ascetico delle laudi medievali. Non a caso proprio dalla sacra rappresentazione si sviluppa il teatro profano. Grande è l'impegno dei principi nella promozione di spettacoli di ogni tipo. Il palazzo, la villa, la città diventano scenari che ospitano tornei, feste, spettacoli teatrali, cerimonie, al cui fastoso ed effimero allestimento partecipano i più grandi artisti del tempo.

Contro questo gusto mondano insorge violentemente Savonarola nelle sue prediche, dove il tempo diventa un drammatico messaggero di morte. Esso va impiegato bene, ma per prepararsi a una buona fine. Larghissima diffusione hanno in questo secolo le varie *artes moriendi*, la trattatistica sull'arte del ben vivere e del ben morire, del buon uso cristiano del tempo terreno.

Gli umanisti invece non pensano alla morte, quanto alla decadenza dell'organismo, all'invecchiamento. Si veda l'insistenza sull'appassire della rosa, lo sfiorire del maggio, «ché non si rinnovella l'età come fa l'erba» e, **di contro, l'esaltazione della giovinezza, della primavera** («va co' di quelle / che più vedi fiorire in sullo spino»), **la tendenza a immobilizzare il tempo in un eterno presente**, nel tempo della memoria, del sogno. Nella ballata «I' mi trovai, fanciulle, un bel mattino» [T3] l'imperfetto della contemplazione («eran d'intorno violette e gigli») e il passato dell'azione («vidi le rose, ... io colsi allor per empir tutto il grembo») si saldano nel presente gnomico di un messaggio universalmente valido («mentre è più fiorita, / cogliàn la bella rosa del giardino»).

La percezione fisica e corporea del tempo, nel Quattrocento, si è detto, è ambivalente: se orienta le energie a valorizzare la vita terrena, richiama anche drammaticamente l'idea della morte.

Dopo la grande peste della metà del Trecento, gli ordini mendicanti scatenarono un'offensiva religiosa, che incise fortemente sulla sensibilità collettiva, colpita da un secolo di crisi e di epidemie ricorrenti di peste. I religiosi cercarono di arginare lo sviluppo di un senso mondano della morte, vissuta cioè come angoscia per la fine della vita terrena (cfr. vol. 1, Parte Seconda, cap. I, **S4**, *Il tema della morte nelle arti figurative*). In lotta contro la cultura umanistica rilanciarono temi ascetici e macabri ponendo fortemente l'accento sull'immagine dell'aldilà. Le prediche di san Bernardino prima e poi soprattutto di Savonarola ebbero un enorme successo popolare. Questo fenomeno, se denuncia il limite elitario della cultura umanistica, incapace di incidere sulla cultura collettiva, indica anche un mutamento dei tempi. Altro è l'appello del frate domenicano rispetto all'umanistico *"carpe diem"*: «fate penitenza», «Ricordati della patria tua celeste, donde è venuta l'anima tua». La crisi politica dopo la morte di Lorenzo il Magnifico, l'invasione di Carlo VIII, danno il senso di una precarietà generale, senza alternative.

Savonarola condanna il presente e il passato come tempi di peccato, insieme a tutti i beni terreni. Dichiara guerra alle «cose disoneste» e ai libri «scellerati». La parola invita all'azione: il rogo delle vanità è il capovolgimento totale dei valori umanistici. All'evasione nel sogno idillico o nel tripudio della festa Savonarola oppone l'imperativo perentorio della penitenza, che disloca l'azione verso un futuro profetico di rinnovamento religioso e politico.

Donatello, *Maddalena*, 1455. Firenze, Museo dell'Opera del Duomo.

La Maddalena è certamente l'opera più impressionante di Donatello. È una scultura in legno che raffigura una Maddalena in penitenza, anziana ed emaciata, scalza e ricoperta di stracci. Dal confronto con altre interpretazioni dello stesso soggetto emerge l'interesse di Donatello per la riflessione sul tema della penitenza e della preghiera attraverso la materia stessa della scultura: nel legno così profondamente inciso la luce crea effetti chiaroscurali vibranti e drammatici che esprimono il pentimento di Maddalena.

Hieronymus Bosch, *La nave dei folli*, 1494 circa. Parigi, Museo del Louvre.

Il titolo del dipinto ricalca il titolo dell'opera dell'umanista Sebastian Brandt (Basilea, 1494). *La nave dei folli* di Brandt, infatti, è un racconto concepito sulla immagine allegorica della navigazione, e in particolare della deriva di chi ha perduto la ragione. Si tratta di un racconto moraleggiante che viene ripreso da Bosch, come dimostra la presenza di un frate e di una suora al centro dell'immagine, per fare satira sui costumi dissoluti e immorali dei religiosi. L'opera di Brandt e il dipinto di Bosch devono aver ripreso la tradizione popolare delle Fiandre legata al Carnevale. Nella regione degli attuali Paesi Bassi e del Belgio è attestata l'usanza di allestire, in occasione del carnevale, un corteo con una barca di folli. Anche in questo caso la finalità era insieme satirica e moraleggiante, a metà fra tempo della festa e tempo della penitenza.

Percorso
L'AMORE E LA DONNA

La donna e la natura

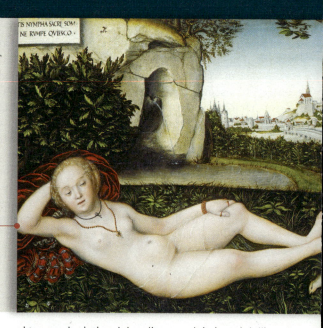

Lucas Cranach il Vecchio, *La ninfa della primavera*, dopo il 1537. Washington, National Gallery of Art.

Nella cultura figurativa del Rinascimento le figure di Venere e di ninfe dormienti, immerse in un paesaggio dolce, spesso in prossimità di una fonte, sembrano quasi costituire un vero e proprio genere in cui il tema della natura e della sua forza rigeneratrice si contamina con quello della memoria delle immagini del mito.

Il protagonismo femminile che caratterizza la cultura letteraria e artistica alla fine del XV secolo è un fenomeno nuovo. E questo avviene proprio mentre gli umanisti teorizzano nel neoplatonismo la centralità e la dignità dell'uomo, creatura che partecipa di tutte le nature, da quella "bruta" a quella più nobile, capace di elevarsi fino a Dio.
Se tutto si organizza, acquista forma e valore a partire dall'uomo, quale carattere e significato assume il frequente ricorso all'immagine femminile?
In Lorenzo il Magnifico, in Poliziano e in Botticelli la donna presenta aspetti di stilizzazione aggraziata in cui rivivono i *tópoi* stilnovistici e petrarcheschi.
Nella *Nencia da Barberino* Lorenzo de' Medici si diverte a fare il verso al linguaggio contadino e a parodiare la tradizione lirica. La voluttà della carne, esplicita nel lamento del contadino Vallera, è rimossa nella figurazione aristocratica della donna, ma un aspetto accomuna questo poemetto rusticale alla restante poesia amorosa. Il tema villereccio della pastorella, oltre a inaugurare un tipo di letteratura bucolica che culminerà nell'*Arcadia* di Sannazaro (cfr. cap. V), **stabilisce un rapporto tra la donna e la natura, che diventa lo sfondo necessario di ogni immaginazione amorosa.**
Le donne dello Stil novo appaiono per le vie cittadine, in chiesa. Solo la Laura petrarchesca anticipa l'associazione della donna alla natura, che caratterizza la poesia del Quattrocento. Qui la figura femminile si muove nel giardino, nel prato, in perfetta consonanza con il paesaggio primaverile. Nella ballata di Poliziano «*I' mi trovai, fanciulle, un bel mattino*» la fanciulla si identifica con la rosa (T3). Non a caso il simbolo della rosa, spogliato di ogni riferimento allegorico, come era nel Medioevo, diventa l'emblema naturalistico della bellezza femminile e della sua caducità.
Il tema idillico del giardino, rifugio in una natura serena e gioiosa, separata dai conflitti della vita comune, si associa al tema edonistico del godimento dei piaceri dell'amore.
L'amore è dunque vissuto come espressione di una ritrovata armonia tra l'uomo e la natura, di cui la donna diventa un tramite necessario. La ninfa, o la dea pagana, incarna questa nuova immagine laica di donna, che sostituisce la donna-angelo o la donna petrarchesca, fonte di contraddizioni e di peccato.
Nelle *Stanze per la giostra* la contemplazione della bellezza della donna diventa anche strumento di accesso alla bellezza e alla verità della natura. Simonetta, nelle vesti, nel grembo pieno di fiori, nell'incedere, richiama direttamente la rappresentazione della *Primavera* di Botticelli (cfr. **S3**, *Botticelli e Poliziano*). Tra la bellezza della donna e la natura si stabilisce una continua armonia: «rideli attorno tutta la foresta», «ma l'erba verde sotto i dolci passi / bianca, gialla, vermiglia e azura fassi». Iulio, prima estraneo all'amore, dedito alla caccia e alle armi, si trasforma dinanzi all'apparizione della donna che, in un'atmosfera di miracolo, eleva l'uomo alla contemplazione e ne provoca l'affinamento spirituale. Una manifestazione esemplare di questa tematica è costituita dalle due Veneri di Botticelli: la Venere nuda, emergente dal mare, sarebbe un'immagine dell'anima, della neoplatonica Mente Cosmica, la Venere Celeste che sta prendendo forma-veste sensibile dalla ninfa naturale; la Venere vestita, nella *Primavera*, è la Venere Naturale, che governa le forme e i processi naturali, i quali tutti devono elevarsi e tornare all'essere supremo.

> **per approfondire**
> Suggerimenti bibliografici: E. Panofsky, *Studi di iconologia*, Einaudi, Torino 1999. E. Gombrich, *Immagini simboliche*, Mondadori, Milano 2003 e ID., *Norma e forma. Studi sull'arte del Risorgimento*, Mondadori, Milano 2003; V. Baradel, *Figura d'amore. Aspetti della figurazione femminile nel Rinascimento* in Nuova dwf donnawomanfemme, «Quaderni di studi internazionali sulla donna», n. 25/26, 1985.

DAL RIPASSO ALLA VERIFICA

MAPPA CONCETTUALE: La letteratura nella Firenze del Quattrocento

La letteratura nella Firenze del Quattrocento

prima di Lorenzo de' Medici

- **letteratura religiosa**
  - predica → spontaneità e semplicità popolare del francescanesimo → San Bernardino da Siena
  - teatro → lauda drammatica destinata a un pubblico borghese e popolare
- **novellistica**
  - raccolte con o senza cornice → il *Decameron* come modello
- **lirica**
  - liriche d'amore in tono popolareggiante → Leonardo Giustinian
  - poesia comica basata sul non-senso → Burchiello

nell'età di Lorenzo de' Medici

- **Girolamo Savonarola (1452-1498)**
  - polemica antiumanista e antiprincipesca
  - accesa predicazione
  - moralismo religioso

- **Lorenzo de' Medici (1449-1492)**
  - lirica amorosa di stampo petrarchesco
  - produzione comica e burlesca
  - classicismo umanistico
  - tematiche religiose
  - *Nencia da Barberino* → poemetto rusticale dal registro comico
  - sonetti d'amore per Simonetta Cattaneo
  - *Canzona di Bacco* → trionfo o corteo carnevalesco di maschere ispirate a soggetti mitologici

- **Angelo Poliziano (1454-1494)**
  - sentimento della natura
  - raffinata eleganza espressiva
  - struggente malinconia
  - forza dell'amore e incanto del paesaggio
  - *Stanze per la giostra* → poema encomiastico-mitologico
  - *Fabula di Orfeo* → prima rappresentazione in Italia di teatro profano

DAL RIPASSO ALLA VERIFICA

SINTESI

La letteratura prima di Lorenzo
Nella letteratura in volgare prima dell'età di Lorenzo va ricordata l'evoluzione subita dalla predica, che perde la raffinatezza retorica e acquisisce un piglio più spontaneo e popolare e la nascita, dalla lauda, del teatro sacro. Scarsi sono gli sviluppi della novellistica dominata e condizionata dal grande esempio del *Decameron* le novelle possono essere provviste di cornice o anche presentarsi in raccolte senza cornice. La poesia comica si rinnova per merito di Domenico di Giovanni, detto il Burchiello. L'elemento di novità sta nell'introduzione del non-senso.

La Firenze di Lorenzo de' Medici
Lorenzo de' Medici giunse al potere ventenne, nel 1469. Per tutto il periodo in cui fu al potere dovette muoversi con grande abilità per garantire il sistema di equilibrio tra i vari Stati italiani. Quando Lorenzo morì nel 1492, si aprì un periodo di conflitti politici e culturali a Firenze, mentre la crisi italiana si acutizzava e offriva al re di Francia, Carlo VIII, la possibilità di invadere la penisola. Da questo momento l'Italia diventava terra di conquista per le potenze straniere.

Girolamo Savonarola
Protagonista della vita politica fiorentina dopo la morte di Lorenzo (1492) fu il frate domenicano Girolamo Savonarola. Sul piano culturale, Savonarola fu l'artefice di una politica antiumanistica che culminò nei roghi delle "vanità", in cui si bruciavano in piazza libri e disegni giudicati pagani. Sul piano politico, Savonarola promosse una riforma istituzionale, instaurando dopo il 1494 un governo repubblicano che durò fino al 1512. Scomunicato nel 1497, fu mandato al rogo come eretico nel 1498.

La letteratura nell'età di Lorenzo
I trattati e i dialoghi perdono la loro centralità perché tendono a lasciare il posto a generi di intrattenimento colto e popolaresco; e infatti al predominio della prosa segue ora una rinascita della poesia lirica, bucolica, epica. Lorenzo stesso frequentò diversi generi, quasi per riaprire strade interrotte e per riavviare così la ripresa, nei vari campi, della letteratura in volgare.

Lorenzo il Magnifico
La formazione letteraria di Lorenzo il Magnifico fu all'inizio condizionata dal poeta Luigi Pulci. Infatti la sua prima produzione presenta, accanto a rime d'ispirazione petrarchesca, componimenti in cui si avverte soprattutto l'influenza del registro comico e burlesco caro a Pulci. Spicca la *Nencia da Barberino*, un poemetto rusticale scritto in età giovanile. La seconda va all'incirca dal 1476 al 1484 ed è prevalentemente lirica. Lorenzo, che sino allora aveva scritto rime liriche d'impronta petrarchesca, si avvicina al modello stilnovistico e all'esempio della *Vita nuova* di Dante. L'ultimo periodo riguarda i componimenti scritti nella seconda metà degli anni Ottanta e all'inizio dei Novanta. Esso è caratterizzato, da un lato, dal classicismo umanistico di Poliziano e, dall'altro, dall'affiorare di una tematica religiosa. Il componimento più importante è la *Canzona di Bacco*, scritta per il carnevale del 1490.

Angelo Poliziano
Lo scrittore che meglio interpreta sul piano poetico la sensibilità e il gusto umanistico-rinascimentali è Angelo Ambrogini, detto Poliziano dal nome latino di Montepulciano, dove nacque nel 1454. Nel 1473 divenne membro della cancelleria di Lorenzo; negli anni 1475-1478, per esaltare la vittoria a una giostra di Giuliano de' Medici, scrisse il poemetto in ottave, rimasto incompiuto, *Stanze per la giostra*. Dopo un litigio con Lorenzo, lasciò per quasi un anno Firenze, soggiornando soprattutto a Mantova, dove, per i Gonzaga, compose e mise in scena il primo dramma profano del teatro italiano: la *Fabula di Orfeo* (1480). Richiamato a Firenze da Lorenzo già nell'estate del 1480, ricoprì la cattedra di eloquenza greca e latina presso lo Studio cittadino sino alla morte, avvenuta nel 1494.

DALLE CONOSCENZE ALLE COMPETENZE

1. Quali modifiche subiscono i generi religiosi della predica e della lauda nel corso del Quattrocento? (§ 1)
2. Quale importante ruolo svolge Lorenzo il Magnifico nel sistema degli Stati italiani? (§ 2)
3. Quali sono le novità che, sul piano culturale e politico, Savonarola apportò nella Firenze di fine Quattrocento dopo la morte di Lorenzo de' Medici? (§ 2)
4. Che cosa sono i roghi delle "vanità" e chi ne fu l'artefice? (§ 2)
5. Quale elemento di novità introduce Burchiello nella poesia comica? (§ 1)
6. In che senso l'avvento di Lorenzo modifica il clima dell'Umanesimo fiorentino? (§ 3)
7. In che misura Dante, Petrarca e Pulci influenzarono la produzione letteraria di Lorenzo il Magnifico? (§ 3)

8 Perché, in riferimento alla produzione lirica in volgare di Poliziano, è possibile parlare di "paganesimo equilibrato"? (§ 4)

 9 Indica almeno due testi di Lorenzo e di Poliziano che mostrano il clima mondano della Firenze del tempo. (§§ 3 e 4)

 10 Nella *Canzona di Bacco* (T2) e in «I' mi trovai, fanciulle, un bel mattino» (T3) ci sono degli elementi che riconducono ad uno stesso clima culturale? Quali sono?

PROPOSTE DI SCRITTURA

Il culto della bellezza e dell'amore ispira l'opera di Poliziano e trova una puntuale corrispondenza in Botticelli. Confronta il personaggio di Simonetta con *La Primavera* di questo grande pittore. Quali aspetti (neoplatonici, naturalistici e classicheggianti) della cultura umanistica vi sono esaltati? (§ 4 e S3, **espansioni digitali** T *L'apparizione di Simonetta*).

 • Indicazioni bibliografiche

 prometeo **3.0**

Personalizza il tuo libro selezionando per questo capitolo materiali integrativi da Prometeo (di seguito ti proponiamo un elenco di materiali, ma puoi trovarne altri utilizzando il motore di ricerca).

- TESTO Bernardino da Siena, *Contro i predicatori troppo raffinati*
- TESTO Leonardo Giustinian, «*Non perder, donna, el dolce tempo ch'hai*»
- TESTO Lorenzo de' Medici, *La bellezza di Nencia e il lamento di Vallera* [*Nencia da Barberino*]
- TESTO Angelo Poliziano, *Presentazione di Iulio* [*Stanze per la giostra*, I, 8-11]

Capitolo IV — Il poema cavalleresco alle corti di Firenze e di Ferrara

My eBook+

Cliccando su questa icona, docenti e studenti accedono ad un'area di personalizzazione che permette di arricchire i contenuti digitali già linkati lungo le pagine del libro. Nell'area di personalizzazione è possibile infatti salvare ulteriori materiali: selezionati da Prometeo, prodotti autonomamente o ricercati nella rete.

▶ Per un elenco di materiali integrativi presenti nella biblioteca multimediale di Prometeo o per attivare una ricerca cfr. p. 122

Francesco del Cossa, *Marzo* (particolare dei sapienti della corte ferrarese), affresco del 1468-1470 circa. Ferrara, Palazzo Schifanoia, Salone dei Mesi.

1 La tradizione dei cantari e la nascita del poema cavalleresco

Alle origini del poema cavalleresco e della sua fioritura nel Quattrocento c'è un'ampia e **duplice tradizione narrativa** di origine medievale.

La tradizione epico-carolingia

Il **primo ramo è quello epico-carolingio**. Esso nasce con la ***Chanson de Roland*** [Canzone di Orlando] (sec. XI), in cui si narra la guerra fra Cristiani e Saraceni sotto il regno di Carlo: la conclude la morte a Roncisvalle del paladino Orlando, caduto per il tradimento di Gano di Maganza. La materia del poema, che per la sua ambientazione è detta "materia di Francia", incontra un rapido successo in tutti i paesi neolatini. È la lotta antimusulmana delle Crociate a conferirle attualità; ed è il carattere ideologico dello scontro di religioni e di civiltà ad attribuirle il peso dell'epica. Tuttavia, con il procedere dei secoli, è proprio questo peso a venir meno. Le **canzoni di gesta** (così si chiamano i poemi carolingi successivi alla *Chanson de Roland*, perché "gesta" è la "stirpe" dei combattenti cristiani) penetrano dalla Francia in Italia soprattutto nella pianura padana. Nella Toscana del Trecento, invece, il ciclo carolingio è diffuso soprattutto dai romanzi in prosa di **Andrea da Barberino**:

Dalle canzoni di gesta ai romanzi cavallereschi (sec. XIV)

ma si tratta appunto di **romanzi**, cioè di narrazioni la cui attrattiva è data dall'intreccio avventuroso e in cui i valori propri dell'epica (la guerra santa, la fedeltà feudale, il senso della collettività, la presenza del divino nella vita umana) sono scomparsi. Il successo di questa materia cresce con il Quattrocento. Ne deriva un'**ampia produzione di cantari**, poemi o poemetti in ottave recitati nelle piazze dai canterini. Il poema cavalleresco si consolida come uno dei generi più popolari della nostra letteratura: ogni suo aspetto, dalla materia alla struttura allo stile, è pensato per un pubblico analfabeta. Sarà la stampa a modificare il quadro, come vedremo più avanti.

Il successo del XV secolo: nasce il poema cavalleresco

La tradizione romanzesco-arturiana

Abbiamo detto che ben presto l'epica carolingia prende forme romanzesche. Essa si collega così all'**altro grande ramo** della narrativa medievale: quello **romanzesco-arturiano**. Le sue origini remote stanno nei miti celtici, ma la sua nascita è rappresentata dai romanzi francesi in versi del XII

parte terza L'età delle corti. La civiltà umanistico-rinascimentale (1380-1545)

secolo, come le varie versioni della leggenda di *Tristano e Isotta* e le opere di **Chrétien de Troyes**. Mentre nell'epica carolingia il centro ideologico è un'**impresa collettiva** (la guerra santa), in questa produzione è in gioco la sorte di un **singolo cavaliere**. Egli è infatti impegnato in una *quête* ('ricerca'): cercando un oggetto o la donna amata egli si mette alla prova affrontando avventure che non sono casuali, ma gli rivelano il senso del proprio destino e gli permettono, alla fine, di conquistare la propria identità. Il **romanzo bretone** o arturiano (perché la Bretagna, regno di Artù, ne è lo scenario usuale) è alle origini un romanzo che traccia la formazione ideale dell'aristocrazia feudale. Questa formazione può avere una connotazione religiosa o addirittura mistica: è il caso delle storie del **santo Graal**, la coppa in cui venne raccolto il sangue di Cristo, che hanno come protagonista un cavaliere santo e puro, Parsifal.

In Italia la materia bretone si diffonde in traduzioni in prosa e in cantari in ottave di impronta fiabesca, come quelli trecenteschi del fiorentino **Antonio Pucci**. Oppure, suoi temi e suoi procedimenti vengono adottati dai narratori della materia di Francia: è quello che fa, anzitutto, Andrea da Barberino. Si attua così una sorta di **fusione del ciclo carolingio e di quello arturiano**, del tutto comune nel Quattrocento. Questa fusione non si realizza solo nei cantari popolari, ma anche nel poema cavalleresco, destinato alle corti.

2 | Un poeta controcorrente alla corte medicea: Luigi Pulci

Luigi Pulci nacque a Firenze nel **1432** da una famiglia nobile, ma impoverita, afflitta da debiti e da catastrofi economiche. Nel **1461** fu introdotto nella **casa dei Medici** e venne in contatto con la cultura umanistica. In essa introdusse il suo **gusto irriverente e giocoso**, incline, in campo letterario, al comico e al burlesco. Replicò alla *Nencia da Barberino* di Lorenzo (cfr. cap. III, § 3) con la ***Beca di Dicomano***, insistendo sugli aspetti comici e parodici già presenti nel testo di Lorenzo. Dal 1461 cominciò a scrivere il *Morgante*.

Nel corso degli anni Settanta, maturò la **rottura** con l'ambiente culturale della corte e poi con lo stesso Lorenzo.

Nel 1473 egli passò al servizio di **Roberto Sanseverino**, conte di Caiazzo e capitano militare, con il quale compì numerosi viaggi lontano da Firenze. Invano tentò di inserirsi nel nuovo clima culturale, sia scrivendo una ***Confessione*** a Maria Vergine in cui sembra scusarsi per la sua precedente irriverenza religiosa (di cui offre una chiara testimonianza, ad esempio, il sonetto in cui polemizza contro le discussioni sull'immortalità dell'anima, «*Costor, che fan sì gran disputazione*»; ma anche **questo pentimento resta ambiguo** anche perché non allontana un sospetto di ironia o di parodia), sia adottando un **tono più "serio"** ed eroico nei **cinque canti aggiunti** alla prima parte del *Morgante*. L'opera completa di **28 canti** uscì a stampa nel **1483**. L'anno successivo Pulci moriva a Padova.

Valerio Cioli, *Fontana di Morgante*, 1561-1564. Firenze, Giardino di Boboli.

Il nano di corte di Cosimo I de' Medici, soprannominato ironicamente "Morgante" come il gigante del poema di Luigi Pulci, è qui ritratto a cavalcioni di una tartaruga. Fra le numerose opere che lo ritraggono anche un'opera di Bronzino agli Uffizi.

Pulci e la tradizione borghese e popolare fiorentina	Pulci appare legato alla **tradizione borghese e popolare fiorentina**, che egli cercò di introdurre nella corte medicea. Questo legame riguarda sia le scelte linguistiche e stilistiche, sia la poetica e la cultura. Della sua poetica essenzialmente comica, realistica, grottesca resta a documento innanzitutto il *Morgante*.
Il *Morgante*, fusione di due poemi	Il *Morgante* è formato di 28 cantari (o canti) per un totale di oltre trentamila versi. Esso risulta tuttavia dall'**accostamento di due poemi diversi**, **di 23 cantari il primo** (composto all'incirca fra il 1461 e il 1471-1472 e pubblicato nel 1478), **di 5 il secondo** (composto successivamente e unito al primo nell'edizione del 1483). I due poemi, collegati fra loro con un certo sforzo, rivelano **un'ispirazione diversa**, più comica e grottesca nel primo, più seria ed eroica nel secondo, che si conclude con la morte di Orlando a Roncisvalle. Quanto al **titolo**, esso si è imposto a causa del successo popolare riscosso dalla figura del gigante Morgante; per questo esso è stato adottato dall'autore, anche se può riferirsi solo al primo poema e neppure a tutto: Morgante infatti muore nel XX canto.
La trama	**Orlando**, calunniato da Gano, lascia sdegnato Parigi dirigendosi verso la terra dei pagani (Pagania). Durante il viaggio libera un'abbazia minacciata da **tre giganti**: ne uccide due, mentre il terzo, di nome **Morgante**, convertitosi alla religione cristiana, diventa il suo scudiero. Morgante è una sorta di Ercole, ma, al posto della clava, ha il battaglio di una campana. Morgante è accompagnato da un mezzo gigante, **Margutte**, con il quale ha compiuto varie imprese eroicomiche (cfr. T1, p. 96). Margutte muore dalle risa vedendo una scimmia che si infila i suoi stivali. Morgante muore invece mentre porta in salvo la nave dei paladini, semplicemente per il morso di un piccolo granchio. Come si vede, predomina anche in questo episodio il **gusto del paradosso**.
Morgante, scudiero di Orlando, e Margutte T • Luigi Pulci, *Morgante e Margutte all'osteria*	
Il secondo poema (cantari 24-28)	Nei **cinque cantari aggiunti**, Orlando difende la Francia da una nuova invasione nemica. Ma il traditore **Gano** si mette d'accordo con **Marsilio** per far cadere in una trappola Orlando a Roncisvalle. Qui infatti il paladino è assalito dai Saraceni. Gli vengono in aiuto dall'Egitto, su cavalli incantati nei quali sono entrati i diavoli Astarotte e Farfarello, il cugino Rinaldo e Ricciardetto, ma non riescono a impedire la **morte di Orlando** (cfr. T2, p. 100). Compare qui Astarotte, figura anticonformista di diavolo gentile e malinconico, nonché dotto teologo. Carlo finalmente si rende conto del tradimento di Gano e lo manda al supplizio dopo aver fatto uccidere anche Marsilio. Morgante, intanto, sta aspettando in cielo l'arrivo di Orlando, mentre Margutte, all'inferno, è diventato araldo di Belzebù, il capo dei diavoli.
T • Luigi Pulci, *Astarotte, diavolo teologo*	
Il gusto del meraviglioso e dello spettacolare	**La trama** risente dell'andamento tipico dei cantari: **non è rigorosa**, procede per improvvisi colpi di scena, con un legame assai tenue fra un episodio e l'altro. Inoltre, si ricorre spesso a miracoli e ad avvenimenti magici, con un **gusto del meraviglioso** e dello spettacolare in cui si mescolano tradizioni medievali e nuova attenzione rinascimentale per la magia e per le arti occulte.

Per vedere come la comicità di Pulci sia stata ripresa nel Novecento dal regista Monicelli nel film *L'armata Brancaleone*, cfr. **S1**.

Pulci e l'epica carolingia

Nel *Morgante* si assiste indubbiamente a una **«riduzione borghese dell'epica carolingia»** (Puccini): Carlo è una marionetta manovrata da Gano, Rinaldo diventa un ladrone di strada, Astolfo a ogni scontro viene disarcionato, e così via. Tuttavia, non si può dire che nel poema sia percepibile un intento parodico organicamente perseguito. Né si può vedere in Pulci un rappresentante del mondo rinascimentale che fa dell'ironia sul mondo medievale. Piuttosto ironia e simpatia nei confronti del mondo cavalleresco e dei suoi personaggi si alternano. Di qui la difficoltà di definire in modo sicuro il riso di Pulci.

La comicità come gusto per la trasgressione e per l'eccesso

È comunque evidente che in Pulci la comicità nasce come deviazione dalla norma, **amore per l'eccessivo e l'iperbolico**, gusto per la trasgressione e l'**irriverenza** piuttosto che come polemica consapevole contro il mondo medievale. La prima trasgressione è appunto la mescolanza di alto e di basso, di tragico e di comico, di temi epici e di situazioni invece quotidiane o triviali.

S1

Mario Monicelli, *L'armata Brancaleone* (1966)

La trama

Il film racconta le imprese eroicomiche dello spiantato cavaliere Brancaleone da Norcia che, alla testa di un esercito di miserabili e furfanti, muove alla conquista del feudo pugliese di Aurocastro. Il suo disastrato gruppo di sbandati si presenta come una compagnia di ventura il cui solo scopo è ingozzarsi di cibo e darsi ai bagordi. Il viaggio da Faleri a Crotone è segnato dalle più svariate e divertenti peripezie. Dopo una serie di disavventure, l'armata si salva recandosi con il monaco Zenone in Terrasanta per liberare il Santo Sepolcro.

Un «Medioevo cialtrone»

Con *L'armata Brancaleone* Monicelli mette in scena quello che egli stesso definisce «un Medioevo cialtrone, fatto di poveri, di ignoranti, di ferocia, di miseria, di fango, di freddo». Nella sua rilettura picaresca del Medioevo, nella rappresentazione di un mondo fanfarone, nel suo strutturarsi come una parodia, il film si ricollega alla grande tradizione della letteratura comica e carnevalesca, da Pulci a Rabelais. La vicenda di Brancaleone e dei suoi compagni ha una comicità popolare ed è sempre raccontata attraverso un'ottica dal "basso". Monicelli fa suo il punto di vista dei miserabili, degli ultimi, come si evince con chiarezza sin dalla prima scena, dove Taccone e Pecoro si nascondono in una tinozza lercia e la macchina da presa sembra anch'essa inquadrare la realtà dal fondo di quella stessa tinozza. L'irresistibile comicità delle trovate farsesche è amplificata dal buffo linguaggio parlato dai personaggi: si tratta di un idioma d'invenzione, ricco di arcaismi e di fantasiosi neologismi, che mescola italiano, latino maccheronico e dialetto. Al momento dell'uscita sul grande schermo il film suscitò il largo consenso della critica e ottenne un grande successo di pubblico: tanto che l'espressione «armata Brancaleone» è entrata nel linguaggio comune ad indicare un gruppo sgangherato, un'accozzaglia di persone scalcinata e disorganizzata.

L'armata Brancaleone, regia di Mario Monicelli; interpreti: Vittorio Gassman, Gian Maria Volontè, Enrico Maria Salerno, Catherine Spaak; soggetto e sceneggiatura: Agenore Incrocci, Furio Scarpelli, Mario Monicelli; fotografia: Carlo Di Palma; scenografia e costumi: Piero Gherardi; musiche: Carlo Rustichelli; durata: 120 minuti; Italia 1966.

Pluristilismo e iperrealismo

Questa mescolanza raggiunge i suoi risultati più elevati **sul piano linguistico**, su cui si esercita l'ininterrotta invenzione dell'autore. C'è in Pulci un costante impegno espressivo, un amore per la parola in quanto tale, che conduce al gusto realistico, o iperrealistico, dell'enumerazione o dell'elenco. La voracità linguistica permette a Pulci di annettersi termini plebei e colti: prevale ovviamente il fiorentino della tradizione boccacciana e soprattutto dantesca, ma con forti inserzioni del parlato (cfr. T2, p. 100). Questa fiducia per la singola parola, recuperata nella sua autonomia, è indubbiamente un tratto moderno, e sicuramente umanistico, di Pulci, che sembra già anticipare, anche per questo aspetto, Rabelais.

Pulci, poeta medievale o umanista?

Si torna così al **problema della collocazione storica**: Pulci è un poeta medievale o umanista? Indubbiamente sono presenti nella sua formazione e nella sua cultura **elementi medievali**, borghesi, comunali e antiumanisti. La sua polemica con Marsilio Ficino e la sua rottura con i Medici ha soprattutto una ragione culturale. E tuttavia sono indubbiamente presenti, nella sua ricerca, anche **aspetti** artistici e culturali **assolutamente moderni e rinascimentali**. Abbiamo già ricordato, a questo proposito, il suo amore per la parola in quanto tale. Ma anche il suo temperamento di irregolare, di curioso e fantasioso ricercatore, di amante dell'avventura, di irrequieto dilettante di esperienze, di laico, scettico e disincantato analista di questioni teologiche e morali lo avvicina al nuovo clima culturale e lo apparenta a uomini come Colombo o Leonardo.

S • Il riso di Pulci e gli aspetti rinascimentali della sua ricerca (G. Getto)

T1 Luigi Pulci
Il "credo" gastronomico di Margutte

OPERA
Morgante, XVIII, 112-126

CONCETTI CHIAVE
• credere nella pancia: un rovesciamento anticonformista e scandaloso del "credo"

FONTE
L. Pulci, *Morgante*, a cura di D. Puccini, Garzanti, Milano 1989, vol. I.

Morgante, il gigante buono e ingenuo, incontra Margutte, mezzo gigante o gigante rimasto a metà, che è invece furbo e matricolato. Inoltre Morgante è cristiano mentre Margutte è musulmano, anche se di fatto non riconosce alcuna fede se non quella nel cibo. Tuttavia i due possono andare d'accordo perché uniti dalla dismisura, dall'eccesso, dal fatto di guardare alla vita da una prospettiva diversa da quella normale.

112

Giunto Morgante un dì in su 'n un crocicchio,
uscito d'una valle in un gran bosco,
vide venir di lungi, per ispicchio,
un uom che in volto parea tutto fosco.
Détte del capo del battaglio un picchio
in terra, e disse: «Costui non conosco»;
e posesi a sedere in su 'n un sasso,
tanto che questo capitòe al passo.

113

Morgante guata le sue membra tutte
più e più volte dal capo alle piante,
che gli pareano strane, orride e brutte:

METRICA ottave.

• **112** 1 *Morgante, arrivato un giorno presso* (**in su 'n**) *un crocevia.*
2 **d'una**: *da una.*
3 **di lungi**: *da lontano;* **per ispicchio**: *di traverso* (riferito a **vide**).
4 **fosco**: *scuro.*
5-6 *Diede* (**Détte**) *un colpo* (**un picchio**) *in terra con la testa del batacchio* (**battaglio**). *Il* **battaglio**, *cioè il ferro che fa suonare la campana percuotendola, è l'arma di Morgante.*
7 **posesi**: *si mise;* **in su 'n un**: *su un.*
8 *fino a che costui arrivò* (**capitòe**) *al crocevia* (**passo** = *passaggio*).

• **113** 1 **guata**: *fissa.*
2 **dal capo alle piante**: *dalla testa ai piedi.*
3 **che**: *le quali [membra].*

– Dimmi il tuo nome – dicea – vïandante. –
Colui rispose: – Il mio nome è Margutte;
ed ebbi voglia anco io d'esser gigante,
poi mi pentì quando al mezzo fu' giunto:
vedi che sette braccia sono appunto. –

114

Disse Morgante: – Tu sia il ben venuto:
ecco ch'io arò pure un fiaschetto allato,
che da due giorni in qua non ho beuto;
e se con meco sarai accompagnato,
io ti farò a camin quel che è dovuto.
Dimmi più oltre: io non t'ho domandato
se se' cristiano o se se' saracino,
o se tu credi in Cristo o in Apollino. –

115

Rispose allor Margutte: – A dirtel tosto,
io non credo più al nero ch'a l'azzurro,
ma nel cappone, o lesso o vuogli arrosto;
e credo alcuna volta anco nel burro,
nella cervogia, e quando io n'ho, nel mosto,
e molto più nell'aspro che il mangurro;
ma sopra tutto nel buon vino ho fede,
e credo che sia salvo chi gli crede;

116

e credo nella torta e nel tortello:
l'uno è la madre e l'altro è il suo figliuolo;
e 'l vero paternostro è il fegatello,
e posson esser tre, due ed un solo,
e diriva dal fegato almen quello.
E perch'io vorrei ber con un ghiacciuolo,
se Macometto il mosto vieta e biasima,
credo che sia il sogno o la fantasima;

117

ed Apollin debbe essere il farnetico,
e Trivigante forse la tregenda.
La fede è fatta come fa il solletico:
per discrezion mi credo che tu intenda.
Or tu potresti dir ch'io fussi eretico:
acciò che invan parola non ci spenda,
vedrai che la mia schiatta non traligna
e ch'io non son terren da porvi vigna.

118

Questa fede è come l'uom se l'arreca.
Vuoi tu veder che fede sia la mia?,
che nato son d'una monaca greca
e d'un papasso in Bursia, là in Turchia.
E nel principio sonar la ribeca
mi dilettai, perch'avea fantasia
cantar di Troia e d'Ettore e d'Achille,
non una volta già, ma mille e mille.

---

6 **anco**: *anche*.
7 **al mezzo fu' giunto**: *fui arrivato alla metà*; cfr. nota seguente.
8 **sette braccia sono**: *sono [alto] sette braccia*, cioè circa quattro metri. I giganti veri e propri, infatti, erano alti il doppio.
• **114** 1-5 *Morgante disse: – Sii benvenuto: ecco che io avrò (**arò**) al mio fianco (**allato**) anche (**pure**) un fiaschetto, visto che ormai da due giorni non bevo (**ho beùto** = ho bevuto); e se ti accompagnerai a me (**con meco** = con me), io ti tratterò come si deve (**ti farò quel che è dovuto**) [: ti tratterò bene] durante il viaggio (**a camin**).* **Fiaschetto** è una designazione ironica data a Margutte per la sua statura, almeno paragonata a quella di Morgante.
6 **più oltre**: *ancora*.
7 **se'**: *sei*.
8 **Apollino**: propriamente *Apollo*. Nei poemi cavallereschi si dice, a torto, che il dio era adorato dagli Islamici insieme a Macone (Maometto) e Trivigante.
• **115** 1 **A dirtel tosto**: *Per dirtelo subito* [: *senza giri di parole*].
2 Frase idiomatica: *non credo a una cosa più che a un'altra*; in questo caso: *non sono né cristiano né musulmano*.

3 **o vuogli** (= o vuoi): *oppure, o anche*.
4 **alcuna**: *qualche*; **anco**: *anche*.
5 **cervogia**: *birra*.
6 **e [credo] nel [vino] aspro molto più (che) [di quanto vi creda] il mangurro**. C'è un gioco di parole: il **mangurro** è una moneta turca di rame; l'**aspro** una moneta turca d'argento, ma anche il vino aspro.
8 **che sia salvo**: *che abbia la salvezza eterna*.
• **116** 2 **l'uno**: anche se maschile, si riferisce a **torta**.
3 **paternostro**: *padre nostro, Dio padre*; **fegatello**: *pezzo insaccato di fegato di maiale*.
4 Margutte scherza sulla Trinità, avendo parlato di **madre**, **figliuolo** e **paternostro**.
5 **e, almeno quello** [: *il fegatello*], **deriva** [*certamente*] **dal fegato**. Pulci ironizza sulle complicate dispute teologiche intorno alla Trinità.
5 **ghiacciuolo**: *recipiente piuttosto grosso in cui si teneva il ghiaccio*.
• **117** 2 *se Maometto (**Macometto**) proibisce (**vieta**) [di bere] il mosto e rimprovera (**biasima**) [chi lo fa], io credo che egli sia un sogno o un'allucinazione (**fantasima**); e Apollo deve (**debbe**) essere un delirio (**farnetico**) e Trivigante, forse, la tregenda*. La religione islamica proibisce infatti l'uso del vino. Per

Macometto, Apollino e Trivigante cfr. nota a 114, 8. La **tregenda** o sabba è la riunione di streghe e diavoli; qui la parola è introdotta per un gioco fonico con **Trivigante**.
• **117** 3 Cioè c'è chi la sente, e chi no.
4 **per discrezion**: *con la tua intelligenza* [: *con l'intelligenza che ci vuole per decifrare l'allusione del verso precedente*].
5 **ch'io fussi**: *che io sono*.
6-8 *perché tu non spenda inutilmente [le tue parole], vedrai che la mia stirpe (**schiatta**) non degenera (**traligna**) [: vedrai che siamo così di famiglia] e che io non sono terreno sul quale si possa impiantare (**da porvi** = [tale] da metterci) una vigna [: è impossibile convertirmi]*. La metafora della **vigna** è evangelica.
• **118** 1 *La fede, di cui stiamo parlando (**questa fede**), è come uno (**l'uom**: indefinito) se la porta [dalla nascita] (**se l'arreca**) [: rimane sempre la stessa]*.
4 **papasso**: *sacerdote musulmano*; **Bùrsia**: *città turca*.
5-6 *E all'inizio mi piaceva (**mi dilettai**) suonare la ribeca*. La **ribeca** è uno strumento medievale ad arco; **avea fantasia**: *avevo voglia di*.
8 **già**: *solamente*.

119

Poi che m'increbbe il sonar la chitarra,
io cominciai a portar l'arco e 'l turcasso.
Un dì ch'io fe' nella moschea poi sciarra,
e ch'io v'uccisi il mio vecchio papasso,
mi posi allato questa scimitarra
e cominciai pel mondo andare a spasso;
e per compagni ne menai con meco
tutti i peccati o di turco o di greco;

120

anzi quanti ne son giù nello inferno:
io n'ho settanta e sette de' mortali,
che non mi lascian mai la state o 'l verno;
pensa quanti io n'ho poi de' venïali!
Non credo, se durassi il mondo etterno,
si potessi commetter tanti mali
quanti ho commessi io solo alla mia vita;
ed ho per alfabeto ogni partita.

121

Non ti rincresca l'ascoltarmi un poco:
tu udirai per ordine la trama.
Mentre ch'io ho danar, s'io sono a giuoco,
rispondo come amico a chiunque chiama;
e giuoco d'ogni tempo e in ogni loco,
tanto che al tutto e la roba e la fama
io m'ho giucato, e' pel già della barba:
guarda se questo pel primo ti garba.

122

Non domandar quel ch'io so far d'un dado,
o fiamma o traversin, testa o gattuccia,
e lo spuntone, e va' per parentado,
ché tutti siàn d'un pelo e d'una buccia.
E forse al camuffar ne incaco o bado
o non so far la berta o la bertuccia,
o in furba o in calca o in bestrica mi lodo?
Io so di questo ogni malizia e frodo.

123

La gola ne vien poi drieto a questa arte.
Qui si conviene aver gran discrezione,
saper tutti i segreti, a quante carte,
del fagian, della starna e del cappone,
di tutte le vivande a parte a parte
dove si truovi morvido il boccone;
e non ti fallirei di ciò parola
come tener si debba unta la gola.

124

S'io ti dicessi in che modo io pillotto,
o tu vedessi com'io fo col braccio,
tu mi diresti certo ch'io sia ghiotto;

- **119** 1 *Dopo che (**Poi che**) mi stancai (**m'increbbe**) di suonare il mio strumento (**chitarra**).* **Chitarra** indica qui uno strumento a corda in genere come la **ribeca**.
  2 **il turcasso**: *la faretra.*
  3 *Poi, un giorno che suscitai una rissa (**fe' sciarra**) nella moschea.*
  5 **allato**: *al fianco.*
  6 *e cominciai ad andarmene a spasso per il mondo.*
  7-8 *e portai (**ne menai**) con me (**con meco**) come compagni [di viaggio] (**per compagni**) tutti i peccati sia dei Turchi, sia dei Greci.* Margutte è infatti figlio di un **turco** e di una **greca** (cfr. 118, 3-4). I Turchi avevano fama di violenti; i Greci di ingannatori.
- **120** 1 **quanti ne son**: *tutti quelli che sono.*
  2 *di [peccati] capitali (**de' mortali**), io ne ho settantasette*: mentre essi sono, in realtà, solo sette.
  3 **la state o 'l verno**: *né d'estate, né d'inverno*: rafforza «mai».
  4 **de' venïali**: *di [peccati] veniali,* cioè di quelli che non sono puniti con la dannazione eterna.
  5-6 *Non credo che, se il mondo durasse in eterno, si potrebbero commettere...*

- **121** 1 **rincresca**: *dispiaccia.*
  2 **la trama**: *il catalogo [dei miei peccati].*
  3 *Finché (**Mentre che**) ho denaro, mentre sto giocando [d'azzardo] (**s'io sono a giuoco**).*
  4 **rispondo...chiama**: nelle partite a carte, "chiamare" vuol dire invitare qualcuno a stare al gioco, cioè a "rispondere". Sono termini tecnici in uso ancora oggi.
  5 **d'ogni tempo e in ogni loco**: *sempre e comunque.*
  6-8 *fino a che (**tanto che**) non mi sono giocato (**io m'ho giucato**) completamente (**al tutto**) sia i [miei] beni (**la roba**) sia il [mio] buon nome, e persino (**già**) i peli della barba: guarda se questo, come prima cosa (**pel primo**), ti piace (**garba**).*
- **122** 1 **d'un dado**: *con i dadi.*
  2-3 **fiamma...spuntone**: termini gergali che si riferiscono al gioco dei dadi, ma il cui significato preciso è per noi oscuro.
  3 **va' per parentado** (= vai per parentela): *ragiona per analogia* [: quello che so fare ai dadi, lo puoi capire pensando a quello che so fare con le carte].

  4 *perché siamo (**siàn**) tutti fatti allo stesso modo (**d'un pelo e d'una buccia**).*
  5-7 *E forse me ne infischio (**incaco**) o esito (**bado**) a barare (**camuffar**), o non so ingannare (**far la berta**) o fare il finto tonto (**o [far] la bertuccia**) o esagero nel lodarmi (**mi lodo**) tra i furbi (**in furba**), nella calca o in una truffa (**in bestrica**)?* La domanda è retorica, e infarcita di termini gergali.
  8 *In questo [campo]* [: il gioco] *io conosco ogni trucco (**malizia**) e inganno (**frodo**).*
- **123** 1-8 *La gola segue (**ne vien drieto**; **drieto** = dietro) poi questa arte* [: quella di barare]. *Qui bisogna (**si conviene**) avere grande intelligenza (**discrezione**), conoscere con precisione (**a quante parte** = a che pagina [di un immaginario libro]) tutti i segreti del fagiano, della starna e del cappone, [e sapere] per bene (**a parte a parte**) di tutti i cibi dove si trovi il boccone [più] tenero (**morvido** = morbido); e non sbaglierei (**fallirei**) di una parola su questo argomento (**di ciò**), [cioè su] come si debba mangiar bene (**tener unta la gola**).*
- **124** 1 **pillotto**: *ungo [l'arrosto],* mentre questo gira sullo spiedo.
  2 **come io fo col braccio**: *come faccio io con il braccio,* appunto per ungere l'arrosto.

o quante parte aver vuole un migliaccio,
che non vuole essere arso, ma ben cotto,
non molto caldo e non anco di ghiaccio,
anzi in quel mezzo, ed unto ma non grasso
(pàrti ch'i' 'l sappi?), e non troppo alto o basso.

125

Del fegatello non ti dico niente:
vuol cinque parte, fa' ch'a la man tenga:
vuole esser tondo, nota sanamente,
acciò che 'l fuoco equal per tutto venga,
e perché non ne caggia, tieni a mente,
la gocciola che morvido il mantenga:
dunque in due parte dividiàn la prima,
ché l'una e l'altra si vuol farne stima.

126

Piccolo sia, questo è proverbio antico,
e fa' che non sia povero di panni,
però che questo importa ch'io ti dico;
non molto cotto, guarda non t'inganni!
ché così verdemezzo, come un fico
par che si strugga quando tu l'assanni;
fa' che sia caldo; e puoi sonar le nacchere,
poi spezie e melarance e l'altre zacchere.

4-5 *o [mi diresti che sono ghiotto se ti dicessi] quante cure* (**parte**) *richieda* (**avere vuole**) *un migliaccio, che deve* (**vuole**) *essere ben cotto, ma non bruciato*. Il **migliaccio** è fatto con sangue di maiale cotto.
6 **non anco di ghiaccio**: *neppure [freddo come] ghiaccio*.
7 **anzi in quel mezzo**: *anzi, in una [temperatura] intermedia*: cioè tiepido.
8 **pàrti ch'i' 'l sappi?**: *ti pare che io lo sappia? [: non ti sembra che io me ne intenda?]*.
● **125 1 non ti dico niente**: niente in confronto a tutto quello che si potrebbe dire. Preterizione.
2-8 *richiede* (**vuol**) *cinque accorgimenti* (**parte**), *fa' in modo di tenerne [il conto] sulle dita* (**a la man**): *deve* (**vuol**) *essere, nota con attenzione* (**sanamente**), *tondo, affinché* (**acciò che**) *il fuoco arrivi [in modo] uguale dappertutto [: la cottura sia uniforme] e perché, ricordati* (**tieni a mente**), *non ne coli via* (**caggia** = cada) *la goccia [di quel grasso] che lo mantiene morbido: dunque, dividiamo la prima [regola] in due regole* (**parte**), *perché* (**ché**) *bisogna* (**si vuol**) *badare* (**farne stima**) *all'una e all'altra*.
● **126 1 proverbio**: *detto*.
2 povero di panni: poco coperto con quella "rete" (**panni**), fatta di intestini di maiali, che serve a confezionare il fegatello.
3 *poiché* (**però che**) *questo che io ti dico è importante* (**importa**).
4 guarda non t'inganni!: *bada a non sbagliarti!*
5-8 *perché così cotto al sangue* (**verdemezzo**), *sembra che ti si sciolga* (**si strugga**) *[in bocca] come un fico quando lo mordi* (**l'assanni** = l'azzanni); *fa' [in modo] che sia caldo; e puoi spargerci sopra il sale* (**sonar le nacchere**), *e poi le spezie, la scorza d'arancia* (**le melarance**) *e altre cosucce* (**zacchere**). La metafora del **sonar le nacchere** è usata perché ricorda il gesto delle dita nello spargere il sale. La rima tra **nacchere** e **zacchere** è difficile e sdrucciola.

T1 DALLA COMPRENSIONE ALL'INTERPRETAZIONE

COMPRENSIONE

Comicità e dismisura La prospettiva dei due giganti, che condividono la dismisura e il gusto dell'eccesso, è una trovata comica originale attraverso la quale Pulci comunica il proprio anticonformismo, la propria esigenza di guardare il **mondo alla rovescia**, capovolgendo anzitutto i valori consueti: qui quelli del "credo" cristiano sostituiti dal **"credo"** gastronomico di Margutte. Si noti infine che il nome del mezzo gigante rimanda a "margutto", parola di origine araba che indicava il "fantoccio", cioè quella figura da saracino che nelle giostre medievali costituiva il bersaglio del cavaliere; perciò significa anche "sciocco", "balordo" e anche "spaventapasseri".

ANALISI

L'amore per la parola, la rivincita della lingua sulla realtà Uno dei tratti stilistici qualificanti l'opera di Pulci è la sovrabbondanza lessicale, la **tecnica dell'elenco** di vocaboli. Non si tratta di un puro gioco linguistico; qui essa coincide con il gusto di elencare i cibi. L'assaporamento della parola in Pulci corrisponde all'assaporamento gastronomico di Margutte che, nominando le varie vivande, sembra pregustarle. E così fa anche elencando i vari trucchi di cui egli è capace nel gioco delle carte e dei dadi, quasi anticipando il piacere di fare qualche tiro mancino. Si vedano a questo proposito l'ottava 115 (un elenco di cibi), l'ottava 122 (un elenco, in termini tecnici, di mosse al gioco dei dadi), le ottave 124 e 125 (elenchi di modi di cuocere cibi diversi, fra i quali soprattutto il fegatello). Il gusto del termine preciso (tecnico addirittura) si unisce a quello del cumulo di parole, con una **tendenza all'eccesso** che, di nuovo, è nei fatti e nelle cose (Margutte è un goloso che non cesserebbe mai di mangiare) ma anche nelle parole: Pulci non cesserebbe mai di aggiungere nuovi vocaboli, senza curarsi della misura.
Leo Spitzer, filologo romanzo e studioso del linguaggio, vede nell'autonomia della parola e nel fatto che la lingua sia più importante della realtà un tratto distintivo dell'Umanesimo

in generale e di Pulci e di Rabelais in particolare. Afferma Spitzer: «La facoltà di maneggiare la parola come se fosse un mondo a sé tra il reale e l'irreale, che in Rabelais si dà in un grado affatto unico, non può esser sbocciata dal nulla, non può essersi del tutto spenta dopo di lui. Prima di lui vi è per esempio il Pulci, il quale nel *Morgante maggiore* mostra una predilezione per gli elenchi di parole, soprattutto quando i suoi faceti cavalieri si compiacciono di lanciare ingiurie. E nel Pulci si ritrova anche la tendenza rabelaisiana a lasciare che la lingua prenda il sopravvento sulla realtà. [...] È la credenza nell'autonomia della parola che rende possibile l'intero movimento dell'Umanesimo, nel quale si dà tanta importanza alla parola degli scrittori antichi e biblici» (L. Spitzer, *Critica stilistica e semantica storica*, Laterza, Roma-Bari 1965, p. 96).

INTERPRETAZIONE

Il mondo alla rovescia Il "credo" gastronomico di Margutte rovescia quello cristiano. La torta, il tortello e il fegatello costituiscono (cfr. ottava 116) una sorta di nuova trinità, che sostituisce quella cristiana, ma anche quella musulmana (formata da Apollino, Macometto o Macone e Trivigante). In realtà, le varie religioni sono tutte equivalenti: rappresentano astrazioni e convenzioni ideali a cui Margutte (e con Margutte, per qualche verso, anche Pulci) contrappone un materialismo corporale, fondato sui bisogni immediati. Alla base della logica che percorre sia i canti dei *clerici vagantes* medievali, sia la poesia comica e giocosa (da Cecco Angiolieri al Burchiello), sia i canti carnascialeschi (cfr. cap. III, § 3) c'è la **tecnica del rovesciamento** che oppone ai valori spirituali del mondo ufficiale quelli bassi e corporali del ventre e del sesso. È un procedimento che dal Medioevo passa all'età rinascimentale, a Pulci e, in Francia, al grande Rabelais. Anche **la dismisura e l'eccesso** di Pulci rivelano questo ripudio della ragione repressiva, delle norme costituite, dell'ordine in qualunque sua forma.

T1 LAVORIAMO SUL TESTO

COMPRENDERE

1. Margutte si presenta al lettore attraverso lo sguardo di Morgante. Quali termini denotano subito il carattere irregolare del personaggio?

ANALIZZARE

2. **LINGUA E LESSICO** In quale lessico si esprime Margutte? Quali tecniche espressive enfatizzano il piacere del gioco e della gola?

INTERPRETARE

3. Il tema gastronomico assume una funzione ideologica di contrapposizione al tema religioso, su cui Margutte discute nelle ottave 116-118, ponendo sullo stesso piano tutte le fedi. Quale unica realtà riconosce Margutte? Può essere questa messa in relazione con la visione umanistica della dignità dell'uomo?

LE MIE COMPETENZE: DIALOGARE

Dal pane di Dante nel *Convivio* al timballo di maccheroni del *Gattopardo*, dal tortello di Morgante al risotto alla milanese descritto da Gadda la presenza del cibo è frequente e non casuale nella letteratura italiana dalle origini ai giorni nostri. In particolare il richiamo al cibo, di solito accostato al motivo del corpo, ricorre spesso nella letteratura comica del Quattrocento e del Cinquecento. Secondo te perché questo tema è importante nella poesia anticlassicistica? Discuti la questione con i compagni.

T2 Luigi Pulci
Il "tegame" di Roncisvalle

OPERA
Morgante, XXVII, 50-57

CONCETTI CHIAVE
- mescolanza di comico e di tragico
- inventività linguistica

FONTE
L. Pulci, *Morgante*, cit.

A Roncisvalle la retroguardia dell'esercito cristiano viene sorpresa da un numero immenso di Saraceni, guidati da Marsilio re di Saragozza, che, d'accordo con Gano, aveva ordito il tradimento ai danni di Orlando. I paladini cristiani compiono prodigi ma verranno sopraffatti. Orlando, in ottave qui non riportate, prima di morire suonerà il corno che richiamerà indietro l'esercito di Carlo: così alla fine i Saraceni saranno sconfitti. Queste le coordinate epiche di un episodio ben noto della tradizione carolingia. Ma la distanza tra la Roncisvalle della *Chanson de geste* e quella gastronomica e grottesca di Pulci non potrebbe essere maggiore.

50

E' si vedeva tante spade e mane,
tante lance cader sopra la resta,
e' si sentia tante urle e cose strane,
che si poteva il mar dire in tempesta.
Tutto il dì tempelloron le campane
sanza saper chi suoni a morto o festa;
sempre tuon sordi con baleni a secco
e per le selve rimbombar poi Ecco.

51

E' si sentiva in terra e in aria zuffa,
perché Astarotte, non ti dico come,
e Farferello ognun l'anime ciuffa:
e' n'avean sempre un mazzo per le chiome,
e facean pur la più strana baruffa,
e spesso fu d'alcun sentito il nome:
– Lascia a me il tale: a Belzebù lo porto. –
L'altro diceva: – È Marsilio ancor morto?

52

E' ci farà stentar prima che muoia.
Non gli ha Rinaldo ancor forbito il muso,
che noi portian giù l'anima e le cuoia? –
O Ciel, tu par' questa volta confuso!
O battaglia crudel, qual Roma o Troia!
Questa è certo più là che al mondano uso.
Il sol pareva di fuoco sanguigno,
e così l'aire d'un color maligno.

53

Credo ch'egli era più bello a vedere
certo gli abissi il dì, che Runcisvalle:
ch'e' saracin cadevon come pere
e Squarciaferro gli portava a balle;
tanto che tutte l'infernal bufere,
occupan questi, ogni roccia, ogni calle
e le bolge e gli spaldi e le meschite,
e tutta in festa è la città di Dite.

54

Lucifero avea aperte tante bocche
che pareva quel giorno i corbacchini
alla imbeccata, e trangugiava a cioccha
l'anime che piovean de' saracini,
che par che neve monachina fiocche
come cade la manna a' pesciolini:
non domandar se raccoglieva i bioccoli
e se ne fece gozzi d'anitroccoli!

55

E' si faceva tante chiarentane,
che ciò ch'io dico è disopra una zacchera,
e non dura la festa mademane,
crai e poscrai e poscrigno e posquacchera,
come spesso alla vigna le romane;
e chi sonava tamburo, e chi nacchera,
baldosa e cicutrenna e zufoletti,
e tutti affusolati gli scambietti.

METRICA ottave.

● **50** 1 **E' si vedeva**: *si vedevano*; **E'** (= egli) è pleonastico; **mane**: *mani*.
2 **resta**: il gancio dell'armatura cui si fissa la lancia per andare all'attacco.
3 **e' si sentia**: *si sentivano*; **urle**: *urla*.
4 **il mar dire**: *dire [che sembrava] il mare*.
5 **tempelloron**: *rintoccarono*.
6 **chi**: *quale [campana]*.
7 **baleni a secco**: *fulmini all'asciutto [: senza che piovesse, cioè a 'ciel sereno']*.
8 **Ecco**: la ninfa *Eco*, e quindi *l'eco*.

● **51** 2-3 **Astarotte...e Farferello**: nomi di due diavoli, che compaiono già nell'*Inferno* di Dante.
3 **ognun l'anime ciuffa**: *ciascuno [per conto proprio] acciuffa le anime [dei soldati morti in battaglia]*; le rime in "uffa" sono difficili.
4 **mazzo**: di anime.
5 **facean pur**: *facevano davvero*.
6 **d'alcun**: *di qualcuno [dei morti]*.
7 **Belzebù**: il principe dei diavoli.
8 **Marsilio**: il re di Spagna, che con Gano ha tradito Orlando spingendolo nell'agguato di Roncisvalle.

● **52** 1 **stentar**: *penare*.

2 **forbito il muso**: *pulito il muso*; noi diremmo: *rifatto i connotati*.
3 **che**: *[di modo] che*; **le cuoia**: *il corpo*.
5 **qual Roma o Troia**: allude al sacco di Roma del 455 e alla distruzione di Troia.
6 *Questa [battaglia] è certo ben più [crudele] di quanto accada di solito sulla terra (che al mondano uso)*: iperbole.
7 **sanguigno**: *color sangue*.
8 **aire** (= aria): *cielo*; **maligno**: *funesto*.

● **53** 2 **gli abissi**: dell'inferno; **il dì**: *quel giorno*, riferito a **vedere**.
4-7 *e [il demonio] Squarciaferro li portava a mucchi (**balle**), tanto che questi [: i Saraceni] occupano tutto l'inferno con le sue bufere (**tutte l'infernal bufere**), ogni [sua] roccia, ogni [sua] via (**calle**), e le bolge, le mura (**spaldi**) e le fortificazioni (**meschite**)*. Le **meschite** sono propriamente le moschee, che, in quanto templi dei pagani, diventano costruzioni infernali.
8 **Dite**: la cittadella infernale. La descrizione dell'ottava è intessuta di ricordi danteschi.

● **54** 2-3 **i corbacchini / alla imbeccata**: *i piccoli corvi quando sono imbeccati [: quando aprono il becco per ricevere il cibo]*; **a cioccche**: *a mucchi*.
5-8 *[tanto] che sembra che fiocchi neve scura* (**monachina**: *scura come il saio dei monaci*), *come [quando] cadono le farfalline* (la cosiddetta **manna** dei pesci) *[sino] ai pesciolini: non chiedermi [o lettore] se [Lucifero] raccoglieva i fiocchi* (**bioccoli**) [: le anime dei Saraceni] *e se se ne faceva una bella scorpacciata* (**gozzi d'anitroccoli** = *stomaci di anatroccoli*). **Manna** è la designazione popolare di certi insetti (efemerotteri) che, quando sfiorano l'acqua, sono mangiati dai pesci. L'ingordigia è definita con la metafora dei **gozzi d'anitroccoli** perché le anatre sono considerate animali voraci.

● **55** *[All'inferno] si facevano* (**e' si faceva**) *tanti balli* (**chiarentane**) [: *una tale festa*] *che [al confronto] quello che dico di sopra è una cosa da nulla* (**zacchera**), *e la festa non dura stamattina* (**mademane**), *domani* (**crai**) *e dopodomani* (**poscrai**) *e il giorno dopo* (**poscrigno**) *e il giorno ancora dopo* (**posquacchera**), *come spesso le [feste] romane per la vendemmia* (**alla vigna**) [: *dura invece in eterno*]; *e [c'era] chi suonava il tamburo, chi le nacchere, [chi] la baldosa, la zampogna* (**cicutrenna**) *e i flauti, e i passi di danza* (**gli scambietti**) [*erano*] *tutti rapidi e leggeri* (**affusolati** = *come un fuso che gira*). La scena infernale è descritta come una festa indiavolata. **Mademane**,

56

E Runcisvalle pareva un tegame
dove fussi di sangue un gran mortito,
di capi e di peducci e d'altro ossame
un certo guazzabuglio ribollito,
che pareva d'inferno il bulicame
che innanzi a Nesso non fusse sparito;
e 'l vento par certi sprazzi avviluppi
di sangue in aria con nodi e con gruppi.

57

La battaglia era tutta paonazza,
sì che il Mar Rosso pareva in travaglio,
ch'ognun per parer vivo si diguazza:
e' si poteva gittar lo scandaglio
per tutto, in modo nel sangue si guazza,
e poi guardar come e' suol l'ammiraglio
ovver nocchier se cognosce la sonda,
ché della valle trabocca ogni sponda.

---

crai, poscrai e **poscrigno** sono parole meridionali; **posquacchera** è invece un'invenzione di Pulci, creata in consonanza con i termini precedenti e stimolata dalla rima difficile in "àcchera". La **baldosa** è uno strumento medievale a corde.

• **56** 2 *nel quale [tegame]* (**dove**) *ci fosse* (**fussi**) *un grande spezzatino* (**mortito**) *insanguinato* (**di sangue**).
3 **peducci**: sono la parte inferiore della zampa di un animale, e appunto un ingrediente del **mortito**.
5-6 *che sembrava il lago bollente* (**bulicame**) *dell'inferno, che [però] non diminuisse* (**fusse sparito**) *davanti a Nesso*. Davanti al centauro **Nesso**, Dante aveva visto un lago di sangue che diminuiva costantemente di profondità (*Inferno* XII, 128): questo, invece, aumenta sempre più.
7-8 *e sembra che il vento faccia ruotare* (**avviluppi**) *in aria certi spruzzi di sangue con mulinelli* (**nodi**) *e turbini* (**gruppi** = groppi).

• **57** *Il campo di battaglia* (**la battaglia**) *era tutto paonazzo, tanto che sembrava il Mar Rosso in tempesta* (**travaglio**) *[e] che ognuno, per sembrare vivo, ci si agitava* (**si diguazza**): *si poteva buttare lo scandaglio dappertutto, a tal punto* (**per modo**) *si sguazzava nel sangue, e poi guardare come sono soliti [fare]* (**suol**) *l'ammiraglio o il nocchiero, se sanno usare* (**cognosce** = conosce) *la sonda [: dappertutto il sangue è così profondo che, per trovare la terra, bisognerebbe usare una sonda], poiché ogni versante* (**sponda**) *della valle [: di Roncisvalle] straripa* (**trabocca**). Pulci sviluppa l'iperbole tradizionale del "mare di sangue" in un'immagine apocalittica e surreale, rinnovando così energicamente la figura.

T2 DALLA COMPRENSIONE ALL'INTERPRETAZIONE

COMPRENSIONE

Il racconto grottesco di una battaglia cruenta Questo brano è una **rivisitazione in chiave popolaresca del celebre episodio della battaglia di Roncisvalle** che costituisce il culmine epico della *Chanson de Roland*. A Roncisvalle, nei Pirenei, la retroguardia dell'esercito cristiano di Carlo Magno viene distrutta dai saraceni. L'attacco a sorpresa, architettato dai saraceni con l'aiuto del traditore Gano di Maganza, provoca la morte dell'eroe Orlando. Qui Pulci rievoca l'episodio accentuandone gli **aspetti più grotteschi e macabri**. Le ottave 50-53 descrivono la violenza della battaglia dalla **prospettiva distorta e maligna dei diavoli** Astarotte, Farfarello e Squarciarello che, approfittando della confusione per agire indisturbati, racimolano anime e corpi, che vengono poi tranguiati dalle bocche insaziabili di Lucifero (ottava 54). Nell'ottava 55 lo sguardo del narratore si concentra su ciò che succede all'**inferno**, dove si festeggia con balli e canti sfrenati l'ingresso dei "nuovi arrivi", i caduti sul campo di battaglia. Infine nelle ottave 56-57 Pulci paragona Roncisvalle prima a un «**tegame**» in cui cuoce un «gran spezzatino», un **guazzabuglio** in cui si confondono le membra lacerate e i corpi dei soldati morti, poi al Mar Rosso in tempesta, perché il sangue sembra inondare tutta la valle.

ANALISI

La mescolanza degli stili La descrizione della battaglia, qui antologizzata solo in parte, è un esempio di mescolanza di stili. Vi confluiscono toni diversi, ora turbati e commossi, ora comici e grotteschi: **l'epico, il tragico e il comico** vi si alternano con effetti potenti e in modo volutamente caotico. Le ottave 53-56, con la descrizione dei diavoli che si godono l'arrivo all'inferno delle anime dei Saraceni, hanno un **timbro comico e grottesco**. Né manca, neppure in questo caso, il solito **gusto per l'eccesso e per la dismisura** (il mare di sangue è così profondo che si può gettare lo scandaglio per misurarne la profondità: cfr. ottava 57).

Una gastronomia infernale I **riferimenti gastronomici** abbondano: Lucifero è rappresentato mentre fa una scorpacciata di anime di saraceni che piovono giù come «la manna a' pesciolini» (ottava 54); Roncisvalle sembra un tegame in cui si sta cuocendo uno **spezzatino insanguinato**, un «guazzabuglio ribollito» «di capi e di peducci e d'altro ossame». Questa cucina (o macelleria) infernale riconduce a un registro comico-grottesco qui utilizzato perché il punto di vista da cui viene raccontata la battaglia di Roncisvalle non è quello epico-eroico delle *chanson de geste*, "alto" e sublimato, ma quello "basso", materialistico e carnevalesco dell'inferno e dei suoi cuochi diabolici.

INTERPRETAZIONE

L'invenzione linguistica e la dissonanza Si consideri l'ottava 55. Abbiamo qui un elenco di danze e di strumenti musicali nel quale si nota il gusto pulciano per il **cumulo linguistico**, e per i termini rari, tecnici o specialistici. Ma abbiamo anche l'**invenzione di parole nuove**, come «posquacchera», e la ripresa di termini popolari propri dei dialetti meridionali («mademane», «crai», «poscrai», «poscrigno»), le une e gli altri inseriti per il loro suono niente affatto armonico, bensì dissonante. La dissonanza vuole avere, ovviamente, un significato mimetico, rendere cioè il concerto bizzarro di musiche, di canti e di suoni intonato dai diavoli che gioiscono per l'arrivo nell'inferno di tante anime. Ma ha anche un significato generale, riferibile alla poetica dell'autore: Pulci contrappone anche così alle poetiche umanistiche dell'armonia, della grazia, della composta eleganza (si pensi, in contrasto, alla poesia di Poliziano che pienamente corrisponde a un ideale di decoro e di grazia stilizzata) un gusto ancora gotico, aguzzo, amante dello **squilibrio**. All'interno di questo gusto ancora tardogotico, tuttavia, Pulci fa vivere un amore per la parola e per una debordante invenzione linguistica che rappresenta il suo contributo più originale all'arte umanistico-rinascimentale.

T2 LAVORIAMO SUL TESTO

COMPRENDERE

1. Da quale punto di vista è raccontata la battaglia di Roncisvalle? Perché l'inferno, da luogo di pena, diventa luogo di festa?

ANALIZZARE

2. **LINGUA E LESSICO** La metafora del tegame e in genere il linguaggio culinario a quale tematica infernale si collegano? (cfr. le ottave 54 e 56).

INTERPRETARE

3. Né l'epica battaglia, né l'inferno sono presi sul serio da Pulci. Perché? A che cosa è funzionale l'invenzione linguistica?

3. La tradizione cavalleresca a Ferrara: Boiardo e l'*Orlando innamorato*

A Ferrara incontriamo il mondo feudale padano, ben diverso da quello borghese della Firenze di Lorenzo in cui nasce Pulci.

La tradizione cavalleresca a Ferrara e la politica culturale degli Estensi

Ferrara aveva un ruolo di primo piano soprattutto per la **tradizione cavalleresca** che gli Estensi avevano coltivato anche allestendo, presso la corte, una biblioteca specializzata in questo genere di testi. **Gli Estensi** avevano insomma sviluppato una precisa **politica culturale**, in cui nel culto per le avventure cavalleresche si esaltava in realtà un ideale di "cortesia" e di nobiltà che doveva non solo ispirare la raffinatezza della vita di corte ma anche sostenere e in qualche modo favorire il rapporto fra il duca e la piccola nobiltà feudale che lo circondava. Si creò così un **gusto cavalleresco cortigiano**, che presentava caratteri più colti e raffinati rispetto alla tradizione toscana dei cantari in cui in qualche modo Pulci ancora si inseriva. Il poema cavalleresco di Boiardo e poi di Ariosto nasce appunto in questa atmosfera.

La famiglia e l'educazione di Boiardo

La produzione in latino

Nato nel **1441** a Scandiano (Reggio Emilia), il conte **Matteo Maria Boiardo** ebbe una formazione culturale di alto livello e di impostazione umanistica. Nel **1460** egli assunse l'amministrazione del feudo di Scandiano e degli altri beni familiari. Della sua formazione di tipo umanistico è documento la **produzione latina**, che risente di un'impostazione scolastica ed erudita. A mano a mano che Boiardo diventa più maturo tende a lasciare da parte il latino e a scrivere in volgare. Nel 1469 aveva conosciuto a Reggio Emilia la diciassettenne Antonia Caprara, per la quale comincia a scrive-

Il canzoniere in volgare per Antonia Caprara

re un canzoniere in volgare (il titolo, in latino, è **Amorum libri tres** [Tre libri di amori]), concluso nel **1476**. Il titolo del canzoniere è preso dal poeta latino Ovidio, ma **la sua costruzione è petrarchesca**. La storia d'amore è infatti seguita dal motivo del pentimento religioso. Le poesie sono collocate nell'opera in ordine non cronologico ma tematico. Nel **1476**, anno in cui Boiardo va a risiedere a Ferrara presso il duca Ercole, egli comincia anche a scrivere il poema cavalleresco *Orlando innamorato*.

La stesura dei primi due libri dell'*Orlando innamorato*

L'*Orlando innamorato* fu cominciato all'inizio del soggiorno di Boiardo a Ferrara (**1476**), nel palazzo di Ercole d'Este, per sollecitazione del duca, a cui d'altronde è dedicato; ed ebbe rapido sviluppo sino al **1483**, quando l'opera venne pubblicata a Reggio in **due libri**, rispettivamente di 29 e di 31 canti. Nel frattempo, nel 1479, da Ferrara Boiardo era tornato a Scandiano da dove si recò dopo pochi mesi a Modena, come governatore (1480-1483); dal 1487 alla morte (1494) fu governatore a Reggio Emilia. L'opera fu stampata per diretto interessamento di Ercole d'Este. Il **terzo libro** fu avviato con molta lentezza: in dieci anni (dal 1484 alla morte) ne furono composti solo 8 canti interi e 26 ottave del canto IX. A questo punto **il poema resta interrotto** a causa dell'arrivo in Italia (settembre 1494) del re francese Carlo VIII, che segna l'inizio della crisi italiana. Il poeta registra l'avvenimento in una famosa ottava, l'ultima da lui lasciata (cfr. T6, p. 116). Morirà infatti tre mesi dopo.

Interruzione del poema

Fusione dei cicli bretone e carolingio

Boiardo nell'*Innamorato* si rifà alla materia dei cantari, **immettendo nella materia carolingia una forte componente arturiana**, in conformità ai gusti e all'ideologia di una corte come quella di Ferrara. Dichiara più volte di rifarsi a Turpino (vescovo a cui si attribuiva una vita di Carlo), ma lo fa in modo scherzoso o per allargare i confini della narrazione (cfr. T3, p. 106).

La poetica

La poetica di Boiardo ruota intorno ai **seguenti motivi**:
1. superiorità del mondo cavalleresco bretone su quello dei paladini carolingi;
2. tema dominante dell'amore (di qui il titolo, in cui Orlando è presentato «innamorato»);
3. nostalgia per il mondo cavalleresco medievale, di cui alcuni valori (la gentilezza, la cortesia) si ritengono ancora attuali nel mondo delle corti rinascimentali;
4. volontà di dilettare il pubblico cortigiano. Si aggiunge a questi il **motivo encomiastico** (l'esaltazione della casata degli Estensi), che è presente – e in modo assai parco – solo a partire dal II libro e che tuttavia ha una notevole importanza storica perché, nella narrativa in ottave, segna il passaggio al poema cavalleresco d'impronta umanistico-cortigiana.

T • Matteo Maria Boiardo, *La «memoria» dei «cavalieri antiqui»*

La vicenda del poema

Dopo l'esordio, l'opera comincia con l'**apparizione di Angelica** alla corte di Carlo Magno. È accompagnata dal fratello **Argalia** e si promette in sposa a chi lo sconfiggerà in duello (cfr. T4, p. 108). Tutti i cavalieri presenti, cristiani e pagani, si innamorano di lei e accettano la sfida. Ma quando Ferraguto sconfigge Argalia, **Angelica fugge**, inseguita, oltre che dallo stesso Ferraguto, dai due cugini **Rinaldo** e **Orlando**. **L'amore** è dunque la molla dell'azione. Rinaldo beve alla fontana del disamore, mentre Angelica a quella dell'amore: è il **tema della magia**, largamente presente nell'opera. Di qui in avanti Angelica insegue Rinaldo, ma è inseguita da Orlando innamorato vanamente di lei. Alla fine Angelica è assediata in una città asiatica, Albraca, da un grande esercito guidato da **Agricane**, re dei Tartari, anche lui innamorato di lei. Ma Orlando interviene a difesa di Angelica e uccide in un celebre duello Agricane (cfr. T5, p. 112). Anche Rinaldo, che odia Angelica, si schiera contro di lei,

Rinaldo, Orlando, Angelica protagonisti del libro I

L'*ORLANDO INNAMORATO* DI BOIARDO

struttura	metro	lingua	pubblico	obiettivi	elementi di novità
• 3 libri, rispettivamente di 29, 31 e 9 canti (l'ultimo canto è interrotto all'ottava 26)	• ottava	• ibrida, ricca di elementi "padani"	• corte di Ferrara	• divertire il pubblico di corte • celebrare la casata degli Estensi (intento encomiastico)	• ironia • centralità del tema amoroso (Orlando si innamora) • nuovi personaggi (Rodomonte, Ruggiero, Angelica) • nuovo modello di femminilità (esaltazione della bellezza fisica di Angelica)

cosicché i due cugini, **Orlando e Rinaldo**, si trovano di fronte **in duello**. Ma quando Orlando sta per sopraffare Rinaldo, Angelica interviene facendo allontanare il primo e così salvando il secondo, che lei continua, non riamata, ad amare. Finisce qui il primo libro.

Il libro II: liberazione di Ruggiero; inversione di ruoli fra Rinaldo e Angelica

Nel libro II ritorniamo a **Parigi**, assediata da un esercito musulmano guidato da Agramante. Uno dei capi di questo esercito è **Rodomonte**, guerriero di forza smisurata. I musulmani assedianti, per vincere, hanno però bisogno di **Ruggiero**, che il **mago Atlante** tiene nascosto per sottrarlo al destino funesto che lo aspetterebbe se partecipasse alla guerra. Questo nuovo personaggio, mitico antenato degli Este, permette l'inserimento del tema encomiastico. Grazie al **ladro Brunello**, che ruba ad Angelica un **anello magico** che rende invisibili, Ruggiero è liberato e in grado di unirsi ai Saraceni. Nel frattempo, alla fonte del mago Merlino, Rinaldo beve alla fontana dell'amore e Angelica a quella del disamore per cui si inverte la situazione del libro precedente: ora Rinaldo insegue Angelica che lo fugge. Ciò porta a un **nuovo duello fra i cugini Rinaldo e Orlando**, ormai rivali in amore. Ma il duello è interrotto da Carlo Magno che, avvicinandosi il momento della grande battaglia contro i Saraceni, vuole i due cugini alleati con lui. Anzi, Carlo Magno promette Angelica a chi dei due sarà più valoroso contro i nemici musulmani.

Cosmè Tura, *San Giorgio libera la principessa* (particolare), 1469. Ferrara, Museo del duomo.

Cosmè Tura è il pittore che dà inizio alla cosiddetta "officina ferrarese", la scuola pittorica che ha caratterizzato la cultura figurativa della città nella seconda metà del XV secolo. Nell'ambiente ferrarese, così legato alla tradizione cavalleresca e cortese, fu apprezzata la sua sapiente commistione fra l'espressività tardogotica e la nuova cultura umanistica.

Il libro III

Nel libro III una fanciulla-guerriera, la cristiana **Bradamante**, si reca a Parigi per portare aiuto a Carlo assediato, e viene assalita da Rodomonte. Accorre però in sua difesa **Ruggiero**, che la salva. Fra i due nasce un idillio, che si ricollega al tema encomiastico: Ruggiero, prima di essere ucciso a tradimento da Gano, si sarebbe convertito al Cristianesimo e avrebbe sposato Bradamante, dando origine alla casa estense. Il poema, però, è rimasto interrotto.

T • Matteo Maria Boiardo, *Bradamante si rivela a Ruggiero*

La novità di Orlando innamorato

Boiardo crea nuovi personaggi, come Rodomonte, Ruggiero e Angelica, **altri rinnova profondamente** come Orlando e Rinaldo. Orlando viene presentato «innamorato» e già questa è una notevole novità. Angelica rappresenta una femminilità e una bellezza ormai del tutto fisiche e corporee e, nonostante il nome, resta lontanissima dalle figure angelicate dello stilnovismo e di Petrarca. La sua ininterrotta fuga è il simbolo del desiderio amoroso, inesauribile.

Il rinnovamento dell'epica medievale

Dal punto di vista della storia del genere epico, Boiardo utilizza materia e tecniche dell'**epica cavalleresca** medievale, ma finisce poi col **rinnovarla profondamente**. Da questo punto di vista, la sua oscillazione fra ironia e ammirazione nei confronti della materia cavalleresca è estremamente significativa. Egli da un lato chiude l'esperienza del romanzo cavalleresco medievale, dall'altro apre la strada a un **nuovo modello di poema cavalleresco**, che sarà ben presto ripreso da Ariosto.

Anche dal punto di vista del pubblico a cui si rivolge l'*Innamorato* è un poema cavalleresco molto diverso dai cantari. Il **suo pubblico è la corte** di Ferrara, non il popolo radunato in piazza. Ciò comporta l'obbligo, da parte di Boiardo, di perseguire l'**aspetto encomiastico**, motivo che tuttavia viene svolto con qualche reticenza e con scarso entusiasmo: l'autore insiste di più sul tema edonistico e sull'intento di dilettare, piuttosto che su quello genealogico.

S • Poeta, principe e pubblico nell'*Orlando innamorato* (P. Larivalle)

T3 Matteo Maria Boiardo
L'esordio del poema

OPERA
Orlando innamorato, I, I, 1-3

CONCETTI CHIAVE
- la «bella istoria» di Orlando innamorato

FONTE
M.M. Boiardo, *Orlando innamorato*, a cura di G. Anceschi, Rizzoli, Milano 1986 [1978].

Negli esordi è l'autore a parlare in prima persona. Essi costituiscono dunque la parte del poema in cui egli si rivolge al proprio pubblico e rende espliciti i propri intenti. In queste ottave di esordio all'intero poema l'autore dichiara il proprio tema, l'innamoramento di Orlando, rivolgendosi alla cerchia ristretta di un pubblico aristocratico («signori e cavallier»).

1

Signori e cavallier che ve adunati
Per odir cose dilettose e nove,
Stati attenti e quïeti, ed ascoltati
La bella istoria che 'l mio canto muove;
E vedereti i gesti smisurati,
L'alta fatica e le mirabil prove
Che fece il franco Orlando per amore
Nel tempo del re Carlo imperatore.

2

Non vi par già, signor, meraviglioso
Odir cantar de Orlando inamorato.
Ché qualunque nel mondo è più orgoglioso,
E da Amor vinto, al tutto subiugato,
Né forte braccio, né ardire animoso,
Né scudo o maglia, né brando affilato,
Né altra possanza può mai far diffesa
Che al fin non sia da Amor battuta e presa.

3

Questa novella è nota a poca gente,
Perché Turpino istesso la nascose,
Credendo forse a quel conte valente
Esser le sue scritture dispettose,
Poi che contra ad Amor pur fu perdente
Colui che vinse tutte l'altre cose:
Dico di Orlando, il cavalliero adatto.
Non più parole ormai, veniamo al fatto.

Francesco del Cossa, *Il mese di Marzo*, 1468-69. Ferrara, Palazzo Schifanoia.

A Palazzo Schifanoia Francesco del Cossa esegue parte degli affreschi del ciclo dei mesi. La scelta del ciclo è legata alla cultura cortese, ma rinascimentale è la concezione rigorosamente prospettica delle scene, ricche di citazioni dall'antico e di scorci paesaggistici.

METRICA ottave.

- **1** Signori e cavalieri che vi radunate (**ve adunati**) per sentire (**odir** =udire) cose piacevoli (**dilettose**) e nuove, state attenti e tranquilli, ed ascoltate la bella storia che il mio canto fa procedere (**muove**); e vedrete le gesta smisurate, la terribile fatica e le meravigliose imprese (**mirabil prove**) che compì per amore il nobile (**franco**) Orlando, al tempo di re Carlo imperatore. Boiardo si rivolge al pubblico della corte ferrarese come i canterini nelle piazze a chi li ascoltava.

- **2** Ma non (**non già**) vi sembri stupefacente (**meraviglioso**), signori, sentire (**odir** = udire) raccontare in versi (**cantar**) di Orlando innamorato, poiché chiunque è più orgoglioso al mondo è vinto e completamente (**al tutto**) soggiogato (**subiugato**) dal [dio] Amore; né un braccio forte, né un coraggio indomabile (**ardire animoso**) né scudo o maglia né spada (**brando**) affilata né altro potere (**possanza**) possono mai fare resistenza (**diffesa** = difesa), [tanto] che alla fine non siano sconfitti e catturati (**battuta e presa**) da Amore. La **maglia** è quella di ferro che si pone sotto la corazza. Il tema è quello del trionfo di Amore, celebrato già da Petrarca.

- **3** Questa storia (**novella**) è conosciuta da poca gente, perché Turpino stesso la nascose, forse credendo che i suoi racconti (**scritture**) sarebbero stati nocivi (**dispettose**) a quel conte valoroso [: a Orlando], poiché colui che vinse tutto (**tutte l'altre cose**) fu tuttavia (**pur**) perdente contro Amore: parlo di Orlando, l'abile cavaliere. [Ma] ora niente più parole, veniamo ai fatti [: raccontiamo come andarono le cose, senza più preamboli]. **Turpino** è il leggendario autore di una cronaca, da cui i poemi cavallereschi dicono di derivare i loro racconti.

T3 DALLA COMPRENSIONE ALL'INTERPRETAZIONE

COMPRENSIONE

Un'opera nuova In queste ottave introduttive Boiardo dichiara il destinatario della sua opera e ne sottolinea gli **elementi di novità**. Il suo poema si rivolge esplicitamente al **pubblico aristocratico di corte**, chiamato in causa come destinatario di una «bella istoria», e tratta un argomento mai affrontato prima: **Orlando vittima d'amore**. L'autore rivendica l'assoluta novità del tema, immaginando che Turpino (arcivescovo di Parigi e leggendario autore di una cronaca del regno di Carlo Magno citata come fonte da tutti i poemi cavallereschi) abbia taciuto volontariamente l'innamoramento di Orlando per non far conoscere la debolezza dell'eroe, che, dopo aver vinto ogni avversario, fu vinto da Amore.

Emanuele Luzzati, *Orlando a cavallo di Baiardo*, tavola ispirata all'*Orlando innamorato* di Boiardo.

ANALISI

Trasformazioni del personaggio di Orlando Orlando è il paladino favorito da Carlo Magno, già protagonista dell'epica francese della medievale ***Chanson de Roland*** (sec. XII), in cui impersonava l'**eroe perfetto**, guerriero implacabile sul campo di battaglia, cavaliere fedele al suo re e campione della fede cristiana. Nel corso dei secoli una lunga tradizione popolare di cantari epici e cavallereschi ne aveva continuamente riproposto e reinventato la storia. La materia epico-carolingia medievale delle *Chansons de geste*, culturalmente elevata, si era poi diffusa e variamente replicata nelle **rappresentazioni di piazza dei canterini** e aveva raggiunto anche un pubblico popolare, lo aveva divertito e affascinato. Il personaggio di Orlando fu dunque protagonista di un'ampia circolazione sociale della cultura, tale da unificare l'immaginario dei colti e degli incolti, degli adulti e dei bambini. Nel suo *Orlando innamorato* Matteo Maria **Boiardo**, cantandone ancora una volta le imprese, ridisegna il personaggio introducendo un elemento fortemente innovativo, tale da allettare il pubblico della corte ferrarese: ora **Orlando, oltre che prode e cristiano guerriero, è anche perdutamente innamorato** della bella principessa del Catai, Angelica.

INTERPRETAZIONE

Un'opera per la corte In questo esordio Boiardo promette al suo pubblico «cose dilettose e nove», una «bella istoria». Sono evidenti un'**esigenza edonistica** e un'intenzione ideologica. L'intento edonistico consiste nell'offerta di un'opera di intrattenimento, che vuole **divertire il pubblico della corte**. L'intenzione ideologica sta nella celebrazione di quei **valori cavallereschi** e medievali che i duchi di Ferrara volevano restaurare, anche per meglio legare a sé i vari signori locali del Ducato ancora sottoposti a vincoli feudali. Alla base dell'opera si può riconoscere, insomma, la **politica culturale della corte**.

T3 LAVORIAMO SUL TESTO

COMPRENDERE

1. In quali versi trovi celebrati i valori cavallereschi?

ANALIZZARE

2. Come motiva l'autore la priorità data al tema dell'amore rispetto a quello delle armi?

INTERPRETARE

3. Spiega la genesi del poema nel contesto culturale e politico della corte di Ferrara. A quale esigenza risponde l'esaltazione dell'etica cavalleresca?

T4 Matteo Maria Boiardo
Angelica alla corte di Carlo Magno

OPERA
Orlando innamorato, I, I, 20-35

CONCETTI CHIAVE
- abbassamento umoristico della materia cavalleresca
- l'amore come molla dell'azione

FONTE
M.M. Boiardo, *Orlando innamorato*, cit.

Siamo nel primo canto, poco dopo l'esordio. A Parigi, alla corte di Carlo Magno, sono riuniti cavalieri cristiani e pagani per partecipare alla giostra annuale della «pasqua rosata» (festa di Pentecoste). Qui compare la bellissima Angelica, figlia del re del Catai, fra quattro giganti, seguita da un cavaliere, il fratello Argalia. Ella sfida i cavalieri presenti: se saranno sconfitti dal fratello diventeranno loro prigionieri, se invece uno di essi riuscirà vincitore ella lo sposerà. I cavalieri e persino Carlo si innamorano istantaneamente di lei e accettano la sfida.

20

Quivi si stava con molta allegrezza,
Con parlar basso e bei ragionamenti:
Re Carlo, che si vidde in tanta altezza,
Tanti re, duci e cavallier valenti,
Tutta la gente pagana disprezza,
Come arena del mar denanti a i venti;
Ma nova cosa che ebbe ad apparire,
Fe' lui con gli altri insieme sbigotire.

21

Però che in capo della sala bella
Quattro giganti grandissimi e fieri
Intrarno, e lor nel mezo una donzella,
Che era seguìta da un sol cavallieri.
Essa sembrava matutina stella
E giglio d'orto e rosa de verzieri:
In somma, a dir di lei la veritate,
Non fu veduta mai tanta beltate.

22

Era qui nella sala Galerana,
Ed eravi Alda, la moglie de Orlando,
Clarice ed Ermelina tanto umana,
Ed altre assai, che nel mio dir non spando,
Bella ciascuna e di virtù fontana.
Dico, bella parea ciascuna, quando
Non era giunto in sala ancor quel fiore,
Che a l'altre di beltà tolse l'onore.

METRICA ottave.

- **20** [*La gente*] *stava qui* [: alla corte di Carlo] (**Quivi si stava**) *con molta gioia, con parole pacate* (**parlar basso**) *e bei discorsi* (**ragionamenti**); *re Carlo, che vide* [*stare*] *in tanta pompa* (**in tanta altezza**) *tanti re, guerrieri* (**duci**) *e abili* (**valenti**) *cavalieri, disprezza tutto il popolo pagano, come* [*se fosse stata*] *la sabbia della spiaggia* (**arena del mar**) *davanti ai venti* [: *una cosa da nulla, in balìa a una forza che la sovrasta*]; *ma una novità* (**nova cosa**) *che si trovò ad apparire fece stupire* (**sbigotire**) *lui insieme agli altri.*

- **21** *Poiché* (**Però che**) *all'entrata* (**in capo**) *della bella sala entrarono* (**intrarno**) *quattro giganti grandissimi e fieri, e in mezzo a loro* (**e lor nel mezo**) *una fanciulla, che era seguita da un solo cavaliere. Ella sembrava la stella del mattino, un giglio di orto, la rosa di un giardino* (**verzieri**): *insomma, per dire la verità su di lei, non fu mai vista una bellezza così grande* (**tanta beltate**). **Stella matutina** (il pianeta Venere), **giglio d'orto** e **rosa di verzieri** *sono metafore della poesia popolare per indicare la bellezza femminile.*

- **22** *Qui nella sala c'era Galerana, e c'erano* (**eravi** = vi era) *Alda, la moglie di Orlando, Clarice e Ermelina, tanto cortese, e molte altre, che non mi dilungo a enumerare* (**che nel mio dir non spando** = che non elenco nel mio discorso), *ognuna bella e fonte* (**fontana**) *di virtù* [: *virtuosissima*]. *Ognuna, dico, sembrava bella, quando* [*ancora*] *non era arrivato nella sala quel fiore* [: *la bellissima fanciulla*], *che tolse alle altre il primato* (**onore**) *in bellezza* (**di beltà**). **Galera-**

23

Ogni barone e principe cristiano
In quella parte ha rivoltato il viso,
Né rimase a giacere alcun pagano;
Ma ciascun d'essi, de stupor conquiso,
Si fece a la donzella prossimano;
La qual, con vista allegra e con un riso
Da far inamorare un cor di sasso,
Incominciò così, parlando basso:

24

– Magnanimo segnor, le tue virtute
E le prodezze de' toi paladini,
Che sono in terra tanto cognosciute,
Quanto distende il mare e soi confini,
Mi dan speranza che non sian perdute
Le gran fatiche de duo peregrini,
Che son venuti dalla fin del mondo
Per onorare il tuo stato giocondo.

25

Ed acciò ch'io ti faccia manifesta,
Con breve ragionar, quella cagione
Che ce ha condotti alla tua real festa,
Dico che questo è Uberto dal Leone,
Di gentil stirpe nato e d'alta gesta,
Cacciato del suo regno oltra ragione:
Io, che con lui insieme fui cacciata,
Son sua sorella, Angelica nomata.

26

Sopra alla Tana ducento giornate,
Dove reggemo il nostro tenitoro,
Ce fôr di te le novelle aportate,
E della giostra e del gran concistoro
Di queste nobil gente qui adunate;
E come né città, gemme o tesoro
Son premio de virtute, ma si dona
Al vincitor di rose una corona.

27

Per tanto ha il mio fratel deliberato,
Per sua virtute quivi dimostrare,
Dove il fior de' baroni è radunato,
Ad uno ad un per giostra contrastare:
O voglia esser pagano o battizato,
Fuor de la terra lo venga a trovare,
Nel verde prato alla Fonte del Pino,
Dove se dice al Petron di Merlino.

28

Ma fia questo con tal condizïone
(Colui l'ascolti che si vôl provare):
Ciascun che sia abattuto de lo arcione,
Non possa in altra forma repugnare,
E senza più contesa sia pregione;
Ma chi potesse Uberto scavalcare,
Colui guadagni la persona mia:
Esso andarà con suoi giganti via. –

---

na è la moglie di Carlo Magno; **Clarice** la moglie di Rinaldo; **Ermelina** la moglie del cavaliere Uggieri il Danese.

● **23** *Tutti i baroni e i principi cristiani volsero lo sguardo (**viso**) da quella parte [: dove era la fanciulla] e nessun pagano rimase a sedere; ma ognuno di essi, vinto (**conquiso** =conquistato) dallo stupore, si avvicinò (**si fece prossimano** = si fece prossimo) alla fanciulla, la quale, con aspetto lieto (**vista allegra**) e con un sorriso (**riso**) [tale] da [potere] fare innamorare un cuore di pietra, incominciò [a dire] così, parlando a bassa voce (**basso**):*

● **24** *– Nobile signore, le tue virtù e le imprese dei tuoi (**toi**) paladini, che sono conosciute al mondo tanto quanto il mare si allarga nella sua estensione (**distende e soi confini**) [: in tutto quanto il mondo], mi danno la speranza che non siano inutili (**perdute**) le grandi fatiche dei due viandanti (**peregrini**) [: la donzella che parla e il cavaliere che l'accompagna] che sono venuti dai limiti estremi della terra (**dalla fin del mondo**) per onorare il tuo regno felice (**stato giocondo**).*

● **25** *E perché io, con un breve discorso (**ragionar**), ti riveli (**ti faccia manifesta**) quella ragione (**cagione**) che ci ha condotti alla tua festa reale, dico che costui è Oberto del Leone, nato da famiglia nobile (**stirpe gentil**) e da discendenza illustre (**alta gesta**), cacciato dal suo regno senza motivo (**oltra ragione**): io, che sono stata cacciata insieme a lui, sono sua sorella, chiamata Angelica.* Angelica dice solo in parte la verità: ella è sì la principessa del Catai (più o meno, la Cina), ma il fratello si chiama in realtà Argalia. Soprattutto, ella nasconde le proprie reali intenzioni (cfr. ott. 34).

● **26** *Duecento giornate al di là del [fiume] Don (**Sopra alla Tana**), dove governiamo (**reggemo** = reggiamo) il nostro territorio (**tenitoro**) [: dove è il nostro regno], ci furono (**fôr**) portate notizie (**novelle**) di te, del torneo (**giostra**) e della grande riunione (**concistoro**) di queste nobili persone radunate qui; [e ci fu data notizia] che (**come**) sono premio al valore (**virtute**) [del vincitore del torneo] non città, gioielli o tesori, ma [che] al vincitore si dà una corona di rose.* La **giornata** è lo spazio che si può percorrere in un giorno.

● **27** *Perciò mio fratello, per dimostrare [quale sia] il proprio valore (**virtute**) qui, dove è radunato il meglio (**il fior**) dei baroni, ha deciso (**ha deliberato**) di combatterli in torneo (**per giostra contrastare**) uno per uno: sia (**o voglia esser**) pagano o cristiano (**battizato**), lo venga a incontrare (**trovare**) fuori [delle mura] della città (**terra**), nel verde prato presso la (**alla**) Fonte del Pino, nel luogo che (**dove**) è chiamato (**se dice**) Roccia (**Petron**) di Merlino.*

● **28** *Ma questo [: questa sfida] si svolgerà (**fia** = sarà) con questa condizione (la ascolti colui che ci si vuole (**vôl**) provare [: chi vuole accettarla]): chiunque (**ciascun che**) sia buttato giù (**abattuto**) dall'arcione, non potrà fare resistenza (**repugnare**) in [nessun] altro modo (**forma**), e sarà prigioniero (**pregione**) senza ulteriore discussione (**senza più contesa**); ma chi riuscisse a far cadere da cavallo (**scavalcare**) Oberto, [ebbene] costui otterrà in premio (**guadagni**) me (**la mia persona**): egli [: Oberto] se ne andrà via con i suoi giganti.*

29

Al fin delle parole ingenocchiata
Davanti a Carlo attendia risposta.
Ogni om per meraviglia l'ha mirata,
Ma sopra tutti Orlando a lei s'accosta
Col cor tremante e con vista cangiata,
Benché la voluntà tenìa nascosta;
E talor gli occhi alla terra bassava,
Ché di se stesso assai si vergognava.

30

«Ahi paccio Orlando!» nel suo cor dicia
«Come te lasci a voglia trasportare!
Non vedi tu lo error che te desvia,
E tanto contra a Dio te fa fallare?
Dove mi mena la fortuna mia?
Vedome preso e non mi posso aitare;
Io, che stimavo tutto il mondo nulla,
Senza arme vinto son da una fanciulla.

31

Io non mi posso dal cor dipartire
La dolce vista del viso sereno,
Perch'io mi sento senza lei morire,
E il spirto a poco a poco venir meno.
Or non mi val la forza, né lo ardire
Contra d'Amor, che m'ha già posto il freno;
Né mi giova saper, né altrui consiglio.
Ch'io vedo il meglio ed al peggior m'appiglio».

32

Così tacitamente il baron franco
Si lamentava del novello amore.
Ma il duca Naimo, ch'è canuto e bianco,
Non avea già de lui men pena al core,
Anci tremava sbigottito e stanco,
Avendo perso in volto ogni colore.
Ma a che dir più parole? Ogni barone
Di lei si accese, ed anco il re Carlone.

33

Stava ciascuno immoto e sbigottito,
Mirando quella con sommo diletto;
Ma Feraguto, il giovenetto ardito,
Sembrava vampa viva nello aspetto,
E ben tre volte prese per partito
Di torla a quei giganti al suo dispetto,
E tre volte afrenò quel mal pensieri
Per non far tal vergogna allo imperieri.

34

Or su l'un piede, or su l'altro se muta,
Grattasi 'l capo e non ritrova loco;
Rainaldo, che ancor lui l'ebbe veduta,
Divenne in faccia rosso come un foco;
E Malagise, che l'ha cognosciuta,
Dicea pian piano: «Io ti farò tal gioco,
Ribalda incantatrice, che giamai
De esser qui stata non te vantarai».

---

29 Alla fine delle [sue] parole, [Angelica] attendeva (**attendia**) risposta inginocchiata davanti a Carlo. Ognuno (**ogni om**) l'ha fissata (**mirata**) con stupore, ma Orlando si avvicina a lei con cuore tremante [: emozionato] e con aspetto turbato (**vista cangiata**; **cangiata** = cambiata) più di tutti, benché tenesse (**tenia** = teneva) nascoste le [proprie] intenzioni (**la voluntà**); e talvolta abbassava (**bassava**) gli occhi in terra, perché si vergognava molto di se stesso.

30 Diceva (**dicia**) nel proprio cuore [: tra sé e sé]: «Ahi pazzo (**paccio**) Orlando, come ti lasci trasportare secondo il capriccio [di altri] (**a voglia**)! Non vedi l'errore che ti svia (**desvia**) e ti fa errare (**fallare**) tanto contro Dio? Dove mi conduce (**mena**) il mio destino (**fortuna**)? Mi vedo catturato (**preso**) [dall'amore] e non posso liberarmi (**aitare** = aiutare): io, che consideravo tutto il mondo niente, sono vinto senza armi da una fanciulla. L'innamoramento di Orlando è un **error contra a Dio**: essendo un paladino della fede e per di più già sposato, egli non dovrebbe infatti perdersi dietro una donna. Il lamento (ott. 30-32) usa il linguaggio della lirica tre-quattrocentesca.

31 *Io non mi posso allontanare (**dipartire**) dal cuore la dolce visione (**vista**) del viso sereno [di Angelica], perché, senza di lei, io mi sento morire e venir meno lo spirito [: morire] a poco a poco. Adesso non mi servono (**val**) né la forza né il coraggio contro [il dio] Amore, che mi ha già messo il freno [: ridotto in suo potere]; e non mi servono (**giova**) né la saggezza (**saper**) né il consiglio di altri, perché io vedo [quello che sarebbe] meglio [fare], ma mi attengo (**m'appiglio**) al peggio (**al peggior**).*

32 *Così il nobile (**franco**) barone si lamentava fra sé e sé (**tacitamente**) del nuovo (**novello**) amore. Ma il duca Namo, che è tutto bianco [di capelli] (**canuto e bianco**: dittologia sinonimica) [: ormai vecchio], non aveva certo (**già**) nel cuore meno pena di lui, anzi (**anci**), tremava turbato (**sbigottito**) e senza forze (**stanco**), essendo impallidito (**avendo perso ogni colore**) in volto. Ma a che [scopo] dire altre parole? Ogni barone si innamorò (**si accese** = si infiammò [d'amore]) di lei, e persino (**anco** = anche) re Carlo.* **Namo** di Baviera è un vecchio consigliere di Carlo Magno; **Carlone** è una forma popolare derivata dal francese, e significa semplicemente "Carlo".

33 *Ognuno stava immobile e turbato (**immoto e sbigottito**), guardando lei (**quella**) [: Angelica] con grandissimo piacere; ma Ferraù (**Feraguto**), il coraggioso giovane, sembrava nell'aspetto una fiamma (**vampa**) viva [: era rosso come il fuoco], e ben tre volte prese come decisione (**per partito**) di rapirla (**torla** = toglierla) a quei giganti a loro (**suo**) dispetto, e tre volte frenò quel cattivo pensiero (**mal pensieri**), per non dare tale disonore (**vergogna**) all'imperatore (**imperieri**).* **Feraguto** è un cavaliere saraceno, presente già nei testi carolingi più antichi; egli darebbe **vergogna** a Carlo Magno perché commetterebbe una scorrettezza alla sua corte. **Pensieri** e **imperieri**, entrambi singolari, sono francesismi.

34 *Cambia (**si muta**) [posizione stando] ora su un piede, ora sull'altro, si gratta la testa e non trova pace (**loco**); Rinaldo, poiché (**che**) la [: Angelica] aveva vista anche lui, divenne rosso come fuoco in faccia; e Malagigi, che l'aveva riconosciuta (**cognosciuta**), diceva sommessamente (**pian piano**): «Io ti farò un tale scherzo (**gioco**), perfida maga (**ribalda incantatrice**), che non ti vanterai mai di essere stata qui».* **Malagise** è un mago cristiano, cugino di Rinaldo: egli si è accorto che Angelica vuole catturare con l'inganno i paladini di Carlo Magno, per danneggiarlo nella guerra contro i Saraceni.

35

Re Carlo Magno con lungo parlare
Fe' la risposta a quella damigella,
Per poter seco molto dimorare.
Mira parlando e mirando favella,
Né cosa alcuna le puote negare,
Ma ciascuna domanda li suggella
Giurando de servarle in su le carte:
Lei coi giganti e col fratel si parte.

● **35** 1-8 *Re Carlo Magno diede (***fe'** *= fece) la risposta a quella fanciulla con un lungo discorso (***parlare***), per poter stare a lungo (***molto dimorare***) con lei (***seco***). Parlando la guarda (***mira***) e guardandola le parla (***favella***), e* non le può **(puote)** *rifiutare (***negare***) nessuna cosa, ma le (***li***) garantisce (***suggella***) [che soddisferà] ogni richiesta, giurando sul Vangelo (***in su le carte***) di rispettare [le promesse] (***servarle*** *= conservarle): [alla fine] ella se ne va con i giganti e con il fratello. Il v. 7 potrebbe anche essere inteso:* giurando di rispettare *[le promesse]* come se fossero scritte **(in su le carte)**.

T4 DALLA COMPRENSIONE ALL'INTERPRETAZIONE

COMPRENSIONE

La struttura "cinematografica" della scena La scena dell'apparizione di Angelica è costruita secondo una struttura che oggi diremmo cinematografica: dapprima viene presentato (o inquadrato) **Carlo Magno**, che si compiace dei propri paladini cristiani disprezzando in cuor suo quelli pagani; poi, in fondo alla sala, compare in uno spazio vuoto il gruppo dei quattro giganti con in mezzo **Angelica**, seguita dal fratello; successivamente l'attenzione si focalizza sulla bellezza di Angelica; infine si sposta fra i cavalieri per registrare gli effetti che essa ha su di loro: **Orlando** ha il cuore tremante e l'aspetto turbato, ed è diviso tra l'attrazione irresistibile che prova per Angelica e la consapevolezza che questo sentimento è un «error», peggio: una colpa contro Dio; il **duca Namo**, malgrado l'età e i capelli bianchi, ha il cuore in subbuglio e impallidisce come un adolescente alla sua prima cotta; **Ferraguto**, che è giovane e saraceno, dunque agli antipodi rispetto a Namo, avvampa di un rossore fin troppo rivelatore e, impacciato, cambia continuamente posizione stando ora su un piede ora su un altro e si gratta ben poco cavallerescamente la testa; re Carlo «mira parlando e mirando favella», cioè tira alla lunga la risposta per potere restare più a lungo con quella che sembra una incarnazione della seduzione femminile, rapito nella contemplazione imbambolata di Angelica a cui finisce col concedere, con un solenne giuramento sul Vangelo, tutto quello che ha chiesto. Con messe a fuoco successive, sempre molto naturali, dunque l'azione acquista **movimento e dinamismo**. Questa naturalezza e questa **semplicità** quasi ingenua caratterizzano tutta l'opera.

ANALISI

Lo stile Gli artifici retorici sono molto scarsi. La **sintassi** procede nel modo più semplice, e cioè per via **paratattica**. L'ottava presenta una struttura molto lineare e scandita. **Il lessico è consueto**, quotidiano, niente affatto ricercato. Anche la presenza di aspetti tipici della tradizione letteraria non contrasta con tale semplicità. La descrizione di Angelica, per esempio, avviene secondo moduli convenzionali e attraverso il ricorso a *topoi* ormai comuni anche nella poesia popolare (la fanciulla è paragonata a una stella, a un giglio, a una rosa, e vince in bellezza tutte le altre donne: cfr. ottava 21). Ma della tradizione si riprendono gli aspetti più comuni e accettati, e si respingono gli elementi di raffinatezza o di ricercatezza. Convenzionalità letteraria e ingenuità popolaresca si uniscono così senza attriti in un **andamento sostanzialmente prosastico**.

INTERPRETAZIONE

L'atteggiamento verso la materia cavalleresca Boiardo intende ridare attualità ai valori di cortesia della tradizione cavalleresca. Tuttavia egli non considera con serietà o con solennità la materia cavalleresca. Una cosa sono quei valori, che egli rispetta, un'altra la materia narrativa che dovrebbe esaltarli ma che in realtà giungeva a lui "abbassata" dai cantari, i quali avevano già provveduto a circondare di un prosastico clima borghese le imprese dei paladini. Qui i grandi eroi dell'epopea hanno ben poco di epico. L'amore li umanizza, ma anche li abbassa al rango di comuni borghesi (si vedano le reazioni dei cavalieri, prima descritte). L'autore li guarda con un sorriso umoristico che deve contribuire, anch'esso, al divertimento dell'uditorio. L'**abbassamento umoristico** è già implicito inoltre nel fatto che la molla stessa dell'azione narrativa nel poema non venga individuata in qualche impresa a difesa della fede cristiana, ma nel sentimento d'amore che travolge i cavalieri e che rende «paccio» (pazzo) Orlando.

T4 LAVORIAMO SUL TESTO

COMPRENDERE

1. Descrivi, desumendo le espressioni dal testo, la reazione dei paladini alla vista di Angelica.

ANALIZZARE

2. Quali aspetti di Angelica rimandano allo stereotipo stilnovistico e quali invece lo rovesciano?

INTERPRETARE

3. Definisci il punto di vista dell'autore di fronte al mondo cavalleresco: che cosa spinge all'azione i paladini, quale logica perseguono?

T5 Matteo Maria Boiardo
Conversione e morte di Agricane

OPERA
Orlando innamorato, I, XIX, 1-16

CONCETTI CHIAVE
- un duello all'ultimo sangue condotto nel pieno rispetto delle regole cavalleresche
- una commovente richiesta in punto di morte: "battezzami, barone"

FONTE
M.M. Boiardo, *Orlando innamorato*, cit.

Dopo l'interruzione del duello alla fine del canto XVIII, esso riprende all'inizio del canto successivo; dura tutta la notte e all'alba Agricane viene sconfitto. Prima di morire, chiede di essere battezzato. Orlando, piangendo di commozione, lo battezza.

1

Segnori e cavallieri inamorati,
Cortese damiselle e grazïose,
Venitene davanti ed ascoltati
L'alte venture e le guerre amorose
Che fer' li antiqui cavallier pregiati,
E fôrno al mondo degne e glorïose;
Ma sopra tutti Orlando ed Agricane
Fier' opre, per amore, alte e soprane.

2

Sì come io dissi nel canto di sopra,
Con fiero assalto dispietato e duro
Per una dama ciascadun se adopra;
E benché sia la notte e il celo oscuro,

METRICA ottave.

- **1** 1-8 *Signori e cavalieri innamorati, cortesi e graziose damigelle, venite avanti e ascoltate le stupende avventure* (**alte venture**) *e le guerre* [combattute] *per amore* (**amorose**) *che fecero* (**fer'**) *gli antichi e ammirati* (**pregiati**) *cavalieri, e* [che] *furono* (**fôrno**) *nobili* (**degne**) *e gloriose nel mondo; ma più di* (**sopra**) *tutti compirono per amore imprese* (**fier' opre** = fecero opere) *nobili e illustri* (**alte e soprane**) *Orlando e Agricane.*
- **2** 2 **fiero**: *feroce*; **dispietato**: *spietato*.
  3 *ciascuno lotta* (**se adopra** = si adopera) *per una dama.*

Già non vi fa mestier che alcun si scopra,
Ma conviensi guardare e star sicuro,
E ben diffeso di sopra e de intorno,
Come il sol fosse in celo al mezo giorno.

3

Agrican combattea con più furore,
Il conte con più senno si servava;
Già contrastato avean più de cinque ore,
E l'alba in oriente se schiarava:
Or se incomincia la zuffa maggiore.
Il superbo Agrican se disperava
Che tanto contra esso Orlando dura,
E mena un colpo fiero oltra a misura.

4

Giunse a traverso il colpo disperato,
E il scudo come un latte al mezzo taglia;
Piagar non puote Orlando, che è affatato,
Ma fraccassa ad un ponto e piastre e maglia.
Non puotea il franco conte avere il fiato,
Benché Tranchera sua carne non taglia;
Fu con tanta ruina la percossa,
Che avea fiaccati i nervi e peste l'ossa.

5

Ma non fo già per questo sbigotito,
Anci colpisce con maggior fierezza.
Gionse nel scudo, e tutto l'ha partito,
Ogni piastra del sbergo e maglia spezza,
E nel sinistro fianco l'ha ferito;
E fo quel colpo di cotanta asprezza,
Che il scudo mezo al prato andò di netto,
E ben tre coste li tagliò nel petto.

6

Come rugge il leon per la foresta,
Allor che l'ha ferito il cacciatore,
Così il fiero Agrican con più tempesta
Rimena un colpo di troppo furore.
Gionse ne l'elmo, al mezo della testa;
Non ebbe il conte mai botta maggiore,
E tanto uscito è fuor di cognoscenza
Che non sa se egli ha il capo, o se egli è senza.

7

Non vedea lume per gli occhi niente,
E l'una e l'altra orecchia tintinava;
Sì spaventato è il suo destrier corrente,
Che intorno al prato fuggendo il portava;
E serebbe caduto veramente,
Se in quella stordigion ponto durava;
Ma, sendo nel cader, per tal cagione
Tornolli il spirto, e tennese allo arcione.

8

E venne di se stesso vergognoso,
Poi che cotanto se vede avanzato.
«Come andarai – diceva doloroso
– Ad Angelica mai vituperato?
Non te ricordi quel viso amoroso,
Che a far questa battaglia t'ha mandato?
Ma chi è richiesto, e indugia il suo servire,
Servendo poi, fa il guidardon perire.

---

5 *non è certo* (**già**) *il caso* (**vi fa mestier**) *che nessuno* [*dei due*] *si scopra* [: *eviti di proteggersi*]: *nonostante l'oscurità, i due danno tali colpi che corrono comunque il pericolo di ferirsi.*
6 **conviensi**: *è necessario.*
7 **diffeso**: *sulla difensiva.*
● **3** 2 **si servava**: *si comportava.*
4 **se schiarava**: *si schiariva* [: *cominciava ad apparire*].
5 **maggiore**: *più dura.*
7 **dura**: *resista.*
8 **mena**: *assesta;* **fiero**: *terribile.*
● **4** 1 **Giunse a traverso**: [*lo*] *colpì di traverso.*
2 **un latte**: *una ricotta.*
3 **piagar**: *ferire;* **affatato** (= *incantato*): *protetto da un incantesimo.*
4 **ad un ponto**: *in un momento* (**ponto** = *punto*); *le* **piastre** *sono le lamine che compongono l'armatura, la* **maglia** *è quella di ferro che si indossava sotto la corazza.*
5-8 *Il nobile* (**franco**) *conte* [: *Orlando*] *non poteva* (**puotea**) *prendere respiro* (**avere il fiato**), *benché Tranchera* [: *la spada di Agricane*] *non tagliasse la sua carne; il colpo fu* [*dato*] *con tale violenza* (**ruina** = *rovina*) *che* [*gli*] *aveva fiaccato i nervi e rotto* (**peste** = *pestate*) *le ossa.*
● **5** 1 **fo...sbigotito**: [*Agricane*] *fu scoraggiato.*
2 **anci**: *anzi.*
3 **gionse**: *colpì;* **l'ha partito**: *lo spaccò.*
4 **piastra...e maglia**: cfr. nota 4, 4: **sbergo** (= *usbergo*): *corazza.*
6 **fo**: *fu;* **di cotanta asprezza**: *di tale violenza.*
7 *che mezzo scudo* (**il scudo mezo**) *andò subito* (**di netto**) *in terra* (**al prato**).
8 **coste**: *costole;* **li**: *gli.*
● **6** 2 **allor che**: *quando.* La similitudine del leone è tradizionale nella poesia epica, sia classica, sia cavalleresca.
3 **con più tempesta**: *con maggior furia.*
4 **rimena**: *assesta di nuovo;* **troppo furore**: *grande violenza.*
5 **gionse**: *colpì.*
● **7** 1 **lume**: *luce;* **per**: *con.*
2 **tintinava**: *ronzava.*
3 **corrente**: *veloce.*
4 **il**: *lo.*
5 **serebbe**: *sarebbe.*
6-8 *se fosse rimasto* (**durava**) [*ancora*] *un po'* (**ponto**) *in quello stordimento* (**stordigione**); *ma, stando per* (**sendo nel; sendo** = *essendo*) *cadere* [: *siccome stava per cadere*], *per questo motivo* (**cagione**) *riprese conoscenza* (**tornolli il spirto** = *gli ritornò lo spirito*) *e si tenne all'arcione*. *L'* **arcione** *è quella sporgenza della sella cui ci si regge per non cadere.*
● **8** 1-4 *E divenne* (**venne**) *vergognoso di se stesso* [: *si vergognò di sé*], *non appena* (**poi che**) *si vide superato* (**avanzato**) *a tal punto. Diceva addolorato* (**doloroso**): «*Con che vergogna mai* (**come mai vituperato**) *andrai da Angelica?*».
5 **amoroso**: *che fa innamorare.*
7-8 *Ma chi è richiesto* [*di un favore*] *e poi perde tempo* (**indugia**) *nel* [*rendere il*] *suo servigio* (**il suo servire**), *rendendo il servigio* (**servendo**) *in seguito* (**poi**), *perde* (**fa perire**) *la ricompensa* (**il guidardon**): *i favori vanno fatti subito, altrimenti non se ne può sperare una sincera gratitudine.*

9

Presso a duo giorni ho già fatto dimora
Per il conquisto de un sol cavalliero,
E seco a fronte me ritrovo ancora,
Né gli ho vantaggio più che il dì primiero.
Ma se più indugio la battaglia un'ora,
L'arme abandono ed entro al monastero:
Frate mi faccio, e chiamomi dannato,
Se mai più brando mi fia visto al lato».

10

Il fin del suo parlar già non è inteso,
Ché batte e denti e le parole incocca;
Foco rasembra di furore acceso
Il fiato che esce fuor di naso e bocca.
Verso Agricane se ne va disteso,
Con Durindana ad ambe mano il tocca
Sopra alla spalla destra de riverso;
Tutto la taglia quel colpo diverso.

11

Il crudel brando nel petto dichina,
E rompe il sbergo e taglia il pancirone;
Benché sia grosso e de una maglia fina,
Tutto lo fende in fin sotto il gallone:
Non fo veduta mai tanta roina.
Scende la spada e gionse nello arcione:
De osso era questo ed intorno ferrato,
Ma Durindana lo mandò su il prato.

12

Da il destro lato a l'anguinaglia stanca
Era tagliato il re cotanto forte;
Perse la vista ed ha la faccia bianca,
Come colui ch'è già gionto alla morte,
E benché il spirto e l'anima li manca,
Chiamava Orlando, e con parole scorte
Sospirando diceva in bassa voce:
– Io credo nel tuo Dio, che morì in croce.

13

Batteggiame, barone, alla fontana
Prima ch'io perda in tutto la favella;
E se mia vita è stata iniqua e strana,
Non sia la morte almen de Dio ribella.
Lui, che venne a salvar la gente umana,
L'anima mia ricoglia tapinella!
Ben me confesso che molto peccai,
Ma sua misericordia è grande assai. –

14

Piangea quel re, che fo cotanto fiero,
E tenìa il viso al cel sempre voltato;
Poi ad Orlando disse: – Cavalliero,
In questo giorno de oggi hai guadagnato,
Al mio parere, il più franco destriero
Che mai fosse nel mondo cavalcato;
Questo fo tolto ad un forte barone,
Che del mio campo dimora pregione.

15

Io non me posso ormai più sostenire:
Levame tu de arcion, baron accorto.
Deh non lasciar questa anima perire!
Batteggiami oramai, ché già son morto.
Se tu me lasci a tal guisa morire,
Ancor n'avrai gran pena e disconforto. –
Questo diceva e molte altre parole:
Oh quanto al conte ne rincresce e dole!

- **9** Ho già perso tempo (**fatto dimora**; **dimora** = indugio) circa (**presso a**) due giorni per la vittoria su (**il conquisto di**) un solo cavaliere, e mi ritrovo ancora di fronte a lui (**seco** = con lui), né ho più vantaggio che il primo giorno (**dì primiero**). Ma se perdo tempo (**indugio**) in [questo] duello (**la battaglia**) un'ora [in] più, lascio le armi ed entro in convento: mi faccio frate, e mi riconosco (**chiamomi**) dannato se mi sarà (**fia**) mai più vista la spada (**brando**) al fianco (**lato**). Gli al v. 4 è pleonastico.
- **10** 2 **e denti**: *i denti*; **le parole incocca**: *balbetta parlando*.
  3 **foco rasembra**: *sembra fuoco*.
  5 **disteso**: *diritto*.
  6 **lo colpisce** (**il tocca**) con Durindana [: la spada di Orlando] [*impugnandola*] con entrambe le mani.
  7 **de riverso**: *con il rovescio* [*della spada*].
  8 **diverso**: *straordinario*.
- **11** 1 **brando**: *spada*; **dichina**: *cala*.
  2 **sbergo** (= usbergo): *corazza*; **pancirone** (= panzerone): la parte della corazza che copre il ventre.
  3 **maglia**: cfr. nota a 4, 4; **fina**: *ben fatta*.
  4 **fende**: *taglia*; **gallone**: *fianco*.
  5 **fo**: *fu*; **tanta roina**: *una rovina così grande*.
  6 **gionse**: *colpì*; **arcione**: cfr. nota a 7, 6-8.
  7 **questo**: l'arcione; **ferrato**: *montato in ferro*.
  8 **lo mandò**: *in pezzi*.
- **12** 1 **anguinaglia stanca**: [*parte*] *sinistra dell'inguine*.
  4 **gionto**: *giunto*.
  5 **il spirto e l'anima li manca**: *gli vengano meno gli spiriti vitali* (**il spirto e l'anima**) [: *stia per morire*].
  6 **scorte**: *chiare*.
- **13** 1 **Batteggiame**: *Battezzami*.
  2 **la favella**: *la parola*.
  3 **iniqua e strana**: *ingiusta e sregolata*.
  4 **de Dio ribella**: *ribelle a Dio*.
  6 **accolga** (**ricolga**) la mia povera (**tapinella**) anima.
- **14** 1 **che fo cotanto fiero**: *che fu tanto feroce*.
  2 **tenia**: *teneva*.
  5 **al mio parere**: *secondo il mio parere*; **il più franco**: *il migliore*.
  7 **fo**: *fu*.
  8 **dimora pregione**: *è prigioniero*.
- **15** 1 **sostenire**: *resistere*.
  2 **accorto**: *saggio* (ma l'aggettivo serve da zeppa, e non ha quasi valore semantico).
  3 La morte dell'anima sarebbe la dannazione eterna.
  4 **batteggiami**: *battezzami*.
  5 **a tal guisa**: *in questo modo*.
  6 **disconforto**: *sofferenza*.
  8 **dole**: *duole*, *dispiace*.

16

Egli avea pien de lacrime la faccia,
E fo smontato in su la terra piana;
Ricolse il re ferito nelle braccia,
E sopra al marmo il pose alla fontana;
E de pianger con seco non si saccia,
Chiedendoli perdon con voce umana.
Poi battizollo a l'acqua della fonte,
Pregando Dio per lui con le man gionte.

16 1 **fo smontato**: *fu smontato, smontò*. 3 **ricolse**: *raccolse*. 4 **il**: *lo*. 5 **e non si sazia (saccia) di piangere tra sé (con seco)**. 6 **chiedendolo**: *chiedendogli*; **umana**: *affettuosa*. 7 **batizollo**: *lo battezzò*. 8 **gionte**: *giunte, unite*.

T5 DALLA COMPRENSIONE ALL'INTERPRETAZIONE

COMPRENSIONE E ANALISI

Collocazione del testo Nel canto XVIII del **libro I** Orlando, corso a difendere Angelica, fa strage dei soldati di **Agricane, re di Tartaria** che la sta assediando ad Albraca. Allora Agricane finge di fuggire per farsi inseguire e per distogliere così Orlando dalla carneficina. Giunti in un posto isolato, Agricane rivela la propria intenzione e accetta il duello. Prima che esso inizi, **Orlando** invita Agricane a farsi battezzare; Agricane rifiuta il battesimo e comincia il duello. Quando discende la notte, i due decidono di comune accordo di sospenderlo in attesa dell'alba, si sdraiano insieme su un prato e danno avvio a una **civilissima conversazione** davanti al cielo stellato. Oggetto della discussione è quale sia l'educazione migliore, se quella interamente dedicata alle armi (come è per Agricane), oppure quella che rende anche dotti e colti attraverso lo studio (come è per Orlando). È una disputa sull'educazione in cui si avverte l'eco delle discussioni umanistiche su tale materia. Quando però Agricane, geloso, chiede a Orlando di rinunciare ad Angelica, Orlando rifiuta e il duello riprende «per la notte bruna». A questo punto (è l'ottava 55 del canto XVIII), il canto si interrompe inaspettatamente. Il duello riprende nel canto successivo, le cui prime sedici ottave sono qui antologizzate.

Struttura dell'episodio Si possono distinguere **tre parti**: 1) nella prima ottava, come accade sempre negli esordi, **il poeta parla in prima persona** rivolgendosi al proprio pubblico; 2) dall'ottava 2 sino alla 11 si svolge **il duello**; 3) dall'ottava 12 alla 16 **Agricane chiede e ottiene il battesimo**. La parte seconda è poi suddivisa al proprio interno in due sequenze: nelle ottave 2-6 protagonista è Agricane che ferisce Orlando; dalla 7 alla 11 protagonista è Orlando, che, colpito, chiama a raccolta ogni energia e soprattutto si appella al ricordo di Angelica per recuperare le forze e ferire a sua volta Agricane. Come si vede, lo sviluppo della narrazione è semplice e lineare; le sequenze si succedono secondo la loro naturale successione logica e cronologica, mettendo al centro dell'attenzione ora l'uno, ora l'altro dei contendenti.

INTERPRETAZIONE

L'ideologia I motivi ideologici dell'episodio sono due: quello religioso e quello cavalleresco. La richiesta di battesimo da parte di Agricane può sembrare improvvisa e immotivata. Bisogna tuttavia ricordare che nella prima parte dell'episodio, svoltasi alla fine del canto precedente, i due avevano già discusso della fede: Orlando all'inizio dell'episodio aveva cercato di battezzare Agricane e questi aveva rifiutato dicendo che il duello avrebbe mostrato chi sapeva meglio difendere il proprio Dio. Inoltre occorre tener presente che quello del **battesimo del pagano sconfitto** stava diventando un vero e proprio *topos*: il motivo era scontato, atteso dagli ascoltatori, e perciò veniva introdotto senza bisogno di molte motivazioni psicologiche. Esso sarà ripreso da Tasso nella *Gerusalemme liberata* (XII, 51) nell'episodio di Clorinda che si fa battezzare da Tancredi, dopo essere stata da lui sconfitta. C'è anzi un punto di questo famosissimo episodio in cui Tasso sembra riecheggiare Boiardo: nell'ottava 65 (vv. 3-8) del canto XII si legge: «Ella, mentre cadea, la voce afflitta/ movendo, disse le parole estreme; / parole ch'a lei novo un spirto ditta, / spirto di fé, di carità, di speme: / virtù ch'or Dio le infonde, *e se rubella / in vita fu, la vuole in morte ancella*». Si confrontino le parole evidenziate con il corsivo con i versi 3-4 dell'ottava 13: «E se mia vita è stata iniqua e strana, / non sia la morte almen de Dio ribella». Comunque, ad aver maggior risalto è il motivo cavalleresco della dignità e dell'**onestà dei cavalieri antichi**, ingenui, facili alla commozione (entrambi piangono) e sempre disposti non solo a rispettare l'avversario ma anche a rendergli onore. Esaltare questa gentilezza dei cavalieri è uno dei temi fondamentali dell'opera. Esso è posto in rilievo anche da alcuni accorgimenti narrativi: la notte è terminata, spunta l'alba che segna l'inizio della vita eterna per Agricane (così sarà anche per Clorinda). Il paesaggio commenta discretamente il momento saliente in cui si afferma con maggior forza l'ideologia religiosa e cavalleresca.

T5 LAVORIAMO SUL TESTO

COMPRENDERE

1. Dividi in sequenze il brano e documenta il carattere lineare della struttura narrativa, mostrando con quale criterio si succedono le sequenze stesse.

ANALIZZARE

2. Rintraccia le immagini che caratterizzano, nelle ottave 10 e 11, la violenza del colpo mortale.

INTERPRETARE

3. Come è motivata l'improvvisa conversione di Agricane in punto di morte? Qual era la posta in gioco del duello?
4. Rifletti sull'introduzione nel poema del motivo religioso (il battesimo dell'infedele). Può trovare spiegazione in una sensibilità religiosa diversa da quella medievale?

LE MIE COMPETENZE: CONFRONTARE E DIALOGARE

Nel Medioevo tra Occidente e Oriente sussiste un rapporto tra pari. L'influenza araba è stata fondamentale per lo sviluppo di discipline quali l'astronomia, la geometria, la matematica, l'algebra, la storia dell'arte, la filosofia, la letteratura. Nonostante ciò l'Europa cristiana ha guardato a lungo con sospetto e spesso con ostilità alla cultura araba, come testimoniano le crociate in Terra Santa. La contrapposizione con un Oriente che nell'immaginario europeo rappresenta l'"altro", il "diverso" costituisce il tema centrale dell'epica medievale. Nell'*Orlando innamorato* invece paladini e saraceni sono collocati su uno stesso piano. Non c'è nessuna demonizzazione del nemico saraceno che, al contrario, condivide gli stessi valori cavallereschi degli eroi cristiani. Come spieghi questa trasformazione? Rileggi il brano *La morte di Orlando* (cfr. vol. 1, cap. I, **T1**, vol. I); confronta il modo di tratteggiare il "diverso" nella *Chanson de Roland* con quello che emerge dal testo di Boiardo; quindi discuti con la classe la questione, tenendo conto dei differenti contesti storici in cui affondano le radici il poema medievale e l'opera di Boiardo.

T6 Matteo Maria Boiardo
L'ultima ottava dell'*Orlando innamorato*

OPERA
Orlando innamorato, III, IX, 26

CONCETTI CHIAVE
- l'irruzione della realtà – tragica – nella trama fantastica dell'*Innamorato*

FONTE
M.M. Boiardo, *Orlando innamorato*, cit.

Questa è l'ultima famosa strofa con cui Boiardo conclude bruscamente il poema nel 1494, al momento della discesa di Carlo VIII in Italia. L'autore muore nello stesso anno. L'opera resta interrotta.

26

Mentre che io canto, o Iddio redentore,
Vedo la Italia tutta a fiama e a foco
Per questi Galli, che con gran valore
Vengon per disertar non so che loco;
Però vi lascio in questo vano amore
De Fiordespina ardente a poco a poco;
Un'altra fiata, se mi fia concesso,
Racontarovi il tutto per espresso.

METRICA ottave.

- **1 Mentre che:** *Mentre*.
- **3 Galli:** *Francesi*: quelli guidati da Carlo VIII.
- **4 disertar:** *distruggere*.

5-8 perciò (**però**) lascio voi [: i lettori] nel [mezzo del racconto di] questo inutile amore di Fiordespina, che arde (**ardente**) [d'amore] *a poco a poco*; se mi sarà (**fia**) concesso, vi racconterò (**racontarovi**) tutto per esteso (**per espresso**) un'altra volta (**fiata**). **Fiordespina** è la figlia del re di Spagna, che si è innamorata della guerriera Bradamante, scambiandola per un uomo: perciò il suo amore è **vano**.

T6 DALLA COMPRENSIONE ALL'INTERPRETAZIONE

COMPRENSIONE E ANALISI

Il contesto storico Nel settembre **1494 Carlo VIII** – chiamato in aiuto da Ludovico il Moro, signore di Milano, contro il re di Napoli, che appoggiava il rivale di Ludovico, Galeazzo Sforza, come legittimo aspirante al titolo di duca di Milano – cala in Italia ed entra, il 9 del mese, ad Asti. Boiardo, capitano di Reggio, ha il suo da fare per il **passaggio delle truppe francesi** che saccheggiano e mettono a ferro e fuoco vari paesi. Il poeta è costretto a interrompere la stesura dell'*Orlando innamorato*; né avrà più modo di riprenderla a causa della morte sopraggiunta poco dopo.

Una brusca interruzione Questa che abbiamo letto è l'ottava che conclude bruscamente il poema, interrotto al **canto IX del terzo libro**. In questo canto Boiardo racconta la vicenda di **Fiordespina** che si innamora di quello che crede un coraggioso cavaliere ed è invece la bella **Bradamante**, una dama che indossa un'armatura maschile. Mentre le due fanciulle dialogano all'ombra di un albero nelle vicinanze di un ruscello, la narrazione si interrompe. La realtà fa la sua crudele irruzione nel mondo fantastico dell'*Innamorato*. L'autore si augura di riprendere in un'altra occasione il racconto dell'amore «vano» di Fiordespina, ma anche questa speranza sarà smentita dai tragici accadimenti del 1494.

INTERPRETAZIONE

La fine di un'epoca Il finale del poema resta sospeso e promette una continuazione che non ci sarà. Il lettore postero (come noi) sa che l'interruzione sarà definitiva. Pertanto quest'ottava conclusiva acquista un fascino particolare: con la sua promessa mancata essa sembra farsi carico di un **presagio luttuoso**, di un senso di provvisorietà e di disfatta. L'opera si conclude per sempre e la sua interruzione coincide con la fine di un sogno e di un'epoca: nel 1494 le basi su cui si fondava la raffinata civiltà di corte celebrata da Boiardo rivelano tutta la loro fragilità. Le truppe francesi saccheggiano la penisola: da questo momento in poi l'**Italia diventa una terra di conquista** per le potenze straniere. Il racconto dell'amore di Orlando verrà però ripreso e continuato da **Ariosto**: la vicenda dell'*Orlando furioso* avrà inizio proprio nel punto in cui si è conclusa la narrazione di Boiardo.

Biagio Rossetti, *Palazzo dei diamanti*. Ferrara.
Il palazzo deve il suo nome al bugnato a punta di diamante che copre le superfici murarie esterne. Fu costruito su commissione di Sigismondo d'Este, fratello di Ercole I d'Este, a partire dal 1493. Rossetti è anche l'autore della cosiddetta "addizione erculea", cioè dell'ampliamento di ferrara in chiave moderna: le residenze signorili non sarebbero sorte in spazi distinti rispetto alle abitazioni comuni, ma lungo gli stessi assi viari. L'impianto urbanistico a scacchiera, con ampie vie e incroci ortogonali, era stato pensato in funzione dell'espansione demografica e avrebbe sostituito l'antico impianto medievale a viuzze della città antica. La caduta della dinastia estense non consentirà di portare a termine il progetto.

T6 LAVORIAMO SUL TESTO

COMPRENDERE E ANALIZZARE

1. Chi sono i «Galli» citati al v. 3?
2. Perché l'amore di Fiordespina è «vano»?

INTERPRETARE

3. Perché l'autore non riuscirà a riprendere la stesura del poema?

Percorso
L'ANIMA E IL CORPO

Il mondo alla rovescia: ghiottoni e furfanti

Pieter Bruegel il Vecchio, *Proverbi fiamminghi* (particolare), 1559. Berlino, Gemäldegalerie.

Con Morgante e Margutte due giganti entrano in scena nella nostra letteratura. Il loro successo fu tale che un'eco, diretta o indiretta, arrivò fino in Francia al grande Rabelais. Il *Morgante* dà dignità artistica a temi che circolavano nella cultura popolare e folklorica, cosiddetta carnevalesca. La cultura legata alla festa e alla trasgressione del Carnevale, che non si preoccupa dell'anima ed esalta il corpo, rovesciando nel riso, nell'infrazione alla norma, princìpi e valori della società costituita. **Morgante, tutto forza e gola, e il malandrino Margutte sono due eroi alla rovescia che incarnano due temi tipici del mondo popolare, la pura materialità e la furfanteria.**

La novità dei personaggi sta però nell'invenzione del loro gigantismo. Il gigante, nell'immaginario rinascimentale, prende il posto dell'orco medievale con un singolare mutamento di segno: all'orco, divoratore demoniaco, sconfitto dal cavaliere-eroe, subentra il gigante protagonista di una nuova epopea, che è una parodia dell'avventura cavalleresca. **La dilatazione della dimensione corporea e l'ottica anormale del gigante permettono un'alterazione delle normali proporzioni, che sfida beffardamente ogni visione conformista e benpensante.** Morgante è la forza smisurata, l'animalità, la voracità insaziabile. È il simbolo del basso-corporeo elevato a unica fonte di piacere. Margutte unisce all'ingordigia la malizia. Il suo carattere di personaggio irregolare è subito evidente: appare per «ispicchio» (di traverso), le membra ha «strane, orride e brutte», in volto è tutto «fosco».

Margutte non è solo il prodotto di una fantasia letteraria di irriverente e giocoso ribaltamento del mondo, ma rimanda a una dimensione sociologica che assume proporzioni enormi nei secoli XIV e XV. «Non è un caso che la figura di Margutte scaturisca, impareggiabilmente scanzonata e sacrilega, emblema di tutto il mondo malandrinesco e furbesco, proprio nella seconda metà del Quattrocento, furfante, [...] spergiuro, ladro, baro, falsario, manutengolo» (P. Camporesi, *Introduzione* a *Il libro dei vagabondi*, Einaudi, Torino 1973). Il suo non è un credo solitario, ma comune alla cultura della taverna, dove era di casa da secoli la parodia del sacro: «ma soprattutto nel buon vino ho fede / e credo che sia salvo chi gli crede». Margutte appartiene al mondo degli avventurieri e dei vagabondi che era allora un fenomeno diffusissimo e rispecchiava la mobilità della società del tempo: venditori ambulanti, monaci questuanti, chierici vaganti, cantastorie, negromanti, eretici, istrioni, giocatori, mendicanti, storpi, servi fuggiaschi, malfattori e soprattutto ladri. Anche Panurge nel *Gargantua e Pantagruel* viene dallo stesso mondo: «soggetto di natura ad un male che si chiamava in quel tempo *mancanza di denari malattia senza pari*: aveva però sessantatré maniere di trovarne in caso di necessità, fra cui la più onorevole e la più comune era il furto surrettizio! E malizioso, ingannatore, e bevitore, sempre in giro a tutte le ore, e ribottone (arraffone), se mai ce ne fu in Parigi» (F. Rabelais, *Gargantua e Pantagruel*, Einaudi, Torino 1973, p. 238).

A questa realtà si lega il tema della fame, dell'ossessione per il cibo, che dà corpo a un altro mito popolare, l'utopia del paese di Cuccagna, il paese ideale, dell'abbondanza e della felicità materiale. Già presente in Boccaccio nella novella di Calandrino, nei secoli XV e XVI, diventa sempre più spesso oggetto di rappresentazione pittorica (vedi figura). È il sogno di masse affamate che sfogano nel delirio del cibo la loro fame secolare.

È per questo che la fame, il cibo, l'ingoiare, il divorare, il bere sono temi così ricorrenti nel *Morgante*. La professione di fede di Margutte è una dissacrazione del credo cristiano che esalta una nuova Trinità: la torta, il tortello e il fegatello (cfr. **T1**, *Il "credo" gastronomico di Margutte*). Morgante e Margutte all'osteria non fanno che mettere in pratica il credo di Margutte in un pasto smisurato, dove tutto è all'insegna dell'eccesso: il bufalo squartato, la stanga che fa da spiedo, tre staia di pane e vino a bigonce. A questo si aggiunge un gigantesco *dessert*: «di cacio e frutte raguna una massa, / e portale a Morgante in un gran sacco, / e cominciorno a rimangiare a macco».

L'ottica smisurata e anomala del gigante sottolinea in modo grottesco il rovesciamento delle norme e dell'ordine tradizionale, anche a livello linguistico. Irregolarità e dismisura caratterizzano lo stile del *Morgante*: gusto della sovrabbondanza, dell'iperbole, violazione della lingua codificata, ricorso a forme gergali, popolari, furbesche esplodono nell'elencazione dei cibi, dei vizi, delle specialità culinarie, in metafore corporee che esaltano il piacere fisico, soprattutto della gola.

Morgante e Margutte diventano così una comica contestazione sia del modello di virtù cristiane che dell'idealizzazione neoplatonica dell'uomo rinascimentale. E ciò in linea con la posizione materialista e anticonformista che Pulci ebbe rispetto alla cultura della corte medicea, dominata da Ficino, e dalla quale fu emarginato.

Pieter Bruegel il Vecchio, *Il paese di Cuccagna*, **1567. Monaco, Alte Pinakothek.**
Questo dipinto del grande pittore fiammingo Pieter Bruegel il Vecchio raffigura Lintekkerland, una specie di terra promessa della felicità materiale a cui si arriva scavando in una montagna di farina. Tutto rigurgita di pasticci rotondi; non mancano particolari surreali, un porco cotto arriva con il coltello nel ventre, l'uovo alla coque accorre, con il cucchiaino. Un soldato, un contadino, un prete, dopo la scorpacciata, sprofondano in un sonno beato.

DAL RIPASSO ALLA VERIFICA

MAPPA CONCETTUALE — La letteratura cavalleresca

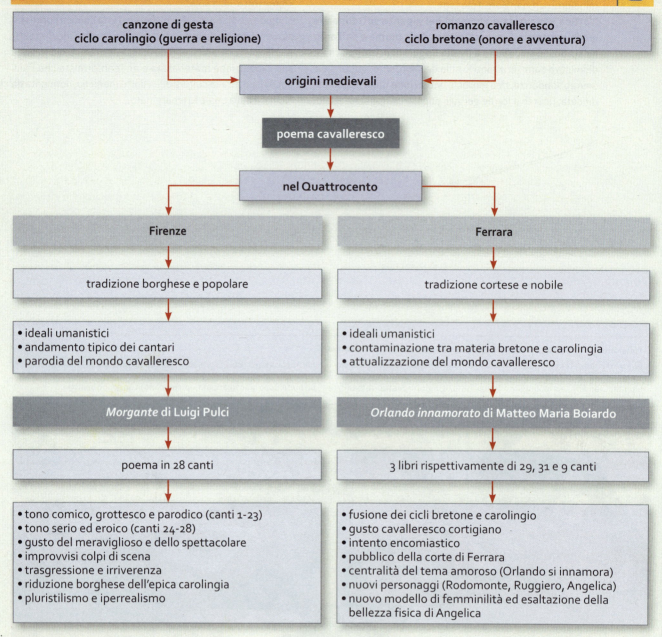

SINTESI

Il cantare

Il cantare nasce nel Trecento riprendendo i temi della materia bretone e di quella carolingia. Alle origini del poema cavalleresco e della sua fioritura nel Quattrocento c'è infatti una duplice tradizione di origine medievale. Il primo ramo è quello epico-carolingio che nasce con la *Chanson de Roland*. Il secondo è quello romanzesco-arturiano, la cui nascita è rappresentata dai romanzi francesi del XII secolo. Il poema cavalleresco nasce nella seconda metà del Quattrocento quando la materia stessa dei cantari viene assunta da un autore colto e rielaborata artisticamente per essere presentata non più al pubblico popolare ma a quello raffinato delle corti. Gli iniziatori del genere sono Luigi Pulci e Matteo Maria Boiardo.

Luigi Pulci

Luigi Pulci, nato a Firenze nel 1432, inizia a frequentare casa Medici dal 1461, introducendo nella cerchia di Lorenzo il suo gusto irriverente e giocoso, incline, in campo letterario, al comico e al burlesco. Nel corso degli anni Settanta matura la rottura con l'ambiente culturale della corte e poi con lo stesso Lorenzo. Nel 1478 viene pubblicata la prima edizione in 23 cantari del suo capolavoro, il *Morgante*, seguita nel 1483 dall'edizione completa in 28 canti. Muore a Padova nel 1484.

Il *Morgante*

L'azione del poema nasce e si esaurisce a ogni episodio; la trama non è rigorosa e procede per improvvisi colpi di scena. Le novità introdotte da Pulci nella tradizionale materia dei cantari riguardano soprattutto i personaggi del gigante Morgante e del mezzo gigante Margutte, suo compagno di imprese eroicomiche.

Matteo Maria Boiardo

Matteo Maria Boiardo nasce nel 1441 a Scandiano. La sua formazione culturale di tipo umanistico è documentata dalla produzione in versi latini che risente di una impostazione scolastica ed erudita. Per l'amata Antonia Caprara scrisse un canzoniere in volgare, *Amorum libri tres* [Tre libri di amori], concluso nel 1476. In questo stesso anno, Boiardo risiede a Ferrara presso il duca Ercole e comincia a scrivere il poema cavalleresco *Orlando innamorato*. Nel 1483 erano già completati i primi due libri, di 29 e 31 canti. Il terzo libro fu avviato con molta lentezza: in dieci anni (dal 1484 alla morte, avvenuta nel 1494) ne furono composti solo otto canti interi. Il poema resta interrotto a causa dell'arrivo in Italia, nel settembre del 1494, del re francese Carlo VIII.

L'*Orlando innamorato*

Boiardo nell'*Innamorato* si rifà alla materia dei cantari, unificando il ciclo bretone e quello carolingio. La poetica di Boiardo ruota intorno al tema dominante dell'amore, alla nostalgia per il mondo cavalleresco medievale, alla volontà di dilettare il pubblico cortigiano. Il motivo encomiastico (l'esaltazione della casata degli Estensi) è presente solo a partire dal II libro. La trama è assai meno casuale che in Pulci. Nel poema non mancano elementi di novità. Boiardo crea nuovi personaggi, come Rodomonte, Ruggiero e Angelica, altri li rinnova profondamente, come Orlando e Rinaldo. Orlando viene presentato come «innamorato», Angelica rappresenta una femminilità e una bellezza ormai del tutto fisiche e corporee. Boiardo utilizza dunque materia e tecniche dell'epica cavalleresca medievale per poi rinnovarla profondamente, aprendo così la strada a un nuovo modello di poema cavalleresco.

DALLE CONOSCENZE ALLE COMPETENZE

1 Rispondi alle seguenti domande
- A che cos'è un cantare? (§1)
- B quali cicli epici medievali sono all'origine del poema cavalleresco? (§1)
- C quale corte italiana sviluppò un vero e proprio culto della tradizione cavalleresca? (§3)

2 Scegli le affermazioni corrette
- A nel *Morgante* Pulci (§2)
  - [A] ricorre a una comicità fine a se stessa
  - [B] usa il comico a fini didattici
  - [C] mescola comico e grottesco
  - [D] si adegua ai canoni umanistici
- B nell'*Orlando innamorato* Boiardo (due risposte) (§3)
  - [A] inventa il genere cavalleresco
  - [B] mira anche a uno scopo celebrativo
  - [C] unisce il filone epico a quello romanzesco
  - [D] ha come unico scopo l'intrattenimento

3 Il "credo" che Margutte recita a Morgante (T1) è il rovesciamento parodico di quello cavalleresco: spiega perché con precisi riferimenti al testo e precisa il risvolto ideologico del credo gastronomico di Margutte. (T1)

DAL RIPASSO ALLA VERIFICA

4 Riassumi la poetica di Boiardo relativa alla composizione dell'*Orlando innamorato* per quanto riguarda (§ 3)
- la materia cavalleresca da cui attinge ....
  ....
- il tema dominante ....
  ....
- l'atteggiamento verso il mondo cavalleresco ....
  ....

5 Con precisi riferimenti al testo (T4), spiega in che modo Boiardo descrive la figura di Angelica. Quali aspetti della tradizione cavalleresca sono messi più in evidenza e quali vengono respinti?

PROPOSTE DI SCRITTURA

IL TEMA

La figura di Angelica, nonostante il nome, rompe con la tradizione delle donne stilnovistiche. Quale novità e quale ruolo presenta questo personaggio nell'*Orlando innamorato*? (T4).

- Indicazioni bibliografiche

prometeo 3.0

Personalizza il tuo libro selezionando per questo capitolo materiali integrativi da Prometeo (di seguito ti proponiamo un elenco di materiali, ma puoi trovarne altri utilizzando il motore di ricerca).

- **MODULO TEMATICO INTERDISCIPLINARE** Itinerario nel mondo alla rovescia
- **SCHEDA** Il tema del "Mondo Nuovo" nel *Morgante* di Pulci (G. Nava)
- **SCHEDA** Come in Pulci e Rabelais la lingua prende il sopravvento sulla realtà (L. Spitzer)
- **SCHEDA** Il genere cavalleresco e l'*Orlando innamorato* (C. Micocci)
- **TESTO** Luigi Pulci, «*Costor, che fan sì gran disputazione*»
- **TESTO** Matteo Maria Boiardo, «*Datime a piena mano e rose e zigli*» [*Amorum libri*, I, 36]
- **TESTO** Matteo Maria Boiardo, «*Già vidi uscir de l'onde una matina*» [*Amorum libri*, I, 39]
- **TESTO** Matteo Maria Boiardo, *Il duello fra Orlando e Agricane: il dialogo notturno* [*Orlando innamorato*, I, XVIII, 37-55]

Capitolo V
L'Umanesimo volgare nelle altre corti italiane

My eBook+

Cliccando su questa icona, docenti e studenti accedono ad un'area di personalizzazione che permette di arricchire i contenuti digitali già linkati lungo le pagine del libro. Nell'area di personalizzazione è possibile infatti salvare ulteriori materiali: selezionati da **Prometeo**, prodotti autonomamente o ricercati nella rete.

Leonardo da Vinci, *Vergine delle Rocce*, 1483-1486. Parigi, Museo del Louvre.

1. L'Umanesimo volgare nelle corti del centro-nord e nel Regno di Napoli

Mantova, Urbino e Milano. Leonardo da Vinci

Mantova, Urbino e Milano

Mantova raggiunse il suo periodo più fulgido dopo il matrimonio di Francesco II Gonzaga con Isabella d'Este nel 1490. L'età di Lorenzo coincide a **Urbino** con il potere di Guidobaldo di Montefeltro e con la presenza di Elisabetta Gonzaga. Guidobaldo resse il Ducato dal 1482 al 1508. Il periodo d'oro della **corte milanese** corrisponde al ventennio della reggenza e poi del potere diretto di Ludovico Sforza, detto il Moro, fra il 1480 e il 1500. Alla corte di Ludovico il Moro visse a lungo Leonardo.

Vita e opere di Leonardo da Vinci

Leonardo, nato nel 1452, visse sino a trent'anni in Toscana, lavorando a Firenze nella bottega del pittore **Andrea del Verrocchio**. Poi fu assunto da Ludovico il Moro in qualità di architetto e di ingegnere. Perciò visse, a partire **dal 1482**, per diciassette anni, **a Milano**. Qui dipinse la *Vergine delle rocce* e l'*Ultima cena* (cfr. **S1**, p. 124). Caduto Ludovico, si spostò a Mantova, Venezia, Firenze, Roma e infine **in Francia**, al servizio del sovrano Francesco I. Qui dipinse la *Gioconda*. Morì ad Amboise nel 1519. Ha lasciato **migliaia di appunti**, spesso di difficile decifrazione anche perché Leonardo, mancino, scriveva da destra verso sinistra, e anche scritti letterari (*Apologi, Favole*). Organico in ogni sua parte è solo il ***Trattato di pittura***, peraltro sistemato nella sua forma definitiva da un allievo, Francesco Melzi, a cui egli aveva lasciato i propri manoscritti. Appunto per il carattere non sistematico della scrittura, lo stile può essere ora rapido e trasandato, ora ricercato.

Il Trattato di pittura

Un metodo basato sull'esperienza diretta

Per quanto si proclamasse uomo «sanza lettere» (cfr. **T1**, p. 126), Leonardo aveva piena consapevolezza del valore culturale delle proprie idee e del proprio **metodo di ricerca**, basato sulla centralità dell'esperienza e dello studio della natura. Questo **atteggiamento scientifico di tipo sperimentale**, che lo induceva al contatto diretto con la natura e alla predilezione per le scienze matematiche, fisiche e naturali, è evidentemente un aspetto della sua cultura umanistico-rinascimen-

T • Leonardo da Vinci, *Leonardo anticipa i princìpi del metodo galileiano*

T • Leonardo da Vinci, *Proemio della anatomia*

L'*Hypnerotomachia Poliphili* di Francesco Colonna (1499)

L'argomento del *Polifilo*

tale. La scienza moderna, a partire da Galileo, riprenderà proprio questo assunto di Leonardo. Rientra nella cultura umanistica anche la sua rivalutazione, sul piano teorico, delle **"arti meccaniche"** e, in particolare, la sua **valorizzazione della pittura**, considerata l'attività umana superiore, perché capace di quella conoscenza scientifica della realtà da cui restano lontane le "belle favole" della poesia. Nella contrapposizione fra poesia e pittura si nota però anche un **atteggiamento antiumanistico**. Gli umanisti sono visti con diffidenza perché preferiscono la retorica e i discorsi astratti alla conoscenza diretta della natura, da cui, invece, secondo Leonardo, deriva ogni conoscenza.

La cultura veneta e il romanzo allegorico sentimentale: il *Polifilo*

A Venezia prevalgono la storiografia, l'Umanesimo filologico e l'amore per i classici latini. Un caso per certi versi eccezionale è la pubblicazione, in volgare, con splendide incisioni, nel 1499, dell'**Hypnerotomachia Poliphili** [Combattimento d'amore di Polifilo in sogno] di un frate trevigiano, Francesco Colonna (1433-1527). È un esempio di romanzo in prosa, che associa l'elemento allegorico-iniziatico della prima parte all'elemento sentimentale della seconda. Il *Polifilo* (così in genere viene chiamato l'*Hypnerotomachia Poliphili*) consta di **due libri**: il primo espone il sogno di Polifilo

S1 ARTE

Ultima cena di Leonardo

A Milano, tra il 1495 e il 1497, Leonardo dipinse in Santa Maria delle Grazie uno dei suoi capolavori, inaugurando la grande pittura del Cinquecento. L'*Ultima cena* colpisce subito per l'originalità con cui l'artista interpreta il tema religioso dell'ultima cena. Cristo appare al centro di una scena movimentata, in cui gli apostoli traducono nell'agitazione dei corpi lo sconvolgimento interiore. Cristo ha appena annunciato il tradimento di uno di loro, gettando lo scompiglio intorno a sé: «la mano di chi mi tradirà è con me sulla tavola». Giuda si ritrae con veemenza denunciando la propria colpevolezza. Negli altri è meraviglia, sconcerto, disorientamento. Leonardo trasferisce nelle figure degli apostoli i volti e i gesti delle persone che andava studiando per le strade, nelle piazze, nei mercati. Coerentemente con il suo metodo di ricerca, basato sull'osservazione diretta, l'artista a Milano aveva approfondito lo studio della figura umana, come documentano i numerosi schizzi di volti, espressioni, sguardi ripresi dal vivo. Questi tratti rivivono nelle figure degli apostoli e la narrazione evangelica si risolve in un dramma intensamente umano. Cristo è il fulcro di un movimento contrastante, che ha l'origine e insieme il punto di attrazione nella sua figura e che si propaga ai due lati in un fluire ininterrotto di forme e di gesti, ritmato dai gruppi di apostoli.

Leonardo da Vinci, *Ultima cena*, 1495-1497. Milano, Santa Maria delle Grazie.

che, smarritosi in una selva, compie un percorso di iniziazione che lo porta al regno di Venere; nel secondo è l'innamorata di Polifilo, Polia, che racconta le origini della città di Treviso e la storia del proprio amore.

La corte aragonese. Iacopo Sannazaro e l'*Arcadia*

Debolezza politica del Regno di Napoli

Il **Regno di Napoli** aveva l'assetto politico più precario, a causa del potere feudale dei baroni che si opponevano all'autorità del re, avvalendosi degli appoggi ora del Papato, ora di altri Stati (anche stranieri, come il Regno di Francia). Nel periodo che qui ci interessa fu re di Napoli, dal 1458 al 1494, Ferdinando I d'Aragona. Nel 1516, infine, il Regno di Napoli passò sotto il controllo dei re spagnoli.

Sannazaro e la nascita del romanzo pastorale

Il maggior scrittore della corte aragonese è **Iacopo Sannazaro** (1455-1530), che dette vita a un **nuovo genere** letterario, **il romanzo pastorale**, destinato a una larga e lunga fortuna in tutta Europa. Sannazaro fu erudito, filologo e ottimo conoscitore della lingua latina, da lui praticata soprattutto nella seconda parte della vita. Ma la sua fama è legata soprattutto al romanzo pastorale l'*Arcadia*.

Dal genere bucolico al romanzo pastorale

S • La novità dell'*Arcadia* di Sannazaro (M. Corti)

Gli umanisti avevano rinnovato **la tradizione bucolica** (cfr. **S2**) classica, rifacendosi direttamente a Teocrito e soprattutto a Virgilio. Nel contesto della grande fortuna del genere bucolico, promosso dagli umanisti fin dal quindicennio 1465-1480, la **novità di Sannazaro** sta nel dare ordine romanzesco a una raccolta di egloghe, alternandole alla prosa, che acquista anzi una funzione decisiva e di primo piano. Nasce così il romanzo pastorale.

Sotto spoglie mitologiche e pastorali le vicende delle corti e delle accademie vengono allontanate e mitizzate, trasposte in una **Arcadia favolosa** (cfr. **T2**, p. 131). Dietro i pastori che ne sono protagonisti è possibile riconoscere personaggi reali, ma collocati in una dimensione e in un'atmosfera antirealistiche.

La vicenda

T • Iacopo Sannazaro, *Epilogo*

La vicenda si impernia sul volontario esilio di **Azio Sincero** (pseudonimo di Sannazaro) in Arcadia, in un mondo di pastori gentili che cantano le loro pene d'amore vivendo una tranquilla vita campestre. L'opera ha tuttavia un **epilogo doloroso**, in cui s'insinua il timore di una decadenza non solo della poesia ma di una intera civiltà.

La Hypnerotomachia Poliphili di Francesco Colonna, stampata a Venezia da Aldo Manuzio nel dicembre del 1499.

S2 — ITINERARIO LINGUISTICO

Bucolico e arcadico

Parlando di poesia pastorale si usano spesso gli aggettivi "bucolico" e "arcadico": infatti essi si riferiscono, anche se in modo diverso, al mondo dei pastori.

"Bucolico" deriva dal latino *bucolicos*, cioè 'che riguarda i buoi o i pastori', a sua volta derivato dal greco *boukolikós* (*boûs* in greco significa 'bue' e *boukólos* significa 'bovaro'). L'aggettivo indica non solo ciò che è caratteristico e specifico della poesia pastorale (la vita dei pastori e i loro sentimenti), ma anche l'atmosfera serena e naturale propria dell'ambiente pastorale: in questa accezione "bucolico" vale 'idilliaco', cioè 'tranquillo, privo di aspetti drammatici'.

"Arcadico", dal latino *arcadicus*, deriva invece da "Arcadia", il nome di una regione greca che nel mondo letterario greco-latino era designata come il luogo mitico di una vita pastorale dedita ai piaceri della natura e del canto, e che per antonomasia indica un luogo di vita beata, lontana da preoccupazioni e da qualsiasi rapporto con la realtà. In nome della semplicità stilistica, prese nome di *Arcadia* anche l'Accademia letteraria fondata a Roma alla fine del Seicento e attiva nella prima metà del Settecento, caratterizzata da un ostentato amore per la natura come fuga dalla realtà.

L'astratta e convenzionale mitizzazione della vita pastorale dà oggi agli aggettivi "bucolico" e "arcadico" la sfumatura semantica di 'ingenuo', 'primitivo', e 'lezioso, frivolo'.

T1 Leonardo da Vinci — «Omo sanza lettere» ma studioso della natura e dell'esperienza

TESTO LABORATORIO

CONCETTI CHIAVE
- polemica antiumanistica
- valorizzazione della «sperienzia»

FONTE
Leonardo da Vinci, *Scritti letterari*, a cura di A. Marinoni, Rizzoli, Milano 1991 [1974].

 Ascolto

 Alta leggibilità

In questo appunto Leonardo accetta la definizione di «omo sanza lettere» che qualche cortigiano aveva dato di lui, che conosceva assai poco il latino e il greco e usava solo il volgare. Ribatte che, se è un illetterato, sa seguire però l'insegnamento della natura e imparare dall'esperienza scientifica della realtà. È qui implicita anche una vena polemica antiumanistica.

So bene che, per non essere io litterato, che alcuno prosuntuoso[1] gli parrà ragionevolmente potermi biasimare coll'allegare io essere omo sanza lettere.[2] Gente stolta! Non sanno questi tali ch'io potrei, sì come Mario[3] rispose contro a' patrizi romani, io sì rispondere, dicendo: «Quelli che dall'altrui fatiche se medesimi fanno ornati, le mie a me medesimo non vogliano concedere».[4] Diranno che, per non avere io lettere, non potere ben dire quello di che voglio trattare. Or non sanno questi che le mie cose son più da esser tratte dalla sperienzia, che d'altrui parola; la quale fu maestra di chi bene scrisse, e così per maestra la piglio e quella in tutti i casi allegherò.[5]

- **1 che alcuno prosuntuoso**: *che qualche presuntuoso*. Da notare l'uso del "che" ripetuto dopo frase incidentale, abituale nell'italiano antico per riprendere il discorso.
- **2 coll'allegare…lettere**: *adducendo che io sono un uomo illetterato*. È una delle più famose affermazioni di Leonardo: egli è cosciente dei limiti della propria cultura, formatasi sulle abilità pratiche, non sulla conoscenza delle lingue classiche, ma ne rivendica la pari – se non superiore – dignità.
- **3 Mario**: si tratta di Caio Mario (156-86 a.C.), generale romano appartenente alla parte democratica, contrapposto all'aristocratico Silla. Lo stesso atteggiamento di Leonardo può essere visto come un rifiuto dell'aristocraticismo degli umanisti, fondato più sul prestigio degli autori studiati e sulla forza della tradizione che sull'effettivo valore scientifico delle loro speculazioni.
- **4 «Quelli…concedere»**: Leonardo capovolge polemicamente le accuse dei suoi denigratori: *essi si vantano dei risultati degli altri e non vogliono riconoscere le mie personali capacità*.
- **5 Or non…allegherò**: *ora non sanno questi [: i denigratori] che le mie cose devono essere tratte più dall'esperienza che dalle parole degli altri; la quale esperienza fu maestra di chi ha scritto cose veritiere e così per maestra la prendo e sempre la porterò a esempio*.

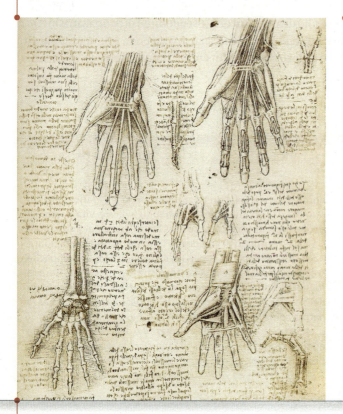

Leonardo da Vinci, *Le ossa, i muscoli e i tendini della mano*, 1510-11 circa. Windsor, Royal Collection.

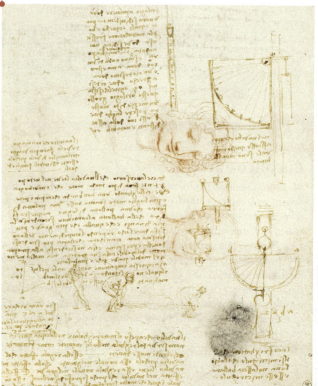

Leonardo da Vinci, *Schemi di macchine, una figura che martella, due figure che trasportano una barella, note, e due teste*, 1508-10 circa. Windsor, Royal Collection.

T1 DALLA COMPRENSIONE ALL'INTERPRETAZIONE

COMPRENSIONE E ANALISI

Il primato dell'esperienza Nella sua concisione questo appunto mette in luce efficacemente l'esistenza di due culture diverse e, per certi versi, contrapposte: quella degli uomini di lettere, che basano il loro sapere sui testi, cioè sull'autorità dell'«altrui parola» (vv. 6-7), e quella degli uomini di scienza, le cui conoscenze si basano sull'esperienza. Rivendicando il primato dell'**esperienza** sul sapere astratto, Leonardo pone le **basi del moderno metodo di ricerca scientifica**, che dà valore alla verifica sperimentale e studia il mondo sensibile e i fenomeni concreti.

Sobrietà e ricchezza di un appunto Il breve scritto leonardesco qui presentato ha la secchezza e la **condensata efficacia** di un appunto, redatto per esprimere in poche righe un pensiero che potrà poi essere ripreso in modo più ampio e argomentato. Eppure in questa secchezza trapela lo **sdegno polemico di Leonardo** («Gente stolta!»). E si può leggere, tra le righe, anche un atteggiamento sottilmente canzonatorio: è paradossale, infatti, che un illetterato, a cui si rinfaccia l'ignoranza della cultura classica – fondamento dell'Umanesimo – si difenda dall'accusa iniziando proprio con la citazione di una risposta di Caio Mario ai patrizi romani.

INTERPRETAZIONE

Da Leonardo e Galileo a Don Ferrante Nella polemica che qui Leonardo, «omo sanza lettere», conduce contro gli "uomini di lettere", cioè contro gli umanisti, sembra di sentire già risuonare la voce di Galileo. La valorizzazione della «sperienzia», contrapposta a un sapere libresco e dogmatico, fondato sulla «altrui parola», è parte di una battaglia culturale che **Galileo** farà propria. È il «mondo sensibile» contro il «mondo di carta», è la «sensata esperienza» contro la chiusura e il pregiudizio degli aristotelici. Chiusura e pregiudizio che hanno il loro campione in un personaggio manzoniano, Don Ferrante, martire involontario e ridicolo del dogmatismo, che muore di peste dopo avere dimostrato in modo ineccepibile che la peste non esiste. Si potrebbe concludere che qualche volta il «mondo sensibile» si vendica beffardamente sul «mondo di carta», dimostrandone tutta l'inconsistenza. Ma poiché non sempre accade che la realtà, ostinatamente negata, eserciti la sua vendetta su chi la mistifica, è bene addestrarsi a smascherare la violenza implicita nel ricorso al principio di autorità; è un esercizio salutare e dobbiamo essere grati a chi, come Leonardo, ci aiuta a compierlo.

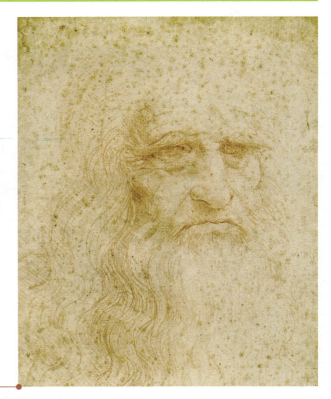

Leonardo da Vinci, *Autoritratto*, 1515 circa. Torino, Biblioteca Reale.

T1 LAVORIAMO SUL TESTO

COMPRENDERE
1. Come risponde Leonardo alle accuse dei suoi denigratori?

INTERPRETARE
2. Dietro la polemica tra Leonardo e la cultura libresca si celano due modi diversi di concepire la verità e la scienza. Cerca di precisarli.

LABORATORIO
Dall'interpretazione alla riappropriazione

ATTUALIZZAZIONE E VALORIZZAZIONE

Leonardo da Vinci è ancora oggi in tutto il mondo il simbolo del "genio universale", ossia dell'uomo che, durante il Rinascimento italiano, riunendo le più diverse abilità, riesce a oltrepassare la separazione fra sapere astratto e sapere concreto. Come mai, dunque, in questo passo si dichiara «omo sanza lettere», cioè "illetterato", privo di un'alta formazione?

Arti meccaniche e arti liberali nel mondo rinascimentale

Leonardo da Vinci si formò a Firenze in una bottega artigiana, allievo del pittore e scultore Andrea del Verrocchio, e si trasferì a Milano dove lavorò come ingegnere ducale alla corte di Ludovico il Moro. Dal 1500 si spostò prima in diverse città italiane, poi in Francia, dove fu ospite del re Francesco I. In tutte queste situazioni Leonardo operò come ingegnere, architetto, urbanista e pittore, studiò e disegnò contemporaneamente il corpo umano e animale, le forme delle città e quelle della natura: fu insomma a un tempo artigiano, anatomista, architetto e scienziato naturale, biologo e geologo.

La cultura, nell'epoca di Leonardo, era un privilegio di pochi. Nella seconda metà del Quattrocento l'Italia contava circa dieci milioni di abitanti, la grande maggioranza dei quali erano contadini analfabeti. Queste masse di donne e di uomini, dedite ai lavori dei campi, erano del tutto estranee alla civiltà del Rinascimento che coinvolgeva solo un'élite creativa, ossia un gruppo ristretto di intellettuali, il cui numero non superava in tutto le mille unità.

Pressione, impronta, fotografia di Mario Cresci, 1977.

A sua volta, il migliaio di individui che componeva l'élite creativa, formata sia da pittori e scultori sia da letterati e scienziati, non costituiva un gruppo omogeneo ma, al suo interno, si divideva fra due culture. Vi erano infatti due diversi sistemi di apprendimento: le arti meccaniche e le arti liberali, vale a dire l'apprendistato pratico e manuale da una parte, la contemplazione libresca e la speculazione astratta dall'altra; la bottega artigiana da una parte, l'università dall'altra.

Mentre i pittori, gli scultori e gli architetti erano in genere figli di artigiani e imparavano il mestiere nelle botteghe, nei laboratori e nei cantieri, gli scrittori e gli scienziati umanisti provenivano invece dalle famiglie aristocratiche o della grande borghesia mercantile e apprendevano sui libri, nelle biblioteche e nelle università. Se nell'età comunale l'ascesa della borghesia aveva portato a una rivalutazione dei mestieri pratici, primo fra tutti quello del mercante, nella mentalità collettiva permanevano però ben salde le tradizionali gerarchie: le arti liberali, astratte e libresche, non prevedevano alcuna forma di lavoro concreto o di impegno pratico, mentre il lavoro manuale era ritenuto inferiore in quanto degno dei servi. L'attività di artista era considerata dunque umiliante per il figlio di un nobile o di un grande mercante, perché era un'arte meccanica: per un gentiluomo era sconveniente sporcarsi le mani con i colori o ricoprirsi di polvere nei cantieri.

Questo pregiudizio durerà a lungo: nel quarto capitolo dei *Promessi sposi*, quando Lodovico, il futuro frate Cristoforo, si scontra con un gentiluomo per una questione di precedenza, il prepotente, persa la pazienza, intima all'avversario di lasciargli la strada e lo insulta chiamandolo «vile meccanico», cioè educato con saperi pratici e operativi e non con l'astrazione. Infatti ancora nel Seicento, epoca rappresentata nel romanzo di Alessandro Manzoni, era dominante la visione del mondo che considerava le conoscenze applicate un segno d'inferiorità sociale.

Scienze applicate e divisione dei saperi nel mondo contemporaneo

Posta a confronto con la nostra esperienza attuale, la situazione dell'epoca di Leonardo si presenta profondamente mutata. Oggi nel sistema universitario di tutti i paesi occidentali, nelle costose business school le scienze applicate ("pratiche" nel senso di immediatamente "spendibili" nel mondo aziendale, come il marketing, il management, l'ingegneria informatica, la tecnologia medica) hanno ormai la supremazia sulle discipline "pure" (non solo umanistiche, come la letteratura o la filosofia, ma anche scientifiche, come l'astronomia, la fisica, la matematica). Essendo in larga parte finanziate dal mondo aziendale privato, le scienze applicate si trovano così in condizioni nettamente più vantaggiose e godono di un illimitato prestigio sociale. Viceversa le discipline umanistiche sono spesso viste con sospetto, come puri costi o "rami secchi".

D'altra parte in ogni campo i saperi si sono sempre più settorializzati e specializzati. Tra i medici, ad esempio, lo sguardo clinico globale è sempre più infrequente: chi si occupa di neuroscienze o di gastroenterologia non potrà essere altrettanto esperto, in senso specialistico, in pneumologia o in dermatologia, e qualcosa di simile accade in tutte le altre discipline.

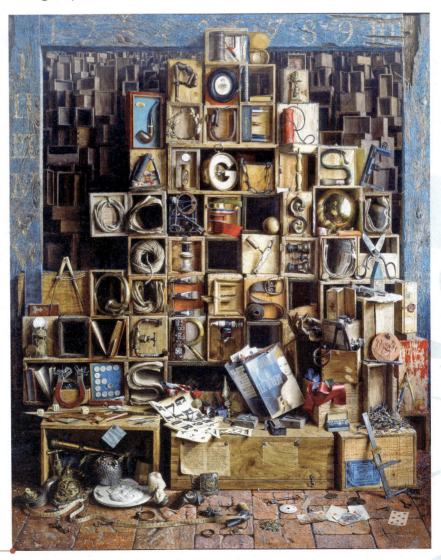

Jacques Poirier, *Artnica*, 1997. Washington, collezione privata.

T1 TESTO LABORATORIO

LABORATORIO
Dall'interpretazione alla riappropriazione

Steve Jobs alla Apple a Cupertino nel 1984.

RIAPPROPRIAZIONE

Il genio autodidatta

Nel testo leonardesco che hai letto sono centrali due affermazione orgogliose e polemiche: la priorità dell'esperienza e l'unitarietà della conoscenza. Per conoscere, a parere di Leonardo, non si può dividere astrazione e operatività. Mente e mano, pensiero e lavoro vanno tenuti sempre uniti: questo voleva dire, alla sua epoca, operare da autodidatta.
Leonardo stesso fu un geniale autodidatta che seppe coniugare ricerca teorica e concreta abilità nel fare realizzando una serie di modelli in miniatura delle sue nuove macchine, precorrendo i tempi e anticipando, a esempio, la macchina per volare, il paracadute, il sommergibile, il carro armato, lo scafandro di palombaro.

Lo spazio della riappropriazione: dalla letteratura alla vita

Nel mondo tecnologico attuale, caratterizzato dalla divisione e specializzazione di tutti i saperi, è ancora possibile la genialità autodidatta? È ancora pensabile coniugare pensiero teorico e prassi operativa? Lo specialismo dei saperi è un vantaggio o una limitazione?
Prendi posizione su questi temi.
Stendi un breve testo scritto in cui esponi le tue opinioni, facendo riferimento alla tua esperienza personale e sviluppando nell'argomentazione uno di questi spunti:
- in campo musicale alcuni grandi autori contemporanei sono stati genialmente autodidatti, soprattutto nel jazz o nel rock, come Luis Armstrong, Jimi Hendrix, Frank Zappa. Lo fu anche, a esempio, uno dei più grandi pianisti di tutti i tempi: Fryderyk Chopin;
- uno dei più famosi costruttori e sperimentatori della tecnologia digitale, Steve Jobs, il fondatore di Apple e di Mac, morto nel 2011, non aveva frequentato nessuna delle prestigiose e costose business school americane.

Quindi, con la guida dell'insegnante, discuti la questione in classe, confrontando il tuo punto di vista con quello dei compagni.

T2 Iacopo Sannazaro
Il paesaggio pastorale dell'Arcadia

OPERA
Arcadia, prosa I

CONCETTI CHIAVE
- la descrizione del *locus amoenus*

FONTE
I. Sannazaro, *Arcadia* in *Opere volgari*, a cura di A. Mauro, Laterza, Bari 1961.

Dopo il prologo, il primo brano di prosa è dedicato alla descrizione dell'Arcadia, regione della Grecia (nel Peloponneso) divenuta mitica. È un paesaggio dolce e delicato. In questa natura bella e accogliente i pastori fanno alcune gare (tirano al giavellotto e con l'arco) e soprattutto suonano le zampogne e intonano canti d'amore.

Giace nella sommità di Partenio, non umile monte de la pastorale Arcadia,[1] un dilettevole piano, di ampiezza non molto spazioso, però che[2] il sito del luogo nol consente, ma di minuta e verdissima erbetta sì ripieno, che, se le lascive[3] pecorelle con gli avidi morsi non vi pascessero,[4] vi si potrebbe di ogni tempo ritrovare verdura. Ove, se io non mi inganno, son forse dodici o quindeci alberi di tanto strana et eccessiva[5] bellezza, che chiunque li vedesse, giudicarebbe che la maestra natura vi si fusse con sommo diletto studiata in formarli.[6] Li quali, alquanto distanti et in ordine non artificioso disposti, con la loro rarità la naturale bellezza del luogo oltra misura annobiliscono. Quivi senza nodo veruno si vede il drittissimo abete, nato a sustinere i pericoli del mare;[7] e con più aperti rami la robusta quercia, e l'alto frassino, e lo amenissimo[8] platano vi si distendono, con le loro ombre non picciola parte del bello e copioso prato occupando. Et èvi[9] con più breve fronda l'albero di che Ercule coronar si solea,[10] nel cui pedale[11] le misere figliuole di Climene furono trasformate. Et in un de' lati si scerne[12] il noderoso castagno, il fronzuto bosso, e con puntate[13] foglie lo eccelso pino carico di durissimi frutti: ne l'altro lo ombroso faggio, la incorruttibile tiglia;[14] e 'l fragile tamarisco,[15] insieme con la orientale palma, dolce et onorato premio de' vincitori. Ma fra tutti nel mezzo, presso un chiaro fonte, sorge verso il cielo un dritto cipresso, veracissimo imitatore de le alte mete,[16] nel quale non che Ciparisso,[17] ma, se dir conviensi, esso Apollo non si sdegnarebbe essere transfigurato. Né sono le dette piante sì discortesi,[18] che del tutto con le loro ombre vieteno i raggi del sole entrare nel dilettoso boschetto; anzi per diverse parti sì graziosamente gli riceveno, che rara è quella erbetta, che da quelli non prenda grandissima recreazione:[19] e come che di ogni tempo piacevole stanza vi sia,[20] ne la fiorita Primavera più che in tutto il restante anno piacevolissima vi si ritruova. In questo così fatto luogo sogliono sovente i pastori con li loro greggi dagli vicini monti convenire, e quivi in diverse non leggiere pruove[21] esercitarse: sì come in lanciare il grave palo,[22] in trare con gli archi al versaglio[23] et in adestrarse ne i lievi salti e ne le forti lotte, piene di rusticane[24] insidie; e 'l più de le volte in cantare et in sonare le sampogne a pruova l'un de l'altro,[25] non senza pregio e lode del vincitore.

- **1** **Giace...Arcadia**: il Partenio è un monte **non umile** (litote per *elevato*) situato nel Peloponneso ai confini dell'Arcadia e dell'Argolide.
- **2** **però che**: dato che.
- **3** **lascive**: *irrequiete*. Da notare l'uso costante dell'aggettivo con effetto di ridondanza e di armoniosità.
- **4** **pascessero**: *pascolassero*.
- **5** **eccessiva**: *oltre misura*; cioè eccezionale.
- **6** **studiata in formarli**: *adoperata a formarli*. Sannazaro accenna qui uno dei motivi centrali dell'*Arcadia*, ovvero il rapporto tra artificiosità e naturalezza del "bello", che, in fondo, è anche la scommessa della sua scrittura. Nel periodo che segue, infatti, l'autore specifica subito che tale ordine dato dalla bellezza, apparentemente costruito, in realtà non è **artificioso** ma generato dall'armonia **naturale** di tutte le cose.
- **7** **nato...mare**: *adatto a sopportare i pericoli della navigazione*; **abete**, infatti, indica per sineddoche la *nave* (com'è dell'uso poetico).
- **8** **amenissimo**: *piacevolissimo*.
- **9** **Et èvi**: *e vi è*, con l'avverbio in posizione enclitica.
- **10** **l'albero...solea**: è una perifrasi per indicare il *pioppo*.
- **11** **pedale**: indica la parte inferiore di un tronco. In essa furono trasformate le Eliadi dopo aver pianto il fratello Fetonte precipitato nel Po.
- **12** **si scerne**: *si distingue*.
- **13** **puntate**: *aguzze*.
- **14** **tiglia**: *tiglio*, ma scritto al femminile come in lat. "tiliam".
- **15** **tamarisco**: voce dotta dal lat. "tamariscum" = *tamerice*.
- **16** **alte mete**: *guglie*. Interessante questa notazione metaforica per esprimere l'immagine quasi architettonica dell'ordine naturale.
- **17** **Ciparisso**: giovane che, avendo ucciso involontariamente un cervo sacro ad Apollo, fu da questi trasformato in cipresso.
- **18** **discortesi**: *scortesi*.
- **19** **recreazione**: *piacere*.
- **20** **e come...vi sia**: *e benché in ogni periodo risulti gradevole dimorarvi*.
- **21** **non leggiere pruove**: litote per dire *gare impegnative*.
- **22** **il grave palo**: *il pesante giavellotto*.
- **23** **in trare...versaglio**: *nel tirare con gli archi al bersaglio*; **versaglio** presenta il passaggio da "b" a "v" consueto nei dialetti meridionali.
- **24** **rusticane**: *contadinesche*.
- **25** **a pruova...l'altro**: *rinviandosi i motivi del canto vicendevolmente*, come è tipico nel canto amebeo (alternato) delle egloghe pastorali, organizzate in forma dialogica.

T2 — DALLA COMPRENSIONE ALL'INTERPRETAZIONE

COMPRENSIONE

Un paesaggio ideale In questa *Prosa prima* Sannazaro tratteggia il paesaggio ideale in cui inserisce i suoi pastori (idealizzati anch'essi), dediti al canto e alla poesia. È il paesaggio bucolico, ripreso da Virgilio (autore di dieci egloghe sotto il titolo generale di *Bucoliche*) ma divenuto, già nel corso del Medioevo, un vero e proprio *tópos*: quello del **locus amoenus** (luogo ameno o leggiadro). Il *tópos* accoglie anche elementi della tradizione religiosa e precisamente della Bibbia, dove il motivo del **paradiso terrestre**, caratterizzato da natura rigogliosa, piante, corsi d'acqua, si contrappone a un altro motivo che diverrà anch'esso un *tópos*: quello della terra desolata, dell'inferno o comunque di luoghi dove dominano l'elemento inorganico, il deserto, la rupe, la sabbia, la mancanza d'acqua e di vegetazione. Sannazaro riprende il *tópos* del *locus amoenus* accentuandone gli elementi di **convenzionalità letteraria**.

ANALISI

Fonti remote e recenti dell'Arcadia Alle spalle dell'*Arcadia* c'è innanzitutto la tradizione classica, Teocrito e soprattutto **Virgilio**. Ma Sannazaro non poteva certo ignorare l'evoluzione che il genere aveva avuto nel Medioevo, con Dante, Petrarca e Boccaccio (gli ultimi due autori di opere in latino da entrambi intitolate *Bucolicum carmen*), quando esso aveva assunto contenuti morali e allegorici. Né poteva essere dimenticato il taglio mitologico e narrativo che gli era stato impresso da **Boccaccio con il *Ninfale fiesolano***. La ripresa umanistica era andata nella direzione dell'egloga sciolta, coltivata anche da **Boiardo**. Insomma si assiste a un grande rigoglio del **genere bucolico**, già a partire dal quindicennio 1465-1480. Il romanzo pastorale di Sannazaro (tecnicamente un **prosimetro, genere misto di prosa e di poesia**, sull'esempio della *Vita nuova* di Dante e della *Commedia delle ninfe fiorentine* di Boccaccio) ben riflette, sul piano ideologico e tematico, l'aspirazione all'evasione idillica del letterato umanista, e, sul piano formale, la tendenza a una poesia fortemente convenzionale e letteraria.

Lo stile L'autore cerca e raggiunge un difficile equilibrio fra semplicità e ricercatezza letteraria. Fa un uso abbondante di **aggettivi qualificativi** non necessari alla comprensione del testo, ma utili invece per conferirgli una particolare **musicalità** e, insieme, una patina di luce incantata e di colori un po' smaltati. Gli aggettivi sono quasi sempre anteposti ai sostantivi cui si riferiscono; e in genere si trova un solo aggettivo dinanzi al sostantivo: si vedano in particolare gli aggettivi che precedono i nomi delle piante («robusta quercia», «alto frassino», «noderoso castagno», ecc.). Si tratta di aggettivi molto convenzionali. Ogni tanto l'aggettivo compare al superlativo, più per un bisogno di *variatio* [variazione] stilistica che per una esigenza semantica. Frequente anche l'uso della litote («non umile», con valore di "alto", «non spazioso» con quello di "limitato", ecc.). Il verbo è spesso messo alla fine del periodo, alla latina. Questi artifici, tuttavia, non sono mai molto pesanti e impegnativi, cosicché la prosa scorre in modo semplice, limpido e pacato, quasi mimando la calma stessa della natura che rappresenta.

INTERPRETAZIONE

Attualizzazione: la tentazione perenne dell'Arcadia A prima vista non si può immaginare niente di più remoto dal nostro mondo dell'*Arcadia* di Sannazaro. Eppure quella dell'Arcadia è una tentazione perenne, dunque attualissima. Oggi si incarna negli spot che rappresentano una realtà ideale dove allignano mulini bianchi, alberi generosamente dispensatori di mele (con il marchio doc, s'intende), automobili bonariamente trasgressive. Se per Arcadia si intende la **tendenza alla fuga dalla realtà** nella direzione del mito, dell'utopia consolatoria, il nostro mondo, dunque, è molto più "arcadico" di quanto non ci piacerebbe riconoscere. Con la differenza che l'opera di Sannazaro poteva raggiungere e influenzare un ristretto club di intellettuali, mentre le imposture arcadiche dei media odierni hanno a disposizione una platea vastissima di potenziali neofiti. L'Arcadia di ieri può ancora dirci qualcosa; può – ad esempio – insegnarci a diffidare delle molte seducenti **arcadie di oggi**, a riconoscerle, a rifiutarle.

T2 — LAVORIAMO SUL TESTO

COMPRENDERE

1. Trascrivi tutti gli elementi che contribuiscono a creare il *tópos* del paesaggio arcadico.

INTERPRETARE

2. Questo paesaggio è, non solo botanicamente, improbabile: sai dire perché?

Percorso
LO SPAZIO E IL TEMPO

Il *tópos* del paesaggio bucolico e quello della terra desolata

Ninfe e putti in un paesaggio bucolico, seconda metà del XVI secolo. Londra, National Gallery.

Copia da un'opera perduta di Giorgione o, più probabilmente, opera di un tardo imitatore, il dipinto raffigura un paesaggio in cui ninfe e pastori, immersi in una natura lussureggiante e rischiarata dalla luce dorata, vivono fuori dal tempo, in una condizione di innocenza senza turbamento alcuno.

Il motivo del *locus amoenus*, come paesaggio ideale, ha grande successo nella letteratura del Quattrocento, da Poliziano a Boiardo a Sannazaro. Risale alla poesia antica, ad Omero stesso, e presenta l'aspetto di una natura leggiadra, pervasa da forze divine, con un prato, ombreggiato da alberi, una fonte o ruscello, talora una grotta. Spesso esso assume i connotati di un paese felice all'insegna della pace e dell'abbondanza, la mitica età dell'oro, a cui corrispondono, nella tradizione cristiana, il paradiso terrestre e, in quella romanza, il giardino di Amore. **Ma è soprattutto la poesia bucolica, di Teocrito e di Virgilio, a influenzare la rappresentazione del paesaggio ideale occidentale**. Il motivo della pastorizia ha infatti grande diffusione, richiama la natura e l'amore ed entra, con la Natività, nell'immaginario cristiano. Il mondo pastorale e cavalleresco si incontrano poi nella lirica romanza nella "pastorella".

A quali elementi simbolici corrisponde questo *topos* dell'immaginario letterario?

Questo è il paese ideale dove l'uomo plasma la realtà secondo i propri desideri: «La forma imposta dall'opera e dal desiderio umano al mondo *vegetale* [...] è quella del giar-

Cerchia di Giorgione, *Idillio campestre*, fine XV secolo. Padova, Musei Civici agli Eremitani.

L'Umanesimo volgare nelle altre corti italiane **capitolo V** 133

Percorso LO SPAZIO E IL TEMPO
Il *tópos* del paesaggio bucolico e quello della terra desolata

dino, della fattoria, del boschetto, o del parco. La forma umana del mondo *animale* è un mondo di animali domestici, tra cui la pecora ha tradizionalmente la priorità sia nella metafora classica che in quella cristiana». (N. Frye, *Anatomia della critica*, Einaudi, Torino 1969, p. 184). L'immagine paradisiaca si contrappone all'immagine infernale di un mondo che il desiderio umano rifiuta totalmente, la terra selvaggia e desolata, il deserto, l'animale feroce e mostruoso, il labirinto. La pecora si contrappone dunque al lupo e per il valore ad essa attribuito nel mondo animale costituisce l'archetipo fondamentale dell'immaginazione pastorale con le annesse metafore di pastori e greggi.

Quali connotati assume il paesaggio bucolico nella letteratura rinascimentale?

L'*Arcadia* definisce l'ideale idillico-pastorale di Sannazaro. **La natura non è libera e selvaggia, ma ordinata in un paesaggio bello e armonico.** Il luogo è un «dilettevole piano» isolato in cima a un irreale monte Partenio. Su di un prato di «verdissima erbetta», sorge un boschetto «dilettoso» con una sequenza di alberi disposti in «ordine non artificioso». Ogni pianta è descritta come forma isolata e con scultorea eleganza. Nel mezzo non manca un «chiaro fonte», altro elemento tipico del giardino, simbolo di piacevolezza e sorgente di vita. Ombra e sole forniscono «grandissima recreazione». **Questa Arcadia è terra mitica** (cfr. i riferimenti mitologici allusivi alla metamorfosi tra forme divine e vegetali) **e terra di sogno**. Qui abitano insieme pastori, dèi e uomini contemporanei all'artista in un completo azzeramento del tempo storico. I pastori sono ingentiliti: estranei alla logica quotidiana, vivono in forme di vita opposte a quelle della realtà civile e sociale. Si muovono con straordinaria levità sullo sfondo idealizzato del paesaggio, dediti al lancio del giavellotto, alla poesia e al canto.

Anche le figure femminili sono quasi apparizioni di antiche ninfe in una felice identificazione tra mondo vegetale, umano e divino. Sono immagini di donne stilizzate che vagano per «li belli prati», «con la bianca mano cogliendo i teneri fiori», portano in testa ghirlande («quella andava stellata di rose, quell'altra biancheggiava di gelsomini; tal che ognuna per sé e tutte insieme più a divini spiriti che ad umane creature assomigliavano»). Il divino spirito non è più rappresentato dalla donna-angelo, ma dalla ninfa pagana portatrice di una bellezza sensuale e pienamente terrestre su cui indugia l'occhio del poeta in mezzo al tripudio della natura.

Nella natura Sannazaro, sulle orme di Virgilio e del più vicino Petrarca, scopre un paesaggio spirituale, la proiezione di una tensione dell'anima che vagheggia, in uno spazio al di fuori del tempo, un perduto Eden di armonia e di pace. Questo sogno di una natura pastorale e mitologica, isola misteriosa di una possibile salvezza interiore, arriva con Ungaretti fino al Novecento.

L'*Arcadia* di Sannazaro è terra di evasione letteraria; la cui realtà simbolica è legata da un tenue anello – il poeta-pastore, il personaggio che dice io – alla concretezza del mondo storico. Dietro i simboli pastorali c'è una continua allusione alle vicende letterarie e politiche, alle speranze e delusioni del tempo, che oggi è difficile decifrare.

Ma la finzione pastorale non regge dinanzi alla drammatica realtà storica di fine secolo. Guerre e invasioni squarciano i sogni e le idilliche illusioni umanistiche. «Le nostre Muse sono estinte; secchi sono i nostri lauri; ruinato è il nostro Parnaso; le selve son tutte mutole; le valle e i monti per doglia son divenuti sordi. Non si trovano più Ninfe o Satiri per i boschi; i pastori han perduto il cantare. [...] Ogni cosa si perse, ogni speranza è mancata, ogni consolazione è morta». Il mito dell'Arcadia è per il momento travolto.

Pieter Bruegel il Vecchio, *Ritorno della mandria*, 1565. Vienna, Kunsthistorisches Museum.

Nella pittura di Bruegel il soggetto bucolico viene affrontato con uno spirito opposto rispetto alla idealizzazione dell'Arcadia. Il cielo è in parte ricoperto da nubi, un sottile arcobaleno indica che ha appena piovuto, gli alberi sono spogli, le zampe degli animali affondano nella terra umida, i pastori indossano abiti pesanti. In questo paesaggio autunnale, in cui la natura rivela tutte le sue asprezze, vengono celebrati la fatica e il lavoro dell'uomo.

Percorso
L'ANIMA E IL CORPO

L'occhio, finestra dell'anima, «abbraccia la bellezza di tutto il mondo». Leonardo da Vinci

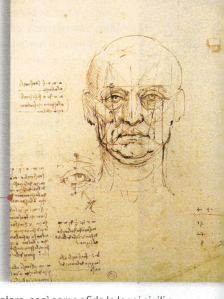

Leonardo da Vinci, *Studio delle proporzioni del viso e dell'occhio*, 1489-1490. Torino, Biblioteca Reale.

Nessuno, come Leonardo, nel Rinascimento, è stato tanto attratto dallo studio del corpo umano. Ciò rientra nella sua concezione dell'arte come forma di indagine della natura, che lo porta a ritrarre dal vero, con sorprendente acutezza di osservazione, paesaggi, corpi, piante e animali. Leonardo arriva ad assistere alla morte dei condannati per disegnare le loro reazioni espressive, l'alterazione prodotta sui volti dal terrore e dal dolore, così come sfida le leggi civili e religiose per trafugare cadaveri e praticare l'anatomia. **L'immagine esatta dei movimenti dei muscoli suggerisce i moti dell'anima. Perciò per essere un buon pittore bisogna conoscere l'anatomia di «nervi, ossa, muscoli e lacerti [muscoli del braccio]» per sapere nei diversi movimenti quale nervo o muscolo è «di tal movimento cagione, e solo far quelli evidenti e questi ingrossati»**. Lo studio anatomico, in Leonardo, non è solo finalizzato all'arte (cfr. fig. 1), ma con il passare del tempo assume un carattere sempre più scientifico, rivolto alla conoscenza della struttura interna del corpo umano. I suoi disegni anatomici sono talmente precisi da essere ancora usati nei testi di medicina ed egli è pienamente consapevole della loro importanza. I centoventi libri progettati sull'anatomia testimoniano una mentalità del tutto nuova che sovverte i presupposti della scienza tradizionale.

Proveniente dallo sperimentalismo pratico dell'artigiano e dell'ingegnere Leonardo rifiuta un sapere basato sul principio di autorità e sulla ripetizione delle parole altrui (cfr. **T1**). **Per Leonardo l'uomo è innanzitutto un essere che sente e che si muove** così come la natura è un insieme di fenomeni sensibili la cui conoscenza non può prescindere dall'osservazione diretta e dalla verifica sperimentale. Leonardo non cade tuttavia nell'empirismo, ma dà grande importanza alle «matematiche dimostrazioni», convinto com'è che la natura sia retta da una regola, da un'anima razionale e che questa si esprima matematicamente.

La polemica di Leonardo contro ogni conoscenza che non nasca dall'esperienza «madre di ogni certezza» e non passi per nessuno dei «cinque sensi» si accompagna alla polemica antimetafisica. Così egli lascia alle menti degli uomini di chiesa la definizione dell'anima e rivolge la sua attenzione ai cinque sensi «ofiziali» (ufficiali) dell'anima, in un passo in cui descrive la trasmissione degli stimoli nervosi dalla periferia al cervello e da questo agli organi esecutori.

[1] Leonardo da Vinci, *Volti grotteschi*, 1493 circa. Windsor, Royal Collection.

Percorso L'ANIMA E IL CORPO
L'occhio, finestra dell'anima, «abbraccia la bellezza di tutto il mondo»...

PERCORSI TEMATICI

Leonardo non sa concepire l'anima fuori dal corpo: questa idea naturalistica dell'uomo, rappresentato nella sua realtà fisica e materiale, trova la massima esaltazione nelle tavole anatomiche (fig. 2). **Per Leonardo tutto è immanenza** e qualsiasi realtà deve essere sperimentata direttamente senza certezze a priori.

Di qui i suoi studi dei fenomeni visivi, che lo inducono a correggere la prospettiva lineare, basata su un modello di oggettività matematica troppo rigido. La prospettiva aerea leonardesca non tiene conto solo dei rapporti spaziali, ma anche dei rapporti cromatici e luminosi tra gli oggetti, stabilendo una continuità tra figura umana e paesaggio (cfr. fig. 3).

Sul problema del rapporto tra arte e conoscenza **egli ha una posizione innovativa rispetto alla cultura fiorentina differenziandosi sia dal razionalismo prospettico, sia dalla concezione metafisica e neoplatonica della bellezza.** Quando esalta la superiorità della pittura sulle altre arti, Leonardo vuole celebrare «l'eccellenza» del senso della vista, dell'occhio, come il senso più capace di cogliere la realtà sensibile dell'uomo. Perciò **egli riprende il tema platonico del corpo prigione dell'anima, ma ne rovescia il significato.** Senza l'occhio l'uomo perde la rappresentazione di tutte le opere della natura «per la veduta delle quali l'anima sta contenta nelle umane carceri», chi perde gli occhi lascia l'anima in una «oscura prigione». **L'occhio spalanca all'anima la vista del mondo, tanto che per essa sarebbe dolorosa la separazione dal corpo** (e non l'unione come sostengono i neoplatonici), perché significherebbe la perdita della bellezza delle cose.

[2] Leonardo da Vinci, *Studi anatomici della spalla e del collo*, 1510 circa. Windsor, Royal Library.

[3] Leonardo da Vinci, *Ritratto di donna*, (La *Gioconda* o *Monna Lisa*), 1503-1505. Parigi, Museo del Louvre.

La figura emerge in primo piano da un paesaggio che sprofonda in una lontananza infinita. Rocce nude ed erose tra corsi d'acqua sono immerse in un'atmosfera velata da una tenue nebbia palpitante di luce. Leonardo usa la prospettiva, ma ne trasforma il rigore geometrico in uno sfumato, che elimina l'isolamento dei corpi nello spazio legandoli all'atmosfera del paesaggio. L'immagine della donna è tutta costruita dalla luce che, progredendo dal fondo, investe il corpo, l'avvolge e lo penetra comunicandogli l'intima vibrazione che culmina nel misterioso sorriso.

DAL RIPASSO ALLA VERIFICA

MAPPA CONCETTUALE — L'Umanesimo volgare

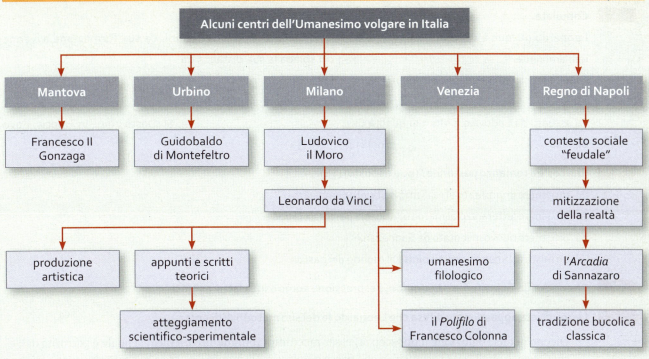

SINTESI

● **Leonardo da Vinci**
Leonardo da Vinci (1452-1519) operò a Milano, come architetto di Ludovico il Moro, a partire dal 1482. Successivamente, si spostò in varie corti italiane e poi in Francia, al servizio di Francesco I. Morì ad Amboise. Per quanto si proclamasse uomo «sanza lettere», Leonardo aveva piena consapevolezza del valore culturale delle proprie idee e del proprio metodo di ricerca, basato sulla centralità dell'esperienza e dello studio della natura. Leonardo ha lasciato migliaia di appunti, scritti letterari (*Apologi*, *Favole*) e un *Trattato di pittura*.

● **Venezia**
A Venezia prevalgono la storiografia, l'Umanesimo filologico e l'amore per i classici latini, alimentato dal cenacolo-stamperia di Manuzio presso cui viene stampato nel 1499 il capolavoro tipografico del tempo, l'*Hypnerotomachia Poliphili* del frate trevigiano Francesco Colonna (1499).

● **Napoli**
Nel Regno di Napoli, fra gli Stati regionali italiani il più instabile politicamente, fiorisce la poesia lirica in volgare e, grazie a Iacopo Sannazaro, un genere letterario nuovo, il romanzo pastorale, destinato a una larga e lunga fortuna in Europa.

● **Iacopo Sannazaro**
Sannazaro (1455-1530), nato da famiglia nobile, fu filologo ed erudito e ottimo conoscitore della lingua latina. Nella sua produzione in volgare spicca il romanzo pastorale *Arcadia*. Si tratta di un componimento in cui si alternano dodici egloghe in versi e dodici brani in prosa secondo un ordine romanzesco. Sotto spoglie mitologiche e pastorali le vicende delle corti e delle accademie vengono allontanate e mitizzate, trasposte in un'Arcadia favolosa. Dietro i pastori che ne sono protagonisti è possibile riconoscere personaggi reali, ma collocati in una dimensione e in un'atmosfera antirealistiche.

DAL RIPASSO ALLA VERIFICA

DALLE CONOSCENZE ALLE COMPETENZE

1 **Completa.**
Leonardo nacque e visse in ………………………………………… fino a trent'anni. La sua formazione avvenne nell'ambiente ………………………………………; ciò spiega la sua distanza da ………………………………………. Grande artista e ingegnere elaborò un metodo di ricerca basato su ………………………………………. Rivalutò le arti ………………………………………, mostrò particolare interesse per lo studio ………………………………………. Fu assunto da Ludovico il Moro in qualità di ………………………………………. Si spostò infine in Francia, dove dipinse ……………………………………… e, nel 1519, morì. (§ 1)

2 **Che cos'è il romanzo pastorale? (due risposte) (§ 1)**
- A un genere improntato al realismo della vita campestre
- B un genere letterario plasmato sulla poesia pastorale latina
- C un genere nuovo inventato da Sannazaro
- D un misto di prosa e poesia ispirate al mondo dei pastori

3 **Che cosa significa, riferita a Leonardo, l'espressione «omo sanza lettere»? (T1)**

4 **Leggi questa appassionata difesa che Leonardo fa del suo metodo di ricerca.**

> Dicono quella cognizione [conoscenza] esser meccanica [puramente tecnica] la quale è partorita dall'esperienza, e quella esser scientifica che nasce e finisce nella mente [...]. Ma a me pare che quelle scienze siano vane e piene di errori le quali non sono nate dall'esperienza, madre d'ogni certezza, e che non terminino in nota esperienza, cioè che la loro origine o mezzo o fine non passa per nessuno de' cinque sensi.

- quale idea Leonardo ha della conoscenza, della verità?
- con chi implicitamente polemizza?

Capitolo VI — Il trattato: proposte di stile e codificazioni di modelli

Agnolo Bronzino, *Ritratto di Laura Battiferri* (particolare), 1555-60. Firenze, Palazzo Vecchio.

My eBook+

Cliccando su questa icona, docenti e studenti accedono ad un'area di personalizzazione che permette di arricchire i contenuti digitali già linkati lungo le pagine del libro. Nell'area di personalizzazione è possibile infatti salvare ulteriori materiali: selezionati da **Prometeo**, prodotti autonomamente o ricercati nella rete.

▶ *Per un elenco di materiali integrativi presenti nella biblioteca multimediale di Prometeo o per attivare una ricerca cfr. p. 177*

1 La centralità del trattato

Ruolo centrale del trattato

Nel Cinquecento **la trattatistica ha un ruolo centrale**, quasi fondativo: deve porre le basi di un **nuovo costume** e di una **nuova scrittura**, l'uno e l'altra basati su modelli certi e su norme precise. Il trattato ha appunto il compito di proporre o codificare tali modelli.

La forma dialogica del trattato nel Quattrocento

Esso era un **genere già affermatosi nel Quattrocento** nella forma prevalente del dialogo, sia come conseguenza della vita culturale dei cenacoli e del modo dialogico e processuale di concepire la verità che qui fu elaborato, sia come effetto dell'influenza del modello ciceroniano e dei dialoghi platonici.

L'uso del latino e del volgare nei trattati

Il trattato era il genere del discorso filosofico e scientifico, per il quale si usava per lo più il **latino** come lingua sovranazionale dei dotti europei. Ma quando il trattato filosofico verteva sulla politica oppure sull'amore e sulla bellezza e perciò sfiorava o toccava i concreti modi del comportamento e del costume, allora poteva aspirare a un pubblico più ampio e passare dal latino al **volgare**.

I tre modelli del trattato

Il trattato tende a offrire essenzialmente tre modelli: modelli di comportamento, modelli artistici e letterari, modelli linguistici. I **modelli di comportamento** possono riguardare la vita politica (e abbiamo, per esempio, *Il Principe* di Machiavelli), la vita cortigiana (e qui abbiamo il *Cortegiano* di Baldassar Castiglione), il codice amoroso (in cui rientrano i vari trattati d'amore, come gli *Asolani* di Bembo). I **modelli artistici e letterari** danno forma istituzionale alle varie arti e ai vari generi letterari sottoponendoli a stabili canoni di gusto e di poetica classicistici. I **modelli linguistici** tendono, soprattutto a partire dalle *Prose della volgar lingua* di Bembo (1525), a codificare un lessico e una grammatica fondati sui classici del Trecento: Petrarca per la poesia, Boccaccio per la prosa.

Due diversi periodi nella storia del trattato

In tale tendenza alla precettistica si può distinguere un **primo periodo** (dal 1492 al 1527-1528) più sperimentale e aperto, da un **secondo**, a partire dal 1530, più chiuso e regolato, in cui i modelli tendono a essere codificati in modo più rigido. Il momento di svolta è segnato dagli anni intorno al sacco di Roma (1527): quelli dell'uscita delle *Prose della volgar lingua* di Bembo (1525) e del *Cortegiano* di Castiglione (1528).

L'anticlassicismo e la proposta di antimodelli

Bisogna ricordare inoltre che tale tendenza provocherà una **controtendenza**: al classicismo precettistico si opporrà, per reazione, l'anticlassicismo; ai modelli si opporranno dei **contromodelli**. Ma anche questa controtendenza deve fare i conti con la tendenza dominante e, per contrastarla, deve comunque assumerne, almeno in parte, l'orizzonte. Gli antimodelli – per esempio, quelli proposti dall'Aretino – prenderanno essi stessi la forma del trattato precettistico, anche se con implicito intento parodico.

2 Pietro Bembo e il dibattito sull'amore e sulla lingua

La discussione sull'amore, sulla donna, sulla bellezza femminile, come pure il dibattito sulla lingua, furono profondamente influenzati dalle tesi di Pietro Bembo. In questo duplice panorama culturale si può ben dire che gli *Asolani* e le *Prose della volgar lingua* abbiano avuto un **ruolo strategico**.

Pietro Bembo nacque a Venezia nel 1470 e morì a Roma nel 1547. A Venezia **collaborò con Aldo Manuzio**, l'umanista tipografo che allora pubblicava solo opere in latino. Manuzio diede vita, all'inizio del secolo, al libro tascabile, pubblicando prima Virgilio, poi Orazio. Una svolta decisiva – dovuta proprio alla collaborazione di Bembo con Aldo Manuzio – fu rappresentata dalla scelta di pubblicare fra i classici tascabili anche Petrarca e Dante. Così questi due autori venivano ad avere la stessa autorità di quelli latini, entrando tra i classici (cfr. **S1**).

La collaborazione con Aldo Manuzio

Gli *Asolani* (1505)

Nel 1505 Manuzio pubblicava gli *Asolani*, i **dialoghi amoroso-filosofici** in cui Bembo faceva tesoro anche della propria esperienza autobiografica, e cioè degli amori con Maria Savorgnan e con Lucrezia Borgia, conosciuta a Ferrara nel 1502-1503.

Tiziano, *Ritratto di Pietro Bembo*, 1540 circa. Washington, National Gallery of Art.

S1 MATERIALI E DOCUMENTI

Petrarca, Bembo e Aldo Manuzio

Corrado Bologna ricostruisce la collaborazione fra Pietro Bembo e lo stampatore umanista veneziano Aldo Manuzio e il modo in cui fu approntata da Bembo l'edizione del 1501 di Petrarca. Per la prima volta un testo volgare veniva presentato come un classico da imitare, ma anche come un testo di lettura moderna, adatto a una fruizione privata: dell'opera di Petrarca veniva infatti privilegiato il *Canzoniere* in un formato tascabile (è il così detto "petrarchino") che si prestava a un uso privato, favorendone una lettura in chiave esistenziale, fondata sui casi amorosi del protagonista lirico. Nello stesso tempo, le rime di Petrarca erano sottoposte a una normalizzazione linguistica in modo conforme ai principi che poi Bembo sancirà nelle *Prose della volgar lingua*. Il petrarchismo si presenta così come fenomeno non solo linguistico, ma anche sociale e di costume.

▶▶ Nel dicembre 1499 Aldo [Manuzio] stampa il suo primo libro illustrato, che è anche il primo in volgare uscito dalla sua officina: la difficile, raffinatissima, ardita *Hypnerotomachia Poliphili*[1] di Francesco Colonna; il secondo, nell'ottobre del 1500, sono le *Epistole* di santa Caterina. La svolta è ormai chiara: e Aldo s'azzarda oltre la garantita frontiera del testo devoto. Sa del lavoro di Bembo, e fra 1501 e 1502 offre in comode edizioni tascabili le due «corone»[2] poetiche del Trecento (ma almeno del Petrarca tira anche una quindicina di esemplari di lusso su pergamena). [...]

Ma Dante rimarrà appartato, in un angolo oscuro della sua biblioteca ideale. È il primo libro, il «suo» Petrarca, quello su cui Bembo punta. E con lui, anche Manuzio. Si tratta, oltre tutto, d'una novità assoluta: per la proposta in sé, e per le modalità formali del pezzo. Nel trentennio 1470-1500, ricordo, erano state stampate molte edizioni petrarchesche: ben trentaquattro dei *Trionfi*, fra quelli legati insieme al *Canzoniere* e quelli autonomi; neppure una dei *Fragmenta*[3] da soli: e la percentuale è perfettamente speculare a quella offerta dai dati relativi alla tradizione manoscritta. Trionfa, è il caso di dirlo, il libro caro agli umanisti, la «terza rima» dantescamente sapienziale[4] e adattabile allo schema della lettura scolastica [...].

Bembo propone invece un *Canzoniere* che subordina definitivamente a sé i *Trionfi*, e soprattutto esclude dalla pagina qualunque strumento filologico o «universitario», qualsiasi traccia del lavoro preparatorio. [...] Aldo contesta il sistema dei commenti, spesso intrecciati insieme a mosaico, distribuiti come negli antichi codici manoscritti di estrazione universitaria tutt'intorno al testo, centrato nella pagina ma soffocato da quella terroristica massa verbale, avviluppato nelle spire della parola critica. La sua proposta è di assoluta modernità [...]: eliminare il nesso testo-quadro/commento-cornice e tanto più il commento stampato da solo e restituire agli *auctores*[5] «la nitida e semplice evidenza che essi avevano avuto nelle prime stampe». L'importante non è correggere e illustrare: [...] ciò che più conta è, in quel preciso momento, offrire al pubblico nuovo che andava profilandosi dinanzi all'editoria su larga scala «lo stimolo di nuove letture, un allargamento rapido della cultura italiana, anche a costo di errori e lacune nella tradizione e interpretazione dei testi».

C. Bologna, *Tradizione e fortuna dei classici italiani*, Einaudi, Torino 1994, vol. I, pp. 326-331, con tagli.

1 **Hypnerotomachia Poliphili**: *Battaglia d'amore in sogno di Polifilo*. Si tratta di un'opera allegorica, scritta a Treviso nella seconda metà del Quattrocento in un linguaggio prezioso ed erudito.
2 **le due «corone»**: Dante e Petrarca.
3 **Fragmenta**: i *Rerum vulgarium fragmenta*, cioè il *Canzoniere*.
4 **sapienziale**: a carattere dottrinario.
5 **auctores**: autori, scrittori autorevoli.

La *Hypnerotomachia Poliphili* di Francesco Colonna, stampata a Venezia da Aldo Manuzio nel dicembre del 1499.

Venezia, Urbino, Roma

Nonostante i continui viaggi, Bembo risiedette prevalentemente a **Venezia sino al 1506**. Non riuscì però ad abbracciare con decisione la carriera politica, a cui il padre intendeva indirizzarlo. Per sottrarsi alle pressioni che subiva, decise di cercare un lavoro a Roma e di intraprendere la carriera ecclesiastica. Si recò intanto a **Urbino**, come tappa di avvicinamento a Roma. A Urbino restò **dal 1506 al 1512**, alla corte di Guidobaldo di Montefeltro. Nel 1512 si stabilì **a Roma**. Eletto segretario pontificio da papa Leone X, Bembo restò a Roma nel periodo 1512-1521. Nel 1522 si stabilì a **Padova**, dove, benché facesse ormai parte dell'ordine religioso dei gerosolimitani, convisse con una donna, la Morosina, da cui ebbe tre figli. A Padova restò dal 1522 al 1539. Nel **1525** pubblicò le ***Prose della volgar lingua***, il fondamentale trattato in cui propone i modelli classicisti per la lingua e la letteratura italiane. Nel 1530 cominciò a lavorare alla storia veneziana nella sua qualità di storiografo ufficiale della Repubblica Veneta.

A Roma (1512-1521)
A Padova (1522-1539)
Pubblicazione delle *Prose della volgar lingua*

Le *Rime*

Sempre nel **1530** stampò la prima edizione delle ***Rime***. Una seconda edizione di questa opera di Bembo è del 1535, una terza del 1548. L'**imitazione di Petrarca** è qui evidente sia nei temi, sia nella metrica, nei modi stilistici e nel lessico (cfr. T1).

Di nuovo a Roma, come cardinale (1539-1547). Gli *Asolani*

Nel **1539** Bembo fu nominato **cardinale** e tornò a risiedere a **Roma**. Qui abiterà sino alla morte (1547), se si eccettua una permanenza di qualche mese a Gubbio come vescovo di questa città.

Bembo elaborò gli *Asolani* a partire dal 1497 e li pubblicò per la prima volta nel **1505**, una seconda volta, rivisti, nel **1530**. **Il titolo** deriva dalla località di Asolo, dove teneva corte la regina di Cipro Caterina Cornaro, che qui si era stabilita dopo che l'isola era passata sotto il diretto controllo dei veneziani. **Il dialogo** – a cui partecipano tre giovani letterati veneziani e tre giovani donne – avvenne appunto a corte, in seguito a una festa per le nozze di una damigella della regina.

I tre libri e i tre interlocutori: Perottino, Gismondo, Lavinello

Nel primo libro Perottino tratta dei dolori dell'amore e delle pazzie che esso fa compiere, riflettendo così la tradizionale posizione misogina che dal Boccaccio del *Corbaccio* giunge sino all'Umanesimo. **Nel secondo libro** parla **Gismondo** che elenca invece le gioie dell'amore, considerato come attivo principio vitale e come stimolo al miglioramento di sé. **Nel terzo libro** parla **Lavinello**, questa volta alla presenza della regina di Cipro venuta ad ascoltarlo. Egli enuncia i princìpi dell'**amore platonico**: il vero desiderio d'amore riguarda non solo il corpo ma l'anima e dunque tende a un'armonia superiore. A conferma di ciò, Lavinello racconta di un suo incontro con un vecchio romito, che lo ha esortato all'amore spirituale: la vera bellezza è solo quella divina e immortale.

T • Pietro Bembo, *L'amore platonico, secondo Lavinello*

La soluzione platonica

Le ultime affermazioni, che concludono bruscamente l'opera, non ne rappresentano tuttavia una sintesi. Piuttosto che negarle, **la soluzione platonica** si aggiunge alle altre, seppure da posizione di netto privilegio.

T • Pietro Bembo, *Il primato della scrittura e degli intellettuali*
S • Il primato della scrittura: Dante e Bembo (G. Mazzacurati)

Sul piano linguistico, gli *Asolani* costituiscono un esempio di prosa alta, modellata sullo stile e sul lessico di Boccaccio. Essi sono la prima opera in rigoroso toscano letterario composta da un non-toscano.

Nelle *Prose della volgar lingua* (1525) Bembo considera il problema linguistico. Le *Prose* esaltano la scrittura e, attraverso di essa, il ruolo superiore degli intellettuali, considerati «soprastanti» agli altri uomini, come si legge nel primo capitolo. **Attraverso la scrittura** gli intellettuali possono sottrarsi ai condizionamenti del tempo e raggiungere l'eternità che spetta agli autori delle grandi opere letterarie. Proprio per questo essa deve basarsi su **regole fisse**, sottratte all'uso del parlato e allo scorrere del tempo e fondate sul modello petrarchesco (per la poesia) e su quello boccacciano (per la prosa) (cfr. T3, p. 149). Ovviamente ciò presuppone una **concezione elitaria** della cultura e della letteratura, considerate come realtà separate dalla vita della nazione e del popolo. I rischi di accademismo e di retorica impliciti in tale teorizzazione sono evidenti. Nello stesso tempo, la proposta di Bembo era l'unica che fosse in grado di cementare un'unità linguistica e di garantire alla nostra letteratura un carattere unitario e omogeneo di italianità.

La tendenza all'immobilità e all'eternità classica

Rischi e meriti della proposta di Bembo

L'opera sostiene il principio di imitazione. Le sue analisi della letteratura delle origini, dal Duecento a Petrarca, ne fanno un **primo embrione di storia letteraria** del nostro paese.

Un abbozzo di storia letteraria

La fortuna della proposta linguistica e culturale di Bembo

Bembo fornì al ceto intellettuale e alla classe colta non solo uno strumento linguistico unitario, ma **una proposta di civiltà e di costume** che rivalutava, in una situazione di crisi politica e di sbandamento ideale, la funzione separata e privilegiata dell'intellettuale. Di qui la grande fortuna degli *Asolani* e soprattutto delle *Prose della volgar lingua*. Soprattutto la poesia trovò, nel petrarchismo di Bembo, un codice espressivo capace di durare per secoli.

T1 Pietro Bembo
«Crin d'oro crespo e d'ambra tersa e pura»

OPERA
Rime, V

CONCETTI CHIAVE
- la bellezza femminile secondo la vulgata petrarchesca

FONTE
P. Bembo, *Prose della volgar lingua. Gli Asolani. Rime*, a cura di C. Dionisotti, Tea, Milano 1993.

Questo sonetto risale probabilmente al periodo dell'amore difficile per Lucrezia Borgia (1502-1503). Il poeta, con adesione quasi letterale al modello petrarchesco, elenca le bellezze e le virtù della donna che hanno acceso in lui la passione d'amore. È qui delineato, con piena coerenza stilistica, l'ideale dell'amore cortese e platonico teorizzato da Bembo negli Asolani.

Crin d'oro crespo e d'ambra tersa e pura,
ch'a l'aura su la neve ondeggi e vole,
occhi soavi e più chiari che 'l sole,
da far giorno seren la notte oscura,

5   riso, ch'acqueta ogni aspra pena e dura,
rubini e perle, ond'escono parole
sì dolci, ch'altro ben l'alma non vòle,
man d'avorio, che i cor distringe e fura,

cantar, che sembra d'armonia divina,
10   senno maturo a la più verde etade,
leggiadria non veduta unqua fra noi,

giunta a somma beltà somma onestade,
fur l'esca del mio foco, e sono in voi
grazie, ch'a poche il ciel largo destina.

Bartolomeo Veneto, *Ritratto di giovane donna in veste di Flora*, 1515 circa. Francoforte, Städelsches Kunstinstitut und Städtische Galerie.

È stata proposta l'identificazione di questa giovane donna ritratta nelle vesti di Flora, divinità legata al culto della natura e della primavera, con Lucrezia Borgia. L'immagine, al di là dell'identificazione con il personaggio storico, presenta un ideale di bellezza raffinata, in cui i motivi dei capelli biondi, del candore della pelle, dello sguardo sereno, sembrano citazioni dai versi di Petrarca e di Bembo.

METRICA sonetto con rime secondo lo schema ABBA, ABBA; CDE, DEC.

- **1-4** Capelli (**Crin**) crespi [del colore] dell'oro e dell'ambra chiara (**tersa**) e pura [: biondi], che al vento (**ch'a l'aura**) ondeggiate e volate (**vole**) sul [collo bianco come] la neve; occhi dolci (**soavi**) e più luminosi (**chiari**) del (**che 'l** = che il) sole, [al punto] da trasformare (**far**) la notte oscura [in un] giorno sereno. I capelli e gli occhi, come – nei versi successivi – il sorriso, le labbra, i denti, le mani ecc. sono soggetti il cui predicato verbale si trova al v. 13: **fur l'esca**. La donna, rappresentata attraverso i capelli biondi e lo sguardo dolce, rimanda immediatamente al modello petrarchesco. **D'ambra**: l'ambra è una resina naturale di colore giallo intenso o giallo-rossastro e indica qui le sfumature dei capelli biondi della donna. **Occhi…'l sole**: è una citazione di Petrarca, dal sonetto CCCLII («volgei quelli occhi più chiari che 'l sole», v. 2). **Da far giorno…oscura**: da portare la luce; ma anche, metaforicamente, da rasserenare l'animo.

- **5-8** sorriso (**riso**), che tranquillizza (**ch'acqueta**) ogni angoscia (**pena**) crudele (**aspra**) e dolorosa (**dura**), [labbra rosse come] rubini e [denti bianchi come] perle, dai quali (**ond'<e>**) escono parole così (**sì**) dolci, che l'anima (**l'alma**) non desidera (**non vòle**) [nessun] altro bene, mano [bianca come] d'avorio, che stringe (**distringe**) e ruba (**fura**) i cuori [degli uomini] [: se ne impossessa, facendoli innamorare]. Questa quartina è interamente ricalcata su Petrarca: «riso / [...] [che] acqueta» (sonetto XVII, vv. 5-6), «aspra pena e dura» (canzone LXXI, v. 44), «perle e robini» (sonetto CCLXIII, v. 10), «la man ch'avorio e neve avanza [: supera in candore]» (sonetto CLXXXI, v. 11).

- **9-14** cantare, che sembra di armonia divina, saggezza (**senno**) [già] matura nell'età (**a la… etade**) più giovane (**verde**), eleganza mai vista (**non veduta unqua**; **unqua** = mai; latino "unquam") fra noi [uomini], massima (**somma**) dignità (**onestade**) unita (**giunta**) a massima bellezza, [tutte queste doti] sono state (**fur<o>** = furono) la causa (**l'esca**) del mio fuoco [d'amore], e in voi sono doni (**grazie**), che il Cielo destina a poche [donne] con generosità (**largo**). **Leggiadria… fra noi**: bellezza ed eleganza non comuni tra i mortali e quindi proprie piuttosto di una dea. **L'esca**: ha qui il significato di "miccia", in quanto indica, per estensione, 'qualsiasi materia che può facilmente accendersi e produrre fuoco'. La parola è spesso usata da Petrarca in questa stessa accezione. **Grazie…destina**: è una citazione quasi letterale dell'*incipit* del sonetto CCXIII di Petrarca («Grazie ch'a pochi il Ciel largo destina»): Bembo conclude così il suo sonetto con un esplicito omaggio al proprio modello.

T1 DALLA COMPRENSIONE ALL'INTERPRETAZIONE

COMPRENSIONE

Una bellezza ideale e stilizzata Questo testo è esemplare dell'arte di Bembo e, più in generale, del **petrarchismo cinquecentesco** (cfr. cap. XIV). Il tema principale è **la lode della donna**, espressa con una serie di immagini e di scelte formali riprese dalla poesia di Petrarca. Bembo elenca le doti dell'amata una dopo l'altra, componendo un **ritratto femminile dalla bellezza ideale e stilizzata**: la donna ha i capelli biondi, il collo candido come neve, gli occhi dolci e chiari, il sorriso soave, le labbra rosse come rubini, i denti come perle, le mani bianche come l'avorio, un'assennatezza, una bellezza e un'eleganza non comuni. Tutte queste doti, riunite in una sola persona, sono state la miccia («l'esca», v. 13) che ha acceso l'amore del poeta.

ANALISI E INTERPRETAZIONE

Meriti e limiti del petrarchismo di Bembo Il sonetto ha una struttura compatta: è un **unico, ampio periodo** che culmina nell'ultimo endecasillabo, formato da una citazione pressoché letterale di un celebre verso petrarchesco. Nel corso del Cinquecento questo testo di Bembo diviene un modello di descrizione della bellezza femminile e imitazione colta della poesia di Petrarca. Non è un caso che il poeta comico Francesco Berni sceglierà di farne una parodia per prendere in giro il petrarchismo (cfr. T4, «*Chiome d'argento fino, irte e attorte*», p. 480). La poesia che abbiamo letto, infatti, propone una serie di elementi che caratterizzano il nuovo stile poetico del petrarchismo cinquecentesco:

- l'imitazione convenzionale del **modello unico di Petrarca**;
- la **descrizione stilizzata e stereotipata della figura femminile** e del sentimento d'amore;
- l'estrema correttezza stilistica e l'**eleganza nell'elaborazione formale**;
- la severa **limitazione della scelta linguistica** (che, ad esempio, in questo sonetto si nutre quasi esclusivamente di sostantivi e aggettivi già usati nel Canzoniere di Petrarca).

Il linguaggio poetico di Bembo, coniato sul calco petrarchesco, nella sua convenzionalità e astrattezza, ha il pregio di creare **un immaginario, una sensibilità e una grammatica condivisi** dai letterati di tutta Europa. Attraverso il petrarchismo, così, la società di corte viene unificata linguisticamente e culturalmente. Ma c'è di più: Bembo contribuisce in modo decisivo a creare una **lingua unitaria** sul piano nazionale. Per approfondire questo aspetto, puoi leggere l'analisi linguistica del sonetto proposta nella rubrica **La lingua attraverso i testi**, *Bembo e il petrarchismo*.

T1 LAVORIAMO SUL TESTO

INTERPRETARE

1. Da una prima lettura ti sembra che il sonetto si leghi alla tradizione della lirica d'amore?

2. Confronta questo testo con la poesia di Berni che troverai nel T4, «*Chiome d'argento fino, irte e attorte*». Individua i rovesciamenti parodici.

LA LINGUA attraverso i testi — Bembo e il petrarchismo

La ricerca di regole e uniformità: il petrarchismo

«*Crin d'oro crespo e d'ambra tersa e pura*» è un testo importante che ci permette di riflettere sul modello linguistico che si afferma nel Cinquecento. Per quanto riguarda la discussione sulla lingua, il Cinquecento è infatti un secolo centrale, in cui le varie tesi trovano rispettivamente sostenitori e detrattori. Evento di capitale importanza in questo ambito, proprio all'alba del secolo (1501), è la pubblicazione del *Canzoniere* di Petrarca curato da Pietro Bembo ed edito da Aldo Manuzio. Alla collaborazione tra editore e filologo si deve la definitiva sistemazione della punteggiatura: il punto come chiusura di periodo, la virgola, il punto e virgola, l'apostrofo e l'accento, impiegati per la prima volta secondo l'uso odierno.

Nelle sue edizioni, Aldo Manuzio introdusse nell'editoria il cosiddetto "formato in ottavo" (fino ad allora usato solo per testi di carattere religioso) che, per le ridotte dimensioni rispetto ai manoscritti e alle grandi stampe dell'epoca, consentiva una maggiore maneggevolezza e la possibilità per il lettore di portare il libro con sé per il piacere della lettura o per consultazione. Il nuovo formato fu ben presto adottato anche nel resto d'Europa.

Altro evento importante è la pubblicazione, nel 1525, delle *Prose della volgar lingua* dello stesso Bembo.

Le *Prose*, come la maggior parte della trattatistica cinquecentesca, si presentano sotto forma di dialogo. L'incontro tra Giuliano de' Medici, Ercole Strozzi, Federigo Fregoso e Carlo Bembo (fratello di Pietro e portavoce della tesi di

quest'ultimo) si sarebbe svolto in tre giorni nel dicembre del 1502 a Venezia.
Mentre il primo e il secondo libro dell'opera sostengono la superiorità del volgare sul latino e l'autorevolezza di una lingua, quella toscana, già in possesso di una tradizione "classica" (Dante, Petrarca e Boccaccio), il terzo disserta sulle parti del discorso, per cui può essere giustamente considerato la prima grammatica ufficiale della lingua italiana.
La tesi linguistica sostenuta da Bembo fu definita «arcaizzante» perché modellata sui grandi autori di due secoli prima, i toscani Boccaccio per la prosa e Petrarca per la poesia.
La proposta bembesca s'impose sulle altre perché, nella seconda metà del secolo, lo spirito della Controriforma, e quindi del bisogno di norme rigide, si diffuse, influenzando ogni ambito, da quello religioso a quello culturale e letterario.
Lingua toscana e lingua fiorentina furono percepite, nella seconda metà del Cinquecento, come sinonimi, in seguito alla unificazione politica dello Stato mediceo, divenuto – dopo l'annessione di Siena – Granducato di Toscana.
Bembo lega nome e fortuna critica al fenomeno del petrarchismo che influenzerà il linguaggio poetico italiano sino a tutto l'Ottocento (anche Leopardi non ne sarà esente).
Il *Canzoniere* di Petrarca sarà considerato da tutti i poeti un manuale di consultazione, col rischio reale che il lessico carico di malinconica dolcezza e le preziose metafore petrarchesche diventassero oggetto d'imitazione, applicazione di formule fisse e puro esercizio letterario, stravolgendo l'equilibrio tra significato (il contenuto) e significante (la forma) in favore di quest'ultimo.

«Crin d'oro crespo e d'ambra tersa e pura»: un modello per il linguaggio della poesia

Ora analizziamo nel dettaglio le scelte linguistiche di Bembo in «*Crin d'oro crespo e d'ambra tersa e pura*».

Costruzione del periodo
Bembo costruisce un solo periodo per l'intero sonetto i cui soggetti, che costituiscono l'elenco delle grazie fisiche e morali della donna, si trovano all'inizio dei versi 1, 3, 5, 6, 8, 9, 10, 11 e i predicati nel penultimo verso. Ogni soggetto è seguito da una o più proposizioni subordinate, soprattutto relative, finalizzate ad esaltarne le caratteristiche e a fare di questo ritratto fisico e morale il modello ideale della bellezza femminile.

Il modello petrarchesco
Il lessico, l'eleganza del verso, l'uso di particolari metafore non sono invenzioni dell'immaginario bembesco, ma vengono prelevati dai versi del *Canzoniere* petrarchesco. Non si tratta di plagio, ma di omaggio a un modello poetico che diviene doveroso imitare. Varie sono le citazioni più dirette, ma l'intero sonetto è ricalcato sul modello petrarchesco.
L'ultimo verso, ad esempio, è il primo del sonetto CCXIII del *Canzoniere* (*Grazie ch'a pochi il ciel largo destina*), anch'esso in lode delle bellezze della donna amata. L'imitazione va oltre il lessico: identica è la costruzione del periodo, identici gli elementi fisici che vengono elencati e le qualità morali, che non sembrano appartenere a questa terra: l'«armonia divina» di Bembo corrisponde all'«alta beltà divina» di Petrarca.

> Grazie ch'a pochi il ciel largo destina:
> rara vertú, non già d'umana gente,
> sotto biondi capei canuta mente,
> e 'n humil donna alta beltà divina;
>
> 5 leggiadria singulare et pellegrina,
> e 'l cantar che ne l'anima si sente,
> l'andar celeste, e 'l vago spirto ardente,
> ch'ogni dur rompe et ogni altezza inchina;
>
> e que' belli occhi che i cor' fanno smalti,
> 10 possenti a rischiarar abisso et notti,
> et tôrre l'alme a' corpi, et darle altrui;
>
> col dir pien d'intellecti dolci et alti,
> co i sospiri soave-mente rotti:
> da questi magi transformato fui.

F. Petrarca, *Canzoniere*, testo critico di G. Contini, Einaudi, Torino 1964.

Le citazioni dirette
Confrontiamo adesso i versi di Bembo con quelli petrarcheschi.

	Bembo	Petrarca
1ª quartina	vv. 3-4 occhi soavi e più chiari che 'l sole, da far giorno seren la notte oscura,	Sonetto CCXL et non so che nelli occhi, che 'n un punto pò far chiara la notte, oscuro il giorno, Sonetto CCCLII Spirto felice che sì dolcemente volgei quelli occhi, più chiari che 'l sole,

LABORATORIO La lingua attraverso i testi • **Bembo e il petrarchismo**

	Bembo	Petrarca
2ª quartina	vv. 5-6 riso, ch'acqueta ogni aspra pena e dura, rubini e perle, ond'escono parole	**Sonetto XVII** Vero è che 'l dolce mansüeto riso pur acqueta gli ardenti miei desiri **Sonetto CCLXIII** Gentileza di sangue, et l'altre care cose tra noi, perle et robini et oro, quasi vil soma egualmente dispregi.
terzine	vv. 11-12 leggiadria non veduta unqua fra noi, giunta a somma beltà somma onestade,	**Sonetto CCLXI** Come s'acquista honor, come Dio s'ama, come è giunta honestà con leggiadria, **Sonetto CCCLI** gentil parlar, in cui chiaro refulse con somma cortesia somma honestate

Figure retoriche

Il linguaggio poetico di Petrarca si avvale della preziosità delle figure retoriche.
Rintracciamone qualcuna nella poesia di Bembo. Sono elencate in ordine alfabetico.

Allitterazioni
L'allitterazione è la ripetizione delle stesse consonanti all'inizio di parole poco distanti o limitrofe.

v. 1   *C*rin d'*o*ro *c*respo
v. 3   *o*cchi soavi e più *c*hiari *c*he

Antitesi
L'antitesi è la contrapposizione di idee espressa mettendo in corrispondenza parole o segmenti di testo di significato opposto o variamente in contrasto.

v. 4   da far *giorno* la *notte oscura*
v. 11 *senno maturo* a la più *verde etate*

Dittologie
La dittologia consiste nel ripetere un concetto mediante due parole semanticamente affini, per cui il secondo aggettivo risulta sovrabbondante ai fini della qualificazione. I due attributi paralleli vengono detti "allotropi", cioè diversi ma con identico significato; si tratta sostanzialmente di sinonimi uniti dalla congiunzione "e".

v. 1   Crin d'oro crespo e d'ambra *tersa e pura*
v. 2   ch'a l'aura su la neve *ondeggia e vole*

Metafore
La metafora può essere considerata una similitudine non preceduta da "come", e consiste nella sostituzione di una parola (o di un'espressione) con un'altra il cui significato è in rapporto di somiglianza con la prima, ma senza che questa somiglianza venga esplicitata.

v. 1 Crin d'oro crespo e d'ambra tersa e pura
      (capelli biondi come l'oro e l'ambra pura)
v. 2 ch'a l'aura su la neve ondeggia e vole
      (sul collo candido come la neve)
v. 6 rubini e perle
      (labbra rosse come i rubini e denti candidi come le perle)

Il lessico

Il lessico è prezioso, elegante, armonioso, come quello petrarchesco.
Segnaliamo il latinismo «*unqua*» (dal latino *unquam*, 'mai') e il *senhal* (nome fittizio che cela l'identità della donna) "l'aura". Petrarca utilizzava parole come "lauro", "L'aura" in modo che potessero significare più cose: l''alloro', con le cui foglie si facevano le corone per premiare i poeti o l''aria', o il nome della donna amata, 'Laura'.

LABORATORIO LINGUISTICO

▶ 1. Rileggi il sonetto di Bembo e individua altre dittologie.

   vv. ....

▶ 2. Individua adesso altre metafore.

   vv. ....

▶ 3. Molti termini quotidiani sono "nobilitati" da Petrarca (e da Bembo) o attraverso forme latineggianti o attraverso la scelta di una variante particolare. Scrivi accanto alle parole proposte l'equivalente nella lingua contemporanea.

crin(e)	
alma	
cor(e)	
etade	
beltà	

T2 Pietro Bembo
L'amore spirituale, secondo il Romito

OPERA
Gli Asolani,
Libro terzo, cap. XVII

CONCETTI CHIAVE
- «la vera bellezza non è umana e mortale [...] ma divina e immortale»

FONTE
P. Bembo, *Prose della volgar lingua. Gli Asolani. Rime*, a cura di C. Dionisotti, Tea, Milano 1993.

Lavinello aveva sostenuto la tesi platonica della bellezza come armonia, grazia e «convenienza», corrispondente a un ideale di equilibrio, di proporzione fra le parti e il tutto. Per godere la bellezza servono l'udito e la vista; e tuttavia, in assenza dell'oggetto del desiderio, può bastare anche il pensiero.

Il Romito, cioè l'eremita, rappresenta una concezione ascetica e spirituale dell'amore. Egli rimprovera Lavinello di fermarsi alla contemplazione dell'armonia senza chiedersi da dove questa provenga. In realtà l'unica vera bellezza è immortale e divina, e l'animo umano dovrebbe aspirare solo a questo tipo di bellezza.

E per venire, Lavinello, eziandio a' tuoi amori,[1] io di certo gli loderei e passerei nella tua openione in parte, se essi a disiderio di più giovevole obbietto t'invitassero, che quello non è, che essi ti mettono innanzi, e non tanto per sé soli ti piacessero, quanto perciò che essi ci possono a miglior segno fare e meno fallibile intesi.[2] Perciò che non è il buono amore disio solamente
5   di bellezza, come tu stimi, ma è della vera bellezza disio;[3] e la vera bellezza non è umana e mortale, che mancar possa,[4] ma è divina e immortale, alla qual per aventura ci possono queste bel-

- **1 E per...amori**: il Romito (cioè l'eremita) si rivolge a Lavinello contestandone le opinioni così come Lavinello aveva fatto con Perottino e Gismondo. **Eziandio**: *anche*, dall'unione dal latino *etiam* ('anche') e *diu* ("lungo").
- **2 io di certo...intesi**: *io certamente li loderei* [: i tuoi amori] *e condividerei in parte la tua opinione, se ti spingessero a desiderare un oggetto più utile* (**più giovevole obbietto**) *di quello che essi* [: amori] *ti pongono davanti, e non tanto ti fossero graditi di per sé, quanto perché ci possono dirigere* (**fare...intesi**) *verso uno scopo migliore e meno fallace*. L'invito dell'eremita è volto a distogliere l'attenzione di Lavinello dagli aspetti più contingenti dell'amore per rivolgersi a quelli universali e assoluti.
- **3 Perciò...disio**: la tesi di Lavinello riprendeva il motivo platonico dell'amore come desiderio di bellezza; qui il romito, nella circolarità della frase chiastica, sottolinea la necessità di ricercare la **vera bellezza**, la bellezza trascendente, e non la semplice piacevolezza estetica.
- **4 che mancar possa**: *che possa venire meno*, e dunque non poter durare nel tempo.

Tiziano, *Amor sacro e Amor profano*, 1514 circa. Roma, Galleria Borghese.

Il titolo *Amor sacro e Amor profano*, usato per indicare il grande capolavoro di Tiziano alla Galleria Borghese, è del tutto convenzionale. Nasce, infatti, nel Settecento per l'interpretazione moralistica della donna vestita come *Amor sacro*, e della donna nuda come *Amor profano*. In realtà le interpretazioni del dipinto più attente alla cultura e al contesto in cui fu commissionato (in occasione delle nozze del veneziano Nicolò Aurelio con Laura Bagarotto, nel 1514) hanno visto nella donna vestita la felicità terrena, effimera, legata al godimento dei beni materiali (tiene accanto a sé un vaso di gioie e dei fiori recisi), e invece hanno identificato nella donna nuda la felicità eterna, legata alla capacità di cogliere nella bellezza corporea la perfezione divina, secondo una riflessione di ispirazione neoplatonica. Questa concezione dell'amore, così prossima alle posizioni espresse negli *Asolani*, ha fatto ipotizzare un ruolo di Bembo nella elaborazione del programma simbolico del dipinto.

lezze inalzare, che tu lodi, dove elle da noi sieno in quella maniera, che esser debbono, riguardate.[5] [...] O Lavinello, Lavinello, non sei tu quello, che cotesta forma ti dimostra, né sono gli altri uomini ciò che di fuori appare di loro altresì. Ma è l'animo di ciascuno quello che egli è, e non la figura, che col dito si può mostrare.[6] Né sono i nostri animi di qualità, che essi con alcuna bellezza, che qua giù sia, conformare si possano e di lei appagarsi giamai.[7] Che quando bene tu al tuo animo quante ne sono potessi por davanti e la scielta concedergli di tutte loro e riformare a tuo modo quelle, che in alcuna parte ti paressero mancanti,[8] non lo appagheresti perciò, né men tristo ti partiresti da' piaceri, che avessi di tutte presi, che da quegli ti soglia partire, che prendi ora.[9] Essi,[10] perciò che sono immortali, di cosa che mortal sia non si possono contentare. Ma perciò che sì come dal sole prendono tutte le stelle luce, così quanto è di bello oltra lei dalla divina eterna bellezza prende qualità e stato, quando di queste alcuna ne vien loro innanzi, bene piaccion esse loro e volentieri le mirano, in quanto di quella sono imagini e lumicini, ma non se ne contentano né se ne sodisfanno tuttavia, pure della eterna e divina, di cui esse sovengono loro e che a cercar di se medesima sempre con occulto pungimento gli stimola, disiderosi e vaghi.[11]

- **5 dove...riguardate**: *qualora esse siano da noi considerate in quel modo che è loro dovuto.* Il problema, per il romito, è dunque di natura propriamente filosofica e conoscitiva.
- **6 O Lavinello...mostrare**: il romito invita l'interlocutore a non attenersi all'apparenza delle forme esteriori (**ciò che di fuori appare**). Solo l'animo indica l'essenza di ciascuno, e non la figura, che può essere indicata col dito.
- **7 Né...giamai**: *I nostri animi, per la loro qualità, non si possono conformare con nessuna bellezza terrena* (**che qua giù sia**) *e mai appagarsi di quella.*
- **8 Che quando...mancanti**: *Anche qualora tu potessi proporre all'animo tutte le bellezze e gli consentissi di scegliere fra loro e di riformarle secondo il tuo gusto* (**a tuo modo**), *cosicché in nessuna parte ti sembrassero difettose.*
- **9 non...ora**: *non per questo potresti soddisfarlo, né meno deluso ti allontaneresti dai piaceri avuti da tutte* [le bellezze] *rispetto a quelli di adesso* (**che prendi ora**) *dai quali sei solito allontanarti.* Il romito, insomma, vuol dire che la quantità delle occasioni piacevoli non intacca la diversa qualità del soddisfacimento estetico fondato sui valori interiori.
- **10 Essi**: gli animi.
- **11 Ma perciò...vaghi**: *Ma poiché, come tutte le stelle ricevono luce dal sole, così quanto c'è di bello oltre la divina e eterna bellezza da questa deriva qualità e stato, quando qualche bellezza terrena* (**di queste alcuna**) *si presenta agli animi, a loro piace molto e volentieri le ammirano* [: le bellezze terrene] *perché di quella* [eterna] *sono immagini e luci riflesse* (**lumicini**), *ma non riescono a contentarsi né a soddisfarsi tuttavia della bellezza eterna e divina, della cui presenza le* [bellezze] *terrene vanno loro* [: agli animi] *in aiuto, e che li incita, desiderosi, a ricercarla direttamente* (**di se medesima**) *attraverso uno stimolo occulto* (**con occulto pungimento**). Per il romito si tratta, dunque, di passare dalla intuizione della bellezza nelle forme della contingenza alla contemplazione della bellezza nella sua assolutezza ideale e perfetta.

T2 DALLA COMPRENSIONE ALL'INTERPRETAZIONE

COMPRENSIONE

La bellezza e l'amore Nel brano che abbiamo letto Lavinello e Romito sostengono tesi differenti. **Lavinello** vede la bellezza, la proporzione e l'armonia nell'oggetto amato, che riflette in sé la bellezza ideale e ne è manifestazione ed esempio. Invece per il Romito la bellezza non è una proprietà dell'oggetto amato, ma solo di Dio: infatti qualunque bellezza terrena è imperfetta. Mentre Lavinello rimprovera Gismondo di avere una concezione materialistica dell'amore, gli oppone poi una visione ispirata a un **platonismo assai moderato** e comunque conciliato con la realtà terrena. Invece il **Romito** sostiene una **tesi rigorosamente spiritualistica**. Ovviamente il fatto che Lavinello e il Romito espongano le loro posizioni nella parte conclusiva del trattato, dà loro una posizione di preminenza. E tuttavia le tesi opposte di Perottino, di Gismondo, di Lavinello e del Romito si giustappongono senza escludersi a vicenda.

ANALISI

La lingua, la sintassi, le figure retoriche Esaminiamo un frammento di prosa: «non è il buono amore disio solamente di bellezza, come tu stimi, ma è della vera bellezza disio; e la vera bellezza non è umana e mortale, che mancar possa, ma è divina e immortale, alla qual per aventura ci possono queste bellezze inalzare, che tu lodi, dove [qualora] elle da noi sieno in quella maniera, che esser debbono, riguardate». Il primo periodo è costruito su un chiasmo («disio...bellezza...bellezza...disio»). Nel secondo l'antitesi è perfettamente bilanciata in una coppia di aggettivi contrapposti («non umana e mortale», «divina e immortale»); anche gli incisi sono costituiti da due proposizioni relative di eguale brevità («che mancar possa», «che esser debbono») disposte fra loro in modo parallelo. Infine il participio passato posto alla fine («riguardate») dà al periodo una struttura solenne, alla latina (si veda anche l'infinito «inalzare», pure posposto). Bembo persegue insomma sul piano stilistico quella proporzione fra le parti, quella **armonia**, che il suo personaggio teorizza sul piano filosofico. Quanto alla lingua, essa è sostenuta ed elevata: si veda come il termine più ricercato, «disio», si alterni al più comune «disiderio». Si noti «giovevole», poco prima del brano sopra citato: esso fa parte di una larga schiera di suffissi in -evole desunti da Boccaccio o calcati sull'uso boccacciano. Anche l'abuso di prefissi (qui «riguardate» al posto di "guardate") rientra in un **ricercato gusto toscano**.

INTERPRETAZIONE

Diversità di posizioni e processo ascensionale: la tesi di Dionisotti Nella edizione UTET dei Classici Italiani e poi nella edizione economica TEA, l'opera di Bembo è introdotta da un magistrale saggio di Carlo Dionisotti. Ne riportiamo una parte.

«Gli interlocutori di questo dialogo sull'amore sono tutti, ciascuno a suo modo, innamorati. Anche il vecchio eremita "canutissimo e barbuto" che nel terzo libro viene chiamato in scena per dar voce alla dottrina dell'amor divino, parla in causa propria, esalta insieme una dottrina e una pratica di vita. Ma il carattere drammatico è soprattutto appariscente nei primi due libri, dove non tanto due dottrine, quanto due esperienze dell'amore si oppongono. [...]
Evidentemente c'è un graduale processo ascendente dall'amore disperato a quello sensualmente felice per la donna, e da questo, così caldo ma così fragile, a quello intellettuale e contemplativo per la donna stessa, finalmente al perfetto e inesauribile amore di Dio, e, in Dio, della natura e dell'arte. Ma sono gradi di una realtà che li comprende e mostra tutti insieme, la realtà della vita in cui non mancheranno mai i "perottiani amanti" né i loro antagonisti, tutti presi dal piacere, né i pochi abili a poggiare più in alto. Benché ci siano dall'uno all'altro libro richiami polemici e insomma ci sia una progressiva eliminazione degli eccessi e degli errori, l'interesse prevalente non è per la ricerca della verità. Anche a prima vista e da un calcolo materiale, il terzo libro risulta più esile dei primi due, e al tempo stesso, spezzato come è in due parti, più intricato e impacciato nello sforzo di concludere. E, come già si è detto, **una vera e propria conclusione non c'è**».

T2 LAVORIAMO SUL TESTO

COMPRENDERE

1. Il Romito in parte condivide e in parte critica le posizioni di Lavinello. Persiste nel suo discorso una componente ascetico-medievale? Quale?

2. **TRATTAZIONE SINTETICA** Spiega in un testo di dieci righe la concezione dell'amore teorizzata dal Romito nel brano che hai letto.

T3 Pietro Bembo — La differenza fra lingua scritta e lingua parlata e la necessità di prendere a modello Petrarca e Boccaccio

OPERA
Prose della volgar lingua, Libro primo, capp. XVIII e XIX

CONCETTI CHIAVE
- il carattere elitario e il valore assoluto della letteratura

FONTE
P. Bembo, *Prose della volgar lingua*, cit.

Riportiamo qui un passo dal capitolo XVIII del primo libro e l'inizio del capitolo successivo. Carlo Bembo confuta le tesi di Giuliano de' Medici sostenitore nella scrittura del fiorentino allora in uso (era questa anche la tesi di Machiavelli). Secondo Giuliano ispirarsi a una lingua ormai morta significava rivolgersi ai morti, non ai vivi. Carlo ribatte che, per secoli, Cicerone e Virgilio sono stati presi a modello da chi scriveva in latino. In modo analogo Petrarca e Boccaccio possono essere assunti come modelli di una letteratura viva, anche se intesa da pochi. D'altronde a occuparsi di letteratura è sempre stata una cerchia ristretta, ed è solo per essa che gli scrittori concepiscono le loro opere.

Tacevasi, dette queste parole, il Magnifico, e gli altri medesimamente si tacevano,[1] aspettando quello che mio fratello recasse allo 'ncontro, il quale incontanente in questa guisa rispose:[2] – Debole e arenoso fondamento avete alle vostre ragioni dato,[3] se io non m'inganno, Giuliano, dicendo, che perché le favelle si mutano, egli si dee sempre a quel parlare, che è in bocca delle genti, quando altri si mette a scrivere, appressare e avicinare i componimenti, con ciò sia cosa che d'esser letto e inteso dagli uomini che vivono si debba cercare e procacciare per ciascuno.[4] Perciò che se questo fosse vero, ne seguirebbe che a coloro che popolarescamente scrivono, maggior loda si convenisse dare che a quegli che le scritture loro dettano e compongono più figurate e più gentili;[5] e Virgilio meno sarebbe stato pregiato, che molti dicitori di piazza e di volgo per aventura non furono, con ciò sia cosa che egli assai sovente ne' suoi poemi usa modi del dire in tutto lontani dall'usanze del popolo, e costoro non vi si discostano giamai.[6] La lingua delle scritture, Giuliano, non dee a quella del popolo accostarsi, se non in quanto, accostandovisi, non perde gravità, non perde grandezza; che altramente ella discostare se ne dee e dilungare, quanto le basta a mantenersi in vago e in gentile stato.[7] Il che aviene per ciò, che appunto non debbono gli scrittori por cura di piacere alle genti solamente, che sono in vita quando essi scrivono, come voi dite, ma a quelle ancora, e per aventura molto più, che sono a vivere dopo loro: con ciò sia cosa che ciascuno la eternità alle sue fatiche più ama, che un brieve tempo.[8] E perciò che non si può per noi compiutamente sapere quale abbia ad essere l'usanza delle favelle di quegli uomini, che nel secolo nasceranno che appresso il nostro verrà,[9] e molto meno di quegli altri, i quali appresso noi alquanti secoli nasceranno, è da vedere che alle nostre composizioni tale forma e tale stato si dia, che elle piacer possano in ciascuna età, e ad ogni secolo, ad ogni stagione esser care; sì come diedero nella latina lingua a' loro componimenti Virgilio, Cicerone e degli altri, e nella greca Omero, Demostene e di molt'altri ai loro; i quali tutti, non mica secondo il parlare, che era in uso e in bocca del volgo della loro età, scriveano, ma secondo che parea loro che bene lor mettesse a poter piacere più lungamente.[10] Credete voi che se il Petrarca avesse le sue canzoni con la favella composte de' suoi popolani, che elle così vaghe, così belle fossero come sono, così care, così gentili? Male credete, se ciò credete. Né il Boccaccio altresì con la bocca del popolo ragionò; quantunque alle prose ella molto meno si disconvenga, che al verso.[11] Che come che egli alcuna volta, massimamente nelle novelle, secondo le

---

- **1** **Tacevasi...tacevano**: si noti la struttura a chiasmo che apre questo capitolo: «Tacevasi...il Magnifico...gli altri...tacevano». Il **Magnifico** è Giuliano de' Medici (1479-1516), duca di Nemours, ma conosciuto con lo stesso soprannome del padre Lorenzo. **Medesimamente**: ugualmente.
- **2** **aspettando...rispose**: attendendo quello che mio fratello [: Carlo Bembo] controbattesse (**recasse allo 'ncontro**), e Carlo [infatti] replicò subito in questo modo (**in questa guisa**).
- **3** **Debole...dato**: Avete dato alle vostre idee un appoggio fragile e costruito sulla sabbia (**arenoso**).
- **4** **dicendo...ciascuno**: sostenendo che, poiché le lingue (**favelle**) mutano, quando qualcuno (**altri**) si mette a scrivere deve sempre avvicinare e assimilare i suoi componimenti alla lingua parlata (**a quel parlare**) che è in bocca alla gente, dal momento che (**con ciò sia cosa che**) ciascuno [scrittore] deve cercare di essere letto e compreso dagli uomini viventi [: a lui contemporanei]. La tesi di Giuliano individua soprattutto nella lingua dell'uso l'ambito di riferimento per una scrittura che voglia essere sempre viva e attuale. È ovvio che ciò risulta estraneo ai principi classico-umanistici che tendono a fissare in un canone preciso e rigoroso le delimitazioni della lingua scritta.
- **5** **a coloro...gentili**: converrebbe attribuire una lode maggiore a coloro che scrivono secondo l'uso popolare [: la lingua parlata], [piuttosto] che a quelli che compongono le loro opere (**scritture**) con più figure retoriche e con più raffinatezza (**più figurate e più gentili**).
- **6** **e Virgilio...giamai**: e Virgilio sarebbe stato considerato di minor pregio rispetto a quanto per caso lo furono molti attori (**dicitori**) nelle piazze e tra il popolo, poiché (**con ciò sia cosa che**) [mentre] egli [: Virgilio] assai spesso nei suoi poemi usa espressioni del tutto lontane dalla pratica popolare, costoro [: i dicitori] non se ne allontanano mai. La tesi di Carlo Bembo è che la definizione di un volgare comune non deve tener conto delle varietà locali e popolari della lingua, ma attenersi a modelli alti e ben individuati.
- **7** **se non...stato**: se non per quel tanto che, avvicinandovisi [: alla lingua popolare], essa non perda gravità né grandezza; perché altrimenti se ne deve allontanare e prenderne distanza (**dilungare**), quanto le è sufficiente per mantenere un livello di piacevolezza e di gentilezza (**in vago e in gentile stato**). La gravità proposta da Bembo deriva dalla *gravitas* latina e può essere interpretata come eloquenza solenne e decorosa sostenutezza.
- **8** **Il che...tempo**: Carlo Bembo invita Giuliano a concepire la scrittura come un'attività destinata non solo alle generazioni coeve allo scrittore o al **brieve tempo** del nostro quotidiano, ma proiettata nei lettori futuri e addirittura nell'**eternità**.
- **9** **quale...verrà**: quale sarà l'uso della lingua (**l'usanza delle favelle**) da parte degli uomini che nasceranno nel secolo successivo al nostro.
- **10** **i quali...lungamente**: i quali non scrivevano secondo la lingua parlata nell'uso e sulla bocca del popolo della loro età, ma nel modo che a loro risultasse utile (**che parea loro bene lor mettesse**) a procurare piacere più a lungo.
- **11** **quantunque...verso**: sebbene alla prosa ella [: la lingua popolare] sia meno sconveniente che al verso. Mentre la purezza del linguaggio petrarchesco non lascia dubbi sulla canonicità classica del suo stile, per Boccaccio Carlo Bembo è costretto ad ammettere qualche attenuante, giustificata, subito dopo, con la particolarità tematica delle sue numerose novelle e la diversa provenienza sociale dei vari personaggi.

30 proposte materie, persone di volgo a ragionare traponendo, s'ingegnasse di farle parlare con le voci con le quali il volgo parlava, nondimeno egli si vede che in tutto 'l corpo delle composizioni sue esso è così di belle figure, di vaghi modi e dal popolo non usati, ripieno, che meraviglia non è se egli ancora vive, e lunghissimi secoli viverà.[12] Il somigliante[13] hanno fatto nelle altre lingue quegli scrittori, a' quali è stato bisogno, per conto delle materie delle quali essi scrive-
35 no, le voci del popolo alle volte porre nel campo delle loro scritture,[14] sì come sono stati oratori e compositori di comedie o pure di cose che al popolo dirittamente si ragionano, se essi tuttavia buoni maestri delle loro opere sono stati.[15] Quale altro giamai fu, che al popolo ragionasse più di quello che fe' Cicerone?[16] Nondimeno il suo ragionare in tanto si levò[17] dal popolo, che egli sempre solo, sempre unico, sempre senza compagnia[18] è stato. [...]

40 Ora mi potreste dire: cotesto tuo scriver bene onde si ritra' egli, e da cui si cerca?[19] Hass'egli sempre ad imprendere dagli scrittori antichi e passati?[20] Non piaccia a Dio sempre, Giuliano, ma sì bene ogni volta che migliore e più lodato è il parlare nelle scritture de' passati uomini, che quello che è o in bocca o nelle scritture de' vivi. Non dovea Cicerone o Virgilio, lasciando il parlare della loro età, ragionare con quello d'Ennio o di quegli altri, che furono più antichi ancora
45 di lui, perciò che essi avrebbono oro purissimo, che delle preziose vene del loro fertile e fiorito secolo si traeva, col piombo della rozza età di coloro cangiato;[21] sì come diceste che non dovano il Petrarca e il Boccaccio col parlare di Dante, e molto meno con quello di Guido Guinicelli e di Farinata e dei nati a quegli anni ragionare.[22] Ma quante volte aviene che la maniera della lingua delle passate stagioni è migliore che quella della presente non è, tante volte si dee per noi con
50 lo stile delle passate stagioni scrivere, Giuliano, e non con quello del nostro tempo. Perché molto meglio e più lodevolmente avrebbono e prosato e verseggiato, e Seneca e Tranquillo e Lucano e Claudiano e tutti quegli scrittori, che dopo 'l secolo di Giulio Cesare e d'Augusto e dopo quella monda e felice età stati sono infino a noi, se essi nella guisa di que' loro antichi, di Virgilio dico e di Cicerone, scritto avessero, che non hanno fatto scrivendo nella loro;[23] e molto

- **12 Che come...viverà**: Sebbene (**che come che**) egli [Boccaccio] qualche volta, soprattutto nelle novelle, introducendo a parlare (**a ragionare traponendo**), a seconda degli argomenti, personaggi popolari, cercasse di farli esprimere con le voci proprie del popolo, tuttavia risulta chiaro che nel nucleo consistente (**in tutto 'l corpo**) delle sue composizioni è così ricco di belle figure [retoriche], di espressioni eleganti non usate dal popolo, che non fa meraviglia se egli vive ancora e se vivrà nei secoli futuri.
- **13 Il somigliante**: La stessa cosa.
- **14 a' quali...scritture**: per i quali, in rapporto agli argomenti su cui scrivevano, è stato necessario inserire nella loro scrittura le voci del popolo. L'apporto della lingua popolare, dunque, per Bembo si restringe all'ambito di una citazione, distinguibile come elemento "eccezionale" in un contesto che deve mantenersi sempre a un livello più alto.
- **15 o pure...stati**: oppure di composizioni indirizzate espressamente al popolo, se essi sono tuttavia risultati buoni maestri delle loro opere. Qui "maestro" va inteso nel suo senso più ampio e quindi anche come sapiente costruttore-conduttore del testo.
- **16 Quale...Cicerone?**: Quale altro [scrittore] mai ci fu che si rivolgesse più spesso al popolo di quanto abbia fatto Cicerone? (Bembo si riferisce all'attività oratoria e, dunque, pubblica del grande scrittore latino).
- **17 sì levò**: si distinse.
- **18 senza compagnia**: isolato, perché senza rivali.
- **19 cotesto...cerca?**: da dove può essere tratto (**onde si ritra'**) questo tuo scriver bene e presso chi deve essere cercato? Dopo le affermazioni teoriche, Bembo passa a definire in pratica quali autori occorre imitare nella lingua e considerare "canonici".
- **20 Hass'egli...passati**: egli è pleonastico: si deve sempre apprendere dagli scrittori antichi [greco-latini] e da quelli [a noi] precedenti?
- **21 Non dovea...cangiato**: Cicerone o Virgilio, trascurando il linguaggio della loro età, non dovevano esprimersi (**ragionare**) con quello di Ennio o degli altri [scrittori] ancora più antichi, perché avrebbero sostituito (**cangiato**) l'oro purissimo che veniva estratto dalle vene preziose del loro tempo ricco e fecondo [di buona letteratura] con il piombo [: con la pesantezza] della loro rozza età [: quella degli autori arcaici]. Ennio (III-II sec. a.C.), considerato il padre della letteratura latina, è sempre stato visto, fin dalle poetiche classiche (Lucilio, Ovidio), come un autore arcaico e di linguaggio non ancora raffinato. Avrebbero, dunque, sbagliato Cicerone e Virgilio a eleggerlo a modello, risultando assenti nella sua opera gli indispensabili requisiti di armonia e di purezza linguistica.
- **22 sì come...ragionare**: così come diceste che Petrarca e Boccaccio non dovevano esprimersi con la lingua di Dante, e ancora meno con quella di Guinizelli e di Farinata e dei loro contemporanei (**dei nati a quegli anni**). Carlo Bembo risponde ancora a Giuliano, che aveva sostenuto la necessità di attenersi ad un modello linguistico vivo, dimostrando che anche Petrarca e Boccaccio si erano ispirati a un ideale di lingua che, oltrepassando persino Dante, tendeva a porsi come "esemplare". Farinata è Farinata degli Uberti (morto nel 1264), il famoso personaggio storico della fazione ghibellina (cfr. Dante, *Inferno*, X). Era contemporaneo di Guinizzelli, il 'padre' dello Stil novo.
- **23 Perché molto...loro**: Perché avrebbero scritto in prosa (**prosato**) e in versi in modo migliore e più lodevole Seneca, Svetonio Tranquillo, Lucano, Claudiano e tutti gli scrittori vissuti dopo l'età pura (**monda**) e felice di Cesare e di Augusto fino alla nostra, se avessero scritto alla maniera (**guisa**) degli autori antichi, Virgilio e Cicerone, cosa che non hanno fatto scrivendo nella loro [: nella lingua del loro tempo]. Seneca e Lucano sono due scrittori latini di origine spagnola. Il primo,

meglio faremo noi altresì, se con lo stile del Boccaccio e del Petrarca ragioneremo nelle nostre carte,[24] che non faremo a ragionare col nostro, perciò che senza fallo alcuno[25] molto meglio ragionarono essi che non ragioniamo noi. Né fie per questo che dire si possa, che noi ragioniamo e scriviamo a' morti più che a' vivi.[26] A' morti scrivono coloro, le scritture de' quali non sono da persona lette giamai, o se pure alcuno le legge, sono que' tali uomini di volgo, che non hanno giudicio[27] e così le malvagie cose leggono come le buone, perché essi morti si possono alle scritture dirittamente chiamare, e quelle scritture altresì, le quali in ogni modo muoiono con le prime carte.[28] La latina lingua, sì come si disse pur dianzi, era agli antichi natia,[29] e in quel grado medesimo che è ora la volgare a noi, che così l'apprendevano essi tutti e così la usavano, come noi apprendiamo questa e usiamo, né più né meno. Non perciò ne viene, che quale ora latinamente scrive, a' morti si debba dire che egli scriva più che a ' vivi, perciò che gli uomini, de' quali ella era lingua, ora non vivono, anzi sono già molti secoli stati per lo adietro.[30]

filosofo, e l'altro, poeta epico autore della *Farsaglia*, morirono nel 65 d.C. per volere di Nerone; Svetonio (tra I e II sec. d.C.) era a capo degli archivi imperiali e biografo dei Cesari; Claudiano (370 ca.-404 ca.) è uno degli ultimi poeti pagani, imitatore dei classici. Nelle parole e nei giudizi di Bembo è possibile riscontrare un momento di passaggio dal classicismo umanistico (scopritore ed esaltatore della civiltà greco-latina nel suo complesso) a quello rinascimentale, attento a circoscrivere il periodo aureo della letteratura latina all'età augustea, facendone propri i principi estetici fondamentali di decoro, equilibrio formale, purezza linguistica.

- **24** **nelle nostre carte**: *nei nostri scritti*.
- **25** **senza fallo alcuno**: *senza alcuna possibilità di errore*.
- **26** **Né fie…vivi**: *Né per questo si potrà dire che noi parliamo e scriviamo più ai morti che ai vivi*. Questa è la tesi sostenuta da Giuliano in tutto il trattato. **Fie** = accadrà.
- **27** **che non hanno giudicio**: *che non hanno la ragione* e, dunque, neppure la possibilità di valutare le opere.
- **28** **perché…carte**: *perciò essi possono essere giustamente (dirittamente) definiti "morti" riguardo alla scrittura [letteraria], e [morte] anche quelle opere che deperiscono fin dalle prime pagine (con le prime carte)*.
- **29** **natia**: nel senso di *naturale* e *innata*.
- **30** **Non perciò…adietro**: *Non per questo ne consegue che colui che adesso scrive in latino si rivolga ai morti piuttosto che ai vivi dal momento che non vivono più gli uomini di cui [il latino] era la lingua, e anzi sono già vissuti molti secoli fa* (**per lo adietro**). La tesi di Carlo Bembo è che la vera letteratura vive della perenne attualità della sua presenza e si incarna nelle opere che attraversano il tempo, superando le mode, i gusti, i giudizi effimeri del pubblico popolare.

T3 DALLA COMPRENSIONE ALL'INTERPRETAZIONE

COMPRENSIONE E ANALISI

Un canone per la lingua letteraria Questo brano, tratto dal primo libro delle *Prose della volgar lingua*, ospita la confutazione della teoria linguistica esposta nei capitoli precedenti da Giuliano de' Medici, che aveva affermato la necessaria contiguità tra lingua letteraria e lingua d'uso. Per sostenere la propria tesi, contraria all'uso del fiorentino contemporaneo (ma, implicitamente, anche a quello della lingua cortigiana allora praticata nelle corti, "mista" ma basata sul toscano), **Carlo Bembo** impiega i seguenti argomenti:

1. gli scrittori devono rivolgersi anche e soprattutto ai **posteri** perché solo da loro avranno vera gloria e piena consacrazione: insomma il loro pubblico non è affatto ridotto a quello della contemporaneità;
2. non è il popolo che dà gloria e fama, ma una ristretta cerchia di intenditori capaci di giudicare l'arte letteraria: perciò è necessario **rifuggire da forme popolaresche e tendere a un valore assoluto e aristocratico**;
3. non sempre è necessario imitare gli antichi; se per esempio Cicerone avesse imitato Ennio, avrebbe sbagliato; ma occorre imitare gli antichi quando questi costituiscono un modello di eccellenza che non si ritrova fra i contemporanei; come le generazioni successive a Cicerone e Virgilio, sino alla contemporaneità, hanno preso questi due autori a modello, così **occorre assumere Boccaccio e Petrarca come punto di riferimento per il volgare**;
4. rifarsi a modelli antichi non significa scrivere in una lingua morta e rivolgersi ai morti ma mirare a un **risultato assoluto** che garantirà un pubblico in ogni tempo e la conquista dell'eternità.

INTERPRETAZIONE

L'autonomia della letteratura Bembo teorizza una **letteratura elitaria**, sottratta a ogni immediata funzione sociale, e volta esclusivamente a raggiungere un **ideale di bellezza** formale e di perfezione aristocratica. A Bembo interessa solo la forma, non il contenuto. Il letterato non deve preoccuparsi del popolo e dei contemporanei, ma solo di una cerchia di pochi intenditori e del pubblico futuro: dai posteri, infatti, dipenderà la sua gloria. L'arte, insomma, è umanisticamente proiettata verso un'eternità da raggiungersi attraverso una esperienza formale "assoluta" (anche nel senso latino: *absolutus* significa "sciolto" da ogni legame, separato dalla realtà sociale); a sua volta poi questa esperienza è resa possibile solo dall'imitazione di un **modello astratto, astorico e atemporale**. Così l'arte è sottratta al tempo e alla storia, ed esaltata al di sopra di ogni altra attività umana. Tale prospettiva culturale è evidentemente manifestazione di una ideologia che riflette e sublima la condizione separata e privilegiata dell'intellettuale umanistico-rinascimentale.

La paradossale attualità di Bembo Le tesi di Bembo, come sappiamo, risultarono vincenti, e questa vittoria ebbe significative conseguenze sul piano culturale, oltre che su quello più specificamente linguistico-letterario. Venne sancita una **separatezza tra lingua letteraria e lingua dell'uso** che rifletteva la condizione, anch'essa separata e ormai marginale, dell'intellettuale. Oggi la questione della lingua, aperta da Dante nel *De vulgari eloquentia*, e di cui le *Prose della volgar lingua* sono un capitolo importante, sembrerebbe risolta. La scrittura letteraria si è riconciliata con la vita e il linguaggio quotidiani. Eppure forse l'oscillazione del pendolo linguistico è stata troppo ampia: si è passati da una lingua imbalsamata a una fin troppo pronta ad appiattirsi sull'uso quotidiano arrendendosi ad esso, da una lingua fossile a una lingua *casual*, da un eccesso di sublimazione a un eccesso di minimalismo. L'attualità paradossale del discorso di Bembo non consiste certo nella sostanza delle sue tesi puristiche, che nessuno pensa di risuscitare, ma nella necessità di riflettere (e di vigilare) sempre sugli usi linguistici, denunciando, quando occorre, gli abusi e le frodi. L'attenzione ai fatti linguistici non è pertinenza esclusiva dei grammatici e dei lessicografi, ma di tutti, perché attraverso la lingua si esprime una civiltà o il suo imbarbarimento. A questa componente etica e civile della consapevolezza linguistica non possiamo permetterci il lusso di rinunciare.

T3 LAVORIAMO SUL TESTO

COMPRENDERE E ANALIZZARE

1. Secondo Bembo gli scrittori devono prendere a modello linguistico
   - A il fiorentino moderno
   - B la lingua usata nelle corti
   - C la lingua dei grandi scrittori
   - D il fiorentino scritto del Trecento
2. Perché la lingua della scrittura non deve prendere a modello quella parlata?

INTERPRETARE

3. Quale idea di letteratura teorizza Bembo? A quale pubblico deve rivolgersi?

LE MIE COMPETENZE: DIALOGARE

Come abbiamo visto, per Bembo la lingua scritta non deve essere contaminata dagli usi del parlato. Oggi l'idea che abbiamo della lingua letteraria è profondamente diversa: sappiamo che la lingua è viva e in continua evoluzione. Ultimamente la lingua scritta ha subito l'influenza delle strategie comunicative tipiche dei nuovi media, che puntano sulla rapidità del messaggio. Essa agisce non solo sul piano del lessico ma anche su quello della sintassi, per esempio favorendo la diffusione di uno stile paratattico e nominale. I nuovi mezzi di comunicazione hanno cambiato o impoverito la lingua italiana? Discuti la questione con il docente e i compagni.

3 La trattatistica sul comportamento e il *Cortegiano* di Baldassar Castiglione

Idealismo e realismo nella trattatistica sul comportamento

Una svolta di civiltà impone sempre un **nuovo codice di comportamenti e di costumi**. Si trattava di adeguare la forma della vita politica e cortigiana alla nuova cultura, delineando un ideale astratto di perfezione che tenesse conto però della concreta realtà di fatto. Idealismo e realismo sono due facce, dunque, della stessa esigenza; e infatti si ritrovano sia nel modello del principe lasciatoci da Machiavelli, sia in quello del "cortegiano" trasmessoci da Baldassar Castiglione (cfr. **S2**, p. 154).

Fra la fine del Quattrocento e l'inizio del Cinquecento, la trattatistica delineò **esempi di comportamento** in ogni campo, da quello religioso a quello profano delle corti, sia in latino che in volgare.

Il trattato di Castiglione: le ragioni del suo successo europeo

Il trattato di Castiglione si impone fra tutti – e a un livello non solo italiano ma europeo – sia perché dà espressione alla massima ambizione della civiltà umanistico-rinascimentale, quella di unire in un modello unico la grazia e l'utilità, il bello e il buono, l'estetica e l'etica, sia perché riesce a fondare un **ideale perfetto di comportamento** a partire dallo studio concreto di una realtà attentamente analizzata durante tutta una esistenza appunto dedicata alla vita di corte.

Il periodo di Urbino (1504-1513)

Nato nel **1478** da famiglia nobile devota ai Gonzaga, dopo aver passato alcuni anni presso Ludovico il Moro a **Milano**, Baldassar Castiglione fu assunto al servizio del marchese Francesco Gonzaga a **Mantova**. Nel 1504 si trasferì a **Urbino**, al servizio di Guidobaldo di Montefeltro. Qui restò sino al 1513, passando, alla morte di Guidobaldo (1508), al servizio del successore, Francesco Maria della Rovere. È questo il periodo più felice di Castiglione: la società della **corte di Urbino**, particolarmente sotto Guidobaldo e la moglie di lui, Elisabetta Gonzaga, gli **si presenta come una comunità ideale**, la più vicina al modello di vita cortigiana che egli ha in mente. E in effetti, in questo periodo, subito dopo la morte di Guidobaldo, comincia a scrivere il trattato intitolato *Il libro del Cortegiano*.

A Roma (1513-16) e a Mantova (1516-1521)

Intanto Castiglione si era spostato a **Roma**, come ambasciatore del duca di Urbino Francesco Maria della Rovere presso Leone X. Qui risiede dal 1513 al 1516. Ma in questo anno, caduto il duca, torna a **Mantova**, dove si sposa (avrà tre figli) e passa al servizio di Federigo Gonzaga. Nel 1521, morta la moglie, abbraccia lo stato ecclesiastico e torna a **Roma**, al servizio del papa. Il 1521 è anche l'anno in cui termina una seconda redazione del *Cortegiano*, che nel frattempo era circolato manoscritto. Anzi, come era consuetudine allora, l'autore si era preoccupato di farlo leggere ai principali letterati del tempo per averne consigli e giudizi.

La redazione del 1521 del Cortegiano

La terza redazione del Cortegiano, fra il 1521 e il 1524

Fra il 1521 e il 1524 Castiglione scrisse la **terza e ultima redazione del *Cortegiano*** (le prime due sono del 1516 e del 1521), che uscì infine a Venezia nel **1528**. L'opera non fu però rivista direttamente dall'autore, che allora si trovava in Spagna, a Madrid, come nunzio apostolico. Morì nel **1529** a Toledo, all'età di cinquanta anni. Si dice che l'imperatore Carlo V piangesse la sua scomparsa con queste parole: «Io vi dico che è morto uno dei migliori cavalieri del mondo».

L'occasione del dialogo è allontanata nel tempo e trasformata in mito

Il *Cortegiano* è preceduto da una **lettera dedicatoria a Michele De Silva**, vescovo di Viseu in Portogallo, in cui Castiglione, oltre ad esporre le sue idee linguistiche, dichiara di aver preso a modello Cicerone, Platone e Senofonte. Come costoro avevano offerto modelli di perfetto oratore (Cicerone, nel *De oratore* [L'oratore]), di perfetto stato (Platone, nella *Repubblica*) e di perfetto sovrano (Senofonte, nella *Ciropedia*), così **Castiglione vuole insegnare a diventare perfetti corti-**

S2 — MATERIALI E DOCUMENTI

Realismo e idealismo nel *Principe* di Machiavelli e nel *Cortegiano* di Castiglione

Salvatore Battaglia mostra le «qualità analoghe» di Machiavelli e Castiglione, due autori in genere contrapposti perché considerati realista l'uno, idealista l'altro. Viceversa, nella migliore «letteratura del comportamento» del primo Cinquecento, e dunque sia in Machiavelli che in Castiglione, realismo e idealismo si fondono a prospettare un modello ideale ma ricavato dall'osservazione attenta della realtà.

▶▶ Si può dire che il comune denominatore sia costituito dalla convergenza di queste due componenti: la forte coscienza del reale (come natura e come società) e l'azione competitiva del protagonismo individuale.

S'intende che non è facile far coincidere il personaggio postulato dal Machiavelli nel *Principe* con il *Cortegiano* del Castiglione. Ma, in effetti, subiscono entrambi un processo d'idealizzamento senza tuttavia pretermettere[1] mai le ragioni della natura e della realtà. [...]

Il *Principe* e il *Cortegiano* sono i due momenti della civiltà italiana del Rinascimento e attestano la duplice direzione della coscienza nel rapporto con la realtà etica e sociale: il realismo da un canto, l'idealismo dall'altro. Ma nelle due serie di soluzioni si considera l'uomo nel suo destino di cimento[2] e di controllo, di rischio e di possesso. Alla fine, anche nella sublimazione pedagogica dell'uomo rinascimentale il Castiglione s'incontrava con le forme dell'esperienza diretta e della prassi quotidiana. È vero che il «principe» del Machiavelli è il prodotto d'un atteggiamento realistico robusto e violento; ma la sua edificazione si risolve in una «idea», al pari di quella a cui s'ispira la struttura del «cortigiano». Entrambi gli scrittori tendono a fondare una teoria, uno schema di personaggio. E fra i due, in definitiva, il Castiglione dà l'impressione d'essere anche lui sostanzialmente incline alla considerazione empirica dello stesso Machiavelli.

S. Battaglia, *La letteratura del comportamento e l'idea del Cortigiano*, in Id., *Mitografia del personaggio*, Rizzoli, Milano 1970 e come intr. a B. Castiglione, *Il libro del Cortegiano*, Rizzoli, Milano 1994 [1987], pp. 5-6 e p. 8.

---

1 **pretermettere**: *tralasciare*.

2 **cimento**: *prova impegnativa*.

giani. Nella lettera dedicatoria **viene allontanata nel tempo** l'occasione del dialogo, facendo presente che quasi tutti gli interlocutori, che allora si riunivano alla corte di Urbino sotto Guidobaldo di Montefeltro, sono nel frattempo morti. In tal modo l'autore tende a sganciare l'opera da una situazione ancora attuale e concreta: **trasforma in mito la corte urbinate** (cfr. T4, p. 158) e il dialogo che vi si svolge e li offre come modello assoluto alle varie corti europee.

L'ambientazione a Urbino nel 1506

Il dialogo è ambientato a Urbino nel 1506, durante il viaggio in Inghilterra dell'autore. In sua assenza si sarebbe tenuto un gioco di società che poi gli sarebbe stato riferito al suo ritorno: per quattro sere una trentina di cortigiani, fra cui Pietro Bembo e Giuliano de' Medici, riunitisi intorno alla duchessa Elisabetta Gonzaga, cercano di definire il perfetto cortigiano.

T • Baldassar Castiglione, Il «bon giudicio», la «grazia» e la «sprezzatura»

Nel **primo libro**, a parlare è soprattutto Lodovico di Canossa. Si definisce subito la qualità principale del cortigiano: **la «grazia»**. Questa consiste nel far diventare naturale l'artificio della cultura, della raffinatezza, della civiltà, cancellando ogni affettazione attraverso la «sprezzatura», cioè una disinvoltura e una scioltezza particolari (cfr. **S3**).

Il secondo libro: la medietà

Nel **secondo libro** si indicano le **altre qualità del cortigiano**: deve saper combattere e primeggiare nei tornei cavallereschi, saper cantare e danzare. L'ideale è quello di una medietà, che deve tenerlo lontano da ogni eccesso, anche nel vestire e nell'atteggiarsi.

Il terzo libro: la «donna di palazzo»

Nel **terzo libro** l'argomento si sposta sulle donne, e cioè sulla **figura della perfetta «donna di palazzo»**. Si confrontano qui **due posizioni**, **una misogina**, fondata sulla considerazione della inferiorità della donna, l'**altra più spregiudicata**, in cui si teorizza la scissione tra essere e apparire: la dissimulazione consentirebbe di salvare, da un lato, la famiglia e il matrimonio e, dall'altro, la libertà di costumi sessuali. Giuliano de' Medici contrasta la tesi misogina, indicando un ideale di donna aggraziata ed elegante, che sa stare al gioco di società, sa ridere, scherzare, usare motti appropriati, ma resta comunque casta e virtuosa (cfr. T5, p. 162, **S4**, p. 156).

S • Il ruolo marginale e subalterno della «donna di palazzo» (A. Quondam)

Il quarto libro: il rapporto del cortigiano con il principe

Nel **quarto libro** va registrato uno scarto. Sino a questo punto l'**arte del cortigiano** era considerata in sé e per sé e sembrava avere in se stessa il proprio fine. Ora invece viene considerata **in**

S3   MATERIALI E DOCUMENTI

«Grazia», «buon giudicio» e «sprezzatura»: tre espressioni tematiche

Amedeo Quondam illustra il significato tematico delle parole più ricorrenti nel libro primo del *Cortegiano*, e ne mostra poi il nesso con le teorie linguistiche di Castiglione.

▶▶ Ma cos'è mai questa «grazia» che affiora continuamente già nelle prime battute dei dialoghi? Cosa vuol dire la sua «regula universalissima»? Ripercorriamo la citazione prima prodotta: 1° fuggire l'affettazione, in quanto pratica dell'eccesso, del visibile, dell'ostentato, manifestazione dello sforzo, della fatica; 2° usare in ogni cosa la sprezzatura, in quanto pratica che dissimula lo sforzo e la fatica, nasconde l'eccesso, rende «vera arte» quella «che non appare esser arte». Tra «nascondere» e «apparire» si costituisce lo spazio della grazia: insieme simulazione e rappresentazione. Questa è la forma del Cortigiano, la parola d'ordine della sua antropologia.[1] E questa forma istituisce e fonda la scena cortigiana: interamente dominata e significata da una complessiva coazione[2] alla rappresentazione, da una necessità profonda di simulazione. La scena della Corte, dei rapporti sociali detti e agiti, è essenzialmente sotto il segno di una teatralità globale.

E il «bon giudicio» interviene come dispositivo particolare e insieme discriminante della sprezzatura: messa in atto di una mediocrità «aurea» proprio in quanto simmetricamente remota sia dalla *fatica* che dall'*arte*. L'integrazione di «bon giudicio» e «grazia» delimita il campo semiotico[3] del *Libro del Cortegiano*, orienta il significato del repertorio terminologico prodotto nei dialoghi: bellezza, bontà, cortesia, dignità, diligenzia, discrezione, prudenza, splendore, onore, eccetera; affabile, amorevole, degno, nobile, discreto, gentile, perfetto, piacevole, savio, eccetera. Tutti questi predicati e attributi del Cortigiano sono possibili in quanto tutti formati sul macro-segno[4] costituito dalla «regula universalissima»: ne declinano le particolarità, ne mettono a punto l'efficacia totale di equivalente generale.

A. Quondam, intr. a B. Castiglione, *Il Cortegiano*, Garzanti, Milano 1982.

1. **parola…antropologia**: *il segno di riconoscimento della sua natura*.
2. **coazione**: *costrizione*.
3. **campo semiotico**: *lo spazio e il carattere dei segni*. Tutta la comunicazione, sia verbale che corporea, è posta sotto il segno della «grazia».
4. **macro-segno**: *il grande segno, il segno fondamentale*.

T • Baldassar Castiglione, *Il cortigiano e il principe*

Mitizzazione del passato o proposta per il presente?

L'ideale della «grazia» e della «sprezzatura»

Le scelte linguistiche: il criterio dell'uso

relazione sia alla figura del principe e al problema del buon governo, sia alla moralità e alla dimensione religiosa dell'amore. Il fine del buon cortigiano è di influenzare il principe, senza adularlo: deve consigliarlo, dirgli la verità e correggerlo, se necessario. Il cortigiano, insomma, deve avere qualità morali tali da poter condizionare l'attività del signore.

Si è a lungo discusso, fra i critici, se prevalga nel *Cortegiano* una **mitizzazione astratta del passato**, una sua assunzione a modello assoluto, fuori del tempo e della storia, oppure una **esigenza reale di attualizzazione**, nata dall'analisi precisa del presente e dal bisogno di calare un modello di perfezione in una storia e in un costume concreti. Tende ora a predominare la seconda posizione.

L'obiettivo della **«grazia»** (che rende naturale e spontaneo l'artificio) esclude qualsiasi posa e ostentazione ed esige invece la conquista della **«sprezzatura»**, cioè di un'elegante naturalezza. Questa congiunzione di arte e natura, di artificio e di naturalezza, si gioca interamente sul terreno dell'uso e della consuetudine. Anche **le posizioni sulla lingua** di Castiglione sono coerenti con questa posizione, dato che assumono l'uso attuale come criterio decisivo di scelta: di qui la diversità fra il classicismo linguistico di Castiglione e quello di Bembo, basato invece sull'imitazione di un modello passato.

S4 — INFORMAZIONI

Cortigiano/cortigiana

Il sostantivo "cortigiano", e il suo equivalente femminile "cortigiana", nascono con una accezione positiva.

Il cortigiano è un gentiluomo che vive al seguito di un principe del quale è consigliere e collaboratore strettissimo. Castiglione delinea le caratteristiche del perfetto cortigiano: sempre sincero nei confronti del proprio signore, pronto ad «aiutare il suo principe al bene e spaventarlo dal male», le sue virtù sono la «prontezza d'ingegno», la saggezza, la «notizia di lettere» (cioè la cultura) e la capacità di dissimulare in apparente naturalezza l'artificio del proprio equilibrato comportamento.

E il suo omologo femminile, la "donna di palazzo" o cortigiana? Osserviamo, innanzitutto, che non è casuale che Castiglione preferisca l'espressione "donna di palazzo" (una perifrasi) a "cortigiana". Infatti "cortigiana" cominciò presto ad avere una sfumatura negativa (se si cerca la voce "cortigiana" in un moderno dizionario di sinonimi, si trova "prostituta"). Più tardi anche "cortigiano" assunse un significato egualmente negativo (nello stesso dizionario dei sinonimi alla voce "cortigiano" si trova "adulatore"). La cortigiana ha un ruolo attivo nella vita di corte: è una donna di livello intellettuale alto e di modi raffinati, che s'intende di poesia, di arte o di musica, che organizza la vita mondana del palazzo, che è capace di intrattenere rapporti con uomini diversi, e di offrire i propri favori ad aristocratici (ecclesiastici o laici), in un rapporto di reciproca stima. Le sue virtù sono l'«affabilità piacevole», l'«onestà» (cioè la dignità) non disgiunta da una «pronta vivacità d'ingegno» che permetta di affrontare qualsiasi discorso o situazione con perfetto equilibrio.

Il fatto che alle donne venisse attribuita una funzione di primo piano nell'organizzazione della vita culturale delle corti, non impediva la perpetuazione di posizioni misogine. Lo spazio antropologico in cui è confinata la «donna di palazzo» è quello in cui «le bisogna [le è necessario] tener una certa mediocrità difficile e quasi composta di cose contrarie, e giungere a certi termini a punto [con esattezza], ma non passargli [superarli]». Questa «mediocrità difficile», questo equilibrio sapiente che nel gioco mondano della vita di corte la cortigiana deve sempre saper trovare, se vuole evitare il «fastidio» e l'«infamia», è, in realtà, una condanna a una – sia pur dorata – condizione di subalternità.

S5 — INFORMAZIONI

Il «cortigiano», un modello del gentiluomo europeo

Il *Cortegiano* ebbe un immediato successo internazionale e non fu un successo effimero. Esso diffuse in Europa l'ideale di vita rinascimentale e un modello di gentiluomo di corte, che rimase valido fino a tutto il XVIII secolo.

La fortuna di questo personaggio è legata all'importanza politica e culturale che assume la corte nel Rinascimento. La corte di Urbino, esaltata nei primi capitoli per la magnificenza del palazzo, per il valore militare del duca e il suo mecenatismo culturale, acquista subito la forza di un modello esemplare.

La vita di corte è immersa in un'atmosfera ideale di gioia e di serenità: il tempo è occupato in «piacevoli feste e musiche e danze», in «belle questioni», in «soavi ragionamenti», in «giochi ingeniosi». «Erano dunque tutte l'ore del giorno divise in onorevoli e piacevoli esercizi così del corpo come dell'animo» (cfr. T4, *La corte di Urbino*, p. 158).

Tutto è posto sotto il segno dell'armonia: armonia tra anima e corpo, conformemente ai princìpi dell'educazione rinascimentale, e armonia nei rapporti sociali, regolati da una «concordia di voluntà o amore cordiale fra fratelli». Centro e norma di questo equilibrio è la donna, la duchessa, di cui viene esaltata l'eccezionale funzione pedagogica: «Pareva la maestra di tutti, e che ognuno da lei pigliasse senno e valore» (cfr. T4). Cifra di tanta perfezione, che ciascuno si sforza di imitare, è la capacità di armonizzare elementi contrastanti, la libertà e l'onestà, la grazia e la maestà.

Questo equilibrio risiede soprattutto nel decoro formale, nel superiore controllo dell'intelligenza. Anche gli svaghi mirano a un piacere che è soprattutto gioco intellettuale e letterario. Il dialogo filosofico della trattatistica umanistica diventa qui pratica sociale e mondana, che risolve nell'arte della parola, della conversazione arguta, aggraziata ed elegante ogni rapporto e confronto, anche quello amoroso. Perciò non solo il cortigiano, ma anche la donna di palazzo deve sapersi misurare con essa. Il perfetto cortigiano si inserisce in questa cornice, che ha già definito valori e forme della vita di corte. La grazia è il suo attributo fondamentale. La grazia si risolve in una «regula universalissima», nel «fuggir quanto più si po...la affettazione; e, per dir forse una nova parola, usar in ogni cosa una certa sprezzatura, che nasconda l'arte e dimostri ciò che si fa e dice venir fatto senza fatica e quasi senza pensarvi». La grazia è dunque frutto di un'ardua conquista, di studio e di esercizio e insieme della capacità di nascondere questa fatica. Tipicamente rinascimentale è l'importanza riconosciuta alla formazione dell'uomo, all'educazione del comportamento in funzione del sistema delle relazioni sociali. La naturalezza del cortigiano è la negazione dell'istintività, è controllo della natura, dell'impulso delle passioni ad opera dell'arte. «Nascondere» e «apparire», dissimulare e simulare sono il segreto di questa grazia cortigiana. «La scena di Corte, dei rapporti sociali detti e agiti, è essenzialmente sotto il segno di una teatralità globale» (cfr. A. Quondam, intr. a B. Castiglione, *Il Cortegiano*, Garzanti, Milano 1982).

Il cortigiano, in un certo senso, ripropone nella corte rinascimentale, incivilita e aggraziata, la figura del cavaliere medievale. Il «cortegiano» deve essere contemporaneamente esperto nelle armi e nelle lettere. Ma le virtù guerriere restano sullo sfondo. La destrezza nel «maneggiar bene ogni sorte d'arme a piedi e a cavallo» si manifesta soprattutto nel correr tornei e giostre, nel volteggiare a cavallo, nel cavalcare alla briglia, in ogni genere di esercizio spettacolare che metta in scena, dinanzi al pubblico di corte, la leggerezza, la scioltezza dei gesti e dei movimenti corporei. Giacché a questo novello cavaliere è richiesto essenzialmente di «intertenersi piacevolmente con ognuno», egli deve ridere, scherzare, motteggiare, danzare in modo tale da mostrarsi sempre «ingenioso» «discreto» e in ogni cosa che faccia o dica «aggraziato». Sia nel linguaggio del corpo che nel discorso prevale la dimensione culturale e sociale della corte. Mentre la "cortesia" (nobiltà d'animo e di sangue) del cavaliere medievale è una qualità morale e naturale, la "grazia" in quanto forma del vivere del gentiluomo esprime una sintesi tra virtù morale e virtù estetica. La perfezione non è fine a se stessa come avviene invece nel *Galateo*, ma è manifestazione sensibile di equilibrio e superiorità intellettuali.

Nel IV libro dell'opera di Castiglione il cortigiano acquista uno spessore etico imprevisto. Un'eco dei drammatici eventi storici investe questo mondo ideale. Castiglione critica qui la «cortegiania» fine a se stessa, che può «effeminar gli animi, corumper la gioventù e ridurla a vita lascivissima; onde nascono poi questi effetti che 'l nome italiano è ridutto in obbrobrio». Essa deve essere indirizzata a «bon fine».

Il ruolo del cortigiano diventa quello di educatore del Principe. Il servizio verso il principe non è concepito in termini servili, di passiva subordinazione, ma in modo attivo. Il cortigiano deve consigliare il principe e indirizzarlo verso la virtù, la giustizia e la liberalità. Deve insomma avere il coraggio della verità. All'opposto di Machiavelli, ispirandosi alla trattatistica politica umanistica, Castiglione prospetta non solo una collaborazione tra principe e intellettuale, ma addirittura il primato della cultura sulla politica. Questa concezione umanistica del sapere, proprio in quegli anni, è brutalmente messa in crisi dal sacco di Roma. Si apre un'epoca in cui la necessità di competenze tecniche specifiche, politiche e amministrative, trasforma il ruolo dell'intellettuale ponendolo nella condizione subalterna del ministro e del segretario. Il *Cortegiano* esce nel 1528, l'anno successivo a quello del sacco di Roma, quando il mondo vagheggiato da Castiglione stava ormai crollando; ma ciò non impedì al libro di offrire un modello efficace di vita alle corti europee.

Raffaello Sanzio, *Ritratto di Baldassar Castiglione*, 1514-15. Parigi, Museo del Louvre.

Raffaello ritrasse Baldassar Castiglione intorno al 1516, e nell'opera si avverte che la serenità e insieme la gravità del ritratto non dipendono da una generica atmosfera bensì da un preciso approfondimento del modello, nel quale il grande pittore individua i tratti che rispondono in maniera efficace ai propositi artistici e ai valori ideali del Rinascimento.

T4 Baldassar Castiglione
La corte di Urbino

OPERA
Il libro del Cortegiano, Libro primo, capp. II-V

CONCETTI CHIAVE
- il mito di Urbino

FONTE
B. Castiglione, Il libro del Cortegiano, a cura di G. Carnazzi, con introduzione di S. Battaglia, Rizzoli, Milano 1994 [1987].

Questi capitoli iniziali presentano l'ambiente del dialogo, che si è svolto ad Urbino nel 1506, alla corte di Guidobaldo di Montefeltro e della moglie Elisabetta Gonzaga.

II

Alle pendici dell'Appennino, quasi al mezzo della Italia verso il mare Adriatico, è posta, come ognun sa, la piccola città d'Urbino; la quale, benché tra monti sia, e non così ameni come forse alcun'altri che veggiamo in molti lochi, pur di tanto avuto ha il cielo favorevole,[1] che intorno il paese è fertilissimo e pien di frutti; di modo che, oltre alla salubrità dell'aere, si trova abundantissima d'ogni cosa che fa mestieri per lo vivere umano.[2] Ma tra le maggior felicità che se le possono attribuire, questa credo sia la principale, che da gran tempo in qua sempre è stata dominata da ottimi Signori;[3] avvenga che nelle calamità universali delle guerre della Italia essa ancor per un tempo ne sia restata priva.[4] Ma non ricercando più lontano, possiamo di questo far bon testimonio con la gloriosa memoria del duca Federico, il quale a' dì suoi fu lume della Italia;[5] né mancano veri ed amplissimi testimonii, che ancor vivono, della sua prudenzia, della umanità, della giustizia, della liberalità, dell'animo invitto[6] e della disciplina militare; della quale precipuamente[7] fanno fede le sue tante vittorie, le espugnazioni de lochi inespugnabili, la sùbita prestezza nelle espedizioni, l'aver molte volte con pochissime genti fuggato numerosi e validissimi eserciti, né mai esser stato perditore in battaglia alcuna; di modo che possiamo non senza ragione a molti famosi antichi agguagliarlo.[8] Questo, tra l'altre cose sue lodevoli, nell'aspero sito[9] d'Urbino edificò un palazzo, secondo la opinione di molti, il più bello che in tutta Italia si ritrovi; e d'ogni oportuna cosa sì ben lo fornì, che non un palazzo, ma una città in forma de palazzo esser pareva;[10] e non solamente di quello che ordinariamente si usa, come vasi d'argento, apparamenti[11] di camere di ricchissimi drappi d'oro, di seta e d'altre cose simili, ma per ornamento v'aggiunse una infinità di statue antiche di marmo e di bronzo, pitture singularissime, instrumenti musici d'ogni sorte;[12] né quivi cosa alcuna volse,[13] se non rarissima ed eccellente. Appresso[14] con grandissima spesa adunò un gran numero di eccellentissimi e rarissimi libri greci, latini ed ebraici, quali tutti

---

- **1 pur...favorevole**: ha avuto tuttavia il cielo così favorevole. Qui **cielo** assume il significato anche di condizione meteorologica e dunque di clima. Urbino, insomma, viene subito collocata in una posizione geografica ideale, tra le colline dell'Appennino e l'Adriatico.
- **2 di modo...umano**: cosicché, oltre all'aria salutare (**salubrità dell'aere**), è presente in modo assai abbondante tutto ciò che è necessario (**fa mestieri**) alla vita umana. Urbino appare come una città economicamente florida, ricca, produttiva.
- **3 Ma...Signori**: ecco comparire il motivo politico come dato centrale di tutta la presentazione: la principale ricchezza della città consiste nell'equilibrato governo della sua signoria, da ritenersi superiore alle doti naturali e geografiche sin qui esposte.
- **4 avvenga...priva**: sebbene nelle calamità generali (**universali**) delle guerre d'Italia essa [: Urbino] per un certo periodo di tempo ne sia rimasta priva [: della felicità procurata dalla Signoria]. Durante le guerre combattute da Cesare Borgia in Romagna (1502-1503) il duca Guidobaldo perdette due volte il controllo della città.
- **5 Ma non...Italia**: Ma senza riportarsi [a un tempo] più lontano, possiamo di questo [stato di felicità] essere buoni testimoni ricordando la gloria del duca Federico che al suo tempo fu luce [: punto di riferimento] dell'Italia. Si tratta del padre di Guidobaldo, il duca Federico da Montefeltro (1422-1482) (è notissimo il suo ritratto, opera di Piero della Francesca).
- **6 invitto**: insuperabile.
- **7 precipuamente**: in modo particolare.
- **8 la sùbita...agguagliarlo**: la rapida sollecitudine nelle spedizioni, l'aver molte volte messo in fuga (**fuggato**), con pochissimi uomini, numerosi e valorosissimi eserciti, e non essere mai stato sconfitto in nessuna battaglia; cosicché a ragione possiamo paragonarlo a molti famosi [eroi] antichi. Tutto il lungo periodo appare costruito su una serie armoniosa di parallelismi: da un lato, l'elenco delle doti umane e militari, dall'altro, l'applicazione di tali qualità, spesso data con figure di antitesi (**espugnazioni...inespugnabili; pochissime...numerosi**).
- **9 nell'aspero sito**: nell'impervia posizione. Urbino, infatti, si trova su un colle che domina la valle del fiume Metauro.
- **10 e d'ogni...pareva**: il Palazzo Ducale (opera dell'architetto Luciano Laurana) è una sorta di città dentro la città, ma organizzata al suo interno con le proporzioni di un edificio.
- **11 apparamenti**: addobbi.
- **12 instrumenti...sorte**: strumenti musicali di ogni tipo.
- **13 né...volse**: e non volle qui nessuna cosa.

Urbino, il Palazzo Ducale.

ornò d'oro e d'argento, estimando che questa fusse la suprema eccellenzia del suo magno palazzo.[15]

III

Costui adunque, seguendo il corso della natura, già di sessantacinque anni, come era visso,[16] così gloriosamente morì; ed un figliolino di diece anni, che solo maschio aveva e senza madre, lasciò signore dopo sé; il qual fu Guid'Ubaldo. Questo, come dello stato, così parve che di tutte le virtù paterne fosse erede, e sùbito con maravigliosa indole cominciò a promettere tanto di sé, quanto non parea che fusse licito sperare da uno uom mortale;[17] di modo che estimavano gli omini delli egregi fatti del duca Federico niuno esser maggiore, che l'avere generato un tal figliolo.[18] [...]

IV

Erano adunque tutte l'ore del giorno divise in onorevoli[19] e piacevoli esercizi così del corpo come dell'animo; ma perché il signor Duca continuamente, per la infirmità, dopo cena assai per tempo se n'andava a dormire, ognuno per ordinario dove era la signora duchessa Elisabetta Gonzaga a quell'ora si riduceva;[20] dove ancor sempre si ritrovava la signora Emilia Pia,[21] la qual per esser dotata di così vivo ingegno e giudicio, come sapete, pareva la maestra di tutti, e che ognuno da lei pigliasse senno e valore. Quivi[22] adunque i soavi ragionamenti e l'one-

---

- 14 **Appresso**: *In seguito.*
- 15 **adunò…palazzo**: Federico si comporta come un grande umanista e valorizza nei libri classici ed ebraici la trasmissione del patrimonio culturale.
- 16 **come era visso**: *come era vissuto.* In realtà Federico morì all'età di sessant'anni.
- 17 **con…mortale**: *con straordinario temperamento cominciò a far presagire di sé cose tanto buone, quanto non sembrava che fosse lecito attendersi da un uomo mortale.*
- 18 **di modo…figliolo**: *cosicché le persone stimavano che nessuna impresa del duca Federico fosse più grande dell'avere generato un tale figlio.*
- 19 **onorevoli**: è un aggettivo chiave (insieme a "onesto") per il mondo ideale di Castiglione: indica la possibilità di dare e di ricevere onore, in un sistema reciproco di rapporti tra la corte e l'individuo.
- 20 **ma perché…riduceva**: *ma poiché il signor duca, a causa della sua malattia, dopo cena se ne andava di regola a dormire molto presto, a quell'ora ognuno solitamente (**per ordinario**) si recava presso la signora duchessa Elisabetta Gonzaga.* Elisabetta (1471-1526) aveva sposato Guidobaldo nel 1488.
- 21 **Emilia Pia**: appartenente alla famiglia Pio, aveva sposato Antonio da Montefeltro, fratello naturale di Guidobaldo, ed era legatissima a Elisabetta.
- 22 **Quivi**: *Lì.*

ste facezie[23] s'udivano, e nel viso di ciascuno dipinta si vedeva una gioconda ilarità, talmente che quella casa certo dir si poteva il proprio albergo[24] della allegria; né mai credo che in
altro loco si gustasse quanta sia la dolcezza che da una amata e cara compagnia deriva, come
quivi si fece un tempo; ché, lassando[25] quanto onore fosse a ciascun di noi servir a tal signore come quello che già di sopra ho detto, a tutti nascea nell'animo una summa contentezza
ogni volta che al conspetto della signora Duchessa ci riducevamo;[26] e parea che questa fosse
una catena che tutti in amor tenesse uniti, talmente che mai non fu concordia di volontà o
amore cordiale tra fratelli maggior di quello, che quivi tra tutti era.[27] Il medesimo[28] era tra le
donne, con le quali si aveva liberissimo ed onestissimo commerzio;[29] ché a ciascuno era licito parlare, sedere, scherzare e ridere con chi gli parea; ma tanta era la reverenzia[30] che si portava al voler della signora Duchessa, che la medesima libertà era grandissimo freno;[31] né era
alcuno che non estimasse per lo maggior piacere che al mondo aver potesse il compiacer a
lei, e la maggior pena di dispiacerle.[32] Per la qual cosa quivi onestissimi costumi erano con
grandissima libertà congiunti ed erano i giochi e i risi al suo conspetto conditi, oltre agli argutissimi sali,[33] d'una graziosa e grave maestà; ché quella modestia e grandezza che tutti gli
atti e le parole e i gesti componeva della signora Duchessa, motteggiando e ridendo, facea
che ancor da chi mai più veduta non l'avesse, fosse per grandissima signora conosciuta.[34] E
così nei circonstanti imprimendosi, parea che tutti alla qualità e forma di lei temperasse;[35]
onde ciascuno questo stile imitare si sforzava, pigliando quasi una norma di bei costumi dalla presenza d'una tanta e così virtuosa signora:[36] le ottime condizioni[37] della quale io per ora
non intendo narrare, non essendo mio proposito, e per esser assai note al mondo e molto più
ch'io non potrei né con lingua né con penna esprimere; e quelle che forse sariano[38] state alquanto nascoste, la fortuna, come ammiratrice di così rare virtù, ha voluto con molte avversità e stimuli di disgrazie scoprire,[39] per far testimonio che nel tenero petto d'una donna in
compagnia di singular bellezza possono stare la prudenzia e la fortezza d'animo, e tutte quelle virtù che ancor[40] ne' severi omini sono rarissime.

V

Ma lassando[41] questo, dico che consuetudine di tutti i gentilomini della casa era ridursi[42] sùbito dopo cena alla signora Duchessa; dove, tra l'altre piacevoli feste e musiche e danze che continuamente si usavano, talor si proponeano belle questioni, talor si faceano alcuni giochi ingeniosi[43] ad arbitrio or d'uno or d'un altro, ne' quali sotto varii velami spesso scoprivano i cir-

- **23** **l'oneste facezie**: *motti piacevoli e non volgari*. La corte urbinate appare costantemente ispirata a caratteri di raffinata moderazione che non provocano mai un ridere smodato, ma una **gioconda ilarità**, *un amabile sorriso*.
- **24** **il proprio albergo**: *la dimora stessa*.
- **25** **lassando**: *tralasciando*.
- **26** **ci riducevamo**: *ci raccoglievamo*.
- **27** **e parea…era**: *e sembrava che questa* [: la «summa contentezza»] *fosse come una catena che ci tenesse tutti uniti nell'amore, a tal punto che tra fratelli non ci fu mai unione di intenti* (**concordia di voluntà**) *o amore cordiale maggiore di quello che lì si trovava fra tutti*.
- **28** **Il medesimo**: *La stessa cosa*.
- **29** **commerzio**: *scambio* [: *di idee, di scherzi, di parole affettuose*].
- **30** **la reverenzia**: *il rispetto*.
- **31** **che la…freno**: questa frase condensa con efficacia il principio basilare della vita cortigiana, ovvero l'equilibrato rapporto tra libertà e norma, fra ordine e calcolata infrazione delle regole.
- **32** **né era…dispiacerle**: *e non c'era nessuno che non ritenesse il maggior piacere del mondo il fare piacere a lei, e il dolore più grande di farle dispiacere*.
- **33** **argutissimi sali**: *motti salaci intelligentissimi*. Come si può notare, l'accento viene posto sul gioco dell'intelligenza e dell'arguzia, e non tanto sull'aspetto licenzioso.
- **34** **ché quella…conosciuta**: *poiché quella modestia e grandezza che caratterizzava* (**componeva**) *tutte le azioni e le parole e i gesti della duchessa, nello scherzare e nel ridere, faceva sì che essa fosse ritenuta una grandissima signora anche da chi non l'avesse mai vista prima*.
- **35** **E così…temperasse**: *E così fissandosi* [come modello di comportamento] *in quelli che le stavano intorno, sembrava che* [Eleonora] *adeguasse tutti alla sua qualità e forma* [di vita].
- **36** **pigliando…signora**: *ricavando quasi una regola di buoni costumi dalla presenza di una donna così tanto virtuosa*.
- **37** **condizioni**: *qualità*, morali, sociali e psicologiche.
- **38** **sariano**: *sarebbero*.
- **39** **la fortuna…scoprire**: *la fortuna, ammirando queste così rare virtù, ha voluto rivelare attraverso molte avversità e i tormenti* (**stimuli**) *delle disgrazie*.
- **40** **ancor**: *anche*.
- **41** **lassando**: *lasciando da parte*.
- **42** **ridursi**: *andare*, come alla nota 20.
- **43** **giochi ingeniosi**: Castiglione si riferisce ai *giochi di società*, uno dei passatempi preferiti della vita di corte.

	constanti allegoricamente i pensier sui a chi più loro piaceva.⁴⁴ Qualche volta nasceano altre
70	disputazioni di diverse materie, o vero si mordea con pronti detti;⁴⁵ spesso si faceano imprese,⁴⁶ come oggidì chiamiamo; dove di tali ragionamenti maraviglioso piacere si pigliava per esser, come ho detto, piena la casa di nobilissimi ingegni.

- **44 ne' quali...piaceva**: il gioco di corte, come la vita che vi si svolge, è improntato all'espressione metaforica delle immagini (i **velami**), delle maschere, alla riproduzione allegorica della realtà. È questa la maniera cortigiana di comunicare il proprio pensiero, al confine tra la finzione e la rappresentazione di una verità nascosta, sempre in procinto di rivelarsi.
- **45 con pronti detti**: *con ardite parole*.
- **46 imprese**: con questo termine si intendevano figure e motti che venivano prescelti per dimostrare (ma in modo cifrato) lo stato d'animo o il principio morale che si voleva "imprendere". L'"impresa" veniva portata spesso sopra le vesti o sulle bandiere e forniva, comunque, il pretesto per animate discussioni e interpretazioni.

T4 DALLA COMPRENSIONE ALL'INTERPRETAZIONE

COMPRENSIONE

La corte ideale Il tema è il **mito di Urbino**. Dopo aver brevemente descritto **la città e il palazzo** ducale («che non un palazzo, ma una città in forma de palazzo esser pareva»), si parla del duca Federigo, poi del figlio Guidobaldo, valorosissimo ma sfortunato e di salute sempre cagionevole, infine di Elisabetta Gonzaga (1471-1526) e della corte. L'**elogio della duchessa** rientra nel motivo encomiastico, ma non ha niente di eccessivo: in effetti ella fu una delle donne di corte che nella sua epoca ebbe maggiore influenza, anche nelle attività culturali. Si costruisce così, in queste pagine, l'immagine di Urbino come corte ideale. Si tenga presente che nella lettera dedicatoria a De Silva il *Cortegiano* è presentato così: «mandovi questo libro come un ritratto di pittura della corte di Urbino». L'autore si sofferma poco sulle qualità naturali del luogo e insiste invece sulle doti politiche e umane dei signori che lo governano. Subito, insomma, l'attenzione è posta sull'**aspetto umano e sociale** piuttosto che su quello geografico o sull'amenità del paesaggio. Ciò corrisponde al carattere dell'opera, centrata su un **ideale di perfezione** da raggiungersi attraverso l'educazione. Si osservi infatti che anche la duchessa viene lodata perché esercita, di fatto, un ruolo pedagogico, inducendo con il suo esempio i vari cortigiani a uniformarsi al suo superiore modello di grazia, di discrezione, di eleganza.

ANALISI

Una corte "superlativa" Nel testo c'è una tendenza alla idealizzazione e alla trasfigurazione ideale della realtà che si manifesta in quella che si potrebbe definire la **"strategia del superlativo"** messa in atto da Castiglione. Esaminiamo, ad esempio, il capitolo IV. Nel giro di poche righe si incontrano ben dieci superlativi («summa contentezza», «liberissimo ed onestissimo commerzio», «grandissimo freno», «onestissimi costumi», «grandissima libertà», «argutisimi sali», «grandissima signora», «ottime condizioni», «virtù [...] rarissime»), senza tenere conto di quelle espressioni che pur non essendo superlative in senso grammaticale, lo sono da un punto di vista sostanziale. Una tale sovrabbondanza di superlativi ha evidentemente la funzione di contribuire alla costruzione del **mito cortigiano**, di quel supremo ideale di eleganza, grazia, gravità, arguzia, «sprezzatura» che fa di Urbino la capitale di un'utopia.

L'armonia dello stile Lo stile è armonico: il periodo è perfettamente equilibrato nei suoi vari membri. E tuttavia questa armonia si basa su un **ritmo binario**, fatto di contrapposizioni o di paragoni. Ha osservato Cesare Segre che la prosa di Castiglione «suscita nella nostra mente la stessa immagine di riposata maestà che l'autore coglieva nella aristocrazia di corte, trasfigurandola». Infatti il periodo rivela un **sapiente equilibrio**, in cui «proposizioni o gruppi di proposizioni, bilanciandosi fra loro, costruiscono una snella architettura di composizioni binarie». Questo aspetto binario non è subito percepibile: lo maschera (e quindi lo alleggerisce) un periodo sciolto ed elegante. Facciamo qualche esempio. Ecco alcune contrapposizioni, nella descrizione di Urbino (rigo 18): «non un palazzo, ma una città in forma de palazzo esser pareva», e poi «non solamente di quello che ordinariamente si usa [...], ma per ornamento v'aggiunse [...]». Ecco invece alcune **comparazioni**, all'inizio del capitolo su Guidobaldo (righi 26-30): «come era visso, così gloriosamente morì»; «come dello stato, così parve che di tutte le virtù paterne fosse erede»; «cominciò a prometter tanto di sé, quanto non parea che fusse licito sperare». Ed ecco invece una serie di **consecutive**, nel capitolo dedicato alla duchessa (righi 39-49): «nel viso di ciascuno dipinta si vedeva una gioconda ilarità, talmente che quella casa certo dir si poteva il proprio albergo della allegria»; «parea che questa fosse una catena che tutti in amor tenesse uniti, talmente che mai non fu concordia di volontà o amore cordiale tra fratelli maggior di quello»; «tanta era la reverenzia che si portava al voler della signora Duchessa, che la medesima libertà era grandissimo freno».

INTERPRETAZIONE

Una segreta inquietudine C'è dunque nella prosa di Castiglione un **aspetto binario**, e cioè contraddittorio, che viene come **nascosto dall'armonia** e dal bilanciato equilibrio dell'insieme. Nella prosa stessa di Castiglione si può cogliere **la compresenza di un elemento realistico, storico, e di un elemento idealistico**, al di sopra della storia. È una compresenza che abbiamo già notato nella composizione generale dell'opera e nella sua ideologia complessiva. Lo stile è dunque la spia della struttura profonda dell'opera.

T4 LAVORIAMO SUL TESTO

COMPRENDERE

1. Come impiegano il tempo i cortigiani? Su quali virtù insiste Castiglione?
   - A morali
   - B religiose
   - C sociali
   - D culturali

ANALIZZARE

2. **LINGUA E LESSICO** Sottolinea i superlativi da cui emerge maggiormente l'idealizzazione della corte di Urbino.

INTERPRETARE

3. Perché la duchessa viene definita «maestra di tutti»? Definisci il suo ruolo nella vita di corte.

T5 Baldassar Castiglione
La «donna di palazzo»

OPERA
Il libro del Cortegiano, Libro terzo, capp. IV-VI

CONCETTI CHIAVE
- la donna di corte fra valorizzazione e subalternità

FONTE
B. Castiglione, Il libro del Cortegiano, cit.

In questo brano Giuliano de' Medici passa in rassegna le qualità e le virtù principali della perfetta «donna di palazzo».

IV

Benché alcune qualità siano communi e così necessarie all'omo come alla donna, sono poi alcun'altre che più si convengono alla donna che all'omo, ed alcune convenienti all'omo dalle quali essa deve in tutto esser aliena.[1] Il medesimo dico degli esercizi del corpo; ma sopra tutto parmi che nei modi, maniere, parole, gesti e portamenti suoi,[2] debba la donna essere molto dissimile dall'omo; perché come ad esso conviene mostrar una certa virilità soda e ferma, così alla donna sta ben aver una tenerezza molle e delicata,[3] con maniera in ogni suo movimento di dolcezza feminile, che nell'andar e stare e dir ciò che si voglia sempre la faccia parer donna, senza similitudine alcuna d'omo. Aggiungendo adunque questa avvertenzia alle regole che questi signori hanno insegnato al cortegiano, penso ben che di molte di quelle ella debba potersi servire ed ornarsi d'ottime condizioni, come dice il signor Gaspar;[4] perché molte virtù

- **1 aliena**: *estranea*. Sta parlando Giuliano de' Medici (1479-1516), detto il Magnifico come il padre Lorenzo; lo abbiamo incontrato tra gli interlocutori delle *Prose della volgar lingua* di Bembo.
- **2 nei modi...suoi**: con questo elenco Castiglione intende coprire tutto lo spettro comportamentale della donna, dalle inclinazioni del carattere, alla padronanza linguistica, alla gestualità fisica.
- **3 come...delicata**: *come a esso* [: all'uomo] *conviene dimostrare una certa virilità solida e decisa, così alla donna risulta appropriato* (**sta ben**) *possedere una tenerezza dolce e carezzevole*. La frase è costruita con efficaci parallelismi per cui gli aggettivi si corrispondono esattamente nella loro contrapposizione.
- **4 penso...Gaspar**: *ritengo giusto che ella debba servirsi di molte di quelle* [regole del cortigiano] *e abbellirsi di ottime qualità* (**condizioni**), *come sostiene il signor Gaspar*. Questa è la tesi di Gasparo Pallavicino (1485-1511), marchese di Cortemaggiore, che difende ed espone la sua posizione misogina nel cap. III (immediatamente precedente a questo).

dell'animo estimo io che siano alla donna necessarie così come all'omo; medesimamente la nobiltà, il fuggire l'affettazione, l'esser aggraziata da natura⁵ in tutte l'operazion sue, l'esser di boni costumi, ingeniosa, prudente, non superba, non invidiosa, non malèdica, non vana, non contenziosa, non inetta,⁶ sapersi guadagnar e conservar la grazia della sua signora e de tutti gli altri, far bene ed aggraziatamente gli esercizi che si convengono alle donne. Parmi ben che in lei sia poi più necessaria la bellezza che nel cortegiano, perché in vero molto manca a quella donna a cui manca la bellezza. Deve ancor esser più circunspetta⁷ ed aver più riguardo di non dar occasion che di sé si dica male, e far di modo che non solamente non sia macchiata di colpa, ma né anco di suspizione,⁸ perché la donna non ha tante vie da diffendersi dalle false calunnie, come ha l'omo. Ma perché il conte Ludovico⁹ ha esplicato molto minutamente la principal profession¹⁰ del cortegiano ed ha voluto ch'ella sia quella dell'arme, parmi ancora conveniente dir, secondo il mio giudicio, qual sia quella della donna di palazzo; alla qual cosa quando io averò satisfatto, pensaromi d'esser uscito della maggior parte del mio debito.¹¹

Sofonisba Anguissola, *Autoritratto*, 1556. Parigi, Fondation Custodia, Collection Frits Lugt, Institut Néerlandais.

V

Lassando¹² adunque quelle virtù dell'animo che le hanno da esser communi col cortegiano, come la prudenzia, la magnanimità, la continenzia¹³ e molte altre; e medesimamente quelle condizioni che si convengono a tutte le donne, come l'esser bona e discreta, il saper governar le facultà del marito¹⁴ e la casa sua e i figlioli quando è maritata, e tutte quelle parti che si richieggono ad una bona madre di famiglia, dico che a quella che vive in corte parmi convenirsi sopra ogni altra cosa una certa affabilità piacevole,¹⁵ per la quale sappia gentilmente intertenere¹⁶ ogni sorte d'omo con ragionamenti grati ed onesti, ed accommodati¹⁷ al tempo e loco ed alla qualità di quella persona con cui parlerà, accompagnando coi costumi placidi e modesti e con quella onestà che sempre ha da componer tutte le sue azioni una pronta vivacità d'ingegno, donde si mostri aliena da ogni grosseria;¹⁸ ma con tal maniera di bontà, che si faccia estimar non men pudica, prudente ed umana, che piacevole, arguta e discreta;¹⁹ e però le bisogna tener

---

- 5 **il fuggire...natura**: *il rifiuto dell'affettazione, il dimostrarsi aggraziata per natura*. Anche la donna di palazzo, come il cortigiano, deve attenersi agli stessi principi di "grazia" e di superiore semplicità, ottenuti con il disprezzo dell'artificiosità e dell'ostentazione.
- 6 **non malèdica...non inetta**: *non maldicente, non frivola, non litigiosa, non incapace*.
- 7 **circunspetta**: *circospetta*; deve, cioè, esercitare la prudenza.
- 8 **ma...suspizione** *ma neanche di un sospetto*.
- 9 **conte Ludovico**: si tratta di Ludovico di Canossa (1476-1532) che nel primo libro ha tracciato un profilo delle doti del cortigiano.
- 10 **profession**: *attività*.
- 11 **alla qual...debito**: *quando io avrò soddisfatto alla quale cosa, penserò di avere assolto* (d'esser uscito) *alla maggior parte del mio debito*.
- 12 **Lassando**: *Tralasciando*. È una consueta formula di passaggio.
- 13 **la continenzia**: *la temperanza*. Come nel cortigiano, la moderazione diviene sinonimo di equilibrio, di oculata economia di comportamento.
- 14 **il saper...marito**: *il saper amministrare il patrimonio del marito*.
- 15 **affabilità piacevole**: si esprime di nuovo il principio della *mediocritas*, della "giustezza" anche nei rapporti con le persone, per cui si possa raggiungere una gradevole confidenza senza eccedere sul piano della intromissione nella personalità altrui.
- 16 **intertenere**: *intrattenere*.
- 17 **accommodati**: *adatti*.
- 18 **accompagnando...grosseria**: *assecondando, con modi dolci ed umili e con quella onestà che deve sempre armonizzare* (**componer**) *le sue azioni, una vivace prontezza di ingegno attraverso la quale si dimostri lontana da ogni grossolanità* (**grosseria**).
- 19 **ma con...discreta**: si noti il distendersi del periodo nell'equilibrio simmetrico degli aggettivi: Castiglione tende a riprodurre stilisticamente la sensibilità armoniosa della personalità cortigiana.

45 una certa mediocrità difficile e quasi composta di cose contrarie, e giunger a certi termini a punto, ma non passargli.[20] Non deve adunque questa donna, per volersi far estimar bona ed onesta, esser tanto ritrosa e mostrar tanto d'aborrire e le compagnie e i ragionamenti ancor un poco lascivi, che ritrovandovisi se ne levi;[21] perché facilmente si poria[22] pensar ch'ella fingesse d'esser tanto austera per nascondere di sé quello ch'ella dubitasse che altri potesse risapere;[23]
50 e i costumi così selvatichi[24] son sempre odiosi. Non deve tampoco,[25] per mostrar d'esser libera e piacevole, dir parole disoneste, né usar una certa domestichezza intemperata[26] e senza freno e modi da far creder di sé quello che forse non è; ma ritrovandosi a tai ragionamenti, deve ascoltargli con un poco di rossore e vergogna.

- **20** **e però…passargli**: *le è necessario, però, tenere una difficile mediocrità* [: un arduo equilibrio], *quasi composta di elementi contrari, e arrivare a certi limiti con esattezza* (**a punto**), *senza oltrepassarli*. Castiglione stesso, dunque, non si nasconde le grandi difficoltà che il suo modello ideale comporta, ma, nell'ottica del gioco mondano e di corte, ogni ostacolo non è che uno stimolo al perfezionamento della propria etica comportamentale.
- **21** **mostrar…levi**: *mostrare di rifiutare* [con un moto di orrore] *così tanto le compagnie e i discorsi, anche un po' audaci, dai quali* [essa] *si allontani, trovandovisi* [coinvolta].
- **22** **si poria**: *si potrebbe*, nell'antica forma del condizionale.
- **23** **perché…risapere**: il suo comportamento troppo austero, insomma, potrebbe far pensare che ella stia nascondendo la sua vera natura.
- **24** **selvatichi**: *selvaggi* [: rustici, scontrosi].
- **25** **tampoco**: *nemmeno*.
- **26** **domestichezza intemperata**: *confidenza senza controllo* (cfr. nota 15).

T5 DALLA COMPRENSIONE ALL'INTERPRETAZIONE

COMPRENSIONE

La donna nella vita di corte Nel brano del *Cortegiano* sulla corte di Urbino (cfr. T4, p. 158) abbiamo visto l'elogio che Castiglione fa di una delle protagoniste della vita culturale di allora, Elisabetta Gonzaga. E in effetti alle donne nel Cinquecento veniva spesso attribuita una **funzione di primo piano** nell'organizzazione della vita culturale delle corti. Ciò non impediva la perpetuazione di posizioni misogine, nello stesso dibattito sull'amore e sul comportamento. In questo terzo libro del *Cortegiano* si affronta la questione e Giuliano de' Medici (detto il Magnifico, perché figlio di Lorenzo) è chiamato a pronunciarsi sulle **qualità della perfetta «donna di palazzo»** (la corrispondente femminile del «cortigiano»: cfr. S4, p. 156). Appare evidente che Castiglione non è affatto schierato con i misogini: alla donna egli attribuisce tante qualità che devono essere proprie di un cortigiano, adattandole però alla sua femminilità e al suo ruolo. Tra queste ci sono la **cultura**, la **grazia**, la **discrezione**, le **buone maniere**.

ANALISI

La grazia espressiva Lo stile del *Cortegiano* è tutto basato sul modello armonioso dell'ampio **periodare classico latino**. Nei passi riportati il discorso di Giuliano si snoda in modo piano e garbato, rispettoso di quell'ideale di **misura ed equilibrio** che deve caratterizzare l'intera vita del cortigiano e ogni **civile conversazione**. Spesso le frasi sono costruite con efficaci parallelismi: così ad esempio gli aggettivi che qualificano le diverse virtù del cortigiano e della dama ideale si corrispondono esattamente nella loro contrapposizione (righi 4-5).

INTERPRETAZIONE

Valorizzazione e subalternità della donna Come mostra **Quondam** in un brano che offriamo come approfondimento di lettura (cfr. espansioni digitali S *Il ruolo marginale e subalterno della «donna di palazzo»*), il ruolo complessivo della donna nella corte resta sempre contraddistinto dalla **inferiorità rispetto all'uomo**: ella deve saper essere aggraziata (la grazia resta dunque fondamentale), deve saper conversare in modo appropriato ma anche civettuolo e mondano restando comunque onesta e virtuosa. Da un lato le spetta il compito di saper intrattenere l'uomo («pratica mondana più che culturale, decisamente subalterna», commenta Quondam), dall'altro la sua libertà d'iniziativa è sottoposta a criteri morali più rigidi rispetto a quelli maschili.

T5 LAVORIAMO SUL TESTO

COMPRENDERE

1. Cosa intende l'autore per «donna di palazzo»?
2. Ci sono qualità che Castiglione stima essere necessarie alla donna come all'uomo?
3. La donna di palazzo deve possedere alcune qualità in più rispetto alla madre e alla moglie: quali?

ANALIZZARE

4. **LINGUA E LESSICO** Con l'aiuto del vocabolario trova dei sinonimi del termine "grazia".

LE MIE COMPETENZE: FARE RICERCHE

Il brano che abbiamo letto inizia mettendo a fuoco subito la specificità del ruolo delle donne all'interno della corte. Castiglione sottolinea che la donna di palazzo deve possedere delle qualità peculiari, che non coincidono con quelle necessarie per un uomo: infatti la donna deve «essere molto dissimile dall'omo». L'idea della differenza sociale tra uomo e donna è stata fortemente contestata dai movimenti femministi tra Ottocento e Novecento, che facevano leva sui concetti di uguaglianza e parità tra i sessi: di diritto, di salario, di statuto giuridico. Allora assumere un aspetto androgino, per alcune donne, ha rappresentato un modo per affermare le proprie qualità intellettuali. Alla fine degli anni Sessanta, invece, il principio che ha ispirato le rivendicazioni femminili è quello della "differenza di genere". Cosa s'intende con l'espressione "differenza di genere" in ambito giuridico e sociologico? Fai una ricerca per scoprirlo.

4 Il *Galateo* di Della Casa

Crisi dell'ideale del «cortegiano» dopo Castiglione

Dopo Castiglione, la possibilità di realizzazione pratica dell'ideale del «cortegiano» entra in crisi. **I superiori valori di civiltà** che informano l'opera di Castiglione si ridimensionano e si appiattiscono in quella di Della Casa: **diventano precetti di vita comune**, semplice buona educazione, "galateo" di norme pratiche. La parola "galateo" deriva appunto dal titolo, *Galateo ovvero de' costumi*, dell'opera di monsignor Giovanni Della Casa (1503-1556).

La parola "galateo"

Il *Galateo*, scritto fra il 1551 e il 1555, e pubblicato postumo nel 1558, è scritto in uno **stile medio e colloquiale**. L'autore si finge un anziano illetterato che ammaestra un giovinetto, insegnandogli i buoni costumi, e cioè come comportarsi in società, a tavola, nella conversazione. Fingendosi un «vecchio idiota» (ignorante), l'autore toglie alla propria prosa ogni carattere solenne e aulico e la ispira al buon senso della collettività. Della Casa non si rivolge infatti ai cortigiani, ma ai gentiluomini cittadini e dunque a uno strato assai più ampio e variegato della popolazione. Si preoccupa soprattutto di insegnare ciò che non va fatto, **norme di etichetta basate** sul buon senso e **sul conformismo sociale**.

Stile e contenuto del *Galateo*

T • Giovanni Della Casa, *Necessità di uniformarsi al «piacer» delle persone che si frequentano*

Della Casa sembra **preoccupato più delle apparenze che della realtà**, più delle forme che della sostanza: il gentiluomo deve soprattutto badare a conformarsi agli altri gentiluomini, a non fare nulla che possa dispiacere loro. Ma il suo libro, divenuto famoso (i suoi precetti, tramandati per secoli, sono giunti sino a oggi), ha avuto comunque un effetto positivo di uniformazione dei costumi civili.

5 Uno spregiudicato «avventuriero della penna»: Pietro Aretino

L'uomo libero di Aretino *vs* il cortigiano

T • Pietro Aretino, *Lettera contro i pedanti*

La personalità dell'Aretino va vista **in opposizione netta a quella di Bembo e di Castiglione**, personaggi di corte, teorici del classicismo moderno. Viceversa Aretino oppose alla vita cortigiana quella dell'uomo libero, si dichiarò sempre insofferente del servizio di corte e seguace di una poetica che rifuggiva dall'imitazione di modelli classici e che si ispirava invece direttamente alla natura e alla forza libera degli istinti. «Io dico e ridico che la poesia è un ghiribizzo di la natura», scrisse infatti in una lettera del 1537.

Anticlassicismo "moderno" dell'Aretino

Lo scenario dell'Aretino è la città, il mondo "moderno". Il suo **anticlassicismo** è un modo di intendere la letteratura come espressione immediata di un soggetto spregiudicatamente volto alla propria affermazione in una società ferocemente concorrenziale e che vuol sentirsi libero da qualsivoglia regola. Rientra in tale atteggiamento anche **l'uso anticonformistico**, ma non privo di opportunismo, **di tutti gli strumenti della scrittura e della stampa**. Della stampa in particolare l'Aretino capì subito l'importanza ai fini non solo del successo e della fama letteraria, ma anche dell'affermazione economica: il libro, per lui, è anzitutto un prodotto da vendere, una merce.

L'uso della stampa per l'affermazione individuale

Aretino a Roma: le "pasquinate" e *La cortigiana*

Nato ad Arezzo nel **1492**, si trasferì a **Roma** nel 1519, appoggiandosi a Giulio de' Medici e sostenendolo con violente **"pasquinate"** contro gli avversari. Tornato a Roma dopo un breve esilio, scrisse la prima redazione della commedia *La cortigiana*, che rovescia il modello perfetto di corte che stava allora offrendo Castiglione (sul termine "cortigiana", cfr. **S4**, p. 156). La stampa dei *Sonetti lussuriosi* gli provocò l'inimicizia del vescovo Giovan Matteo Giberti; accoltellato da un sicario di costui, dovette lasciare Roma nel 1526 e recarsi prima a **Mantova**, presso Federigo Gonzaga, poi a **Venezia**, dove si stabilì nel 1527 e restò sino alla morte, avvenuta trent'anni dopo, nel 1556. A Venezia – stato repubblicano e quindi più consono all'immagine di «uomo libero» e anticortigiano che l'Aretino voleva dare di sé – egli sviluppò un'**intensa attività di pubblicista**, di incessante polemista, pronto a ricattare o ad adulare i potenti, a seconda delle sue esigenze pratiche. Fu giudicato un cinico «avventuriero della penna» ma fu anche amico di grandi personaggi, come Bembo e Tiziano, e stimato da sovrani come Francesco I e Carlo V.

I *Sonetti lussuriosi*

Il periodo veneziano (1527-1556)

Aretino «avventuriero della penna»

Altre opere

Scrisse, oltre alla *Cortigiana*, altre **quattro commedie** (*Il marescalco*, *La Talanta*, *Lo ipocrito*, *Il filosofo*; cfr. cap. XV, § 4) e una tragedia; opere religiose; dialoghi d'argomento elevato, come *Il Ragionamento delle corti*, in cui si opponeva al modello del *Cortigiano* di Castiglione, e «dialoghi puttaneschi», come i *Ragionamenti* composti nel 1534 e nel 1536; infine sei libri di *Lettere* in volgare.

Il *Ragionamento della Nanna e della Antonia* e il *Dialogo nel quale la Nanna insegna a la Pippa*

Si chiamano *Ragionamenti* due opere successive e fra loro collegate dal personaggio della Nanna, una esperta cortigiana. La prima si intitola ***Ragionamento della Nanna e della Antonia*** ed è del 1534; la seconda, ***Dialogo nel quale la Nanna insegna a la Pippa***, ed è del 1536. La prima è dedicata dall'Aretino alla propria scimmia, e si svolge in **tre giornate** in cui la più anziana Antonia e la più giovane Nanna discutono e commentano **i tre stati delle donne**: le tre giornate, infatti, hanno per argomento rispettivamente la vita scostumata delle monache, quella delle maritate (il tema è il tradimento dei mariti) e quella delle prostitute. Il *Dialogo* è **pure in tre giornate**: **nella prima** giornata Nanna insegna alla figlia Pippa **«l'arte puttanesca»** (cfr. T6). **Nella seconda** la istruisce su come possa difendersi dalle «poltronerie» (cioè dalle mascalzonate) degli uomini e anzi ingannarli a propria volta; **nella terza**, Nanna e Pippa si limitano ad ascoltare altre due donne, la Comare e la Balia, che parlano dell'arte della ruffianeria. Insieme *Ragionamento* e *Dialogo* coprono in totale sei giornate, e per questo i *Ragionamenti* sono denominati anche ***Sei giornate***.

T • Pietro Aretino, *Istruzioni per un incontro con un «uomo da bene»*

Carattere parodico delle sue opere

Un paradossale antimodello

Lo schema è quello del dialogo morale e pedagogico, assunto tuttavia con un'intenzione parodica: il dialogo accademico presupponeva un argomento e uno stile elevati, qui domina invece lo **stile comico** e popolaresco, mentre **la materia è apertamente oscena**. Siamo sempre nella trattatistica sul comportamento. Ma il lettore non poteva non pensare, per contrasto, ai dialoghi di Bembo e di Castiglione che andavano per la maggiore e non vedere in quelli dell'Aretino una sorta di loro contraffazione ironica.

IL SIGNIFICATO DELLE PAROLE

• **Pasquinate**
Le *pasquinate* sono quelle composizioni che a partire dal Cinquecento – e fino all'Ottocento – venivano appese alla statua di Pasquino a Roma per manifestare il dissenso dei singoli nei confronti del potere o per sostenere una fazione della Curia piuttosto che un'altra.

T6 Pietro Aretino
Come ingannare gli uomini

OPERA
Dialogo nel quale la Nanna insegna a la Pippa, Giornata prima

CONCETTI CHIAVE
- la pedagogia amorosa della Nanna

FONTE
P. Aretino, *Ragionamento. Dialogo*, a cura di P. Procaccioli, con introduzione di N. Borsellino, Garzanti, Milano 1984.

Siamo nella prima giornata del Dialogo*; la Nanna istruisce la figlia Pippa spiegandole come ingannare gli amanti.*

NANNA   Ma sopra tutte le cose, studia le finzioni e le adulazioni che io ti ho detto, perché sono i ricami[1] del sapersi mantenere. Gli uomini vogliono essere ingannati;[2] e ancora che si avveghino che si gli dia la baia e che, partita da loro, gli dileggi vantandotene fin con le fanti, hanno più caro le carezze finte che le vere senza ciance.[3] Non far mai carestia di basci né di sguardi né di risi né di parole; abbi sempre la sua mano in mano, e talvolta di secco in secco[4] strigneli i labbri coi denti sì che venga fuor quello "oimè" troppo dolcemente fatto nascere da chi si sente traffigere con dolcezza: e la dottrina de le puttane sta nel saper cacciar carote a' ser corrivi.[5]

[...]

I gelosi vengono in fastidio fino a lor medesimi con le spigolistrarie che usano in guardare colei che non si può guardare quando la se delibera di accoccargliene.[6] Con bestia di cotal buccia sappiti governare[7] da savia; e fagli più tosto le corna che i cenni.[8] Vien qua: tu sarai amica d'uno che si recarà ad uggia uno che ti accommodarà, non come lui, ma di maniera che il perderlo ti nocerebbe assai assai.[9]

Costui ti comandarà che non gli apra, non gli parli, né che accetti niuna cosa del suo:[10] qui bisognano giuramenti diabolici, fronte sfacciata, scrollature di capo, voci a l'aria e alcuni gesti che si maraviglino di lui che si crede che tu lo cambiasse per cotal pecora;[11] e soggiugnendo: «Stiam freschi se si crede che io mi gitti via[12] con quel cera-di-asino, con quel viso-di-mentecatto»; e chiedi tu stessa i guardiani, salariandogli le spie; e tenendoti serrata, stavvi pure; se il sospetto gli si scema punto,[13] non perder tempo. Ma quello che tu gli furi, spendalo ne le contentezze del pover foruscito:[14] tirandolo in casa quando il geloso n'esce, o ne lo scarcarsi de le legne, o nel portare il pane al forno.

[...]

Accadendo che lo spiritato ne abbia qualche fume,[15] mano a negare;[16] e con viso sicuro dì sempre forbici; e si egli sfuria, e tu ti umilia con dire:[17] «Adunque mi tenete per una di quelle, ah? E se vi è suto detto, posso io tener le lingue?[18] Se io avessi voluto altri, non arei tolto voi né

- **1 ricami**: *astuzie ben escogitate*. Con la parola **ricami** l'Aretino vuol sottolineare l'abilità "artistica" degli inganni.
- **2 Gli uomini...ingannati**: *espressione quasi proverbiale che denota un'etica pragmatica, intaccata dal pessimismo*.
- **3 e ancora...ciance**: *e qualora anche si accorgano di essere ingannati e che, allontanati da loro, tu li deridi prendendone vanto perfino con le serve, apprezzano di più le false carezze che quelle vere senza menzogne*. Si accentua la visione amara e disincantata della vita e dei rapporti umani.
- **4 di secco in secco**: *all'improvviso*.
- **5 e la dottrina...corrivi**: *è l'abilità delle prostitute consiste nel dire bugie* (**saper cacciar carote**) *agli uomini creduloni*.
- **6 I gelosi...accoccargliene**: *I gelosi finiscono per infastidire persino loro stessi con le azioni da bigotti* (**spigolistrarie**) *che mettono in atto per tenere sotto custodia colei che non può essere tenuta sotto controllo [da nessuno] quando decide di ingannarli* (**accoccargliene**).
- **7 governare**: *comportare*.
- **8 e fagli...cenni**: *piuttosto tradiscilo ma non offrire indizi sui tuoi sentimenti*.
- **9 tu sarai...assai**: *ti dimostrerai amica di un uomo nemico* (**che si recarà ad uggia**) *di un altro che ti sarà utile* (**ti accommodarà**), *non come il primo, ma che il perderlo potrebbe recarti molto svantaggio*. Il senso di questo periodo molto involuto è che la prostituta dovrà risultare amica di tutti coloro che le saranno utili, siano essi anche rivali tra loro.
- **10 Costui...suo**: *Costui* [: l'amante geloso] *ti ordinerà di non aprire all'altro amante, di non parlargli e di non accettare da lui nessun dono.*
- **11 voci...pecora**: *espressioni generiche e gesti che dimostrino stupore verso di lui che crede di poter essere sostituito da una tale pecora*. La donna deve saper fare forza sull'amor proprio dell'amante tradito, per confermare l'apprezzamento e la fedeltà nei suoi confronti, ma continuare così a tradirlo.
- **12 mi gitti via**: *sprechi il mio tempo*.
- **13 gli si scema punto**: *non gli diminuisce per niente*.
- **14 Ma...foruscito**: *Ma il tempo che tu gli sottrai, impiegalo nelle piacevolezze del povero [amante] escluso.* Il comportamento della donna, insomma, deve sempre ispirarsi alla logica dell'utile e del piacere, da ottenere attraverso il gioco dell'astuzia e dell'inganno.
- **15 fume**: *sospetto*.
- **16 mano a negare**: *nega sempre*, e con lo stesso significato anche il seguente **dì sempre forbici**.
- **17 e si...dire**: *e se lui si arrabbia, tu "umiliati" dicendo*.
- **18 E se...lingue?**: *E se così vi è stato detto, posso frenare i pettegolezzi?*

mi sarei fatta monica per amor vostro»;[19] e così schiamazzando ficcategli[20] più sotto che tu puoi; e se qualche pugno andassi in volta,[21] pazienzia: perché tosto ti saranno pagati i medici e le medicine, e tutte le muine[22] che farai a lui per radolcirlo, farà a te per racconsolarti; il "perdonami" e il "feci male a crederlo" ti stuzzicaranno in modo che sarai la buona e la bella: perché se tu confessassi il peccato o volessi vendicarti di quattro pugni che vanno e vengano, potresti o perderlo o sdegnarlo di sorte che ella non andria ben per te.[23] Ed è chiaro che la fatica sta nel mantenersi gli amici, e non in acquistarsegli.[24]

PIPPA Non ci è dubbio.

NANNA Volgi carta:[25] e trovarai un che non è geloso e pure ama, al dispetto di chi non vuole che amore sia senza gelosia. A l'uomo intagliato in tal legname ci è un lattovaro[26] che, pigliandone una o due imbeccate, si ingelusiarebbe il bordello.

PIPPA Che lattovaro è questo?

NANNA Fatti scrivere una letterina,[27] da qualcuno che tu te ne possa fidare, come questa che io già imparai a mente:

Signora, io non vi posso salutare nel principio de la lettera, perché in me non è salute;[28] e allora ci sarà, che[29] la vostra pietade si degnarà che io, in quel luogo che più commodo vi paia, potrò dirvi ciò che non ardisco di farvi noto per i scritti né per imbasciate:[30] e perciò vi supplico per le vostre divine bellezze, le quali ha ritratte la natura, col consenso d'Iddio, da quelle degli angeli,[31] che vi degnate che io vi parli: che v'ho a dir cose, che beata voi; e più beata sarete quanto più tosto avrò la udienzia che io inginocchioni vi dimando; e spetto una risposta che tenga di quella grazia ch'esce del vostro grazioso aspetto. E quando sia che refutiate di darmela, come refutasti le perle che, non per dono, ma per segno di benivolenzia, vi mandai per... e cetera,[32] io o con ferro o con laccio o con veleno uscirò di guai.[33]

E bascio le mani a la chiara Signoria vostra.

Con la soprascritta e con il sottoscritto che saperà fare chi ti scriverà ne lo andare che io ti spiano.[34]

PIPPA Che ho io a farne, scritta che ella è?

NANNA Piegala sottilmente e infilzala in un guanto, il quale a la disavveduta[35] ti lasciarai cadere in parte ch'egli, che ha la gelosia nei peduli,[36] impari averla nel polmone. Tosto che il trascurato ricoglie il guanto, sentirà il foglio scritto; e sentitolo, il carpirà; e guardandosi da ognuno, si tirarà in un cantoncino solo soletto: e cominciando a leggere, cominciarà a fare i visi arcigni; e venendo a le perle refutate, soffiarà come uno aspido;[37] e cadutagli la baldanza ne le calcagna, gli verrà l'anima ai denti:[38] perché io mi credo che il demonio entri in colui che

---

- **19 Se io...vostro**: la donna, con incredibile faccia tosta, sostiene di condurre addirittura una vita monacale in forza dell'amore che nutre per lui. **Non arei tolto**: *non avrei scelto*.
- **20 ficcategli**: *avvicinati*.
- **21 e se...volta**: *e qualora volasse qualche pugno [da parte sua]*.
- **22 muine**: *gesti affettuosi*.
- **23 di sorte...te**: *in modo che non andrebbe bene per te*.
- **24 Ed è...acquistarsegli**: di nuovo un'espressione quasi proverbiale che denota una morale disincantata e prodotta da una grande esperienza di vita.
- **25 Volgi carta**: *Cambia pagina*, nel senso di passare a un altro esempio.
- **26 lattovaro**: si tratta di uno sciroppo medicamentoso a base di miele e varie conserve; è dal latino 'electuarium'.
- **27 una letterina**: l'Aretino fa riferimento a repertori epistolari abbastanza diffusi che venivano usati come schema e modello secondo le necessità (e per questo, spesso, erano raggruppati per temi, per situazioni, per destinatari ecc.).
- **28 salutare...salute**: la lettera si apre subito con una certa sostenutezza retorica: il poliptòto tra **salutare** e **salute**, ovvero il riferimento etimologico del secondo termine al valore comune del primo.
- **29 e allora...che**: *e la riacquisterò [: la salute] nel momento in cui*.
- **30 per imbasciate**: *attraverso terzi*.
- **31 le quali...angeli**: *le quali la natura ha ripreso, per consenso divino, dalle immagini angeliche*.
- **32 e cetera**: si noti questa espressione che è spia di una conoscenza consolidata di formule consuete nelle lettere d'amore. Del resto la madre ha già affermato di avere imparato la lettera a mente.
- **33 uscirò di guai**: *porrò fine alle mie disgrazie*.
- **34 ne lo...spiano**: *nel procedimento che io ti vado spiegando*.
- **35 a la disavveduta**: *improvvisamente*.
- **36 che ha...nei peduli**: *che ha riposto la gelosia nei calzini*, ovvero non è assolutamente geloso.
- **37 come uno aspido**: *come una serpe*.
- **38 e cadutagli...denti**: *e ridimensionatasi la sua orgogliosa sicurezza (**la baldanza**), si ritroverà disperato*. Continua il gioco metaforico iniziato con il riferimento alla "gelosia nei calzini".

intoppa[39] nel suo rivale; e non si potria dire quanta frenesia scompigli colui che, pur dianzi non pensando di aver compagno al tagliere,[40] se ne vede scappare uno che gli mette in compromesso tutta la carne. E letta e riletta la facezia,[41] la riporrà dove la trovò, cioè nel guanto: tu in quello starai spigolando ai fessi o al buco de la chiave;[42] e se vedi il bello, rumoreggia con la fante e le dì:[43] «Dove è il mio guanto, balorda? dov'è egli, sventata?». Intanto verrà in campo lo accorato,[44] e tu leva le strida e dì: «Sciocca furfanta, tu sarai cagione di qualche scandolo, e forse de la rovina mia: mi par vedere se capita a le sue mani, che non gli potrò ficcare in testa che io gliene voleva mostrare[45] e dirgli chi è colui che mi manda cotali novelle. Dio sa se perle o ducati hanno potere di farmi d'altri!». Lo sciloppato,[46] udendo ciò, temperata la collara e stato un pocolino sopra di sé, ti chiamarà dicendo: «Eccolo, non più:[47] che non ho altra fede ‹che› in te; io ho letto il tutto, e non ti mancaranno perle. E ti prego che non mi dica il nome di chi ti fa sì magnifiche offerte, perché forse forse...»; e qui tacendose, gli dirai: «Io non vi ho mai voluto dire i tormenti che io ho e da imbasciadori e da... e basta: io son vostra e voglio essere, e quando sarò morta sarò ancor vostrissima».

PIPPA   Apritimi dove la trama riuscirà.[48]

NANNA   A non aver più pace l'animo del trovator de la lettera;[49] anzi, ognuno che vedrà per la tua strada, crederà che sia o chi te la mandò o ruffiano suo: e per non darti cagione di accettare le proferte, verrà via di bello.[50]

- **39** **intoppa**: *incappa*.
- **40** **al tagliere**: ci si riferisce all'utensile da cucina.
- **41** **la facezia**: cioè la finta lettera.
- **42** **tu in quello...chiave**: *tu in quel momento sbircerai alle fessure o alla serratura*.
- **43** **e se...dì**: *e se il momento ti pare opportuno, mostra disapprovazione con la domestica e dille*.
- **44** **lo accorato**: l'amante di cui si provoca la gelosia.
- **45** **che io...mostrare**: *che io gliela volevo mostrare [: la lettera]*. In tutte le battute del presunto dialogo, l'Aretino dimostra una grande abilità nel ritrarre i gesti e nel caratterizzare i personaggi con un linguaggio di straordinaria resa scenica, tratto dall'uso vivo e quotidiano del tempo.
- **46** **Lo sciloppato**: *Lo sciroppato*, che è stato addolcito con le menzogne.
- **47** **Eccolo, non più**: *Eccolo [: il guanto], non lo cercare più*.
- **48** **Apritimi...riuscirà**: *Rivelatemi dove arriverà la messinscena*.
- **49** **A non...lettera**: *Al punto che l'animo di colui che ha trovato la lettera non abbia più pace*.
- **50** **anzi...bello**: *anzi, crederà che ogni persona incontrata sia quello che l'ha inviata o un suo ruffiano: e per non darti motivo di accettare i vari doni, sarà assai generoso*.

T6 DALLA COMPRENSIONE ALL'INTERPRETAZIONE

COMPRENSIONE

Una pedagogia "rovesciata"   Nel brano che abbiamo letto Aretino mette in bocca al personaggio della Nanna una **cinica lezione di vita**: infatti la Nanna insegna a Pippa, sua figlia, a ingannare gli amanti con la finzione e con l'adulazione (d'altronde, sentenzia, «Gli uomini vogliono essere ingannati») e a tradirli se sono amanti gelosi, stando però attenta a non perderli: l'ideale è riuscire a mantenere contemporaneamente rapporti con due uomini anche quando l'amante in carica odia il rivale e tiene prigioniera in casa e ben custodita la donna. Se poi l'amante non è geloso, occorre farlo ingelosire facendogli trovare una falsa lettera d'amore di un pretendente: per timore di essere tradito, sarà infatti più generoso.

ANALISI

Il linguaggio e lo stile   Tanto lo stile quanto il linguaggio si ispirano ampiamente al **parlato** e al **popolaresco**. Ecco termini ed espressioni del parlato o che comunque ne riproducono l'inventività: «lattovaro», «avere qualche fume», «mano a negare». Sanno di rapide battute di un **dialogo reso in presa diretta**, parole, espressioni, interlocuzioni scambiate fra le due donne. Si noti infine il gioco metaforico riferito all'amante poco geloso (cfr. righi 52-56). Si osservi anche la **compresenza di generi diversi**, ove nel dialogo viene introdotto un esempio di lettera amorosa in volgare. È un fatto interessante per due ragioni: 1) dimostra lo **sperimentalismo dell'Aretino**, la sua tendenza a innovare e mescolare registri diversi di scrittura; 2) la **lettera** costituisce un utile documento storico: si tratta di una di quelle lettere in volgare, di cui si cominciavano allora a offrire saggi in raccolte tematiche o campioni esemplari contenenti precisi formulari, allo scopo di insegnare modelli di scrittura e di comportamento.

INTERPRETAZIONE

L'ideologia   Il mondo descritto dall'Aretino è dominato dal **sesso** e dai **soldi**; anzi quello è visto in funzione di questi. L'universo della Nanna è un grande mercato: l'unica regola è quella dello scambio, del vendere e del comprare, e soprattutto, in questo caso, del saper vendere bene la propria merce, cioè il proprio corpo. I criteri pedagogici della Nanna riposano su una **saggezza materialistica**, che si esprime per secche e brevi sentenze, che possono assumere anche un sapore machiavelliano, come «Gli uomini vogliono essere ingannati», «[gli uomini] hanno più caro le carezze finte che le vere senza ciance», «fagli [al geloso] più tosto le corna che i cenni», «la fatica sta nel mantenersi gli amici, e non in acquistarsegli». L'**edonismo** rinascimentale appare qui nei suoi termini più elementari, quelli di un **egoismo scettico e cinico**, anche se pieno di una prepotente vitalità.

T6 LAVORIAMO SUL TESTO

COMPRENDERE

1. Perché è così importante, nell'educazione che la Nanna dà alla figlia, l'arte della finzione?

ANALIZZARE

2. **LINGUA E LESSICO**   Con l'aiuto di un vocabolario spiega il significato del verbo "dileggiare".

INTERPRETARE

3. L'intero dialogo si basa sul rovesciamento e sulla parodia. Quali modelli di comportamento vengono presi in giro?

6 Il trattato nell'Europa della Riforma: le opere di Erasmo, Moro, Lutero, Calvino

I grandi trattati di Erasmo da Rotterdam e di Tommaso Moro sono scritti in latino

Al di fuori d'Italia i più grandi trattati morali e religiosi – quelli di Erasmo da Rotterdam e di Tommaso Moro – erano ancora scritti **in latino**. Il latino veniva infatti considerato la lingua europea dei dotti, e dunque della filosofia, della teologia, della scienza. Inoltre in Inghilterra e in Germania lo sviluppo delle lingue nazionali, per quanto riguarda la prosa, era ancora arretrato rispetto all'Italia. Tuttavia Moro, Lutero, Calvino presentano anche una **produzione**, rispettivamente, **in lingua inglese, tedesca e francese**. E negli ultimi due casi, tale produzione fornisce un contributo fondamentale per lo sviluppo delle letterature nazionali.

L'impegno etico della trattatistica straniera

Un'altra differenza rispetto all'Italia riguarda **il forte impegno etico**, con profondi risvolti politici e religiosi, della trattatistica tedesca, inglese, francese, se paragonata al disimpegno che prevale, con l'eccezione di Machiavelli, in quella italiana.

Erasmo da Rotterdam, grande intellettuale internazionale

Erasmo da Rotterdam (nato nel 1466 e morto a Basilea nel 1536) ebbe fama e prestigio superiori a qualsiasi altro intellettuale dell'epoca. Viaggiò in ogni paese d'Europa soggiornando a lungo soprattutto in Inghilterra, ma anche in Francia, Germania, Svizzera, nei Paesi Bassi, in Italia (dove si laureò, a Torino, in teologia, nel 1506). È la tipica figura dell'**intellettuale umanista** che si sente **cittadino della "repubblica delle lettere"**, al di là di ogni confine di stato, scrive in latino e frequenta un mondo culturale sovranazionale.

La conciliazione di Cristianesimo e Umanesimo in Erasmo

In tutta la sua vita Erasmo ha cercato di **conciliare il Cristianesimo con la cultura dell'Umanesimo**, senza posporre la fede alla scienza, come gli rimproverava invece Lutero. In effetti l'attività di riformatore religioso fu incessante, ma procedette in direzioni diverse rispetto a quelle di

Il dissenso con Lutero

Lutero: Erasmo non ne condivideva né l'intolleranza religiosa, né il pessimismo circa l'innata tendenza dell'uomo alla colpa e al peccato. Anzi, Erasmo tende a conciliare terra e cielo e a ridurre quell'antitesi fra regno divino e regno umano che è così forte invece in Lutero. **Il mondo di Erasmo è più sereno**, più fiducioso nella originaria bontà dell'uomo e della natura.

Le opere di Erasmo

Erasmo scrisse **trattati e manuali precettistici** come quelli che andavano diffondendosi in Italia, ma **con un taglio decisamente** religioso, sconosciuto nel nostro paese. Bisogna inoltre ricordare **l'attività filologica** di Erasmo, esercitata anche sulle sacre scritture: ne è un importante risultato la prima edizione greca del Nuovo Testamento, accompagnata da una nuova versione latina.

L'*Elogio della follia*

Il capolavoro di Erasmo è appunto il famoso ***Elogio della follia***, scritto in Inghilterra, in casa di Tommaso Moro, nel 1509.

Ambiguità della nozione di «follia»

La parola «follia» (la Follia prende la parola ed è la protagonista di tutto il libro) non va intesa nel senso consueto: si tratta della **tendenza naturale all'ignoranza**, alla superficialità, alla stoltezza che caratterizza ogni aspetto della vita umana e senza la quale sembrerebbe impossibile persino sopravvivere. Ciò non impedisce all'elegante ironia di Erasmo di descrivere in modo efficace, talora duramente, talora con benigna comprensione, le storture della vita politica e religiosa e i costumi del tempo.

T • Erasmo da Rotterdam, *La pazzia dei teologi e quella dei monaci*

Tommaso Moro

Erasmo fu amico di **Tommaso Moro**, il più grande umanista inglese, autore di un trattato in latino che lo rese famoso, l'*Utopia* (1516). Thomas More (tale è il nome in inglese) nacque a Londra nel 1478. Fu avvocato di grande fama; ospitò a lungo nella propria casa Erasmo; infine divenne cancelliere di Enrico VIII, a partire dal 1529. Ma nel 1534 si rifiutò di prestare giuramento al sovrano dato che ciò avrebbe comportato il disconoscimento dell'autorità spirituale del papa e l'ammettere la validità del divorzio del re dalla regina Caterina. Fu perciò imprigionato e infine decapitato nel 1535.

L'*Utopia*

L'*Utopia* (cfr. **S6**) **è un trattato molto singolare**, che ha piuttosto l'aspetto, soprattutto nel secondo libro, di un **romanzo-saggio**, mentre nel primo prevale l'**aspetto dialogico**. Il dialogo è fra

---

S6 Utopia
ITINERARIO LINGUISTICO

Questa parola è stata coniata dall'umanista e filosofo inglese Tommaso Moro (1478-1535) che nel trattato *Utopia* (1516) delineò il modello di una società ideale fondata su princìpi comunistici di uguaglianza. Il luogo in cui tale società doveva prendere corpo era evidentemente immaginario; e "utopia" significa infatti 'luogo che non esiste' ('non-luogo', dal greco *ou* = 'non' e *tópos* = 'luogo', più il suffisso astratto "-ia").
Il termine "utopia" indica, in modo generico, 'ciò che è oggetto di un'aspirazione ideale non suscettibile di realizzazione pratica'; in particolare però designa un ideale politico ed etico che non può realizzarsi sul terreno storico delle istituzioni ma che ha la funzione di modello a cui tendere e di denuncia critica della società esistente.

Illustrazione per la prima edizione dell'*Utopia* di Tommaso Moro (1516).

l'io narrante (l'autore) e un portoghese. L'autore immagina infatti di aver conosciuto ad Anversa un viaggiatore portoghese, che gli racconta di aver viaggiato per anni nel Nuovo Mondo e di essere infine arrivato a Utopia, in cui avrebbe vissuto cinque anni. In questo paese, le istituzioni politiche e civili sarebbero superiori a quelle europee.

Contenuto, temi e loro organizzazione nei due libri del trattato

Nel primo libro si sottolinea che la vita è il bene principale dell'uomo e dunque si condanna la pena capitale, allora impiegata anche per piccoli reati, come i furti; inoltre ci si pronuncia per l'uguaglianza e contro la proprietà privata. **Nel secondo libro**, i costumi di Utopia sono descritti secondo gli schemi del libro di viaggi ma tenendo anche presente il modello della *Repubblica* platonica. Il problema della felicità umana è risolto facendo lavorare tutti gli abitanti sei ore al giorno: tutti devono praticare l'agricoltura e almeno un mestiere. Inoltre, contro ogni ascetismo, viene perseguito un uso moderato dei beni terreni e corporali. In materia religiosa, si professa una perfetta **tolleranza fra tutte le religioni**.

T • Tommaso Moro, *Per l'uguaglianza, contro la proprietà privata*

I trattati di Lutero

Lutero (1483-1546) oltre a tradurre in tedesco la Bibbia (1521-1534), ponendo così le basi del tedesco moderno e creando le condizioni dell'unità linguistica della nazione tedesca, scrisse inoltre vari trattati politico-religiosi, prevalentemente in latino ma anche in tedesco. In polemica con Erasmo, che sosteneva il libero arbitrio, compose il ***De servo arbitrio*** [Il servo arbitrio].

Giovanni Calvino

Nella letteratura in lingua francese un'importanza particolare ebbe la traduzione in questa lingua che **Giovanni Calvino** (1509-1564) fece del libro da lui stesso precedentemente scritto in latino con il titolo *Institutio Christianae religionis* [Fondamenti della religione cristiana, 1536]. Con la pubblicazione in francese, nel 1541, dell'***Institution de la religion Chrétienne***, apparve chiaro che la discussione di idee, precedentemente possibile solo in latino, poteva svolgersi efficacemente anche nella lingua nazionale. Calvino infatti piega il francese alle forme di una serrata argomentazione logica e nel medesimo tempo riesce a dare alla prosa un'impronta pittoresca, che riflette la realtà della vita quotidiana.

Percorso
L'AMORE E LA DONNA

La «donna di palazzo» e la «cortigiana», amor platonico e suo rovesciamento

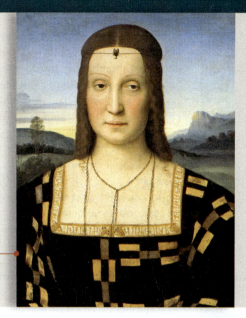

Raffaello, *Ritratto di Elisabetta Gonzaga* (1504-05 ca.). Firenze, Galleria degli Uffizi.

La duchessa è ritratta frontalmente, immobile e inaccessibile come un'icona sacra. È l'immagine di una *domina*, le cui geometriche proporzioni, il gioco perfettamente bilanciato dei colori ne sottolineano la suprema dignità e la sublimata bellezza.

Nel Cinquecento la tematica amorosa acquista una grande importanza nell'opera degli scrittori; non solo nella lirica, ma anche nella trattatistica.

Ragioni culturali e sociali, all'inizio del secolo, contribuiscono a ridare piena legittimità all'amore. Ci riferiamo alla diffusione del neoplatonismo, all'assunzione di Petrarca a modello indiscusso non solo di produzione lirica (cfr. **T1**), ma di vita interiore o "privata", da fruire in chiave esistenziale, all'importanza che assume la donna nella vita della corte rinascimentale. Nel XV e XVI secolo si manifesta in Italia e in Europa il fenomeno nuovo di donne istruite nella cultura umanistica. È questa l'epoca delle grandi regine, che sono talora anche scrittrici affermate, come Margherita di Navarra. Non a caso la discussione degli *Asolani* e del *Cortegiano* è presieduta rispettivamente dalla nobildonna veneziana Caterina Cornaro e dalla duchessa di Urbino, Elisabetta Gonzaga.

Il modello che si impone ovunque nel Rinascimento è quello dell'amor platonico, alla cui divulgazione contribuì notevolmente l'opera di Bembo.

Gli *Asolani* riassumono, in una gerarchia culminante nel primato dell'amore ideale, le varie posizioni sull'amore che caratterizzano il dibattito filosofico del tempo. **Perottino** richeggia la condanna classica dell'amore fonte di dolore e di pazzia, **Gismondo** inclina a una concezione naturalistica ed esalta le gioie sensuali dell'amore e la bellezza fisica della donna, mentre **Lavinello**, portavoce della teoria dell'amor platonico, distingue l'amore buono da quello cattivo. Il primo è «di bellezza desio» e identifica la bellezza nella «grazia» e nell'«armonia» che emanano dall'animo e dal corpo della donna amata. Questa bellezza, percepita dalla vista e dall'udito, non esclude il corpo, anche se questo è oggetto di mera contemplazione. Il **Romito** difende invece la negazione dell'amore terreno, propria dell'ascetismo cristiano: «La vera bellezza non è umana o mortale», ma «divina e immortale» e trascende gli esseri umani, sempre imperfetti, «bugiarde vaghezze» (cfr. **T2**).

Nonostante la radicalità della tesi del Romito non era difficile una sintesi platonico-cristiana dell'amore. In effetti fu questa soluzione a proporre il modello dominante. Anche il *Libro del Cortegiano* si conclude con l'esaltazione della filosofia dell'amor platonico, dell'Amore in «assenza» che permette la contemplazione della pura bellezza nell'immaginazione, attraverso gli occhi della mente. Ma l'amore è qui anche una pratica sociale, che permea i rapporti e la vita di corte, come «ragionamento», «intertenimento», gioco di sguardi, di parole, di gesti. Questa dimensione non può prescindere dal nuovo modello di comportamento femminile imposto dai costumi di corte.

La donna non è più solo buona "massaia" e madre di famiglia, ma diventa anche "donna di palazzo". Per la prima volta esce dal privato familiare o dal rapporto esclusivo con l'amante per esibirsi in un ruolo pubblico. La nuova figura della gentildonna di corte è esplicitamente «formata» secondo un'ottica e un discorso rigorosamente maschile, «Poich'io posso formar questa donna a modo mio».

La dama deve avere gli stessi requisiti del cortegiano, riassumibili nella virtù della «grazia» nelle maniere, nelle parole, nei gesti, nel portamento, ma anche virtù specifiche i cui caratteri hanno modellato nei secoli l'idea di femminilità. «Alla donna sta bene aver una **tenerezza molle e delicata**», una «soave mansuetudine»; una «dolcezza femminile, che nell'andar e stare e dir ciò che si voglia sempre la faccia parer donna, senza similitudine alcuna d'omo» (cfr. **T5**). Perciò non deve andare a cavallo, né fare inopportuni esercizi fisici, né assumere atteggiamenti maschili. La bellezza è un attributo fondamentale della gentildonna, a lei più necessario che al cortegiano, che deve essere esaltata attraverso l'eleganza dell'abbigliamento.

Non solo qui abbiamo un occhio maschile che osserva questa messa in scena della grazia femminile, ma abbiamo anche un sapere femminile organizzato dal cortigiano

Percorso
L'AMORE E LA DONNA — La «donna di palazzo» e la «cortigiana», amor platonico...

in funzione di una valorizzazione del proprio sapere. «Voglio che questa donna abbia notizie di lettere, di musiche, di pittura e sappia danzare e festeggiare», possegga un'«affabilità piacevole, per la quale sappia gentilmente intertenere ogni sorte d'uomo con argomenti grati e onesti, ed accommodati al tempo e loco ed alla qualità di quella persona con cui parlerà». Mentre si allarga la potenzialità dell'intervento femminile sul piano dello scambio sociale e culturale, si relega la donna a un ruolo marginale e subalterno alle esigenze di intrattenimento maschile. Inoltre non esiste grazia senza onestà. Le virtù della conversazione onesta sono la «convenienza» e il ritegno, che devono temperare, in un difficile equilibrio, la vivacità, l'arguzia e la libertà. Il maggior rigore morale richiesto alla donna è apertamente giustificato con la necessità familiare di assicurare la legittimità della prole. Decade così la regola cortese dell'amore extraconiugale. La donna di palazzo, se indotta ad amare altri da un marito odioso, non dovrà concedere all'amante «niuna altra cosa... eccetto che l'animo» e se non sarà maritata, «avendo d'amare voglio che ella ami uno col quale possa maritarsi».

La cortigiana è l'antitesi della donna di palazzo. Esse hanno tuttavia in comune l'idea dell'arte del viver sociale come arte della finzione. **La figura della cortigiana è un'immagine nuova della donna rinascimentale**, che per tutto il XVI secolo riesce a ottenere un riconoscimento sociale. L'atteggiamento verso le prostitute è ambiguo. Da una parte esse rappresentavano quanto di peggio è nelle donne, dall'altra assolvevano una funzione utile. Poiché le norme morali e civili vietavano sempre più severamente l'attività sessuale al di fuori del matrimonio, esse offrivano alla esuberante popolazione di giovani maschi celibi la possibilità di sfogare i propri appetiti sessuali con danno minimo per la morale collettiva. Nel corso del Trecento la prostituzione era stata istituzionalizzata e postriboli pubblici fiorivano nelle principali città italiane ed europee.

Come la gentildonna di corte anche la cortigiana deve essere istruita nella propria arte. In genere era la madre a svolgere questo compito, come fa la Nanna con la Pippa. I *Ragionamenti* dell'Aretino riprendono perciò la forma del trattato pedagogico sull'amore e sul comportamento femminile e ne rovesciano contenuti e finalità. La parola è data alle donne, e qui a una cortigiana consumata, che racconta le vicende della propria carriera erotica e istruisce la figlia sull'«arte puttanesca».

L'arte della prostituzione sta nella maestria dell'inganno, nell'abilità del simulare e del dissimulare. Ed è un'arte dettata da una visione spregiudicata e pessimistica della natura umana: «Gli uomini vogliono essere ingannati... hanno più caro le carezze finte che le vere senza ciance». Questa necessità della continua messa in scena è funzionale a un «comertio» (commercio), che deve essere il più possibile redditizio. Tale lezione è continuamente mimata dalla teatralità della tecnica narrativa adottata dall'Aretino. L'esordio di Nanna nella sua carriera di cortigiana romana è il debutto di un'attrice abilissima, in quel suo affacciarsi e ritirarsi dalla finestra mentre «Fingeva onestà di monica e guardando con sicurtà di maritata, faceva atti di puttana». Sotto, una folla di spasimanti canta versi d'amore con il "petrarchino" (l'edizione in ottavo del *Canzoniere*) in mano, in un esilarante rovesciamento dell'amor platonico.

Quando l'Aretino riconosce come arte fondamentale della cortigiana la capacità di mascherare la lascivia con l'onestà, mostra di intuire, più di ogni altro scrittore del tempo, gli elementi di novità impliciti in questa figura e le ragioni del suo successo. La cortigiana è la donna che riunisce in sé il piacere e la rispettabilità. In un momento in cui il modello familiare si irrigidisce fino a funzionare da discriminante drastica delle donne in due categorie (le oneste e di buona fama dentro la famiglia, le disoneste e infami al di fuori di essa), la cortigiana esprime la tensione degli uomini del tempo verso il superamento di un'angosciosa contraddizione.

Ambrogio de Predis, *Ritratto di dama*. Milano, Pinacoteca Ambrosiana.

Questo dipinto di Ambrogio de Predis (1455-1518), collaboratore (ed emulo) di Leonardo nonché ricercato ritrattista, raffigura con molta probabilità Beatrice d'Este, duchessa di Milano. Nel ritratto vengono esaltate le qualità ideali della «donna di palazzo»: la bellezza, posta in rilievo da una evidente ma non ostentata eleganza della dama, il portamento esemplare, lo sguardo sicuro ma nel quale si intravede «tenerezza», «dolcezza» e «mansuetudine».

DAL RIPASSO ALLA VERIFICA

MAPPA CONCETTUALE | Il trattato

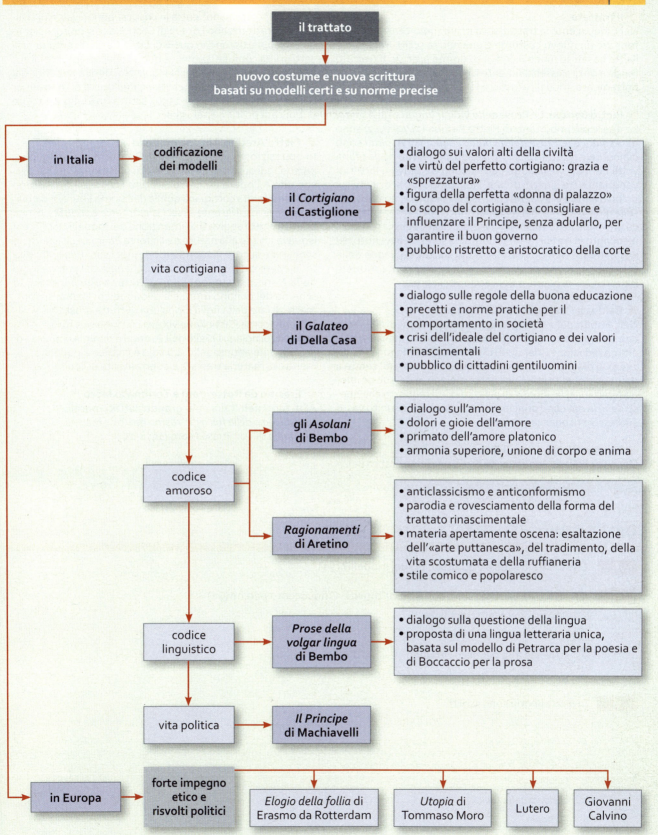

DAL RIPASSO ALLA VERIFICA

SINTESI

● **Il trattato**
Nel Cinquecento la trattatistica ha un ruolo centrale: deve fondare un nuovo costume e una nuova scrittura, l'uno e l'altra basati su modelli certi e su norme precise. Il trattato tende a offrire essenzialmente tre modelli: modelli di comportamento, modelli artistici e letterari, modelli linguistici.

● **Pietro Bembo. Le *Prose della volgar lingua* e gli *Asolani***
Le opere più importanti di Pietro Bembo (1470-1547) sono gli *Asolani* e le *Prose della volgar lingua*. Gli *Asolani* sono dialoghi amoroso-filosofici in tre libri, pubblicati per la prima volta nel 1505. Al dialogo partecipano tre giovani letterati veneziani e tre giovani donne. Nel primo libro si discute sui dolori d'amore e le pazzie che esso fa compiere, nel secondo sulle gioie d'amore, nel terzo sui principi dell'amore platonico. Le *Prose della volgar lingua*, pubblicate nel 1525, sono il resoconto in tre libri di un dialogo che sarebbe avvenuto nel 1502. In esse Bembo teorizza la differenza tra lingua della scrittura e lingua del parlato, e propone come modelli Petrarca per la poesia e Boccaccio per la prosa.

● **Baldassar Castiglione. *Il Cortegiano***
Nell'ambito della trattatistica sul comportamento, il testo che si impone fra tutti è *Il Cortegiano* (1516, ma la terza e ultima redazione è del 1528) di Baldassar Castiglione (1478-1529). Il dialogo, ambientato ad Urbino nel 1506, tende a definire le qualità principali del cortegiano (e del suo omologo femminile, la «donna di palazzo»), e il rapporto che questi deve avere con il principe. Il *Cortegiano* ebbe subito vasto successo e risonanza europea.

● **Giovanni Della Casa. Il *Galateo***
Dopo Castiglione, la possibilità di realizzazione pratica dell'ideale del "cortegiano" entra in crisi. I superiori valori di civiltà che caratterizzano l'opera di Castiglione si ridimensionano e si appiattiscono in quelli di Della Casa: diventano precetti di vita comune, semplice buona educazione, "galateo" di norme pratiche. La parola 'galateo' deriva appunto dal titolo, *Galateo ovvero de' costumi*, dell'opera di monsignor Giovanni della Casa (1503-1556), scritta fra il 1551 e il 1555 e pubblicata postuma nel 1558.

● **Pietro Aretino. Un antimodello**
In opposizione netta a quella di Bembo e di Castiglione, personaggi di corte e teorici del classicismo, va vista la personalità e l'opera di Pietro Aretino (1492-1556). Aretino oppose alla vita cortigiana quella dell'uomo libero, si dichiarò sempre insofferente al servizio di corte e seguace di una poetica che rifuggiva dall'imitazione dei modelli classici e si ispirava invece alla natura e alla forza libera degli istinti. Lo scenario è la città, il mondo moderno. I suoi *Ragionamenti* (due opere successive e fra loro collegate dal personaggio della Nanna) assumono, con un'intenzione parodica, lo schema del dialogo morale e pedagogico: Nanna si ripromette di fare della figlia Pippa una perfetta prostituta esattamente come Castiglione voleva contribuire a formare dei perfetti cortigiani. Quello dell'Aretino è dunque una sorta di paradossale antimodello. Lo stile è comico e popolaresco, mentre la materia trattata è apertamente oscena.

● **Erasmo da Rotterdam e Tommaso Moro**
Al di fuori dell'Italia i più grandi trattati morali e religiosi sono l'*Elogio della follia* di Erasmo da Rotterdam (1466-1536) e l'*Utopia* di Tommaso Moro (1478-1535).

DALLE CONOSCENZE ALLE COMPETENZE

1 Che cos'è il trattato e quali sono i suoi modelli? (§ 1)

2 Il trattato ha un ruolo centrale nella cultura del Cinquecento perché (§ 1)
- A dibatte questioni scientifiche
- B fonda un nuovo costume
- C si rivolge a un pubblico cittadino
- D elabora modelli generali di comportamento

3 In quale lingua sono scritti

		VOLGARE	LATINO
A	Il *Principe*	☐	☐
B	Il *Cortegiano*	☐	☐
C	Gli *Asolani*	☐	☐
D	L'*Elogio della follia*	☐	☐
E	L'*Utopia*	☐	☐

4 Quali sono le concezioni sull'amore sostenute dai tre interlocutori degli *Asolani* e quale di queste sembra prevalere? (§ 2)

5 Quali sono le teorie linguistiche che Bembo espone nelle *Prose della volgar lingua*? (§ 2)

6 Quali sono le caratteristiche principali del cortigiano ideale, descritto da Castiglione? (§ 3)

7 In che senso il *Galateo* di Giovanni della Casa rappresenta la crisi dell'ideale del perfetto cortigiano teorizzato da Castiglione? (§ 4)

8 Spiega perché, in riferimento all'opera di Pietro Aretino, è possibile parlare di 'anticlassicismo moderno'. (§ 5)

9 Su quale presupposto si basa la società ideale rappresentata da Moro nella sua *Utopia*? La scoperta del Nuovo Mondo può avere influito sull'immaginario utopico? (§ 6)

10 Secondo il modello della trattatistica cinquecentesca, intrattieni insieme ad alcuni compagni un dialogo dove ognuno sostiene differenti tesi su un argomento scelto dal docente.

• Indicazioni bibliografiche

prometeo 3.0

Personalizza il tuo libro selezionando per questo capitolo materiali integrativi da Prometeo
(di seguito ti proponiamo un elenco di materiali, ma puoi trovarne altri utilizzando il motore di ricerca).

- **MODULO TEMATICO INTERDISCIPLINARE**   La follia
- **SCHEDA**   Una lettera di Castiglione a Bembo
- **SCHEDA**   Il «cortegiano»: una figura eroica e inattuale nell'interpretazione di Vittorio Sereni
- **SCHEDA**   La ricezione europea del *Cortegiano* e il conflitto delle interpretazioni (N. Frye)
- **SCHEDA**   Le pasquinate
- **TESTO**   Erasmo da Rotterdam, *Contro le interpretazioni antistoriche delle Sacre Scritture* [*Elogio della follia*]

Capitolo VII — Machiavelli

My eBook+

Cliccando su questa icona, docenti e studenti accedono ad un'area di personalizzazione che permette di arricchire i contenuti digitali già linkati lungo le pagine del libro. Nell'area di personalizzazione è possibile infatti salvare ulteriori materiali: selezionati da **Prometeo**, prodotti autonomamente o ricercati nella rete.

▶ *Per un elenco di materiali integrativi presenti nella biblioteca multimediale di Prometeo o per attivare una ricerca cfr. p. 302*

Santi di Tito, *Ritratto di Niccolò Machiavelli*, ultimo quarto del XVI secolo. Firenze, Palazzo Vecchio.

VIDEOLEZIONE

Machiavelli: lo scandalo del *Principe* (a cura di Romano Luperini)

Romano Luperini passa in rassegna le "scandalose" novità della scrittura di Machiavelli: la spregiudicatezza del discorso saggistico che basa la propria autorevolezza sulla forza dell'argomentazione ed unisce rigore dimostrativo e intensità appassionata; la capacità di analisi e di demistificazione dei meccanismi reali; l'idea di una politica autonoma dai preconcetti morali. Con Machiavelli nasce il saggismo moderno.

- Lo scandalo del *Principe*: l'aggettivo "machiavellico" e il sostantivo "machiavellismo" [3 min. ca.]
- Un altro scandalo: dal trattato al saggio [4 min. ca.]
- Il realismo di Machiavelli [5 min. ca.]
- L'utopia di Machiavelli [2 min. ca.]
- Fondare uno stato e dargli continuità: la differenza fra *Il Principe* e *I Discorsi sopra la prima Deca di Tito Livio* [3 min. ca.]
- I princìpi ispiratori del pensiero politico machiavelliano [2 min. ca.]
- Virtù e fortuna [3 min. ca.]
- Etica e politica [4 min. ca.]

Attiviamo le competenze

esercitare le competenze di ascolto
esercitare le competenze di sintesi
dialogare

Luperini ci spiega che la riflessione di Machiavelli sulla politica ha segnato una svolta irrevocabile, come ben sanno i tanti uomini politici che hanno pubblicato edizioni del *Principe* accompagnate dalle proprie riflessioni attualizzanti. A cosa si deve il successo che *Il Principe* riscuote ancora oggi? Riassumi in pochi righi la risposta a questa domanda che Luperini suggerisce nella videolezione. Quindi, prendendo le mosse dalla tesi del critico, discuti la questione in classe con il docente e i compagni.

1. Il trattato politico e la nascita della saggistica moderna: lo scandalo del *Principe*

La forma del saggio nel *Principe*

Con **Il *Principe*** di Machiavelli il **genere del trattato** abbandona le forme della dissertazione filosofica e scientifica fondata su un preesistente "sistema" organico di pensiero e **adotta le forme del saggio**, in cui l'autore sostiene e dimostra una sua verità individuale, assumendone consapevolmente la responsabilità. Nel caso di Machiavelli, tale verità è basata sulla conoscenza delle leggi della natura e della storia, fornite dalla esperienza diretta e dalle letture dei classici, e trae da tali elementi, e solo da essi, la propria legittimità. Entra in crisi l'autorità sancita tanto dalla religione quanto dai precetti di una moralità laica precostituita. Il primo tipo di autorità era quello della **trattatistica politica medievale** (esempio: il *De regimine principum* [Il governo dei principi] di san Tommaso o il *De Monarchia* di Dante); il secondo era quello della **trattatistica quattrocentesca** volta a delineare lo *speculum principis* (lo specchio del principe) elencando la serie di virtù morali, seppure laiche, di cui il principe doveva essere espressione. Lo scandalo del *Principe* sta nella **assoluta spregiudicatezza del suo autore**, che fonda l'autorità del proprio testo solo sulla forza del proprio pensiero e della propria scrittura.

La precedente trattatistica politica e la novità del *Principe*

Lo scandalo del *Principe*

La politica diventa autonoma dalla religione e dalla morale

Un secondo scandalo è questo: **la morale del principe dipende dal successo della sua azione politica** e dunque viene fatta coincidere con la sorte stessa dello Stato. La politica diventa autonoma dalla religione e dalla morale. Nasce da qui il termine negativo di **"machiavellismo"**, in uso in tutto il mondo, a indicare il ricorso agli strumenti e ai "mezzi" più spregiudicati pur di raggiungere il "fine" del successo politico. In realtà, come vedremo, il pensiero di Machiavelli non è affatto riducibile a tale deteriore "machiavellismo" (cfr. **S1**). E tuttavia questa espressione prova tutt'oggi l'impatto dirompente che le teorie dell'autore ebbero non solo nel secolo XVI, ma in quelli futuri, sino a oggi.

Il concetto di "machiavellismo"

Oggi, come allora, colpisce **la forza personale della scrittura**, che regge e legittima da sola l'assunto dell'opera; e oggi, come allora, affascina e inquieta il suo **carattere risolutamente anticonformistico** e **demistificatorio**. Proprio questo aspetto induce oggi a vedere Machiavelli in una

---

IL SIGNIFICATO DELLE PAROLE

- **Demistificatorio**
Mistificare significa 'alterare la realtà', farla risultare diversa da quella che realmente è. Un'operazione *demistificatoria* va nella direzione opposta: smaschera l'inganno e mostra la verità che attraverso di esso era stata occultata.

S1 — ITINERARIO LINGUISTICO

Machiavellismo, machiavellico e machiavelliano

Le teorie etiche e politiche di Machiavelli ebbero una rapida diffusione in Europa e suscitarono grandi discussioni e polemiche: molto spesso, soprattutto in Francia e Inghilterra, esse furono ridotte a un comportamento politico sostanzialmente ispirato al cinismo e all'assenza di scrupoli. La teoria espressa nel *Principe* per cui un governante può prescindere da qualsiasi considerazione morale e servirsi di qualunque mezzo per perseguire il proprio fine, è stata letta non come una constatazione della realtà effettuale della politica ma come un precetto dell'arte di governare. La formula "il fine giustifica i mezzi" – che comunque non compare mai in questi termini nell'opera di Machiavelli – si è diffusa come sinonimo di utilitarismo e di opportunismo, riducendo la portata di un pensiero assai più complesso e articolato. In Francia e in Inghilterra sono nati, e si sono poi diffusi, gli aggettivi derivati dal nome di Machiavelli che ancora oggi usiamo: "machiavellismo", dal francese *machiavélisme*, 1611; "machiavellico", dal francese *machiavéllique*, 1578; e "machiavelliano", dall'inglese *machiavellian*, 1568. Questi aggettivi, se da un lato banalizzano e riducono il pensiero di Machiavelli, dall'altro ne evidenziano la portata rivelando la potenza con cui esso ha inciso anche su culture e tradizioni diverse dalla nostra.

Con "machiavellismo" s'intende la prassi etico-politica ispirata alle teorie esposte nel *Principe*, ma anche un subdolo e spietato utilitarismo (cfr. anche cap. VIII, **S7**, p. 292); l'aggettivo "machiavellico" indica propriamente 'ciò che si ispira ai principi di amoralità, cinismo e doppiezza tradizionalmente attribuiti al pensiero di Machiavelli', ed è sinonimo di 'intrigante, astuto e spregiudicato' nei rapporti politici e sociali; l'aggettivo "machiavelliano" si riferisce invece in modo neutro, ovvero senza sfumature negative, a ciò che è proprio di Machiavelli e delle sue opere (per esempio "lo stile machiavelliano").

L'interpretazione di Croce e di Max Weber

Le interpretazioni oggi prevalenti: Machiavelli come primo "saggista" moderno

luce parzialmente diversa rispetto al passato. **Nel corso del Novecento** ha prevalso a lungo l'idea, elaborata in modi autonomi e distinti all'inizio del secolo da Benedetto Croce e dal sociologo tedesco Max Weber, che Machiavelli vada considerato il teorico oggettivo e scientifico della politica come arte "separata" e autonoma. **Oggi** tende ad affermarsi un'interpretazione più articolata e complessa: piuttosto che essere un neutrale descrittore dei meccanismi della politica, o un puro "scienziato" specialista della politica, Machiavelli ci appare capace di riconsiderare globalmente il comportamento umano, di sottoporlo a una sua propria personale interpretazione e di fondare poi su di essa una coerente teoria politica. Inoltre in Machiavelli il **realismo spietato** dell'analisi e la serrata logica argomentativa del discorso convivono con una scrittura fortemente immaginativa, con la forza impulsiva delle passioni e con una **prospettiva decisamente utopica** delle soluzioni prospettate. E anche

Fusione di realismo e utopia in Machiavelli

questa straordinaria e contraddittoria fusione di realismo e utopia pertiene strettamente alla scrittura saggistica. Insomma oggi si tende a vedere in Machiavelli non solo o **non tanto uno "scienziato" della politica, quanto**, piuttosto, **il primo saggista** – con la carica di passione "soggettiva" e di parzialità che questa parola comporta – e il primo pensatore della modernità.

A tali considerazioni induce anche la carica demistificatoria e provocatoria – piuttosto che astratta e descrittiva – della scrittura machiavelliana. Machiavelli invita a cercare sotto le motivazioni ufficiali e le ideologie dichiarate i veri moventi della storia, quelli materiali. Nasce con lui **il pensiero del sospetto**, che "guarda sotto" le apparenze rovesciando coraggiosamente le attese del lettore e le convenzioni sociali e culturali. È questo un altro aspetto della modernità di Machiavelli: egli

Machiavelli come critico dell'ideologia e "maestro del sospetto"

apre una strada che sarà ripresa, in epoca più recente, fra Ottocento e inizio del Novecento, dai "critici dell'ideologia" e dai cosiddetti "maestri del sospetto", vale a dire da filosofi e da studiosi come Marx, Nietzsche, Freud (cfr. **S2**).

S2 INFORMAZIONI

Critica della ideologia e pensiero del sospetto

Karl Marx (1818-1883), Friedrich Nietzsche (1844-1900) e Sigmund Freud (1856-1939) sono pensatori molto diversi fra loro, ma hanno in comune il sospetto nei confronti delle spiegazioni ideologiche e morali che gli uomini danno del loro comportamento. Per esempio, per Marx l'ideologia è l'insieme di idee con cui la classe dominante giustifica idealmente il proprio potere, presentandolo come la forma migliore e più giusta di assetto politico, quando in realtà esso esprime solo le sue esigenze di dominio e dunque ha ragioni solo economiche e sociali. Nietzsche chiama «interpretazioni» questa stessa esigenza a capovolgere le motivazioni reali mascherandole alla luce di valori morali. Per Freud l'uomo ricorre a "razionalizzazioni", a spiegazioni razionali e morali, per giustificare intellettualmente il proprio comportamento, che spesso invece è dovuto solo a motivi nevrotici tutt'altro che razionali, a pulsioni inconsce di affermazione individuale ecc. Per tutt'e tre questi pensatori l'attività intellettuale è eminentemente un'attività critica, che si esercita nello smascheramento e nella rivelazione delle cause profonde nascoste. Tutt'e tre diffidano delle apparenze e guardano con sospetto alle dichiarazioni ideali con cui i singoli uomini o le classi sociali presentano le proprie scelte. Ebbene, Machiavelli, con il suo materialismo, anticipa questa prassi critica di svelamento delle motivazioni ideologiche e ideali e di riduzione dell'agire umano a fattori storici e naturali ben concreti.

I maestri del sospetto, illustrazione di Daniel Gutowski, 2011.

2 La vita e la formazione culturale

La formazione materialistica

Niccolò Machiavelli nacque nel **1469**, a Firenze. Di famiglia borghese (suo padre era un avvocato), ebbe una **formazione umanistica**, fondata sui classici latini (ignorava, invece, il greco) e **orientata in senso materialistico** come dimostra anche il lavoro di trascrizione, effettuato intorno al 1495-1496, del *De rerum natura* [La natura] di Lucrezio, uno dei testi chiave del **materialismo** antico.

> **IL SIGNIFICATO DELLE PAROLE**
>
> • **Materialismo**
> Il termine *materialismo* designa, in filosofia, ogni dottrina che faccia della materia il principio di spiegazione della realtà. Il materialismo nega l'idea che all'origine dell'Universo stia la Provvidenza.

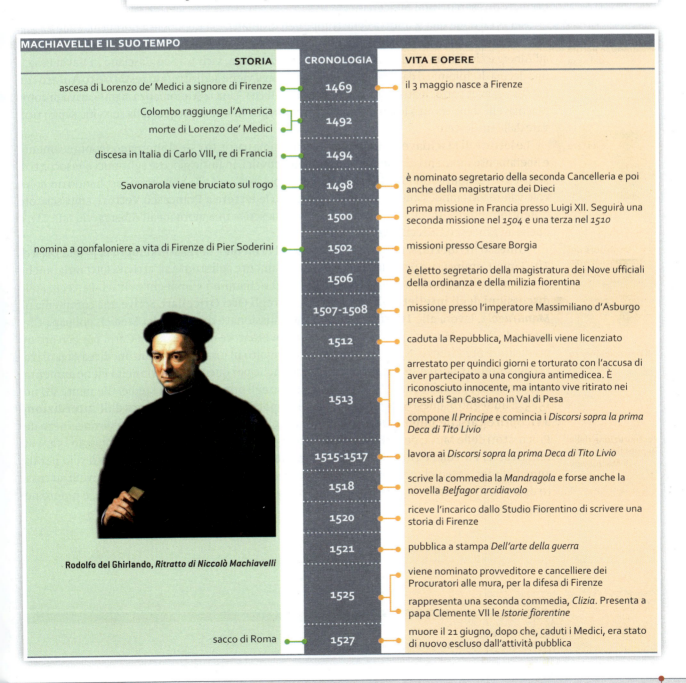

MACHIAVELLI E IL SUO TEMPO

STORIA	CRONOLOGIA	VITA E OPERE
ascesa di Lorenzo de' Medici a signore di Firenze	1469	il 3 maggio nasce a Firenze
Colombo raggiunge l'America – morte di Lorenzo de' Medici	1492	
discesa in Italia di Carlo VIII, re di Francia	1494	
Savonarola viene bruciato sul rogo	1498	è nominato segretario della seconda Cancelleria e poi anche della magistratura dei Dieci
	1500	prima missione in Francia presso Luigi XII. Seguirà una seconda missione nel *1504* e una terza nel *1510*
nomina a gonfaloniere a vita di Firenze di Pier Soderini	1502	missioni presso Cesare Borgia
	1506	è eletto segretario della magistratura dei Nove ufficiali della ordinanza e della milizia fiorentina
	1507-1508	missione presso l'imperatore Massimiliano d'Asburgo
	1512	caduta la Repubblica, Machiavelli viene licenziato
	1513	arrestato per quindici giorni e torturato con l'accusa di aver partecipato a una congiura antimedicea. È riconosciuto innocente, ma intanto vive ritirato nei pressi di San Casciano in Val di Pesa
		compone *Il Principe* e comincia i *Discorsi sopra la prima Deca di Tito Livio*
	1515-1517	lavora ai *Discorsi sopra la prima Deca di Tito Livio*
	1518	scrive la commedia la *Mandragola* e forse anche la novella *Belfagor arcidiavolo*
	1520	riceve l'incarico dallo Studio Fiorentino di scrivere una storia di Firenze
	1521	pubblica a stampa *Dell'arte della guerra*
	1525	viene nominato provveditore e cancelliere dei Procuratori alle mura, per la difesa di Firenze
		rappresenta una seconda commedia, *Clizia*. Presenta a papa Clemente VII le *Istorie fiorentine*
sacco di Roma	1527	muore il 21 giugno, dopo che, caduti i Medici, era stato di nuovo escluso dall'attività pubblica

Rodolfo del Ghirlando, *Ritratto di Niccolò Machiavelli*

La fase dell'impegno nella Repubblica fiorentina	Della tradizione fiorentina Machiavelli riprende il **filone dell'Umanesimo civile** che sollecita l'intellettuale all'impegno politico in prima persona. **Dopo la caduta di Savonarola** (1498), Machiavelli, che era ostile ai "piagnoni" (i seguaci del frate) ma non si identificava neppure con i "palleschi" (i sostenitori dei Medici), fu nominato responsabile della **seconda cancelleria** (quella che si occupava dell'attività militare e diplomatica) e poi anche segretario dei **Dieci di balìa**, un organo preposto alla politica estera. Quando infine nel 1502 fu nominato ==gonfaloniere== a vita **Pier Soderini**, egli fu di fatto il suo principale collaboratore, partecipando a **missioni diplomatiche all'estero** (fu varie volte in Francia, presso Luigi XII, ma anche presso Massimiliano d'Asburgo, in Tirolo, in Svizzera e in Germania) e in diverse corti italiane. Fra le varie missioni vanno ricordate particolarmente quelle presso **Cesare Borgia**, il Valentino, un personaggio che colpisce profondamente la sua fantasia. Nel **1506** è eletto segretario della magistratura dei **Nove ufficiali dell'ordinanza** e della milizia fiorentina. Machiavelli, avendo constatato l'inaffidabilità delle truppe mercenarie, ottiene, con questa sua carica, la possibilità di procedere all'arruolamento di uomini del contado e di creare un esercito non mercenario.
La fase dell'impegno letterario, a partire dal 1512	Nel **1512**, dopo una sconfitta delle truppe dell'ordinanza, la Repubblica fiorentina cade e i Medici rientrano a Firenze. Machiavelli, **esonerato da ogni incarico politico**, è costretto a ritirarsi all'Albergaccio, un suo podere a Sant'Andrea in Percussina, vicino a San Casciano in Val di Pesa, a una decina di chilometri da Firenze. L'anno successivo viene addirittura **arrestato e torturato** con l'accusa di aver partecipato a una congiura antimedicea. Una testimonianza significativa di come Machiavelli abbia vissuto lo smacco del 1512, che segna uno spartiacque nella sua vita, si può ricavare dalle sue lettere.
Le lettere	**Le lettere di Machiavelli** ci sono giunte in minima parte. In esse si alternano spontaneamente e liberamente momenti di riflessione e momenti comici, ingiurie giocose agli amici o resoconti di beffe e confessioni autobiografiche. Per quanto non destinate alla pubblicazione, hanno un notevole valore letterario. Vanno ricordate soprattutto le **lettere a Francesco Vettori**, ambasciatore fiorentino a Roma, fra cui quella famosa in cui si descrive una giornata all'Albergaccio (cfr. T1), e quelle **a Francesco Guicciardini**.
La stesura del *Principe* e dei *Discorsi*	**Rimesso in libertà**, si dedica alla scrittura del *Principe* e dei *Discorsi sopra la prima Deca di Tito Livio*. Comincia un periodo dedicato esclusivamente agli studi e all'attività letteraria, anche se Machiavelli continua a sperare che i Medici lo richiamino a impegni politici. Partecipa alle **discussioni degli intellettuali** che si riuniscono **agli Orti Oricellari**. Scrive una commedia, la *Mandragola*, lavora alle *Istorie fiorentine* (commissionate da Giulio dei Medici, poi papa Clemente VII), va a Modena presso Guicciardini, governatore della città, e a Carpi per cercare un predicatore per Firenze. Nel 1522 non risulta coinvolto in una congiura antimedicea organizzata dagli intellettuali degli Orti Oricellari. Forse anche per questa sua estraneità viene aumentato il compenso pattuito per le *Istorie fiorentine*, che egli presenta a papa Medici Clemente VII nel 1525. È un segno di questo miglioramento dei rapporti con i Medici la **revoca dell'interdizione a ricoprire cariche pubbliche**, sempre nel 1525. Viene eletto provveditore e cancelliere dei Procuratori delle Mura, per la difesa di Firenze (1525). **Dopo il sacco di Roma** (maggio 1527) Firenze caccia i Medici e ritorna al **regime repubblicano** (il quale si manterrà però solo per tre anni: nel 1530 i Medici prenderanno di nuovo, definitivamente, il potere). Machiavelli, accusato di aver collaborato con i Medici, è di nuovo esonerato da ogni incarico politico, e muore nel **giugno 1527**.
Il riavvicinamento ai Medici	
Restaurazione della Repubblica e morte di Machiavelli	

IL SIGNIFICATO DELLE PAROLE

- **Gonfaloniere**
Il *gonfaloniere* è il capo del governo civile della città.

T1 — La lettera a Francesco Vettori del 10 dicembre 1513

CONCETTI CHIAVE
- il colloquio con gli antichi
- la rivendicazione del proprio valore

FONTE
N. Machiavelli, *Tutte le opere*, a cura di M. Martelli, Sansoni, Firenze 1971.

La lettera, scritta il 10 dicembre 1513, descrive la vita di Machiavelli nella tenuta dell'Albergaccio, dove è stato costretto a rifugiarsi dopo la forzata esclusione da ogni attività politica. È indirizzata all'amico Francesco Vettori (1474-1539) diplomatico e storiografo, che continua, anche dopo il ritorno dei Medici, a mantenere il proprio incarico di ambasciatore fiorentino a Roma. La lettera di Machiavelli è una risposta a una precedente lettera di Vettori, datata 23 novembre 1513, in cui questi informava l'amico sulla propria giornata presso la corte di papa Leone X, divisa fra ozio, cavalcate, banchetti, avventure amorose e attività pratiche. Machiavelli risponde raffrontando ironicamente gli affari di Stato, gli svaghi e i piaceri cortigiani dell'amico ambasciatore ai propri impicci mattutini di confinato, agli incontri con litigiosi boscaioli, al pasto frugale, al gioco delle carte in taverna con compagni plebei. A un certo punto il racconto ironico dei momenti quotidiani lascia il posto alla descrizione seria, in tono elevato e solenne, della propria attività intellettuale. Le inquietudini e i tormenti e l'amarezza della sconfitta svaniscono nel colloquio serale con gli antichi autori. Machiavelli, in questa parte della lettera, annuncia di stare attendendo alla stesura del *Principe*.

NICCOLÒ MACHIAVELLI A FRANCESCO VETTORI

Firenze, 10 dicembre 1513

Magnifico oratori florentino Francischo Vectori apud Summum Pontificem, patrono et benefactori suo. Romae.¹

Magnifico ambasciatore. «Tarde non furon mai gratie divine».² Dico questo, perché mi pareva haver perduta no, ma smarrita la gratia vostra, sendo stato voi assai tempo senza scrivermi,³ et ero dubbio donde potessi nascere la cagione.⁴ Et di tucte quelle che mi venivono nella mente tenevo poco conto, salvo che di quella quando io dubitavo non vi havessi ritirato da scrivermi,⁵ perché vi fussi suto scripto che io non fussi buono massaio delle vostre lettere;⁶ et io sapevo che, da Filippo et Pagolo in fuora, altri per mio conto non l'haveva viste.⁷ Honne rihauto per l'ultima vostra de' 23 del passato;⁸ dove io resto contentissimo vedere quanto ordinatamente et quietamente voi exercitate cotesto offizio publico;⁹ et io vi conforto a seguire così,¹⁰ perché chi lascia e sua commodi per li commodi d'altri, so perde e sua, et di quelli non li è saputo grado.¹¹ Et poiché la Fortuna vuol fare ogni cosa, ella si vuole lasciarla fare,

---

- **1 Magnifico...Romae**: *A Francesco Vettori, magnifico ambasciatore fiorentino presso il Sommo Pontefice e mio proprio* [: di Machiavelli] *protettore e benefattore. Roma.*
- **2 «Tarde...divine»**: *La grazia, quando giunge da un dio, non viene mai in ritardo*. È la citazione modificata di un verso del *Trionfo dell'Eternità* di Francesco Petrarca (v. 13): «Tarde non fur mai grazie divine». Qui va intesa in senso ironico.
- **3 mi pareva...scrivermi**: *mi pareva non dico di aver perduto la vostra amicizia, ma per lo meno di averla smarrita momentaneamente, essendo voi stato molto tempo senza scrivermi*. L'opposizione istituita dall'autore è fra il più perentorio "perdere", che esclude la speranza di ritrovare, e il meno definitivo "smarrire", che prevede la possibilità di ritrovare. Anche questa distinzione linguistica è posta al servizio dell'ironia.
- **4 ero dubbio...cagione**: *ero incerto* (**dubbio**) *su quale fosse la causa di tale comportamento*.
- **5 salvo...scrivermi**: *tranne che di una sola* [causa] (**salvo che di quella**) *cioè che dubitavo che aveste smesso di scrivermi*.
- **6 perché...lettere**: *per il fatto che vi fosse stato* (**vi fussi suto**) *scritto da qualcuno che io non fossi custode discreto* (**buono massaio**) *delle vostre lettere*. Nel carteggio con Vettori sono frequenti le notizie confidenziali. Da ciò deriva la preoccupazione di Machiavelli di confermare la propria riservatezza.
- **7 et io...viste**: *ma io ero sicuro che, tramite me* (**per mio conto**), *nessuno le avesse viste tranne* (**in fuora**) *Filippo* [: Filippo Casavecchia, comune amico di Vettori e Machiavelli] *e Paolo* [: Paolo Vettori, fratello di Francesco].
- **8 Honne rihauto...passato**: *Ne ho riavuto* [: della grazia vostra] *tramite la vostra lettera del 23* [novembre] *scorso*.
- **9 dove...publico**: *leggendo la quale* [lettera] (**dove** *è impiegato con la disinvoltura sintattica tipica del parlato*) *resto felicissimo di leggere con quanto meticoloso impegno e con quale tranquillità voi svolgiate il vostro incarico diplomatico*. È detto con ironia. A Roma, come a Firenze, il potere era nelle mani dei Medici. L'incarico di ambasciatore fiorentino presso il pontefice era dunque puramente formale e ben poco impegnativo.
- **10 vi conforto a seguire così**: *vi esorto a proseguire così*.
- **11 perché chi lascia...grado**: *perché chi tralascia i propri interessi per provvedere a quelli degli altri, perde i propri e di quelli altrui non gli è serbata gratitudine* (**saputo grado**). Lo stile con cui è enunciata la massima, che precede una valutazione di ordine generale riguardante la fortuna, è, come nel *Principe*, organizzato in forma disgiuntiva, ossia bipartito nella secca contrapposizione fra "i comodi propri" e "i comodi altrui".

stare quieto et non le dare briga, et aspettar tempo che la lasci fare qualche cosa agl'huomini; et allhora starà bene a voi durare più fatica, veghiare più le cose, et a me partirmi di villa et dire: eccomi.¹² Non posso pertanto, volendovi rendere pari gratie, dirvi in questa mia lettera altro che qual sia la vita mia, et se voi giudichate che sia a barattarla con la vostra, io sarò contento mutarla.¹³

Io mi sto in villa, et poi che seguirno quelli miei ultimi casi,¹⁴ non sono stato, ad accozarli tutti, 20 dì a Firenze.¹⁵ Ho infino a qui uccellato a' tordi di mia mano.¹⁶ Levavomi innanzi dì, inpaniavo, andavone oltre con un fascio di gabbie addosso, che parevo el Geta quando e' tornava dal porto con e libri d'Amphitrione;¹⁷ pigliavo el meno dua, el più sei tordi. Et così stetti tutto settembre; dipoi questo badalucco, ancora che dispettoso et strano, è mancato con mio dispiacere;¹⁸ et qual la vita mia vi dirò. Io mi lievo la mattina con el sole et vommene¹⁹ in un mio bosco che io fo tagliare, dove sto dua hore a rivedere l'opere del giorno passato, et a passar tempo con quegli tagliatori, che hanno sempre qualche sciagura alle mane²⁰ o fra loro o co' vicini. Et circa questo bosco io vi hareï a dire mille belle cose che mi sono intervenute, et con Frosino da Panzano et con altri che voleano di queste legne.²¹ Et Fruosino in spetie²² mandò per certe cataste senza dirmi nulla, et al pagamento i voleva rattenere 10 lire, che dice haveva havere da me quattro anni sono, che mi vinse a cricca²³ in casa Antonio Guicciardini. Io cominciai a fare el diavolo;²⁴ volevo accusare el vetturale, che vi era ito per esse,²⁵ per ladro;²⁶ tandem²⁷ Giovanni Macchiavelli vi entrò di mezzo,²⁸ et ci pose d'accordo. Batista Guicciardini, Filippo Ginori, Tommaso del Bene et certi altri cittadini, quando quella tramontana soffiava, ognuno me ne prese una catasta. Io promessi a tutti; et manda'ne una a Tommaso, la quale tornò in Firenze per metà,²⁹ perché a rizzarla vi era lui, la moglie, le fante, e figliuoli, che paréno el Gabburra quando el giovedì con quelli suoi garzoni bastona un bue.³⁰ Di modo che, veduto in chi era guadagno,³¹ ho detto agl'altri che io non ho più legne; et tutti ne hanno fatto capo grosso,³² et in spetie Batista, che connumera questa tra l'altre sciagure di Prato.³³

- **12 ella...eccomi**: bisogna (**si vuole**) dunque lasciar fare [la fortuna] (**ella** è duplicazione pronominale frequente nel fiorentino), non opporsi a lei (**non le dare briga**), aspettare il momento opportuno in cui essa lasci fare qualcosa anche agli uomini. (**Che la lasci fare**: che ella lasci fare, secondo l'uso del parlato fiorentino) e solo allora [: quando la fortuna sarà propizia] sarà opportuno per quanto riguarda voi impegnarvi di più (**durare più fatica**) e per quanto riguarda me abbandonare la campagna (**villa**) e dire: "eccomi".
- **13 Non posso pertanto...mutarla**: Volendo ricambiare adeguatamente la vostra lettera, non posso che descrivervi in questa mia lettera quale sia la mia vita e se giudicherete che sia tale da barattarla sarò contento di scambiarla (**mutarla**) [con la vostra].
- **14 poi che...casi**: dopo che mi successero quei recenti (**ultimi**) eventi. Allude all'esclusione dai pubblici uffici, al carcere e alla tortura.
- **15 non sono...Firenze**: non sono stato a Firenze 20 giorni, a metterli insieme tutti (**ad accozarli tutti**).
- **16 Ho infino...mano**: Fino a questi giorni ho dato la caccia ai tordi personalmente (**di mia mano**). Di solito, invece, i signori cacciavano i tordi accompagnati dai servi. La caccia al tordo era, come viene descritto in seguito, operazione laboriosa e faticosa.
- **17 Levavomi...Amphitrione**: Alzatomi prima dell'alba, spargevo la pania (**inpaniavo**) [: sostanza vischiosa] e me ne andavo con un fascio di gabbie addosso, tanto che parevo Geta carico dei libri di Anfitrione. Il riferimento è a una novella in versi molto diffusa nel Quattrocento, Geta e Birria, lontanamente derivata dalla commedia di Plauto Amphitruo. In un passo della novella lo schiavo Geta portava il carico di libri del suo padrone Anfitrione tornato da Atene, perché la moglie potesse vedere quanto aveva studiato.
- **18 dipoi...dispiacere**: successivamente questo passatempo (**badalucco**) è finito con mio grande dispiacere, per quanto fosse fatto con rabbia e lontanissimo dalle mie abitudini (**dispettoso et strano**).
- **19 vommene**: me ne vado.
- **20 hanno...mane**: hanno sempre qualche lite in corso.
- **21 io vi hareï...legne**: avrei da raccontarvi mille storie che mi sono capitate sia con Frosino da Ponzano [: personaggio a noi sconosciuto] sia con altri che volevano comprare la mia legna.
- **22 in spetie**: specialmente.
- **23 cricca**: gioco di carte. Consisteva nel combinare tre figure uguali.
- **24 a fare el diavolo**: a dare in escandescenze.
- **25 vi era ito per esse**: era andato per prenderle [le cataste di legna].
- **26 per ladro**: come ladro.
- **27 tandem**: alla fine. Formula latina di uso comune nello stile cancelleresco del tempo. Impiegata in voluto contrasto con la struttura popolaresca ed espressiva dell'intero passo.
- **28 vi entrò di mezzo**: cercò di mediare.
- **29 et manda'ne...metà**: e ne mandai una a Tommaso del Bene, la quale risultò a Firenze mezza catasta.
- **30 perché...un bue**: perché a rimetterla dritta (**rizzarla**) [: a ridarle forma di catasta], s'erano messi lui, la moglie, la serva, i figli. La catasta si pagava in base al volume e Tommaso con l'intera famiglia aveva compresso la legna per pagare Machiavelli qualche soldo di meno. Tommaso intento in quest'opera sembra Gaburra, probabilmente un noto macellaio fiorentino, intento con i garzoni ad abbattere il giovedì, durante la macellazione, un bue a mazzate.
- **31 veduto...guadagno**: considerato quali gran guadagni ne ricavavo.
- **32 tutti ne hanno fatto capo grosso**: tutti se la sono presa a male.
- **33 spetie...Prato**: specialmente Battista Guicciardini che mette questa sciagura sullo stesso piano delle altre che ha subito a Prato. Di tutti i personaggi nominati precedentemente ci è noto solo quest'ultimo, podestà di Prato quando la città fu saccheggiata dagli Spagnoli nel 1512. Il raffronto fra il sacco di Prato e la propria decisione di non vendere più legna ai vicini rafforza il tono ironico e divertito del racconto.

Partitomi del bosco, io me ne vo a una fonte, et di quivi in un mio uccellare.³⁴ Ho un libro sotto,³⁵ o Dante o Petrarca, o un di questi poeti minori,³⁶ come Tibullo, Ovvidio et simili: leggo quelle loro amorose passioni et quelli loro amori, ricordomi de' mia,³⁷ godomi un pezzo in questo pensiero.³⁸ Transferiscomi poi in su la strada nell'hosteria, parlo con quelli che passono, dimando delle nuove³⁹ de' paesi loro, intendo varie cose, et noto varii gusti et diverse fantasie d'huomini.⁴⁰ Vienne in questo mentre l'hora del desinare, dove con la mia brigata⁴¹ mi mangio di quelli cibi che questa povera villa et paululo⁴² patrimonio comporta. Mangiato che ho, ritorno nell'hosteria: quivi è l'hoste, per l'ordinario,⁴³ un beccaio,⁴⁴ un mugniaio, dua fornaciai. Con questi io m'ingagliofo per tutto dì⁴⁵ giuocando a criccha, a triche-tach,⁴⁶ et poi dove nascono mille contese et infiniti dispetti di parole iniuriose, et il più delle volte si combatte un quattrino⁴⁷ et siamo sentiti nondimanco gridare da San Casciano. Così rinvolto entra questi pidocchi traggo el cervello di muffa,⁴⁸ et sfogo questa malignità di questa mia sorta, sendo contento mi calpesti per questa via, per vedere se la se ne vergognassi.⁴⁹

Venuta la sera, mi ritorno in casa, et entro nel mio scrittoio; et in su l'uscio mi spoglio quella veste cotidiana, piena di fango et di loto,⁵⁰ et mi metto panni reali et curiali;⁵¹ et rivestito condecentemente⁵² entro nelle antique corti degli antiqui huomini, dove, da loro ricevuto amorevolmente, mi pasco di quel cibo, che solum è mio, et che io nacqui per lui;⁵³ dove io non mi vergogno parlare con loro, et domandarli della ragione delle loro actioni; et quelli per loro humanità mi rispondono; et non sento per 4 hore di tempo alcuna noia, sdimenticho ogni affanno, non temo la povertà, non mi sbigottiscie la morte: tucto mi transferisco in loro.⁵⁴ E perché Dante dice che non fa scienza sanza lo ritenere lo havere inteso,⁵⁵ io ho notato quello

Lettera di Machiavelli a Francesco Vettori.

- **34 uccellare**: *uccelliera.*
- **35 sotto**: *sotto il braccio.*
- **36 minori**: *erano considerati tali Tibullo e Ovidio, in quanto poeti d'amore, rispetto ai poeti cosiddetti maggiori, come Orazio e Virgilio.*
- **37 de' mia**: *dei miei [amori].*
- **38 godomi…pensiero**: *il piacere deriva dal paragone fra i propri amori e quelli cantati dai poeti.*
- **39 nuove**: *notizie.*
- **40 et noto…huomini**: *e mi rendo conto della varietà delle passioni e delle aspirazioni degli uomini. È il medesimo gusto per l'osservazione delle passioni materiali presente nel* Principe.
- **41 la mia brigata**: *i miei familiari.*
- **42 paululo**: *piccoletto (latinismo da "paululus").*
- **43 per l'ordinario**: *di solito.*
- **44 beccaio**: *macellaio.*
- **45 m'ingagliofo per tutto dì**: *mi mescolo tra la gente incolta e volgare per tutto il pomeriggio.*
- **46 a criccha, a triche-tach**: *il primo è un gioco di carte, il secondo un gioco con pedine e dadi.*
- **47 si combatte un quattrino**: *si giocano pochi spiccioli.*
- **48 Così…di muffa**: *Così avvoltolato in queste misere occupazioni impedisco al mio cervello di ammuffire.*
- **49 et sfogo…vergognassi**: *e do libero sfogo alla malignità della mia sorte, e sono contento che mi calpesti in questo modo, per vedere se [la fortuna] finisse con il vergognarsene.*
- **50 piena…loto**: *coperta di fango.* **Loto** *è un latinismo, sinonimo del precedente* **fango**. *La dittologia è un segno del passaggio allo stile aulico nel testo della lettera.*
- **51 reali et curiali**: *adatti alle corti e alle regge. Altra dittologia.*
- **52 condecentemente**: *con il conveniente decoro.*
- **53 mi pasco…lui**: *[attraverso la lettura degli antichi] mi nutro di quel sapere (***cibo***) che è soltanto (***solum***, formula latina cancelleresca) mio e per il quale (***che*** con valore di 'per il quale', frequente nel linguaggio familiare e popolaresco) sono nato.*
- **54 tucto…loro**: *mi annullo completamente in loro.*
- **55 non fa scienza…inteso**: *cfr.* Paradiso *V, 41-42 «che non fa scienza, / senza lo ritenere, avere inteso».*

di che per la loro conversazione ho fatto capitale,⁵⁶ et composto uno opuscolo *De principatibus*, dove io mi profondo quanto io posso nelle cogitazioni di questo subbietto,⁵⁷ disputando⁵⁸ che cosa è principato, di quale spetie sono, come e' si acquistono, come e' si mantengono, perché e' si perdono. Et se vi piacque mai alcuno mio ghiribizo,⁵⁹ questo non vi doverrebbe dispiacere; et a un principe, et maxime⁶⁰ a un principe nuovo, doverrebbe essere accetto; però io lo indrizzo alla Magnificenza di Giuliano.⁶¹ Philippo Casavecchia l'ha visto; vi potrà ragguagliare in parte et della cosa in sé, et de' ragionamenti ho hauto seco,⁶² anchor che tuttavolta io l'ingrasso et ripulisco.⁶³

Voi vorresti, magnifico ambasciadore, che io lasciassi questa vita et venissi a godere con voi la vostra. Io lo farò in ogni modo, ma quello che mi tenta hora è certe mia faccende che fra 6 settimane l'harò fatte.⁶⁴ Quello che mi fa stare dubbio è che sono costì quelli Soderini, e quali io sarei forzato, venendo costì, vicitarli et parlar loro.⁶⁵ Dubiterei che alla tornata mia io non credessi scavalcare a casa, et scavalcassi nel Bargiello,⁶⁶ perché, ancora che questo stato habbi grandissimi fondamenti et gran securtà, tamen egli è nuovo, et per questo sospectoso,⁶⁷ né ci manca de' saccenti, che, per parere come Pagolo Bertini, metterebbono altri a scotto, et lascierebbono el pensiero a me.⁶⁸ Pregovi mi solviate questa paura,⁶⁹ et poi verrò infra el tempo detto a trovarvi a ogni modo.⁷⁰

Io ho ragionato con Filippo di questo mio opuscolo, se gli era ben darlo o non lo dare; et, sendo ben darlo, se gli era bene che io lo portassi, o che io ve lo mandassi.⁷¹ El non lo dare mi faceva dubitare che da Giuliano e' non fussi, non ch'altro, letto,⁷² et che questo Ardinghelli si facessi honore di questa ultima mia faticha.⁷³ El darlo mi faceva la necessità che mi caccia, perché io mi logoro,⁷⁴ et lungo tempo non posso star così che io non diventi per povertà contennendo,⁷⁵ appresso al desiderio harei che questi signori Medici mi cominciassino adoperare, se dovessino cominciare a farmi voltolare un sasso;⁷⁶ perché, se poi io non me gli guadagnassi, io mi dorrei di me; et per questa cosa, quando la fussi letta, si vedrebbe che quindici anni che io sono stato a studio all'arte dello stato, non gl'ho né dormiti né giuocati;⁷⁷ et doverrebbe ciascheduno haver caro servirsi d'uno che alle spese d'altri fussi pieno di experienzia.⁷⁸ Et

---

- **56** **io ho notato...capitale**: *ho annotato, ho messo per iscritto ciò di cui ho fatto tesoro attraverso la conversazione con loro.*
- **57** **dove...subbietto**: *nel quale approfondisco il più possibile le riflessioni su questo argomento* (**subbietto**).
- **58** **disputando**: *discutendo polemicamente*. Segue la rapida sintesi degli argomenti del *Principe*.
- **59** **ghiribizo**: *stravagante e bizzarra invenzione*.
- **60** **maxime**: *massimamente, soprattutto*.
- **61** **però...Giuliano**: *perciò lo dedico a Giuliano de' Medici*. In realtà l'opera fu dedicata a Lorenzo.
- **62** **et de'...seco**: *e dalle discussioni che ho avuto con lui*.
- **63** **anchor...ripulisco**: *benché continuamente* (**tuttavolta**) *io lo arricchisca e lo corregga*.
- **64** **l'harò fatte**: *avrò terminato*.
- **65** **Quello...loro**: *Ciò che mi tiene in dubbio è che a Roma* (**costì**) *si trovano quei membri della famiglia Soderini che sarei obbligato a frequentare venendo lì*. Nel periodo repubblicano Machiavelli era stato stretto collaboratore di Pier Soderini, gonfaloniere a vita.
- **66** **Dubiterei...Bargiello**: *Temerei che, al mio rientro, credendo di scendere da cavallo a casa mia, dovessi invece scendere [in prigione]*.
- **67** **perché...sospectoso**: *perché, per quanto lo Stato mediceo abbia buone fondamenta e sicurezza, tuttavia è un principato nuovo, e come tale deve essere attento e sospettoso.* Machiavelli teme che i Medici possano attribuire la sua eventuale visita al Soderini a una intenzione di congiura.
- **68** **né ci...me**: *né mancano dei sapienti e astuti, come Paolo Bertini, che per porsi in mostra* (**parere**) *metterebbero altri nei guai, lasciando poi a me il compito di sbrigarmela.* Paolo Bertini, probabile funzionario mediceo, qui presentato come spia, è personaggio a noi sconosciuto.
- **69** **mi solviate questa paura**: *mi liberiate da questa paura*.
- **70** **a ogni modo**: *senza dubbio*.
- **71** **se gli era ben...ve lo mandassi**: *se era bene presentarlo [a Giuliano de' Medici] o meno; e se sì, se era meglio portarlo personalmente o mandarlo [attraverso un amico]*. Il problema riguardante il modo più opportuno per presentare l'opera ai Medici viene affrontato nel modo dilemmatico e disgiuntivo tipico del procedere argomentativo di Machiavelli.
- **72** **El non lo dare...letto**: *Mi faceva credere che fosse meglio non presentarlo il dubbio che [l'opera] non fosse neppure letta da Giuliano.*
- **73** **et che questo...faticha**: *e che questo Ardinghelli si sarebbe appropriato di questa ultima mia fatica*. Piero Ardighelli, segretario di Leone X ostile a Machiavelli, contribuì a ostacolare un riavvicinamento fra l'ex segretario e i Medici. Qui l'autore mostra di temere che l'avversario possa presentare come opera sua *Il Principe*.
- **74** **El darlo...logoro**: *Invece, la necessità economica che mi incalza* (**caccia**) *mi spinge a presentarlo, perché sto consumando i miei beni* (**mi logoro**).
- **75** **contennendo**: *da disprezzare* (latinismo da "contemnendus").
- **76** **mi cominciassino...un sasso**: *cominciassero a impiegarmi in qualche incarico, anche se dovessero iniziare con il farmi rotolare un sasso*.
- **77** **et per questa cosa...giuocati**: *e, attraverso questo opuscolo, se fosse letto, si vedrebbe che i quindici anni impiegati a osservare direttamente l'arte dello Stato non li ho passati né a dormire né a giocare*.
- **78** **che alle spese...experienzia**: *che si sia formato una grande esperienza alle dipendenze d'altri*.

della fede[79] mia non si doverrebbe dubitare, perché, havendo sempre observato la fede, io non debbo imparare hora a romperla; et chi è stato fedele et buono 43 anni, che io ho, non debbe potere mutare natura; et della fede et della bontà mia ne è testimonio la povertà mia.[80]

Desidererei adunque che voi ancora mi scrivessi[81] quello che sopra questa materia vi paia,[82] et a voi mi raccomando. Sis felix.[83]

Die x Decembris 1513.
Niccolò Machiavelli in Firenze

- **79 fede**: *fedeltà*.
- **80 et della fede…mia**: *della mia fedeltà e della mia onestà è prova la mia povertà*.
- **81 scrivessi**: *scriveste*.
- **82 quello…paia**: *quello che vi sembra intorno a questo argomento*. Relativamente, cioè, all'opportunità di consegnare o meno *Il Principe* personalmente a Giuliano.
- **83 Sis felix**: *Sii felice*. Formula latina di congedo.

T1 DALLA COMPRENSIONE ALL'INTERPRETAZIONE

COMPRENSIONE

L'epistolario di Machiavelli Le lettere di Machiavelli, soprattutto quelle indirizzate a Francesco Vettori e a Francesco Guicciardini, sono importanti non solo perché ci permettono di **conoscere meglio le opinioni e i giudizi politici** espressi in privato dall'autore ma anche perché **delineano un autoritratto psicologico e morale**. Queste lettere superano gli schemi del genere dell'epistola umanistica: non essendo destinate alla pubblicazione, esse restituiscono con immediatezza momenti ed episodi decisivi della sua vita. Alternano il linguaggio basso e comico della vita quotidiana a quello colto della riflessione storica e hanno un grande valore letterario. In questa famosa lettera scritta all'amico Francesco Vettori il 10 dicembre 1513 Machiavelli racconta la sua vita nella tenuta dell'Albergaccio, lontano dalla politica attiva e da Firenze, e annuncia di aver composto e di star correggendo "uno opuscolo De principatibus" (il *Principe*, il suo capolavoro).

La struttura Possiamo distinguere tre parti del testo caratterizzate da diversi registri stilistici.
- L'**esordio** è decisamente **ironico e sarcastico**: tanto l'allocuzione «Magnifico ambasciatore» e la citazione petrarchesca «Tarde non furon mai gratie divine», quanto la frase «io resto contentissimo vedere quanto ordinatamente et quietamente voi esercitate cotesto offizio publico» rispondono all'intento scherzoso e divertito di prendere in giro gli ozi romani dell'amico in rapporto alla propria ben diversa situazione forzatamente frugale.
- La **descrizione della propria giornata**, che occupa il corpo centrale della lettera, è dominata dal **tono colloquiale**, con frequenti espressioni popolari. Il racconto delle proprie quotidiane vicende nel bosco e, soprattutto nell'osteria, è ricco di **scelte lessicali "basse"** come «fare il diavolo», «m'ingagliofo per tutto dì», «si combatte un quattrino» e quelle riguardanti i giochi dell'osteria («criccha», «triche-tach»). Non mancano immagini di particolare violenza espressiva come «rinvolto entra questi pidocchi» e «traggo el cervello di muffa».
- **Nel racconto delle letture serali** prevale invece il **tono solenne**. Qui avviene una vera e propria metamorfosi rispetto al giorno: «mi spoglio di quella veste cotidiana, piena di fango e di loto, et mi metto panni reali e curiali». Compaiono i latinismi: «mi pasco di quel cibo che solum è mio e ch'io nacqui per lui». La lettura dei classici (gli «antiqui huomini») è raffigurata come un colloquio: «parlo con quelli». Durante le quattro ore trascorse a sera nella lettura, la comprensione delle leggi storiche e politiche libera l'autore dalla degradazione quotidiana: «sdimentico ogni affanno, non temo la povertà, non mi sbigottisce la morte».

ANALISI

I tempi e i luoghi È interessante osservare come nella lettera i luoghi della vita quotidiana siano ricostruiti e disposti accuratamente a ripartire le varie attività descritte:
- la **natura**: è luogo dell'esistenza materiale (la caccia, il taglio del bosco, il commercio) ma anche scenario idilliaco e solitario di pace adatto alla lettura dei poeti (la fonte e l'uccelliera);
- la **strada**: luogo di incontro fra gli uomini, di scambio e circolazione di idee e notizie recate da posti diversi;
- gli **spazi chiusi**, che sono posti in rapporto di antitesi: l'**osteria**, luogo "basso" e popolare, in cui Machiavelli

sfoga in un vitalismo naturale il cruccio per la propria malasorte e dimentica nel gioco e nelle libertà sguaiate del linguaggio le proprie preoccupazioni; e lo **scrittoio**, luogo della cultura, "alto" e intellettuale, in cui egli ritrova la dimensione più importante di sé, la passione per lo studio della storia e della politica.

Anche **i tempi** della giornata sono scanditi secondo un ordine razionale:

- **la mattina** è il tempo per le occupazioni materiali della vita;
- **il pomeriggio** è dedicato agli incontri fortuiti lungo la strada ed è il tempo del gioco e della vita popolare all'osteria;
- **la sera e la notte** sono infine **il tempo "del sé"**, da trascorrere nella propria stanza: apparentemente è un tempo separato dai precedenti, chiuso nella solitudine, ma in realtà è colmo di tutti gli incontri, i dialoghi, gli eventi della giornata, l'osservazione degli uomini vari e diversi.

La lettura dei classici e il motivo del "dialogo" Il dialogo è un motivo che attraversa tutto il testo, ne percorre tutti i momenti, dal mattino alla sera. Machiavelli si rappresenta continuamente in relazione ad altri: parla, ascolta, discute, decide. Lo fa nel commercio e negli affari, nel chieder notizie ai viandanti, nel giocare a carte all'osteria, lo fa con il Vettori per le proprie urgenti scelte di vita e anche quando si confronta con i classici nel chiuso del proprio scrittoio. L'attività intellettuale e **lo studio degli autori classici** impongono una separazione netta dalla quotidianità giornaliera, simboleggiata dal **cambio d'abito** (dalla veste sporca di fango ai panni reali), ma a rimanere identico è l'**atteggiamento dialogico** e l'interesse dello studio: «mi pasco di quel cibo che solum è mio, et che io nacqui per lui; dove io non mi vergogno parlare con loro, et domandarli della ragione delle loro actioni; et quelli per loro umanità mi rispondono». Lo studio delle opere dei grandi autori è anch'esso, umanisticamente, un dialogo intersoggettivo, autentico e reale, è "parlare", "domandare", ascoltare cosa "rispondono" alle proprie domande le parole scritte di quegli autori che si viene leggendo.

INTERPRETAZIONE

La condizione psicologica e materiale di Machiavelli Il contrasto fra gli stili è in questa lettera l'indizio formale del **dissidio reale fra l'abbrutimento dell'inattività e dell'isolamento e la coscienza del proprio valore**, con il conseguente rifiuto della rassegnazione. La condizione di dissidio in cui vive Machiavelli si può osservare anche in quello che dice a proposito dell'«opuscolo *De principatibus*» che ha appena finito di comporre e che ancora "ingrassa e ripulisce". Il *Principe* viene prima definito un «ghiribizo», di cui però subito dopo si afferma l'utilità e il valore, se è vero che «a un principe, et maxime a un principe nuovo, doverrebbe essere accetto». Machiavelli si pone poi il problema di cosa fare della sua opera, e anche qui è lacerato dal dubbio: è opportuno presentarla o no a Giuliano de' Medici? Con la capacità analitica e il realismo che caratterizzano proprio il *Principe*, Machiavelli esamina le ragioni che militano contro l'ipotesi di offrire a Giuliano il suo libro (teme che questi non lo legga neppure, o – peggio – che il suo rivale Pietro Ardinghelli lo spacci per opera propria, appropriandosi dell'«honore»), e a favore della presentazione (la necessità economica che lo sta "logorando" e che, se dovesse continuare a lungo, rischia di farlo diventare «per povertà contennendo»; la speranza che i Medici, apprezzando la sua opera, incomincino a impegnarlo di nuovo in qualche incarico, anche solo per «voltolare un sasso»). Ancora una volta, subito dopo un'espressione autoironica e "depressa" come quella appena citata, con brusco scarto Machiavelli passa all'**orgogliosa rivendicazione del proprio valore**, della natura preziosa della esperienza politica accumulata, della sua fedeltà, di cui è prova indiscutibile la condizione economica in cui versa («et della fede et della bontà mia ne è testimonio la povertà mia»). Quanto lontana è questa conclusione seria e amara dalla arguta leggerezza dell'ironia iniziale!

T1 LAVORIAMO SUL TESTO

COMPRENDERE

Testo e contesto

1. Sintetizza l'argomento fondamentale della lettera.

Machiavelli e la politica

2. Quali eventi hanno costretto Machiavelli al confino e perché egli offre la collaborazione ai Medici?

ANALIZZARE

I registri stilistici

3. **LINGUA E LESSICO** Distingui i diversi registri stilistici (ironico, quotidiano, basso, alto) e indica a quali contenuti corrispondono.

4. **LINGUA E LESSICO** Sottolinea nel testo i termini riconducibili a un registo "basso" e popolare.

Machiavelli e gli «antiqui huomini»

5. Descrivi il rapporto che Machiavelli intrattiene con i poeti (Dante, Petrarca) e con gli antichi storici.

Un «ghiribizo»

6. Perché Machiavelli definisce il proprio capolavoro un «ghiribizo»?

INTERPRETARE

Un autoritratto

7. Quale ritratto psicologico Machiavelli delinea di se stesso e delle proprie inclinazioni?

La scissione tra privato e pubblico

8. Machiavelli, uomo politico e raffinato scrittore, si comporta nella vita quotidiana all'Albergaccio come un rozzo popolano del luogo. Come può essere spiegata questa scissione?

LE MIE COMPETENZE: CONFRONTARE, COLLEGARE

Confronta la lettera di Machiavelli con l'articolo *Questa è la civiltà. Una sera in una scuola serale* di Pietro Cataldi, che puoi trovare nel blog *La letteratura e noi* (www.laletteraturaenoi.it). Entrambi i testi, lontanissimi nello spazio e nel tempo, contengono però una riflessione analoga sul significato e sull'esperienza della letteratura. Quale idea del rapporto tra lettore e testi emerge dai due brani? Hai mai fatto un'esperienza di lettura come quella descritta da Machiavelli?

3 | Gli scritti politici minori di Machiavelli "segretario fiorentino" (1498-1512)

Gli scritti politici ufficiali e quelli non ufficiali

Fra gli **scritti politici** del periodo dell'attività politica di Machiavelli (1498-1512) vanno distinti **quelli ufficiali**, scritti per conto del governo e a questo destinati, da **quelli non ufficiali**, nei quali compare un'elaborazione più personale e comincia a maturare il pensiero politico dell'autore. **Fra i primi** occorre menzionare le **legazioni** (rapporti sulle missioni diplomatiche), le **commissarie** (relazioni per incarichi di politica interna), e altri documenti destinati all'attività di governo. Fra le legazioni particolare rilievo hanno quelle presso Cesare Borgia e presso il re di Francia Luigi XII, che offrono all'autore un materiale di riflessione che poi confluirà soprattutto nel *Principe*.

Le legazioni e le commissarie

Gli scritti politici non ufficiali o "scritti politici minori"

Gli scritti più impegnati e nei quali si nota un'elaborazione più personale – noti anche come **"scritti politici minori"** –, spesso elaborati con lo scopo di fornire informazioni e consigli al di fuori dell'ufficialità o con quello di conservare ricordi e riflessioni teoriche, sono i seguenti: *Discorso fatto al Magistrato dei Dieci sopra le cose di Pisa* (è il primo scritto politico di Machiavelli; risale al 1499), *Ragguaglio delle cose fatte dalla repubblica fiorentina per quietare le parti dei Pistoia* (1502), *Parole da dirle sopra la previsione del danaio* (1503), *Del modo di trattare i popoli della Valdichiana ribellati* (1503), *Rapporto delle cose della Magna* (1508), *Ritratto delle cose della Magna* (1512). Fanno parte di questo gruppo **tre scritti particolarmente importanti**: *Descrizione del modo tenuto dal duca Valentino nello ammazzare Vitellozzo Vitelli, Oliverotto da Fermo, il signor Pagolo e il duca di Gravina Orsini* (1503), *Discorso dell'ordinare lo stato di Firenze alle armi* (1506), *Ritratto di cose di Francia* (1510).

La Descrizione

Nella **Descrizione** si rappresenta l'inganno teso dal Valentino ai suoi avversari politici, fatti strangolare a Senigallia. L'azione del duca non è giudicata sul piano morale, ma valutata con criteri squisitamente politici e quindi considerata come il segno di una condotta decisa e avveduta.

Il Palazzo della Signoria a Firenze, eretto fra la fine del XIII secolo e l'inizio del XIV, è il simbolo del potere civile della città di Firenze.

Il *Discorso dell'ordinanza* Nel *Discorso dell'ordinanza* Machiavelli spiega quali debbano essere i criteri del reclutamento di soldati per la Repubblica di Firenze, da arruolarsi nel contado e non nelle città. L'arruolamento di truppe nel contado permetteva di evitare il ricorso alle truppe mercenarie, sulle quali Machiavelli darà sempre un giudizio negativo.

Il *Ritratto di cose di Francia* Nel *Ritratto di cose di Francia* Machiavelli analizza la struttura politica centralizzata dello Stato moderno. È uno scritto importante perché rivela una riflessione sullo Stato non limitata alla realtà italiana.

I *Ghiribizzi* Infine bisogna ricordare i *Ghiribizzi*, scritti a Perugia nel 1506 sotto forma di lettera a Giovan Battista Soderini, nipote del gonfaloniere della Repubblica. Qui Machiavelli analizza il **rapporto fra l'azione individuale e la realtà oggettiva delle cose e dei «tempi»**. Poiché le situazioni e i tempi cambiano mentre l'azione individuale continua a essere determinata dal carattere immutabile della singola persona, è difficile conservare il successo. L'uomo, insomma, sarebbe determinato dalla «fortuna», cioè dalle circostanze che possono adattarsi più o meno alle inclinazioni del singolo. È una prima importante riflessione (destinata in parte a modificarsi nel *Principe*) sul ruolo della fortuna.

4 Un manifesto politico: *Il Principe*

Sul *Principe*, scritto nel 1513, rimandiamo al Primo Piano nel prossimo capitolo (cap. VIII).
Riassumiamo qui gli **aspetti principali** di questo trattato, indubbiamente uno dei libri più importanti della storia della cultura europea.

Un manifesto politico per risolvere la crisi italiana
1. L'analisi storica rivela a Machiavelli la **profondità della crisi italiana**. Occorre che a essa ponga rimedio un principe che con la sua "virtù" riesca a creare uno Stato nuovo ponendo fine alla inettitudine dei gruppi dirigenti e sconfiggendo le avversità della "fortuna". Da questo punto di vista, *Il Principe* è una sorta di manifesto politico che propone un programma d'azione per l'immediato futuro.

Il metodo del realismo: attenersi alla «verità effettuale»
2. Per realizzare il programma sopra esposto occorre «andare drieto (dietro) alla verità effettuale delle cose» e non alla «immaginazione di essa». È questo **il realismo di Machiavelli** che si propone di guardare in faccia la realtà, nella sua spiacevole durezza, e di demistificare ogni sua interpretazione idealistica.

Il rapporto fra "virtù" e "fortuna"
3. Lo studio della realtà mostra che la **"fortuna", cioè la mutevolezza del caso** e della storia, determina in larga misura le vicende umane. L'uomo può opporle solo la sua **"virtù", cioè il suo ingegno**, la sua prudenza, la sua audacia. In certe situazioni occorrerà un atteggiamento "impetuoso", in altre uno "respettivo" (cioè cauto); purtroppo l'uomo è dotato di un carattere immodificabile e dunque difficilmente può adattarlo alle circostanze adeguandosi alle varie esigenze imposte dal mutare della sorte e dagli imprevisti della storia. Ma poiché «la fortuna è donna», essa preferisce i giovani e gli impetuosi rispetto agli anziani e ai "respettivi".

La moralità del principe consiste nel fare il bene dello Stato
4. Il principe «savio» non può farsi condizionare da preconcetti morali: la sua moralità consisterà nel bene dello Stato. Viene dunque fondata **l'autonomia della politica dalla morale comune**. Poiché il principe deve obbedire solo alla "ragion di Stato", può usare a tal fine anche strumenti moralmente condannabili. **Ciò non significa che Machiavelli sia cinico e senza morale**. Il male è sempre visto come male, senza compromessi e ipocrisie. Nel gusto acre e dispettoso con cui Machiavelli denuncia le ipocrisie e le mezze misure, sta appunto la sua moralità. È bene che il principe sia «pietoso» ma se necessario anche «crudele»; deve saper «usare (comportarsi come) la bestia e l'uomo», la ferinità e l'intelligenza; deve essere capace di usare sia l'inganno o l'astuzia (essere come una «golpe», cioè una volpe), sia la forza (essere come un «lione», cioè un leone).

La prospettiva utopica

5. Il trattato si conclude con un'**esortazione ai Medici** perché pongano fine alla situazione di crisi dell'Italia e la liberino dagli stranieri. L'esortazione, che rivela il progetto politico del trattato e insieme la sua prospettiva fortemente utopica, è scritta in uno **stile vibrante e appassionato**: al posto del ragionamento si fa appello alla forza persuasiva dei sentimenti.

Lo stile: rigore dimostrativo e intensità appassionata

6. Lo stile rivela la **forte tensione saggistica** della scrittura machiavelliana ove si alternano linguaggio "alto" e "basso" (con un ricorso a latinismi ma soprattutto al parlato e al fiorentino allora in uso), rigore argomentativo (procedente per violente disgiunzioni e per netti dilemmi fra i quali il lettore è chiamato a scegliere risolutamente) e intensità appassionata, procedimenti del ragionamento scientifico e uso frequente di immagini e di figure. Ciò corrisponde ai temi e al tono complessivo del trattato in cui **il realismo dell'analisi e la prospettiva dell'utopia** sono egualmente presenti.

5. I fondamenti della teoria politica: i *Discorsi sopra la prima Deca di Tito Livio*

La composizione dei *Discorsi*

Mentre *Il Principe* è un'opera breve e unitaria, scritta di getto, una sorta di manifesto destinato, nelle intenzioni dell'autore, a un'immediata utilizzazione politica, i ***Discorsi sopra la prima Deca di Tito Livio***, l'altro capolavoro di Machiavelli, sono un'**opera più varia e composita**, scritta a più riprese in un arco assai lungo di tempo: **iniziata nel 1513**, ripresa ed elaborata fra il 1515 e il 1517, **conclusa probabilmente nel 1518** (ma c'è chi pensa a un suo protrarsi sino al 1521). I *Discorsi* **non hanno una struttura unitaria**, ma già il titolo suggerisce l'idea di una serie di divagazioni condotte a partire da un testo-base: la prima Deca della storia di Roma del grande storico latino Tito Livio (59 a.C.-17 d.C.), *Ab urbe condita* [Dalla fondazione di Roma]. Non si tratta dunque di un commento vero e proprio, ma di una serie di **riflessioni e appunti** che vorrebbero costituire i fondamenti di una moderna teoria politica basata sugli insegnamenti della storia della Roma antica.

La struttura

L'argomento dei tre libri dei *Discorsi*

T • *Il Proemio al libro primo*
T • *La religione e il potere: l'esempio dell'antica Roma*

L'opera è divisa in **tre libri**. Alla **lettera dedicatoria** a Zanobi Buondelmonti e Cosimo Rucellai e al **Proemio** segue il **libro I**, che si estende per 60 capitoli ed è dedicato alla politica interna dello Stato, alla sua amministrazione, alle leggi, e soprattutto all'importanza della religione come vincolo unitario e strumento politico nelle mani dei governanti: anche a causa di questa idea della religione come *instrumentum regni* (strumento di governo) Machiavelli, in altri passi dell'opera, rimpiange la religione pagana dell'antica Roma, che induceva il cittadino a identificarsi nello Stato, e critica quella cristiana che invece lo distoglie dagli interessi civili e dall'amor patrio. Il **libro II** dedica 33 capitoli al tema della politica estera, della guerra, delle milizie. Il **libro III** è più vario: considera per 49 capitoli sia come le azioni di «uomini particolari» abbiano fatto grande Roma, sia come si trasformino gli Stati, cioè nascano, si evolvano, decadano. In quest'ultimo libro più insistenti sono i riferimenti alla «corruzione» e alla crisi di Firenze, che appaiono tanto più chiari in opposizione al modello ideale della Roma antica.

DISCORSI SOPRA LA PRIMA DECA DI TITO LIVIO				
data di composizione • dal 1513 al 1518 (o 1521)	**genere e struttura** • trattato in 3 libri	**argomenti** • osservazioni e riflessioni ricavate dallo studio dei primi dieci libri dell'opera *Ab Urbe condita* dello storico latino Tito Livio. A partire dagli insegnamenti della storia antica, Machiavelli vuole stabilire i fondamenti di una moderna teoria politica • problema della durata e della stabilità dello Stato		**I libro** religione come *instrumentum regni* ('strumento di governo') **II libro** politica estera, guerra, milizie **III libro** nascita, evoluzione e decadenza degli Stati

Giorgio Vasari, *Arnolfo di Cambio mostra ai Priori il progetto di ampliamento di Firenze*, 1563-1565. Firenze, Palazzo Vecchio, Salone dei Cinquecento.

La relazione fra *Il Principe* e *Discorsi*: la differenza di prospettiva nelle due opere

Si è a lungo discusso sulla **relazione fra *Il Principe* e i *Discorsi***. Si è avanzata, fra l'altro, l'ipotesi che, dopo aver scritto i primi diciotto capitoli dei *Discorsi*, Machiavelli abbia interrotto l'opera per dedicarsi interamente al *Principe*, l'abbia ripresa un paio d'anni dopo e infine sia stato stimolato a rielaborarla e a concluderla dalla frequentazione del circolo degli Orti Oricellari (i giardini di Palazzo Rucellai, a Firenze), composto da giovani aristocratici di tendenza repubblicana che lo consideravano un maestro. Certo le basi teoriche delle due opere sono le stesse; ma **la prima** pone il problema di **fondare uno Stato nuovo**, e ciò può avvenire solo a partire dalla "virtù" di un individuo, il principe, **la seconda** quello della **durata e della continuazione di uno Stato già esistente**. Quando è un unico individuo a creare uno Stato nuovo, questo può assumere solo la forma del principato; ma perché poi lo Stato possa durare gli occorre l'appoggio del "popolo" e un equilibrio fra i poteri che solo la repubblica può garantire. **Di qui la differenza di prospettive e di indicazioni politiche** – il principato nel *Principe*, la repubblica nei *Discorsi* – fra le due opere. E va da sé che un'influenza in senso repubblicano dovettero giocarla anche il cattivo esito del *Principe* (i Medici non ne accolsero affatto i suggerimenti e continuarono a ignorarne l'autore) e la frequentazione del circolo – repubblicano appunto – degli Orti Oricellari: non sarà un caso, a tale proposito, la dedica dell'opera a due dei suoi più importanti esponenti, Zanobi Buondelmonti e Cosimo Rucellai. È stata inoltre avanzata l'ipotesi che proprio la riflessione sul contenuto del diciottesimo capitolo dei *Discorsi*, dedicato alla corruzione delle repubbliche, abbia spinto Machiavelli a proporre come rimedio a tale corruzione il principato e a scrivere conseguentemente *Il Principe*.

S • Confronto fra *Il Principe* e i *Discorsi* (G. Procacci)

Le forme accettabili di Stato: la monarchia limitata e la repubblica mista

Comunque sia, resta il fatto che per Machiavelli le uniche **forme accettabili di Stato** sono: 1) **il principato**, o meglio una monarchia "limitata", e cioè controllata dagli aristocratici e soprattutto dal "popolo" o borghesia, secondo il contemporaneo modello della monarchia francese, e 2) **la repubblica** modellata sull'esempio dell'antica Roma, con un equilibrio interno di poteri e una conflittualità regolata fra plebe, borghesia e aristocrazia: è, questa, la repubblica "mista", diversa dalla repubblica aristocratica (dominata da una oligarchia: a esempio, quella di Venezia) e dalla repubblica "democratica" (dominata dalle classi più basse: era il caso della Firenze savonaroliana). Poi, fra principato o monarchia "limitata" da una parte e repubblica "mista" dall'altra, Machiavelli preferisce, in ultima istanza, la seconda.

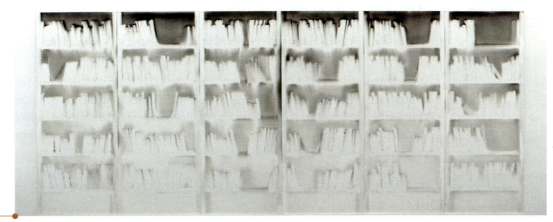

Claudio Parmiggiani, *Senza titolo*, 2008. Collezione privata.

Parmiggiani crea con la fuliggine immagini di scaffali ricolmi di libri: questi vengono disposti su particolari superfici che possono trattenere l'impronta del fumo per poi essere rimossi e lasciare una traccia della loro presenza. L'immagine del libro, evocata in questa sorta di impressione fotografica, indica un rapporto con la memoria che nell'arte contemporanea è problematico e incerto, opposto rispetto al criterio dell'esemplarità del passato che percorre l'opera di Machiavelli e del Rinascimento in generale.

Rifiuto della tirannia, dell'oligarchia e dell'anarchia perché non garantiscono la stabilità politica

La scelta a favore di questi due sistemi e la netta **esclusione**, invece, **di ogni degenerazione del potere** in tirannia (potere assoluto del principe o del monarca) o in oligarchia (potere assoluto dell'aristocrazia) o in anarchia (potere assoluto del popolo e della plebe) dipendono da una fondamentale ragione: principato (o monarchia "limitata") e repubblica "mista" permettono **assetti istituzionali più equilibrati** e dunque più stabili. Per questo, e non, per esempio, perché più democratica, è preferibile in ultima analisi la repubblica: quest'ultima infatti, secondo Machiavelli, esprime una maggiore stabilità istituzionale. Nel netto rifiuto della tirannia, dell'oligarchia e dell'anarchia Machiavelli riprende la **teoria dell'anaciclosi** elaborata dallo storico greco (ma vissuto a lungo a Roma) **Polibio** (202-120 a.C.), per cui la monarchia tende a degenerare nella sua forma peggiorativa, la tirannide, la aristocrazia in oligarchia e la democrazia in anarchia.

La teoria dell'anaciclosi

Il ciclo della vita degli Stati

Sempre da Polibio, Machiavelli riprende l'idea di un **ciclo caratterizzante la vita di ogni Stato**: nascita, affermazione, sviluppo e ampliamento, decadenza, morte. Lo Stato è visto cioè come un corpo organico, un'entità biologica. In assoluto, dunque, **la decadenza dello Stato** non è evitabile; tuttavia **può essere contrastata in due modi**:

Come contrastare la decadenza dello Stato

1. prendendo a modello gli ordini repubblicani dell'antica Roma e in particolare il modo con cui in essi vennero non impediti, ma accettati e istituzionalizzati i conflitti sociali ed equilibrati i poteri delle classi fondamentali;
2. sapendo riconoscere i momenti di crisi dello Stato e sapendo ritornare, allora, alle sue origini: per impedire la decadenza delle istituzioni statali, occorre insomma ricostituire incessantemente i loro fondamenti e ritrovare i valori e le ragioni profonde della loro esistenza. Ma, in ogni caso, alla lunga, il ciclo dovrà concludersi con la fine dello Stato.

Il criterio dell'imitazione, l'esemplarità del passato, il carattere immutabile della natura umana

Alla base della riflessione machiavelliana vanno individuati **tre criteri fondamentali**: il criterio umanistico-rinascimentale dell'imitazione, quello umanistico della superiorità degli antichi e della esemplarità della storia romana, quello naturalistico del carattere immutabile della natura umana. **Fra di essi c'è una stretta correlazione**. Infatti il principio rinascimentale dell'imitazione consente di assumere come modello l'antica Roma repubblicana; ma a sua volta questo principio presuppone quello umanistico dell'esaltazione del mondo antico, e in particolare quello – tipico dell'Umanesimo civile fiorentino – dell'esemplarità della Roma repubblicana contrapposta alla Roma imperiale. Infine questi due criteri si collegano strettamente a una concezione naturalistica e antistoricista: l'uomo resta sempre eguale a se medesimo, l'evoluzione storica non modifica la base naturale che ne condiziona i comportamenti e che resta immobile nel tempo. È appunto a causa di questa immobilità, di questa condizione sostanzialmente astorica della natura umana, che è possibile applicare il principio di imitazione prendendo a modello una realtà lontana nel tempo.

La concezione naturalistica e antistoricistica dell'uomo

T2 — Il conflitto di classe non va soppresso, ma istituzionalizzato

OPERA
Discorsi sopra la prima Deca di Tito Livio, Libro I, cap. IV

CONCETTI CHIAVE
- i benefici del conflitto di classe
- la valorizzazione del popolo

FONTE
Discorsi sopra la prima Deca di Tito Livio, in N. Machiavelli, *Tutte le opere*, a cura di M. Martelli, Sansoni, Firenze 1971.

Nel capitolo quarto del libro I, Machiavelli considera l'istituzione dei tribuni della plebe, successiva alle lotte sociali esplose a Roma all'epoca dei Gracchi. Machiavelli non considera nocivi i conflitti di classe; anzi, se accettati e istituzionalizzati nel quadro costituzionale dello Stato – come fecero appunto i Romani creando i tribuni della plebe e conferendo loro uno specifico potere –, essi possono contribuire alla sua stabilità.

CHE LA DISUNIONE DELLA PLEBE E DEL SENATO ROMANO FECE LIBERA E POTENTE QUELLA REPUBLICA

Io non voglio mancare di discorrere sopra questi tumulti che furono in Roma dalla morte de' Tarquinii alla creazione de' Tribuni;[1] e di poi alcune cose contro la opinione di molti che dicono, Roma essere stata una republica tumultuaria,[2] e piena di tanta confusione che, se la buona fortuna e la virtù militare non avesse sopperito a' loro difetti, sarebbe stata inferiore a ogni altra republica. Io non posso negare che la fortuna e la milizia non fossero cagioni[3] dell'imperio romano; ma e' mi pare bene, che costoro non si avegghino, che, dove è buona milizia, conviene che sia buono ordine, e rade volte anco occorre che non vi sia buona fortuna.[4] Ma vegnamo agli altri particolari di quella città. Io dico che coloro che dannono[5] i tumulti intra i Nobili e la Plebe, mi pare che biasimino quelle cose che furono prima causa del tenere libera Roma;[6] e che considerino più a' romori ed alle grida che di tali tumulti nascevano, che a' buoni effetti che quelli partorivano;[7] e che e' non considerino come e' sono in ogni republica due umori diversi,[8] quello del popolo, e quello de' grandi; e come tutte le leggi che si fanno in favore della libertà, nascano dalla disunione loro,[9] come facilmente si può vedere essere seguito in Roma; perché da' Tarquinii ai Gracchi, che furano più di trecento anni,[10] i tumulti di Roma rade volte partorivano esilio e radissime[11] sangue. Né si possano,[12] per tanto, giudicare questi tomulti nocivi, né una republica divisa, che in tanto tempo per le sue differenzie non mandò in esilio più che otto o dieci cittadini, e ne ammazzò pochissimi, e non molti ancora ne condannò in danari.[13] Né si può chiamare in alcun modo, con ragione, una republica inordinata,[14] dove siano tanti esempli di virtù; perché li buoni esempli nascano dalla buona educazione; la buona educazione, dalle buone leggi; e le buone leggi, da quelli tumulti che molti inconsideratamen-

---

- **1 Io non... Tribuni**: Machiavelli si riferisce ai contrasti politici nel periodo compreso fra la caduta della monarchia e l'istituzione del tribunato della plebe (dal 509 a.C. a tutto il IV secolo circa).
- **2 e di poi... tumultuaria**: e poi [vorrei dire] alcune cose contro coloro che ritengono che Roma sia stata una repubblica dai continui tumulti. La frase è costruita come in latino, con l'infinito.
- **3 cagioni**: cause [di forza].
- **4 ma e'... fortuna**: eppure mi sembra che costoro non si rendano conto del fatto che dove c'è un buon esercito esiste un buon ordinamento [civile], e assai di rado avviene che non vi sia anche fortuna. Machiavelli attacca rovesciando un luogo comune storiografico: la grandezza di Roma non si è resa possibile nonostante i tumulti interni, ma in forza proprio di una capacità organizzativa, giuridica e normativa degli stessi che le ha consentito un esercito potente e, di conseguenza, il successo (così pare debba intendersi il significato di **fortuna** in questo contesto particolare).
- **5 dannono**: condannano.
- **6 del tenere libera Roma**: del fatto che Roma si sia mantenuta libera.
- **7 e che considerino... partorivano**: e che prestino maggiore ascolto ai rumori e alle grida suscitate da questi tumulti piuttosto che ai buoni risultati che essi provocavano.
- **8 due umori diversi**: utilizzando la metafora dello stato-organismo, Machiavelli intende per **umori** le classi sociali interne allo Stato romano, l'aristocrazia e la plebe. È altrettanto chiaro, però, che egli ha presente la situazione fiorentina che non riesce a trovare un vero equilibrio nella propria conflittualità.
- **9 e come tutte... loro**: e come tutte le leggi create a favore della libertà, nascano dal loro conflitto [: dal contrasto fra le classi]. È il passaggio decisivo di tutto il brano: i buoni ordinamenti (civili e legislativi) derivano dal dibattito e dallo scontro fra gli opposti interessi e le diverse posizioni, ciascuna delle quali deve poter essere espressa nella pienezza storica dei propri contenuti. La lotta fra patrizi e plebei nella Roma repubblicana ha prodotto, insomma, una costituzione dello Stato efficace e duratura.
- **10 perché... anni**: è il periodo che intercorre fra il 509 (cacciata di Tarquinio il Superbo) e l'elezione al tribunato di Tiberio Gracco nel 133 a.C.
- **11 radissime**: assai di rado.
- **12 si possano**: si possono, in una forma vernacolare, cioè dialettale, di indicativo presente come, più avanti, **nascano** per *nascono* e **furano** per *furono* (passato remoto).
- **13 che in tanto... danari**: il pensiero di Machiavelli è rivolto alle lacerazioni di Firenze, alle condanne, ai numerosi uomini politici esiliati, in una netta, antiumanistica, contrapposizione alle istituzioni di Roma.
- **14 inordinata**: priva di ordine.

te danno:[15] perché, chi esaminerà bene il fine d'essi, non troverrà ch'egli abbiano partorito alcuno esilio o violenza in disfavore del commune bene, ma leggi e ordini in beneficio della publica libertà.[16] E se alcuno dicessi: i modi erano straordinari, e quasi efferati, vedere il popolo insieme gridare contro al Senato, il Senato contro al Popolo, correre tumultuariamente per le strade, serrare le botteghe, partirsi tutta la plebe di Roma,[17] le quali cose tutte spaventano, non che altro, chi le legge; dico come ogni città debbe avere i suoi modi con i quali il popolo possa sfogare l'ambizione sua,[18] e massime quelle città che nelle cose importanti si vogliono valere del popolo: intra le quali, la città di Roma aveva questo modo, che, quando il popolo voleva ottenere una legge, o e' faceva alcuna delle predette cose, o e' non voleva dare il nome per andare alla guerra,[19] tanto che a placarlo bisognava in qualche parte sodisfarli. E i desiderii de' popoli liberi rade volte sono perniziosi alla libertà, perché e' nascono, o da essere oppressi, o da suspizione di avere ad essere oppressi.[20] E quando queste opinioni fossero false, e' vi è il rimedio delle concioni, che surga qualche uomo da bene, che, orando, dimostri loro come ei s'ingannano:[21] e li popoli, come dice Tullio,[22] benché siano ignoranti, sono capaci della verità, e facilmente cedano, quando da uomo degno di fede è detto loro il vero.

Debbesi, adunque, più parcamente[23] biasimare il governo romano; e considerare che tanti buoni effetti, quanti uscivano di quella republica, non erano causati se non da ottime cagioni.[24] E se i tumulti furano cagione della creazione de' Tribuni, meritano somma laude; perché, oltre al dare la parte sua all'amministrazione popolare, furano constituiti per guardia della libertà romana,[25] come nel seguente capitolo si mosterrà.

- **15 perché li buoni...dannano**: il periodo è articolato in forma stringente e nel legame di causa-effetto che unisce la **virtù** con i **tumulti** attraverso la **buona educazione**, ovvero la conoscenza dei rapporti politici e civili, e le **buone leggi** che orientano in modo corretto e virtuoso la vita sociale degli uomini.
- **16 leggi...libertà**: *leggi e ordinamenti a favore di una comune libertà*. L'autore conferma e sottolinea la necessità di far prevalere la libertà di tutti come difesa dello Stato contro gli interessi individuali e parziali.
- **17 E se alcuno...Roma**: *E se qualcuno dicesse: i modi [della lotta politica] erano fuori dall'ordinario e quasi crudeli* (**efferati**), *dal momento che si vedeva il popolo gridare contro il Senato, il Senato contro il popolo, e correre per le strade nello sconvolgersi dei tumulti, chiudersi le botteghe, allontanarsi tutta la plebe da Roma*. Per quest'ultimo evento Machiavelli si riferisce alla secessione del 494 sull'Aventino sotto la guida di Menenio Agrippa.
- **18 l'ambizione sua**: si intende il desiderio, da parte del popolo, di poter esprimere le proprie idee e convinzioni politiche che nella città deve trovare un corretto incanalamento legislativo.
- **19 o e' faceva...guerra**: *o faceva una delle cose già dette* [: i tumulti e le secessioni] *o non si arruolava per la guerra*.
- **20 E i desiderii...essere oppressi**: *E i desideri dei popoli liberi sono assai di rado pericolosi per la libertà perché essi sorgono o da uno stato di oppressione o dal sospetto di poter essere oppressi*. La volontà di far sentire la propria voce è, secondo l'autore, sintomo di una libertà che deve essere riconquistata perché pericolosamente assente. Anche la sola probabilità di perderla è sufficiente a far mettere in atto tutte le operazioni preventive.
- **21 E quando...s'ingannano**: *E qualora queste opinioni risultassero false, esiste il rimedio delle pubbliche assemblee* (**concioni**) *nelle quali si alzi un uomo retto e onesto che parlando dimostri loro che si stanno sbagliando*. Il caso di Agrippa è paradigmatico proprio in questa direzione: con il suo celebre apologo egli convinse i plebei a ritornare a Roma, invitandoli a "ricomporre" l'armonia dello Stato concepito come un corpo unitario. I plebei ottennero il tribunato (vi accenna anche l'autore alla fine del capitolo).
- **22 come dice Tullio**: è ovviamente Marco Tullio Cicerone che esprime questa opinione, riportata da Machiavelli, in un passo del *De amicitia* (cap. XXV): «L'assemblea popolare, che è formata di uomini inespertissimi, sa tuttavia di solito giudicare la differenza che c'è tra un demagogo, un cittadino cioè d'animo leggero, adulatore del popolo, e un cittadino che sia uomo di carattere, serio e ponderato».
- **23 più parcamente**: *con maggiore prudenza*.
- **24 buoni effetti...cagioni**: si conferma lo stretto collegamento tra le cause e gli effetti che è tipico del ragionamento di Machiavelli in modo da rendere più chiaro il momento operativo dell'azione politica e la rivalutazione globale del periodo storico.
- **25 per guardia...romana**: *per salvaguardare la libertà romana*. Questa espressione risulta molto efficace perché strutturata quasi in forma ossimorica: l'istituzione del tribunato è stata una sorta di controllo della libertà per far sì che essa potesse sviluppare davvero tutte le sue potenzialità.

T2 DALLA COMPRENSIONE ALL'INTERPRETAZIONE

COMPRENSIONE

Il conflitto di classe La spregiudicatezza di Machiavelli ben appare anche da questo capitolo. Egli non si associa all'opinione comune che i conflitti sociali abbiano arrecato danno alla stabilità della Roma repubblicana e possano arrecarne a uno Stato moderno (Machiavelli ha presente innanzitutto la situazione di Firenze). In ogni Stato esistono **classi sociali diverse**, e dunque **interessi diversi** e contrastanti; il loro conflitto non è pericoloso, ma utile, giacché le «leggi che si fanno in favore della libertà nascano dalla disunione loro», ovvero «le buone leggi [nascono], da quelli tumulti che molti inconsideratamente dannano». Viene dunque non solo difeso, ma addirittura istituzionalizzato il ruolo dei conflitti di classe. Essi sono nocivi solo se portano al potere tirannico di una fazione di aristocratici o all'anarchia; ma se invece favoriscono la partecipazione di tutti gli strati sociali alla vita civile e un **rapporto equilibrato fra i vari poteri**, contribuiscono alla durata e allo sviluppo dello Stato. In particolare poi occorre che il popolo abbia strumenti politici e sociali per far sentire la propria voce, non importa se in modo clamoroso e magari «tumultuario»: «i desiderii de' popoli liberi rade volte sono perniziosi [nocivi] alla libertà». Una controprova del valore positivo di una **dialettica politica**, anche aspra e talora scomposta, sta nel fatto che nel lungo periodo storico che va dalla cacciata di Tarquinio il Superbo ai Gracchi (cioè dal 509 a.C. al 133 a.C.) a Roma non vi siano stati che pochissimi esili, omicidi politici, sanzioni pecuniarie: dunque i benefici dei conflitti sono stati molti e importanti, i danni quasi irrilevanti. Non bisogna dunque prestare attenzione «più a' romori ed alle grida che di tali tumulti nascevano, che a' buoni effetti che quelli partorivano».

ANALISI

Una verità "discutibile" Questo brano è scritto con lo scopo di smentire l'opinione dei più, spesso tanto popolare quanto inverificabile, e di smontarne le tesi attraverso un **ragionamento logico-argomentativo**. Infatti Machiavelli inaugura un rapporto con la tradizione diverso da quello tipico della cultura medievale: non vi sono più opinioni illustri indiscutibili da commentare e confermare, ma tradizioni di pensiero con cui entrare in dialogo e, se necessario, in conflitto, per accettarne le tesi e i contenuti oppure per discostarsene e proporre una visione delle cose talvolta anche radicalmente diversa. Nel testo che abbiamo letto **Machiavelli prende posizione in prima persona**: «Io non voglio mancare di discorrere...» (r. 1), «Io dico...» (r. 8). La responsabilità del giudizio è tutta del soggetto che scrive. Gli argomenti portati a supporto delle tesi personali sostenute nel brano conducono al **rovesciamento delle convinzioni dominanti**. La "verità" che ne emerge è parziale e si forma attraverso il confronto e la confutazione delle tesi altrui. L'idea di "verità" di Machiavelli non è dunque autoritaria e atemporale ma "discutibile" e di carattere storico. Queste caratteristiche sono tipiche del **pensiero critico** moderno e della forma saggistica della scrittura, alla cui affermazione Machiavelli offre un importante contributo.

INTERPRETAZIONE

Machiavelli e il popolo Si conferma qui un programma politico volto a limitare il potere dei «grandi», vale a dire della vecchia aristocrazia feudale, e un atteggiamento di simpatia nei confronti del popolo, a cui viene riconosciuta una vitalità magari "tumultuaria" ma politicamente feconda. Inoltre, se è vero «come dice Tullio» che i popoli sono ignoranti (ma l'ignoranza, di per sé non può essere considerata una colpa), tuttavia «sono capaci della verità, e facilmente cedano, quando da uomo degno di fede è detto loro il vero». Un **popolo ignorante ma "capace di verità"** è lontanissimo da quell'«animale pazzo, pieno di mille errori, di mille confusioni, sanza gusto, sanza deletto, sanza stabilità» di cui parla Guicciardini nei *Ricordi*. Non si deve tuttavia pensare a un atteggiamento democratico, in senso moderno, di Machiavelli. Per lui la libertà di uno Stato coincide con l'autonomia e la solidità dei suoi **"ordini"**, con la sua sicurezza e sovranità, non con una vita democratica nel senso attuale della parola (libertà dei partiti, di espressione politica, di organizzazione ecc.); e d'altronde Machiavelli non poteva avere neppure l'idea di libertà come assoluto valore morale che caratterizza le moderne concezioni liberaldemocratiche.

> **IL SIGNIFICATO DELLE PAROLE**
>
> • **Ordine**
> Machiavelli usa qui il termine *ordine* nel senso di 'ordinamento', cioè 'complesso di princìpi, leggi e norme che regolano i rapporti politici, economici, giuridici di uno Stato'.

T2 LAVORIAMO SUL TESTO

COMPRENDERE

1. I conflitti sociali – afferma l'autore – furono nella Roma antica fonte di «buoni effetti». Quali e perché?

ANALIZZARE E INTERPRETARE

2. Che ruolo è attribuito al popolo nella lotta politica?

3. Come valuta Machiavelli l'istituzione dei tribuni della plebe?

LE MIE COMPETENZE: DIALOGARE

Dialogando con i compagni, metti a fuoco alcune forme di conflitto sociale del nostro tempo.

T3 Le colpe della Chiesa

OPERA
Discorsi sopra la prima Deca di Tito Livio, Libro I, cap. XII

CONCETTI CHIAVE
- la religione come strumento politico
- la polemica contro la corte pontificia e lo stato della Chiesa

FONTE
Discorsi sopra la prima Deca di Tito Livio, in N. Machiavelli, *Tutte le opere*, cit.

Nel capitolo dodicesimo Machiavelli passa a teorizzare l'importanza della religione nella vita degli Stati e a riscontrare poi la validità di tale teoria attraverso un'analisi della situazione a lui contemporanea. La crisi dell'Italia sarebbe infatti prodotta anche dalla mancanza di una coesione religiosa. Di ciò sarebbe responsabile la Chiesa. Infatti questa, da un punto di vista etico-religioso, ha fornito così numerosi e gravi esempi di corruzione e di empietà da allontanare gli Italiani dalla pratica del culto cristiano; da un punto di vista politico, poi, ha dato vita a un potere temporale e a uno Stato territoriale che hanno impedito la costituzione in Italia di un moderno Stato unitario sul modello di quello francese.

DI QUANTA IMPORTANZA SIA TENERE CONTO DELLA RELIGIONE, E COME LA ITALIA, PER ESSERNE MANCATA MEDIANTE LA CHIESA ROMANA,[1] È ROVINATA

Quelli principi o quelle repubbliche, le quali si vogliono mantenere incorrotte, hanno sopra ogni altra cosa a mantenere incorrotte le cerimonie[2] della loro religione, e tenerle sempre nella loro venerazione; perché nessuno maggiore indizio si puote avere della rovina d'una provincia,[3] che vedere dispregiato il culto divino. Questo è facile a intendere, conosciuto che si è in su che
5 sia fondata la religione dove l'uomo è nato;[4] perché ogni religione ha il fondamento della vita sua in su qualche principale ordine suo.[5] La vita della religione Gentile[6] era fondata sopra i responsi degli oracoli, e sopra la setta degli indovini e degli aruspici;[7] tutte le altre loro cerimonie, sacrifici e riti, dependevano[8] da queste; perché loro facilmente credevono che quello Iddio che ti poteva predire il tuo futuro bene o il tuo futuro male, te lo potessi ancora concedere.[9] Di qui
10 nascevano i templi, di qui i sacrifici, di qui le supplicazioni, ed ogni altra cerimonia in venerarli:[10] per che l'oracolo di Delo, il tempio di Giove Ammone,[11] ed altri celebri oracoli, i quali riempivano il mondo di ammirazione e divozione. Come costoro cominciarono dipoi a parlare a modo de' potenti, e che questa falsità si fu scoperta ne' popoli, diventarono gli uomini increduli, ed atti a perturbare ogni ordine buono.[12] Debbono, adunque, i principi d'una repubblica o
15 d'uno regno, i fondamenti della religione che loro tengono, mantenergli;[13] e fatto questo, sarà loro facil cosa mantenere la loro repubblica religiosa, e, per conseguente, buona e unita. E debbono, tutte le cose che nascano in favore di quella, come che le giudicassono false,[14] favorirle e accrescerle; e tanto più lo debbono fare, quanto più prudenti sono, e quanto più conoscitori delle cose naturali. E perché questo modo è stato osservato dagli uomini savi, ne è nato l'opi-
20 nione dei miracoli, che si celebrano nelle religioni eziandio false; perché i prudenti gli augumentano, da qualunque principio e' si nascano; e l'autorità loro dà poi a quelli fede appresso a

---

- **1 per...romana**: per esserne stata privata a causa della Chiesa romana [: cattolica].
- **2 le cerimonie**: si intende l'insieme dei rituali religiosi.
- **3 d'una provincia**: di un territorio.
- **4 Questo...nato**: Ciò [: il disprezzo della religione] è facile da riconoscere, quando ci si sia resi conto (**conosciuto che si è**) su quali basi sia fondata (**in su che sia fondata**) la religione in cui l'uomo è nato [: la religione di quel determinato popolo].
- **5 in su...suo**: in qualche particolare principio fondamentale.
- **6 della religione Gentile**: della religione dei pagani (in latino "gentiles").
- **7 la setta...aruspici**: la classe sacerdotale degli indovini e degli aruspici. Gli **aruspici** predicevano il futuro esaminando le viscere degli animali (soprattutto il fegato).
- **8 dependevano**: derivavano.
- **9 perché loro...concedere**: perché essi ritenevano facilmente che la divinità che poteva prevedere il tuo futuro, positivo o negativo, era in grado anche di concederti il futuro [che desideravi].
- **10 in venerarli**: per venerarli [: gli dei].
- **11 per che...Ammone**: per questo motivo [venivano fondati] l'oracolo di Delo, il tempio di Giove Ammone. Quest'ultimo era situato in un'oasi libica.
- **12 Come...buono**: Non appena costoro [: gli oracoli] cominciarono a profetizzare in favore dei potenti, e i popoli compresero questa falsità, gli uomini divennero scettici e pronti a rovesciare ogni buon ordinamento politico. L'assenza di saldi e condivisi principi religiosi è causa di instabilità politica e di pericolosa anarchia all'interno dello Stato.
- **13 Debbono...mantenergli**: I governanti di una repubblica o di un regno devono, dunque, mantenere i fondamenti religiosi che lì [: repubblica o regno] vengono seguiti.
- **14 come che...false**: anche se le considerassero false. Come sempre in Machiavelli, l'interesse dello Stato è superiore all'accertamento di qualsiasi verità e scopo finale di ogni azione umana.

qualunque.[15] Di questi miracoli ne fu a Roma assai; intra i quali fu, che, saccheggiando i soldati romani la città de' Veienti,[16] alcuni di loro entrarono nel tempio di Giunone, ed accostandosi alla imagine di quella, e dicendole: «Vis venire Romam?» parve a alcuno vedere che la accennasse,[17] a alcuno altro che la dicesse di sì. Perché, sendo[18] quegli uomini ripieni di religione (il che dimostra Tito Livio, perché, nello entrare nel tempio, vi entrarono sanza tumulto, tutti devoti e pieni di riverenza), parve loro udire quella risposta che alla domanda loro per avventura si avevano presupposta:[19] la quale opinione e credulità da Cammillo a dagli altri principi[20] della città fu al tutto favorita ed accresciuta. La quale religione se ne' principi della republica cristiana si fusse mantenuta, secondo che dal datore d'essa ne fu ordinato, sarebbero gli stati e le republiche cristiane più unite, più felici assai, che le non sono.[21] Né si può fare altra maggiore coniettura della declinazione d'essa, quanto è vedere come quelli popoli che sono più propinqui alla Chiesa romana, capo della religione nostra, hanno meno religione.[22] E chi considerasse i fondamenti suoi, e vedesse l'uso presente quanto è diverso da quelli, giudicherebbe essere propinquo, sanza dubbio, o la rovina o il fragello.[23]

E perché molti sono d'opinione, che il bene essere delle città d'Italia nasca dalla Chiesa romana, voglio, contro a essa, discorrere quelle ragioni che mi occorrono:[24] e ne allegherò due potentissime ragioni le quali, secondo me, non hanno repugnanzia.[25] La prima è, che, per gli esempli rei di quella corte, questa provincia ha perduto ogni divozione e ogni religione:[26] il che si tira dietro infiniti inconvenienti e infiniti disordini; perché, così come dove è religione si presuppone ogni bene, così, dove quella manca, si presuppone il contrario. Abbiamo, adunque, con la Chiesa e con i preti noi Italiani questo primo obligo,[27] di essere diventati sanza religione e cattivi: ma ne abbiamo ancora uno maggiore, il quale è la seconda cagione

Michelangelo e collaboratori, *Tomba di Giulio II*, 1505-1545. Roma, Basilica di San Pietro in Vincoli.

- **15 E perché...qualunque**: *E poiché questo modo è stato rispettato dagli uomini saggi, ne è derivata la credenza nei miracoli che si celebrano anche (eziandio) nelle religioni false; perché le persone sapienti e accorte ne innalzano il credito, da qualunque origine essi [: i miracoli] provengano e la loro autorità ne produce in chiunque la fede.* Come nel caso di Savonarola esposto nel capitolo XI, a Machiavelli importa sottolineare la forza indotta dall'autorità anche nel campo religioso, perché è su questa capacità di coesione che occorre fondare il rispetto delle norme civili e degli ordinamenti repubblicani.
- **16 saccheggiando...Veienti**: *mentre i soldati romani stavano saccheggiando la città di Veio*. È una proposizione temporale espressa con il gerundio come in latino. Veio cadde in mano romana nel 395 a.C. per opera del dittatore Furio Camillo.
- **17 Vis...accennasse**: *«Vuoi venire a Roma?», a qualcuno sembrò di vedere che essa (la) annuisse [con un cenno].*
- **18 sendo**: *essendo*.
- **19 parve...presupposta**: *a loro parve di udire quella risposta che per caso (per avventura) avevano presunto per la loro domanda.*
- **20 principi**: intende, come al solito, tutte le autorità laiche e religiose della città.
- **21 La quale...non sono**: *La quale religione, se si fosse mantenuta nei capi della comunità cristiana nei modi previsti dal suo ispiratore (dal datore d'essa) [: Cristo], gli Stati e le repubbliche cristiane sarebbero più unite e molto più felici di quanto non lo sono adesso.* Machiavelli ribadisce la superiorità della religione pagana greco-latina (socialmente rispettata e condivisa) nei confronti del cristianesimo che nella Chiesa di Roma ha storicamente trovato il suo "traditore" e nemico.
- **22 Né si...religione**: *E non possiamo avere prova più convincente del suo declino quanto vedere come i popoli più vicini (propinqui) alla Chiesa di Roma (centro della nostra religione) dimostrano minor senso religioso.*
- **23 E chi...fragello**: *E chi considerasse i suoi principi e vedesse quanto i comportamenti presenti sono diversi da quelli, riterrebbe senza dubbio assai vicini o la rovina o la punizione [delle colpe].* Queste frasi suonano come un tremendo atto di accusa verso la Chiesa e dimostrano la grande preoccupazione storica di Machiavelli, soprattutto qualora si consideri che dal 1513 al 1521 siede sul soglio pontificio Leone X, papa Medici, dunque strettamente collegato a Firenze e ai suoi interessi politici.
- **24 voglio...occorrono**: *voglio, contro quella [opinione], esaminare le ragioni che mi vengono in mente.*
- **25 non hanno repugnanzia**: *non possono essere contraddette.*
- **26 per gli...religione**: *a causa dei cattivi esempi offerti dalla corte pontificia, questo territorio [: l'Italia] ha perduto ogni rispetto verso la religione.*
- **27 obligo**: *obbligo di riconoscenza*, ma detto in senso ironico e sarcastico.

della rovina nostra. Questo è che la Chiesa ha tenuto e tiene questa provincia divisa. E veramente, alcuna provincia non fu mai unita o felice, se la non viene tutta alla ubbidienza d'una republica o d'uno principe, come è avvenuto alla Francia ed alla Spagna.[28] E la cagione che la Italia non sia in quel medesimo termine,[29] né abbia anch'ella o una republica o uno principe che la governi, è solamente la Chiesa: perché, avendovi quella abitato e tenuto imperio temporale, non è stata sì potente né di tanta virtù che l'abbia potuto occupare la tirannide d'Italia e farsene principe;[30] e non è stata, dall'altra parte, sì debole, che, per paura di non perdere il dominio delle sue cose temporali, la non abbia potuto convocare uno potente che la difenda contro a quello che in Italia fusse diventato troppo potente:[31] come si è veduto anticamente per assai esperienze, quando, mediante Carlo Magno, la ne cacciò i Longobardi,[32] ch'erano già quasi re di tutta Italia; e quando ne' tempi nostri ella tolse la potenza a' Viniziani con l'aiuto di Francia; di poi ne cacciò i Franciosi con l'aiuto de' Svizzeri.[33] Non essendo, adunque, stata la Chiesa potente da potere occupare la Italia, né avendo permesso che un altro la occupi, è stata cagione che la non è potuta venire sotto uno capo;[34] ma è stata sotto più principi e signori, da' quali è nata tanta disunione e tanta debolezza, che la si è condotta a essere stata preda, non solamente de' barbari potenti, ma di qualunque l'assalta.[35] Di che noi altri Italiani abbiamo obbligo con la Chiesa, e non con altri. E chi ne volesse per esperienza certa vedere più pronta la verità,[36] bisognerebbe che fusse di tanta potenza che mandasse ad abitare la corte romana, con l'autorità che l'ha in Italia, in le terre de' Svizzeri; i quali oggi sono, solo, popoli che vivono, e quanto alla religione e quanto agli ordini militari, secondo gli antichi:[37] e vedrebbe che in poco tempo farebbero più disordine in quella provincia i rei costumi di quella corte, che qualunque altro accidente che in qualunque tempo vi potesse surgere.[38]

- **28 se...Spagna**: *se non è tutta unificata nell'obbedire al potere di una repubblica o di un principe, come è accaduto in Francia e in Spagna.* Le «due potentissime ragioni» esposte da Machiavelli conserveranno la loro straordinaria attualità fino al Risorgimento quando, con la scomparsa dello Stato della Chiesa, sarà resa possibile la riunificazione, almeno territoriale, dell'Italia. Il riferimento alla situazione francese e spagnola, comunque, nasce all'autore dalla consapevolezza di una reale mancanza di peso politico da parte dei vari Stati italiani, di volta in volta sottomessi alle dinastie e al potere delle due grandi monarchie europee.
- **29 in quel...termine**: *nelle stesse condizioni* [: *della Francia e della Spagna*].
- **30 perché...principe**: *perché, pur avendo essa* [: *la Chiesa*] *la sua sede e il potere temporale in Italia, non è stata così potente né di tanto valore da riuscire a occupare il potere e istituirne il principato* (**farsene principe**).
- **31 e non...potente**: *e non è stata, per altro, così debole, per paura di perdere il controllo del potere temporale, da non chiamare in aiuto un potente che la difendesse contro quello* [*Stato*] *che fosse divenuto troppo forte*. Secondo Machiavelli, dunque, la Chiesa non solo divide geograficamente l'Italia, ma con la sua politica di alleanze contribuisce a mantenerla frantumata alimentando le lotte reciproche e le rivalità fra gli Stati italiani.
- **32 come...Longobardi**: *come si è potuto vedere nel passato in molti casi, quando, grazie a Carlo Magno, fece cacciare i Longobardi dall'Italia.* I Longobardi, a partire dal 568, si erano stabiliti nell'Italia settentrionale ma avevano territori anche in Italia centrale e meridionale (ducati di Spoleto e di Benevento), dunque a nord e a sud dello Stato della Chiesa. Proprio per impedire una loro pericolosa riunificazione, il Papato chiese più volte l'aiuto dei Franchi, che con Carlo Magno, nel 774, posero fine al potere longobardo in Italia.
- **33 e quando...Svizzeri**: Machiavelli si riferisce alla Lega di Cambrai stipulata nel 1508 da Giulio II con i Francesi, gli Asburgo, i Gonzaga, gli Este per impedire l'espansione territoriale di Venezia. La spregiudicatezza di tali alleanze emerge dal fatto che il Papato non esitò a chiedere l'appoggio della stessa Venezia (oltre che della Svizzera, della Spagna, dell'Inghilterra) per limitare l'influenza francese (Lega Santa).
- **34 la non...capo**: *non si è potuta riunificare sotto un unico capo.*
- **35 che la...l'assalta**: *che* [*l'Italia*] *si è ridotta a essere preda non solo dei forti Stati stranieri* (**barbari potenti**), *ma di chiunque l'assalga.*
- **36 chi...verità**: *chi volesse vedere, con prove certe, ancor più manifesta la verità.*
- **37 i quali...antichi**: *i quali oggi sono la sola popolazione che vive secondo i costumi degli antichi, in riferimento allo spirito religioso e agli ordinamenti militari.*
- **38 e vedrebbe...surgere**: Machiavelli spinge qui alle estreme conseguenze la critica verso il cattolicesimo romano. Egli sostiene che la corruzione della Curia è talmente insidiosa da riuscire a scardinare anche la radicata saldezza religiosa e morale degli Svizzeri. La forma del paradosso, inoltre, è funzionale all'attacco spietato e sarcastico nei confronti di un Papato ritenuto il responsabile principale delle disgrazie italiane.

T3 DALLA COMPRENSIONE ALL'INTERPRETAZIONE

COMPRENSIONE

La religione come strumento politico e le responsabilità della Chiesa Questo brano sviluppa due argomenti. Inizialmente (righi 1-45) Machiavelli riflette sull'**importanza della religione nella vita dello Stato**, affermando che essa è un elemento di coesione sociale e portando ad esempio l'armonia prodotta dalla religione pagana all'epoca dei Greci e dei Romani. Nella seconda parte del brano (righi 46-75) analizza la situazione italiana che presenta un **elemento disgregante** e dannoso: la **presenza in Italia dello Stato della Chiesa**. Il potere temporale dei Papi ha impedito la formazione di uno Stato unitario, portando l'Italia alla rovina. Inoltre il cattivo esempio fornito dalla curia papale ha allontanato il popolo dalla religione e dalla virtù.

ANALISI

Lo stile dell'indignazione Il brano è caratterizzato da un doppio registro stilistico. In un primo momento l'argomentazione procede in modo rigorosamente razionale; viceversa nella seconda parte del brano (a partire dal rigo 46) la polemica contro la Chiesa e contro quanti identificano in essa la possibilità stessa del «bene essere delle città d'Italia» introduce il **sarcasmo** e l'**ironia**, espressa dalla ripetizione della parola figurata «obblighi»: l'Italia avrebbe due obblighi, cioè due debiti, nei confronti della Chiesa: deve ringraziarla – sembra voler dire amaramente e dispettosamente Machiavelli – perché le ha fatto perdere lo spirito religioso e perché le ha impedito di divenire uno Stato nazionale unitario. Si noti che l'ironia non solo suggerisce una cosa per farne capire un'altra (in effetti l'Italia non deve ringraziare la Chiesa, perché deve a essa solo la sua disgrazia), ma contiene anche una qualche sfumatura di minaccia: il debito contratto con la Chiesa può essere risolto facendole pagare a caro prezzo i danni provocati. Nella parte finale del capitolo, l'autore arriva addirittura a immaginare – con significativo scarto d'umore polemico – che se la corte romana fosse spostata in Svizzera, anche i sani e robusti montanari che l'abitano ne sarebbero rapidamente corrotti, assimilandone «i rei costumi». Il passaggio dallo stile rigorosamente razionale della **dimostrazione logica** della prima parte del capitolo al **tono irritato e sferzante**, ricco di figure e di impennate, della parte conclusiva rivela un'alternanza di esiti che è caratteristica della scrittura machiavelliana e che infatti è riscontrabile anche nel *Principe*.

INTERPRETAZIONE

Machiavelli e la religione Machiavelli ha un **atteggiamento sostanzialmente antiecclesiastico**. Nel capitolo secondo del libro II dei *Discorsi* arriva a contrapporre la religione pagana dei Romani a quella cristiana e a preferire la prima, la quale induceva all'amore patrio e alla partecipazione collettiva, all'attività civile, mentre quella cristiana avrebbe incoraggiato l'ozio, l'ascetismo, la rassegnazione, la vita individuale. In siffatto atteggiamento un peso decisivo ha la **concezione materialistica della vita** di Machiavelli, la sua sostanziale estraneità a interessi per il trascendente. Nel capitolo precedente a questo non si può non notare una sfumatura di sarcasmo a proposito dei pur civilissimi fiorentini i quali arrivavano a credere che Savonarola potesse parlare con Dio. Machiavelli considera la religione esclusivamente dal punto di vista pratico-politico, in relazione alla fondazione di una nuova teoria della politica. E da questo punto di vista essa assume per lui una importanza fondamentale per la morale collettiva e per la coesione unitaria dello Stato.

T3 LAVORIAMO SUL TESTO

COMPRENDERE

1. Perché Machiavelli sostiene che i governanti devono mantenere la religione esistente, anche se la ritengono falsa?
2. Da quale punto di vista e per quali motivi Machiavelli giudica superiore la religione pagana?
3. Quale grave atto di accusa rivolge Machiavelli alla Chiesa romana?

ANALIZZARE

4. **LINGUA E LESSICO** Sottolinea nel testo le espressioni sarcastiche e/o ironiche.

LE MIE COMPETENZE: DIALOGARE

Le accuse mosse da Machiavelli alla Chiesa romana conservano la loro attualità fino al Risorgimento. Solo allora, infatti, con la scomparsa dello Stato della Chiesa, avviene l'unificazione territoriale dell'Italia. Ancora oggi, però, la Chiesa ha un peso importante nella vita politica italiana. In un articolo pubblicato il 5 agosto 2007 sul quotidiano «la Repubblica» Eugenio Scalfari ha affermato che «in Italia il Vaticano è una potenza politica oltre che religiosa», pronta a intervenire sulla scena politica esprimendosi sulle «materie sensibili» che mettono in gioco l'etica e la responsabilità individuale. Condividi il giudizio di Scalfari? Secondo te quali sono le «materie sensibili» del dibattito politico di oggi che interessano la Chiesa? È giusto e legittimo che la Chiesa prenda posizione intervenendo nella vita politica? Discutine con i compagni.

T4 — La fortuna e l'uomo

OPERA
Discorsi sopra la prima Deca di Tito Livio, Libro III, cap. IX

CONCETTI CHIAVE
- il potere della fortuna
- l'importanza di «riscontrare» il proprio comportamento con i tempi

FONTE
Discorsi sopra la prima Deca di Tito Livio, in N. Machiavelli, Tutte le opere, cit.

Riportiamo il capitolo nono del libro III, in cui Machiavelli riflette sul ruolo della fortuna nelle vicende umane.

COME CONVIENE VARIARE CO' TEMPI VOLENDO SEMPRE AVERE BUONA FORTUNA

Io ho considerato più volte come la cagione della trista e della buona fortuna degli uomini è riscontrare[1] il modo del procedere suo con i tempi: perché e' si vede che gli uomini nelle opere loro procedono, alcuni con impeto, alcuni con rispetto e con cauzione.[2] E perché nell'uno e nell'altro di questi modi si passano e' termini convenienti, non si potendo osservare la vera via, nell'uno e nell'altro si erra.[3] Ma quello viene ad errare meno, ed avere la fortuna prospera, che riscontra, come ho detto, con il suo modo il tempo, e sempre mai si procede, secondo ti sforza la natura.[4] Ciascuno sa come Fabio Massimo[5] procedeva con lo esercito suo rispettivamente e cautamente, discosto[6] da ogni impeto e da ogni audacia romana; e la buona fortuna fece che questo suo modo riscontrò bene con i tempi. Perché, sendo venuto Annibale in Italia, giovane e con una fortuna fresca, ed avendo già rotto il popolo romano due volte; ed essendo quella repubblica priva quasi della sua buona milizia, e sbigottita; non potette sortire migliore fortuna, che avere uno capitano il quale, con la sua tardità e cauzione, tenessi a bada il nimico.[7] Né ancora Fabio potette riscontrare tempi più convenienti a' modi suoi:[8] di che ne nacque che fu glorioso. E che Fabio facessi questo per natura, e non per elezione,[9] si vide, che, volendo Scipione passare in Affrica con quegli eserciti per ultimare la guerra, Fabio la contradisse assai, come quello che non si poteva spiccare da' suoi modi e dalla consuetudine sua;[10] talché, se fusse stato a lui,[11] Annibale sarebbe ancora in Italia; come quello che non si avvedeva che gli erano mutati i tempi, e che bisognava mutare modo di guerra.[12] E se Fabio fusse stato re di Roma, poteva facilmente perdere quella guerra; perché non arebbe saputo variare, col procedere suo, secondo che variavono i tempi: ma essendo nato in una repubblica dove erano diversi cittadini e diversi umori, come la ebbe Fabio, che fu ottimo ne' tempi debiti a sostenere la guerra, così ebbe poi Scipione, ne' tempi atti a vincerla.[13]

- **1 riscontrare**: *far incontrare, per mettere in sintonia*.
- **2 alcuni...cauzione**: *alcuni in modo impetuoso, altri con prudenza e con cautela*. La politica, secondo Machiavelli, dovrebbe equilibrarsi tra queste due modalità di comportamento.
- **3 si passano...erra**: *si superano i limiti della convenienza, non riuscendo ad attenersi alla vera via* [: l'equilibrio tra le due], *si sbaglia nell'uno o nell'altro* [modo].
- **4 Ma...natura**: *Ma quello che, come ho detto, fa incontrare il tempo con il suo modo* [di agire] *viene a sbagliare meno e ad avere la fortuna prospera, e sempre procede a seconda di come ti costringe la natura*.
- **5 Fabio Massimo**: Quinto Fabio Massimo fu eletto dittatore dopo la disfatta delle legioni romane al lago Trasimeno (217). Era soprannominato *Cunctator*, il Temporeggiatore, per la sua tattica attendistica nelle operazioni di guerra, per altro ben evidenziata da Machiavelli con i due avverbi: **rispettivamente** e **cautamente**.
- **6 discosto**: *lontano*.
- **7 Perché...nimico**: *Perché, essendo giunto Annibale in Italia, giovane e con una fortuna recente* [: ancora da sperimentare], *e avendo già sconfitto il popolo romano due volte* [: nelle battaglie sul Ticino e sul Trasimeno], *ed essendo quasi priva quella repubblica del suo valido esercito e atterrita, non poté avere in sorte miglior fortuna di un capitano che con la sua lentezza e prudenza tenesse a bada il nemico*. Fabio Massimo, insomma, è l'uomo giusto al momento giusto e che adatta le proprie doti personali al mutevole orientarsi della fortuna.
- **8 Né...suoi**: *Né Fabio avrebbe potuto incontrare tempi più propizi al suo comportamento*. I momenti della storia e della "fortuna" esaltano una particolare predisposizione che deve sempre adattarsi al rapido capovolgimento delle situazioni.
- **9 elezione**: *scelta*.
- **10 si vide...sua**: *si vide quando, volendo Scipione passare in Africa con gli eserciti per porre fine alla guerra, egli contrastò molto la cosa, poiché* (**come quello che**) *non poteva allontanarsi dai suoi modi* [di agire] *e dalle sue abitudini*.
- **11 se...lui**: *se fosse dipeso da lui*.
- **12 come...guerra**: Machiavelli vuol dire che il comportamento di Fabio Massimo si è rivelato utile per la repubblica in un dato momento storico, ma nel mutare degli eventi l'incapacità di adeguamento diviene un pericolo ed è nocivo alle risoluzioni più urgenti.
- **13 ma...vincerla**: *ma poiché era nato in una repubblica con molti cittadini di diverso temperamento* (**diversi cittadini e diversi umori**), *così come essa* [: la repubblica] *ebbe Fabio che fu ottimo nel momento opportuno a non perdere la guerra, in seguito ebbe Scipione nella circostanza adatta a vincerla*. Da questo passo si potrebbe arguire una superiorità del modello repubblicano (aperto al contributo dei molti) rispetto al regime principesco (dominato dal giudizio del singolo). Ma il pensiero di Machiavelli, in altri passaggi, tende a far emergere costantemente il primato della Fortuna, spesso regolatrice di tutte le vicende umane.

Quinci[14] nasce che una republica ha maggiore vita, ed ha più lungamente buona fortuna, che uno principato; perché la può meglio accomodarsi alla diversità de' temporali,[15] per la diversità de' cittadini che sono in quella, che non può uno principe. Perché un uomo che sia consueto a procedere in uno modo, non si muta mai, come è detto; e conviene di necessità che, quando e' si mutano i tempi disformi a quel suo modo, che rovini.[16]

Piero Soderini,[17] altre volte preallegato,[18] procedeva in tutte le cose sue con umanità e pazienza. Prosperò egli e la sua patria, mentre che i tempi furono conformi al modo del procedere suo: ma come e' vennero dipoi tempi dove e' bisognava rompere la pazienza e la umiltà,[19] non lo seppe fare; talché insieme con la sua patria rovinò. Papa Iulio II[20] procedette in tutto il tempo del suo pontificato con impeto e con furia; e perché gli tempi l'accompagnarono bene,[21] gli riuscirono le sua imprese tutte. Ma se fossero venuti altri tempi che avessono ricerco altro consiglio,[22] di necessità rovinava; perché non arebbe mutato né modo né ordine nel maneggiarsi.[23] E che noi non ci possiamo mutare, ne sono cagioni due cose: l'una, che noi non ci possiano opporre a quello a che c'inclina la natura;[24] l'altra, che, avendo uno con uno modo di procedere prosperato assai, non è possibile persuadergli che possa fare bene a procedere altrimenti: donde ne nasce che in uno uomo la fortuna varia, perché ella varia i tempi, ed elli non varia i modi.[25] Nascene ancora le rovine delle cittadi, per non si variare gli ordini delle republiche co' tempi;[26] come lungamente di sopra discorremo: ma sono più tarde, perché le penono più a variare, perché bisogna che venghino tempi che commuovino tutta la republica; a che uno solo, col variare il modo del procedere, non basta.[27]

- 14 **Quinci**: *Da ciò.*
- 15 **alla...temporali**: *alla molteplicità delle situazioni.*
- 16 **e conviene...rovini**: *avviene di necessità che, quando cambiano i tempi, [divenuti] estranei al suo comportamento, egli vada in rovina.*
- 17 **Piero Soderini**: Soderini (1452-1522), legato a Piero de' Medici, fu nominato gonfaloniere a vita della Repubblica fiorentina. Dopo essere stato allontanato da Firenze con il ritorno dei Medici (1512) si rifugiò a Roma presso papa Leone X.
- 18 **altre volte preallegato**: *già citato in altri momenti.*
- 19 **rompere...umiltà**: *tagliar corto con la pazienza e la moderazione.*
- 20 **Papa Iulio II**: Giulio II (Giuliano della Rovere, 1443-1513), pontefice dal 1503, strinse una serie di spregiudicate alleanze con tutti i principali Stati italiani ed europei al fine di garantire un difficile equilibrio territoriale e politico allo Stato della Chiesa.
- 21 **e perché...bene**: *e poiché le circostanze lo assecondarono bene [nei suoi propositi].*
- 22 **che...consiglio**: *che avessero richiesto (ricerco) un carattere diverso (consiglio)?* **Avessono** è la forma consueta di imperfetto congiuntivo in italiano antico; **ricerco** è forma accorciata dei participi deboli della prima coniugazione ("ricerco" al posto di "ricercato").
- 23 **perché non...maneggiarsi**: *in quanto non avrebbe cambiato né il modo né l'ordine del suo comportamento.* Il carattere combattivo e indomito di Giulio II non si sarebbe adattato al mutare dei tempi e lo avrebbe condotto alla rovina.
- 24 **a quello...natura**: *a quello, verso cui ci spinge la nostra natura [: la nostra indole].*
- 25 **perché ella...i modi**: il difficile rapporto tra l'uomo e la Fortuna si gioca tutto nella capacità di andare incontro ai travolgimenti delle situazioni, sapendo anche rinunciare agli aspetti del nostro carattere che, in particolari circostanze, ci hanno portato al successo, ma che non possono in ogni caso farci ipotecare e prevedere il futuro.
- 26 **Nascene...tempi**: *Ne deriva anche la rovina della città, per il fatto che non vengono variati gli ordinamenti delle repubbliche insieme con le situazioni.*
- 27 **ma sono...non basta**: *ma [le repubbliche] sono più lente, perché esse impiegano più tempo a modificarsi, e perché occorre che arrivino momenti che scuotano tutta la Repubblica; e per far questo (a che) non è sufficiente il cambiamento nel modo di comportarsi di un solo uomo.* Appare abbastanza chiaro, dunque, che la "lentezza" della Repubblica è un vantaggio in una situazione di prosperità come consolidamento del successo, ma diviene impedimento alla trasformazione nel momento delle decisioni rapide e immediate. L'atteggiamento fondamentale, comunque, sembra improntato a un sostanziale pessimismo nella reale impossibilità di afferrare l'ambivalenza della Fortuna.

T4 DALLA COMPRENSIONE ALL'INTERPRETAZIONE

COMPRENSIONE

La fortuna governa l'agire degli uomini? Per Machiavelli **la fortuna condiziona l'uomo** non solo attraverso **gli imprevisti del caso** ma anche attraverso l'indole che gli dà alla nascita. La prima forma di condizionamento porta l'individuo a dover fronteggiare situazioni sempre nuove e dunque a dover adattarsi a circostanze che richiedono doti ogni volta diverse d'ingegno e di carattere; ed è a questo punto che comincia ad agire il secondo tipo di condizionamento. In teoria riuscirebbe ad avere successo chi può adeguarsi di continuo al variare dei tempi e dei casi. Gli Stati repubblicani, dove esiste una volontà collettiva, essendo più stabili e non dipendendo da una singola persona, possono resistere meglio dei principati agli assalti della fortuna, ma poi presentano un altro tipo di difficoltà: dovendo persuadere troppe persone, sono troppo lenti ad adattarsi ai tempi. Quanto ai principati, essi dipendono dall'indole del principe, e poiché è quasi impossibile che questi riesca a modificarla per far fronte al mutare dei tempi e degli eventi, essi facilmente cadono in rovina. L'**indole degli uomini**, infatti, è o **"rispettiva"** (cauta, ponderata) o **"impetuosa"**, e non è possibile passare agevolmente dall'una all'altra: così, per esempio, quando **Pier Soderini**, che aveva un'indole del primo tipo, dovette fronteggiare una situazione che esigeva invece doti del secondo tipo, non poté che cadere in rovina.

ANALISI

Gli esempi degli antichi Nel brano che abbiamo letto l'argomentazione procede attraverso la continua **esemplificazione di episodi e personaggi del passato** che però possono "parlare all'oggi": così le antiche vicende di Quinto Fabio Massimo il Temporeggiatore e di Scipione l'Africano sono rievocate perché aiutano a decodificare il comportamento politico di Pier Soderini e di Giulio II. Per Machiavelli lo studio della storia consente infatti di analizzare le **costanti di lunga durata** che condizionano la politica, perché l'uomo tende a reagire in modo eguale di fronte a situazioni che tendenzialmente si ripetono eguali nei secoli. Così, parlando dell'antica Roma, anche nei *Discorsi* Machiavelli non rinuncia mai a scrivere per il suo tempo e a considerare **la storia del passato in funzione di una migliore consapevolezza politica dei problemi dell'oggi**. Più che «documentare», egli intende proporre interpretazioni politiche personali e suscitare dibattiti sulle più urgenti questioni della storia politica contemporanea.

INTERPRETAZIONE

Il tema della fortuna nell'opera di Machiavelli Il tema della fortuna è al centro anche del **capitolo XXV del *Principe*** (cfr. cap. VIII, § 11 e **S5**, p. 284). Ma mentre nel *Principe* si considera soprattutto il rapporto fra il singolo, il principe e la fortuna, qui si parla anche del **rapporto fra la vita di uno Stato e gli imprevisti** collegati al mutare dei tempi e della sorte. Per questo si indica nella repubblica una forma istituzionale che, essendo fondata sulla volontà collettiva, appare meno esposta ai colpi della fortuna, mentre i principati, che dipendono solo da un individuo, sono più condizionati dall'indole di costui. Inoltre nel *Principe* si concludeva che, essendo la fortuna donna, essa si lascia dominare dai caratteri impetuosi più che da quelli "rispettivi". Invece nei *Discorsi* si considera solo l'impossibilità degli individui di variare la propria indole, impetuosa o "rispettiva" che sia, con il variare dei tempi, cosicché alla fine è impossibile per il singolo sfuggire alla rovina. Nei *Discorsi*, ponendo l'attenzione sull'evoluzione degli Stati e sugli aspetti che ne permettono la durata, Machiavelli suggerisce l'esigenza di trovare meccanismi di potere così duttili da permettere un **"riscontro" dei modi di governo con i "tempi"**, vale a dire processi di adattamento alle situazioni mutate. Non si tratta dunque semplicemente, per i leader, di trovare una via di mezzo fra modi "impetuosi" o "rispettivi", ma di saper individuare, di volta in volta, attraverso lo studio delle situazioni reali, i modi adatti di un riscontro vincente con i "tempi". Sta qui **la debolezza delle repubbliche**: se da un lato sono più solide e meno esposte agli assalti della fortuna perché dipendono meno dall'indole di un solo uomo, dall'altro, però, sono meno rapide ad adattarsi alle circostanze perché devono persuadere a tale mutamento una intera collettività. Come si vede, la conclusione di Machiavelli resta problematica e sostanzialmente più pessimistica che nel *Principe*: questo trattato, infatti, per il suo carattere di manifesto, ostentava una maggiore fiducia nell'azione e nei comportamenti energici e risoluti dei caratteri impetuosi. Nei *Discorsi*, in modo ancor più netto che nel *Principe*, alla fine trionfa comunque la fortuna.

T4 LAVORIAMO SUL TESTO

COMPRENDERE

1. In che cosa individua Machiavelli la causa del successo delle azioni umane?
2. Da che cosa deduce Machiavelli che una repubblica ha «maggiore vita» di un principato?

ANALIZZARE

3. **LINGUA E LESSICO** Trova due o più sinonimi del vocabolo «fortuna».

INTERPRETARE

4. Se è difficile cambiare il proprio carattere e comportamento, come può l'individuo trovare la via di un accordo con circostanze sempre diverse? Il successo dipende in ultima istanza dalla virtù del singolo o dalla fortuna?

6 L'*Arte della guerra* e gli ultimi scritti politici

Gli ultimi scritti politici

Dopo i *Discorsi*, gli scritti politici più importanti elaborati da Machiavelli nella seconda fase della sua vita sono *Dell'arte della guerra*, composto fra il 1519 e il 1520, *Discorso delle cose fiorentine dopo la morte di Lorenzo*, anch'esso del 1520, e *Relazione di una visita fatta per fortificare Firenze*, del 1526.

I sette libri di *Dell'arte della guerra*

L'opera principale è **Dell'arte della guerra**, che ebbe grande e immediato successo, anche perché circolò subito (dal 1521) a stampa, a differenza delle altre opere di Machiavelli che furono stampate solo postume. È dedicata a Lorenzo di Filippo Strozzi, esponente di spicco della vita cittadina di Firenze, ed è **suddivisa in sette libri**, nei quali un famoso condottiero dell'esercito spagnolo, Fabrizio Colonna, dialoga con vari interlocutori, fra cui Zanobi Buondelmonti, cui erano dedicati i *Discorsi*.

Rapporto fra *Dell'arte della guerra* e i *Discorsi*

L'***Arte della guerra* va strettamente collegata ai *Discorsi***, di cui riprende le tesi principali, e al *Discorso dell'ordinare lo stato di Firenze alle armi* del 1506 (cfr. § 3), da cui riprende l'idea dell'arruolamento di un esercito di cittadini contro la tendenza prevalente ad avvalersi di truppe mercenarie. Dai *Discorsi* si recupera il carattere esemplare della storia dell'antica Roma, il cui insegnamento va assunto a modello anche nell'arte militare. La Roma repubblicana ha mostrato come **la questione militare non sia tecnica, ma politica**. Essa va vista nel suo rapporto di interdipendenza con gli ordinamenti politici dello Stato e con la società civile nel suo complesso. Può essere militarmente forte solo uno Stato unito da una tensione etico-politica e dunque capace di coinvolgere i cittadini sul piano politico come su quello militare. L'organizzazione e la disciplina delle legioni nascevano dalla forte identificazione dei soldati-cittadini con lo Stato. **Le truppe mercenarie invece** non sono capaci di altrettanta disciplina, sono insubordinate e anarchiche, perché agiscono per ragioni

Il carattere esemplare dell'antica Roma: un esercito di cittadini, non di mercenari

Libro cinese in bambù, XVIII secolo. Riverside, University of California.

L'arte della guerra, un testo cinese datato al VI secolo a.C. e attribuito a Sun Tzu, è un libro che gode di grande fortuna: in particolare in anni recenti uomini politici e manager lo hanno spesso citato come libro dal quale trarre insegnamenti sulla *leadership*. Articolato per temi e in capitoli è un libro che si pone a metà fra il manuale di strategie militari e la riflessione filosofica ed etica sulla guerra e sul comando.

ARTE DELLA GUERRA		
data di composizione • 1519-1520	**genere** • trattato in forma di dialogo	**argomenti** • composizione dell'esercito • importanza delle "armi proprie" dello Stato e polemica contro le truppe mercenarie • decadenza della cavalleria e importanza della fanteria

Il mestiere delle armi, film del 2001 di Ermanno Olmi.

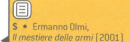

S • Ermanno Olmi, *Il mestiere delle armi* (2001)

egoistiche: dunque non sono affidabili né militarmente né politicamente. La crisi degli Stati italiani dipende appunto dal ricorso a tali milizie. Lo Stato perfetto deve invece fondarsi su **"armi proprie"**, cioè su un esercito popolare che dipenda direttamente ed esclusivamente dal potere politico.

L'opera contiene una serie di **suggerimenti specifici sulla tecnica militare**, sugli assedi, sull'ordine di marcia, sulle fortificazioni, sugli aspetti positivi e negativi degli eserciti francesi, spagnoli, svizzeri. Machiavelli mostra di **sottovalutare** ancora il **ruolo delle armi da fuoco**, limitandosi ad affermare la necessità dell'artiglieria negli assedi (cfr. cap. I, § 4). Invece intuisce perfettamente la **decadenza della cavalleria** e il ruolo decisivo della fanteria. In questa intuizione gioca un peso determinante non solo la constatazione obbiettiva della realtà militare dell'epoca ma anche la coscienza della decadenza della nobiltà che formava i ranghi della cavalleria.

E tuttavia, anche l'*Arte della guerra*, come *Il Principe*, **non è solo un trattato scientifico**. Vuole avere una funzione politica immediata. Non manca quindi, nella sua conclusione, un tono appassionato: con alta eloquenza l'autore si rivolge ai giovani, ai futuri dirigenti, perché pongano fine alla inettitudine attuale dei principi italiani (cfr. T5).

Una affascinante rilettura della complessa realtà delle guerre cinquecentesche, con al centro la figura di un leggendario condottiero, Giovanni dalle Bande Nere, è offerta dal film di Ermanno Olmi, *Il mestiere delle armi*.

Sottovalutazione delle armi da fuoco

L'intuizione della decadenza della cavalleria

L'appello conclusivo ai giovani

T5 Contro l'inettitudine dei principi italiani

OPERA
Arte della guerra

CONCETTI CHIAVE
- le colpe dei principi
- la crisi italiana

FONTE
Arte della guerra, in
N. Machiavelli, *Tutte le opere*, cit.

*Riportiamo qui la conclusione dell'*Arte della guerra *che ospita una sferzante polemica contro l'inettitudine politica dei principi italiani.*

Credevano i nostri principi italiani, prima ch'egli assaggiassero i colpi delle oltramontane guerre,[1] che a uno principe bastasse sapere negli scrittoi[2] pensare una acuta risposta, scrivere una bella lettera, mostrare ne' detti e nelle parole arguzia e prontezza, sapere tessere una fraude,[3] ornarsi di gemme e d'oro, dormire e mangiare con maggiore splendore che gli altri, tenere assai

---

• **1 delle...guerre**: intende le guerre (e gli eserciti) provenienti dall'altra parte delle Alpi.
• **2 negli scrittoi**: cioè nelle stanze riservate alla scrittura e lettura degli atti ufficiali della corte.
• **3 una fraude**: *un inganno*, dal latino "fraudem".

lascivie intorno,[4] governarsi co' sudditi avaramente e superbamente,[5] marcirsi nello ozio, dare i gradi della milizia per grazia[6] disprezzare se alcuno avesse loro dimostro[7] alcuna lodevole via, volere che le parole loro fussero responsi di oracoli,[8] né si accorgevano i meschini che si preparavano ad essere preda di qualunque gli assaltava. Di qui nacquero poi nel mille quattrocento novantaquattro i grandi spaventi, le sùbite fughe e le miracolose perdite;[9] e così tre potentissimi stati che erano in Italia, sono stati più volte saccheggiati e guasti.[10] Ma quello che è peggio, è che quegli che ci restano[11] stanno nel medesimo errore e vivono nel medesimo disordine, e non considerano che quegli che anticamente volevano tenere lo stato, facevano e facevano fare tutte quelle cose che da mesi sono ragionate, e che il loro studio[12] era preparare il corpo a' disagi e lo animo a non temere i pericoli. Onde nasceva che Cesare, Alessandro e tutti quegli uomini e principi eccellenti, erano i primi tra' combattitori,[13] andavano armati a piè, e se pure perdevano lo stato, e' volevano perdere la vita; talmente che vivevano e morivano virtuosamente. E se in loro, o in parte di loro, si poteva dannare[14] troppa ambizione di regnare, mai non si troverrà che in loro si danni alcuna mollizie[15] o alcuna cosa che faccia gli uomini delicati e imbelli. Le quali cose, se da questi principi fussero lette e credute, sarebbe impossibile che loro non mutassero forma di vivere e le provincie loro[16] non mutassero fortuna. E perché voi, nel principio di questo nostro ragionamento, vi dolesti della vostra ordinanza,[17] io vi dico che, se voi la avete ordinata come io ho di sopra ragionato ed ella abbia dato di sé con buona esperienza, voi ragionevolmente ve ne potete dolere; ma s'ella non è così ordinata ed esercitata come ho detto, ella può dolersi di voi che avete fatto uno abortivo,[18] non una figura perfetta. I Viniziani ancora e il duca di Ferrara la cominciarono e non la seguirono,[19] il che è stato per difetto loro, non degli uomini loro. E io vi affermo che qualunque di quelli che tengono oggi stati in Italia prima entrerrà per questa via, fia,[20] prima che alcuno altro, signore di questa provincia; e interverrà[21] allo stato suo come al regno de' Macedoni, il quale, venendo sotto a Filippo[22] che aveva imparato il modo dello ordinare gli eserciti da Epaminonda tebano, diventò,[23] con questo ordine e con questi esercizi, mentre che l'altra Grecia stava in ozio e attendeva a recitare commedie, tanto potente che potette in pochi anni tutta occuparla, e al figliuolo lasciare tale fondamento,[24] che potéo[25] farsi principe di tutto il mondo. Colui adunque che disprezia questi pensieri, s'egli è principe, disprezia il principato suo; s'egli è cittadino, la sua città. E io mi dolgo della natura, la quale o ella non mi dovea fare conoscitore di questo, o ella mi dovea dare facultà a poterlo eseguire.[26] Né penso oggimai,[27] essendo vecchio, poterne ave-

---

- [4] **tenere...intorno**: *circondandosi di comportamenti licenziosi.*
- [5] **governarsi...superbamente**: *trattare con i sudditi in modo avaro e altezzoso.*
- [6] **dare...grazia**: *dare i gradi militari per concessione* [e non per merito].
- [7] **dimostro**: *dimostrato*, nella consueta forma accorciata di participio debole.
- [8] **responsi di oracoli**: vuol dire 'parole inappellabili, sicure'.
- [9] **Di qui...perdite**: *Da ciò derivarono nel 1494 i grandi spaventi, le fughe improvvise* (**sùbite**) *e le perdite incredibili* (**miracolose**). Il 1494 è l'anno della famosa calata in Italia di Carlo VIII re di Francia; mentre i **tre potentissimi stati** di cui parla dopo sono probabilmente Venezia, Firenze e Napoli.
- [10] **guasti**: *devastati*.
- [11] **che ci restano**: *che sono rimasti*.
- [12] **il loro studio**: *la loro applicazione*. In tutto il periodo Machiavelli intende sottolineare la differenza tra il mondo antico e il suo presente: per i Greci e per i Romani guidare lo Stato significava anche combattere per difenderlo e saper fare in prima persona ogni cosa che fosse ordinata agli altri. Tutto questo suona come un monito per i principi italiani e la loro storica inettitudine.
- [13] **erano...combattitori**: *combattevano in prima linea*.
- [14] **dannare**: *condannare* (cfr. subito dopo **si danni**).
- [15] **mollizie**: *debolezza*.
- [16] **le provincie loro**: *i loro Stati*.
- [17] **vi...ordinanza**: *vi lamentaste dei vostri ordinamenti*. Machiavelli aveva ottenuto nel dicembre del 1506 l'incarico di provvedere all'arruolamento di truppe, da lui proposto, tra i contadini della zona del Mugello, per evitare di richiedere mercenari.
- [18] **uno abortivo**: *un aborto*, e dunque una cosa incompiuta e imperfetta.
- [19] **I Viniziani...seguirono**: *Anche i Veneziani e il duca di Ferrara la iniziarono e non la continuarono*: si riferisce al reclutamento tra i cittadini dello Stato per limitare quello degli eserciti mercenari. Il **duca** è Ercole I marchese d'Este (1431-1505).
- [20] **fia**: *sarà*, nell'antica forma di futuro.
- [21] **interverrà**: *accadrà*.
- [22] **venendo...Filippo**: *trovandosi sotto il regno di Filippo*. È Filippo di Macedonia (382-336 a.C.), padre di Alessandro Magno. **Epaminonda**, citato subito dopo, è il grande stratega e uomo politico di Tebe (420/415-362 a.C.).
- [23] **diventò**: da collegare a **tanto potente**.
- [24] **tale fondamento**: indica l'insieme delle opere militari e organizzative poste alla base del regno macedone ed ereditate dal figlio Alessandro.
- [25] **potéo**: *poté*.
- [26] **E io...eseguire**: *E io mi lamento della natura che o non mi doveva rendere consapevole di questo, o doveva darmi la possibilità di eseguirlo*. È un passo famoso dell'*Arte della guerra* che suona (anche se affidato a Francesco Colonna) come una confessione amara e lucidissima dello stesso Machiavelli: l'esattezza della riflessione conoscitiva non è purtroppo garanzia di un effettivo miglioramento dello Stato e della sua organizzazione (civile e militare).
- [27] **oggimai**: *ormai*.

re alcuna occasione; e per questo io ne sono stato con voi liberale,[28] che, essendo giovani e qualificati, potrete, quando le cose dette da me vi piacciano, ai debiti tempi, in favore de' vostri principi, aiutarle e consigliarle. Di che non voglio vi sbigottiate o diffidiate, perché questa provincia pare nata per risuscitare le cose morte,[29] come si è visto della poesia, della pittura e della scultura. Ma quanto a me si aspetta,[30] per essere in là con gli anni, me ne diffido. E veramente, se la fortuna mi avesse conceduto per lo addietro tanto stato quanto basta a una simile impresa, io crederei, in brevissimo tempo, avere dimostro al mondo quanto gli antichi ordini vagliono; e sanza dubbio io l'arei accresciuto con gloria o perduto sanza vergogna.[31]

- **28 per questo…liberale**: *per questo [motivo] io ne sono stato con voi così generoso*, ha voluto, cioè, offrire spiegazioni e suggerimenti dettati dall'esperienza.
- **29 Di che…morte**: *Della qual cosa non voglio che vi spaventiate o siate sfiduciati, perché questa terra* [: l'Italia] *sembra nata per riportare in vita* (**per risuscitare**) *le cose morte*. Machiavelli intende riferirsi al periodo dell'Umanesimo e del Rinascimento in cui la cultura si era ricondotta ai modelli greco-latini quali basi di una moderna riconsiderazione estetica e filosofica. Nei *Discorsi* la polemica antiumanistica di Machiavelli è rivolta proprio contro la mancata acquisizione di quei modelli anche in campo politico e militare.
- **30 Ma…aspetta**: *Ma per quello che mi riguarda*.
- **31 E veramente…vergogna**: *E in verità, se la fortuna mi avesse concesso nel passato tanto potere all'interno dello Stato quanto è sufficiente per una simile impresa, io credo che avrei dimostrato al mondo in pochissimo tempo quanto valore abbiano gli antichi ordinamenti; e senza dubbio lo* [: lo Stato] *avrei accresciuto con gloria o l'avrei perduto senza vergogna*. Si riprende qui il pensiero espresso in precedenza: le sue analisi rimangono circoscritte a un livello soltanto teorico per la mancanza di un reale peso politico che ne favorisca la verifica nel presente. L'appello ai giovani perché mettano in pratica i risultati della sua grande esperienza politica e umana riflette, in realtà, un pessimismo di fondo derivato dall'amaro confronto tra i valori della Grecia classica o la forza morale della Roma repubblicana rispetto alla generale decadenza degli Stati italiani.

T5 DALLA COMPRENSIONE ALL'INTERPRETAZIONE

COMPRENSIONE E ANALISI

La responsabilità dei Signori italiani Come nel *Principe*, anche nell'*Arte della guerra* la pagina finale fa registrare un **innalzamento del tono** del discorso. Il dialogo lascia posto al **monologo di Fabrizio Colonna**, attraverso cui l'autore comunica la propria passione e quasi si confessa quando rimprovera alla natura di avergli dato la facoltà di avere grandi cognizioni teoriche ma non di metterle in pratica: «E io mi dolgo della natura, la quale o ella non mi dovea fare conoscitore di questo, o ella mi dovea dare facoltà a poterlo eseguire». Va notato che Machiavelli pone in stato d'accusa non solo i principi italiani a lui contemporanei ma anche quelli che avevano goduto del clima di pace intercorso fra gli accordi di Lodi (1454) e la discesa di Carlo VIII in Italia (1494). L'amore dei principi per le forme e per il lusso, la scelta dell'ozio e di una cultura astratta, il credere che fosse decisivo per loro mostrarsi colti, arguti, eleganti e il **disinteresse per le arti della politica** e per quelle militari erano già allora indizi **della futura decadenza italiana**. Il brano si chiude con un vibrante appello ai giovani governatori affinché mettano fine al malgoverno.

INTERPRETAZIONE

Coscienza della crisi e speranza di riscatto Questa sferzante condanna dei principi italiani posta in bocca al protagonista del dialogo, **Fabrizio Colonna, portavoce delle idee dell'autore**, dimostra lo spirito combattivo e la passione politica di Machiavelli. Per lui la politica è un duro esercizio dell'intelligenza e della volontà e il principe è responsabile della conservazione dello Stato: gli si richiede dunque quell'impegno politico esclusivo e tenace profuso da tutti i grandi statisti del passato. Ma i Signori italiani del Quattrocento e del Cinquecento si sono illusi di poter governare dedicandosi ai raffinati rituali della civiltà di corte, vivendo tra il lusso e i piaceri, disinteressandosi della gestione del potere e del destino dei sudditi. Per questo sono stati travolti dalle invasioni degli eserciti stranieri. Il brano che abbiamo letto esprime da un lato lo sdegno di Machiavelli, dall'altro la sua profonda **consapevolezza della crisi italiana**. La coscienza della crisi convive, però, con lo **slancio combattivo e utopico** e con la speranza del riscatto che emergono dall'appello ai giovani.

T5 LAVORIAMO SUL TESTO

COMPRENDERE E ANALIZZARE

1. Come spiega Machiavelli la crisi politica italiana?

INTERPRETARE

2. Nel ritratto che Machiavelli fa dei principi italiani è implicita una critica alla cultura umanistica?

3. Perché Machiavelli dà tanta importanza alla questione militare?

7 Machiavelli storico: le *Istorie fiorentine*

L'attività storiografica di Machiavelli

L'attività storiografica di Machiavelli è circoscritta agli ultimi anni della sua vita. Da Giulio de' Medici, nel 1520, ebbe l'incarico di scrivere una **storia di Firenze** per conto dello Studio fiorentino, dietro un compenso di 100 fiorini «di conio» (cioè nuovi, meno valutati dei vecchi). Nello stesso anno a Lucca raccolse il materiale che gli servì per scrivere la ***Vita di Castruccio Castracani***, condottiero lucchese del Trecento.

Le *Istorie fiorentine*, in otto libri

Le *Istorie fiorentine*, in otto libri, furono scritte fra il 1520 e il 1525, quando furono offerte a Giulio de' Medici divenuto ormai papa con il nome di Clemente VII. Saranno pubblicate postume nel 1532. Narrano i fatti storici sino alla morte di Lorenzo il Magnifico (1492). Il **primo libro** contiene un ampio *excursus* sulla storia d'Italia a partire dalla caduta dell'impero romano. Il **secondo libro** parla della fondazione di Firenze e giunge sino al 1353; poi, **a partire dal terzo libro**, la cronaca dei fatti diventa sempre più analitica e minuziosa.

Il Proemio

Nel **Proemio** l'autore avvisa che avrebbe voluto iniziare il racconto storico dal 1434, anno a cui si erano fermate le storie scritte nel secolo precedente da Leonardo Bruni e da Poggio Bracciolini, ma che è stato costretto a partire da più lontano, perché i due storici avevano evitato di trattare in modo diffuso le discordie civili fiorentine precedenti a questa data. Ma proprio dal resoconto delle divisioni e degli errori del passato è possibile trarre motivi di insegnamento per il presente.

T • *Il proemio delle Istorie fiorentine*

A Machiavelli interessa, più della documentazione, l'interpretazione dei fatti storici, in modo da trarne insegnamento

Già dal Proemio si può vedere l'**animo militante di Machiavelli storiografo**. A lui interessa soprattutto che la storia sia maestra di vita. Dunque egli **legge i fatti storici nella prospettiva di trarne lezioni politiche attuali**. Anche sotto il profilo storiografico Machiavelli **si conferma un saggista**, a cui **non interessa tanto la documentazione dei fatti quanto la loro interpretazione**. E infatti, sotto il profilo della documentazione, le *Istorie fiorentine* lasciano molto a desiderare: l'autore non fa specifiche ricerche ma si limita a seguire le sue fonti (da Villani e Capponi a Bruni) senza neppure confrontarle fra loro, ma scegliendo di volta in volta la versione dei fatti che più si presta alla sua interpretazione politica. Egli vuole raccontare la storia di Firenze mostrando come lo smarrimento delle antiche virtù municipali, la lotta delle fazioni, la mancanza di gruppi dirigenti capaci, l'incapacità di assumere a modello l'antica Roma hanno prodotto la crisi politica della città e, più in generale, di tutti gli Stati italiani. I **temi di fondo**, come si vede, sono gli stessi dei *Discorsi*. Proprio per mantenere un'autonomia di giudizio l'autore si ferma alla morte di Lorenzo il Magnifico senza

ISTORIE FIORENTINE		
data di composizione • tra il 1520 e il 1525 (pubblicazione postuma nel 1532)	**genere** • opera storiografica in otto libri	**argomenti** • fatti storici dalla caduta dell'Impero romano alla morte di Lorenzo de' Medici (1492)

Sebastiano del Piombo, *Clemente VII*, 1531. Los Angeles, The J. Paul Getty Museum.

L'artificio dei "discorsi"

raccontare fatti più attuali e quindi senza dover giudicare l'operato recente dei Medici (l'opera, fra l'altro, era stata commissionata, come abbiamo sopra ricordato, proprio da Giulio de' Medici). Inoltre, Machiavelli si serve dell'**artificio dei "discorsi"** messi in bocca ai protagonisti, per esporre il proprio punto di vista. Particolarmente facendo parlare gli "avversari" di Firenze Machiavelli può avanzare le proprie interpretazioni senza incorrere nell'accusa di parzialità.

Storiografia come saggistica

Le *Istorie fiorentine* sono insomma un esempio di **storiografia impostata in modo saggistico**, ove l'interpretazione spregiudicata della storia conta di più della precisione della narrazione e della documentazione scientifica dei fatti.

8 Le opere letterarie: la novella di *Belfagor arcidiavolo*

Primato della politica sulla letteratura nella concezione machiavelliana

Per Machiavelli la letteratura e le arti non costituiscono un valore superiore. Rappresentano un motivo di diletto che va comunque posposto all'attività politica, perché soltanto quest'ultima può giovare al benessere collettivo. Questa **posizione antiumanistica** non comporta affatto un disprezzo per la letteratura e per le arti. Anzi Machiavelli si interessa di letteratura e di poesia in tutto l'arco della sua vita, e nella lettera al Vettori del dicembre 1513 (cfr. T1, p. 183) mostra tutto il proprio rispetto per i grandi maestri del passato, dai latini a Dante e Petrarca. Egli interviene anche nel **dibattito sulla questione della lingua** sostenendo, nel *Discorso intorno alla nostra lingua*, una propria posizione, diversa da quella che poi sarà espressa da Bembo nelle *Prose della volgar lingua*, fondata sulla esemplarità dei classici trecenteschi, e da quella di Trissino (ma poi anche di Castiglione) che optava invece per la lingua in uso nelle corti (cfr. cap. I, § 11, e cap. VI, § 2). Machiavelli sostiene invece la necessità di **rifarsi al fiorentino contemporaneo**.

La posizione di Machiavelli nel dibattito sulla lingua

La produzione poetica

D'altra parte, per Machiavelli la letteratura è anzitutto una forma di comunicazione all'interno dei gruppi dirigenti e delle famiglie colte della città di Firenze. **La sua poesia**, per esempio, è spesso d'occasione, secondo una tradizione fiorentina riattualizzata da Lorenzo il Magnifico. Anche Machiavelli scrive, per esempio, **canti carnascialeschi**. Inoltre la poesia è considerata un momento di riflessione e di conversazione su temi civili, politici, morali, al confine fra il bilancio storico (in cui rientra il *Decennale primo*, in terzine, sul decennio 1494-1504, e quanto ci resta dell'incompiuto *Decennale secondo*, sul decennio seguente) e la discussione etico-filosofica, in cui rientrano i quattro **"capitoli morali"**, scritti fra il 1504 e il 1512, che hanno per argomento la fortuna, l'ingratitudine, l'ambizione.

Il poema l'*Asino*

Intorno al 1517-1518 Machiavelli elaborò il suo progetto poetico più ambizioso, in cui intendeva esporre la propria concezione della vita, il **poema in terzine l'*Asino***. Machiavelli si rifà all'*Asino d'oro* di Apuleio e ai riti di iniziazione. In prima persona vi si racconta la permanenza nel regno di Circe, in un gregge di animali che rappresentano vari tipi di uomo. Il poema si interrompe prima della trasformazione del protagonista in asino. Nelle forme della parodia, l'assunzione del punto di vista animale, e dunque di una prospettiva volutamente bassa e "comica", serve a smascherare il mondo umano, la sua convenzionalità e gli ideali umanistici allora di moda.

Belfagor arcidiavolo

Il tema misogino

Rinvia all'impegno "comico" anche l'elaborazione di alcune novelle. Purtroppo ne resta solo una, scritta probabilmente nel 1518, intitolata *Favola*, ma più nota con il titolo di **Belfagor arcidiavolo** (cfr. T6). Machiavelli vi riprende la **tradizione misogina** e l'**argomento della beffa**, caro a Boccaccio (indubbiamente uno dei maestri di Machiavelli novelliere). Che le mogli siano la rovina dell'uomo è provato dalle sventure di un diavolo, Belfagor, inviato sulla terra a verificare la condizione degli uomini sposati che in genere giudicano la vita familiare peggiore dell'inferno stesso. Alla fine **Belfagor**, dopo aver constatato che il vero inferno è su questa terra dove i rapporti umani sono determinati solo dall'egoismo e dalle ragioni economiche, preferisce tornare nel regno dei diavoli e dei dannati piuttosto che correre il rischio di sottoporsi di nuovo al giogo matrimoniale e alle beffe di un villano, **Gianmatteo del Brica**, presso cui aveva trovato temporanea salvezza dai creditori. Anche qui, come nell'*Asino*, la vita umana è vista da una angolatura inedita – qui, quella di un diavolo – che ne rovescia comicamente le prospettive.

T6 Belfagor arcidiavolo

OPERA
Belfagor arcidiavolo

CONCETTI CHIAVE
- la misoginia
- l'inedito punto di vista di un diavolo

FONTE
N. Machiavelli, *Belfagor arcidiavolo*, in *Tutte le opere*, cit.

Un diavolo, Belfagor, viene mandato in missione sulla terra, ma dopo avere fatto una breve e parziale esperienza del nostro – assai più terribile – inferno, preferisce sfidare l'ira di Plutone e tornare nel luogo confortevole da cui è venuto. Nella novella l'assunzione del punto di vista di un diavolo serve in realtà per smascherare gli egoismi, le cattiverie, gli inganni, la dimensione infernale insomma, della vita umana. Riportiamo la novella dal momento in cui Belfagor diventa uomo.

Presa adunque Belfagor[1] la conditione[2] et i danari, ne venne nel mondo; et ordinato di sua masnade[3] cavagli et compagni, entrò honoratissimamente in Firenze; la quale città innanzi a tutte l'altre elesse per suo domicilio, come quella che gli pareva più atta a sopportare chi con arte usurarie exercitassi i suoi danari.[4] Et, fattosi chiamare Roderigo di Castigla, prese una casa a ficto nel Borgo d'Ognisanti; et perché non si potessino rinvenire le sue conditioni, dixe esser-

5

- **1 Belfagor**: il nome viene usato nella Bibbia per tradurre Baal-Peor, dio dei Moabiti e Medianiti. Secondo san Girolamo si tratta della divinità sessuale di Priapo.
- **2 la conditione**: le caratteristiche e l'aspetto umano.
- **3 ordinato di sua masnade**: corredato di una schiera infernale ai suoi ordini.
- **4 più atta…danari**: più adatta a tollerare [la presenza di] chi mettesse a frutto (**exercitassi**) i suoi soldi con l'arte dell'usura.

si da piccolo partito di Spagna et itone in Soria,[5] et havere in Aleppe guadagnato tutte le sue facultà; donde s'era poi partito per venire in Italia a prehender donna in luoghi più humani et alla vita civile et allo animo suo più conformi. Era Roderigo bellissimo huomo et monstrava una età di trenta anni; et havendo in pochi giorni dimostro[6] di quante richeze abundassi et dando exempli di sé di essere humano et liberale,[7] molti nobili cittadini, che havevano assai figlole et pochi danari, se gli offerivano.[8] Intra le quali tutte Roderigo scielse una bellissima fanciulla chiamata Onesta, figluola di Amerigo Donati, il quale ne haveva tre altre insieme con tre figluoli maschi tutti huomini,[9] et quelle erano quasi che da marito; et benché fussi d'una nobilissima famigla et di lui fussi in Firenze tenuto buono conto, nondimanco era, rispetto alla brigata havea et alla nobilità, poverissimo.[10] Fecie Roderigo magnifiche et splendidissime noze, né lasciò indietro[11] alcuna di quelle cose, che in simili feste si desiderano. Et essendo, per la legge che gli era stata data nello uscire d'inferno, sottoposto a tutte le passioni humane, sùbito cominciò a piglare piacere degli honori et delle pompe del mondo et havere caro di essere laudato intra gli huomini, il che gli arrecava spesa non piccola. Oltr'a di questo non fu dimorato molto con la sua mona[12] Onesta, che se ne innamorò fuori di misura, né poteva vivere qualunque volta la vedeva stare trista et havere alcuno dispiacere. Haveva mona Onesta portato in casa di Roderigo, insieme con la nobilità et con la belleza, tanta superbia che non ne hebbe mai tanta Lucifero; et Roderigo, che haveva provata l'una et l'altra,[13] giudicava quella della mogle superiore; ma diventò di lunga maggiore, come prima quella si accorse dello amore che il marito le portava; et parendole poterlo da ogni parte signoreggiare, sanza alcuna piatà o rispetto lo comandava, né dubitava, quando da lui alcuna cosa gli era negata, con parole villane et iniuriose morderlo:[14] il che era a Roderigo cagione di inestimabile noia.[15] Pur nondimeno il suocero, i fratelli, il parentado, l'obligo del matrimonio[16] et, sopratutto, il grande amore le portava gli faceva havere patienza. Io voglio lasciare ire le grande spese, che, per contentarla, faceva in vestirla di nuove usanze et contentarla di nuove fogge,[17] che continuamente la nostra città per sua naturale consuetudine varia; ché fu necessitato,[18] volendo stare in pace con lei, aiutare al suocero maritar l'altre sue figluole: dove spese grossa somma di danari. Dopo questo, volendo havere bene[19] con quella, gli convenne mandare uno de' fratelli in Levante con panni,[20] un altro in Ponente con drappi,[21] all'altro aprire uno battiloro[22] in Firenze: nelle quali cose dispensò la maggiore parte delle sue fortune. Oltre a di questo, ne' tempi de' carnasciali[23] et de' San Giovanni,[24] quando tucta la città per antica consuetudine festeggia et che molti cittadini nobili et richi con splendidissimi conviti si honorono, per non essere mona Onesta all'altre donne inferiore, voleva che il suo Roderigo con simili feste tutti gli altri superassi. Le quali cose tutte erano da lui per le sopradette cagioni sopportate; né gli sarebbono, anchora che gravissime, parute gravi a farle,[25] se da questo ne fussi nata la quiete della casa sua et s'egli havessi potuto pacificamente aspettare i tempi della sua rovina. Ma gl'interveniva l'opposto,[26] per-

---

- **5 et itone in Soria**: *e [di essersene] andato in Siria*.
- **6 dimostro**: *dimostrato*.
- **7 humano et liberale**: *nobile e generoso*.
- **8 se gli offerivano**: *gliele offrivano [in moglie]*.
- **9 tre figluoli...huomini**: *tre figli maschi tutti adulti*.
- **10 nondimanco...poverissimo**: *nondimeno era [: Amerigo Donati] un uomo poverissimo, considerando la schiera numerosa dei familiari e la sua nobiltà*.
- **11 né lasciò indietro**: *ne trascurò*.
- **12 non fu...mona**: *non visse molto tempo con la sua signora (mona)*.
- **13 et Roderigo...l'altra**: *e Roderigo, che aveva fatto esperienza dell'una e dell'altra*. Ossia, aveva conosciuto la superbia di Lucifero quando era diavolo e ora vedeva da uomo quella di monna Onesta.
- **14 né dubitava...morderlo**: *né esitava, quando lui gli negava qualche cosa, ad aggredirlo (morderlo) con parole scortesi e ingiuriose*.
- **15 cagione...noia**: *ragione di grandissimo dispiacere*.
- **16 l'obligo del matrimonio**: *il dovere matrimoniale*.
- **17 Io...fogge**: *Io voglio tralasciare (lasciare ire) le grandi spese che facevo per accontentarla vestendola secondo l'ultima moda e appagando il suo desiderio di nuovi abiti*.
- **18 ché...necessitato**: *che anzi fu costretto*.
- **19 volendo havere bene**: *volendo stare in pace*.
- **20 gli convenne...panni**: *gli toccò inviare uno dei fratelli [di mona Onesta] in Oriente con un carico di panni per commerciarli*.
- **21 drappi**: *il drappo è un tessuto di seta di notevole pregio e finezza*.
- **22 battiloro**: *antico, bottega del battiloro, ossia dell'artigiano che lavorava l'oro*.
- **23 carnasciali**: *carnevale; antico e letterario*.
- **24 de' San Giovanni**: *è la festa del patrono di Firenze*.
- **25 né gli sarebbono...a farle**: *e non gli sarebbero sembrate (parute) pesanti da fare, sebbene fossero [in effetti] pesantissime*.
- **26 Ma...l'opposto**: *Ma gli accadeva l'opposto*.

ché, con le insopportabili spese, la insolente natura di lei infinite incommodità gli arrecava; et non erano in casa sua né servi né serventi che, nonché molto tempo, ma brevissimi giorni la potessino sopportare; donde ne nascevano a Roderigo disagi gravissimi per non potere tenere servo fidato che havessi amore alle cose sua; et, nonché altri, quegli diavoli, i quali in persona di famigli haveva condotti seco, più tosto elessono[27] di tornarsene in inferno ad stare nel fuoco, che vivere nel mondo sotto lo imperio di quella.

Standosi adunque Roderigo in questa tumultuosa et inquieta vita, et havendo per le disordinate spese già consumato quanto mobile si haveva riserbato,[28] cominciò a vivere sopra la speranza de' ritracti,[29] che di Ponente et di Levante aspettava; et havendo anchora buono credito, per non mancare di suo grado, prese ad cambio.[30] Et girandogli già molti marchi adosso, fu presto notato da quegli, che in simile exercitio in Mercato si travaglano.[31] Et essendo di già il caso suo tenero,[32] vennero in un sùbito di Levante et di Ponente nuove[33] come l'uno de' frategli di mona Onesta s'aveva giucato tutto il mobile di Roderigo, et che l'altro, tornando sopra una nave carica di sua mercatantie sanza essersi altrimenti assicurato,[34] era insieme con quelle annegato. Né fu prima publicata questa cosa che i creditori di Roderigo si ristrinsono insieme;[35] et giudicando che fussi spacciato, né possendo ancora scoprirsi per non essere venuto il tempo de' pagamenti loro,[36] concluson che fussi bene observarlo così dextramente, acciò che dal detto al facto di nascoso non se ne fuggissi.[37] Roderigo, da l'altra parte, non veggiendo al caso suo rimedio et sapiendo a quanto la leggie infernale lo costringeva,[38] pensò di fuggirsi in ogni modo. Et montato una mattina a cavallo, habitando propinquo[39] alla Porta al Prato, per quella se ne uscì. Né prima fu veduta la partita sua, che il romore si levò fra i creditori, i quali, ricorsi a i magistrati, non solamente con i cursori, ma popularmente si missono a seguirlo.[40] Non era Roderigo, quando se gli lievò drieto il romore, dilungato da la città uno miglio; in modo che, vedendosi a male partito, deliberò, per fuggire più secreto, uscire di strada[41] et atraverso per gli campi cercare sua fortuna. Ma sendo,[42] a fare questo, impedito da le assai fosse, che atraversano il paese, né potendo per questo ire a cavallo, si misse a fuggire a piè et, lasciata la cavalcatura in su la strada, atraversando di campo in campo, coperto da le vigne et da' canneti, di che quel paese abonda, arrivò sopra Peretola a casa[43] Gianmatteo del Bricha, lavoratore di Giovanni del Bene e a sorte trovò Gianmatteo che arrecava a casa da rodere a i buoi,[44] et se gli raccomandò promettendogli, che se lo salvava dalle mani de' suoi nimici, i quali, per farlo morire in prigione, lo seguitavano, che lo farebbe ricco et gliene darebbe innanzi alla sua partita tale saggio che gli crederebbe;[45] et quando questo non facessi, era contento che esso proprio lo ponessi in mano a i suoi aversarii.[46] Era Gianmatteo, anchora che contadi-

- **27** **più tosto elessono**: *preferirono piuttosto*.
- **28** **quanto...riserbato**: *tutto quanto il capitale in denaro (mobile) che aveva messo da parte*.
- **29** **ritracti**: *guadagni*.
- **30** **et havendo...cambio**: *e godendo ancora di un buon credito, per non venir meno la sua dignità, firmò cambiali (prese ad cambio)*.
- **31** **Et girandogli...travaglano**: *E girando già troppe cambiali (marchi) a suo carico (adosso), fu presto notato da quelle persone che con una simile attività [: di concedere crediti] operano nel mercato*.
- **32** **Et essendo...tenero**: *E essendo la sua situazione economica ormai matura [: sull'orlo del fallimento]*.
- **33** **vennero...nuove**: *giunsero presto da Oriente e da Occidente notizie*.
- **34** **sanza...assicurato**: *senza aver stipulato alcuna assicurazione [: sulla merce che tra-*sportava].
- **35** **Né...insieme**: *Né ancora era stata resa pubblica questa notizia [: delle perdite di Roderigo], che i creditori di Roderigo si unirono insieme [contro di lui]*.
- **36** **né...loro**: *né potendo ancora agire apertamente [secondo i termini di legge] non essendo ancora scaduto il tempo [della riscossione] dei loro crediti*.
- **37** **observarlo...fuggissi**: *controllarlo così accortamente, affinché all'improvviso [: dal dire al fare] di nascosto non fuggisse*.
- **38** **et sapiendo...costringeva**: *e sapendo quali erano le regole a cui lo costringeva la leggge infernale. Belfagor infatti deve comportarsi come un uomo senza far ricorso alle facoltà della sua natura diabolica*.
- **39** **propinquo**: *dal latino "propinquus", derivato di "prope"* = *vicino*.
- **40** **non solamente...seguirlo**: *si misero a* seguirlo non solo con l'aiuto degli uscieri, ma addirittura del popolo.
- **41** **Non era...strada**: *Non era Roderigo ancora lontano un miglio dalla città, quando gli si levò dietro il rumore [del popolo che lo inseguiva]: cosicché, vedendosi in difficoltà, decise, per fuggire più nascostamente, di uscire dalla strada*.
- **42** **sendo**: *essendo, poiché era*.
- **43** **a casa**: *a casa di*; **Peretola** *è presso Firenze*.
- **44** **arrecava...buoi**: *portava a casa il mangiare (da rodere) ai buoi*.
- **45** **tale...crederebbe**: *una prova tale da convincerlo*.
- **46** **et gliene...aversarii**: *e gliene darebbe prima di andarsene un tal anticipo che crederebbe [alla sua parola]; e se non facesse questo era contento che proprio lui lo consegnasse nelle mani dei suoi nemici*.

no, huomo animoso,⁴⁷ et giudicando non potere perdere a piglare partito di salvarlo, liene promisse;⁴⁸ et cacciatolo in uno monte di letame, quale haveva davanti a la sua casa, lo ricoperse con cannuccie et altre mondigle⁴⁹ che per ardere haveva ragunate. Non era Roderigo apena fornito di nascondersi,⁵⁰ che i suoi perseguitatori sopradgiunsono et, per spaventi⁵¹ che facessino a Gianmatteo, non trassono mai da lui che lo havessi visto;⁵² talché, passati più innanzi, havendolo invano quel dì et quell'altro cercho,⁵³ strachi⁵⁴ se ne tornorno a Firenze. Gianmatteo adunque, cessato il romore et tractolo del loco dove era, lo richiese della fede data.⁵⁵ Al quale Roderigo dixe: – Fratello mio, io ho con teco un grande obligo et lo voglio in ogni modo sodisfare; et perché tu creda che io possa farlo, ti dirò chi io sono. – Et quivi gli narrò di suo essere et delle leggi havute allo uscire d'inferno et della mogle tolta; et di più gli disse il modo, con il quale lo voleva arichire: che insumma sarebbe questo, che, come ei sentiva che alcuna donna fussi spiritata,⁵⁶ credessi lui essere quello che le fussi adosso; né mai se n'uscirebbe, s'egli non venissi a trarnelo;⁵⁷ donde harebbe occasione di farsi a suo modo pagare da i parenti di quella. Et, rimasi in questa conclusione,⁵⁸ sparì via.

Né passorno molti giorni, che si sparse⁵⁹ per tucto Firenze, come una figluola di messer Ambruogio Amidei, la quale haveva maritata a Bonaiuto Tebalducci, era indemoniata; né mancorno⁶⁰ i parenti di farvi tutti quegli remedii, che in simili accidenti si fanno, ponendole in capo la testa di san Zanobi et il mantello di san Giovanni Gualberto.⁶¹ Le quali cose tutte da Roderigo erano uccellate.⁶² Et, per chiarire ciascuno come il male della fanciulla era uno spirito et non altra fantastica imaginatione, parlava in latino et disputava delle cose di philosophia et scopriva i peccati di molti; intra i quali scoperse quelli d'uno frate che si haveva tenuta una femmina vestita ad uso di fraticino più di quattro anni nella sua cella:⁶³ le quali cose facevano maravigliare ciascuno. Viveva pertanto messer Ambruogio mal contento;⁶⁴ et havendo invano provati tutti i remedi, haveva perduta ogni speranza di guarirla, quando Gianmatteo venne a trovarlo et gli promisse la salute⁶⁵ de la sua figluola, quando gli voglia donare cinquecento

Hieronymus Bosch, *La Superbia*, particolare dei *Sette peccati capitali*, fine del XV secolo. Madrid, Museo del Prado.

La scena è articolata in due piani: in primo piano un ambiente domestico in cui un diavolo sembra prendersi gioco della donna che si specchia, e in secondo piano, oltre l'apertura a destra, un ambiente buio in cui un secondo personaggio vestito di nero tiene alto uno specchio, forse in una specie di rito magico. Lo specchio, infatti, simbolo di prudenza ma anche di superbia e di vanagloria, era considerato un oggetto demoniaco, capace di distorcere la percezione della realtà e di mettere in contatto con il diavolo.

- **47** **animoso**: *d'ingegno.*
- **48** **et giudicando…promisse**: *e pensando di non poter perdere nulla nel prendere l'iniziativa di salvarlo, gli promise di farlo.*
- **49** **mondigle**: *rifiuti, scorie della mondatura.*
- **50** **Non era…nascondersi**: *Aveva Roderigo appena finito di nascondersi.*
- **51** **spaventi**: *minacce.*
- **52** **non…visto**: *non gli cavarono mai di bocca che lo avesse visto.*
- **53** **cercho**: *cercato.*
- **54** **strachi**: *sfiniti.*
- **55** **lo richiese…data**: *gli chiese di mantener fede alla promessa data.*
- **56** **spiritata**: *indemoniata.*
- **57** **credessi…trarnelo**: *ritenesse che era lui [: Roderigo] a possederla; né l'abbandonerebbe, se egli non venisse a cacciarlo fuori.*
- **58** **Et, rimasi…conclusione**: *E, rimasti con questo accordo.*
- **59** **si sparse**: *si sparse la voce.*
- **60** **mancorno**: *mancarono, tralasciarono.*
- **61** **la testa…Gualberto**: *reliquie che si credeva avessero il potere di risanare gli indemoniati.*
- **62** **erano uccellate**: *erano derise.*
- **63** **d'uno frate…cella**: *si tratta di un episodio realmente avvenuto nel 1466.*
- **64** **mal contento**: *scontento, in difficoltà.*
- **65** **la salute**: *la guarigione.*

115 fiorini per comperare uno podere a Peretola. Acceptò messer Ambruogio il partito: donde Gianmatteo, fatte dire prima certe messe et facte sua cerimonie per abbellire la cosa, si accostò a gli orechi della fanciulla et dixe: – Roderigo, io sono venuto a trovarti perché tu mi observi la promessa.[66] – Al quale Roderigo rispose: – Io sono contento. Ma questo non basta a farti ricco. Et però, partito che io sarò di qui, enterrò[67] nella figluola di Carlo, re di Napoli, né
120 mai n'uscirò sanza te. Farà'ti alhora fare una mancia a tuo modo. Né poi mi darai più briga. – Et detto questo s'uscì da dosso a colei con piacere et admiratione di tucta Firenze.

Non passò dipoi molto tempo, che per tutta Italia si sparse l'accidente venuto a la figluola del re Carlo.[68] Né vi si trovando rimedio, havuta il re notitia di Gianmatteo, mandò a Firenze per lui.[69] Il quale, arrivato a Napoli, dopo qualche finta cerimonia la guarì. Ma Roderigo, prima
125 che partissi, dixe: – Tu vedi, Gianmatteo, io ti ho observato le promesse di haverti arrichito. Et però, sendo disobligo,[70] io non ti sono più tenuto di cosa alcuna. Pertanto sarai contento non mi capitare più innanzi, perché, dove io ti ho facto bene, ti farei per lo advenire[71] male. – Tornato adunque ad Firenze Gianmatteo richissimo, perché haveva havuto da il re meglo che[72] cinquantamila ducati, pensava di godersi quelle richeze pacificamente, non creden-
130 do però che Roderigo pensassi di offenderlo.[73] Ma questo suo pensiero fu sùbito turbato da una nuova[74] che venne, come una figluola di Lodovico septimo, re di Francia, era spiritata. La quale nuova alterò tutta la mente di Gianmatteo, pensando a l'auctorità di quel re et a le parole che gli haveva Roderigo dette. Non trovando adunque quel re alla sua figluola rimedio, et intendendo la virtù di Gianmatteo, mandò prima a richiederlo semplicemente per uno
135 suo cursore.[75] Ma, allegando quello certe indispositioni, fu forzato quel re a richiederne la Signoria. La quale forzò Gianmatteo a ubbidire.[76] Andato pertanto costui tutto sconsolato a Parigi, mostrò prima a il re come egli era certa cosa che per lo adrieto haveva guarita qualche indemoniata, ma che non era per questo ch'egli sapessi o potessi guarire tutti, perché se ne trovavano di sì perfida natura che non temevano né minaccie né incanti né alcuna religione;
140 ma con tutto questo era per fare suo debito[77] et, non gli riuscendo, ne domandava scusa et perdono. Al quale il re turbato dixe che se non la guariva, che lo appenderebbe.[78] Sentì per questo Gianmatteo dolore grande; pure, facto buono quore,[79] fecie venire la indemoniata; et, acostatosi all'orechio di quella, humilmente si raccomandò a Roderigo, ricordandogli il benificio factogli et di quanta ingratitudine sarebbe exemplo, se lo abbandonassi in tanta necessità.[80]
145 Al quale Roderigo dixe: – Do![81] villan traditore, sì che tu hai ardire di venirmi innanzi? Credi tu poterti vantare d'essere arrichito per le mia mani?[82] Io voglio mostrare a te et a ciascuno come io so dare et tòrre ogni cosa a mia posta;[83] et innanzi che tu ti parta di qui,[84] io ti farò impiccare in ogni modo. – Donde che[85] Gianmatteo, non veggiendo per allora rimedio, pensò di tentare la sua fortuna per un'altra via. Et facto andare via la spiritata, dixe al re: – Sire, come io vi ho
150 detto, e' sono di molti spiriti che sono sì maligni che con loro non si ha alcuno buono partito, et questo è uno di quegli. Pertanto io voglio fare una ultima sperienza; la quale se gioverà, la vostra Maestà et io harénno la intentione nostra; quando non giovi, io sarò nelle tua forze[86] et

- **66** **perché...promessa**: *affinché tu mantenga la promessa fattami.*
- **67** **enterrò**: *entrerò.*
- **68** **si sparse...re Carlo**: *si sparse la voce della disgrazia (accidente) avvenuta alla figlia del re Carlo.*
- **69** **Né...lui**: *E non trovando rimedio a ciò, essendo venuto a sapere di Gianmatteo, mandò a chiamarlo a Firenze.*
- **70** **sendo disobligo**: *essendomi disobbligato.*
- **71** **per lo advenire**: *in futuro.*
- **72** **meglo che**: *più di.*
- **73** **non credendo...offenderlo**: *non credendo che Roderigo [in futuro] potesse recargli danno.*
- **74** **nuova**: *notizia.*
- **75** **cursore**: *inviato.*
- **76** **Ma...ubbidire**: *Ma, adducendo egli come scusa certe indispositioni, quel re fu costretto a richiedere l'intervento della Signoria [: del potere politico]. La quale costrinse Gianmatteo a ubbidire.*
- **77** **ma...debito**: *ma malgrado questo era lì per fare il suo dovere.*
- **78** **Al quale...appenderebbe**: *Al che il re turbato disse che se non la guariva lo avrebbe impiccato.*
- **79** **pure...quore**: *pur tuttavia, fattosi coraggio.*
- **80** **et di quanta...necessità**: *e di quanta ingratitudine darebbe prova, se lo abbandonasse mentre aveva tanto bisogno di aiuto.*
- **81** **Do!**: *Toh!*
- **82** **per le mia mani**: *per opera mia.*
- **83** **come...posta**: *come io so dare e togliere a mio piacimento.*
- **84** **et innanzi...di qui**: *e prima che tu possa andartene di qui.*
- **85** **Donde che**: *Motivo per cui.*
- **86** **la quale...forze**: *la quale (sperienza) se riuscirà (gioverà), la Vostra Maestà e io otterremo il nostro intento; se non dovesse riuscire, io sarò nelle tue mani.*

harai di me quella compassione che merita la innocentia mia. Farai pertanto fare in su la piaza di Nostra Dama[87] un palco grande et capace di tucti i tuoi baroni et di tutto il clero di questa città;[88] farai parare[89] il palco di drappi di seta et d'oro; fabbricherai nel mezo di quello uno altare; et voglo che domenica mattina proxima tu con il clero, insieme con tutti i tuoi principi et baroni, con la reale pompa, con splendidi et richi abigliamenti, conveniate sopra quello, dove, celebrata prima una solenne messa, farai venire la indemoniata. Voglo, oltr'a di questo, che da l'uno canto de la piaza sieno insieme venti persone almeno che habbino trombe, corni, tamburi, cornamuse, cembanelle,[90] cemboli[91] et d'ogni altra qualità romori; i quali, quando io alzerò uno cappello, dieno in quegli strumenti, et, sonando, ne venghino verso il palco:[92] le quali cose, insieme con certi altri segreti rimedii, credo che faranno partire questo spirito.

Fu sùbito da il re ordinato tucto; et, venuta la domenica mattina et ripieno il palco di personaggi et la piaza di populo, celebrata la messa, venne la spiritata conducta in sul palco per le mani di dua vescovi e molti signori. Quando Roderigo vide tanto popolo insieme et tanto apparato, rimase quasi che stupido, et fra sé dixe: – Che cosa ha pensato di fare questo poltrone di questo villano? Crede egli sbigottirmi con questa pompa? non sa egli che io sono uso a vedere le pompe del cielo et le furie dello inferno? Io lo gastigherò in ogni modo. – Et, accostandosegli Gianmatteo et pregandolo che dovessi uscire, gli dixe: – O, tu hai facto il bel pensiero![93] Che credi tu fare con questi tuoi apparati? Credi tu fuggire per questo la potenza mia et l'ira del re? Villano ribaldo,[94] io ti farò impiccare in ogni modo. – Et così ripregandolo quello, et quell'altro dicendogli villania, non parve a Gianmatteo di perdere più tempo. Et facto il cenno con il cappello, tucti quegli, che erano a romoreggiare diputati, dettono in quegli suoni,[95] et con romori che andavono al cielo ne vennono[96] verso il palco. Al quale romore alzò Roderigo gli orechi et, non sappiendo che cosa fussi et stando forte maraviglato, tucto stupido domandò Gianmatteo che cosa quella fussi. Al quale Gianmatteo tutto turbato dixe: – Oimè, Roderigo mio! quella è móglata che ti viene a ritrovare.[97] – Fu cosa maravigliosa a pensare quanta alteratione di mente recassi a Roderigo sentire ricordare il nome della mogle. La quale fu tanta che, non pensando s'egli era possibile o ragionevole se la fussi dessa,[98] sanza replicare altro, tucto spaventato, se ne fuggì lasciando la fanciulla libera, et volse più tosto tornarsene in inferno a rendere ragione delle sua actioni, che di nuovo con tanti fastidii, dispetti e periculi sottoporsi al giogo matrimoniale.

Et così Belfagor, tornato in inferno, fece fede de' mali che conduceva in una casa la mogle. Et Gianmatteo, che ne seppe più che il diavolo, se ne ritornò tucto lieto a casa.

- **87 in su la piaza…Dama**: davanti al sagrato della cattedrale di Nôtre Dame.
- **88 capace…città**: capace di contenere tutti i tuoi baroni e tutto il clero di questa città.
- **89 parare**: ornare.
- **90 cembanelle**: strumento a percussione del tipo del timpano.
- **91 cemboli**: cembali, piatti.
- **92 et d'ogni…palco**: e ogni altro tipo di rumori; i quali, quando io alzerò un cappello, si producano con quelli strumenti, e, suonando vengano verso il palco.
- **93 O, tu…pensiero!**: Tu hai avuto una bella idea!
- **94 ribaldo**: briccone.
- **95 tucti…suoni**: e tutti quelli, che erano incaricati di produrre rumore, iniziarono a suonare.
- **96 ne vennono**: vennero.
- **97 quella…ritrovare**: quella è tua moglie che ti viene a riprendere.
- **98 non…dessa**: non pensando se era possibile o razionale che fosse proprio lei.

T6 DALLA COMPRENSIONE ALL'INTERPRETAZIONE

COMPRENSIONE

La vicenda Plutone, re dell'inferno, decide di mandare un diavolo sulla terra a vivere da uomo ammogliato, per verificare se è vero che la vita coniugale è peggiore dell'inferno. Invia **Belfagor**, con una forte somma di denaro e diversi diavoli trasformati in servitori: dovrà sposarsi e restare sulla terra dieci anni. Belfagor, divenuto uomo, va a vivere a Firenze e si sposa, finendo vittima della moglie, **madonna Onesta**, che lo costringe a contrarre un debito dietro l'altro. Il povero diavolo deve fuggire, inseguito dai creditori. Viene salvato da un contadino, **Gianmatteo del Brica**. Per compensarlo, promette di farlo diventare ricco come esorcista delle indemoniate. Belfagor infatti penetra nel corpo di alcune donne e ne esce quando il contadino glielo chiede. Fattolo diventare ricco, Belfagor dichiara di non volerlo aiutare più; e in effetti, quando Gianmatteo viene chiamato dal **re di Francia** per liberare dal demonio la figlia, si rifiuta di andare in suo soccorso. Gianmatteo rischia così di essere condannato a morte dal re. A questo punto il villano organizza una **beffa ai danni di Belfagor** facendogli credere che sta per giungere la moglie: il diavolo si spaventa a tal punto che lascia la fanciulla e fugge per sempre nell'inferno. Il mondo umano è davvero peggiore di quello infernale!

ANALISI

Stereotipi e luoghi comuni In questa novella, scritta probabilmente nel 1518, Machiavelli riprende la polemica contro le donne e il tema della beffa, caro a Boccaccio e alla **tradizione novellistica fiorentina**. In particolare la novella di Belfagor arcidiavolo sviluppa ed espande in forma narrativa due **luoghi comuni** molto diffusi nella novellistica del tempo. Il primo è che l'inferno è preferibile al matrimonio; il secondo che il villano ne sa una più del diavolo. Il primo luogo comune rientra nella **tradizione misogina**, ampiamente diffusa nel Medioevo e nel Rinascimento, che considera le donne solo una fonte di guai per l'uomo (è un motivo sviluppato, per esempio, già da Boccaccio nel *Corbaccio*). Il secondo rispecchia la credenza popolare per cui, come recita un proverbio ancor oggi in uso, **il contadino** ha "scarpe grosse e cervello fino": cioè nonostante la sua rozzezza è in realtà furbo e scaltro. È interessante notare che l'uno e l'altro stereotipo hanno anche i rispettivi contrari: la donna nel Medioevo e nel Rinascimento è anche la creatura angelicata della poesia lirica, mentre il contadino compare in alcune opere come personaggio sciocco e incolto.

Il motivo della beffa Gianmatteo del Brica è molto più furbo del diavolo e lo dimostra beffandolo: per convincerlo ad abbandonare il corpo della posseduta, finge che la moglie di Roderigo sia venuta a cercarlo. Il motivo della beffa è un vero e proprio *topos* della novellistica fiorentina, come abbiamo visto leggendo il *Decameron* di Boccaccio. **La beffa rivela l'intelligenza del personaggio** e, spesso, anche la sua capacità di cavarsela in situazioni difficili; ed è un *topos* caratteristico della novella perché la capacità d'iniziativa del singolo individuo e la possibilità di contrastare il destino sono due dei temi più importanti di questo genere (mentre il tragico, all'opposto, dimostra sempre l'ineluttabilità del destino). Proprio perché esalta l'intelligenza individuale e la libera iniziativa, la novella di Belfagor è anche un testo esemplare della letteratura del Rinascimento.

INTERPRETAZIONE

Il vero inferno è sulla terra Il critico Luigi Russo (*Machiavelli*, Laterza, Bari 1966) mostra efficacemente in *Belfagor arcidiavolo* il **capovolgimento di prospettive** implicito nell'assunzione del **punto di vista di un diavolo**. Il vero inferno è su questa terra. La novella è anche una **satira delle superstizioni e delle credenze religiose**: dietro la sua comicità sono percepibili una carica polemica e un'esigenza di demistificazione. Scrive Russo: «A me vuol parere che la novella di Belfagor non voglia tanto perseguire il mito polemico antiuxorio [contro le mogli, misogino], quanto i miti della credulità del volgo. Demoni, santi romiti [eremiti], indemoniati, **il demonio che è più buono e meno furbo degli uomini** di questo mondo, queste sono le cose che veramente interessano la fantasia dello scrittore. La novella, io la definirei una nuova battaglia contro le superstizioni della moltitudine, quella moltitudine che è sempre volgo; l'ironia nelle pieghe del racconto è minima contro madonna Onesta, ed è assidua e assillante contro tutta quella mitologia di diavoli e di indemoniati, che trastullano la pietà dei miseri. [...] Proprio a questa credula pazzia dei volghi egli irride nella sua novella. C'è come diffuso dappertutto il suo sorrisetto ambiguo, come volesse dirci che i veri diavoli non sono veramente quelli che vengono dall'inferno, ma piuttosto quelli umani che vivono su questa terra. [...] Ridurre una novella così complessa al solo motivo antiuxorio significa proprio rimpicciolirla e schematizzarla. Qui c'è ancora una volta il genio demoniaco delle scrittore, che con le sue speculazioni ha rovesciato i valori della formale vita morale e della politica concepita astrattamente per vecchie regole».

Le attualizzazioni di Belfagor La novella di Belfagor arcidiavolo, con la carica polemica e demistificante che la caratterizza, ha suggerito più di un episodio di attualizzazione. Va innanzitutto ricordato che **«Belfagor»** è il titolo di una **rivista fondata da Luigi Russo** (1892-1961) nel 1946 e da lui diretta fino alla morte. La rivista, di taglio storicistico e di ispirazione antifascista e laica, si è distinta, nel panorama delle riviste di cultura italiane, per la sua apertura ai problemi della democrazia e della società dell'Italia repubblicana. Proprio su «Belfagor» si è verificato un singolare esempio di "attualizzazione di secondo grado", ammiccante e ironica. Nel corso di vari anni, dal novembre 1986 al maggio 1994, sulle pagine della rivista sono state pubblicate le *Lettere a Belfagor* di Gianmatteo del Brica, l'astuto villano che ha un ruolo così importante nella novella di Machiavelli. Dietro Gianmatteo del Brica si cela il critico **Giulio Ferroni**; le sue *Lettere* sono state poi pubblicate in volume: Gianmatteo del Brica, *Lettere a Belfagor ricevute da Giulio Ferroni*, Donzelli, Roma 1994. L'idea delle "lettere diaboliche" in verità non è nuova. Un precedente, nato in tutt'altro clima culturale, è quello di **C.S. Lewis**, celebre medievalista autore di un testo ormai canonico (*L'allegoria d'amore*), ma anche interessante narratore (il suo talento narrativo è stato recentemente rilanciato dalla fortunata versione cinematografica delle sue *Cronache di Narnia*). Di Lewis si possono leggere le lettere che il diavolo Berlicche invia al nipote Malacoda per aiutarlo nella sua missione di "diavolo custode" incaricato della dannazione di un uomo (C.S. Lewis, *Le lettere di Berlicche*, Mondadori, Milano 1979).

T6 LAVORIAMO SUL TESTO

COMPRENDERE

1. Perché Belfagor, divenuto uomo, va a vivere proprio a Firenze?

ANALIZZARE

2. L'assunzione del punto di vista del diavolo nella rappresentazione della società del tempo ha un effetto puramente comico? O anche un intento polemico e satirico?

INTERPRETARE

3. La polemica misogina e contro i villani risale alla tradizione comica e popolare, ripresa spesso dalla novellistica. Che uso ne fa Machiavelli? Rifletti sull'immagine femminile e su quella del contadino: perché sono entrambe, diversamente, diaboliche?

9. Le commedie di Machiavelli: *La mandragola*

La vocazione comica

La vocazione comica di Machiavelli, oltre che nella novella di Belfagor e nelle lettere, si realizza nel teatro. Già nel 1504 aveva scritto una commedia satirica andata perduta, **Le Maschere**, sul modello di Aristofane, antico autore greco. Nella seconda parte della sua vita, durante il periodo di inattività politica, **tradusse l'*Andria* di Terenzio**, mentre l'influenza dell'altro grande commediografo latino, Plauto, è evidente nella ***Clizia***, rappresentata per la prima volta nel gennaio 1525: in essa infatti si riprende lo schema della *Càsina* plautina. Un vecchio, Nicomaco, ama una giovane schiava, Clizia, e deve subire per questo la beffa ordita contro di lui dalla moglie Sofronia e dai familiari. Probabilmente l'autore allude qui al suo amore senile per la cantante Barbara Raffacani Salutati (in Nicomaco si può facilmente intravedere la riduzione del nome di Niccolò Machiavelli). E infatti la comicità di questa commedia non è priva di amarezza.

La commedia *Clizia*

Le fonti della *Mandragola*: Plauto, Terenzio, Boccaccio

Ma il capolavoro di Machiavelli in campo teatrale è **La mandragola**, scritta intorno al **1518**. Si tratta dell'opera di maggior spicco del teatro comico cinquecentesco. All'influenza di Terenzio e di Plauto si aggiunge quella di Boccaccio: il protagonista, il dottore in legge Nicia, ha infatti qualcosa di Calandrino; e il tema della beffa erotica deriva anch'esso dal *Decameron*. Manca, però, nella *Mandragola*, il gusto edonistico di Boccaccio. Machiavelli non celebra il piacere dei sensi, e neppure esalta l'ingegno dei beffatori. Piuttosto si limita a constatare freddamente che **il mondo si divide fra astuti ingannatori e ingenui ingannati**. Ma la realtà in cui si situa la loro azione è ormai così degradata che il riso degli spettatori e dei lettori non è mai liberatorio: anche coloro che conducono l'azione e ordiscono la beffa sono prigionieri dello stesso orizzonte piccolo e meschino delle loro vittime. Si riflette, in questa **prospettiva di degradazione**, la situazione stessa della crisi politica italiana: e infatti il Prologo collega strettamente la commedia al «secol presente» che «per tutto traligna» dall'«antica virtù».

Un orizzonte degradato accomuna beffatori e beffati

T • Dal «Prologo» della *Mandragola*

La vicenda

La commedia prende il titolo da una erba medicinale, la mandragola (cfr. **S3**, p. 218) che avrebbe la virtù di combattere la sterilità delle donne. **Nicia**, dottore in legge ma persona semplice e meschina, cade nell'inganno tesogli da **Callimaco**, che è innamorato della moglie di lui, **Lucrezia**, bellissima ma savia e onesta. Callimaco si avvale dei consigli di un sensale di matrimoni, il parassita **Ligurio**, freddo calcolatore e stratega della beffa. Poiché Nicia vuole avere un figlio, Ligurio lo convince che l'unico modo per avere figli sia far bere alla moglie una pozione di mandragola, avvertendolo però – sta qui l'astuzia – che la prima persona che giacerà con Lucrezia ne assorbirà il veleno e morirà entro otto giorni. Occorre dunque trovare qualcuno che si presti, a sua insaputa, a morire al posto del marito. Ovviamente questo qualcuno sarà Callimaco stesso, che così potrà per una notte godersi Lucrezia con il consenso del marito. Più difficile è convincere Lucrezia, che viene indotta ad accettare il gioco solo quando la madre, **Sostrata**, e il confessore, **Timoteo**, la forzano a tale passo. Alla fine Lucrezia, dopo la notte d'amore con Callimaco, deciderà di avere con lui una relazione duratura.

Definizione linguistica di ogni personaggio

Ogni personaggio è definito linguisticamente: Nicia usa proverbi e modi di dire stereotipi del fiorentino, espressione di una saggezza spicciola e, in questo caso, controproducente; Timoteo il linguaggio della Chiesa, ridotto però a pura argomentazione avvocatesca; Callimaco quello, solenne e vuoto, del letterato che declama i propri sentimenti; Ligurio quello implacabile del ragionamento e dell'astuzia, che si compiace anche dell'ironia e del doppio senso; Lucrezia quello elevato della retorica. **Tutti, tranne Lucrezia, hanno qualcosa di bieco e di sinistro**: Nicia, oltre che stu-

Caratterizzazione negativa di tutti i personaggi, eccetto Lucrezia

pido, è volgare; Timoteo, il frate, usa la religione solo per arricchirsi; Callimaco è un inetto; Ligurio, «professionista dell'intelligenza pratica», è pronto a metterla al servizio di interessi mediocri; So-

S3 Mandragola

INFORMAZIONI

La "mandragola" (o "mandragora") è una pianta che cresce nei boschi delle zone mediterranee. Dalla sua radice, anticamente, venivano estratte sostanze ritenute magiche e afrodisiache. Per questo motivo "mandragola" ha assunto anche il significato di 'rimedio, toccasana'. E tuttavia, nonostante le proprietà terapeutiche che le venivano attribuite, la "mandragola" è una pianta velenosa.

Il titolo dell'opera di Machiavelli, *Mandragola*, si ispira certamente alle virtù magiche assegnate alla pianta: un infuso di mandragola viene infatti servito a una donna per renderla fertile. E come per estrarre da terra la radice della pianta, secondo le credenze dell'epoca, doveva essere usato un cane e non un uomo, perché il veleno in essa contenuto lo avrebbe ucciso, così nell'opera di Machiavelli il ruolo di "intermediario" svolto dal cane viene fatto svolgere a un «garzonaccio» – cioè Callimaco travestito – che giacendo con Lucrezia avrebbe assorbito subito tutto il veleno della mandragola.

Tuttavia a questo primo livello di significato se ne può aggiungere un altro: per estensione "mandragola" vale anche 'raggiro, inganno, imbroglio'. E infatti l'infuso di mandragola non serve tanto alla fertilità della donna quanto a ingannare lei e, soprattutto, il marito. Se Lucrezia e Nicia, suo marito, credono sinceramente alle virtù della mandragola, Callimaco le suggerisce soltanto per raggiungere lo scopo di andare a letto con la donna desiderata. Quando poi Lucrezia vince le proprie esitazioni e anzi, dopo l'incontro con Callimaco, accetta di buon grado una relazione con lui, la beffa riguarda solo Nicia, vera vittima del maleficio della mandragola.

E. Raimondi, *Il veleno della «Mandragola»*, in ID., *I sentieri del lettore*, Il Mulino, Bologna 1994, p. 470.

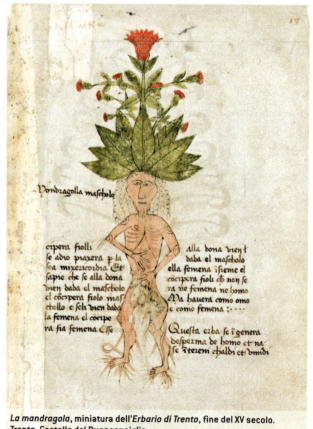

La mandragola, miniatura dell'*Erbario di Trento*, fine del XV secolo. Trento, Castello del Buonconsiglio.

Il personaggio di Lucrezia

strata, la madre di Lucrezia, aiuta Timoteo e Ligurio per insipienza e forse anche per turpe compiacenza. **Quanto a Lucrezia, si è visto in lei qualcosa del principe machiavelliano** nella sua capacità di respingere le ipocrisie e le mezze misure (o si è del tutto buoni, come lei cerca di essere all'inizio, o si è del tutto e "onorevolmente" cattivi, come finisce con l'essere alla fine) e di adattarsi alle circostanze mutando con esse; ma non è mancato chi ha insistito invece sulla **sua passività e sul suo conformismo** (sul conflitto delle interpretazioni relativo al personaggio di Lucrezia, cfr. **S4**, p. 232). Che poi due delle massime istituzioni sociali – la famiglia e la Chiesa – siano rappresentate da personaggi spregevoli e cinici come Sostrata e Timoteo, la dice lunga sull'**amaro pessimismo** dell'ultimo Machiavelli. Non è dunque necessario leggere la commedia come un'allegoria politica per scorgervi, in filigrana, la realtà dell'epoca e il giudizio dell'autore su di essa.

L'amaro pessimismo dell'ultimo Machiavelli

T7 Lucrezia fra Sostrata e Timoteo

OPERA
La mandragola, atto III, scene 9ª, 10ª e 11ª

CONCETTI CHIAVE
- la corruzione degli ecclesiastici
- il linguaggio avvocatesco di Timoteo

FONTE
N. Machiavelli, *La mandragola*, in *Tutte le opere*, cit.

▶ Testo in scena

Il frate Timoteo è stato convinto da Ligurio a far parte della beffa ordita ai danni di Nicia. Per capire la scena nona, occupata da un monologo del frate, occorre pensare che Ligurio dapprima gli aveva prospettato la possibilità di aiutarlo, dietro compenso in denaro (ma Ligurio parla ipocritamente di soldi per elemosine), a far abortire una fanciulla; avendo così saggiato la disponibilità del frate a farsi corrompere, può liberamente proporgli il vero inganno ai danni di Nicia: deve persuadere Lucrezia a bere una pozione di mandragola e a giacere con uno sconosciuto. Timoteo può a sua volta avvalersi dell'aiuto della madre di Lucrezia, Sostrata, che in gioventù è stata donna di facili costumi. Entrambi fanno leva sul senso del dovere di Lucrezia per indurla a cedere.

SCENA NONA
Fra' Timoteo solo

Frate Io non so chi si abbi giuntato l'uno l'altro.¹ Questo tristo di Ligurio ne venne a me con quella prima novella,² per tentarmi, acciò, se io li consentivo quella, m'inducessi più facilmente a questa; se io non gliene consentivo,³ non mi arebbe detta questa, per non palesare e disegni loro sanza utile,⁴ e di quella che era falsa non si curavano. Egli è vero che io ci sono suto giuntato,⁵ nondimeno, questo giunto è con mio utile.⁶ Messer Nicia e Callimaco sono ricchi, e da ciascuno, per diversi rispetti, sono per trarre assai;⁷ la cosa convien⁸ stia secreta, perché l'importa così a loro, a dirla, come a me.⁹ Sia come si voglia, io non me ne pento. È ben vero che io dubito non ci avere dificultà,¹⁰ perché madonna Lucrezia è savia e buona: ma io la giugnerò in sulla bontà.¹¹ E tutte le donne hanno alla fine poco cervello; e come ne è una sappi dire dua parole, e' se ne predica,¹² perché in terra di ciechi chi vi ha un occhio è signore. Ed eccola con la madre, la quale è bene una bestia, e sarammi uno grande adiuto a condurla alle mia voglie.¹³

- **1 Io...l'altro**: *Io non so chi dei due abbia ingannato l'altro*.
- **2 prima novella**: *primo racconto*. Ligurio racconta infatti a frate Timoteo la storia falsa di una ragazza che deve liberarsi di una gravidanza indesiderata per sondare la disponibilità del frate a farsi corrompere. Una volta verificata tale disponibilità, gli prospetterà la verità, la possibilità cioè d'intervenire per convincere Lucrezia.
- **3 se...consentivo**: *se io non ero accondiscendente*.
- **4 sanza utile**: *senza vantaggio*.
- **5 io...giuntato**: *io sono stato ingannato*.
- **6 questo giunto...utile**: *quest'inganno torna a mio vantaggio*.
- **7 per...assai**: *per vari aspetti, guadagnerò molto*.
- **8 convien**: *è meglio*.
- **9 perché...me**: *perché non hanno interesse loro a raccontarla, come non ne ho io*.
- **10 dubito...dificultà**: *dubito di avere problemi*. Come nella costruzione latina, la negazione "dubito non" ha qui valore affermativo.
- **11 ma io...bontà**: *ma io la ingannerò proprio approfittando della sua bontà*.
- **12 e come...predica**: *e come ve ne è una [: di donne] che sappia dire due parole se ne parla addirittura nelle prediche [: lo si cita come fatto straordinario]*.
- **13 e sarammi...voglie**: *e mi sarà di grande aiuto nel farla agire come voglio io*.

SCENA DECIMA
Sostrata, Lucrezia

Sostrata Io credo che tu creda, figliuola mia, che io stimi l'onore ed el bene tuo quanto persona del mondo,[14] e che io non ti consiglierei di cosa che non stessi[15] bene. Io ti ho detto e ridicoti, che se fra' Timoteo ti dice che non ti sia carico di conscienzia,[16] che tu lo faccia sanza pensarvi.

Lucrezia Io ho sempremai dubitato[17] che la voglia, che messer Nicia ha d'avere figliuoli, non ci facci fare qualche errore; e per questo, sempre che lui mi ha parlato di alcuna cosa, io ne sono stata in gelosia e sospesa,[18] massime poi che m'intervenne quello che vi sapete, per andare a' Servi.[19] Ma di tutte le cose, che si son tentate, questa mi pare la più strana, di avere a sottomettere el corpo mio a questo vituperio,[20] ad esser cagione che uno uomo muoia per vituperarmi: perché io non crederrei, se io fussi sola rimasa nel mondo e da me avessi a risurgere l'umana natura,[21] che mi fussi simile partito concesso.[22]

Sostrata Io non ti so dire tante cose, figliuola mia. Tu parlerai al frate, vedrai quello che ti dirà, e farai quello che tu dipoi sarai consigliata da lui, da noi, da chi ti vuole bene.

Lucrezia Io sudo per la passione.[23]

SCENA UNDECIMA
Fra' Timoteo, Lucrezia, Sostrata

Frate Voi siate le ben venute. Io so quello che voi volete intendere da me, perché messer Nicia m'ha parlato. Veramente, io sono stato in su' libri più di dua ore a studiare questo caso; e, dopo molte essamine,[24] io truovo di molte cose che, ed in particulare ed in generale, fanno per noi.[25]

Lucrezia Parlate voi da vero o motteggiate?[26]

Frate Ah, madonna Lucrezia! Sono, queste, cose da motteggiare? Avetemi voi a conoscere ora?[27]

Lucrezia Padre, no; ma questa mi pare la più strana cosa che mai si udissi.[28]

Frate Madonna, io ve lo credo, ma io non voglio che voi diciate più così. E' sono molte cose che discosto[29] paiano terribili, insopportabili, strane, che quando tu ti appressi loro, le riescono[30] umane, sopportabili, dimestiche;[31] e però si dice che sono maggiori li spaventi che e mali:[32] e questa è una di quelle.

Lucrezia Dio el voglia!

Frate Io voglio tornare a quello, ch'io dicevo prima. Voi avete, quanto alla conscienzia, a pigliare questa generalità,[33] che, dove è un bene certo ed un male incerto, non si debbe mai lasciare quel bene per paura di quel male. Qui è un bene certo, che voi ingraviderete, acquisterete una anima a messer Domenedio;[34] el male incerto è che colui che iacerà, dopo la pozione, con voi, si muoia;[35] ma e' si truova anche di quelli che non muoiono. Ma perché la cosa è dubia,

---

- **14** **quanto...mondo**: *quanto nessuna altra persona al mondo.*
- **15** **stessi**: *stesse.*
- **16** **che non...conscienzia**: *che non è peccato che pesa sulla coscienza.*
- **17** **Io...dubitato**: *Io ho sempre temuto.*
- **18** **sempre...sospesa**: *ogni volta che lui mi ha parlato di qualcosa in merito [all'aver figli], io ne sono stata sempre timorosa e sospettosa.*
- **19** **massime...Servi**: *soprattutto dopo che mi successe quello che voi sapete, per andare [a seguire la messa] alla chiesa dei Servi.* Nella scena II dell'atto III Nicia spiega che Lucrezia aveva fatto voto di partecipare a quaranta messe nella chiesa dei Servi, ma smise di andarci a causa di un frate che la molestava.
- **20** **vituperio**: *infamia.*
- **21** **e da me...natura**: *e il genere umano dovesse rinascere da me.*
- **22** **e da me...concesso**: *che mi fosse concesso un simile espediente.*
- **23** **sudo...passione**: *sudo freddo.*
- **24** **e, dopo...essamine**: *e, dopo lunghe ricerche.*
- **25** **io...noi**: *io trovo molti elementi che, sia nei particolari che in generale, fanno al nostro caso.*
- **26** **motteggiate**: *scherzate.*
- **27** **Avetemi...ora?**: *Mi conoscete soltanto ora?*
- **28** **la più...udissi**: *la cosa più strana che si sia mai sentita.*
- **29** **discosto**: *da lontano.*
- **30** **le riescono**: *risultano.*
- **31** **dimestiche**: *normali, comuni.*
- **32** **li spaventi...mali**: *le paure del male più che i mali.*
- **33** **avete...generalità**: *quanto alla coscienza, dovete considerare questa regola generale.*
- **34** **acquisterete...Domenedio**: *darete una nuova anima a Dio.*
- **35** **che colui...muoia**: *che colui che avrà rapporti sessuali con voi, dopo aver bevuto la pozione [di mandragola], muoia.*

però è bene che messer Nicia non corra quel pericolo. Quanto allo atto,[36] che sia peccato, questo è una favola, perché la volontà è quella che pecca, non el corpo; e la cagione del peccato è dispiacere al marito,[37] e voi li compiacete;[38] pigliarne piacere, e voi ne avete dispiacere. Oltr'a di questo, el fine si ha a riguardare in tutte le cose: el fine vostro si è riempiere una sedia in paradiso, e contentare el marito vostro. Dice la Bibia che le figliuole di Lotto,[39] credendosi essere rimase sole nel mondo, usorono con el padre,[40] e, perché la loro intenzione fu buona, non peccorono.[41]

Lucrezia   Che cosa mi persuadete voi?[42]

Sostrata   Làsciati persuadere, figliuola mia. Non vedi tu che una donna, che non ha figliuoli, non ha casa? Muorsi[43] el marito, resta come una bestia, abandonata da ognuno.

Frate   Io vi giuro, madonna, per questo petto sacrato,[44] che santa conscienzia vi è ottemperare in questo caso al marito vostro,[45] quanto vi è mangiare carne el mercoledì, che è un peccato che se ne va con l'acqua benedetta.[46]

Lucrezia   A che mi conducete voi, padre?[47]

Frate   Conducovi a cose, che voi sempre arete cagione di pregare Dio per me,[48] e più vi satisfarà questo altro anno che ora.[49]

Sostrata   Ella farà ciò che voi volete. Io la voglio mettere stasera al letto io. [*A Lucrezia*]. Di che hai tu paura, moccicona?[50] E' ci è cinquanta donne, in questa terra, che ne alzerebbono le mani al cielo.[51]

Lucrezia   Io sono contenta:[52] ma io non credo mai essere viva domattina.[53]

Frate   Non dubitar, figliuola mia: io pregherrò Iddio per te, io dirò l'orazione dell'Angiolo Raffaello, che ti accompagni.[54] Andate, in buona ora, e preparatevi a questo misterio,[55] ché si fa sera.

Sostrata   Rimanete in pace, padre.

Lucrezia   Dio m'aiuti e la Nostra Donna,[56] che io non càpiti male.

- **36** Quanto allo atto: *Per quanto riguarda l'azione [di adulterio].*
- **37** e la cagione...marito: *e la ragione che fa dell'adulterio un peccato è il fatto che dà dispiacere al marito [non l'atto di per sé].*
- **38** e voi li compiacete: *mentre voi appagate i suoi desideri.*
- **39** le figliuole di Lotto: il riferimento è al racconto della Genesi (XIX, 30-37) dell'accoppiamento delle figlie di Lot con il padre.
- **40** usorono...padre: *si unirono [sessualmente] con il padre [dopo averlo inebriato].*
- **41** non peccorono: *non peccarono.*
- **42** Che cosa...voi?: *Che cosa mi persuadete a fare?*
- **43** Muorsi: *Muore.*
- **44** per...sacrato: *su questo cuore consacrato* [: sul mio onore di frate].
- **45** tanta...vostro: *c'è tanto peccato, in questo caso, a obbedire al volere del vostro marito.*
- **46** peccato...benedetta: *peccato veniale, poco grave.*
- **47** A che...padre?: *A che cosa mi inducete, padre?*
- **48** Conducovi...me: *Vi induco a fare cose per le quali avrete ragione di ricordarmi nelle vostre preghiere a Dio.*
- **49** e più...ora: *e avrete maggiori soddisfazioni fra un anno che ora.* L'allusione è alla nascita del figlio che il frate dà per certa a Lucrezia se berrà la mandragola.
- **50** moccicona: *stupidona.*
- **51** E'...cielo: *Ci son cinquanta donne, in questa città, che ringrazierebbero Dio per questo.* Cinquanta è usato qui per esprimere un grandissimo numero.
- **52** Io sono contenta: *Io acconsento.*
- **53** ma...domattina: Lucrezia non crede di sopravvivere alla vergogna per quell'azione.
- **54** io...accompagni: frate Timoteo pregherà l'arcangelo Raffaele, che nella Bibbia compare come la guida di Tobia, perché accompagni Lucrezia.
- **55** misterio: *evento sacro*. Nel linguaggio religioso il termine si riferisce alle verità di fede non razionalmente conoscibili. Di qui l'estensione della parola a indicare un fatto che non si può spiegare o capire con la ragione.
- **56** la Nostra Donna: *la Madonna.*

T7 DALLA COMPRENSIONE ALL'INTERPRETAZIONE

COMPRENSIONE

Frate Timoteo, Sostrata e Lucrezia   La **scena nona** è un **monologo del frate**. Egli riflette sulla situazione, e da intenditore di astuzie può apprezzare quella di Ligurio, che dapprima gli ha chiesto di aiutarlo a far abortire una fanciulla e poi, una volta verificatane la disponibilità, gli ha esposto la ragione vera che lo ha indotto a incontrarlo. In effetti Ligurio e Timoteo sono due personaggi omologhi e speculari, rappresentanti l'uno della società civile, l'altro di quella religiosa, ma uniti dallo stesso cinismo e dalla stessa astuzia. Timoteo non sa chi dei due ha veramente ingannato l'altro: infatti anche lui ricaverà il proprio utile dall'inganno ordito da Ligurio, dato che assai verosimilmente avrà ricompense sia da Callimaco sia da messer Nicia, entrambi ricchi. L'unica difficoltà consisterà nel persuadere Lucrezia; ma spregiudicatamente egli punterà sulla bontà e sul senso del dovere di lei. Così proprio la bontà e l'onestà di Lucrezia, abituata a obbedire al marito e al confessore, la porteranno a soddisfare i desideri di Callimaco. **La strategia persuasiva di Timoteo è dunque "machiavellica"**, nel senso deteriore del termine. Nel monologo del frate (un esempio alto di lucidità, razionalità, autocoscienza) si assiste al passaggio dal pensiero autentico di Machiavelli al "machiavellismo" del suo personaggio. Nella **scena decima**, parlando con la figlia Lucrezia, **Sostrata spalleggia il frate** con nuovi argomenti. Usa anche lei quelli religiosi, ma vi aggiunge quelli pratici (se Lucrezia non avesse figli, qualora restasse vedova, resterebbe senza casa e senza averi) e allusioni maliziose – ma di una malizia ignobile, se si considera che è una madre che sta parlando alla figlia – alla fortuna che sta per capitare a Lucrezia. Inoltre fa pesare la propria autorità di madre, cui fa appello richiamando Lucrezia alla condizione di figlia e facendole indirettamente ricordare, seppure nel solito modo rovesciato e grottescamente paradossale, i riti dell'infanzia: dichiara che sarà lei stessa, quella sera, a portare a letto la figlia come quando era piccola; e la chiama infatti «moccicona», quasi a dar maggior rilievo alla differenza d'età e quindi alla propria saggezza di donna matura.

Quanto a **Lucrezia**, ella usa invece un **linguaggio "savio" e "onesto"**. Nella **scena undicesima** appare incerta e disorientata, e oppone i dubbi del buon senso ai ragionamenti del frate e della madre. Ma finisce, seppure con vergogna, per rassegnarsi. È comunque l'unico personaggio che sembra conservare almeno un residuo di moralità.

ANALISI

Il linguaggio di Timoteo   Gli argomenti religiosi con cui **Timoteo** convince Lucrezia sono esposti secondo una **cavillosa logica avvocatesca**, che parte da una verità generale per dedurne conseguenze particolari: non si deve omettere di fare un bene certo (in questo caso donare una nuova anima a Dio e far felice Nicia) per paura di un danno incerto (la morte probabile dell'uomo che per la prima volta giacerà con lei). È un tipo di linguaggio e di argomentazioni che allora era praticato da vari esponenti della Chiesa. Timoteo dunque usa una doppia autorità: quella del **linguaggio religioso** e quella del **linguaggio giuridico-filosofico**. Inoltre egli non esita a usare empiamente la terminologia religiosa: così definisce «mistero» il prossimo congiungimento di Lucrezia con uno sconosciuto. La logica del personaggio diventa trasparente attraverso la sua espressione linguistica, in tutto e per tutto coerente con il carattere rappresentato.

INTERPRETAZIONE

Logica economica e frode religiosa   Le considerazioni fatte da Timoteo nel suo monologo rivelano la capacità del frate di ragionare freddamente in termini di **puro calcolo economico**. Le stesse qualità morali di Lucrezia saranno utilizzate a fini immorali. Si assiste qui al rovesciamento già implicito nel contrasto fra il nome del frate e il suo comportamento pratico: Timoteo significa infatti "colui che onora Dio". In effetti Timoteo ha un solo dio, i soldi, e a questa divinità piega anche la religione. Ciò risulta chiaramente dalla scena successiva, in cui egli si serve di argomenti religiosi per raggiungere obiettivi che niente hanno a che fare con la religione. Infatti per persuadere Lucrezia egli impiega i seguenti ragionamenti: avere un figlio è un bene perché significa acquistare un'anima a Dio; per peccare occorre la volontà di farlo, e Lucrezia non ha tale volontà; disobbedire al marito è un peccato; secondo la Bibbia le figlie di Lot arrivarono a congiungersi con il padre per non disobbedirgli; quella notte stessa l'angelo Raffaele farà da guida alla donna. Come si vede, il linguaggio religioso serve solo da copertura per un personaggio che manca di qualsiasi vero spirito religioso. **La religione è ridotta unicamente a ipocrisia**: serve a Timoteo come cinico paravento dietro cui ripararsi per badare meglio ai propri affari. Per questa **denuncia antiecclesiastica** di Machiavelli, si veda, per un confronto, la posizione da lui esposta nei *Discorsi*.

Lavoriamo con il TESTO IN SCENA

Guarda il Testo in scena e rifletti sulle scelte di regia. Chino sul suo pentolone, frate Timoteo è rappresentato come un simpatico briccone, disinvolto, incline al godimento e all'ebbrezza, come dimostra la frenesia con cui tracanna un bicchiere di vino dopo l'altro. Sei d'accordo con l'interpretazione che il regista propone di questo personaggio?

T7 LAVORIAMO SUL TESTO

COMPRENDERE

La vicenda

1. Riassumi il testo in maniera sintetica.

ANALIZZARE

La trama

2. Quanto della trama della commedia emerge dal brano? Quali espedienti espressivi rendono possibile ciò?

I personaggi

3. Descrivi sinteticamente i caratteri dei personaggi; da quali momenti e da quali scelte espressive del testo emergono con vivacità?

INTERPRETARE

Il linguaggio dell'onestà e quello del calcolo

4. **LINGUA E LESSICO** Lucrezia e Timoteo parlano due linguaggi diversi che esprimono valori in conflitto. Sottolinea in colori diversi i termini e le espressioni del linguaggio "onesto" di Lucrezia e le scelte lessicali del linguaggio giuridico di Timoteo.

Una strategia machiavellica

5. A quali soluzioni giunge frate Timoteo? Da quali argomenti è persuasa Lucrezia?

6. Puoi definire comica la situazione messa in scena da Machiavelli? Perché?

T8 Messer Nicia, Timoteo, Ligurio e Siro catturano Callimaco travestito da «garzonaccio»

OPERA
La mandragola, atto IV, scene 6ª, 7ª, 8ª, 9ª e 10ª

CONCETTI CHIAVE
- il travestimento dei personaggi
- il linguaggio allusivo di Ligurio
- la volgarità di Nicia

FONTE
N. Machiavelli, *La mandragola*, in *Tutte le opere*, cit.

È il momento conclusivo dell'azione, quello in cui dovrà essere catturato un giovane sconosciuto perché giaccia con Lucrezia e muoia al posto del marito. In queste scene, che si svolgono di notte, domina il travestimento: Timoteo finge di essere Callimaco (che doveva anche lui partecipare alla spedizione notturna per sorprendere il primo «garzonaccio» che passasse), mentre il vero Callimaco, travestito da «garzonaccio», dovrà essere assalito, legato e portato nel letto di Lucrezia. Anche Nicia, il vero protagonista comico di queste scene, è travestito per non farsi riconoscere. Fa parte dell'impresa pure Siro, servitore di Callimaco.

SCENA SESTA
Fra' Timoteo travestito

Frate E' dicono el vero quelli che dicono che le cattive compagnie conducono li uomini alle forche. E molte volte uno càpita male così per essere troppo facile e troppo buono, come per essere troppo tristo.[1] Dio sa che io non pensavo ad iniuriare[2] persona, stavomi nella mia cella, 5 dicevo el mio ufizio,[3] intrattenevo e mia devoti: capitommi innanzi questo diavol di Ligurio, che mi fece intignere el dito in uno errore, donde io vi ho messo el braccio, e tutta la persona, e non so ancora dove io mi abbia a capitare.[4] Pure mi conforto che, quando una cosa importa a molti, molti ne hanno aver cura.[5] – Ma ecco Ligurio e quel servo che tornano.

SCENA SETTIMA
Fra' Timoteo, Ligurio, Siro travestiti

Frate Voi sete e ben tornati.
  Ligurio Stiàn noi bene?
10   **Frate** Benissimo.
  Ligurio E' ci manca el dottore. Andian verso casa sua: e' son più di tre ore, andian via!
  Siro Chi apre l'uscio suo? È egli el famiglio?[6]

- [1] **E molte...tristo**: E molte volte una persona cade nei guai sia per essere troppo disponibile e buona sia per essere troppo meschina.
- [2] **iniuriare**: offendere.
- [3] **ufizio**: preghiere liturgiche.
- [4] **dove...capitare**: dove andrò a finire.
- [5] **quando...cura**: quando una cosa interessa a molti, molti se ne preoccupano.
- [6] **famiglio**: servo.

    Ligurio No: gli è lui. Ah, ah, ah, uh!
    Siro Tu ridi?
15   *Ligurio* Chi non riderebbe? Egli ha un guarnacchino[7] indosso, che non gli cuopre el culo. Che diavolo ha egli in capo? E' mi pare un di questi gufi de' canonici,[8] ed uno spadaccin sotto: ah, ah! e' borbotta non so che. Tirianci da parte, ed udireno qualche sciagura della moglie.[9]

SCENA OTTAVA
Messer Nicia travestito

    Nicia Quanti lezzi[10] ha fatto questa mia pazza! Ella ha mandato le fante a casa la madre, e 'l famiglio in villa.[11] Di questo io la laudo; ma io non la lodo già che, innanzi che la ne sia voluta
20   ire al letto, ell'abbi fatto tante schifiltà:[12] – Io non voglio!... Come farò io?... Che mi fate voi fare?... Ohimè, mamma mia!... – E, se non che la madre le disse el padre del porro,[13] la non entrava in quel letto. Che le venga la contina![14] Io vorrei ben vedere le donne schizzinose, ma non tanto, ché ci ha tolto la testa,[15] cervel di gatta! Poi, chi dicessi: – Che impiccata sia la più savia donna di Firenze – la direbbe: – Che t'ho io fatto?[16] – Io so che la Pasquina enterrà in
25   Arezzo,[17] ed innanzi che io mi parta da giuoco,[18] io potrò dire, come mona Ghinga: – Di veduta, con queste mani.[19] – Io sto pur bene![20] Chi mi conoscerebbe? Io paio maggiore,[21] più giovane, più scarzo:[22] e' non sarebbe donna, che mi togliessi danari di letto.[23] – Ma dove troverrò io costoro?

SCENA NONA
Ligurio, messer Nicia, fra' Timoteo, Siro

    Ligurio Buona sera, messere.
30   *Nicia* Oh! uh! eh!
    Ligurio Non abbiate paura, noi siàn noi.
    Nicia Oh! voi sete tutti qui? S'io non vi conoscevo presto, io vi davo con questo stocco,[24] el più diritto che io sapevo![25] Tu, se' Ligurio? e tu, Siro?[26] e quell'altro? el maestro,[27] eh?
    Ligurio Messer, sì.
35   *Nicia* Togli![28] Oh, e' si è contraffatto bene! e' non lo conoscerebbe Va-qua-tu![29]
    Ligurio Io gli ho fatto mettere dua noce in bocca, perché non sia conosciuto alla boce.
    Nicia Tu se' ignorante.
    Ligurio Perché?

- **7 guarnacchino**: *mantelluccio*. Da "guarnacca": sopravveste – originariamente ampia e lunga, aperta ai lati, foderata di pelliccia e munita di cappuccio – con la quale gli uomini si riparavano dal freddo e dalla pioggia.
- **8 gufi de' canonici**: mantelletta foderata di pelliccia e portata dai canonici e dai cappellani.
- **9 qualche…moglie**: *qualche guaio dovuto alla moglie*.
- **10 Quanti lezzi**: *Quante storie*.
- **11 le fante…villa**: *le serve a casa della madre e il servo in campagna*.
- **12 schifiltà**: *leziosaggini, storie*.
- **13 E…porro**: forma proverbiale per dire: *E se non fosse che la madre la minacciò*. L'espressione contiene un'allusione oscena.
- **14 contina**: *febbre continua, malaria*.
- **15 ma non…testa**: *ma non così tanto [schizzinose], da perdere la testa*.
- **16 la direbbe…fatto?**: *quella direbbe: Che t'ho io fatto?* Se cioè qualcuno proponesse d'impiccare la più savia donna di Firenze, costei giustamente potrebbe dire Che t'ho io fatto? Ma questo – vuol significare Nicia – non è il loro caso. Nicia non ha proposto affatto di uccidere la moglie o di farle del male, anzi. Anche in questo caso Nicia si qualifica per una sfumatura lubrica.
- **17 Io…Arezzo**: allusione al rapporto sessuale tra la moglie e il giovane.
- **18 innanzi…giuoco**: *prima che io abbandoni la partita*. Prima cioè di lasciare il letto dove giacciono Callimaco e Lucrezia.
- **19 potrò…mani**: *potrò dire, come madonna Ghinga, di aver verificato con gli occhi (di veduta) e con gli atti (con queste mani) [che l'impresa sia riuscita]*. Il personaggio di mona Ghinga, a cui si fa riferimento, è di natura burlesca e proverbiale.
- **20 Io…bene!**: Nicia guarda con orgoglio il suo travestimento.
- **21 maggiore**: *più alto*.
- **22 più scarzo**: *più snello*.
- **23 e'…letto**: *e nessuna donna si farebbe pagare per venire a letto con me*. Era detta "denari di letto" la ricompensa per le prestazioni delle prostitute.
- **24 stocco**: tipo di spada corta e robusta adatta per infliggere colpi di punta.
- **25 el…sapevo!**: *il [colpo] più preciso che io sapessi fare!*
- **26 Siro**: il servo di Callimaco.
- **27 el maestro**: Nicia pensa di avere di fronte a sé Callimaco travestito, ma in realtà sotto quel travestimento sta la persona di Timoteo.
- **28 Togli**: *To', guarda!*
- **29 Va-qua-tu!**: si tratta del soprannome di un famoso carceriere di Firenze (Sasso).

L'attore Ugo Pagliai interpreta Messer Nicia. *La mandragola*, regia di Marco Sciaccaluga, produzione del Teatro Stabile di Genova, 2006.

Nicia Che non me 'l dicevi tu prima? Ed are'mene messo anch'io dua:[30] e sai se gli importa non essere conosciuto alla favella![31]

Ligurio Togliete,[32] mettetevi in bocca questo.

Nicia Che è ella?

Ligurio. Una palla di cera.

Nicia Dàlla qua... [*Dopo essersela messa in bocca*]. Ca, pu, ca, co, che, cu, cu, spu... Che ti venga la seccaggine,[33] pezzo di manigoldo!

Ligurio Perdonatemi, ché io ve ne ho data una in scambio,[34] che io non me ne sono avveduto.

Nicia Ca, ca, pu, pu... Di che, che, che, che era?

Ligurio D'aloe.[35]

Nicia Sia, in malora! Spu, pu... Maestro, voi non dite nulla?

Frate Ligurio m'ha fatto adirare.

Nicia Oh! voi contraffate bene la voce.

Ligurio Non perdiàn più tempo qui. Io voglio essere el capitano, ed ordinare l'essercito per la giornata. Al destro corno[36] sia preposto Callimaco, al sinistro io, intra le dua corna starà qui el dottore,[37] Siro fia retroguardo, per dar sussidio a quella banda che inclinassi.[38] El nome sia san Cuccù.[39]

Nicia Chi è san Cuccù?

Ligurio È el più onorato santo, che sia in Francia. Andian via, mettiàn l'aguato a questo canto.[40] State a udire: io sento un liuto.

Nicia Egli è esso. Che vogliàn fare?

Ligurio Vuolsi mandare innanzi uno esploratore a scoprire chi egli è, e, secondo ci riferirà, secondo fareno.[41]

- **30** **Ed...dua**: *E me ne sarei messe in bocca anch'io due [noci]*.
- **31** **e sai...favella!**: *e sai se è importante non essere riconosciuti dal modo di parlare!*
- **32** **Togliete**: *Prendete*.
- **33** **seccaggine**: *secchezza, aridità*.
- **34** **in scambio**: *per errore*.
- **35** **aloe**: pianta amarissima dalle proprietà purganti.
- **36** **destro corno**: *ala destra* [: dell'esercito che Ligurio finge di guidare].
- **37** **intra...dottore**: nella disposizione dell'esercito che Ligurio fa e alla posizione che assegna a Nicia è chiara l'allusione alla condizione di cornuto a cui è destinato quest'ultimo.
- **38** **Siro...inclinassi**: Siro starà in retroguardia per apportare aiuto a quell'ala dell'esercito (**banda**) che dovesse trovarsi in difficoltà.
- **39** **san Cuccù**: *cocu* in francese (cfr. più avanti nel testo il riferimento alla Francia) significa *cornuto* e questo sarà il grido di battaglia che Ligurio intende adottare con chiaro riferimento a Nicia.
- **40** **mettiàn...canto**: *lasciamo uno in agguato in questo angolo*.
- **41** **secondo...fareno**: *secondo quel che ci riferirà, così faremo*.

Nicia Chi v'andrà?

Ligurio Va' via, Siro. Tu sai quello hai a fare. Considera, essamina, torna presto, referisci.

Siro Io vo.

Nicia Io non vorrei che noi pigliassimo un granchio, che fussi qualche vecchio debole o infermiccio, e che questo giuoco si avessi a rifare domandassera.

Ligurio Non dubitate, Siro è valent'uomo. Eccolo, e' torna. Che truovi, Siro?

Siro Egli è el più bello garzonaccio, che voi vedessi mai! Non ha venticinque anni, e viensene solo, in pitocchino,[42] sonando el liuto.

Nicia Egli è el caso, se tu di' el vero. Ma guarda, che questa broda sarebbe tutta gittata addosso a te![43]

Siro Egli è quel ch'io vi ho detto.

Ligurio Aspettian ch'egli spunti questo canto,[44] e sùbito gli sareno addosso.

Nicia Tiratevi in qua, maestro: voi mi parete uno uom di legno. Eccolo.

Callimaco [*cantando*] «Venir vi possa el diavolo allo letto, dapoi ch'io non vi posso venir io!»[45]

Ligurio [*afferrando Callimaco*] Sta' forte. Da' qua questo liuto!

Callimaco Ohimè! Che ho io fatto?

Nicia Tu 'l vedrai! Cuoprigli el capo, imbavaglialo!

Ligurio Aggiralo![46]

Nicia Dàgli un'altra volta! Dàgliene un'altra! Mettetelo in casa!

Frate Messer Nicia, io m'andrò a riposare, ché mi duole la testa, che io muoio. E, se non bisogna, io non tornerò domattina.

Nicia Sì, maestro, non tornate: noi potren far da noi.

SCENA DECIMA
Fra' Timoteo travestito solo

Frate E' sono intanati in casa, ed io me n'andrò al convento. E voi, spettatori, non ci appuntate,[47] perché in questa notte non ci dormirà persona, sì che gli Atti non sono interrotti dal tempo:[48] io dirò l'uffizio; Ligurio e Siro ceneranno, ché non hanno mangiato oggi; el dottore andrà di camera in sala, perché la cucina vadia netta,[49] Callimaco e madonna Lucrezia non dormiranno, perché io so, se io fussi lui e se voi fussi lei, che noi non dormiremo.

- 42 **in pitocchino**: con una mantellina corta.
- 43 **Ma...te!**: Ma guarda che se commetti un errore la colpa sarà tutta tua!
- 44 **Aspettian...canto**: Aspettiamo che egli volti questo angolo.
- 45 **«Venir...io!»**: Callimaco cammina e canta una canzone popolare accompagnandosi con il liuto.
- 46 **Aggiralo!**: Fagli fare un giro su se stesso [affinché perda l'orientamento]!
- 47 **non ci appuntate**: non ci biasimate.
- 48 **sì...tempo**: si richiama qui l'attenzione dello spettatore al principio dell'unità di tempo secondo cui le azioni che sono rappresentate negli atti della commedia e interrotte fra un atto e l'altro degli intervalli, vanno immaginate nella loro continuità e durata cronologica reale.
- 49 **perché...netta**: per controllare che l'operazione vada per il meglio.

T8 DALLA COMPRENSIONE ALL'INTERPRETAZIONE

COMPRENSIONE

La struttura La seconda parte dell'atto IV è chiusa fra **due monologhi di frate Timoteo**, collocati rispettivamente nella scena sesta e decima. Sono due **pause riflessive** che incorniciano le **scene** (**settima, ottava, nona**), comiche e movimentate, dell'**agguato** a un giovane sconosciuto (niente altri che Callimaco), contribuendo, per contrasto, a meglio valorizzarle.

ANALISI

Il personaggio di Ligurio, regista della farsa Ligurio è il freddo **stratega della beffa**. È lui che distribuisce i compiti e assegna i ruoli: è lui che fa, insomma, il regista (siamo sempre, come si vede, nel campo metaforico del teatro). Qui ordina la propria schiera come se fosse un esercito (vedi scena nona), mettendo il dottor Nicia «intra le due corna», cioè fra le due ali, ma con allusione al suo carattere di prossimo cornuto. Inoltre il segno di riconoscimento, la parola d'ordine, sarà «San Coccù» (*cocu* in francese significa "cornuto"), il «più onorato santo della Francia». Il possesso malizioso del **linguaggio dell'allusione e dell'ambiguità** è coerente con il personaggio, che si realizza solo nel mondo delle **doppie verità**, dell'inganno e della beffa (qui finge di realizzare i desideri di Nicia, quando invece realizza quelli del suo protettore Callimaco).

INTERPRETAZIONE

Il tema del travestimento e il carattere marcatamente teatrale delle scene Il travestimento ha qui un **significato comico** e uno simbolico. Quello comico gioca soprattutto sul buffo abbigliamento di Nicia (che crede invece di esser particolarmente elegante e attraente) e sulla sua credulità (quando il frate, travestito da Callimaco, è costretto a parlare, Nicia coglie sì la differenza delle voci, ma l'attribuisce a voluto artificio). Il significato simbolico consiste nell'allusione al **carattere doppio, falso e ipocrita della vicenda**: Timoteo, un frate, diventa un giovane spasimante d'amore; il vecchio Nicia, che non riesce ad avere figli, pensa di esser diventato bello e galante. La **situazione notturna** conferisce poi alla scena l'ambientazione di un'**avventura grottesca**. Da questo punto di vista, il ritmo di queste scene è il più marcatamente comico e teatrale dell'intera commedia. Non mancano vere e proprie *gags* (parola inglese del mondo teatrale e degli spettacoli che significa 'battute comiche, scene scherzose'), come quando Ligurio mette in bocca a Nicia una palla di cera di aloe.

Il personaggio di Nicia, magnifico cornuto Nicia non è solo superficiale e credulo, è anche **presuntuoso e volgare**, con un che di turpe. Il monologo della scena ottava è fitto di espressioni popolari fiorentine (per esempio: «il padre del porro», la «contina», «Di veduta, con queste mani»), non senza allusioni oscene («Io so che la Pasquina entrerà in Arezzo»). Non ha alcun rispetto né comprensione per la moglie, e ne rappresenta in modo ridicolo e caricaturale le proteste. Anche nel caso di Nicia, il linguaggio è l'uomo, ne esprime pienamente il carattere. Si noti inoltre che Nicia è così frivolo e presuntuoso che si crede bello ed elegante nel suo travestimento, e tale da sedurre qualsiasi donna. Ha scritto Borsellino: «Il monologo di messer Nicia e la movimentatissima scena che lo segue rappresentano il trionfo teatrale del personaggio [...]. Nicia si prepara da sé la sua apoteosi di cornuto; è il regista di se stesso. Insidiato dalla sua incontenibile vocazione alla furbizia, non può fare a meno di gridare la sua soddisfazione per l'imminente convegno notturno della moglie, della cui riuscita sarà proprio lui a farsi garante con la sua sconcia diffidenza che esibisce mimicamente al pubblico: "Di veduta, con queste mani". In questo acme di autoesaltazione può esibirsi tutto solo alla ribalta. [...]. È il suo grande momento».

T8 LAVORIAMO SUL TESTO

COMPRENDERE

1. Riassumi l'azione che si svolge in queste scene.

ANALIZZARE

2. **LINGUA E LESSICO** Considera il diverso modo di parlare dei personaggi. Che caratteristica ha il linguaggio di Ligurio? E il linguaggio di Nicia?

INTERPRETARE

3. Che ritmo domina in queste scene? Confrontalo con quello del testo precedente e motiva le differenze.

LE MIE COMPETENZE: FARE RICERCHE

La vitalità del capolavoro di Machiavelli è testimoniata dal fatto che, a differenza della gran parte delle commedie del Rinascimento italiano, *La mandragola* è ancor oggi rappresentata con successo. La vivacità della sua lingua e la perfetta sincronia dei suoi meccanismi comici intrattengono il pubblico senza annoiarlo, e i temi che affronta (la decadenza della famiglia, la corruzione, lo svuotamento degli ideali) sono attuali e ci toccano nel vivo. Fai una ricerca in rete per individuare quali registi hanno riproposto sulla scena *La mandragola* negli ultimi anni.

T9 La conclusione della beffa: tutti contenti

OPERA
La mandragola, atto V, scene 1ª, 2ª, 3ª e 4ª

CONCETTI CHIAVE
- la visione utilitaristica della religione secondo Timoteo
- la ripugnanza di Lucrezia e le sue vane interpretazioni

FONTE
N. Machiavelli, *La mandragola*, in *Tutte le opere*, cit.

Riportiamo qui il finale della commedia.

SCENA PRIMA
Fra' Timoteo solo

Frate Io non ho potuto questa notte chiudere occhio, tanto è el desiderio, che io ho d'intendere come Callimaco e gli altri l'abbino fatta.[1] Ed ho atteso a consumare el tempo in varie cose: io dissi mattutino,[2] lessi una vita de' Santi Padri, andai in chiesa ed accesi una lampana[3] che era spenta, mutai un velo ad una Nostra Donna, che fa miracoli. Quante volte ho io detto a questi frati che la tenghino pulita! E si maravigliono poi se la divozione manca! Io mi ricordo esservi cinquecento immagine,[4] e non ve ne sono oggi venti: questo nasce da noi, che non le abbiamo saputa mantenere la reputazione.[5] Noi vi solavamo[6] ogni sera doppo la compieta[7] andare a procissione, e facevànvi cantare ogni sabato le laude.[8] Botavànci noi sempre quivi,[9] perché vi si vedessi delle immagine fresche; confortavamo nelle confessioni gli uomini e le donne a botarvisi. Ora non si fa nulla di queste cose, e poi ci maravigliamo che le cose vadin fredde![10] Oh, quanto poco cervello è in questi mia frati! Ma io sento un gran romore da casa messer Nicia. Eccogli, per mia fé![11] E' cavon fuora el prigione.[12] Io sarò giunto a tempo. Ben si sono indugiati alla sgocciolatura:[13] e' si fa appunto l'alba. Io voglio stare ad udire quel che dicono sanza scoprirmi.

SCENA SECONDA
Messer Licia, Callimaco, Ligurio, Siro travestiti

Nicia Piglialo di costà, ed io di qua, e tu, Siro, lo tieni per il pitocco,[14] di drieto.

Callimaco Non mi fate male!

Ligurio Non aver paura, va' pur via.

Nicia Non andian più là.

Ligurio Voi dite bene. Lasciànl'ir qui:[15] diàngli dua volte,[16] che non sappi donde e' si sia venuto. Giralo, Siro!

Siro Ecco.

Nicia Giralo un'altra volta.

Siro Ecco fatto.

Callimaco El mio liuto!

Ligurio Via, ribaldo,[17] tira via! S'io ti sento favellare, io ti taglierò el collo!

Nicia E' si è fuggito. Andianci a sbisacciare:[18] e vuolsi che noi usciàn fuori tutti a buona ora, acciò che non si paia che noi abbiam vegghiato questa notte.[19]

- 1 **come...fatta**: come Callimaco e gli altri l'abbiano trascorsa.
- 2 **dissi mattutino**: dissi le preghiere liturgiche del mattino. Mattutino, nel linguaggio liturgico indica la prima parte dell'ufficio divino che anticamente era recitata o cantata a mezzanotte e in seguito nelle prime ore del mattino.
- 3 **lampana**: lampada.
- 4 **Io...immagine**: Io mi ricordo che [un tempo] vi erano cinquecento ritratti di persone [il cui voto era stato esaudito]. Gli ex-voto erano rappresentati spesso dal ritratto della persona che aveva ricevuto la grazia.
- 5 **che...reputazione**: che non abbiamo fatto in modo da conservarle la rispettabilità.
- 6 **Noi vi solavamo**: noi si soleva.
- 7 **compieta**: l'ultima delle ore canoniche con la quale si conclude la preghiera della giornata liturgica.
- 8 **facevànvi...laude**: ogni sabato vi facevamo cantare le litanie.
- 9 **Botavànci...quivi**: Qui facevamo sempre voti anche noi.
- 10 **che...fredde!**: il riferimento è alla "freddezza" e alla mancanza di sensibilità religiosa.
- 11 **Eccogli...fé**: Eccoli, in fede! È una interiezione esclamativa.
- 12 **E'...prigione**: Essi tirano fuori il prigioniero [: Callimaco].
- 13 **Ben...sgocciolatura**: si tratta probabilmente di un'allusione all'atto sessuale.
- 14 **pitocco**: abito corto maschile che i soldati portavano sull'armatura.
- 15 **Lasciànl'ir qui**: Lasciamolo andare qui.
- 16 **diàngli dua volte**: facciamolo girare due volte [su se stesso].
- 17 **ribaldo**: furfante.
- 18 **Andianci a sbisacciare**: Andiamoci a svestire.
- 19 **e vuolsi...notte**: ed è necessario che noi usciamo fuori di casa presto, affinché non si mostri che siamo stati svegli questa notte.

Ligurio Voi dite el vero.

Nicia Andate, Ligurio e Siro, a trovar maestro Callimaco, e li dite che la cosa è proceduta bene.

Ligurio Che li possiamo noi dire?[20] Noi non sappiamo nulla. Voi sapete che, arrivati in casa, noi ce n'andamo nella volta[21] a bere: voi e la suocera rimanesti alle man' seco,[22] e non vi rivedemo mai se non ora, quando voi ci chiamasti per mandarlo fuora.

Nicia Voi dite el vero. Oh! io vi ho da dire le belle cose![23] Mogliama era nel letto al buio. Sostrata m'aspettava al fuoco.[24] Io giunsi su con questo garzonaccio, e, perché e' non andassi nulla in capperuccia,[25] io lo menai in una dispensa, che io ho in sulla sala, dove era un certo lume annacquato,[26] che gittava un poco d'albore, in modo ch'e' non mi poteva vedere in viso.

Ligurio Saviamente.

Nicia Io lo feci spogliare: e' nicchiava;[27] io me li volsi come un cane,[28] di modo che gli parve mille anni di avere fuora e panni, e rimase ignudo. Egli è brutto di viso: egli aveva un nasaccio, una bocca torta... Ma tu non vedesti mai le più belle carne: bianco, morbido, pastoso! E dell'altre cose non ne domandare.

Ligurio E' non è bene ragionarne. Che bisognava vederlo tutto?

Nicia Tu vuoi el giambo![29] Poi che io avevo messo mano in pasta, io ne volli toccare el fondo.[30] Poi volli vedere s'egli era sano: s'egli avessi aùto le bolle,[31] dove mi trovavo io? Tu ci metti parole![32]

Ligurio Avevi ragion voi.

Nicia Come io ebbi veduto che gli era sano, io me lo tirai drieto, ed al buio lo menai in camera, messilo al letto; ed innanzi che mi partissi, volli toccare con mano come la cosa andava, ché io non sono uso ad essermi dato ad intendere lucciole per lanterne.[33]

Ligurio Con quanta prudenzia avete voi governata questa cosa!

Nicia Tocco[34] e sentito che io ebbi ogni cosa, mi usci' di camera, e serrai l'uscio, e me n'andai alla suocera, che era al fuoco, e tutta notte abbiamo atteso a ragionare.

Ligurio Che ragionamenti son suti e vostri?[35]

Nicia Della sciocchezza di Lucrezia, e quanto egli era meglio che, sanza tanti andirivieni, ella avessi ceduto al primo.[36] Dipoi ragionamo del bambino, che me lo pare tuttavia[37] avere in braccio, el naccherino![38] Tanto che io senti' sonare le tredici ore; e, dubitando che il dì non sopragiugnessi, me n'andai in camera. Che direte voi, che io non potevo fare levare quel ribaldone?[39]

Ligurio Credolo![40]

Nicia E' gli era piaciuto l'unto![41] Pure, e' si levò, io vi chiamai, e lo abbiamo condutto fuora.

Ligurio La cosa è ita bene.

Nicia Che dirai tu, che me ne incresce?

- **20 Che...dire?**: È una trovata di Ligurio per farsi raccontare da Nicia i particolari dell'incontro fra Lucrezia e il garzonaccio (che, in realtà è Callimaco).
- **21 volta**: la stanza della dispensa che aveva il soffitto a volta.
- **22 rimanesti...seco**: *rimaneste [a che fare] direttamente (alle man') con loro (seco)*.
- **23 Oh!...cose!**: Segue il racconto di Nicia sulla notte passata dalla moglie con il garzonaccio (Callimaco).
- **24 al fuoco**: *vicino al focolare*.
- **25 e, perché...capperuccia**: *e perché nulla passasse inosservato*, ossia *perché nulla restasse come sotto una cappa*. "Capperuccia" è infatti il termine con cui anticamente si indicava il cappuccio del mantello.
- **26 lume annacquato**: lume dalla luce debole perché all'olio era stata aggiunta l'acqua.
- **27 nicchiava**: *esitava, resisteva*.
- **28 come un cane**: *rabbioso come un cane*.
- **29 Tu...giambo!**: *Tu vuoi scherzare!*
- **30 Poi...fondo**: *Poiché mi ero gettato in quell'impresa, volli andare a fondo*.
- **31 le bolle**: *le conseguenze della sifilide*.
- **32 dove...parole!**: *fai presto tu a parlare!*
- **33 ché...lanterne**: *poiché io non sono abituato che mi si dia a intendere lucciole per lanterne*.
- **34 Tocco**: *Toccato*, forma verbale antica e dialettale.
- **35 Che...vostri?**: *Che ragionamenti sono stati i vostri?* [: Di che cosa avete parlato?].
- **36 al primo**: *fin dal primo momento*.
- **37 tuttavia**: *continuamente*.
- **38 el naccherino!**: da "naccere", *festoso, chiassoso*. Si tratta di un vezzeggiativo riferito al bambino.
- **39 Che...ribaldone?**: *Che cosa direte voi, che io non riuscivo a togliere dal letto quel furfante?*
- **40 Credolo!**: *Lo credo!*
- **41 E'...l'unto!**: *Ci aveva preso gusto!* Il riferimento è all'amplesso amoroso.

Ligurio Di che?

Nicia Di quel povero giovane, ch'egli abbia a morire sì presto, e che questa notte gli abbia a costar sì cara.

Ligurio Oh! voi avete e pochi pensieri! Lasciàtene la cura a lui.[42]

Nicia Tu di' el vero. – Ma e' mi par ben mille anni[43] di trovare maestro Callimaco, e rallegrarmi seco.

Ligurio E' sarà fra una ora fuora. Ma egli è già chiaro el giorno: noi ci andreno a spogliare; voi, che farete?

Nicia Andronne anch'io in casa, a mettermi e panni buoni. Farò levare e lavare la donna, farolla venire alla chiesa, ad entrare in santo.[44] Io vorrei che voi e Callimaco fussi là, e che noi parlassimo al frate, per ringraziarlo e ristorarlo[45] del bene, che ci ha fatto.

Ligurio Voi dite bene: così si farà. A Dio.

SCENA TERZA
Fra' Timoteo solo

Frate Io ho udito questo ragionamento, e mi è piaciuto tutto, considerando quanta sciocchezza sia in questo dottore; ma la conclusione ultima mi ha sopra modo dilettato.[46] E poiché debbono venire a trovarmi a casa, io non voglio stare più qui, ma aspettargli alla chiesa, dove la mia mercatanzia varrà più.[47] – Ma chi esce di quella casa? E' mi pare Ligurio, e con lui debb'essere Callimaco. Io non voglio che mi vegghino, per le ragioni dette: pur, quando e' non venissino a trovarmi, sempre sarò a tempo ad andare a trovare loro.

SCENA QUARTA
Callimaco, Ligurio

Callimaco Come io ti ho detto, Ligurio mio, io stetti di mala voglia infino alle nove ore; e, benché io avessi gran piacere, e' non mi parve buono. Ma, poi che io me le fu' dato a conoscere, e ch'io l'ebbi dato ad intendere l'amore che io le portavo, e quanto facilmente, per la semplicità del marito, noi potavamo viver felici sanza infamia alcuna, promettendole che qualunque volta Dio facessi altro di lui,[48] di prenderla per donna,[49] ed avendo ella, oltre alle vere ragioni, gustato che differenzia è dalla ghiacitura mia[50] a quella di Nicia, e da e baci d'uno amante giovane a quelli d'uno marito vecchio, doppo qualche sospiro, disse: – Poiché l'astuzia tua, la sciocchezza del mio marito, la semplicità di mia madre e la tristizia del mio confessoro mi hanno condutto a fare quello che mai per me medesima arei fatto, io voglio giudicare che venga da una celeste disposizione, che abbi voluto così, e non sono sufficiente a recusare[51] quello che 'l Cielo vuole che io accetti. Però, io ti prendo per signore, patrone, guida: tu mio padre, tu mio defensore, e tu voglio che sia ogni mio bene; e quel che 'l mio marito ha voluto per una sera, voglio ch'egli abbia sempre. Fara'ti[52] adunque suo compare,[53] e verrai questa

---

- **42 Oh...lui**: *Oh, voi avete poco a cui pensare [se arrivate a pensare a questa cosa]! Lasciate che se la veda lui.*
- **43 Ma...anni**: *Ma non vedo l'ora.*
- **44 entrare in santo**: *purificare.* "Andar in santo" indica la cerimonia religiosa per la purificazione delle puerpere, quaranta giorni dopo il parto. Qui Nicia usa questa espressione per analogia: in realtà vuole far andare in chiesa la donna per annullare il peccato commesso e far ritornare tutto in regola. Il suo spirito conformistico ne esce confermato. Nello stesso tempo sembra voler già alludere al figlio che nascerà, con effetto comico.
- **45 ristorarlo**: *ricompensarlo.*
- **46 ma...dilettato**: il riferimento è alla ricompensa promessa.
- **47 ma...più**: fra' Timoteo vuole aspettare Ligurio, Callimaco e Nicia non in casa ma in chiesa dove la sua merce (**mercatanzia**) avrà più valore. I valori religiosi sono dunque assorbiti dai valori economici, che ormai, per il frate prevalgono su quelli spirituali.
- **48 qualunque...lui**: si tratta di un eufemismo per dire *se alle volte Dio lo facesse morire.*
- **49 prenderla per donna**: *prenderla per moglie.*
- **50 dalla ghiacitura mia**: *dal mio modo di fare l'amore.*
- **51 e non...recusare**: *e non sono capace di rifiutare.*
- **52 Fara'ti**: *Ti farai.*
- **53 compare**: *padrino di battesimo* e, comunque, *amico stretto di famiglia*. Si noti la comicità della allusione: l'allusione al battesimo implicita nella parola "compare" fa intuire che Callimaco è destinato a diventare compare di Nicia per un bambino che deve ancora nascere e che Nicia crede suo, mentre è di colui che lo inganna.

mattina a la chiesa, e di quivi ne verrai a desinare con esso noi;[54] e l'andare e lo stare starà a te,[55] e potreno ad ogni ora e sanza sospetto convenire insieme. – Io fui, udendo queste parole, per morirmi per la dolcezza. Non potetti rispondere a la minima parte di quello che io arei desiderato. Tanto che io mi truovo el più felice e contento uomo che fussi mai nel mondo; e, se questa felicità non mi mancassi o per morte o per tempo,[56] io sarei più beato ch'e beati, più santo ch'e santi.

Ligurio   Io ho gran piacere d'ogni tuo bene, ed ètti intervenuto[57] quello che io ti dissi appunto. Ma che facciàn noi ora?

Callimaco   Andian verso la chiesa, perché io le promissi d'essere là, dove la verrà lei, la madre ed il dottore.

Ligurio   Io sento toccare l'uscio suo: le sono esse, che escono fuora, ed hanno el dottore drieto.

Callimaco   Avviànci in chiesa, e là aspetteremole.

- **54 con esso noi**: *con noi*. La particella "esso", posta dopo la preposizione "con" e davanti a nome o a pronome personale, resta perlopiù invariata e ha un valore rafforzativo.
- **55 starà a te**: *dipenderà da te*.
- **56 per tempo**: *a causa del trascorrere del tempo*.
- **57 etti intervenuto**: *ti è accaduto*.

T9 DALLA COMPRENSIONE ALL'INTERPRETAZIONE

COMPRENSIONE

Lo scioglimento della vicenda   Questo quinto atto si apre con **un monologo di Timoteo**: la religione per lui è solo un guscio vuoto di cui occorre curare le apparenze, mentre si persegue il proprio interesse. Nella scena successiva **Nicia** racconta che cosa ha fatto per controllare che l'incontro d'amore fra il giovane sconosciuto e la moglie andasse secondo le aspettative; poi **la stessa scena è raccontata da Callimaco**. Così quanto è avvenuto nella casa di Nicia e nel letto di Lucrezia non è **mai rappresentato direttamente ma sempre indirettamente attraverso le parole dei personaggi** (un primo resoconto era stato già fornito da Nicia nel brano precedentemente riportato). Attraverso Callimaco, che riferisce le parole di Lucrezia, sappiamo della decisione della donna di continuare la relazione con lui. Così **tutti sono contenti**: Nicia avrà il suo figlio maschio, Callimaco la donna, Ligurio e Timoteo la loro ricompensa (cfr. **S4**, p. 232).

ANALISI

I monologhi del frate   Come nel brano già riportato in **T7**, anche qui incontriamo **Timoteo monologante**, nella scena prima e nella scena terza. In questi due monologhi, la sua idea di religione si chiarifica e si completa. Gli atti della fede sono da lui concepiti come pura esteriorità. Se c'è una **crisi religiosa**, la causa è solo nella trascuratezza per cui non si tengono pulite le immagini della Vergine. «Mantenere la reputazione» della Chiesa è affare solo di organizzazione burocratica, non di sentimento religioso. A questo concetto pubblico di religione Timoteo unisce poi una sua pratica privata, ben definita nella scena terza: egli andrà ad aspettare Ligurio, Nicia e Callimaco in chiesa, «dove la mia mercatanzia varrà di più». La religione, insomma, serve a Timoteo solo per alzare il prezzo.

Il racconto di Nicia   L'incontro di Lucrezia e di Callimaco è raccontato due volte, prima da Nicia, poi da Callimaco. Nel racconto di **Nicia**, quest'ultimo si mostra in tutta la sua sconcia **pretesa di furbizia**. Egli fa spogliare il giovane per controllarne lo stato di salute e la virilità, poi lo porta al letto della moglie e verifica che l'accoppiamento fra i due avvenga nel migliore dei modi. La situazione ha una **paradossalità grottesca**, e tuttavia non vi manca qualcosa di biecamente ambiguo, sia sul piano sessuale, sia su quello etico: l'interesse di Nicia per il giovane sconosciuto e per l'atto d'amore che costui deve compiere con la moglie rivela un fondo turpe e, nel contempo, bassamente utilitaristico. Nicia vuole anche controllare di avere speso bene i suoi soldi e le sue energie!

Il discorso di Lucrezia   Nella scena quarta Callimaco esprime nel linguaggio tradizionale dell'amante la sua felicità per la conclusione della vicenda. Il suo lungo racconto è interessante però soprattutto perché riporta il discorso fattogli da **Lucrezia**. Con un linguaggio solenne, ella annuncia la sua decisione: «quello che 'l mio marito ha voluto per una sera, voglio ch'egli abbia sempre». Il periodare di Lucrezia ha una nobile **sostenutezza retorica**. Ella comincia con una causale (che introduce, analiticamente esposti, i motivi di condizionamento da lei subìti) cui segue la frase principale. Si tratta dunque di un periodo più complesso di quelli che incontriamo nel resto della commedia. Poi il discorso di Lucrezia continua con periodi formati da tre membri: si vedano i due punti e virgola che li suddividono in tre nel primo, e le due coordinate «e» che distinguono in tre momenti il successivo sino al punto e virgola («e verrai questa mattina... e di quivi...»). Inoltre la regola del tre è confermata dai triplici attributi conferiti due volte a Callimaco («padrone, signore, guida», e poi «mio padre... mio defensore... mio bene»).

INTERPRETAZIONE

L'ambiguità di Lucrezia Lucrezia sembra l'unico personaggio interamente positivo, che non ha secondi fini e che però comprende perfettamente tutto ciò che le accade intorno. Tuttavia il suo comportamento ha qualcosa di ambiguo e questa ambiguità ha generato una serie di interpretazioni diverse (cfr. **S4**). Secondo **Luigi Russo**, Lucrezia è la vera eroina della moralità machiavelliana. Per Machiavelli, infatti, la virtù consiste nell'essere perfettamente buoni oppure onorevolmente cattivi. All'inizio Lucrezia è perfettamente buona, virtuosa e incorruttibile; alla fine accetta con onore la possibilità che le viene prospettata (diventare l'amante di Callimaco) ed è coerente con la sua scelta fino in fondo. Approfondendo questa interpretazione, **Giulio Ferroni** ha paragonato Lucrezia alla figura del principe, colui che appunto incarna la perfetta moralità. **Gennaro Sasso**, però, contesta la lettura di Ferroni e vede in Lucrezia un personaggio passivo: mentre il principe agisce e si adegua alle circostanze della fortuna, Lucrezia subisce i condizionamenti esterni. L'equivalente del principe sarebbe semmai Callimaco, che con l'impeto caratteristico dei giovani riesce a conquistarsi la fortuna, che, come Lucrezia, è donna e mutevole.

Tutto è bene quel che finisce bene? La commedia si distingue dalla tragedia, secondo la *Poetica* di Aristotele (IV sec. a.C.), per il fatto che nella prima una situazione iniziale triste e drammatica trova una soluzione felice. In effetti, all'inizio Nicia è scontento perché non ha un figlio e Callimaco perché desidera la bella Lucrezia ma non sa come fare per averla. Alla fine, come abbiamo visto, **tutti i personaggi hanno realizzato i propri desideri**. Persino Lucrezia conosce il vero amore e si sottrae alla follia senile del marito. Eppure c'è **qualcosa che stride nella conclusione** della *Mandragola*, qualcosa che ci lascia perplessi e con l'amaro in bocca. Tutti sono contenti, è vero, ma due tra le più importanti istituzioni della società cinquecentesca (e non solo cinquecentesca), appaiono fortemente in crisi: la famiglia e la religione. L'una e l'altra sembrano essere state svuotate dei valori che le fondano. La famiglia non si regge più sul rispetto reciproco tra i coniugi e sull'onore, e la religione è ridotta a retorica vuota e ipocrita.

T9 LAVORIAMO SUL TESTO

COMPRENDERE

1. Quale idea di religione emerge dal monologo di Timoteo?

ANALIZZARE

2. Perché l'incontro tra Lucrezia e Callimaco non è rappresentato direttamente ma attraverso una duplice, opposta prospettiva?

3. **LINGUA E LESSICO** Analizza la struttura sintattica del discorso di Lucrezia e spiega in che modo le scelte sintattiche rispecchiano le caratteristiche di questo personaggio.

INTERPRETARE

4. **TRATTAZIONE SINTETICA** Il personaggio di Lucrezia ha dato origine a diverse interpretazioni. Leggi attentamente **T9** e **S4** e motiva un tuo giudizio in un testo che non superi le dieci righe.

S4 — MATERIALI E DOCUMENTI

Lucrezia: un personaggio controverso

Riportiamo tre brani tratti dai saggi di Luigi Russo (*Machiavelli*, Laterza, Bari 1966), Giulio Ferroni («*Mutazione*» e «*riscontro*» *nel teatro di N. Machiavelli e altri saggi sulla commedia del Cinquecento*, Bulzoni, Roma 1972) e Gennaro Sasso (*Considerazioni sulla «Mandragola*», in N. Machiavelli, *La Mandragola*, Rizzoli, Milano 1980») come stimolo al dibattito in classe sul conflitto delle interpretazioni che si è sviluppato intorno al personaggio di Lucrezia.

S2

Lucrezia secondo Luigi Russo
Non dunque figura meramente decorativa e passiva, come è apparsa ai critici. Passiva perché parla poco? passiva allora allo stesso modo della Lucia manzoniana, che non sapeva fare altro che piantare il mento sulla fontanella della gola e sogguardare con quei tali suoi occhioni che piacevano tanto poco a donna Prassede? E nemmeno figura di una equivoca e turpe virtù. Virtuosa prima e dopo; virtuosa nella via del bene, quando resiste alle balorde esortazioni della madre e ai goffi desideri del marito; virtuosa nella via del male, quando, ritrovandovisi, non esita a percorrerla fino in fondo. Questa è la vera eroina della nuova moralità del Machiavelli, che distingue pur tra il bene e il male, ma deprecca [condanna] in ogni caso la mediocrità del sentire. Il non sapere gli uomini «essere onorevolmente cattivi e perfettamente buoni; e, come una malizia ha in sé grandezza, o è in alcuna parte generosa, e' non vi sanno entrare», questo solo è il vero male, il vero peccato, nella nuova concezione del mondo del filosofo e del poeta della virtù umanistica.

Lucrezia secondo Giulio Ferroni
Il capitolo XVIII del *Principe* aveva mostrato come fosse ottima ed utile cosa «parere pietoso, fedele, umano, intero, religioso, et essere», ma come fosse altrettanto necessario «stare in modo edificato con l'animo, che, bisognando non essere, tu possa e sappi mutare el contrario»; il capitolo XXV aveva affermato con nettezza la condizione «felice» di chi «riscontra [accorda] el modo del procedere suo con le qualità de' tempi» e quella «infelice» di «quello che con il procedere suo si discordano e' tempi»: sappiamo come l'ambizione del «savio» machiavelliano vorrebbe essere quella di saper sempre adattare il proprio «modo di procedere» alle «variazioni» della fortuna, mutando con uno sforzo eroico la propria «natura», nonostante il presupposto teorico dell'impossibilità di questa «mutazione». Di fronte ad una situazione in cui la sua naturale «bontà» non ha più alcuno spazio vitale, Lucrezia realizza questa ambizione del savio a «mutare», disponendosi a «diventare d'un'altra natura», a piegarsi ad una «corruzione» della propria bontà, passando da «perfettamente buona» a «onorevolmente cattiva», e ottenendo così un «riscontro» felice con la fortuna.

Lucrezia secondo Gennaro Sasso
Madonna Lucrezia è il trasparente simbolo della «forza» che s'impone ai deboli, e li modella a suo piacimento. Ma, a guardar bene, non è soltanto questo: è, forse, qualcosa di più. Per l'ossequio che, in ogni tempo, dimostra alla «forza», essa è di volta in volta la forza dalla quale è come modellata e ricreata; e pur essendo, in questo via via rinnovato ossequio, immobile, è tuttavia anche cangiante, perché, nell'identità del suo essere, passano e si riflettono le infinite occasioni che, variamente vi si realizzano e, come si è detto, lo modellano e ricreano. Essa, perciò, assomiglia alla «fortuna», eternamente varia nel suo essere per sempre identica alla legge del suo variare. E, nei suoi confronti, non c'è allora altro da fare che di aggredirla con l'impeto audace della giovinezza, proprio come, in ultima analisi, Ligurio dispone, con la sua destrezza, che Callimaco, infine, faccia. Se è così, se madonna Lucrezia acquista i caratteri simbolici della fortuna, allora è evidente che nell'aggressività erotica, che Machiavelli delinea nella favola che «*Mandragola* si chiama», è implicita una forte componente di odio, un tratto profondo di misoginia, quasi che nella donna-fortuna, o nella fortuna-donna, il suo desiderio fosse di colpire, di dominare e di distruggere un eterno *idolum* [immagine] dell'impotenza umana.

10. La personalità di Machiavelli e la sua persistente attualità

Alla **ricezione** e alla **fortuna di Machiavelli** politico sono destinati gli ultimi paragrafi del Primo Piano sul *Principe* (cfr. cap. VIII, §§ 11 e 12). Qui ci limitiamo a ricordare che Machiavelli ebbe una **personalità complessa**, in cui il momento propriamente artistico-letterario del poeta, del novelliere e del commediografo non è affatto secondario. Nonostante le sue diffidenze nei confronti delle posizioni umanistiche privilegianti l'aspetto estetico a danno di quello pratico e politico, c'è in lui un **elemento risentito e umorale** che poteva esprimersi solo attraverso procedimenti figurali e metaforici e attraverso il realismo della rappresentazione narrativa o comica. Questa componente artistico-letteraria è a fondamento della stessa incisività stilistica della scrittura saggistica del *Principe* o dei *Discorsi*, e ne spiega e alimenta le prospettive utopiche. Sta in questa **complessità**, in cui aspetti intellettuali e razionali si uniscono ad altri psicologici, emotivi ed esistenziali, **la ragione della grandezza** della personalità machiavelliana e della sua persistente attualità attraverso i secoli. Significativamente, nei momenti di crisi, ogni volta che si è avvertita l'esigenza di mutamenti radicali, il pensiero è andato all'autore del *Principe*.

Importanza della componente artistico-letteraria in Machiavelli

S • Sia gloria al Machiavelli (F. De Sanctis)

DAL RIPASSO ALLA VERIFICA

MAPPA CONCETTUALE | Niccolò Machiavelli

Niccolò Machiavelli (1469-1527)

profilo intellettuale
- impegno politico per la repubblica
- la politica diventa autonoma dalla religione e dalla morale
- studio dei classici e modello dell'antica Roma
- rinnovamento del genere del trattato e nascita della saggistica moderna

prassi-realismo → esperienza concreta delle legazioni e conoscenza politica reale

carica demistificatoria → rovesciamento delle convenzioni

teoria-utopia → ricerca del bene dello Stato e progetto politico per risolvere la crisi italiana

contesto storico-politico
- ascesa di Lorenzo de' Medici a signore di Firenze (1469)
- morte di Lorenzo de' Medici (1492)
- discesa in Italia di Carlo VIII (1494)
- governo repubblicano a Firenze (1494-1512)
- ritorno dei Medici (1512-1527)
- ripristino del regime repubblicano (1527-1530)
- i Medici definitivamente al potere (1530)

opere

trattati politici

Discorsi sopra la prima Deca di Tito Livio
- problema della durata e della stabilità dello Stato
- monarchia limitata e repubblica mista come forme accettabili di Stato
- rifiuto della tirannia, dell'oligarchia, dell'anarchia
- criterio della stabilità politica
- esemplarità del passato e criterio dell'imitazione
- carattere immutabile della natura umana

Dell'arte della guerra
- carattere esemplare dell'antica Roma
- esercito di cittadini e non di mercenari
- importanza delle "armi proprie" dello Stato
- decadenza della cavalleria e importanza della fanteria

Il principe → cfr. Primo Piano

opere storiografiche

Istorie fiorentine
- fatti storici dalla caduta dell'Impero romano alla morte di Lorenzo de' Medici
- interesse non tanto per la documentazione dei fatti quanto per la loro interpretazione
- storiografia impostata in modo saggistico

opere letterarie in versi e in prosa

Discorso intorno alla nostra lingua
- necessità del fiorentino contemporaneo come lingua letteraria

L'asino — poema in terzine
- il protagonista è nel regno di Circe e si trasforma in asino
- *Asino d'oro* di Apuleio come modello

Belfagor arcidiavolo — novella in prosa
- tradizione misogina e motivo della beffa

commedie

La mandragola
- visione pessimistica e amara
- denuncia del degrado morale e della crisi politica italiana
- influenza di Boccaccio (motivo della beffa erotica) e dei commediografi latini Plauto e Terenzio

Clizia
- elementi autobiografici
- comicità ed amarezza
- influenza dei commediografi latini Plauto e Terenzio

SINTESI

● La vita
Machiavelli nasce a Firenze il 3 maggio del 1469. La sua vita appare segnata dallo spartiacque del 1512, quando, tornati i Medici a Firenze, egli deve abbandonare i suoi impegni politici. Dal 1498 al 1512, infatti, Machiavelli aveva ricoperto importanti incarichi nell'amministrazione politica della Repubblica fiorentina. Costretto all'*otium* letterario, dal 1512 al 1525 si dedica quasi esclusivamente a scrivere le sue maggiori opere. Solo negli ultimi due anni di vita (1525-1527), i Medici gli affidano nuovamente qualche incarico politico, ma la restaurazione della Repubblica (1527) ha come conseguenza una nuova esclusione dall'attività pubblica decretatasi poco prima della morte, avvenuta il 21 giugno 1527.

● Il trattato politico e la nascita della saggistica moderna
Con *Il Principe* di Machiavelli il genere del trattato abbandona le forme della dissertazione filosofica e scientifica e adotta le forme del saggio, in cui l'autore sostiene e dimostra una sua verità individuale. Rispetto alla precedente trattatistica politica medievale e quattrocentesca, entra in crisi l'autorità sancita dalla religione e dai precetti di una moralità precostituita. La politica diventa così autonoma dalla religione e dalla morale. La morale del principe dipende dal successo della sua azione politica e viene fatta coincidere con la sorte stessa dello Stato.

● I *Discorsi sopra la prima Deca di Tito Livio*
Mentre *Il Principe* è un'opera breve e unitaria, i *Discorsi sopra la prima Deca di Tito Livio*, l'altro capolavoro di Machiavelli, sono un'opera più varia e composita, scritta a più riprese in un arco assai lungo di tempo che va dal 1513 al 1518. L'opera non ha una struttura unitaria ma già il titolo suggerisce l'idea di una serie di divagazioni condotte a partire da un testo base: *Ab urbe condita* di Tito Livio. Dagli insegnamenti della storia della Roma antica, l'autore elabora una serie di riflessioni e appunti che vorrebbero costituire i fondamenti di una moderna teoria politica. Nei *Discorsi* Machiavelli considera forme accettabili di Stato solo il principato (o meglio una monarchia limitata controllata dagli aristocratici e soprattutto dal "popolo") e la repubblica "mista" con un equilibrio interno di poteri. Questi permettono assetti istituzionali più equilibrati e più stabili.

● *Dell'arte della guerra*
Dopo i *Discorsi*, lo scritto politico più importante elaborato da Machiavelli nella seconda fase della sua vita è *Dell'arte della guerra*, composto fra il 1519 e il 1520, che ebbe grande e immediato successo. L'opera è suddivisa in sette libri, nei quali un famoso condottiero dell'esercito spagnolo, Fabrizio Colonna, dialoga con vari interlocutori, fra cui Zanobi Buondelmonti, cui erano dedicati i *Discorsi*. Il testo affronta questioni specifiche come la composizione di un esercito di cittadini e non di mercenari, l'importanza delle "armi proprie" dello stato, la decadenza della cavalleria e il prevalere della fanteria. Tuttavia, come *Il Principe*, non è solo un trattato scientifico ma vuole avere anche una funzione politica immediata.

● Le *Istorie fiorentine*
L'attività storiografica di Machiavelli è circoscritta agli ultimi anni della sua vita. Fra il 1520 e il 1525, per incarico di Giulio de' Medici, scrisse le *Istorie fiorentine*, in otto libri, che narrano i fatti storici sino alla morte di Lorenzo il Magnifico (1492). L'opera è un esempio di storiografia impostata in modo saggistico, ove l'interpretazione spregiudicata della storia conta più della precisione della narrazione e della documentazione scientifica dei fatti. Machiavelli legge i fatti storici nella prospettiva di trarne lezioni politiche e attuali.

● *Belfagor arcidiavolo*
Machiavelli si interessò di letteratura e di poesia per tutto l'arco della sua vita. Il suo impegno letterario è testimoniato soprattutto dalla novella *Belfagor arcidiavolo*, e dalle commedie, *Clizia* e *Mandragola*. Nella novella Machiavelli riprende la tradizione misogina e il motivo della beffa, caro a Boccaccio.

● *La mandragola*
Il capolavoro di Machiavelli in campo teatrale è *La mandragola*, scritta intorno al 1518. Grazie ad un infuso di mandragola, un'erba medicinale, Callimaco, con l'aiuto del parassita Ligurio, riuscirà a godersi, con il consenso del marito, la moglie del vecchio dottor Nicia, Lucrezia. L'inganno va a buon fine, con piena soddisfazione di tutti, ma la realtà in cui si situa l'azione dei personaggi è ormai così degradata che il riso degli spettatori e dei lettori non è mai liberatorio: anche coloro che ordiscono la beffa sono prigionieri dello stesso orizzonte piccolo e meschino delle loro vittime.

DALLE CONOSCENZE ALLE COMPETENZE

1 Cosa si intende con il termine 'machiavellismo'? (§ 1, **S1**)

2 Controlla l'esattezza dei seguenti dati biografici. (§ 2)
- A ☐V ☐F Machiavelli nacque a Firenze nel 1469
- B ☐V ☐F ebbe una formazione umanistica
- C ☐V ☐F condivise l'idealismo neoplatonico della cultura rinascimentale
- D ☐V ☐F ricoprì, dal 1498 al 1512, importanti cariche nella Repubblica fiorentina
- E ☐V ☐F dopo il rientro dei Medici a Firenze si ritirò a vita privata
- F ☐V ☐F dal colloquio con gli antichi nacque *Il Principe*
- G ☐V ☐F Machiavelli oppose un ferreo rifiuto alla collaborazione con i Medici

DAL RIPASSO ALLA VERIFICA

3 Nei *Discorsi sopra la prima Deca di Tito Livio* quali forme di stato vengono accettate da Machiavelli e perché? Che cosa è, inoltre, la teoria dell'anaciclosi? (§ 5)

4 In quale opera Machiavelli riprende argomenti e temi cari a Boccaccio? (§ 8)

5 Qual è la vicenda raccontata nella *Mandragola*? In che modo è caratterizzato il personaggio di Lucrezia? (§ 9)

6 In che modo con Machiavelli si rinnova il genere del trattato? (§ 1)

7 A quali forme di governo va la preferenza di Machiavelli nei *Discorsi sopra la prima Deca di Tito Livio* e nel *Principe*? E in che senso si spiega la differenza di prospettiva fra le due opere? (§§ 4-5)

8 I conflitti sociali nell'antica Roma furono causa di libertà, nella Repubblica fiorentina di rovina. Che cosa caratterizza, nell'analisi di Machiavelli, la situazione romana? (§ 5)

9 Su quale concetto, diffusissimo nella cultura rinascimentale, Machiavelli fa leva per sostenere l'utilità della storia? Su quale presupposto lo fonda? Spiegalo a partire dal testo che segue tratto dai *Discorsi sopra la prima Deca di Tito Livio*. (§ 5, espansioni digitali T *Il proemio al libro primo*)

«Donde nasce che infiniti [uomini] che le [antiche storie] leggono, pigliono piacere di udire quella varietà degli accidenti che in esse si contengono, senza pensare altrimenti di imitarle, iudicando la imitazione non solo difficile ma impossibile: come se il cielo, il sole, li elementi, li uomini, fussino variati di moto, di ordine e di potenza, da quello che gli erono antiquamente»

10 Perché le *Istorie fiorentine* possono considerarsi un esempio di storiografia impostata in modo saggistico? (§ 7)

11 Definisci con uno o più aggettivi appropriati i seguenti personaggi della *Mandragola* (§ 9)

- Nicia ....
- Callimaco ....
- frate Timoteo ....
- Lucrezia ....
- Sostrata ....
- Ligurio ....

PROPOSTE DI SCRITTURA

ANALISI E INTERPRETAZIONE DEL TESTO

Niccolò Machiavelli
Discorsi sopra la prima Deca di Tito Livio

[II, 2] [...] Pensando dunque donde possa nascere che in quegli tempi antichi i popoli fossero più amatori della libertà che in questi; credo nasca da quella medesima cagione che fa ora gli uomini manco forti:[1] la quale credo sia la diversità della educazione nostra dall'antica, fondata dalla diversità della religione nostra dalla antica. Perché avendoci la nostra religione mostro[2]
5 la verità e la vera via,[3] ci fa stimare meno l'onore del mondo: onde i gentili,[4] stimandolo assai ed avendo posto in quello il sommo bene, erano nelle azioni loro più feroci. Il che si può considerare da molte loro constituzioni,[5] cominciandosi dalla magnificenza de' sacrifizi loro alla umiltà de' nostri[6] dove è qualche pompa più delicata che magnifica, ma nessuna azione feroce o gagliarda. Qui non mancava la pompa né la magnificenza delle cerimonie, ma vi si aggiugne-

1 **manco forti**: *meno forti.*
2 **mostro**: *mostrato.*
3 **la verità...via**: *cfr. Giovanni 14, 6:* «Io sono la via, la verità e la vita». *L'ossequio alle fonti bibliche è ironico.*
4 **i gentili**: *i pagani.*
5 **constituzioni**: *istituzioni.*
6 **alla...nostri**: *in confronto alla mitezza dei nostri sacrifici.*

10   va l'azione del sacrificio pieno di sangue e di ferocità, ammazzandovisi moltitudine d'animali; il quale aspetto,⁷ sendo terribile, rendeva gli uomini simili a lui. La religione antica, oltre a di questo, non beatificava se non uomini pieni di mondana gloria, come erano capitani di eserciti e principi di republiche. La nostra religione ha glorificato più gli uomini umili e contemplativi che gli attivi. Ha dipoi posto il sommo bene nella umiltà, abiezione e nel disprezzo delle cose
15   umane: quell'altra lo poneva nella grandezza dello animo, nella fortezza del corpo ed in tutte le altre cose atte a fare gli uomini fortissimi. E se la religione nostra richiede che tu abbi in te fortezza, vuole che tu sia atto a patire più che a fare una cosa forte. Questo modo di vivere adunque pare che abbi renduto⁸ il mondo debole e datolo in preda agli uomini scelerati, i quali sicuramente lo possono maneggiare, veggendo come l'università degli uomini, per andarne
20   in paradiso, pensa più a sopportare le sue battiture che a vendicarle.⁹ E benché paia che si sia effeminato il mondo e disarmato il cielo, nasce più senza dubbio dalla viltà degli uomini, che hanno interpretato la nostra religione secondo l'ozio, e non secondo la virtù.¹⁰ Perché, se considerassono come la¹¹ ci permette la esaltazione e la difesa della patria, vedrebbono come la vuole che noi l'amiamo ed onoriamo, e prepariamoci a essere tali che noi la possiamo difen-
25   dere. Fanno dunque queste educazioni e sì false interpretazioni¹² che nel mondo non si vede tante republiche quante si vedeva anticamente; né, per consequente, si vede ne' popoli tanto amore alla libertà quanto allora: ancora che io creda più tosto essere cagione di questo che lo imperio romano con le sue arme e sua grandezza spense tutte le republiche e tutti e' viveri civili.¹³ E benché poi tale imperio si sia risoluto,¹⁴ non si sono potute le città ancora rimette-
30   re insieme né riordinare alla vita civile se non in pochissimi luoghi di quello imperio. Pure, comunque si fusse, i romani in ogni minima parte del mondo trovarono una congiura di republiche armatissime ed ostinatissime alla difesa della libertà loro. Il che mostra che il popolo romano senza una rara ed estrema virtù mai non le arebbe potute superare.

7 **aspetto**: *spettacolo*.
8 **abbi renduto**: *abbia reso*.
9 **i quali...vendicarle**: *i quali* [: *gli scellerati*] *possono certamente dominare il mondo, vedendo come la totalità degli uomini, per andare in paradiso, è disposta più a sopportare i soprusi che a vendicarli.*
10 **E benché...virtù**: *e benché sembri che il mondo si sia indebolito e che la religione abbia perso la sua forza,* [ciò] *deriva senza dubbio dalla viltà degli uomini, che hanno alterato* [il messaggio del] *la religione cristiana,* [interpretandolo] *alla luce della loro inerzia* (**ozio**), *e non del comportamento virtuoso.*
11 **la**: *la religione*.
12 **Fanno adunque...interpretazioni**: [Gli uomini] *hanno istituito un tipo di educazione che infiacchisce gli animi e hanno così travisato la religione cristiana.*
13 **tutti e' viveri civili**: *il modo di vivere liberi.*
14 **risoluto**: *dissolto, crollato.*

ANALIZZARE

Metrica e sintassi

1. Schematizza lo sviluppo dell'argomentazione, costruendo una mappa concettuale.
2. Le credenze religiose possono assumere valenze positive e negative: a quali aspetti della religione appare interessato Machiavelli?
3. Precisa perché Machiavelli predilige la religione pagana.
4. Perché, secondo l'autore, il cristianesimo ha consegnato il mondo in mano agli scellerati?
5. L'idea dell'uomo e della vita che emerge dal testo a quali modelli è ispirata?

INTERPRETARE E APPROFONDIRE

6. Il confronto che Machiavelli instaura tra epoche così lontane è anche alla base del *Principe*: a quale idea della storia e del comportamento umano rimanda?
7. Rifletti sul rapporto tra l'esaltazione delle libertà repubblicane, che informa i *Discorsi sulla prima Deca di Tito Livio*, e la proposta di governo del *Principe*. Non c'è contraddizione?

DAL RIPASSO ALLA VERIFICA

IL CONFRONTO TRA TESTI

Machiavelli e Boccaccio
Riguardo al tema della relatività della morale metti a confronto una o più novelle del *Decameron* a tua scelta e sottolinea le differenze e le analogie rispetto al testo della *Mandragola*.

Machiavelli e Dante
Contestualizza il tema della relatività della morale e la polemica contro l'ipocrisia e l'avarizia dei religiosi e metti a confronto la posizione di Machiavelli con quella di Dante.

>   O Simon mago, o miseri seguaci
> che le cose di Dio, che di bontate
> 5   deon essere spose, e voi rapaci
>
>   per oro e per argento avolterate,
> or convien che per voi suoni la tromba,
> 8   però che ne la terza bolgia state.
>
> […]
>
>   Nostro Segnore in prima da san Pietro
> ch'ei ponesse le chiavi in sua balìa?
> 93   Certo non chiese se non "Viemmi retro".
>
>   Né Pier né li altri tolsero a Matia
> oro od argento, quando fu sortito
> 96   al loco che perdé l'anima ria.
>
>   Però ti sta, ché tu se' ben punito;
> e guarda ben la mal tolta moneta
> 99   ch'esser ti fece contra Carlo ardito.
>
>   E se non fosse ch'ancor lo mi vieta
> la reverenza delle somme chiavi
> 102   che tu tenesti ne la vita lieta,
>
>   io userei parole ancor più gravi;
> ché la vostra avarizia il mondo attrista,
> 105   calcando i buoni e sollevando i pravi.
>
> […]
>
>   Fatto v'avete Dio d'oro e d'argento;
> e che altro è da voi a l'idolatre,
> 114   se non ch'elli uno, e voi ne orate cento?

Dante, *Inf.* XIX, vv. 1-6, 91-105, 112-114.

Capitolo VIII — Il Principe
PRIMO PIANO

Vedi **videolezione** a p. 178

My eBook+

Cliccando su questa icona, docenti e studenti accedono ad un'area di personalizzazione che permette di arricchire i contenuti digitali già linkati lungo le pagine del libro. Nell'area di personalizzazione è possibile infatti salvare ulteriori materiali: selezionati da **Prometeo** , prodotti autonomamente o ricercati nella rete.

▶ *Per un elenco di materiali integrativi presenti nella biblioteca multimediale di Prometeo o per attivare una ricerca cfr. p. 302*

Tiziano, *Allegoria della Prudenza*, 1565-70 circa. Londra, National Gallery.

1. La composizione: datazione, titolo e storia del testo

La composizione

Dal novembre 1512 Machiavelli viene privato di ogni ufficio e confinato. Dopo un breve periodo di carcere, perché sospettato di partecipazione a una congiura antimedicea, **si ritira nel proprio podere** a Sant'Andrea in Percussina. Il carteggio con l'amico Francesco Vettori, ambasciatore di Firenze a Roma, rende verosimile pensare che **fra il marzo e il dicembre 1513** egli abbia completato la stesura del *Principe* e il quadro dei primi diciotto capitoli dei *Discorsi*. In una celebre **lettera** indirizzata **a Francesco Vettori** e datata 10 dicembre 1513 (cfr. cap. VII, **T1**, p. 183) Machiavelli annuncia di aver concluso un

Il titolo

opuscolo, indicato con il titolo ***De principatibus*** [I principati], e di volerlo dedicare a Giuliano de' Medici, figlio di Lorenzo il Magnifico, che reggeva Firenze dopo la restaurazione del 1512. In realtà, dopo la morte di Giuliano (1516), il libro verrà dedicato a **Lorenzo di Piero de' Medici**, duca di Urbino. Il trattato venne poi indicato dall'autore con titoli diversi (*De' principati, De principe*) e assunse il proprio titolo definitivo solo a partire dalle prime edizioni a stampa, uscite postume (cfr. **S1**, p. 240).

Il genere: trattato sul sovrano ideale

Il titolo dell'opuscolo rende ragione del modello scelto dall'autore dal punto di vista dei generi letterari: il trattato sul sovrano ideale, forma letteraria comune in età medievale. Il genere aveva conosciuto una nuova fioritura nell'ambito della trattatistica politica quattrocentesca, con la moltiplicazione degli ***specula principis*** (specchi del principe), elenchi delle virtù mondane del "principe perfetto" corredate di esempi greci e latini. Tra questa produzione trattatistica e *Il Principe* di Machiavelli, però, vi è una **totale differenza** sia sul piano tematico e formale che su quello teorico ed ideologico. La scelta operata da Machiavelli in favore di un canone tradizionale e ben conosciuto riguarda solo **alcuni tratti**

Differenza fra Il Principe e gli altri trattati

esteriori, come il titolo generale, i titoli dei singoli capitoli in latino e l'organizzazione del trattato, che, secondo l'uso corrente, inizia con un elenco delle forme di governo e prosegue elencando in forma di precetti le qualità che un principe dovrebbe possedere. D'altra parte «la somiglianza con gli esempi tradizionali contribuiva a dare vigore al suo messaggio: Machiavelli capiva che le sue proposte anticonformistiche avrebbero avuto anche maggior risalto se presentate in modo convenzionale» (Gilbert).

La data di composizione del *Principe* e il suo rapporto con i *Discorsi*

Intorno alla data di composizione del *Principe* si confrontano due tesi principali. Alcuni studiosi, fra cui Oreste Tommasini e Friedrich Meinecke, sostennero che l'opera sarebbe stata sottoposta a revisioni per vari anni a partire dal 1513; secondo altri studiosi, invece, fra i quali Federico Chabod, il trattato sarebbe stato scritto di getto in pochi mesi nel 1513 e non avrebbe più subìto alcuna sostanziale revisione. Attualmente la tesi di Chabod è accettata dalla maggior parte degli studiosi, ma vi è anche chi, come Jean-Jacques Marchand e Mario Martelli, parla di «diverse fasi di redazione» e di «struttura stratificata» del trattato. Anche per quanto riguarda il rapporto del *Principe* con i *Discorsi* esistono opinioni diverse. Roberto Ridolfi, ad esempio, nel 1954 ha avanzato l'ipotesi, destinata a larghissima fortuna, dell'esistenza di una cesura compositiva nei *Discorsi*, all'altezza del capitolo XVIII del primo libro, dopo il quale il testo sarebbe stato interrotto, nel 1513, per lasciar spazio alla rapida composizione del *Principe*. Felix Gilbert propose invece la tesi secondo cui la stesura dei *Discorsi* sarebbe successiva alla composizione del *Principe*. Essa sarebbe avvenuta intorno al 1515, in relazione alle conversazioni tenute da Machiavelli nei giardini di proprietà di Cosimo Rucellai, gli Orti Oricellari.

Comunque si siano succedute nel tempo le composizioni dei due testi, è chiaro che il conflitto non riguarda solo le questioni filologiche ma anche quelle più schiettamente interpretative e critiche. L'ipotesi di una composizione a strati del *Principe* permette di vederne la stesura in relazione alla progressiva modificazione degli avvenimenti fiorentini. Alcuni capitoli sarebbero stati aggiunti per rispondere a una volontà di intervento politico dell'autore rispetto all'evoluzione della signoria medicea. Viceversa la tesi della stesura di getto assegna al *Principe* il compito di rappresentare, in modo del tutto compiuto, la teoria politica di Machiavelli.

Il problema del rapporto con i *Discorsi* coinvolge anche la questione se, nel tempo, si sia verificato un cambiamento di posizioni politiche in Machiavelli. Nei *Discorsi*, infatti, egli sostiene la repubblica, mentre nel *Principe* il principato. In tempi e modi diversi, sia Luigi Russo che Gennaro Sasso hanno cercato di studiare il rapporto tra le due opere prescindendo dalle questioni cronologiche. Secondo Russo, i due libri rappresenterebbero due fasi diverse di una costante «passione per la tecnica politica»: nel *Principe* prevarrebbe l'attenzione per lo Stato come creazione di un individuo, nei *Discorsi* invece per lo Stato-civiltà, per lo Stato come regime destinato a continuare. Nella prima opera Machiavelli si pone l'obiettivo teorico di dimostrare come costruire uno Stato, nella seconda di come farlo durare. Secondo Sasso, più forte di ogni contrasto sarebbe il legame di continuità fra i due testi: questi sarebbero strettamente intrecciati concettualmente all'altezza del diciottesimo capitolo dei *Discorsi*, che costituirebbe il «luogo ideale» in cui prende avvio il concetto ispiratore del *Principe*.

Secondo Sasso, infatti, è la crisi della repubblica, analizzata in quel capitolo, a far nascere l'idea del principato, il quale può svilupparsi solo quando le repubbliche abbiano toccato il limite estremo della degenerazione. Fra il *Principe* e i *Discorsi* non ci sarebbe dunque contraddizione, e anzi la prima opera presuppone la seconda.

Lo studio di Machiavelli all'Albergaccio, a Sant'Andrea in Percussina.

2. La struttura generale del trattato

La struttura dell'opera

Il Principe è un'**opera fortemente unitaria**, suddivisa in **ventisei capitoli**, ognuno dei quali con un titolo in lingua latina. È possibile però distinguere nel testo, dopo la lettera dedicatoria «*ad Magnificum Laurentium Medicem*» (al Magnifico Lorenzo de' Medici; si tratta di Lorenzo di Piero de' Medici), aggiunta in una fase successiva alla stesura, **quattro sezioni tematiche** di disuguale ampiezza. Non si tratta di una suddivisione dell'autore ma di differenti nuclei tematici implicitamente presenti nel testo.

Quattro sezioni o nuclei tematici presenti nel testo

La prima sezione comprende i **capitoli I-XI** e riguarda i diversi tipi di principato in generale e il principato di nuova acquisizione in particolare. **La seconda**, più breve, comprende i **capitoli XII-XIV** e affronta il problema delle milizie mercenarie e delle milizie proprie. **La terza** comprende i **capitoli XV-XXIII** ed è centrata sui comportamenti e sulle virtù che si addicono al principe. **La quarta** riguarda i **capitoli XXIV-XXVI**, dei quali l'ultimo è dedicato all'esortazione finale rivolta al casato dei Medici. In questa parte conclusiva, pur non rinunciando al proposito precettistico, l'autore esamina la situazione italiana e il decisivo problema della fortuna e del suo potere sulla vita degli uomini (cap. XXV).

Alcuni capitoli, inoltre, segnano, nel fluire dell'argomentazione, **punti di particolare rilievo** o snodi di importanza fondamentale nella trattazione:

La *Dedica*
- la *Dedica* iniziale a Lorenzo de' Medici. Si distingue per il riferimento diretto all'interlocutore e per la definizione della situazione dello scrittore in rapporto al potere. La dedica contiene anche il giudizio complessivo dell'autore sul proprio testo;

Il capitolo VI
- il capitolo VI. L'attacco segnala esplicitamente al lettore il punto in cui, dalle questioni riguardanti i principati ereditari e misti, sbrigativamente liquidate nei capitoli precedenti, Machiavelli volge la sua attenzione al vero oggetto dell'indagine, la **fondazione di uno Stato nuovo**, avvertendo che farà uso di «grandissimi esempi» tratti dal passato;

Il capitolo XV
- il capitolo XV. Si apre, come il VI, con considerazioni metodologiche e teoriche riguardanti il trattato stesso, rivolte direttamente al lettore. Anch'esso segnala un netto mutamento dell'oggetto dell'analisi: Machiavelli dà inizio a una serie di riflessioni sulle **qualità necessarie al principe** e sulla sua concreta pratica di governo. Avverte quindi che la sua impostazione sarà del

LA STRUTTURA DEL *PRINCIPE*	
dedica iniziale	l'autore fornisce un giudizio complessivo sulla propria opera
prima sezione capp. I-XI	diversi tipi di principato
	cap. VI fondazione di uno Stato nuovo
seconda sezione capp. XII-XIV	l'esercito: milizie mercenarie e milizie proprie
terza sezione capp. XV-XXIII	i comportamenti e le virtù del principe
	cap. XV l'indagine della «verità effettuale»
quarta sezione capp. XXIV-XXVI	esame della situazione italiana, il problema della fortuna e l'esortazione ai Medici
	cap. XXVI esortazione appassionata ai Medici per la «redenzione» dell'Italia (prospettiva utopica)

Il capitolo XXVI

tutto nuova rispetto alla trattatistica precedente, allontanandosi «dagli ordini degli altri» e dalla concezione idealizzata della politica, per indagarne invece la «verità effettuale»;

- **il capitolo XXVI**. Contiene l'*Exhortatio* (**esortazione**) **finale**, che ha come esplicito destinatario il casato dei Medici. I venticinque capitoli precedenti sono caratterizzati dalla metodologia rigorosamente logica. Il ventiseiesimo, invece, si contraddistingue per una forzatura dell'andamento lucidamente ragionativo dominante nell'intera opera e per la prevalenza dell'aspetto emotivo.

3 | La lingua e lo stile del *Principe*

La prosa di Machiavelli è molto diversa da quella suggerita da Bembo e da quella del trattato trecentesco

Dal punto di vista della storia dell'italiano, il Cinquecento è il secolo dell'affermazione di una rigorosa codificazione della lingua letteraria attuata sulla base del linguaggio trecentesco di Petrarca e Boccaccio. I **caratteri specifici della prosa di Machiavelli** differiscono nettamente da quelli retorici modellati sugli esempi classici e su Boccaccio, secondo la proposta che sarà avanzata di lì a poco da Bembo. Inoltre sono molto diversi anche da quelli di tipo scolastico cui si attiene il trattato trecentesco (per esempio, il *Convivio* di Dante).

Rifiuto della retorica

L'orientamento linguistico e stilistico dominante nel *Principe* è esposto dallo stesso autore con limpida consapevolezza fin dalla *Dedica*: «La quale opera io non ho ornata né ripiena di clausole ample, o di parole ampullose e magnifiche, o di qualunque altro lenocinio o ornamento estrinseco». Il tessuto linguistico della prosa di Machiavelli, infatti, è costruito da un **originale impasto di espressioni popolaresche** desunte dal fiorentino allora in uso **e di espressioni colte**. Le prime tendono a emulare l'aspetto dialogico e disinvolto del parlato, e le seconde, invece, risultano marcatamente latineggianti. Vi sono inoltre alcuni **termini tecnici**, del campo semantico cancelleresco, diplomatico e militare, che confermano le ambizioni pratiche e scientifiche dell'opera. L'aspetto ==arcaizzante== della lingua del *Principe* per un lettore moderno è la conseguenza del fatto che alcuni termini fiorentini del tempo, accolti da Machiavelli, caddero poi in disuso in quanto rimasero esclusi dalla codificazione di Bembo, che risultò vincente e decise per secoli le sorti dell'italiano letterario.

Un originale impasto di espressioni popolaresche e colte

Il procedimento dilemmatico o disgiuntivo

Sul piano sintattico domina il **periodo costruito sulla base del "procedimento dilemmatico"** o disgiuntivo, che consiste nella preferenza accordata all'uso costante della disgiuntiva "o… o…", corrispondente all'"*aut… aut…*" latino. L'argomentazione è quindi chiusa in una successione di frasi principali collegate fra loro da forti congiunzioni avversative o disgiuntive. La propensione ideologica di Machiavelli alla proposta di situazioni estreme e di soluzioni nettamente contrapposte, escludendo il ricorso alle più sfumate vie di mezzo, si traduce così, sul piano linguistico, in un periodare fatto di dilemmi successivi, e costruito sulle serie di antitesi, nelle quali gli elementi concettuali sono contrapposti l'uno all'altro. Ne risulta che interi periodi, o addirittura alcuni capitoli rispetto a quelli immediatamente precedenti o successivi, sono collocati secondo **schemi di classificazione antitetici "ad albero"**, cioè via via costruiti su successive contrapposizioni binarie, procedendo all'eliminazione progressiva di un elemento della coppia e allo sdoppiamento del successivo in un nuovo dilemma (cfr., per il primo caso, il capitolo I e, per il secondo, il rapporto fra il capitolo VI e il VII).

Corrispondenza fra atteggiamento ideologico e atteggiamento stilistico

Un sistema di contrapposizioni binarie

IL SIGNIFICATO DELLE PAROLE

- **Arcaizzante**
È il participio presente del verbo *arcaizzare*, che significa 'ispirarsi a un modello linguistico precedente, arcaico'.

Ecco un elenco degli aspetti linguistici più rilevanti del *Principe*:

1. **Componente aulica e colta**. È verificabile in primo luogo con la rilevazione dei latinismi. **I latinismi** di Machiavelli, a differenza di quelli largamente utilizzati dalla trattatistica e dalla prosa umanistica, non sono un dato stilistico dominante. Sono limitati ad alcune forme del linguaggio diplomatico e cancelleresco dell'epoca, come «tamen» (tuttavia), «solum» (soltanto), «etiam» (anche), e ad alcuni latinismi grafici, ossia all'uso di certe parole toscane nella grafia latina, come in «iusto», «iudicio», «augmento», «esperientia». Più frequentemente invece compaiono latinismi semantici, cioè termini utilizzati secondo il senso che avevano in latino, come «accidente», «espedito», «felicitare», «allegare», «insudare», «periclitare», «impeto».

    La componente aulica e colta del linguaggio di Machiavelli

2. **Componente popolaresca**. La grande libertà grammaticale della prosa del *Principe*, rispetto alla contemporanea rigida regolarizzazione del volgare sul modello dei grandi trecentisti toscani, si nota soprattutto dal **punto di vista morfologico**. Il fiorentino del *Principe* è aperto alla morfologia spontanea e non codificata del parlato di tutti gli strati sociali, sia colti che popolari.

    La componente popolaresca

3. **Terminologia tecnica**. La nuova teoria dello stato elaborata da Machiavelli con *Il Principe*, in contrasto con tutta la trattatistica politica precedente e in nome di una nuova concezione dell'etica politica e del rapporto fra conoscenza storica e prassi, comporta la necessità, sul piano terminologico, di fissare un **lessico specifico della politica**. Alcuni termini-chiave della prosa del trattato, come "virtù" e "fortuna" (cfr. **S3**, p. 252 e **S5**, p. 284), e come "occasione", "mantenere", "ampliare" e i contrapposti "ruina" e "ruinare", assumono i caratteri di termini specialistici, in connessione con la rivoluzionaria **laicizzazione del pensiero politico**. Da un lato la sostanza ideologica del discorso politico umanistico e quattrocentesco viene rovesciata, dall'altro, coerentemente, sul piano terminologico si sradicano le parole dai precedenti significati. Per esempio, nel *Principe* si attribuisce per la prima volta al termine "Stato" il senso moderno (cfr. **S2**).

    La terminologia tecnica

4. **Le figure**. *Il Principe* è un'opera che rientra nel genere letterario della trattatistica. La sua lingua deve essere dunque adeguata allo statuto specifico del genere, impiegata cioè in funzione prevalentemente referenziale e con finalità argomentative. Tuttavia alla lucidità classificatoria e argomentativa si affianca nel *Principe* l'**utilizzazione frequente di figure retoriche**. Esse si incontrano sia nella disposizione sintattica – il chiasmo, l'enumerazione, i marcati anacoluti, – sia nello spostamento di senso (metafore e similitudini). Il ricorso all'immagine e l'utilizzazione di alcuni materiali linguistici in funzione più accentuatamente espressiva che referenziale, frequenti soprattutto nei capitoli conclusivi, sono presenti in tutto il trattato.

    Le figure

S2

ITINERARIO LINGUISTICO

La parola "stato" in Machiavelli

L'affermazione di nuove entità istituzionali e l'elaborazione di nuove nozioni politiche e sociali in epoca rinascimentale fanno sì che alcuni vocaboli cambino il proprio significato. È il caso del termine "stato" che, riferito al campo politico, conserva fino al Trecento il significato di "regime", mentre a partire dalla fine del Quattrocento comincia a significare "territorio" su cui si esercita una signoria, unità territoriale costituita in organismo sovrano, secondo quanto avveniva nelle grandi monarchie di Francia e Spagna. Machiavelli è stato il primo ad introdurre sistematicamente in un'opera politica il termine "stato" per significare "organizzazione statale" in senso moderno. Lo "stato", nozione collegata in Machiavelli ai termini "patria" e "regno", è concepito come un corpo omogeneo, con una propria consistenza legata a un territorio, e viene raffigurato in termini naturalistici e biologici: organismo vivente, dispone di una propria muscolatura e ossatura, l'esercito, e di un cervello, la direzione politica.

4. L'ideologia nel *Principe*

Il realismo di Machiavelli: il rispetto della «verità effettuale»

Il primo evidente principio del pensiero di Machiavelli è **l'aderenza al reale e l'osservazione della realtà** non solo nel suo essere ma anche nel suo divenire. Vengono così eliminati tutti i criteri di valutazione della realtà orientati da una finalità trascendente o provvidenziale. Ne consegue il principio cardinale della «verità effettuale», che nel *Principe* vincola costantemente lo spazio delle analisi alla sua drastica materialità. Nel trattato viene ereditata **dagli storici e novellatori trecenteschi** la propensione realistica e mondana ad indagare la verità umana: **da Boccaccio** soprattutto si accoglie l'esigenza di verificare il collegamento logico tra la realtà e l'effetto che ne scaturisce e la possibilità di prevenire il futuro, ossia di progettare.

Il *Principe* come risposta alla crisi italiana

Va ricordato che *Il Principe* venne scritto in un **periodo di acuta crisi e di sconfitta**, non solo personale di Machiavelli, ma anche politica e militare dell'Italia del tempo, i cui Stati stavano entrando in una fase di repentina decadenza e di subordinazione all'egemonia delle grandi monarchie europee. Nel 1513 Machiavelli **intravide con lucidità la portata storica di tale crisi** e cercò di fornire un'adeguata risposta alla gravità della situazione. Perché questa potesse realizzarsi occorreva però, anzitutto, mettere in discussione l'ideologia e la pratica dei ceti dirigenti di Firenze e anche degli altri Stati italiani. Davanti alla situazione disperata, alla incapacità di agire e di capire propria dei signori italiani travolti dagli eventi europei e mondiali, Machiavelli propose una **soluzione estrema**. La meditazione sulla crisi della Repubblica fiorentina e sui grandi e forti Stati monarchici a base territoriale nazionale, come la Francia, lo indusse ad abbandonare le posizioni repubblicane, di cui i *Discorsi* sono testimonianza, e a proporre una concezione dello Stato e della politica diretta in primo luogo alla **fondazione di una compagine nuova**, svincolata dagli interessi particolari degli ottimati, il comportamento dei quali, volto alla spartizione oligarchica dello Stato, è visto come causa prima della decadenza e della corruzione italiane.

Carattere non "neutro" della teoria machiavelliana

Scientificità e passione in Machiavelli

Un progetto volto alla trasformazione politica e sociale

Se è legittimo affermare, quindi, che *Il Principe* svela e smaschera la sostanza ideologica immobilista e classista dei ceti dominanti nella Firenze umanistica e medicea, non si può certo dire che Machiavelli elabori una concezione puramente "tecnica", "neutra" e "funzionale", dell'arte di governare lo Stato. **La "scientificità" di Machiavelli** sta solo nell'aderenza al reale; per il resto, agiscono in lui, con viva passione, una serie di convinzioni, una ideologia, una specifica "visione del mondo". Prima di tutto è presente in lui la ferma convinzione che l'operazione conoscitiva riguardante la realtà storica sia intimamente connessa con la volontà stessa di trasformarla. Alla rassegnazione e al fatalismo occorre rispondere cercando di trovare nel concreto terreno della politica la possibilità dell'uomo di **progettare e trasformare la realtà sociale e naturale**. In secondo luogo, questo intervento attivo sul piano politico non può che avere come riferimento le forme moderne dei grandi Stati europei. I processi anche violenti di ridistribuzione del potere e di costruzione di nuove alleanze sociali e la sconfitta dei ceti oligarchici e della vecchia nobiltà feudale aprono alle classi produttive la strada per un ruolo decisivo nelle nuove istituzioni.

Fra' Carnevale, *Città ideale*, 1480-1484. Baltimora, Walters Art Museum.

Il superamento dei particolarismi medievali e la fondazione di uno Stato moderno

Costruire uno Stato nuovo nel *Principe* significa perciò, anzitutto, **superare i particolarismi dell'eredità feudale**. Questa tematica è ben presente nel trattato: ci si riferisce alla parte in cui si delinea una figura di principe in grado di costruire il consenso e rapportarsi dialetticamente al "popolo" ostacolando le pretese egemoniche degli ottimati (capitolo IX) e a quella in cui Machiavelli individua nel tema delle "leggi" e delle "armi proprie" il fondamento oggettivo del consolidarsi dello Stato moderno (capitoli XII-XIV).

L'ideologia politica del *Principe*

L'ideologia politica del *Principe* non si traduce dunque nella fondazione teorica di uno Stato tirannico e assoluto. Anzi, per Machiavelli, la legittimità del potere esige l'eliminazione dell'arbitrio illegale rappresentato dal comportamento delle fazioni aristocratiche. Si creerà così una situazione di legalità grazie alla quale il "popolo" potrà riconoscersi nello Stato.

S • Ordine e conflitto in Machiavelli e in Hobbes (R. Esposito)
S • Machiavelli primo teorico dello Stato borghese (M. Horkheimer)

La differenza rispetto alla teorizzazione di **Hobbes nel *Leviatano*** (1651) è netta. **In quest'opera viene legittimato** infatti **l'assolutismo politico**: lo Stato viene designato col nome del mostro biblico Leviathan per la sua assoluta potenza, derivante dalla cessione di tutti i diritti individuali allo Stato sovrano, unica garanzia del vivere civile in una realtà in cui ogni uomo è lupo per l'altro uomo ("homo homini lupus").

5 Etica e politica

Una concezione laica dello Stato

I capitoli XV-XXIII del *Principe* sono celebri per la loro **presunta "immoralità"**. L'analisi delle doti necessarie al reggitore di Stati è infatti incentrata su **un realismo sconosciuto alla precedente trattatistica politica** medievale e umanistica. Vi domina una concezione completamente laica dello Stato: scompare ogni elemento provvidenzialistico e finalistico. Non vi è traccia del modello politico unitario medievale incentrato sul binomio Chiesa-Impero. Le basi naturali e materiali della realtà e dell'uomo non sono né sublimate né negate. Vengono viceversa accettate entro un progetto complessivo che le comprende e le esalta.

Rifiuto della trascendenza e rottura rispetto alla tradizione medievale e umanistica

L'indipendenza del pensiero politico machiavelliano dalla morale tradizionalmente intesa deriva perciò anche dalla sua **diversa concezione dell'uomo**, fondata su una **visione materialistica del mondo**: messa al bando ogni prospettiva trascendente, ogni fede in un dio cristiano o platonico, l'essere umano fa integralmente parte del mondo materiale come ogni altro essere naturale. La parte istintuale e bestiale, raffigurata dal centauro (cfr. capitolo XVIII), è intimamente connaturata all'uomo ed è quindi ineliminabile. Nell'invito a guardare senza veli alle insopprimibili radici istintuali e ferine e ai bisogni materiali, agli "appetiti" e agli "umori" elementari e potenti (cfr. capitolo IX) che muovono le azioni degli uomini, è forse la più acuta rottura operata da Machiavelli rispetto alla tradizione medievale e umanistica.

La coscienza dei condizionamenti materiali

Nonostante i condizionamenti biologici, il ruolo dei soggetti non risulta tuttavia depresso, ma esaltato. Il soggetto può farsi valere, però, solo a patto di **saper considerare** in tutta la sua portata teorica e pratica la verità dei **fondamenti naturali e materiali** di ogni ordinamento sociale.

La ricezione e il rapporto fra politica e morale

Il problema del **rapporto tra politica e morale** è stato al centro dell'indagine degli interpreti, durante l'intera vicenda della ricezione del *Principe* (cfr. § 12). Risale tuttavia a **Benedetto Croce** la fortunatissima formula che attribuisce a Machiavelli la "scoperta dell'autonomia della politica" dalle leggi morali. Se da un lato è fuori discussione che nel *Principe* viene esplicitamente bandita l'impostazione moralistica della precedente trattatistica politica medievale e umanistica (cfr. la polemica metodologica nel cap. XV), dall'altro la distinzione crociana tra Politica e Moralità ha portato a escludere dalla "tecnica politica" del trattato ogni tipo di tensione etica. Viceversa, **la politica** viene da Machiavelli costruita **in una strettissima relazione con l'etica**. Non si comprenderebbero, senza questa tensione etica, la coscienza morale austera, alta e dolorosa della tragedia italiana, e l'appello profetico, visionario, inattuale, alla fondazione di uno Stato nuovo (capp. XXV-XXVI). Nel mondo di Machiavelli il male esiste ed è chiamato per nome, senza ipocrisia, senza perifrasi e senza abbellimenti. L'uomo deve guardarlo in faccia e servirsene, se costretto. Questa è la tragedia etica che la spregiudicatezza del principe presuppone. **Non c'è traccia di cinismo** o d'indifferenza rispetto al male. L'etica nuova, fondata dal *Principe*, consiste appunto nel chiarire i prezzi altissimi grazie ai quali l'uomo, spesso succubo di legami oggettivi (la fortuna), può modificare la realtà e agire sul terreno concreto della prassi.

6 Tensione saggistica e rapporto fra realismo e utopia in Machiavelli

Machiavelli, scienziato puro della politica?

Abbiamo detto sopra (cfr. § 4), che l'aspetto scientifico del *Principe* sta nel suo appello alla "verità effettuale" e nella carica demistificatoria nei confronti delle ideologie idealistiche che partono da un astratto "dover essere" dell'uomo e non dalla sua realtà materiale. Sarebbe invece un **errore trasformare Machiavelli in uno scienziato puro della politica**, tutto intento a elaborare una visione oggettiva e tecnica dell'arte del potere (era questa l'interpretazione di Croce: cfr. § 5).

Tensione saggistica del *Principe*

In realtà la scrittura del *Principe* rivela una tensione saggistica, vale a dire una **prospettiva utopica e morale** fondata non più sull'autorità di una verità precostituita (sia essa d'ordine religioso, come era nel Medioevo, o d'ordine etico, come nella trattatistica politica quattrocentesca), ma sulla forza delle argomentazioni dell'autore. La prospettiva utopica, infatti, non è garantita più da un assetto preesistente della verità, della moralità e del sapere, ma solo dalla esperienza e dalla cultura di chi scrive e dunque dalla responsabilità individuale. È questa una delle novità di maggior rilievo: Machiavelli è il **primo saggista moderno**. Apre una strada che sarà presto ripresa in Francia da Montaigne e poi dagli illuministi.

Machiavelli, primo saggista moderno

Carica polemica e provocatoria del suo discorso

La tensione saggistica della scrittura, con la sua alternanza fra rigore argomentativo e appello emotivo alle passioni e ai sentimenti, va individuata anzitutto nella **carica polemica** e provocatoria con cui il realismo materialistico dell'autore **rovescia le verità precostituite** e i luoghi comuni della morale corrente. Ma va individuata anche nella forte prospettiva utopica e morale che chiude il libro, con l'esortazione a creare in Italia uno Stato moderno e a liberarla dal dominio dei barbari (su questo punto leggi la pagina di Gramsci in **S6**, p. 290). **Realismo e utopia** sono strettamente collegati. **Da un lato** Machiavelli analizza realisticamente le cause della crisi italiana – punto di partenza ineludibile della sua riflessione –, **dall'altro** prospetta coraggiosamente una soluzione allora fortemente inattuale: un principato civile che ponga fine alla decadenza italiana e costituisca in Italia uno Stato unitario "forte" ma non tirannico, dotato di un esercito proprio non mercenario, e capace di riconoscere il conflitto sociale, ridimensionando così, drasticamente, gli strati feudali e oligarchici e garantendosi per tale via l'appoggio del "popolo".

Prospettiva utopica e realismo

Il progetto politico

7 La *Dedica*

Il modello: il *Discorso a Nicocle* di Isocrate

La *Dedica* si rivolge all'illustre interlocutore, nipote del più famoso Lorenzo il Magnifico, figlio di Piero (1492-1519), offrendo il «piccolo volume» in cui sono riassunte le imprese dei grandi uomini meditate attraverso una lunga esperienza delle cose moderne e una continua lettura delle antiche. L'abitudine di far precedere una dedica alle opere era assai diffusa nel periodo umanistico-rinascimentale. La dedica serve a sollecitare la protezione di un potente e risponde dunque alla logica della società delle corti. Tuttavia, Machiavelli ha qui tenuto presente soprattutto un modello classico, coerentemente con la propria ammirazione per il mondo greco-latino. Questa lettera dedicatoria è infatti **un'imitazione del *Discorso a Nicocle***, dell'oratore e retore ateniese **Isocrate** (463-318 a.C.) che si era rivolto al re di Salamina per mostrargli il modo migliore per governare la città. Il testo greco tradotto in latino da Erasmo e pubblicato nel 1515 circolava fra gli umanisti fiorentini ed era il più conosciuto *speculum principis* (specchio del principe) dell'antichità. Costituiva quindi un modello per quel genere letterario la cui tradizione viene, allo stesso tempo, proseguita e trasgredita dal *Principe* di Machiavelli.

T1 — La lettera dedicatoria: l'intellettuale e il suo potente interlocutore

CONCETTI CHIAVE
- il rapporto fra intellettuale e potere
- l'affermazione della propria competenza
- il linguaggio della precisione

FONTE
N. Machiavelli, *Il Principe*, in *Tutte le opere*, a cura di M. Martelli, Sansoni, Firenze 1971.

Nella lettera dedicatoria, scritta probabilmente all'inizio del 1516, Machiavelli coglie l'occasione per far dono a Lorenzo, che godeva dell'incondizionato appoggio del papa Leone X, del trattato che egli aveva composto tre anni prima. Chi parla è un intellettuale sconfitto politicamente, dopo che il fallimento della causa repubblicana, la fuga in esilio di Pier Soderini, il ritorno dei Medici l'avevano ridotto in una posizione di isolamento quasi disperato. Non era tuttavia spento il suo desiderio di fare ritorno alla politica attiva: la morte di Giuliano dovette parergli propizia per tentare di offrire la propria collaborazione ai Medici. Si comprende, dunque, quanto delicato in questo testo sia il rapporto fra l'intellettuale e il suo potente interlocutore.

NICOLAUS MACLAVELLUS AD MAGNIFICUM LAURENTIUM MEDICEM[1]

Sogliono, el più delle volte, coloro che desiderano acquistare grazia appresso uno Principe, farsegli incontro con quelle cose che infra le loro abbino più care, o delle quali vegghino lui più delettarsi;[2] donde[3] si vede molte volte essere loro presentati cavalli, arme, drappi d'oro, pietre preziose e simili ornamenti degni della grandezza di quelli. Desiderando io, adunque, offerirmi alla Vostra Magnificenzia con qualche testimone della servitù mia verso di quella,[4] non ho trovato, intra la mia suppellettile,[5] cosa quale io abbi più cara o tanto esìstimi[6] quanto la cognizione delle azioni degli uomini grandi, imparata da me con una lunga esperienzia delle cose moderne e una continua lezione[7] delle antique; le quali avendo io con gran diligenzia lungamente escogitate ed esaminate,[8] e ora in uno piccolo volume ridotte, mando alla Magnificenzia Vostra.

E benché io giudichi questa opera indegna della presenza di quella, tamen[9] confido assai che per sua umanità li debba essere accetta, considerato come da me non gli possa essere fatto maggiore dono che darle faculta a potere in brevissimo tempo intendere[10] tutto quello che io, in tanti anni e con tanti mia disagi e periculi, ho conosciuto e inteso. La quale opera io non ho ornata né ripiena di clausule ample,[11] o di parole ampullose e magnifiche, o di qualunque altro lenocinio o ornamento estrinseco,[12] con li quali molti sogliono le loro cose descrivere e ornare; perché io ho voluto, o che veruna cosa la onori, o che solamente la varietà della materia e la gravità del subietto la facci grata.[13] Né voglio sia reputata presunzione se uno uomo di basso ed infimo stato ardisce discorrere e regolare e' governi de' principi;[14] perché, così come coloro che disegnano e' paesi si pongono bassi nel piano a considerare la natura de' monti e de' luoghi alti, e per considerare quella de' bassi si pongono alti sopra e' monti, similmente, a conoscere bene la natura de' populi, bisogna essere principe, e a conoscere bene quella de' principi, bisogna essere populare.[15]

- **1 Nicolaus...Medicem**: *Niccolò Machiavelli al Magnifico Lorenzo de' Medici.*
- **2 farsegli incontro...delettarsi**: *offrire in omaggio le cose che, tra quelle possedute, sono loro più care o dalle quali sanno che un principe trae maggior diletto.*
- **3 donde**: *e perciò.*
- **4 testimone...quella**: *con qualche segno del mio rispettoso ossequio verso la Vostra Magnificenza.*
- **5 intra...suppellettile**: *tra le cose da me possedute; è da intendersi in senso metaforico come mio bagaglio di esperienze.*
- **6 esìstimi**: *stimi*, dal lat. "existimo".
- **7 continua lezione**: *lettura costante.*
- **8 lungamente...esaminate**: *a lungo ricercate con la riflessione e analizzate.*
- **9 indegna...tamen**: *indegna di comparire davanti alla Magnificenza Vostra* (**quella**) *tuttavia* (**tamen**; latino).
- **10 faculta...intendere**: *capacità di poter apprendere in brevissimo tempo.*
- **11 La quale...ample**: *e quest'opera io non l'ho rivestita né riempita di studiati finali dei periodi* (**clausule**), *tradizionalmente impiegati per dare, secondo l'uso retorico delle letterature classiche, solennità e ritmo al discorso.*
- **12 o di parole...estrinseco**: *o di parole enfatiche e altisonanti, o di ogni altra ruffianeria formale* (**lenocinio**) *o ornamento esteriore* (**estrinseco**).
- **13 o che veruna...grata**: *che nessun ornamento formale la renda bella, e che solo la novità del soggetto trattato* (**varietà**) *e l'importanza dell'argomento* (**gravità del subietto**) *la rendano pregevole.*
- **14 Né voglio...principi**: *e desidero che non sia ritenuta una presunzione se un uomo di condizione non nobile osa esaminare e dotare di regole i governi dei principi.*
- **15 populare**: *far parte del popolo.*

Pigli, adunque, Vostra Magnificenzia questo piccolo dono con quello animo che io lo mando; il quale se da quella fia[16] diligentemente considerato e letto, vi conoscerà dentro uno estremo mio desiderio; che Lei pervenga a quella grandezza che la fortuna e le altre sue qualità gli promettano. E se Vostra Magnificenzia dallo apice della sua altezza qualche volta volgerà gli occhi in questi luoghi bassi, conoscerà quanto io indegnamente[17] sopporti una grande e continua malignità di fortuna.

- 16 **fia**: *sarà*.
- 17 **indegnamente**: *immeritatamente*.

Raffaello, *Ritratto di Lorenzo di Piero de' Medici*, 1518.

T1 DALLA COMPRENSIONE ALL'INTERPRETAZIONE

COMPRENSIONE

La collocazione La **lettera dedicatoria a Lorenzo de' Medici**, figlio di Piero e nipote di Lorenzo il Magnifico, è posta **ad apertura del trattato**, ed è concepita quasi come una parte a sé: si tratta infatti di uno scritto in cui Machiavelli considera l'opera nel suo insieme e dall'esterno, offrendo alcune chiavi di lettura e cercando un interlocutore sociale potente (il dedicatario) in grado di accoglierne il messaggio e di proteggere l'autore. È una parte del testo, dunque, equivalente a quel che oggi viene chiamato «Premessa» o «Presentazione».

Il «piccolo dono» Machiavelli dichiara di aver voluto **donare al signore** qualcosa di diverso dall'usuale offerta di cavalli, armi, drappi d'oro e pietre preziose e di aver voluto evitare le frasi altisonanti, gli artifici e i "lenocini" (cioè le ruffianerie) della retorica. Porge invece un «piccolo dono» che dà la possibilità di **intendere in brevissimo tempo quello che in tanti anni di esperienza e di letture egli aveva conosciuto** e compreso. Il discorrere dei principi e il dettare regole per il loro governo da parte di un uomo di bassa condizione sociale non dovrà sembrare presunzione: lo scrittore è paragonato al disegnatore che per ritrarre la natura delle montagne deve scegliere la pianura come punto di osservazione. Allo stesso modo, per osservare la natura dei prìncipi lo scrittore deve essere «populare», un uomo del popolo.

ANALISI

Machiavelli presenta il suo libro In questa lettera di dedica Machiavelli si rivolge non solo a Lorenzo di Piero de' Medici (che è il suo **destinatario esplicito**) ma a tutto il pubblico dei lettori (che è il **destinatario implicito** ma non meno reale di questo scritto introduttivo). L'obiettivo è spiegare l'argomento e le caratteristiche del trattato. L'autore ci dice che il libro è un **«piccolo volume»**, cioè è breve e sintetico, e dichiara subito il suo scopo: offrire al lettore la possibilità di **comprendere in brevissimo tempo le segrete dinamiche della politica** e le leggi dell'arte di governo. Inoltre Machiavelli afferma che la sua conoscenza dell'argomento si basa su due fonti: la sua **«lunga esperienza delle cose moderne»** e la **«continua lezione delle antiche»**. Incrociare «l'esperienzia», ossia l'osservazione diretta e la partecipazione politica concreta, con lo studio derivante dalla lettura (la «lezione») della storia del passato è uno dei cardini fondamentali del metodo di conoscenza politica di Machiavelli.

Lo stile Anche nelle forme della scrittura Machiavelli rivendica con chiarezza il suo obiettivo: la ricerca di uno **stile efficace e asciutto**, "pratico e politico", tutto cose e sostanza, concetti e ragionamento razionale e critico. Machiavelli infatti descrive il proprio stile come decisamente sobrio, privo di qualunque ornamento esteriore, mirato esclusivamente a evidenziare la novità dei temi e l'importanza dell'argomento. Con il rifiuto delle «clausole ample» e delle «parole ampullose» dominanti nel linguaggio della trattatistica umanistica precedente, l'autore si rivela consapevole della novità delle proprie scelte stilistiche, volte a nominare le cose con precisione, nella loro **crudezza** e **concretezza materiale**.

INTERPRETAZIONE

La funzione: offrire ai Medici la propria esperienza politica La dedica offre all'autore lo spunto per un sintetico giudizio sulla propria opera. Tre anni prima, nella lettera al Vettori (cfr. cap. VII, T1, p. 183), Machiavelli aveva presentato *Il Principe* all'amico, confidenzialmente, come un «ghiribizo» (cioè uno sfogo bizzarro, un capriccio), un «opuscolo» in cui si disputa su «che cosa è principato, di quale spetie sono, come e' si acquistano, come e' si mantengono, perché e' si perdono». Tuttavia aveva aggiunto, in tono serio, che, letta quest'opera, i Medici avrebbero potuto avvalersi dei servizi di chi, pur alle dipendenze della Repubblica, si era formato una così grande esperienza. Analogamente, nella dedica a Lorenzo il trattato è presentato come **«piccolo volume»** e **«piccolo dono»**, ma si dice anche che in esso sono condensate tutte le esperienze dei quindici anni passati al servizio della Repubblica. Le ultime righe dello scritto, inoltre, alludono sobriamente alla speranza dell'autore di poter **trovare sostegno nel destinatario del libro**; e cioè di essere nuovamente considerato degno di partecipare attivamente alla vita politica fiorentina.

Storicizzazione: lo scrittore di fronte al potere Il modo prudente ma non servile con cui è svolto il tema dell'**omaggio al potente** implica la rivendicazione orgogliosa della propria lunga esperienza politica. Poiché Machiavelli desidera fortemente essere al servizio dei Medici e sa, allo stesso tempo, di essere guardato con sospetto per la sua precedente adesione al governo repubblicano, rivendica soprattutto la propria specifica competenza ed esperienza. Evita così di esibirsi in modo opportunistico in atti di sottomissione. Si limita a porre al servizio del potente il suo sapere nella speranza che ciò basti a indurre il signore a impiegarlo nell'azione, a prenderlo in considerazione, a volgere lo sguardo «in questi luoghi bassi» dove egli sta sopportando una «grande e continua malignità di fortuna».

Attualizzazione La lettera dedicatoria evoca una importante questione generale: il **rapporto fra gli intellettuali e i potenti**. Alla fine del Settecento Vittorio Alfieri dichiarerà indispensabile per gli scrittori il requisito di una solida ricchezza al fine di poter agire liberamente nei confronti del potere senza dover sottostare alle conseguenze materiali derivate dalle proprie posizioni. Si tratta di una concezione estrema e paradossale, soprattutto nelle società moderne, in cui gli scrittori, e gli intellettuali in generale, provengono da ogni classe sociale e sono costretti a fare i conti tanto con il pubblico quanto con le strutture, più o meno condizionanti e persecutorie, del potere. Tanto più la necessità di misurarsi con i potenti è ovviamente forte per chi, come Machiavelli, si occupi di ideologia e di politica. La posizione espressa in questa dedica è tuttora quella perseguita da alcuni: considerare la propria funzione al di là delle idee personali, e dunque poter egualmente collaborare – come funzionari o, diciamo noi, come tecnici o come esperti – con diverse parti politiche. Ma qual è il limite di una simile posizione? C'è da credere che Machiavelli, per esempio, desiderasse collaborare con un signore moderato come Lorenzo, benché questi non rappresentasse il suo ideale politico, ma non avrebbe accettato di servire un tiranno sanguinario. E in tempi più recenti? Solo dodici professori universitari rifiutarono nel 1931 di prestare giuramento al fascismo a costo di perdere il posto, benché i non fascisti e perfino gli antifascisti fossero molti di più. Quelli che accettarono di giurare senza convincimento ritennero evidentemente che la loro attività si limitasse alla funzione di esperti, senza responsabilità politica o morale. Possiamo essere d'accordo? Furono opportunisti, vili? Per rispondere bisogna definire le funzioni sociali degli intellettuali, con le loro responsabilità e i loro limiti. E non è facile. Sta di fatto che talvolta, come tutti possiamo vedere, anche senza la costrizione presente in uno stato dittatoriale, si assiste al cambiamento di fronte da parte di alcuni al fine di non essere esclusi dai centri di potere (enti, giornali, televisioni, ecc.); ma questo opportunismo trova una giustificazione almeno parziale nell'emarginazione che spesso devono subire quelli che non si allineano.

T1 LAVORIAMO SUL TESTO

COMPRENDERE

Il contesto

1. Perché Machiavelli dedica a Lorenzo la sua opera?

ANALIZZARE E INTERPRETARE

Principi e cortigiani

2. Quale atteggiamento hanno generalmente i cortigiani nei confronti dei principi?

Un dono prezioso

3. Che cosa offre Machiavelli? Quali caratteristiche rendono prezioso il suo dono?

Uno stile ornato?

4. **LINGUA E LESSICO** Machiavelli usa uno stile asciutto e rifiuta il linguaggio altisonante della trattatistica precedente. Sottolinea nel testo le parole con cui l'autore descrive lo stile degli altri trattati e spiega in cosa consiste la novità del *Principe*.

Il confronto con i potenti

5. Perché Machiavelli si discolpa dall'accusa di presunzione? Che cosa dice invece della sua condizione attuale?

> **LE MIE COMPETENZE: CONFRONTARE**
> In questa dedica Machiavelli riprende alcune questioni già affrontate nella lettera a Francesco Vettori (cap. VII, T1). Confronta i due testi: quali argomenti ritornano? Come cambia lo stile?

8 Tipologia dei principati. Principato nuovo e principato civile

I diversi tipi di principato

Nei primi undici capitoli Machiavelli svolge la materia delineata nel capitolo introduttivo: **esamina i diversi tipi di principato**, da quello ereditario a quello misto, da quello nuovo a quello civile e a quello ecclesiastico. Tuttavia appare chiaro che l'interesse dell'autore si accentra, procedendo per successive esclusioni, sui **principati di nuova acquisizione** e sul **principato civile**. Il **capitolo II** si apre con un riferimento implicito al primo libro dei *Discorsi* dove era stato dato largo spazio all'analisi delle repubbliche, per dichiarare che in quest'opera ci si occuperà invece esclusivamente dei principati. La trattazione prosegue con un breve accenno agli Stati ereditari, più facilmente conservabili dei nuovi: il principe ereditario si manterrà con minori difficoltà al potere a meno che non venga scacciato da qualche forza straordinaria. Il **capitolo III**, pur centrato sullo specifico tema dei principati misti (in parte ereditari e in parte nuovi, cioè con alcune province di nuova acquisizione), anticipa alcune questioni cruciali del trattato relative al principato «nuovo tutto» affrontate a partire dal capitolo VI. Ma successivamente, **dal III al V capitolo**, il trattato ritorna ad approfondire la questione particolare del principato nuovo formato anche da «membri aggiunti», vale a dire da province recentemente annesse.

Contenuto dei capitoli II, III, IV, V

T • *Il terzo capitolo: principati misti. Esempi antichi e moderni e regole di comportamento*

Contenuto dei capitoli VI e VII

Dal **capitolo VI** l'autore considera la conquista di principati del tutto nuovi, conquista che può realizzarsi con armi proprie e grazie alla virtù del principe, oppure (**capitolo VII**), con armi altrui e per fortuna, come è capitato al duca Valentino, Cesare Borgia, figlio naturale del papa Alessandro VI. Il Valentino è indicato come modello a chi voglia conquistare e mantenere un principato. E tuttavia, malgrado Cesare Borgia avesse dato prova di estrema decisione, spregiudicatezza e spietatezza (fino al tradimento e all'omicidio) l'epilogo della sua avventura politica non fa eccezione alla regola generale che sancisce una maggiore difficoltà nel conservare stati del tutto nuovi. Anche il Valentino, che si era fondato sulla fortuna e sulle armi altrui, «ruina».

T • *Il settimo capitolo: la figura esemplare di Cesare Borgia*
S • *Cesare Borgia e le contraddizioni del Principe* (G. Sasso)

Altobello Melone, *Ritratto di gentiluomo*, detto Cesare Borgia, 1513. Bergamo, Accademia Carrara.

Contenuto dei capp. VIII, IX, X e XI

S • Machiavelli induttivo o deduttivo secondo le interpretazioni di Chabod, Martelli e Geymonat

Nel **capitolo VIII** si prende in considerazione il principato governato esclusivamente con la crudeltà, come nei casi di Agatocle tiranno di Siracusa e di Oliverotto da Fermo: la condanna della gratuita crudeltà viene pronunciata in base non a norme etiche ma alla diminuzione del consenso che inevitabilmente produce. Il tema del consenso dei cittadini e del rapporto fra questi e il principe è discusso nel **capitolo IX**, in cui la forma del «principato civile» è contrapposta al dominio delle classi dei nobili e degli ottimati, i «grandi». Il **capitolo X** riguarda la valutazione delle forze che i principati possono mettere in campo contro i nemici esterni, mentre il principato ecclesiastico, fondando la sua forza sullo strumento della religione, viene trattato separatamente nel **capitolo XI**. Qui Machiavelli impiega l'arma dell'ironia contro lo Stato della Chiesa, esplicitamente denunciato nei *Discorsi* (II, 2) come responsabile della «disunione» d'Italia: questo tipo di Stato è posto fuori dal campo dell'indagine in quanto retto «da cagioni superiori, alle quali mente umana non aggiunge».

T2 — Il primo capitolo: tipi di principato e modi per acquistarli

CONCETTI CHIAVE
• una classificazione dilemmatica

FONTE
N. Machiavelli, *Il Principe*, in *Tutte le opere*, cit.

Il capitolo primo, qui riprodotto, traccia, con una serie di secche contrapposizioni, una sintesi rapidissima di tutta la trattazione successiva.

QUOT SINT GENERA PRINCIPATUUM ET QUIBUS MODIS ACQUIRANTUR[1]

Tutti gli stati, tutti e' dominii[2] che hanno avuto e hanno imperio[3] sopra gli uomini, sono stati e sono o republiche o principati. E' principati sono, o ereditarii, de' quali el sangue del loro signore ne sia suto lungo tempo principe, o e' sono nuovi.[4] E' nuovi, o sono nuovi tutti, come fu Milano a Francesco Sforza, o sono come membri aggiunti allo stato ereditario del principe che li acquista, come è el regno di Napoli al re di Spagna.[5] Sono questi dominii così acquistati, o consueti a vivere sotto uno principe, o usi ad essere liberi;[6] e acquistonsi[7] o con le armi d'altri o con le proprie, o per fortuna o per virtù.

• 1 **Quot sint...acquirantur**: *Di quante specie siano i principati e in quali modi si acquistino.*
• 2 **Tutti...dominii**: *Tutti i territori soggetti a un'autorità centrale, tutte le forme di governo.* Il capitoletto iniziale contiene molti elementi tipici della terminologia politica di Machiavelli: «stati», «dominii», «imperio», «republiche», «principati», «fortuna», «virtù».
• 3 **imperio**: *sovranità.*
• 4 **E' principati...nuovi**: *I principati o sono ereditari, nei quali la dinastia (sangue) del signore che li governa ne sia stata (suto) per lungo tempo dominante, o sono nuovi.* La forma «e'», oltre che come articolo maschile plurale, può anche essere impiegata come pronome personale: **o e' sono nuovi** (*o essi sono nuovi*).
• 5 **E' nuovi...Spagna**: *I nuovi o sono acquisizioni del tutto nuove, come accadde a Milano sotto Francesco Sforza, oppure sono tali in quanto possedimenti aggiunti a un principato preesistente, come il Regno di Napoli annesso alla corona di Spagna.* Francesco Sforza (1401-1466), condottiero al soldo di Filippo Maria Visconti, accordatosi segretamente con i veneziani, divenne signore di Milano nel 1450. Francesco Sforza è, come il Valentino, uno dei modelli del principe nuovo nel *Principe*. Il re di Spagna Ferdinando il Cattolico, insieme con il re di Francia Luigi XII, tolse il regno di Napoli a Ferdinando d'Aragona. In seguito, dopo una guerra vittoriosa contro l'alleato, riunì Napoli e la Sicilia, con il titolo di vicereame, al regno di Spagna (1504).
• 6 **liberi**: *usi a vivere sotto un regime repubblicano.*
• 7 **acquistonsi**: *si acquistano.*

T2 — DALLA COMPRENSIONE ALL'INTERPRETAZIONE

COMPRENSIONE

La classificazione dei tipi di principato L'esordio è di tipo marcatamente classificatorio: una volta **distinte le forme di governo in repubbliche e principati**, viene brevemente delineata la **tipologia dei principati**. Questi possono essere **ereditari oppure nuovi**. I principati nuovi a loro volta possono essere del tutto nuovi oppure misti, cioè formati dall'aggiunta di nuove conquiste a un nucleo preesistente. Quale esempio di principato del tutto nuovo viene presentata la conquista di Milano da parte del capitano di ventura Francesco Sforza nel 1450, mentre come esempio di principato misto viene menzionata la conquista del regno di Napoli realizzata nel 1503 da Ferdinando il Cattolico re di Spagna. I **nuovi domini** inoltre vengono a loro volta suddivisi fra **quelli già abituati a vivere sotto un principe** e **quelli abituati a essere liberi**. Infine vengono elencati, sempre con procedimento disgiuntivo, i **mezzi per realizzare tale conquista**: le armi altrui o quelle proprie, la fortuna oppure la virtù (cfr. **S3**).

ANALISI

Il "procedimento dilemmattico" Questo brano esemplifica una caratteristica tipica dello stile del *Principe*: il **"procedimento dilemmatico" o disgiuntivo**, che consiste in una serie di proposizioni principali coordinate fra loro da congiunzioni avversative o disgiuntive ("**o...o**"). Esse educano il lettore a pensare per "dilemmi", "antitesi", **opzioni alternative** e ad interrogarsi sulla necessità della scelta.

INTERPRETAZIONE

Dalla classificazione alla riflessione Il *Principe* è un trattato che indaga la tipologia storica delle formazioni statali di tipo monarchico che Machiavelli elenca puntualmente nel breve capitolo che abbiamo letto. Egli parte dalla distinzione fondamentale fra potere repubblicano e potere signorile («repubbliche o principati»), per poi passare in rassegna i diversi modelli monarchici. Il *Principe* non è, però, solo un trattato "tecnico" sulle forme del governo. È anche un libro di **riflessione sul potere politico** in generale: sulla sua gestione e sull'individuazione di ciò che costituisce il suo fine specifico, cioè la capacità di assicurare e mantenere il "bene comune" dello Stato. Si tratta di un **fine esclusivamente laico e civile**: l'idea di potere politico in Machiavelli è priva di rapporti con la dimensione teologica e religiosa.

T2 LAVORIAMO SUL TESTO

COMPRENDERE

1. Come può definirsi il processo logico-argomentativo che porta avanti Machiavelli?
   - [x] dilemmatico
   - [B] alternativo
   - [C] lineare

ANALIZZARE

2. **LINGUA E LESSICO** Il brano si chiude con la parola "virtù". Dopo aver letto **S3**, spiega il significato di questa parola.

INTERPRETARE

3. L'ideologia di Machiavelli è repubblicana. Come mai si rivolge a un principe e si occupa di principati?

S3 INFORMAZIONI

Il significato di "virtù" in Machiavelli

Alla fine del primo capitolo si delinea già la coppia di sostantivi astratti che avranno un'importanza concettuale fondamentale nel *Principe*. "Virtù" e "fortuna" sono infatti le due forze antagoniste e insieme concorrenti nel campo dell'azione politica delineato da Machiavelli. (Per quanto riguarda la concezione di "fortuna" nel *Principe* cfr. **S5**, p. 284). Per il concetto di "virtù" occorre sottolineare il diverso significato che la parola assume in Machiavelli rispetto alla precedente accezione in Dante, in Boccaccio e nella stessa trattatistica umanistica. Tra le parole latine riferite alla vita dello spirito *virtus*, come *fides*, *spes*, *caritas*, subisce un marcato processo di risemantizzazione, cioè di acquisizione di nuovi significati, con l'avvento del Cristianesimo. La *virtus* latina è il vigore, la forza, il valore militare: nel conflitto terminologico fra questo significato della parola virtù e quello nuovo, teologico, evangelico e morale, si riflette la lotta fra la visione del mondo classica e quella cristiana. Nel linguaggio medievale e in Dante tale concetto, anche se impiegato in contesto "secolare", cioè mondano o terreno, è sempre subordinato alla sua conformità con i princìpi universali: l'autorità assoluta imperiale assistita dalla "grazia" divina. In Boccaccio la virtù, pur svincolata dal contesto ultraterreno, corrisponde alla gentilezza (cfr. il discorso di Ghismunda, vol. 1, Parte Seconda, cap. III, **T7**) e all'onestà e dunque non coincide con l'ingegno individuale, che rappresenta uno strumento comunque utile ma in sé neutro. Ancora in ambito umanistico nei *Libri della famiglia* di Leon Battista Alberti il significato di "virtù" mantiene la connotazione di "bontà" e "prudenza". Nel *Principe*, invece, la "virtù" coincide con la capacità dinamica e operativa di sostenere il contrasto con la "fortuna" e con la forza dei tempi. Si attua così una completa secolarizzazione della nozione di virtù. In Machiavelli tale nozione è al centro della fondazione di una nuova etica, completamente materiale, non più ultraterrena o spirituale, e basata sull'efficacia dell'azione dell'uomo in quanto partecipe di una società. Nel *Principe* viene posto l'accento, per la prima volta, sulla "virtù" come possibilità concreta dei soggetti storici commisurata al valore operativo delle loro scelte.

T3 Il sesto capitolo: ruolo della violenza storica

CONCETTI CHIAVE
- l'esempio degli antichi
- la necessità dell'uso della forza

FONTE
N. Machiavelli, *Il Principe*, in *Tutte le opere*, cit.

- Testo interattivo
- Ascolto
- Alta leggibilità

Il capitolo sesto illustra la situazione di coloro che al principato pervengono con virtù e armi proprie. Il brano introduce un nuovo elemento sul quale Machiavelli concentra la sua attenzione: il ruolo della forza e della violenza.

DE PRINCIPATIBUS NOVIS QUI ARMIS PROPRIIS ET VIRTUTE ACQUIRUNTUR[1]

Non si maravigli alcuno se, nel parlare che io farò de' principati al tutto nuovi, e di principe e di stato,[2] io addurrò grandissimi esempli;[3] perché, camminando gli uomini quasi sempre per le vie battute da altri, e procedendo nelle azioni loro con le imitazioni,[4] né si potendo le vie di altri al tutto tenere,[5] né alla virtù di quelli che tu imiti aggiugnere,[6] debbe uno uomo prudente intrare sempre per vie battute da uomini grandi, e quelli che sono stati eccellentissimi imitare, acciò che, se la sua virtù non vi arriva, almeno ne renda qualche odore;[7] e fare come gli arcieri prudenti, a' quali parendo el loco dove disegnano ferire troppo lontano, e conoscendo fino a quanto va la virtù del loro arco,[8] pongono la mira assai più alta che il loco destinato, non per aggiugnere con la loro freccia a tanta altezza, ma per potere, con lo aiuto di sì alta mira, pervenire al disegno loro.[9]

Dico, adunque, che ne' principati tutti nuovi, dove sia uno nuovo principe, si trova a mantenerli[10] più o meno difficultà, secondo che più o meno è virtuoso colui che gli acquista. E perché questo evento di diventare, di privato, principe,[11] presuppone o virtù o fortuna, pare che l'una o l'altra di queste dua cose mitighi, in parte, di molte difficultà; nondimanco, colui che è stato meno in sulla fortuna, si è mantenuto più.[12] Genera ancora facilità essere il principe costretto, per non avere altri stati, venire personalmente ad abitarvi. Ma per venire a quelli che, per propria virtù e non per fortuna, sono diventati principi, dico che li più eccellenti sono Moisè, Ciro, Romulo, Teseo[13] e simili. E benché di Moisè non si debba ragionare, sendo suto uno mero esecutore delle cose che gli erano ordinate da Dio, tamen debbe essere ammirato solum per quella grazia che lo faceva degno di parlare con Dio.[14] Ma consideriamo Ciro e gli altri che hanno acquistato o fondato regni: li troverrete[15] tutti mirabili; e se si considerranno le azioni e ordini loro particolari, parranno non discrepanti da quelli di Moisè, che ebbe sì gran

---

- **1 De principatibus...acquiruntur**: *I principati nuovi che si conquistano con armi proprie e virtù.*
- **2 de' principati...stato**: *dei principati nuovi sia per quanto riguarda la persona del principe che per quanto riguarda la forma di governo.*
- **3 grandissimi esempli**: *esempi relativi a massimi personaggi.*
- **4 perché...le imitazioni**: *poiché gli uomini camminano quasi sempre sulle vie già percorse da chi li ha preceduti, e procedono per imitazione.* In questo passo Machiavelli espone la teoria dell'imitazione, diffusa nella cultura rinascimentale, in base alla quale l'esperienza delle civiltà classiche costituisce un modello insuperabile.
- **5 né si...tenere**: *e poiché non è possibile seguire* (**tenere**) *in modo assolutamente identico le vie già percorse dagli altri.*
- **6 aggiugnere**: *raggiungere.*
- **7 ne renda...odore**: *ne dia almeno un qualche sentore.*
- **8 e fare...arco**: *e comportarsi come gli arcieri esperti e avveduti* (**prudenti**) *ai quali, sembrando loro troppo lontano il bersaglio* (**loco**) *che intendono* (**disegnano**) *colpire e conoscendo la potenza* (**virtù**) *del loro arco.*
- **9 ma per potere...loro**: *ma per raggiungere, con l'ausilio di una così alta mira [tramite una parabola], il bersaglio che si erano proposti.*
- **10 si trova a mantenerli**: *si incontra* (**si trova**) *nel volerne conservare il dominio.* "Mantenere" è un termine tecnico del linguaggio politico machiavelliano. Concettualmente esprime il contrario di "ruinare", significa cioè l'attitudine del principe a *conservare lo Stato.*
- **11 di diventare...principe**: *di passare dalla condizione di privato cittadino a quella di principe.*
- **12 nondimanco...più**: *tuttavia colui* [: il principe] *che si è basato meno sulla fortuna è sempre riuscito a conservare di più il proprio stato.*
- **13 Moisè...Teseo**: Mosè (XIII secolo a.C.), il biblico legislatore del popolo ebraico; Ciro il Vecchio, che storicamente fondò l'impero persiano (559-529 a.C.); Romolo, legato al mito delle origini di Roma (VIII secolo a.C.), e Teseo, mitologico re di Atene, vengono associati da Machiavelli senza distinguere fra mito e verità storica, sotto il comune denominatore della fondazione di regni o repubbliche.
- **14 E benché...con Dio**: *E sebbene Mosè non possa costituire un esempio adatto al nostro ragionamento essendo stato* (**senso suto**) *un semplice esecutore degli ordini che gli venivano da Dio, tuttavia* (**tamen**) *deve essere ammirato, non fosse altro che per quella speciale grazia che lo rendeva degno di parlare con Dio.* Nel passo riguardante Mosè, come nel giudizio che verrà dato più avanti sui «principati ecclesiastici» (cap. XI) «retti da cagioni superiori alle quali mente umana non aggiunge», è possibile scorgere una certa ironia, frequente in Machiavelli quando affronta il tema dell'uso della religione come mezzo di dominio.
- **15 troverrete**: *troverete.* È una forma del fiorentino parlato.

Paolo Uccello, *Battaglia di San Romano. Intervento decisivo a fianco dei fiorentini di Michele Attendolo*, 1438. Parigi, Museo del Louvre.

precettore.[16] Ed esaminando le azioni e vita loro, non si vede che quelli avessino altro dalla fortuna che la occasione; la quale dette loro materia a potere introdurvi dentro quella forma parse loro;[17] e sanza quella occasione la virtù dello animo loro si sarebbe spenta, e sanza quella virtù la occasione sarebbe venuta invano.[18]

[...]

Quelli e' quali per vie virtuose,[19] simili a costoro, diventano principi, acquistano el principato con difficoltà, ma con facilità lo tengono; e le difficoltà che gli hanno nello acquistare el principato, in parte nascono da' nuovi ordini e modi che sono forzati introdurre per fondare lo stato loro e la loro securtà.[20] E debbasi considerare come non è cosa più difficile a trattare, né più dubia a riuscire, né più periculosa a maneggiare, che farsi capo a[21] introdurre nuovi ordini; perché lo introduttore ha per nimici tutti quelli che degli ordini vecchi fanno bene,[22] e ha tepidi defensori tutti quelli che degli ordini nuovi farebbono bene.[23] La quale tepidezza nasce, parte per paura degli avversarii, che hanno le leggi dal canto loro, parte dalla incredulità degli uomini, li quali non credano[24] in verità le cose nuove, se non ne veggano nata una ferma esperienza;[25] donde nasce che qualunque volta quelli che sono nimici hanno occasione di assaltare, lo fanno partigianamente,[26] e quegli altri defendano tepidamente:[27] in modo che insieme

- **16 sì gran precettore**: *una così alta guida. Riferito a Dio. Come la precedente espressione (cfr. nota 14), anche questa non è priva di ironia.*
- **17 la occasione...loro**: *l'occasione offerse loro il dato materiale nel quale essi poterono infondere e modellare la forma [dello Stato] secondo il proprio intendimento. La distinzione fra materia e forma, e la concezione della forma come principio vitale creatore, rinvia alla filosofia aristotelica.*
- **18 e sanza...invano**: *senza quella particolare disposizione delle circostanze oggettive (**occasione**) la loro capacità operativa (**virtù**) sarebbe venuta meno, ma senza quella loro capacità anche quelle particolari circostanze favorevoli sarebbero intervenute inutilmente. Si tratta di uno dei luoghi classici per la definizione dei concetti machiavelliani di virtù, fortuna e occasione nelle loro interconnessioni e nei loro limiti reciproci.*
- **19 per vie virtuose**: *basandosi sulla virtù.*
- **20 in parte...securtà**: *in parte derivano dai nuovi ordinamenti giuridici e dalle nuove forme di governo (**nuovi ordini e modi**) che sono costretti a introdurre per dare solide basi al loro Stato e alla propria sicurezza. Il tema dell'introduzione di "nuovi ordini" è una delle questioni centrali del pensiero politico di Machiavelli, ricorrente non solo nel* Principe *ma anche nei* Discorsi*. Introdurre un "nuovo ordine" in una città o in uno Stato è l'impresa più complessa per il principe; coinvolge infatti la questione del* consenso *dei sudditi.*
- **21 che farsi capo a**: *che prendere l'iniziativa di.*
- **22 fanno bene**: *traggono vantaggio.*
- **23 e ha...bene**: *e trova consensi ben poco decisi (**tepidi**) in quelli che trarrebbero vantaggio (**farebbono bene**) dai nuovi ordinamenti politici e giuridici.*
- **24 credano**: *credono. Forma del fiorentino parlato.*
- **25 una ferma esperienza**: *una conoscenza consolidata e sicura.*
- **26 donde...partigianamente**: *ne consegue che ogni volta che i sudditi che gli sono avversi hanno occasione di assalire il nuovo principe, lo fanno con la forza di chi combatte per i propri interessi (**partigianamente**).*
- **27 e quegli altri...tepidamente**: *mentre gli altri* [: i sudditi a lui consenzienti] *lo difendono debolmente, senza convinzione.*

con loro si periclita.[28] È necessario pertanto, volendo discorrere[29] bene questa parte, esaminare se questi innovatori stanno per loro medesimi o se dependano da altri;[30] cioè, se per condurre l'opera loro bisogna che preghino, ovvero possono forzare.[31] Nel primo caso capitano sempre male e non conducano cosa alcuna; ma, quando dependono da loro proprii e possono forzare, allora è che rare volte periclitano.[32] Di qui nacque che tutti e' profeti armati vinsono, e li disarmati ruinorono.[33] Perché, oltre alle cose dette, la natura de' populi è varia;[34] ed è facile a persuadere loro una cosa,[35] ma è difficile fermarli in quella persuasione; e però conviene essere ordinato[36] in modo che, quando e'[37] non credono più, si possa fare loro credere per forza. Moisè, Ciro, Teseo e Romulo non arebbono possuto[38] fare osservare loro lungamente le loro costituzioni,[39] se fussino[40] stati disarmati: come ne' nostri tempi intervenne a fra' Girolamo Savonerola;[41] il quale ruinò ne' sua ordini nuovi,[42] come la moltitudine cominciò a non credergli;[43] e lui non aveva modo a tenere fermi quelli che avevano creduto, né a far credere e' discredenti.[44] Però questi tali hanno nel condursi gran difficoltà, e tutti e' loro periculi sono fra via, e conviene che con la virtù li superino:[45] ma superati che gli hanno,[46] e che cominciano ad essere in venerazione,[47] avendo spenti quelli che di sua qualità li avevano invidia,[48] rimangono potenti, securi, onorati, felici.

- **28 si periclita**: *si corre pericolo*. Latinismo.
- **29 discorrere**: *trattare*.
- **30 se questi…altri**: *se questi fondatori di Stati nuovi* (**innovatori**) *contino solo sulle proprie forze oppure se contino sull'aiuto altrui*.
- **31 bisogna…forzare**: *bisogna che invochino l'aiuto altrui oppure possano agire con energia e decisione*. L'opposizione tra i termini "pregare" e "forzare", istituita da Machiavelli, rinvia a due antitetiche situazioni: quella di implorante debolezza verso alleati poco sicuri, e quella di energica determinazione da parte di chi conta sulle proprie forze.
- **32 dependono…periclitano**: *dipendono esclusivamente da se stessi e possono agire con decisione, allora è raro che corrano pericolo*.
- **33 Di qui nacque…ruinorono**: *Da tutto ciò ebbe origine* [*il principio*] *per cui tutti i fondatori di ordini nuovi che si basavano sulla forza riuscirono vincitori, mentre coloro che non disponevano di proprie forze fallirono nel loro intento*. Per denominare il fondatore di "nuovi ordini" Machiavelli introduce qui il termine "profeta" pensando all'esempio di Savonarola, introdotto subito dopo.
- **34 varia**: *mutevole*.
- **35 è facile…cosa**: *è facile persuaderli di qualcosa*.
- **36 e però…ordinato**: *e perciò conviene che le cose siano fatte*.
- **37 e'**: *essi* [: *i popoli*].
- **38 arebbono possuto**: *avrebbero potuto*.
- **39 costituzioni**: *Stati, ordinamenti politici*.
- **40 fussino**: *fossero*.
- **41 intervenne…Savonerola**: *capitò al frate Gerolamo Savonarola*. Il domenicano Savonarola (1452-1498) conquistò a Firenze larga popolarità e prestigio con le proprie prediche appassionate e profetiche, invocando una rigenerazione politica di Firenze, della Chiesa e dell'Italia. In occasione della discesa di Carlo VIII (1494) contribuì alla cacciata di Piero de' Medici e alla costituzione repubblicana di Firenze. Avversato dal papa Alessandro VI e dalle più influenti fazioni fiorentine, morì impiccato e arso in Piazza della Signoria. Machiavelli giudicò debole il suo programma perché privo della "virtù" politica e militare.
- **42 il quale…ordini nuovi**: *il quale fallì all'interno del suo stesso nuovo ordinamento politico*. Infatti fu eliminato durante la stessa repubblica che egli aveva contribuito a istituire.
- **43 come…non credergli**: *appena la massa dei fiorentini cominciò a non credere più alle sue prediche*.
- **44 discredenti**: *increduli*.
- **45 Però…superino**: *Perciò costoro* [: *i principi nuovi*] *devono affrontare nella loro azione grandi difficoltà e tutti i pericoli per loro si verificano durante il percorso* (**fra via**) *verso il potere e bisogna che li superino per mezzo della loro capacità operativa* (**virtù**).
- **46 ma superati…hanno**: *ma una volta che li hanno superati*.
- **47 essere in venerazione**: *conquistato il consenso*.
- **48 avendo…invidia**: *dopo aver ridotto all'impotenza* (**avendo spenti**) *coloro i quali provavano invidia per il loro potere*.

T3 DALLA COMPRENSIONE ALL'INTERPRETAZIONE

COMPRENSIONE

L'uso della forza nell'azione politica Questo sesto capitolo è legato in forma oppositiva al settimo, nel quale oggetto della trattazione è la situazione di coloro che sono pervenuti al potere con la fortuna e con l'aiuto delle armi altrui. L'attacco di questo brano **segna una svolta**: si avvia la discussione sui principati del tutto nuovi, sia per dinastia che per tipo di governo. L'attenzione si sposta dalla classificazione dei principati alla ricerca della **corretta azione politica in grado di conquistare il nuovo Stato**. Per raggiungere tale obbiettivo, occorre ispirarsi ai **«grandissimi esempli»** di Mosè, Ciro, Romolo, Teseo, i quali seppero istituire «nuovi ordini». Come esempio negativo viene indicato invece Savonarola, che non ricorse all'**uso della forza**, da Machiavelli ritenuto necessario per istituire nuovi ordinamenti. La conclusione dell'autore è perentoria: «Di qui nacque che tutti e' profeti armati vinsono, e li disarmati ruinorono».

ANALISI

L'imitazione dei «grandissimi esempli» Il tema di apertura riguarda l'autodifesa dell'autore relativa al **principio d'imitazione** da lui teorizzato. Il tema è sviluppato con l'**esempio degli «arcieri prudenti»**, che calibrano rigorosamente l'altezza della traiettoria in base alla distanza del bersaglio che essi scelgono di colpire. La similitudine vale a indicare, attraverso un'immagine sensibile e un'esperienza concreta a tutti nota, la miglior via da seguire per l'uomo che intende emulare gli esempi illustri dei grandi della storia: ispirarsi a loro non per sperare di ripetere le loro "altezze" ma per ottenere successi personali in base a fini e obiettivi propri. L'uso figurato dell'arco e dell'arciere, presente nella tradizione letteraria medievale e in Dante (cfr. *Paradiso* I, 119; IV, 60; VIII, 103), qui serve tuttavia anche a rappresentare il **parziale fallimento dello sforzo di emulazione**. I risultati «massimi» degli antichi non possono più essere eguagliati e i bersagli, commisurati alle forze dell'uomo nella società attuale, sono indubbiamente meno elevati. Questa coscienza del drammatico declino delle capacità operative umane segna un distacco di Machiavelli dallo sforzo imitativo ottimistico nei confronti degli antichi che caratterizza l'Umanesimo quattrocentesco. Prima dell'invasione degli eserciti di Carlo VIII era ancora possibile la fiducia umanistica nel potere dell'uomo di eguagliare le grandi civiltà del passato e di capire e di controllare il mondo della politica. Ora invece la storia torna ad apparire come la manifestazione di un potere in parte incomprensibile e incontrollabile.

INTERPRETAZIONE

Il punto di vista ideologico: l'importanza della violenza Il capitolo si caratterizza per l'appello a riconoscere l'importanza fondamentale della violenza in campo politico. Machiavelli aveva conosciuto il peso dirompente della forza nel ventennio precedente alla stesura del *Principe*, quando, nel 1494, l'esercito francese guidato da **Carlo VIII aveva invaso l'Italia** sconvolgendo per sempre gli equilibri fra gli Stati italiani. L'invasione segnò una svolta decisiva nella storia e Machiavelli fu tra gli intellettuali italiani quello che ne ebbe più chiara consapevolezza. A Firenze inoltre l'invasione fu accompagnata da una rivoluzione interna, e cioè dalla caduta del regime mediceo. La figura centrale della politica fiorentina divenne **dal 1494 al 1498 Savonarola**. In quegli anni l'instaurazione del Gran Consiglio allargò la sfera governativa e membri della borghesia acquisirono il diritto di partecipare al governo. Durante il periodo repubblicano gli uomini delle famiglie aristocratiche guidarono diversi attacchi contro la costituzione del 1494. Machiavelli in quegli anni fu antisavonaroliano. Tuttavia a Savonarola risale l'idea dell'istituzione del Gran Consiglio, che rimarrà, anche negli anni successivi, lo strumento della libertà fiorentina e della politica antimagnatizia, a cui Machiavelli diede un ampio contributo quando, morto Savonarola, entrò nella Cancelleria. Nel brano che abbiamo letto l'esempio moderno di fra' Gerolamo Savonarola è chiamato in causa da Machiavelli per dimostrare il **fallimento politico** dell'uomo che si vorrebbe moralmente "virtuoso" ma che viene comunque sconfitto. L'incapacità di analizzare la verità effettuale, l'indecisione e il prevalere della parola (le prediche) sulla capacità di agire concretamente fanno di Savonarola un perdente e un **"profeta disarmato"**, che non sa offrire alle proprie idee il sostegno della forza.

T3 LAVORIAMO SUL TESTO

COMPRENDERE

1. Illustra il filo argomentativo del capitolo.

ANALIZZARE

2. Perché l'autore impone subito il principio di imitazione? Che significato assume la metafora dell'arciere?

INTERPRETARE

3. Quali osservazioni puoi fare circa la tecnica argomentativa usata da Machiavelli in questo passo? Privilegia la teoria o gli esempi concreti?

LE MIE COMPETENZE: FARE RICERCHE E DIALOGARE

Nel diritto internazionale l'uso della forza, inteso come il ricorso di uno Stato ad operazioni militari compiute ai danni di un altro Stato, è stato giudicato legittimo fino al 1945. Alla fine della Seconda guerra mondiale l'uso della forza armata è stato vietato in seguito all'entrata in vigore della Carta delle Nazioni Unite, che ammette un'unica eccezione al divieto del ricorso alla guerra: il caso di legittima difesa. Quali articoli della Carta delle Nazioni Unite disciplinano questa delicata materia? Fai una ricerca per scoprirlo. Leggi e commenta in classe gli articoli della Carta che regolano il diritto all'uso della forza. Trovi che il divieto di aggressione sia sempre rispettato dalle grandi potenze? Discuti la questione con i compagni.

T4 — Il nono capitolo: la strategia del consenso

CONCETTI CHIAVE
- il conflitto sociale tra «il popolo» e «i giudici»
- l'importanza del consenso dei cittadini

FONTE
N. Machiavelli, *Il Principe*, in *Tutte le opere*, cit.

A favorire il privato cittadino nella conquista dello Stato è il consenso del popolo o quello dei «grandi»: in questo capitolo Machiavelli dimostra che il principato più stabile è quello «civile», che si basa sul consenso del popolo.

DE PRINCIPATU CIVILI[1]

Ma venendo all'altra parte,[2] quando uno privato cittadino, non per scelleratezza o altra intollerabile violenza, ma con il favore degli altri suoi cittadini diventa principe della sua patria (il quale si può chiamare principato civile;[3] né a pervenirvi è necessario o tutta virtù o tutta fortuna, ma più presto[4] una astuzia fortunata), dico che si ascende a questo principato o con il favore del populo o con quello de' grandi. Perché in ogni città si trovano questi dua umori[5] diversi; e nasce da questo, che il populo desidera non essere comandato né oppresso da' grandi, e li grandi desiderano comandare e opprimere il populo; e da questi dua appetiti diversi nasce nelle città uno de' tre effetti, o principato o libertà o licenza.[6]

El principato è causato o dal populo o da' grandi, secondo che l'una o l'altra di queste parti ne ha la occasione. Perché, vedendo e' grandi non potere resistere al populo, cominciano a voltare la reputazione a uno di loro, e fannolo principe per potere, sotto la sua ombra, sfogare il loro appetito.[7] El populo ancora,[8] vedendo non potere resistere a' grandi, volta la reputazione a uno, e lo fa principe, per essere con la autorità sua difeso. Colui che viene al principato con lo aiuto de' grandi, si mantiene con più difficultà che quello che diventa con lo aiuto del populo; perché si truova principe con di molti intorno che li paiano essere sua equali, e per questo non li può né comandare né maneggiare a suo modo.[9] Ma colui che arriva al principato con il favore popolare, vi si trova solo, e ha intorno o nessuno o pochissimi che non sieno parati a obedire.[10] Oltre a questo, non si può con onestà satisfare a' grandi e sanza iniuria d'altri, ma sì bene al populo:[11] perché quello del populo è più onesto fine che quello de' grandi, volendo questi opprimere, e quello non essere oppresso.[12] Praeterea[13] del populo inimico uno principe non si può mai assicurare, per essere troppi;[14] de' grandi si può assicurare, per essere pochi. El

---

- **1** De...civili: *Il principato civile.*
- **2** all'altra parte: *all'altro modo* [: *per cui da cittadino privato si può diventare principe*]. Machiavelli richiama quanto già detto all'inizio del cap. VIII, in cui venivano delineati due modi di conquista del principato: per mezzo dei più empi delitti o col consenso dei cittadini. Di questi due modi, il primo è l'oggetto del capitolo VIII, il secondo viene trattato in questo capitolo.
- **3** civile: la qualifica di "civile" in Machiavelli riguarda sia le modalità di conquista (opponendosi all'esercizio "scellerato" e sfrenato della violenza) sia quelle di gestione e consolidamento dello Stato sul piano dei rapporti di forza interni. I caratteri di "civiltà" in contrapposizione a quelli dell'"assolutezza" dello Stato prevedono il consenso popolare e il controllo delle fazioni nobiliari (cfr. *Discorsi*, I, 55).
- **4** più presto: *piuttosto*. Forma del fiorentino parlato.
- **5** umori: *tendenze*. Il termine è tratto dalla scuola medica romana di Galeno di Pergamo (129-200 d.C.), che poneva la "patologia degli umori" (sangue, bile, atrabile, flemma) alla base delle malattie degli uomini e anche dei loro temperamenti. Il termine conferma la predilezione del linguaggio politico di Machiavelli per un lessico naturalistico e per figure biologiche.
- **6** e da questi...licenza: *e da questi due bisogni fondamentali hanno origine il principato, la repubblica o l'uso disordinato della libertà.* Appetiti, come il precedente umori, conferma la visione biologica dei bisogni essenziali da cui originano le lotte sociali.
- **7** vedendo...appetito: *constatando gli ottimati di non essere in grado di resistere alla pressione popolare, rivolgono il loro favore a uno di loro e lo fanno principe, in modo tale da poter sfogare, al riparo della sua protezione* (ombra), *il proprio desiderio di dominio.*
- **8** El...ancora: *Il popolo, a sua volta.*
- **9** perché...a suo modo: *perché si trova a essere principe circondato da molti che gli sembrano essere suoi pari, e perciò non può comandarli e dirigerli secondo il proprio intento.*
- **10** Ma colui...obedire: *Mentre colui che diventa principe con il consenso popolare può disporre delle sue forze e ha intorno pochissimi che non siano pronti* (parati, latinismo) *a obbedirgli.* È un'esplicita critica rivolta da Machiavelli ai regimi "ottimatizi" a favore dei regimi fondati sul pieno consenso popolare.
- **11** Oltre...populo: *Inoltre non è possibile soddisfare gli interessi degli ottimati con onestà e senza opprimere altri, mentre è agevole fare ciò soddisfacendo gli interessi del popolo.* Il termine satisfare appartiene allo stesso campo semantico degli "umori" e degli "appetiti".
- **12** volendo...oppresso: *desiderando gli ottimati* (questi) *opprimere, mentre il popolo* (quello) *resistere all'oppressione.* Machiavelli mette bene in chiaro la differente posizione degli interessi di chi domina e di chi è dominato.
- **13** Praeterea: *Inoltre.*
- **14** del populo...troppi: *del popolo nemico un principe non potrà mai aver ragione, perché è composto da troppi* [individui].

peggio che possa aspettare uno principe dal populo inimico, è lo essere abbandonato da lui; ma da' grandi, inimici, non solo debbe temere di essere abbandonato, ma etiam[15] che loro li venghino contro;[16] perché, sendo in quelli più vedere e più astuzia, avanzono sempre tempo per salvarsi, e cercono gradi con quello che sperano che vinca.[17] È necessitato ancora el principe vivere sempre con quello medesimo populo; ma può ben fare sanza quelli medesimi grandi, potendo farne e disfarne ogni dì, e torre e dare, a sua posta, reputazione loro.[18]

E per chiarire meglio questa parte, dico come e' grandi si debbano considerare in dua modi principalmente: o si governano in modo, col procedere loro, che si obligano in tutto alla tua fortuna, o no.[19] Quelli che si obligano, e non sieno rapaci,[20] si debbono onorare ed amare; quelli che non si obligano, si hanno ad esaminare in dua modi. O fanno questo per pusillanimità e defetto naturale di animo;[21] allora tu ti debbi servire di quelli massime che sono di buono consiglio,[22] perché nelle prosperità te ne onori, e non hai nelle avversità da temerne; ma quando non si obligano ad arte e per cagione ambiziosa, è segno come pensano più a sé che a te;[23] e da quelli si debbe el principe guardare, e temerli come se fussino scoperti inimici, perché sempre, nelle avversità, aiuteranno ruinarlo.[24]

Debbe, pertanto, uno che diventi principe mediante il favore del populo, mantenerselo amico; il che li fia facile, non domandando lui se non di non essere oppresso.[25] Ma uno che, contro al populo, diventi principe con il favore de' grandi debbe innanzi a ogni altra cosa, cercare di guadagnarsi el populo;[26] il che li fia facile, quando pigli la protezione sua.[27] E perché gli uomini, quando hanno bene da chi credevano avere male, si obligano più al benificatore loro, diventa el populo, subito, più suo benivolo che se si fussi condotto al principato con li favori suoi.[28] E puossélo el principe guadagnare in molti modi; li quali, perché variano secondo el subietto, non se ne può dare certa regola,[29] e però si lasceranno indrieto. Concluderò solo che a uno principe è necessario avere el populo amico; altrimenti non ha, nelle avversità, remedio.[30]

Nabide,[31] principe delli Spartani, sostenne la obsidione[32] di tutta Grecia e di uno esercito romano vittoriosissimo, e difese contro a quelli la patria sua e il suo stato; e li bastò solo, sopravvenente il periculo, assicurarsi di pochi: che se egli avessi avuto el populo inimico, questo non li bastava.[33] E non sia alcuno che repugni a questa mia opinione con quello proverbio trito,[34] che chi fonda in sul populo, fonda in sul fango; perché quello è vero quando uno

---

- **15** **etiam**: anche.
- **16** **che loro li venghino contro**: che gli si oppongano attivamente.
- **17** **sendo...vinca**: essendo dotati quelli [: i "grandi", gli ottimati] di vista più acuta (**più vedere**) e di maggiore astuzia conservano sempre il tempo per salvarsi e cercano di conquistare le grazie (**gradi**) del vincitore.
- **18** **ma può...loro**: può invece ben governare senza il sostegno degli ottimati, poiché può a suo piacimento (**a sua posta**) crearne e disfarne ogni giorno e togliere o dare a loro il prestigio.
- **19** **o si governano...o no**: o si conducono in modo tale che con il proprio comportamento si legano (**si obligano**) completamente alle tue sorti, oppure no. È evidente in questo periodo e nei successivi il procedere tipicamente simmetrico e oppositivo dell'argomentare machiavelliano.
- **20** **rapaci**: avidi di dominio.
- **21** **pusillanimità...animo**: pavidità e innata mancanza (**defetto**) di coraggio.
- **22** **allora...consiglio**: nel qual caso te ne devi servire, specialmente (**massime**) di quelli che sono esperti e saggi (**di buono consiglio**).
- **23** **ma quando...a te**: ma quando non si legano a ragion veduta e per calcoli ambiziosi è segno che pensano più a loro stessi che a te.
- **24** **aiuteranno ruinarlo**: contribuiranno a fargli perdere lo Stato.
- **25** **il che...oppresso**: la qual cosa gli risulterà facile, poiché il popolo non domanda altra cosa che di non essere oppresso.
- **26** **Ma uno...el populo**: Ma chi, contro il popolo, diviene principe con l'appoggio degli ottimati, deve prima di ogni altra cosa cercare di conquistarsi il consenso popolare.
- **27** **il che...sua**: la qual cosa gli sarà facile quando avrà cominciato a difenderne gli interessi.
- **28** **più suo...suoi**: più benevolo a lui [: al principe] che se questi fosse arrivato al principato con l'appoggio suo [: del popolo].
- **29** **E puossélo...regola**: E il principe se lo [: il popolo] può rendere favorevole in molti modi, i quali, poiché variano secondo le situazioni particolari, non possono essere oggetto di una regola sicura.
- **30** **Concluderò...remedio**: Dirò soltanto, come conclusione, che a un principe è necessario contare sul consenso del popolo, altrimenti nelle avversità non ha via di scampo. In tutto il brano così concluso è stata esposta la concezione machiavelliana della dialettica fra principe e sudditi, incentrata sulla saldatura fra alcune istanze popolari e gli interessi del principe, in direzione antifeudale. Da questo nucleo concettuale ha preso le mosse la linea interpretativa avviata da A. Gramsci.
- **31** **Nabide**: tiranno di Sparta (205-192 a. C.), cercò di guadagnarsi il consenso popolare promettendo la redistribuzione delle terre. Dovette sostenere l'attacco della Lega Achea appoggiata da Roma e fu infine costretto ad accettare le condizioni impostegli dai nemici. Oppose comunque una valida resistenza e conservò il potere.
- **32** **obsidione**: assedio. Latinismo.
- **33** **li bastò...bastava**: gli bastò solo, al sopravvenire del pericolo, guardarsi da un piccolo numero di oppositori: ciò non gli sarebbe certo bastato se il popolo gli fosse stato avverso.
- **34** **E non...trito**: E che nessuno si opponga a questa mia opinione con il proverbio logoro.

cittadino privato vi fa su fondamento e dassi a intendere[35] che il populo lo liberi, quando e' fussi oppresso da' nimici o da' magistrati (in questo caso si potrebbe trovare spesso ingannato, come a Roma e' Gracchi[36] e a Firenze messer Giorgio Scali);[37] ma sendo uno principe che vi fondi su, che possa comandare, e sia uomo di core[38] né si sbigottisca nelle avversità, e non manchi delle altre preparazioni, e tenga con lo animo e ordini suoi animato lo universale,[39] mai si troverrà ingannato da lui; e li parrà avere fatti li suoi fondamenti buoni.[40]

Sogliono questi principati periclitare[41] quando sono per salire dallo ordine civile allo assoluto.[42] Perché questi principi, o comandano per loro medesimi,[43] o per mezzo de' magistrati; nell'ultimo caso, è più debole e più periculoso lo stare loro,[44] perché gli stanno al tutto con la volontà di quelli cittadini che sono preposti a' magistrati:[45] li quali, massime ne' tempi avversi, li possono torre con facilità grande lo stato, o con farli contro o con non lo obedire.[46] E el principe non è a tempo, ne' periculi, a pigliare la autorità assoluta; perché li cittadini e sudditi,[47] che sogliono avere e' comandamenti[48] da' magistrati, non sono, in quelli frangenti, per obedire a' suoi;[49] e arà sempre, ne' tempi dubii, penuria di chi lui si possa fidare.[50] Perché simile principe non può fondarsi sopra quello che vede ne' tempi quieti, quando e' cittadini hanno bisogno dello stato; perché allora ognuno corre, ognuno promette, e ciascuno vuole morire per lui, quando la morte è discosto;[51] ma ne' tempi avversi, quando lo stato ha bisogno de' cittadini, allora se ne trova pochi. E tanto più è questa esperienza periculosa, quanto la non si può fare se non una volta. E però uno principe savio debba pensare uno modo per il quale li sua cittadini, sempre e in ogni qualità di tempo, abbino bisogno dello stato e di lui;[52] e sempre poi li saranno fedeli.

- **35 dassi a intendere**: *si illude*.
- **36 Gracchi**: Tiberio e Gaio Gracco, tribuni della plebe, assassinati in tumulti suscitati ad arte per eliminarli, nel 133 e nel 121 a.C.
- **37 Giorgio Scali**: fiorentino, divenne capo della plebe assieme a Tommaso Strozzi dopo il tumulto dei Ciompi (1378). Fu decapitato nel 1382.
- **38 uomo di core**: *uomo coraggioso*.
- **39 e tenga...lo universale**: *e infonda la sua energia e i suoi provvedimenti alla totalità dei suoi sudditi*.
- **40 e li parrà...buoni**: *e avrà la conferma di aver posto solidi fondamenti al proprio Stato*.
- **41 periclitare**: *venire in pericolo*.
- **42 quando...assoluto**: *nel passaggio da un regime fondato sul consenso popolare al principato assoluto*.
- **43 per loro medesimi**: *da sé, direttamente*.
- **44 lo stare loro**: *il loro reggersi*.
- **45 perché...magistrati**: *dipendono completamente dalla volontà* (**gli stanno al tutto con la volontà**) *di quei cittadini che hanno avuto accesso alle cariche pubbliche* (**magistrati**).
- **46 li quali...obedire**: *i quali, soprattutto nelle circostanze avverse, possono togliere al principe lo Stato con grande facilità, o opponendosi attivamente a lui* (**con farli contro**) *o disobbedendogli*.
- **47 cittadini e sudditi**: *i* **sudditi** *vengono distinti dai* **cittadini**: *si tratta di coloro su cui si estende l'autorità del principe, al di fuori delle mura cittadine*.
- **48 comandamenti**: *ordini*.
- **49 non sono...suoi**: *non sono disposti, in quei delicati momenti, a obbedire ai suoi [ordini]*.
- **50 e arà...fidare**: *e, nei tempi dubbiosi, [il principe] avrà sempre poca gente di cui fidarsi*.
- **51 discosto**: *lontana*.
- **52 E però...lui**: *E pertanto un principe saggio deve preparare un sistema di governo* (**modo**) *mediante il quale i suoi cittadini sempre e in ogni circostanza* (**qualità di tempo**) *abbiano bisogno dello Stato e di lui*.

T4 DALLA COMPRENSIONE ALL'INTERPRETAZIONE

COMPRENSIONE E ANALISI

Collocazione Il capitolo nono si contrappone al precedente: questo tipo di struttura, che contrappone un capitolo a un altro, o una affermazione a un'altra, è frequente nel trattato. Nel **capitolo ottavo** infatti viene svolto il caso di un **privato cittadino che accede al principato «per sceleratezza o altra intollerabile violenza»**, distinguendo la gratuita crudeltà dei «tiranni» dal necessario ricorso alla forza nel «pigliare uno stato». Serve a distinguere quella da questo il punto di vista dei «sudditi», sempre dialetticamente presente a Machiavelli come metro per giudicare il senso e i fini dell'azione di governo.

Il **capitolo nono** si può considerare il momento culminante delle precedenti riflessioni sulla possibilità di creazione di uno Stato «nuovo». L'indagine sul funzionamento del potere personale si risolve in una **compiuta teoria dello stato e dei conflitti sociali**.

Il príncipato civile Ricorrendo a un termine caro alla propria **concezione biologica e naturalistica della società**, Machiavelli distingue due «appetiti» antagonisti, ossia **due tendenze opposte** che corrispondono a due diverse classi sociali: il primo (quello del popolo) di resistenza all'oppressione, il secondo (quello dell'aristocrazia) di esplicita volontà di oppressione.

Chi perviene al principato appoggiandosi sui «grandi» mantiene il potere con maggiore difficoltà rispetto a chi gode del consenso popolare. Questa esplicita **critica rivolta da Machiavelli ai regimi aristocratici** e questa presa di posizione a favore di quelli fondati sul pieno consenso vengono riprese nella successiva confutazione del logoro luogo comune che «chi fonda in sul popolo fonda in sul fango». Sono invece i principati civili in via di trasformazione verso la forma «assoluta» a correre maggior pericolo. Il principato assoluto, nel capitolo nono come nei *Discorsi* (I, 55), viene decisamente sconsigliato e giudicato, contrariamente a quello "civile", un'«esperienza periculosa».

INTERPRETAZIONE

Ideologia e conflitto sociale in Machiavelli Machiavelli fu uno dei pochi intellettuali italiani che, nei primi decenni del Cinquecento, si resero conto della trasformazione in atto, in senso antifeudale e filoborghese, negli Stati governati dalle grandi monarchie di Francia e Spagna, e della conseguente **debolezza italiana** dato che nel nostro paese questa trasformazione non stava accadendo. Ciò lo indusse a una continua polemica nei confronti del nocciolo feudale e medievale della società italiana. Questo capitolo nono è particolarmente rilevante sotto il profilo ideologico; qui Machiavelli si rivela esplicitamente come teorico dei conflitti sociali.

La crisi della società italiana viene rappresentata come **frattura tra classe dirigente signorile («i grandi») e forze produttive borghesi («il popolo»)**. Si noti che la nozione di «popolo» in Machiavelli va intesa in senso storico; essa non comprende i lavoratori salariati. L'oligarchia nobiliare ostacola lo sviluppo dei ceti produttivi (mercanti, artigiani, agricoltori): in ciò viene individuata la radice dell'instabilità degli Stati italiani. La discesa di Carlo VIII provoca inoltre un contraccolpo nella struttura sociale interna: nel caso di Firenze il blocco di potere mediceo viene travolto. La riforma costituzionale del 1494 abroga gli strumenti del predominio aristocratico e istituisce il Gran Consiglio, luogo del predominio del ceto medio di commercianti e artigiani. Quando i Medici tornano al potere nel 1512, Machiavelli suggerisce una linea politica chiara, volta a realizzare una saldatura fra i signori di Firenze e la fazione popolare, in funzione antimagnatizia (cioè tendente a limitare il potere dei «grandi»).

In questo disegno politico, in cui convivono la lucidissima consapevolezza della difficoltà dell'impresa e la tenace passione operativa, balza in primo piano il **tema delle lotte sociali**. L'azione politica si inscrive in un campo di forze dominato dal contrasto fra due soggetti sociali, il popolo e i «grandi». Nei *Discorsi* (I, 4; cap. VII, **T2**, p. 194) le lotte di classe non sono viste come elemento disgregante ma viceversa appaiono come la ragione della grandezza degli Stati. Più esplicitamente, rispetto al *Principe*, nell'altro grande trattato politico viene fatto riferimento all'esempio della storia romana per fornire una diagnosi della crisi degli Stati signorili italiani; mentre a Roma, grazie alle lotte della plebe, furono istituiti i tribuni che contennero per secoli l'«insolenzia de' Nobili», ciò non è accaduto nei contemporanei Stati italiani. Appare evidente che questo capitolo del *Principe* prende le mosse esattamente dallo stesso nucleo concettuale dei *Discorsi*, anche se nella prima opera agisce uno sforzo di attualizzazione, rispetto alla concreta realtà di Firenze dopo la restaurazione medicea, che è assente, invece, nella seconda.

T4 LAVORIAMO SUL TESTO

COMPRENDERE

Il principato civile

1. Spiega che significato assume in questo caso la definizione «civile».

ANALIZZARE

2. Da quale condizione è reso possibile il «principato civile»?

Il popolo

3. Quali sono gli «appetiti» della parte popolare?

I grandi

4. Quali sono invece le aspirazioni dei «grandi»?
5. Quale consiglio dà Machiavelli all'aspirante principe circa l'alleanza e le relazioni con i vari ceti sociali?
6. LINGUA E LESSICO Quale significato ha il sostantivo «bisogno» al rigo 71?

INTERPRETARE

La saggezza e il bisogno

7. In che senso un principe deve essere «savio»?
8. Su che cosa si può basare la fedeltà dei cittadini?

LE MIE COMPETENZE: COLLABORARE, PRODURRE

Per Machiavelli le azioni del principe non devono essere giudicate sulla base di un criterio morale, ma guardando alla loro efficacia politica. La politica diventa autonoma dalla religione e dalla morale: il principe "perfetto" deve servirsi anche di mezzi spregiudicati per raggiungere il successo politico. A partire dalla lettura di questo brano e degli altri testi del *Principe* che hai studiato, collaborando con un gruppo di compagni crea una presentazione multimediale che affronti il tema *Identikit del principe "perfetto"*, mettendo a confronto (per similarità o per contrasto) i contenuti tratti dall'opera di Machiavelli con gli spunti e le idee che ti sono suggeriti dall'attualità.

9. L'ordinamento militare

Machiavelli si schiera a favore delle armi proprie già negli scritti politici del 1506-1511

I tre capitoli XII-XIV costituiscono un blocco tematico autonomo e riguardano l'**ordinamento delle milizie**. Al momento della composizione del *Principe* la questione era già stata trattata, negli anni 1506-1511, dagli scritti machiavelliani specificamente dedicati al tema dell'ordinamento militare (cfr. cap. VII, § 6). In questo periodo Machiavelli si era impegnato in prima persona per dotare la Repubblica fiorentina di truppe proprie e per **evitare** quindi **il ricorso alle armi mercenarie**. Nella stesura del trattato intende dedicare uno spazio specifico alla tesi secondo cui solo le armi proprie, costituite da cittadini, possono garantire la sicurezza dello Stato. Il **capitolo XII** tratta dell'inutilità e della pericolosità delle armi mercenarie. Il tema delle armi «ausiliarie», vale a dire delle truppe fornite dagli alleati, e «miste», ossia in parte mercenarie e in parte proprie, altrettanto insicure e poco affidabili, viene trattato nel **capitolo XIII**. La conclusione a cui si giunge è che «sanza avere arme proprie, nessuno principato è securo; anzi è tutto obligato alla fortuna». Il **capitolo XIV** riconferma il principio dell'"imitazione" già enunciato nel capitolo VI. Al principe, infatti, viene consigliato di non distogliere mai il pensiero dall'esercizio della guerra e viene suggerita la lettura delle «istorie», attraverso le quali potrà «considerare le azioni degli uomini eccellenti». Ritorna anche il tema della necessità di premunirsi rispetto all'imprevedibile e inesauribile modificarsi della realtà: il principe non deve stare in ozio nei periodi di pace «ma con industria farne capitale, per potersene valere nelle avversità, acciò che, quando si muta la fortuna, lo truovi parato a resisterle».

Il Principe dedica tre capitoli a contrastare la tesi favorevole alle truppe mercenarie

Matteo Piatti, *Armatura di Francesco I de' Medici*, 1574 ca. Firenze, Museo Nazionale del Bargello.

T • I capitoli XII-XIV: il principe savio deve avere armi proprie

10. Le qualità e le virtù necessarie a un principe nuovo

Le qualità del principe: il problema morale

Con il **capitolo XV** inizia un nucleo argomentativo nuovo. In esso e **nei successivi otto capitoli** infatti vengono trattate **le qualità e le accortezze necessarie al principe** per governare. L'autore si dichiara cosciente fin dall'inizio del rischio di apparire presuntuoso nell'affrontare in modo del tutto nuovo il tema del comportamento ideale del principe nei confronti di sudditi e collaboratori. Infatti «molti di questo hanno scritto»: è probabile che ciò costituisca un'allusione alla tradizione trattatistica sia classica (Platone, Aristotele) che medievale (da san Tommaso a Dante) e umanistica (Pontano). **Rispetto alla precedente tradizione**, tuttavia, volta a delineare il ritratto del principe ideale, **Machiavelli richiama la «verità effettuale»** della lotta politica, le cui regole richiedono comportamenti ben diversi da quelli astrattamente immaginati dai suoi predecessori. Vizio e virtù mutano radicalmente significato rispetto a quello della tradizione e dell'etica comune. L'opposizione alla precedente trattatistica politica si basa, dunque, sulla **diversa concezione del problema etico**.

Nel rispetto della «verità effettuale» sta la virtù del principe

Con il **capitolo XVI** si apre la rassegna delle doti individuali necessarie al principe per dirigere lo Stato. Il primo problema affrontato, nella consueta forma dilemmatica e disgiuntiva, è **se sia più utile al principe essere «liberale» o «parsimonioso»**. "Liberalità" è la disponibilità a spendere con noncuranza, valore della civiltà cortese e disvalore nella civiltà mercantile (si ricordi la figura di Federigo degli Alberighi nel *Decameron*). Machiavelli suggerisce al principe la parsimonia, con la quale si evita di sperperare le ricchezze dello Stato e di opprimere fiscalmente i sudditi. La parsimonia finirà per farlo apprezzare dai «molti», dal popolo, e sarà quindi più efficace della liberalità che di regola soddisfa solo i pochi che possono godere dei benefici. In ragione al metodo annunciato nel precedente capitolo, le azioni del principe sono quindi rigorosamente valutate sulla base della loro effettiva efficacia e rapportate, come nel IX capitolo, al problema del consenso, alla dialettica tra popolo e principe.

La qualità della parsimonia, necessaria per conquistare il consenso

Nel **capitolo XVII** il tema affrontato è **se sia più utile al principe la crudeltà o la pietà**. Anche in questo caso il giudizio etico e morale tradizionale viene rovesciato. Se ogni principe può ragionevolmente desiderare di essere considerato pietoso e non crudele, tale pietà non deve essere usata male, perché risulterebbe generatrice di disordine e quindi dannosa. La crudeltà del Valentino viene additata ancora una volta come esempio: ebbe infatti come effetto la pacificazione della Romagna e si rivelò ben più pietosa della pietà dei fiorentini che, tollerando le turbolenze delle fazioni pistoiesi dei Cancellieri e dei Panciatichi, provocarono la rovina della città. Il timore che la crudeltà del principe deve ispirare ai sudditi va tuttavia accortamente dosato. Il limite oltre il quale non è razionale procedere nell'uso della violenza è segnalato dall'odio del popolo, che mina il consenso ed è pericoloso per la stabilità dello Stato. La conclusione è dunque che il principe «savio» deve saper utilizzare la crudeltà ed essere temuto e, al tempo stesso, saper evitare di incorrere nell'odio.

È più utile la crudeltà o la pietà?

Spesso la crudeltà è necessaria

Il principe deve farsi temere senza incorrere nell'odio popolare

Anche il **capitolo XVIII** parte dal rovesciamento del punto di vista etico tradizionale, secondo cui in un principe la **fedeltà e la lealtà** sono virtù lodevoli: a tale convinzione Machiavelli oppone la nuova immagine della **politica come realtà centauresca** e il riconoscimento che non è possibile mantenere la parola data. Machiavelli ha compreso, dopo il 1494, che le forze francesi, spagnole o imperiali avrebbero dominato la penisola. Proporre un principato italiano in grado di contrastare questa situazione voleva dire andare controcorrente e pensare la politica in termini nuovi e audaci. Il riconoscimento della violenza e dell'inganno nella lotta politica, la necessità per un principe di **essere oltre che "uomo" anche "bestia"** – astuto come la volpe, forte come il leone –, si inserisce in questo quadro (cfr. **S4**, p. 277).

La politica come arte centauresca che sappia ricorrere anche alla violenza e all'inganno

Il **XIX capitolo** prosegue la trattazione delle argomentazioni avviate dal capitolo XV, riducendo le qualità dannose al principe a quelle che inducono odio o disprezzo nei sudditi, e che, come attestano numerosi esempi antichi e recenti, fomentano le congiure. Con il **capitolo XX** ci si sposta dalla discussione sulle qualità utili o dannose per il mantenimento del potere a quella riguardante le azioni utili o meno. Si considera in primo luogo se convenga al principe armare o disarmare i sudditi, tenerli divisi e costruire fortezze. Successivamente (**capitolo XXI**) si prende spunto dall'esempio del re di Spagna Ferdinando d'Aragona per dimostrare come un principe possa conquistare la stima dei sudditi con spettacolari imprese. Si accenna non solo alla conquista, nel 1492, della roccaforte araba di Granada e alla conseguente unificazione della Spagna nel segno della riconquista cattolica, ma anche al sistematico uso politico della religione attuato da questo sovrano. Rilevante a questo proposito l'ossimoro «pietosa crudeltà», ironicamente impiegato a proposito della spettacolare cacciata dalla Spagna dei Marrani, vale a dire di Ebrei e Mori formalmente convertiti al cattolicesimo, attuata da Ferdinando tra il 1501 e il 1502. Si tratta dell'unico accenno esplicito alla religione come *instrumentum regni* (strumento di dominio) presente nel *Principe*. A questo tema sono dedicati invece cinque capitoli dei *Discorsi* (I, 11-15).

Come evitare l'odio del popolo e conquistarne invece il consenso: le azioni utili a questo scopo

L'uso politico della religione

I brevissimi **capitoli XXII e XXIII** riguardano la prudenza con la quale il principe dovrà scegliere collaboratori e uomini di fiducia e i modi per difendersi dagli adulatori: la virtù del principe non dovrà in nessun caso essere sostituita da quella di consiglieri e cortigiani.

La scelta dei collaboratori e la necessità di difendersi dagli adulatori

T5 Il quindicesimo capitolo: la «verità effettuale»

CONCETTI CHIAVE
- il richiamo della «verità effettuale» in contrapposizione alla precedente trattatistica
- l'autonomia della politica dalla morale
- l'inaugurazione del saggio moderno

FONTE
N. Machiavelli, *Il Principe*, in *Tutte le opere*, cit.

Con il capitolo quindicesimo ha inizio la riflessione riguardante la concreta prassi politica e ha termine, invece, la serie di capitoli dedicati alla tipologia dei principati e alle modalità di conquista. L'attacco del capitolo, «Resta ora a vedere», segnala esplicitamente al lettore l'introduzione di un nuovo tema. Subito dopo segue una polemica che dimostra il grado di consapevolezza raggiunto da Machiavelli nei riguardi della novità del Principe rispetto al genere letterario degli *specula principis* ('specchi del principe'). Machiavelli si contrappone alla trattatistica precedente per il crudo richiamo alla «verità effettuale della cosa» e per il rifiuto della «immaginazione di essa». Il principe che voglia mantenere il potere deve quindi saper essere «buono» o «non buono» a seconda delle necessità. È perciò da respingere il catalogo delle qualità e dei vizi da perseguire o da fuggire, come compariva nella precedente tradizione politica. Sul terreno della prassi politica ciò che talora è qualità, altra volta può diventare vizio. Il «vizio» adoperato per difendere lo Stato risponde a una necessità collettiva e dunque coincide con la «securtà» e con il «bene essere» dei cittadini. Le virtù morali usate a sproposito risultano invece causa di «ruina».

DE HIS REBUS QUIBUS HOMINES ET PRAESERTIM PRINCIPES LAUDANTUR AUT VITUPERANTUR[1]

Resta ora a vedere quali debbano essere e' modi e governi[2] di uno principe con sudditi o con gli amici.[3] E perché io so che molti di questo hanno scritto,[4] dubito, scrivendone ancora io, non essere tenuto prosuntuoso, partendomi massime, nel disputare questa materia, dalli ordini degli altri.[5] Ma sendo l'intento mio scrivere cosa utile a chi la intende, mi è parso più conveniente andare drieto alla verità effettuale della cosa, che alla imaginazione di essa.[6] E molti si sono imaginati republiche e principati che non si sono mai visti né conosciuti essere in vero;[7] perché elli è tanto discosto da come si vive a come si doverrebbe vivere,[8] che colui che lascia quello che si fa per quello che si doverrebbe fare impara più tosto la ruina che la perservazione sua: perché uno uomo che voglia fare in tutte le parte professione di buono, conviene ruini infra tanti che non sono buoni.[9] Onde è necessario a uno principe, volendosi mantenere, imparare a potere essere non buono, e usarlo e non l'usare secondo la necessità.[10]

Lasciando, adunque, indrieto[11] le cose circa uno principe imaginate, e discorrendo quelle che sono vere, dico che tutti li uomini, quando se ne parla, e massime e' principi, per essere

- **1 De...vituperantur**: *Cose per le quali gli uomini, e specialmente i principi, vengono lodati oppure vituperati.*
- **2 e' modi e governi**: *i sistemi di governo*. Si tratta di un'endiadi.
- **3 con sudditi...amici**: *nei riguardi dei sudditi e dei collaboratori*. **Amici** del principe, nelle Signorie del Cinquecento, sono i *cortigiani*, legati al principe da favori e incarichi di vario genere.
- **4 E perché...scritto**: *Sapendo che molti autori hanno trattato questo argomento*. È verosimile che Machiavelli alluda alla lunga tradizione di pensiero che, dalla trattatistica classica (Platone, Aristotele) giunge a quella medievale (san Tommaso, Egidio Colonna, Dante), e a quella umanistica (Poggio Bracciolini, Pontano), delineando un'immagine ideale del principe.
- **5 dubito...altri**: *temo di essere ritenuto presuntuoso scrivendone ancora, soprattutto (massime) in quanto, nel discutere questo argomento, mi allontano (partendomi) dal metodo e dai criteri (ordini) seguiti dagli altri*. Machiavelli anticipa la sua presa di distanza rispetto alla precedente trattatistica politica.
- **6 Ma...essa**: *Tuttavia, essendo il mio scopo scrivere qualcosa di utile per coloro che sanno capire, mi è sembrato più opportuno indagare (andare drieto) la realtà dei fatti (effettuale) riguardante l'argomento, piuttosto che ciò che ci si immagina intorno a esso*. Machiavelli si mostra perfettamente consapevole della novità della propria impostazione, che tende a sottolineare con forza mediante il "ma" avversativo con cui inizia la frase. È un passaggio fondamentale nell'elaborazione del trattato, incentrato sulla capitale importanza del principio di *verifica* nell'indagine politica.
- **7 essere in vero**: *esistere nella realtà*. **Vero** qui richiama il precedente «verità effettuale».
- **8 egli è...vivere**: *c'è tanta differenza tra come si vive* [: nella concreta realtà] *e come si dovrebbe vivere* [: secondo la morale comune].
- **9 uno uomo...buoni**: *l'uomo che in tutti i suoi comportamenti* (**in tutte le parte**) *voglia dimostrarsi buono, è inevitabile* (**conviene**) *che vada incontro alla rovina in mezzo a tanti che buoni non sono*.
- **10 volendosi...la necessità**: *che voglia conservare il proprio Stato* (**mantenere**) *dovrà acquisire la capacità* (**potere**) *di essere non buono, e di servirsi o meno di questa capacità a seconda della necessità*.
- **11 Lasciando...indrieto**: *Lasciando da parte dunque*.

posti più alti, sono notati di alcune di queste qualità che arrecano loro o biasimo o laude.[12] E questo è che alcuno è tenuto liberale,[13] alcuno misero[14] (usando uno termine toscano, perché avaro in nostra lingua è ancora colui che per rapina desidera di avere,[15] misero chiamiamo noi quello che si astiene troppo di usare il suo); alcuno è tenuto donatore, alcuno rapace; alcuno crudele, alcuno pietoso; l'uno fedifrago,[16] l'altro fedele; l'uno effeminato e pusillanime,[17] l'altro feroce et animoso;[18] l'uno umano,[19] l'altro superbo; l'uno lascivo, l'altro casto; l'uno intero,[20] l'altro astuto;[21] l'uno duro,[22] l'altro facile;[23] l'uno grave,[24] l'altro leggieri;[25] l'uno religioso, l'altro incredulo, e simili. E io so che ciascuno confesserà che sarebbe laudabilissima cosa in uno principe trovarsi, di tutte le soprascritte qualità, quelle che sono tenute buone; ma perché le non si possono avere né interamente osservare, per le condizioni umane che non lo consentono,[26] li[27] è necessario essere tanto prudente che sappia fuggire l'infamia di quelli vizii che li torrebbano lo stato, e da quelli che non gnene tolgano, guardarsi, se egli è possibile;[28] ma, non possendo, vi si può con meno respetto lasciare andare.[29] Et etiam non si curi di incorrere nella infamia di quelli vizii sanza quali e' possa difficilmente salvare lo stato;[30] perché, se si considerrà bene tutto, si troverrà qualche cosa che parrà virtù, e, seguendola, sarebbe la ruina sua;[31] e qualcuna altra che parrà vizio, e, seguendola, ne riesce la securtà e il bene essere suo.[32]

- [12] **per essere...laude:** *sono giudicati (notati) per alcune di queste qualità che li rendono meritevoli di biasimo oppure di lode.*
- [13] **liberale:** *generoso.*
- [14] **misero:** *taccagno.*
- [15] **ancora...avere:** *anche chi desidera avere per mezzo della rapina.*
- [16] **fedifrago:** *che non rispetta la parola data.*
- [17] **effeminato e pusillanime:** *debole come una donna e vile.*
- [18] **feroce e animoso:** *fiero e coraggioso.*
- [19] **umano:** *affabile, cortese.* Latinismo.
- [20] **intero:** *integro, leale.*
- [21] **astuto:** *è qui il contrario di* **intero**, *quindi di doppio, sleale.*
- [22] **duro:** *rigido, inflessibile.*
- [23] **facile:** *accondiscendente.*
- [24] **grave:** *serio, ponderato.*
- [25] **leggieri:** *frivolo.*
- [26] **ma perché...consentono:** *ma dal momento che [le qualità considerate buone] non si possono possedere tutte né rispettare in ogni circostanza* (**interamente osservare**) *a causa della natura stessa dell'uomo che non lo permette.*
- [27] **li:** *a lui,* al principe.
- [28] **e da...possibile:** *e, se gli è possibile, astenersi da quelli che non glielo* (**gnene**, riferito a "Stato") *tolgono.*
- [29] **ma...andare:** *ma se non può astenersi può abbandonarsi a essi con minore scrupolo e preoccupazione.*
- [30] **Et etiam...stato:** *E inoltre non si faccia scrupolo di incorrere nel biasimo generatogli da quei vizi senza l'uso dei quali potrebbe difficilmente conservare lo Stato.*
- [31] **si troverrà...sua:** *ci sono cose che hanno l'apparenza di virtù ma che messe in pratica procurerebbero la sua* [: del principe] *rovina.*
- [32] **ne...suo:** *ne consegue la sicurezza e il benessere suo.*

T5 DALLA COMPRENSIONE ALL'INTERPRETAZIONE

COMPRENSIONE

Collocazione Con il capitolo quindicesimo comincia una **nuova parte del *Principe***. Si chiude quella dedicata ai vari tipi di principato e ai modi di conquistare il potere e si apre quella dedicata invece alle **qualità che il principe deve possedere per conservare il governo dello Stato** e garantire la sicurezza e il benessere. Questa nuova parte si estende sino al capitolo ventitreesimo.

Cos'è la «verità effettuale»? La «verità effettuale della cosa» è **la conoscenza veritiera della realtà empirica e delle sue leggi concrete** che l'uomo politico deve tenere presente per conseguire i suoi obiettivi. Essa, secondo Machiavelli, circoscrive il campo di indagine e di azione proprio di chi ha il compito di governare la cosa pubblica. Un uomo politico ha una precisa responsabilità: il suo obiettivo fondamentale è **garantire la «sicurtà» e il «bene essere» della comunità civile che governa**. Pertanto egli deve comprendere i dati concreti e precisi della situazione storica in cui si trova a operare ricavandone una "verità" che riguarda prima di ogni altra cosa il «come si vive» e non il «come si doverebbe vivere», che è invece oggetto della ricerca di tipo morale. Infatti conoscere la «verità effettuale» richiede prima di tutto un'**analisi dei fatti basata sull'esperienza** dell'osservazione diretta. Il principe di Machiavelli, dunque, non può aver sempre di mira comportamenti ideali legati alla morale comune o religiosa. A un principe "buono" ma politicamente sconfitto (e che dunque provoca la rovina sua e della comunità civile) Machiavelli preferisce un principe vincente, disposto a non esser buono (se la realtà "effettuale" in cui si trova glielo impone) ma capace di salvaguardare il potere suo e il benessere dello Stato.

Suddivisione del testo Il capitolo si divide in due momenti. È costituito infatti da **due diversi paragrafi**, che costituiscono due distinti capoversi: il primo va **dal rigo 1 al rigo 11**; il secondo **dal rigo 12 alla fine**. Nel primo l'autore fa un discorso di metodo o di principio (affronta la questione, cioè, in generale e in termini astratti), rivendicando l'originalità del suo pensiero politico. Molti prima di lui hanno parlato di stati inesistenti; egli invece vuole analizzare il potere politico nella sua **«verità effettuale»**. Nel **secondo blocco argomentativo** Machiavelli fa un discorso di merito: considera, cioè, la questione applicandola al caso specifico, concreto e particolare, quello della **conservazione dello Stato**.

ANALISI

Lo stile della provocazione Il passaggio dall'universale al particolare, dall'astratto al concreto mostra il rigore argomentativo di Machiavelli. Dapprima egli chiarisce le proprie intenzioni sul piano generale dei valori, poi passa ad applicare il metodo da lui teorizzato alla pratica politica concreta. Segue, cioè, un **procedimento logico-deduttivo**. Poiché egli intende fare «cosa utile» (rigo 4) ai governanti e non discorsi astratti e moralistici, come facevano invece i precedenti autori di trattati politici, egli valuterà le qualità del principe badando alla «verità effettuale della cosa» e non «alla immaginazione di essa» (rigo 5); e poiché, se un principe volesse essere soltanto buono, finirebbe per mandare in rovina il proprio Stato, bisognerà partire da questo dato di fatto e valutare, nel concreto della pratica politica, i vizi dannosi allo Stato, quelli che risultano indifferenti riguardo alla sua conservazione e infine quelli che possono essere necessari alla sua sicurezza e al suo benessere. L'autore usa una logica dimostrativa serrata e stringente. Questo modo di procedere comporta estrema concentrazione e originalità stilistica e linguistica, che giunge sino alla provocazione del lettore. La concentrazione è evidente nel **procedimento disgiuntivo** del rigo 14, caratterizzato dalla forma correlativa *o...o* («o biasimo o laude»), che rafforza l'opposizione fra i termini della scelta. L'opposizione è inoltre finalizzata alla **provocazione del lettore**: infatti Machiavelli rovescia il punto di riferimento ideale sulla cui base attribuire «biasimo» o «laude». Esso non è più quello della morale religiosa, a cui il lettore era tradizionalmente abituato, ma quello nuovo, e del tutto laico, del bene dello Stato. Il metodo disgiuntivo che procede per coppie di termini antitetici è evidente anche nelle dodici coppie elencate ai righi 14-21, che contrappongono una virtù a un vizio: il principe potrà essere liberale o avaro, pietoso o crudele, fedifrago o fedele ecc. La **forma dell'opposizione e del rovesciamento** traspare anche dai righi 21-22: «sarebbe laudabilissima cosa..., ma...», con cui Machiavelli ribadisce il carattere nuovo e originale della propria teoria politica, contrapponendola all'idealismo tradizionale. Si noti anche, alla fine del capitolo, il gusto di alterare il parallelismo nell'**uso dei tempi verbali**: «si troverrà qualche cosa che parrà virtù, e, seguendola, *sarebbe* la ruina sua; e qualcuna altra che parrà vizio, e, seguendola, ne *riesce* la securtà e il bene essere suo». Il presente indicativo del verbo finale, «riesce», si sottrae al parallelismo che avrebbe imposto invece il condizionale come il precedente e corrispondente «sarebbe». Ciò serve a conferire maggiore energia affermativa al verbo conclusivo e a suggerire l'inevitabilità della conseguenza logica del discorso, che pure potrebbe sconcertare il lettore: dal vizio del principe può derivare, se il vizio è reso necessario dalla situazione concreta, il bene dello Stato. Sempre all'originalità inventiva dell'autore va attribuito poi l'**aggettivo «effettuale»**, coniato da Machiavelli. Con esso l'autore vuol dire che la verità è quella delle cose stesse e va giudicata senza pregiudizi idealistici, valutandola in sé e negli «effetti» concreti in essa impliciti e da essa prodotti.

INTERPRETAZIONE

La storicizzazione: il metodo di Machiavelli e la fine del mondo medievale Mentre il mondo medievale (ivi compreso quello umanistico del Quattrocento) muove dogmaticamente da princìpi astratti e universali, fissati dalla teologia, per derivarne i comportamenti del principe (si pensi al *De Monarchia* di Dante), Machiavelli rovescia tale metodo: occorre **partire dalla realtà e dalla concretezza dell'esperienza pratica** per giudicare qualità e vizi del principe. In certe situazioni i vizi sono necessari, mentre essere virtuosi comporterebbe la rovina dello Stato. È interessante però notare una contraddizione: come abbiamo visto nella parte precedente di commento al brano, Machiavelli ragiona con procedimento logico-deduttivo (dal generale della dichiarazione di principio al particolare dell'applicazione al terreno specifico della politica) per affermare invece un metodo induttivo, che non muova più da verità prefissate ma parta invece dalla «verità effettuale» delle cose. Questo modo di ragionare gli sarà rimproverato da Guicciardini, di qualche anno più giovane. Guicciardini infatti userà procedimenti logici del tutto analitici, empirici, induttivi e vedrà in Machiavelli, che invece ragiona ancora «per universali», qualche residuo del mondo medievale. Ancor oggi non mancano studiosi che trovano i segni della svolta antimedievale più in Guicciardini che in Machiavelli. E tuttavia, se si sta ai contenuti del discorso machiavelliano, la **rottura con il mondo medievale** e con la trattatistica del Trecento e del Quattrocento è ormai netta: **la politica viene sottratta da Machiavelli alla morale religiosa** e affermata per la prima volta come attività autonoma. A veder bene è questa una delle acquisizioni più importanti del Rinascimento.

La storicizzazione: l'ideologia di Machiavelli

Machiavelli appartiene al Rinascimento maturo anche per l'ideologia o visione del mondo. In questo brano appare chiaramente il suo **pessimismo materialistico**. Gli uomini non sono buoni per natura, e di ciò il principe deve tener conto: infatti «uno uomo che voglia fare in tutte le parte professione di buono, conviene ruini infra tanti che non sono buoni» (righi 9-10). Questa concezione disincantata, che non vede progresso possibile (la maggior parte degli uomini sarà sempre "non buona") e che resta estranea a qualsiasi concezione trascendente, è ormai inconciliabile con la visione medievale del mondo. A conferma va osservato che Machiavelli non si pone uno scopo trascendente, bensì un **fine pratico e pragmatico**: infatti non si pone un obiettivo religioso, ma intende solo «scrivere cosa utile» (rigo 4) e giovare a chi vuole imparare l'arte del governo.

Attualizzazione e valorizzazione

Il capitolo comincia con uno scatto stilistico, che rivela una **risentita vena polemica contro i «molti»** che «hanno scritto» (rigo 2) e nel contempo vuole dimostrare la necessità di una posizione nuova, presentata come del tutto personale («partendomi massime...dagli ordini degli altri»: righi 3-4). L'autore non muove da verità precostituite o da dogmi universalmente accettati, ma propone un **modo originale e anticonformistico di considerare l'attività politica**, così rompendo con la sua concezione tradizionale. Egli afferma cioè una *sua* verità, che da un lato non è più garantita dalla religione o da una visione precostituita del mondo e, dall'altro, è basata solo sull'esperienza diretta e sulla cultura personale di chi scrive: la verità di Machiavelli è una **verità sostenuta esclusivamente dalla forza e dal rigore con cui viene affermata**. L'attualità di Machiavelli, dunque, sta sia nei contenuti che nella forma: sta tanto nella proposta della laicità della politica, che così viene sottratta al dominio della religione, quanto nella forma del saggio che egli inaugura. La **forma del saggio** viene fondata sulla originalità e sull'efficacia imprevedibile dello stile e della scrittura, ed è dunque assai diversa da quella sistematica del trattato medievale fondata invece su una verità assoluta e indiscutibile da cui discenderebbe in modo necessario una serie di conseguenze. A differenza del trattatista medievale, il saggista moderno cerca di dimostrare una verità personale utilizzando unicamente gli strumenti della ragione e dello stile. La novità di Machiavelli – dunque anche il suo valore storico – è anche una novità formale e stilistica. Machiavelli, infatti, dà inizio a un nuovo genere letterario: il saggio moderno.

T5 — LAVORIAMO SUL TESTO

COMPRENDERE

Le qualità dei principi

1. Riassumi il testo nelle due sequenze principali.

2. **LA PARAFRASI** Dividete il testo in sequenze e, individualmente o a gruppi, elaborate per ogni sequenza la parafrasi. Rileggete in classe la nuova versione in italiano moderno.

ANALIZZARE

La «verità effettuale»

3. Nel primo capoverso Machiavelli ribadisce con chiarezza i princìpi che hanno ispirato la sua analisi politica; esponili in modo incisivo.

Apparenza e realtà

4. Puoi trovare, nei brani già letti, un esempio che chiarisca il significato dell'espressione «fare... professione di buono» (rigo 9)?

5. Quando Machiavelli elenca le qualità e i vizi dei principi si fonda sull'osservazione della realtà «effettuale»? Perché?

Virtù e vizi

6. Su quali valori si fondano per Machiavelli virtù e vizio? In cosa consiste la prudenza del principe? Quali doti riassume in sé?

Lo stile dilemmatico

7. 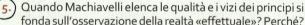 **LINGUA E LESSICO** Machiavelli ricorre spesso in questo capitolo a coppie di termini antitetici o a frasi oppositive: sottolinea nel brano qualche esempio e spiega a quale discorso è funzionale questa scelta stilistica.

INTERPRETARE

Osservazione della realtà e/o imitazione degli antichi?

8. Ti sembra che il criterio della «verità effettuale» sia in contraddizione con la necessità di imitare gli antichi, ribadita in altri luoghi dall'autore?

LA LINGUA attraverso i testi
Il fiorentino vivo di Machiavelli

Il dibattito sulla lingua nel Cinquecento

Il *Principe* di Machiavelli è un'opera "schierata" anche dal punto di vista delle scelte linguistiche, che dà un contributo importante al dibattito cinquecentesco sulla lingua letteraria. L'Umanesimo aveva coltivato l'illusione che il latino potesse tornare a sostituire il volgare come lingua viva della cultura e della letteratura. Nel Cinquecento, però, l'uso del volgare torna ad essere preponderante nella produzione letteraria. E proprio fra Quattro e Cinquecento si apre il dibattito su quali debbano essere i modelli del volgare letterario. Possiamo individuare, un po' schematicamente, tre diverse posizioni:

- quella che individua nel passato e nella tradizione i **modelli di lingua** da seguire rigorosamente, ovvero i tre classici fiorentini del Trecento: **Dante, Petrarca e Boccaccio**. È la posizione scelta (può apparire paradossale) proprio da un non toscano, il veneziano **Pietro Bembo**, e che finirà con l'imporsi;
- quella, sostenuta fra gli altri dal **Castiglione**, che afferma l'opportunità di utilizzare nelle opere letterarie una lingua attuale, quella **"lingua cortigiana"** usata dalle persone colte delle corti di tutta Italia. Si tratta di una lingua che su una base toscana non esita ad accettare vocaboli e forme anche non toscani, purché raffinati ed eleganti. Questa seconda posizione richiama, in un certo senso, il "volgare illustre" teorizzato da Dante nel *De vulgari eloquentia*, ma non riuscirà ad imporsi; per ragioni politiche (l'assenza in Italia di un centro politico principale in grado di affermare il proprio modello di lingua) e letterarie (autori e opere contemporanee forniti di sufficiente prestigio);
- la posizione di **Machiavelli**, che nel *Dialogo sopra la lingua* propugna un **fiorentino vivo e attuale**: non quindi quello cristallizzato di due secoli prima.

Il volgare del *Principe*

Il capitolo quindicesimo del *Principe* ci aiuta a mettere a fuoco la lingua di Machiavelli.

Il lessico e la semantica

I sostantivi e il loro significato

Elenchiamo i sostantivi presenti nel brano che nel lessico dell'autore si caricano di particolare valore semantico. Si noti che molti termini sono usati a **coppie in antitesi**, ed è questa una particolarità sia del lessico sia dell'argomentazione machiavelliani.

- **modi e governi**: metodi o sistemi di governo per conservare la «securtà et il bene essere» dello Stato;
- **principe** *vs* **sudditi**: il principe ha il compito di preservare la «securtà et il bene essere» dello Stato; deve comportarsi in modo da non perdere il consenso affinché i sudditi non lo vedano come un antagonista;
- **amici** (del principe): sono i collaboratori e i cortigiani, spesso legati al principe da un sistema di favori;
- **materia**: argomento, disciplina;
- **ordini**: criteri, metodi;
- **intento**: intenzione;
- **verità**: realtà *vs* **imaginazione**: ciò che potrebbe esistere in teoria ma non esiste in pratica nella realtà;
- **repubbliche** *vs* **principati**: sono forme opposte di «modi e governi» dello Stato;
- **ruina** (rovina) *vs* **perservazione** (preservazione) o **securtà** (sicurezza): la rovina o la salvezza del Principe corrispondono alla rovina o alla salvezza dello Stato;
- **necessità**: la situazione determina la necessità delle azioni; non esiste pertanto nelle azioni e nei comportamenti un valore etico assoluto, ma bisogna di volta in volta adattarsi alle necessità contingenti;
- **biasimo, infamia** *vs* **laude** (lode) (dal latino *laus, laudis*): è una delle coppie di termini contrari più usate da Machiavelli;
- **qualità**: sono i **vizii** (vizi) e le **virtù**, coppia di termini in netta contraddizione, su cui si basa l'etica machiavelliana.

Il plurale con la doppia "i" dei sostantivi in "-io" (vizii) è stato comunemente usato sino ai primi decenni del Novecento.

- **respetto** (rispetto): il rispetto degli altri, e quindi anche dei sudditi per mantenere il consenso, è utile alla vita civile ma, secondo Machiavelli, quando rischia di non esserlo, conviene avere «minor respetto».

Se operi una ricerca vedrai che i termini desueti sono ancora rintracciabili nei vocabolari con l'indicazione appunto che si tratta di termini letterari.

La morfologia

Forme verbali

- **sendo**: essendo - gerundio presente;
- **torrebbano**: toglierebbero - condizionale presente;
- **doverrebbe**: dovrebbe - condizionale presente;
- **possendo**: potendo - gerundio presente;

LABORATORIO La lingua attraverso i testi • Il fiorentino vivo di Machiavelli

- **troverrà**: troverà - indicativo futuro;
- **considerrà**: considererà - indicativo futuro.

Congiunzioni
- **et**: e; la congiunzione **et** è di matrice latina così come il sintagma **et etiam**: e anche;
- **adunque**: dunque. È oggi caduta la *a* iniziale. I vocabolari riportano ancora "adunque" ma avvertono che si tratta di un termine esclusivamente letterario. Si tratta di una congiunzione che di solito viene usata con valore conclusivo, oppure, come in questo caso, per cominciare o riprendere un discorso.

Articoli
- L'**articolo determinativo «li»** oggi è stato sostituito da **i** e da **gli** (quest'ultimo davanti a vocale, *s* impura, *gn, pn, ps, x, z*, con unica eccezione "gli dei"). Lo stesso vale per le preposizioni articolate **«dalli»** e **«delli»** (composte rispettivamente da **da** e **gli** e da **di** e **gli**) sostituita da **dagli** e **degli** secondo la regola che vale per l'articolo.
- L'**articolo indeterminativo** maschile oggi è **uno** davanti a *gn, pn, ps, s più consonante (s impura), i più vocale, x, y, z* e **un** in tutti gli altri casi.
- **Attenzione!** Al maschile non si usa mai l'apostrofo con l'articolo indeterminativo. La presenza di un apostrofo indica pertanto il genere femminile: "un'utente" è infatti femminile, mentre "un utente" è maschile.

Pronomi
- «**Perché elli è tanto discosto**». Trattandosi di una forma impersonale, l'uso del pronome **elli** (**egli**) è caduto nel tempo.
- **Gnene**: glielo.

La sintassi

La costruzione del periodo
Analizziamo la sintassi di uno dei periodi del brano.

> E io so che ciascuno confesserà che sarebbe laudabilissima cosa uno principe trovarsi di tutte le soprascritte qualità, quelle che sono tenute buone: ma, perché non le si possono avere né interamente osservare, per le condizioni umane che non lo consentono, li è necessario essere tanto prudente che sappia fuggire l'infamia di quelli vizii che li torrebbano lo stato, e da quelli che non gnene tolgano guardarsi, se elli è possibile; ma, non possendo, vi si può con meno respetto lasciare andare.

Il lucido argomentare dell'intero periodo dipende dal punto di vista dell'autore espresso nella **proposizione principale**, «Et io so», che regge **una proposizione oggettiva** (di primo grado) all'interno della quale l'autore chiama tutti a condividere il proprio punto di vista, «che ciascuno confesserà»; questa proposizione a sua volta regge un'altra **oggettiva** (di secondo grado). «che sarebbe laudabilissima cosa», costituita da un predicato nominale il cui soggetto è formato dalla frase «uno principe trovarsi di tutte le soprascritte qualità», seguita da **una proposizione relativa di terzo grado di dipendenza**, «che sono tenute buone».

A questo punto la congiunzione **«ma»** introduce un altro periodo che modifica in parte il concetto di partenza: «è necessario» è la proposizione principale o reggente; «essere tanto prudente» è la proposizione soggettiva della proposizione reggente; «che sappia fuggire l'infamia di quelli... e da quelli guardarsi» proposizioni consecutive di secondo grado coordinate; «che li torrebbano lo stato... che non gnene tolgano» relative di terzo grado di subordinazione rispettivamente dipendenti dalle proposizioni precedenti.

La modifica del concetto di partenza è dovuto ad una causa specifica: «perché non le si possono avere né interamente osservare, per le condizioni umane» proposizioni causali coordinate (dalla congiunzione negativa *né*) di primo grado; «che non lo consentono» relativa di secondo grado; «se elli è possibile» proposizione condizionale.

Il secondo «ma» pone una condizione opposta: «non possendo» – gerundio presente – cioè "**se invece non è possibile**", «vi si può con meno respetto lasciare andare».

Il periodo è complesso, non facile da districare nei vari gradini della subordinazione logica, ma il ragionamento emerge chiaro e apertamente condivisibile, anche se denuncia i limiti morali con un'espressione apparentemente marginale ma carica invece di grande significato: «con meno respetto».

LABORATORIO LINGUISTICO

▶ **1. Sottolinea tutti gli aggettivi del brano seguente costituiti da coppie contrapposte e per ciascuno di essi trova un sinonimo e il suo contrario**

E questo è che alcuno è tenuto liberale, alcuno misero (usando uno termine toscano, perché avaro in nostra lingua è ancora colui che per rapina desidera di avere, misero chiamiamo noi quello che si astiene troppo di usare il suo); alcuno è tenuto donatore, alcuno rapace; alcuno crudele, alcuno pietoso; l'uno fedifrago, l'altro fedele; l'uno effeminato e pusillanime, l'altro feroce et animoso; l'uno umano, l'altro superbo; l'uno lascivo, l'altro casto; l'uno intero, l'altro astuto; l'uno duro, l'altro facile; l'uno grave l'altro leggieri; l'uno religioso, l'altro incredulo, e simili.

▶ **2. Fai l'analisi logica del seguente periodo**

Et etiam non si curi di incorrere nella infamia di quelli vizii sanza quali possa difficilmente salvare lo stato; perché, se si considerrà bene tutto, si troverrà qualche cosa che parrà virtù, e seguendola, sarebbe la ruina sua; e qualcuna altra che parrà vizio, e seguendola, ne riesce la securtà et il bene essere suo.

T6 — Il diciottesimo capitolo. Il leone e la volpe: animalità e lotta politica

TESTO LABORATORIO

CONCETTI CHIAVE
- il principe-centauro
- la necessità della simulazione

FONTE
N. Machiavelli, *Il Principe*, in *Tutte le opere*, cit.

 Videolezione analisi del testo
 Materiali per il recupero
 Ascolto
 Alta leggibilità

Anche nel capitolo diciottesimo Machiavelli parte dal rovesciamento del punto di vista etico tradizionale, secondo cui in un principe la fedeltà e la lealtà sono virtù lodevoli. L'esperienza concreta insegna invece che hanno ottenuto in tempi recenti grandi risultati i principi che non si sono curati di mantenere la parola data e che hanno agito con «astuzia» e con consapevole malafede. Attraverso il ricorso a una figura ancora una volta di tipo biologico e naturalistico, Machiavelli designa due diversi modi di combattere: quello dell'uomo e quello della bestia. Il primo usa il confronto di idee che ha come risultato le leggi, il secondo impiega la violenza. Quando le leggi non bastano, il principe deve saper impiegare la violenza. Il mito greco del centauro Chirone, il sapiente figlio di Saturno mezzo uomo e mezzo cavallo che ammaestrò Achille, è impiegato per ribadire con grande forza stilistica il medesimo concetto relativo all'uso della violenza ferina nella lotta politica. Poiché, dunque, il principe deve per necessità impiegare anche la parte bestiale, Machiavelli illustra i due modi in cui essa si manifesta. Per esemplificarli, egli ricorre alle figure della «golpe» e del «lione», immagini dell'astuzia accorta e simulatrice e dell'impeto violento, con i quali è possibile evitare i tranelli («lacci») e vincere la violenza degli avversari («lupi»). Alla necessità della forza si affianca in questo capitolo la necessità della simulazione. Per il principe è più utile simulare pietà, fedeltà, umanità, lealtà, religione, che osservarle veramente. Le doti etiche sono pure illusioni nella lotta politica, finzioni utili a nascondere il nocciolo autentico della prassi e del dominio. Il dovere del principe è dunque «vincere e mantenere lo stato». Il «vulgo», la maggioranza dei sudditi, ignara e passiva, guarderà solo alle apparenze, mentre i pochi che non giudicano dalle apparenze non riusciranno a imporsi perché la maggioranza ha dalla propria parte l'autorità del principe.

QUOMODO FIDES A PRINCIPIBUS SIT SERVANDA[1]

Quanto sia laudabile in uno principe mantenere la fede e vivere con integrità e non con astuzia,[2] ciascuno lo intende; nondimanco si vede, per esperienza ne' nostri tempi, quelli principi avere fatto gran cose, che della fede hanno tenuto poco conto,[3] e che hanno saputo con l'astuzia aggirare e' cervelli[4] degli uomini; e alla fine hanno superato quelli che si sono fondati in sulla lealtà.

Dovete, adunque, sapere come sono dua generazioni[5] di combattere: l'uno con le leggi, l'altro con la forza: quel primo è proprio dello uomo, quel secondo è delle bestie: ma perché el primo molte volte non basta, conviene[6] ricorrere al secondo. Pertanto, a uno principe è necessario sapere bene usare la bestia e l'uomo.[7] Questa parte è suta insegnata a' principi copertamente dagli antichi scrittori;[8] li quali scrivono come Achille e molti altri di quelli principi antichi furono dati a nutrire a Chirone centauro,[9] che sotto la sua disciplina li custodissi.[10] Il che non vuole dire altro, avere per precettore uno mezzo bestia e mezzo uomo, se non che bisogna a uno principe sapere usare l'una e l'altra natura; e l'una sanza l'altra non è durabile.[11]

- 1 **Quomodo...servanda**: *In che misura i principi debbano mantenere la parola data.*
- 2 **mantenere...astuzia**: *tener fede alla parola data e vivere lealmente e non in malafede* (**astuzia**).
- 3 **nondimanco...conto**: *tuttavia nei nostri tempi si può toccar con mano che hanno realizzato grandi imprese quei principi che hanno tenuto in scarsa considerazione la parola data.*
- 4 **aggirare e' cervelli**: *confondere le idee.*
- 5 **dua generazioni**: *due modi.*
- 6 **conviene**: *è necessario.*
- 7 **sapere...uomo**: *saper utilizzare convenientemente sia i metodi della bestia che quelli dell'uomo.* L'espressione riassume efficacemente l'intera concezione dell'uomo propria di Machiavelli: la consapevolezza delle radici materiali e istintuali dell'uomo.
- 8 **Questa...scrittori**: *Questo aspetto è stato insegnato ai principi dagli antichi scrittori in modo allusivo, coperto dalle immagini dei miti* (**copertamente**).
- 9 **li quali...centauro**: *i quali raccontano come Achille e molti altri principi antichi furono dati perché li educasse* (**dati a nutrire**) *al centauro Chirone.* Chirone è un personaggio della mitologia greca, figlio di Saturno, per metà uomo e per metà cavallo. Fu il maestro dei famosi eroi Esculapio, Giasone, Ercole, Teseo, Achille.
- 10 **custodissi**: *educasse.*
- 11 **non è durabile**: *non può durare.* Usando una sola delle due nature, cioè, il principe non può mantenere il proprio Stato.

T6 TESTO LABORATORIO

Sendo, dunque, uno principe necessitato sapere bene usare la bestia, debbe di quelle pigliare la golpe e il lione;[12] perché il lione non si defende da' lacci, la golpe non si defende da' lupi.[13] Bisogna, adunque, essere golpe a conoscere e' lacci, e lione a sbigottire e' lupi.[14] Coloro che stanno semplicemente in sul lione, non se ne intendano.[15] Non può, pertanto, uno signore prudente, né debbe, osservare la fede,[16] quando tale osservanzia li torni contro[17] e che sono spente le cagioni che la feciono promettere.[18] E se gli uomini fussino tutti buoni, questo precetto non sarebbe buono; ma perché sono tristi, e non la osservarebbono a te, tu etiam non l'hai ad osservare a loro.[19] Né mai a uno principe mancorono cagioni legittime di colorire la inosservanzia.[20] Di questo se ne potrebbe dare infiniti esempli moderni e mostrare quante paci, quante promesse sono state fatte irrite e vane[21] per la infedeltà de' principi: e quello che ha saputo meglio usare la golpe, è meglio capitato.[22] Ma è necessario questa natura saperla bene colorire, ed essere gran simulatore e dissimulatore:[23] e sono tanto semplici gli uomini, e tanto obediscano alle necessità presenti, che colui che inganna, troverrà sempre chi si lascerà ingannare.[24]

Io non voglio, degli esempli freschi,[25] tacerne uno. Alessandro VI non fece mai altro, non pensò mai ad altro, che a ingannare uomini: e sempre trovò subietto[26] da poterlo fare. E non fu mai uomo che avessi maggiore efficacia in asseverare,[27] e con maggiori giuramenti affermassi una cosa, che la osservassi meno: nondimeno sempre li succederono gli inganni ad votum,[28] perché conosceva bene questa parte del mondo.[29]

A uno principe, adunque, non è necessario avere in fatto tutte le soprascritte qualità,[30] ma è bene necessario parere di averle.[31] Anzi ardirò di dire questo, che, avendole e osservandole sempre, sono dannose; e parendo di averle, sono utili;[32] come parere pietoso, fedele, umano, intero, religioso, ed essere; ma stare in modo edificato con l'animo, che, bisognando non essere, tu possa e sappi mutare el contrario.[33] E hassi ad intendere[34] questo, che uno principe, e massime[35] uno principe nuovo, non può osservare tutte quelle cose per le quali gli uomini sono tenuti buoni, sendo spesso necessitato, per mantenere lo stato,[36] operare contro alla fede, contro alla carità, contro alla umanità, contro alla religione. E però bisogna che egli abbia uno animo disposto a volgersi secondo ch'e' venti della fortuna e le variazioni delle cose li

---

- **12 Sendo…lione**: Essendo dunque un principe costretto (**necessitato**) a saper adeguatamente impiegare la parte bestiale, fra le bestie deve scegliere il modello (**pigliare**) della volpe e del leone. È una fra le più celebri metafore del *Principe*, per creare la quale Machiavelli ha certo utilizzato molteplici suggestioni, sia classiche (Esopo, Aristotele, Cicerone) che medievali (bestiari, raccolte favolistiche, lo stesso Dante: *Inferno* XXVII, 75).
- **13 perché…lupi**: perché il leone [: che possiede la forza] non sa difendersi dai tranelli dell'astuzia (**lacci**), mentre la volpe [: che possiede l'astuzia] non sa difendersi dalla violenza dei nemici (**lupi**).
- **14 sbigottire e' lupi**: sbaragliare e impaurire i nemici.
- **15 Coloro…intendano**: Coloro che fondano il proprio Stato esclusivamente sulla forza non se ne intendono [: di arte politica].
- **16 osservare la fede**: mantenere la parola data.
- **17 li torni contro**: si traduca in un danno per lui.
- **18 sono…promettere**: e sono venute meno le circostanze che avevano determinato la promessa.
- **19 ma…loro**: ma dal momento che sono malvagi, e non terrebbero fede alla parola data a te, anche tu non devi mantenerla nei confronti loro.
- **20 mancorono…inosservanzia**: mancarono ragioni per fare apparire (**colorire**) legittima la propria inosservanza dei patti.
- **21 irrite e vane**: inefficaci e inutili. **Irrite** è un latinismo, proprio del linguaggio giuridico ("in-ratus": giuridicamente inefficace) riferito alla stipulazione delle "paci".
- **22 è meglio capitato**: ha avuto più successo.
- **23 Ma è…dissimulatore**: Ma è necessario nascondere sotto una diversa apparenza questa natura [della volpe], e saper bene simulare [di essere ciò che non si è] e dissimulare [quello che si è in realtà].
- **24 sono…ingannare**: e gli uomini sono talmente ingenui e talmente legati alle necessità contingenti che chi vuole ingannarli troverà sempre chi sarà disposto a lasciarsi ingannare.
- **25 freschi**: recenti.
- **26 subietto**: materia. Cioè uomini disposti a lasciarsi ingannare.
- **27 avessi…asseverare**: fosse più abile nel dare garanzie di verità.
- **28 li succederono…ad votum**: gli inganni [da lui creati] gli riuscirono sempre secondo i suoi desideri (**ad votum**).
- **29 questa…mondo**: questo aspetto dell'umanità. Cioè l'arte dell'inganno e l'ingenuità degli uomini.
- **30 le soprascritte qualità**: quelle elencate nel capitolo XV.
- **31 parere di averle**: simulare di possederle.
- **32 e parendo…utili**: e dando l'impressione di possederle, risultano utili.
- **33 ed essere…contrario**: ed [è utile anche] esser[lo]; ma a patto di avere sempre l'animo disposto, qualora sia necessario non essere [pietoso, fedele, religioso, ecc.], a mutarti nel contrario.
- **34 E hassi ad intendere**: E si ha da intendere.
- **35 massime**: soprattutto.
- **36 mantenere lo stato**: viene qui reso esplicito il presupposto di tutto il ragionamento. Soprattutto il principe "nuovo", se desidera *conservare lo Stato*, deve saper andare contro i precetti della morale tradizionalmente intesa.

comandano,³⁷ e, come di sopra dissi, non partirsi³⁸ dal bene, potendo, ma sapere intrare nel male, necessitato.³⁹

Debbe, adunque, avere uno principe gran cura che non gli esca mai di bocca una cosa che non sia piena delle soprascritte cinque qualità; e paia, a vederlo e udirlo, tutto pietà, tutto fede, tutto integrità, tutto umanità, tutto religione. E non è cosa più necessaria a parere di avere che questa ultima qualità.⁴⁰ E gli uomini, in universali, iudicano più agli occhi che alle mani;⁴¹ perché tocca a vedere a ognuno, a sentire a pochi.⁴² Ognuno vede quello che tu pari, pochi sentono quello che tu se'; e quelli pochi non ardiscano opporsi alla opinione di molti che abbino la maestà dello stato che li defenda;⁴³ e nelle azioni di tutti gli uomini, e massime de' principi, dove non è iudizio a chi reclamare, si guarda al fine.⁴⁴ Facci dunque uno principe di vincere e mantenere lo stato: e' mezzi saranno sempre iudicati onorevoli e da ciascuno laudati;⁴⁵ perché il vulgo ne va sempre preso con quello che pare, e con lo evento della cosa;⁴⁶ e nel mondo non è se non vulgo; e li pochi non ci hanno luogo quando li assai hanno dove appoggiarsi.⁴⁷ Alcuno principe de' presenti tempi, quale non è bene nominare,⁴⁸ non predica mai altro che pace e fede, e dell'una e dell'altra è inimicissimo; e l'una e l'altra, quando e' l'avessi osservata,⁴⁹ gli arebbe più volte tolto o la reputazione o lo stato.

- **37 uno animo...comandano**: *una capacità di agire secondo quanto comanda il variare della fortuna e delle circostanze.*
- **38 non partirsi**: *non allontanarsi.*
- **39 necessitato**: *quando vi sia costretto.*
- **40 E non è...qualità**: *E non vi è cosa più utile che simulare di possedere quest'ultima qualità* [: la religione]. La religione, in Machiavelli, è soprattutto un potente strumento di dominio.
- **41 E gli uomini...mani**: *E gli uomini, in generale* (**in universali**), *giudicano più in base all'apparenza* (**occhi**) *che alla concreta realtà* (**mani**).
- **42 perché...a pochi**: *perché è concesso* (**tocca**) *a tutti di vedere, ma a pochi di toccare con mano* (**sentire**) *la realtà.*
- **43 quelli...defenda**: *e quei pochi non osano opporsi all'opinione di una maggioranza che abbia dalla sua l'autorità dello Stato che la protegga.*
- **44 dove...fine**: *laddove non c'è tribunale a cui appellarsi* (**iudizio a chi reclamare**) *si guarda al risultato.*
- **45 Facci...laudati**: *Provveda dunque un principe di conquistare e conservare lo Stato, e i mezzi saranno giudicati onesti e lodati da tutti.*
- **46 il vulgo...cosa**: *la generalità della popolazione inconsapevole* (**vulgo**) *sarà sempre colpita dalle apparenze e dal successo dell'azione.* **Vulgo** indica la *totalità della popolazione* non in senso neutro, bensì con un'accezione amara di passività e incapacità di giudizio critico.
- **47 e nel...appoggiarsi**: *e nel mondo non c'è altro che una massa passiva e inconsapevole; e i pochi che non sono tali non contano nulla* (**non ci hanno luogo**) *se la massa* (**li assai**) *si appoggia all'autorità dello Stato.*
- **48 quale...nominare**: allude a Ferdinando il Cattolico, re di Spagna, ancora vivo nell'epoca in cui Machiavelli scrive (morì nel 1516). In una lettera al Vettori del 29 aprile 1513 Ferdinando viene definito «più astuto e fortunato che savio e prudente».
- **49 osservata**: *messa in pratica.*

T6 DALLA COMPRENSIONE ALL'INTERPRETAZIONE

COMPRENSIONE

Il principe centauro In questo capitolo il principe è oggetto di un ritratto spregiudicato. Per Machiavelli **l'uomo è un miscuglio di superiore umanità e di originaria animalità**: pertanto deve esser governato politicamente sia con le leggi sia con la forza e l'astuzia. Il principe deve sapersi sdoppiare in uomo e in bestia e utilizzare le due nature. L'autonomia della politica dalla morale religiosa consiste anche in una valutazione dei mezzi più idonei a raggiungere lo specifico fine politico della difesa e del benessere dell'interesse pubblico.

La suddivisione del testo Questo capitolo è costruito da Machiavelli con estrema attenzione al **procedere logico-argomentativo** ed ha una scansione in cui si alternano le prospettive della teoria generale (universale) e dell'esempio storico (particolare):

1. **L'esordio** (righi 1-5) propone un'affermazione morale di tipo universale e astratto: è meglio vivere secondo onestà e lealtà. Segue subito la smentita, in nome della verifica dell'"esperienza" che oppone all'universale astratto il campo particolare e concreto della politica: **la mancanza di fede e l'astuzia hanno permesso ai principi di governare meglio**.

2. Segue (righi 6-13) una definizione della politica come attività volta a trasformare concretamente la realtà: essa può farlo con le leggi (proprie dell'uomo) o con la forza (propria delle bestie). Di qui il simbolo del **politico-centauro, mezzo uomo e mezzo bestia, e il mito di Chirone**.

3. Si propone, quindi, (righi 14-37) la distinzione dell'analisi: **il principe deve imitare la volpe e il leone, e fra queste maggiormente la volpe**. Segue la spiegazione: gli uomini sono malvagi e sleali, ma anche più istintivi che ragionevoli. Machiavelli trae una prima conclusione in forma di sintesi: l'astuzia di «aggirare e' cervelli» (vol-

pe) produce più risultati che la costrizione della forza (leone).
4. Segue (righi 37-51) la scelta dell'**esempio storico**: il modo di agire di **papa Alessandro VI**. Dalla descrizione del comportamento politico del Papa deriva una seconda sintesi: **gli uomini credono più alle apparenze che alla sostanza delle cose**. Il politico non può non tenerne conto nella tattica con cui affronta la battaglia per i fini che si propone. Tuttavia egli conosce la differenza tra comportamenti buoni e scorretti: deve pertanto utilizzare gli uni o gli altri secondo la **necessità delle situazioni reali** e avere la capacità di attraversare "il male" se ciò gli pare inevitabile.
5. **Conclusioni finali** (righi 51-57): il "fine" della politica non è quello della morale universale, né quello della religione. Esso è quello di "vincere e mantenere lo stato". Gli uomini credono più all'apparenza dell'immagine che alla realtà dei fatti. Il principe deve saperlo e prenderne atto. Per difendere il suo potere e **per salvaguardare lo Stato il principe può anche usare le armi della violenza, dell'inganno e della simulazione**.

ANALISI

Lo stile Il capitolo è il più scandaloso e provocatorio del *Principe*. La realtà terribile dell'«esperienza» (rigo 2) politica viene contrapposta all'idealismo e all'astratto moralismo dei precedenti trattatisti. All'autore non sfugge affatto la novità scandalosa di quanto va affermando (cfr. per esempio rigo 34: «ardirò di dire questo»), e perciò egli avverte il bisogno di una chiarezza e una nettezza assolute che si esprime attraverso precise scelte stilistiche. Ne indichiamo cinque: 1) l'**appello diretto ai lettori** con il "voi" («Dovete, adunque, sapere»: rigo 6) serve a coinvolgerli nel ragionamento per meglio persuaderli, mentre quello al principe con il "tu" («perché [gli uomini] sono tristi, e non la [la fede] osserverebbono a te, tu etiam non l'hai ad osservare a loro»: righi 20-21) è un artificio che rivela anch'esso l'urgenza di convincere l'interlocutore ed esprime, nel contempo, la vivacità immediata e risoluta del discorso dimostrativo; 2) l'uso dei concetti è spesso risolto in **immagini concrete**, in **metafore originali** ed efficaci, che manifestano l'energia della vita animale ma sono anche espressione immediata di una visione del mondo naturalistica e materialistica (la «golpe», il «lione», i «lupi» ecc.); 3) il lessico insiste sull'elemento della necessità, che esclude compromessi e soluzioni intermedie, e sull'esigenza assoluta di **scelte drastiche**: di qui il gran numero di espressioni verbali come «si deve», «è necessario», «bisogna», e la presenza di **imperativi ed esortativi** (per esempio, «Facci», al rigo 51); 4) frequente è l'**uso di congiunzioni con valore conclusivo**, che servono a dare un forte rilievo alle conseguenze logiche cui l'autore giunge alla fine di ogni paragrafo (come «dunque», «adunque», «pertanto», «però» con valore di "perciò" ecc.); 5) il ricorso a **sentenze brevi e nette**, che hanno il tono secco e definitivo di un proverbio o di una verità comunque indiscutibile, come «a uno principe è necessario sapere bene usare la bestia e l'uomo» (righi 8-9), «non partirsi dal bene, potendo, ma sapere intrare nel male, necessitato» (righi 42-43), «nel mondo non è se non vulgo» (righi 53-54).

Le fonti e il tema dell'animalità Il riferimento alla volpe e al leone (righi 14-37) deriva a Machiavelli da varie suggestioni sia classiche che medievali e in particolare da **Cicerone** (*De officiis*, I, 13, 41) e da **Dante** (*Inferno*, XXVII, 74-75), ma anche dai **bestiari** e dalle **raccolte favolistiche**. Tuttavia in Cicerone la frode e la forza, raffigurate dalla volpe e dal leone, sono giudicate negative, mentre in Dante il riferimento alla volpe allude a una perversione intellettuale, considerata più degradante rispetto all'uso della forza. Il **centauro Chirone** si trova poi nell'Inferno dantesco a guardia, con altri centauri, dei principi-tiranni immersi nel Flegetonte (*Inferno*, XII, 104-105). Si tratta dunque, in Dante, di una figura demoniaca. Invece in Machiavelli l'immagine di Chirone è totalmente positiva e svincolata da ogni valore trascendente: anzi, la componente bestiale del centauro è giudicata indispensabile per la vittoria nella lotta politica. Essa è ripresa dalla *Ciropedia* dello scrittore e storico greco **Senofonte** (430-355 a.C.), dove il centauro è rappresentato come emblema positivo di forza vitale ed energia creatrice.

INTERPRETAZIONE

Storicizzazione: l'ideologia antimedievale e antiplatonica di Machiavelli Il **tema dell'animalità** è fortemente sottolineato perché l'autore vuole ribadire, in coerenza con la propria **visione del mondo materialistica** e naturalistica, l'importanza dell'elemento istintuale e ferino (cioè legato agli istinti e alla "animalità") nella storia umana. In Machiavelli è sempre presente la consapevolezza delle radici biologiche che condizionano il comportamento umano. Per fare fronte all'imprevedibile varietà delle situazioni storiche (i «venti della fortuna e le variazioni delle cose»: rigo 41) il principe deve essere disposto a ricorrere anche agli strumenti della animalità, all'inganno e alla violenza. Come si può vedere, l'ideologia del *Principe* non solo costituisce una radicale antitesi al pensiero medievale, ma si contrappone anche al platonismo dominante nell'Umanesimo italiano durante tutto il Quattrocento. Machiavelli si ricollega piuttosto alla tradizione materialistica dell'aristotelismo presente non solo a Padova, ma anche a Firenze (si pensi, per esempio, a Pulci).

La morale di Machiavelli e il problema della sua attualità Machiavelli non è cinico. Non nega l'esistenza del bene e la sua opposizione morale al male. Afferma anzi che il principe non deve «partirsi dal bene, potendo, ma sapere intrare nel male, necessitato» (righi 42-43). Violare la morale comune e usare **l'inganno e la violenza** è, per Machiavelli, una **dura necessità della politica**. Egli la teorizza con "dispettoso gusto": non per cinismo, dunque, ma per far conoscere una realtà «effettuale» a cui è impossibile sottrarsi. Per questo nel suo stile c'è sempre **qualcosa di provocatorio**, di appassionato e di polemico, che nasce dalla coscienza di quanto sia scandaloso guardare in faccia la realtà e descriverla senza veli e senza ipocrisie. Di qui l'impressione che ebbero molti commentatori in passato (come il poeta e critico **Ugo Foscolo**, agli inizi dell'Ottocento): che Machiavelli voglia non esaltare, ma criticare e denunciare una situazione di fatto che costringe l'uomo a ricorrere alla animalità dell'inganno e della forza. Indubbiamente in questa interpretazione "obliqua" (cfr. § 12) c'è qualcosa di eccessivo e di forzato (infatti Foscolo giunge addirittura a vedere in Machiavelli un fustigatore dei tiranni). E tuttavia è vero che sotto la secchezza delle affermazioni machiavelliane fermenta una volontà provocatoria volta a denunciare come immorale l'ipocrisia (tanto quella dei precedenti trattatisti, quanto quella degli astratti predicatori di morale contemporanei all'autore). Il bene e il male e la loro opposizione non vengono messi in discussione da Machiavelli: piuttosto egli vuole avvertire che, quando siamo necessitati a compiere il male per la sicurezza e il benessere dello Stato, è inutile fingere ipocritamente: appunto di male si tratta. Bisogna saperlo, perché solo la lucida conoscenza della **«realtà effettuale»** può essere d'insegnamento: magari – potremmo commentare oggi – per imparare da essa e provare a ridurre il margine di animalità, e dunque di male, presente nelle relazioni umane.

Lavoriamo con la VIDEOLEZIONE: ANALISI DEL TESTO

Nella videolezione Romano Luperini illustra le caratteristiche salienti dello stile saggistico di Machiavelli. Ascolta l'analisi di Luperini prendendo appunti. Poi rileggi il brano antologizzato, sottolineando nel testo i passaggi in cui si rendono manifesti in modo più apparescente i tratti stilistici tipici di Machiavelli. Motiva le tue scelte.

T6 LAVORIAMO SUL TESTO

COMPRENDERE

L'astuzia e la forza

1. Riassumi il testo evidenziando il procedimento deduttivo dell'argomentazione.

ANALIZZARE

La priorità dell'esperienza

2. L'inizio del testo riprende osservazioni fatte nel cap. XV (cfr. T5, p. 263); quali? Perché?

Il principe e i sudditi

3. Che tipo di rapporto viene qui prospettato da Machiavelli fra principe e sudditi? Che cosa significa che «nel mondo non è se non vulgo» (righi 53-54)?

4. **LINGUA E LESSICO** Individua nel testo le parole relative al mondo animale e spiegane il significato.

INTERPRETARE

L'uomo e la bestia

5. Perché il principe deve saper ricorrere a soluzioni umane e ferine nel suo operato?

Una contraddizione?

6. Le tesi qui esposte da Machiavelli ti sembrano coerenti con quanto esposto nel capitolo IX (cfr. T4, p. 257)? Perché?

7. **TRATTAZIONE SINTETICA** Su cosa si deve fondare, secondo l'autore, la legittimità delle azioni del principe? Spiegalo in una trattazione sintetica che non superi le dieci righe.

Pietà, fede, integrità, umanità, religione

8. Perché sono importanti soprattutto le cinque qualità elencate ai righi 45-46? Ti sembra che sia possibile fingere soltanto di averle?

LABORATORIO
Dall'interpretazione alla riappropriazione

ATTUALIZZAZIONE E VALORIZZAZIONE

Il centauro fra mitologia e *fantasy*

In questo diciottesimo capitolo del *Principe* compare la figura del centauro, che viene utilizzata da Machiavelli per esemplificare la doppia natura dell'uomo e la necessità, per il principe, di «saper bene usare la bestia e l'uomo». Ma cos'è un centauro?

Nella mitologia greca, il centauro era un mostro abitatore della Tessaglia, dotato di testa e busto umani e groppa e zampe di cavallo. Normalmente i centauri erano raffigurati come esseri violenti, rozzi, armati di clava o arco. Fa eccezione Chirone, il centauro figlio di Crono, così saggio da diventare il maestro di eroi famosi come Giasone, Ercole, Teseo e Achille.

Del resto nel pensiero mitologico erano frequenti figure che partecipavano sia della natura umana che di quella animale, come i satiri, metà uomini e metà caproni, e le sirene. In generale, nel pensiero mitico antico le forme erano instabili, concepite in perenne metamorfosi, come nel caso di Proteo, creatura marina capace di cambiare forma in ogni momento.

In Machiavelli invece il centauro serve a esemplificare la compresenza dei due aspetti dell'uomo, razionalità e animalità: la ferinità che si sdoppia nell'uso politico dell'astuzia (la volpe) e della violenza (il leone). Machiavelli nel *Principe* riconosce modernamente la necessità di dare spazio a una ineludibile zona ferina del comportamento umano che la visione medievale relegava nel demoniaco e quella rinascimentale tendeva ad escludere dal controllato equilibrio dell'*humanitas*.

Oggi i centauri hanno perso la loro "alterità" e sono divenute figure finzionali e familiari di intrattenimento: insieme a molte altre creature fantastiche fanno parte del nostro immaginario grazie al genere *fantasy*, che riutilizza, mescolandoli e decontestualizzandoli, temi e figure della fiaba e del mito (dalla magia ai draghi). Il padre nobile del *fantasy* in letteratura è J.R.R. Tolkien, professore a Oxford e autore di *Lo Hobbit* (1936) e *Il Signore degli Anelli* (1955), ma il genere ha avuto un immenso successo presso il pubblico giovanile e interessa oramai non solo scritture ma anche film, giochi di ruolo, fumetti, videogiochi. Vi sono centauri negli universi fantastici di *Dungeons & Dragons*, un film del 2000 ispirato all'omonimo gioco di ruolo, nei romanzi *Dragonlance*, nella saga di *Warcraft* e *Warhammer*, nella saga di *Narnia*, e nella celeberrima saga di *Harry Potter*, dove queste creature figurano come una razza orgogliosa e sapiente.

Nel linguaggio contemporaneo, inoltre, il termine centauro è utilizzato anche per riferirsi al motociclista e al corridore sportivo motociclista (a esempio: "un raduno di centauri").

Le cronache di Narnia. Il leone, la strega e l'armadio, film del 2005 diretto da Andrew Adamson, basato sul romanzo *Il leone, la strega e l'armadio*, uno dei libri che compongono il ciclo *Le cronache di Narnia* di C.S. Lewis.

Giambologna, *Il centauro Nesso e Deianira*, 1586 circa. Dresda, Staatliche Kunstsammlungen.

RIAPPROPRIAZIONE

Esiste ancora l'alterità animale?

L'animalità come "altro" dall'umano o come rivelazione di una nostra parte nascosta sembra aver perduto efficacia nella nostra esperienza quotidiana. I grandi acquari, gli zoo safari e i parchi a tema sembrano offrirci l'animale selvaggio in spazi virtuali, del tutto colonizzato e controllato, come i pesci tropicali dietro lo schermo di vetro.

Nella letteratura del Novecento due grandi scrittori, Italo Calvino e Primo Levi, hanno dimostrato un interesse per il mondo "diverso" degli animali.

In particolare la scrittura di Primo Levi pullula di animali (batteri, parassiti, ostriche, formiche, ragni, lumache, gabbiani, giraffe, gatti, cani). Nei dialoghi dello *Zoo immaginario*, pubblicati da Levi negli anni Ottanta sulla rivista naturalistica «Airone», un giornalista intervista giraffe, gabbiani, ragni e persino i microorganismi saprofiti, come l'*escherichia coli* che abita nel nostro intestino.

Inoltre in un capitolo del *Sistema periodico* lo scrittore si paragona direttamente al cane Buck nel *Richiamo della foresta*, il libro di Jack London. Gli sembra di rivivere nel campo di sterminio l'involuzione del cane Buck, che viene deportato e diventa ladro e violento nella muta della slitta. Levi e il cane di London vivono entrambi, all'inizio, in un ambiente protetto (la casa borghese di Torino e la grande casa vittoriana); entrambi sono catturati dagli aguzzini con un tranello; entrambi viaggiano forzatamente in treno; entrambi sono brutalizzati all'arrivo e trasformati in belve, Levi ad Auschwitz, Buck nel Klondike.

Dal canto suo, a partire dal secondo dopoguerra, Italo Calvino dedica agli animali molti articoli (che in parte confluiranno nel suo libro del 1983, *Palomar*), interrogandosi sulla loro alterità misteriosa e muta, riflettendo sull'enigmatica tristezza delle bestie rinchiuse nello zoo di Barcellona o nel rettilario di Parigi: il gorilla bianco, le iguane, i coccodrilli.

Così, osservando il gorilla albino mentre, nel suo carcere di vetro, sconsolato e desideroso d'affetto, stringe tra le braccia un copertone pneumatico, lo scrittore riconosce, come in un gioco di specchi, per successive congetture e approssimazioni, l'identità umana nella diversità biologica:

Forse per questo sentiamo così forte la sofferenza che dovrebbe sentire lui a essere tenuto lì per essere guardato come un mostro. Dico dovrebbe, perché forse è un grande vuoto che il gorilla si porta dentro, nell'accettazione del suo ruolo di mostro, e la sofferenza che sen-

Georgia Aquarium, Atlanta, Georgia, U.S.A.

T6 TESTO LABORATORIO

LABORATORIO
Dall'interpretazione alla riappropriazione

Fiocco di Neve è stato un gorilla albino, famoso abitante del giardino zoologico di Barcellona, nato probabilmente nel 1964 in Guinea Equatoriale e morto a Barcellona il 24 novembre 2003.

te è la sofferenza di quel vuoto. Guardandolo non posso fare a meno di pensare che potremmo essere noi al suo posto, di là del vetro, guardati come mostri da una folla di gorilla e oranghi e scimpanzé e gibboni; e sentiamo insieme la sofferenza che potrebbe riempire quel vuoto e la sofferenza che ogni vuoto di sofferenza provoca, e comprendiamo l'una e l'altra, e il vuoto, contempliamo l'enorme vuoto delle sue ore e ci sembra di sentirlo da sempre abitare le nostre ore. [...] Solo nell'estraneità dello scimmione albino posso riconoscere qualcosa di ciò che oscuramente portiamo dentro di noi, in mezzo all'irriducibile, sorda evidenza dei fatti che ci circondano.

I. Calvino, *Visita a un gorilla albino*, «la Repubblica», 16 maggio 1980, poi in *Palomar*, col titolo *Il gorilla albino*.

Disumanità, bestialità selvaggia, pulsioni istintive, innocenza naturale che si oppone al mondo tecnologico: come abbiamo visto, la letteratura e l'arte hanno caricato di significati diversi la rappresentazione degli animali, sottolineandone di volta in volta la somiglianza o la distanza dall'uomo.
In questo contesto la grande novità di Machiavelli sta nell'aver compreso che la dimensione istintuale e animale fa parte dell'uomo. Il principe non solo deve saper governare la "doppiezza" (metà uomo e metà bestia), ma deve trasformarla in una virtù positiva, così da utilizzare in modo consapevole le due nature.
Nella cultura contemporanea, invece, il tema dell'ibrido, della mescolanza o della sovrapposizione tra umano e animale è spesso diventato immagine della scissione e della perdita d'identità dell'individuo che ritrova in se stesso un "altro" a lui ignoto e spesso estraneo. Oppure, come nel passo di Calvino che abbiamo letto, ha rappresentato il conflitto tra naturale e artificiale, che finisce per esprimere l'alienazione della condizione umana.

Lo spazio della riappropriazione: dalla letteratura alla vita

Nella realtà che ti circonda sai indivuare nuove possibili incarnazioni della figura del centauro proposta da Machiavelli? Nelle sue metamorfosi attuali quale valore e quale significato ha acquistato la contaminazione tra uomo e animale? Discuti questi temi con i compagni e il docente. Per dare un contributo attivo al dialogo in classe, prima di prendere parte alla discussione, rifletti sulla questione e individua almeno un esempio efficace (il personaggio di un film, un fumetto, un'opera d'arte, il passaggio di un articolo di giornale, lo spunto tratto da una canzone o da una pubblicità, ecc.) che possa supportare la tua argomentazione.

S4 MATERIALI E DOCUMENTI

Bestia e uomo: la nuova antropologia di Machiavelli

Giulio Ferroni, a proposito del capitolo XVIII del *Principe* e del poemetto *l'Asino* (cfr. cap. VII, § 8), parla per Machiavelli di «accettazione» della discesa nell'animalità.

▶▶ Nella concezione dell'uomo di Machiavelli la «bestia» non rappresenta semplicemente l'immagine della degradazione, della perdita delle facoltà razionali, della discesa ad una cieca incapacità di agire: al contrario, rompendo dinamicamente l'autosufficienza dell'antropologia umanistica,[1] basata su di un concetto totalizzante di «humanitas» come livello superiore che subordina o espunge[2] ogni possibile espressione di diversità e di alterità, Machiavelli afferma, accanto allo spazio dell'«uomo», il necessario spazio della «bestia», arrivando a riconoscere e a recuperare tutta una zona di comportamento che la visione umanistica tendeva ad escludere dai propri controllati equilibri. La più nota espressione di questa rivoluzionaria affermazione della pari validità di due sfere comportamentali così antitetiche come quelle dell'«uomo» e della «bestia» si trova nel famoso cap. XVIII del *Principe*, col rilievo della necessità, per un principe «savio», di «sapere bene usare la bestia e l'uomo», e col modello pedagogico del centauro, la cui bivalenza rifiuta radicalmente le gerarchie morali sottese alla unidimensionale visione umanistica.[3] [...] Pur affermando l'autonomia e la validità della «bestia», Machiavelli doveva necessariamente subordinarne l'uso ad una norma razionale, doveva continuare a distinguere tra la «bestia» coscientemente usata dal «savio» e quella irrazionalmente incarnata nel «pazzo»: in questo modo la «bestia» evitava anche di porsi come modello assoluto, antitetico ma perfettamente speculare all'unilaterale modello umanistico di «uomo». L'antropologia del segretario fiorentino, strutturando le forme di comportamento sempre in funzione di una prospettiva politica, scartava così ogni fissazione di valori unilaterali ed assoluti, ribadiva la paritetica percorribilità di opposti estremi come «bestia» e «uomo», «crudeltà» e «pietà», «comico» e «grave», ecc., purché fosse assodata la loro capacità di rispondere attivamente alle «variazioni» di fortuna, la loro iscrizione sotto un modello di «prudenza» che si estrinsecasse in un attingimento di «felicità» e di successo materiale.

G. Ferroni, *Appunti su «L'Asino» di Machiavelli*, in AA.VV., *Letteratura e critica*, II, *Studi in onore di N. Sapegno*, Bulzoni, Roma 1975, pp. 313-315.

1 al contrario...umanistica: Machiavelli, rifiutando il carattere unilaterale della concezione culturale umanistica, basata esclusivamente sull'uomo come essere razionale, riconosce anche ciò che è diverso dalla razionalità: l'animalità, la bestia, che pur fanno parte della natura umana.
2 espunge: *elimina*.
3 unidimensionale...umanistica: «unidimensionale» viene definita l'ideologia umanistica in quanto considera positivo esclusivamente l'uomo idealizzato, respingendo quindi tutte le componenti animali, "basse" e istintuali. «Bivalente», viceversa, viene definito il modello del Centauro, figura utilizzata nel cap. XVIII del *Principe*: la componente animale e quella umana sono in esso inscindibili.
4 la tradizione dell'«asino»: la tradizione a cui Ferroni accenna riguarda non solo la letteratura classica e medievale, ma anche i motivi "asinini" e animaleschi presenti nelle feste popolari e nel folklore.

11 La fortuna. L'esortazione finale

Le cause della perdita dello Stato da parte dei principi italiani nel capitolo XXIV

Con il capitolo XXIII l'esame delle qualità che il principe deve possedere può dirsi concluso. Le questioni specifiche affrontate nei capitoli XXIV e XXV sono però tutt'altro che superflue. Nel **capitolo XXIV** si esaminano infatti **le ragioni** che hanno determinato la recente **perdita degli stati da parte dei principi italiani**, mentre nel successivo si pone al centro dell'indagine il rapporto tra fortuna e virtù. L'attacco del capitolo XXIV segnala la conclusione della trattazione precettistica: se il principe seguirà nella pratica le indicazioni suggeritegli, i consigli fin qui delineati faranno sembrare antico il suo regno nuovo, conferendo alla precarietà della costruzione politica nuova la stessa stabilità che è tipica degli Stati ereditari. La decadenza italiana è ricondotta, nel capitolo XXIV, a cause rigorosamente umane e sociali: tra le altre spicca quella riguardante la dialettica conflittuale fra principe e «grandi», principe e «populo», già analizzata nel capitolo IX. I principi italiani, incapaci di comprendere il ruolo del popolo in un ben ordinato principato, sono stati ridotti a sperare che gli occupanti stranieri facessero sorgere nell'animo dei sudditi il rimpianto del loro governo e il consenso che essi non avevano saputo creare in tempi di pace.

Il rapporto fra virtù e fortuna nel capitolo XXV

Il **capitolo XXV** pone il problema del rapporto fra **fortuna e virtù**, insistendo sul potere condizionante della prima ma anche sulla capacità della seconda di assoggettarla attraverso l'accortezza e soprattutto attraverso l'azione impetuosa.

L'esortazione finale

Il **capitolo XXVI** contiene l'**esortazione finale** a liberare l'Italia dagli stranieri.

T7 Il venticinquesimo capitolo: la fortuna

TESTO OPERA

CONCETTI CHIAVE
- il rapporto fra virtù e fortuna

FONTE
N. Machiavelli, *Il Principe*, in *Tutte le opere*, cit.

🔊 Ascolto
[al] Alta leggibilità

Apre il capitolo una premessa: l'autore rivela che davanti agli sconvolgimenti repentini della situazione politica contemporanea anch'egli si è trovato qualche volta a condividere l'opinione di quanti credono impossibile prevedere e dominare gli eventi e inutile affaticarsi per modificare la realtà. La fortuna è paragonata a un fiume rovinoso che allaga le pianure e distrugge alberi e case: gli uomini previdenti devono disporre per tempo argini e ripari. La sede dei grandi e imprevedibili sconvolgimenti politici contemporanei è, non a caso, l'Italia che, contrariamente alle grandi monarchie europee, appare come una pianura priva di ogni difesa e riparo.

Passando dalla regola generale ai casi particolari, tuttavia, Machiavelli riconosce che spesso si vedono principi avere successo o, al contrario, «ruinare», senza aver modificato il proprio comportamento. Per spiegare questa apparente irrazionalità degli eventi che paiono sfuggire al controllo dell'azione umana, si ricorre alla mutevolezza continua delle circostanze storiche e della fortuna. Non «ruina» colui che, contrariamente alla natura umana (poco incline a modificarsi), riesce a porsi in sintonia con la «qualità dei tempi», con la specificità della storia in cui si trova a vivere.

La conclusione è affidata a due parti distinte. Nella prima si ribadisce quanto precedentemente argomentato: la fortuna è straordinariamente mutevole mentre la natura umana è immodificabile: gli uomini sono destinati a fallire, quindi, non appena natura umana e fortuna discordano tra loro. Nella seconda parte l'autore reagisce contro ogni forma di rassegnazione e fatalismo che la precedente sua stessa affermazione potrebbe giustificare. Dichiara la propria preferenza per l'azione impetuosa piuttosto che per la rinuncia e per le cautele. A sostegno di questo scatto volontaristico costruisce l'immagine della fortuna-donna, che si lascia vincere da chi è giovane, deciso e coraggioso piuttosto che da chi agisce con freddezza e circospezione.

[annotazione manoscritta: QUANTO SIA IL POTERE DELLA FORTUNA NELLE VICENDE UMANE E IN CHE MODO SI DEBBA RESISTERLE.]

QUANTUM FORTUNA IN REBUS HUMANIS POSSIT, ET QUOMODO ILLI SIT OCCURRENDUM[1]

[annotazioni a margine: litote ← ; Parte dalla constatazione empirica che non è possibile governare la sorte →]

E' non mi è incognito come molti hanno avuto e hanno opinione che le cose del mondo sieno in modo governate dalla fortuna e da Dio,[2] che gli uomini con la prudenzia loro non possino correggerle,[3] anzi non vi abbino remedio alcuno; e per questo potrebbono iudicare che non fussi da insudare molto nelle cose, ma lasciarsi governare alla sorte.[4] Questa opinione è suta più creduta ne' nostri tempi, per la variazione grande delle cose che si sono viste e veggonsi ogni dì, fuora di ogni umana coniettura.[5] A che pensando, io, qualche volta, mi sono in qualche parte inclinato nella opinione loro.[6] Nondimanco, perché il nostro libero arbitrio non sia spento,[7] iudico potere essere vero che la fortuna sia arbitra della metà delle azioni nostre, ma che etiam lei ne lasci governare l'altra metà, o presso, a noi.[8] E assomiglio quella[9] a uno di questi fiumi rovinosi, che quando s'adirano, allagano e' piani, ruinano li alberi e gli edifizii, lievono da questa parte terreno, pongono da quell'altra; ciascuno fugge loro dinanzi, ognuno cede allo impeto loro, sanza

---

- **1 Quantum...occurrendum**: Quanto possa la fortuna nelle cose umane e in che modo si debba resisterle.
- **2 dalla fortuna e da Dio**: Machiavelli pone sullo stesso piano la cieca casualità degli eventi e la provvidenza divina: entrambe escludono o riducono la funzione operativa dei soggetti storici (e cioè della «virtù» e della «prudenzia»). Per l'accezione machiavelliana di "fortuna" cfr. **S5**, p. 284.
- **3 correggerle**: cambiarne il corso.
- **4 per questo...sorte**: sulla base di tutto ciò potrebbero essere del parere che non ci si debba affaticare troppo (**insudare**) per modificare le cose, e che occorra invece lasciarsi guidare dalla sorte.
- **5 Questa...coniettura**: Questa opinione è stata (**suta**) oggetto di maggior credito nei nostri tempi per la grande instabilità degli eventi politici recenti e presenti, verificatisi al di là di ogni previsione umana. Si allude agli avvenimenti accaduti a partire dalla discesa di Carlo VIII in Italia (1494), che avevano sconvolto gli equilibri fra gli Stati, cogliendo del tutto impreparate le classi dirigenti italiane.
- **6 A che...loro**: Riflettendo sui quali [problemi] (**a che pensando**) anch'io mi sono talvolta, per certi aspetti, avvicinato all'opinione loro.
- **7 Nondimanco...spento**: Tuttavia, per non dover giungere alla negazione della nostra possibilità di azione. Libero arbitrio in Machiavelli non significa, come nell'accezione teologica del termine, "possibilità di scelta fra il bene e il male", ma "possibilità di intervenire sulla realtà, modificandola".
- **8 ma che...noi**: ma anche (**etiam**) che la fortuna lasci governare l'altra metà [delle azioni], o quasi (**presso**), a noi.
- **9 E assomiglio quella**: E paragono quella [: la fortuna].

potervi in alcuna parte obstare.[10] E benché sieno così fatti, non resta però che[11] gli uomini, quando sono tempi quieti, non vi potessino fare provvedimenti, e con ripari e argini, in modo che, crescendo poi, o egli andrebbano per uno canale, o l'impeto loro non sarebbe né sì licenzioso né sì dannoso.[12] Similmente interviene della fortuna; la quale dimostra la sua potenzia dove non è ordinata virtù a resisterle; e quivi volta li sua impeti dove la sa che non sono fatti gli argini e li ripari a tenerla.[13] E se voi considerrete l'Italia, che è la sedia di queste variazioni e quella che ha dato loro il moto,[14] vedrete essere una campagna sanza argini e sanza alcuno riparo: ché, s'ella fussi riparata da conveniente virtù,[15] come la Magna, la Spagna e la Francia,[16] o questa piena non arebbe fatte le variazioni grandi che ha, o la non ci sarebbe venuta.

E questo voglio basti avere detto quanto allo opporsi alla fortuna, in universali.[17] Ma, restringendomi più a' particulari, dico come si vede oggi questo principe felicitare, e domani ruinare, sanza averli veduto mutare natura o qualità alcuna.[18] Il che credo che nasca, prima, dalle cagioni che si sono lungamente per lo adrieto discorse, cioè che quel principe che si appoggia tutto in sulla fortuna, rovina, come[19] quella varia. Credo, ancora, che sia felice quello che riscontra el modo del procedere suo con le qualità de' tempi,[20] e similmente sia infelice quello che con il procedere suo si discordano e' tempi.[21] Perché si vede gli uomini, nelle cose che li conducono al fine quale ciascuno ha innanzi,[22] cioè glorie e ricchezze, procedervi variamente; l'uno con respetto,[23] l'altro con impeto; l'uno per violenzia, l'altro con arte;[24] l'uno per pazienzia, l'altro con il suo contrario: e ciascuno con questi diversi modi vi può pervenire. Vedesi ancora dua respettivi,[25] l'uno pervenire al suo disegno, l'altro no; e similmente dua equalmente felicitare con dua diversi studii, sendo l'uno respettivo e l'altro impetuoso:[26] il che non nasce da altro, se non dalla qualità de' tempi, che si conformano o no col procedere loro.[27] Di qui nasce quello ho detto, che dua, diversamente operando, sortiscono el medesimo effetto; e dua equalmente operando, l'uno si conduce[28] al suo fine, e l'altro no. Da questo ancora depende la variazione del bene;[29] perché, se uno che si governa con respetti e pazienzia, e' tempi e le cose girono in modo che il governo suo sia buono, e' viene felicitando; ma, se li tempi e le cose si mutano, e' rovina, perché non muta modo di procedere.[30] Né si truova

- **10 obstare:** *fare resistenza*. Latinismo.
- **11 non resta però che:** *nulla impedisce che*.
- **12 o egli...dannoso:** *o [i fiumi] troverebbero sfogo in un canale o l'impeto loro non sarebbe né così sfrenato (**licenzioso**) né così dannoso*.
- **13 Similmente...tenerla:** *In modo analogo accade per la fortuna, la quale esibisce tutta la sua forza dove la virtù non sia predisposta (**ordinata**) a resisterle; e qui rivolge il suo impeto distruttivo, dove sa che non sono stati costruiti argini e ripari per imbrigliarla (**tenerla**)*.
- **14 la sedia...il moto:** *la sede di questi sconvolgimenti politici e militari e il luogo che ne ha determinato l'avvio*. I contrasti tra i principi italiani, infatti, determinarono l'intervento degli stranieri.
- **15 riparata...virtù:** *difesa da adeguata capacità politica e militare*.
- **16 come...Francia:** la contrapposizione della Francia e della Spagna all'Italia, qui istituita da Machiavelli, si basa sull'intuizione dell'importanza delle monarchie moderne nella storia europea. La Germania (**Magna**), pur contrapposta all'Italia per l'efficienza degli eserciti, non costituisce invece un modello di Stato moderno.
- **17 in universali:** *in generale*. Da qui in avanti il discorso si restringe **a' particulari**, cioè all'influenza della fortuna nelle scelte del principe.
- **18 si vede...alcuna:** *si può vedere un principe oggi prosperare (**felicitare**) e l'indomani perdere lo Stato (**ruinare**), senza che abbia in nulla mutato carattere o modalità di azione*.
- **19 come:** *non appena*.
- **20 Credo...de' tempi:** *Credo poi che possa prosperare quel principe che adegua (**riscontra**) la sua azione alla specificità delle situazioni*.
- **21 e similmente...tempi:** *e analogamente sia incline a perdere lo Stato quello il cui operato discordi con la specificità delle situazioni*.
- **22 quale...innanzi:** *che ciascuno si propone*.
- **23 respetto:** *prudenza*.
- **24 l'uno...con arte:** *chi per mezzo della violenza, chi con l'astuzia (**arte**)*.
- **25 dua respettivi:** *due prudenti*.
- **26 e similmente...impetuoso:** *e analogamente [si vedono] due raggiungere lo stesso successo con diversi modi di procedere (**studii**), essendo l'uno prudente e l'altro impetuoso*.
- **27 col procedere loro:** *con il loro [: degli uomini] modo d'agire*.
- **28 si conduce:** *giunge*.
- **29 la variazione del bene:** *il variare di ciò che è opportuno fare*.
- **30 perché, se uno...procedere:** *perché se uno si comporta con prudenza e pazienza, e le circostanze si evolvono in modo concorde con le sue azioni, egli procede prosperando, ma se le circostanze discordano egli perde lo stato (**rovina**), perché non adatta a queste le proprie azioni*. Si noti la forte discordanza dei modi della sintassi, che avvicina tutto il periodo alla sintassi libera, tipica del parlato.

uomo sì prudente che si sappi accomodare[31] a questo; sì perché non si può deviare da quello a che la natura lo inclina;[32] sì etiam perché, avendo sempre uno prosperato camminando per una via, non si può persuadere partirsi[33] da quella. E però l'uomo respettivo, quando egli è tempo di venire allo impeto, non lo sa fare; donde rovina;[34] ché, se si mutassi di natura con li tempi e con le cose, non si muterebbe fortuna.

Papa Iulio II procedé in ogni sua cosa impetuosamente; e trovò tanto e' tempi e le cose conforme a quello suo modo di procedere, che sempre sortì felice fine. Considerate la prima impresa che fe', di Bologna, vivendo ancora messer Giovanni Bentivogli.[35] E' Viniziani non se ne contentavano; el re di Spagna, quel medesimo;[36] con Francia aveva ragionamenti[37] di tale impresa; e nondimanco,[38] con la sua ferocia[39] e impeto, si mosse personalmente a quella espedizione. La quale mossa fece stare sospesi e fermi Spagna e Viniziani; quelli per paura, e quell'altro per il desiderio aveva di recuperare tutto el regno di Napoli;[40] e dall'altro canto si tirò drieto el re di Francia, perché, vedutolo quel re mosso, e desiderando farselo amico per abbassare e' Viniziani, iudicò non poterli negare le sua gente sanza iniuriarlo, manifestamente.[41] Condusse, adunque, Iulio, con la sua mossa impetuosa, quello che mai altro pontefice, con tutta la umana prudenzia, arebbe condotto: perché, se egli aspettava di partirsi da Roma con le conclusione ferme e tutte le cose ordinate,[42] come qualunque altro pontefice arebbe fatto, mai li riusciva; perché il re di Francia arebbe avuto mille scuse, e gli altri messo[43] mille paure. Io voglio lasciare stare le altre sue azioni, che tutte sono state simili, e tutte li sono successe bene. E la brevità della vita non gli ha lasciato sentire il contrario;[44] perché, se fussino venuti tempi che fussi bisognato procedere con respetti, ne seguiva la sua ruina: né mai arebbe deviato da quelli modi a' quali la natura lo inclinava.

Concludo, adunque, che, variando la fortuna, e stando gli uomini ne' loro modi ostinati, sono felici mentre concordano insieme, e, come discordano, infelici.[45] Io iudico bene questo:[46] che sia meglio essere impetuoso che respettivo; perché la fortuna è donna, ed è necessario, volendola tenere sotto, batterla e urtarla.[47] E si vede che la si lascia più vincere da questi, che da quelli che freddamente[48] procedano; e però sempre, come donna, è amica de' giovani, perché sono meno respettivi, più feroci[49] e con più audacia la comandano.

- **31 accomodare**: *adattare [alle circostanze]*.
- **32 perché…inclina**: *perché non può allontanarsi da quello* [: il modo di procedere] *verso cui la natura lo dirige*. Nello scontro drammatico fra "virtù" e "fortuna" delineato dal *Principe* questo passo del capitolo XXV segna un punto a favore della fortuna, suscettibile di aprire la strada a una visione del mondo fortemente pessimistica. Se la natura umana condiziona la virtù rendendola non adeguata alle continue modificazioni della fortuna, la vittoria, in ultima analisi, spetterebbe alla fortuna e l'azione politica di modifica del reale risulterebbe vana. Contro questa contraddizione aperta dal proprio stesso argomentare Machiavelli reagirà sul finire del capitolo e in quello successivo.
- **33 partirsi**: *allontanarsi*.
- **34 E però…rovina**: *E perciò l'uomo prudente, quando è tempo di passare all'attacco* (**venire allo impeto**) *non lo sa fare e perciò rovina*.
- **35 Considerate…Bentivogli**: il papa Giulio II decise nel 1506 di occupare Bologna. Noto per la sua indole impetuosa, realizzò fulmineamente il suo piano scomunicando il signore della città, Giovanni Bentivoglio.
- **36 E' Viniziani…medesimo**: *I Veneziani non erano soddisfatti* [: dell'azione di Giulio II contro Bologna], *lo stesso il re di Spagna*.
- **37 ragionamenti**: *trattative*.
- **38 nondimanco**: *tuttavia*.
- **39 ferocia**: *fierezza*.
- **40 quell'altro…Napoli**: il re di Spagna Ferdinando il Cattolico desiderava riprendere alcuni porti pugliesi ceduti nel 1494 ai Veneziani da Ferdinando d'Aragona come compenso per gli aiuti contro Carlo VIII.
- **41 si tirò…manifestamente**: *[Giulio II] coinvolse nell'impresa il re di Francia, il quale, visto che Giulio II si era già mosso e volendo farselo alleato per diminuire la potenza* (**abbassare**) *dei Veneziani, reputò non fosse possibile negargli le sue truppe senza offenderlo* (**iniuriarlo**) *palesemente*.
- **42 con le…ordinate**: *con le trattative concluse e i patti ben stabiliti*.
- **43 messo**: *gli avrebbero messo*. Ellissi dell'ausiliare.
- **44 E…contrario**: *E la brevità della vita non gli ha permesso di fare l'esperienza del contrario*. Giulio II morì nel 1513. Anch'egli, secondo Machiavelli, non sarebbe sfuggito alla regola generale esposta nel capitolo XXV: variando le situazioni e divenendo opposte a quelle che si accordavano con il suo temperamento impetuoso, sarebbe andato incontro a "ruina" perché non sarebbe stato in grado di discostarsi dal carattere impostogli dalla natura.
- **45 come…infelici**: *falliscono non appena* [il loro temperamento e le circostanze esterne] *discordano tra loro*.
- **46 Io iudico bene questo**: Ecco, nelle ultime righe del capitolo, introdotto sotto forma di opinione personale, lo scatto volontaristico di Machiavelli che si oppone all'insuperabile contraddizione esposta dalla conclusione precedente, fra la rigida indole prudente o impetuosa dell'uomo e la straordinaria flessibilità della fortuna.
- **47 urtarla**: *percuoterla*.
- **48 freddamente**: *con prudente e fredda circospezione*.
- **49 feroci**: *coraggiosi, fieri*.

Dal testo all'opera
Perché è un testo opera?

Perché è un esempio del rigore argomentativo proprio di Machiavelli

Il *Principe* è un trattato "tecnico" sulle forme del governo, ma è anche un libro di **riflessione sul potere politico**, sulla sua gestione e sull'individuazione di ciò che costituisce il suo fine specifico, cioè la capacità di assicurare e mantenere il "bene comune" dello Stato. Si tratta di un **fine esclusivamente laico e civile**: l'idea di potere politico in Machiavelli è priva di rapporti con la dimensione teologica e religiosa della cultura. Il *Principe* ha, inoltre, un importante significato storico: è anche un libro sulla drammatica storia politica dell'Italia contemporanea a Machiavelli dentro la più vasta evoluzione storica dell'Europa. Il carattere "militante" dell'opera emerge con forza da questo brano, che riflette sul rapporto contrastato tra virtù e fortuna.

Il capitolo che abbiamo letto è un esempio del modo stringente e razionale di argomentare proprio di Machiavelli e si può dividere in quattro parti:

1. **introduzione** della questione (righi 1-20): **tra fortuna e virtù il conflitto è perenne**, l'opinione comune degli uomini è incline alla rassegnazione di fronte al potere prevalente della fortuna. Machiavelli anticipa il suo dissenso ed inizia il ragionamento sugli aspetti generali e universali della questione;
2. **analisi dei diversi modi con cui gli uomini affrontano le situazioni ad essi sfavorevoli** (righi 21-43): in questi righi ritorna il concetto di «verità effettuale» e l'attenzione del lettore è centrata sul tema dell'instabilità delle vicende umane. È intelligente e virtuoso quel Principe che accorda il modo di agire alle **variazioni della fortuna** e «riscontra» (accorda) il suo modo di agire con la **«qualità de' tempi»**;
3. **analisi di un esempio storico contemporaneo** (righi 44-60): Machiavelli descrive il caso esemplare di papa **Giulio II** che in varie circostanze operò con impeto e coraggio e raggiunse i suoi scopi politici;
4. **conclusione** (righi 61-66): Machiavelli non chiude il ragionamento con una deduzione logica, ma con uno **scatto inventivo**, accordando la sua **preferenza a un modo di agire audace ed energico**, perché la fortuna è donna ed è amica dell'energia e dell'audacia dei giovani.

Perché affronta in modo concreto, laico e spregiudicato il tema centrale del rapporto tra virtù e fortuna

Il rapporto tra virtù e fortuna è un tema filosofico caratteristico della cultura rinascimentale. Qui, però, non è affrontato in modo astratto e in termini generali, ma è inserito nel contesto specifico della storia e della politica, è esaminato nella sua concretezza, ragionando sulle esigenze politiche del presente a partire da esempi precisi, come quello emblematico di Giulio II. Nel *Principe* è infatti centrale il concetto di **«verità effettuale della cosa»**, la cui indagine richiede un'analisi della realtà che sia laica, spregiudicata, realistica, logicamente argomentata, contraria a metodi idealistici e astratti e fondata invece su ragioni tutte terre-

Allegoria della Fortuna, incisione di Nicoletto da Modena del 1500-1510.

TESTO OPERA T7

ne e materialistiche. Il capitolo venticinquesimo dimostra **la modernità dell'opera** perché qui la riflessione sulle virtù necessarie al Principe per contrastare la fortuna **esclude modernamente la morale** e si concentra lucidamente sugli aspetti operativi e pratici: 1) la capacità di imitare il comportamento dei grandi del passato; 2) la capacità di previsione; 3) la capacità di usare la forza per mantenere il potere; 4) la capacità di dissimulare.

Nel brano Machiavelli afferma che il caso è arbitro di metà degli eventi umani e storici, mentre l'altra metà sia nelle mani dell'uomo, della sua volontà e dei suoi progetti di trasformazione della realtà. **Tra virtù e fortuna il rapporto è perennemente conflittuale**. La fortuna rappresenta ciò che sfugge al controllo della ragione, è la casualità irrazionale delle situazioni e degli accadimenti in cui l'uomo si trova ad agire. La fortuna è dunque la forza direttamente contraria alla capacità che ha il Principe di ordinare, dirigere e trasformare gli eventi secondo un fine politico.

Machiavelli esalta l'aspetto agonistico, di **lotta perenne tra virtù umana e potenza del caso**: il suo scopo è ricercare un rimedio alla fortuna avversa. Non si deve dimenticare che la discussione su questo tema non è affatto una esercitazione teorica: nasce invece dalla **consapevolezza della crisi italiana** e dalla ferma e disperata volontà di darle una risposta in positivo. Se la fortuna «dimostra la sua potenzia dove non è ordinata virtù a resisterle», si può almeno svolgere una azione preventiva di contenimento costruendo «argini e ripari»: verificare questa possibilità è per Machiavelli un'esigenza esistenziale, ancora prima che la risposta a un astratto quesito politico.

Spiccano quindi nel testo alcune **parole-chiave** che servono a rappresentare la fortuna con immagini e metafore concrete anziché con concetti astratti, dando in tal modo alla lingua di Machiavelli la forza iconica dell'evidenza sensibile. La principale di queste parole-chiave è **«ruina/ruinare»**, che ricorre con grande frequenza nel testo ed è usata nel senso più ampio di distruzione, fallimento, devastazione. In particolare l'autore utilizza due **immagini concrete: quella del fiume "rovinoso" e impetuoso**, che quando "s'adira" allaga, distrugge terreni, alberi e edifici (l'immagine, rimasta giustamente famosa, allude anche alle condizioni politiche disastrose dell'Italia del tempo, preda delle invasioni delle grandi potenze straniere, priva di argini e di riparo) e **quella della donna**, attratta dagli uomini più giovani, coraggiosi e audaci, dai quali si lascia soggiogare. Le due immagini della fortuna sono tratte dal mondo naturale (il desiderio amoroso come la devastazione provocata da un fiume in piena). Ad esse

Dosso Dossi, *Allegoria della Fortuna*, 1535 circa. Los Angeles, The J. Paul Getty Museum.

La donna incarna la Fortuna. I suoi attributi iconografici sono la cornucopia (che simboleggia l'abbondanza), la calzatura spaiata (che ne simboleggia l'arbitrarietà), la fragile bolla su cui tradizionalmente la fortuna viene rappresentata per indicare la caducità della buona sorte, il vento che muove il drappeggio per indicare l'incostanza. L'uomo potrebbe rappresentare il Caso: tiene in mano dei pezzi di carta, forse dei biglietti con cui già nel Cinquecento si giocava alla lotteria. Questi si trovano proprio vicino a un grande contenitore d'oro che potrebbe indicare la ricchezza che può derivare dal caso.

si oppongono gli atti concreti (cioè la virtù, nel senso di un'adeguata capacità di direzione politica e militare) che l'uomo (vale a dire il Principe) può mettere in campo per evitare il prevalere della fortuna: gli argini per sottomettere la forza del fiume e le percosse per sottomettere la volubilità della donna (dunque, per mezzo della forza politica o dell'astuzia).

In questo modo i termini virtù e fortuna (cfr. **S3** e **S5**) finiscono con l'assumere nel capitolo venticinquesimo e nell'opera di Machiavelli un significato assai diverso non solo rispetto all'epoca medievale (in cui la virtù umana è sempre conforme alla grazia divina e la fortuna è sempre soggetta alla volontà provvidenziale di Dio) ma anche all'epoca umanistica: nel *Principe* il binomio virtù-fortuna si presenta insomma, per la prima volta, modernamente e dinamicamente come **un insolubile conflitto all'interno di un campo di forze**.

Perché intreccia realismo e utopia

Nella struttura generale del *Principe* il capitolo venticinquesimo occupa una **posizione strategica**: collocandosi in conclusione del testo, immediatamente prima dell'esortazione finale, serve come vera e propria chiave di lettura di tutto il trattato.

In primo luogo **il concetto di fortuna**, qui preso in analisi, **è presente in molte altre parti del *Principe***. Già nella *Dedica* (cfr. **T1**) l'autore, cacciato dai pubblici uffici della sua città, viene rappresentato come vittima di una «grande e continua malignità di fortuna». Nel capitolo settimo, in cui Machiavelli utilizza la figura di Cesare Borgia come esempio di tutti coloro i quali conquistano lo Stato con l'aiuto della fortuna e delle armi altrui, il Valentino viene rappresentato a sua volta come vittima di una «estrema malignità di fortuna» quando un evento sfuggito alle sue grandi capacità di previsione (cioè alla sua straordinaria virtù) ne determina la rovina.

Inoltre questo capitolo mette in scena il dissidio tra Storia e Natura: entrano in conflitto l'**estrema mutevolezza degli eventi storici** da un lato e l'assoluta **immobilità biologica** dall'altro. Davanti allo scorrere caotico e frammentario degli eventi storici, si pone il livello immobile della Natura, in cui l'uomo è calato. Di entrambi i terreni d'indagine, il mutabile e l'immutabile, nel trattato viene proposta una definizione e vengono date le leggi. Ma il dissidio non viene risolto. **Da un lato** Machiavelli allarga a dismisura i confini dell'imprevedibile in una **concezione duramente limitatrice dell'uomo**, **dall'altro tende a ridurre la portata del caso** e dell'imprevisto rivalutando di continuo la capacità d'azione dei soggetti storici e delle loro scelte. La congiuntura negativa, che determina la crisi italiana, minaccia non solo ogni forma di ottimismo ma anche la volontà e le capacità di azione politica dell'individuo e dello Stato che costituiscono la ragione stessa del trattato. La realtà è più volte descritta nel capitolo XXV come oggetto di **dominio assoluto del caso**, ponendo in crisi la ragione stessa del *Principe* e aprendo il campo al fatalismo e alla rassegnazione. Si spiegano così, alla fine, **l'abbandono della rigorosa consequenzialità del ragionamento e l'apertura allo slancio visionario**. Il **realismo consapevole** coesiste nel *Principe* con la **dimensione tragica dell'utopia**. Davanti al dilemma dell'instabile equilibrio tra forze del caso e azione, Machiavelli infatti risponde (nell'esortazione finale; cfr. **T8**) in modo volontaristico, forzando cioè la lucidità del ragionamento, con un **appello emotivo alla rigenerazione**: spronando i Medici a prendere l'Italia nelle proprie mani e a liberarla dal dominio dei "barbari".

T7 LAVORIAMO SUL TESTO

COMPRENDERE

Il senso delle parole

1. Cosa significa «libero arbitrio»?
2. **LA PARAFRASI** Dividete il testo in sequenze e, individualmente o a gruppi, elaborate per ogni sequenza la parafrasi. Rileggete in classe la nuova versione in italiano moderno.

ANALIZZARE

Un fatalismo diffuso

3. Machiavelli confessa che talvolta è stato tentato di abbracciare una tesi condivisa da molti: quale? Perché?

Machiavelli e la «fortuna»

4. Quali ragioni hanno indotto Machiavelli a cambiare idea? Qual è la sua visione della fortuna?
5. **LINGUA E LESSICO** Che cosa significa il verbo "riscontrare"?

INTERPRETARE

6. Quale significato assume l'esempio finale di Giulio II? Puoi avvicinarlo a qualche altro personaggio storico analizzato da Machiavelli? Con quali differenze?

C'è un rimedio alla «fortuna»?

7. Confronta la visione della natura e della condotta umana delineata qui da Machiavelli con le posizioni espresse nei capitoli XV (cfr. **T5**, p. 263) e XVIII (cfr. **T6**, p. 269); trova analogie e differenze, e prova a trarre le tue conclusioni.

"La fortuna è donna"

8. **TRATTAZIONE SINTETICA** Che cosa pensi del fatto che la fortuna ami soprattutto i giovani? Ti sembra che si dovrebbe dare maggiore credito alla tesi di Machiavelli? Esponi il tuo punto di vista in una trattazione sintetica (max 15 righe).

Il significato di "fortuna" in Machiavelli

L'idea di fortuna come immagine personificata giunge a Machiavelli da una lunga tradizione letteraria e, al tempo stesso, è il termine chiave di un'intensa riflessione degli umanisti del Quattrocento. Occorre prima di tutto differenziare l'accezione del termine "fortuna" in ambito umanistico-rinascimentale da quella propria dell'età medievale. Il punto di riferimento cardinale per l'accezione del termine in età medievale è il canto VII dell'*Inferno* (vv. 67-96), dove Dante, contrapponendosi alle lamentele dei trattatisti precedenti contro la fortuna personificata da una dea volubile e cieca che dispensa a caso i beni mondani fra gli uomini, affronta il tema in modo del tutto originale. La fortuna in Dante diviene ministra della volontà di Dio, intelligenza celeste e provvidenziale che amministra i beni del mondo secondo disegni imperscrutabili ai quali nessuna ragione umana può resistere. Non è una divinità capricciosa e crudele, dunque, come nella tradizione pagana, ma un'intelligenza angelica posta infinitamente al di sopra delle capacità interpretative dei mortali.

Da Boccaccio ad Alberti a Pontano il tema della fortuna andrà invece evolvendosi in direzione opposta all'accezione dantesca. Si affermerà il rapporto virtù-fortuna come scontro fra le forze dell'uomo e altre forze, non più provvidenziali ma cieche e casuali. La fortuna diviene quindi l'imprevedibilità delle circostanze, l'avvenimento fortuito in grado di abbattere il progetto umano. In un dialogo latino appartenente alle *Intercenali* (cfr. Parte Terza, cap. I, § 7, e espansioni digitali T *Il modello dell'uomo saggio secondo Leon Battista Alberti*) Alberti costruisce una visione allegorica della vita come fiume vorticoso in cui fato e fortuna sono raffigurati dalla violenza ostile dei flutti. A questa forza vorticosa si contrappongono alcune virtù: l'industriosa intelligenza delle arti professionali e, da parte di una *élite* di filosofi, la superiore saggezza della filosofia. La terminologia umanistica viene ripresa da Machiavelli in un senso del tutto nuovo. In Machiavelli la "virtù" non è rappresentata dalla forza interiore di resistenza alle avversità ma dalla volontà e dalla capacità di azione politica, mentre la "fortuna" è l'insieme dei limiti che ad essa la realtà oppone. Il significato del binomio virtù-fortuna nel *Principe* (cfr. **S3**, p. 252) corrisponde al conflitto fra la capacità dei soggetti politici e la sfera d'influenza dei condizionamenti storici oggettivi e imponderabili da essi fronteggiata. Sul piano del conflitto terminologico il nuovo rigore instaurato dalla Controriforma porterà non solo all'avversione per la nozione rinascimentale di "fortuna" ma anche alla cancellazione da molti testi del termine stesso "fortuna", che nell'età umanistica aveva conosciuto una così larga diffusione.

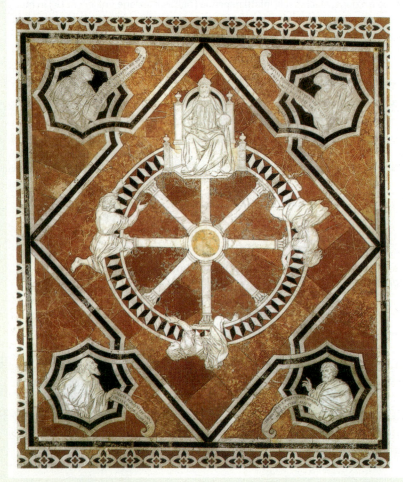

La ruota della fortuna, 1372. Pavimento del Duomo di Siena.

T8 Il ventiseiesimo capitolo: l'esortazione finale

CONCETTI CHIAVE
- la risposta utopica alla crisi italiana
- lo stile dell'esortazione
- *Il Principe* come manifesto politico

FONTE
N. Machiavelli, *Il Principe*, in *Tutte le opere*, cit.

*Il capitolo conclusivo (ventiseiesimo) appare costruito, sul piano stilistico, in modo completamente diverso rispetto a tutti gli altri. È invece in sintonia con le ultime righe del capitolo venticinquesimo, che riprende e sviluppa. Machiavelli qui si accosta allo stile del genere letterario dell'*exhortatio* (esortazione). Il capitolo si apre con una fiduciosa valutazione delle condizioni presenti: le condizioni attuali sono favorevoli a rendere degno di onore un «principe nuovo». A questo proposito si richiamano gli esempi di Mosè, Ciro e Teseo precedentemente incontrati nel capitolo VI dedicato al principato nuovo, conquistato per armi e virtù proprie. Si richiama implicitamente anche l'esperienza esemplare del Valentino: le avversità della fortuna hanno impedito finora la «redenzione» dell'Italia. L'invocazione è rivolta ai Medici perché si mettano alla testa di tale «redenzione». Volendo imitare gli uomini eccellenti che liberarono i loro paesi, occorre prima di ogni altra cosa dotarsi d'armi proprie e cercare di sconfiggere le temibili fanterie spagnole e svizzere, che posseggono anch'esse il proprio punto debole.*

I Medici vengono qui esortati a intraprendere questa impresa di liberazione: ai versi della canzone petrarchesca All'Italia *è assegnato il compito di chiudere il trattato nel segno della speranza profetica.*

EXHORTATIO AD CAPESSENDAM ITALIAM IN LIBERTATEMQUE A BARBARIS VINDICANDAM[1]

Considerato, adunque, tutte le cose di sopra discorse, e pensando meco medesimo se, al presente, in Italia correvano tempi da onorare uno nuovo principe,[2] e se ci era materia che dessi occasione a uno prudente e virtuoso di introdurvi forma che facessi onore a lui e bene alla università degli uomini di quella;[3] mi pare concorrino tante cose in benefizio[4] di uno principe nuovo, che io non so qual mai tempo fussi più atto a questo. E se, come io dissi,[5] era necessario, volendo vedere la virtù di Moisè, che il populo d'Isdrael fussi stiavo[6] in Egitto; e a conoscere la grandezza dello animo di Ciro, ch'e' Persi fussino oppressati da' Medi, e la eccellenzia di Teseo, che gli Ateniesi fussino dispersi; così, al presente, volendo conoscere la virtù di uno spirito italiano, era necessario che la Italia si riducessi nel termine[7] che ella è di presente, e che la fussi più stiava che gli Ebrei, più serva ch'e' Persi, più dispersa che gli Ateniesi; sanza capo, sanza ordine; battuta, spogliata, lacera, corsa;[8] ed avessi sopportato d'ogni sorte ruina.

E benché fino a qui si sia mostro qualche spiraculo in qualcuno, da potere iudicare che fussi ordinato da Dio per sua redenzione, tamen si è visto da poi, come, nel più alto corso delle azioni sue, è stato dalla fortuna reprobato.[9] In modo che, rimasa[10] come sanza vita, aspetta qual possa[11] essere quello che sani le sue ferite, e ponga fine a' sacchi[12] di Lombardia, alle taglie[13] del

---

- **1 Exhortatio...vindicandam:** *Esortazione a pigliare l'Italia e a ripristinare la libertà dai barbari.*
- **2 pensando...principe:** *e pensando, tra me e me, se, allo stato attuale delle cose, in Italia vi fossero le condizioni per procurare onore a un principe nuovo.*
- **3 se ci era...quella:** *se ci fosse materia tale da offrire l'occasione a un principe dotato di saggezza e virtù di darle una forma che onorasse lui e portasse beneficio a tutti* (**università**) *gli uomini d'Italia.* "Materia" e "forma" sono termini del linguaggio filosofico aristotelico, già impiegati da Machiavelli nel capitolo VI.
- **4 in benefizio:** *a favore.*
- **5 come io dissi:** non è casuale il rimando al capitolo VI, dove era stato affrontato il tema del principato nuovo, conquistato per virtù e armi proprie e da dove vengono ripresi gli esempi di Mosè, Ciro e Teseo. Qui infatti si invitano i Medici, nella concreta situazione italiana contemporanea, a seguire quella direzione.
- **6 stiavo:** *schiavo.*
- **7 nel termine:** *nelle condizioni estreme.*
- **8 corsa:** *percorsa ovunque dagli eserciti stranieri.*
- **9 E benché...reprobato:** *E benché, fino a oggi, si sia mostrato* (**mostro**) *qualche spiraglio* (**spiraculo**) *in qualcuno* [: *in qualche principe virtuoso*] *tale da far sperare che fosse inviato da Dio per la sua* [: *dell'Italia*] *redenzione, tuttavia* (**tamen**) *si è poi visto come, nel momento più importante delle sue imprese, sia stato respinto* (**reprobato**) *dalla fortuna.* L'allusione richiama la vicenda del Valentino (cfr. cap. VI).
- **10 rimasa:** *rimasta.* Riferito all'Italia.
- **11 qual possa:** *colui che possa.*
- **12 sacchi:** *saccheggi.* Le guerre combattute in Italia dopo la discesa di Carlo VIII ebbero tutte come teatro principale la Lombardia.
- **13 taglie:** *pressioni fiscali.*

Francesco Granacci, *Ingresso di Carlo VIII a Firenze*, 1518. Firenze, Galleria degli Uffizi.

Reame e di Toscana, e la guarisca di quelle sue piaghe già per lungo tempo infistolite.[14] Vedesi come la prega Dio,[15] che le mandi qualcuno che la redima da queste crudeltà ed insolenzie barbare; vedesi ancora tutta pronta e disposta a seguire una bandiera, pur che ci sia uno che la pigli. Né ci si vede, al presente, in quale lei possa più sperare che nella illustre casa vostra,[16] quale con la sua fortuna e virtù, favorita da Dio e dalla Chiesa, della quale è ora principe,[17] possa farsi capo di questa redenzione. Il che non fia[18] molto difficile, se vi recherete innanzi le azioni e vita de' sopranominati.[19] E benché quegli uomini sieno rari e maravigliosi, nondimanco furono uomini, ed ebbe ciascuno di loro minore occasione che la presente; perché la impresa loro non fu più iusta di questa, né più facile, né fu a loro Dio più amico che a voi. Qui è iustizia grande: «iustum enim est bellum quibus necessarium, et pia arma ubi nulla nisi in armis spes est».[20] Qui è disposizione grandissima;[21] né può essere, dove è grande disposizione, grande difficoltà, pur che quella pigli degli ordini di coloro che io ho proposti per mira.[22] Oltre di questo, qui si veggano estraordinarii sanza esempio condotti da Dio:[23] el mare si è aperto; una nube vi ha scorto el cammino; la pietra ha versato acqua; qui è piovuto la manna;[24] ogni cosa è concorsa nella vostra grandezza. El rimanente dovete fare voi. Dio non vuole fare ogni cosa, per non ci torre il libero arbitrio e parte di quella gloria che tocca a noi.[25]

- [14] **infistolite**: *incancrenite*.
- [15] **la prega Dio**: *riferito all'Italia. Questa personificazione della penisola implorante ha come precedenti i versi di Dante riguardanti Roma che prega piangendo Cesare (*Purgatorio* VI, 112-114) e la canzone «Italia mia» di Petrarca, di cui alcuni versi sono inclusi in chiusura del capitolo.*
- [16] **casa vostra**: *intende il casato dei Medici a cui appartiene il destinatario del* Principe, *Lorenzo di Pietro.*
- [17] **della...principe**: *dal marzo 1513 a capo della Chiesa era stato eletto, con il nome di Leone X, il cardinale Giovanni de' Medici.*
- [18] **non fia**: *non sarà.*
- [19] **se vi...sopranominati**: *se terrete davanti a voi, come modelli, la vita e le azioni dei soprannominati* [: *Mosè, Ciro, Teseo*].
- [20] **Qui...est**: *In questa impresa vi è una grande giustizia; «le guerre giuste sono solo quelle necessarie, e le armi sono sante là dove non esiste speranza se non nelle armi». Machiavelli cita, con qualche inesattezza, una sentenza di Tito Livio (*Ab urbe condita* IX, 1).*
- [21] **Qui...grandissima**: *Qui la situazione è favorevolissima all'intervento.*
- [22] **pur che...per mira**: *a condizione che la Casa Vostra (**quella**) si ispiri a coloro che ho proposto come modelli.*
- [23] **estraordinarii...Dio**: *segni soprannaturali senza precedenti suscitati da Dio.*
- [24] **el mare...manna**: *Si tratta di un elenco di miracoli tratto dall'esodo biblico degli Ebrei verso la Terra Promessa, riferito però al tempo presente come segno profetico e soprannaturale dell'urgenza della redenzione d'Italia.*
- [25] **Dio...noi**: *Machiavelli ritorna sul tema del "libero arbitrio", già trattato nel cap. XXV. Al posto della fortuna vi è qui Dio: viene comunque ribadito che una parte rilevante dell'azione nella storia spetta alla libera iniziativa degli uomini.*

E non è maraviglia se alcuno de' prenominati Italiani[26] non ha possuto fare quello che si può sperare facci la illustre casa vostra; e se, in tante revoluzioni[27] di Italia e in tanti maneggi di guerra, e' pare sempre che in quella la virtù militare sia spenta. Questo nasce che gli ordini antiqui di essa non erano buoni, e non ci è suto alcuno che abbi saputo trovare de' nuovi:[28] e veruna cosa fa tanto onore a uno uomo che di nuovo surga,[29] quanto fa le nuove legge e li nuovi ordini trovati da lui. Queste cose, quando sono bene fondate e abbino in loro grandezza, lo fanno reverendo[30] e mirabile. E in Italia non manca materia da introdurvi ogni forma; qui è virtù grande nelle membra, quando la non mancassi ne' capi. Specchiatevi ne' duelli e ne' congressi de' pochi, quanto gli Italiani sieno superiori con le forze, con la destrezza, con lo ingegno;[31] ma, come si viene agli eserciti, non compariscono.[32] E tutto procede dalla debolezza de' capi; perché quelli che sanno, non sono obediti, e a ciascuno pare di sapere, non ci sendo infino a qui alcuno che si sia saputo rilevare, e per virtù e per fortuna, che gli altri cedino.[33] Di qui nasce che, in tanto tempo, in tante guerre fatte ne' passati venti anni, quando egli è stato uno esercito tutto italiano, sempre ha fatto mala pruova. Di che è testimone prima el Taro, di poi Alessandria, Capua, Genova, Vailà, Bologna, Mestri.[34]

Volendo, dunque, la illustre casa vostra seguitare[35] quegli eccellenti uomini che redimerno[36] le provincie loro, è necessario, innanzi a tutte le altre cose, come vero fondamento d'ogni impresa, provvedersi d'arme proprie;[37] perché non si può avere né più fidi, né più veri, né migliori soldati. E benché ciascuno di essi sia buono, tutti insieme diventeranno migliori, quando si vedranno comandare dal loro principe e da quello onorare ed intratenere. È necessario, pertanto, prepararsi a queste arme, per potere con la virtù italica defendersi dagli esterni.[38] E benché la fanteria svizzera e spagnola sia esistimata terribile, nondimanco in ambedua è difetto, per il quale uno ordine terzo potrebbe non solamente opporsi loro ma confidare di superarli.[39] Perché li Spagnoli non possono sostenere e' cavalli,[40] e li Svizzeri hanno ad avere paura de' fanti, quando li riscontrino nel combattere ostinati come loro. Donde si è veduto e vedrassi per esperienza, li Spagnoli non potere sostenere una cavalleria franzese, e li Svizzeri essere rovinati da una fanteria spagnola. E benché di questo ultimo non se ne sia visto intera esperienzia, tamen se ne è veduto uno saggio nella giornata di Ravenna,[41] quando le fanterie

---

- **26 alcuno...Italiani**: nessuno dei soprannominati principi italiani. Si tratta dei principi trattati nei capitoli precedenti, e in particolare di Cesare Borgia e di Francesco Sforza.
- **27 revoluzioni**: mutamenti. Il significato moderno del termine "rivoluzione" si fissa solo a partire dal XVIII secolo.
- **28 Questo...nuovi**: Ciò è causato dal fatto che gli ordinamenti militari precedentemente adottati dagli Stati italiani non erano efficaci, e non vi è stato nessuno che abbia saputo inventarne di nuovi.
- **29 di nuovo surga**: ascenda al potere come principe nuovo.
- **30 reverendo**: degno di reverenza.
- **31 Specchiatevi...ingegno**: Guardate nei combattimenti fra due (**duelli**) o fra pochi uomini (**congressi de' pochi**), quanto gli Italiani siano superiori in quanto a forze, prontezza e abilità nell'uso delle armi.
- **32 ma...compariscono**: ma non appena si arriva agli scontri di interi eserciti non fanno buona figura (**non compariscono**).
- **33 non ci sendo...cedino**: non essendoci finora nessuno che abbia saputo primeggiare (**rilevare**) per virtù e per fortuna, in modo da far cedere gli altri e farsi ubbidire.
- **34 Taro...Mestri**: sono i teatri di battaglie in cui gli eserciti dei principi italiani furono sconfitti: Fornovo sul Taro, dove Carlo VIII riuscì, nel 1495, a sbaragliare le truppe della lega italiana che intendevano impedirgli il rientro in Francia; Alessandria, assediata e conquistata dai Francesi nel 1499; Capua, saccheggiata dai Francesi nel 1501; Genova, che si arrese, dopo una debole rivolta, a Luigi XII nel 1507; Vailate presso cui vi è Agnadello, località famosa per la sconfitta subita dai Veneziani nel 1509; Bologna, abbandonata dal legato pontificio in mano ai Francesi nel 1501; Mestre, da dove nel 1513 gli Spagnoli tirarono alcuni colpi di cannone contro Venezia.
- **35 seguitare**: imitare.
- **36 redimerno**: liberarono.
- **37 provvedersi d'arme proprie**: per Machiavelli la soluzione della crisi politica italiana è anche un problema militare, al quale sono dedicati i capp. XII-XIV del *Principe*. Alle "armi altrui" vengono ripetutamente contrapposte le "arme proprie". Il cittadino, legato alla vita dello Stato da interessi materiali e da vincoli etici, combatte per il principe sulla base del proprio consenso. Viceversa le "armi altrui", ossia le milizie mercenarie, risultano inaffidabili e pericolose.
- **37 È necessario...esterni**: È necessario, pertanto, allestire milizie proprie, cittadine, se si intende difendersi, con il valore [di un esercito] italiano, dagli stranieri (**esterni**).
- **39 E benché...superarli**: Benché le fanterie spagnole e svizzere siano ritenute terribili, tuttavia entrambe presentano un difetto, approfittando del quale un terzo modo di predisporre le truppe potrebbe non solo opporsi a loro ma sperare di sconfiggerle. La proposta militare di Machiavelli troverà corpo nel dialogo *Dell'arte della guerra*.
- **40 non possono...cavalli**: non sono in grado di sostenere una carica di cavalleria.
- **41 tamen...Ravenna**: tuttavia se ne è avuta una prima prova nella battaglia di Ravenna. Nel 1512 i Francesi guidati da Gaston de Foix si scontrarono a Ravenna con le truppe della Lega santa, comprendenti Veneziani e Spagnoli. Fra le fila dell'esercito francese vi erano battaglioni tedeschi organizzati sul modello della fanteria svizzera.

spagnole si affrontorono con le battaglie todesche,[42] le quali servono el medesimo ordine che le svizzere; dove li Spagnoli, con l'agilità del corpo e aiuti de' loro brocchieri, erano intrati, tra le picche loro, sotto,[43] e stavano securi a offenderli[44] sanza che li Todeschi vi avessino remedio; e se non fussi la cavalleria che li urtò,[45] gli arebbano consumati tutti.[46] Puossi, adunque, conosciuto el difetto dell'una e dell'altra di queste fanterie, ordinarne una di nuovo, la quale resista a' cavalli e non abbia paura de' fanti: il che farà la generazione delle armi e la variazione degli ordini.[47] E queste sono di quelle cose che, di nuovo ordinate, dànno reputazione e grandezza a uno principe nuovo.

Non si debba, adunque, lasciare passare questa occasione, acciò che la Italia, dopo tanto tempo, vegga uno suo redentore. Né posso esprimere con quale amore e' fussi ricevuto[48] in tutte quelle provincie che hanno patito per queste illuvioni esterne;[49] con che sete di vendetta, con che ostinata fede, con che pietà, con che lacrime. Quali porte se gli serrerebbano?[50] quali populi gli negherebbano la obedienzia? quale invidia se gli[51] opporrebbe? quale Italiano gli negherebbe l'ossequio? A ognuno puzza questo barbaro dominio. Pigli, adunque, la illustre casa vostra questo assunto[52] con quello animo e con quella speranza che si pigliano le imprese iuste; acciò che, sotto la sua insegna, e questa patria ne sia nobilitata, e, sotto li sua auspizi, si verifichi quel detto del Petrarca:

> Virtù contro a furore
> prenderà l'arme, e fia el combatter corto;
> ché l'antico valore
> nell'italici cor non è ancor morto.[53]

- **42 le battaglie todesche**: *i battaglioni tedeschi.*
- **43 dove...sotto**: *dove gli Spagnoli, con l'agilità e favoriti dai piccoli scudi rotondi e puntati (brocchieri), riuscirono a passare sotto le lunghe picche dei Tedeschi.*
- **44 offenderli**: *ucciderli o ferirli.*
- **45 li urtò**: *si abbatté su di loro.*
- **46 gli arebbano...tutti**: *li avrebbero ammazzati tutti.*
- **47 il che...ordini**: *la qual cosa si otterrà mutando il genere delle armi e il modo di schierarsi e di combattere.*
- **48 fussi ricevuto**: *sarebbe accolto.*
- **49 illuvioni esterne**: *invasioni straniere.*
- **50 se gli serrerebbano**: *gli si chiuderebbero.*
- **51 se gli**: *gli si.*
- **52 assunto**: *impegno.*
- **53 Virtù...morto**: si tratta dei vv. 93-96 della canzone di Petrarca all'Italia (*Canzoniere*, CXXVIII): «*la virtù* [degli Italiani] *prenderà le armi contro il furore* [degli stranieri]*; e il combattimento sarà breve, perché l'antico valore nei cuori italiani non è ancora morto*».

T8 DALLA COMPRENSIONE ALL'INTERPRETAZIONE

COMPRENSIONE

Collocazione Il ventiseiesimo è l'**ultimo capitolo** del *Principe*. Si stacca dagli altri per il **tono vibrante e appassionato**. Come ha messo in evidenza Gramsci, con questo capitolo l'opera assume più evidentemente l'aspetto di un **manifesto politico** volto a ottenere un risultato immediato: la liberazione dell'Italia dal dominio straniero e la sua trasformazione in uno Stato forte e unitario (cfr. **S6**, p. 290).

Suddivisione interna Il capitolo è diviso in cinque paragrafi, di cui il terzo e il quarto dedicati al tema militare. Unificando questi ultimi due, si possono dunque distinguere **quattro momenti**: 1) la descrizione della situazione di **crisi dell'Italia**, che esige uno sforzo decisivo per ribaltare una condizione giunta ormai al fondo del baratro (righi 1-11); 2) l'affermazione della necessità e dell'**urgenza della «redenzione» dell'Italia**, che sarà possibile se il dedicatario dell'opera, Lorenzo di Piero de' Medici, si assumerà l'onere dell'iniziativa (righi 12-31); 3) la denuncia della debolezza militare degli eserciti italiani, in mano a **truppe di mercenari**, vista come una delle cause della decadenza: bisogna che il principe si doti di un proprio esercito, composto di italiani e non da mercenari, in modo da poter sconfiggere le truppe francesi e svizzere, che hanno anch'esse i loro punti deboli (righi 32-46); 4) l'**esortazione rivolta ai Medici** perché liberino l'Italia dagli stranieri (righi 47-80).

ANALISI

Lo stile e il linguaggio dell'esortazione La procedura logica e deduttiva del ragionamento analitico, prevalente nei precedenti capitoli, cede qui il posto al **tono appassionato e profetico**. Il ricorso a **metafore**, a immagini e a figure retoriche prende il sopravvento sull'analisi argomentativa. I mali dell'Italia vengono enunciati in una **tragica enumerazione**: «sanza capo, sanza ordine; battuta, spogliata, lacera, corsa» (righi 10-11). L'**Italia viene personificata** e raffigurata come un grande corpo malato: «rimasa come sanza vita», attende chi «sani le sue ferite» e le «sue piaghe già per lungo tempo infistolite» (righi 14-16). Per raggiungere l'obiettivo di esortare suscitando emozioni e usando a tal fine una retorica appassionata, l'autore impiega immagini bibliche: «el mare si è aperto; una nube vi ha scorto il cammino; la pietra ha versato acqua; qui è piovuto la manna» (righi 28-29). Frequenti, inoltre, sono gli artifici fondati sulla **ripetizione** e sulle **domande retoriche**. Ecco alcuni esempi di ripetizione: «più stiava che gli Ebrei, più serva ch'e' Persi, più dispersa che gli Ateniesi» (rigo 10); «con che sete di vendetta, con che ostinata fede, con che pietà, con che lacrime» (righi 70-71). Essi a volte sono potenziati dal loro inserimento all'interno di domande retoriche. «Quali porte se gli serrerebbono? quali populi gli negherebbono la obedienzia? quale invidia se gli opporrebbe? quale Italiano gli negherebbe l'ossequio?» (righi 71-73). Il tono, insomma, è elevato, e all'interno di esso trova naturale collocazione la citazione finale dalla canzone petrarchesca «*Italia mia, benché 'l parlar sia indarno*» (CXXVIII). E tuttavia non mancano espressioni di tipo completamente diverso. Il vocabolo plebeo «puzza», tratto dal registro "basso" e popolaresco, posto al culmine di un'esortazione costruita su un lessico, un registro e una sintassi "alti", determina un violento e stridente **contrasto pluristilistico** («A ognuno puzza questo barbaro dominio»: rigo 73). La retorica oratoria, modellata sui classici, e il linguaggio elevato e religioso (oltre alle immagini bibliche, bisogna notare i termini di «redenzione» e «redentore» che dal campo religioso vengono trasportati a quello politico) si scontrano con il gusto per la corposa vivacità dell'espressione popolare. Ma proprio la compresenza di **elementi linguistici e stilistici "alti" e "bassi"** è la spia di una tensione appassionata che punta a esasperare i toni e a rifuggire i modi del consueto ragionamento logico e deduttivo al fine di raggiungere un più immediato e intenso effetto persuasivo. Si conferma così quel carattere di manifesto politico che abbiamo sopra rilevato.

La **prevalenza dell'esortazione appassionata sul ragionamento logico** è mostrata anche da alcuni passaggi del discorso machiavelliano. Ai righi 5-11, per esempio, Machiavelli sostiene che, proprio perché la situazione dell'Italia è disperata, essa è favorevole all'iniziativa di un "redentore": si tratta di un ragionamento a veder bene paradossale. Se infatti la crisi è così profonda perché gli italiani dovrebbero seguire Lorenzo di Piero de' Medici? È anche significativo che l'autore mostri di credere a una serie di segni profetici (righi 27-31), ai quali probabilmente uno scienziato della politica non dovrebbe prestare attenzione ma che invece un uomo politico può usare spregiudicatamente a fini persuasivi.

INTERPRETAZIONE

Storicizzazione: la crisi italiana e l'umanesimo di Machiavelli Il punto di partenza della riflessione di Machiavelli è la crisi italiana iniziata nell'ultimo decennio del Quattrocento con la morte di Lorenzo de' Medici e la discesa di Carlo VIII in Italia. Egli lucidamente vede **le cause principali della crisi**: la mancanza in Italia di una monarchia nazionale come quella francese, la divisione in tanti staterelli, la debolezza militare, la conseguente subordinazione ai francesi e agli spagnoli. E tuttavia Machiavelli non si rassegna alla decadenza e alla disgregazione; esorta a conoscerle per poterle superare. Di qui la speranza che Lorenzo di Piero de' Medici possa guidare la riscossa degli italiani; e di qui, anche, il **tono volontaristico e utopico** del *Principe*. Alla lucidità dell'analisi si accompagna insomma il fervore di un progetto volto alla «redenzione» del nostro paese. Si direbbe che gli ideali umanistici – la spregiudicatezza laica, la pace, il gusto della discussione e del dialogo – debbano piegarsi ad accettare le leggi spietate della politica, perché solo così potranno domani realizzarsi in uno Stato italiano più forte e sicuro. La **citazione petrarchesca** sembra riprendere, insomma, tutta una tradizione di umanesimo civile, che era stata particolarmente viva a Firenze. Il capitolo finale mostra che in Machiavelli il realismo della politica è necessario per affermare l'**utopia di un'Italia liberata**.

Trattato scientifico o manifesto politico? Realismo e utopia in Machiavelli Da quanto si è detto sinora emerge chiaramente che l'ultimo capitolo esprime il momento utopico del pensiero di Machiavelli. L'analisi dei capitoli precedenti, così spietata e realistica, appare finalizzata all'esortazione e all'aspirazione utopica della conclusione. Si suol dire che, se si esclude l'ultimo capitolo, *Il Principe* avrebbe l'andamento del trattato scientifico. Ciò è vero solo in parte e in modo peraltro contraddittorio. In effetti Machiavelli segue procedure di ragionamento logico stringente e si fonda sull'esperienza concreta e sull'analisi di situazioni reali. Ciò attribuisce al *Principe* una valenza scientifica. Tuttavia in tutta l'opera sono presenti sempre un aspetto provocatorio, una volontà di urtare, commuovere, convincere il lettore che sono propri del saggista e del polemista piuttosto che dello scienziato o del tecnico puro. Insomma il tono esortatorio dell'ultimo capitolo non giunge poi così inaspettato. **Lo stile di Machiavelli non è mai del tutto tecnico**, né freddamente scientifico, ma è sempre teso, concentrato, polemico, appassionato, eroico. A veder bene, il realismo "scientifico" di Machiavelli non è che l'altra faccia dell'utopismo che lo induce a sognare un principe nuovo e un'Italia liberata addirittura con le «armi proprie» di soldati-cittadini. Machiavelli tende a dimostrare che è possibile creare nuove leggi dell'attività politica al fine di raggiungere un obiettivo preciso. In realtà il momento scientifico non è che un aspetto dell'impegno del **saggista che vuole convincere ed esortare i lettori**. Proprio perché Machiavelli tende a un grande obiettivo – insieme morale e politico –, *Il Principe* ha una interna **tensione ideale** che si esprime in una scrittura che è saggistica piuttosto che esclusivamente tecnico-scientifica. Per questo, come ha scritto Gramsci, può essere legittimamente definito un manifesto politico (**S6**).

T8 LAVORIAMO SUL TESTO

COMPRENDERE

Il destinatario

1. A chi è rivolta l'esortazione finale?
2. **LA PARAFRASI** Dividete il testo in sequenze e, individualmente o a gruppi, elaborate per ogni sequenza la parafrasi. Rileggete in classe la nuova versione in italiano moderno.

L'Italia nel baratro

3. Per quali ragioni la situazione politica italiana è particolarmente favorevole all'affermazione di un «principe nuovo»?

ANALIZZARE

4. **LINGUA E LESSICO** Sottolinea gli aggettivi usati da Machiavelli per descrivere l'Italia. Quale immagine emerge da questa descrizione?

Lo stile della persuasione

5. Machiavelli qui abbandona lo stile rigorosamente argomentativo dei capitoli precedenti. Che registro espressivo impiega per tratteggiare le condizioni dell'Italia? Perché chiude citando la canzone di Petrarca «*Italia mia, benché 'l parlar sia indarno*» (cfr. vol. 1, Parte Seconda, cap. VII, **T10**)?

INTERPRETARE

Le guerre giuste

6. Che concetto di giustizia viene introdotto qui?

La debolezza dei «capi»

7. Per quali ragioni il successo sarà facile per i Medici?

La redenzione d'Italia

8. Illustra il carattere utopico della conclusione del *Principe*: è una sconfessione del precedente realismo?

S6 MATERIALI E DOCUMENTI

Il *Principe* come «manifesto politico» in una pagina di Gramsci

Antonio Gramsci riflette sulla conclusione del *Principe*, in cui Machiavelli, mettendo da parte ogni cautela, rivolge un'invocazione piena di drammaticità a un principe «nuovo». A giudizio di Gramsci, con questo epilogo Machiavelli finisce per creare un vero e proprio "mito": quello del condottiero atteso da un intero popolo. Così l'autore fiorentino si fa portavoce di una «volontà collettiva» e popolare. Tutta l'opera vibra di attesa, di passione, di slanci ideali e, per questo, il *Principe* non è solo un trattato scritto con intelligenza e distacco razionale ma, per Gramsci, è soprattutto un «manifesto politico».

▶▶ Il carattere fondamentale del *Principe* è quello di non essere una trattazione sistematica [compiuta e organica] ma un libro «vivente», in cui l'ideologia politica e la scienza politica si fondono nella forma drammatica del «mito». Tra l'utopia[1] e il trattato scolastico,[2] le forme in cui la scienza politica si configurava fino al Machiavelli, questi dette alla sua concezione la forma fantastica e artistica, per cui l'elemento dottrinale e razionale si impersona in un condottiero, che rappresenta plasticamente e «antropomorficamente» il simbolo della «volontà collettiva». Il processo di formazione

---

1 utopia: con il termine "utopia" s'intende comunemente un ideale politico ed etico, desiderato ma irrealizzabile. Molti trattati composti nel Rinascimento hanno per tema la descrizione di una società perfetta: in questi anni l'utopia diventa un vero e proprio genere letterario. Per la storia e per gli usi del vocabolo cfr. cap. VI, § 6, **S6**, p. 171.

2 scolastico: la Scolastica è la scuola filosofica di ispirazione cristiana che ha dominato il pensiero medievale. Essa si fonda nel tentativo di conciliare fede e ragione, dottrina cristiana e razionalismo aristotelico.

di una determinata volontà collettiva, per un determinato fine politico, viene rappresentato non attraverso disquisizioni [lunghi discorsi] e classificazioni pedantesche di principii e criteri di un metodo d'azione, ma come qualità, tratti caratteristici, doveri, necessità di una concreta persona, ciò che fa operare la fantasia artistica di chi si vuol convincere e dà una più concreta forma alle passioni politiche. [...] Anche la chiusa del *Principe* è legata a questo carattere «mitico» del libro: dopo aver rappresentato il condottiero ideale, il Machiavelli con un passaggio di grande efficacia artistica, invoca il condottiero reale che storicamente lo impersoni: questa invocazione appassionata si riflette su tutto il libro conferendogli appunto il carattere drammatico. [...]

Il carattere utopistico del *Principe* è nel fatto che il «principe» non esisteva nella realtà storica, non si presentava al popolo italiano con caratteri di immediatezza obbiettiva, ma era una pura astrazione dottrinaria [idea teorica], il simbolo del capo, del condottiero ideale; ma gli elementi passionali, mitici, contenuti nell'intero volumetto, con mossa drammatica di grande effetto, si riassumono e diventano vivi nella conclusione, nell'invocazione di un principe, «realmente esistente». Nell'intero volumetto Machiavelli tratta di come deve essere il Principe per condurre un popolo alla fondazione del nuovo Stato, e la trattazione è condotta con rigore logico, con distacco scientifico: nella conclusione il Machiavelli stesso si fa popolo, si confonde col popolo, ma non con un popolo «genericamente» inteso, ma col popolo che il Machiavelli ha convinto con la sua trattazione precedente, di cui egli diventa e si sente coscienza ed espressione, si sente medesimezza [immedesimato]: pare che tutto il lavoro «logico» non sia che un'autoriflessione del popolo, un ragionamento interno, che si fa nella coscienza popolare e che ha la sua conclusione in un grido appassionato, immediato. La passione, da ragionamento su se stessa, ridiventa «affetto», febbre, fanatismo d'azione. Ecco perché l'epilogo del *Principe* non è qualcosa di estrinseco, di «appiccicato» dall'esterno, di retorico, ma deve essere spiegato come elemento necessario dell'opera, anzi come quell'elemento che riverbera la sua vera luce su tutta l'opera e ne fa come un «manifesto politico».

A. Gramsci, *Noterelle sulla politica del Machiavelli*, in *Quaderni del carcere*, a cura di V. Gerratana, Einaudi, Torino 1975, vol. III, pp. 1555-1556.

12 Problemi e vicende della ricezione

Per ricostruire i tratti essenziali della storia della ricezione del *Principe* occorre partire da due indispensabili premesse:

Centralità del conflitto interpretativo
1. Il trattato presenta una tematica che trascende il campo letterario e interessa direttamente il pensiero politico e le sue applicazioni pratiche. Questo spiega il motivo per cui, a partire dalla morte di Machiavelli (1527), i **conflitti interpretativi** e gli scontri di punti di vista siano stati ben superiori per virulenza a quelli normalmente legati alla fortuna delle altre grandi opere della letteratura italiana.

Diffusione europea del *Principe*
2. **La diffusione del *Principe* avvenne su scala europea**: Machiavelli è infatti uno degli autori italiani più conosciuti e discussi all'estero. L'ampiezza delle polemiche fece sì che il senso complessivo delle sue opere fosse spesso travisato e distorto: lo mostrano le nozioni comuni di "machiavellico" o "machiavellismo" con significati che poco o nulla hanno a che vedere con quelli reali del trattato (cfr. cap. VII, **S1**, p. 179).

È possibile rappresentare in quattro distinti momenti la complessa vicenda della ricezione del *Principe*:

I momenti principali della ricezione: a) il Cinquecento
a) **L'antimachiavellismo confessionale**. Nel Cinquecento il *Principe* ha già una diffusione europea e venne presto ridotto da gesuiti e protestanti, nelle lotte religiose, a simbolo delle concezioni politiche dell'avversario. Incluso nel primo Indice dei libri proibiti (1559), diventa oggetto di una violenta confutazione da parte della trattatistica cattolica.

b) L'epoca della Controriforma
b) **La trattatistica politica della Controriforma**. Nel Seicento la fortuna di Machiavelli coincide in gran parte con la nozione controriformista di "ragion di Stato" (cfr. **S7**, p. 292). Domina l'antimachiavellismo clericale che distorce fino alla parodia le posizioni espresse dal trattato. Ufficialmente posto al bando, *Il Principe* è nascostamente utilizzato dagli stessi gesuiti. La difficoltà

di giustificare eticamente la violenza politica produsse così, fra il 1580 e il 1650, la trattatistica della "ragion di Stato".

c) **L'interpretazione "obliqua" nell'Illuminismo** settecentesco. Il Settecento e l'Illuminismo aprono la strada a una rivalutazione del pensiero di Machiavelli e del *Principe*. Fondamentali furono la voce *machiavélisme* curata da Diderot per l'*Encyclopédie* (1773) e il *Contrat social* [Contratto sociale, 1762] di Rousseau, dai quali prende forma una rilettura "obliqua": il messaggio del trattato, cioè, sarebbe stato indirizzato palesemente ai tiranni ma segretamente ai popoli in favore di una presa di coscienza repubblicana e libertaria.

S • Foscolo e Machiavelli

d) **L'età del Romanticismo e del nazionalismo**. La rivalutazione del trattato prosegue con il Romanticismo in Europa e con il Risorgimento in Italia. Da Fichte a Hegel fino a De Sanctis, Machiavelli è interpretato come fondatore del pensiero politico integralmente laico. In Italia il filone interpretativo nazionalista e risorgimentale individua nelle pagine conclusive del *Principe* un punto di riferimento e un appello profetico all'unità d'Italia. L'uso in chiave nazionalistica del trattato verrà proseguito in forme estreme anche nel corso del Novecento, durante il ventennio fascista.

In forma del tutto schematica si possono quindi distinguere, in relazione ai differenti climi culturali, **quattro momenti** nel conflitto delle interpretazioni, **i primi due** dominati da un mito polemico negativo, **i secondi due** da un mito polemico positivo. Per valutare i modi in cui il trattato venne interpretato, assimilato o rifiutato occorre soffermarsi su ciascuno dei quattro periodi.

Anche oggi *Il Principe* non perde la sua attualità: basta pensare al successo ottenuto dal film *Il Divo* di Sorrentino, il cui protagonista è un moderno Valentino che attualizza, semplificandola, la lezione di Machiavelli (cfr. **S8**).

S7 — INFORMAZIONI
La nozione di "machiavellismo" e la "ragion di stato"

Fra il 1580 e il 1650 si verificò una grande fioritura di trattati intorno alla scienza politica, denominata come "ragion di Stato". Si tratta di un termine ricalcato sulla nozione classica di "ratio rei publicae" [ragion di Stato]. Esso riflette l'ambiguità con cui fu recepito il pensiero di Machiavelli nell'età della Controriforma. Fin dalla fine del XVI secolo, quindi, ogni interpretazione del *Principe* si fissò nella fortunatissima formula del "machiavellismo" inteso come teoria e pratica della "ragion di Stato". Il pensiero di Machiavelli venne letto, in modo semplicistico e riduttivo, come "ricettario" di atrocità e furbesche simulazioni al servizio del tiranno che voglia dirigere lo Stato. A tale "ricettario" i trattatisti della Controriforma guardarono con un misto di ripugnanza moralistica e di tormentata ammirazione. In realtà, mentre il machiavellismo veniva esplicitamente esecrato e pubblicamente condannato, diveniva poi pratica quotidiana dell'esercizio del potere (cfr. anche cap. VII, **S1**, p. 179).

S8 — CINEMA
Paolo Sorrentino, *Il divo* (2008)

La trama

«"Lei ha sei mesi di vita" – mi disse l'ufficiale sanitario alla visita di leva. Anni dopo lo cercai, volevo fargli sapere che ero sopravvissuto. Ma era morto lui. È andata sempre così. Mi pronosticavano la fine. Io sopravvivevo. Sono morti loro. In compenso per tutta la vita ho combattuto contro atroci mal di testa. A suo tempo l'Optalidon accese molte speranze. Ne spedii un flacone pure a un giornalista, Mino Pecorelli. Anche lui è morto»: queste parole sono pronunciate dal personaggio di Giulio Andreotti nel vertiginoso *incipit* del *Divo*, che si apre con l'immagine della sua testa trafitta dagli spilli dell'agopuntura, mentre lo zoom della macchina da presa le si avvicina dall'alto, come in una discesa agli inferi. A seguire, un montaggio serratissimo propone una sfrenata carrellata dei misteri della storia italiana, accompagnati da didascalie rosse che ruotano, si ribaltano, si muovono sullo schermo. Da qui prende le mosse il racconto barocco, visionario che ha per protagonista Andreotti, eletto presidente del Consiglio per ben sette volte, la cui vicenda politica s'interseca con tutta la serie dei delitti irrisolti (Pecorelli, Calvi, Sindona, Ambrosoli) che hanno segnato la storia italiana degli ultimi anni. Dall'uccisione di Moro a Tangentopoli al processo per concorso esterno in associazione mafiosa: il film ripercorre i momenti più significativi di quella che il sottotitolo definisce «la spettacolare vita di Giulio Andreotti».

Una maschera del Potere

Il "divo" non è solo un uomo, ma è anche l'incarnazione di un concetto astratto: il Potere. Il personaggio di Andreotti, interpretato da Toni Servillo in modo volutamente grottesco e caricaturale, rappresenta una maschera del potere e della sua «mostruosa, inconfessabile contraddizione: perpetuare il male per garantire il bene», come afferma il protagonista stesso in un monologo. Il divo Giulio ha qualcosa di vampiresco: come Nosferatu, odia la luce, gira solo di notte, sembra resistere immutato al trascorrere del tempo. Il grottesco della rappresentazione è accentuato dalla ripetitività dei gesti (i pollici che girano, i polpastrelli che si toccano, la fede che viene fatta ruotare di continuo) e dalla inalterabilità del suo aspetto: gli anni passano, ma il divo è sempre uguale a se stesso. Perennemente ingobbito, eternamente solo e indecifrabile (neanche la moglie ha accesso ai suoi segreti), il personaggio porta sempre i medesimi occhiali, indossa sempre la stessa cravatta.

Il divo Giulio e il Valentino

L'Andreotti di Sorrentino è soprattutto un politico navigato, uno statista impassibile e spietato, un moderno Valentino che attualizza, semplificandola, la lezione del *Principe* di Machiavelli. Gestisce il potere in maniera spregiudicata, utilizzando, a seconda dei casi, la violenza o la dissimulazione, coniugando la ferocia del «lione» con la furbizia ipocrita della «gólpe». Per mantenere nelle sue mani il timone dello Stato, ricorre a continui compromessi etici, fino ad affermare nel lungo monologo finale l'autonomia della prassi dalla morale e l'inconciliabilità di politica e verità. Intorno a lui si muove tutta una schiera furfantesca di politicanti insaziabili e meschini che si dimenano come marionette grottesche tra i corridoi di Montecitorio. A manovrarne i fili è ancora una volta Andreotti, il «grande burattinaio».

La poetica dell'eccesso

Sorrentino coniuga tragedia e commedia, Storia e racconto, persona e maschera, fatti reali e sintassi surreale, in un'opera barocca e grottesca, regolata da una sorta di poetica dell'eccesso, in cui i più raffinati giochi stilistici si contaminano con la cultura *pop*.

> *Il divo*, regia e sceneggiatura di Paolo Sorrentino; interpreti: Toni Servillo, Fanny Ardant, Paola Bonaiuto, Carlo Buccirosso, Piera Degli Espositi; fotografia: Luca Bigazzi; scenografia: Lino Fiorito; costumi: Daniela Ciancio; musiche: Theo Teardo; durata: 110 minuti; Italia/Francia 2008.

Percorso
L'ANIMA E IL CORPO

La bestia e l'uomo nella concezione di Machiavelli

Sandro Botticelli, *Pallade e il Centauro*, 1482-1483. Firenze, Galleria degli Uffizi.

Pallade Atena che tiene per i capelli un centauro rappresenta la ragione in grado di controllare l'istinto, la razionalità che placa la parte animalesca e irrazionale dell'uomo rappresentati dal centauro. I volti dei due personaggi sono eloquenti: impassibile e assorto quello di Atena, sofferente e restio quello del centauro. La funzione di Atena non è, tuttavia, solo quella di tenere sotto controllo le emozioni: nell'immaginario rinascimentale Atena incarna la funzione civilizzatrice della ragione, il culto delle virtù civili che portano alla convivenza pacifica. Al contrario l'immagine dell'uomo che emerge dal *Principe* di Machiavelli si fonda sull'idea che la parte animalesca e impetuosa dell'uomo sia necessaria per affrontare le avversità e dominare la storia.

Machiavelli rivoluziona la concezione dell'uomo dominante nella cultura umanistica. Egli senza dubbio ne riprende la fiducia nella capacità dell'individuo di dominare razionalmente gli eventi, ma rifiuta ogni visione unilaterale e idealizzata dell'uomo come creatura superiore e vicina alle specie angeliche.

Per la tradizione umanistica l'animalità è cieca negatività, per Machiavelli la «bestia» non è semplicemente l'immagine della degradazione, ma una componente essenziale dell'uomo. Viene riconosciuta l'importanza della base biologica e istintuale della natura e dell'attività umana e ciò permette il recupero di una serie di comportamenti che la visione umanistica tendeva ad escludere. **Razionalità e istinto inoltre non sono concepiti come due poli opposti, in irriducibile contrasto, ma in rapporto dialettico.**
Machiavelli deriva questa visione naturalistica dalla tradizione materialista e lucreziana, che concepiva gli organismi viventi dominati da leggi comuni a tutti i cicli vitali. Anche la società, lo Stato, l'evoluzione delle forme politiche sono considerati in termini organicistici e naturalistici (si vedano le metafore dello Stato-corpo, dello Stato-pianta). La storia stessa è frutto di comportamenti radicati nel fondo istintuale e perciò immutabile della natura umana.

L'immagine della «golpe» e del «lione», riferite al principe «savio», e quella del centauro, proposta al principe stesso come modello pedagogico, mostrano l'inscindibilità, anche ai livelli più alti dell'agire umano, della componente umana e animale. Emblematica è questa rivalutazione del centauro, figura demonizzata per tutto il Medioevo (cfr. il ruolo che gli attribuisce Dante nel canto XII dell'*Inferno*) ed esclusa dalla idea di civiltà della cultura umanistica (cfr. **T6**, *Il diciottesimo capitolo. Il leone e la volpe: animalità e lotta politica*).

La discesa di Carlo VIII e gli sconvolgimenti politici che in Italia ne seguirono provocarono smarrimento e sfiducia nei contemporanei. Ma nessuno più di Machiavelli si rese conto della gravità della crisi storica che stava attraversando l'Italia e delle insufficienze della cultura dei gruppi dirigenti (cfr. cap. VII, **T5**, *La conclusione dell'Arte della*

Tiziano, *Paolo III e i nipoti Alessandro e Ottavio Farnese*, 1546. Napoli, Galleria Nazionale di Capodimonte.

Tiziano non rappresenta il papa secondo i modi solenni del ritratto celebrativo, ma lo inserisce in una scena piena di vita e intensamente espressiva. Il papa con un'aria volpina si gira, quasi in uno scatto d'ira, verso il duca Ottavio, il cui movimento elegante e tortuoso suggerisce il carattere strisciante del personaggio. Dietro il papa sta la figura sorniona del cardinale Alessandro, che sottolinea con il gesto un dialogo carico di sottintesi ambigui e maligni. Il colore rosso (del tavolo, delle vesti, del tendaggio) domina ossessivamente il dipinto, che si rivela una spietata penetrazione dello spirito demoniaco del potere.

guerra: *contro l'inettitudine dei principi italiani*). Questa esperienza mostrò drammaticamente il ruolo che hanno nella storia la violenza, la brutalità, l'inganno. Di tale ruolo Machiavelli, fedele alla «verità effettuale», prese coraggiosamente atto.

Di conseguenza, per fronteggiare la "fortuna", il principe deve «sapere bene usare la bestia e l'uomo». Come è necessaria la razionalità, così il ricorso alla bestia è non meno necessario per sconfiggere e controllare gli istinti aggressivi, sia dei sudditi che dei nemici. L'uso intelligente delle arti del leone e della volpe per raggiungere il fine che si vuole perseguire caratterizza la nuova virtù del principe. Pur affermando l'importanza e la validità della «bestia», Machiavelli tuttavia distingue tra quella coscientemente usata dal «savio» e quella irrazionalmente incarnata dal «pazzo».

Non c'è in Machiavelli una visione ottimista della natura umana, tutt'altro. Il carattere istintuale dell'uomo è caratterizzato da attributi di irrazionalità violenta e egoistica. Sono gli uomini «tristi» a costringere il principe ad essere, se necessario, feroce come una bestia. **Ma la bestia non è contrapposta all'uomo, è tutt'uno con esso. Ed è questo stesso fondo vitalistico la base dell'azione e dell'energia dell'individuo.** Non a caso Machiavelli preferisce il temperamento impetuoso a quello «respettivo», perché la fortuna è donna e per vincerla va battuta. C'è infatti uno stretto rapporto tra la riflessione sulla bestia e quella sulla tematica della fortuna. Il comportamento dell'uomo e dell'animale, la prudenza e la crudeltà sono strade ugualmente percorribili, se sono capaci di rispondere attivamente alle «variazioni di fortuna» (cfr. **T7**, *Il venticinquesimo capitolo: la fortuna*).

L'uomo ridotto a inconsciente bestialità è invece negativo. Nella *Mandragola* Sostrata è «una bestia» nel giudizio di Timoteo, che pur si serve di lei per raggiungere lo stesso fine (cfr. cap. VII, **T7**, *Lucrezia fra Sostrata e Timoteo*).

Machiavelli arriva anche a un ribaltamento totale e positivo della condizione umana in quella animale. L'opzione "bestiale" è in questo caso associata alla scelta della forma comica. Nell'*Asino*, un porco che era stato uomo afferma la superiorità degli animali sugli uomini: «Non dà l'un porco a l'altro porco doglia, / l'un cervo a l'altro: solamente l'uomo / l'altr'uom amazza, crocifigge e spoglia». E così egli motiva il suo rifiuto a ritornare uomo: «Pens'or come tu vuoi ch'io ritorni uomo, / sendo di tutte le miserie privo / ch'io sopportava mentre che fui uomo. / E s'alcun infra gli uomin ti par divo, / felice e lieto, non gli creder molto, / ché in questo fango più felice vivo, / dove senza pensier mi bagno e volto».

Il **fango** opposto al **pensiero** è un ribaltamento materialistico in chiave satirica di tutto l'idealismo umanistico. Inoltre, «la discesa comica nell'asinità viene proposta come una forma di "riscontro" (accordo) con la fortuna, come un tentativo di recuperare, in un "tempo dispettoso e tristo" (quello dell'esilio), il successo e la felicità, la stessa effigie serena dell'"uomo", attraverso l'esperienza di una zona antitetica all'"umanità", di uno spazio ambiguo che Machiavelli riconosce per niente subalterno a quello fin troppo autorizzato ed esemplare dell'eroe umano e tragico» (cfr. **S4**, *Bestia e uomo: la nuova antropologia di Machiavelli*).

Agnolo Bronzino, *Il granduca Cosimo I de' Medici* (1545). Firenze, Galleria degli Uffizi.

Il duca si fa ritrarre in primo piano, vestito da condottiero. La luce indugia sugli arabeschi dell'armatura, accende di riflessi metallici le sue punte acuminate, si posa sulla mano destra che sorregge l'elmo. L'insistenza sul mestiere delle armi sottolinea la discendenza di Cosimo dal padre condottiero, l'eroico Giovanni dalle Bande Nere, ma anche l'origine armata e temibile del suo potere. I Medici erano rientrati in Firenze nel 1530, sotto l'egida dell'esercito imperiale di Carlo V; Cosimo aveva subito dato prova di grande energia, conquistando Siena e unificando il granducato di Toscana sotto un pugno di ferro. Sono gli anni dell'assolutismo politico e del conformismo religioso quelli in cui Bronzino diventa il ritrattista ufficiale della corte medicea. In questa figura di principe corazzato e inaccessibile, dal portamento fiero, ben determinato nel suo sguardo obliquo, il pittore ci ha lasciato un'immagine della dittatura implacabile e astutamente paternalistica del nuovo signore di Firenze.

Percorso
LA GUERRA E LA PACE

PERCORSI TEMATICI

«E' profeti armati vinsono, e li disarmati ruinorono». Armi proprie contro milizie mercenarie

Pieter Paul Rubens, *Lotta per lo stendardo* (dalla *Battaglia di Anghiari*), Parigi, Museo del Louvre.

Copia realizzata da un'ulteriore copia della pittura murale di Leonardo da Vinci, databile al 1503, situata a Firenze nel Palazzo Vecchio e andata perduta.

Nella cultura umanistica del Quattrocento, specialmente fiorentina, era stata vivissima l'aspirazione alla pace, interna ed esterna. Necessità economiche, legate alla ripresa dello sviluppo mercantile, e lettura dei classici cooperano alla condanna della guerra. La pace è contrapposta alla guerra come l'umanità alla bestialità, la razionalità alla irrazionalità. La guerra perciò è sempre un male. È fonte di instabilità e un danno per tutti, vincitori e vinti. Il buon principe, invece, scrive Leon Battista Alberti intorno al 1450, deve procurare tranquillità ai suoi, gloria e popolarità a se stesso «con arti pacifiche piuttosto che con imprese belliche».

La cultura umanistica aveva inoltre esaltato l'arte della parola, come elemento che distingue l'uomo dai bruti, come strumento di discussione e regolamento dei conflitti. Contro questa cultura, che si era rivelata alla prova dei fatti una idealistica illusione, **prende posizione Machiavelli**. In un celebre passo dell'*Arte della guerra* egli smitizza l'intera cultura rinascimentale, istituendo un amaro confronto fra gli splendori artistici della vita di corte e le drammatiche conseguenze politiche che ne seguirono. «Credevano i nostri principi italiani, prima ch'egli assaggiassero i colpi delle oltramontane guerre, che a uno principe bastasse sapere negli scrittoi pensare una acuta risposta, scrivere una bella lettera, mostrare ne' detti e nelle parole arguzia e prontezza...» (cfr. cap. VII, **T5**, *La conclusione dell'Arte della guerra: contro l'inettitudine dei principi italiani*).
Nonostante l'amore per la pace e la fede nella superiore razionalità umana, la guerra resta tuttavia una realtà ineludibile, anche per gli umanisti. E il nodo centrale del dibattito politico-militare, tra la metà del Trecento e il Cinquecento, è rappresentato dal dilemma, affrontato anche da Machiavelli: milizie mercenarie o cittadini soldati?
Gli scrittori del Quattrocento, suggestionati dall'esempio delle antiche repubbliche, si erano lanciati nella polemica contro le truppe mercenarie, ma la diffidenza contro i mercenari non si era unita, nei fatti, a una reale propensione per le milizie cittadine. Al di là delle parole, a Firenze era restata fermissima l'avversione contro i cittadini armati. La contraddizione fra parole e realtà rimase insoluta e ciò impedì la creazione di un esercito efficiente.

Alla fine del Quattrocento il risveglio fu tragico. L'invasione di Carlo VIII, a cui «fu licito pigliare l'Italia col gesso», produsse l'effetto di uno *choc*, soprattutto per Machiavelli, che più degli altri ebbe coscienza della crisi politica e militare che minacciava l'Italia. Firenze stessa venne a trovarsi in una condizione di grande debolezza e di completa subordinazione militare al re di Francia.

I caratteri della guerra stavano cambiando in Europa. Ovunque si affermava la tendenza alla creazione di eserciti di professionisti, pagati direttamente dallo Stato. Il fenomeno investe anche l'Italia, ma qui la situazione era più complessa per il contrasto fra i vari Stati e la debolezza del potere centrale. Osserva Guicciardini a proposito delle nuove tecniche di guerra e del ruolo che in esse aveva «la ferocia» delle fanterie: «Innanzi al 1494 erano le guerre lunghe, le giornate (battaglie) non sanguinose, e' modi dello espugnare terre (città) lenti e difficili; e se bene erano già in uso le artiglierie, si maneggiavano con sì poca attitudine che non offendevano molto: in modo che chi aveva uno stato era quasi impossibile lo perdessi. Vennero e' Franzesi in Italia e introdussono nelle guerre tanta vivezza in modo che insino al '21, perduta la campagna (battaglia campale), era perduto lo stato» (dai *Ricordi*, serie c, n. 64, p. 740 in *Opere*, a cura di E. Lugnani Scarano, Utet, Torino 1970).

Alla luce di questa realtà storica si spiega l'importanza che assume la questione militare nella riflessione e nella pratica politica di Machiavelli.
Già nel 1499, e ancora più decisamente nel 1505, dinanzi alla sconfitta fiorentina, a Pisa, dovuta alla defezione dei fanti mercenari, Machiavelli pone il problema della qualità

degli eserciti e della insicurezza derivata dall'affidare le sorti della Repubblica fiorentina a milizie mercenarie. Così nel *Discorso dell'ordinare lo stato di Firenze alle armi* espone il progetto di una milizia cittadina, che egli riuscì effettivamente a costituire, reclutando i soldati nel contado perché più sicuri e fedeli degli abitanti delle città sottomesse.

L'esigenza di una riforma radicale degli ordinamenti militari acquista tanta rilevanza in Machiavelli perché la crisi politica italiana si era manifestata clamorosamente sul piano militare, come incapacità delle milizie mercenarie italiane di fronteggiare gli eserciti stranieri.

Dopo un periodo di relativa pace la guerra irrompe sulla scena italiana con l'impeto travolgente e imprevedibile delle nuove fanterie svizzere e spagnole, che sconvolgono l'assetto politico italiano. «Di qui nacquero poi nel mille quattrocento novantaquattro i grandi spaventi, le sùbite fughe e le miracolose perdite; e così tre potentissimi stati che erano in Italia sono stati più volte saccheggiati e guasti» (cfr. cap. VII, T5). Machiavelli spiega in questa chiave la «ruina» d'Italia che «non è causata da altro che per essere in spazio di molti anni riposatasi in su le armi mercenarie. Le quali [...] parevano gagliarde infra loro; ma, come venne el forestiero, le mostrarono quelle che erano» (cfr. espansioni digitali T *I capitoli XII-XIV: il principe savio deve avere armi proprie*).

Perciò egli spara a zero contro le milizie mercenarie indisciplinate, infedeli, vili, avide, inutili e pericolose. Uno Stato non può fondare su di esse la propria stabilità, perché non sarà mai solido, né sicuro. Gli esempi della storia antica e recente sono utilizzati a sostegno di questa tesi. Così la ragione della «ruina» dell'impero romano è individuata nell'arruolamento mercenario dei Goti, come il successo del duca Valentino nell'essersi fornito di soldati propri. **Le armi proprie diventano lo strumento fondamentale della virtù del principe**, che nelle avversità può validamente difendere lo Stato, altrimenti totalmente sottomesso alla fortuna. Al principe umanista Machiavelli oppone il principe condottiero, all'esempio di Cesare e di Alessandro l'incapacità dei principi italiani che hanno perso «ignominiosamente» lo Stato. Di questo non devono accusare la fortuna, ma «l'ignavia loro», ché non pensarono nei tempi di pace a creare eserciti propri e «quando vennono e tempi avversi pensorono a fuggirsi e non a defendersi» (cap. XXIV).

Nel *Principe* la guerra non è solo concepita come difesa della libertà e della stabilità dello Stato. **La forza militare, e in genere la violenza, è una dimensione necessaria dell'azione politica**, una condizione essenziale per l'affermazione del progetto politico del principe, soprattutto se si tratta di fondare uno Stato nuovo e nuovi ordinamenti. Giacché la storia dimostra che i profeti armati hanno vinto e i disarmati «ruinorono» (cfr. T3, *Il sesto capitolo: il ruolo della violenza storica*).

Cade la problematica ancora umanistica della guerra giusta. Per Machiavelli conta il risultato: la guerra o si vince o si perde. È il terreno privilegiato di confronto, imposto dai tempi, tra la virtù e la fortuna. Di qui la preferenza accordata da Machiavelli all'«impeto» anziché al «respetto», giacché la guerra può essere strumento della prudenza del principe.

La scelta delle armi «proprie» non è dunque una questione tecnica, ma politica. Le buone armi non possono essere separate dai «buoni ordini», dalle buone leggi. Il modello, cui Machiavelli si ispira, è quello offerto dalle antiche repubbliche in cui il soldato è integrato al cittadino e lo Stato è difeso da quelli che lo formano. Quando Machiavelli denuncia l'inaffidabilità dei condottieri non adduce motivi

Albrecht Altdorfer, *La battaglia di Isso*, 1529. Monaco, Alte Pinakothek.
La battaglia di Isso, combattuta fra Alessandro Magno e l'imperatore persiano Dario nel 333 a.C., è il soggetto di un grande dipinto del pittore tedesco Altdorfer in cui la descrizione del campo di battaglia, delle truppe, degli accampamenti, è inserita in un paesaggio dalla vertiginosa profondità. Nessun dettaglio è immaginato con precisione storica e filologica, e anzi l'equipaggiamento di tutte le figure, se si esclude il carro di Alessandro Magno, è aggiornato all'uso moderno: è possibile che attraverso questo espediente con l'esercito di Dario si alluda alla minaccia ottomana in Europa.

morali o economici, ma politici: il condottiero eccellente nelle armi è sempre un pericolo perché costituisce un centro di potere alternativo allo Stato.

Per questa diagnosi anche la tensione al riscatto, a liberarsi dal «barbaro dominio», significa innanzitutto restituire «reputazione alle armi». È necessario pertanto preparare armi proprie «per potere con la virtù italica defendersi dalli esterni» (cfr. **T8**, *Il ventiseiesimo capitolo: l'esortazione finale*). E Machiavelli prospetta una fanteria nazionale capace di fronteggiare quella svizzera e spagnola.

Perciò non basta in Italia saper guidare un esercito esistente, prima è necessario saperlo fare e poi saperlo guidare. Ed è questo il tema dell'*Arte della guerra*.

Il problema centrale qui è quello di legare le istituzioni militari alla società civile e di saldare la frattura tra i due mondi. Ciò è possibile costruendo insieme l'esercito e lo Stato. Questo esercito "nazionale" va arruolato senza paura di armare i sudditi, perché il pericolo non viene dalle armi in mano al popolo, ma dai cattivi ordinamenti. Tale esercito non deve però trasformarsi in un esercito professionale, ma deve restare una milizia "mobile". Machiavelli rifiuta il soldato di professione chiunque esso sia. Chi vive della guerra è sempre un personaggio violento, un possibile portatore di disordine. La soluzione è un esercito di Stato composto di uomini che si addestrano e combattono quando è necessario e poi ritornano alle loro occupazioni nella vita civile. La guerra, in questo senso, è intesa da Machiavelli come la più energica espressione dell'attività politica di un popolo.

La visione di Machiavelli, questa fede nel popolo come fondamento dello Stato che si traduce nella proposta del cittadino-soldato, era al suo tempo utopica. Le milizie proprie arruolate da Machiavelli non fecero miglior prova nel 1512, quando si trattò di difendere la Repubblica dal ritorno dei Medici, né l'esercito popolare riuscì a difendere Roma dai lanzichenecchi. Perciò, osserva amaramente Guicciardini, «si dimostrò a quegli che per gli esempi antichi non hanno ancora imparato le cose presenti, quanto sia differente la virtù degli uomini esercitati alla guerra» rispetto a quella degli «eserciti nuovi congregati [formati] di turba collettizia [raccogliticcia]» e della «moltitudine popolare» (cfr. cap. IX, **T4**, *Il sacco di Roma*).

per approfondire

Suggerimenti bibliografici: Claudio Finzi, *La guerra nel pensiero politico del Rinascimento toscano*, in *Guerra e guerrieri nella Toscana del Rinascimento*, cit.

Il Pordenone (Giovanni Antonio de' Sacchis), *Crocifissione*, **1520 circa. Cremona, Duomo.**

La scelta della *Crocifissione* affrescata dal Pordenone nella controfacciata del Duomo di Cremona nasce dalla contaminazione fra soggetto sacro e soggetto "storico". L'imponente figura che, al centro del proscenio, indica il Crocifisso, è un soldato che indossa un'armatura cinquecentesca. I centurioni romani della tradizione iconografica vengono sostituiti dai mercenari di Carlo V che hanno profanato Roma.

DAL RIPASSO ALLA VERIFICA

MAPPA CONCETTUALE *Il Principe*

SINTESI

● Stesura del *Principe*
Dal novembre 1512 Machiavelli viene privato di ogni ufficio e confinato. Nel suo podere di Sant'Andrea in Percussina, fra il marzo e il dicembre 1513, egli completa la stesura del *Principe*. Il trattato, dedicato a Lorenzo di Piero de' Medici duca di Urbino, assunse il proprio titolo definitivo solo a partire dalle prime edizioni a stampa, uscite postume.

● La struttura generale
Il Principe è un'opera fortemente unitaria, suddivisa in ventisei capitoli, ognuno dei quali con un titolo in lingua latina. È possibile però distinguere nel testo, dopo la lettera dedicatoria aggiunta in una fase successiva alla stesura, quattro sezioni tematiche di disuguale ampiezza. Non si tratta di una suddivisione dell'autore ma di differenti nuclei tematici implicitamente presenti nel testo. La prima sezione comprende i capitoli I-XI e riguarda i diversi tipi di principato in generale e il principato di nuova acquisizione in particolare. La seconda, più breve, comprende i capitoli XII-XIV e affronta il problema delle milizie mercenarie e delle milizie proprie. La terza comprende i capitoli XV-XXIII ed è centrata sui comportamenti e sulle virtù che si addicono al principe. Nella quarta, comprendente i capitoli XXIV-XXVI, l'autore esamina la situazione italiana e il decisivo problema della fortuna e del suo potere sulla vita degli uomini. Il capitolo XXVI contine l'esortazione finale rivolta al casato dei Medici e si contraddistingue per una forzatura dell'andamento lucidamente ragionativo dominante nell'intera opera e per la prevalenza dell'aspetto emotivo.

● Lingua e stile
L'orientamento linguistico e stilistico dominante nel *Principe* è esposto dallo stesso autore fin dalla *Dedica*. Il tessuto linguistico della prosa di Machiavelli è costruito da un originale impasto di espressioni popolaresche desunte dal fiorentino allora in uso e di espressioni colte. Le prime tendono a emulare l'aspetto dialogico e disinvolto del parlato, le seconde, invece, risultano marcatamente latineggianti. Vi sono inoltre alcuni termini tecnici, del campo semantico cancelleresco, diplomatico e militare, che danno all'opera un valore scientifico. Sul piano sintattico domina il periodo costruito sulla base del "procedimento dilemmatico" o disgiuntivo. In tal senso i caratteri specifici della prosa di Machiavelli differiscono nettamente da quelli retorici modellati sugli esempi classici e su Boccaccio e da quelli cui si attiene il trattato trecentesco.

● La «verità effettuale»
Il primo inoppugnabile principio del pensiero di Machiavelli è l'osservazione della realtà non solo nel suo essere ma anche nel suo divenire. Vengono così eliminati tutti i criteri di valutazione della realtà orientati da una finalità trascendente o provvidenziale e dominano una concezione completamente laica dello Stato e una visione materialistica del mondo. Ne consegue il principio cardinale della «verità effettuale», che nel *Principe* vincola costantemente lo spazio delle analisi. Ma la "scientificità" di Machiavelli sta solo nell'aderenza al reale; per il resto agiscono in lui, con viva passione, una serie di convenzioni, un'ideologia, una specifica "visione del mondo".

DAL RIPASSO ALLA VERIFICA

Sarebbe un errore trasformare Machiavelli in uno scienziato puro della politica, in un tecnico dell'arte del potere. Prima di tutto è presente in lui la ferma convinzione che l'operazione conoscitiva riguardante la realtà storica sia intimamente connessa con la volontà di trasformarla. L'ideologia politica del *Pincipe* non si traduce dunque nella fondazione teorica di uno Stato tirannico e assoluto ma in una situazione di legalità grazie alla quale il popolo potrà riconoscersi nello stato. In realtà nel *Principe* realismo e utopia sono strettamente collegati, in una alternanza tra rigore argomentativo e appello emotivo alle passioni e ai sentimenti.

● **L'autonomia della politica dalla religione e dalla morale**
La grande novità della riflessione machiavelliana consiste nell'aver fatto dipendere la morale del principe dal successo della sua azione politica: essa coincide con la sorte stessa dello Stato. La politica, dunque, diventa autonoma dalla religione e dalla morale. L'indipendenza del pensiero machiavelliano dalla morale tradizionalmente intesa deriva anche dalla sua diversa concezione dell'uomo, fondata su una visione materialistica del mondo: messa al bando ogni prospettiva trascendente, ogni fede in un dio cristiano o platonico, l'essere umano, anche con la sua istintualità e bestialità, fa integralmente parte del mondo materiale.

DALLE CONOSCENZE ALLE COMPETENZE

1 Rispondi alle domande che seguono (§ 1)
- quando è stato scritto *Il Principe*?
- a quale genere appartiene?
- a chi è dedicato?
- quali temi tratta?
- qual è la struttura generale?

2 Come è costruito il "procedimento dilemmatico" e perché viene utilizzato? (§ 3)

3 Quali tipi di principati vengono classificati da Machiavelli? (§ 8 e T2)

4 Che cosa è la «verità effettuale»? (§ 4 e T5)

5 Quali devono essere le qualità e le virtù, reali e simulate del *Principe*? (§ 10 e T5)

6 Quale rapporto tra intellettuale e principe prospetta la lettera dedicatoria? (T1).

7 Quali sono i caratteri specifici, linguistici e stilistici, della prosa di Machiavelli e perché differisce nettamente da quella precedentemente in uso? (§ 3)

8 Presentando *Il Principe* al suo potente interlocutore, l'autore scrive che non ha trovato cosa più preziosa da offrire quanto «la cognizione degli uomini grandi, imparata [...] con una lunga esperienza delle cose moderne e una continua lezione delle antique». (T1) Quale premessa di metodo, fondamentale nell'argomentazione del *Principe*, viene qui esplicitata? Dimostralo con almeno un esempio, tratto da un capitolo a tua scelta.

9 I "profeti" disarmati rovinano, ammonisce Machiavelli facendo l'esempio di .... Che cosa intende per profeti? Anche oggi, a tuo parere, i "profeti" devono essere armati? (T3)

10 Secondo Machiavelli il ricorso alla violenza (due risposte) (§ 10)
- A è sempre necessario
- B è necessario solo in certe situazioni
- C lo impone la natura malvagia degli uomini
- D lo impone la natura stessa del potere

11 La metafora del centauro a quale duplicità dell'azione politica allude? (§ 10 e T6)

12 Virtù e fortuna: che cosa rappresentano queste due forze nel pensiero di Machiavelli? In che modo esse rivelano la sua modernità? (T2, T3, T5, T7, S3, S5).

13 Leggi con attenzione l'esortazione finale (T8). Riassumi il contenuto e spiega in che modo Machiavelli riesca efficacemente non soltanto a sintetizzare tutta l'ideologia dell'opera ma pure a creare un vero e proprio manifesto politico.

PROPOSTE DI SCRITTURA

IL SAGGIO BREVE

Etica e politica

Elabora un breve saggio (circa tre colonne di foglio protocollo) sul rapporto che c'è nel *Principe* di Machiavelli tra etica e politica e scrivi se la teoria politica di Machiavelli conserva o meno elementi di attualità.
Immagina di scrivere il saggio breve per un fascicolo scolastico di approfondimento. Trova un titolo adeguato alla tua trattazione e, se lo ritieni opportuno, organizzala suddividendola in paragrafi ai quali potrai dare sottotitoli specifici.
Considera come documenti di riferimento, da cui trarre opportune citazioni per la tesi da te sostenuta, i testi **T3** e **T4** e quanto scritto nel § 5. Aggiungi inoltre come materiale di riferimento i passi che seguono.

> Il nostro laico si fa sordo a ogni esigenza del problema morale, non già perché non vi creda [...] ma per lasciarlo come un sottinteso, su cui per il momento non giova insistere: quello che conta sono le forze naturali della storia, e non le «cagioni superiori» [...].
> Questa la nuda logica del Machiavelli; in essa la sua grandezza, [...] ma anche il suo limite.
> Uno stato non si regge sulle cagioni superiori, ma non si regge nemmeno sulla mera virtù tecnica del principe.
>
> L. Russo, *Machiavelli*, Laterza, Bari 1965.

> Il modo con cui lo scrittore guarda alla realtà naturale è quello, impietoso, dello scienziato che vuole scoprire regole e leggi sulle quali fondare comportamenti etici non astratti e metafisici, ma tali che possano dirigere gli eventi verso fini da noi stessi preordinati. Il suo costante richiamarsi alla natura non buona degli uomini, [...] non è però mai un invito allo scetticismo e al "lasciarsi governare dalla sorte", ma, al contrario, esso sostiene la ferma convinzione che l'intelligenza possa forzare la natura, anche quella dell'uomo. Ma per far questo, [...] occorreva che l'etica acquistasse un fondamento concreto [...] e che il valore etico supremo consistesse non già nell'ossequio alle convinzioni metafisiche di una tradizione, ma nel dominio dell'uomo sulla propria vita.
>
> U. Dotti, *Niccolò Machiavelli. La fenomenologia del potere*, Feltrinelli, Milano 1979.

LA TRATTAZIONE SINTETICA

L'uso della violenza

Il capitolo VI mostra come sia importante per un principe cogliere e consolidare con la propria iniziativa le occasioni offerte dalla fortuna senza rifiutare l'uso della forza. Spiega la posizione di Machiavelli su questo tema in una trattazione sintetica che non superi le dieci righe.

IL TEMA

Realtà *vs* immaginazione nel *Principe* di Machiavelli

Machiavelli distingue in maniera netta nell'agire politico la realtà dall'immaginazione; il binomio è molto frequente nella riflessione sulla vita associata dell'uomo, ti invitiamo a contestualizzarlo

- nel contesto storico-politico contemporaneo all'autore;
- nella letteratura eroico-cavalleresca;
- nella realtà a noi contemporanea, nei nostri miti socio-politici (puoi fare riferimento a un evento o a un personaggio realmente esistito, a un libro, un film, un fumetto, una canzone).

DAL RIPASSO ALLA VERIFICA

Machiavelli e la terribile realtà dell'esperienza
Le riflessioni di Machiavelli sulla vera natura dei principi e i meccanismi di controllo dell'opinione pubblica possono rivelarsi sconvolgenti; per contestualizzare questo tema
- verifica il giudizio dato nel testo sull'operato di Alessandro VI e Ferdinando il Cattolico;
- trova esempi di personaggi storici, fra quelli a te noti, che effettivamente hanno agito contemperando la natura umana e quella animale (nella sua duplice dimensione);
- spiega come Machiavelli abbia potuto uscire dalla cecità che caratterizza il «vulgo» per giudicare non solo con gli «occhi» ma anche con le «mani». Chiediti se la sua soluzione possa essere valida anche oggi.

  • **Materiali per il recupero** Machiavelli e *Il Principe*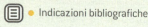

prometeo 3.0

Personalizza il tuo libro selezionando per questo capitolo materiali integrativi da Prometeo (di seguito ti proponiamo un elenco di materiali, ma puoi trovarne altri utilizzando il motore di ricerca).

- **MODULO TEMATICO INTERDISCIPLINARE** L'immagine del potere
- **INTERSEZIONI** Stato e potere
- **SCHEDA** La religione nei *Discorsi* (G. Procacci)
- **SCHEDA** Una commedia «spietata»: Carlo Emilio Gadda legge *La mandragola*
- **SCHEDA** La ricezione del *Principe* dal Cinquecento a oggi

Capitolo IX
Fra trattatistica e storiografia: Francesco Guicciardini e l'arte della «discrezione»

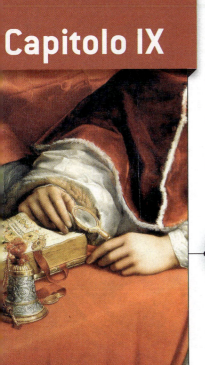

My eBook+

Cliccando su questa icona, docenti e studenti accedono ad un'area di personalizzazione che permette di arricchire i contenuti digitali già linkati lungo le pagine del libro. Nell'area di personalizzazione è possibile infatti salvare ulteriori materiali: selezionati da Prometeo, prodotti autonomamente o ricercati nella rete.

▶ *Per un elenco di materiali integrativi presenti nella biblioteca multimediale di Prometeo o per attivare una ricerca cfr. p. 328*

Raffaello, *Ritratto di Leone X con i cugini, i cardinali Giulio de' Medici e Luigi de' Rossi* (particolare), 1518 circa. Firenze, Galleria degli Uffizi.

1 Machiavelli e Guicciardini rinnovano la storiografia e la trattatistica

La crisi italiana e Firenze

Le vicende politiche dello Stato fiorentino sino all'avvento di Cosimo de' Medici

La crisi italiana si riflette più che altrove a Firenze. Il ricordo dell'età d'oro della Repubblica fiorentina dell'Umanesimo civile e repubblicano e poi dello splendore dell'epoca di Lorenzo il Magnifico contrasta con il susseguirsi di crisi politiche successive alla morte di quest'ultimo. Caduta la repubblica di Soderini nel **1512**, restaurato l'incerto potere dei Medici **fra il 1512 e il 1527**, ripristinata la repubblica **dopo il sacco di Roma** (1527), finalmente nel **1530** Alessandro de' Medici torna al potere, ma solo per sette anni: nel **1537** è infatti assassinato da una congiura repubblicana guidata dal cugino, Lorenzino de' Medici. Non per questo, tuttavia, i repubblicani tornano al potere. I Medici infatti mantengono il controllo dell'amministrazione: esso passa nelle mani di **Cosimo de' Medici**, che dà vita a un governo forte e a uno stato centralizzato, il cui territorio coincide con quasi tutta la Toscana (1537-1574).

Firenze come punto d'osservazione privilegiato per Machiavelli e per Guicciardini

Questa situazione convulsa, segnata da rapidi capovolgimenti, costituisce il **punto di osservazione** privilegiato di due grandi fiorentini, **Machiavelli e Guicciardini**. La loro riflessione storica e teorica nasce direttamente da tale clima politico e si alimenta di una larga esperienza diplomatica non solo nazionale ma internazionale. È questo un periodo in cui ogni certezza di carattere generale tende rapidamente a entrare in crisi. **La riflessione si sottrae a sistemi di pensiero precostituiti** e diventa sempre più interpretazione individuale: la trattatistica e la storiografia si modificano radicalmente, volgendosi alle forme della **moderna saggistica**.

Verso la moderna saggistica: la scrittura per aforismi

Abbiamo visto come già Machiavelli attui questa trasformazione. **Guicciardini**, da parte sua, non solo accetta **il rinnovamento** della trattatistica e della storiografia che il suo grande coetaneo stava proponendo, ma per certi versi l'accentua e **lo porta alle estreme conseguenze**. Con Guicciardini, infatti, la trattatistica sviluppa a tal punto l'aspetto antisistematico e quasi privato da poter

Giorgio Vasari, *Apoteosi di Cosimo I de' Medici*, pannello centrale del soffitto del Salone dei Cinquecento, 1563-1565. Firenze, Palazzo Vecchio.

S • Aforisma

Guicciardini, primo grande storico della modernità

assumere nei *Ricordi* le forme di pensieri staccati, o **aforismi**. Beninteso, Guicciardini scrive anche trattati politici veri e propri; ma non è certo un caso che il frutto più maturo della sua attività in questo campo sia rappresentato proprio dai *Ricordi*.

Quanto alla **storiografia**, sia Machiavelli sia Guicciardini non scrivono per fare l'encomio di un principe o per celebrare la storia di una città, ma per verificare la validità di alcuni concetti teorici alla luce dei rivolgimenti contemporanei. Di qui il **carattere saggistico della loro storiografia**. A ciò Guicciardini aggiunge un notevole **sforzo di documentazione storica**, assente invece in Machiavelli: il suo amore per il particolare lo induce infatti alla ricerca puntigliosa dei dati e al chiarimento delle circostanze. Questa capacità di interpretazione e questo scrupolo di documentazione fanno di Guicciardini il primo grande storico della modernità.

2. Vita e opere di Francesco Guicciardini

La formazione culturale

Guicciardini nacque quattordici anni dopo Machiavelli, nel **1483**, anche lui a Firenze. Il padre apparteneva all'oligarchia fiorentina, e godeva di prestigio politico e di notevoli ricchezze. Guicciardini studiò giurisprudenza a Firenze, Ferrara, Padova, Pisa, ed esercitò l'avvocatura. Dopo il matrimonio con Maria Salviati, che ne rafforzò l'influenza politica, ebbe **una serie di incarichi da parte dello Stato fiorentino**, per conto dapprima della Repubblica, poi dei Medici. Questo primo periodo di attività politica va **dal 1508 al 1516** ed è segnato da importanti incarichi pubblici. Risalgono a questo periodo le *Storie fiorentine dal 1378 al 1509*, varie relazioni sul viaggio in Spagna e soprattut-

Il primo periodo di attività politica (1508-1516)

IL SIGNIFICATO DELLE PAROLE

• Aforisma

L'*aforisma* è una proposizione che, sotto forma di massima o di sentenza, esprime in modo conciso e con estrema precisione il risultato di considerazioni precedenti o di una lunga esperienza.

to il *Discorso di Logrogno*, uno scritto di teoria politica nel quale Guicciardini sostiene una riforma in senso aristocratico della Repubblica fiorentina.

Un secondo periodo va **dal 1516 al 1527**. In questi undici anni Guicciardini **lavora per la curia pontificia**, al servizio dei papi Medici: prima Leone X, poi Clemente VII. Di questo periodo è il *Dialogo del reggimento di Firenze*, in due libri, scritti fra il 1521 e il 1525, in cui si ripropone il modello della repubblica aristocratica.

Un terzo breve periodo coincide con la restaurazione della Repubblica a Firenze dopo il sacco di Roma, **fra il 1527 e il 1530**. Costretto alla vita privata per aver servito i Medici, Guicciardini scrive in propria difesa tre orazioni: *Consolatoria*, *Accusatoria*, *Defensoria*. Ritiratosi a Roma, compone poi, nel 1529, le *Considerazioni intorno ai Discorsi di Machiavelli sulla prima Deca di Tito Livio*.

Sul piano teorico, il **confronto con le posizioni di Machiavelli** è condotto soprattutto nelle *Considerazioni intorno ai Discorsi del Machiavelli sulla prima Deca di Tito Livio*, scritte intorno al 1529 in due libri e rimaste incompiute. In esse Guicciardini sottopone ad analisi minuta singole affermazioni o particolari nuclei teorici di Machiavelli. Si tratta dunque di *Considerazioni* alquanto fram-

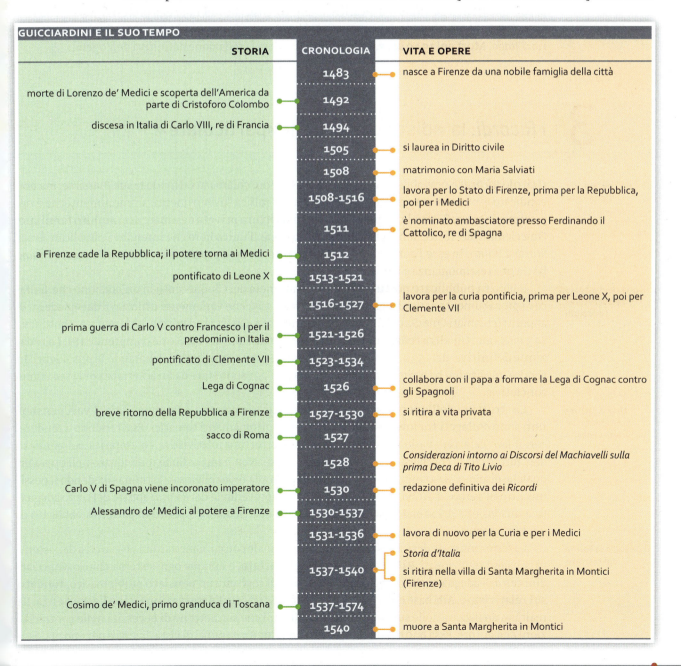

GUICCIARDINI E IL SUO TEMPO		
STORIA	**CRONOLOGIA**	**VITA E OPERE**
	1483	nasce a Firenze da una nobile famiglia della città
morte di Lorenzo de' Medici e scoperta dell'America da parte di Cristoforo Colombo	1492	
discesa in Italia di Carlo VIII, re di Francia	1494	
	1505	si laurea in Diritto civile
	1508	matrimonio con Maria Salviati
	1508-1516	lavora per lo Stato di Firenze, prima per la Repubblica, poi per i Medici
	1511	è nominato ambasciatore presso Ferdinando il Cattolico, re di Spagna
a Firenze cade la Repubblica; il potere torna ai Medici	1512	
pontificato di Leone X	1513-1521	
	1516-1527	lavora per la curia pontificia, prima per Leone X, poi per Clemente VII
prima guerra di Carlo V contro Francesco I per il predominio in Italia	1521-1526	
pontificato di Clemente VII	1523-1534	
Lega di Cognac	1526	collabora con il papa a formare la Lega di Cognac contro gli Spagnoli
breve ritorno della Repubblica a Firenze	1527-1530	si ritira a vita privata
sacco di Roma	1527	
	1528	*Considerazioni intorno ai Discorsi del Machiavelli sulla prima Deca di Tito Livio*
Carlo V di Spagna viene incoronato imperatore	1530	redazione definitiva dei *Ricordi*
Alessandro de' Medici al potere a Firenze	1530-1537	
	1531-1536	lavora di nuovo per la Curia e per i Medici
	1537-1540	*Storia d'Italia* si ritira nella villa di Santa Margherita in Montici (Firenze)
Cosimo de' Medici, primo granduca di Toscana	1537-1574	
	1540	muore a Santa Margherita in Montici

Sidebar:
- Il secondo periodo: al servizio dei papi Medici (1516-1527)
- Terzo periodo: ritiro alla vita privata (1527-1530)
- Le *Considerazioni* sui *Discorsi* di Machiavelli

mentarie, in cui **prevale l'aspetto critico-negativo su quello propositivo** tendente ad avanzare proposte alternative o a costruire un diverso sistema concettuale. In genere si può dire che, per quanto Machiavelli e Guicciardini fossero amici fra loro e accomunati da un'analoga spregiudicatezza laica e materialistica di pensiero, divergono su un punto sostanziale: mentre **Machiavelli tende a «parlare generalmente»** (come dice Guicciardini) e a stabilire regole universali basandosi anche sulla lezione della storia, **Guicciardini crede** solo all'esperienza e **alla necessità di giudicare caso per caso**. Insomma in Machiavelli resta un elemento di utopia che in Guicciardini scompare. E inoltre Machiavelli mira alla sintesi, Guicciardini all'analisi di casi particolari.

La differenza di Guicciardini rispetto a Machiavelli

Negli stessi mesi in cui scrive le *Considerazioni* Guicciardini completa anche la redazione definitiva dei *Ricordi*.

Quarto periodo: al servizio dei Medici e di papa Clemente VII (1530-1536)

Dopo la caduta della Repubblica di Firenze e la restaurazione del potere mediceo (1530), Guicciardini rientrò a Firenze, ricoprendo varie mansioni per conto dei Medici e di papa Clemente VII. Nel 1531 compose, in appoggio al nuovo duca Alessandro de' Medici, i *Discorsi del modo di riformare lo stato dopo la caduta della Repubblica e di assicurarlo al duca Alessandro*. Dopo il 1534, il nuovo papa Paolo III non gli affidò più incarichi di rilievo, cosicché **nel 1537** egli preferì ritirarsi nella villa di Santa Margherita in Montici, presso Arcetri (Firenze). In questa villa Guicciardini lavorò alla *Storia d'Italia*. **Morì nel 1540** senza aver potuto rivedere la redazione definitiva dell'opera.

Il ritiro a Santa Margherita in Montici (1537-40)

3 | I *Ricordi*: la «discrezione» e il «particulare»

Il titolo e il suo significato

Il titolo *Ricordi* è ricavabile da vari passi in cui l'autore chiama in tal modo le sue massime, ma non è indicato esplicitamente dall'autore. Il termine significa "avvertimenti, ammonimenti che è opportuno ricordare". Prende origine da **forme di scrittura privata** destinate a un **ambito familiare**: Guicciardini, del resto, non pensò alla pubblicazione (l'unico libro che intendeva pubblicare era la *Storia d'Italia*). In esse l'autore registra soprattutto un dialogo con se stesso e nello stesso tempo lascia una testimonianza a familiari e amici.

Storia del testo: le tre successive redazioni

Il libro **fu pubblicato postumo** nella seconda metà del Cinquecento in un'edizione che si rifaceva probabilmente a un autografo precedente al 1525, che variamente utilizzava due quaderni di appunti (chiamati Q1 e Q2 dai filologi) redatti nel 1512. Questa **redazione, chiamata A**, conteneva 145 massime. **Un'altra redazione** successiva, chiamata **B**, è del 1528 e ne comprende 181. **La redazione definitiva**, del 1530, chiamata **C**, si distende per 221 aforismi, rielaborando le precedenti. In totale Guicciardini ha scritto 276 massime, ma solo 221 sono state da lui accettate per la redazione conclusiva.

Una struttura asistematica e frammentaria

La struttura dell'opera è aperta, volutamente asistematica e frammentaria. **I vari pensieri non sono collegati fra loro**, se non per piccoli raggruppamenti tematici. Essi tendono a rendere, con il loro carattere vario e problematico, sia la struttura relativistica ed empirica del pensiero dell'autore, sia la complessità e la varietà delle cose. Non è impossibile individuare nell'opera un qualche disegno: essa comincia con un riferimento alla fede religiosa e termina ribadendo il pessimismo dell'autore. Tuttavia l'impianto aperto e imprevedibile dei *Ricordi* appare del tutto adeguato a una visione del mondo che fa dell'analisi del «particulare» il punto di partenza obbligato di qualsiasi ricerca.

Si dissolve la forma del trattato

La forma inusuale dei *Ricordi* rivela il modo originale con cui Guicciardini vive la crisi dei sistemi di pensiero tradizionali. **Rifiutata la forma del trattato**, e dunque ogni sistema chiuso, Guicciardini cerca di adeguarsi alla complessità delle cose, di costruire un **pensiero** problematico, **fondato sul relativismo**. Alla base della conoscenza può esserci solo **l'osservazione, cioè l'esperienza**. La realtà va analizzata nelle sue infinite contraddizioni che si riflettono di necessità nelle contraddizioni dell'autore. Essa può essere sempre vista e valutata da punti di vista diversi e persino opposti.

Importanza della ragione nell'analisi dei diversi casi "particulari"

Ciò non significa affatto cedere a ipotesi irrazionalistiche; anzi, **solo la ragione può guidare l'analisi** dei diversi casi "particulari" in cui si articola la realtà. Da tale punto di vista tutta la realtà è interessante, da quella della cronaca privata a quella della storia degli Stati, dei re e dei papi. Di qui lo **squadernarsi ampio di motivi**: da quelli autobiografici, con riferimenti a vicende pubbliche o a fatti privati o alla figura del padre, alla riflessione generale sulla natura dell'uomo e sulla "fortuna", sino alle considerazioni sullo Stato, sul potere e sulla corruzione della Chiesa.

Nei *Ricordi* ricorrono frequentemente due parole-chiave: «discrezione» e «particulare». **«Discrezione»** deriva da "discernere" (cfr. **S1**, p. 308): implica la capacità di distinguere caso da caso, di analizzare con attenzione, nella loro concretezza (o «verità effettuale», avrebbe detto Machiavelli), le diverse circostanze. Il ragionamento non deve partire da princìpi generali, né tendere a formulare ricette universali: deve obbedire all'arte della distinzione, della valutazione di situazioni specifiche. C'è quindi una **componente empirica** nel pensiero guicciardiniano. Di qui la rilevanza del concetto di **«particulare»**, che ha un significato anzitutto teorico e solo in un secondo tempo pratico e morale. Il concetto di «particulare» rinvia infatti, in primo luogo, all'arte logica della «discrezione».

T • Francesco Guicciardini, *Ricordi*, 1

Gusto della distinzione ed empirismo

T • Francesco Guicciardini, *Un esempio di tessitura dei Ricordi*
T • Francesco Guicciardini, *Una conclusione in tono minore*
S • I *Ricordi*: una forma nuova di pensiero (A. Asor Rosa)

In campo pratico-morale esso comporta l'impossibilità di superare la sfera individuale: all'«uomo di Guicciardini», come lo chiamò De Sanctis, non resta che cercare «onore e utile» sul piano privato. **È venuta meno la grande tensione etica, politica e utopistica di Machiavelli**. L'ultima redazione dei *Ricordi*, in cui più acuto si fa, rispetto alle precedenti, il pessimismo di Guicciardini, riflette la gravissima situazione di crisi successiva al sacco di Roma. **La teoria politica di Guicciardini è sostanzialmente scettica**. Egli non scrive un manifesto per l'azione, come aveva fatto alcuni anni prima Machiavelli con *Il Principe*, ma prende atto di una situazione di impotenza, che non prevede più riscatti possibili. **L'intellettuale ormai è un soggetto isolato**. Gli resta solo l'orgoglio dell'analisi razionale e della conoscenza, di cui nondimeno intravede ora tutti i limiti (cfr. **T1**, p. 308, **T2**, p. 312, **T3**, p. 314).

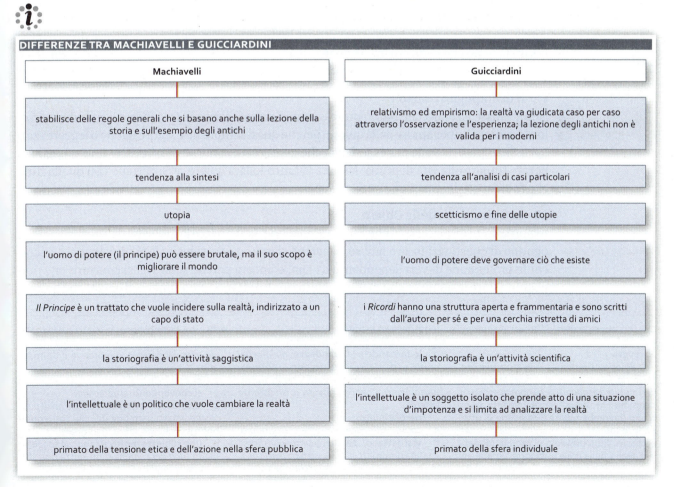

DIFFERENZE TRA MACHIAVELLI E GUICCIARDINI

Machiavelli	Guicciardini
stabilisce delle regole generali che si basano anche sulla lezione della storia e sull'esempio degli antichi	relativismo ed empirismo: la realtà va giudicata caso per caso attraverso l'osservazione e l'esperienza; la lezione degli antichi non è valida per i moderni
tendenza alla sintesi	tendenza all'analisi di casi particolari
utopia	scetticismo e fine delle utopie
l'uomo di potere (il principe) può essere brutale, ma il suo scopo è migliorare il mondo	l'uomo di potere deve governare ciò che esiste
Il Principe è un trattato che vuole incidere sulla realtà, indirizzato a un capo di stato	i *Ricordi* hanno una struttura aperta e frammentaria e sono scritti dall'autore per sé e per una cerchia ristretta di amici
la storiografia è un'attività saggistica	la storiografia è un'attività scientifica
l'intellettuale è un politico che vuole cambiare la realtà	l'intellettuale è un soggetto isolato che prende atto di una situazione d'impotenza e si limita ad analizzare la realtà
primato della tensione etica e dell'azione nella sfera pubblica	primato della sfera individuale

S1 ITINERARIO LINGUISTICO

Discrezione

Con "discrezione" oggi intendiamo per lo più la 'capacità di uniformare i propri atti e le proprie parole a criteri di ragionevolezza e di utilità': essere dotati di "discrezione" significa cioè 'avere il senso della misura e dell'opportunità; comportarsi senza eccessi, in modo cortese e riservato'.
"Discrezione" è pure sinonimo di 'giudizio, criterio, buon senso' poiché designa anche la 'capacità di distinguere il bene dal male' e di giudicare e agire con sicurezza.

Il significato secondo il quale la voce "discrezione" viene usata da Guicciardini è 'distinzione', cioè 'necessità di distinguere i diversi casi e di giudicarli uno per uno'. Questo significato deriva direttamente da quello latino di *discretio, -onis* ('separazione, distinzione'), che a sua volta deriva dal tema del verbo *discernere* ('separare, distinguere').

T1 Francesco Guicciardini
L'uomo, l'ambizione e il caso

OPERA
Ricordi, 15, 17, 28, 30, 32, 35, 41, 44, 46, 57, 66

CONCETTI CHIAVE
- la valorizzazione dell'ambizione umana
- la critica alla corruzione della Chiesa

FONTE
F. Guicciardini, *Ricordi*, con introduzione di M. Fubini, Rizzoli, Milano 1984 [1977].

Riportiamo qui alcuni aforismi tratti dai Ricordi *di Guicciardini e compresi fra il n. 15 e il n. 66 (il numero si riferisce al posto che i diversi "pensieri" o "avvertimenti" hanno nell'opera). Lo stile aforistico è secco, breve, essenziale. Condensa in modo estremamente sintetico una verità esistenziale, morale, storica o filosofica.*

15. L'onore e l'utile

Io ho desiderato, come fanno tutti gli uomini, onore e utile:[1] e n'ho conseguito molte volte sopra[2] quello che ho desiderato o sperato; e nondimeno non v'ho poi mai trovato drento quella satisfazione che io mi ero immaginato; ragione, chi bene la considerassi, potentissima a tagliare assai delle vane cupidità degli uomini.[3]

17. Il disimpegno coatto

Non crediate a coloro che fanno professione[1] d'avere lasciato le faccende e le grandezze[2] volontariamente e per amore della quiete, perché quasi sempre ne è stata cagione o leggerezza o necessità:[3] però[4] si vede per esperienza che quasi tutti, come se gli offerisce[5] uno spiraglio di potere tornare alla vita di prima, lasciata la tanto lodata quiete, vi si gettano con quella furia che fa el fuoco alle cose bene unte e secche.[6]

28. La corruzione della Chiesa

Io non so a chi dispiaccia più che a me la ambizione, la avarizia e la mollizie[1] de' preti: sì[2] perché ognuno di questi vizî in sé è odioso, sì perché ciascuno e tutti insieme si convengono[3] poco a chi fa professione di vita dependente da Dio, e ancora perché sono vizi sì contrarî[4] che non possono stare insieme se non in uno subietto molto strano.[5] Nondimeno el grado[6] che ho avu-

---

- 15 **1 onore e utile:** *successo e vantaggi materiali.*
  2 sopra: *più di.*
  3 ragione...uomini: *argomento, a ben considerarlo, fortissimo per diminuire assai i desideri inutili ed esagerati degli uomini. Infatti la delusione che segue il conseguimento di uno scopo dovrebbe ridurre il desiderio di ottenerlo, e soprattutto scoraggiare dai desideri eccessivi. È un principio di morale fondato sull'analisi della reale psicologia umana anziché, come avveniva tradizionalmente, su leggi divine o astratte.*
- 17 **1 fanno professione:** *dichiarano.*
  2 le faccende e le grandezze: *gli impegni pratici e i privilegi (onori, ricchezze, potere).*
  3 o leggerezza o necessità: *o errori di comportamento o obbligo dovuto a circostanze esterne.*
  4 però: *e infatti.*
  5 come...offerisce: *non appena si offre loro.*
  6 vi si gettano...secche: *si gettano su di essa [: la vita di prima] con la stessa furia con la quale il fuoco si getta sulle cose secche e bene unte.*
- 28 **1 la ambizione, la avarizia e la mollizie:** *la ricerca di onori e poteri, l'avidità e l'ignavia (cioè l'indifferenza morale e il disimpegno).*
  2 sì: *così;* vale 'sia'.
  3 si convengono: *si addicono.*
  4 sì contrarî: *tra loro contradditori al punto che.* Infatti parrebbe difficile conseguire onori e ricchezze senza impegnarsi.
  5 uno subietto molto strano: *un soggetto molto fuori del comune (non senza una sfumatura spregiativa).*

to con più pontefici[7] m'ha necessitato a amare per el particulare mio[8] la grandezza loro; e se non fussi questo rispetto,[9] arei[10] amato Martino Luther[11] quanto me medesimo: non per liberarmi dalle legge indotte[12] dalla religione cristiana nel modo che è interpretata e intesa communemente, ma per vedere ridurre questa caterva di scelerati[13] a' termini debiti,[14] cioè a restare o sanza vizî o sanza autorità.[15]

30. Il dominio della fortuna

Chi considera bene, non può negare che nelle cose umane la fortuna[1] ha grandissima potestà,[2] perché si vede che a ognora ricevono grandissimi moti da accidenti fortuiti,[3] e che non è in potestà degli uomini né a prevedergli né a schifargli:[4] e benché lo accorgimento e sollicitudine[5] degli uomini possa moderare molte cose, nondimeno sola non basta, ma gli bisogna ancora[6] là buona fortuna.

32. L'ambizione

La ambizione non è dannabile,[1] né da vituperare quello ambizioso che ha appetito d'avere gloria co' mezzi onesti e onorevoli: anzi sono questi tali[2] che operano cose grande e eccelse, e chi manca di questo desiderio è spirito freddo e inclinato più allo ozio che alle faccende. Quella è ambizione perniziosa e detestabile[3] che ha per unico fine la grandezza, come hanno communemente e[4] prìncipi, e quali, quando se la propongono per idolo, per conseguire ciò che gli[5] conduce a quella, fanno uno piano[6] della conscienza, dell'onore, della umanità e di ogni altra cosa.

35. La teoria e la pratica

Quanto è diversa la pratica dalla teorica![1] quanti sono che intendono le cose bene, che o non si ricordono[2] o non sanno metterle in atto! E a chi fa così, questa intelligenza[3] è inutile, perché è come avere uno tesoro in una arca con obbligo di non potere mai trarlo fuora.

41. Sulla natura umana

Se gli uomini fussino[1] buoni e prudenti, chi è preposto a altri[2] legittimamente arebbe a usare[3] più la dolcezza che la severità; ma essendo la più parte o poco buoni o poco prudenti, bisogna fondarsi[4] più in sulla severità: e chi la intende altrimenti, si inganna. Confesso bene che, chi potessi mescolare e condire[5] bene l'una con l'altra,[6] farebbe quello ammirabile concento[7] e quella armonia, della quale nessuna è più suave: ma sono grazie che a pochi el cielo largo destina[8] e forse a nessuno.

---

6 **el grado**: *la posizione rilevante.*
7 **più pontefici**: *i papi Leone X e Clemente VII, dai quali Guicciardini ebbe prestigiosi incarichi politici.*
8 **el particulare mio**: *non è solo il personale vantaggio, ma anche la specifica condizione in cui si trova.*
9 **rispetto**: *motivo.*
10 **arei**: *avrei.*
11 **Martino Luther**: *Martin Lutero, dall'azione del quale prese il via il movimento della Riforma protestante, di forte contenuto antipapale e anticlericale.*
12 **indotte**: *impartite.*
13 **questa...scelerati**: *i «preti» sopra nominati.*
14 **a' termini debiti**: *nei limiti dovuti.*
15 **cioè...autorità**: *ossia a correggere i propri vizi per riconquistare credibilità, oppure a perdere il potere.*

● 30 1 **la fortuna**: *il caso.*
2 **potestà**: *potere.*
3 **a ognora...fortuiti**: *di continuo [le cose umane] ricevono grandissimi cambiamenti da fatti casuali.*
4 **a schifargli**: *evitarli.*
5 **lo accorgimento e sollicitudine**: *la prontezza nelle precauzioni; il verbo seguente è al sing. anziché al plur. («sola non basta» per "sole non bastano").*
6 **gli bisogna ancora**: *gli è necessaria anche.*

● 32 1 **dannabile**: *da condannarsi.*
2 **questi tali**: *ambiziosi di tal fatta.*
3 **Quella...detestabile**: *è invece pericolosa e degna di condanna quell'ambizione.*
4 **e**: *i.*
5 **gli**: *li.*
6 **fanno un piano**: *annullano, come appianando; cioè 'fanno tabula rasa'.*

● 35 1 **teorica**: *teoria.*
2 **non si ricordono**: *non si ricordano [al momento giusto].*
3 **questa intelligenza**: *questa capacità di comprensione; cioè di intendere bene le cose, come si legge subito sopra.*

● 41 1 **fussino**: *fossero.*
2 **chi è preposto a altri**: *chi comanda sugli altri.*
3 **arebbe a usare**: *dovrebbe adoperare.*
4 **fondarsi**: *fare affidamento.*
5 **condire**: *stemperare.*
6 **l'una con l'altra**: *cioè la dolcezza e la severità nella gestione del potere.*
7 **concento**: *suono d'insieme; cioè accordo.*
8 **ma sono grazie...destina**: *ma sono fortune che il cielo destina a pochi con generosità* (**largo**).

44. Essere, non solo apparire

Fate ogni cosa per parere buoni, ché serve a infinite cose: ma, perché[1] le opinione false non durano, difficilmente vi riuscirà el parere lungamente buoni, se in verità non sarete.[2] Così mi ricordò già mio padre.

46. La giustizia

Non mi piacque mai ne' miei governi[1] la crudeltà e le pene eccessive, e anche non sono necessarie, perché da certi casi essemplari in fuora, basta, a mantenere el terrore,[2] el punire e[3] delitti a 15 soldi per lira:[4] pure che si pigli regola di punirgli tutti.

57. Impossibile prevedere il futuro

Quanto sono più felici gli astrologi che gli altri uomini! Quelli,[1] dicendo tra cento bugie una verità, acquistano fede in modo che è creduto loro el falso;[2] questi,[3] dicendo tra molte verità una bugia, la perdono[4] in modo che non è più creduto loro el vero.[5] Procede[6] dalla curiosità degli uomini che, desiderosi sapere el futuro né avendo altro modo, sono inclinati a correre drieto a chi promette loro saperlo dire.[7]

66. Il "particulare" e la libertà

Non crediate a costoro[1] che predicano sì efficacemente[2] la libertà, perché quasi tutti, anzi non è forse nessuno che non abbia l'obietto[3] agli interessi particulari:[4] e la esperienza mostra spesso, e è certissimo, che se credessimo[5] trovare in uno stato stretto[6] migliore condizione,[7] vi correrebbono per le poste.[8]

- **44** 1 **perché**: *dato che*.
  2 **non sarete**: *sottinteso: buoni veramente*.
- **46** 1 **ne' miei governi**: *nelle mie responsabilità al potere*.
  2 **el terrore**: *il rispetto [per lo stato]*.
  3 **e**: *i*.
  4 **a 15 soldi per lira**: *la lira valeva venti soldi, e dunque si allude qui a una riduzione di un quarto della pena da comminare, per intendere un atteggiamento di mitezza, nei confronti del singolo, purché sia ben chiara la ineluttabilità generale della giustizia (cfr. la conclusione del ricordo).*
- **57** 1 **Quelli**: *gli «astrologi»*.
  2 **el falso**: *[anche] il falso*.
  3 **questi**: *gli «altri uomini»*.
  4 **la perdono**: *«fede», cioè affidabilità, credibilità*.
  5 **el vero**: *[neppure] il vero*.
  6 **Procede**: *[Ciò] dipende*.
  7 **loro…dire**: *di saperlo dire loro*.
- **66** 1 **costoro**: *è più efficace di "coloro" o "quelli che"; e vale a rendere presente il bersaglio polemico del ricordo. Il quale ha di mira l'ipocrisia degli uomini e non il significato dei valori di cui essi sono portatori (in questo caso, la libertà)*.
  2 **sì efficacemente**: *con tanta convinzione*.
  3 **l'obietto**: *la mira*.
  4 **particulari**: *suoi propri*.
  5 **credessimo**: *credessero; sottinteso: coloro che predicano la libertà*.
  6 **stretto**: *dittatoriale; cioè senza quella libertà sostenuta a parole*.
  7 **migliore condizione**: *vantaggi materiali*.
  8 **vi correrebbono per le poste**: *correrebbero verso di esso [: vi aderirebbero] al galoppo. Alle poste avveniva il cambio dei cavalli. L'espressione è dolorosamente ironica*.

T1 DALLA COMPRENSIONE ALL'INTERPRETAZIONE

COMPRENSIONE

La varietà dei temi In questo gruppo di pensieri si possono distinguere i seguenti motivi: a) **l'ambizione** e la tendenza, ineliminabile negli uomini, a raggiungere «onore e utile» (pensieri 15, 17, 32); b) il **dominio della fortuna** e l'impossibilità di prevedere il futuro (30 e 57); c) la difficoltà di far coincidere teoria e pratica (pensiero 35, ma anche il già citato 57); d) la tendenza al male e all'**interesse privato** da parte degli uomini (pensiero 41), per cui l'**egoismo individuale** è più forte del desiderio della libertà (pensiero 66) (questo concetto contrasta con il pensiero 134, che incontreremo più avanti e con l'esortazione del 44 a fare il bene e non solo a fingere di farlo); e) l'amministrazione della **giustizia** nel pensiero 46; f) un duro giudizio sulla **corruzione della Chiesa** (pensiero 28).

Le parole-chiave Negli aforismi che abbiamo letto possiamo individuare due parole-chiave che ricorrono continuamente nell'opera di Guicciardini:

- **particulare**: Guicciardini afferma che per l'uomo è l'impossibile controllare l'ordine delle cose e modificarle intervenendo con la sua azione. Per questo non gli resta che tentare di salvaguardare, almeno, il proprio interesse, il proprio «onore e utile» (pensiero 15) sul piano del privato. Questo individualismo non è dettato da cinismo o indifferenza politica, ma è il frutto di una disincantata saggezza acquistata con l'esperienza del mondo;

- **fortuna**: la crisi storica dell'Italia ha messo in luce la vanità della virtù umana, destinata, per lo più, a soccombere nella lotta con la fortuna che resta l'unica forza capace di determinare il mondo. Di fronte agli accidenti della sorte, l'uomo può fare appello solo alla sua capacità di discernimento e alla prudenza. Rispetto all'energia e all'agonismo di Machiavelli, per cui l'uomo poteva ancora combattere contro la fortuna avversa, Guicciardini appare come un pensatore più moderno ma anche più freddo e rassegnato.

ANALISI

Lo stile La **concentrazione**, la forza e la rapidità della **sintesi** sono tipiche degli **aforismi** e delle massime. Si tratta di una lezione di stile in parte rintracciabile anche in Machiavelli, dove già abbiamo notato la tendenza a sentenze brevi, a carattere definitorio e conclusivo. Il **carattere perentorio dello stile** è evidente già negli *incipit*, in cui ricorrono spesso imperativi ed esortativi: si vedano, per esempio, le massime 17 («Non crediate»), 44 («Fate ogni cosa per parere buoni») e 66 («Non crediate»). Non mancano altre soluzioni, non meno nette. Per esempio, nei pensieri 35 e 57 l'*incipit* è caratterizzato da un'**esclamazione**: «Quanto è diversa la pratica dalla teorica!» e «Quanto sono più felici gli astrologi che gli altri uomini!». L'esclamazione conferisce ovviamente un tono non meno perentorio agli "avvertimenti" guicciardiniani. Non manca poi l'**ironia**, che nasce dall'amarezza pessimistica del discorso di Guicciardini: si veda quella contro gli astrologi (57).

INTERPRETAZIONE

La storicizzazione: l'ideologia di Guicciardini I pensieri 15, 17, 32 mostrano una logica unitaria: l'ambizione, il desiderio dell'«onore» e dell'«utile», è una molla positiva dell'azione umana, se perseguìta con mezzi «onesti e onorevoli». Si tratta di una tendenza naturale, invincibile, che spinge a realizzare l'interesse individuale, nella maggior parte degli uomini più forte del desiderio stesso di libertà (pensiero 66). Eccettuati i casi di deviazione morale, la realizzazione dell'**ambizione** secondo la logica individuale del proprio «**particulare**» non è da condannarsi, anzi è una spinta positiva da rispettare. Guicciardini si inserisce in una logica mercantesca e borghese che aveva solide radici a Firenze e che è riscontrabile già in Boccaccio. In una situazione di crisi – in cui la fortuna domina il comportamento umano (30), pratica e teoria sono dissociate (35) e gli uomini appaiono più disposti al male che al bene (41), mentre i margini di organizzazione del futuro sono ristretti e quelli della sua previsione quasi nulli (57) – non resta che questo **individualismo**, da perseguirsi bensì con decoro, nel rispetto delle regole che impongono agli uomini di essere e non solo di apparire buoni (44). La sottolineatura del **peso determinante della fortuna** è più forte in Guicciardini che in Machiavelli, il quale immaginava caratteri impetuosi capaci di dominarla. **Comuni a Machiavelli** sono invece il **realismo** e la **spregiudicatezza** dell'analisi, la tendenza a demistificare le motivazioni ideali e a scorgere la molla egoistica dell'azione umana: si veda soprattutto il pensiero 66, d'impronta machiavelliana, che individua la prevalenza degli «interessi particulari» anche negli esaltatori, apparentemente più disinteressati, della libertà.

La storicizzazione: il giudizio sulla Chiesa Esso è affidato al famoso pensiero 28. A proposito di questo pensiero ha osservato Asor Rosa: «Guicciardini distingue nettamente tra l'aspetto temporale dello Stato della Chiesa, che egli serve per amore del proprio particulare [lavorava infatti per la curia pontificia], e l'aspetto morale e religioso, che trova esecrando». La stessa distinzione troveremo nel ritratto di Leone X nella *Storia d'Italia* (cfr., più avanti, § 4). La conclusione di Asor Rosa è la seguente: «Includerei Guicciardini in quella non irrilevante frazione del ceto intellettuale italiano che auspica vivamente la "reformatio Ecclesiae" [la **riforma della Chiesa**], ma senza condividere l'ipotesi di un radicale rovesciamento delle gerarchie e della dottrina, e che perciò guarda con simpatia al movimento della Riforma luterana, ma non potendolo condividere per un'abissale diversità di mentalità, gusti, educazione e collocazione sociale: un *pendant* [equivalente] laico, direi, di quella posizione, che, anche sul piano religioso, verrà sostenuta, qualche anno più tardi, da Paolo Sarpi» (Sarpi è uno scrittore vissuto nella seconda metà del Cinquecento). Asor Rosa trova in Guicciardini diversi punti di contatto con la riflessione di Erasmo da Rotterdam, pure lui favorevole a una profonda riforma della Chiesa.

Attualizzazione e valorizzazione Guicciardini documenta una situazione assai attuale: quella della **crisi delle ideologie e dei valori**, crisi sviluppatasi nel secondo e soprattutto nel terzo decennio del Cinquecento. Anche oggi viviamo una situazione simile, dopo la caduta delle tensioni politiche e ideali degli anni Quaranta, Cinquanta, Sessanta del Novecento. Per Guicciardini, poiché non sono possibili più valori assoluti e totalizzanti, non resta che la fiducia nella ragione come capacità di analisi empirica, caso per caso. La crisi delle ideologie produce un atteggiamento ispirato al **relativismo** e all'amarezza pessimistica, ma non provoca la fuga nell'irrazionalismo. Questa è la ragione per cui molti studiosi avvertono così fortemente l'attualità di Guicciardini. Inoltre il fatto che egli muova empiricamente dai dati concreti e non da premesse universali, e rinunci a procedure logiche deduttive (ancora impiegate da Machiavelli) per applicarsi solo a quelle induttive, fa sì che Guicciardini venga sentito in tutta la sua modernità come un precursore del metodo scientifico galileiano.

T1 LAVORIAMO SUL TESTO

COMPRENDERE

1. Chiarisci il ruolo che l'autore attribuisce alla fortuna nelle «cose umane». (30 e 57)

ANALIZZARE

2. Che cosa si intende per aforisma? Quali caratteri presenta lo stile aforistico?
3. In che cosa individua Guicciardini la molla determinante dell'agire umano?

INTERPRETARE

4. Che cosa pensa Guicciardini della natura umana? Dalla sua concezione dell'uomo quali conseguenze trae sul piano politico? (41 e 66)
5. In quali pensieri ravvisi maggiormente l'impronta di Machiavelli?

LE MIE COMPETENZE: FARE RICERCHE ED ESPORRE

La pagina che abbiamo letto è composta da una serie di aforismi. Disposti in ordine spesso casuale, essi sintetizzano l'idea che l'autore aveva del mondo: un sovrapporsi e inseguirsi di fatti ed eventi legati tra loro da un nesso causale non individuabile a priori. Rispetto all'organicità complessiva del genere trattato, gli aforismi di Guicciardini rifiutano ogni sistema coerente di pensiero e si pongono come singole indicazioni formulate sulla base dei vari casi "particolari". Ma cos'è un aforisma? Quali caratteristiche ha? Quali altri scrittori, prima e dopo Guicciardini, hanno frequentato la tradizione letteraria dell'aforisma? Fai una ricerca in rete e in biblioteca per rispondere a queste domande; quindi esponi alla classe i risultati della tua ricerca.

T2 Francesco Guicciardini
Il rifiuto di «parlare generalmente»

OPERA
Ricordi, 104, 110, 117, 118, 125, 134

CONCETTI CHIAVE
- la polemica contro Machiavelli, i filosofi e i teologi
- l'utilità della simulazione
- la riflessione sulla natura umana

FONTE
F. Guicciardini, *Ricordi*, cit.

Mentre il pensiero 118 riprende concetti già visti (l'importanza della molla dell'ambizione: cfr. T1, p. 308), si segnalano tre nuovi nuclei concettuali: 1) la polemica contro Machiavelli (per quanto non nominato) nei pensieri 110 e 117, con il necessario corollario del pensiero 125 (la difficoltà di giungere a regole generali, come voleva fare Machiavelli, è dovuta anche al fatto che «gli uomini sono al buio delle cose»); 2) la riflessione sulla simulazione (pensiero 104); 3) la riflessione sulla natura degli uomini e sulla loro predisposizione al bene piuttosto che al male, accompagnata però dalla considerazione della fragilità della loro natura (pensiero 134).

104. La simulazione

È lodato assai negli uomini, e è grato[1] a ognuno, lo essere di natura liberi e reali[2] e, come si dice in Firenze, schietti. È biasimata da altro canto, e è odiosa, la simulazione, ma è molto più utile a se medesimo; e quella realità[3] giova più presto[4] a altri che a sé. Ma perché non si può negare che la non sia bella,[5] io loderei chi ordinariamente avessi el traino suo[6] del vivere libero e schietto, usando la simulazione solamente in qualche cosa molto importante, le quali accaggiono[7] rare volte. Così acquisteresti nome di essere libero e reale, e ti tireresti drieto quella grazia che ha chi è tenuto[8] di tale natura: e nondimeno, nelle cose che importassino più, caveresti utilità della simulazione,[9] e tanto maggiore[10] quanto, avendo fama di non essere simulatore, sarebbe più facilmente creduto alle arti[11] tue.

- **104**
  1. **grato**: gradito.
  2. **di natura...reali**: di carattere franco e leale.
  3. **quella realità**: la suddetta lealtà.
  4. **più presto**: piuttosto.
  5. **perché...bella**: dato che è impossibile negare la moralità di essa; cioè della lealtà. Da questa constatazione dipende la scelta da parte del singolo di preferire la lealtà alla simulazione, pure più utile. Infine si rivela però necessaria talvolta anche la simulazione; e, in tali casi, si raccoglie vantaggio anche dalla consueta lealtà.
  6. **el traino suo**: il proprio modo.
  7. **accaggiono**: accadono.
  8. **tenuto**: ritenuto.
  9. **caveresti...simulazione**: trarresti vantaggio dalla finzione.
  10. **maggiore**: sottinteso: «vantaggio».
  11. **arti**: finzioni.

110. Sulla imitazione degli antichi

Quanto si ingannano coloro[1] che a ogni parola allegano e Romani![2] Bisognerebbe avere una città condizionata[3] come era loro, e poi governarsi secondo quello essemplo:[4] el quale a chi ha le qualità disproporzionate[5] è tanto disproporzionato, quanto sarebbe volere che uno asino facessi el corso[6] di uno cavallo.

117. Contro i modelli

È fallacissimo el giudicare per gli essempli,[1] perché, se non sono simili in tutto e per tutto, non servono, conciosia che[2] ogni minima varietà nel caso può essere causa di grandissima variazione nello effetto:[3] e el discernere queste varietà, quando sono piccole, vuole buono e perspicace occhio.[4]

118. Ancora sull'onore

A chi stima l'onore assai succede[1] ogni cosa, perché non cura fatiche, non pericoli, non danari. Io l'ho provato in me medesimo, però[2] lo posso dire e scrivere: sono morte e vane le azione degli uomini che non hanno questo stimulo ardente.

125. Contro la metafisica

E filosofi e e[1] teologi e tutti gli altri che scrutano le cose sopra natura o che non si veggono,[2] dicono mille pazzie: perché in effetto[3] gli uomini sono al buio delle cose, e questa indagazione[4] ha servito e serve più a essercitare gli ingegni che a trovare la verità.

134. Il bene e il male

Gli uomini tutti per natura sono inclinati più al bene che al male, né è alcuno el quale, dove altro rispetto non lo tiri in contrario,[1] non facessi[2] più volentieri bene che male; ma è tanto fragile la natura degli uomini e sì spesse[3] nel mondo le occasione che invitano al male, che gli uomini si lasciano facilmente deviare dal bene. E però e savî legislatori[4] trovorono e premî e le pene: che non fu altro che con la speranza e col timore volere tenere fermi gli uomini nella inclinazione loro naturale.[5]

---

110 1 **coloro**: è trasparente la polemica contro Machiavelli, esplicita nelle *Considerazioni intorno ai Discorsi di Machiavelli sopra la prima Deca di Tito Livio*.
2 **allegano e Romani**: *citano come esempio gli antichi romani*.
3 **condizionata**: *organizzata*.
4 **essemplo**: *modello*.
5 **disproporzionate**: *non assimilabili*. I moderni sarebbero dunque tanto lontani dagli antichi quanto un asino da un cavallo, secondo la similitudine che segue.
6 **el corso**: *il cammino*.

117 1 **È...essempli**: *È sbagliatissimo il giudicare secondo gli esempi*; cioè considerando la storia come un valore esemplare, come faceva Machiavelli.
2 **conciosia che**: *dato che*.
3 **ogni minima...effetto**: basta cioè che tra due situazioni analoghe vi sia un particolare diverso, e le conseguenze, nello svolgimento dei fatti e nella loro conclusione (**effetto**), possono essere grandissime.
4 **vuole...occhio**: *richiede un occhio* [: *una capacità di giudizio*] *acuto e previdente*.

118 1 **succede**: *riesce bene*.
2 **però**: *perciò*.

125 1 **E...e e**: *I filosofi e i*.
2 **che scrutano...veggono**: *che osservano le cose sovrannaturali o che non possono essere viste in pratica*.
3 **in effetto**: *di fatto*.
4 **questa indagazione**: *l'indagine dei filosofi e dei teologi*.

134 1 **dove altro...contrario**: *se non venga spinto al contrario* [: a fare il male] *da altri motivi* [: esterni al suo carattere naturalmente buono].
2 **non facessi**: *non faccia*.
3 **sì spesse**: *così frequenti*.
4 **e savî legislatori**: *i legislatori saggi*.
5 **che non fu altro...naturale**: *la quale soluzione non consistette in altro che nel voler mantenere fermi gli uomini con la speranza e con il timore nella loro inclinazione naturale* [al bene].

T2 DALLA COMPRENSIONE ALL'INTERPRETAZIONE

COMPRENSIONE E ANALISI

La polemica con Machiavelli Machiavelli, nei *Discorsi*, prende a modello la storia romana: crede che gli esempi del passato possano servire al presente. Guicciardini obietta: 1) **il criterio dell'imitazione non vale in campo storico**: in primo luogo perché la situazione è mutata, anzi ogni circostanza è diversa dalle altre, e in secondo luogo perché i moderni, se paragonati agli antichi, sono come asini rispetto a cavalli e non possono dunque ripeterne le gesta (pensieri 110 e 117); 2) in campo filosofico e religioso **la ricerca umana ha limiti invalicabili**: serve più a esercitare l'ingegno, scrive polemicamente Guicciardini, che a trovare la verità: «in effetto gli uomini sono al buio delle cose». Questa seconda presa di posizione non è contro Machiavelli, ma contro i filosofi e i teologi. Tuttavia vi traspaiono lo stesso **scetticismo sulle possibilità conoscitive dell'uomo** che alimenta la polemica contro Machiavelli e la stessa sfiducia circa la possibilità di formulare regole generali.

INTERPRETAZIONE

Il problema della simulazione Guicciardini preferisce un comportamento schietto e trasparente ma non nega l'utilità, in determinati casi, della **simulazione**. È un tema, questo, molto dibattuto nel Cinquecento, presente anche nel *Cortegiano* di **Castiglione** (che lo risolve nella «grazia» e nella «sprezzatura»: cfr. cap. VI, § 3) e poi teorizzato da **Torquato Accetto** nella prima metà del Seicento nel libro dal titolo significativo *La dissimulazione onesta*: per Accetto, in una situazione di "doppia verità" (quella individuale e quella pubblica) prodotta dal clima repressivo della Controriforma, la dissimulazione è necessaria come forma di resistenza e di difesa dell'anima nobile. Guicciardini si limita a prendere atto realisticamente dell'importanza della simulazione, anche se dichiara che sarebbe meglio non usarla. La sua, insomma, è una scelta di medietà, di giusto mezzo, in cui si rivela il tratto moderato (anche da un punto di vista teorico e politico) della sua personalità.

La natura degli uomini Il pensiero 134 va discusso insieme al pensiero 41 (cfr. **T1**, p. 308), che sembra sostenere una tesi opposta, e cioè che gli uomini sono cattivi. Qui si afferma infatti che **per natura gli uomini sarebbero buoni**. D'altronde non mancano contraddizioni nel pensiero di Guicciardini. In questo caso, tuttavia, la contraddizione è più apparente che reale: è vero che gli uomini sono, secondo Guicciardini, per natura inclini al bene piuttosto che al male, ma la loro natura è «fragile» mentre numerose e impellenti sono le **circostanze che inducono al male**. Per questo le loro azioni finiscono con l'essere piuttosto malvagie che buone. Asor Rosa osserva: «siamo di fronte ad un pensiero di origine cristiana (la natura umana nella radice è buona, ma il peccato originale l'ha deviata verso il peccato), intrecciato con molti elementi prammatistici e naturalistici (nella storia c'è un'infinità di occasioni, che spingono verso il male)».

T2 LAVORIAMO SUL TESTO

COMPRENDERE E ANALIZZARE

1. Rintraccia i pensieri che sono in implicita polemica con Machiavelli. Su quali temi verte il dissenso dell'autore?
2. Perché Guicciardini polemizza contro filosofi e teologi? Su quale criterio poggia continuamente le sue affermazioni?

INTERPRETARE

3. Gli uomini sono per natura buoni (134) o cattivi (**T1**, pensiero 41)? Come puoi risolvere, testi alla mano, questa contraddizione?

T3 Francesco Guicciardini
Il popolo, il «palazzo», la politica

OPERA
Ricordi, 140, 141, 182, 187

CONCETTI CHIAVE
- riflessioni sulla politica e sui suoi attori

FONTE
F. Guicciardini, *Ricordi*, cit.

Presentiamo quattro ricordi di argomento politico. Al centro della riflessione guicciardiniana sono la natura del popolo, oggetto di una condanna senza appello, la distanza tra «'l palazzo e la piazza» (un tema questo più che mai attuale), la strenua capacità analitica, applicata ad ogni particolare, anche il più irrilevante, che deve caratterizzare l'agire politico dei governanti.

140. Il popolo, «animale pazzo»
Chi disse[1] uno popolo disse veramente uno animale pazzo, pieno di mille errori, di mille confusione, sanza gusto,[2] sanza deletto,[3] sanza stabilità.

- 140 1 **Chi disse...**: da intendere come *'Se parliamo di...'*.
- 2 **sanza gusto**: cioè senza «finezza di giudizio» (Spongano).
- 3 **sanza deletto**: *senza attrattive*.

141. Il «palazzo» e la «piazza»

Non vi maravigliate che non si sappino le cose delle età passate, non quelle che si fanno nelle provincie o luoghi lontani: perché, se considerate bene, non s'ha vera notizia delle presenti,[1] non di quelle che giornalmente si fanno in una medesima città; e spesso tra 'l palazzo e la piazza[2] è una nebbia sì folta o uno muro sì grosso che, non vi penetrando l'occhio degli uomini, tanto sa el popolo di quello che fa chi governa o della ragione perché lo fa, quanto delle cose che fanno in India. E però[3] si empie facilmente el mondo di opinione erronee e vane.[4]

182. Imprevedibilità delle vicende politiche

Io ho visto quasi sempre gli uomini bene savî,[1] quando hanno a risolvere qualche cosa importante, procedere con distinzione,[2] considerando dua o tre casi che verisimilmente possono accadere, e in su quegli fondare la deliberazione loro come se fussi necessario venire[3] uno di quegli casi. Avvertite[4] che è cosa pericolosa, perché spesso o forse el più delle volte viene[5] uno terzo o quarto caso non considerato e al quale non è accommodata[6] la deliberazione che tu hai fatta. Però risolvetevi più al sicuro che potete,[7] considerando che ancora possi[8] facilmente essere quello che si crede che non abbia a essere, né vi ristrignendo mai se non per necessità.[9]

187. Non governare mai «a caso»

Sappiate che chi governa a caso si ritruova alla fine a caso.[1] La diritta[2] è pensare, essaminare, considerare bene ogni cosa *etiam*[3] minima; e vivendo ancora così,[4] si conducono con fatica bene le cose: pensate come vanno a chi si lascia portare dal corso della acqua.[5]

- **141** 1 **non s'ha...presenti**: *non si possiede vera conoscenza [neppure] delle [cose] presenti.* 2 **tra 'l palazzo e la piazza**: *sono, con metonimia, i luoghi emblematici del potere e delle masse popolari, separati da una distanza incolmabile della quale si originano infiniti errori di giudizio.* 3 **però**: *perciò.* 4 **erronee e vane**: *sbagliate e inconcludenti.*
- **182** 1 **bene savî**: *assai saggi;* la riflessione dunque, benché critica, riguarda il comportamento degli analisti più sagaci e sapienti. È anche forse un segno di rispetto per l'ammirato bersaglio polemico di questo come di molti altri ricordi, Machiavelli (cfr. nota sg.). 2 **con distinzione**: *secondo distinte ipotesi di sviluppo;* cioè, con la terminologia di Machiavelli qui chiamato implicitamente in causa, secondo «dilemmi» (ovvero per contrasti e antitesi nettamente configurate). 3 **venire**: *verificarsi.* 4 **Avvertite**: *Fate attenzione.* 5 **viene**: *si verifica.* 6 **accommodata**: *adeguata.* 7 **Però...potete**: *Perciò prendete le decisioni più prudenti che potete.* 8 **che ancora possi**: *che possa anche.* 9 **né vi...necessità**: *non limitando mai le vostre ipotesi [sui possibili sviluppi futuri di una data situazione] se non per necessità.*
- **187** 1 **chi governa...caso**: cioè chi si comporta a caso, senza riflessione e ponderazione, finisce in assoluta balìa del caso; manca insomma la possibilità di contrapporre alla cieca forza della "fortuna" la forza razionale dell'impegno umano. 2 **La diritta**: *La cosa giusta.* 3 ***etiam***: *anche.* 4 **e vivendo ancora così**: *e anche vivendo così;* cioè con attenta riflessione. 5 **dal corso della acqua**: *dal fluire dei fatti;* cioè dal caso; con metafora.

T3 DALLA COMPRENSIONE ALL'INTERPRETAZIONE

COMPRENSIONE E ANALISI

Il tema politico Il **pensiero 140** contiene **un duro giudizio sul popolo**: la sua prevalenza nel governo porterebbe instabilità e anarchia. La posizione di Guicciardini è, in politica, moderata e conservatrice, favorevole a un regime equilibrato (il "governo misto"), ma con una forte presenza di «savî», vale a dire di una ristretta aristocrazia. Il **pensiero 141** considera il muro o la «nebbia» che separa le ragioni delle scelte politiche dalla conoscenza che può averne la maggior parte della popolazione. Qui Guicciardini pone l'accento su un problema reale: l'abisso che divideva ormai, a partire dal Quattrocento, le classi sociali e **la riduzione della politica ad arte per pochi**, inaccessibile alla massa. Ma non indica alcuna soluzione per affrontarlo (e d'altronde il suo moderatismo di conservatore non lo induceva certo ad abbattere quel muro). Ai governanti, piuttosto, egli dà il consiglio di «distinguere» sempre, di accettare e rispettare la **infinita varietà dei casi** che può prospettarsi e dunque di tenersi sempre pronti a ogni eventualità senza restringersi (se non per necessità) a una sola. Ciò non potrà significare resa al caso, ma anzi uso accanito della ragione per «considerare bene ogni cosa *etiam* [anche] minima» (pensieri 182 e 187).

INTERPRETAZIONE

Attualizzazione: il «palazzo» e la «piazza» La «nebbia» e il «muro» che separano i governati dai governanti fa sì che «tanto sa el popolo di quello che fa chi governa o della ragione perché lo fa, quanto delle cose che fanno in India». La **distanza tra «palazzo» e «piazza»** da Guicciardini in poi è andata crescendo, fino a diventare siderale. I cittadini non comprendono il senso delle decisioni del «palazzo», o sono indotti a interpretarle come suggerisce la propaganda di chi governa. Il «muro», l'impenetrabilità assoluta del potere, può assumere tratti imperscrutabili e minacciosi, come ad esempio nel racconto di Kafka *Davanti alla legge*.

T3 LAVORIAMO SUL TESTO

COMPRENDERE E ANALIZZARE

1. Che rapporto c'è tra il «palazzo» e la «piazza»?

INTERPRETARE

2. Dal giudizio di Guicciardini sul popolo si può dedurre un'ideologia (due risposte)
   - [A] repubblicana
   - [B] democratica
   - [C] aristocratica
   - [D] conservatrice

3. La «nebbia» che separa il «palazzo» dalla «piazza» si è oggi diradata? Rifletti sull'attualità del pensiero 141 alla luce delle tue conoscenze ed esperienze di cittadino.

LE MIE COMPETENZE: DIALOGARE

La separazione tra politica e popolazione avvertita da Guicciardini nel Cinquecento è un tema ancora attuale. Negli ultimi anni la diffusione di internet ha rappresentato, secondo alcuni, una possibilità per ridurre il divario esistente tra politici e cittadini: la rete è stata considerata una via di collegamento tra il «palazzo» e la «piazza», perché può dar voce al cittadino chiamandolo in causa direttamente sulle questioni politiche. Quali possono essere però i limiti della partecipazione politica sul Web? E quali sono le strategie di comunicazione in rete adottate dai diversi schieramenti politici? Rifletti su questi temi, confrontandoti con il docente e i compagni.

4 La *Storia d'Italia*

La *Storia d'Italia*: crisi storica e crisi individuale

Il capolavoro storiografico di Guicciardini è la **Storia d'Italia**, scritta **fra il 1537 e il 1540**. In quegli anni, Guicciardini si era ritirato a meditare sul suo doppio fallimento: prima quello politico, successivo alla sconfitta della lega di Cognac (da lui stesso preparata contro Carlo V) e al sacco di Roma; poi quello individuale in seguito alla destituzione da ogni importante incarico da parte del nuovo papa Paolo III e alla sua riduzione alla vita privata. La situazione di crisi, di sfiducia, di fallimento privato costituisce lo sfondo dell'opera mostrando **tratti di pessimismo e di scetticismo ancora più marcati** che nei *Ricordi*.

LA STORIA D'ITALIA

data di composizione	genere e struttura	argomenti	elementi di novità	elementi di continuità con la storiografia precedente
• tra il 1537 e il 1540	• opera di storiografia in venti libri che narra anno per anno, in ordine cronologico, la storia d'Italia tra il 1492 e il 1534	• fatti storici avvenuti in Italia tra il 1492 e il 1534 • cause della decadenza italiana	• correlazione tra la storia d'Italia e la storia europea • analisi psicologica e ritratti dei personaggi storici • l'impegno storiografico obbedisce alla sola logica scientifica ed è libero dai condizionamenti del potere politico • scrupolo nella documentazione	• struttura annalistica della trattazione (che procede anno per anno) • centralità della storia politica, diplomatica e militare, dominata dalle grandi personalità (sottovalutazione dei movimenti economico-sociali e del ruolo delle masse popolari)

T • Francesco Guicciardini, *L'inizio della* Storia d'Italia

I fatti narrati coprono circa un quarantennio: dal chiudersi nel 1492 di un'epoca felice, sino alla crisi rovinosa del sacco di Roma (cfr. T4, p. 318) e poi alla morte di Clemente VII e all'ascesa al soglio pontificio di Paolo III (1534). **Gli avvenimenti sono narrati** in ordine cronologico, **anno per anno**, e suddivisi in **venti libri**. Il titolo, *Storia d'Italia*, non è dell'autore. **L'opera**, l'unica che Guicciardini voleva destinata alle stampe, **rimase senza elaborazione finale** a causa della sua morte, e fu pubblicata per la prima volta, in parte censurata e senza gli ultimi quattro libri, solo nel 1561.

Un'opera non rielaborata

Studio della correlazione fra i fatti: dall'Italia all'Europa

La materia della narrazione è costituita dalla **storia italiana nelle sue correlazioni con quella europea.** I fatti sono visti nelle loro infinite concatenazioni, nei legami reciproci di dipendenza. Guicciardini infatti non crede a una legge generale della storia che ne spieghi tutti i meccanismi; cerca piuttosto di ricostruire razionalmente la rete delle relazioni fra le vicende storiche, allargandosi così, di necessità, dall'Italia all'Europa, data la massiccia presenza sulla penisola delle potenze straniere.

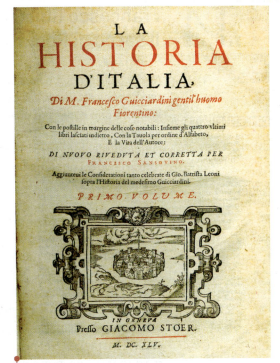
Frontespizio di una edizione del 1645 della *Storia d'Italia* di Francesco Guicciardini.

La causa della decadenza italiana

Alla base dei fallimenti dei gruppi dirigenti italiani egli individua sì il potere negativo della fortuna, ma anche una serie di incapacità e di sconsideratezze che hanno portato anzitutto alla discesa di Carlo VIII, primo di una serie di interventi stranieri che hanno tolto la libertà all'Italia, e poi al sacco di Roma.

Le differenze rispetto alla storiografia umanistica

Guicciardini si muove su una prospettiva nazionale e con un'ottica europea. Inoltre l'impegno storiografico è sottratto a ogni ragione di encomio, di celebrazione di un principe o di una città o di uno stato: esso obbedisce solo alla logica della conoscenza analitica. Sta qui la carica di **rottura rispetto alla tradizione storiografica umanistica**.

L'analisi psicologica dei personaggi

La storia è quindi concepita anzitutto come **storia politica, diplomatica e militare**, e come urto di **grandi personalità**. In ciò Guicciardini riprende la tradizione della storiografia umanistica, che per prima aveva selezionato i fatti ponendo al centro dell'interesse l'aspetto politico. Di proprio e di originale egli aggiunge però l'**analisi psicologica dei personaggi**. Sono famosi i **ritratti** che Guicciardini traccia di personaggi come Leone X e Clemente VII. Essi non obbediscono tanto a una logica letteraria o artistica quanto a quella della ricerca delle motivazioni umane, e dunque anche psicologiche, che sono alla base delle scelte politiche. Un altro elemento di continuità sta nell'uso delle **orazioni messe in bocca ai personaggi**. Come già Machiavelli nelle *Istorie fiorentine*, anche Guicciardini se ne serve per dare la propria interpretazione degli avvenimenti e soprattutto per «rilevare il carattere pluridimensionale del processo storico», e per sottolineare le varie possibilità di esito di una stessa situazione. L'idea che la realtà è aperta e complessa si traduce nell'espediente di far pronunciare ai personaggi orazioni contrapposte che esprimono interpretazioni diverse di una stessa circostanza oggettiva e progetti diversi di soluzione.

T • Francesco Guicciardini, *Ritratti di Leone X e di Clemente VII*
S • L'evoluzione del pensiero guicciardiniano dai *Ricordi* alla *Storia d'Italia* (E. Scarano)

Così Guicciardini riprende sì la tradizione storiografica umanistica, ma in modo nuovo e indubbiamente personale.

Lo scrupolo della documentazione

Egualmente nuovo è lo scrupolo di documentazione. Guicciardini non si limita a fare tesoro della memoria e dell'esperienza individuale. Consulta e mette a confronto le opere storiografiche della tradizione umanistica italiana e straniera, **studia gli archivi, cerca le fonti**. Anche da questo punto di vista egli è il primo grande storiografo della modernità.

T4 Francesco Guicciardini
Il sacco di Roma

OPERA
Storia d'Italia,
XVIII, VIII

CONCETTI CHIAVE
- la brutalità dei vincitori e la meschinità dei vinti

FONTE
F. Guicciardini, *Storia d'Italia*, cit.

Nel libro diciottesimo Guicciardini descrive il sacco di Roma, compiuto nel maggio 1527 dalle truppe imperiali di Carlo V. Il sacco rappresentò un vero e proprio shock per gli intellettuali italiani: essi vi videro una conferma della decadenza italiana e un segno della crisi del loro ruolo umanistico, simboleggiata dalla distruzione degli antichi monumenti di Roma, capitale della classicità. Guicciardini fu personalmente implicato nella catastrofe, essendo stato fra coloro che avevano preparato la Lega di Cognac contro Carlo V ed essendo inoltre uno dei più stretti consiglieri dello sconfitto pontefice Clemente VII.

Alloggiò Borbone[1] con l'esercito, il quinto dì di maggio, ne' Prati presso a Roma, con insolenza militare mandò uno trombetto a dimandare il passo al pontefice (ma per la città di Roma) per andare con l'esercito nel reame di Napoli,[2] e la mattina seguente in su il fare del dì, deliberato o di morire o di vincere (perché certamente poca altra speranza restava alle cose sue), accosta-
5 tosi al Borgo della banda del monte di Santo Spirito,[3] cominciò una aspra battaglia; avendogli favoriti la fortuna nel fargli appresentare più sicuramente, per beneficio di una folta nebbia che, levatasi innanzi al giorno, gli coperse insino a tanto si accostorno al luogo dove fu cominciata la battaglia.[4] Nel principio della quale Borbone, spintosi innanzi a tutta la gente per ultima disperazione, non solo perché non ottenendo la vittoria non gli restava più refugio alcuno
10 ma perché vedeva i fanti tedeschi procedere con freddezza grande a dare l'assalto, ferito, nel principio dello assalto, di uno archibuso,[5] cadde in terra morto. E nondimeno la morte sua non

- **1 Borbone**: Charles de Bourbon-Montpensier, duca di Borbone e conestabile di Francia, capo delle truppe nemiche.
- **2 mandò uno trombetto... Napoli**: Borbone invia un araldo (un *trombettiere*) per chiedere al papa il diritto di attraversare il suo territorio al fine – palesemente ipocrita – di raggiungere il Regno di Napoli, passando con il suo esercito per la città di Roma. Si tratta di una evidente provocazione (o, come dice Guicciardini, di una **insolenza**).
- **3 accostatosi...Spirito**: *avvicinatosi alla città* (il **Borgo** è il rione che sorge a ridosso del Vaticano) *dalla parte del monte Santo Spirito*.
- **4 avendogli favoriti...battaglia**: l'intervento della fortuna, cioè della sorte, è messo ripetutamente in risalto, così come gli errori dei governanti. L'esercito degli attaccanti è favorito dalla nebbia che lo nasconde fino a che si trova assai vicino alle postazioni difensive, che vengono dunque colte di sorpresa. **Nel fargli appresentare**: *nel farli avvicinare* [: alle mura della città]. **Gli coperse...accostorno**: *li nascose fin tanto che si avvicinarono*.
- **5 di uno archibuso**: *da un archibugio*.

Castel Sant'Angelo a Roma, dal 1925 sede del Museo Nazionale di Castel Sant'Angelo, è collegato allo Stato del Vaticano attraverso il corridoio fortificato del "passetto".

raffreddò l'ardore de' soldati, anzi combattendo con grandissimo vigore, per spazio di due ore, entrorno finalmente nel Borgo; giovando loro non solamente la debolezza grandissima de' ripari ma eziandio la mala[6] resistenza che fu fatta dalla gente. Per la quale, come molte altre volte, si dimostrò a quegli che per gli esempli antichi non hanno ancora imparato le cose presenti quanto sia differente la virtù degli uomini esercitati alla guerra agli eserciti nuovi congregati di turba collettizia, e alla moltitudine popolare:[7] perché era alla difesa una parte della gioventù romana sotto i loro caporioni[8] e bandiere del popolo; benché molti ghibellini e della fazione colonnese deliberassino o almanco non temessino la vittoria degli imperiali, sperando per il rispetto della fazione di non avere a essere offesi da loro; cosa che anche fece procedere la difesa più freddamente.[9] E nondimeno, perché è pure difficile espugnare le terre[10] senza artiglieria, restorno morti circa mille fanti di quegli di fuora.[11] I quali come si ebbeno aperta la via di entrare dentro, mettendosi ciascuno[12] in manifestissima fuga, e molti concorrendo al Castello,[13] restorono i borghi totalmente abbandonati in preda de' vincitori; e il pontefice, che aspettava il successo nel palazzo di Vaticano, inteso gli inimici essere dentro,[14] fuggì subito con molti cardinali nel Castello. Dove consultando se era da fermarsi quivi, o pure, per la via di Roma,[15] accompagnati da' cavalli leggieri della sua guardia, ridursi[16] in luogo sicuro, destinato a essere esempio delle calamità che possono sopravvenire a' pontefici e anco quanto sia difficile a estinguere l'autorità e maestà loro,[17] avuto nuove per Berardo da Padova, che fuggì dello esercito imperiale, della morte di Borbone e che tutta la gente, costernata[18] per la morte del capitano, desiderava di fare accordo seco,[19] mandato fuora[20] a parlare co' capi loro, lasciò indietro infelicemente[21] il consiglio di partirsi; non stando egli e i suoi capitani manco irresoluti nelle provisioni del difendersi che fussino nelle espedizioni.[22] Però[23] il giorno medesimo[24] gli spagnuoli, non avendo trovato né ordine né consiglio di difendere il Trastevere, non avuta resistenza alcuna, v'entrorono dentro;[25] donde[26] non trovando più difficoltà, la sera medesima a ore ventitré, entrorono per ponte Sisto nella città di Roma: dove, da quegli in fuora che si confidavano nel nome della fazione, e da alcuni cardinali che per avere nome di avere seguito le parti di Cesare credevano essere più sicuri che gli altri, tutto il resto della corte e della città,

---

- **6 mala**: *scarsa*.
- **7 Per la quale, come...popolare**: è un passaggio di grande rilievo politico-militare, rivolto in particolare contro la posizione sostenuta da Machiavelli (cfr. *Dalla comprensione all'interpretazione*). Guicciardini è favorevole a eserciti professionali, rifiutando il confronto con la storia antica e con il valore dei cittadini in armi, a vantaggio di un'analisi della realtà presente, che mostra la superiorità dei soldati di mestiere. **Agli eserciti nuovi...e alla...**: *rispetto agli eserciti di fresca istituzione, composti di una folla raccogliticcia, e rispetto alla moltitudine popolare* [in armi].
- **8 caporioni**: *comandanti*.
- **9 benché molti ghibellini... freddamente**: tra i difensori di Roma vi sono molti **ghibellini**, cioè favorevoli alla parte imperiale, nonché molti legati al partito dei Colonna (la **fazione colonnese**, famiglia alleata dell'imperatore; e questi forse avevano deciso (cfr. **deliberassino**) la vittoria dei nemici (gli **imperiali**) o almeno non la temevano, sperando di non ricevere danno (**essere offesi**) da loro in quanto di fazione loro favorevole.
- **10 le terre**: *le città*.
- **11 quegli di fuora**: *gli assedianti*.
- **12 ciascuno**: *dei difensori di Roma*.
- **13 molti concorrendo al Castello**: *dato che molti accorrevano verso il Castel Sant'Angelo*; in quanto fortificato per una difesa estrema. Ma l'abbandono precipitoso (ed evidente: cfr. **manifestissima fuga**) delle vie cittadine lascia Roma del tutto in mano agli invasori.
- **14 inteso...dentro**: *una volta saputo che i nemici erano entrati in città*.
- **15 per la via di Roma**: *attraversando la città di Roma*; nella direzione, ovviamente, opposta a quella dalla quale i nemici stavano dilagando.
- **16 ridursi**: *rifugiarsi*.
- **17 destinato a essere esempio...loro**: la scelta di Clemente di restare in città, ostaggio dei nemici, è esempio delle sciagure che possono abbattersi anche su un papa, e al tempo stesso è esempio della difficoltà con la quale un papa è disposto a rinunciare alla propria autorità e al proprio prestigio. Le due constatazioni, apparentemente giustapposte, sono invece interdipendenti: è la superbia di chi è abituato al potere a gettarlo nella sciagura, impedendogli di capire che gli avvenimenti possono, in certe situazioni, travolgere l'autorità e il prestigio. Tra coloro che avevano consigliato la fuga al papa vi era probabilmente lo stesso Guicciardini. Ma il papa preferisce dar credito alle notizie che possano indurlo a restare a Roma, ancora fiducioso (cfr. il seguito).
- **18 tutta la gente, costernata**: *l'intera truppa* [nemica], *sbandata*.
- **19 fare accordo seco**: *di trovare un accordo con lui* [: il papa].
- **20 mandato fuora**: *inviato all'esterno di Castel Sant'Angelo* [un messo].
- **21 lasciò indietro infelicemente**: *abbandonò per disgrazia*.
- **22 non stando egli...espedizioni**: *dato che egli* [: il papa] *e i suoi capitani non erano meno indecisi nei provvedimenti di difesa di quanto fossero nelle azioni*; cioè: le azioni successive alla sconfitta si rivelarono altrettanto esitanti di quanto erano state quelle relative alla difesa.
- **23 Però**: *Perciò*.
- **24 il giorno medesimo**: rispetto alla battaglia, cioè il 6 maggio 1527.
- **25 gli spagnuoli...dentro**: una prima parte dell'esercito imperiale, composta da truppe spagnole, entra nei quartieri di Trastevere, non trovando davanti a sé nessuno con l'ordine o la decisione di difenderli, né incontrando perciò alcuna resistenza armata.
- **26 donde**: *da dove*; da Trastevere, una zona, all'epoca, periferica della città.

come si fa ne' casi tanto spaventosi, era in fuga e in confusione.[27] Entrati dentro, cominciò ciascuno a discorrere tumultuosamente alla preda,[28] non avendo rispetto non solo al nome degli amici né all'autorità e degnità de' prelati, ma eziandio a' templi a' monasteri[29] alle reliquie onorate dal concorso[30] di tutto il mondo, e alle cose sagre. Però sarebbe impossibile non solo narrare ma quasi immaginarsi le calamità di quella città, destinata per ordine de' cieli a somma grandezza ma eziandio a spesse direzioni;[31] perché era l'anno[32] ...che era stata saccheggiata da' goti. Impossibile a narrare la grandezza della preda, essendovi accumulate tante ricchezze e tante cose preziose e rare, di cortigiani e di mercatanti;[33] ma la fece ancora maggiore la qualità e il numero grande de' prigioni che si ebbeno a ricomperare[34] con grossissime taglie: accumulando ancora la miseria e la infamia, che molti prelati presi da' soldati, massime da' fanti tedeschi, che per odio del nome della Chiesa romana erano crudeli e insolenti, erano in su bestie vili, con gli abiti e con le insegne della loro dignità, menati a torno con grandissimo vilipendio per tutta Roma;[35] molti, tormentati crudelissimamente, o morirono ne' tormenti o trattati di sorte che,[36] pagata che ebbono la taglia, finirono fra pochi dì[37] la vita. Morirono, tra nella battaglia e nello impeto del sacco, circa quattromila uomini. Furono saccheggiati i palazzi di tutti i cardinali (eziandio del cardinale Colonna che non era[38] con l'esercito), eccetto quegli palazzi che, per salvare i mercatanti che vi erano rifuggiti con le robe loro e così le persone e le robe di molti altri, fecieno grossissima imposizione in denari:[39] e alcuni di quegli che composeno con gli spagnuoli furono poi o saccheggiati dai tedeschi o si ebbeno a ricomporre con loro.[40] Compose la marchesana di Mantova[41] il suo palazzo in cinquantaduemila ducati, che furono pagati da' mercatanti e da altri che vi erano rifuggiti: de' quali fu fama che don Ferrando suo figliuolo ne partecipasse di diecimila. Il cardinale di Siena,[42] dedicato per antica eredità de' suoi maggiori al nome imperiale,[43] poiché ebbe composto sé e il suo palazzo con gli spagnuoli, fu fatto prigione da' tedeschi; e si ebbe, poi che gli fu saccheggiato da loro il palazzo, e condotto in Borgo col capo nudo con molte pugna, a riscuotere da loro[44] con cinquemila ducati. Quasi simile calamità patirono il cardinale della Minerva e il Ponzetta,[45] che fatti prigioni da' tedeschi pagorono la taglia, menati prima l'uno e l'altro di loro[46] a processione per tutta Roma. I prelati e cortigiani spagnuoli e tedeschi, riputandosi sicuri dalla ingiuria delle loro nazioni, furono pre-

---

- [27] **dove, da quegli in fuora... confusione**: in Roma sono rimasti solamente coloro che sperano di non subire aggressioni in quanto legati a fazioni filoimperiali e in particolare alcuni cardinali che si illudono di essere al sicuro in quanto favorevoli all'imperatore (**Cesare**, per antonomasia); il resto della **corte** papale e dei cittadini era fuggito o tenta di farlo (ed era perciò **in confusione**). **Da quegli in fuora che si confidavano**: all'infuori di coloro che facevano affidamento. **Per avere nome di avere seguito**: per avere pubblicamente sostenuto.
- [28] **a discorrere...preda**: a correre di qua e di là in modo confuso in cerca di preda.
- [29] **ma eziandio a' templi a' monasteri**: ma neppure alle chiese e ai conventi.
- [30] **dal concorso**: dalla partecipazione; cioè dalla fede, dal riconoscimento.
- [31] **spesse direzioni**: frequenti devastazioni ("direzione" = diruzione; da "diruto").
- [32] **era l'anno...**: l'anno 410 d.C., quando Roma fu invasa e saccheggiata dai Visigoti condotti da Alarico.
- [33] **di cortigiani e di mercatanti**: di uomini legati alla corte papale e di mercanti.
- [34] **ricomperare**: riscattare.
- [35] **accumulando ancora... Roma**: la miseria e l'infamia essendo accresciuta anche dal fatto che molti alti religiosi, catturati dai soldati (e soprattutto dai fanti tedeschi, i quali erano crudeli e insolenti a causa del loro odio verso la Chiesa di Roma), erano portati in giro (**menati a torno**) per tutta Roma su bestie vili con indosso gli abiti e le insegne del loro grado, con grandissima derisione.
- [36] **di sorte che**: in modo tale che.
- [37] **fra pochi dì**: entro pochi giorni.
- [38] **non era**: non stava [dalla parte dell'esercito della Lega].
- [39] **fecieno...denari**: concordarono una enorme taglia in denaro. Pagando, alcuni palazzi ottenevano di essere risparmiati dal saccheggio. La taglia veniva messa insieme dai ricchi mercanti che erano rifugiati, con le proprie ricchezze, entro i palazzi medesimi. Ma anche questo vile patteggiamento si dimostra il più delle volte inutile, come Guicciardini sottolinea nel seguito della descrizione.
- [40] **che composeno...loro**: che si misero d'accordo con gli spagnuoli poi furono o saccheggiati dai tedeschi o costretti a riaccordarsi con questi. Le truppe tedesche e quelle spagnole, unite nell'attacco alla città, agiscono separatamente nel saccheggio, rinnovando le imposizioni. Guicciardini mostra a quale umiliazione venga condotto quel popolo che non sappia far rispettare la propria dignità.
- [41] **la marchesana di Mantova**: Isabella d'Este.
- [42] **Il cardinale di Siena**: Giovanni Piccolomini.
- [43] **dedicato...imperiale**: devoto per antica tradizione dei suoi predecessori alla parte imperiale. Ma questo dato non lo sottrae al danno e alla beffa, come mostra il seguito: le truppe degli invasori, assetate solo di ricchezza e rese audaci dalla viltà degli arresi, non badavano certo alle tradizioni famigliari, né si curavano di altro che del proprio interesse personale.
- [44] **si ebbe...a riscuotere da loro**: fu costretto...a riscattarsi da loro [: i tedeschi].
- [45] **il cardinale della Minerva e il Ponzetta**: Tommaso Caetani da Vio e Ferdinando Ponzetti, due cardinali tra i più illustri.
- [46] **menati...di loro**: essendo stati prima entrambi.

si e trattati non manco acerbamente che gli altri.[47] Sentivansi i gridi e urla miserabili delle donne romane e delle monache, condotte a torme da' soldati per saziare la loro libidine: non potendo se non dirsi essere oscuri a' mortali i giudizi di Dio, che comportasse che la castità famosa delle donne romane cadesse per forza in tanta bruttezza e miseria.[48] Udivansi per tutto infiniti lamenti di quegli che erano miserabilmente tormentati,[49] parte per astrignerli a fare la taglia parte per manifestare le robe ascoste.[50] Tutte le cose sacre, i sacramenti e le reliquie de' santi, delle quali erano piene tutte le chiese, spogliate de' loro ornamenti, erano gittate per terra; aggiugnendovi la barbarie tedesca[51] infiniti vilipendi.[52] E quello che avanzò alla preda de' soldati (che furno le cose più vili)[53] tolseno poi i villani de' Colonnesi, che venneno dentro.[54] Pure il cardinale Colonna, che arrivò (credo) il dì seguente, salvò molte donne fuggite in casa sua. Ed era fama che, tra denari oro argento e gioie, fusse asceso[55] il sacco a più di uno milione di ducati, ma che di taglie avessino cavata[56] ancora quantità molto maggiore.

- **47** **I prelati e cortigiani…altri**: neppure gli stessi spagnoli e tedeschi appartenenti alla curia o alla corte del papa vengono risparmiati dai propri connazionali. **Non manco acerbamente**: *non meno duramente*.
- **48** **Sentivansi i gridi…miseria**: la violenza carnale subita da molte donne romane, famose per la loro pudicizia, provoca una riflessione dell'autore sulla misteriosa ragione delle scelte divine, che sembrano in un caso come questo abbattersi contro la virtù in modo inspiegabile. Non manca un'inflessione scettica e perfino amaramente sarcastica, sulle labbra di un non religioso come Guicciardini. **Sentivansi**: *si udivano*. **A torme**: *a gruppi*; cioè in gran numero. **Oscuri a' mortali**: *misteriosi agli occhi degli uomini*. **Comportasse**: *permettesse*. **Bruttezza**: *abiezione*.
- **49** **miserabilmente tormentati**: *dolorosamente torturati*.
- **50** **parte per…ascoste**: alcuni per costringerli a versare il riscatto, altri perché rivelassero [dove erano] i tesori nascosti.
- **51** **la barbarie tedesca**: *l'irreligiosità dei tedeschi*; in riferimento alla loro avversione al cattolicesimo e al clero di Roma, da una prospettiva genericamente protestante.
- **52** **vilipendi**: *bestemmie*.
- **53** **(che…vili)**: (*e cioè le cose di minor valore*); **furno** = *furono*.
- **54** **tolseno…dentro**: *rubarono poi i contadini legati alla famiglia Colonna, i quali entrarono in città*. I Colonna erano nemici di papa Clemente.
- **55** **asceso**: *ammontato*.
- **56** **avessino cavata**: *fosse stata ricavata*.

T4 DALLA COMPRENSIONE ALL'INTERPRETAZIONE

COMPRENSIONE

Una indiretta autodifesa   Guicciardini era stato accusato di aver voluto la lega di Cognac contro Carlo V e di aver poi mal difeso, con i suoi consigli, il pontefice Clemente VII. Egli sarebbe stato quindi uno dei responsabili del sacco. In modo indiretto, anzi limitando al massimo le considerazioni personali, Guicciardini mostra invece: 1) che era imprevedibile il comportamento del conestabile di Borbone, capo dell'esercito imperiale, inaspettatamente spintosi troppo lontano dalle basi di partenza e di rifornimento e quindi costretto, per uscire da una situazione disperata, ad attaccare la città; 2) difesa della città sarebbe stata possibile con successo, ma fu ostacolata dalla fortuna, che fece calare la nebbia favorevole all'esercito imperiale, e dalla «mala resistenza» di cittadini in armi non abituati a scontri bellici; 3) invece di fuggire da Roma, come sarebbe stato preferibile (e come, probabilmente, Guicciardini stesso aveva consigliato), il papa, a causa della sua indecisione, preferì restare chiuso a Castel sant'Angelo. Inoltre, a più riprese, Guicciardini mostra non solo la **brutalità dei vincitori** ma anche la **meschinità dei vinti**, costretti a infiniti, umilianti patteggiamenti in denaro. Sulla scena descritta da Guicciardini non ci sono eroi, ma solo **piccoli personaggi**: dal conestabile di Borbone, che si spinge all'attacco solo per disperazione, all'inetto Clemente VII, sino alle decine di prelati e di nobili disposti solo a patteggiare in denaro la loro libertà individuale e la intangibilità dei loro palazzi. **Il sacco di Roma è una tragedia senza attori di primo piano**; ma proprio questo particolare conferma la gravità della decadenza politica e morale del popolo italiano. Si intravede qui, ovviamente, la visione pessimistica degli uomini e della storia che aveva Guicciardini; ma anche un suo preciso giudizio morale sulle cause della crisi.

ANALISI

Una spietata descrizione   Il sacco di Roma ebbe, nell'immaginario dell'epoca, il valore di uno **shock**, fu vissuto come uno stupro: esso segna davvero la fine di un'epoca. Eppure nel riferire di un evento così traumatico Guicciardini si sforza di dare alla descrizione dei fatti il **massimo di oggettività rappresentativa**, assumendo un atteggiamento il più possibile distaccato. Si osservi, per esempio, quanto viene detto nelle righe conclusive (righi 67-78). I fatti sono accostati uno all'altro in brevi, asciutti periodi («Sentivansi»... «Udivansi»... «Tutte le cose sacre»...), né manca una valutazione economica del danno subìto (più di un milione di ducati), particolare che sottolinea l'atteggiamento di distacco – quasi di chi sta facendo un inventario – assunto da Guicciardini. È proprio questa secchezza descrittiva, che comporta il non lasciarsi coinvolgere emotivamente e il non cedere alla tentazione del patetico, a dare al testo la sua particolare efficacia.

INTERPRETAZIONE

La polemica con Machiavelli: eserciti professionali o eserciti di cittadini? Fra i motivi della scarsa resistenza dell'esercito romano alle truppe imperiali Guicciardini adduce la **mancanza di milizie professionali** o mercenarie. Mentre le truppe imperiali, mercenarie, erano addestrate alla guerra, quelle che difendevano Roma erano composte da cittadini non abituati alle durezze di una battaglia. Come si vede, la posizione di Guicciardini è molto diversa da quella di Machiavelli, critico implacabile delle truppe mercenarie. Guicciardini non nomina Machiavelli ma gli rivolge indirettamente una frecciata polemica: l'andamento della battaglia dimostrerebbe «a quelli che per gli esempi antichi non hanno ancora imparato le cose presenti» quanto sia differente il peso «degli uomini esercitati alla guerra» rispetto a quello degli «eserciti nuovi congregati di turba collettizia, e alla moltitudine popolare». C'è qui l'eco dei *Ricordi*, in particolare delle massime n. 110 e n. 117 (cfr. **T2**, p. 312) nelle quali si criticano coloro che si rifanno agli «esempli» antichi, mentre la realtà attuale è molto diversa. **Machiavelli** prendeva a modello la **storia degli antichi** Romani, ma sarebbe stato meglio – osserva polemicamente **Guicciardini** – che avesse studiato **«le cose presenti»**!

T4 LAVORIAMO SUL TESTO

COMPRENDERE

1. Individua il punto del testo in cui Guicciardini motiva la «mala resistenza» degli eserciti popolari.

ANALIZZARE

2. **LINGUA E LESSICO** Da quali termini e sfumature lessicali puoi dedurre il giudizio dell'autore sul comportamento del pontefice?

INTERPRETARE

3. **TRATTAZIONE SINTETICA** Il passo riportato, tratto dalla *Storia d'Italia*, fornisce un chiaro esempio sia del metodo di ricostruzione storica adottato da Guicciardini, sia del suo giudizio sui gruppi dirigenti e sulle cause della crisi italiana. A partire dal testo, precisa l'uno e l'altro in una trattazione sintetica di venti righe, anche alla luce di quanto l'autore sostiene nei *Ricordi*.

5 La storiografia artistica: le *Vite* di Giorgio Vasari

Le biografie di artisti

Vite di uomini illustri erano state scritte spesso con intenti storici in età umanistica e rinascimentale. A metà del Cinquecento si comincia però a scrivere biografie non solo di principi o di uomini politici, ma di artisti. È il caso del capolavoro di Giorgio Vasari, le **Vite dei più eccellenti pittori, scultori e architetti**, che è, nel medesimo tempo, un'opera di storia, di narrativa, di critica d'arte.

Le *Vite* di Vasari e la politica culturale di Cosimo de' Medici

L'aretino **Giorgio Vasari** (1511-1574), erudito e architetto, dopo aver lavorato a Roma per conto di Paolo III, divenne **l'artista ufficiale della Firenze di Cosimo de' Medici** e uno strumento della politica culturale di quest'ultimo, volta a rivendicare il ruolo centrale e fondamentale di Firenze e della Toscana in campo artistico. Le stesse *Vite* furono dedicate a Cosimo. Ne abbiano **due redazioni** diverse. La prima uscì nel 1550, la seconda è del 1568.

Le tre epoche dell'arte: la «antica», la «vecchia», la «moderna»

La prima redazione va da Cimabue a Michelangelo. L'autore considera la storia delle arti alla pari di quella di un organismo vivente, con una nascita, uno sviluppo che giunge sino alla maturità e una decadenza. Distingue così **tre epoche**: quella «antica» o dell'arte classica, quella «vecchia», e cioè del Medioevo, che ne segna la decadenza e la morte, e quella moderna della rinascita.

T • Giorgio Vasari, *La pittura e la scultura nella seconda età*

Quest'ultima comincia con Cimabue e con Giotto e giunge a perfezione con Michelangelo, dopo il quale c'è da attendersi una nuova decadenza.

Vasari chiama **«maniera»** (cfr. **S2**) lo stile individuale di ogni autore e cerca di definirla nei suoi effetti tecnici e figurativi. È attento poi alla psicologia degli artisti, pronto a coglierne i lati più strani e le diversità rispetto all'uomo comune. Di qui **la frequente aneddotica**, che tende a distendersi narrativamente, sul modello della novellistica toscana. E di qui anche l'**esaltazione dell'artista**, che ha in sé un «divino lume» che lo fa simile a Dio. Vasari riprende in ciò il mito rinascimentale dell'artista creatore, modello superiore di umanità.

Il mito dell'artista-creatore

Giorgio Vasari, *San Luca dipinge la Vergine*, affresco del 1565 circa. Firenze, Chiesa della Santissima Annunziata.

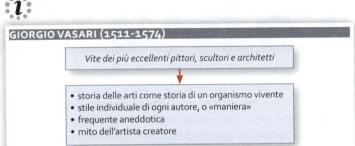

GIORGIO VASARI (1511-1574)

Vite dei più eccellenti pittori, scultori e architetti

- storia delle arti come storia di un organismo vivente
- stile individuale di ogni autore, o «maniera»
- frequente aneddotica
- mito dell'artista creatore

S2 — ITINERARIO LINGUISTICO

Maniera

"Maniera" entra in uso in Italia attraverso la Francia, dove la voce *manière* è attestata a partire dal XII secolo: essa deriva dal latino tardo *manuarius* ('che si fa con le mani').
Il significato più prossimo a "maniera" è 'modo', di cui è sostanzialmente un sinonimo, di tono a volte più elevato: la "maniera" è cioè la 'forma particolare con cui una persona, una cosa o un fatto, si presentano, agiscono o procedono, in relazione a una scelta o a un modello' (per esempio "pensare alla propria maniera", "vestire alla maniera francese", ecc.) e vale perciò anche 'usanza, consuetudine'.
"Maniera" definisce dunque le caratteristiche proprie di qualcuno o di qualcosa. Nel campo artistico, in particolare, la voce indica lo 'stile tipico di un autore', quel tratto inconfondibile che caratterizza l'opera di un artista o anche solo un periodo della sua produzione: la "maniera" è infatti anche ciascuna delle fasi in cui si può dividere l'attività di un artista (per esempio "un quadro di Picasso prima maniera").
Nella storiografia artistica il termine è stato introdotto dal fiorentino Giorgio Vasari (1511-1574), pittore, architetto e scrittore d'arte, che nelle sue *Vite dei più eccellenti pittori, scultori e architetti* usa "maniera" per indicare la forma propria di un artista, il suo peculiare modo di esprimersi in relazione al tempo in cui opera e alla tecnica che usa. Ma all'accezione neutra, semplicemente descrittiva, che la voce "maniera" ha in Vasari se ne affiancò presto una spregiativa. Quando, dopo lo splendore del Rinascimento, si diffuse una corrente artistica che aveva preso a modello i due grandi maestri del Rinascimento, Michelangelo e Raffaello, riproponendone la "maniera", i classicisti del Seicento la definirono – con intento limitativo – "manierismo": l'imitazione dei modelli era vista come segno di crisi e di disgregazione, come morte della fantasia e del genio creatore, e lo stile manierista come arte stereotipata, accademica, poco naturale e poco originale. Solo più tardi la storiografia ha recuperato il termine "manierismo" in accezione neutra e descrittiva, a indicare lo 'stile particolare del momento di passaggio dal Rinascimento al Barocco'.
L'accezione negativa introdotta dai classicisti nel XVII secolo sopravvive comunque ancora oggi: per "maniera" si può intendere infatti anche uno stile freddo e ricercato, affettato e artificioso che imita senza inventiva le forme caratteristiche di un modello (per esempio: "un pittore di maniera"), e per "manierismo" una pratica artistica fondata sulla ripetizione di formule ormai scontate e risolte in accademia.

Percorso
LO SPAZIO E IL TEMPO

PERCORSI TEMATICI

Machiavelli e Guicciardini: un nuovo senso della storia

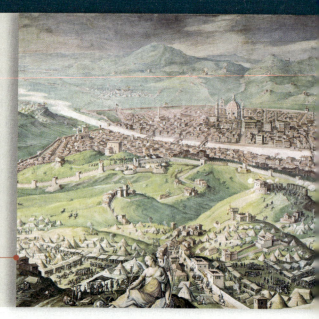

Jan Van der Straet (Giovanni Stradano), *L'assedio di Firenze* (particolare), 1556-1562. Firenze, Palazzo Vecchio.

Con l'Umanesimo nasce la coscienza storica. Il tempo acquista uno spessore e una prospettiva diversa dal senso di ininterrotta e indistinta continuità proprio del Medioevo. Nuovo è soprattutto il rapporto che si stabilisce con l'antichità classica, di cui si avvertono la profonda diversità e insieme il valore esemplare.

Di qui la grande fioritura di scritture storiche, che caratterizza il '400 e il '500. Esse si distaccano dalle cronache municipali tipiche della storiografia comunale. Si rivolgono a un pubblico nuovo, ai principi, o comunque ai ceti dirigenti degli Stati signorili con intento celebrativo, selezionano fortemente i fatti, privilegiando gli aspetti politici e, sull'esempio dei classici, mirano ad una narrazione letteraria costruita retoricamente.

Machiavelli e Guicciardini segnano una svolta anche rispetto ai modelli umanistici, che pure in parte riprendono. **Scompare ogni idea provvidenzialistica della storia, sostituita da una visione integralmente laica**. Non basta narrare i fatti, secondo la logica annalistica delle cronache, ma occorre individuarne i moventi in base al principio dei nessi causali, dei rapporti causa-effetto tra avvenimenti oggettivi e motivazioni umane.

Gli umanisti ricercavano nella storia una guida morale per l'uomo. Machiavelli, in modo pragmatico, vede negli esempi del passato una guida per la scelta della politica più opportuna. Guicciardini, dopo la catastrofe politica e il trionfo della fortuna sulla ragione, non condivide questa idea della storia come esemplificazione di regole generali o guida alla condotta umana. **Egli sembra negare alla storia una meta e uno scopo. La sua è una riflessione disincantata della lotta, perdente, dell'uomo contro il fato**.

Per entrambi la storia è conoscenza delle contraddizioni e dei conflitti. Ma **in Machiavelli predomina l'ottica militante di chi concepisce la conoscenza storica come indagine strettamente legata all'azione politica**. Nelle *Istorie fiorentine* egli dà un'importanza nuova alle lotte sociali e politiche di Firenze e più che a un resoconto oggettivo mira a un'interpretazione dei fatti in funzione della lezione da trarvi. **Per Machiavelli la storia è maestra di vita** e in questo senso è tenuta costantemente presente nel *Principe*. L'antichità classica è lontana e diversa dal presente, ma conserva un alto valore di esempio, che può essere imitato (si veda la metafora dell'arciere nel sesto capitolo del *Principe*, cfr. cap. VIII, **T3**). Poiché le azioni degli uomini sono determinate da una natura umana che viene considerata sempre uguale e immutabile, i comportamenti degli eroi antichi possono illuminare e guidare i principi contemporanei.

Non esiste un'idea del tempo come progresso indefinito, ma un'idea ciclica dello sviluppo, ripresa dagli storici classici. Lo Stato stesso è rappresentato come un organismo naturale, una pianta o un corpo, che nasce, cresce, si ammala, declina e muore.

Per quanto Machiavelli abbia una visione pessimistica della natura umana, egli non indulge a una concezione deterministica e fatalistica della storia. Proprio la condizione di decadenza e di crisi offre un'occasione di intervento alla virtù, alla razionalità e all'energia dell'individuo. La storia è terreno continuo di confronto e di conflitto tra la virtù e la fortuna. Quando Machiavelli dichiara che la fortuna è arbitra della metà delle azioni nostre, ma che lascia governare l'altra metà a noi, riafferma la fiducia nel «libero arbitrio» e nell'azione umana, ma disegna un quadro drammatico della vicenda storica in cui gli uomini, anche in tempi quieti, devono apprestare «ripari e argini» contro gli impetuosi assalti della fortuna. È una lotta continua, un corpo a corpo, quella che egli prospetta contro la fortuna: «perché la fortuna è donna: ed è necessario, volendola tenere sotto, batterla e urtarla» (cfr. cap. VIII, **T7**, *Il venticinquesimo capitolo: la fortuna*).

Scomparsa ogni idea di provvidenzialità della storia, la fortuna diventa nel Rinascimento un'immagine mitica, che incarna l'irrazionalità, il caso, tutto ciò che limita e sconvolge l'agire umano. Il rapporto con la fortuna pone il problema, fondamentale per l'affermazione della virtù, del «riscontro» dell'azione dell'individuo con i tempi, sempre instabili, mutabili, imprevedibili. Per quanto consapevole di questa difficoltà, Machiavelli riafferma la fiducia nella possibilità di adeguare l'azione umana al variare delle circostanze.

In Guicciardini, quando la crisi d'Italia con il sacco di Roma ha toccato il fondo, **scompare questa concezione agonistica ed eroica della storia. La sua visione è determinata dal senso del continuo mutamento, della diversità e della complessità degli eventi, ormai dominati dal potere insondabile della fortuna**. L'uomo con tutta la sua saviezza e prudenza è incapace di prevedere e di fronteggiare «la grandissima potestà» che la fortuna ha sulle vicende umane.

Perciò **nessuna regola generale, nessuna legge o principio è ricavabile dalla storia e dal comportamento umano**. Egli polemizza con Machiavelli e con tutti coloro che tendono a «parlare generalmente» e «troppo assolutamente» e a trarre esempi dal passato, perché «ogni minima varietà del caso può essere causa di grandissima variazione nello effetto: e nel discernere queste varietà, quando sono piccole, vuole buono e perspicace occhio» (cfr. **T2**). Ogni caso è nuovo e irripetibile. Ci si può affidare solo all'esperienza per individuare il «particulare». **L'arte della «discrezione», cioè la capacità di distinguere nella sua individualità un caso dall'altro è il fondamento dell'unica conoscenza possibile**. Guicciardini si fonda solo sull'osservazione e sull'esperienza, mentre nutre totale sfiducia in ogni sistema conoscitivo che sia orientato da regole generali (cfr. **S1**).

Ciò non significa rinunciare alla possibilità di una spiegazione razionale degli avvenimenti. Lo dimostra la sua *Storia d'Italia* che analizza gli avvenimenti della crisi italiana dal 1492 al 1534, di cui lo scrittore era stato testimone e in parte protagonista. **L'opera presenta due novità assolute. Sul piano dei contenuti**, l'orizzonte storico si amplia a una prospettiva non solo nazionale, ma europea per le connessioni internazionali degli eventi. **Su quello metodologico**, viene inaugurato un criterio moderno di ricerca storiografica, basato sulla scrupolosa verifica delle fonti e dei documenti. La verità dei fatti non può essere altrimenti accertata.

Ma la storia di Guicciardini non si limita a un resoconto oggettivo di fatti. Gli avvenimenti oggettivi e le motivazioni umane si intrecciano secondo un nesso di azioni e reazioni reciproche. **Anche in Guicciardini la storia è storia politica, diplomatica e militare e quindi scontro di singole personalità.** Perciò assume tanta importanza l'analisi della psicologia dei grandi personaggi. Un esempio di questa tendenza a una acuta indagine psicologica sono i ritratti di Leone X e di Clemente VII.

La storia si apre con l'esaltazione dell'epoca di pace, prosperità e stabilità di Lorenzo il Magnifico a cui seguono anni di continua instabilità e crescenti perturbazioni fino al sacco di Roma (cfr. **T4**, *Il sacco di Roma*). Il quadro che ne deriva è quello di una variazione continua di uomini e di cose, in cui l'uomo appare in balia di un mare sconvolto dai venti.

Tuttavia la lezione contenuta nella *Storia d'Italia* non è solo quella dell'impotenza umana. Anche se l'uomo non può dominare il mondo esterno, egli resta sovrano nel mondo dell'intelletto. **La ragione non spinge più all'azione, come in Machiavelli, ma solo alla conoscenza**. «La conoscenza è anche l'unica possibilità di affermazione che resti all'uomo: il suo unico punto di vantaggio sul male sta nel riconoscerlo e nell'indicarlo: solo attraverso l'indicazione del male e in opposizione a esso è possibile affermare quelle aspirazioni a un ordine morale e razionale che la realtà continuamente nega ma di cui la ragione non deve liberarsi» (E. Scarano).

Raffaello, *Ritratto di Leone X con i cugini, i cardinali Giulio de' Medici e Luigi de' Rossi*, 1518 circa. Firenze, Galleria degli Uffizi.

DAL RIPASSO ALLA VERIFICA

MAPPA CONCETTUALE Francesco Guicciardini

Francesco Guicciardini (1483-1540)

- rinnovamento della trattatistica e della storiografia
- carattere saggistico della storiografia
- documentazione storica ed analisi delle fonti
- tendenza all'analisi dei casi particolari
- aspetto critico negativo: scetticismo e fine delle utopie
- visione laica e antimetafisica
- relativismo e primato dell'esperienza

Ricordi

forme di scrittura privata destinate a un ambito familiare

- saggistica moderna e rifiuto della forma del trattato
- scrittura per aforismi
- struttura aperta, volutamente asistematica e frammentaria
- pensiero fondato sul relativismo e sull'empirismo
- «discrezione» e «particulare»
- teoria politica sostanzialmente scettica
- ripiegamento nella sfera individuale dell'intellettuale

Storia d'Italia

opera in venti libri che narra, in ordine cronologico, la storia d'Italia fra il 1492 e il 1534

- storia politica, diplomatica e militare
- storia italiana nelle sue correlazioni con la storia europea
- l'impegno storiografico è sottratto a ogni forma di encomio, di celebrazione di un principe o di una città
- logica della conoscenza analitica
- analisi dei personaggi e ritratti dei personaggi storici
- scrupolo nella documentazione

SINTESI

● **Francesco Guicciardini**
Francesco Guicciardini nacque a Firenze il 6 marzo 1483. Dopo gli studi di giurisprudenza e il matrimonio con Maria Salviati, ebbe una serie di incarichi pubblici, dapprima per conto della Repubblica, poi dei Medici (1508-1516). Un secondo periodo di attività politica vede Guicciardini al servizio dei papi Medici, Leone X (1513-1521) e Clemente VII (1523-1534). Con il sacco di Roma (1527) e la restaurazione della Repubblica, fu costretto a ritirarsi per un breve periodo a vita privata (1527-1530). Dopo la caduta della Repubblica (1530) rientrò a Firenze ricoprendo varie mansioni per conto dei Medici e di Clemente VII. Dal 1537 si ritirò nella villa di Santa Margherita in Montici presso Arcetri, dove morì il 22 maggio 1540.

● **Le opere**
Gucciardini destinò alla pubblicazione solo la *Storia d'Italia*. Gli altri scritti restarono inediti sino al XIX secolo, eccetto i *Ricordi*, libro pubblicato postumo nella seconda metà del Cinquecento. Fra gli scritti politici minori vanno ricordati il *Discorso di Logrogno* (1512) uno scritto di teoria politica nel quale Guicciardini sostiene una riforma in senso aristocratico della Repubblica fiorentina e il *Dialogo del reggimento di Firenze* (1521-1526), in cui ripropone il modello della repubblica aristocratica. Sul piano teorico, il confronto con le posizioni di Machiavelli è condotto soprattutto nelle *Considerazioni intorno ai Discorsi del Machiavelli sulla prima Deca di Tito Livio* rimaste incompiute. Si tratta di giudizi alquanto frammentari, in cui prevale l'aspetto critico negativo su quello propositivo.

● **I *Ricordi***
I *Ricordi*, pubblicati per la prima volta nel 1576, sono una raccolta di massime destinate a un ambito familiare. La struttura dell'opera è aperta, volutamente asistematica e frammentaria. I vari pensieri non sono collegati fra loro se non per piccoli raggruppamenti tematici. Nei *Ricordi* ricorrono frequentemente due parole-chiave: «discrezione» e «particulare». La «discrezione» è la capacità di distinguere caso da caso, di analizzare nella loro concretezza le varie circostanze. Il concetto di «particulare» ha anzitutto un

significato teorico e, solo in un secondo tempo, pratico e morale: esso rinvia innanzitutto all'arte logica della «discrezione». Guicciardini cerca di costruire un pensiero problematico fondato sul relativismo. Alla base della conoscenza può esserci solo l'osservazione, cioè l'esperienza. Viene a mancare la grande tensione etica, politica e utopistica di Machiavelli. La teoria politica di Guicciardini è sostanzialmente scettica.

● **La *Storia d'Italia***

Il capolavoro di Guicciardini è la *Storia d'Italia*, scritta fra il 1537 e il 1540. I fatti narrati vanno dal 1492 al 1534. Gli avvenimenti sono esposti in ordine cronologico, anno per anno, e suddivisi in venti libri. L'opera presenta due novità assolute. Sul piano dei contenuti, l'orizzonte storico si amplia a una prospettiva non solo nazionale, ma europea per le connessioni internazionali degli eventi. Su quello metodologico, viene inaugurato un criterio moderno di ricerca storiografica, basato sulla scrupolosa verifica delle fonti e dei documenti. Rispetto alla storiografia umanistica, che nasceva come encomio e celebrazione di un principe o di una città, il metodo di Guicciardini obbedisce solo alla logica della conoscenza analitica.

● **Giorgio Vasari**

Machiavelli e Guicciardini introducono nella riflessione storiografica e politica una visione laica e antimetafisica, che si consolida negli anni Quaranta e Cinquanta del Cinquecento. A metà del secolo, poi, si cominciano a scrivere anche biografie di artisti. È il caso del capolavoro di Giorgio Vasari (1511-1574), le *Vite dei più eccellenti pittori, scultori e architetti*. In quest'opera l'autore considera la storia delle arti alla pari di quella di un organismo vivente, con una nascita, uno sviluppo che giunge sino alla maturità, e una decadenza. Vasari, inoltre, riprende il mito rinascimentale dell'artista creatore, modello superiore di umanità.

DALLE CONOSCENZE ALLE COMPETENZE

1 Che cos'è un aforisma? (§ 1)

2 Guicciardini visse in un clima di grandi turbamenti. Indica gli eventi che maggiormente incisero sulla sua attività politica (tre risposte) (§ 2)
- A la caduta della prima Repubblica fiorentina
- B la restaurazione della Signoria medicea
- C il sacco di Roma
- D la seconda Repubblica fiorentina
- E la nuova restaurazione medicea (1530)
- F l'elezione al pontificato di Paolo III

3 Che cosa sono i *Ricordi*, a chi erano destinati e perché hanno una struttura aperta? (§ 3)

4 Completa le frasi che seguono. (§ 4)

La *Storia d'Italia* abbraccia il periodo che va dal .... al .... Le vicende italiane sono inserite .... La narrazione segue un ordine ....

5 Qual è la differenza fra il metodo storiografico di Machiavelli e quello di Guicciardini? (§ 2)

6 La visione dell'uomo che emerge dai *Ricordi* è (§ 3)
- A complessivamente positiva
- B meschina e misera
- C tragicamente crudele
- D accettabile grazie ai vari esempi di intelligenza e lealtà

7 «discrezione» e «particulare» sono parole chiave dei *Ricordi*, precisane il significato. (§ 3 e S1)

8 È sbagliato per Guicciardini giudicare «per gli esempli antichi»: perché, secondo l'autore, non è possibile trarre leggi generali dalla storia? (T2)

9 Chiarisci la posizione dell'autore sul concetto, caro agli umanisti, di imitazione. (T2)

10 Quali sono gli argomenti trattati nella *Storia d'Italia* e quali sono gli elementi di novità rispetto alla storiografia umanistica precedente? (§ 4)

11 Quali sono le epoche artistiche distinte da Vasari e come è considerata la storia delle arti? (§ 5)

DAL RIPASSO ALLA VERIFICA

PROPOSTE DI SCRITTURA

IL SAGGIO BREVE

Il Palazzo e la piazza, governanti e governati
Sviluppa l'argomento in forma di saggio breve, utilizzando i documenti e i dati forniti.

Documenti:

1. Guicciardini, ricordo 141, **T3**, p. 314.

2. Machiavelli, *Il conflitto di classe non va soppresso, ma istituzionalizzato*, cap. VII, **T2**, p. 194.

3. Non c'è pagina, riga, parola [...] in tutti i quotidiani e settimanali [...] che non riguardi solo e esclusivamente ciò che avviene «dentro il Palazzo». Solo ciò che avviene «dentro il Palazzo» pare degno di attenzione e interesse: tutto il resto è minutaglia, brulichìo, informità, seconda qualità [...]
    E naturalmente, di quanto accade «dentro il Palazzo», ciò che veramente importa è la vita dei più potenti, di coloro che stanno ai vertici. Essere «seri» significa, pare, occuparsi di loro. Dei loro intrighi, delle loro alleanze, delle loro congiure, delle loro fortune; e, infine, *anche,* del loro modo di interpretare la realtà che sta «fuori dal Palazzo»» questa seccante realtà da cui infine tutto dipende, anche se è così poco elegante e, appunto, così poco «serio» occuparsene.

    P. P. Pasolini, *Lettere luterane* [1976], Einaudi, Torino 1999.

4. Il nostro paese è ormai divenuto una democrazia spogliata di alcuni dei suoi elementi essenziali. [...] Non siamo noi a controllare il nostro paese. È il potere delle multinazionali. Non è vero che in America vige un sistema democratico attivo, che controlla il nostro destino. Mi è stato mai chiesto di votare per decidere l'altezza massima degli edifici? No. Mi è mai stato consentito di dichiarare il mio rifiuto alla commercializzazione del cibo congelato? No. Mi è stato mai permesso di dire che è con i soldi dei contribuenti che devono essere finanziate le campagne elettorali, non certo con elargizioni dei gruppi di pressione? Nessuno è mai stato messo in condizione di votare su una gran quantità di argomenti di fondamentale importanza per la qualità della vita.

    N. Mailer, *Perché siamo in guerra*, Einaudi, Torino 2003.

Una partecipante a un corteo contro il lavoro precario a Milano nel 2010.

 • Indicazioni bibliografiche

prometeo 3.0

Personalizza il tuo libro selezionando per questo capitolo materiali integrativi da Prometeo (di seguito ti proponiamo un elenco di materiali, ma puoi trovarne altri utilizzando il motore di ricerca).

- **MODULO TEMATICO INTERDISCIPLINARE** L'immagine del potere
- **INTERSEZIONI** Stato e potere
- **SCHEDA** L'evoluzione del pensiero di Guicciardini nelle varie redazioni dei *Ricordi* (M. Fubini)
- **SCHEDA** L'occupazione di Roma dal 1943 al 1944: *Roma città aperta* di Rossellini
- **SCHEDA** Fiducia nella ragione, scetticismo e confronto con la tradizione della storiografia umanistica nella *Storia d'Italia* (F. Gilbert)

Capitolo X — Ariosto

My eBook+

Cliccando su questa icona, docenti e studenti accedono ad un'area di personalizzazione che permette di arricchire i contenuti digitali già linkati lungo le pagine del libro. Nell'area di personalizzazione è possibile infatti salvare ulteriori materiali: selezionati da **Prometeo**, prodotti autonomamente o ricercati nella rete.

▶ Per un elenco di materiali integrativi presenti nella biblioteca multimediale di Prometeo o per attivare una ricerca cfr. p. 433

Tiziano, *Ritratto di Ariosto*, 1510 Londra, National Gallery.

VIDEOLEZIONE
Ariosto e l'avventura della vita (a cura di Pietro Cataldi)

In questa lezione Cataldi analizza la complessa struttura dell'*Orlando furioso* svelando i meccanismi narrativi che ne governano l'intreccio e passandone in rassegna i temi più importanti. Lo studioso spiega che nell'opera si intrecciano personaggi e vicende diverse: ogni storia si snoda dipanando un proprio filo narrativo che la scrittura di Ariosto ora svolge, ora interrompe alternandolo ad altri. Tutti i personaggi, mossi da un'inarrestabile ansia di ricerca e da un desiderio sempre acceso, cercano o inseguono qualcosa o qualcuno. Così la vicenda del singolo personaggio interferisce ed entra in collisione con quella degli altri, mentre la realizzazione dei desideri è perennemente differita e la trama si annoda in un reticolare intreccio di avventure parallele.

- Le *telenovelas* e l'*Orlando furioso*: ripetizione e variazione [4 min. ca.]
- Una metafora della vita e della ricerca del suo significato [4 min. ca.]
- L'avventura della vita e il controllo dell'intelligenza [4 min. ca.]
- L'amore: una follia che spinge avanti la vita [3 min. ca.]
- Angelica e l'amore come emblema delle contraddizioni umane [3 min. ca.]
- Il castello di Atlante: il meccanismo del desiderio [4 min. ca.]
- La luna di Ariosto: il sentimento della perdita [3 min. ca.]
- Un poema in bilico fra l'equilibrio rinascimentale e la minaccia dell'insensatezza [3 min. ca.]

Attiviamo le competenze

esercitare le competenze di ascolto
prendere appunti
esercitare le competenze di sintesi
dialogare e collaborare

Quali sono i grandi temi dell'*Orlando furioso*? Ascolta la videolezione di Cataldi appuntando le informazioni che ti aiutano a rispondere a questa domanda. Alla fine della lezione, rileggi gli appunti per individuare quali temi dell'opera siano stati analizzati e messi in risalto dallo studioso. In classe confronta i temi che hai selezionato con quelli individuati dagli altri compagni. Con la guida dell'insegnante, collaborando con i compagni, scrivi sulla lavagna l'elenco dei temi-chiave arioteschi emersi dalla discussione e dalla riflessione di gruppo.

1. Novità di Ariosto

Ariosto e lo spirito rinascimentale

Insieme a Machiavelli, Ariosto è lo scrittore più cospicuo e rappresentativo del Rinascimento italiano. In Ariosto, anzi, si è spesso vista l'**incarnazione più genuina dello spirito del Rinascimento**, interpretato in chiave unilaterale come momento di equilibrio e di armonia. Una lettura più articolata e approfondita del periodo storico tra la fine del Quattrocento e la prima metà del Cinquecento ha imposto la riconsiderazione della stessa personalità ariostesca.

Una vita comune

La figura di Ariosto appare, già nei lineamenti biografici, assai diversa rispetto ai grandi poeti precedenti della nostra letteratura. Rispetto alla grandiosa vicenda personale di **Dante**, travolto dalle lotte politiche, dall'esilio, dalle peregrinazioni, e d'altra parte alla intensa avventura di **Petrarca**, tutto assorto nella cura della propria interiorità, negli studi, e nella costruzione di un mito, la **vita di Ariosto appare piuttosto comune**. Basti pensare alla necessità di provvedere alle esigenze materiali per sé e per nove fratelli minori, che ne segna il destino alla morte del padre. Più che mancare di episodi interessanti o eccezionali, la vita di Ariosto è vissuta e rappresentata dal poeta stesso in termini niente affatto sublimati o mitizzanti.

Una concezione nuova dell'artista e della letteratura

Nessun altro autore ci è apparso mai così umanamente vicino, così **estraneo a pose letterarie e autocelebrative**, così umilmente atteggiato nel proprio impegno artistico in termini di comune lavoro artigianale. E qui, nel rapporto tra vita e scrittura, può essere misurata una parte significativa della **novità ariostesca**. Essa riguarda appunto la **concezione dell'artista e della letteratura**. La crisi del primato intellettuale dopo la fine della civiltà comunale è con Ariosto, per la prima volta, un fatto assodato. L'illusione petrarchesca di poter trattare con il potere dei Signori da una posizione di superiorità, sancita dal disimpegno e dal distacco, è definitivamente tramontata. Ariosto riprende piuttosto la prospettiva interamente laica di Boccaccio, la sua consapevolezza della relatività dei fatti e dei valori, e se un primato si sente ancora di assegnare alla scrittura è appunto quello derivante dalla capacità di mettere in scena tale relatività. D'altra parte Ariosto respinge, nella sostanza, anche il modello di intellettuale-cortigiano incarnato da Boiardo e poi da Bembo: **il rapporto con il potere politico** non è per Ariosto né un rapporto di confidente fiducia (come per Boiardo) né una condizione che è possibile mettere da parte, o considerare estranea alle ragioni del proprio impegno e ai valori cui esso è rivolto (come per Bembo). La posizione di Ariosto si definisce in una **tensione costante e consapevole** con le condizioni date all'operato dell'intellettuale e dello scrittore. L'aspirazione a una vita serena di studi e di rapporti umani sinceri esprime un **bisogno di autenticità** cui si oppone la collocazione marginale e contraddittoria dell'intellettuale nella civiltà delle corti.

Lontananza dal modello dell'intellettuale-cortigiano

La scrittura come strumento d'intervento mondano e come tentativo di ordinamento

In questo panorama, **la scrittura** non è più rappresentata come momento decisivo e supremo nell'attribuzione dei significati e dei valori. Essa può essere un mondano strumento di autodifesa e un'arma di attacco (è questa, anche, la novità delle *Satire*); può essere, nel suo grado più impegnativo e più alto, il tentativo di mettere ordine nei processi complessi e ambivalenti della realtà (come avviene nell'*Orlando furioso*, il capolavoro ariostesco). In ogni caso, la scrittura **non può prescindere dal riferimento alla realtà contemporanea**, di continuo percepibile anche dietro le più favolose narrazioni del poema, e non può prescindere **dal rapporto con il pubblico**, quello delle corti e quello, nuovo, della borghesia rinascimentale.

Massimiliano Lodi, *Ludovico Ariosto legge l'*Orlando furioso *alla presenza della corte estense*, 1860 circa. Ferrara, Gallerie d'Arte Moderna e Contemporanea.

2 La vita

La nascita (1474)

Ludovico Ariosto nasce a Reggio Emilia l'**8 settembre 1474**, un secolo esatto dopo la morte di Petrarca. **Il padre** Niccolò, un conte di origine ferrarese, comanda il presidio militare degli Estensi a Reggio, alle dipendenze del duca Ercole I; Niccolò ha un carattere energico e persino rude, ma devoto agli affetti famigliari. **La madre**, Daria Malaguzzi Valeri, è una nobildonna di Reggio.

L'infanzia e i primi studi

L'infanzia di Ludovico è segnata dai **frequenti trasferimenti del padre**: a Rovigo (1481), a Ferrara ('84), a Modena ('89), di nuovo a Ferrara ('94). In quest'ultima città il padre ricopre importanti cariche politico-militari e la famiglia si ferma stabilmente. Dopo i primi impegni con precettori, il poeta è avviato agli **studi giuridici** per volontà del padre. Sono gli anni tra il 1489 e il 1494, ai quali rimontano anche le prime prove poetiche e teatrali, non pervenute fino a noi.

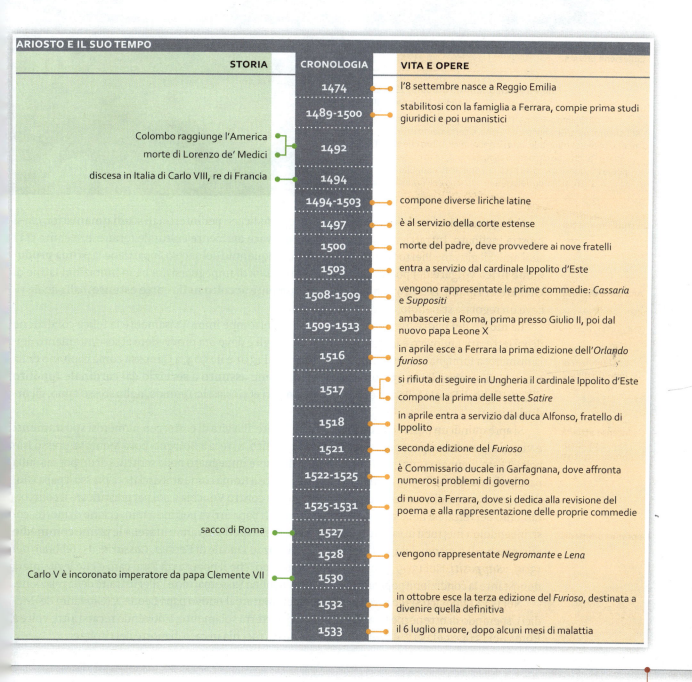

ARIOSTO E IL SUO TEMPO

STORIA	CRONOLOGIA	VITA E OPERE
	1474	l'8 settembre nasce a Reggio Emilia
	1489-1500	stabilitosi con la famiglia a Ferrara, compie prima studi giuridici e poi umanistici
Colombo raggiunge l'America / morte di Lorenzo de' Medici	1492	
discesa in Italia di Carlo VIII, re di Francia	1494	
	1494-1503	compone diverse liriche latine
	1497	è al servizio della corte estense
	1500	morte del padre, deve provvedere ai nove fratelli
	1503	entra a servizio dal cardinale Ippolito d'Este
	1508-1509	vengono rappresentate le prime commedie: *Cassaria* e *Suppositi*
	1509-1513	ambascerie a Roma, prima presso Giulio II, poi dal nuovo papa Leone X
	1516	in aprile esce a Ferrara la prima edizione dell'*Orlando furioso*
	1517	si rifiuta di seguire in Ungheria il cardinale Ippolito d'Este / compone la prima delle sette *Satire*
	1518	in aprile entra a servizio dal duca Alfonso, fratello di Ippolito
	1521	seconda edizione del *Furioso*
	1522-1525	è Commissario ducale in Garfagnana, dove affronta numerosi problemi di governo
	1525-1531	di nuovo a Ferrara, dove si dedica alla revisione del poema e alla rappresentazione delle proprie commedie
sacco di Roma	1527	
	1528	vengono rappresentate *Negromante* e *Lena*
Carlo V è incoronato imperatore da papa Clemente VII	1530	
	1532	in ottobre esce la terza edizione del *Furioso*, destinata a divenire quella definitiva
	1533	il 6 luglio muore, dopo alcuni mesi di malattia

Bartolomeo Veneto, *Cardinal Ippolito d'Este*, 1532 circa. Collezione privata.

Palma il Vecchio, *Ritratto di poeta*, 1516 circa. Londra, National Gallery.

Il dipinto di Palma il Vecchio, un pittore veneziano vicino stilisticamente a Giorgione e a Tiziano, è certamente il ritratto di un poeta. Lo dimostrano due indizi iconografici: il libro che tiene fra le mani e l'alloro che circonda il capo. Si è proposto di identificare il poeta in Ludovico Ariosto perché il dipinto fu eseguito intorno al 1516, al tempo della prima edizione dell'*Orlando furioso*.

Gli studi umanistici

Nel **1494**, Ludovico ottiene infine dal padre di dedicarsi per intero agli **studi umanistici**, cui si mostra inclinato. Intrattiene già rapporti con il vivace ambiente culturale ferrarese, e conta tra i suoi amici il giovane Pietro Bembo. All'ultimo quinquennio del secolo appartiene la **prima produzione lirica volgare** del poeta, che non cessa tuttavia di impegnarsi anche in imitazioni latine di Orazio e di Tibullo. Dal **1497** Ludovico è ufficialmente **accolto nella corte estense**, dalla quale riceve un regolare stipendio.

Alla corte estense

La morte del padre, nel febbraio del **1500**, interrompe improvvisamente la felice condizione di ozi letterari: Ludovico è il primogenito di dieci figli e deve ora provvedere al sostentamento della numerosa famiglia. Accetta allora di recarsi, tra il 1501 e il 1503, a **Canossa** come capitano della rocca. Nell'ottobre del **1503**, tornato a Ferrara, **viene assunto a servizio dal cardinale Ippolito d'Este**, figlio di Ercole I. Per ottenere alcuni benefici ecclesiastici, prende, nello stesso anno, gli **ordini minori**.

Al servizio di Ippolito d'Este (1503)

Si apre quindi un periodo di intense attività legate alla vita di corte, con numerosi **spostamenti e viaggi al servizio** e per conto **del cardinale Ippolito**. Si reca a Bologna; poi a Mantova presso Isabella d'Este (gennaio 1507), alla quale confida di essere impegnato nella scrittura di un poema sulla pazzia di Orlando. Nel 1509 e nel 1510 si reca più volte a Roma come ambasciatore presso il papa Giulio II, con lo scopo di ottenerne prestiti per la guerra contro Venezia e poi per giustificare il comportamento dei ferraresi nella guerra contro tale città. Il papa arriva perfino a minacciarlo di morte, costringendolo a mettersi in salvo con la fuga. Nello stesso periodo vanno in scena **le prime commedie** ariostesche: il 5 marzo del 1508, nel teatro del Palazzo Ducale di Ferrara, *Cassaria*; il 6 febbraio del 1509, i *Suppositi*. Nel 1509 gli è nato il figlio Virginio, che il poeta avrà assai caro e che legittimerà nonostante la condizione popolare della madre Orsolina Sassomarino e l'illegittimità della relazione.

Intense attività politico-amministrative

Le prime commedie

Nel **1513** Ludovico si reca ancora **a Roma** per salutare il nuovo papa Leone X (Giovanni de' Medici), sperando di ottenerne benefici e vantaggi. Otterrà solamente, e dovendo recarsi altre volte a Roma nel 1514 e nel 1517, il diritto su una umile parrocchia in caso di morte del titolare.

La relazione con Alessandra Benucci

Nel 1515 la morte del marito della nobildonna ferrarese **Alessandra Benucci** consente al poeta di stringere una **relazione** già avviata da qualche anno; ma la minaccia di perdere i propri benefici ecclesiastici e di privare la donna delle rendite ereditate gli impedisce di regolarizzare il rapporto e anche solo di convivere con l'amata. Solamente intorno al 1528 i due celebreranno nozze segrete.

Prima edizione dell'*Orlando furioso* (1516)

Il 22 aprile **1516** esce a Ferrara la **prima edizione dell'*Orlando furioso***, in quaranta canti. Il successo è grande e immediato.

Al servizio di Alfonso d'Este (1518)

Nel **1517** si verifica però una nuova svolta nella vita di Ludovico: il **rifiuto di seguire il cardinale Ippolito in Ungheria** determina la rottura fra i due. Il poeta deve così cercarsi una nuova sistemazione: nell'aprile del **1518** entra a servizio presso il **duca Alfonso d'Este**, fratello d'Ippolito. I fatti sono narrati nella *Satira I* (composta nell'autunno del 1517) e nella *Satira III* (del maggio 1518).

Commissario ducale in Garfagnana (1522-25)

Anche il nuovo incarico costringe Ludovico a **frequenti viaggi**: nel 1519 è a Firenze; nel 1520 e nel 1521 si reca più volte a Roma. Il poeta deve darsi da fare, oltre che per gli incarichi affidatigli da Alfonso, anche per tutelare gli interessi propri e dei famigliari, minacciati dalla crisi della corte estense. Nel 1521 gli viene addirittura sospeso lo stipendio. Il poeta è così costretto ad accettare lo sgradito incarico di **Commissario ducale in Garfagnana** (nel Nord-Ovest della Toscana). Qui egli vive tra il febbraio del 1522 e il giugno del 1525, amministrando una situazione resa difficile da continue tensioni sociali (rivolte e brigantaggio). Ludovico mostra un notevole equilibrio politico e uno spiccato senso della giustizia; ma patisce la lontananza dall'amata Alessandra e da Ferrara. In questo periodo scrive le *Satire IV, VI* e *VII*, nonché la maggior parte delle lettere che formano il suo importante epistolario.

Gli anni successivi al **rientro a Ferrara**, nell'ottobre del 1525, furono segnati da una relativa tranquillità, nella quale il poeta poté dedicarsi alla cura delle proprie opere e innanzitutto alla instancabile revisione del poema maggiore. **Il *Furioso*** vide una nuova edizione (la terza; la seconda è del 1521) alla **fine del 1532**, ampliato a quarantasei canti e interamente rivisto nello stile; il poeta non se ne mostra tuttavia ancora interamente soddisfatto e pensa di proseguire nella correzione. Numerose sono anche le rappresentazioni teatrali delle sue commedie: nel Carnevale del 1528 sono messe in scena la seconda edizione del ***Negromante*** e la ***Lena***; nel 1529 è la volta della ***Cassaria*** (che verrà riproposta, in versi anziché in prosa, nel 1531). Ariosto si dedica anche con assiduità alla traduzione e alla messa in scena delle commedie di Plauto e di Terenzio.

Terza edizione del *Furioso* (1532)

Non del tutto interrotte sono però, d'altra parte, le attività legate alle necessità della corte. Nel 1528 il poeta entra a far parte del Maestrato dei Savi della città. Viaggia ancora per faccende diplomatiche: a Modena (1528), a Correggio (1531), a Mantova (novembre 1532), dove accompagna Alfonso all'incontro con l'imperatore Carlo V. Al rientro a Ferrara da quest'ultimo viaggio, Ludovico si ammala di enterite e, dopo alcuni mesi di malattia, una complicazione polmonare, a quanto è dato sapere, lo porta a **morte il 6 luglio 1533**.

La morte (1533)

3 Le lettere

Uno stile epistolare diretto e concreto

Un **confronto tra l'epistolario di Petrarca e quello di Ariosto** mostra più differenze che analogie. Quanto l'epistolario petrarchesco è il frutto di una laboriosa elaborazione intellettuale e letteraria, tanto quello ariostesco si mostra ancorato a situazioni reali, trattate nel modo più diretto possibile; quanto Petrarca tende a dare un ritratto idealizzato, e perciò necessariamente anche artificiale, di se stesso, tanto Ariosto è privo di preoccupazioni estranee al contenuto e allo scopo delle lettere. Anzi, quello di Ariosto non può neppure considerarsi un vero e proprio epistolario, nel senso almeno che gli manca ogni requisito di organicità e di costruzione letteraria. Non è un caso che l'epistolario ariostesco, diversamente da quello di Petrarca, non destò alcun interesse né tra i contemporanei né fino al Settecento, nonostante il successo straordinario dell'opera di Ariosto.

La forza e l'interesse di queste lettere consistono, in primo luogo, proprio nella schietta capacità di **introdurre al mondo** psicologico, intellettuale, affettivo **dell'autore**, risultando ridotto al minimo il filtro distanziatore della scrittura. C'è poi un **interesse documentario**: le lettere ci permettono di conoscere meglio alcuni aspetti della biografia e della formazione del poeta. Infine non è assente un **interesse veramente letterario**: la grande capacità ariostesca di rappresentare persone e fatti, di narrare con semplicità e vivacità, determina lo spessore umano e avventuroso di queste pagine. In esse, poi, appare sempre in filigrana la personalità dello scrivente, la sua capacità di avvicinarsi alle cose con semplicità e indulgenza, quasi ingenuamente, estraendone il contenuto favoloso.

Delle oltre duecento lettere finora ritrovate, circa due terzi appartengono al triennio in cui Ariosto fu Commissario ducale in Garfagnana (1522-1525).

T • *Una lettera dalla Garfagnana*

4 La produzione lirica

La produzione lirica di Ariosto può essere suddivisa in **due sezioni**: una **in latino** e l'altra **in volgare**. Ma la prima ha un'importanza quasi solamente documentaria; mentre le liriche volgari si collocano sempre a un alto livello di decoro e toccano a volte risultati intensi e originali.

Le liriche latine

Le **sessantasette liriche** latine appartengono quasi tutte agli **anni della giovinezza** (perlopiù risalgono al periodo tra il 1494 e il 1503) e mostrano una fedeltà ai temi e ai moduli stilistici classici che spesso sconfina nell'imitazione. Prevalgono componimenti di tema erotico, propensi a un tono leggero e sensuale che mostra nonostante tutto la personalità ariostesca; ma non mancano epigrammi ed epitaffi, nonché alcuni testi più impegnativi, di carattere erudito.

Le liriche in volgare

Alquanto più cospicua è la **produzione lirica volgare**, che consta di **ottantasette componimenti** (soprattutto sonetti e madrigali; ma vi sono anche cinque canzoni, due egloghe e ben ventisette capitoli in terza rima). Difficile è datare con sicurezza tali testi, che risalgono comunque in prevalenza **al primo decennio del Cinquecento**. Pare per altro che il poeta si dedicasse proprio negli ultimi anni a una revisione completa delle liriche volgari. Ariosto **non si preoccupò di raccogliere le liriche in un canzoniere organico**, sul modello di quello petrarchesco; e la raccolta fu pubblicata solamente dopo la morte del poeta, nel 1546. Tuttavia, sono stati anche rintracciati nel libro delle *Rime* ariostesche gli indizi di un'opera coerente.

Un canzoniere postumo

Il modello del petrarchismo bembesco

Nella produzione lirica, Ariosto si mostra ovviamente sensibile al **modello petrarchesco**, e alla variante "estrema" di petrarchismo proposta in quegli anni dall'amico **Pietro Bembo**. Di qui nasce la selezione attenta del lessico, modellato sul toscano illustre, e la scelta canonica delle forme metriche; nonché la centralità del tema erotico e delle sue tipologie codificate.

Un petrarchismo originale e variato

Ma più interessante è poi la **libertà e l'originalità** con la quale Ariosto interpreta il rapporto con la tradizione. Se Bembo e il petrarchismo tendono alla riduzione dei modelli, restringendo l'attenzione quasi solo al caso del *Canzoniere* petrarchesco, ecco che invece Ariosto mantiene aperto un rapporto ricco e produttivo con vari aspetti della tradizione. Costante è per esempio il **riferimento ai modelli classici** (Properzio, Tibullo, Orazio, Catullo), che determinano l'alleggerimento dello stile lirico ariostesco rispetto alla concentrata produzione di Bembo. Ma molto attento è anche **il rapporto con la tradizione quattrocentesca**, soprattutto ferrarese (la lirica di Boiardo è ben presente ad Ariosto): la lirica ariostesca si nutre dunque di una stagione che precede la canonizzazione del modello di Petrarca, e può mostrare per esempio una libertà descrittiva, anche nella rappresentazione del paesaggio, che diverrà impensabile dopo Bembo. La libertà e l'apertura nella riutilizzazione di Petrarca consentono infine **recuperi dalla lirica italiana più antica**, stilnovistica e pre-stilnovistica.

T • «*Fingon costor che parlan de la Morte*»
T • «*O più che 'l giorno a me lucida e chiara*»

T • «*Chiuso era il sol da un tenebroso velo*»

5. Le *Satire*

La composizione delle *Satire*, tra il 1517 e il 1525

Le *Satire* costituiscono, dopo l'*Orlando furioso*, l'opera ariostesca più apprezzata dalla critica e più nota. Il poeta si dedicò alla loro composizione dopo la stampa della prima edizione del poema, e cioè tra **il 1517 e il 1525**. Significativa è già la scelta del genere letterario della «satira», che sembra cercare percorsi alternativi a quelli canonici della lirica e forse pone in dubbio lo stesso primato che quest'ultima si è venuta conquistando all'interno del sistema dei generi a partire da Petrarca e con il petrarchismo cinquecentesco. **La satira** prevede uno **sviluppo narrativo** e un'articolazione logico-discorsiva ben lontani dalla "purezza" della lirica. In una stagione che considerava Orazio un modello lirico, **la scelta** ariostesca **di riferirsi** invece **a Orazio** appunto per le *Satire* (che con le *Epistulae*, pure tenute presenti, formano i quattro libri dei *Sermones*) **appare originale e coraggiosa**. Fra l'altro l'esempio ariostesco determina la successiva fortuna del genere.

Sviluppo narrativo, articolazione logico-discorsiva

Concretezza e problematicità del rapporto con l'autobiografia

Per queste ragioni, l'elaborazione delle *Satire* deve essere collegata alle stesse premesse ideologiche e artistiche che stanno a monte del *Furioso*. Nella grande stagione della maturità ariostesca, la difesa di una concezione aperta e problematica della letteratura si fonde con l'affermazione di un **bisogno di concretezza** capace di accogliere gli elementi autobiografici senza incanalarli, come avveniva nel petrarchismo, entro la sublimazione dei modelli lirici.

Sette satire

Ariosto scrisse **sette satire**, di lunghezza variabile tra i 181 versi della seconda e i 328 della quinta. Esse traggono origine da **eventi biografici** e rispondono perlopiù a un bisogno di difendersi o di affermare il proprio punto di vista; ma sempre determinante è il riferimento a dati concreti della realtà vissuta. È esclusa ogni idealizzazione letteraria. Le satire sono rivolte a personaggi reali: Ariosto immagina di colloquiare con essi, rispondendo alle loro domande e perfino alle loro accuse e alle loro obiezioni; ne deriva una **«struttura dialogica»** (Segre) e perfino teatrale nella quale prende corpo e si oggettiva un bisogno soggettivo di chiarezza e di riflessione. All'interno dei testi si incontrano apologhi con funzione dimostrativa e allegorica, nonché proverbi, battute riferite come reali, personaggi secondari e minimi: una ricchezza che già nella struttura e nei temi si colloca ben al di fuori del modello "puro" di Petrarca.

Una «struttura dialogica»

La *Satira* I

La ***Satira* I** è stata composta nel 1517 ed è indirizzata al fratello Alessandro e all'amico Ludovico Da Bagno. Ariosto espone i motivi che lo hanno indotto a rifiutarsi di seguire il cardinale Ippolito in Ungheria. Dalle umili ragioni (soprattutto di salute) il poeta passa alla rivendicazione della propria dignità, dichiarandosi deciso a difendere la libertà a ogni costo (cfr. T1, p. 336).

La *Satira* II

Nella ***Satira* II**, anch'essa del 1517, Ariosto chiede al fratello Galasso di procurargli a Roma un alloggio dignitoso; il poeta coglie l'occasione per criticare con severità la corruzione del papa e del mondo ecclesiastico.

T • Un ideale di vita minimalista

La ***Satira* III** risale all'aprile del 1518, dopo che Ariosto era entrato al servizio del duca Alfonso. Il poeta espone al cugino Annibale Malaguzzi il suo ideale di vita semplice e schivo da ambizioni mondane: desidera solamente una buona moglie e la pace della coscienza.

La *Satira* IV

La ***Satira* IV** fu composta nel 1523, durante la permanenza in Garfagnana, così come la VII (e probabilmente la VI). Rivolgendosi a Sigismondo Malaguzzi, il poeta descrive la propria difficile vita ed esprime la nostalgia per Ferrara e per la donna amata.

La *Satira* V

La ***Satira* V** (risalente agli anni tra il 1519 e il '23) è ancora rivolta al cugino Annibale Malaguzzi, che si sposava; essa tratta appunto della vita matrimoniale, esponendo i rischi a essa connessi.

La *Satira* VI

La ***Satira* VI**, del 1524-'25, è rivolta a Pietro Bembo, cui Ariosto chiede consiglio per il figlio Virginio, bisognoso di un precettore in grado di educarlo saggiamente.

La *Satira* VII

La ***Satira* VII** fu scritta in Garfagnana nel 1524 ed è rivolta al cancelliere del duca Alfonso. Ariosto rifiuta di diventare l'ambasciatore degli Estensi presso la corte di papa Clemente VII a Roma. Ancora una volta il poeta delinea il proprio ideale di vita: accanto a una donna innamorata, tra i libri e gli amici, al di fuori delle frenesie della società mondana.

La metrica

Analoga alla struttura metrica del capitolo (di cui pure Ariosto diede prove significative) è quella della satira. Il ricorso alla **terzina dantesca** in sede di poesia narrativa e argomentativa segnala già la valorizzazione di un modello che proprio in quei decenni stava entrando in una fase d'ombra; e particolarmente originale appare l'utilizzazione stilisticamente disimpegnata, per così dire, del modello dantesco, plurilinguismo compreso. Ariosto cioè non ricorre alla libertà stilistica resa possibile dalla tradizione di Dante per intensificare il dettato poetico, quanto piuttosto per dare spazio a una **colloquialità diretta**, a un parlato che non esclude momenti stilisticamente "trascurati". Il **tono confidenziale** ben si addice alla tematica autobiografica non sublime e non idealizzata, incanalando un desiderio di comunicazione autentica. In pochi altri testi poetici della nostra storia letteraria si incontrano uniti con altrettanta efficacia **scaltrezza formale e semplicità espressiva**, nella celebrazione di una medietà singolarmente estranea alle pose letterarie.

Un dantismo colloquiale

Una comunicazione non idealizzata

La personalità ariostesca ci si mostra qui, come in alcune lettere, nella sua dignità semplice e nel suo umano calore, orientata a **difendere la propria libertà pratica**, la possibilità, cioè, di una vita autentica e riservata.

In aulicos, incisione da Andrea Alciato, *Emblemata*, 1550. Lione.

L'emblema rivolto ai cortigiani, nella sezione dedicata all'avarizia, è accompagnato da un eloquente distico latino con cui si afferma che la corte, luogo di vanità, da un lato sostiene gli uomini che vivono a corte, dall'altro li tiene legati con catene d'oro.

T1 — Il poeta e i cortigiani

OPERA
Satire, I, 1-138; 238-265

CONCETTI CHIAVE
- la critica della corte che sottovaluta la poesia
- la struttura dialogica

FONTE
L. Ariosto, *Satire*, a cura di C. Segre, Einaudi, Torino 1987.

Nel 1517 il cardinale Ippolito d'Este, presso il quale Ariosto era a servizio da molti anni, fu costretto ad abbandonare Ferrara per raggiungere la sede vescovile di Eger [Agria] in Ungheria. Il poeta sarebbe stato tenuto a seguire il signore; ma al dunque rifiutò, rompendo i rapporti con lui. Né valsero a farlo recedere dalla decisione le minacce di Ippolito, che poteva privarlo, oltre che della propria protezione, anche dei benefici ecclesiastici.
Ariosto si rivolge al fratello Alessandro e all'amico Ludovico Da Bagno, entrambi partiti al seguito del cardinale Ippolito. Essi dovrebbero sostenere presso il signore le ragioni del poeta, che spiega il suo rifiuto con problemi innanzitutto di salute. Ma il tentativo pacificatore affidato ai due intermediari è in effetti soltanto un'apparenza, e nessun risultato riconciliativo era immaginabile sulla base di questo testo. Infatti Ariosto si avvale delle proprie giustificazioni per tracciare un impietoso profilo della vita di corte, segnata da meschinità, adulazioni, ipocrisie, invidie e falsità. Per tali ragioni, il licenziamento diviene nei fatti una vera e propria riappropriazione della libertà individuale.

       A MESSER ALESSANDRO ARIOSTO
       ET A MESSER LUDOVICO DA BAGNO

       Io desidero intendere da voi,
       Alessandro fratel, compar mio Bagno,
       s'in corte è ricordanza più di noi;

METRICA terzine di endecasillabi a rima incatenata (o dantesca).

● **1-21** *Io desidero sapere (**intendere**) da voi, Alessandro fratello [mio] e Bagno, mio 'compare, se nella (**s'in**) corte [del cardinale Ippolito] c'è più memoria (**ricordanza**) di me (**noi**);*

se più il signor me accusa; se compagno
per me si lieva e dice la cagione
per che, partendo gli altri, io qui rimagno;

o, tutti dotti ne la adulazione
(l'arte che più tra noi si studia e cole),
l'aiutate a biasmarme oltra ragione.

Pazzo chi al suo signor contradir vole,
se ben dicesse c'ha veduto il giorno
pieno di stelle e a mezzanotte il sole.

O ch'egli lodi, o voglia altrui far scorno,
di varie voci subito un concento
s'ode accordar di quanti n'ha dintorno;

e chi non ha per umiltà ardimento
la bocca aprir, con tutto il viso applaude
e par che voglia dir: «anch'io consento».

Ma se in altro biasmarme, almen dar laude
dovete che, volendo io rimanere,
lo dissi a viso aperto e non con fraude.

Dissi molte ragioni, e tutte vere,
de le quali per sé sola ciascuna
esser mi dovea degna di tenere.

Prima la vita, a cui poche o nessuna
cosa ho da preferir, che far più breve
non voglio che 'l ciel voglia o la Fortuna.

Ogni alterazione, ancor che leve,
ch'avesse il mal ch'io sento, o ne morei,
o il Valentino e il Postumo errar deve.

Oltra che 'l dicano essi, io meglio i miei
casi de ogni altro intendo; e quai compensi
mi siano utili so, so quai son rei.

So mia natura come mal conviensi
co' freddi verni; e costà sotto il polo
gli avete voi più che in Italia intensi.

E non mi nocerebbe il freddo solo;
ma il caldo de le stuffe, c'ho sì infesto,
che più che de la peste me gli involo.

Né il verno altrove s'abita in cotesto
paese: vi si mangia, giuoca e bee,
e vi si dorme e vi si fa anco il resto.

Che quindi vien, come sorbir si dee
l'aria che tien sempre in travaglio il fiato
de le montagne prossime Rifee?

Dal vapor che, dal stomaco elevato,
fa catarro alla testa e cala al petto,
mi rimarei una notte soffocato.

E il vin fumoso, a me vie più interdetto
che 'l tòsco, costì a inviti si tracanna,
e sacrilegio è non ber molto e schietto.

---

*se il signore mi (**me**) accusa ancora (**più**); se [qualche] amico (**compagno**) si alza (**lieva**) a prendere le mie difese (**per me**) e spiega (**dice**) la ragione (**cagione**) per la quale (**per che**) io rimango qui [a Ferrara], mentre partono (**partendo**) gli altri [cortigiani]; o [se invece], tutti abili (**dotti**) nell'adulazione (l'arte che tra noi [cortigiani] più si studia e si coltiva, **cole**)), aiutate lui [: il cardinale] ad accusarmi (**biasmarme**) oltre il giusto (**oltra ragione**). Pazzo [è considerato a corte] chi vuole (**vole**) contraddire (al) il suo signore, anche se (**se ben**) [costui] dicesse che ha veduto il giorno pieno di stelle e il sole a mezzanotte. Sia (**o**) che il cardinale (**egli**) lodi o voglia umiliare (**far scorno**) qualcuno (**altrui**), subito si ode accordar[**si**] il coro (**concento**) delle varie voci di quanti gli sono (**n'ha**) intorno; e chi per timidezza (**umiltà**) non ha il coraggio (**ardimento**) [di] aprire bocca, manifesta il suo assenso (**applaude**) con l'espressione del volto (**con tutto il viso**) e sembra (**par**) che voglia dire: – anch'io concordo (**consento**). – Ma se dovete biasimarmi per altri motivi (**in altro**), almeno riconoscetemi il merito (**dar laude**) di aver detto chiaramente (**a viso aperto**) senza falsi pretesti (**non con fraude**) che volevo (**volendo io**) rimanere [a Ferrara]. Alessandro è il più giovane dei fratelli di Ariosto; Lu-*

dovico Da Bagno, cancelliere del cardinale, ha tenuto a battesimo (svolgendo quindi la funzione di padrino, qui detto "compare") il secondogenito del poeta, Virginio: entrambi hanno scelto di seguire il cardinale in Ungheria, e a essi Ariosto si rivolge per tentare di arginare l'ira di Ippolito seguita al suo rifiuto, le cui conseguenze avrebbero potuto togliere al poeta i pur esigui benefici ecclesiastici di cui aveva fino allora goduto. **Cole**: *latinismo, così come i successivi* **laude** *e* **fraude**. **Concento**: *armonia di voci intonate; è termine aulico, qui usato con evidente ironia.*

● **22-54** *Ho fornito (**dissi**) numerose ragioni, e tutte vere, ciascuna delle quali singolarmente (**per sé sola**) doveva essere stimata sufficiente (**esser mi dovea degna**) per trattenermi (**di tenere**) [qui]. Prima [fra tutte] la vita, a cui poche o nessuna cosa ho da preferire, che non voglio rendere (**far**) più breve di quanto (**che**) non voglia il cielo o il destino (**Fortuna**). Ogni peggioramento (**alterazione**), anche di lieve entità (**ancor che leve**), del male [di stomaco] di cui si soffro (**sento**), o mi farebbe morire (**ne morei**), o devono aver sbagliato (**errar deve**) [la loro diagnosi] il Valentino e il Postumo. [Ma] al di là (**oltra**) [di ciò] che dicono i medici (**essi**), io conosco i miei mali (**casi**) meglio di*

*(**de**) ogni altro; e so quali (**quai**) rimedi (**compensi**) mi siano utili, quali [invece] dannosi (**rei**). So come [la] mia natura mal si adatti (**conviensi**) ai (**co'**) freddi inverni; e in Ungheria (**costà**), [quasi] sotto il polo [nord], li (**gli**) avete più rigidi (**intensi**) che in Italia. E non mi nuocerebbe solamente (**solo**) il freddo; ma [anche] il caldo de[gli ambienti riscaldati dal] le stufe (**stuffe**), che è per me così nocivo (**ho sì infesto**) che lo fuggo (**me gli involo**) più della (**che da la**) peste. Né [durante] l'inverno si abita altrove in codesto paese: [negli ambienti riscaldati] vi si mangia, si gioca e si beve (**bee**), e si dorme e si fa qualunque cosa (**anco il resto**). Chi (**Che**) viene da qui (**quindi**), come deve (**si dee**) [fare] sopportare (**sorbir**) l'aria [gelida] delle vicine (**prossime**) montagne Rifee che disturba il respiro (**tien sempre in travaglio il fiato**)? Dagli umori (**vapor**) che, saliti (**elevato**) dallo stomaco, producono (**fa**) catarro nella (**alla**) testa e scendono (**cala**) al petto, io ne rimarrei una notte soffocato. E il vino, denso e molto alcolico (**fumoso**), a me più (**vie più**) proibito (**interdetto**) del veleno (**che 'l tosco**), qui (**costì**) in Ungheria] si beve smodatamente (**si tracanna**) su incoraggiamento (**a inviti**), ed è [considerata] una offesa gravissima (**sacrilegio**) il non ber[ne] molto o annacquato (**non schietto**).*

Tutti li cibi sono con pepe e canna
di amomo e d'altri aròmati, che tutti
come nocivi il medico mi danna.

55 Qui mi potreste dir ch'io avrei ridutti,
dove sotto il camin sedria al foco,
né piei, né ascelle odorerei, né rutti;

e le vivande condiriemi il cuoco
come io volessi, et inacquarmi il vino
60 potre' a mia posta, e nulla berne o poco.

Dunque voi altri insieme, io dal matino
alla sera starei solo alla cella,
solo alla mensa come un certosino?

Bisognerieno pentole e vasella
65 da cucina e da camera, e dotarme
di masserizie qual sposa novella.

Se separatamente cucinarme
vorà mastro Pasino una o due volte,
quattro e sei mi farà il viso da l'arme.

70 S'io vorò de le cose ch'avrà tolte
Francesco di Siver per la famiglia,
potrò matina e sera averne molte.

S'io dirò: «Spenditor, questo mi piglia,
che l'umido cervel poco notrisce;
75 questo no, che 'l catar troppo assottiglia»

per una volta o due che me ubidisce,
quattro e sei mi si scorda, o, perché teme
che non gli sia accettato, non ardisce.

Io mi riduco al pane; e quindi freme
80 la colera; cagion che alli due motti
gli amici et io siamo a contesa insieme.

Mi potreste anco dir: «De li tuoi scotti
fa che 'l tuo fante comprator ti sia;
mangia i tuoi polli alli tua alari cotti».

85 Io, per la mala servitude mia,
non ho dal Cardinale ancora tanto
ch'io possa fare in corte l'osteria.

Apollo, tua mercé, tua mercé, santo
collegio de le Muse, io non possiedo
90 tanto per voi, ch'io possa farmi un manto.

«Oh! il signor t'ha dato...» io ve 'l conciedo,
tanto che fatto m'ho più d'un mantello;
ma che m'abbia per voi dato non credo.

---

*Tutti i cibi sono [conditi] con pepe e zenzero (**canna di amomo**) e altri aromi (**aròmati**) che il medico mi proibisce (**danna**) come nocivi.* Il modenese Giovanni Andrea Valentino era il medico di corte che seguì Ippolito in Ungheria; il pesarese Guido Silvestri, detto Postumo perché nato dopo la morte del padre, fu medico e poeta elegiaco, amico di Ariosto. Entrambi hanno curato il mal di stomaco di cui Ariosto soffrì fino alla morte. **Costà...polo**: espressione iperbolica per indicare la rigidità del clima ungherese. **Che**: per "chi", è forma ricorrente in Ariosto. **Quindi**: 'dall'Italia'; altri intende 'dai luoghi riscaldati dalle stufe'. **Montagne...Rifee**: gli antichi si riferivano a questi monti, conosciuti anche come Iperborei e collocati in Scizia, come all'estremo confine a nord del mondo (si tratta probabilmente degli Urali). Da lì Ariosto immagina provenire il mitico Ippogrifo (cfr. *Fur.* IV, 18). **Dal vapor... petto**: secondo una teoria medica del tempo, detta appunto "umorale", le affezioni bronchiali erano generate da un eccesso di vapori prodotti nel cervello da cibi piccanti e vini; cfr. i vv. 74-75. **Vin fumoso**: si parla qui di un vino denso e fortemente alcolico. **A inviti**: *un bicchiere dopo l'altro*; il non accettare l'invito a bere, il bere poco, o l'annacquare il vino (come era consuetudine del poeta: cfr. il v. 59), erano spesso considerati atti di grave scortesia.

• **55-87** *A questo punto (**qui**) mi potreste dire che potrei disporre (**avrei**) di stanze appartate (**ridutti**), dove sedere (**sedria** = siederei) sotto il camino, al fuoco, senza dover odorare (**né odorerei**) piedi (**piei**), ascelle, rutti; e il cuoco potrebbe condirmi (**condirìemi**) le vivande come io volessi, e potrei annacquarmi (**inacquarmi**) il vino a mio piacere (**a mia posta**), e berne poco o non berne affatto (**nulla**). Dunque [mentre] voi altri [stareste] insieme, io dal mattino alla sera starei solo nella (**alla**) cella e solo alla mensa, come un [frate] certosino? Ci sarebbe bisogno di (**bisognerìeno**) pentole e vasellame da cucina e da camera, e di dotarmi di masserizie come (**qual**) una sposa novella. Se mastro Pasino [: il cuoco] vorrà cucinare per me (**cucinarme**) separatamente una o due volte, [dopo] quattro e sei mi si rivolterà minaccioso (**mi farà il viso da l'arme**). Se sceglierò (**vorò**) tra (**de**) le cose che Francesco di Siviero [: il dispensiere] avrà scelto (**tolte**) per il seguito (**la famiglia**) [del cardinale], potrò averne a piacimento (**molte**) mattina e sera. [Ma] se io dirò: – Dispensiere (**spenditor**), prendi per me (**mi piglia**) questo, che non alimenta (**poco notrisce**) gli umori nel cervello (**l'umido cervel**); questo no, che acuisce (**assottiglia**) troppo il catarro (**catar**) – per una volta o due che mi (**me**) ubbidisce, quattro e sei di me (**mi**) si scorda, o non osa (**non ardisce**) [assecondarmi], perché teme che [l'acquisto] non sia approvato (**accettato**) [dal cardinale]. Io mi riduco a [mangiar] pane; e divento quindi collerico (**freme la colera**); ragion per cui ogni due parole (**alli dui motti**) io e (**et**) gli amici veniamo a lite (**siamo a contesa insieme**). Mi potreste anche (**anco**) dire: – Fa' che sia il tuo domestico a comprarti (**ti sia comprator**) i pasti a tue spese (**de li tuoi scotti**); mangia i tuoi polli, cotti sul tuo camino (**alli tua alari**). – Io, a causa (**per**) del mio cattivo servizio (**mala servitude**) [da cortigiano], non ottengo (**ho**) dal Cardinale tanto da potermi (**ch'io possa**) fare a (**in**) corte l'osteria.* **Sedrìa, condirìemi, bisognerìeno**: condizionali. **Vasella**: forma latineggiante di plurale. Sono numerosi i latinismi presenti nel testo, così come termini e forme letterarie (tra queste: **a posta** = *apposta*), ma il tono generale del componimento risulta estremamente concreto, soprattutto per il frequente ricorso a proverbi e modi di dire popolari: «come un certosino», «mi farà il viso da l'arme», «alli tua alari cotti», «fare...l'osteria»; si osservi inoltre come anche le forme senza doppie del dialetto padano (**matino, vorà, colera**) contribuiscano a conferire realismo al brano. **Mastro Pasino**: è il cuoco personale di Ippolito, mentre **Francesco di Siviere** è l'addetto alla dispensa e agli acquisti, come risulta anche dai registri delle spese di corte. **Mi riduco al pane**: ellissi (si sottintende il verbo "mangiare"). **Scotti**: sono i conti che si pagavano all'osteria.

• **88-114** *Apollo, in grazia tua (**tua mercé**) e in grazia delle Muse tutte (**santo collegio**), in cambio delle poesie da voi ispirate (**pèr voi**) io non ho (**non possiedo**) tanto da (**ch'io possa**) farmi un mantello (**manto**). – Oh! il [tuo] signore ti ha dato... – ve lo concedo, quanto basta a farmi (**tanto che fatto m'ho**) più d'un mantello; ma non credo che me lo abbia dato [per il lavoro di poeta compiuto] grazie a (**per**) voi.*

Egli l'ha detto: io dirlo a questo e a quello
voglio anco, e i versi miei posso a mia posta
mandare al Culiseo per lo sugello.

Non vuol che laude sua da me composta
per opra degna di mercé si pona;
di mercé degno è l'ir correndo in posta.

A chi nel Barco e in villa il segue, dona,
a chi lo veste e spoglia, o pona i fiaschi
nel pozzo per la sera in fresco a nona;

vegghi la notte, in sin che i Bergamaschi
se levino a far chiodi, sì che spesso
col torchio in mano addormentato caschi.

S'io l'ho con laude ne' miei versi messo,
dice ch'io l'ho fatto a piacere e in ocio;
più grato fòra essergli stato appresso.

E se in cancellaria m'ha fatto socio
a Melan del Constabil, sì c'ho il terzo
di quel ch'al notaio vien d'ogni negocio,

gli è perché alcuna volta io sprono e sferzo
mutando bestie e guide, e corro in fretta
per monti e balze, e con la morte scherzo.

Fa a mio senno, Maron: tuoi versi getta
con la lira in un cesso, e una arte impara,
se beneficii vuoi, che sia più accetta.

Ma tosto che n'hai, pensa che la cara
tua libertà non meno abbi perduta
che se giocata te l'avessi a zara;

e che mai più, se ben alla canuta
età vivi e viva egli di Nestorre,
questa condizïon non ti si muta.

E se disegni mai tal nodo sciorre,
buon patto avrai, se con amore e pace
quel che t'ha dato si vorà ritorre.

A me, per esser stato contumace
di non voler Agria veder né Buda,
che si ritoglia il suo sì non mi spiace

(se ben le miglior penne che avea in muda
rimesse, e tutte, mi tarpasse), come
che da l'amor e grazia sua mi escluda,

che senza fede e senza amor mi nome,
e che dimostri con parole e cenni
che in odio e che in dispetto abbia il mio nome.

Egli [stesso] lo ha detto: anche (**anco**) io voglio dirlo a questo e a quello, e i miei versi posso mandar[li] a mio piacimento (**a mia posta**) al Colosseo (**Culiseo**) per il sigillo (**sugello**). [Ippolito] non vuole che una lode (**laude**) [poetica] da me composta in onore suo (**sua**) sia considerata (**si pona**) opera degna di ricompensa (**mercé**); degno di ricompensa è [invece] l'andar (**ir**) correndo nelle stazioni di (**in**) posta. [Egli] dona a chi lo (**il**) segue nel Barco e in villa, a chi lo veste e[lo] spoglia, o [a chi fin] dal primo pomeriggio (**a nona**) ponga (**pona**) in fresco nel pozzo i fiaschi [di vino] per la sera; [o a colui che] vegli (**vegghi**) la notte sino (**in sin**) all'ora in cui (**che**) [i fabbri] Bergamaschi si (**se**) alzano (**levino**) a fare chiodi [: all'alba], così che spesso cada (**caschi**) addormentato con la torcia (**torchio**) in mano. Se io l'ho lodato (**con laude...messo**) nei miei versi, dice che l'ho fatto a mio piacere e per passatempo (**in ocio** = per ozio); più gradito (**grato**) [a lui] sarebbe stato (**fòra**) l'essergli stato appresso. E se mi ha associato (**fatto socio**) al Costabili [nel beneficio] della cancelleria [arcivescovile] di Milano (**a Melan**), così che io usufruisco (**ho**) di un terzo di quello che viene dal notaio per (**di**) ogni affare (**negocio**), ciò avviene (**gli è**) perché qualche (**alcuna**) volta io sprono e sferzo [i cavalli] cambiando (**mutando**) le bestie e le [loro] guide perché devo correre (**e corro**) in fretta per monti e balze, scherzando (**e... scherzo**) con la morte. L'invocazione ad Apollo e alle Muse, comune alla poesia alta, viene qui desublimata e trasformata in una sorta di rimprovero carico di ironia che il poeta rivolge alle divinità protettrici e ispiratrici della poesia, a cui segue un loro debole tentativo di risposta, subito smentito in tono secco e deciso da una voluta esagerazione (Ariosto aveva già pubblicato il *Furioso*, ma il Cardinale non pare aver apprezzato). **Culiseo... sugello**: gettarli via, mandarli "a quel paese", come suggerisce il gioco di parole scurrile con **Culiseo**. **Posta**: stazione, tappa per viaggiatori o corrieri collocata un tempo sulle grandi strade di comunicazione, utilizzata anche per cambiare i cavalli e poter quindi proseguire con rinnovata velocità. **Barco**: bellissimo parco degli Este, sulla riva del Po, adoperato come bosco da caccia e serraglio per i cavalli. **Nona**: si tratta della nona ora del giorno, che i romani facevano iniziare dalle sei del mattino, corrispondente dunque alle quindici, con lo stesso nome si intende anche l'ufficio canonico che si recita appunto a quell'ora. **In sin che i Bergamaschi...chiodi**: perifrasi per "fino all'alba"; i bergamaschi erano i fabbri per antonomasia. **Io sprono...guide**: numerosi i pericoli corsi da Ariosto per i suoi signori, attestati in varie lettere.

● **115-138** Segui il mio consiglio (**fa a mio senno**), Marone: getta i tuoi versi con la tua arte (**lira**) in un cesso, e, se vuoi [godere di] benefici [ecclesiastici], impara un'arte che sia più gradita (**accetta**) [al cardinale]. Ma una volta (**tosto**) che ne hai [ottenuti], pensa che hai (**abbi**) perduto la tua preziosa (**cara**) libertà non meno che se te la fossi (**avessi**) giocata d'azzardo (**a zara**); e che questa tua condizione non cambia (**non...muta**) mai più, anche se (**se ben**) tu e il cardinale (**egli**) viveste [fino] alla età del canuto Nestore. E se mai progetti (**disegni**) di sciogliere (**sciorre**) un tal legame (**nodo**), buon per te (**buon patto avrai**) se si vorrà [egli] riprendere (**ritorre**) con buona pace (**con amore e pace**) quel che ti ha dato. A me, non dispiace che, per avere resistito (**esser stato contumace**) nel non voler vedere né Agria né Buda [: per non aver voluto seguire il Cardinale in Ungheria] si riprenda (**ritoglia**) ciò che è suo (anche se mi tarpasse tutte le penne migliori che avevo cambiato (**rimesse**) nel tempo della muda [: se mi togliesse tutto quanto mi ero guadagnato durante la prigionia del suo servizio]), così come [mi dispiace] che mi escluda dai suoi affetti (**amor**) e dalle sue grazie, che mi chiami (**mi nome**) senza [più] fiducia (**fede**) e affetto (**amor**), e dimostri con parole e cenni di disprezzare (**in dispetto abbia**) e di odiare (**in odio**) il mio nome.

E questo fu cagion ch'io me ritenni
di non gli comparire inanzi mai,
dal dì che indarno ad escusar mi vienni.

[...]

Se avermi dato onde ogni quattro mesi
ho venticinque scudi, né sì fermi
240   che molte volte non mi sien contesi,

mi debbe incatenar, schiavo tenermi,
ubligarmi ch'io sudi e tremi senza
rispetto alcun, ch'io moia o ch'io me 'nfermi,

non gli lasciate aver questa credenza;
245   ditegli che più tosto ch'esser servo
torrò la povertade in pazïenza.

Uno asino fu già, ch'ogni osso e nervo
mostrava di magrezza, e entrò, pel rotto
del muro, ove di grano era uno acervo;

250   e tanto ne mangiò, che l'epa sotto
si fece più d'una gran botte grossa
fin che fu sazio, e non però di botto.

Temendo poi che gli sien péste l'ossa,
si sforza di tornar dove entrato era,
255   ma par che 'l buco più capir nol possa.

Mentre s'affanna, e uscire indarno spera,
gli disse un topolino: «Se vuoi quinci
uscir, tràtti, compar, quella panciera:

a vomitar bisogna che cominci
260   ciò c'hai nel corpo, e che ritorni macro,
altrimenti quel buco mai non vinci».

Or, conchiudendo, dico che, se 'l sacro
Cardinal comperato avermi stima
con li suoi doni, non mi è acerbo et acro

265   renderli, e tòr la libertà mia prima.

E fu questa la ragione (**cagion**) per cui (**ch<e>**) io (**me**) ritenni [opportuno] non comparirgli mai [più] davanti (**inanzi**), dal giorno (**di**) in cui (**che**) invano (**indarno**) venni a scusarmi. **Maron**: Andrea Marone, poeta bresciano che, al contrario di Ariosto, avrebbe voluto seguire il Cardinale in Ungheria: gli fu preferito invece Celio Calcagnini. **A zara**: a dadi. **Nestorre**: Nestore, l'omerico re di Pilo, proverbiale saggio vissuto per tre secoli. **Agria...Buda**: sono le due residenze del vescovado di Ungheria. **Muda**: rinnovamento annuo delle penne degli uccelli; fuor di metafora, Ariosto allude alla possibilità che gli siano ritolti i pur magri benefici ecclesiastici (**penne**) ottenuti in tempi migliori (come quello milanese, di cui ai vv. 109-111 e 238-240).
[...]

- **238-246** Se l'avermi concesso (**dato**) [un beneficio] da cui (**onde**) ogni quattro mesi traggo (**ho**) venticinque scudi, né così sicuri (**fermi**) da non essermi (**che...non mi sien**) molte volte contestati (**contesi**), mi deve (**debbe**) incatenare, tenermi in schiavitù (**schiavo**), obbligarmi a sudare e tremare (**ch'io sudi e tremi**) senza alcun rispetto [per me], [tanto] che io possa morire (**moia**) o ammalarmi (**me <i> 'nfermi**), non lasciategli credere ciò (**aver questa credenza**); ditegli che piuttosto che essere servo, sopporterò (**torrò**) la povertà con (**in**) pazienza.

- **247-265** [Ci] fu una volta (**già**) un asino, che mostrava per la (**di**) magrezza ogni osso e nervo, ed entrò, attraverso (**pel**) una breccia (**un rotto**) del muro, dove c'era un mucchio (**acervo**) di grano; e ne mangiò tanto che la pancia (**l'epa sotto**) [**gli**] si fece più grossa di una gran botte, fin che fu sazio, e non però subito (**di botto**). Temendo poi di essere picchiato (**che gli sien péste l'ossa**) [dal padrone del grano], si sforza di tornare [indietro da] dove era entrato, ma pare che il buco non lo (**nol**) possa più contenere (**capir**). Mentre si affanna, e spera invano (**indarno**) di uscire, gli disse un topolino: – Se vuoi uscire da qui (**quinci**), toglititi (**tràtti**), amico (**compar**), quella gran pancia (**panciera**): bisogna che tu cominci a vomitare [tutto] ciò che hai in corpo, e che ritorni magro, altrimenti non supererai (**non vinci**) mai quel buco. – Ora, concludendo (**conchiudendo**), dico che, se il venerabile (**sacro**) Cardinale crede (**stima**) [di] avermi comprato con i suoi doni, non mi è doloroso (**acerbo**) né (**et** = e) amaro (**acro**) render[glie]li e riprendermi (**tòr**) la mia originaria (**prima**) libertà. L'episodio dell'asino è ripreso da Orazio (*Epist.* I, VII, vv. 29-33). Ariosto sostituisce però alla volpe del testo oraziano un asino, che stimava essere una più appropriata (autoironica) metafora di se stesso. **Panciera**: è l'armatura della pancia dalla corazza in giù, ma in questo caso vale ironicamente per la pancia stessa. **Sacro**: epiteto esornativo, qui evidentemente usato in senso ironico.

T1 DALLA COMPRENSIONE ALL'INTERPRETAZIONE

COMPRENSIONE

La scelta della libertà Possiamo dividere il testo in tre parti:
- nella prima parte della satira (**vv. 1-87**) Ariosto motiva al fratello e all'amico Ludovico Da Bagno **le ragioni del rifiuto** a seguire il suo protettore, il cardinale Ippolito d'Este, nella nuova sede vescovile di Budapest in Ungheria. Minacciato da Ippolito, Ariosto tuttavia non cede, rompe i rapporti con lui e rischia di perdere i benefici ecclesiastici;
- nei **vv. 88-138**, aperti da un'invocazione ironica ad Apollo e alle Muse, l'opposizione tra due visioni della vita e del mondo, quella del poeta e quella del potente cardinale estense, è netta e radicale. Ariosto difende con tenacia la propria libertà intellettuale. Ippolito è ritratto come una persona umanamente mediocre e senza scrupoli la cui "generosità" nel concedere benefici è funzionale solamente ad un rapporto servile e pragmatico di potere. L'idea del "servire" è centrale: qualsiasi meschina e insulsa attività pratica volta a fa-

vore del cardinale (persino mettergli in fresco i fiaschi di vino o aiutarlo a vestirsi) diviene, nella logica cortigiana del potere, un merito e un'occasione di promozione e lustro. Ariosto denuncia **l'ipocrisia della vita di corte** e descrive la condizione incerta e tutt'altro che splendida dell'"esser poeta" alle dipendenze del Signore: il letterato riveste a corte una mera funzione burocratica di servizio e non ha un ruolo sociale autorevole. L'autore si sottrae con forza e ironia all'asservimento cortigiano: per lui la libertà è «cara» e non ha prezzo. **Difesa della poesia e difesa della libertà** quindi finiscono per coincidere;

- nei vv. 238-265 Ariosto racconta **la favola dell'asino e del topo**. Infatti le *Satire* hanno un tono colloquiale e un intento morale: per questo l'autore vi inserisce apologhi, favole, brevi novelle. La favola dell'asino, ripresa e rielaborata da Orazio (dove protagonista era però una volpe, che Ariosto sostituisce con un più umile asino), serve ad esprimere un rifiuto netto delle pratiche di corruzione servile proprie del cortigiano.

ANALISI

Il tema del valore della poesia All'interno della **spietata analisi della vita di corte** (che è davvero l'altra faccia della medaglia rispetto alla idealizzazione che ne fa Castiglione; cfr. cap. VI, T4, p. 158), e dei rapporti falsi e meschini che intercorrono tra i cortigiani e tra essi e il signore, è poi nettamente disegnato il **tema del valore che il signore attribuisce alla poesia** e dunque all'intellettuale. Se il cardinale Ippolito ha concesso qualcosa ad Ariosto, ciò non è certamente una conseguenza del riconoscimento dei suoi meriti poetici, non è insomma il giusto tributo pagato ad Apollo e alle Muse. Al contrario i versi che Ariosto compone, se dipendesse dal cardinale, potrebbero andare «al Culiseo». Nelle corti viene apprezzato solo chi sa rendersi utile svolgendo una qualunque attività pratica, anche la più insignificante, mentre la poesia, così splendidamente "inutile" com'è, non è «degna di mercé». L'amara conclusione di questa requisitoria contro l'insensibilità e la pochezza culturale e umana del cardinale è affidata alle parole che Ariosto indirizza all'amico Andrea Marone, poeta anche lui: «i tuoi versi getta / con la lira in un cesso, e una arte impara / se benefici vuoi, che sia più accetta». D'altra parte Ariosto è ben consapevole che l'alternativa è tra ottenere questi «benefici» e perdere la libertà, o continuare ad avere un ruolo marginale all'interno della corte, arrivando anche a entrare in conflitto con il signore e a rompere i rapporti con lui, ma conservare la propria **«cara libertà»**.

La struttura dialogica Caratteristica delle *Satire* ariostesche è la struttura dialogica. In questa prima satira è possibile mettere a fuoco la **frequente evocazione dei due interlocutori**. Il «voi» del v. 1 mette subito in risalto l'importante funzione dei destinatari, definiti al v. 2 attraverso i nomi propri e attraverso il grado di relazione con il poeta. Gli interlocutori – e il fratello Alessandro in particolare – riaffiorano poi in altri luoghi del testo, sottolineandone a volte i decisivi momenti di svolta. Dietro di essi si delinea poi un **"voi"** meno qualificato nell'identità, potenzialmente riferito all'intera corte. A esso il poeta rivolge **accuse esplicite e implicite**, e sta ai due interlocutori stabilire, con il loro comportamento, se esse riguardino anche loro. Per esempio: «o, tutti dotti ne l'adulazione / (l'arte che più tra noi si studia e cole), / l'aiutate a biasmarme oltra ragione» (vv. 7-9). Qui il "voi" non riguarda i destinatari, salvo che anch'essi, come è probabile facciano gli altri cortigiani, non si siano scagliati contro il poeta per adulare Ippolito.

INTERPRETAZIONE

La posizione problematica e relativa del soggetto poetico Grande attenzione il poeta rivolge alla **definizione dell'io**, del quale la satira sostiene le ragioni. È un "io" subito imposto all'attenzione del lettore: **collocato, nel primo verso, ad apertura del testo**. È un io continuamente ribattuto dalla **frequenza dei pronomi personali di prima persona** singolare (per esempio cinque casi nei primi sei versi). È tuttavia un io ben diverso da quello della tradizione lirica, esplicitamente fondata sulla centralità del soggetto. Qui infatti l'io non si rappresenta nella scrittura in modo diretto e immediato, non aspira a manifestare l'assolutezza della propria interiorità. Qui c'è al contrario un io che si mette di continuo in rapporto con gli altri, con le loro scelte diverse, con le loro diverse opinioni, addirittura con le loro possibili reazioni; è un io che può parlare solo ipotizzando l'ambiente al quale le proprie parole sono dirette e il modo in cui esse potranno essere ricevute e intese. Si veda il modo in cui Ariosto introduce nella satira le possibili obiezioni dei destinatari (vv. 55 sgg.: «Qui mi potreste dir […]», vv. 82 sgg.: «Mi potreste anco dir […]»), rispondendo loro; oppure il modo in cui dimostra l'impraticabilità dei consigli che potrebbero essergli dati vv. 73 sgg.). Si arriva addirittura a un caso di ipotetica controobiezione e alla conseguente ulteriore risposta del poeta (vv. 91 sgg.: «"Oh! il signor t'ha dato…" io ve 'l concedo, / ma […]». L'io delle *Satire* ariostesche è cioè un **io problematico, la cui voce sa di risuonare tra altre voci**, alle quali deve rendere conto, anche concedendo loro spazio, fisicamente, all'interno del testo. La struttura dialogica delle satire ariostesche si fonda anche su questa **presa di distanza nei confronti della lirica alta**, istituzionalmente limitata alla soggettività e alla sua voce totalizzante.

T1 LAVORIAMO SUL TESTO

COMPRENDERE

1. Quale compito affida Ariosto ai destinatari della satira?
2. Chiarisci i termini del conflitto tra il poeta e il cardinale, quale appare nei versi 238-246.

ANALIZZARE

3. Fin dal primo verso è messo in forte rilievo l'io del poeta. Individua i punti in cui ricorre il pronome personale e identificane la funzione
   - lirica
   - narrativa
   - polemica
   - dialogica

INTERPRETARE

4. Perché Ariosto predilige la vita privata e familiare rispetto alla vita pubblica e agli affari della politica? Quale superiorità riconosce alla prima?

5. **TRATTAZIONE SINTETICA** Quale impietoso profilo dell'intellettuale cortigiano delinea Ariosto? Spiegalo in una trattazione sintetica che non superi le cinque righe.

LE MIE COMPETENZE: DIALOGARE

«La satira ha una componente di moralismo e una componente di canzonatura. Entrambe le componenti vorrei mi fossero estranee, anche perché non le amo negli altri. In ogni caso, la satira esclude un atteggiamento d'interrogazione, di ricerca. Non esclude invece una forte parte d'ambivalenza, cioè la mescolanza d'attrazione e ripulsione che anima ogni vero satirico verso l'oggetto della sua satira»: così scrive Italo Calvino a proposito del genere letterario della satira. Condividi queste affermazioni dello scrittore novecentesco? Pensi che possano essere riferite anche alle satire di Ariosto? Quali elementi caratterizzano le satire di Ariosto e, prima ancora, quelle del poeta latino Orazio? Cosa s'intende oggi genericamente con il termine "satira"? Documentati su questi temi; poi discutine in classe con i compagni.

6 | Il teatro

Un modello per la commedia

Importante fu l'attività teatrale di Ariosto, del quale ci sono pervenute **due commedie in prosa e in versi**, cioè in due versioni diverse, e **tre commedie solamente in versi** (una delle quali incompiuta). Sono andate perdute un'opera giovanile e le numerose traduzioni di commedie latine. L'importanza di Ariosto nella vita teatrale dipende anche dalla autorevolezza del modello che egli propose al teatro successivo; benché scarsa ne risultasse poi in sostanza la fortuna.

Ariosto e la vita teatrale ferrarese

Intorno al **1493** Ariosto compose la sua **prima opera teatrale**, perduta, la *Tragedia di Tisbe*. Anche nei decenni successivi Ariosto parteciperà alla intensa vita teatrale, soprattutto ferrarese, nei ruoli più diversi: regista, traduttore, autore e attore.

Il problema teatrale

Si può dire che **il problema cui Ariosto tentò di dare soluzione** con le proprie opere teatrali fu appunto quello di innalzare il decoro letterario delle rappresentazioni senza rinunciare alla loro vivacità e immediatezza.

Il recupero della commedia latina classica…

La risposta a questa esigenza fu innanzitutto **il recupero della commedia classica latina**: Ariosto tradusse personalmente e diresse la rappresentazione di numerose commedie di Plauto e di Terenzio.

…e della novellistica volgare

Quando infine si dedicò a scrivere **opere originali**, Ariosto fuse il rispetto del modello latino lungamente studiato con la presenza di fonti letterarie recenti (Boccaccio e la novellistica soprattutto) e con un riferimento alla specificità del contesto storico-geografico contemporaneo. Per il carnevale del 1508 fu rappresentata nel Palazzo Ducale di Ferrara la *Cassaria*; nel 1509, i *Suppositi*.

La Cassaria

Si tratta di **due commedie in prosa**. **La prima** rappresenta il recupero, grazie al pagamento di un riscatto da parte dei fidanzati, di due giovani rapite e tenute come schiave da un ruffiano. Già il titolo (la "cassa" alla quale si allude è quella in cui è contenuto il riscatto) mostra la fedeltà al modello latino, soprattutto plautino: vi è un continuo vorticare dei personaggi, con scambi animati di battute e rovesciamenti frequenti di situazioni e di atteggiamenti. Analoga la struttura dei *Suppositi*, che narra una serie rocambolesca di scambi di persona, avendo come significativo sfondo proprio la città di Ferrara.

I Suppositi

L'invenzione di una lingua per la commedia

Il processo di attualizzazione a partire dal modello classico è affidato da Ariosto soprattutto al **momento linguistico**. Il poeta si propone di inventare un linguaggio comico in volgare che possa competere con quello dei commediografi latini. Ecco dunque il ricorso a un lessico spesso basso, gergale e perfino dialettale. D'altra parte la tradizione letteraria più impegnata (quella, poniamo, petrarchesca) proponeva un linguaggio inutilizzabile a fini teatrali.

Insoddisfazione, abbandono della prosa, scelta dell'endecasillabo sdrucciolo

Il tentativo compiuto con le due commedie in prosa non accontentava però Ariosto, il quale avvertiva probabilmente il limite della propria caratterizzazione linguistica, che sfiorava spesso il macchiettismo e la caricatura, mancando della voluta autorevolezza letteraria. Dopo circa un decennio di riflessione, ritornò dunque a scrivere opere teatrali su basi nuove. La novità maggiore delle tre commedie cui l'autore lavorò tra il 1518 circa e la morte consiste nell'**abbandono della prosa** e nella scelta del metro italiano ritenuto più simile al trimetro giambico della commedia latina classica, l'**endecasillabo sdrucciolo**. A questa soluzione formale Ariosto affidava il compito di realizzare un tono medio, vivace e agile ma al tempo stesso letterariamente decoroso e sostenuto.

Il *Negromante*

Nel 1520 Ariosto inviò al papa Leone X il ***Negromante***; ma solamente nel 1528, rielaborata, la commedia fu rappresentata per la prima volta, a Ferrara e sotto la direzione dell'autore. L'opera racconta dei faticosi tentativi compiuti da un giovane per conquistare l'amata, sullo sfondo di una complicata vicenda che coinvolge anche un'altra coppia di amanti e, soprattutto, la figura centrale di un imbroglione, il mago Iachelino, che finge di possedere arti magiche capaci di risolvere tutte le situazioni.

La *Lena*

Poco prima della rappresentazione, nel 1528, fu composta la ***Lena*, forse la commedia più riuscita di Ariosto**. Sullo sfondo di Ferrara, ancora una volta al centro della scena, si muove il personaggio di Lena, una ruffiana non più giovane, animata da un cinico disprezzo per i valori positivi, e interessata solo all'aspetto crudamente materiale ed economico della vita. Attorno a lei si svolge l'azione della commedia: Lena è sposata e ha un amante, Fazio; la donna consente per denaro al giovane Flavio, che ne è innamorato, di vedere Lavinia, la figlia di Fazio. L'arrivo di Fazio durante l'incontro tra i due giovani fa precipitare la situazione; ma questa infine si risolve con le nozze dei due innamorati. Il cinico comportamento di Lena diviene l'involontario mezzo del quale il destino si serve per realizzare il lieto fine, non senza qualche analogia con il modello del *Decameron* boccacciano.

Incompiuta è rimasta una terza commedia, *I studenti*, cui il poeta lavorò a partire forse dal 1518.

7 L'*Orlando furioso*

Le tre edizioni del poema

Capolavoro di Ludovico Ariosto è il poema in ottave (cfr. **S1**, p. 344) *Orlando furioso* (su cui cfr. Primo Piano, cap. XI). Esso fu pubblicato in una **prima stesura** (in quaranta canti) nel **1516**; del **1521** è la **seconda edizione**. Nel **1532** fu infine pubblicata **la terza e ultima edizione** del poema, in quarantasei canti. Era intenzione del poeta rivedere ancora l'opera, ma la morte, avvenuta l'anno successivo, fece di questa versione quella definitiva. Essa presenta, rispetto alle due precedenti, una **profonda revisione del lessico e dello stile** in senso toscaneggiante, sulla base dei precetti sostenuti da Pietro Bembo.

Le tre linee fondamentali dell'intreccio

L'*Orlando furioso* riprende e prosegue la materia cavalleresca trattata da Boiardo nell'*Orlando innamorato*. I fatti narrati nel poema sono assai intricati e complessi. L'azione si sviluppa lungo **tre linee fondamentali: la guerra tra i cristiani** guidati da Carlo Magno **e i saraceni**, giunti ad assediare Parigi in seguito alla rotta dell'esercito nemico; **l'amore di Orlando**, paladino cristiano, **per Angelica**, bella e spietata, che porterà l'eroe alla pazzia; **l'amore tra Ruggiero**, capostipite degli Estensi, **e Bradamante**. Attorno a questi temi ruotano una miriade di personaggi e di fatti secondari, anche magici e sovrannaturali. La materia è poi organizzata secondo la **tecnica dell'*entrelacement*** (intreccio): ogni episodio è interrotto più volte da altri, i quali hanno con il primo rapporti a volte solamente casuali. Il movimento dell'azione e dei personaggi è determinato in prevalenza dalla loro **ricerca (*quête*) di qualcuno o di qualcosa**, in un inseguirsi continuo e reciproco di tutti che raramente approda a risultati appaganti.

L'organizzazione narrativa: l'*entrelacement* e la *quête*

La materia cavalleresca è adibita a nuovi significati

Nel riprendere la **materia cavalleresca** e nell'esibirne le fonti letterarie, Ariosto obbedisce all'intento prevalente di **ironizzarla** e rivolgerla a nuovi significati. Il gusto dell'avventura lascia il posto a una implicita riflessione sulla condizione umana, sulla forza incoercibile della fortuna che guida i fatti, sul potere dell'immaginazione e della elaborazione artistica.

Medietà stilistica e distacco ironico

Lo stile e le forme esprimono un tentativo di distacco e di controllo razionale sui fatti narrati. Il poeta evita sia le punte estreme del realismo o del comico, sia le impennate verso il sublime del tragico, puntando a un **tono medio colloquiale e diretto**, spesso ironico.

Il capolavoro di Ariosto segna il **trionfo dello spirito rinascimentale**, nella sua caratterizzazione equilibrante, espressione di un distacco e di una serenità capaci di dominare le passioni. In questa chiave esso è stato spesso letto. È però anche vero, d'altra parte, che il complesso meccanismo del poema definisce la **precarietà e la casualità della condizione umana**, affidata ai capricci della fortuna e agli umori, spesso ingiustificati o maniacali, degli uomini. In effetti l'opera rappresenta il fallimento quasi completo di tutte le ricerche e di tutti i desideri dei protagonisti. Essa costituisce dunque in primo luogo una **riflessione sulla complessità del reale**, sulle infinite varietà e sfumature delle esperienze; e la serenità o il distacco non sono altro che il rimedio, necessario ma tuttavia insufficiente, cui l'uomo può ricorrere per non essere travolto dai fatti e dalla loro irrazionalità.

Equilibrio rinascimentale e precarietà della condizione umana

Copia dell'*Orlando furioso* di Ludovico Ariosto stampata a Venezia nel 1542.

Il *Furioso* si ricollega dunque, da un lato, alla **civiltà delle corti rinascimentali**, ai valori cortigiani (equilibrio, decoro, onore, fedeltà, bellezza, ecc.), ma dall'altro esprime la **consapevolezza di un equilibrio turbato**, di una condizione di crisi e di precarietà: la rottura dell'equilibrio delle corti italiane e l'intervento militare straniero non sono insomma senza effetto sulla visione ariostesca della vita. I valori proposti nell'opera, tra i quali spicca la stessa letteratura, non possono dunque essere più sostenuti come valori assoluti; essi devono invece misurarsi con il complesso susseguirsi degli eventi. Ne deriva una sostanziale sfiducia in ogni autorità e in ogni significato assodato, l'adesione a un **sentimento della relatività** che non risparmia nessun valore e nessuna tradizione.

La relatività di tutti i valori

S1 — INFORMAZIONI

L'ottava

L'ottava rima è una strofa composta da otto endecasillabi, di cui i primi sei a rima alternata e gli ultimi due a rima baciata, secondo lo schema AB AB AB CC. Questo schema di rime è il più diffuso ed è proprio dell'ottava detta "toscana"; se lo schema è invece AB AB AB AB, l'ottava è detta "siciliana" (in quanto usata soprattutto nell'Italia meridionale).

L'ottava compare per la prima volta nel XIV secolo nel *Filostrato* di Boccaccio e nel *Cantare di Florio e Biancifiore*: non è chiaro se sia stato Boccaccio a inventare questo metro, poi ripreso dai cantari, o se viceversa egli l'abbia preso dai cantari. Se è dubbia la paternità dell'ottava, è comunque certo che Boccaccio ne ha offerto un modello "alto", accanto a quello popolareggiante dei cantari. L'ottava diventa, insieme alla terzina, il metro più importante della poesia narrativa italiana e, in particolare, quello dei poemi cavallereschi. L'ottava raggiunse la sua forma ideale con Ariosto, che nel *Furioso* seppe adattarla con straordinaria eleganza alla pluralità dei moduli espressivi del poema. Scrive Calvino: «L'ottava è la misura nella quale meglio riconosciamo ciò che l'Ariosto ha d'inconfondibile: nell'ottava Ariosto ci si rigira come vuole, ci sta di casa, il suo miracolo è fatto soprattutto di disinvoltura». La varietà di registri del *Furioso* ben si esprime attraverso l'ottava: una strofa che si presta a discorsi anche lunghi e ad alternare toni sublimi e lirici con toni colloquiali e ironici. Ma, al di sopra di ogni varietà tonale, trionfa nel *Furioso* una costante fluidità di ritmo. Con Ariosto l'ottava perde quella ripetitività monotona e un po' meccanica che possedeva nei cantari e, in parte, anche in Boiardo.

DAL RIPASSO ALLA VERIFICA

MAPPA CONCETTUALE Ludovico Ariosto

Ludovico Ariosto (1474-1533)

- attività politico-amministrativa nella Ferrara degli Estensi
- respinge il modello di intellettuale-cortigiano
- riferimento alla realtà contemporanea e rapporto con il pubblico delle corti e della borghesia rinascimentale

opere

epistolario → circa 200 lettere →
- mondo psicologico, intellettuale e affettivo dell'autore
- situazioni reali
- interesse documentario
- manca una organicità e una costruzione letteraria
- stile diretto e concreto

liriche
- in latino → 67 liriche composte in giovinezza fra il 1494 e il 1503 →
  - temi e moduli stilistici classici
  - tema erotico
  - tono leggero e sensuale
  - testi di carattere erudito
- in volgare → 87 componimenti composti nel primo decennio del '500 →
  - modello del petrarchismo bembesco
  - selezione attenta del lessico modellato sul toscano illustre
  - centralità del tema erotico
  - riferimento ai modelli classici e alla tradizione stilnovistica e prestilnovistica

satire → 7 componimenti scritti fra il 1517 e il 1525 →
- riferimenti a fatti concreti dell'autobiografia
- bisogno di concretezza
- difesa dal punto di vista dell'autore
- scaltrezza formale e semplicità espressiva
- colloquialità diretta e tono confidenziale
- struttura dialogica e discorsiva
- ironia
- presenza di apologhi allegorici
- modello oraziano

commedie
- commedie in prosa
- modelli latini (Plauto e Terenzio)
- scelta linguistica bassa
→ *Cassaria*, *Suppositi*

- commedie in versi (endecasillabo sdrucciolo)
- modelli: autori latini e Boccaccio
- tono medio, vivace ma letterariamente sostenuto
→ *Negromante*, *Lena*, *I studenti*

epica → *Orlando furioso* → vedi Cap. XI

DAL RIPASSO ALLA VERIFICA

SINTESI

La vita

Ludovico Ariosto nasce a Reggio Emilia l'8 settembre 1474. Avviato prima agli studi giuridici, nel 1494 Ludovico ottiene di dedicarsi agli studi umanistici. La morte del padre, nel 1500, interrompe improvvisamente la felice stagione di ozi letterari: Ludovico deve ora provvedere al sostentamento della numerosa famiglia. Dal 1501 al 1503 è a Canossa, come capitano della rocca. Nell'ottobre del 1503, tornato a Ferrara, viene assunto al servizio del cardinale Ippolito d'Este, per conto del quale svolgerà, con numerosi spostamenti e viaggi, un'intensa attività politico-amministrativa. Nel 1515 stringe una relazione con la nobildonna ferrarese Alessandra Benucci con cui celebra nozze segrete nel 1528. Nel 1517 si verifica una nuova svolta nella vita di Ludovico: il rifiuto di seguire il cardinale Ippolito in Ungheria determina la rottura fra i due. Il poeta deve così cercarsi un nuova sistemazione: nell'aprile del 1518 entra a servizio presso il duca Alfonso d'Este, fratello d'Ippolito. Anche il nuovo incarico costringe Ariosto a frequenti viaggi. In un periodo di crisi economica della corte estense è costretto tra il 1522 e il 1525 ad accettare lo sgradito incarico di Commissario ducale in Garfagnana. Gli anni successivi al rientro a Ferrara sono segnati da una relativa tranquillità. Muore a Ferrara il 6 luglio 1533.

La produzione lirica

La produzione lirica di Ariosto può essere suddivisa in due sezioni: una in latino e l'altra in volgare. Ma la prima ha un'importanza solamente documentaria, mentre le liriche in volgare si collocano sempre a un alto livello di decoro e toccano a volte risultati intensi e originali. Ariosto si mostra sensibile al modello petrarchesco e alla variante proposta in quegli anni da Bembo. In tal senso si spiega la selezione attenta del lessico, modellato sul toscano illustre, la scelta canonica delle forme metriche, la centralità del tema erotico e delle sue tipologie codificate. Ariosto, inoltre, non si preoccupò di raccogliere le liriche in un canzoniere organico, sul modello di quello petrarchesco. Le *Rime* furono pubblicate solamente dopo la morte del poeta, nel 1546.

Le *Satire*

Le sette *Satire*, composte tra il 1517 e il 1525, costituiscono, dopo l'*Orlando furioso*, l'opera ariostesca più apprezzata dalla critica e più nota. Esse traggono origine da eventi biografici e rispondono per lo più a un bisogno di difendersi o di affermare il proprio punto di vista; ma sempre determinante è il riferimento ai dati concreti della realtà. È esclusa ogni idealizzazione letteraria, ogni sublimazione degli elementi autobiografici.

Le opere teatrali

Importante fu l'attività teatrale di Ariosto, del quale ci sono pervenute due commedie in prosa e in versi, cioè in due versioni diverse, e tre commedie solamente in versi, una delle quali incompiuta. Il problema a cui Ariosto tentò di dare soluzione con le proprie opere teatrali fu quello di innalzare il decoro letterario delle rappresentazioni senza rinunciare alla loro vivacità e immediatezza. Le prime due commedie in prosa sono la *Cassaria*, rappresentata per il carnevale del 1508, e *I Suppositi*, rappresentata nel 1509. Il tentativo compiuto con esse non accontentava però Ariosto. Dopo circa un decennio di riflessione ritornò dunque a scrivere opere teatrali, abbandonando la prosa per la poesia. Del 1520 è la prima rappresentazione del *Negromante*; nel 1528 fu composta la *Lena*. Incompiuta è rimasta una terza commedia, *I studenti*.

DALLE CONOSCENZE ALLE COMPETENZE

1. Presso quale corte visse Ariosto? Con quale tradizione culturale entrò in contatto? (§ 2)
2. Indica le attività pubbliche in cui fu impiegato a corte. (§ 2)
3. Segnala le esperienze private più significative nella biografia del poeta. (§ 2)
4. A quale periodo risale la maggior parte delle sue lettere? (§ 3)

   La maggior parte delle sue lettere appartengono al triennio in cui Ariosto fu commissario ducale in Garfagnana, quindi dal 1522 al 1525.

5. L'epistolario ariostesco (segna la risposta sbagliata) (§ 3)
   - [X] A ha organicità e ambizioni letterarie
   - [ ] B non suscitò alcun interesse fino al Settecento
   - [ ] C ha un importante valore documentario
   - [ ] D mette a diretto contatto con la realtà umana dell'autore

6. La lirica ariostesca (due risposte) (§ 4)
   - [ ] A si rifà esclusivamente al *Canzoniere* di Petrarca
   - [X] B riutilizza liberamente Petrarca
   - [X] C è aperta ai modelli classici
   - [ ] D ubbidisce rigidamente alla codificazione dell'amico Pietro Bembo

7 Quali caratteri presentano le satire di Ariosto? (§ 5)
- A [☒F] furono scritte dopo la prima edizione dell'*Orlando furioso*
- B [V][☒] appartengono alla fase giovanile
- C [☒F] si nutrono di elementi autobiografici
- D [V][☒] ricorrono a uno stile elevato
- E [V][☒] prediligono un ritratto idealizzato dell'autore
- F [☒F] hanno una struttura dialogica

8 Perché l'epistolario di Ariosto si differenzia da quello di Petrarca? Quali aspetti della personalità dell'autore emergono e quali interessi? (§ 3)

9 A quali bisogni risponde Ariosto nelle *Satire*? In che senso è possibile parlare di "dantismo colloquiale" (§ 5)

10 Fai la parafrasi dei versi che seguono, tratti dalla *Satira III* (vv. 28-30; 37-48) e metti in luce quale modello intellettuale ed esistenziale Ariosto delinea:

> So ben che dal parer dei più mi tolgo[1]
> che 'l stare in corte stimano grandezza,
> ch'io pel contrario a servitù rivolgo.[2]
> [...]
> Mal può durar il rosignolo in gabbia,
> più vi sta il gardelino, e più il fanello;
> la rondine in un dì vi mor di rabbia.
> Chi brama onor di sprone o di capello[3]
> Serva re, duca, cardinale o papa;
> io no, che poco curo questo e quello.
> In casa mia mi sa meglio una rapa
> ch'io cuoca, e cotta s'un stecco me inforco,
> e mondo, e spargo poi di acetto e sapa,[4]
> che all'altrui mensa tordo, starna o porco
> selvaggio; e così sotto una vil coltre,
> come di seta o d'oro, ben mi corco.

So bene che mi distinguo dal parere dei più che considerano un grande onore vivere a corte, e che io al contrario considero servitù.
[...]
L'usignolo può stare male in gabbia, ci sta meglio il cardellino, e ancora di più il fanello. La rondine in un giorno vi muore di dolore. Chi brama dignità cavalleresca o ecclesiastica vada al servizio del re, del duca, del cardinale o del papa; io non posso perché mi curo poco dell'uno e dell'altro. Preferisco una rapa che cucino io in casa mia e, appena cotta, la infilzo su uno stecco e la sbuccio, e la cospargo poi di aceto e di mostcotto, che un tordo, una starna o un cinghiale ad una mensa di altri; e così mi corico bene sotto una misera coperta, come se fosse di seta o d'oro.

1 **mi tolgo**: *mi distinguo*.
2 **servitù rivolgo**: *considero servitù*.
3 **onor...capello**: *dignità cavalleresca o ecclesiastica*.
4 **sapa**: *mosto cotto*.

11 Rintraccia in T1 i versi relativi al tema del valore che il signore attribuisce alla poesia e riassumili con parole tue.

PROPOSTE DI SCRITTURA

LA TRATTAZIONE SINTETICA

Descrivi in una trattazione sintetica la vita di corte che Ariosto denuncia nella *Satira I* e precisa quale fu la sua concreta condizione di poeta cortigiano (T1).

Capitolo XI — L'*Orlando furioso*

PRIMO PIANO

Vedi **videolezione** a p. 329

My eBook+

Cliccando su questa icona, docenti e studenti accedono ad un'area di personalizzazione che permette di arricchire i contenuti digitali già linkati lungo le pagine del libro. Nell'area di personalizzazione è possibile infatti salvare ulteriori materiali: selezionati da **Prometeo**, prodotti autonomamente o ricercati nella rete.

▶ *Per un elenco di materiali integrativi presenti nella biblioteca multimediale di Prometeo o per attivare una ricerca cfr. p. 433*

Odilon Redon, *Orlando a Roncisvalle*, 1862. Bordeaux, Musée des Beaux Arts.

1. La tradizione cavalleresca sino al *Furioso* in Italia e in Europa

Boiardo trasforma i cantari popolari in un genere letterario destinato alla corte

L'*Orlando innamorato* di Boiardo (1483, poi, nella redazione definitiva, 1495) segna una **svolta nel poema cavalleresco**, trasformando i cantari popolari in un genere destinato alla corte. E tuttavia, fra la fine del Quattrocento e il primo quindicennio del Cinquecento, il successo del poema di Boiardo promuove una vasta produzione di poemi cavallereschi, destinati sia alle corti che alle piazze popolari. Il poema cavalleresco diventa insomma **un genere di vasto consumo**, e tale resterà sino all'inizio del Seicento.

*Con l'*Orlando furioso* il poema cavalleresco entra a far parte della letteratura alta*

Quando, nel 1516, uscì la prima redazione dell'*Orlando furioso* di Ariosto, **il poema cavalleresco entrò a far parte definitivamente della letteratura alta**, del dibattito degli intellettuali e del conflitto delle poetiche. Da questo momento, e soprattutto a partire dall'inizio degli anni Trenta (l'ultima redazione dell'*Orlando furioso* è del 1532), il poema cavalleresco può addirittura essere avvicinato al genere tragico, il più elevato.

Alla fortuna cinquecentesca del poema cavalleresco in Europa collabora anche il **successo del genere in Spagna**, dove, tra la fine del Quattrocento e i primi decenni del Cinquecento, si svilupparono in prosa il romanzo sentimentale e, appunto, il romanzo cavalleresco, che ebbe nell'*Amadís de Gaula* [Amadigi di Gaula] il suo prototipo. La prima edizione a stampa dell'*Amadigi di Gaula* uscì nel 1508. L'autore, García Rodríguez de Montalvo, l'aveva probabilmente composto fra il 1492 e il 1503. L'opera consta di 135 capitoli suddivisi in quattro libri: i primi tre rielaborano un materiale cavalleresco già circolante, molto probabilmente, in tre diverse redazioni, il quarto contiene una materia originale.

*L'*Amadigi di Gaula* di García Rodríguez de Montalvo*

La vicenda: l'amore fra Amadigi e Oriana

Si tratta di una **storia d'amore puro e perfetto**, fra **Amadigi** e **Oriana**. Prima che Amadigi possa sposare Oriana alla fine del quarto libro e trasformarsi in un principe tutto dedito al buon governo, si dipana il consueto repertorio di avventure dei romanzi cavallereschi. Dall'iniziale abbandono

Miniatura che illustra otto episodi della *Chanson de Roland* tratta dalle *Grandes Chroniques de France*. San Pietroburgo, Biblioteca Nazionale Russa.

di Amadigi al suo successivo riconoscimento, dalla uccisione del drago alla battaglia navale, dal malvagio Incantatore alle vicissitudini del figlio Splandiano, rapito da una leonessa e poi riconosciuto dalla madre Oriana; non manca nessuno degli elementi capaci di decretare il successo europeo dell'*Amadigi*, vero e proprio *best-seller* della nascente industria del libro a stampa.

La ragione del successo del romanzo cavalleresco di Montalvo sta anzitutto nel fascino di favola e di avventura delle sue storie, in cui appaiono come protagonisti principi e cavalieri, maghi e maghe autori di incantesimi, draghi e giganti, sullo scenario di un'Europa fantastica, in cui tuttavia si intravedono, facilmente riconoscibili, i costumi reali delle corti rinascimentali.

Tornando al *Furioso*, i due grandi filoni che lo attraversano, quello d'armi e quello d'amore, vanno ricondotti a **due diverse tradizioni letterarie**.

La prima è quella epico-carolingia. Il suo atto di nascita è la **Chanson de Roland** (secolo XI), in cui si narra la guerra tra Cristiani e Saraceni sotto il regno di Carlo: la conclude la morte a Roncisvalle del paladino Orlando, caduto per il tradimento di Gano di Maganza. La materia del poema, che per la sua ambientazione è detta "materia di Francia", incontra un **rapido successo** in tutti i paesi neolatini. È la lotta antimusulmana delle Crociate a conferirle attualità; ed è il carattere ideologico dello scontro di civiltà ad attribuirle il peso dell'epica. Senonché, nel procedere dei secoli, appunto questo peso viene meno. Le canzoni di gesta penetrano **in Italia** soprattutto nella pianura padana. Nella Toscana del Trecento, il ciclo carolingio è diffuso dai romanzi in prosa di **Andrea da Barberino**: ma si tratta appunto di romanzi, cioè di narrazioni la cui attrattiva è data dall'intreccio avventuroso e in cui i valori propri dell'epica sono quasi scomparsi. Il successo del ciclo carolingio cresce con il Quattrocento. Ne deriva un'ampia produzione di **cantari**, poemi in ottave destinati alla recitazione sulle piazze. **Il poema cavalleresco** si consolida come il genere più popolare della nostra letteratura: ogni suo elemento, dalla materia all'organizzazione retorica, è concepito per un pubblico analfabeta.

Miniatura da un manoscritto del *Roman de Lancelot du Lac*, romanzo del ciclo arturiano, 1301-1400. Parigi, Bibliothèque de l'Arsenal.

Il *Morgante* di Pulci a Firenze

Proprio in questo periodo la cultura alta si interessa del ciclo carolingio. Il letterato quattrocentesco non disdegna infatti di praticare anche generi popolari. **A Firenze**, sotto Lorenzo il Magnifico, i poemi canterini sono letti e al tempo stesso vengono guardati con sufficienza. Perciò, quando decide di trattare la materia di Francia, **Luigi Pulci** prende le distanze dalla sciatteria dei canterini. È il progetto iniziale del ***Morgante***, che esprime l'ironia dell'alta borghesia medicea davanti a un genere considerato rozzo e ingenuo. In questo senso, esso è una parodia dei poemi cavallereschi. Tuttavia, Pulci non è perfettamente integrato nel circolo di Lorenzo. Così, specie negli ultimi cinque cantari, il *Morgante* recupera ideali cristiani: ritorna, anche se in modo tutto suo, all'antico spirito epico carolingio.

La corte ferrarese

Le cose vanno diversamente **a Ferrara**. Gli Este sono una casata di antica nobiltà feudale. I borghesi fiorentini devono sottolineare la distanza dal popolo perché, in quanto popolo "grasso", appartengono allo stesso ordine. Gli aristocratici ne sono invece inequivocabilmente lontani: e, per paradosso, possono guardare il volgo con simpatia. **L'atteggiamento di Boiardo** nei confronti del poema cavalleresco non è perciò parodico: tanto che egli è molto più vicino allo stile canterino di quanto non sia Pulci. L'*Orlando innamorato* vuole però riempire la forma del poema cavalleresco di contenuti cortigiani. Inaugurando il progetto encomiastico, si avvicina dunque al modello epico classico, virgiliano in particolare. Inoltre, alterna al racconto carolingio un racconto diverso: quello romanzesco che ha le sue radici nella tradizione arturiana.

L'*Orlando innamorato* di Boiardo a Ferrara

Il filone romanzesco d'amore della tradizione bretone

Il secondo grande filone del *Furioso* è, come nell'*Innamorato*, **quello degli amori**. Le sue origini remote sono nei **miti celtici**; ma la sua nascita è rappresentata dai **romanzi arturiani** del XII secolo. Mentre nell'epica carolingia il centro ideologico è un'impresa collettiva (la guerra santa), in questa produzione **è in gioco la sorte di un singolo cavaliere**. Anche qui sono presenti duelli o battaglie: non le grandi guerre carolingie. Il cavaliere affronta una serie di prove o avventure, organizzate in una ***quête*** ('ricerca', o, come traduce Ariosto, "inchiesta"); in questo modo egli scopre il proprio destino e conquista la propria identità. Il romanzo bretone o arturiano (perché la Bretagna, regno di Artù, ne è lo scenario usuale) è alle origini un romanzo che traccia la formazione ideale dell'aristocrazia feudale.

La fusione del ciclo carolingio e del ciclo bretone

In Italia, il successo dei romanzi arturiani è in genere circoscritto al Trecento e dà luogo a traduzioni in prosa e a cantari in ottave di impronta fiabesca. Per lo più, è la materia di Francia ad assorbire elementi di quella bretone: con il che avviene la cosiddetta **fusione dei due cicli**. Boiardo, oltre a fondere, separa i due versanti. L'*Innamorato* è costruito infatti secondo l'alternanza tra zone di racconto epico carolingio e zone di racconto romanzesco bretone, sebbene i protagonisti siano tutti carolingi.

La ripresa ariostesca

Dopo Boiardo il ciclo bretone si diffonde ulteriormente: ma, poiché non si rivolge al pubblico aristocratico feudale, perde i suoi connotati originari. **È Ariosto che permette a Ferrara di riappropriarsi del progetto dell'*Innamorato***. Egli non ne continua solo la trama, ma anche la poetica e la struttura, rileggendole secondo la cultura del suo tempo.

2 Ideazione e stesura dell'*Orlando furioso*

Ariosto inizia la stesura dell'*Orlando furioso* intorno al **1505**, quando ha poco più di trent'anni. È la **«gionta»** (cioè aggiunta o continuazione) all'*Orlando innamorato*, il poema cavalleresco che Matteo Maria Boiardo ha scritto per la corte di Ferrara e che alla sua morte (1494) rimane incompiuto. Al *Furioso*, Ariosto lavora per tutta la vita. **Nel 1516** pubblica la prima versione; **nel 1521** la seconda, con dei ritocchi per lo più formali; **nel 1532**, alcuni mesi prima della morte, esce l'edizione definitiva, che oggi leggiamo. In essa, **l'aggiunta di alcuni episodi porta gli originari quaranta canti a quarantasei**; ma la fatica maggiore è l'accurata **revisione linguistica**, condotta secondo le teorie di Pietro Bembo (cfr. cap. VI, § 2).

Le tre edizioni del poema

Sebbene la trama del *Furioso* sia ricca e complessa, Ariosto ha ben chiaro il piano generale. Come Boiardo, intreccia nel poema **vicende di guerra**, cioè epiche, e **vicende d'amore**, cioè romanzesche (cfr. § 1). Come Boiardo, adotta il **progetto encomiastico** di Virgilio: anche Ariosto celebra la casata del proprio signore. Nell'*Eneide* si esalta la famiglia Giulia, cui appartiene Ottaviano Augusto; nell'*Innamorato* e nel *Furioso* si esaltano gli Este: questi ultimi due poemi sono dedicati rispettivamente al duca Ercole I e al cardinale Ippolito, suo figlio. Perciò si narrano le imprese di un leggendario capostipite (Enea nel primo caso, Ruggiero negli altri due). La conclusione è il matrimonio dell'eroe e, quindi, l'atto di nascita della stirpe.

Un progetto encomiastico

Il titolo

Anche **il titolo** è un omaggio al poema boiardesco, poiché lo ricalca. **Orlando, da «innamorato», diviene «furioso»**, cioè pazzo per amore. È un procedimento tipico in Ariosto: sviluppare i suggerimenti di Boiardo radicalizzandoli e facendone oggetto di riflessione. Ma *Orlando furioso* è anche un ricordo di *Hercules furens* [Ercole furioso], titolo di una tragedia di Seneca: la cultura rinascimentale si confronta con modelli classici. In entrambi i casi, la follia tocca eroi famosi per il loro valore. *Orlando furioso* suona dunque come un paradosso: persino un guerriero come Orlando cede alla forza di amore. La ragione umana è, insomma, un bene fragile.

Tavola da una edizione dell'*Orlando furioso* stampata a Venezia nel 1584.

3. La struttura del poema

Molti protagonisti e un intreccio complesso

A differenza di un poema epico classico, e a somiglianza invece dell'*Innamorato*, **il *Furioso* non ha né un unico protagonista né una trama lineare**. Ciascuno dei cavalieri arioteschi ha una sua storia, continuamente interrotta e ripresa, che in parte è parallela alle altre, in parte si interseca con esse. Perciò un riassunto continuativo del poema risulterebbe difficile e intricato. È tuttavia possibile distinguere **due grandi filoni**.

Il primo filone della vicenda: un racconto d'armi

Il primo è **quello del racconto d'armi, cioè epico**, che fa da scenario e riguarda collettivamente tutti gli eroi del poema. Esso si apre mentre infuria l'assedio di Parigi, che oppone i Cristiani di Carlo Magno ai Saraceni di Agramante, re d'Africa, e di Marsilio, re di Spagna. L'antefatto è in Boiardo: per sanare l'ostilità tra i paladini Orlando e Rinaldo, entrambi innamorati di Angelica, principessa del Catai, Carlo ha affidato la giovane al duca Namo. La otterrà chi ucciderà più nemici. Ma Angelica fugge (è l'inizio del *Furioso*): Rinaldo, Orlando e con loro altri cavalieri, sia cristiani sia pagani, abbandonano il campo per cercarla o per rintracciare i propri compagni. Mentre essi vagano, la guerra continua. Rodomonte, re saraceno, fa strage di nemici, finché non torna Rinaldo con i rinforzi dall'Inghilterra. I Pagani, sconfitti, sono costretti alla ritirata. Giunti ad Arles, si imbarcano per fare ritorno in Africa: ma in una terribile battaglia navale sono annientati. Nel frattempo Astolfo ha guidato i Cristiani alla conquista del regno di Agramante. Quest'ultimo trova rifugio a Lipadusa (Lampedusa) e propone a Carlo di risolvere il conflitto con un duello fra tre campioni cristiani e tre sara-

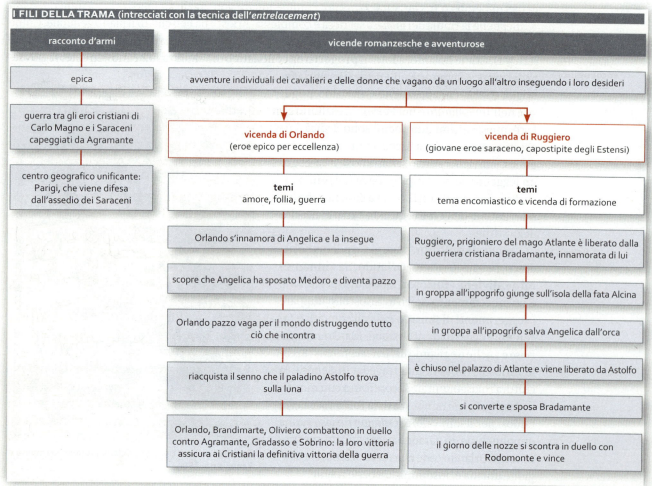

I FILI DELLA TRAMA (intrecciati con la tecnica dell'*entrelacement*)

racconto d'armi	vicende romanzesche e avventurose	
epica	avventure individuali dei cavalieri e delle donne che vagano da un luogo all'altro inseguendo i loro desideri	
guerra tra gli eroi cristiani di Carlo Magno e i Saraceni capeggiati da Agramante	**vicenda di Orlando** (eroe epico per eccellenza)	**vicenda di Ruggiero** (giovane eroe saraceno, capostipite degli Estensi)
centro geografico unificante: Parigi, che viene difesa dall'assedio dei Saraceni	**temi** amore, follia, guerra	**temi** tema encomiastico e vicenda di formazione
	Orlando s'innamora di Angelica e la insegue	Ruggiero, prigioniero del mago Atlante è liberato dalla guerriera cristiana Bradamante, innamorata di lui
	scopre che Angelica ha sposato Medoro e diventa pazzo	in groppa all'ippogrifo giunge sull'isola della fata Alcina
	Orlando pazzo vaga per il mondo distruggendo tutto ciò che incontra	in groppa all'ippogrifo salva Angelica dall'orca
	riacquista il senno che il paladino Astolfo trova sulla luna	è chiuso nel palazzo di Atlante e viene liberato da Astolfo
		si converte e sposa Bradamante
	Orlando, Brandimarte, Oliviero combattono in duello contro Agramante, Gradasso e Sobrino: la loro vittoria assicura ai Cristiani la definitiva vittoria della guerra	il giorno delle nozze si scontra in duello con Rodomonte e vince

ceni. Orlando, il suo fedele compagno Brandimarte e Oliviero combattono così contro Agramante, Gradasso e Sobrino. Nonostante la morte di Brandimarte, la vittoria è dei cristiani.

Il secondo grande filone è quello delle vicende romanzesche vissute da ciascuno dei cavalieri. Ricostruiremo le due principali: quella di Orlando e quella di Ruggiero. La prima dà il titolo al poema; la seconda permette lo svolgimento del tema encomiastico.

Orlando parte alla ricerca di **Angelica** in piena guerra. Giunge ad Anversa, dove aiuta la nobile **Olimpia** a raggiungere l'amato Bireno liberandola dal tiranno Cimosco. Ma Bireno la tradisce; e quando Orlando giunge all'**isola di Ebùda** (nelle Ebridi), la ritrova legata a uno scoglio e offerta in pasto a un'orca. Ucciso il mostro, la affida in sposa a re Oberto e riparte. Non sa che allo stesso supplizio, poco prima, era stata sottoposta proprio Angelica. Viaggiando, il paladino resta vittima di un incantesimo nel **castello del mago Atlante**. Sciolto il prodigio, riprende la ricerca. Libera quindi la giovane **Isabella**, reclusa da alcuni malfattori in una grotta. Quindi la ricongiunge al suo amato **Zerbino**, incontrato per caso mentre rischia di essere ingiustamente messo a morte. Dopo un duello con il pagano **Mandricardo**, in cui si è imbattuto, giunge in un bosco. Qui scopre che Angelica ha sposato un soldato saraceno, **Medoro**, e, **per la gelosia, impazzisce**. Comincia a vagare, fuori di sé: distrugge villaggi; si batte con **Rodomonte**; raggiunge addirittura, senza riconoscerla, Angelica che sta tornando nel Catai con Medoro; poi attraversa a nuoto lo stretto di Gibilterra per approdare in Africa. Qui è riconosciuto dai suoi compagni. Il paladino **Astolfo**, che ne ha recuperato il senno sulla luna, lo fa rinsavire. Orlando è ora pronto a combattere insieme ai Cristiani e a concludere vittoriosamente la guerra.

Le vicende degli altri cavalieri si ricollegano più o meno direttamente a quelle di Orlando. Così accade per **Rinaldo**, suo cugino, anch'egli innamorato di Angelica finché, dopo lunghe avventure (viaggi, liberazioni di fanciulle sventurate, lotte con mostri, incantesimi), non se ne disamora bevendo alla magica Fonte dell'Odio. Così pure **Astolfo**, che compare nell'isola della fata Alcina trasformato in mirto e, ridivenuto uomo, compie lunghi voli grazie all'ippogrifo, visitando persino l'Inferno, il Paradiso terrestre e la luna.

Più autonoma, invece, è la storia di **Ruggiero**. **Bradamante**, bella guerriera cristiana sorella di Rinaldo, si è innamorata di lui già nel poema di Boiardo, e ora lo cerca affannosamente. Il giovane saraceno è prigioniero di **Atlante**: il mago africano, che lo ha trovato orfano e abbandonato, cerca di tenerlo lontano dalla guerra in cui lo ha trascinato Agramante. Sa infatti che il suo destino è di diventare cristiano e morire per mano dei Maganzesi, i traditori che vivono alla corte di Carlo. Bradamante libera Ruggiero; ma egli le è subito portato via dall'ippogrifo. Su di esso, Ruggiero giunge all'**isola della fata Alcina**, di cui si innamora; è, anche questo, uno stratagemma di Atlante per distrarlo. Guidato dalla maga **Melissa** e da **Logistilla** (allegoria della ragione), Ruggiero vince le sue insidie. Ancora grazie all'ippogrifo, riparte per compiere il giro del mondo. Sull'**isola di Ebùda** libera Angelica esposta all'orca, ma la principessa, di cui si invaghisce, gli sfugge. Attirato con l'ennesimo incanto in un nuovo palazzo costruito da Atlante, vi resta finché non lo libera Astolfo. Nel palazzo c'è anche Bradamante: Ruggiero le promette di battezzarsi e di chiederla in sposa, ma in una zuffa contro dei cristiani i due si perdono di vista. Ritorna così al campo del suo re, Agramante. Qui è **Marfisa**, guerriera saracena: Bradamante, a torto gelosa di lei, vuole vendicarsi di Ruggiero e lo sfida a duello. La voce di Atlante, però, li interrompe: rivela che Ruggiero e Marfisa sono in realtà fratelli e hanno origini cristiane. Ruggiero, che non ha il coraggio di abbandonare Agramante, rimanda la conversione. Combatte ancora contro i paladini; poi, salpato per l'Africa, naufraga su un'isola. Qui, finalmente, **un santo eremita** lo battezza; e qui lo trovano Orlando e Rinaldo. Nel frattempo, però, il padre di Bradamante la promette a **Leone**, figlio dell'imperatore bizantino. La giovane ottiene di sposare solo chi la vincerà in duello, poiché spera che intervenga Ruggiero. Senonché, quest'ultimo è stato fatto prigioniero da Leone, che gli chiede di combattere per lui. Bradamante si scontra dunque, senza saperlo, con l'amato. Ruggiero, angosciato, rivela la realtà a Leone: che, commosso, rinuncia alle proprie pretese. Ruggiero e Bradamante possono finalmente sposarsi e dare origine alla dinastia estense, il cui avvento è più volte profetizzato nel poema. Ma il giorno delle nozze il pagano **Rodomonte** accusa il giovane di aver tradito Agramante. Il *Furioso* si conclude con il duello tra i due e la morte del saraceno.

4 La poetica del *Furioso*: tra epica e romanzo

Lo stile epico illustre del *Furioso*

L'invenzione di uno **stile epico illustre** è la prima grande innovazione ariostesca. Essa segna una **netta differenza rispetto alle varie poetiche quattrocentesche**: quella immediatamente popolare dei canterini; quella di imitazione popolare di Boiardo, popolare solo di riflesso; quella parodistica o "comica", in senso dantesco, di Pulci.

I modelli dell'epica classica e soprattutto di Virgilio

L'inaugurazione di questo nuovo linguaggio è resa possibile da una **profonda volontà di avvicinamento ai modelli epici**. È un'epicità, quella di Ariosto, che viene talora negata, talora affermata nel conflitto delle interpretazioni (cfr. **S5**, p. 398). L'autore più presente è **Virgilio**, che compare in luoghi particolarmente in rilievo.

L'epicità del *Furioso* come appartenenza a una tradizione

Qual è la radice dell'epica? Che cosa ci permette di definire "epico" un racconto? Il livello più superficiale è quello della presenza di temi e situazioni che, tradizionalmente, vengono riconosciuti come epici. È il livello che abbiamo in parte già visto: quello per cui il *Furioso* si riallaccia visibilmente al ciclo carolingio da una parte, alla tradizione classica dall'altra. **Riprendere il repertorio della tradizione** – popolare e colta, dei poemi cavallereschi e dell'epica latina – vuol dire rendere riconoscibile il carattere epico del testo; e vuol dire anche conferire autorità letteraria al testo.

L'autorità ideologica del genere epico

Ma l'epica deve avere anche un'**autorità ideologica**: è in questa, infatti, che si trova la sua sostanza. L'epica è la forma letteraria con cui una comunità celebra la propria nascita e quindi la propria legittimità. L'**ideologia epica** non è tanto un fatto di tradizione letteraria, quanto la risposta a una situazione storica. L'*Iliade* risale all'epoca in cui i Greci si impongono nel Mediterraneo; l'*Eneide* alla nascita dell'Impero sotto Ottaviano Augusto; la *Chanson de Roland* al momento in cui, con le Crociate, l'Europa cristiana mette alla prova se stessa. Anche quelli del *Furioso* sono tempi di grandi svolte (cfr. **S1**). Ariosto ne è ben consapevole; ed è anche consapevole che il **ducato di Ferrara** è sottoposto a rischi continui. Il *Furioso* è dunque epico in quanto afferma l'individualità dello stato estense, i suoi diritti, la giustezza della sua politica e delle sue alleanze. Ma, in senso più sottile, lo è anche in quanto si presenta come un poema leggibile in tutta Italia. Dopo i regionalismi quattrocenteschi, pur animati da continui contatti, Ariosto per primo dà alla nostra letteratura un'opera "nazionale" (cfr. § 8).

Il *Furioso* e la dinastia estense

Un'opera "nazionale"

I limiti della epicità del *Furioso*

Tuttavia, Ariosto stesso pone dei **forti limiti al carattere epico del *Furioso***. I valori dell'epica sono valori collettivi e popolari, nel senso che la classe sociale dominante li impone a quelle subalterne: coinvolgono tutti i Greci nell'*Iliade*, tutti i Romani nell'*Eneide*, tutti i Cristiani nella *Chanson de Roland*. Ma l'**etica cinquecentesca è un'etica individualistica** e strettamente **legata a una sola classe**, quella dei cortigiani. Ciò non significa che non si abbia interesse per il bene pubblico, ma che la spinta è spesso personale.

S1 INFORMAZIONI

Ariosto storico del suo tempo

Ariosto interpreta gli eventi del suo tempo con l'ottica del cortigiano ferrarese, ma con grande attenzione a tutto lo scenario europeo. Perciò spesso gli inserti storici sono legati al tema encomiastico. Così, ricorda la battaglia di Ravenna del 1512 (III, 55; XIV, 1-9), in cui i Francesi e gli Estensi sconfiggono gli Spagnoli e l'esercito di papa Giulio II, per celebrare il duca Alfonso; oppure esalta la vittoria del cardinale Ippolito contro i Veneziani nella battaglia della Polesella del 1509 (XV, 1-2; XL, 1-4). Ma, più in generale, avverte la precarietà degli equilibri italiani: sia quando invita Spagnoli, Francesi, Svizzeri e Tedeschi a combattere i Turchi anziché devastare la penisola (XVII, 74-79; XXXIV, 1-3), sia quando constata la fragilità dei trattati politici (XLIV, 1-3). Il problema che più interessa Ariosto è insomma l'evoluzione degli Stati italiani: consolidatisi in Signorie, rischiano di essere schiacciati da forze straniere troppo più grandi di loro e si contendono gli spazi. A partire da queste considerazioni, egli osserva l'affermarsi dell'Impero con Carlo V (XV, 25-35). Acutamente, comprende il senso delle conquiste geografiche (XV, 16-24): non le celebra solo in quanto esempio della virtù umana, ma le collega anche alla politica imperiale. Come i suoi contemporanei, non può intuire invece il valore della riforma luterana, cui allude sommariamente nei *Cinque canti*.

Ferrara, il Castello estense.

I valori collettivi proposti dal *Furioso* dovrebbero essere quelli della lotta cristiana contro i Saraceni: lo impone la materia carolingia. In effetti, i paladini arioteschi sentono quest'obbligo: ma è un obbligo che non si riflette sul lettore. Ariosto si guarda bene dal proporre ai cortigiani cinquecenteschi un'anacronistica guerra di fede; e neppure la mentalità che essa presuppone. **Sono gli ultimi canti a indirizzarsi verso l'*epos***, per suggellare il carattere ufficiale del poema. Ma, per tutto il suo corso, c'è un attrito ben percepibile con l'altro versante dell'opera: quello romanzesco. E forse è proprio a esso che spetta il primo posto.

L'attrito tra il versante epico e il versante romanzesco

Se l'epica propaganda valori collettivi, il romanzo celebra invece valori individuali. Ariosto, come già Boiardo, gioca su questo contrasto all'interno del poema; ma, a differenza di Boiardo, vi insiste con aperta consapevolezza.

Il romanzo, espressione di valori individuali

Inoltre la struttura del poema non è chiusa né tragica come quella dell'epica. Il *Furioso* è un poema romanzesco e aperto (cfr. **S2**). Le strutture epiche vorrebbero un racconto sostanzialmente stabile: tutti i guerrieri dovrebbero rimanere sul campo di battaglia a combattere per la fede. Le strutture romanzesche, a cui si ispira Ariosto, prescrivono invece un racconto dinamico: il cavaliere deve viaggiare, perché altrimenti non può conoscere il proprio destino. Mentre l'epica tende all'accentramento, il romanzo va verso la divagazione; mentre l'una ha una struttura chiusa, l'altro ha una struttura aperta. Mentre l'epica è tragica, Ariosto preferisce i toni ironici. Resta perciò lontano dalla struttura dell'epica.

La quête *romanzesca e la sua funzione dinamica*

Del romanzo, infine, Ariosto riprende la mescolanza dei generi: nel *Furioso* vi sono momenti lirici assunti dalla tradizione petrarchesca o da quella boccacciana, psicologica e introspettiva, aspetti tipici della poesia bucolica e del romanzo pastorale (per esempio, l'idillio fra Angelica e Medoro) e infine novelle inserite direttamente nel poema in quanto narrate da qualche personaggio.

La mescolanza romanzesca dei generi

S2   MATERIALI E DOCUMENTI

La struttura aperta del *Furioso*

Il carattere romanzesco della struttura generale del *Furioso* è efficacemente caratterizzato da Lanfranco Caretti. La sua lettura, come abbiamo accennato, è stata ripresa e svolta in un senso diverso da Zatti (**S5**, p. 398).

▶▶ Se il *Furioso* doveva riflettere, nelle intenzioni del suo autore, tutti gli aspetti della vita sensibile nella molteplicità dei loro rapporti, ben si comprende come il movimento, cioè l'azione, dovesse costituirne l'aspetto dominante e come il romanzesco (per il complesso gioco delle complicanze e la serie dei mutamenti che offriva) dovesse risultarne la forma più naturale e consentanea. Il poema non ci offre pertanto una struttura chiusa (una cornice a contorni fissi, con figure e sentimenti energicamente scolpiti a forte rilievo), ma una struttura estremamente aperta, tutta percorsa da una energia dinamica, nella quale non appare alcun centro stabile, alcun luogo preminente, così come ne risulta esclusa una durata prestabilita. Tutti i luoghi del *Furioso* (da quelli pittoreschi o grandiosi a quelli semplici e familiari, dai civili castelli alle selve inospiti, dai giardini e dagli orti alle lande aspre e deserte, dalle città alle campagne: dall'Occidente all'Oriente, dalla Terra alla

Luna), tutti i luoghi della inesauribile geografia ariostesca divengono infatti, di volta in volta, temporanei centri della vicenda, punti vitali di confluenza o di intersezione di alcune delle sue direttrici. Per tal modo l'Ariosto alla cosmogonia teocentrica medievale sostituiva definitivamente una cosmogonia antropomorfica nella quale il centro era, in ogni momento, liberamente variabile. La stessa Parigi, che pure nel *Furioso* è teatro delle battaglie più colossali e ospita l'ultima scena del romanzo, è da considerarsi luogo preminente solo nella misura in cui sono preminenti, rispetto alle altre, le avventure che si riferiscono all'amore di Orlando per Angelica e quello di Ruggiero e Bradamante, nel senso cioè che costituisce uno dei dati strutturali di più evidente funzionalità e non propriamente il centro vitale dell'organismo poetico.

Questa varietà di luoghi, questo mutare continuo di prospettive, contribuiscono a creare quell'impressione di vasti orizzonti e di distanze illimitate che è uno degli aspetti più suggestivi del poema. E dentro a questo profondo spazio le azioni si svolgono, si intrecciano e si aggrovigliano in modi quasi sempre inattesi, secondo una nozione del tempo che non è se non raramente quella statica della contemplazione lirica, ma piuttosto quella varia, accidentata e inesauribile della storia. Qui è il segreto della durata narrativa del *Furioso*, la quale non conosce argini neppure nella morte e si dilata al di là di essa, rispecchiando il perenne fluire della vita. [...] Se spazio e durata non hanno confini definiti, ogni avventura non è che il momentaneo concentrarsi di quell'impeto inesausto in una sorta di risucchio, sì che la corsa da lineare si fa mulinello e si svolge a spirale, fingendo per breve tempo la situazione immobile. Dipoi l'energia, che qui si è raccolta, sprigiona un nuovo impulso e il movimento riprende a scorrere veloce e irrefrenabile. Anche le 'favole', le quali sembrano sottrarsi a questa legge dinamica e costituire punti fermi a contrasto della corrente, in realtà sono semplicemente zone più quiete e raccolte dove la poesia ariostesca si flette a suo agio in volute dolci e frenate, concedendosi un momento di riposo ma poi rilanciandosi in avanti, subito appresso, muovendo da esse come da ben predisposti punti d'appoggio.

Questa è la ragione per cui il *Furioso* ci appare come un libro senza vera conclusione, come un libro perenne. Anche se protratto felicemente per lunghissimo corso, il suo impeto narrativo non appare mai definitivamente esaurito. Sentiamo, invece, che la grande avventura, il viaggio meraviglioso, si prolunga idealmente oltre le pagine scritte, senza incontrare mai, neppure nelle ottave finali, un ostacolo invalicabile.

L. Caretti, *Ariosto e Tasso*, Einaudi, Torino 1961, pp. 37-39.

5 I temi: la *quête*, il labirinto, la follia

La *quête* nel romanzo arturiano

Nel romanzo arturiano la divagazione è orientata e destinata al compimento. I romanzi di Chrétien de Troyes si concludono con il raggiungimento, da parte del cavaliere, dell'oggetto della sua ricerca.

Nel *Furioso*, invece, **le *quêtes* vanno spesso a vuoto**. Angelica non è raggiunta né da Orlando, né da Rinaldo, né da nessun altro fra quelli che la ricercano. Cede invece a un semplice soldato, mai visto prima, incontrato per un caso fortuito: Medoro. La *quête* diviene nel *Furioso* l'inseguimento

La *quête* come inseguimento di un fantasma interiore

di un fantasma interiore. È Ariosto a suggerirci questa lettura, quando costruisce un episodio come quello del palazzo di Atlante (cfr. T4, p. 387). In esso tutti credono di trovarsi sulle tracce del loro oggetto di desiderio; ma tutti sono vittime di un inganno. Se dunque nella *quête* il romanzo esprime il senso dell'esistere, **il senso dell'esistere è per Ariosto inseguimento di un sogno**, lungo affaticarsi in un **labirinto**, perdita di sé. O, addirittura, follia. Lo dimostra, più di ogni altra, la **vicenda di Orlando**. Prima tradisce Carlo Magno, abbandonandolo in uno dei momenti cruciali della guerra; poi resta vittima del caso, incapace di dominare la realtà. Così è quando libera dall'orca Olimpia e non Angelica, che era stata esposta poco prima. Così è quando si imbatte non in lei, ma nelle testimonianze dell'amore di lei per Medoro. Così quando finalmente è proprio Angelica che incontra, su un litorale, ormai sposata e in fuga per il Catai: ma, impazzito, neppure la riconosce. **La *quête* che**

Il senso della vita e la pazzia

Orlando compie è, letteralmente, una pazzia; poiché pazzia è, in genere, l'esistenza umana. Quando Astolfo giunge sulla luna a recuperare il senno del paladino (canto XXXIV), comprendiamo che la sua storia è solo una delle tante che accadono agli uomini. Sullo stesso piano di Orlando stanno gli amanti, i ricercatori di onori e ricchezze, i cortigiani, gli estimatori delle arti, gli artisti stessi. Sta, insomma, la cultura rinascimentale in tutte le forme che le sono proprie.

L'amore e la guerra

La forza che mette in moto l'azione romanzesca è l'amore, che Ariosto rappresenta in tutte le sue varietà (dall'amore tragico di Fiordiligi e Brandimarte a quello lussurioso di Alcina per Ruggiero).

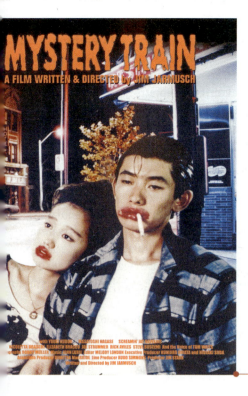

Mystery Train, film del 1989 di Jim Jarmusch.

In *Mystery Train* (1989) il regista indipendente Jim Jarmusch intreccia tre storie ambientate a Memphis, patria di Elvis Presley (il titolo del film riprende quello di una sua canzone): il viaggio di due giovani giapponesi alla ricerca delle atmosfere del primo rock americano, il viaggio di una giovane vedova italiana (Luisa, interpretata da Nicoletta Braschi) alla quale appare il fantasma di Elvis, le malefatte di tre balordi che rapinano un negozio di superalcolici. In quasi tutte le scene del suo episodio Luisa tiene sempre con sé una copia dell'*Orlando furioso*. Si tratta di una *mise en abîme*, cioè di un inserto che, per la somiglianza con la narrazione del film, serve a spiegare che la logica con cui il regista ha costruito il racconto è ripresa dal poema di Ariosto.

La bellezza sensuale di Angelica incarna tutte le seduzioni del sentimento amoroso. In ogni caso l'amore è una passione travolgente e irrazionale, che distrae i cavalieri dalla guerra. Le armi sono un altro tema importante del *Furioso*. Ariosto recupera i valori epici dell'eroismo e la contrapposizione tra Cristiani e Saraceni, ma in realtà la differenza tra paladini e cavalieri pagani si attenua fino a scomparire: gli uni e gli altri condividono la stessa ideologia cortese e sono mossi dagli stessi impulsi.

Il Furioso come rinuncia alle illusioni rinascimentali

Il *Furioso* è un poema del disincanto, della consapevole rinuncia a molte illusioni della civiltà rinascimentale. Ma questa rinuncia avviene con uno spirito ancora rinascimentale: cioè in un senso né univoco né tragico. In quanto poema nato per la corte, esso non può venire meno a uno dei suoi compiti: tracciare la figura esemplare del cortigiano. La figura prescelta per questo scopo è **Ruggiero**: il fondatore della dinastia estense e, idealmente, della corte. Il cammino compiuto da Ruggiero è un **cammino di formazione** che inizia con l'inconsapevolezza di sé e termina con l'assunzione del proprio ruolo. Perciò la sua *quête* si conclude con un successo, al contrario di quanto accade per gli inseguitori di Angelica. Ruggiero affronta prove in cui si riconosce, allegoricamente, un messaggio educativo. Sull'isola di Alcina egli vince il fascino della bella maga e combatte contro le creature che questa gli ha aizzato contro: cioè, ispirato dalla ragione, supera l'attrazione della sensualità considerata di per sé.

Ruggiero, modello positivo di cortigiano

6. La voce del narratore: Ariosto demiurgo e Ariosto innamorato

Questa complessa macchina narrativa e letteraria funziona grazie a un preciso gioco di richiami interni e di incastri, ma anche grazie a un'**esplicita volontà ordinatrice** da parte di Ariosto. Fin dall'inizio del poema, egli si mette in scena **in duplice veste**.

La prima è quella del narratore onnisciente, cioè del narratore che sa ogni cosa della vicenda narrata e che, dall'alto, muove e controlla i personaggi. La straordinaria molteplicità delle vicende è così ricondotta a unità. **Ariosto si presenta infatti come il regista dell'azione**, come un tessitore che intreccia una vasta tela suscettibile di molte, sapienti variazioni.

Ariosto, narratore onnisciente

S • Varietà e unità nel *Furioso* (L. Caretti)

Il poeta come Demiurgo

Questa formulazione insiste sulle **capacità demiurgiche del poeta**. Secondo Platone e la filosofia umanistica che a lui si ispira – e che Ariosto aveva studiato in gioventù –, **il Demiurgo** è l'artefice divino che plasma il mondo sensibile a immagine delle idee eterne e immutabili. Nella cultura del primo Rinascimento, il Demiurgo diviene una **figura analoga a quella dell'artista**. A differenza del Dio ebraico e cristiano, **il Demiurgo non crea dal nulla**. E neppure il poeta o pittore rinascimentale opera con una materia assolutamente nuova. Il *Furioso* è, in partenza, la continuazione di un testo preesistente (l'*Innamorato*), cui si lega a filo doppio; per di più si riallaccia a una tradizione ormai fissa e ripetitiva come quella carolingia. Ariosto è quindi **autore di una letteratura che**, in grandissima parte, **si alimenta di altra letteratura**.

Un poema fondato sulla utilizzazione delle fonti

Sarebbe difficile trovare un episodio del *Furioso* che non abbia alle spalle un precedente o, come si dice, **una fonte**. Questo non costituisce, per il lettore del Cinquecento, uno scandalo o un plagio. Egli, anzi, se è sufficientemente colto, è chiamato a confrontare il testo con i suoi modelli, per gustarne le varianti e i giochi. La libertà dell'artista non è infatti nella materia. Il poeta rinascimentale non ricerca l'originalità. Vuole essere ammirato per la scelta dei suoi materiali, per la capacità di lavorarli, di montarli, di combinarli. È come un architetto: ovviamente, deve usare buon marmo o mattoni che non si sgretolino; ma quello su cui lo si giudica è la bellezza e la stabilità dell'edificio.

L'ironia ariostesca

In quest'opera di costruzione del poema, Ariosto assume spesso un atteggiamento ironico e autoironico (cfr. **S3**). Così, Ariosto si rappresenta indaffarato a seguire mille personaggi e mille trame; o, anzi, mentre i personaggi stessi lo interpellano perché si occupi di loro. Non esistono, insomma, solo le *quêtes* dei cavalieri: esiste anche **il viaggio di Ariosto-demiurgo che insegue i suoi personaggi**.

T • *Quattro esempi di Ariosto demiurgo*

Ariosto come personaggio

Arriviamo così al secondo modo in cui **Ariosto** si mette in scena. Egli è, già dalle prime ottave, **un vero e proprio personaggio**: assimila infatti la sua storia d'amore a quella di Orlando. Questo

---

S3 — MATERIALI E DOCUMENTI

L'ironia ariostesca

Sull'ironia di Ariosto, collegata al suo atteggiamento demiurgico, resta famosa una pagina di Benedetto Croce.

▶▶ Si direbbe, l'ironia dell'Ariosto, simile all'occhio di Dio che guarda il moversi della creazione, di tutta la creazione, amandola alla pari, nel bene e nel male, nel grandissimo e nel piccolissimo, nell'uomo e nel granello di sabbia, perché tutta l'ha fatta lui, e non cogliendo in essa che il moto stesso, l'eterna dialettica, il ritmo e l'armonia. Con che, dalla comune accezione della parola «ironia» si è compiuto il passaggio al significato metafisico che essa ebbe presso i fichtiani[1] e i romantici, con la cui teoria spiegheremmo volentieri la natura dell'ispirazione ariostesca, se, presso quei pensatori e letterati, l'ironia non fosse stata poi confusa col cosiddetto umorismo e con la bizzarria e stravaganza, ossia con atteggiamenti che turbano e distruggono l'arte; laddove la determinazione critica da noi proposta si tiene rigorosamente nei confini dell'arte, come vi si tenne col fatto l'Ariosto, che non trascorse mai nell'umoristico e nel bislacco, indizio di debolezza, e ironizzò da artista, sicuro della propria forza. E, per avventura, questa è la ragione, o una delle ragioni, per le quali l'Ariosto non andò a grado agli scapigliati romantici, disposti a preferirgli il Rabelais, e, finanche, Carlo Gozzi.

Fiaccare tutti gli ordini di sentimenti, adeguarli tutti in questo abbassamento, privare le cose della loro autonomia, esanimarle della loro particolare e propria anima, vale convertire il mondo dello spirito in mondo della natura: un mondo irreale, che non è se non in quanto noi così lo poniamo. E, per certi rispetti, «natura» diventa tutto il mondo per l'Ariosto, superficie disegnata e colorata, splendente ma senza sostanza. Donde anche quel suo vedere gli oggetti in ogni loro tratto, come naturalista che osservi minuzioso e descriva, senza appagarsi del tratto unico che solo rilevano e segnano altri geni d'artisti, senza impazienze passionali e conseguenti sprezzature.

B. Croce, *Ariosto*, Laterza, Bari 1927, pp. 70-71.

---

1 **i fichtiani**: cioè i seguaci del filosofo idealista tedesco Johann Gottlieb Fichte (1762-1814).

paragone si fa più insistito quando Orlando impazzisce. Naturalmente, anche qui Ariosto non rinuncia all'ironia, e anzi la piega a effetti di particolare finezza e felicità. In questo modo egli indebolisce la propria figura di Demiurgo, perdendo in stabilità e serenità contemplativa; ma non vi rinuncia, perché il lettore sa che si tratta comunque di un gioco e, in sostanza, di un'altra abile costruzione di Ariosto. Il risultato è duplice. Da una parte, avvicinare il lettore al poeta, in un dialogo che quasi lo cattura nel testo; dall'altra, proporre un'immagine del mondo che non si lascia appiattire su quella armonica ironia ariostesca che è diventata, spesso, un vuoto luogo comune.

T • *Ariosto innamorato*

7. Armonia e ironia: equilibrio rinascimentale e dissoluzione dei valori

Distacco di Ariosto dagli sconvolgimenti storici

Ariosto vede gli sconvolgimenti del suo tempo, ma se ne tiene lontano. A essi oppone la serenità della vita domestica e l'impegno del lavoro letterario. Non è una semplice fuga dalla realtà, come spesso si è imputato ad Ariosto. È semmai la **ricerca di un equilibrio** al di sopra degli sconvolgimenti storici. Questo equilibrio è però condizionato dalla posizione sociale del **letterato come uomo di corte**. Il signore gli concede l'agio di vita, ma l'intellettuale deve piegarsi alle sue direttive: sia in senso pratico, assolvendo incarichi amministrativi, sia in senso ideologico, partecipando all'elaborazione della politica culturale della corte. In un sistema sociale di questo tipo, l'arma di difesa non può certo essere l'aperta rivolta. Anche quando Ariosto si rifiuta di seguire il cardinale Ippolito a Buda, lo fa con il garbo che si addice al cortigiano (cfr. cap. X, T1, *Il poeta e i cortigiani*, p. 336). **La sua arma è quella dell'ironia**: un'ironia anche satirica, ma sempre sottile e mediata. Essa diviene un modo di leggere la realtà nel suo complesso: coinvolge l'universalità della vita umana, ma si indirizza specificamente alla corte.

Il letterato di corte

La corte e il viaggio di Astolfo sulla luna

Per rendersene conto, bisogna leggere la sequenza del **viaggio di Astolfo sulla luna e il suo dialogo con san Giovanni**.

Questi illustra ad Astolfo i rapporti tra letteratura e verità: i poeti mentono per farsi amici i potenti; e sono sciocchi i potenti che non vogliono conquistarsi l'amicizia e i servigi dei poeti. **L'arte è strettamente condizionata dal potere**; e questo non può far a meno della prima. Lo scetticismo di san Giovanni-Ariosto è radicale: tocca persino Omero e Virgilio. Augusto non fu quel nobile e buon principe che l'*Eneide* ci vuol far credere; l'*Odissea* racconta, probabilmente, falsità. In un poema ufficiale e cortigiano come il *Furioso*, percorso da lodi agli Estensi e da riferimenti ai fatti contemporanei, l'affermazione è sconcertante. Se la letteratura concepita per un signore è quasi per forza una menzogna, viene il sospetto che anche il *Furioso* sia una menzogna. L'ironia ariostesca è qui ambigua e corrosiva. **Il poeta guarda con un sorriso scettico la propria stessa opera**. Sa che il lungo lavoro artistico lo ha posto tra i poeti cigni di cui parla San Giovanni (XXXV, 22-23); ma sa quanto pesi su di lui la posizione di cortigiano e quanto sia difficile dar voce alla cosiddetta verità. Egli tenta di riscattarsi proprio rivelando i meccanismi segreti della propria opera: non può che scrivere in quel modo, ma, al tempo stesso, decide di rivelare i paradossi della sua condizione. L'ironia è insomma, anche in questo caso, lo strumento per raggiungere una possibile armonia, un difficile equilibrio tra verità e menzogna.

Il condizionamento reciproco tra arte e potere

T • *Astolfo e san Giovanni: la posizione del letterato di corte*

Verità e menzogna

Che il *Furioso* sia intessuto di menzogne è vero anche per la trama. In essa il fantastico ha un ampio spazio; anche più di quanto ne avesse nei romanzi arturiani. Senza i palazzi di Atlante, l'ippogrifo o l'anello di Angelica la macchina narrativa del poema non potrebbe correre così speditamente: **il magico è dunque**, in primo luogo, **un espediente letterario**. Anzi, Ariosto gioca continuamente su questo suo carattere, denunciando quanto la letteratura stessa sia fittizia. Di fronte all'inverosimile, si finge preoccupato della verosimiglianza; e proprio per questo scrupolo a giustificare l'ingiustificabile, il lettore capisce che la sua serietà è solo uno scherzo.

Il ricorso al magico come espediente letterario

8. Le tre edizioni del *Furioso*: dal poema cortigiano al poema "nazionale"

La lunga revisione del poema

Le modifiche della terza edizione (1532) e la funzione delle aggiunte

Dopo l'uscita nel 1516, Ariosto sottopone il *Furioso* a un **lungo lavoro di revisione**. I mutamenti più macroscopici riguardano la **struttura del poema**. Già la seconda edizione, del 1521, presenta ottave spostate, aggiunte o soppresse. Ma è quella del 1532 a subire le modifiche più sostanziali. **Da quaranta, i canti diventano quarantasei**. Risultano **aggiunti quattro episodi**: quello di Olimpia (canti IX-XII); la novella della rocca di Tristano, che ha per protagonista Bradamante (canti XXXII-XXXIII); la storia del tiranno Marganorre (canti XXXVI-XXXVII); la vicenda di Ruggiero e Leone (canti XLIV-XLVI). Ciascuna di queste aggiunte ha lo scopo di riequilibrare gli scompensi della trama originaria e di approfondirne i significati.

L'adeguamento storico di Ariosto: da un'ottica cortigiana a un'ottica europea

Un secondo aspetto della revisione è l'**aggiornamento del *Furioso* ai fatti storici** che si compiono tra il 1516 e il 1532. In particolare, muta la situazione del ducato Estense, sempre più schiacciato sia dagli altri stati italiani, sia da forze quali il regno di Francesco I e l'Impero di Carlo V. L'ottica di Ariosto è da principio strettamente cortigiana: anche se talvolta abbraccia tutta l'Italia, si concentra di solito sulle corti padane. Con il *Furioso* del 1532 è raggiunta un'ottica europea: le corti, intese come organismi politici, sono in crisi e vengono superate dal consolidarsi di stati più complessi e moderni.

La "classicizzazione" linguistica

Anche l'ultimo aspetto della revisione, quello linguistico, risente del clima storico. Ariosto **già nel primo *Furioso*** compie un notevole **sforzo di "classicizzazione" linguistica**. Egli evita le forme troppo popolari e dialettali, anche perché vuole scrivere un'opera di alta cultura. I suoi modelli volgari sono Petrarca e Boccaccio, ma anche Dante, Poliziano, Pulci: cioè autori toscani, maestri non solo di stile, ma anche di un corretto uso grammaticale e lessicale.

S4 — INFORMAZIONI

Ariosto correttore di se stesso

Per capire come funzioni il lavoro di revisione linguistica al *Furioso*, possiamo confrontare una stessa ottava nella versione del 1516 e in quella del 1532:

> Li dui cavalli, con terribile urto
> cozzaro insieme a guisa di montoni:
> quel del guerrier pagan morì di curto,
> ch'era vivendo in numero de' buoni;
> quel altro cadde ancor, ma l'ha risurto
> presto il suo cavallier con briglia e sproni;
> ma quel del Saracin restò disteso
> adosso il suo signor con tutto il peso.

> Già non fero i cavalli un correr torto,
> anzi cozzaro a guisa di montoni:
> quel del guerrier pagan morì di curto,
> ch'era vivendo in numero de' buoni;
> quell'altro cadde ancor, ma fu risorto
> tosto ch'al fianco si sentì gli sproni.
> Quel del re saracin restò disteso
> adosso al suo signor con tutto il peso.

La modifica più consistente riguarda la serie di rime dei versi 1, 3 e 5. Ariosto vuole eliminare *curto*, che è dialettale (mentre *risurto* sarebbe ammissibile come latinismo): perciò è costretto a cambiare tutte le parole in rima. Altre forme dialettali sono *li dui* (v. 1), che scompare; *quel altro* (v. 5), corretto in *quell'altro*; *adosso il* (v. 8), che diviene *adosso al*. *Presto* (v. 6) è sostituito dal più aulico *tosto*. Ai vv. 5-6 la sintassi diventa più spedita: prima la rendeva faticosa il cambio di soggetto (*quel altro, il cavallier*), ora il soggetto è sempre *quell'altro* (per questo alla forma attiva *ha risurto* è preferita quella passiva *fu risorto*). La dittologia *briglia e sproni* (v. 6) scompare, forse perché troppo quotidiana; il *ma* del v. 7 pure, per evitare la ripetizione con il v. 5. Alla regolarizzazione grammaticale si accompagna insomma un processo di semplificazione: è raggiunta così una maggiore limpidità espressiva.

Ulteriore adeguamento al toscano letterario: il bembismo di Ariosto

Nelle sue edizioni successive, Ariosto si adegua sempre più al toscano letterario orientandosi in modo personale sulla linea dell'amico Bembo (cfr. **S4**). Tuttavia, la lingua e soprattutto lo stile di Ariosto non si irrigidiscono sulle norme bembesche. **Il criterio** che guida Ariosto è, oltre che quello grammaticale, **quello del gusto**. Gli interessa creare un'ottava sciolta, elegante, a tratti colloquiale per la sintassi. Per questo evita la freddezza e la monotonia che sarebbe derivata da una pedissequa esecuzione dei precetti di Bembo. Ma quello che si deve sottolineare è il ruolo avuto dal *Furioso* nel processo di unificazione linguistica italiana, anche limitatamente al campo letterario. Bembo propone una lingua elitaria e astratta, strettamente legata alla purezza della poesia lirica; Ariosto la rende viva e attuale diffondendola in un genere di larga circolazione come quello cavalleresco.

Il contributo del *Furioso* alla unificazione linguistica nazionale

L'allargamento del pubblico

Il *Furioso* è la prima opera accessibile a un pubblico non solo cortigiano, ma anche borghese, data la fortuna popolare del genere cavalleresco. Ed è la prima opera che non si rivolge a un pubblico solo regionale. **L'ampliamento è dunque sociale e geografico**. Ariosto scrive la prima opera nazionale per l'Italia dell'età moderna.

9 Il primo canto

Il proemio

La varietà delle storie e la presenza dei due grandi filoni, d'armi e d'amori, è subito dichiarata dal **proemio**. Con la fuga di Angelica dal campo di battaglia, però, lo scenario epico è messo sullo sfondo per far posto all'intreccio romanzesco.

Angelica, emblema dell'amore irrealizzabile

Per un duplice incantesimo, Rinaldo ama Angelica, ma questa lo odia irresistibilmente. La passione amorosa si rivela subito irrazionale e impossibile da soddisfare. **Angelica** ne diventa l'emblema: **inseguita da tutti, sfugge tutti**. Per quanto intorno a lei si raccolgano i temi e lo stile della poesia lirica, non è l'immobile oggetto di contemplazione di Petrarca e dei petrarchisti. Bellezza in continuo movimento, è il centro e la causa delle varie azioni romanzesche. Ne sono i primi esempi l'abbandono del campo da parte di **Rinaldo** (il che costituisce una diserzione) e il suo duello con **Ferraù**. **Angelica non è quindi una nuova Laura**, ma, come già in Boiardo, una attiva eroina boccacciana. Altere e intelligenti, le donne del *Furioso* si impongono spesso come creatrici del proprio destino. Così è Bradamante: anziché essere oggetto di una ricerca, ne è il soggetto, poiché vuole ritrovare Ruggiero.

La guerra santa sullo sfondo

Almeno per il momento, l'eroismo della guerra santa non ha spazio. **Ferraù** ci appare affannato a ripescare il suo elmo; **Rinaldo** corre dietro al proprio cavallo; **Sacripante** è sconfitto da una donna; e tutti, naturalmente, sono vittime di Angelica. Distogliendosi dalla battaglia, i cavalieri vengono meno al loro dovere. I valori qui proposti da Ariosto sono, infatti, quelli di un **realistico individualismo cortigiano**. L'opposizione tra Cristiani e Saraceni dovrebbe essere un cardine del poema epico: lo era nelle *chansons de geste* medievali; lo sarà nella *Gerusalemme liberata* di Tasso; e avrà in seguito qualche rilievo, vedremo, anche nel *Furioso*. Ma qui non ha alcuna importanza. Lo scontro e l'accordo tra Rinaldo e Ferraù non hanno a che vedere con il loro essere «di fé diversi». Le grandi opposizioni dell'epica carolingia tra credenti e infedeli per loro non contano. Contano invece la comune appartenenza a una casta feudale; la **condivisione del codice di comportamento cavalleresco**; l'esatta valutazione delle circostanze. Rinaldo e Ferraù sono insomma due modelli per i cortigiani cinquecenteschi: anche nelle dispute personali, rispettano lo stesso galateo e riconoscono il primato del buon senso.

L'alleanza tra Rinaldo e Ferraù, cortigiani modello

T1 Il proemio

TESTO OPERA

OPERA
Orlando furioso, I, 1-4

CONCETTI CHIAVE
- la compresenza di tema guerresco e tema amoroso
- l'abbassamento della materia cavalleresca
- il rapporto tra intellettuale e signore

FONTE
L. Ariosto, *Orlando furioso*, a cura di S. Debenedetti e C. Segre, Commissione per i testi di lingua, Bologna 1960.

 Videolezione
analisi del testo

 Testo interattivo

 Materiali per il recupero

 Ascolto

 Alta leggibilità

Le prime quattro ottave fungono da proemio all'intera opera.

1
Le donne, i cavallier, l'arme, gli amori,
le cortesie, l'audaci imprese io canto,
che furo al tempo che passaro i Mori
d'Africa il mare, e in Francia nocquer tanto,
seguendo l'ire e i giovenil furori
d'Agramante lor re, che si diè vanto
di vendicar la morte di Troiano
sopra re Carlo imperator romano.

2
Dirò d'Orlando in un medesmo tratto
cosa non detta in prosa mai né in rima:
che per amor venne in furore e matto,
d'uom che si saggio era stimato prima;
se da colei che tal quasi m'ha fatto,
che 'l poco ingegno ad or ad or mi lima,
me ne sarà però tanto concesso,
che mi basti a finir quanto ho promesso.

3
Piacciavi, generosa Erculea prole,
ornamento e splendor del secol nostro,
Ippolito, aggradir questo che vuole
e darvi sol può l'umil servo vostro.
Quel ch'io vi debbo, posso di parole
pagare in parte, e d'opera d'inchiostro;
né che poco io vi dia da imputar sono;
che quanto io posso dar, tutto vi dono.

- **1** Io racconto in versi (**io canto**) le donne, i cavalieri, le battaglie (**arme**), gli amori, [gli atti di] cortesia e le imprese coraggiose (**audaci**) che [ci] furono (**furo**) nel tempo in cui (**che**) i Mori dell'Africa attraversarono (**passaro**) il mare [Mediterraneo: per giungere in Europa]; e fecero gravi danni (**nocquer tanto**) in Francia, seguendo le ire e i furori giovanili del loro re Agramante, il quale si vantò (**che si diè vanto**) di [poter] vendicare la morte di Troiano contro (**sopra**) re Carlo, Imperatore del Sacro Romano Impero (**romano**). L'idea di costruire un poema in cui si accostino **arme** e **amori** è già nell'*Orlando Innamorato* di Boiardo e, prima ancora, nel *Teseida* di Boccaccio. **Troiano**, padre di Agramante, era stato ucciso da Orlando, come si racconta in un romanzo trecentesco (*Aspromonte*). I fatti qui ricordati non sono storici, ma si ricollegano alla tradizione carolingia.

- **2** 1-4 Nello stesso tempo (**in un medesmo tratto**) dirò, [a proposito] di Orlando, cose [che] non [sono] mai [state] dette [né] in prosa né in versi (**in rima**): [e cioè] che, per amore, divenne completamente folle (**venne in furore e matto**), lui che prima era considerato (**stimato**) uomo così (**sì**) saggio. L'affermazione della novità della materia trattata è un *topos* comune.
5-8 [dirò queste cose] se da [parte di] colei che mi ha quasi reso (**fatto**) tale [quale Orlando: cioè pazzo per amore] e che a poco a poco (**ad or ad or**) consuma (**lima**) il mio piccolo ingegno, me ne sarà concesso tanto [: di ingegno] che mi basti a finire quello che (**quanto**) ho promesso [: il presente poema]. La metafora della **lima** è della tradizione lirica. Ariosto allude all'amata Alessandra Benucci. L'io del poeta emerge come amante e personaggio con una sua storia diversamente da quello che accade nella tradizione epica, dove il narratore è tradizionalmente figura lontana e impersonale.

- **3** 1-4 [O] Ippolito, nobile (**generosa**) figlio (**prole**) del [duca] Ercole (**Erculea**), [voi che siete come un] ornamento e splendor del nostro tempo (**secol**), abbiate la gentilezza (**piacciavi** = vi piaccia) di gradire (**aggradir**) questo [poema] che il vostro umile servitore [: Ariosto] vuole darvi e che può [darvi] come sola cosa (**sol**) [: e che è la sola cosa che possa darvi]. Il cardinale **Ippolito** d'Este era fratello del duca Alfonso; Ariosto era alle sue dipendenze. **Piacciavi** è una formula di cortesia. La metafora **ornamento e splendor** è della tradizione encomiastica latina e umanistica. È difficile credere, come alcuni commentatori, che qui il poeta si permetta di fare dell'ironia.
5-8 Il mio debito nei vostri confronti (**quel ch'io vi debbo**), [lo] posso pagare [solamente] in parte con le mie parole e la mia opera letteraria (**d'inchiostro**); né mi si deve accusare (**da imputar sono**) di darvi poco, perché io vi dono tutto quanto posso [donarvi].

4
Voi sentirete fra i più degni eroi,
che nominar con laude m'apparecchio,
ricordar quel Ruggier, che fu di voi
e de' vostri avi illustri il ceppo vecchio.
L'alto valore e' chiari gesti suoi
vi farò udir, se voi mi date orecchio,
e vostri alti pensier cedino un poco,
sì che tra lor miei versi abbiano loco.

Annotazioni manoscritte (parafrasi):
- Tra i prodi eroi che io canterò e che io mi apparecchio a nominare lodandoli
- sentirete ricordare quel Ruggiero, che fu di voi e dei vostri illustri avi il ceppo antico.
- Vi farò ascoltare l'alto valore e le illustri imprese
- Se voi mi presterete attenzione
- e lasciate un piccolo posto i vostri alti pensieri, in modo che tra loro possano trovare posto i miei versi.

→ IRONIA, tipicamente ariostesca

4 **1-4** *Tra i più valorosi eroi, che mi appresto (**apparecchio**) a citare lodandoli (**nominar con laude**), voi [: Ippolito] sentirete ricordare quel Ruggiero che fu il capostipite (**ceppo vecchio**) vostro e dei vostri nobili (**illustri**) avi. La* leggenda di Ruggiero progenitore degli Este si afferma nell'età di Boiardo, ma è più antica. Ariosto la riprende con intenti encomiastici. **5-8** *Vi farò udire il suo [: di Ruggiero] grande valore e le sue famose imprese (**chiari gesti**), se voi mi prestate ascolto (**date orecchio**); e i vostri importanti (**alti**) pensieri si ritirino (**cedino** = cedano) un po', in modo che (**sì che**) tra loro i miei versi possano trovare spazio (**abbiano loco**).*

Dal testo all'opera
Perché è un testo opera?

Perché definisce un preciso orizzonte d'attesa

In questo proemio Ariosto **presenta la sua opera al lettore**: queste prime quattro ottave annunciano la vicenda del poema, mettendone a fuoco i temi principali, e definiscono un preciso orizzonte d'attesa.

Il proemio è suddiviso in **argomento** (prima ottava e vv. 1-4 della seconda), **invocazione** (vv. 5-8 della seconda ottava) e infine **dedica** (ottave terza e quarta). Le formule «io canto» (I, 1, v.2) e «Dirò» (I, 2, v.1), l'esplicito rivolgersi al cardinale Ippolito con «Piacciavi» (I, 3, v.1), «Voi sentirete» (I, 4, v.1), «vi farò udir» (I, 4, v.6) inseriscono il poema nel **contesto aristocratico della corte rinascimentale**. In particolare **la dedica al cardinale Ippolito** stabilisce un legame di continuità tra il poeta e il suo pubblico, rappresentato dalla corte ferrarese. Dal punto di vista sociale l'*Orlando furioso* si propone come un "divertimento" e una proiezione pubblica di valori esemplari, umani e sociali. La società colta del tempo vi riconosce un suo immaginario ideale che spesso tuttavia è molto distante dalla realtà concreta della vita cortigiana, tramata di lotte anche cruente per il potere, di finzione e menzogna.

Rivolgendosi al **pubblico della corte estense**, Ariosto si ricollega alla tradizione inaugurata da Matteo Maria Boiardo, proseguendo **la storia lasciata interrotta nel poema *Orlando innamorato***, ma al tempo stesso valica i limiti circoscritti della corte e si rivolge ad un pubblico ben più ampio. Per contenuti e forma l'*Orlando furioso* è un capolavoro della cultura letteraria europea nel quale la civiltà storica del Rinascimento si riflette e si esprime nelle sue luci ma anche nelle sue ombre: l'aspirazione a celebrare i valori classici del razionalismo, dell'equilibrio e dell'armonia coesiste qui con un senso di sottile inquietudine e di crisi.

T1 TESTO OPERA

Perché esibisce i temi principali: l'amore, le armi, la follia, il tema encomiastico

I primi due versi del proemio sintetizzano tutti i temi dell'opera: **le vicende d'amore** (le «donne» e gli «amori») **e di guerra** (i «cavallieri» e le «arme»), **i valori signorili e cavallereschi** (le «cortesie») e **la ricerca di «imprese» eroiche**. Sorretto da un complesso chiasmo è l'attacco dei vv. 1-2: agli estremi del v. 1 stanno i due termini tematicamente affini («donne» e «amori»), mentre al centro si collocano gli altri due («i cavallier», «l'arme»); inoltre, rispetto alla coppia che chiude il primo verso («l'arme, gli amori»), i due termini che compaiono nel secondo verso rappresentano una nuova disposizione chiasmatica (dato che «cortesie» si lega al vicino «amori» e «audaci imprese» al più lontano «arme»). La figura retorica del **doppio chiasmo** fa pensare, fin dall'esordio, all'intreccio dei due filoni principali che vengono sapientemente alternati nella costruzione narrativa: **il tema delle «armi»**, derivante dalla tradizione epico-carolingia, e **il tema degli amori**, derivante dalla tradizione romanzesco-arturiana. Già in questi versi emergono due elementi innovativi:

1. tradizionalmente il poema cavalleresco si concentrava su un'unica materia, o addirittura sul solo eroe principale; qui, al contrario, è enfatizzata la varietà degli eventi e dei temi;
2. l'invocazione era solamente rivolta alle Muse, ad Apollo a Dio o ai Santi; qui, invece, è indirizzata alla donna amata.

Ma sono i primi quattro versi della seconda ottava a presentare la **grande novità del poema** di Ariosto («cosa non detta in prosa mai né in rima») sia rispetto all'epica medievale della *Chanson de Roland* (XII secolo) sia rispetto all'*Orlando innamorato* di Boiardo: il protagonista, **Orlando**, il paladino dell'epica francese medievale, il difensore dell'Occidente cristiano, infatti, non è solo innamorato, come accadeva in Boiardo, ma addirittura **diviene pazzo** a causa della delusione amorosa. **L'amore e la follia** sono esibiti come i temi più rilevanti dell'intera opera: l'amore, che nella tradizione cortese nobilitava l'uomo, in Ariosto può viceversa anche provocare la perdita della ragione, la regressione animalesca, la follia.

Nicolò dell'Abate, *Figure che si dilettano in Musica* (*Concerto*), 1540-43. Modena, Galleria Estense.

I molti amori narrati nel poema, introdotti e preannunciati nel proemio, possono produrre follia, come nel caso di Orlando, o dolcezza e tenerezza, come accade ad Angelica e Medoro, o essere fonte d'inganno e seduzione come nell'episodio della maga Alcina. L'autore stesso, come apprendiamo dalla secondo ottava, fa parte di questa **varia fenomenologia amorosa**: egli dichiara di poter a sua volta smarrire il senno e l'identità nella follia d'amore e nell'avventura della scrittura. Quando, alla fine del poema, Ariosto si presenterà come il capitano di una nave che, dopo una pericolosa navigazione, finalmente approda in porto, parallelamente anche il suo eroe recupererà il senno e potrà tornare ai suoi doveri di guerriero cristiano.

Infine **la terza e la quarta ottava**, rivolte al dedicatario del poema, il **cardinale Ippolito d'Este**, introducono **il tema encomiastico**.

Perché è un esempio della varietà di stile che caratterizza il poema

Alla **varietà di temi** corrisponde la **varietà delle forme e della struttura narrativa**. La narrazione si basa infatti sulla **tecnica dell'*entrelacement*** (intreccio) che interseca e sovrappone di continuo le avventure diverse dei personaggi, ognuno dei quali persegue una personale ricerca (*quête*) di amore, onore e gloria. A sua volta lo stile del poema è vario: a tratti alto e nobile, a tratti colloquiale e dimesso, a tratti appassionato, a tratti ironico. Di questa **varietà stilistica** si dà un esempio significativo già in queste ottave d'apertura. Complessa e solenne è **la prima ottava** che imprime un **sigillo epico** alla materia: **l'unico ampio periodo** comprende una serie di subordinate, e occupa un'intera stanza. In questi primi versi sono frequenti le **anastrofi** (per esempio ai vv. 1-2 soggetto e verbo reggente seguono il complemento oggetto, al v. 3 il soggetto «i Mori» segue il verbo «furo») e gli **iperbati** («d'Africa il mare»). In questa prima ottava **il tono è alto, solenne**, adatto alla presentazione della vicenda bellica collettiva riguardante le sorti del mondo (la guerra tra cristiani e infedeli). Ben diversa è la struttura lessicale e stilistica della **seconda ottava**, aperta dal più prosastico «Dirò» al posto del solenne «io canto»: vocaboli umili e quotidiani («matto», «finir» e «promesso») sono disposti in un **periodare quasi colloquiale**, come indicano anche l'allusivo «colei» (che implica ascoltatori partecipi e magari informati), l'ironia sul proprio caso personale e perfino sulle proprie scarse capacità intellettuali («poco ingegno»). Qui il tono più basso e il linguaggio quotidiano introducono il tema della follia amorosa, dando spazio alla vicenda privata dell'autore.

La terza e la quarta ottava, infine, sono divise fra stile alto e stile più basso (si vedano, nella terza ottava, i primi quattro versi che celebrano il dedicatario Ippolito d'Este e la «generosa Erculea prole», e gli ultimi quattro, in cui ricompare l'io dell'autore intento alla sua «opera d'inchiostro»). Le quattro ottave del proemio presentano dunque **diversi livelli di lingua e di stile**, corrispondenti alla pluralità delle vicende narrate e, in particolare, ai **due grandi filoni tematici, d'armi e d'amori**, cui è ispirata l'intera opera. Il lettore ha in tal modo l'impressione già nell'*incipit* di trovarsi davanti a una varietà di stili appartenenti a generi diversi: l'epica, la novellistica e la lirica d'amore.

L'ottava di Ariosto è al tempo stesso sostenuta e colloquiale; trasmette un'impressione di squisitezza formale, di equilibrio, di perfezione perfino, e al tempo stesso è improntata a una colloquialità quasi familiare e quotidiana. Il taglio dei temi, con la loro umanità media, ha certamente un'importanza decisiva. Ma conta poi molto anche la scelta di un verseggiare sempre nobile ma spesso al limite della prosa.

Perché fa emergere uno dei tratti fondamentali dello stile e della visione del mondo di Ariosto: l'ironia

L'ironia è lo strumento retorico con cui l'autore tenta, prendendo le distanze, di **dare armonia ed equilibrio al mondo segnato da squilibri e da contraddizioni**. Nella seconda ottava del proemio compare esemplarmente l'ironia ariostesca nel momento in cui **l'autore inserisce se stesso all'interno dell'opera**: l'autore, cioè, si rappresenta a sua volta come un personaggio intento a un'impresa (la difficile scrittura del poema) e soggetto ai rischi della follia amorosa (l'evocazione della propria donna, Alessandra Benucci). Così, già dal primo canto, il *Furioso* si presenta come **un'opera ironica e metaletteraria**, che esibisce il proprio carattere artificioso e ingannevole: l'autore guarda con sorriso scettico alla propria stessa opera e alla propria posizione di intellettuale cortigiano, nel tentativo di dominare le forze contraddittorie delle passioni e la violenza della realtà mediante il gioco di fantasia e il disincanto.

Nel momento storico in cui Ariosto compone l'*Orlando furioso* i **valori feudali** su cui si fonda la materia cavalleresca sono da tempo in crisi e anzi decisamente tramontati; il nuovo scenario delle

T1 TESTO OPERA

corti rinascimentali e anche il nuovo modo di guerreggiare hanno fatto sorgere **valori nuovi**. Scegliendo di cantare egualmente il mondo della cavalleria, Ariosto da una parte guarda con **nostalgia** alla nobiltà di quella cultura, ma da un'altra parte ne parla con **ironia**, rinnovando così i contenuti e i modi della narrazione epica. Si registra innanzitutto un abbassamento di registro e di temi: lo stesso eroe protagonista non ha più l'integrità dei cavalieri medievali, ma è percorso da una follia che ne rende discontinue e inspiegabili le azioni. Le gesta eroiche non interessano tanto per la capacità di dare solidità ai valori culturali di una società, fondandoli nel mito e nel sublime, quanto per la possibilità di rappresentare le contraddizioni, i conflitti e la follia che muovono le azioni degli uomini e che caratterizzano anche la società delle corti rinascimentali, pure in apparenza dominata dal decoro e dall'equilibrio.

Lavoriamo con la VIDEOLEZIONE: ANALISI DEL TESTO

Dopo aver seguito la videolezione di Pietro Cataldi, spiega in un breve testo le caratteristiche di fondo del contesto storico e sociale in cui nasce il progetto culturale di Ariosto.

T1 LAVORIAMO SUL TESTO

COMPRENDERE

Il proemio

1. Riassumi con una frase sintetica ciascuna parte in cui è suddiviso il proemio

   • argomento ....
   • invocazione ....
   • dedica ....

ANALIZZARE

L'intreccio dei temi

2. Collega correttamente e individua la figura retorica evidenziata dallo schema

   • donne   audaci imprese
   • cavalieri   armi
                          amori
                          cortesie

L'abbassamento di tono

3. Com'è presentato Orlando? Quali sono le ragioni della guerra?

4. **LINGUA E LESSICO** Sottolinea i versi in cui riscontri un lessico colloquiale.

La civiltà rinascimentale

5. Quali elementi nel testo fanno trapelare ambienti e valori della civiltà rinascimentale?

INTERPRETARE

Il rapporto con la corte

6. Rifletti sul motivo encomiastico: come imposta il poeta i rapporti tra intellettuale e potere?

La poesia e la politica

7. Confronta questa immagine del cardinale Ippolito con quella tracciata nella *Satira I* (cap. X, T1, p. 336). Prova a spiegare le ragioni della differenza. Ariosto si adegua veramente al codice cortigiano o in qualche modo se ne distanzia? Come?

parte terza L'età delle corti. La civiltà umanistico-rinascimentale (1380-1545)

T2 — Il primo canto

OPERA
Orlando furioso, I, 5-23, 32-45, 48-61, 65-71

CONCETTI CHIAVE
- la fuga di Angelica
- i labirintici andirivieni dei cavalieri nella selva

FONTE
L. Ariosto, *Orlando furioso*, a cura di S. Debenedetti e C. Segre, cit.

(annotazione manoscritta: microcosmo del poema perché fin dall'inizio compaiono i motivi caratteristici: • fuga continua • entrelacement • ricerca (quete))

Dopo il proemio e il raccordo con le vicende dell'*Orlando innamorato*, l'azione del *Furioso* inizia con straordinario dinamismo. Angelica fugge dal campo cristiano in una selva: qui si incrociano i destini dei vari personaggi. Rinaldo e Ferraù, entrambi innamorati della principessa, se la contendono con le armi. Ella scappa ancora, finché non si imbatte in Sacripante, che Angelica decide di sfruttare come compagno di viaggio. Senonché, questi ha la sventura di incappare in Bradamante e di esserne abbattuto. Qui si interrompe la parte antologizzata: nel seguito riappare, preannunciato dal suo cavallo, Rinaldo e il canto si chiude con un effetto di *suspense*.

5
Orlando, che gran tempo inamorato
fu de la bella Angelica, e per lei
in India, in Media, in Tartaria lasciato
avea infiniti et immortal trofei,
in Ponente con essa era tornato,
dove sotto i gran monti Pirenei
con la gente di Francia e de Lamagna
re Carlo era attendato alla campagna,

6
per far al re Marsilio e al re Agramante
battersi ancor del folle ardir la guancia,
d'aver condotto, l'un, d'Africa quante
genti erano atte a portar spada e lancia;
l'altro, d'aver spinta la Spagna inante
a destruzion del bel regno di Francia.
E così Orlando arrivò quivi a punto:
ma tosto si pentì d'esservi giunto;

7
che vi fu tolta la sua donna poi:
ecco il giudicio uman come spesso erra!

Quella che dagli esperii ai liti eoi
avea difesa con sì lunga guerra,
or tolta gli è fra tanti amici suoi,
senza spada adoprar, ne la sua terra.
Il savio imperator, ch'estinguer volse
un grave incendio, fu che gli la tolse.

8
Nata pochi dì inanzi era una gara
tra il conte Orlando e il suo cugin Rinaldo;
che ambi avean per la bellezza rara
d'amoroso disio l'animo caldo.
Carlo, che non avea tal lite cara,
che gli rendea l'aiuto lor men saldo,
questa donzella, che ne era la causa,
tolse, e diè in mano al duca di Bavera;

9
in premio promettendola a quel d'essi
ch'in quel conflitto, in quella gran giornata,
degli infideli più copia uccidessi,
e di sua man prestassi opra più grata.

● **5** Il v. 1 è un'allusione al titolo del poema boiardesco. Di qui fino all'ottava 9 Ariosto ricuce le fila con la trama dell'*Innamorato*, per ricollegarvisi ogni volta che compaia un suo personaggio. Vengono riassunte le vicende che hanno come protagonisti Angelica, Orlando e Rinaldo.
  3 La **Media** è la ragione a sud del mar Caspio; la **Tartaria** quella a ovest della Cina.
  4 *trofei*: testimonianze di valore.
  5 *in Ponente*: *in Occidente*.
  7 *Lamagna*: *Germania*.
  8 *re Carlo, in campagna, aveva posto le tende* (*era attendato*).

● **6** 1-6 *[aveva messo le tende] per far pentire amaramente* (**per far...battersi...la guancia**) *re Marsilio* [: della Spagna musulmana] *e re Agramante del [loro] sconsiderato coraggio; l'uno* [: Agramante] *di aver condotto dell'Africa chiunque* (**quante genti**) *fosse in grado* (**atte**) *di portare le armi* (**spada e lancia**); *l'altro* [: Marsilio] *di aver istigato* (**spinta...inante**) *la Spagna a distruggere il bel regno di Francia.*
  7 *quivi a punto*: *qui proprio in questo momento*.

● **7** 1 *giacché qui* (**vi**) [a Orlando] *fu poi sottratta la sua amata* [: Angelica]. **La sua donna**: *la signora del suo cuore, secondo un'espressione comune nella lirica del Duecento*.
  3 *dagli esperii ai liti eoi*: *dalle terre* (**liti** = lidi, litorali) *occidentali a quelli orientali*: cioè *ovunque*.
  6 *adoprar*: *adoperare*; noi diremmo *senza colpo ferire* (è riferito agli **amici suoi**, cioè di Orlando).

7-8 *A togliere Angelica a Orlando fu il saggio Imperatore* [: Carlo Magno] *che volle* (**vòlse**) *mettere fine* (**estinguer** = spegnere) *a una grave lite* (**un grave incendio**).

● **8** 1 *gara*: *disputa*.
  3-4 *i quali avevano entrambi* (**ambi**) *il cuore infiammato* (**l'animo caldo**) *di desiderio d'amore* (**d'amoroso disio**) *per la rara bellezza* [di Angelica].
  5-6 *Carlo* [Magno] *il quale* (**che**) *non apprezzava* (**non avea... cara**) *questa lite, che gli rendeva l'aiuto loro* [: di Orlando e di Rinaldo] *meno sicuro* (**men saldo**).
  8 **diè in mano**: *diede in mano, affidò*.

● **9** 3-5 *uccidesse il maggior numero* (**copia** = abbondanza) *di infedeli* [: e compisse] (**prestassi**) *con le proprie mani l'opera* (**opra**) *più gradita* [all'Imperatore]. [Ma] Poi

Contrari ai voti poi furo i successi;
ch'in fuga andò la gente battezzata,
e con molti altri fu 'l duca prigione,
e restò abbandonato il padiglione.

10
Dove, poi che rimase la donzella
ch'esser dovea del vincitor mercede,
inanzi al caso era salita in sella,
e quando bisognò le spalle diede,
presaga che quel giorno esser rubella
dovea Fortuna alla cristiana fede:
entrò in un bosco, e ne la stretta via
rincontro un cavallier ch'a pie venìa.

11
Indosso la corazza, l'elmo in testa,
la spada al fianco, e in braccio avea lo scudo;
e più leggier correa per la foresta,
ch'al pallio rosso il villan mezzo ignudo.
Timida pastorella mai si presta
non volse piede inanzi a serpe crudo,
come Angelica tosto il freno torse,
che del guerrier, ch'a pie venìa, s'accorse.

12
Era costui quel paladin gagliardo,
figliuol d'Amon, signor di Montalbano,
a cui pur dianzi il suo destrier Baiardo,
per strano caso uscito era di mano.
Come alla donna egli drizzò lo sguardo,

Jean-Honoré Fragonard, Carlo Magno conduce Angelica lontano da Orlando, illustrazione per *Orlando furioso*, 1785 circa.

riconobbe, quantunque di lontano,
l'angelico sembiante e quel bel volto
ch'all'amorose reti il tenea involto.

13
La donna il palafreno a dietro volta,
e per la selva a tutta briglia il caccia;
né per la rara più che per la folta,
la più sicura e miglior via procaccia:
ma pallida, tremando, e di sé tolta,
lascia cura al destrier che la via faccia.
Di su di giù, ne l'alta selva fiera
tanto giro, che venne a una riviera.

---

gli eventi (**i successi** = le cose successe) furono opposti (**contrari**) ai desideri (**voti**) [: cioè accadde il contrario di quello che si sperava: i Cristiani, la **gente battezzata** del v. 6, perdono anziché vincere].

7 prigione: *prigioniero*.
8 il padiglione: *la tenda* di Namo, duca di Baviera, in cui Angelica era custodita.
● **10 1-6** *E la fanciulla* (**donzella**) [*Angelica*] *che doveva essere il premio* (**mercede**) *del vincitore, dopo esservi* (**dove, poi che rimase**; **dove**: *nel padiglione*) *rimasta, prima della disfatta* (**inanzi al caso**; **caso** = *evento*) *era montata a cavallo* (**era salita in sella**); *e quando fu il momento* (**bisognò**), *fuggì* (**le spalle diede**), *prevedendo* (**presaga**) *che quel giorno la Sorte* (**Fortuna**) *doveva essere sfavorevole* (**rubella** = *ribelle*) *ai Cristiani*.
8 *incontrò un cavaliere che veniva a piedi*.
● **11 1-2** Costruisci: *aveva la corazza addosso*, ecc.

3 leggier: *rapido, agile*.
5 *che il contadino mezzo nudo per [conquistare] il palio rosso*. Il **pallio** è il panno che si dà in premio nelle competizioni di origine medievale.
5-8 *Mai un'impaurita* (**timida**) *pastorella ritrasse* (**volse**; da "volgere") *il piede davanti* (**inanzi**) *a un serpente crudele così rapida* (**presta**) *come Angelica,* [*che*] *subito* (**tosto**) *tirò* (**torse**) *il freno* [: o *morso*, del cavallo] [*e*] *che si accorse del cavaliere che veniva a piedi*. Ai vv. 7-8 c'è un hysteron-proteron (Angelica prima vede il cavaliere, poi tira il freno, e non viceversa).
● **12 1-2** Si tratta di Rinaldo.
3 destrier: *cavallo*. Nell'*Orlando innamorato* (III, IV, 29) Rinaldo smonta da cavallo perché vuole duellare in condizioni di parità con Ruggiero, che è appiedato; è allora che Baiardo gli sfugge.
7-8 *l'aspetto* (**sembiante**) *angelico e il bel viso che lo tenevano prigioniero* (**involto** = *avvolto*) *nella rete dell'Amore*. Sono metafore e linguaggio della lirica petrarchesca; ma l'attributo **angelico** qui gioca sul nome della principessa.
● **13** *La donna* [: *Angelica*] *volta indietro il* [*proprio*] *cavallo* (**palafreno**), *e lo spinge* (**il caccia**) *a briglia sciolta* (**a tutta briglia**) *nella selva; e non prende* (**procaccia**) *la strada più sicura o migliore,* [*badando di andare*] *per la* [*selva*] *rada* (**rara**) *piuttosto che* (**più che**) [*per quella più*] *folta* [: cioè va del tutto a caso]: *ma pallida, tremante e fuori di sé* (**di sé tolta**), *lascia al cavallo* (**destrier**) *la preoccupazione* (**cura**) *di aprirsi la strada* (**che la via faccia**). *E si aggira nella profonda* (**alta**) *selva paurosa* (**fiera**) *da ogni parte* (**di su di giù**) *tanto, che giunge* (**venne**) *a un fiumicello* (**riviera**). L'oscillazione dei tempi verbali (presente ai vv. 1-6, passato ai vv. 7-8) è tipica della narrativa in ottave.

14
Su la riviera Ferraù trovosse
di sudor pieno e tutto polveroso
Da la battaglia dianzi lo rimosse
un gran disio di bere e di riposo;
e poi, mal grado suo, quivi fermosse,
perché, de l'acqua ingordo e frettoloso,
l'elmo nel fiume si lasciò cadere,
né l'avea potuto anco riavere.

15
Quanto potea più forte, ne veniva
gridando la donzella ispaventata.
A quella voce salta in su la riva
il Saracino, e nel viso la guata;
e la conosce subito ch'arriva,
ben che di timor pallida e turbata,
e sien più dì che non n'udì novella,
che senza dubbio ell'è Angelica bella.

16
E perché era cortese, e n'avea forse
non men dei dui cugini il petto caldo,
l'aiuto che potea, tutto le porse,
pur come avesse l'elmo, ardito e baldo:
trasse la spada, e minacciando corse
dove poco di lui temea Rinaldo.
Più volte s'eran già non pur veduti,
m'al paragon de l'arme conosciuti.

17
Cominciàr quivi una crudel battaglia,
come a piè si trovàr, coi brandi ignudi:
non che le piastre e la minuta maglia,
ma ai colpi lor non reggerian gl'incudi.
Or, mentre l'un con l'altro si travaglia,
bisogna al palafren che 'l passo studi;
che quanto può menar de le calcagna,
colei lo caccia al bosco e alla campagna.

18
Poi che s'affaticàr gran pezzo invano
i duo guerrier per por l'un l'altro sotto,
quando non meno era con l'arme in mano
questo di quel, né quel di questo dotto;
fu per primo il signor di Montalbano,
ch'al cavallier di Spagna fece motto,
sì come quel c'ha nel cor tanto fuoco,
che tutto n'arde e non ritrova loco.

19
Disse al pagan: — Me sol creduto avrai,
e pur avrai te meco ancora offeso:
se questo avvien perché i fulgenti rai
del nuovo sol t'abbino il petto acceso,
di farmi qui tardar che guadagno hai?
che quando ancor t'abbi morto o preso,
non però tua la bella donna fia;
che, mentre noi tardian, se ne va via.

---

14 1 **trovosse**: *si trovò, incontrò*. **Ferraù** è un guerriero pagano che compare nei testi più antichi del ciclo carolingio e, naturalmente, in Boiardo.
2 **polveroso**: *sporco di polvere*.
3 **rimosse**: *allontanò*.
4 **disio**: *desiderio*.
6 **de l'acqua ingordo e frettoloso**: *avido di acqua e impaziente* [*di berla*].
8 **anco**: *ancora*.
15 1 **Quanto potea più forte**: *Più forte che poteva*, riferito a **gridando**.
4 **guata**: *fissa*.
5 **e la riconosce non appena** (**subito ch'<e>**) *arriva*.
7 *e siano molti giorni che non he ha sentito notizie* (**non n'udì novella**).
16 1-2 *E dato che* (**perché**) [*egli*] *era cortese* [: *fedele ai valori cavallereschi*], *e forse ne aveva il cuore* (**il petto**) *infiammato* (**caldo**) [*d'amore*] [: *ne era innamorato*] *non meno dei due cugini* [: *Orlando e Rinaldo*].
4 **coraggioso** (**ardito**) *e sicuro di sé* (**baldo**) *proprio come se* (**pur come**) *avesse l'elmo*. Mentre, senza di esso, combatte svantaggiato.

6 *dove* [*era*] *Rinaldo*, [*che*] *aveva* [*ben*] *poca paura* (**poco...temea**) *di lui*.
7 **non pur**: *non solo*.
8 *ma conosciuti* [*mettendosi*] *alla prova combattendo* (**al paragon de l'arme**). È accaduto nell'*Orlando innamorato*.
●**17** 2 *non appena si trovarono a piedi con le spade sfoderate* (**coi brandi ignudi**).
3-4 *ai loro colpi non resisterebbero* (**non reggerian**) *le incudini, tanto meno* (**non che**) *le piastre e la cotta*. Le **piastre** sono le lamine metalliche della corazza; la **minuta maglia** è quella di ferro indossata sotto l'armatura, cioè la "cotta".
5-8 *Ora, mentre l'uno si affatica* (**si travaglia**) *contro l'altro, il cavallo deve* (**bisogna al palafren**) *affrettare* (**studi**) *il passo; giacché ella* (**che...colei**) [: *Angelica*], *con tutta la forza che ha per spronarlo* (**quanto può menar de le calcagna** = *quanto può muovere i calcagni, cui sono applicati gli sproni*), *lo spinge* (**caccia**) *nel bosco e nella campagna*.
●**18** 1 **affaticâr**: *affaticarono*.
2 **por... sotto**: *mettere sotto, cioè vincere*.
3-4 *dal momento che* (**quando**) *l'uno* (**questo**) *non si dava da fare con le armi* (**era con**

l'arme in mano) *meno dell'altro* (**quel**), *né l'uno* [*era*] *meno esperto* (**dotto**) *dell'altro*.
5-8 *fu per primo il signore di Montalbano* [: *Rinaldo*] *che rivolse la parola* (**fece motto**) *al cavaliere spagnolo* [: *Ferraù*], *giacché aveva* (**sì come quel c'ha** = *così come colui che ha*) *nel cuore una passione tanto grande* (**tanto fuoco**) *che ne brucia* (**n'arde**) *tutto, e non trova pace* (**loco**).
●**19** [*Rinaldo*] *disse al pagano* [: *Ferraù*]: «*Avrai creduto* [*di offendere*] *solo me, eppure con me* (**meco**) *avrai offeso anche* (**ancora**) *te* [*stesso*]: *se questo accade perché gli occhi* (**rai** = *raggi*) *risplendenti* (**fulgenti**) *di Angelica* (**del nuovo sol**) *ti hanno infiammato* (**t'abbino acceso**) *il cuore* (**il petto**) [*cioè: ti sei innamorato di Angelica*], *che vantaggio ricavi* (**che guadagno hai**) *dal farmi perdere tempo* (**tardar**) *qui? dato che* (**che**) *anche nel caso in cui* (**quando ancor**) *tu mi abbia ucciso* (**morto**) *o fatto prigioniero* (**preso**), *non per questo sarà* (**fia**) *tua la bella donna* [: *Angelica*] *che, mentre noi perdiamo tempo* (**tardian** = *tardiamo*), *se ne va via*. Le due metafore, quella della donna come **sole** e dei suoi occhi come **rai** o raggi, sono comuni in Petrarca.

20
Quanto fia meglio, amandola tu ancora,
che tu le venga a traversar la strada,
a ritenerla e farle far dimora,
prima che più lontana se ne vada!
Come l'avremo in potestate, allora
di ch'esser de' si provi con la spada:
non so altrimenti, dopo un lungo affanno,
che possa riuscirci altro che danno. –

21
Al pagan la proposta non dispiacque:
così fu differita la tenzone;
e tal tregua tra lor subito nacque,
sì l'odio e l'ira va in oblivïone,
che 'l pagano al partir de le fresche acque
non lasciò a piedi il buon figliol d'Amone:
con preghi invita, et al fin toglie in groppa
e per l'orme d'Angelica galoppa.

22
Oh gran bontà de' cavallieri antiqui!
Eran rivali, eran di fé diversi,
e si sentian degli aspri colpi iniqui
per tutta la persona anco dolersi;
e pur per selve oscure e calli obliqui
insieme van senza sospetto aversi.
Da quattro sproni il destrier punto arriva
ove una strada in due si dipartiva.

23
E come quei che non sapean se l'una
o l'altra via facesse la donzella
(però che senza differenzia alcuna
apparia in amendue l'orma novella),
si messero ad arbitrio di fortuna,
Rinaldo a questa, il Saracino a quella.
Pel bosco Ferraù molto s'avvolse,
e ritrovossi al fine onde si tolse.

[...]

32
Non molto va Rinaldo, ché si vede
saltare inanzi il suo destrier feroce:
– Ferma, Baiardo mio, deh, ferma il piede!
che l'esser senza te troppo mi nuoce. –
Per questo il destrier sordo a lui non riede,
anzi più se ne va sempre veloce.
Segue Rinaldo, e d'ira si distrugge:
ma seguitiamo Angelica che fugge.

33
Fugge tra selve spaventose e scure,
per lochi inabitati, ermi e selvaggi.
Il mover de le frondi e di verzure,
che di cerri sentia, d'olmi e di faggi,
fatto le avea con subite paure
trovar di qua di là di strani viaggi;
ch'ad ogni ombra veduta o in monte o in valle,
temea Rinaldo aver sempre alle spalle.

- **20** **1-3** *Quanto sarebbe (fia) meglio che, dato che anche tu la ami (amandola tu ancora), tu arrivi a tagliarle (le venga a traversar) la strada, a trattenerla (ritenerla) e a farla fermare (far dimora)! Fia* è qui condizionale del verbo "essere", mentre è futuro in **19**, 7.
5-8 *Non appena (come) l'avremo in [nostro] potere (potestate), allora proveremo con le armi (si provi con la spada) di chi [di noi due] debba essere (esser de') [Angelica]: altrimenti non vedo come (non so... che) ce ne possa venire (possa riuscirci) [niente] altro che un danno, dopo un lungo affanno [per il combattimento]».*
- **21** **2** *così il duello (la tenzone) fu rimandato (differita).*
4-7 *a tal punto l'odio e l'ira sono dimenticati (va in oblivïone; oblivïone* = dimenticanza*) che il pagano, allontanandosi (al partir) dalle fresche acque [del fiumicello] non lascia a piedi il buon figlio di Amone [: Rinaldo]: [lo] invita con le preghiere (preghi), e infine [lo] fa montare in sella (toglie in groppa).*
- **22** **2** *di fé diversi: opposti per fede*, cioè di religioni in lotta.
3-4 *e per tutto il corpo (persona) sentivano ancora il dolore (si sentian... dolersi) per i colpi terribili (aspri) e crudeli (iniqui) [del duello]; eppure [adesso] vanno per selve oscure e per sentieri tortuosi (calli obliqui) insieme, senza [avere] sospetto [l'uno dell'altro].*
7 *Il cavallo (il destrier), punto da quattro sproni [: quelli di Ferraù e di Rinaldo insieme].*
8 **si dipartiva**: *si divideva.*
- **23** *E poiché (come quei che) non sapevano se la fanciulla (la donzella: Angelica) stesse percorrendo (facesse) l'una o l'altra strada giacché (però che) in ambedue, senza alcuna differenza, comparivano le impronte fresche (l'orma novella), si abbandonarono (messero = misero, rimisero) al capriccio del caso (ad arbitrio di fortuna), Rinaldo imboccando la prima (a questa) [strada], il Saraceno [: Ferraù] imboccando la seconda (a quella). Ferraù vagò tortuosamente (molto s'avvolse) per il bosco, e alla fine si ritrovò là da dove (onde) era partito (si tolse) [: cioè presso il fiume].*
- **24-31** Ferraù, tornato al punto di partenza, continua la ricerca dell'elmo caduto in acqua. Improvvisamente dal fiume emerge un cavaliere. È lo spettro di Argalia, il fratello di Angelica che Ferraù ha vinto in duello e ucciso. Argalia rimprovera aspramente Ferraù perché non ha mantenuto la promessa di gettare via il suo elmo, che invece ha conservato e adesso cerca vanamente di ripescare nel fiume. Argalia aggiunge che se Ferraù vuole un «elmo fino», si procuri in modo onorevole quello di Orlando o quello di Rinaldo. Ferraù arrossisce per la vergogna (sa bene che il rimprovero di Argalia è giusto) e promette a se stesso che non avrà altro elmo se non quello di Orlando. A questo punto il racconto ritorna a Rinaldo.
- **32** **2** **feroce**: *fiero.*
5 *Nonostante ciò (per questo) il cavallo, che non lo ascolta (sordo), non ritorna (riede) da lui.*
8 **seguitiamo**: *seguiamo.*
- **33** *Fugge tra selve spaventose e buie, attraverso (per) luoghi disabitati, solitari (ermi) e selvaggi. Il muoversi delle fronde e delle piante (verzure) che profumava (sentia) di cerri [: un albero simile alla quercia], di olmi e di faggi, le aveva fatto prendere (trovar), tra improvvisi spaventi (con subite paure), strani percorsi (viaggi), ora da una parte ora dall'altra (di qua di là); perché a (ch'ad) ogni ombra vista su un monte o in una valle, temeva sempre di avere Rinaldo alle spalle. L'ottava è costruita con numerose simmetrie e presenta varie dittologie.*

34
Qual pargoletta o damma o capriuola,
che tra le fronde del natio boschetto
alla madre veduta abbia la gola
stringer del pardo, o aprirle 'l fianco o 'l petto,
di selva in selva dal crudel s'invola,
e di paura triema e di sospetto:
ad ogni sterpo che passando tocca,
esser si crede all'empia fera in bocca.

35
Quel dì e la notte e mezzo l'altro giorno
s'andò aggirando, e non sapeva dove.
Trovossi al fine in un boschetto adorno,
che lievemente la fresca aura muove.
Duo chiari rivi, mormorando intorno
sempre l'erbe vi fan tenere e nuove;
e rendea ad ascoltar dolce concento,
rotto tra picciol sassi, il correr lento.

36
Quivi parendo a lei d'esser sicura
e lontana a Rinaldo mille miglia,
da la via stanca e da l'estiva arsura,
di riposare alquanto si consiglia:
tra' fiori smonta, e lascia alla pastura
andare il palafren senza la briglia;
e quel va errando intorno alle chiare onde,
che di fresca erba avean piene le sponde.

37
Ecco non lungi un bel cespuglio vede
di prun fioriti e di vermiglie rose,
che de le liquide onde al specchio siede,
chiuso dal sol fra l'alte quercie ombrose;
così voto nel mezzo, che concede
fresca stanza fra l'ombre più nascose:
e la foglia coi rami in modo è mista,
che 'l sol non v'entra, non che minor vista.

38
Dentro letto vi fan tenere erbette,
ch'invitano a posar chi s'appresenta.
La bella donna in mezzo a quel si mette;
ivi si corca, et ivi s'addormenta.
Ma non rimase così per molto spazio così stette,
che un calpestio le par che venir senta:
cheta si leva, e appresso alla riviera
vede ch'armato un cavallier giunt'era.

39
Se gli è amico o nemico non comprende:
tema e speranza il dubbio cuor le scuote;
e di quella aventura il fine attende,
né pur d'un sol sospir l'aria percuote.
Il cavalliero in riva al fiume scende
sopra il braccio a riposar le gote;
e in un suo gran pensier tanto penetra,
che par cangiato in insensibil pietra.

- **34** [Angelica era] come (**qual**) o una daina (**damma**) o una cerbiatta (**capriuola**) giovinetta (**pargoletta**), che abbia visto, tra i rami del boschetto in cui è nata (**natio**), azzannare (**stringere**) la gola alla madre da un leopardo, o lacerarle (**aprirle**) i fianchi o il petto [e che] fugge (**s'invola**) dalla [bestia] feroce (**dal crudel**) per tutto il bosco (**di selva in selva**), e trema di paura e di timore (**sospetto**): a ogni ramo (**sterpo**) che tocca passando, crede di essere tra le fauci (**in bocca**) della belva spietata (**empia fera**). La similitudine è di origine classica e già nel poeta latino Orazio si riferisce a una giovane che evita l'amante; Ariosto la adatta al contesto sviluppandola narrativamente.

- **35** 4 che [: il boschetto] un fresco venticello (**aura** = aria) fa stormire (**muove**) lievemente.

  5-8 Due limpidi ruscelli (**chiari rivi**), mormorando intorno, rendono (**fan**) lì (**vi**) sempre tenera e fresca l'erba; e il [loro] placido (**lento**) scorrere, infrangendosi su (**rotto tra**) piccoli sassi, offriva (**rendea**) all'ascolto (**ad ascoltar**) una dolce musica (**concento** = concerto).

- **36** 3-4 decide (**si consiglia**) di riposare un po' (**alquanto**) dalla stanchezza per il viaggio (**via stanca**) e dalla sete dàtale dal caldo (**estiva arsura**).

  5 alla pastura: al pascolo.

  7 e quel va errando: ed esso [: il cavallo] si mette a vagare.

- **37** 1 lungi: lontano. Il soggetto di **vede** è Angelica.

  3-8 [cespuglio] che si trova (**siede**) in un luogo rispecchiato (**al specchio**) dalle acque correnti (**liquide onde**), riparato (**chiuso**) dal sole fra alte querce ombrose; vuoto nel centro (**vòto nel mezzo**), in modo tale da offrire (**così...che concede**) un fresco riparo (**stanza**) fra le ombre più fitte (**nascose** = nascoste; qui con il valore di 'che nascondono'): e le foglie si intrecciano (**è mista**) con i rami in modo che non vi penetra (**entra**) [né] il sole, né tanto meno (**non che**) l'occhio umano (**minor vista**: una vista meno penetrante).

- **38** 2 che invitano chi si avvicina (**s'appresenta**) a riposarvisi.

  4 si corca: si distende.

  7 cheta: silenziosa; appresso: presso.

- **39** 2 timore [: che sia nemico] e speranza [: che sia amico] le agitano (**le scuote**) il cuore dubbioso (**dubbio**; aggettivo).

  4 e non fende (**né...percuote**) l'aria neppure con un sospiro.

  6-8 a posare il viso (**le gote** = le guance) su un braccio; e si sprofonda (**penètra**) in un suo angoscioso (**gran**) pensiero tanto, che sembra trasformato (**par cangiato** = cambiato) in una pietra inanimata (**insensibil**).

40

Pensoso più d'un'ora a capo basso
stette, Signore, il cavallier dolente;
poi cominciò con suono afflitto e lasso
a lamentarsi sì soavemente,
ch'avrebbe di pietà spezzato un sasso,
una tigre crudel fatta clemente.
Sospirando piangea, tal ch'un ruscello
parean le guance, e 'l petto un Mongibello.

41

– Pensier (dicea) che 'l cor m'aggiacci et ardi,
e causi il duol che sempre il rode e lima,
che debbo far, poi ch'io son giunto tardi,
e ch'altri a côrre il frutto è andato prima?
a pena avuto io n'ho parole e sguardi,
et altri n'ha tutta la spoglia opima.
Se non ne tocca a me frutto ne fiore,
perché affliger per lei mi vuo' più il core?

42

La verginella è simile alla rosa,
ch'in bel giardin su la nativa spina
mentre sola e sicura si riposa,
né gregge né pastor se le avicina;
l'aura soave e l'alba rugiadosa,
l'acqua, la terra al suo favor s'inchina:
giovani vaghi e donne inamorate
amano averne e seni e tempie ornate.

43

Ma non sì tosto dal materno stelo
rimossa viene e dal suo ceppo verde,
che quanto avea dagli uomini e dal cielo
favor, grazia e bellezza, tutto perde.
La vergine che 'l fior, di che più zelo
che de' begli occhi e de la vita aver de',
lascia altrui côrre, il pregio ch'avea inanti
perde nel cor di tutti gli altri amanti.

44

Sia vile agli altri, e da quel solo amata
a cui di sé fece sì larga copia.
Ah, Fortuna crudel, Fortuna ingrata!
trionfan gli altri, e ne moro io d'inopia.
Dunque esser può che non mi sia più grata?
dunque io posso lasciar mia vita propia?
Ah, più tosto oggi manchino i dì miei,
ch'io viva più, s'amar non debbo lei! –

45

Se mi domanda alcun chi costui sia,
che versa sopra il rio lacrime tante,
io dirò ch'egli è il re di Circassia,
quel d'amor travagliato Sacripante;
io dirò ancor, che di sua pena ria
sia prima e sola causa essere amante,
e pur un degli amanti di costei:
e ben riconosciuto fu da lei.

● **40** 2 **Signore**: il cardinale Ippolito, cui Ariosto rivolge il racconto (cfr. ottava 3-4).
3 **con suono afflitto e lasso**: *con voce triste e stanca*.
6-8 *[che avrebbe] impietosito (fatta clemente = reso benevola) una tigre crudele. Piangeva sospirando, di modo che (tal) le guance, sembravano un ruscello [: per le lacrime] e il petto [sembrava] l'Etna (Mongibello) [: perché esalava caldi sospiri].*
● **41** *Diceva: «Pensiero [d'amore], che mi geli (aggiacci = agghiacci) e ardi [al tempo stesso] il cuore, e [che] causi il dolore che lo (il) rode e consuma (lima) continuamente (sempre), che cosa devo fare, giacché (che) sono arrivato (giunto) tardi, e un altro è andato prima [di me] a raggiungere l'oggetto dei suoi desideri (côrre il frutto = cogliere il frutto) [: Angelica]? io ne [: da Angelica] ho avuto appena parole e sguardi, mentre un altro ne ha tutto il ricco bottino (la spoglia opima). [Ma] se a me non spettano (tocca) di lei (ne) [né] il frutto né il fiore, perché [o pensiero d'amore] mi vuoi ancora (più) affliggere il cuore per lei?* Il lamento di Sacripante (ottave 42-44) è un inserto lirico nel racconto. Il cavaliere si rivolge al proprio sentimento, quasi personificando*lo*: è un modulo retorico che, dallo Stil novo, passa a Petrarca. Angelica è paragonata a un frutto: il cavaliere non ha potuto coglierlo (cioè l'ha amata solo da lontano, senza poterla mai sfiorare), e crede che qualcuno lo abbia preceduto. All'amore spiritualizzato della lirica, si sostituisce quello sensuale della tradizione boccacciana e romanzesca.
● **42** 1-6 *Una giovane vergine (la verginella) è simile a una rosa a cui (ch'‹e›), mentre se ne sta (riposa) sola e sicura in un bel giardino sul ramo dove è sbocciata (su la nativa spina), non si avvicinano né il gregge né il pastore; il dolce vento (l'aura soave), l'alba con le rugiade (rugiadosa), l'acqua, la terra si inchinano a farle omaggio (al suo favor s'inchina).* Nel testo c'è un anacoluto (*ch'…se le avicina*).
● **43** *Ma non appena (non sì tosto… che) viene tolta (rimossa) dallo stelo su cui è nata (materno) e dalla sua verde pianta (ceppo), perde tutto quanto: il favore, la grazia, la bellezza che aveva dagli uomini e dal cielo. [Allo stesso modo] la vergine che lascia cogliere (côrre) a qualcuno (altrui) il fiore [: la verginità] del quale (di che) deve (de') avere cura maggiore (più zelo) che non dei [suoi] begli occhi e della vita, perde il valore (pregio) che prima (inanti) aveva nel cuore di tutti gli altri innamorati.* La similitudine sviluppata in queste due ottave è classica (risale a Catullo) e diventa con l'umanesimo (per esempio in Poliziano) uno dei pezzi di bravura più ricorrenti e raffinati. Si incontra anche in Tasso.
● **44** 1-2 *Sia [pure] disprezzata dagli altri (vile agli altri), e amata solo da colui al quale (da quel…a cui) fece così grande dono (copia = abbondanza) concedendo se stessa (di sé).*
4 **moro io d'inopia**: *muoio di privazione (inopia = povertà); cioè muoio perché non posso avere Angelica*.
7-8 *Ah, finiscano (manchino) oggi i miei giorni [: che io muoia oggi stesso], piuttosto che vivere ancora (più), se non devo amarla!*
● **45** 2 **rio**: *ruscello*.
4 *quel Sacripante [a voi già noto], tormentato (travagliato) dall'amore.* **Quel** indica persona già conosciuta: Sacripante è infatti un personaggio dell'*Innamorato*, le cui imprese verranno ricordate nelle ottave seguenti.
5-7 *e aggiungerò (dirò ancor) che principale (prima) e sola causa della sua crudele sofferenza (pena ria) è che è innamorato (essere amante), e anzi (pur) uno degli innamorati di costei* [: Angelica].

[...]

48
Mentre costui così s'affligge e duole,
e fa degli occhi suoi tepida fonte,
e dice queste e molte altre parole,
che non mi par bisogno esser racconte;
l'aventurosa sua fortuna vuole
ch'alle orecchie d'Angelica sian conte:
e così aviene in un momento, in un'ora, a un punto,
ch'in mille anni o mai più non è raggiunto.

49
Con molta attenzion la bella donna
al pianto, alle parole, al modo attende
di colui ch'in amarla non assonna;
né questo è il primo dì ch'ella l'intende:
ma dura e fredda più d'una colonna,
ad averne pietà non però scende;
come colei c'ha tutto il mondo a sdegno,
e non le par ch'alcun sia di lei degno.

50
Pur tra quei boschi il ritrovarsi sola
le fa pensar di tor costui per guida;
che chi ne l'acqua sta fin alla gola,
ben è ostinato se mercé non grida;
se questa occasione or se l'invola,
non troverà mai più scorta sì fida;
ch'a lunga prova conosciuto inante
s'avea quel re fedel sopra ogni amante.

51
Ma non però disegna de l'affanno
che lo distrugge alleggierir chi l'ama,
e ristorar d'ogni passato danno
con quel piacer ch'ogni amator più brama;
ma alcuna finzione, alcuno inganno
di tenerlo in speranza ordisce e trama;
tanto ch'a quel bisogno se ne serva,
poi torni all'uso suo dura e proterva.

52
E fuor di quel cespuglio oscuro e cieco
fa di sé bella et improvisa mostra,
come di selva o fuor d'ombroso speco
Diana in scena o Citerea si mostra;
e dice all'apparir: – Pace sia teco;
teco difenda Dio la fama nostra,
e non comporti, contra ogni ragione,
ch'abbi di me sì falsa opinione. –

53
Non mai con tanto gaudio o stupor tanto
levò gli occhi al figliuolo alcuna madre,
ch'avea per morto sospirato e pianto,
poi che senza esso udì tornar le squadre;
con quanto gaudio il Saracin, con quanto
stupor l'alta presenza e le leggiadre
maniere e il vero angelico sembiante,
improviso apparir si vide inante.

46-47 Viene qui riassunta la vicenda di Sacripante, giunto dall'estremo Oriente in Occidente per seguire Angelica.

● **48** 2 *e rende i propri occhi come una fonte tiepida*; **tepida** come le lacrime che versa.
4 **racconte**: *raccontate*.
5 *l'aventurosa sua fortuna*: *la sua sorte favorevole*; diremmo oggi, semplicemente, 'fortuna'.
6 *sian conte*: *diventino note*.
7-8 *e così* [: per opera della sorte] *avviene* (**ne viene**) *in un momento* (**a un'ora**), *in un istante* (**a un punto**) *quello che o è raggiunto* [una sola volta] *in mille anni, o mai affatto* (**più**).

● **49** 2 **attende**: *presta attenzione*.
3 *in amarla non assonna*: *non cessa* (**assonna** = *dorme*) *di amarla*.
6-7 *non per questo* (**però**) *si abbassa* (**scende**) *ad avere pietà di lui; giacché* (**come colei c'<he>**) *disprezza* (**ha...a sdegno**) *tutti* (**tutto il mondo**).
8 **alcun**: *nessuno*.

● **50** 2 **tor**: *prendere* (da "torre" = togliere).
4 *se mercé non grida*: *se non invoca aiuto*.
5 *se l'invola*: *le si invola*, cioè 'le sfugge'.
6 *sì fida*: *così fidata*.

7-8 *perché grazie a molte prove* (**ch'a lunga prova**) *aveva compreso* (**conosciuto...s'avea**) [già] *da prima* (**inante**) *che quel re* [le era] *fedele più di* (**sopra**) *ogni* [altro] *amante*.

● **51** *Ma non per questo* (**però**) *ha intenzione* (**disegna**) *di sollevare* (**alleggierir**) *chi la ama dalla pena* (**de l'affanno**) *che lo tormenta* (**distrugge**) *e di ricompensarlo* (**ristorar**) *per tutte le sofferenze trascorse* (**d'ogni passato danno**) *con quel piacere che tutti gli amanti desiderano* (**brama**) *di più* [: il piacere sessuale]: *ma architetta ed escogita* (**ordisce e trama**) *qualche simulazione* (**alcuna finzione**) *e qualche inganno per farlo sperare* (**di tenerlo in speranza**) *fino a quando* (**tanto ch'<e>**) *le servirà* (**se ne serva**) *per i suoi scopi* (**a quel bisogno**); *poi potrà tornare insensibile e superba* (**dura e proterva**) *come è sua abitudine* (**all'uso suo**).

● **52** *E compare improvvisamente in tutta la sua bellezza* (**fa di sé bella et improvisa mostra**) *fuori del cespuglio del tutto oscuro e buio* (**cieco**), *come, a teatro* (**in scena**), *Diana o Venere* (**Citerea**) *si mostrano fuori da una selva o da una caverna* (**speco**) *ombrosa; e comparendo dice: «La pace sia con te* (**teco**; *la frase è semplicemente una formula di cortesia*); *Dio difenda davanti a te* (**teco**) *il mio buon nome* (**la fama nostra**: plurale di modestia) *e non permetta* (**non comporti**) *che tu, contro ogni ragione, abbia su di me un'opinione così falsa*». Angelica nega così di essersi concessa a qualcuno.

● **53** *Mai nessuna madre alzò* (**levò**) *gli occhi con una gioia* (**gaudio**) *o uno stupore così grandi* (**tanto**) *verso il figlio, per il quale* (**che**) *aveva pianto e sospirato credendolo morto* (**per morto**) *dopo aver sentito* (**poi che...udì**) *che l'esercito* (**squadre** = truppe) *era tornato* [dalla guerra] *senza di lui; con quanta gioia e con quanto stupore* [alzò gli occhi] *il Saraceno,* [quando] *si vide apparire improvvisamente* (**improviso**) *davanti la nobile figura* (**l'alta presenza**), *i modi eleganti* (**le leggiadre maniere**) *e l'aspetto angelico* [della principessa] *nella sua concreta realtà* (**vero**; *noi diremmo:* 'in carne e ossa'). **Piangere** e **sospirare** al v. 3 sono transitivi, anziché intransitivi secondo l'uso moderno ("piangere qualcuno" anziché "piangere per qualcuno"). L'ottava ha una struttura sintattica complessa, articolata in due quartine; le tiene insieme la ripresa tra il v. 1 e il v. 5.

54
Pieno di dolce e d'amoroso affetto,
alla sua donna, alla sua diva corse,
che con le braccia al collo il tenne stretto,
quel ch'al Catai non avria fatto forse.
Al patrio regno, al suo natio ricetto,
seco avendo costui, l'animo torse:
subito in lei s'avviva la speranza
di tosto riveder sua ricca stanza.

55
Ella gli rende conto pienamente
dal giorno che fu mandato da lei
a domandar soccorso in Oriente
al re de' Sericani e Nabatei;
e come Orlando la guardò sovente
da morte, da disnor, da casi rei;
e che 'l fior virginal così avea salvo,
come se lo portò del materno alvo.

56
Forse era ver, ma non però credibile
a chi del senso suo fosse signore;
ma parve facilmente a lui possibile,
ch'era perduto in via più grave errore.
Quel che l'uom vede, Amor gli fa invisibile,
e l'invisibil fa vedere Amore.
Questo creduto fu; che 'l miser suole
dar facile credenza a quel che vuole.

57
— Se mal si seppe il cavallier d'Anglante
pigliar per sua sciocchezza il tempo buono,
il danno se ne avrà; che da qui inante
nol chiamerà Fortuna a sì gran dono
(tra sé tacito parla Sacripante):
ma io per imitarlo già non sono,
che lasci tanto ben che m'è concesso,
e ch'a doler poi m'abbia di me stesso.

58
Corrò la fresca e matutina rosa,
che, tardando, stagion perder potria.
So ben ch'a donna non si può far cosa
che più soave e più piacevol sia,
ancor che se ne mostri disdegnosa,
e talor mesta e flebil ne ne stia:
non starò per repulsa o finto sdegno,
ch'io non adombri e incarni il mio disegno. —

59
Così dice egli; e mentre s'apparecchia
al dolce assalto, un gran rumor che suona
dal vicin bosco gl'intruona l'orecchia,
sì che mal grado l'impresa abbandona:
e si pon l'elmo (ch'avea usanza vecchia
di portar sempre armata la persona),
viene al destriero e gli ripon la briglia,
rimonta in sella e la sua lancia piglia.

● **54** 1 **affetto**: *sentimento*.
2 **diva**: *dea*; cioè la sua amata.
4 **cosa che (quel ch'<e>)** [: abbracciarlo] *forse non avrebbe* (**avria**) *fatto [se si fosse trovata al sicuro] in Catai* [: in patria]. Con quel **forse**, ovviamente, Ariosto ironizza.
5-8 *Avendo con sé* (**seco**) *costui* [: Sacripante] *rivolse* (**torse**) *il pensiero* (**l'animo**) *al regno del padre e al luogo dove è nata* (**natio ricetto**): *subito rinasce* (**s'avviva**) *in lei la speranza di rivedere presto* (**tosto**) *la sua ricca dimora* (**stanza**).

● **55** 1 *Ella gli racconta* (**gli rende conto**) *completamente* (**pienamente**) [*ciò che è accaduto*].
4 Cioè Gradasso, altro personaggio dell'*Innamorato* di Boiardo, re degli abitanti della Cina del Nord (**Sericani**) e degli Arabi (**Nabatei**).
5 **la guardò sovente**: *la protesse spesso*.
6 **da disnor, da casi rei**: *dal disonore e da eventi pericolosi*.
7-8 *e [raccontò] che in questo modo* (**così**) *aveva conservato* (**salvo** = salvato) *la verginità* (**'l fior virginal**), *così come la aveva avuta* (**se lo portò**) *dal grembo della madre* (**del ma-**

terno alvo) [: dalla nascita].

● **56** 1 **però**: *per questo*.
2 **del senso suo... signore**: *padrone del proprio intelletto*; cioè lucido abbastanza da poter capire.
4 **in via più grave errore**: *in un errore ben più grave*; cioè quello ispirato dall'amore. La visione di amore come errore è tradizionale, e insistita in Petrarca. Ariosto la sviluppa ironizzando o portandola all'estremo (l'errore diventerà, per Orlando, follia).
7-8 *Questo* [: ciò che aveva detto Angelica] *fu creduto; poiché* (**che**) *chi è infelice* (**'l miser**) *è solito* (**suole**) *prestare un facile credito* (**dar facile credenza**) *a quello che vuole* [*credere*].

● **57** 1 *Sacripante, senza parlare* (**tacito**), *dice* (**parla**) *tra sé* [e sé]: «*Se il cavaliere di Anglante* [: Orlando] *per la sua ingenuità* (**sciochezza**) *non ha saputo cogliere* (**mal si seppe... pigliar**) *il momento opportuno* (**il tempo buono**), *ben gli sta* (**il danno se ne avrà**); *perché d'ora in poi* (**che da qui inante**) *la sorte non lo chiamerà più a [godere di] un dono così grande: ma io non intendo certo* (**già non sono**) *imitarlo, così da* (**che**) *trascurare* (**lasci**) *que-*

sto bene così grande (**tanto**) *che mi è concesso, e poi dovermi* (**ch'<e>... m'abbia**) *rammaricare* (**doler**) *di me stesso*.

● **58** 1-2 *Coglierò* (**corrò**) *la rosa fresca e mattutina* [: priverò Angelica della verginità], *che, se esito* (**tardando**), *potrebbe* (**potria**) *perdere la sua freschezza* (**stagion**). È l'invito, molto diffuso nella cultura classica e umanistica, a godere dei piaceri della vita quando si presentano e prima che svaniscano.
5 *sebbene mostri di disdegnarla* [: finga di non volere accondiscendere ai desideri sessuali].
6 **flebil**: *piagnucolosa*.
7-8 *non mi tratterrò* (**non starò**), *per i rifiuti* (**repulsa**) *o uno sdegno insincero* (**finto**), *dall'intraprendere* (**ch'io non adombri**) *e dal portare a termine* (**incarni**) *il mio progetto* (**disegno**)». L'idea che tutte le donne cerchino in realtà il piacere sessuale è un tema ricorrente in Boccaccio e nell'*Innamorato*, e si presta spesso a considerazioni misogine. **Adombrare** un disegno vuol dire tracciarlo a matita e fare il chiaroscuro; **incarnarlo**, dargli volume con i colori.

60
Ecco pel bosco un cavallier venire,
il cui sembiante è d'uom gagliardo e fiero:
candido come nieve è il suo vestire,
un bianco pennoncello ha per cimiero.
Re Sacripante, che non può patire
che quel con l'importuno suo sentiero
gli abbia interrotto il gran piacer ch'avea,
con vista il guarda disdegnosa e rea.

61
Come è più presso, lo sfida a battaglia;
che crede ben fargli votar l'arcione.
Quel che di lui non stimo già che vaglia
un grano meno, e ne fa paragone,
l'orgogliose minaccie a mezzo taglia,
sprona a un tempo, e la lancia in resta pone.
Sacripante ritorna con tempesta,
e corronsi a ferir testa per testa.

[…]

65
Qual istordito e stupido aratore,
poi ch'è passato il fulmine, si leva
di là dove l'altissimo fragore
appresso ai morti buoi steso l'avea,
che mira senza fronde e senza onore
il pin che di lontan veder soleva:
tal si levò il pagano a piè rimaso,
Angelica presente al duro caso.

66
Sospira e geme, non perché gli dia dolore
che piede o braccia s'abbi rotto o mosso,
ma per vergogna sola, onde a' dì suoi
né pria, né dopo il viso ebbe sì rosso:
e più, ch'oltre al cader, sua donna fu
che gli tolse il gran peso d'adosso.
Muto restava, mi cred'io, se quella
non gli rendea la voce e la favella.

67
– Deh! (diss'ella) signor, non vi rincresca!
che del cader non è la colpa vostra,
ma del cavallo, a cui riposo et esca
meglio si convenia che nuova giostra.
Né perciò quel guerrier sua gloria accresca;
che d'esser stato il perditor dimostra:
così, per quel ch'io me ne sappia, stimo,
quando a lasciare il campo è stato primo. –

68
Mentre costei conforta il Saracino,
ecco col corno e con la tasca al fianco,
galoppando venir sopra un ronzino
un messaggier che parea afflitto e stanco;
il quale appena fu vicino a Sacripante,
che a Sacripante fu vicino,
gli domandò se con un scudo bianco
e con un bianco pennoncello in testa
vide un guerrier passar per la foresta.

---

59 1 **s'apparecchia**: *si prepara*.
2 **al dolce assalto**: dolce almeno agli occhi di Sacripante, perché per Angelica sarebbe violenza; **suona**: *risuona*.
3 **intruona**: *rintrona*.
4 **mal grado**: *contro la propria volontà*.
60 2 **sembiante**: *aspetto*.
3 **vestire**: *vestito*.
4 **ha come ornamento sull'elmo (per cimiero)** *una bandierina* (**pennoncello**; secondo altri, 'pennacchio') *bianca*.
5 **patire**: *sopportare*.
6 **sentiero**: *percorso*.
8 *lo fissa con sguardo* (**vista**) *sprezzante e minaccioso*.
61 2 *poiché è convinto* (**che crede ben**) *di disarcionarlo* (**fargli votar l'arcione**; **votar** = *vuotare*). L'**arcione** è quella sporgenza della sella che aiuta a reggersi sul cavallo.
3-8 *L'altro* (**quel**) *[cavaliere], che non credo* (**stimo**) *che valga* (**vaglia**) *neppure un briciolo* (**un grano**) *meno di lui, e lo dimostra apertamente* (**ne fa paragone**), *tronca a metà* (**a mezzo taglia**) *le [sue] superbe* (**orgogliose**) *minacce, contemporaneamente* (**a un tempo**) *sprona [il cavallo], e mette la lancia in resta* [: *in posizione di combattimento*]. *Sacripante ritorna con furia* (**tempesta**), *e i [due] corrono a ferirsi* (**corronsi a ferir**) *frontalmente* (**testa per testa**).
62-64 Nel duello fra l'«incognito campion» e Sacripante, quest'ultimo ha la peggio. Viene disarcionato e il cavaliere sconosciuto, senza preoccuparsi di continuare il duello, fugge via lasciando Sacripante appiedato e umiliato.
65 *Come un contadino* (**aratore**) *stordito e stupefatto* (**stupido**), *dopo* (**poi**) *che è passato un fulmine, si alza* (**si leva**) *dal luogo in cui* (**di là dove**) *il fortissimo* (**altissimo**) *fragore l'aveva steso insieme ai* (**appresso ai**) *buoi morti; il quale* (**che**) *[contadino] guarda* (**mira**) *il pino che era solito* (**soleva**) *vedere di lontano [ormai] privo dei rami che lo adornavano* (**senza fronde e senza onore**; endiadi): *così si alzò il pagano disarcionato* (**a piè rimaso** = rimasto a piedi), *mentre Angelica assiste* (**Angelica presente**) *alla triste situazione* (**al duro caso**).
66 1 **l'annoi**: *gli dia dolore*.
2 *l'avere* (**che s'abbi** = che si abbia) *un piede o un braccio rotto o slogato* (**mosso**).
3-6 *ma solo per la vergogna di cui* (**onde**) *non ebbe mai il viso così rosso in tutta la sua vita* (**a' dì suoi**), *né prima né dopo: e [arrossì ancor] più, perché, oltre a essere caduto* (**ch'oltre al cader**), *fu la sua amata* (**donna**) *a toglierli* (**che gli tolse**) *di dosso il gran peso [del cavallo]*.
7 **restava**: *sarebbe rimasto*.
8 **favella**: *parola*.
67 3-4 *ma del cavallo, per il quale occorrevano* (**si convenia**) *più* (**meglio**) *riposo e cibo* (**esca**) *che un nuovo combattimento* (**giostra**).
5 **sua gloria accresca**: *può accrescere la propria gloria*.
8 **quando**: *dato che*. Il cavaliere sconosciuto sarebbe il vero perdente (**perditor**) per abbandono di campo. Angelica è volutamente capziosa, giacché ha bisogno di non umiliare Sacripante per conservarne l'aiuto.
68 2 **col corno e con la tasca**: riferito a **messaggier**. La **tasca** serviva a contenere i dispacci.
3 **ronzino**: cavallo di scarso valore, non da combattimento (come invece il "destriero").
6-7 **con un scudo bianco e con un bianco pennoncello**: riferito a **guerrier** (cfr. ott. 60, v. 4).

69
Rispose Sacripante: – Come vedi,
m'ha qui abbattuto, e se ne parte or ora;
e perch'io sappia chi m'ha messo a piedi,
fa che per nome io lo conosca ancora. –
Et egli a lui: – Di quel che tu mi chiedi
io ti satisfarò senza dimora:
tu dei saper che ti levo di sella
l'alto valor d'una gentil donzella.

70
Ella è gagliarda, et è più bella molto;
né il suo famoso nome anco t'ascondo:
fu Bradamante quella che t'ha tolto
quanto onor mai tu guadagnasti al mondo. –

Poi ch'ebbe così detto, a freno sciolto
il Saracin lasciò poco giocondo,
che non sa che si dica o che si faccia,
tutto avvampato di vergogna in faccia.

71
Poi che gran pezzo al caso intervenuto
ebbe pensato invano, è finalmente
si trovò da una femina abbattuto,
che pensandovi più, più dolor sente;
monto l'altro destrier, tacito e muto:
e senza far parola, chetamente
tolse Angelica in groppa, e differilla
a più lieto uso, a stanza più tranquilla

- **69** 5 **Di quel**: *[a proposito] di quello.*
6 **io…dimora**: *io ti soddisferò senza indugio.*
8 Ariosto gioca sul contrasto tra i due termini (**alto valor** e **gentil donzella**).
- **70** 1 **gagliarda**: *forte.*
2 **né…anco t'ascondo**: *non ti nascondo più.*
3 **Bradamante**: guerriera cristiana sorella di Rinaldo, si innamora di Ruggiero nel III libro dell'*Orlando innamorato*.
4 **quanto onor**: *tutto l'onore che.*
5 **a freno sciolto**: *a briglia sciolta.*
6 **poco giocondo**: l'eufemismo (**poco giocondo** = *per nulla contento*) è ironico.
7 **che… faccia**: *[tanto] che non sa più che cosa dire o che cosa fare.*
- **71** 1 **intervenuto**: *accaduto.*
2 **finalmente**: *alla fine.*
3-4 *si rese conto* (**si trovò**) *[di essere stato] buttato giù* (**abbattuto**) *[da cavallo] da una femmina, che [quanto] più ci pensa, [tanto] più ne soffre* (**dolor sente**).
5 **l'altro destrier**: quello di Angelica.
6 **chetamente**: *quietamente*; qui sinonimo di *senza far parola.*
7-8 *fece salire* (**tolse**) *Angelica in sella* (**in groppa**) *e rimandò* (**differilla**) *[la conquista di Angelica] a un momento più felice* (**a più lieto uso**) *e a un luogo* (**stanza**) *più tranquillo.*

T2 DALLA COMPRENSIONE ALL'INTERPRETAZIONE

COMPRENSIONE

I fili della narrazione La narrazione si articola in sequenze ben individuabili. L'**antefatto** (ottave 5-9) serve da **collegamento con l'*Orlando innamorato***. Ariosto non ha bisogno di presentare i suoi personaggi: bastano alcuni accenni sommari al momento della loro apparizione. La solidarietà tra autore e pubblico si fonda anche sulla comune padronanza della materia. Nella **seconda sequenza (ottave 10-23)** Angelica fugge, Rinaldo la insegue ma incontra il guerriero saraceno **Ferraù**. I due cavalieri si scontrano in duello. Mentre si sfidano, la bella Angelica si sta allontanando. Quando si accorgono della fuga, di comune accordo i cavalieri decidono di sospendere il duello e inseguono insieme la fanciulla in groppa allo stesso cavallo. In queste ottave l'occasione epica (la «crudel battaglia», ottave 16-17) quasi subito si trasforma in occasione romanzesca: sulla guerra prevale la passione amorosa dei cavalieri. «Oh, gran bontà de' cavalieri antiqui», commenta Ariosto nell'ottava 22: infatti i valori della cortesia inducono Rinaldo e Ferraù, nemici in guerra, avversari per fede religiosa ed in amore, ad allearsi provvisoriamente per inseguire Angelica. Quando **nella selva** separano le loro strade davanti ad un bivio, **la biforcazione delle vie dà origine, in parallelo, alla diversificazione dei racconti**, secondo la tecnica narrativa dell'*entrelacement*. Nella **terza sequenza (ottave 23-31)** è narrata la sfortunata e umiliante "avventura" di Ferraù alle prese con **il fantasma di Argalia**, in cui la materia eroica è sottoposta da Ariosto ad un trattamento ironico. Dopo un breve cenno a Rinaldo, irato perché nella selva pare aver perso l'orientamento, la **quarta sequenza (ottave 33-71)** descrive l'angosciata **fuga di Angelica**. La fanciulla incontra **Sacripante** e cerca con furbizia di sfruttare a suo vantaggio il fatto che anch'egli è innamorato di lei. Nelle **ottave 41-44** il cavaliere saraceno Sacripante piange il suo sfortunato amore nei modi della poesia lirica tradizionale (la metafora della «verginella» simile alla «rosa» da cogliere per tempo in un giardino che ha le caratteristiche dell'ideale *locus amoenus*). Ma l'astuzia concreta e opportunista di Angelica e l'irruzione sulla scena di **Bradamante in incognito che affronta Sacripante in duello** e lo umilia, sciolgono nell'ironia il lirismo della situazione. Nella **quinta sequenza (ottave 72-81)**, giunge di corsa **Rinaldo**, preceduto dal suo cavallo Baiardo che gli è scappato: è ancora un intoppo al piano di fuga di Angelica. Sacripante, invece di condurla via di gran carriera, vuol rimediare alla brutta figura precedente e sfida il paladino cristiano. Il canto si conclude sul più bello, rimandando l'avventura a quello successivo. Si produce così nel lettore **un effetto di *suspense***, che lo invoglia a proseguire la lettura.

ANALISI

La tecnica dell'*entrelacement* La lettura di questo canto ci permette di mettere a fuoco la tecnica principale del racconto ariostesco: quella dell'***entrelacement*** (**intreccio**). Nella selva si intrecciano personaggi e vicende, ognuna con un suo potenziale filo narrativo da sviluppare, che la scrittura di Ariosto ora alterna ora interseca. L'**incastro dei personaggi e delle situazioni** tiene desta l'attenzione del lettore e produce un **effetto di *suspense*** che invoglia a proseguire la lettura. Questa stessa strategia narrativa oggi è tipica delle produzioni televisive di *serial*, *soap-opera*, *telenovelas*, ecc.

La *quête* e il labirinto È il piano tematico che, sotterraneamente, determina la struttura narrativa. Tutti i personaggi sono implicati in un percorso di ricerca (**la *quête* cavalleresca**). Angelica ha alle spalle Rinaldo; Rinaldo insegue prima Angelica e poi Baiardo; Ferraù decide di trovare Orlando; Sacripante, da ricercatore di Angelica, ne diviene accompagnatore; Bradamante cerca Ruggiero. Tutto ciò avviene in una **selva labirintica**. Il gioco degli incontri e degli imprevisti mette in scena uno dei temi centrali nella riflessione cinquecentesca: **il potere della fortuna** e le possibilità di affermazione del valore umano. Per il momento, i nostri personaggi sembrano vittime del caso. Essi compiono libere scelte (fuggire, disertare, inseguire), ma non dipende da loro che realizzino i propri obiettivi o meno. La forma di libertà più grande sembra quella di chi, dall'alto, osserva e intreccia i destini dei personaggi: è cioè quella del narratore.

INTERPRETAZIONE

Ariosto e Calvino Nel 1970 la casa editrice Einaudi inaugurò una serie di classici rivisitati e riletti da scrittori e poeti contemporanei. In realtà di questa "serie" uscirono solo i primi due volumi: l'*Orlando furioso di Ludovico Ariosto raccontato da Italo Calvino* e la *Gerusalemme liberata di Torquato Tasso raccontata da Alfredo Giuliani* (a distanza di più di un ventennio, nel 1994, uscì poi *L'Orlando innamorato raccontato in prosa* di Gianni Celati). **Calvino è un lettore ideale di Ariosto**, meglio di lui forse nessuno poteva "raccontare" l'*Orlando furioso*. Ecco perché proponiamo qui alcune parti della sua lettura del canto I.
«In principio c'è solo una fanciulla che fugge per un bosco in sella al suo palafreno. Sapere chi sia importa sino a un certo punto: è la protagonista d'un poema rimasto incompiuto, che sta correndo per entrare in un poema appena cominciato. Quelli di noi che ne sanno di più possono spiegare che si tratta d'Angelica principessa del Catai, venuta con tutti i suoi incantesimi in mezzo ai paladini di Carlo Magno re di Francia, per farli innamorare e ingelosire e così distoglierli dalla guerra contro i Mori d'Africa e di Spagna. Ma piuttosto che ricordare tutti gli antecedenti, conviene addentrarsi in questo bosco dove la guerra che infuria per le terre di Francia non si fa udire se non per sparsi suoni di zoccoli o d'armi di cavalieri isolati che appaiono o scompaiono.

Intorno ad Angelica in fuga è un vorticare di guerrieri che, accecati dal desiderio, dimenticano i sacri doveri cavallereschi, e per troppa precipitazione continuano a girare a vuoto. La prima impressione è che questi cavalieri non sappiano bene cosa vogliono: un po' inseguono, un po' duellano, un po' giravoltano, e sono sempre sul punto di cambiare idea. [...]
La salvezza d'Angelica dipende davvero da interventi imprevedibili: tra tanti paladini che pretendono di proteggerla chi sopravviene a liberarla dalle insidie? Un'altra donna. E in mezzo a questo folle carosello, chi è l'unico ad agire sensatamente, in base a un piano meditato? Un cavallo. [...]
Come mai Baiardo, così fedele a Rinaldo, gli era scappato? Non tarderemo a comprendere che questa fuga (da cui, a ben vedere, si scatenano tutte le vicissitudini dell'*Orlando furioso*) era una straordinaria prova di fedeltà e intelligenza. Per servire il suo padrone innamorato, Baiardo s'era messo di sua iniziativa sulle tracce d'Angelica, di modo che Rinaldo, correndo dietro al destriero, avrebbe trovato la sua bella. Se si lasciava montare dal padrone, sarebbe stato il padrone a dirigerlo, come sempre avviene a ogni cavallo; fuggendo è Baiardo a dirigere Rinaldo. Questo Baiardo, così corposamente cavallo, tende a sconfinare dalla natura equina, proprio perché vuole essere un cavallo ideale».

T2 LAVORIAMO SUL TESTO

COMPRENDERE

L'organizzazione dell'intreccio

1. Riassumi, in maniera sintetica e ordinata, le vicende del canto, mettendo in luce le connessioni fra un episodio e l'altro.

ANALIZZARE

Lo stile

2. Descrivi la struttura metrica del testo.
3. Ricostruisci l'ordine normale del discorso nei versi 1-4 dell'ottava 10. Quali figure retoriche vi riconosci?

I temi

4. Il tema della *quête* indica
   - A il bisogno di quiete tanto agognata dall'Ariosto
   - B il capriccio del caso che regola le avventure
   - ☒ la tensione alla ricerca che accomuna tutti i personaggi
   - D l'invocazione del poeta alle Muse

I personaggi

5. Completa lo schema che segue, indicando i caratteri e i valori che incarnano i personaggi femminili presenti nel I canto.

personaggi	attributi	valori
Angelica		
Bradamante		

La struttura

6. Il caso ha un ruolo determinante nello sviluppo della vicenda: rintracciane i più clamorosi interventi.

INTERPRETARE

Lo spazio del narratore

7. «Oh gran bontà de'cavallieri antiqui!» (ottava 22): quale «bontà» rimpiange l'Ariosto? Che tono espressivo assume? Di quali valori si fa portavoce?

LE MIE COMPETENZE: CONFRONTARE

Per mettere in luce la novità del *Furioso*, può essere utile segnalare la distanza tra Ariosto e alcuni suoi modelli. A questo scopo svolgi due confronti:

- confronta la selva ariostesca con la «selva selvaggia e aspra e forte» dell'*Inferno* dantesco e cogline il diverso significato
- «La verginella è simile alla rosa»: il paragone tra la rosa e la donna è un topos letterario diffuso. Rifletti sulla lunga similitudine che occupa le ottave 42 e 43 e confrontala con la ballata di Poliziano «I' mi trovai, fanciulle, un bel mattino» (cap. III, T3, p. 81). Mettine in luce analogie e differenze.

10 L'isola di Alcina

T • *L'isola di Alcina*

Con un avventuroso volo dell'ippogrifo, Ariosto conduce **Ruggiero sull'isola della fata Alcina**: luogo di delizie, essa rappresenta la seduzione dei piaceri terreni che distolgono l'eroe dal suo dovere di guerriero epico. Il tema è antico. **Dietro Alcina si riconosce Circe**, la maga dell'*Odissea* che trasforma in animali quanti approdino sulla sua isola. Esiste, in realtà, una lunga tradizione di romanzi arturiani, in cui belle fate irretiscono cavalieri con le loro lusinghe. Ariosto è ben consapevole della **letterarietà dell'episodio**. Lo dimostra per

Alcina e Circe

Dosso Dossi, *La maga Melissa*, 1520 circa. Roma, Galleria Borghese.
Il dipinto fu eseguito per Ippolito d'Este e raffigura la maga Melissa. Nel canto VIII si racconta che Melissa ha liberato gli uomini dall'incantesimo della maga Alcina. Ad Astolfo allude l'armatura a sinistra.

esempio nel momento in cui Astolfo, trasformato in mirto, narra a Ruggiero la propria vicenda. Nel III libro dell'*Eneide*, a essere mutato in pianta è Polidoro, fratello di Enea; nel XIII canto dell'*Inferno*, Pier delle Vigne; nel V libro del *Filocolo* di Boccaccio, un amante sventurato, Idalagos. Sono tutti episodi patetici, e spesso nobilmente patetici. **Ariosto**, invece, **ripensa a quei modelli con una punta di ironia**. Il racconto di Astolfo è un esempio dell'irrazionalità della passione amorosa e sensuale, svolto in tono disincantato e sorridente. Il carattere letterario del passo è accentuato dal fatto che le avventure di Astolfo erano già state raccontate da Boiardo nell'*Innamorato* (II, XIII-XIV).

L'ironia della ripresa ariostesca dei modelli classici

11 Angelica imprigionata e liberata

Tra gli episodi romanzeschi più avvincenti del poema c'è quello di **Angelica** esposta a un mostro marino per essere divorata, e prodigiosamente **salvata da Ruggiero**. Nell'*Orlando innamorato* (III, III) un'avventura simile capita a una dama saracena, Lucina. Ma Ariosto non si accontenta della fonte volgare e torna a un modello più illustre e adeguato al classicismo rinascimentale: la liberazione di Andromeda a opera di Pèrseo – che monta il cavallo alato Pegaso –, narrata da **Ovidio** nel IV libro delle *Metamorfosi*. Il lavoro di Ariosto sulle fonti mostra la consapevolezza dei suoi intenti. Anzitutto, egli costruisce un clima in cui il patetismo è temperato da note ironiche (specie nel finale). In secondo luogo, **carica l'episodio di significati nuovi**, strettamente legati al piano generale del poema. Angelica è la bellezza, fragile e minacciata; Orlando è la vittima dell'amore e della sorte; Ruggiero, il giovane che deve ancora lottare contro le seduzioni dei sensi. Anche nella trama generale del *Furioso* la sequenza ha un posto di rilievo. **È la prima apparizione dell'eroe nel poema che gli è intitolato**; ed è un'apparizione che ce lo mostra in tutt'altra veste da quella dell'eroe. Orlando rinuncia a essere un guerriero epico: ha tutte le debolezze dell'amante romanzesco. Inoltre, l'episodio è uno dei casi più evidenti di **ironia della sorte**: la liberazione di Angelica non spetta al paladino che la cerca, ma a Ruggiero. Aggiungendo l'episodio di Olimpia nella redazione del 1532 (cfr. § 8), Ariosto sottolinea ancora questo aspetto.

L'uso ariostesco delle fonti antiche e moderne

Orlando, amante romanzesco più che guerriero epico

Jean Auguste Dominique Ingres, *Ruggiero libera Angelica*, 1819. Parigi, Museo del Louvre.

Del dipinto, realizzato nel 1819 per Luigi XVIII, esiste una versione conservata alla National Gallery di Londra. Al dipinto di Ingres si è ispirato Gustave Doré per le celebri illustrazioni del poema.

T3 Ruggiero libera Angelica dall'orca

OPERA
Orlando furioso,
X, 90-107 e 109-115;
XI, 1-3 e 6-9

CONCETTI CHIAVE
- il dominio della fortuna
- la bellezza femminile

FONTE
L. Ariosto, *Orlando furioso*, a cura di S. Debenedetti e C. Segre, cit.

La fuga di Angelica non è fortunata. Vittima prima di un frate tutt'altro che santo, ora è rapita dagli abitanti di Ebuda. Questi, per un'antica tradizione, sacrificano a un'orribile orca le donne più belle: alla principessa spetta questa miserevole fine. Nessuno può aiutarla; anche se Orlando, nella lontana Parigi, la sogna in pericolo. Egli lascia la città per trovarla e poco gli importa di tradire, in questo modo, Carlo Magno. Il caso vuole, però, che non sia lui a raggiungere Angelica. Tutto questo è l'antecedente, qui non antologizzato, dell'episodio che comincia nel canto X e si conclude nell'XI. Ruggiero, fuggito dall'isola di Alcina con l'ippogrifo, la scorge dall'alto nel suo volo. Vince l'orca, libera la principessa e, folgorato dalla sua bellezza, vorrebbe possederla. Naturalmente, non si può sperare che Angelica acconsenta: grazie al suo anello magico, ella scompare e lascia Ruggiero solo e scornato.

X 90

Mentre Ruggier di quella gente bella,
che per soccorrer Francia si prepara,
mira le varie insegne, e ne favella,
e dei signor britanni i nomi impara;
uno et un altro a lui, per mirar quella
bestia sopra cui siede, unica o rara,
maraviglioso corre e stupefatto;
e tosto il cerchio intorno gli fu fatto.

91

Sì che per dare ancor più maraviglia,
e per pigliarne il buon Ruggier più gioco,
al volante corsier scuote la briglia,
e con gli sproni ai fianchi il tocca un poco:
quel verso il ciel per l'aria il camin piglia,
e lascia ognuno attonito in quel loco.
Quindi Ruggier, poi che di banda in banda
vide gl'Inglesi, andò verso l'Irlanda.

92

E vide Ibernia fabulosa, dove
il santo vecchiarel fece la cava,
in che tanta mercé par che si truove,
che l'uom vi purga ogni sua colpa prava.
Quindi poi sopra il mare il destrier muove
là dove la minor Bretagna lava:
e nel passar vide, mirando a basso,
Angelica legata al nudo sasso.

93

Al nudo sasso, all'Isola del pianto;
che l'Isola del pianto era nomata
quella che da crudele e fiera tanto
et inumana gente era abitata,
che (come io vi dicea sopra nel canto)
per varii liti sparsa iva in armata
tutte le belle donne depredando,
per farne a un mostro poi cibo nefando.

94

Vi fu legata pur quella matina,
dove venìa per trangugiarla viva
quel smisurato mostro, orca marina,
che di aborrevole esca si nutriva.
Dissi di sopra, come fu rapina
di quei che la trovaro in su la riva
dormire al vecchio incantatore a canto,
ch'ivi l'avea tirata per incanto.

X

● **90-115** Ruggiero ha lasciato l'isola di Alcina sull'ippogrifo; volando, arriva in Inghilterra dove vede la rassegna delle truppe radunate per portare aiuto a Carlo Magno.
● **90** 3 **mira**: *osserva*; **ne favella**: *ne parla*.
6 **bestia**: l'ippogrifo.
7 **maraviglioso**: *meravigliato*.
8 *e presto gli si fece* (**gli fu fatto**) *intorno un cerchio* [*di curiosi*].
● **91** 2 **pigliarne...più gioco**: *prendersene gioco* [*ancora*] *di più*.
3 *tira le briglie al destriero alato* (**volante corsier**).
7 **poi che di banda in banda**: *dopo che per ogni regione*.
● **92** 1 **Ibernia fabulosa**: *l'Irlanda favolosa*; **fabulosa** perché su di essa si narrano tante leggende.
2-4 *il santo vecchierello* [: *san Patrizio*] *scavò il pozzo* (**fece la cava**), *nel quale* (**in che**) *sembra che si trovi tanta misericordia* (**mercé**) [*di Dio*], *che ci si può espiare* (**l'uom vi purga**; **uom** è indefinito) *ogni propria* (**sua**) *colpa malvagia* (**prava**).
6 *là dove* [*il mare*] *bagna* (**lava**) *la Bretagna francese* (**minor Bretagna**; per distinguerla dalla Gran Bretagna).
● **93** 1 **Isola del pianto**: Ebuda.
3 **fiera tanto**: *tanto feroce*.
4 **inumana**: *disumana*.
5 **sopra nel canto**: *prima, in un* [*altro*] *canto*. Per riannodare le fila del poema, Ariosto spesso ne riassume episodi precedenti. Qui fa riferimento alle ott. 51-60 del canto VIII.
6 *se ne andava* (**ave**) *ordinata in schiere* (**in armata**) *sulle diverse spiagge* (**per varii liti**).
7 **depredando**: *rapendo*.
8 *per darle poi come pasto* (**farne...cibo**) *scellerato* (**nefando**) *a un mostro*.
● **94** 4 **aborrevole esca**: *cibo orribile*.
5 **Dissi di sopra**: cfr. ottave 61-65 del canto VIII; **rapina**: *preda*.
8 **tirata**: *attirata*.

95
La fiera gente inospitale e cruda
alla bestia crudel nel lito espose
la bellissima donna, così ignuda
come Natura prima la compose.
Un velo non ha pure, in che richiuda
i bianchi gigli e le vermiglie rose,
da non cader per luglio o per dicembre,
di che son sparse le polite membre.

96
Creduto avria che fosse statua finta
o d'alabastro o d'altri marmi illustri
Ruggiero, e su lo scoglio così avinta
per artificio di scultori industri;
se non vedea la lacrima distinta
tra fresche rose e candidi ligustri
far rugiadose le crudette pome,
e l'aura sventolar l'aurate chiome.

97
E come ne' begli occhi gli occhi affisse,
de la sua Bradamante gli sovenne.
Pietade e amore a un tempo lo traffisse,
e di piangere a pena si ritenne;
e dolcemente alla donzella disse,
poi che del suo destrier frenò le penne:
– O donna, degna sol de la catena
con chi i suoi servi Amor legati mena,

98
e ben di questo e d'ogni male indegna,
chi è quel crudel che con voler perverso
d'importuno livor stringendo segna
di queste belle man l'avorio terso? –
Forza è ch'a quel parlar ella divegna
quale è di grana un bianco avorio asperso,
di sé vedendo quelle parte ignude,
ch'ancor che belle sian, vergogna chiude.

99
E coperto con man s'avrebbe il volto,
se non eran legate al duro sasso;
ma del pianto, ch'almen non l'era tolto,
lo sparse, e si sforzò di tener basso.
E dopo alcun' signozzi, il parlar sciolto
incominciò con fioco suono e lasso:
ma non seguì; che dentro il fe' restare
il gran rumor che si sentì nel mare.

100
Ecco apparir lo smisurato mostro
mezzo ascoso ne l'onda e mezzo sorto.
Come sospinto suol da borea o d'ostro
venir lungo navilio a pigliar porto,
così ne viene al cibo che l'è mostro
la bestia orrenda; e l'intervallo è corto.
La donna è mezza morta di paura;
né per conforto altrui si rassicura.

● **95** 1 **fiera**: come **cruda**, significa *crudele*.
4 *come la natura l'aveva fatta* (**la compose**) *da principio* (**prima**) [: quando nacque].
5-8 *Non ha neppure un velo con il quale* (**in che**) *coprire* (**richiuda**) *i bianchi gigli e le rose rosse* [: il bianco e il rosso dell'incarnato], [*tali*] *da non cadere* [: sfiorire] *né a luglio* [: in estate; **per** è causale] *né a dicembre* [: in inverno], [*gigli e rose*] *di cui le sue membra levigate* (**polite**) *sono cosparse*. La metafora delle **rose** e dei **gigli** è di tradizione classica.

● **96** 1 **avria**: *avrebbe*; **finta**: *fatta* [*da uomini*]: latinismo.
2 **illustri**: *famosi*, cioè 'pregiati'.
3 **avinta**: *legata*.
4 **industri**: *abili*.
5-8 *se non avesse visto*, *tra le fresche rose* [: il rossore] *e i bianchi gigli* (**i candidi ligustri**) [: il pallore], *una lacrima che spiccava* (**distinta**) *bagnare come rugiada* (**far rugiadose** = rendere bagnate di rugiada) *le mele un po' acerbe* (**crudette pome**) [: i seni] *e* [*non avesse visto*] *il vento* (**l'aura**) [*far*] *sventolare i capelli* (**chiome**) *biondi* (**aurate** = dorate). Ariosto si compiace di costruire un'ottava preziosa e decorativa nel gusto del Boccaccio minore e della lirica coeva.

● **97** 1 **begli occhi**: di Angelica; **affisse**: *fissò*.
2 **gli sovenne**: *si ricordò*.
3 *lo colpirono* (**lo traffisse**) *nello stesso istante pietà e amore*.
4 **si ritenne**: *si trattenne*.
6 *dopo aver frenato le ali dell'ippogrifo*.
7-8 **98** 1-4 «*O donna, degna solo della catena con la quale* (**con chi**) *Amore conduce* (**mena**) *legati i suoi servi* [: gli innamorati] *e certo* (**ben**) *indegna di questo e di ogni male; chi è quell'*[*individuo*] *crudele che, con un disegno criminale* (**con voler perverso**), *segna di inopportuni lividi* (**importuno livor**) *l'avorio rilucente* (**terso**) [: il candore] *delle tue belle mani stringendole* [**con le catene**]?». Ruggiero si esprime con la ricercatezza di un petrarchista. La metafora della **catena** è collegata al tema del trionfo di Amore, diffuso da Ovidio e Petrarca in particolare: il dio è un signore crudele che opprime gli amanti.

● **98** 5-8 *È inevitabile* (**forza è**) *che a quelle parole ella diventi* (**divegna**) *come è un bianco avorio cosparso* (**asperso**) *di porpora* (**grana**) [: *che arrossisca*], *vedendo nude quelle parti del proprio corpo* (**di sé**) *che, per quanto* (**ancor che**) *siano belle, il pudore fa coprire* (**vergogna chiude**).

● **99** 1 **coperto...s'avrebbe**: *si sarebbe coperta*.
3 **tolto**: *impedito*; come invece le erano impediti i movimenti.
4 **tener basso**: *mantenerlo abbassato* [: il volto]; in segno di pudore.
5-7 *E dopo alcuni singhiozzi* (**signozzi**) *incominciò a parlare speditamente* (**il parlar sciolto**) *con voce debole e stanca* (**fioco...e lasso**): *ma non poté continuare* (**non seguì**); poiché *glielo fece* (**il fe'**) *restare in gola* (**dentro**) *il gran rumore che proveniva dal mare*.

● **100** 2 *per metà nascosto dall'acqua, e per metà fuori* (**sorto**). Da questa ottava in poi le rime sono difficili e aspre per sottolineare la terribilità del combattimento. Ariosto mette a frutto la lezione di Dante comico e di Pulci.
3-6 *Come, spinta da borea o dall'austro* [: nomi di venti], *è solita* (**suol**) *venire ad approdare* (**a pigliar porto**) *una lunga imbarcazione* (**navilio**), *così viene al cibo che le è mostrato* (**mostro**; rima equivoca) *la bestia orrenda* [: l'orca]; *e il tempo* (**intervallo**) [*che impiega*] *è breve* (**corto**).
8 **altrui**: *di altri*; cioè di Ruggiero.

101
Tenea Ruggier la lancia non in resta,
ma sopra mano, e percoteva l'orca.
Altro non so che s'assimigli a questa,
ch'una gran massa che s'aggiri e torca;
né forma ha d'animal, se non la testa,
c'ha gli occhi e i denti fuor, come di porca.
Ruggier in fronte la ferìa tra gli occhi;
ma par che un ferro o un duro sasso tocchi.

102
Poi che la prima botta poco vale,
ritorna per far meglio la seconda.
L'orca, che vede sotto le grandi ale
l'ombra di qua e di là correr su l'onda,
lascia la preda certa litorale,
e quella vana segue furibonda:
dietro quella si volve e si raggira.
Ruggier giù cala, e spessi colpi tira.

103
Come d'alto venendo aquila suole,
ch'errar fra l'erbe visto abbia la biscia,
o che stia sopra un nudo sasso al sole,
dove le spoglie d'oro abbella e liscia;
non assalir da quel lato la vuole
onde la velenosa e soffia e striscia,
ma da tergo la adugna, e batte i vanni,
acciò non se le volga e non la azzanni:

104
così Ruggier con l'asta e con la spada,
non dove era de' denti armato il muso,
ma vuol che 'l colpo tra l'orecchie cada,
or su le schene, or ne la coda giuso.
Se la fera si volta, ei muta strada,
et a tempo giù cala, e poggia in suso:
ma come sempre giunga in un dïaspro,
non può tagliar lo scoglio duro et aspro.

105
Simil battaglia fa la mosca audace
contra il mastin nel polveroso agosto,
o nel mese dinanzi o nel seguace,
l'uno di spiche e l'altro pien di mosto:
negli occhi il punge e nel grifo mordace,
volagli intorno e gli sta sempre accosto;
e quel suonar fa spesso il dente asciutto:
ma un tratto che gli arrivi, appaga il tutto.

106
Sì forte ella nel mar batte la coda,
che fa vicino al ciel l'acqua inalzare;
tal che non sa se l'ale in aria snoda,
o pur se 'l suo destrier nuota nel mare.
Gli è spesso che disia trovarsi a proda;
che se lo sprazzo in tal modo ha a durare,
teme sì l'ale inaffi all'ippogrifo,
che brami invano avere o zucca o schifo.

- **101** 1 **in resta**: nella posizione giusta e consueta, all'altezza della vita.
  2 **sopra mano**: all'altezza della spalla.
  3 *Non conosco nient'altro che somigli a questa* [: all'orca].
  4 **s'aggiri e torca**: *si volti e si contorca*.
  6 **porca**: *cinghialessa*; l'orca ha cioè le zanne che escono dalla bocca.
  7 **ferìa**: *feriva*.
- **102** 1 **poco vale**: *serve a poco*.
  5-6 *lascia la preda sicura* (**certa**) *che è sul lido* (**litorale**) [: Angelica, che non può muoversi] *e segue furibonda quella inafferrabile* (**vana**) [: l'ippogrifo].
  7 **si volve e si raggira**: *si volta e si rigira*.
  8 **spessi**: *numerosi*.
- **103** *Come è solita* (**suole**) [*fare*] *l'aquila che, venendo dall'alto, abbia visto un serpente* (**la biscia**) *vagare* (**errar**) *nell'erba o starsene* (**che stia**) *al sole su un sasso nudo dove rende belle* (**abbella**) *e liscia le squame* (**le spoglie**)

dorate, non vuole assalirla da quel lato dove (**onde**) *la* [*bestia*] *velenosa sibila* (**soffia**) *e striscia, ma la afferra* (**adugna** = adunghia) *da dietro* (**da tergo**), *e batte le ali* (**i vanni**), *perché* (**acciò**) [*il serpente*] *non le si volti* [*contro*] *e la morda* (**azzanni**).
- **104** *così Ruggiero, con la lancia* (**l'asta**) *e con la spada, vuole che il colpo ferisca* (**cada**) *tra le orecchie, ora sul dorso* (**le schene**), *ora giù* (**giuso**) *sulla coda, e non dove il muso è munito* (**armato**) *di denti. Se la belva* (**fera**) *si volta, egli cambia* (**ei muta**) *strada, cala giù al momento opportuno* (**a tempo**) *e resta* (**poggia**) *in su: ma, come se colpisse* (**giunga** = raggiunga) *sempre un* [*pezzo di*] *diaspro, non riesce a tagliare le scaglie* (**lo scoglio**) [*dell'orca*], *dure e ruvide* (**aspro**).
- **105** 1 **audace**: *coraggiosa*.
  3 **seguace**: *seguente*.
  4 *il primo* [: luglio] *ricco di grano* (**spiche** = spighe), *il secondo* [: settembre] [*ricco*] *di mo-*

sto [*perché si vendemmia*].
  5 **grifo mordace**: *muso pronto a mordere*.
  6 **accosto**: *accanto*.
  7-8 *e quello* [: il cane mastino] *fa spesso risuonare i denti a vuoto* (**asciutto**) [: senza riuscire a mordere la mosca] *ma se d'un colpo* (**un tratto**), [*il mastino*] *la prende, trova piena soddisfazione* (**appaga il tutto**). *Basta un nonnulla perché la mosca sia finita: e così Ruggiero*.
- **106** 3-4 *di modo che* [*Ruggiero*] *non sa se il suo cavallo* (**destrier**) [: l'ippogrifo] *muove* (**snoda**) *le ali in aria oppure se nuota nel mare*.
  5-8 *Accade spesso* (**gli è spesso**) *che desideri trovarsi sulla terraferma* (**a proda**); *poiché, se lo schizzare* (**sprazzo**) *deve continuare* (**ha a durare**) *in questo modo, teme che bagni* (**inaffi**) *le ali dell'ippogrifo, tanto che desidererebbe* (**sì...che brami**) *invano avere un galleggiante o un battello* (**o zucca o schifo**). *Sarebbe cioè troppo tardi per trovare un qualunque scampo*.

107
Prese nuovo consiglio, e fu il migliore,
di vincer con altre arme il mostro crudo:
abbarbagliar lo vuol con lo splendore
ch'era incantato nel coperto scudo.
Vola nel lito; e per non fare errore,
alla donna legata al sasso nudo
lascia nel minor dito de la mano
l'annel, che potea far l'incanto vano.
[...]

109
Lo dà ad Angelica ora, perché teme
che del suo scudo il fulgurar non viete,
e perché a lei ne sien difesi insieme
gli occhi che già l'avean preso alla rete.
Or viene al lito, e sotto il ventre preme
ben mezzo il mar la smisurata cete.
Sta Ruggiero alla posta, e lieva il velo;
e par ch'aggiunga un altro sole al cielo.

110
Ferì negli occhi l'incantato lume
di quella fera, e fece al modo usato.
Quale o trota o scaglion va giù pel fiume
c'ha con calcina il montanar turbato,
tal si vedea ne le marine schiume
il mostro orribilmente riversciato.
Di qua di là Ruggier percuote assai,
ma di ferirlo via non truova mai.

111
La bella donna tuttavolta priega
ch'invan la dura squama oltre non pesti.
– Torna, per Dio, signor: prima mi slega
(dicea piangendo), che l'orca si desti:
portami teco e in mezzo il mar mi anniega:
non far ch'in ventre al brutto pesce io resti. –
Ruggier, commosso dunque al giusto grido,
slegò la donna, e la levò dal lido.

112
Il destrier punto, ponta i piè all'arena
e sbalza in aria e per lo ciel galoppa;
e porta il cavalliero in su la schena,
e la donzella dietro in su la groppa.
Così privò la fera de la cena
per lei soave e delicata troppa.
Ruggier si va volgendo, e mille baci
figge nel petto e negli occhi vivaci.

113
Non più tenne la via, come propose
prima, di circundar tutta la Spagna;
ma nel propinquo lito il destrier pose,
dove entra in mar più la minor Bretagna.
Sul lito un bosco era di querce ombrose,
dove ognor par che Filomena piagna;
ch'in mezzo avea un pratel con una fonte,
e quinci e quindi un solitario monte.

●**107** 1 **consiglio**: *decisione*.
2 **crudo**: *crudele*.
3 **abbarbagliar**: *accecare*.
4 **che c'era, per incantesimo (era incantato), nello scudo velato**.
5 **per non fare errore**: *per non commettere l'errore [di accecare anche Angelica]*.
8 **l'anello, che poteva vanificare (far...vano) l'incantesimo; l'anello magico di Angelica, ora in possesso di Ruggiero. Nell'ottava 108 si fa brevemente la storia dell'anello e dei suoi numerosi passaggi di mano.*
[...]
●**109** 1-4 *Ora lo dà ad Angelica perché teme che (teme / che... non) annulli (viete) lo sfolgorare del suo scudo, e perché al tempo stesso (insieme) ella ne abbia protetti (difesi) gli occhi, che lo avevano già fatto innamorare (preso alla rete; d'Amore). Poiché l'anello magico annulla gli incantesimi, Ruggiero teme, tenendolo al dito, che lo scudo non funzioni.*
6 **cete**: *cetaceo*.
7 **alla posta**: *in agguato*; **lieva il velo**: *toglie il velo [che copre lo scudo]*.
●**110** 1-2 *La luce magica (l'incantato lume) ferì gli occhi di quella belva (fera) e produsse l'effetto consueto (fece al modo usato = fece nel solito modo)*.
3 **scaglion**: *pesce di acqua dolce*.
4 *[fiume] che il montanaro ha intorbidato (turbato) con della calcina*.
6 **riversciato**: *rovesciato*.
8 *ma non trova mai il punto adatto (via) in cui ferirlo [mortalmente]*.
●**111** 1 **tuttavolta**: *intanto*.
2 **oltre non pesti**: *non percuota più*.
3-4 **prima mi slega /... che**: *slegami prima che*.
5 **teco**: *con te*; **mi anniega**: *fammi affogare*.
6 **brutto**: *orrendo*.
●**112** 1-2 *L'ippogrifo (il destrier) spronato (punto), punta le zampe (piè) nella sabbia (arena) e balza in aria e [inizia a] galoppare attraverso (per) il cielo*.
3 **schena**: *schiena*; *più vicina al collo di quanto non sia la groppa (v. 4)*.
5 **fera**: *belva*.
6 **troppa**: *troppo*.
8 **figge nel**: *imprime sul*; **vivaci**: *risplendenti [: di Angelica]*.
●**113** 1 **propose**: *si era proposto*.
3 **propinquo**: *vicino*; **pose**: *fece scendere*.
4 *dove la Bretagna francese maggiormente si protende verso il mare [con il suo promontorio]; cfr. 92, 6*.
6 *dove sembra che si lamenti (piagna = pianga) sempre Filomena; cioè dove cantano sempre gli usignoli, giacché in un usignolo fu trasformata Filomena secondo il mito*.
7 **pratel**: *praticello*.
8 **quinci e quindi**: *da una parte e dell'altra*.

Cecco Bravo, *Angelica e Ruggiero*, 1640. Chicago, Smart Museum of Art.

Tra la fine del X e l'inizio dell'XI canto Angelica, dopo essere stata liberata da Ruggiero, per sfuggirgli, indossa l'anello magico che la rende invisibile.

114
Quivi il bramoso cavallier ritenne
l'audace corso, e nel pratel discese;
e fe' raccorre al suo destrier le penne,
ma non a tal che più le avea distese.
Del destrier sceso, a pena si ritenne
di salir altri; ma tennel l'arnese:
l'arnese il tenne, che bisognò trarre,
e contra il suo disir messe le sbarre.

Il racconto riprende nel canto seguente.

XI 1
Quantunque debil freno a mezzo il corso
animoso destrier spesso raccolga,
raro è però che di ragione il morso
libidinosa furia a dietro volga,
quando il piacere ha in pronto; a guisa d'orso
che dal mel non sì tosto si distolga,
poi che gli n'è venuto odore al naso,
o qualche stilla ne gustò sul vaso.

115
Frettoloso, or da questo or da quel canto
confusamente l'arme si levava.
Non gli parve altra volta mai star tanto;
che s'un laccio sciogliea, dui n'annodava.
Ma troppo è lungo ormai, Signor, il canto,
e forse ch'anco l'ascoltar vi grava:
sì ch'io differirò l'istoria mia
in altro tempo che più grata sia.

2
Qual raggion fia che 'l buon Ruggier raffrene,
sì che non voglia ora pigliar diletto
d'Angelica gentil che nuda tiene
nel solitario e commodo boschetto?
Di Bradamante più non gli soviene,
che tanto aver solea fissa nel petto:
e se gli ne sovien pur come prima,
pazzo è se questa ancor non prezza e stima;

- **114** 1-2 **bramoso**: *desideroso*; perché infiammato d'amore per Angelica; **ritenne / l'audace corso**: *frenò il volo ardito [dell'ippogrifo]*.
3 **fe' raccorre**: *fece raccogliere*; raccogliendo le penne, l'ippogrifo chiude le ali.
4 *Ma [non le fece raccogliere] a un altro (**a tal**), che le aveva [anche] più aperte;* cioè a se stesso, fremente per l'eccitazione.
5-8 *Si trattenne a stento dal salire su altri [: Angelica]; ma lo trattenne (**tennel**) l'armatura (**arnese**): lo trattenne l'armatura, che bisognava togliere (**trarre**) e che ostacolò (**messe le sbarre**; **messe** = mise) il suo desiderio (**contra il suo disir**).* La metafora del cavalcare per indicare un atto sessuale è comune. Ariosto ironizza qui al modo di Boccaccio.
- **115** 1 **canto**: *lato*.

3 **star tanto**: *metterci tanto tempo*.
6 **vi grava**: *vi pesa*.
7 **differirò**: *rimanderò*.
8 **grata**: *gradita*. La chiusa riprende i modi dei poemi canterini.

XI
- **1** *Sebbene un debole freno spesso [riesca a] trattenere (**raccolga**) un cavallo focoso (**animoso destrier**), è però raro che il freno (**morso**) della ragione faccia tornare indietro (**a dietro volga**) la passione dei sensi (**libidinosa furia**), quando ha a disposizione (**ha in pronto**) [l'oggetto del] piacere; come (**a guisa di**) un orso che non si distoglie così presto (**sì tosto**) dal miele (**mel**), dopo che (**poi che**) gliene è arrivato al naso il profumo o ne ha gustato qualche goccia (**stilla**) dal vaso.* La metafora del **freno** della ragione è tradizionale; l'**orso** è dal Medioevo simbolo della lussuria. Il proemio, come accade normalmente nel *Furioso*, ha lo scopo di svolgere una riflessione morale sull'episodio in corso.
- **2** 1-3 *Quale sarà (**fia**) la ragione che tratterrà (**raffrene**) il buon Ruggiero, tanto che non voglia godere (**pigliar diletto**: in senso erotico) della bella Angelica...?*
5 **gli soviene**: *si ricorda*.
6 *che era solito (**solea**) avere così fissa nel cuore.* È una metafora della tradizione lirica.
7-8 *e se anche se ne ricorda (**gli ne sovien**) come prima, è pazzo se non apprezza e stima anche (**ancor**) questa [: Angelica].* Il realismo di Ariosto prevale qui ironicamente su dati più importanti (anzitutto, il fatto che Ruggiero debba essere fedele a Bradamante, sposando la quale darà origine alla dinastia estense).

3
con la qual non saria stato quel crudo
Zenocrate di lui più continente.
Gittato avea Ruggier l'asta e lo scudo,
e si traea l'altre arme impaziënte;
quando abbassando pel bel corpo ignudo
la donna gli occhi vergognosamente,
si vide in dito il prezïoso annello
che già le tolse ad Albracca Brunello.
[...]

6
Or che sel vede, come ho detto, in mano,
sì di stupore e d'allegrezza è piena,
che quasi dubbia di sognarsi invano,
agli occhi, alla man sua dà fede a pena.
Del dito se lo leva, e a mano a mano
sel chiude in bocca: e in men che non balena,
così dagli occhi di Ruggier si cela,
come fa il sol quando la nube il vela.

7
Ruggier pur d'ogn'intorno riguardava,
e s'aggirava a cerco come un matto;
ma poi che de l'annel si ricordava,
scornato vi rimase e stupefatto:
e la sua inavvertenza bestemiava,
e la donna accusava di quello atto
ingrato e discortese, che renduto
in ricompensa gli era del suo aiuto.

8
– Ingrata damigella, è questo quello
guiderdone (dicea), che tu mi rendi?
che più tosto involar vogli l'annello,
ch'averlo in don. Perché da me nol prendi?
Non pur quel, ma lo scudo e il destrier snello
e me ti dono, e come vuoi mi spendi;
sol che 'l bel viso tuo non mi nascondi.
Io so, crudel, che m'odi, e non rispondi. –

9
Così dicendo, intorno alla fontana
brancolando n'andava come cieco.
Oh quante volte abbracciò l'aria vana,
sperando la donzella abbracciar seco!
Quella, che s'era già fatta lontana,
mai non cessò d'andar, che giunse a un speco
che sotto un monte era capace e grande,
dove al bisogno suo trovò vivande.

- **3** 1-2 *Con la quale [Angelica] il celebre e inflessibile (**quel crudo**) Senocrate non sarebbe stato più continente di lui.* **Zenocrate** *o* Senocrate *è un filosofo greco, famoso per avere resistito alla bellissima Frine che voleva sedurlo. Qui compare per antonomasia.*
  3 **gittato**: *gettato [via]*; **l'asta**: *la lancia*.
  4 **si traea**: *si toglieva*.
  5-6 *quando la donna, abbassando gli occhi con vergogna lungo il (**pel** = per il) [proprio] bel corpo nudo.*
  8 *L'episodio è narrato nel II libro dell'Orlando innamorato. Nelle ottave 4 e 5 continua la digressione sulla storia dell'anello (cfr. X, 108) [...]*
- **6** 3 **che, quasi dubitando (dubbia** = *dubbiosa*) *di fare un sogno privo di fondamento (**invano**).*
  4 **dà fede**: *crede*.
  5 **a mano a mano**: *immediatamente*.
  6 **in men che non balena**: *in meno che non scatti un fulmine [: in un baleno]*.
- **7** 2 **s'aggirava a cerco**: *andava girando intorno (**a cerco** = in cerchio)*.
  5 *e malediceva (**bestemmiava**) la propria sprovvedutezza.*
  7 **discortese**: *scortese*; **renduto**: *reso*.
- **8** 2 **guiderdone**: *ricompensa*.
  3-4 *[cioè] che vuoi (**vogli**) rubare (**involar**) l'anello, piuttosto che averlo in dono; **nol**: non lo.*
  5 **pur**: *solo*; **snello**: *agile*.
  6 **come vuoi mi spendi**: *fa' di me quello che vuoi*.
  7 **sol che**: *purché*.
- **9** 3 **vana**: *inconsistente*.
  4 **seco**: *con sé [: tra le proprie braccia]*.
  5 **fatta lontana**: *allontanata*.
  6 **che giunse a un speco**: *finché non giunse a una grotta*.
  7 **capace**: *ampia*.
  8 **al bisogno suo**: *per quanto ne aveva bisogno*.

T3 DALLA COMPRENSIONE ALL'INTERPRETAZIONE

COMPRENSIONE

La struttura L'episodio costituisce la **terza sequenza di una struttura narrativa complessa**. La **prima sequenza** (VIII, 51-65) ha per protagonista Angelica, catturata dagli abitanti dell'isola di Ebuda. Un breve intervento del narratore (VIII, 66-68) introduce la **seconda sequenza** (VIII, 69-91) che ha per protagonista Orlando. Il legame con la parte precedente è chiaro: da Angelica passiamo a chi la ama più di tutti, Orlando. Nella **terza sequenza** (X, 90-115; XI, 1-9), qui antologizzata, ricompaiono **Ruggiero e Angelica**. Con calcolato effetto di *suspense* **il racconto è interrotto dalla divisione in due canti**. Per il cavaliere si ripropongono le stesse tentazioni che egli ha già subito sull'isola di Alcina, dalla quale sta tornando. Seguirà poi, nel canto XI, una duplicazione-variazione di questa situazione narrativa: Orlando libera Olimpia dall'orca, agendo in modo ben diverso da Ruggiero. Ariosto non dispone le avventure dei personaggi solo per il piacere del racconto (come accade spesso in Boiardo): fa sì che esse abbiano anche un senso emblematico.

ANALISI

Lo stile L'elaborazione stilistica in più di un caso serve a **moderare lo slancio drammatico**: trasforma il pathos dell'azione in uno spettacolo e in un'occasione di bella letteratura. È utile rileggere, a questo proposito, le ottave sulla lotta tra Ruggiero e l'orca (X, 101-112 in particolare), disseminate di **rime difficili**, aspre, equivoche. Un altro elemento stilisticamente rilevante è l'**ironia**. Si veda la scena in cui Ruggiero, che ha appena liberato Angelica dall'orca, pensa bene di violentarla (X, 114-115; XI, 1-3). Quella Bradamante che prima occupava i suoi pensieri è tramontata dall'orizzonte della memoria. Ruggiero l'ha dimenticata, e se anche se ne ricordasse come prima sarebbe da pazzi non approfittare della situazione presente. Accecato dal desiderio, cerca di sbarazzarsi dell'ingombrante armatura che «contra il suo desir messe le sbarre»; ma nel far questo esibisce una goffaggine esemplare: «s'un laccio scioglie, dui n'annodava». L'operazione va tanto per le lunghe da consentire ad Angelica di trarsi d'impiccio grazie all'anello magico.

I temi Dal punto di vista tematico ha un ruolo di primo piano la sorte o **fortuna**. Il caso, con i suoi capricci, determina lo svolgimento romanzesco dei fatti e la frustrazione degli eroi. Per un caso Ruggiero è a Ebuda al momento giusto; per un caso Angelica ritrova il suo anello (XI, 3) e sfugge al suo salvatore. Un altro tema insistito è quello della **bellezza**: bene ammirato e fragile, essa è la causa delle disavventure di Angelica.

INTERPRETAZIONE

Il meraviglioso in un'aia Come abbiamo già fatto in **T2**, p. 367, cediamo la parola a **Calvino** e al suo racconto dell'*Orlando furioso*, approfittando della straordinaria sintonia che lega due autori della nostra letteratura così lontani nel tempo eppure così sorprendentemente "fratelli".
«Al largo dell'Irlanda, in riva all'isola di Ebuda, emergeva dal mare ogni mattino un mostro e divorava una fanciulla. Per risparmiare le proprie figlie, gli isolani s'erano fatti corsari e razziavano ragazze sulle coste intorno. Ogni mattina ne legavano una ad uno scoglio perché l'orca marina si saziasse e li lasciasse in pace. La bella Angelica era capitata in mano loro e adesso è là ignuda e incatenata. La sua sorte pare ormai segnata, quando vede volare per il cielo un guerriero su un cavallo con le ali. È Ruggiero sull'Ippogrifo.
Con l'Ippogrifo, è rimasto in mano di Ruggiero lo scudo che era appartenuto al mago Atlante e che basta scoprire per abbagliare l'avversario. Il possesso di questo oggetto magico lo mette in una situazione di vantaggio indiscutibile: più che seguire la sua battaglia contro l'Orca, siamo attratti a seguire la tecnica usata dall'Ariosto nel raccontare questa lotta d'un mostro marino con un guerriero su un cavallo alato. La poesia ariostesca non ha l'aria di ricorrere a poteri magici neppure quando parla di magie: il suo segreto sta nel ritrovare, in mezzo al gigantesco e al meraviglioso, le proporzioni di un'aia, d'un sentiero, d'una pozza in un torrente dell'Appennino. Il muso del mostro marino è visto come quello d'una cinghialessa o porca selvatica; l'Ippogrifo gli s'avvicina schivandone il morso come l'aquila che vuol beccare una biscia, o come la mosca col mastino; l'Orca tramortita ricorda le trote che si pescano intorbidando l'acqua con la calce. (X, 101-11)».

T3 LAVORIAMO SUL TESTO

COMPRENDERE

1. Segmenta il testo e attribuisci a ciascuna parte un titoletto.

ANALIZZARE

2. **LINGUA E LESSICO** Spiega il significato dei seguenti termini
   - favella
   - prava
   - lasso
   - destrier
   - terso
   - bramoso

La bellezza di Angelica

3. Trascrivi i termini che si riferiscono alla bellezza di Angelica.

Ruggiero liberatore e «cavalier bramoso»

4. Quali caratteristiche emergono di volta in volta dalla condotta di Ruggiero? Come sono sottolineate e commentate dal narratore?

Lo stile dell'epica e dell'ironia

5. A quali figure retoriche ricorre Ariosto nelle parti epiche? (ottave 101-112) Quale stile privilegia nelle parti narrative?

Il gioco della magia

6. **TRATTAZIONE SINTETICA** Che ruolo narrativo assume la magia? Spiegalo in un testo di dieci righe.

INTERPRETARE

Il corpo di Angelica e il desiderio di Ruggiero

7. Esprimi brevemente il tuo parere sulla condotta di Angelica e di Ruggiero e sulla loro coerenza ai rispettivi valori.

12 Una allegoria della condizione umana

Il palazzo di Atlante viene presentato per la prima volta nel canto II (ottave 41-44); nel canto IV fa da sfondo al duello tra Bradamante e il vecchio mago, che viene sconfitto; nel canto XII è protagonista. Se **l'episodio del palazzo di Atlante** è tra i più celebri del poema, non è solo per il fascino dell'invenzione narrativa. Ariosto parte, del resto, da un *tópos* della letteratura arturiana, in cui i castelli fatati si sprecano. A partire da esso egli costruisce un'**allegoria del destino umano**: che è spesso, come quello dei nostri cavalieri, un vano affaticarsi. È un procedimento tipico del *Furioso* rispetto alle sue fonti: dare un valore universale a trucchi narrativi ormai abusati.

Maurits C. Escher, *Relatività*, 1953.
Escher ha costruito l'immagine accostando tante scene possibili e giocando sull'ambiguità dei punti di vista. In questo modo la molteplicità delle prospettive ha dato vita ad una sorta di labirinto sensoriale in cui il confine fra apparenza e realtà è stato annullato. Come Orlando e Ruggero nel palazzo di Atlante non possono sfuggire all'inganno del mago Atlante, i personaggi senza volto che si muovono in questo spazio non possono sfuggire all'inganno dell'immagine in cui niente è vero.

T4 Il palazzo di Atlante

OPERA
Orlando furioso, XII, 4-22

CONCETTI CHIAVE
- la vana ricerca dei desideri

FONTE
L. Ariosto, *Orlando furioso*, a cura di S. Debenedetti e C. Segre, cit.

Mentre Angelica, fra mille peripezie, medita di tornarsene in patria, Orlando la ricerca ovunque. Per un caso sfortunato non è capitato a lui di liberarla dall'orca a Ebuda (dove pure è giunto), ma a Ruggiero. Un giorno, finalmente, gli sembra di vedere l'amata che, assalita da un cavaliere, invoca il suo aiuto. Il palazzo in cui il paladino è trascinato nell'inseguimento è però una nuova magia di Atlante. Qui giunge anche Ruggiero: è per sottrarlo alla guerra che l'incantesimo è stato concepito; e con lui troviamo i più famosi cavalieri cristiani e saraceni, tutti prigionieri di Atlante. Alla fine arriverà Angelica a dissolvere l'incantesimo del castello con il suo anello magico.

4
L'ha cercata per Francia: or s'apparecchia
per Italia cercarla e per Lamagna,
per la nuova Castiglia e per la vecchia,
e poi passare in Libia il mar di Spagna.
Mentre pensa così, sente all'orecchia
una voce venir, che par che piagna;
si spinge inanzi; e sopra un gran destriero
trottar si vede inanzi un cavalliero,

5
che porta in braccio e su l'arcion davante
per forza una mestissima donzella.
Piange ella, e si dibatte, e fa sembiante
di gran dolore; et in soccorso appella
il valoroso principe d'Anglante;
che come mira alla giovane bella,
gli par colei, per cui la notte e il giorno
cercato Francia avea dentro e d'intorno.

6
Non dico ch'ella fosse, ma parea
Angelica gentil ch'egli tant'ama.
Egli, che la sua donna e la sua dea
vede portar sì addolorata e grama,
spinto da l'ira e da la furia rea,
con voce orrenda il cavallier richiama,
richiama il cavalliero e gli minaccia,
e Brigliadoro a tutta briglia caccia.

7
Non resta quel fellon, né gli risponde,
all'alta preda, al gran guadagno intento;
e sì ratto ne va per quelle fronde,
che saria tardo a seguitarlo il vento.
L'un fugge, e l'altro caccia; e le profonde
selve s'odon sonar d'alto lamento.
Correndo, usciro in un gran prato; e quello
avea nel mezzo un grande e ricco ostello.

8
Di vari marmi con suttil lavoro
edificato era il palazzo altiero.
Corse dentro alla porta messa d'oro
con la donzella in braccio il cavalliero.
Dopo non molto giunse Brigliadoro,
che porta Orlando disdegnoso e fiero.
Orlando, come è dentro, gli occhi gira;
né più il guerrier, né la donzella mira.

9
Subito smonta, e fulminando passa
dove più dentro il bel tetto s'alloggia:
corre di qua, corre di là, né lassa
che non vegga ogni camera, ogni loggia.
Poi che i segreti d'ogni stanza bassa
ha cerco invan, su per le scale poggia;
e non men perde anco a cercar di sopra,
che perdessi di sotto, il tempo e l'opra.

● **4** 1 **s'apparecchia**: *si prepara*. Il soggetto è Orlando; l'oggetto di **l'ha cercata** è Angelica.
  2 **Lamagna**: *Germania*.
  3 **nuova Castiglia e...vecchia**: sono nella Spagna centrale.
  4 **e poi attraversare** (**passare**) *lo stretto di Gibilterra* (**mar di Spagna**) [**fino**] *in Libia*.
  6 **che par che piagna**: *che sembra piangere* (**piagna** = pianga).
● **5** 1 **arcion**: la sporgenza della sella che aiuta a sedersi sul cavallo.
  2 **per forza**: *con la violenza*; **mestissima**: *tristissima*.
  3-4 **fa sembiante/di gran dolore**: *mostra dall'aspetto un gran dolore*; **appella**: *chiama, invoca*.
  5 **il...principe d'Anglante**: Orlando.
  6-8 **il quale** [Orlando] *non appena* (**come**) *guarda verso* (**mira alla**) *la bella giovane, gli sembra* [*che sia*] *colei* [: Angelica] *per cui ha esplorato* (**cercato...avea**) *notte e giorno la Francia dentro e intorno*.
● **6** 1 **parea**: *sembrava*.
  4 **grama**: *infelice*.
  5 **rea**: *terribile*.
  6 **orrenda**: *spaventosa*.
  7 **gli**: *lo* (Ariosto usa il verbo "minacciare" intransitivamente).
  8 **e spinge** (**caccia**) *Brigliadoro* [: *il suo cavallo*] *a briglia sciolta*.
● **7** 1-4 *Quel vigliacco* (**fellon**) *non si arresta* (**non resta**) *e non gli risponde,* [*tutto*] *intento alla nobile* (**alta**) *preda* [: Angelica] *e al ricco* (**gran**) *guadagno* [*che essa rappresenta*]; *e se ne va così veloce* (**ratto**) *tra quei rami* (**per quelle fronde**), *che* [*persino*] *il vento sarebbe* (**saria**) *lento* (**tardo**) *nell'inseguirlo* (**a seguitarlo**).
  5 **l'un**: *il cavaliere sconosciuto*; **l'altro**: *Orlando*; **caccia**: *insegue*.
  6 **alto**: *acuto*.
  7 **usciro**: *giunsero all'aperto* [*rispetto all'intrico della foresta*]; **quello**: *il prato*.
  8 **ostello**: *edificio*.
● **8** 1-4 *Lo splendido* (**altiero**) *palazzo era stato costruito* (**edificato**) *con marmi* [*di*] *vari* [*colori*], *grazie a un abile* (**con suttil**) *lavoro. Il cavaliere corre dentro la porta dorata* (**messa d'oro**) *con la fanciulla* (**donzella**) *in braccio*.
  8 **né più...mira**: *e non vede più*.
● **9** *Smonta subito* [*da cavallo*] *e come un fulmine* (**fulminando**) *va* (**passa**) *dove si abita* (**s'alloggia**) *il bel palazzo* (**tetto**) *più internamente* (**più dentro**) [: *nelle stanze più interne*]; *corre di qua, corre di là, e non tralascia* (**né lassa** = lascia) *di esplorare* (**che vegga** = che veda) *ogni camera, ogni portico* (**loggia**). *E dopo che* (**poi che**) *ha perlustrato* (**cerco** = cercato) *invano gli angoli più nascosti* (**i segreti**) *di tutte le stanze* [*del piano*] *di sotto* (**bassa**), *sale* (**poggia**) *su per le scale; e non perde meno tempo e fatica* (**l'opra**) *a cercare anche di sopra, di quanto ne abbia persi* (**che perdessi**) *di sotto*.

10
D'oro e di seta i letti ornati vede:
nulla de muri appar né de pareti;
che quelle, e il suolo ove si mette il piede,
son da cortine ascose e da tapeti.
Di su di giù va il conte Orlando e riede;
né per questo può far gli occhi mai lieti
che riveggiano Angelica, o quel ladro
che n'ha portato il bel viso leggiadro.

11
E mentre or quinci or quindi invano il passo
movea, pien di travaglio e di pensieri,
Ferraù, Brandimarte e il re Gradasso,
re Sacripante et altri cavallieri
vi ritrovo, ch'andavano alto e basso,
né men facean di lui vani sentieri;
e si ramaricavan del malvagio
invisibil signor di quel palagio.

12
Tutti cercando il van, tutti gli danno
colpa di furto alcun che lor fatt'abbia;
del destrier che gli ha tolto, altri è in affanno;
ch'abbia perduta altri la donna, arrabbia;
altri d'altro l'accusa: e così stanno
che non si san partir di quella gabbia;
e vi son molti, a questo inganno presi,
stati le settimane intiere e i mesi.

13
Orlando, poi che quattro volte e sei
tutto cercato ebbe il palazzo strano,
disse fra sé: – Qui dimorar potrei,
gittare il tempo e fatica invano:
e potria il ladro aver tratta costei
da un'altra uscita, e molto esser lontano. –
Con tal pensiero uscì nel verde prato
dal qual tutto il palazzo era aggirato.

14
Mentre circonda la casa silvestra,
tenendo pur a terra il viso chino
per veder s'orma appare, o da man destra
o da sinistra, di nuovo camino;
si sente richiamar da una finestra:
e leva gli occhi; e quel parlar divino
gli pare udire, e par che miri il viso,
che l'ha, da quel che fu, tanto diviso.

15
Pargli Angelica udir, che supplicando
e piangendo gli dica: – Aita, aita!
la mia virginità ti raccomando
più che l'anima mia, più che la vita.
Dunque in presenza del mio caro Orlando
da questo ladro mi sarà rapita?
Più tosto di tua man dammi la morte,
che venir lasci a sì infelice sorte. –

- **10** 2 **appar**: *si vede*; cioè è lasciato scoperto.
  4 **son da cortine ascose**: *sono rivestite* (**ascose** = nascoste) *da tendaggi*.
  5 **riede**: *ritorna*.
  6-7 **può far...Angelica**: *può mai rallegrare* (**far...lieti**) *la vista rivedendo Angelica*.
  8 **che n'ha portato**: *che gli ha rapito*.
- **11** 1 **or quinci or quindi**: *ora da una parte ora dall'altra*.
  2 **travaglio**: *angoscia*.
  5 **alto e basso**: *in alto e in basso* [: ai vari piani del palazzo].
  6 **e non seguivano percorsi meno inutili** (**vani sentieri**) *di* [quanto facesse] *lui*.
  8 **signor di quel palagio**: *il padrone di quel palazzo*; anche nel senso di 'signore feudale, castellano'.
- **12** *Lo* (**il**; pronome) [: il «signor di quel palagio»] *vanno cercando tutti, tutti lo incolpano di un qualche* (**alcun**) *furto che* [egli] *abbia fatto loro: uno* (**altri**) *si affanna per il cavallo che gli ha sottratto; un altro è furibondo* (**arrabbia**) *per aver smarrito* (**ch'abbia perduta**) *la propria amata; e un altro* [ancora] *lo accusa di* [qualcosa] *altro; e in questo modo rimangono* (**stanno**) [lì], [tanto] *che non sanno allontanarsi* (**partir**) *da quella trappola* (**gabbia**); *e molti, vittime di questo inganno* (**a questo ingano presi**), *ci sono stati settimane e mesi interi*.
- **13** 1 **poi che**: *dopo che*; **quattro volte e sei**: indica genericamente *un gran numero di volte*.
  2 **cercato**: *esplorato*.
  3 **dimorar**: *restare*.
  4 **gittare**: *gettare, sprecare*.
  5 **potria**: *potrebbe*; **tratta**: *portata via*.
  8 **aggirato**: *circondato*.
- **14** *Mentre gira intorno* (**circonda**) *all'edificio che sorge in mezzo al bosco* (**la casa silvestra**) *tenendo continuamente* (**pur**) *lo sguardo* (**il viso**) *chino a terra per vedere se si nota* (**appare**) *un'orma che indichi* (**di**) *un passaggio* (**camino**) *recente* (**nuovo**), *a destra* (**da man destra**) *o a sinistra; si sente richiamare da una finestra: e alza gli occhi; e gli sembra di udire quella voce* (**quel parlar**) *divina e gli sembra di vedere* (**che miri**) *il viso che lo ha tanto trasformato* (**diviso** = reso diverso) *da quello che era* [prima]. Il v. 8 indica, con espressione petrarchesca, l'effetto dell'amore sull'innamorato.
- **15** 1 **Pargli**: *Gli sembra*.
  2 **Aita**: *Aiuto*.
  6 **rapita**: *sottratta* [: la verginità].
  8 [piuttosto che] *lasciarmi giungere a un destino così infelice*.

16
Queste parole una et un'altra volta
fanno Orlando tornar per ogni stanza,
con passione e con fatica molta,
ma temperata pur d'alta speranza.
Talor si ferma, et una voce ascolta,
che di quella d'Angelica ha sembianza
(e s'egli è da una parte, suona altronde),
che chieggia aiuto; e non sa trovar donde.

17
Ma tornando a Ruggier, ch'io lasciai quando
dissi che per sentiero ombroso e fosco
il gigante e la donna seguitando,
in un gran prato uscito era del bosco;
io dico che arrivò qui dove Orlando
dianzi arrivò se 'l loco riconosco.
Dentro la porta il gran gigante passa:
Ruggier gli è appresso, e di seguir non lassa.

18
Tosto che pon dentro alla soglia il piede,
per la gran corte e per le loggie mira;
né più il gigante né la donna vede,
e gli occhi indarno or quinci or quindi aggira.
Di su di giù va molte volte e riede;
né gli succede mai quel che desira:
né si sa imaginar dove sì tosto
con la donna il fellon si sia nascosto.

19
Poi che revisto ha quattro volte e cinque
di su di giù camere e loggie e sale,
pur di nuovo ritorna, e non relinque
che non ne cerchi fin sotto le scale.
Con speme al fin che sian ne le propinque
selve, si parte: ma una voce, quale
richiamò Orlando, lui chiamò non manco;
e nel palazzo il fe' ritornar anco.

20
Una voce medesma, una persona
che paruta era Angelica ad Orlando,
parve a Ruggier la donna di Dordona,
che lo tenea di se medesmo in bando.
Se con Gradasso o con alcun ragiona
di quei ch'andavan nel palazzo errando,
a tutti par che quella cosa sia,
che più ciascun per sé brama e desia.

21
Questo era un nuovo e disusato incanto
ch'avea composto Atlante di Carena,
perché Ruggier fosse occupato tanto
in quel travaglio, in quella dolce pena,
che 'l mal influsso n'andasse da canto
l'influsso ch'a morir giovene il mena.
Dopo il castel d'acciar, che nulla giova,
e dopo Alcina, Atlante ancor fa pruova.

● **16** 1 **una et un'altra volta**: *più volte.*
3 **passïone**: *sofferenza.*
4 [sofferenza e fatica] comunque (**pur**) addolcite (**temperata**) da una grande speranza [: ritrovare Angelica].
6-8 che somiglia a (**ha sembianza di**) quella di Angelica che chieda (**chieggia**) aiuto; e non riesce (**non sa**) a trovare da dove (**donde**) [provenga] (*e se egli è da una parte, [la voce] risuona da un'altra* (**altronde**)).
● **17** 1 Ariosto ricorda qui l'ultima apparizione di Ruggiero (XI 21): egli si era messo a seguire un gigante che gli sembrava avesse tra le braccia Bradamante (la **donna** del v. 3).
2 **fosco**: *oscuro.*
3 **seguitando**: *inseguendo.*
6 **dianzi**: *poco prima.* Con l'inciso **se 'l loco riconosco** Ariosto gioca sul proprio ruolo di narratore.
8 **lassa**: *lascia*; cioè 'smette'.
● **18** 2 **corte**: *cortile.*
4 *e gira inutilmente gli occhi ora da una parte ora dall'altra.*
5 **riede**: *ritorna.*
6 **desira**: *desidera.*

7 **sì tosto**: *così in fretta.*
8 **fellon**: *vigliacco.*
● **19** 1 Cfr. nota a **13**, 1.
3 **non relinque…cerchi**: *non trascura di esplorarlo*; **relinque** è un latinismo.
5-8 *In fine, con la speranza* (**speme**) *che* [Bradamante e il gigante] *siano nei boschi vicini* (**propinque**) *se ne va* (**si parte**): *ma una voce, simile a quella che* (**quale**) *aveva richiamato Orlando, chiamò lui non di meno* (**non manco**); *e lo fece* (**il fe'**) *ritornare ancora nel palazzo.*
● **20** *Quella stessa* (**una…medesma**) *voce, quella* [stessa] *figura* (**persona** = *corpo*) *che a Orlando era sembrata* (**paruta**) *Angelica, sembrò a Ruggiero la donna di Dordona* [: Bradamante], *la quale lo teneva fuori* (**in bando**) *di se stesso* [: lo aveva fatto innamorare]. [E] *se parla* (**ragiona**) *con Gradasso o con qualcuno di quelli che stanno vagando* (**errando**) *nel palazzo,* [scopre che tale immagine] *a tutti sembra che sia quello che ognuno di loro vuole e desidera* (**brama e desia**) *di più per se stesso.* L'amore mette **in bando** di sé perché priva della lucidità intellettuale. **Errando** ha il significato primo di 'vagare', ma anche

quello di 'sbagliare': i cavalieri sono vittime di un'illusione.
● **21** 1 **disusato**: *insolito.*
2 **composto**: *preparato*; **Atlante di Carena**: il mago che ha allevato Ruggiero sin da bambino, secondo quanto racconta Boiardo. La **Carena** è una catena montuosa dell'Africa nord-occidentale.
4 **travaglio**: *affanno.*
5-6 [tanto] *che fosse allontanato* (**n'andasse da canto** = *se ne andasse da parte*) *il funesto* (**mal**) *influsso* [delle stelle], [cioè] *l'influsso che conduce* (**mena**) *il giovane alla morte* (**a morir**). Atlante, essendo indovino, ha letto nelle stelle il destino di Ruggiero: convertitosi al cristianesimo, egli morirà per opera di Gano di Maganza, il traditore che sarà artefice anche della fine di Orlando. La profezia è già in Boiardo (*Innamorato* III 1 3).
7-8 *Dopo il castello d'acciaio* (**acciar**), *che non era servito* (**giova**) *a nulla, e dopo Alcina, Atlante ci prova* (**fa pruova**) *ancora.* Il **castel d'acciar** è un incantesimo simile a questo, narrato nel IV canto. **Alcina** è la maga che ha tentato di sedurre, con la bellezza, Ruggiero.

22
Non pur costui, ma tutti gli altri ancora,
che di valore in Francia han maggior fama,
acciò che di lor man Ruggier non mora,
condurre Atlante in questo incanto trama.
E mentre fa lor far quivi dimora,
perché di cibo non patischin brama,
sì ben fornito avea tutto il palagio,
che donne e cavallier vi stanno ad agio.

● **22** *Atlante progetta* (**trama**) *di condurre in questo luogo incantato* (**in questo incanto**) *non solo* (**pur**) *costui* [: Ruggiero]*, ma anche* (**ancora**) *tutti gli altri* [*cavalieri*] *che in Francia hanno fama più grande per il* [*loro*] *valore, affinché* (**acciò che**) *Ruggiero non muoia* (**non mora**) *ucciso da loro* (**di lor man**)*. E perché mentre li fa dimorare* (**fa lor far…dimora**) *qui non soffrano* (**patischin** = *patiscano*) *desiderio* (**brama**) *di cibo* [: *la fame*]*, ha fornito* [*di vivande*] *così bene tutto il palazzo, che donne e cavalieri vi stanno comodamente* (**ad agio**)*.*

T4 DALLA COMPRENSIONE ALL'INTERPRETAZIONE

COMPRENSIONE

Un labirinto incantato Il palazzo di queste ottave è un castello incantato. Tale lo ha reso il mago Atlante. Qui si incontrano, attirati dall'inganno, i più famosi cavalieri cristiani e saraceni, ognuno alla **ricerca affannosa dell'oggetto del proprio desiderio** (la donna amata, un cavallo…). L'edificio diventa così un'**allegoria del destino umano**, concepito come un faticoso processo di ricerca nel quale l'abilità e la perseveranza, in una parola la virtù, di ciascuno è costretta a scontrarsi con l'imprevedibilità del caso e con gli scorni inflitti dalla sorte. Il castello di Atlante, come la selva del primo canto, è un labirinto: persi in questo **labirinto intricato**, attirati da immagini ingannevoli che sono proiezioni dei loro desideri, tutti **i personaggi di Ariosto inseguono qualcosa che non riusciranno a ottenere**.

Collocazione e suddivisione dell'episodio L'episodio del castello di Atlante si colloca nel **canto XII** del poema. Esso segna il ricongiungersi del destino di due protagonisti fondamentali dell'opera: **Orlando e Ruggiero**. Entrambi all'inseguimento della donna che amano (Angelica e Bradamante), i due convergono, anziché sulle tracce dell'amata, in un luogo incantato dal quale proviene l'illusorio richiamo della donna. Entrambi si gettano dunque nell'inutile inseguimento. Il **parallelismo tra i due cavalieri** affiora già nella lotta comune contro l'orca nei canti precedenti, ed è qui riconoscibile anche nella suddivisione strutturale dell'episodio in **due sequenze** parallele: la prima (**ottave 4-16**) ha per protagonista **Orlando**; la seconda (**ottave 17-22**), **Ruggiero**.

ANALISI

Lo stile L'episodio rappresenta un bell'esempio della scorrevolezza narrativa e della felicità di rappresentazione proprie dello stile ariostesco. Tuttavia, hanno qui un particolare risalto la rispondenza e le riprese collegate al tema dell'**illusorietà dei desideri umani**. Il **verbo "parere"** ritorna per esempio con insistenza: 5, 7; 6, 1; 14, 7; 15, 1; 20, 2, 3 e 7. Un altro dato stilistico insiste sull'**affanno delle ricerche**: è la frequenza di **espressioni come «di qua, di là», «di su, di giù», «quinci, quindi»** (9, 3; 10, 5; 11, 1; 18, 4 e 5). Il cammino dei cavalieri è un andare a vuoto, un ritornare sui propri passi; così come sui propri passi ritornano, nel modo che abbiamo qui indicato, il lessico e lo stile del poeta.

Atlante e Ariosto Il tema del **castello incantato** rientra nella più tipica tradizione dei racconti d'avventura. Qui l'incanto ha un significato e un valore speciali, legati al modo di comporre di Ariosto e alla sua concezione della vita (cfr. sotto). Nella narrazione complessiva dell'*Orlando furioso*, la vicenda rientra nei tentativi compiuti da Atlante per sottrarre Ruggiero alla morte destinata (cfr. l'ottava 21). I suoi incantesimi romanzeschi sono sempre indirizzati ad allontanare il destino epico dell'eroe. Così, **Atlante diventa una sorta di doppio di Ariosto**: l'arte narrativa di questi, come l'arte magica del vecchio mago, ha il fine di rimandare la chiusura del poema promessa da Boiardo, cioè la morte appunto di Ruggiero. Per rispettare il proprio progetto epico-narrativo, Ariosto deve far fallire tutti i trucchi di Atlante. E tuttavia alla fine gli concederà la parziale vittoria di lasciare fuori dal poema la morte di Ruggiero.

INTERPRETAZIONE

Unità e varietà Uno dei rischi di un'opera complessa e varia come l'*Orlando furioso* è che la trama si dissolva in una serie di vicende autonome. Si tratta anzi di un rischio divenuto, a giudizio di alcuni interpreti, un vero e proprio difetto. Questo episodio suggerisce però come Ariosto abbia saputo garantire al poema varietà e unità in modo sostanziale. L'unità è per esempio qui assicurata dalla somiglianza dei diversi destini di Orlando e di Ruggiero, entrambi colti nella **replicazione ossessiva e vana del proprio destino** di inseguitori frustrati. Un'unità ancora più profonda è riconoscibile nel significato esemplare dell'incantesimo del castello di Atlante, nel quale convergono i temi più significativi e sentiti del mondo poetico ariostesco.

Un'allegoria del destino umano e dell'arte ariostesca Rispetto alla tradizione dei romanzi d'avventura, e in particolare rispetto alle *quêtes* (ricerche) arturiane, non abbiamo più qui un percorso rettilineo, per quanto accidentato, ma una **peregrinazione ciclica e labirintica** (nel Cinquecento l'idea del labirinto circolare è infatti assai diffusa): i protagonisti, più che inseguire le loro avventure, restano prigionieri di un meccanismo fatto apposta per mettere in risalto la loro incapacità di conseguire un successo concreto, cioè di vincere la sfida epica dell'avventura. Il palazzo di Atlante diviene così un'**allegoria del destino umano**: gli uomini si affaticano inutilmente dietro alle loro passioni e ai loro desideri. Per di più, l'oggetto di queste passioni è un'illusione, cioè qualcosa che in realtà non esiste. **Inseguire un oggetto illusorio** significa essere vittime di un accecamento. L'episodio ha poi una funzione allegorica anche rispetto al poema e al modo in cui esso costruisce la narrazione. Le lunghe e faticose ricerche dei cavalieri nel palazzo sono l'equivalente delle loro *quêtes*: le une e le altre sono **peregrinazioni fallimentari, a un passo dalla follia**. L'episodio offre dunque una chiave interpretativa per l'intero poema, ovvero ne racchiude, in piccolo, il significato.

Attualizzazione e valorizzazione L'episodio del castello di Atlante è una versione moderna del tema, già biblico, della **vanità di tutte le cose** e della inutilità degli affanni cui gli esseri umani si sottopongono per raggiungere ciò che desiderano. La modernità sta nel fatto che la rappresentazione ariostesca non ha la funzione di far risaltare una sfera di valori diversa e opposta, rispetto a quella mondana (di tipo per esempio religioso). Al di là del vano e dell'illusorio non c'è nulla. Non senza una ragione il tema qui presentato ritorna nell'episodio di Astolfo sulla luna (cfr. T7, p. 414), che trasporta in una prospettiva cosmica l'intuizione del castello di Atlante. Proprio la trattazione laica e dunque sconsolata di questo tema decreta l'attualità di un episodio come questo, attualità tanto più forte in un momento storico che sembra aver smarrito anche le certezze relative ai progetti terreni degli uomini e che trasmette davvero l'impressione di **vivere entro un labirinto senza vie d'uscita**. Né privo di suggestione sarà il confronto con il meccanismo pubblicitario e con i modi di creare il consenso e indurre bisogni non reali da parte dei mass media. Rispetto alla promessa di felicità contenuta nei modelli televisivi dominanti, sembriamo davvero tutti dei piccoli Orlando all'inseguimento di vane illusioni.

T4 LAVORIAMO SUL TESTO

COMPRENDERE

1. Riassumi il testo sottolineando, nelle due sequenze, gli elementi ricorrenti.

ANALIZZARE

Retorica e lessico

2. «or s'apparecchia / per l'Italia cercarla e per Lamagna / per la nuova Castiglia e per la vecchia» (ottava 4). Individua la figura retorica che compare in questi versi
   - A metafora
   - B iperbole
   - C chiasmo
   - ☒ D anafora

3. **LINGUA E LESSICO** Sottolinea le numerose ricorrenze del verbo "parere": a quale tema allude questa insistenza lessicale?

Il tema dell'inchiesta

4. Da cosa sono accomunati Orlando, Ruggiero e tutti gli ospiti del palazzo?

Il punto di vista del narratore

5. Quale atteggiamento assume il narratore nei loro confronti? (cfr. ottava 17)

L'allegoria del palazzo

6. Di quali situazioni e di quali aspirazioni dell'esistenza può essere allegoria il palazzo di Atlante? Perché?

Lo stile

7. A quali scelte stilistiche ricorre Ariosto per esprimere la condizione della ricerca? In che modo anche lo stile – come i cavalieri nei loro tortuosi andirivieni – torna sui propri passi?

INTERPRETARE

Ariosto e i personaggi

8. Ci sono, come già nel primo canto, espressioni dell'autore che indichino la sua condivisione della condizione dei personaggi? Perché?

Una riflessione sul destino umano

9. Prova ad attualizzare la complessa allegoria del palazzo incantato considerando quali illusioni potrebbero guidare l'uomo contemporaneo nel palazzo di Atlante.

LE MIE COMPETENZE: FARE RICERCHE

L'errare e l'errore costituiscono un grande tema del *Furioso*. Il castello del mago Atlante è per eccellenza il luogo ariostesco dell'«errare». È un luogo insieme reale e allegorico. Qui tutti i personaggi "errano" continuamente sia perché aderiscono ad una concezione della vita come ricerca e inseguimento continuo dei propri desideri, sia perché ciò comporta il rischio dello sbaglio e dell'inganno. Ariosto è consapevole di usare il verbo «errare» in tutta l'ambiguità semantica che gli proviene dall'origine latina. Fai una ricerca etimologica, individua l'origine e i diversi significati di questo verbo.

13 Cloridano e Medoro. Angelica e Medoro

Il modello virgiliano

Dopo gli intrecci romanzeschi, leggiamo ora uno dei passi epici più famosi del poema. Lo scenario torna alla guerra tra cristiani e saraceni, che avevamo incontrato nel I e nell'VIII canto. **Il modello letterario è il IX libro dell'*Eneide*.** Virgilio racconta l'impresa notturna di **Eurialo e Niso**; Ariosto quella di due saraceni, **Cloridano e Medoro** (cfr. T5, p. 394). Il *Furioso* imita con grande fedeltà il testo classico; ma questo non basta per creare un clima epico anche nella sostanza (cfr. § 4). Ariosto deve aggiornare la traccia virgiliana riconducendola ai contenuti ideologici della sua società e del suo tempo. Per questo Eurialo e Niso, trasformandosi in Cloridano e Medoro, diventano **due perfetti cortigiani** fedeli al loro re, Dardinello, morto in battaglia. I valori dell'epica latina o carolingia, in quanto valori collettivi, non sono adeguati al mondo cinquecentesco. Ariosto sostituisce a essi i valori di una vita di corte ideale, in cui l'eroismo guerriero esprime fedeltà e lealtà verso il signore. È una morale concepita per la sola classe sociale dominante, mentre l'epica antica si rivolgeva all'intera società. Nell'episodio ariostesco, inoltre, è presente la **polemica contro l'ipocrisia delle corti**: il poema assolve così anche alla sua funzione educativa.

Cloridano e Medoro, due perfetti cortigiani

S • Cloridano, Medoro e Dardinello: due cortigiani e il loro signore (E. Saccone)

L'episodio di Angelica e Medoro

L'episodio che segue, quello di **Angelica e Medoro**, è la diretta continuazione di quello precedente, ma il tono muta presto: dall'impresa epica di Cloridano e Medoro, passiamo agli amori romanzeschi di Angelica, che romanzescamente ricompare sulla scena. Sempre sdegnosa di fronte ai suoi corteggiatori, ora è esemplarmente punita per la sua durezza. **Siamo al contrappasso**, per usare un termine dantesco: la principessa soffre la pena che ha inflitto sinora agli altri; lei che non si è curata di conti e di re, adesso ama un oscuro soldato. Amore non agisce qui come irrazionalità, ma come una legge severa e ferrea. E la fortuna, ancora una volta, si muove contro la virtù degli uomini. Tutte le gloriose imprese di Orlando o Sacripante non contano nulla: Angelica si innamora di chi non ha fatto nulla per conquistarla. Per ora il tono è ironico, divertito, boccaccesco. Ma si prepara il dramma di Orlando.

T • Angelica si innamora di Medoro

Jacques Blanchard, *Angelica e Medoro*, 1630 circa.

T5 Cloridano e Medoro

OPERA
Orlando furioso, XIX, 1-15

CONCETTI CHIAVE
- l'amicizia
- la fedeltà verso il proprio signore

FONTE
L. Ariosto, *Orlando furioso*, a cura di S. Debenedetti e C. Segre, cit.

T • *L'impresa notturna di Cloridano e Medoro*

Cloridano e Medoro sono due semplici soldati saraceni, giunti in Europa con il loro re Dardinello. Questi è morto in battaglia: di notte, i due amici decidono di recuperarne il cadavere per dargli sepoltura. È Medoro, il più giovane, a trascinare nell'impresa Cloridano. Dopo aver fatto strage di nemici, essi trovano il corpo di Dardinello. Ma mentre lo trasportano via, li sorprendono le truppe del cristiano Zerbino. Cloridano si mette in salvo lasciando involontariamente solo Medoro, che non vuole abbandonare il cadavere. Il canto XIX, di cui riportiamo qui le prime ottave, si apre a questo punto: Cloridano, accortosi di non avere con sé Medoro, torna indietro per salvarlo dai nemici ma, nella lotta, muore. Medoro, risparmiato da Zerbino per la sua bellezza e la sua nobiltà d'animo, è però ferito gravemente.

1
Alcun non può saper da chi sia amato,
quando felice in su la ruota siede:
però c'ha i veri e i finti amici a lato,
che mostran tutti una medesma fede.
Se poi si cangia in tristo il lieto stato,
volta la turba adulatrice il piede;
e quel che di cor ama riman forte,
et ama il suo signor dopo la morte.

2
Se, come il viso, si mostrasse il core,
tal ne la corte è grande e gli altri preme,
e tal è in poca grazia al suo signore,
che la lor sorte muterianno insieme.
Questo umil diverria tosto il maggiore:
staria quel grande infra le turbe estreme.
Ma torniamo a Medor fedele e grato,
che 'n vita e in morte ha il suo signore amato.

3
Cercando già nel più intricato calle
il giovine infelice di salvarsi;
ma il grave peso ch'avea su le spalle,
gli facea uscir tutti i partiti scarsi.
Non conosce il paese, e la via falle,
e torna fra le spine a invilupparsi.
Lungi da lui tratto al sicuro s'era
l'altro, ch'avea la spalla più leggiera.

4
Cloridan s'è ridutto ove non sente
di chi segue lo strepito e il rumore:
ma quando da Medor si vede absente,
gli pare aver lasciato a dietro il core.
– Deh, come fui (dicea) sì negligente,
deh, come fui sì di me stesso fuore,
che senza te, Medor, qui mi ritrassi,
né sappia quando o dove io ti lasciassi! –

● **1** *Nessuno* (**alcun non**) *può sapere da chi sia amato* [*veramente*] *finché* (**quando**) *se ne sta felice sulla ruota* [*della Fortuna*] [: *gode della buona sorte*]; *perché* (**però c'<he>**) *ha vicino* (**a lato**) *sia i veri sia i falsi amici, che mostrano tutti la medesima fedeltà* (**fede**) [: *che si mostrano tutti fedeli allo stesso modo*]. *Se poi il destino favorevole* (**il lieto stato**) *si trasforma* (**si cangia** = *cambia*) *in avverso* (**in tristo**), *la folla degli adulatori* (**la turba adulatrice**) *se ne va via* (**volta...il piede**); *e rimane costante* (**forte**) *colui che ama di cuore, e ama il proprio signore* [*anche*] *dopo la morte*. L'antica immagine della ruota della Fortuna indica il mutare dei destini umani e lo scambiarsi di posto tra chi ha successo e chi non ne ha. Ariosto parte dal proverbio secondo cui i veri amici si riconoscono nelle difficoltà; e lo riferisce al mondo cortigiano.

● **2** 1-6 *Se il cuore si rivelasse* (**si mostrasse**) [*in quello che prova*] *come il viso* [: *se potessimo conoscere i pensieri segreti degli altri*], *chi* (**tal**) *ha nella corte una posizione di rilievo* (**è grande**) *e domina* (**preme**) *sugli altri e chi è poco apprezzato* (**è in poca grazia** = *è poco nelle grazie*) *dal proprio signore cambierebbero* (**muteriano**) *l'un con l'altro* (**insieme**) *la propria condizione* (**lor sorte**). *Chi è in basso* (**questo umil**) *diventerebbe* (**diverria**) *subito* (**tosto**) *il più grande: e quello* [*che sta*] *in alto* (**grande**) *starebbe* (**staria**) *tra la folla più bassa* (**infra le turbe estreme**) [: *tra i cortigiani di rango inferiore*]. Ariosto polemizza contro l'ipocrisia dei cortigiani.

● **3** 1-2 *Il giovane sventurato* (**infelice**) *andava* (**gìa**) *nel sentiero* (**calle**) *più tortuoso* (**intricato**) *cercando di salvarsi*.
3 **grave**: *pesante*; **peso**: *quello del cadavere di Dardinello*.
4 *faceva sì che tutti i tentativi* (**partiti**) [*di salvarsi*] *si rivelassero inutili* (**uscir...scarsi**).
5 **falle**: *sbaglia*; latinismo.
6 **invilupparsi**: *intricarsi*.
7 **Lungi**: *Lontano*; **tratto**: *messo*.
8 **l'altro**: Cloridano.

● **4** 1 **s'è ridutto**: *si è rifugiato*.
3 **absente**: *separato*.
4 *gli pare di aver perduto* (**lasciato a dietro** = *lasciato indietro*) *il cuore* [: *la parte più importante di sé, la cosa più cara*].
7 **mi ritrassi**: *giunsi*.
8 *e non so quando o dove ti ho lasciato*.

5
Così dicendo, ne la torta via
de l'intricata selva si ricaccia;
et onde era venuto si ravvia,
e torna di sua morte in su la traccia.
Ode i cavalli e i gridi tuttavia,
e la nimica voce che minaccia:
all'ultimo ode il suo Medoro, e vede
che tra molti a cavallo è solo a piède.

6
Cento a cavallo, e gli son tutti intorno:
Zerbin commanda e grida che sia preso.
L'infelice s'aggira com'un torno,
e quanto può si tien da lor difeso,
or dietro quercia, or olmo, or faggio, or orno,
né si discosta mai dal caro peso.
L'ha riposato al fin su l'erba, quando
regger nol puote, e gli va intorno errando:

7
come orsa, che l'alpestre cacciatore
ne la pietrosa tana assalita abbia,
sta sopra i figli con incerto core,
e freme in suono di pietà e di rabbia:
ira la 'nvita e natural furore
a spiegar l'ugne e a insanguinar le labbia;
amor la 'ntenerisce, e la ritira
a riguardare ai figli in mezzo l'ira.

8
Cloridan, che non sa come l'aiuti,
e ch'esser vuole a morir seco ancora,
ma non ch'in morte prima il viver muti,
che via non truovi ove più d'un ne mora,
mette a l'arco un de' suoi strali acuti,
e nascoso con quel sì ben lavora,
che fora ad uno Scotto le cervella,
e senza vita il fa cader di sella.

9
Volgonsi tutti gli altri a quella banda
ond'era uscito il calamo omicida.
Intanto un altro il Saracin ne manda,
perché 'l secondo a lato al primo uccida;
che mentre in fretta a questo e a quel domanda
chi tirato abbia l'arco, e forte grida,
lo strale arriva e gli passa la gola,
e gli taglia pel mezzo la parola.

10
Or Zerbin, ch'era il capitano loro,
non poté a questo aver più pazienza.
Con ira e con furor venne a Medoro,
dicendo: – Ne farai tu penitenza. –
Stese la mano in quella chioma d'oro,
e strascinollo a sé con violenza:
ma come gli occhi a quel bel volto mise,
gli ne venne pietade, e non l'uccise.

- **5** 1 **torta via**: *tortuosi sentieri*.
  2 **si ricaccia**: *si spinge nuovamente*.
  3-4 *e riprende la via* (**si ravvia**) *dalla quale* (**onde**) *era venuto, e torna sui suoi passi* (**in su la traccia**) *che lo porteranno alla morte* (**di sua morte**). Questi versi preannunciano la sorte di Cloridano.
  5 **tuttavia**: *continuamente*.
  8 *che lui solo è a piedi tra tanti* [che sono] *a cavallo*.

- **6** 3 **torno**: *tornio*.
  4 **si tien...difeso**: *si tiene al riparo*.
  6 **caro peso**: *il cadavere dell'amato Dardinello*.
  7-8 *infine* (**al fin**) *lo ha posto* (**l'ha riposato**) *sull'erba, dal momento che* (**quando**) *non lo può* (**nol puote**) *reggere* [sulle spalle] *e gli va vagando* (**errando**) *intorno*.

- **7** [Medoro si comporta] *come un'orsa, che il cacciatore montanaro* (**alpestre**) *abbia assalito nella grotta in cui ha la tana* (**ne la pietrosa tana**), *sta sui figli* [per difenderli] *con il cuore incerto* [sul da farsi: proteggerli o assalire], *e freme con mugghi* (**in suono**) *di affetto* (**pietà**) [: per i piccoli] *e di rabbia* [: contro il cacciatore]: *l'ira e il furore istintivo* (**natural**) *la spingono* (**la 'nvita**) *a sfoderare gli artigli* (**spiegar l'ugne**) *e a insanguinarsi il muso* (**le labbia**) [mordendo il cacciatore]; *l'amore la intenerisce, e la induce* (**ritira**) *a proteggere* (**riguardare**) *i piccoli, pur nell'ira*.

- **8** 1-4 *Cloridano, che non sa come aiutarlo* [: Medoro] *e che vuole essere con lui* (**seco**) *anche nella morte* (**a morir...ancora**), *ma non* [vuole] *trasformare* (**che...muti**) *la vita* (**il viver**) *in morte* [: non vuole morire] *prima di aver trovato* (**prima...che...non truovi**) *modo* (**via**) *per uccidere* (**ove...ne mora** = in cui muoia) *più d'un* [nemico].
  5 **strali acuti**: *frecce pungenti*.
  6 *e, nascosto, agisce così bene con quello* [: l'arco].

- **9** 1 **Volgonsi**: *Si voltano*; **a quella banda**: *da quella parte*.
  2 **ond<e>**: *da dove*; **calamo**: *freccia*.
  3 **un altro**: *un'altra freccia*.
  4 <i>l **secondo**: *un altro cristiano*.
  5 **che**: *il quale* [: il secondo cavaliere cristiano].
  6 **chi tirato abbia l'arco**: *chi abbia tirato* [con] *l'arco*.
  7 **passa**: *trafigge*.
  8 **pel mezzo**: *a metà*.

- **10** 2 **a questo**: *a questo punto*.
  4 – **Ne farai tu penitenza** –: *«Pagherai tu* [queste morti]*»*.
  5 **stese...in**: *protese verso*.
  7 **mise**: *rivolse*.

11
Il giovinetto si rivolse a' prieghi,
e disse: – Cavallier, per lo tuo Dio,
non esser sì crudel, che tu mi nieghi
ch'io sepeliscа il corpo del re mio.
Non vo' ch'altra pietà per me ti pieghi,
né pensi che di vita abbi disio:
ho tanta di mia vita, e non più, cura,
quanta ch'al mio signor dia sepultura.

12
E se pur pascer vòi fiere et augelli,
che 'n te il furor sia del teban Creonte,
fa lor convito di miei membri, e quelli
sepelir lascia del figliuol d'Almonte.
Così dicea Medor con modi belli,
e con parole atte a voltare un monte;
e sì commosso già Zerbino avea,
che d'amor tutto e di pietade ardea.

13
In questo mezzo un cavallier villano,
avendo a suo signor poco rispetto,
ferì con una lancia sopra mano
al supplicante il delicato petto.

14
Spiacque a Zerbin l'atto crudele e strano;
tanto più, che del colpo il giovinetto
vide cader sì sbigottito e smorto,
che 'n tutto giudicò che fosse morto.

E se ne sdegnò in guisa e se ne dolse,
che disse: – Invendicato già non fia! –
e pien di mal talento si rivolse
al cavallier che fe' l'impresa ria;
ma quel prese vantaggio, e se gli tolse
dinanzi in un momento, e fuggì via.
Cloridan, che Medor vede per terra,
salta del bosco a discoperta guerra.

15
E getta l'arco, e tutto pien di rabbia
tra gli nimici il ferro intorno gira,
più per morir, che per pensier ch'egli abbia
di far vendetta che pareggi l'ira.
Del proprio sangue rosseggiar la sabbia
fra tante spade, e al fin venir si mira,
e tolto che si sente ogni potere,
si lascia a canto al suo Medor cadere.

- **11** 1 **si rivolse a' prieghi**: ricorse alle preghiere.
  3-4 non essere così crudele da non concedermi (**che tu mi nieghi**) di seppellire…
  5-8 Non voglio che ti intenerisca (**ti pieghi**) altra pietà per me, né che tu pensi che io desideri vivere (**di vita abbi disio**): della mia vita, ho una preoccupazione (**cura**) pari (**tanta… quanta**), e non superiore (**più**), a [quella di] dare sepultura al mio signore [: mi interessa vivere solo per seppellire Dardinello].
- **12** 1-4 Ma se proprio (**e se pur**) vuoi (**vòi**) far mangiare (**pascer**) le belve e gli uccelli [rapaci], [in modo] che sia in te la follia (**il furor**) del tebano Creonte, offri loro come pasto (**fa lor convito**) il mio corpo (**di miei membri**), e lascia seppellire quello [: il corpo] del figlio di Almonte [: Dardinello]. **Creonte** è il tiranno che aveva stabilito la pena di morte per chi avesse sepolto i nemici uccisi.
  6 **atte a voltare**: [che sarebbero state] capaci di capovolgere; iperbole.
- **13** 1 **In questo mezzo**: in questo momento; **villano**: per estrazione sociale e sensibilità.
  3 **sopra mano**: [impugnandola] più alta della spalla.
  4 **supplicante**: a colui che stava supplicando; cioè a Medoro.
  5 **strano**: immotivato.
  6 **del**: per il.
  7 **sbigottito e smorto**: pallido come un morto (dittologia sinonimica).
  8 **<i>'n tutto**: davvero.
- **14** 1-2 **in guisa…che**: in modo che; **dolse**: addolorò; – **Invendicato già non fia! –**: «Non resterà (**non fia** = sarà) certo (**già**) senza vendetta!».
  3 **mal talento**: istinto vendicativo (**mal** = cattivo).
  4 **fe' l'impresa ria**: compì l'atto scellerato.
  5 **prese vantaggio**: allontanandosi; **se gli**: gli si.
  6 **dinanzi**: da davanti.
  8 **a discoperta guerra**: per lo scontro diretto.
- **15** 2 **fa roteare** (**intorno gira**) la spada (**il ferro**) tra i nemici.
  3-4 più per morire, che perché egli abbia il pensiero di fare una vendetta che sia pari (**pareggi**) [: dia soddisfazione] alla [sua] ira.
  5-6 Vede (**mira**) la sabbia diventare rossa (**rosseggiare**) del proprio sangue e [si vede] arrivare alla morte (**al fin**).

T5 DALLA COMPRENSIONE ALL'INTERPRETAZIONE

COMPRENSIONE

Un episodio epico Questo episodio dell'*Orlando furioso* riprende un celebre brano del IX libro dell'*Eneide* di Virgilio che ha per protagonisti Eurialo e Niso (sull'epicità del *Furioso* cfr. **S5**). Nella riscrittura di Ariosto i giovani amici **Cloridano e Medoro sono due saraceni**, uniti da un rapporto di amicizia e dalla comune fedeltà al re Dardinello, morto in battaglia. Nel **canto XVIII** Ariosto ha raccontato come, per recuperarne il corpo, cui vogliono offrire sepoltura, Cloridano e Medoro abbiano compiuto una sortita notturna contro i nemici cristiani. Mentre trasportano a fatica il corpo, vengono sorpresi dalle truppe del cristiano Zerbino. Il **canto XIX**, di cui abbiamo letto una prima parte, si apre con un intervento del narratore che riflette sull'**amicizia** e polemizza contro l'**ipocrisia della corte** (ottave 1-2). Ariosto ricorda al lettore che i veri amici si riconoscono nelle difficoltà: infatti molto spesso la lealtà è solo apparente, frutto di simulazione e di adulazione, come ben sa chi ha fatto esperienza della vita di corte. Gli ultimi versi della seconda ottava riprendono la narrazione della vicenda di Cloridano e Medoro, in cui possiamo distinguere **tre momenti**:

- **ottave 3-9**: il protagonista di questi versi è **Cloridano**. Accortosi di aver lasciato indietro l'amico Medoro, Cloridano, pentito, ritorna sui suoi passi incurante del pericolo (ottave 3-4-5), trova Medoro circondato dai nemici (ottave 6-7), e, per salvarlo, da un nascondiglio scocca frecce contro i cristiani (ottave 8-9);
- **ottave 10-12**: il fuoco della narrazione si sposta sul guerriero cristiano Zerbino e sul suo dialogo con Medoro. **Zerbino e Medoro**, pur nemici di fede, si rivelano entrambi uomini civili, fedeli ai valori di una stessa, "universale", civiltà cortese, e su ciò fondano il loro incontro. Zerbino decide di risparmiare la vita a Medoro colpito dalla sua bellezza (ottava 10) e dalla richiesta del giovane di dar degna sepoltura al suo re Dardinello prima di morire (ottave 11-12);
- **ottave 13-15**: l'episodio si conclude con un **epilogo tragico**. Un «cavalier villano» dell'esercito cristiano ferisce Medoro che crolla a terra (ottava 13). Zerbino insegue il cavaliere cristiano con l'intenzione di punirlo; intanto Cloridano, vedendo Medoro a terra, esce allo scoperto (ottava 14). Mosso dalla rabbia e dalla disperazione, Cloridano si getta con la spada sui cristiani, viene colpito e muore, crollando a fianco dell'amico (ottava 15).

ANALISI

Il modello virgiliano Sul piano strutturale, è subito evidente che la narrazione epica è costruita diversamente rispetto a quella romanzesca. Qui infatti non abbiamo intrecci e interruzioni, ma un **racconto consequenziale e continuo**. Anche nella tecnica narrativa, dunque, Ariosto rispetta il modello virgiliano.

I personaggi Cloridano, Medoro, Zerbino e il «cavalier villano» rappresentano mondi diversi individuati non dall'opposizione fra amici e nemici, saraceni e cristiani, ma da quella fra cortesia e villania. Sono i valori della civiltà rinascimentale. Zerbino e Medoro, diversi per fede e condizione sociale, hanno la stessa nobiltà d'animo. **Cloridano**, invece, **subisce un'evoluzione**: parte da un buon senso e da una concretezza ironica (XVIII 189, 5-8) legati al suo stato sociale di semplice cacciatore, per arrivare a un eroismo dettato non da motivi ideologici (la fedeltà al signore che anima Medoro), ma dall'affetto e dall'amicizia. Egli è, in questo modo, il personaggio che ha la **caratterizzazione psicologica** più sfumata e meno condizionata da schemi letterari o retorici.

Lo stile Tendenzialmente Ariosto adotta un **tono alto**. Se confrontiamo questo passo con un qualunque brano di guerra della tradizione carolingia, sino a Pulci e Boiardo, notiamo una netta differenza. Il *Furioso* abbandona del tutto il formulario dei poemi in ottave, monotono per la sua ripetitività e sciatto per la frequenza di zeppe, cioè di parole inserite in un verso non per esigenze di contenuto o di espressione ma per ragioni puramente metriche. Sperimenta invece uno stile che possa reggere il confronto con quello di Virgilio. Non per questo rinuncia del tutto a **note ironiche** (XVIII, 179) o a insinuazioni scettiche (185, 2); tuttavia nel canto XIX, dopo la severità del proemio e data la **drammaticità della situazione**, si ha una costante **nobiltà patetica**. Evidente è anche la differenza di stile rispetto alle zone romanzesche del poema. Queste ultime sono caratterizzate da un linguaggio lirico, che qui è assente: i monologhi non sono lamenti petrarchisti, ma eloquenti preghiere, arricchite da riferimenti mitologici (XVIII, 184 e XIX, 11-12), le similitudini non sono quelle eleganti della poesia d'amore, ma quelle del repertorio guerresco (XVIII, 178).

INTERPRETAZIONE

L'ideologia: la fedeltà cavalleresca Il valore fondamentale che emerge dall'episodio è quello della **fedeltà (o fede) dovuta al signore**. Eduardo Saccone (*Il «soggetto» del Furioso*, Liguori, Napoli 1974) ne spiega il valore rifacendosi alle analisi di Hegel sulla cavalleria e sulla sua sopravvivenza al principio dell'età moderna: «La fede di Medoro [...] sembrerebbe avvicinarsi, o addirittura identificarsi con quella che [...] Hegel definisce "la fedeltà di vassallo della cavalleria, in cui il soggetto, nonostante la sua dedizione ad uno che sta più in alto, ad un principe, ad un re, ad un imperatore, conserva il suo libero basarsi su di sé come momento del tutto predominante". Soggiunge, ed è importante: "Ma questa fedeltà costituisce un principio così alto nella cavalleria, perché in essa risiede l'elemento principale di coesione di una comunità e del suo ordinamento sociale, per lo meno nel momento del suo sorgere... Il fine più consistente [però], che viene ad apparire con questa nuova unione degli individui, non è già un patriottismo come interesse oggettivo, universale, ma è legato solo ad un soggetto, al signore: quindi a sua volta è condizionato dal proprio **onore**, dal vantaggio particolare, dalla opinione soggettiva". [...] Non pare ci siano dubbi [infatti] che se l'amicizia di Cloridano verso Medoro corrisponde alla prima descritta dal filosofo tedesco, per la fede di Medoro verso Dardinello non si tratta di patriottismo o altro fine pubblico, né propriamente, e genericamente, di un sentimento ricadente *in toto* nella sfera del privato (com'è il caso di Cloridano: Medoro non è *uguale* di Dardinello, e il poeta ha insistito sin dal principio sull'"oscura stirpe" di lui e del suo compagno), bensì di un rapporto che risulta sì fondato sulla "libera autonomia dell'individualità", e tuttavia in certo modo pur rientra in un'istituzione, anzi che addirittura la fonda: "l'elemento principale di coesione di una comunità e del suo ordinamento sociale", come s'è visto. La fedeltà cavalleresca, dunque».

T5 LAVORIAMO SUL TESTO

COMPRENDERE

1. Collega correttamente
   - Cloridano → rischia la vita per seppellire il suo re
   - Zerbino → muore per salvare l'amico dai nemici
   - Medoro → risparmia il nemico apprezzandone la nobiltà d'animo
   - muore tentando di fuggire

La struttura

2. Riassumi l'episodio evidenziando la continuità della narrazione (senza intreccio e interruzioni).

ANALIZZARE

3. **LINGUA E LESSICO** Analizza il lessico usato da Medoro nella sua preghiera a Zerbino. Il linguaggio è lirico o epico?

4. Quali caratteristiche fanno di Cloridano e Medoro due eroi epici? (Segna la risposta sbagliata)
   - [A] combattono per una causa collettiva
   - [B] imitano due eroi virgiliani
   - [C] sono due guerrieri coraggiosi
   - [X] sono due cortigiani fedeli al loro re

5. Rintraccia nel testo gli elementi che rimandano alla civiltà cavalleresca e cortese.

INTERPRETARE

A tu per tu con i personaggi

6. Cosa diversifica i due giovani dai personaggi principali del poema? Quali senti più vicini a te, ai tuoi valori? Quali trovi invece più affascinanti, capaci di accendere la tua immaginazione?

LE MIE COMPETENZE: CONFRONTARE

Leggi il libro IX dell'*Eneide*. Confronta il passo ariostesco con l'episodio di Eurialo e Niso narrato nell'*Eneide*; sintetizza le analogie e le differenze.

S5 IL CONFLITTO DELLE INTERPRETAZIONI — MATERIALI E DOCUMENTI

L'epicità del *Furioso*: le posizioni di Croce e Zatti

L'acquisizione critica dei caratteri epici del *Furioso* è un fatto recente. La posizione di Croce a questo proposito era liquidatoria. E anche Caretti, diversi anni dopo, sottolinea quasi univocamente che la struttura del poema è romanzesca (cfr. **S2**, p. 355).

▶▶ Conviene abbandonare le lodi che si son date all'Ariosto, ora per la sua «epicità», per l'epica nobiltà e decoro, che in lui tanto esaltava il Galilei, ora per la forza e la coerenza che si ammirerebbero nei caratteri dei suoi personaggi, secondo l'avviso di critici vecchi e anche nuovi, e anzi recenti. Come mai potrebbe essere, nel *Furioso*, epicità, quando nel suo autore non solo mancavano i sentimenti etici dell'epos, ma quel poco, che si può alquanto sottilmente sostenere che pur ne possedesse in retaggio, veniva, con tutto il resto, disciolto nell'armonia ed ironia? e come mai potrebbero essere nel poema caratteri veri e propri, se i caratteri dei personaggi non son altro, in arte, che le note stesse, varie, diverse e contrastanti, dell'anima del poeta, le quali s'incorporano in creature che sembrano bensì vivere di vita propria e particolare, e vivono invece tutte della stessa vita, variamente distribuita, scintille dello stesso fuoco centrale? Pessimo pregiudizio critico è quello che reputa che i caratteri vivano per sé, e quasi quasi che possano continuare la loro vita fuori delle opere d'arte di cui sono parti e nelle quali non sono punto dissimili, né dissociabili, dalle strofe, dai versi e dalle parole. Nel *Furioso*, non essendovi libera energia di sentimenti passionali, non vi sono caratteri ma figure, disegnate bensì e dipinte, ma senza rilievo e rotondità, e con tratti piuttosto generici e tipici che individuali. I cavalieri si somigliano e confondono tra loro, differenziati per bontà e malvagità, per maggiore gentilezza e maggiore rudezza, o per attributi estrinseci ed accidentali, e spesso per i soli nomi; le donne, allo stesso modo, come amorose o perfide, virtuose e contente di un solo amore o dissolute e perverse, e spesso per le avventure diverse in cui capitano e pei nomi che le fregiano.

B. Croce, *Ariosto*, Laterza, Bari 1927, pp. 74-75.

S5

Sergio Zatti sostiene che Ariosto persegue consapevolmente un disegno epico.

▶▶ Negli ultimi canti del *Furioso* Boiardo cede progressivamente il passo a più autorevoli modelli: Dante, che accompagna la *quête* provvidenziale di Astolfo sulla Luna, e soprattutto Virgilio che presta a Ruggiero le sembianze di Enea, facendolo salvare dall'intervento di Melissa-Venere che scioglie l'ultima peripezia (episodio di Leone), e suscitandogli contro l'orgogliosa sfida finale di Rodomonte-Turno. Parallelamente a questo movimento intertestuale, una serie di segnali disseminati qua e là per il testo comincia dentro questo processo a far sistema, a significare cioè una volontà di recupero dell'epos. Anzitutto, l'abbandono graduale dell'*entrelacement*, tendenzialmente sempre più raro nella seconda parte del poema. Poi, la progressiva razionalizzazione del mondo, che, tuttavia, non significa abbandono dei magici strumenti di cui, p. es., Astolfo continua efficacemente a disporre. Ma è un fatto che il disincantamento del palazzo di Atlante, che è il centro stesso del movimento erratico[1] e senza scopo ("di qua, di là, di su, di giù"), segna la sconfitta definitiva del mago e degli inganni romanzeschi, in significativa coincidenza con l'approssimarsi del momento di passaggio alla seconda parte del poema. E, infine, i più ovvi espedienti della conversione e dell'agnizione,[2] che guadagnano alle file cristiane una parte dei cavalieri pagani (Sobrino, Marfisa), mentre un destino di morte è riservato agli 'irriducibili' come Mandricarlo, Agramante, Gradasso, Rodomonte. Si tratta delle soluzioni classiche elaborate dalla tradizione cavalleresca per dare una conclusione plausibile alle proprie istituzionali divagazioni. La conversione, ad esempio, si era trasformata da tempo in un autentico *topos* rituale, dove la portata ideologica originaria tanto più perdeva vigore e significato (occorrerà attendere la Clorinda del Tasso per un recupero tragico del nesso conversione-morte), quanto più cresceva la sua funzione di espediente narrativo, a tal punto facile e scontato da prestarsi agli spunti parodici del Pulci lungo tutto il *Morgante*. Abbastanza frequente nel Boiardo, diventa un esito pressoché obbligato nell'Agostini, che senza ombra di ironia la infligge sistematicamente a tutti i cavalieri pagani più nobili e generosi.

Restringendo l'espediente, in pratica, alla sola conversione mancante nell'*Innamorato*, quella di Ruggiero, Ariosto mostra di rispettare le regole del gioco nel solo caso in cui può trasformarle in un fattore essenziale per indirizzare il suo racconto verso una conclusione di tipo epico. Conversione quanto mai simbolica – quasi di statuto e di identità – dell'eroe romanzesco, che procede parallela al recupero della ragione dell'altro protagonista regressivamente smarrito nella selva del romanzo. L'"alienazione' di Orlando è, per certi versi, il *pendant* negativo dell'"educazione' di Ruggiero: due processi evolutivi che, per essere opposti e complementari, consentono ad Ariosto di saggiare a fondo le possibilità di integrazione e dissonanza dei codici narrativi impiegati. Le strade di Orlando e Ruggiero tornano a convergere solo quando la chiusura epica si rende necessaria per stabilire un limite all'errore[3] potenzialmente infinito del romanzo.

S. Zatti, *Il Furioso fra epos e romanzo*, Pacini Fazzi, Lucca 1990, pp. 29-31.

1 **movimento erratico**: è il continuo errare dei cavalieri, senza mai raggiungere una meta stabile.
2 **agnizione**: *riconoscimento* della vera identità di una persona.
3 **errore**: è l'errore in senso fisico e morale.

14 | La pazzia di Orlando

L'architettura dell'opera

Sugli stessi luoghi dell'amore di Angelica e Medoro giunge, per un caso, **Orlando**. Siamo a metà del *Furioso*: l'episodio che dà titolo al poema è posto in risalto da una chiara volontà architettonica. Come al solito, Ariosto parte da una **traccia narrativa preesistente**. Il paladino impazzisce come impazzisce Tristano, quando crede – ma, per sua fortuna, a torto – di essere tradito da Isotta. Ariosto interviene sulla fonte sviluppandola in chiave psicologica: la trama bretone diviene il pretesto per uno **studio sulla gelosia**. In questo modo, la tradizione arturiana, francese, si arricchisce di **due esperienze fondamentali** della nostra letteratura: **quella petrarchesca**, in cui la lirica è strumento di analisi interiore, e **quella boccacciana**, che, specie nelle opere minori, coltiva il romanzo introspettivo. Si tratta, però, di un Petrarca e di un Boccaccio portati al paradosso. In loro l'amore può essere smarrimento del retto cammino della virtù cristiana o passione dolorosa e accecante; in Ariosto diviene furia devastatrice. Lo stesso procedimento di intensificazione si ha nei confronti di Boiardo. Questi si era accontentato di proclamare «che qualunque [= chiunque] nel mondo è più orgoglioso / è da Amor vinto, al tutto subjugato [= completamente soggiogato]» (*Innamorato* I, I, 2, 3-4). Ariosto umilia il suo eroe in modo ancora più spietato (sulla centralità del tema della follia nel *Furioso* vedi quanto afferma il critico Giulio Ferroni).

L'amore come furia devastatrice

▶ Video • Il tema della follia nell'*Orlando furioso* (G. Ferroni)

T6 La pazzia di Orlando

TESTO LABORATORIO

OPERA
Orlando furioso,
XXIII, 100-136;
XXIV, 1-13

CONCETTI CHIAVE
- la follia devastatrice del protagonista
- il distacco ironico ariostesco

FONTE
L. Ariosto, *Orlando furioso*, a cura di S. Debenedetti e C. Segre, cit.

 Ascolto

 Alta leggibilità

Tra le varie avventure, Orlando ha perso di vista il pagano Mandricardo, con cui deve battersi. Cercandolo, giunge nel bosco dove si sono amati Angelica e Medoro: qui scopre le iscrizioni tracciate dai due, ma non vuole credere a esse. Afflitto, trova riparo in una casa lì vicino: è quella che aveva ospitato i giovani innamorati. Credendo di poterlo rinfrancare, il pastore gli narra appunto la loro storia; e, come se non bastasse, gli mostra il braccialetto donato da Angelica. Di fronte all'evidenza, Orlando non può più illudersi e impazzisce. La sua furia devastatrice si abbatte su ogni cosa.

XXIII 100
Lo strano corso che tenne il cavallo
del Saracin pel bosco senza via,
fece ch'Orlando andò duo giorni in fallo,
né lo trovò, né poté averne spia.
Giunse ad un rivo che parea cristallo,
ne le cui sponde un bel pratel fioria,
di nativo color vago e dipinto,
e di molti e belli arbori distinto.

101
Il merigge facea grato l'orezzo
al duro armento et al pastore ignudo;
sì che né Orlando sentia alcun ribrezzo,
che la corazza avea, l'elmo e lo scudo.
Quivi egli entrò per riposarvi in mezzo:
e v'ebbe travaglioso albergo e crudo,
e più che dir si possa empio soggiorno,
quell'infelice e sfortunato giorno.

102
Volgendosi ivi intorno, vide scritti
molti arbuscelli in su l'ombrosa riva.
Tosto che fermi v'ebbe gli occhi e fitti,
fu certo esser di man de la sua diva.

Questo era un di quel lochi già descritti,
ove sovente con Medor veniva
da casa del pastore indi vicina
la bella donna del Catai regina.

103
Angelica e Medor con cento nodi
legati insieme, e in cento lochi vede.
Quante lettere son, tanti son chiodi
coi quali Amore il cor gli punge e fiede.
Va col pensier cercando in mille modi
non creder quel ch'al suo dispetto crede:
ch'altra Angelica sia, creder si sforza,
ch'abbia scritto il suo nome in quella scorza.

104
Poi dice: – Conosco io pur queste note:
di tal'io n'ho tante vedute e lette.
Finger questo Medoro ella si puote:
forse ch'a me questo cognome mette. –
Con tali opiniön dal ver remote
usando fraude a se medesmo, stette
ne la speranza il malcontento Orlando,
che si seppe a se stesso ir procacciando.

XXIII

- **100** 2 **del Saracin**: di Mandricardo, guerriero pagano. Mentre combatte con Orlando, il suo cavallo, imbizzarrito, lo trascina via attraverso il bosco. Orlando lo sta ora cercando per riprendere il duello interrotto.
  3 **in fallo**: *in errore*; cioè sbagliando strada.
  4 **spia**: *notizia*.
  5 **rivo**: *ruscello*.
  6 **ne le**: *alle*; **pratel**: *praticello*.
  7 **bello (vago)** e colorato **(dipinto)** per i fiori nati lì **(di nativo color)**.
  8 **arbori**: *alberi*; **distinto**: *adorno*.
- **101** 1 Il [caldo del] pomeriggio **(merigge)** rendeva gradevole **(facea grato)** la frescura **(l'orezzo)**.
  2 **duro**: *resistente [alle fatiche]*.
  3 **né**: *neppure*; **ribrezzo**: *brivido [di freddo]*.
  6-8 e, quel giorno infelice e sfortunato, vi

trovò **(ebbe)** un riparo **(albergo)** pieno di angosce **(travaglioso)** e crudele **(crudo)** e una dimora più spietata **(empio)** di quanto non si possa dire.
- **102** 1-2 **scritti / molti arbuscelli**: *molti alberelli con delle scritte [sulla corteccia]*.
  3-4 Non appena **(tosto che)** vi fermò e fissò lo sguardo, fu certo che [le scritte] erano di mano della sua dea [: Angelica].
  7 **indi vicina**: *lì vicina*.
  8 **la bella... regina**: *Angelica*.
- **103** Vede in cento luoghi **(lochi)** [i nomi di] Angelica e Medoro intrecciati **(legati)** insieme con cento disegni **(nodi)**. Quante sono le lettere, altrettanti **(tanti)** sono i chiodi con i quali [il dio] Amore gli trafigge e ferisce **(punge e fiede)** il cuore. Con il pensiero, va cercando in mille modi di non credere quello che, suo malgrado **(al suo dispetto)**, crede: si sforza di cre-

dere che quella che ha **(ch'abbia)** scritto il proprio nome su quella corteccia **(scorza)** sia un'altra Angelica. Le riprese all'interno dell'ottava **(cento** al v. 1 e 2; **quante...tante** al v. 3; **non creder** e **crede** al v. 6) suggeriscono la nascente ossessione di Orlando.
- **104** Poi dice: «Eppure **(pur)** io conosco questi caratteri **(note)** [: questa grafia], di simili **(tal)** ne ho visti e letti tanti; ella [: Angelica] si può **(ella si puote)** inventare **(fingere)** questo Medoro: forse **(forse ch'<e>)** dà a me questo soprannome **(cognome)**». Grazie a **(con)** tali pensieri **(opiniön)** lontani dalla verità **(dal ver remote)**, e ingannando **(usando fraude a** = facendo frode a) se medesmo, Orlando, non del tutto soddisfatto **(malcontento**: delle sue stesse spiegazioni), conservò la speranza **(stette ne la speranza)** che aveva saputo procurare **(ir procacciando** = andare a procurare) a se stesso.

105
Ma sempre più raccende e più rinuova,
quanto spenger più cerca, il rio sospetto:
come l'incauto augel che si ritrova
in ragna o in visco aver dato di petto,
quanto più batte l'ale e più si prova
di disbrigar, più vi si lega stretto.
Orlando viene ove s'incurva il monte
a guisa d'arco in su la chiara fonte.

106
Aveano in su l'entrata il luogo adorno
coi piedi storti edere e viti erranti.
Quivi soleano al più cocente giorno
stare abbracciati i duo felici amanti.
V'aveano i nomi lor dentro e d'intorno,
più che in altro dei luoghi circonstanti,
scritti, qual con carbone e qual con gesso,
e qual con punte di coltelli impresso.

La pazzia di Orlando, illustrazione di Gustave Doré per l'*Orlando furioso* di Ludovico Ariosto.

107
Il mesto conte a piè quivi discese;
e vide in su l'entrata de la grotta
parole assai, che di sua man distese
Medoro avea, che parean scritte allotta.
Del gran piacer che ne la grotta prese,
questa sentenzia in versi avea ridotta,
Che fosse culta in suo linguaggio io penso;
et era ne la nostra tale il senso:

108
– Liete piante, verdi erbe, limpide acque,
spelunca opaca e di fredde ombre grata,
dove la bella Angelica che nacque
di Galafron, da molti invano amata,
spesso ne le mie braccia nuda giacque:
de la commodità che qui m'è data,
io povero Medor ricompensarvi
d'altro non posso, che d'ognior lodarvi:

● **105** *Ma quanto più cerca di mettere a tacere (**spenger** = spegnere) il terribile (**rio**) sospetto, tanto più [gli] dà forza (**raccende**) e [lo] rinnova: come l'uccello sprovveduto (**incauto**), che si ritrova ad aver colpito con il petto (**dato di petto**) una ragnatela o del visco, [e che] quanto più batte le ali e tenta di liberarsi (**disbrigar**), [tanto] più vi si impiglia strettamente (**lega stretto**). Orlando giunge (**viene**) dove il monte, sopra la fonte limpida (**chiara**), presenta un'altura (**s'incurva**) come (**a guisa**) un arco.* **Ragna** e **visco** erano trappole in cui catturare gli uccelli per mezzo di reti o materia appiccicosa.

● **106** *Edere e viti rampicanti (**erranti**) aveano adornato (**adorno**) il luogo, all'entrata, con i [loro] ceppi (**piedi**) storti. Qui i due felici amanti [: Angelica e Medoro] erano soliti starsene abbracciati nel [momento] più caldo [del] giorno (**al più cocente giorno**). Lì dentro e intorno, più che in [alcun] altro dei luoghi circonstanti, c'erano (**v'aveano**) scritti i loro nomi ora con il carbone, ora con il gesso, ora incisi (**impresso**) con la punta di un coltello.*

● **107** 1 *Il triste (**mesto**) conte [: Orlando] scese qui a piedi [da cavallo].*
3 **distese**: *tracciate*.
4 **allotta**: *[proprio] allora*.
5-6 *Aveva messo (**ridotta**) in versi il seguente pensiero (**questa sentenzia**) sul grande piacere che aveva goduto (**prese**) nella grotta.* La **grotta** è quella in cui Angelica e Medoro si sono amati.
7 *Io penso che fosse elaborata (**culta**) nella sua lingua.* Medoro è cirenaico, quindi parla arabo: cfr. 110, 1.
8 **ne la nostra**: *sottinteso* lingua.

● **108** *«Liete piante, verdi erbe, acque limpide, grotta ombrosa (**spelunca opaca**) e gradevole (**grata**) per le fresche ombre, [grotta] dove la bella Angelica, nata (**che nacque**) da Galafrone e amata da molti inutilmente [: senza che fossero ricambiati], giacque spesso nuda tra le mie braccia; io, povero Medoro, non posso ricompensarvi per il comodo riparo (**commodità**) che mi avete offerto qui (**che qui m'è data**) in altro modo (**d'altro** = con altra cosa) che lodandovi sempre (**d'ognior lodarvi**)*

109
e di pregare ogni signore amante,
e cavallieri e damigelle, e ognuna
persona, o paesana o vïandante,
che qui sua volontà meni o Fortuna;
ch'all'erbe, all'ombre, all'antro, al rio, alle piante
dica: benigno abbiate e sole e luna,
e de le ninfe il coro, che proveggia
che non conduca a voi pastor mai greggia. –

110
Era scritto in arabico, che 'l conte
intendea così ben come latino:
fra molte lingue e molte ch'avea pronte,
prontissima avea quella il paladino;
e gli schivò più volte e danni et onte,
che si trovò tra il popul saracino:
ma non si vanti, se già n'ebbe frutto;
ch'un danno or n'ha, che può scontargli il tutto.

111
Tre volte e quattro e sei lesse lo scritto
quello infelice, e pur cercando invano
che non vi fosse quel che v'era scritto;
e sempre lo vedea più chiaro e piano:
et ogni volta in mezzo il petto afflitto
stringersi il cor sentia con fredda mano.
Rimase al fin con gli occhi e con la mente
fissi nel sasso, al sasso indifferente.

112
Fu allora per uscir del sentimento,
sì tutto in preda del dolor si lassa.
Credete a chi n'ha fatto esperimento,
che questo è 'l duol che tutti gli altri passa.
Caduto gli era sopra il petto il mento,
la fronte priva di baldanza e bassa;
né poté aver (che 'l duol l'occupò tanto)
alle querele voce, o umore al pianto.

113
L'impetuosa doglia entro rimase,
che volea tutta uscir con troppa fretta.
Così veggiàn restar l'acqua nel vase,
che largo il ventre e la bocca abbia stretta;
che nel voltar che si fa in su la base,
l'umor che vorria uscir, tanto s'affretta,
e ne l'angusta via tanto s'intrica,
ch'a goccia a goccia fuore esce a fatica.

114
Poi ritorna in sé alquanto, e pensa come
possa esser che non sia la cosa vera:
che voglia alcun così infamare il nome
de la sua donna e crede e brama e spera,
o gravar lui d'insoportabil some
tanto di gelosia, che se ne pèra;
et abbia quel, sia chi si voglia stato,
molto la man di lei bene imitato.

- **109** *e pregando ogni nobile innamorato (**ogni signore amante**), cavaliere e dama, e ogni persona, abitante di questo paese (**paesana**) o viandante [: forestiera], che conducano (**meni**) qui la propria volontà o il caso (**Fortuna**); di dire (**che dica**) alle erbe, alle ombre, alla grotta (**all'antro**), al ruscello, alle piante: vi siano favorevoli (**benigno abbiate**) sia (**e**) il sole, sia la luna sia l'insieme (**coro**) delle ninfe, il quale faccia in modo (**proveggia** = provveda) che mai un pastore conduca da voi il gregge [a deturparvi]».* L'epigramma di Medoro è un vero pezzo lirico, con vari ricordi petrarcheschi.
- **110** 2 **latino**: indica genericamente le lingue che derivano dal latino (Orlando è francese).
  3 **ch'avea pronte**: *che padroneggiava*.
  4 **quella**: *l'arabo*.
  5 **schivò**: *permise di evitare*; **onte**: *disonore*.
  6 **che**: riferito a più volte: *molte volte che*.
  7 **frutto**: *guadagno*.
  8 perché ora ne riceve (**n'ha**) *un danno, che può fargli pagare* (**scontargli**) *tutto quanto* (**il tutto**).
- **111** 2 **pur**: *sempre*.
  4 **piano**: è sinonimo di **chiaro**.
  6 È una metafora per indicare l'angoscia.
  8 *fissi sul sasso, [ormai] uguale* (**indifferente** = non diverso) *al sasso.* Orlando è pietrificato.
- **112** 1-4 *Fu allora sul punto di perdere la ragione* (**uscir del sentimento**), *a tal punto si era abbandonato* (**si lassa** = si lascia) *completamente* (**tutto**) *in preda al dolore. Credete a chi l'ha provato* (**n'ha fatto esperimento** = ne ha avuto esperienza), *che questo è un dolore che supera* (**passa**) *tutti gli altri.* Il poeta, paragonandosi a Orlando, allude alla gelosia che egli stesso ha sofferto.
  6 **baldanza**: *sicurezza*. È sottinteso il verbo "era".
  7-8 *e poiché il dolore* (**'l duol**) *si era impadronito di lui* (**l'occupò**) *tanto, non poté avere voce per lamentarsi* (**alle querele**) *o lacrime* (**umore** = liquido) *per piangere*.
- **113** *Il tumultuoso dolore* (**l'impetuosa doglia**) *rimase dentro* [: non ha trovato manifestazioni esteriori], *giacché voleva uscire fuori tutto [quanto] con troppa fretta. Allo stesso modo vediamo* (**veggiàn**) *l'acqua rimanere nel recipiente* (**vase**) *che abbia il corpo largo e l'imboccatura stretta, che quando si capovolge* (**nel voltar che si fa**) *la base in su, il liquido* (**umor**) *che ne vorrebbe uscire va con tale velocità* (**tanto s'affretta**) *e si ingolfa* (**s'intrica**) *a tal punto nello stretto passaggio* (**angusta via**), *che esce di fuori goccia a goccia e a fatica.*
- **114** 3 *[pensa] che in questo modo qualcuno voglia disonorare il [buon] nome.*
  4 **e crede e brama e spera**: Orlando prima è convinto, poi desidera ardentemente di credere, e alla fine solamente spera.
  5-8 *oppure [che qualcuno voglia] appesantire* (**gravare**) *lui di un carico* (**some**) *così insopportabile di gelosia da farlo morire* (**che se ne pèra** = che egli ne muoia); *e che costui* (**quel**), *chiunque sia stato* (**sia chi si voglia stato**), *abbia imitato molto bene la mano* [: la grafia] *di lei* [: Angelica].

115
In così poca, in così debol speme
sveglia gli spiriti e gli rinfranca un poco;
indi al suo Brigliadoro il dosso preme,
dando già il sole alla sorella loco.
Non molto va, che da le vie supreme
dei tetti uscir vede il vapor del fuoco,
sente cani abbiar, muggiare armento:
viene alla villa, e piglia alloggiamento.

116
Languido smonta, e lascia Brigliadoro
a un discreto garzon che n'abbia cura;
altri il disarma, altri gli sproni d'oro
gli leva, altri a forbir va l'armatura.
Era questa la casa ove Medoro
giacque ferito, e v'ebbe alta avventura.
Corcarsi Orlando e non cenar domanda,
di dolor sazio e non d'altra vivanda.

117
Quanto più cerca ritrovar quïete,
tanto ritrova più travaglio e pena;
che de l'odiato scritto ogni parete,
ogni uscio, ogni finestra vede piena.
Chieder ne vuol: poi tien le labra chete;
che teme non si far troppo serena,
troppo chiara la cosa che di nebbia
cerca offuscar, perché men nuocer debbia.

118
Poco gli giova usar fraude a se stesso;
che senza domandarne, è chi ne parla.
Il pastor che lo vede così oppresso
da sua tristizia, e che voria levarla,
l'istoria nota a sé, che dicea spesso
di quei duo amanti a chi volea ascoltarla,
ch'a molti dilettevole fu a udire,
gl'incominciò senza rispetto a dire:

119
come esso a' prieghi d'Angelica bella
portato avea Medoro alla sua villa,
ch'era ferito gravemente; e ch'ella
curò la piaga, e in pochi dì guarilla;
ma che nel cor d'una maggior di quella
lei ferì Amor: e di poca scintilla
l'accese tanto e sì cocente fuoco,
che n'ardea tutta, e non trovava loco:

120
e sanza aver rispetto ch'ella fusse
figlia del maggior re ch'abbia il Levante,
da troppo amor constretta si condusse
a farsi moglie d'un povero fante.
All'ultimo l'istoria si ridusse,
che 'l pastor fe' portar la gemma inante,
ch'alla sua dipartenza, per mercede
del buono albergo, Angelica gli diede.

---

115 1 **speme**: *speranza*.
2 *ritorna in se stesso* (**sveglia gli spiriti**; cioè *gli spiriti vitali*) *e si fa un po' di coraggio* (**gli è** riferito a **spirti**).
3 **il dosso preme**: *cavalca*.
4 *mentre il sole sta ormai cedendo il suo posto alla sorella* [: la luna]; *si sta facendo notte*.
5-6 **le vie supreme / dei tetti**: *le aperture messe sulla sommità dei tetti, cioè i camini*.
7 **muggiare armento**: *muggire le greggi*. Il verso è costruito su un chiasmo (prima soggetto e verbo, poi verbo e soggetto).
8 **villa**: *fattoria*.
116 1 **Languido**: *Senza forze*.
2 **discreto**: *abile*.
4 **forbir**: *pulire*.
6 **alta avventura**: *sorte fortunatissima*; essere amato da Angelica.
7 **corcarsi** (= coricarsi): *di andare a letto*.
117 2 **travaglio**: *angoscia*.
3 **l'odiato scritto**: *i nomi incisi sulle pareti da Angelica*.
5-8 *Ne vorrebbe chiedere [informazioni]: poi tiene la bocca chiusa* (**le labra chete**); *poiché teme che* (**che teme non**) *diventi* (**si far**) *troppo evidente* (**serena**) *e troppo chiaro quello* (**la cosa**) *che egli cerca di nascondersi* (**di nebbia...offuscar**) *perché gli debba fare meno male* (**men nuocer debbia**). **Teme non** per "teme che" è costrutto latineggiante.
118 1 **usar fraude a**: *ingannare*.
2 *perché, [anche] senza che lui faccia domande* (**senza domandarne**), *c'è chi ne parla*.
4 **voria levarla**: *vorrebbe alleviarla*.
5-8 *gli incominciò a narrare* (**dire**) *senza riguardo* (**rispetto**) *la storia di quei due amanti da lui ben conosciuta* (**nota a sé**), *che raccontava spesso a chi la voleva ascoltare, dato che per molti fu piacevole* (**dilettevole**) *da udire*:
119 [*raccontò*] *come lui stesso* (**esso**) [: il pastore] *per le preghiere della bella Angelica aveva portato nella propria fattoria* (**villa**) *Medoro, che era ferito gravemente; e che ella curò la ferita e la guarì in pochi giorni; ma Amore la ferì nel cuore con una [ferita] più grande di quella [di Medoro]; e da una piccola* (**poca**) *scintilla* [: *l'innamoramento*] *la fece bruciare* (**l'accese**) [*di*] *un fuoco* [: *la passione amorosa*] *così grande* (**tanto**) *e così ardente* (**sì cocente**), *che* [*lei*] *ne era tutta infiammata e non trovava pace* (**loco**): sono immagini del repertorio petrarchista.
120 *e senza preoccuparsi* (**aver rispetto**) [*del fatto*] *che lei era figlia del più grande re che ci sia in Oriente* (**ch'abbia il Levante**), *vinta da un amore troppo grande giunse* (**si condusse**) *a sposare* (**a farsi moglie**) *un povero fante. Il racconto arrivò* (**si ridusse**) *alla fine* (**all'ultimo**): [*così*] *che il pastore fece portare lì davanti* (**inante**) *il gioiello* (**la gemma**) *che Angelica gli aveva dato* (**gli diede**) *quand'era partita* (**alla sua dipartenza**) *come ricompensa* (**per mercede**) *dell'affettuosa ospitalità* (**del buono albergo**). Angelica è figlia di Galafrone, gran Can del Catai, cioè Imperatore della Cina. I fanti erano i soldati a piedi, quindi il grado più basso nell'esercito. La gemma è il braccialetto che la principessa ha regalato al pastore.

121
Questa conclusïon fu la secure
che 'l capo a un colpo gli levò dal collo,
poi che d'innumerabil battiture
si vide il manigoldo Amor satollo.
Celar si studia Orlando il duolo; e pure
quel gli fa forza, e male ascónder pòllo:
per lacrime e suspir da bocca e d'occhi
convien, voglia o non voglia, al fin che scocchi.

122
Poi ch'allargare il freno al dolor puote
(che resta solo e senza altrui rispetto),
giù dagli occhi rigando per le gote
sparge un fiume di lacrime sul petto:
sospira e geme, e va con spesse ruote
di qua di là tutto cercando il letto:
e più duro ch'un sasso, e più pungente
che se fosse d'urtica, se lo sente.

123
In tanto aspro travaglio gli soccorre
che nel medesmo letto in che giaceva,
l'ingrata donna venutasi a porre
col suo drudo più volte esser doveva.
Non altrimenti or quella piuma abborre,
né con minor prestezza se ne leva,
che de l'erba il villan che s'era messo
per chiuder gli occhi, e vegga il serpe appresso.

124
Quel letto, quella casa, quel pastore
immantinente in tant'odio gli casca,
che senza aspettar luna, o che l'albóre
che va dinanzi al nuovo giorno nasca,
piglia l'arme e il destriero, et esce fuore
per mezzo il bosco alla più oscura frasca:
e quando poi gli è aviso d'esser solo,
con gridi et urli apre le porte al duolo.

125
Di pianger mai, mai di gridar non resta;
né la notte né 'l dì si dà mai pace.
Fugge cittadi e borghi, e alla foresta
sul terren duro al discoperto giace.
Di sé si maraviglia, ch'abbia in testa
una fontana d'acqua sì vivace,
e come sospirar possa mai tanto;
e spesso dice a sé così nel pianto:

126
– Queste non son più lacrime, che fuore
stillo dagli occhi con sì larga vena.
Non suppliron le lacrime al dolore:
finîr, ch'a mezzo era il dolore a pena.
Dal fuoco spinto ora il vitale umore
fugge per quella via ch'agli occhi mena;
et è quel che si versa, e trarrà insieme
e 'l dolore e la vita all'ore estreme.

- **121** *Questa conclusione fu la scure che gli troncò la testa dal collo con un colpo* (**solo**) [: *questo fu il colpo di grazia*], *dopo che quel carnefice di Amore* (**il manigoldo Amor**) *si considerò sazio* (**satollo**) *per* [*avergli inflitto*] *infinite percosse* (**innumerabil battiture**). *Orlando cerca* (**si studia**) *di nascondere il dolore, ma* (**e pure**) *esso* [: *il dolore*] *lo sovrasta* (**gli fa forza**), *ed egli riesce* (**pòllo** = *lo può*) *a nasconderlo male: alla fine, che lo voglia o no, è inevitabile* (**convien**) *che* [*il dolore*] *esca fuori* (**scocchi**) *dalla bocca e dagli occhi con i sospiri e le lacrime.*

- **122** 1-4 *Dopo che* (**poi ch'<e>**) *può dare libero sfogo* (**allargare il freno** = *non frenare più*) *al dolore, giacché rimane solo e non* [*si deve dare*] *pensiero degli altri* (**senza altrui rispetto**), *sparge un fiume di lacrime* [*che*], *rigando le guance* (**rigando per le gote**) *dagli occhi,* [*arriva*] *sul petto.*
  5 **con spesse ruote**: *girandosi spesso.*
  6 **cercando**: *esplorando* [: *per trovare una posizione comoda*].
  8 **urtica**: *ortica.*

- **123** *In un tormento così doloroso* (**in tanto aspro travaglio**) *gli viene in mente* (**soccorre**) *che, nello stesso letto in cui* (**in che**) *stava* (**giaceva**) [*lui*], *doveva essere venuta spesso a mettersi* (**a porre**) *la donna ingrata* [: *Angelica*] *con il suo amante* (**drudo**). *Adesso ha orrore* (**abborre**) *di quel letto* (**piuma**) *in modo non diverso e se ne alza con rapidità* (**prestezza**) *non minore dal contadino* (**villan**) [*che si alzi*] *da un prato* (**de l'erba**), *dove si era messo per dormire* (**chiuder gli occhi**) *e* [*dove*] *abbia visto* (**vegga**) [*lì*] *vicino* (**appresso**) *un serpente. La similitudine è virgiliana.*

- **124** 2 *subito gli vengono in un odio così grande.*
  3-4 *o che nasca l'alba che precede* (**va dinanzi**) *il nuovo giorno.*
  6 **alla più oscura frasca**: *dove i rami* [*rendono il bosco*] *più buio.*
  7 **gli è aviso**: *gli sembra.*
  8 **apre le porte al duolo**: *sfoga liberamente il suo dolore.*

- **125** 1 **non resta**: *non smette.* Il v. 1 è costruito secondo un chiasmo.
  3 **Fugge**: *Sfugge, evita.*
  4 **al discoperto**: *allo scoperto* [: *sulla terra nuda*].
  6 *una fonte di acqua così abbondante* (**vivace**); *sono gli occhi, che non smettono mai di piangere.*

- **126** «*Queste, che verso* (**stillo**) *fuori dagli occhi con tanta abbondanza* (**con sì larga vena**), *non sono più lacrime. Le lacrime non furono abbastanza* (**non suppliron**) *per il dolore: finirono* (**finîr**), *quando* (**che**) *il dolore era appena a metà. Adesso, spinto dal fuoco* [: *dalla passione*], *il liquido* (**umore**) *vitale esce attraverso quella via che porta* (**mena**) *agli occhi; ed è questo che si versa, e che porterà insieme alla morte* (**ore estreme**) *sia* (**e**) *il dolore, sia la vita. Secondo la medicina antica, la salute e la vita risiedevano in certi umori, o liquidi vitali. Orlando crede che questi abbiano preso il posto delle lacrime, visto che non è possibile averne tante quante ne ha versate lui: egli non sta piangendo, ma perdendo quegli umori senza i quali non è possibile vivere.*

127
Questi ch'indizio fan del mio tormento,
sospir non sono, né i sospir son tali.
Quelli han triegua talora; io mai non sento
che 'l petto mio men la sua pena esali.
Amor che m'arde il cor, fa questo vento,
mentre dibatte intorno al fuoco l'ali.
Amor, con che miracolo lo fai,
che 'n fuoco il tenghi, e nol consumi mai?

128
Non son, non sono io quel che paio in viso:
quel ch'era Orlando è morto et è sotterra;
la sua donna ingratissima l'ha ucciso:
sì, mancando di fé, gli ha fatto guerra.
Io son lo spirto suo da lui diviso,
ch'in questo inferno tormentandosi erra,
acciò con l'ombra sia, che sola avanza,
esempio a chi in Amor pone speranza. –

129
Pel bosco errò tutta la notte il conte;
e allo spuntar della dïurna fiamma
lo tornò il suo destin sopra la fonte
dove Medoro insculse l'epigramma.
Veder l'ingiuria sua scritta nel monte
l'accese sì, ch'in lui non restò dramma
che non fosse odio, rabbia, ira e furore;
né più indugiò, che trasse il brando fuore.

130
Tagliò lo scritto e 'l sasso, e sin al cielo
a volo alzar fe' le minute schegge.
Infelice quell'antro, et ogni stelo
in cui Medoro e Angelica si legge!
Così restâr quel dì, ch'ombra né gielo
a pastor mai non daran più, né a gregge:
e quella fonte, già sì chiara e pura,
da cotanta ira fu poco sicura;

131
che rami e ceppi e tronchi e sassi e zolle
non cessò di gittar ne le bell'onde,
fin che da sommo ad imo sì turbolle,
che non furo mai più chiare né monde.
E stanco al fin, e al fin di sudor molle,
poi che la lena vinta non risponde
allo sdegno, al grave odio, all'ardente ira,
cade sul prato, e verso il ciel sospira.

132
Afflitto e stanco al fin cade ne l'erba,
e ficca gli occhi al cielo, e non fa motto.
Senza cibo e dormir così si serba,
che 'l sole esce tre volte e torna sotto.
Di crescer non cessò la pena acerba,
che fuor del senno al fin l'ebbe condotto.
Il quarto dì, da gran furor commosso,
e maglie e piastre si stracciò di dosso.

- **127** Questi, che rivelano (**indizio fan**) il mio tormento, non sono sospiri, né i sospiri sono come questi (**tali**). Quelli [: i sospiri] ogni tanto (**talor**) si fermano (**han triegua**); io non sento mai che il mio petto esali la sua sofferenza meno [di prima]. Amore, che mi brucia il cuore, produce (**fa**) questo vento [: quello dei sospiri], mentre sbatte (**dibatte**) le sue ali intorno al fuoco [per ravvivarlo]. Amore, con che prodigio riesci a (**fai che; lo** è un pleonasmo) mantenerlo (**il tenghi**) [: il cuore] nel fuoco e non lo (**nol**) [fai] mai consumare? La personificazione di Amore e la complessità metaforica di queste due ottave risentono del concettismo della lirica petrarchista cinquecentesca.
- **128** 1 **paio**: sembro.
  2 Orlando parla di sé in terza persona: la follia lo sta rendendo estraneo a se stesso.
  4 a tal punto (**sì**) gli è stata ostile (**gli ha fatto guerra**), non mantenendo (**mancando**) la fedeltà (**di fé** = fede) [: tradendolo].
  5-8 Io sono il suo spirito separato (**diviso**) da lui [: dal corpo di Orlando], [spirito] che vaga (**erra**) in questo inferno tormentandosi, perché (**acciò**) con il suo fantasma (**ombra**), che rimane (**avanza**) [come] unica (**sola**) [cosa], sia di ammonimento (**esempio**) a chi ripone speranze nell'amore».
- **129** 2 **della dïurna fiamma**: della luce del giorno.
  3 **tornò**: fece tornare.
  4 **insculse**: scolpì. L'**epigramma** (breve componimento d'occasione in versi) è quello delle ottave 108-109.
  6-8 lo fece così infiammare, che in lui non rimase neppure un grammo (**dramma** = piccola unità di misura) che non fosse odio, rabbia, ira e furore; e non indugiò più, ma sguainò (**trasse...fuore**; dal fodero) la spada (**il brando**).
- **130** Spezzò (**tagliò**) il sasso con quanto vi era scritto (**lo scritto e 'l sasso**; endiadi), e fece alzare a volo le piccole (**minute**) schegge sino al cielo. Povera grotta (**infelice quell'antro**) e [povero] ogni tronco (**stelo**) sul quale si leggono [i nomi di] Angelica e Medoro. Quel giorno restarono (**restâr**) [ridotti] in modo tale, che non avrebbero offerto mai più ombra o frescura (**gielo**) a pastori e a greggi; e quella fonte, un tempo (**già**) tanto limpida e pura, fu poco al sicuro da una simile ira [: anch'essa fu deturpata];
- **131** perché [Orlando] non smise di gettare nelle belle acque (**onde**) rami e ceppi e tronchi e sassi e zolle [di terra], finché non le ebbe così intorbidate (**turbolle**) da cima a fondo (**da sommo ad imo**), che non furono mai più chiare e pulite (**monde**). E alla fine, stanco, bagnato (**molle**) di sudore, cade sul prato, e sospira verso il cielo [: a pancia in aria], visto che (**poi che**) la sua forza (**lena**), indebolita (**vinta**), non era pari (**non risponde**) allo sdegno, all'odio terribile (**grave**), all'ira ardente [: il suo odio non si era esaurito con quelle devastazioni, le sue energie fisiche sì].
- **132** 2 **e non fa motto**: e non dice una parola.
  3 **si serba**: rimane.
  4 mentre il sole sorge (**esce**) e tramonta (**torna sotto**) tre volte [: per tre giorni].
  5-6 La terribile (**acerba**) sofferenza, che alla fine l'aveva fatto diventare pazzo (**fuor del senno...l'ebbe condotto**), non cessò di aumentare (**di crescer**).
  7 **da gran furor commosso**: colpito da una grande follia.
  8 **e maglie e piastre**: le parti dell'armatura.

133
Qui riman l'elmo, e là riman lo scudo,
lontan gli arnesi, e più lontan l'usbergo:
l'arme sue tutte, in somma vi concludo,
avean pel bosco differente albergo.
E poi si squarciò i panni, e mostrò ignudo
l'ispido ventre e tutto 'l petto e 'l tergo;
e cominciò la gran follia, sì orrenda,
che de la più non sarà mai ch'intenda.

134
In tanta rabbia, in tanto furor venne,
che rimase offuscato in ogni senso.
Di tor la spada in man non gli sovvenne;
che fatte avria mirabil cose, penso.
Ma né quella, né scure, né bipenne
era bisogno al suo vigore immenso.
Quivi fe' ben de le sue prove eccelse,
ch'un alto pino al primo crollo svelse;

La narrazione prosegue nel canto successivo.

XXIV 1
Chi mette il piè su l'amorosa pania,
cerchi ritrarlo, e non v'inveschi l'ale;
che non è in somma amor, se non insania,
a giudizio de' savi universale:
e se ben come Orlando ognun non smania,
suo furor mostra a qualch'altro segnale.
E quale è di pazzia segno più espresso
che, per altri voler, perder se stesso?

135
e svelse dopo il primo altri parecchi,
come fosser finocchi, ebuli o aneti:
e fe' il simil di querce e d'olmi vecchi,
di faggi e d'orni e d'illici e d'abeti.
Quel ch'un ucellator che s'apparecchi
il campo mondo, fa, per por le reti,
dei giunchi e de le stoppie e de l'urtiche,
facea de cerri e d'altre piante antiche.

136
I pastor che sentito hanno il fracasso,
lasciando il gregge sparso alla foresta,
chi di qua, chi di là, tutti a gran passo
vi vengono a veder che cosa è questa.
Ma son giunto a quel segno il qual s'io passo
vi potria la mia istoria esser molesta:
et io la vo' più tosto diferire,
che v'abbia per lunghezza a fastidire.

2
Varii gli effetti son, ma la pazzia
è tutt'una però, che li fa uscire.
Gli è come una gran selva, ove la via
conviene a forza, a chi vi va, fallire:
chi su, chi giù, chi qua, chi là travia.
Per concludere in somma, io vi vo' dire:
a chi in amor s'invecchia, oltr'ogni pena,
si convengono i ceppi e la catena.

● **133** 2 **arnesi**: *le altre parti dell'armatura*; **usbergo**: *corazza*.
4 *avevano posti diversi in* [**tutto**] *il bosco* [: *erano ciascuna in un luogo differente*].
6 **ispido**: *villoso*; **tergo**: *dorso*.
8 *che non ci sarà mai chi sentirà* (**ch'intenda**) [*parlare*] *di una maggiore* (**più**) [*di quella di Orlando*].

● **134** *Arrivò* (**venne**) *a una così grande* (**tanta**) *rabbia e a un così grande* (**tanto**) *furore che rimase offuscato in tutta la sua intelligenza* (**senso**). *Non gli venne in mente* (**sovenne**) *di prendere* (**tor** = *togliere*) *in mano la spada; che, penso, avrebbe fatto cose stupefacenti* (**mirabil**). *Ma per la sua forza immensa non c'era bisogno né di quella, né di una scure, né di un'ascia a due lame* (**bipenne**). *Qui compì davvero* (**fe' ben**) *tra le sue imprese più grandi* (**de le sue prove eccelse**) *giacché sradicò* (**svelse**) *un pino al primo scossone* (**crollo**).

● **135** 1 **altri parecchi**: *molti altri* [*alberi*].
2 *cioè come pianticelle da niente*. Gli **ebuli** *sono una specie di sambuchi*; gli **aneti** *somigliano ai finocchi*.
3 **fe' il simil**: *fece la stessa cosa*; segue un elenco di alberi robusti e possenti. Gli **illici** *si chiamano ora "elci"*.
5-8 [*Orlando*] *faceva con i cerri e con altri alberi secolari quello che* [*fa*] *con i giunchi, le stoppie e le ortiche un cacciatore di uccelli* (**ucellator**) *che si prepara* (**che s'apparecchi**) *il campo* [*rendendolo*] *pulito* (**mondo**) *per metterci* (**por**) *le reti*.

● **136** 3 **a gran passo**: *a grandi passi*; *cioè correndo*.
5-8 *Ma sono arrivato a quel limite* (**segno**) *che, oltrepassato il quale* (**il qual s'io passo**), *la mia storia potrebbe diventarvi fastidiosa* (**esser molesta**); *e io voglio* (**vo'**) *rimandarla, piuttosto che infastidirvi* (**fastidire**) *con* [*la sua*] *lunghezza*.

XXIV
1 *Chi mette il piede sulla pania* [: *trappola per uccelli*] *tesa da Amore* (**amorosa**) *cerchi di toglierlo e non si lasci invischiare* (**non v'inveschi**) *le ali; perché, alla fin fine* (**in somma**), *l'amore non è che follia* (**insania**), *secondo il comune e concorde* (**universale**) *giudizio dei saggi: e sebbene non tutti facciano i pazzi* (**non smania**) *come Orlando,* [*tuttavia ciascuno*] *mostra la propria follia* (**furor**) *con qualche altro sintomo* (**segnale**). *E quale sintomo di pazzia è più esplicito* (**espresso**) *che perdere se stessi perché si vuole* (**per...voler**) [*qualchedun*] *altro?* La metafora della trappola per uccelli a proposito dell'amore di Orlando è già comparsa in XXIII, 105. La pazzia di Orlando viene presentata sì come un caso estremo, ma in cui tutti si possono riconoscere: la ragione è fragile di fronte alle passioni.

● **2** 1-4 *Gli effetti sono diversi* (**varii**) *ma la pazzia che li causa* (**li fa uscire**) *è una sola* (**tutt'una**). *È* (**gli è**: *gli è un pleonasmo*) *come un grande bosco, in cui è inevitabile* (**conviene a forza**), *per chi vi entra, sbagliare strada* (**la via...fallire**). La similitudine è già in Orazio. Ariosto ne fa però un emblema del cammino dei protagonisti del poema, che nelle selve si inseguono e si sfuggono.
5 **travia**: *fa uscire dalla strada giusta*.
7-8 *per chi persiste nell'amore* (**in amor s'invecchia**), *ci vogliono* (**si convengono**), *oltre a tutte le pene* [*date dall'amore*], *i ceppi e le catene*. Con **ceppi** e **catena** *si immobilizzavano i pazzi furiosi*.

3
Ben mi si potria dir: – Frate, tu vai
l'altrui mostrando, e non vedi il tuo fallo. –
Io vi rispondo che comprendo assai,
or che di mente ho lucido intervallo;
et ho gran cura (e spero farlo ormai)
di riposarmi e d'uscir fuor di ballo:
ma tosto far, come vorrei, nol posso;
che 'l male è penetrato infin all'osso.

4
Signor, ne l'altro canto io vi dicea
che 'l forsennato e furïoso Orlando
trattesi l'arme e sparse al campo avea,
squarciati i panni, via gittato il brando,
svelte le piante, e risonar facea
i cavi sassi e l'alte selve; quando
alcun' pastori al suon trasse in quel lato
lor stella, o qualche lor grave peccato.

5
Viste del pazzo l'incredibil prove
poi più d'appresso e la possanza estrema,
si voltan per fuggir, ma non sanno ove,
sì come avviene in subitana tema.
Il pazzo dietro lor ratto si muove:
uno ne piglia, e del capo lo scema
con la facilità che torria alcuno
da l'arbor pome, o vago fior dal pruno.

6
Per una gamba il grave tronco prese,
e quello usò per mazza adosso al resto:
in terra un paio addormentato stese,
ch'al novissimo dì forse fia desto.
Gli altri sgombraro subito il paese,
ch'ebbono il piede e il buono aviso presto.
Non saria stato il pazzo al seguir lento,
se non ch'era già volto al loro armento.

7
Gli agricultori, accorti agli altru' esempli,
lascian nei campi aratri e marre e falci:
chi monta su le case e chi sui templi
(poi che non son sicuri olmi né salci),
onde l'orrenda furia si contempli,
ch'a pugni, ad urti, a morsi, a graffi, a calci,
cavalli e buoi rompe, fraccassa e strugge:
e ben è corridor chi da lui fugge.

8
Già potreste sentir come ribombe
l'alto rumor ne le propinque ville
d'urli, e di corni, rusticane trombe,
e più spesso che d'altro, il suon di squille;
e con spuntoni et archi e spiedi e frombe
veder dai monti sdrucciolarne mille,
et altritanti andar da basso ad alto,
per fare al pazzo un villanesco assalto.

---

3 *Mi si potrebbe dire a ragione* (**ben**): «*Amico* (**frate** = fratello), *tu stai mostrando l'errore* (**fallo**) *di un altro* (**altrui**) *e non vedi il tuo*». *Io vi rispondo che capisco abbastanza* (**assai**) *adesso che ho un'intervallo di lucidità mentale* (**di mente...un lucido intervallo**); *e ho una grande intenzione* (**cura**) *di riposarmi e di lasciare tutto questo* (**uscir fuor di ballo**), [: l'amore], *e spero ormai di farlo: ma non lo posso fare* [**tanto**] **presto** (**tosto**) *quanto vorrei, poiché il male mi è penetrato sin dentro le ossa* [: mi ha preso tutto]. Ariosto riprende il tema del proemio del poema (**T1**, p. 362, ottava 2, 5-8), ma insistendovi maggiormente.

● **4** 1 **Signor**: il cardinale Ippolito, cui Ariosto si rivolge.
2 **forsennato e furïoso**: *pazzo furioso*.
3-8 *si era tolte* (**trattesi...avea**) *le armi e* [le aveva] *disseminate* (**sparse**) *per il campo, si era strappati* (**squarciati**) *gli abiti e aveva gettato via la spada,* [aveva] *sradicato* (**svelte**; da "svellere") *gli alberi e faceva risuonare le grotte* [**i cavi sassi** = le rocce vuote] *e i boschi profondi* (**l'alte selve**) [con il fracasso che faceva]; *quando la loro* [cattiva] *stella o qualche loro grave peccato condusse* (**trasse**) *alcuni pastori in quel luogo* [richiamati] *dal rumore* (**al suon**). Visto quello che sta per capitare ai pastori, Ariosto fa due ipotesi: o è loro sfavorevole il destino (la **stella** che condiziona la vita di un uomo, secondo l'astrologia) o Dio li vuole punire di qualcosa.

● **5** 1-2 *Dopo aver visto* (**viste... poi**) *più da vicino* (**d'appresso**) *le incredibili imprese del pazzo e la sua grandissima forza* (**possanza**).
4 *così come accade per un improvviso spavento* (**in subitana tema**; **tema** = timore) [: quando si è presi all'improvviso dal panico].
5 **ratto**: *rapido*.
6 **lo scema**: *lo priva*.
7-8 *con la* [stessa] *facilità con cui* (**che**) *un altro staccherebbe* (**torria** = toglierebbe) *un frutto* (**pome**) *dall'albero o un bel* (**vago**) *fiore dal ramo* (**pruno**).
6 *Prese per una gamba il pesante corpo* (**grave tronco**) *e lo usò come* (**per**) *una mazza addosso agli altri* (**al resto**): [ne] *stese in terra, addormentati, un paio* [di uomini] *che forse si risveglieranno* (**fia desto**) *il giorno del giudizio* (**novissimo dì** = ultimo giorno). *Gli altri, che furono veloci* (**ebbono...presto** = ebbero veloci) *di gambe e di intelligenza* (**buono aviso**), *sgomberarono subito il paese. Il pazzo non sarebbe stato lento nell'inseguirli, se non* [fosse stato] *che si era già scagliato* (**volto**) *contro il loro gregge* (**armento**). I vv. 3-4 sono ironici: nel **novissimo dì** risorgeranno anche i morti.

● **7** 1 **accorti agli altru' esempli**: *ammaestrati dall'esempio degli altri* [: da quanto era capitato ai pastori]. **Esempi** vale 'casi esemplari, che sono di ammonimento'.
2 **marre**: *tipi di zappe*.
3 **monta**: *sale*.
4 Infatti Orlando li sradica con un colpo solo (ottava 135).
5 *da dove* (**onde**) [: dalle case e dai templi] *osservare* (**si contempli**) [lo spettacolo del] *l'orribile follia*.
7 **strugge**: *fa a pezzi*.
8 *ed è davvero* (**ben**) *esperto nella corsa* (**corridor**) *chi* [riesce a] *sfuggirgli*.

● **8** *Ormai* (**già**) *potreste sentire come rimbomba, nelle fattorie vicine* (**ne le propinque ville**), *il gran* (**l'alto**) *rumore della urla e dei corni,* [prodotto da] *trombe campagnole* (**rusticane**), *e il suono delle campane* (**squille**), *più frequente* (**spesso**) *degli altri;* [potreste] *vederne scendere* (**sdrucciolarne** = scivolarne) *dalle montagne mille,* [armati] *con spuntoni e archi e spiedi e fionde* (**frombe**), *e altrettanti salire dal basso* [: delle valli] *verso l'alto, per fare al pazzo un assalto da contadini* (**villanesco**). I **corni** danno il segnale del-

9
Qual venir suol nel salso lito l'onda
mossa da l'austro ch'a principio scherza,
che maggior de la prima è la seconda,
e con più forza poi segue la terza;
et ogni volta più l'umore abonda,
e ne l'arena più stende la sferza:
tal contra Orlando l'empia turba cresce,
che giù da balze scende e di valli esce.

10
Fece morir diece persone e diece,
che senza ordine alcun gli andaro in mano:
e questo chiaro esperimento fece,
ch'era assai più sicur starne lontano.
Trar sangue da quel corpo a nessun lece,
che lo fere e percuote il ferro invano.
Al conte il re del ciel tal grazia diede,
per porlo a guardia di sua santa fede.

11
Era a periglio di morire Orlando,
se fosse di morir stato capace.
Potea imparar ch'era a gittare il brando,
e poi voler senz'arme essere audace.

La turba già s'andava ritirando,
vedendo ogni suo colpo uscir fallace.
Orlando, poi che più nessun l'attende,
verso un borgo di case il camin prende.

12
Dentro non vi trovò piccol né grande;
che 'l borgo ognun per tema avea lasciato.
V'erano in copia povere vivande,
convenïenti a un pastorale stato.
Senza il pane discerner da le giande,
dal digiuno e da l'impeto cacciato,
le mani e il dente lasciò andar di botto
in quel che trovò prima, o crudo o cotto.

13
E quindi errando per tutto il paese,
dava la caccia e agli uomini e alle fere;
e scorrendo pei boschi, talor prese
i capri isnelli e le damme leggiere.
Spesso con orsi e con cingiai contese,
e con man nude li pose a giacere:
e di lor carne con tutta la spoglia
più volte il ventre empì con fiera voglia.

---

la caccia, ma qui devono dare il segnale della guerra, proprio delle **trombe**. Gli **spuntoni** sono aste con in cima un ferro appuntito. L'**assalto** è **villanesco** perché alle armi sono sostituiti gli strumenti del lavoro dei campi e della caccia.
• **9** *Come* (**qual**) *è solita arrivare* (**venir suol**) *sulla spiaggia marina* (**nel salso lito** = nel lido salato) *l'onda alzata* (**mossa**) *dall'austro* [: vento del Sud] *che da principio soffia lieve* (**scherza**), *in modo che la seconda* [onda] *è maggiore della prima, e la terza segue poi con più forza; e ogni volta l'acqua* (**umore** = liquido) *è sempre di più* (**più...abonda**) *e si abbatte* (**stende la sferza** = fa schioccare la frusta) *sulla sabbia* (**ne l'arena**) *con maggiore violenza* (**più**): *così* (**tal**), [andando] *contro Orlando, aumenta* (**cresce**) *la folla spietata* (**empia turba**), *che scende giù dai dirupi* (**balze**) *e esce dalle valli.*
• **10** 1 **diece...e diece**: *numerose*; indeterminato.
  2 **andaro**: *andarono*.
  3 *e questo diede una chiara dimostrazione*

(**esperimento**).
5-8 *A nessuno è possibile* (**lece**) *far uscire* (**trar**) *del sangue da quel corpo, poiché il ferro* [: l'arma] *lo ferisce* (**fere**) *e percuote senza risultato* (**invano**). *Dio* (**il re del ciel**) *aveva concesso al conte* [Orlando] *questa grazia* [: l'invulnerabilità] *per metterlo a guardia della santa fede* [cristiana]. È una caratteristica di molti eroi epici, da Achille a Sigfrido.
• **11** 1 *Orlando avrebbe corso il pericolo* (**era a periglio** = era in pericolo) *di morire.*
3-4 *Avrebbe potuto imparare che cosa vuole dire* (**ch'era a**) *buttar via la spada* (**il brando**) *e poi voler fare il coraggioso* (**essere audace**) *senza le armi*. Se non fosse stato invulnerabile, Orlando, privo di armi, non si sarebbe salvato.
  6 **uscir fallace**: *rivelarsi inutile*.
  7 **l'attende**: *fa attenzione a lui*.
• **12** 1 **piccol né grande**: cioè proprio nessuno.
  2 **tema**: *paura*.

  3 **copia**: *abbondanza*.
  4 *quali si addicono alla vita dei pastori*.
  5 *Senza distinguere il pane* [: cibo per gli uomini] *dalle ghiande* [: cibo per i maiali].
  6 **cacciato**: *spinto*.
  7-8 *lasciò andare giù di colpo* (**di botto**) [: si avventò con] *le mani e i denti su quello che per primo gli capitava* (**trovò**), *crudo o cotto* [che fosse].
• **13** 1 **errando**: *vagando*.
  2 **fere**: *belve*.
  3 **scorrendo**: *scorazzando*.
  4 *i caprioli snelli e le agili daine*; cioè animali velocissimi.
  5 **cingiai**: *cinghiali*; **contese**: *si batté*.
  6 **li pose a giacere**: *li stese in terra* [*morti*].
  7-8 *più volte, con una fame da belva* (**con fiera voglia**), *si riempì il ventre della loro carne, con tutta la pelliccia* (**spoglia**) [*addosso*]. Orlando, impazzito, si comporta come un bruto, terrorizzando pastori e contadini, uccidendo a mani nude gli animali selvatici e nutrendosi delle loro carni crude.

T6 DALLA COMPRENSIONE ALL'INTERPRETAZIONE

COMPRENSIONE

Un episodio centrale La follia di Orlando si scatena **al centro del poema**, nel canto XXIII, esattamente alla metà dell'opera (che conta 46 canti). Si tratta di una precisa scelta di Ariosto, che affida a questo episodio un importante significato. Nel testo convergono, infatti, alcuni temi fondamentali di tutto il *Furioso*:

- **l'avventura dell'"errare" e della *quête*** (ricerca), spesso dominati dal caso e dalla fortuna: Orlando giunge nel luogo eletto degli amanti Angelica e Medoro inseguendo, in realtà, il pagano Mandricardo, il cui cavallo ha tenuto uno «strano corso». Vi giunge dunque per caso e cercando una cosa diversa da quella che trova;
- **l'amore**: Orlando si imbatte nel *locus amoenus* che, nella sua pace e bellezza, reca inequivocabili le tracce delle gioie e della felicità del vero amore fra Angelica e Medoro;
- **la follia**: Orlando, preso dalla gelosia e invidioso della felicità altrui, esplode in una furia che distrugge la natura, la pace, la bellezza, le parole d'amore scolpite e, da ultimo, la propria identità di uomo e di cavaliere;
- **l'illusorietà del desiderio**: l'oggetto del desiderio di Orlando (Angelica) è illusorio e irrimediabilmente perduto.

La struttura dell'episodio L'episodio della follia di Orlando è suddiviso tra la **seconda parte del canto XXIII e l'inizio del canto XXIV**. Ariosto utilizza in tal modo una tecnica narrativa tradizionale (e già usata per esempio dallo stesso Dante nella *Commedia*) per movimentare la struttura narrativa e per alimentare la *suspense*. Nell'*Orlando furioso* questa tecnica è impiegata in modo così abile e frequente da divenire una vera e propria caratteristica dello stile narrativo ariostesco, data anche l'importanza dell'intreccio e dell'alternanza di temi e motivi diversi. C'è in questo episodio una **duplice progressione**. La prima è l'**accumularsi degli indizi** che svelano a Orlando quanto è accaduto tra Angelica e Medoro, sino al racconto del pastore e all'esibizione del braccialetto. Il paladino cerca invano di difendersi, o ingannando se stesso (dando un'interpretazione vistosamente non plausibile dei segni), o fingendo di non vedere. Sono i primi sintomi della perdita della ragione e dell'incapacità di padroneggiare razionalmente le cose. La seconda progressione riguarda infatti la psicologia di Orlando e il **crescere in lui della follia**. Dapprima essa è un fatto interiore; ma poi esplode teatralmente all'esterno.

ANALISI

Lo stile: rappresentazione dell'eccesso e ricerca di equilibrio L'esplosione del dolore di Orlando, e poi della sua follia, si accompagna all'**impiego di un lessico e di uno stile energici ed appassionati**, con l'intenzione di rappresentare l'eccesso della passione infelice (XXIII, ottave 124, 8; 125, 1-6; 129, 5-8; ecc.). La descrizione delle conseguenze esterne della follia di Orlando comporta una nuova, ulteriore impennata stilistica (XXIII, ottave 130 sgg., e soprattutto 133, 5-8; 134, 7-8 e 135). La frequenza delle **iperboli** accoglie nello stile l'eccesso della materia. Nel canto XXIV alla rappresentazione della follia di Orlando (ottave 4 sgg.) si somma quella del comportamento terrorizzato e inutilmente combattivo dei paesani. Benché rappresenti questo momento-chiave della follia di Orlando senza risparmiare le armi della retorica tradizionale, tuttavia Ariosto non è mai interamente conquistato dal fascino dell'orrore e dell'irrazionale. Lo strumento dell'**ironia**, il ricorso a moltissimi elementi della lirica tradizionale e l'accostamento schiettamente comico all'umile mondo quotidiano dei pastori sono i modi fondamentali per mezzo dei quali l'**eccesso è ridimensionato e perfino negato**. Lo stile adempie in questo modo a una duplice funzione: da una parte serve realisticamente i fatti narrati, compresa l'orrenda follia del protagonista, ma dall'altra li inserisce entro una superiore capacità di armonizzazione e di formalizzazione poetica.

INTERPRETAZIONE

Il perturbante e la funzione sociale della letteratura La follia di Orlando è senza dubbio uno dei momenti centrali del poema, al quale essa dà non a caso il titolo. D'altra parte la riflessione sul carattere illusorio di gran parte o di tutte le speranze umane, nonché la rappresentazione dell'**insensatezza delle vicende umane** nell'intreccio vario fino all'assurdo del poema trovano nell'**esplosione dell'interiorità perturbante** (cioè inquietante) di Orlando il loro momento rivelatore. È chiaro che nella prospettiva di Ariosto la condizione umana appare dominata da forze oscure e misteriose che ne minacciano l'equilibrio, in assenza di un sistema di valori stabili e certi. È il segno di una crisi per mezzo della quale si annuncia la modernità. Tuttavia, Ariosto non mostra di cedere alla crisi, né di contrapporre a essa qualche oggetto capace di contrastarla e negarla. La reazione alla minaccia del perturbante è piuttosto rintracciabile nel modo stesso in cui il poeta decide di rappresentarlo: è lo stile colmo di riferimenti alla tradizione e sempre sospeso **tra ade-**

sione alla materia favolosa e distacco ironico e incredulo a costituire il primo strumento di argine (per cui cfr. il punto precedente). La letteratura è qui un mezzo di equilibrio tra forze in conflitto e un mezzo di conoscenza nell'ignoto; ed è, anche per il soggetto stesso, un mezzo di dominio di sé, se Ariosto non si stanca di mettere in relazione alla grande eroica follia amorosa di Orlando la propria comune follia di innamorato (cfr. XXIV, ottave 1-3).

Attualizzazione e valorizzazione del testo Anche oggi la follia resta un evento perturbante e misterioso. La trasformazione di Orlando rappresentata in questo episodio e l'irruzione nel suo comportamento di **forze sconosciute e anormali** esercitano anche su di noi il fascino delle cose che alludono a dimensioni solitamente ignote dell'interiorità dell'io. Tanto più che la follia scatena qui gli istinti elementari dell'**animalità**: aggressività innanzitutto, e fame e stanchezza e sonno ciecamente sottratti a ogni mediazione civile. È con questa animalità, che le convenzioni sociali e i valori civili non riescono mai ad eliminare del tutto, che siamo anche chiamati a fare i conti in occasioni della vita individuale e a volte in duri momenti della storia collettiva (si pensi alle guerre e agli stermini di massa). Per questo essa, che ci spaventa, può affascinarci nella formalizzazione alta della rappresentazione poetica.

La nave dei folli in fiamme, disegno attribuito a Hieronymus Bosch o alla sua scuola, 1465-1516. Vienna, Akademie der bildenden Künste.

T6 LAVORIAMO SUL TESTO

COMPRENDERE

1. Riassumi il testo, sottolineando con attenzione i punti salienti del racconto.

ANALIZZARE

Il progredire della follia

2. Quali sono le cause scatenanti della follia del paladino?
3. Raccogli e ordina i sintomi attraverso cui si manifesta la follia di Orlando.
4. «usando fraude a se medesmo / stette ne la speranza» (ottava 104) «Poco gli giova usar fraude a se stesso» (ottava 118); spiega questi versi chiarendo quale strategia usa Orlando per difendersi da una verità troppo scomoda.

I temi

5. Quali temi sono presenti nel brano? Fra questi, quali hai già incontrato nel poema e quali invece compaiono qui per la prima volta?

Il linguaggio dell'ironia

6. **LINGUA E LESSICO** Rintraccia nel brano le espressioni "basse" e umili che ridimensionano la rappresentazione degli eccessi della follia.

INTERPRETARE

Un equilibrio minacciato

7. Che valore attribuisce Ariosto alla figura di Orlando reso folle dall'amore per Angelica?

LABORATORIO
Dall'interpretazione alla riappropriazione

ATTUALIZZAZIONE E VALORIZZAZIONE

L'amore come forza travolgente e il tema della follia

Per la prima volta nella storia letteraria, nel canto XXIII dell'*Orlando furioso* viene esplorato il carattere irrazionale e ambiguo della psicologia amorosa. Nel poema l'amore e il desiderio sono rappresentati come il motore delle azioni umane e, allo stesso tempo, come forze non controllabili. Il racconto dell'esperienza amorosa che emerge dall'episodio della pazzia di Orlando inaugura infatti un nuovo modo di rappresentare l'amore, completamente diverso da quello dei poeti stilnovisti e di Petrarca, e viceversa vicino alla sensibilità moderna.

In epoca romantica, infatti, da Goethe a Stendhal, l'amore inteso come forza travolgente diventa uno dei terreni d'elezione del romanzo moderno. Nel Novecento la psicoanalisi di Freud, scoprendo l'inconscio, fa i conti con la parte sommersa e sconosciuta dei desideri e delle pulsioni umane.

Il rapporto tra amore e follia è già centrale nel brano che abbiamo letto. Ma perché il tema della follia è così importante in Ariosto e in tutta l'arte rinascimentale?

Per rispondere a questa domanda dobbiamo ripensare alle grandi trasformazioni antropologiche avvenute in questa epoca storica: mentre nel Medioevo l'ordine e il senso dell'esistenza erano garantiti dalla religione e si fondavano su un disegno provvidenziale, voluto da Dio, nel Rinascimento l'ideale dell'armonia e dell'equilibrio trova il suo fondamento solo nella ragione umana. Si tratta dunque di un ideale fragile, sempre soggetto agli imprevisti del caos e alla minaccia della follia. Per questo la follia è uno dei temi-chiave dell'arte di questo periodo, come dimostrano ad esempio l'opera del pittore fiammingo Bosch e il saggio *Elogio della follia* di Erasmo da Rotterdam.

L'opposizione fra ragione e follia è dunque un tema tipico della modernità laica, che concepisce, appunto, la ragione minacciata dalle forze irrazionali e istituisce un ordine precario, sempre sul punto di trasformarsi nel suo rovescio. Nel Seicento, mentre Cartesio e Galileo danno vita al moderno pensiero scientifico, il più grande romanzo del secolo, il *Don Chisciotte* di Cervantes, rappresenta un cavaliere errante impazzito per l'eccesso di letture di poemi cavallereschi. Nel Settecento, epoca dei Lumi e del trionfo del modello di universo meccanicistico, postulato da Newton, sono invece sviluppate nuove teorie "scientifiche" per spiegare la follia. Mania e melanconia, secondo i medici illuministi, non erano originate da forze sovrannaturali; le loro cause, piuttosto, andavano ricercate all'interno del corpo umano; l'origine dei disturbi psichici, dunque, era di tipo organico. Contemporaneamente però i pazzi venivano internati in luoghi di reclusione, esiliati fuori dal perimetro della città e soggetti a cure punitive. Questo uso durerà fino al Novecento, come dimostrano l'impiego dell'elettroshock a fini terapeutici e la scelta di isolare i pazzi nei manicomi. Una diversa idea di salute mentale, che non prevede più la costrizione e l'internamento, inizia a circolare solo negli anni Settanta del Novecento grazie allo psichiatra italiano Franco Basaglia.

Jan Sanders van Hemessen, *Il chirurgo*, 1555. Madrid, Museo del Prado.

T6 TESTO LABORATORIO

LABORATORIO
Dall'interpretazione alla riappropriazione

Bacio del Mare, statua di Stewart Johnson esposta nella Piazza degli Eventi di Civitavecchia, che raffigura la foto di Alfred Eisenstaedt scattata il 14 agosto 1945 a Times Square.

RIAPPROPRIAZIONE

La follia d'amore al tempo dei media

Nella contemporaneità il "deragliamento" amoroso costituisce uno dei motivi più presenti (e più richiesti) nell'immaginario cinematografico e televisivo e nella letteratura di consumo: è infatti il tema fondamentale del genere del romanzo "rosa" e delle *soap opera*, che sono seguite quotidianamente da milioni di spettatori. Inoltre costituisce il filo conduttore di molti *reality* di successo, concepiti come prove e incontri sentimentali. Sappiamo tutti quanto successo abbiano i *serial* televisivi. Gli ingredienti di questo successo sono semplici ed efficaci: stabilità dei protagonisti e delle situazioni fondamentali e varietà dell'intreccio narrativo. Il piacere della ripetizione e quello della variazione si mescolano e si intrecciano, rassicurandoci e al tempo stesso stimolando la nostra curiosità. Il capolavoro di Ariosto, l'*Orlando furioso*, si basa su un principio simile; e questo aiuta a spiegare il fascino esercitato da questa opera nei secoli. Certo, sarebbe poi davvero riduttivo non vedere le differenze fra l'opera cinquecentesca e le serie televisive di oggi. Queste ultime non aspirano infatti ad alcuna complessità narrativa, né nascondono significati profondi al di là della superficie dei fatti raccontati; mentre il poema ariostesco si definisce come grande metafora della vita umana. L'*Orlando furioso* non si limita a renderci spettatori passivi degli avvenimenti ma ci costringe a una ricerca attiva e personale del loro significato e del loro valore, ci costringe cioè a prendere posizione e a partecipare in modo personale.

Lo spazio della riappropriazione: dalla letteratura alla vita

Cosa resta oggi dell'esperienza dell'amore come follia, eccesso e irrazionalità, raccontata dal poema di Ariosto? E viceversa cosa è profondamente mutato nel modo di concepire l'amore nell'era dei media? Rifletti su questo tema confrontando le opinioni diverse che hanno sulla questione due importanti scrittori.
L'amore è una spinta irrazionale che fa parte della natura profonda degli uomini di tutti i tempi: questa è l'idea di una grande narratrice del Novecento, Elsa Morante. Per la Morante le ragioni profonde della "follia" d'amore, tragiche e da sempre invariate, risiederebbero nel bisogno di ogni uomo adulto di ritrovare le attenzioni amorose prodigate dalla madre nella prima infanzia. Si tratterebbe però di un desiderio impossibile da soddisfare.

Ogni creatura, sulla terra, si offre. Patetica, ingenua, si offre: «sono nato! eccomi qua, con questa faccia, questo corpo e questo odore. Vi piaccio? mi volete?» Da Napoleone, a Lenin e a Stalin, all'ultima battona, al bambino mongoloide, a Greta Garbo e a Picasso e al cane randagio, questa in realtà è l'unica perpetua domanda di ogni vivente agli altri viventi: «vi paio bello? io che a *lei* parevo il più bello?»

Elsa Morante, *Aracoeli*, Einaudi, Torino 1982.

Viceversa per lo scrittore contemporaneo Walter Siti la percezione dei sentimenti è oggi profondamente mutata rispetto al passato: nella società della spettacolo la nostra sensibilità si è anestetizzata fino alla saturazione e alla perdita di ogni reale esperienza. Il mondo dei consumi e soprattutto i reality e la rete avrebbero eroso e modificato in profondità la sfera dell'esperienza e della stessa corporeità amorosa producendo una sorta di radicale mutazione dell'umano, che è compito della letteratura indagare:

Io credo che fare gli storici dei sentimenti, cioè capire che cosa ne è stato dei sentimenti in questi anni televisivi, mediatici, sia un lavoro fondamentale. Che ne è stato dell'amore? Capirlo diventa un lavoro politico. Ed è un lavoro che si può fare soltanto con il romanzo.

W. Siti, intervista rilasciata il 29 luglio 2009 a P. Fiore, in www.minimaetmoralia.it

Fai una ricerca e reperisci altri testi (articoli, pagine di romanzo, film, canzoni, ecc.) che affrontano il tema della "follia d'amore" e ragionano sul modo di vivere e di percepire il sentimento amoroso nella contemporaneità. Prendi posizione anche tu sulla questione, esponi la tua opinione in classe e discuti con i compagni, confrontando l'immaginario storico del testo di Ariosto con il nostro presente.

Keith Haring, *Untitled*, **1987.**

15 Astolfo recupera il senno di Orlando

San Giovanni e Astolfo

Orlando è impazzito per volontà di Dio: è stato punito perché si è innamorato di una pagana e ha tradito i cristiani. Così dice **san Giovanni evangelista** ad **Astolfo**, cui spetta il compito di **recuperare il senno del paladino**. In questo modo Orlando tornerà a combattere vittoriosamente e la fede cattolica prevarrà sui musulmani. Avvicinandosi al finale epico del poema, Ariosto reinterpreta tutta la storia in chiave edificante: cioè, appunto, secondo gli schemi dell'epica carolingia. Ma questo è forse l'aspetto meno interessante della lunga sequenza (canti XXXIII-XXXV). San Giovanni, colloquiando con Astolfo, gli spiega che la letteratura è asservita al potere. È una **polemica contro la vita delle «misere corti»**, che si dilata con la visita sulla luna. Qui Ariosto passa in rassegna tutta la follia umana, ma il suo bersaglio preciso resta la corte. L'ironia non è più uno strumento per smorzare i toni; non è neppure solo uno strumento per affermare il distacco dalle passioni e dai tumulti mondani. Il discorso ha una pregnanza che non si riscontra altrove nel *Furioso*; l'ironia diventa più affilata, più inquietante: **si trasforma in satira** (cfr. § 7).

La polemica contro la corte

T7 Astolfo sulla luna

OPERA
Orlando furioso, XXXIV, 70-87, 4

CONCETTI CHIAVE
- la polemica contro i rapporti sociali inautentici e la corte
- la vanità di tutte le cose

FONTE
L. Ariosto, *Orlando furioso*, a cura di S. Debenedetti e C. Segre, cit.

Dopo aver combattuto per il Senàpo, favoloso sovrano dell'Etiopia, Astolfo ha visitato l'Inferno ed è arrivato sul Paradiso terrestre. Qui lo ha accolto san Giovanni evangelista, spiegandogli come recuperare il senno di Orlando. Astolfo è perciò condotto sulla luna: in un suo vallone si ammassa tutto quello che si perde sulla terra. Insieme alle inutili occupazioni degli uomini, c'è il senno che essi hanno smarrito. Presa l'ampolla in cui è contenuto quello di Orlando, Astolfo può tornare sulla terra.

70
Tutta la sfera varcano del fuoco,
et indi vanno al regno de la luna.
Veggon per la più parte esser quel loco
come un acciar che non ha macchia alcuna;
e lo trovano uguale, o minor poco
di ciò ch'in questo globo si raguna,
in questo ultimo globo de la terra,
mettendo il mar che la circonda e serra.

71
Quivi ebbe Astolfo doppia maraviglia:
che quel paese appresso era sì grande,
il quale a un picciol tondo rassimiglia
a noi che lo miriam da queste bande;
e ch'aguzzar conviengli ambe le ciglia,
s'indi la terra e 'l mar ch'intorno spande
discerner vuol; che non avendo luce,
l'imagin lor poco alta si conduce.

- **70** 1 [*Astolfo e san Giovanni evangelista, su un carro guidato da quattro cavalli*] attraversano (**varcano**) *tutta la sfera del fuoco.* La sfera del fuoco è quella che separa la terra dal cielo della luna, secondo la cosmografia antica (cfr. Dante, *Paradiso* I, 49-142).
  2 **indi**: *di qui*.
  3 **Veggon**: *Vedono*.
  4 **acciar**: [*pezzo di*] *acciaio*.
  5-8 *e lo trovano uguale o poco più piccolo* (**minor poco**) *di* [*tutto*] *ciò è contenuto* (**si raguna** = *si raduna*) *su questo* [*nostro*] *globo* [: *del globo terrestre nel suo complesso*], *su questo globo terrestre, posto al fondo* (**ultimo**) [*dell'universo*], *compreso* (**mettendo**) *il mare che lo circonda e racchiude* (**serra**). Il globo è ultimo perché è il luogo del creato più lontano dall'Empireo (essendo, secondo Tolomeo, al centro del creato stesso).

- **71** *Qui Astolfo ebbe una meraviglia duplice* [: *si stupì per due volte*]: *perché da vicino* (**appresso**) *era tanto grande quel paese il quale, per noi che lo guardiamo* (**a noi che lo miriam**) *dalla nostra parte* (**da queste bande**) [: *dalla terra*], *assomiglia a un picolo tondo;* [*e si stupì*] *perché doveva* (**conviengli**) *aguzzare bene la vista* (**ambe le ciglia**), *se voleva distinguere* (**discerner**) *da lì* (**indi**) *la terraferma e il mare che si spande intorno* [*ad essa*]; *giacché, non avendo luce* [*propria*], *la loro immagine arriva poco in alto* (**poco alta si conduce**). La piccolezza della terra, vista dalla luna, preannuncia il tema della riduzione delle attività terrene a follia.

72
Altri fiumi, altri laghi, altre campagne
sono là su, che non son qui tra noi;
altri piani, altre valli, altre montagne,
c'han le cittadi, hanno i castelli suoi,
con case de le quai mai le più magne
non vide il paladin prima né poi:
e vi sono ample e solitarie selve,
ove le ninfe ognor cacciano belve.

73
Non stette il duca a ricercare il tutto;
che la non era asceso a quello effetto.
Da l'apostolo santo fu condutto
in un vallon fra due montagne istretto,
ove mirabilmente era ridutto
ciò che si perde o per nostro difetto,
o per colpa di tempo o di Fortuna:
ciò che si perde qui, là si raguna.

74
Non pur di regni o di ricchezze parlo,
in che la ruota instabile lavora;
ma di quel ch'in poter di tor, di darlo
non ha Fortuna, intender voglio ancora.
Molta fama è là su, che, come tarlo,
il tempo al lungo andar qua giù divora:
là su infiniti prieghi e voti stanno,
che da noi peccatori a Dio si fanno.

75
Le lacrime e i sospiri degli amanti,
l'inutil tempo che si perde a giuoco,
e l'ozio lungo d'uomini ignoranti,
vani disegni che non han mai loco,

i vani desidèri sono tanti,
che la più parte ingombran di quel loco:
ciò che in somma qua giù perdesti mai,
là su salendo ritrovar potrai.

76
Passando il paladin per quelle biche,
or di questo or di quel chiede alla guida.
Vide un monte di tumide vesiche,
che dentro parea aver tumulti e grida;
e seppe ch'eran le corone antiche
e degli Assirii e de la terra lida,
e de' Persi e de' Greci, che già furo
incliti, et or n'è quasi il nome oscuro.

77
Ami d'oro e d'argento appresso vede
in una massa, ch'erano quei doni
che si fan con speranza di mercede
ai re, agli avari principi, ai patroni.
Vede in ghirlande ascosi lacci; e chiede,
et ode che son tutte adulazioni.
Di cicale scoppiate imagine hanno
versi ch'in laude dei signor si fanno.

78
Di nodi d'oro e di gemmati ceppi
vede c'han forma i mal seguiti amori.
V'eran d'aquile artigli; e che fur, seppi,
l'autorità ch'ai suoi danno i signori.
I mantici ch'intorno han pieni i greppi,
sono i fumi dei principi i favori
che danno un tempo ai ganimedi suoi,
che se ne van col fior degli anni poi.

- **72** 1-2 *Altri... / che:* **Diversi da [quelli che].**
  4 *suoi:* **loro** (come in latino).
  5 *de le quai:* **delle quali;** **magne:** *grandi.*
- **73** 1 *il duca:* **Astolfo;** **ricercare:** *esplorare.*
  2 *perché non era salito lassù a quello scopo.*
  3 *l'apostolo santo:* **san Giovanni.**
  5 *dove era miracolosamente raccolto (ridutto).*
  6 *diffetto:* **colpa.**
  8 *si raguna:* **si raduna.**
- **74** 1 *pur:* **solamente.**
  2 *sulle quali (in che) agisce (lavora) la ruota instabile [della Fortuna]; i beni materiali, che la sorte dà e toglie (cfr. Dante, Inferno VII, 67-99).*
  3-8 *ma voglio parlare anche (intender...ancora) di quello che non è nel potere della sorte (in poter...non ha Fortuna = la sorte non ha in suo potere di) togliere (tor) o dare. Lassù*

c'è molta fama, che quaggiù il tempo, con il suo lento procedere (**al lungo andar**), consuma (**divora**) come un tarlo; lassù stanno infinite preghiere e suppliche (**prieghi e voti**), che sono rivolte (**si fanno**) da noi peccatori a Dio.
- **75** 4 *inutili* (**vani**) *progetti* (**disegni**) *che non giungono mai a compimento* (**non han mai loco**).
  7 *mai:* riferito a *ciò che:* *qualunque cosa mai.*
- **76** 1 *biche:* **mucchi.**
  3 *tumide vesiche:* *sacche gonfie.*
  5 *corone:* **regni.**
  6 *de la terra lida:* **della Lidia.**
  7-8 *che un tempo furono* (**già furo**) *famosi* (**incliti**)*, e ora il loro nome è quasi dimenticato* (**oscuro**)*.*
- **77** 3 *di mercede:* **di ricompensa.**

4 *patroni:* **protettori.**
5 *in ghirlande ascosi lacci:* *lacci nascosti tra delle ghirlande.*
- **78** 1 *gemmati ceppi:* *gioghi ricoperti di gemme.*
  2 *mal seguiti:* *perseguiti a torto o senza esito.*
  3 *e che fur, seppi:* *e seppi che erano.* Ariosto l'ha scoperto dalla propria fonte, quel Turpino da cui, come in tutta la tradizione cavalleresca, dice di derivare il suo racconto.
  4 *ai suoi:* *ai loro [uomini].*
  5-8 *I mantici che hanno riempito* (**han pieni**) *i declivi* (**greppi**) *[del vallone lì] intorno sono i favori dei principi, labili come il fumo* (**i fumi...e i favori**; endiadi)*, che [essi] danno ai loro protetti* (**ganimedi**) *un tempo* (**già**) *e che poi vengono meno* (**se ne van**) *con [il venir meno del] la giovinezza* (**il fior degli anni**) *[dei protetti].*

79
Ruine di cittadi e di castella
stavan con gran tesor quivi sozzopra.
Domanda, e sa che son trattati, e quella
congiura che si mal par che si cuopra.
Vide serpi con faccia di donzella,
di monetieri e di ladroni l'opra;
poi vide boccie rotte di più sorti,
ch'era il servir de le misere corti.

80
Di versate minestre una gran massa
vede e domanda al suo dottor ch'importe.
– L'elemosina è (dice) che si lassa
alcun, che fatta sia dopo la morte. –
Di varii fiori ad un gran monte passa,
ch'ebbe già buono odore, or putia forte.
Questo era il dono (se però dir lece)
che Constantino al buon Silvestro fece.

81
Vide gran copia di panie con visco,
ch'erano, o donne, le bellezze vostre.
Lungo sarà, se tutte in verso ordisco,
le cose che gli fur quivi dimostre;
che dopo mille e mille io non finisco,
e vi son tutte l'occurrenzie nostre:
sol la pazzia non v'è poca né assai;
che sta qua giù, né se ne parte mai.

82
Quivi ad alcuni giorni e fatti sui,
ch'egli già avea perduti, si converse;
che se non era interprete con lui,
non discernea le forme lor diverse.
Poi giunse a quel che par sì averlo a nui,

Arman, *L'ora di tutto*, 1985. Parigi, Gare Saint-Lazare.
Gli accumuli di Arman sono sculture che nascono dalla sovrapposizione e dall'assemblaggio di oggetti di uso comune. Con le accumulazioni Arman da un lato sottrae gli oggetti comuni allo scorrere del tempo (in molte delle sue opere gli oggetti vengono accumulati e conservati sotto resina), dall'altro rende evidente che è proprio nel tempo che gli oggetti si accumulano e si perdono. Come il catalogo degli oggetti smarriti nell'episodio di Astolfo svela l'inautenticità delle corti, gli accumuli di Arman sono uno sguardo ironico sulla società dei consumi e, nel caso di *L'heure de tous*, sul nostro tempo frammentato e senza direzione.

che mai per esso a Dio voti non fèrse;
io dico il senno: e n'era quivi un monte,
solo assai più che l'altre cose conte.

83
Era come un liquor suttile e molle,
atto a esalar, se non si tien ben chiuso;
e si vedea raccolto in varie ampolle,
qual più, qual men capace, atte a quell'uso.
Quella è maggior di tutte, in che del folle
signor d'Anglante era il gran senno infuso;
e fu da l'altre conosciuta, quando
avea scritto di fuor: Senno d'Orlando.

- **79** 1 **ruine**: *rovine*.
  2 **sozzopra**: *sottosopra*.
  4 *congiura che sembra si possa nascondere* (**si cuopra**) *con tanta difficoltà* (**sì mal**).
  6 [*che rappresentavano*] *le opere dei falsari* (**monetieri**) *e dei ladri*.
  8 *che erano i servigi* [*resi*] *nelle tristi corti*.
- **80** 2 **dottor**: *maestro*; **ch'importe**: *che cosa significhi*.
  3-4 [*san Giovanni*] *dice «È l'elemosina che alcuni lasciano* [*detto nel testamento*] *che sia fatta dopo la* [*loro*] *morte»; cosa che non avviene, perché gli eredi tengono per loro stessi quei danari*.
  6 **putia**: *puzzava*.
  7 **se però dir lece**: *se però è giusto dire* [*così*] [: *cioè dono*]. È la donazione di Costantino, giusta nei suoi intenti, ma rivelatasi una sciagura per la Chiesa.
  8 **Silvestro**: *papa Silvestro I*.
- **81** 1 **copia**: *abbondanza*; **panie con visco**: *trappole per uccelli, con materia appiccicosa*.
  3-4 *Sarebbe* (**sarà**) *lungo se descrivessi* (**ordisco**) *nei* [*miei*] *versi* [*tutte*] *le cose che gli furono mostrate* (**dimostre**) *qui*.
  6 **l'occurrenzie nostre**: *le cose che ci capitano*.
  8 **se ne parte**: *se ne va*.
- **82** *Qui rivolse l'attenzione* (**si converse**) *a certi suoi giorni e fatti che aveva perduti un tempo* (**già**)*; e se non ci fosse stato con lui chi gli spiegasse* (**interprete**; *san Giovanni*)*, non avrebbe riconosciuto* (**non discernea**) *le loro varie forme. Poi giunse* [*dove c'era*] *ciò che a noi sembra di avere* [*sempre*]*, tanto che* (**sì...**

che) *non si sono mai fatte* (**fèrse** = *si fecero*) *preghiere* (**voti**) *a Dio per averne* (**per esso**)*; io intendo* (**dico**) *il senno: e qui ce n'era una montagna,* [**che**] *da sola* [*era*] *molto più grande che tutte le altre cose di cui ho raccontato* (**conte** = *raccontate*).
- **83** 1 **liquor suttile e molle**: *liquido poco denso e fluido*.
  2 **atto a esalar**: *che evapora facilmente*.
  4 [**ampolle**] *una più capiente* (**capace**)*, una meno, destinate a quello scopo* (**atte a quell'uso**) [: *contenere il senno*].
  5-8 *La più grande di tutte era quella in cui* (**in che**) *era stato travasato* (**infuso**) *il grande senno del folle signore di Anglante* [: *Orlando*]*; e fu riconosciuta tra* (**conosciuta da**) *le altre, poiché* (**quando**) *aveva scritto di fuori: "Senno di Orlando"*.

84
E così tutte l'altre avean scritto anco
il nome di color di chi fu il senno.
Del suo gran parte vide il duca franco;
ma molto più maravigliar lo fenno
molti ch'egli credea che dramma manco
non dovessero averne, e quivi dénno
chiara notizia che ne tenean poco;
che molta quantità n'era in quel loco.

85
Altri in amar lo perde, altri in onori,
altri in cercar, scorrendo il mar, richezze;
altri ne le speranze de' signori,
altri dietro alle magiche sciocchezze;
altri in gemme, altri in opre di pittori,
et altri in altro che più d'altro aprezze.
Di sofisti e d'astrologhi raccolto,
e di poeti ancor ve n'era molto.

86
Astolfo tolse il suo; che gliel concesse
lo scrittor de l'oscura Apocalisse.
L'ampolla in ch'era al naso sol si messe,
e par che quello al luogo suo ne gisse:
e che Turpin da indi in qua confesse
ch'Astolfo lungo tempo saggio visse;
ma ch'uno error che fece poi, fu quello
ch'un'altra volta gli levò il cervello.

87
La più capace e piena ampolla, ov'era
il senno che solea far savio il conte,
Astolfo tolle; e non è si leggiera,
come stimò, con l'altre essendo a monte.

- **84**   1 **anco**: *anche*.
    2 **di chi**: *dei quali*.
    3-8 *Il coraggioso* (**franco**) *duca* [: Astolfo] *vide gran parte del proprio* [senno]; *ma lo fecero* (**fenno**) *meravigliare ben di più molti, che egli credeva che non dovessero averne in meno* (**manco...averne**) [neppure] *una* **dramma** [: piccola quantità], *e qui rivelarono apertamente la notizia;* **dénno** = diedero) *che ne avevano poco; poiché là* (**in quel loco**) *ce n'era una gran quantità.* Astolfo si stupisce di persone che credeva avessero un gran senno, e che invece ne hanno poco: esso infatti sta per la maggior parte sulla luna.
- **85**   1-5 **altri...altri**: *chi... chi*; **in amar**: *amando*.

    2 **in cercar**: *cercando*; **scorrendo**: *attraversando* [in lungo e in largo].
    4 **magiche sciocchezze**: *sciocchezze della magia*.
    5 **opre**: *opere*.
    6 **aprezze**: *apprezzi*. Il poliptoto su **altro** sottolinea la varietà delle follie umane.
    7-8 *Ce n'era raccolto molto* [: senno] *di filosofi* (**sofisti**; spregiativo) *e di astrologhi, e anche di poeti*.
- **86**   1 *Astolfo prese* (**tolse**) *il proprio, poiché gliclo aveva concesso...*
    2 *san Giovanni; l'***Apocalisse** è detta **oscura** perché le sue profezie sono di difficile decifrazione.
    3-6 *Si portò semplicemente* (**sol**) *al naso l'ampolla in cui* (**in ch'**<e>) *era* [il suo senno],

e sembra che esso se ne andò (**se ne gisse**=se ne andasse) *al suo posto* [: il cervello]; *e* [sembra] *che Turpino riconosca* (**confesse**) *che Astolfo, da allora in poi* (**da indi in qua**), *visse saggiamente per lungo tempo*. Gli antichi credevano che le fosse nasali portassero al cervello. Per **Turpino** cfr. 78, 3.
    7-8 Ariosto allude a un innamoramento di Astolfo, che egli stesso narra nei *Cinque canti*.
- **87**   1 **capace**: *capiente*.
    2 *il senno che aveva reso saggio* (**solea far savio**) *il conte* [: Orlando].
    3 **tolle**: *prende*.
    4 *Come aveva pensato,* [vedendola] *mentre stava* (**essendo**) *nel mucchio* (**a monte**) *con le altre*.

T7 DALLA COMPRENSIONE ALL'INTERPRETAZIONE

COMPRENSIONE

La Terra vista dalla Luna   Astolfo è il cavaliere dei **viaggi** in giro per il mondo. Lo ha percorso da Nord a Sud, da Oriente a Occidente, in groppa all'ippogrifo, incontrandovi straordinarie avventure. È coraggioso, leale, intelligente. Ha combattuto per il Senàpo, il sovrano di un'Etiopia da favola. Ha visitato l'Inferno ed è giunto fino al Paradiso terrestre, dove è stato accolto da **Giovanni Evangelista**, l'autore dell'*Apocalisse*. Da lui Astolfo ha appreso che Dio vuole che Orlando riacquisti il suo senno, perduto per amore di Angelica, affinché torni a combattere per l'esercito cristiano contro gli infedeli. San Giovanni, dunque, ha accompagnato Astolfo sulla luna con il carro che portò in cielo il profeta Elia. **La luna è il rovescio della terra**, che vista dal cielo sembra piccola e lontana. In un vallone Astolfo trova, ammucchiata, ogni cosa che sulla terra gli uomini perdono, compreso il senno che hanno perso inse-

guendo delle illusioni. Recuperata l'ampolla in cui è contenuto il senno di Orlando, Astolfo deve tornare indietro sulla Terra per restituire la ragione al folle paladino. Il brano che abbiamo letto narra questa avventurosa esplorazione della luna e può essere diviso in tre parti:
- la **descrizione del paesaggio lunare e dalla terra** vista dallo spazio (ottave 70-73);
- la descrizione del **vallone** e l'**elenco degli oggetti perduti** che si trovano sulla luna (ottave 73-81);
- la scoperta del **senno perduto degli uomini** che si è accumulato fino a formare un monte e il ritrovamento della grande **ampolla con il senno di Orlando** (ottave 82-83).

ANALISI

Lo stile: la struttura a catalogo Come è noto, l'equilibrio che caratterizza il poema ariostesco ha un equivalente anche nello stile in cui è scritto. I temi tragici sono trattati in modo sostenuto ma controllato; quelli più leggeri senza eccessi realistici o comici. Su tutto aleggia il **distacco ironico** e il controllo rasserenante del narratore. Anche in questo caso la rappresentazione degli oggetti smarriti dagli uomini sulla terra, che potrebbe dar luogo tanto a un approfondimento tragico e desolato quanto a una logica caricaturale, è realizzata conservando un **perfetto equilibrio stilistico**. Ciò è in gran parte dovuto alla **struttura a catalogo** cui il poeta ricorre per rappresentare la sfilza di oggetti e di eventi perduti. La struttura a catalogo prende avvio con l'ottava 75 e si svolge fino all'ottava 81, per essere brevemente riutilizzata all'ottava 85, in cui il **ritmo dell'elencazione** si fa più serrato, affidandosi all'**anafora del pronome «altri»**. In particolare, dall'ottava 77 all'ottava 80 si trovano in genere descritti due tipi di oggetti perduti (tre, eccezionalmente, nell'ottava 78). La struttura a catalogo ha innanzitutto il vantaggio di favorire il tono leggero, come adeguandosi a un modo disincantato di osservare le cose, passandole in rassegna l'una dopo l'altra senza gerarchie interne: è la forma stilistica che corrisponde a uno sguardo curioso ma distaccato. Ha inoltre il vantaggio di aprire lo spazio alla fantasia, lasciando nascere un'immagine dall'altra, secondo il libero gioco dell'estro creativo.

Gli oggetti smarriti: la critica delle corti e della inautenticità sociale L'elenco degli oggetti smarriti permette di farsi un'idea del punto di vista di Ariosto. Ciò che soprattutto sembra ai suoi occhi essere venuto meno sulla terra è la capacità di rapporti sociali autentici: la bellezza serve a ingannare, l'amore non dà la felicità, la volontà caritatevole dei morenti non viene rispettata, perfino la presunta donazione di Costantino alla Chiesa ha partorito solo corruzione. L'elenco suggerisce una **critica implicita ma sconsolata** del modo in cui gli uomini vivono ed entrano in relazione. E l'emblema della **inautenticità** è costituito dalla **vita di corte**, dalla quale è tratto il maggior numero di riferimenti: i doni ai potenti si fanno solo per ipocrita desiderio di vantaggi, le relazioni fra cortigiani sono segnate dall'adulazione, i poeti stessi riempiono di lodi non sentite i signori di cui sono al servizio, i favori dei principi fuggono con la giovinezza dei destinatari...

INTERPRETAZIONE

La vanità della fama La fama conseguita per mezzo di opere dell'ingegno costituisce uno dei più alti valori umanistici; è spesso rappresentata, anzi, come l'unico modo per sfuggire, da parte degli uomini, ai confini del tempo e alla rovina di tutte le cose. La fama viene invece qui dichiarata a sua volta di breve durata e fondata sulle **menzogne dei poeti**, tanto da finire nel mucchio con le altre vane occupazioni cortigiane. Anche questo tema, come tutto l'episodio, ha dunque un **valore polemico** nei confronti della cultura contemporanea: se il *Furioso* è il frutto più alto del Rinascimento, lo è anche per la capacità di raffigurare criticamente i limiti e la relatività dei suoi valori.

Attualizzazione: la relatività dei valori La relatività dei valori è uno dei postulati che fonda la concezione laica di Ariosto. Se ne trova un esempio anche in questo brano, allorché Astolfo si rende conto (ottava 71) di quanto grande sia la luna vista da vicino, mentre tanto piccola sembrava guardata dalla terra, e di quanto piccola, a sua volta, e poco luminosa sia diventata la terra se guardata dalla luna. Questo **rovesciamento** anticipa e annuncia il tema successivo, introducendo l'idea che la lontananza dalle cose ne riduca la visibilità e l'importanza fino a farle sparire. Inoltre **la luna è rappresentata** (ottava 72) come una dimensione non diversa dalla terra, e per certi aspetti, anzi, più splendida. Noi sappiamo, dopo le spedizioni sulla luna dal 1969 in poi, come il nostro satellite sia veramente fatto; e tuttavia non è venuto meno il bisogno di immaginare un punto di vista sulla terra capace di relativizzarne i caratteri. È un bisogno, anzi, cresciuto insieme alla consapevolezza critica dei nostri limiti; e che si esprime in molta letteratura e in molti film di fantascienza. C'è forse un bisogno, più forte ancora nei moderni che negli antichi, di immaginare un punto di vista da lontano su ciò che conosciamo meglio: un punto di vista che possa aiutare la relativizzazione di valori non solidi, e magari anche a ritrovare, come Astolfo fa per Orlando, il senno smarrito.

T7 LAVORIAMO SUL TESTO

COMPRENDERE

1. Riassumi in maniera essenziale il brano.
2. Scegli l'opzione corretta. La luna appare ad Astolfo
   - A assai più piccola della Terra
   - B di dimensioni simili alla Terra
   - X con valli, montagne e pianure
   - D completamente deserta
3. E la Terra come appare dalla luna?

ANALIZZARE

La struttura

4. Puoi dividere il brano in due parti? Da dove fai iniziare la seconda? Quale aspettativa ti crea invece la prima?
5. Le ottave 82-87 focalizzano il tema di fondo dell'episodio: quale?
6. **LINGUA E LESSICO** Quale significato è qui attribuito alla parola «senno»?
7. Trascrivi gli oggetti che Astolfo trova nel vallone lunare. Secondo quali criteri sono elencati i beni perduti?

INTERPRETARE

La prospettiva terrena

8. Quale atteggiamento dell'autore nei confronti dell'esistenza e della società contemporanea è presentato dal testo? Da quali strumenti espressivi è rivelato?

La prospettiva lunare

9. Quale atteggiamento ha invece l'autore nei confronti del mondo lunare? Che rapporto lega a tuo parere la luna al mondo terreno: opposizione, complementarità? Oppure?

LE MIE COMPETENZE: COLLABORARE, PRODURRE

Accanto all'ampolla con il senno di Orlando, ci sono quelle che contengono il senno di tanti altri uomini illustri. Immagina che Astolfo trovi le boccette che riportano il nome di personaggi famosi dei nostri giorni: politici, uomini dello spettacolo, sportivi, industriali, ecc. Collaborando con un gruppo di compagni, continua e "aggiorna" il catalogo di Ariosto, elencando i falsi valori e le illusioni che fanno perdere il senno agli uomini di oggi.

16 Il duello tra Ruggiero e Rodomonte

Il prevalere, nel finale, del progetto epico e di quello encomiastico

T • *Il duello di Ruggiero e Rodomonte*

Una volta che Orlando è rinsavito ed è tornato a combattere insieme ai Cristiani, **la materia guerresca acquista** nel *Furioso* **uno spazio sempre maggiore**. Avvicinandosi alla conclusione, Ariosto intende infatti imprimere una **svolta epica** al poema. Ciò non significa che manchino le divagazioni romanzesche: l'episodio di Leone, aggiunto nella terza edizione, lo dimostra con chiarezza (cfr. §§ 3 e 8). Ma nel finale il progetto epico trova il suo compimento. Il **duello tra Ruggiero e Rodomonte** ricalca il duello tra Enea e Turno nell'*Eneide*, posto anch'esso al termine del poema. Ariosto quindi non riusa semplicemente il materiale letterario della tradizione, ma fa suo un modello strutturale. Questo comporta, nel disegno generale del *Furioso*, uno slittamento. Esso è **sempre meno il poema di Orlando, e sempre più il poema di Ruggiero**: tanto che, negli ultimi canti, la presenza del paladino si riduce a quella di una comparsa. Con l'ascesa dell'antenato degli Este, assistiamo dunque all'affermarsi del **progetto encomiastico** che a lui si lega. Le nozze di Ruggiero e Bradamante rappresentano la fondazione della dinastia. La nobiltà del suo comportamento, sia nella vicenda di Leone, sia nel duello, è un modello ideale per il cortigiano cinquecentesco. Il poema si chiude assolvendo non solo al proprio compito celebrativo, ma anche alla propria vocazione formativa e didascalica.

17 La ricezione: dai contemporanei a Italo Calvino

La fortuna europea del Furioso anche tra i ceti popolari

La fortuna del *Furioso* rappresenta, nella storia della cultura italiana, un caso insolito. Riconosciuto ben presto come un classico dal pubblico colto di tutta Europa e oggetto di vivaci discussioni, conquista anche una effettiva popolarità tra i ceti culturalmente bassi. Ciò non è avvenuto tanto per la raffinatezza stilistica di Ariosto o per la sua ricerca di una lingua nazionale: questi due elementi, al contrario, potevano allontanare un pubblico semianalfabeta e dialettale. **La popolarità del *Furioso* si basa** semmai **sulla ricchezza narrativa e sulla materia**, già familiare anche agli illetterati perché diffusa oralmente dai cantastorie sin dal Trecento.

La risonanza del poema è immediata. Ristampe e imitazioni sono numerose e precoci. È una svolta decisa nella storia del poema cavalleresco. Il *Furioso*, dopo il *Morgante* di Pulci e l'*Innamorato* di Boiardo, fa sì che l'alta cultura si impadronisca di questo genere letterario, uno dei più autenticamente popolari della nostra tradizione. Già dagli anni '20 del Cinquecento, e fino a tutto il Settecento, non si contano le imitazioni e le continuazioni del poema di Ariosto. E sempre nel Cinquecento il poema ariostesco è tradotto in spagnolo, in francese e in inglese; mentre dei primi decenni del Seicento sono le versioni olandese e tedesca.

Tuttavia, dopo la morte dell'autore, **il poema diviene gradualmente un problema critico e teorico**. Espressione di un classicismo ancora libero e sperimentale, il *Furioso* precede il diffondersi dell'aristotelismo in Italia. La pubblicazione del testo originale della *Poetica*, nel 1536, imprime una svolta agli studi letterari: ogni opera va ricondotta alle categorie della cultura classica, e anzi deve modellarsi sulle regole che da questa si possono ricavare. Con queste regole la struttura del *Furioso*, aperta e derivata dal romanzo medievale, non ha niente a che vedere. Il suo successo di pubblico è dunque, per i teorici cinquecenteschi, imbarazzante. Le strade sono due. La prima consiste nel rifiutare il *Furioso*, in quanto irregolare, proprio nel nome di Aristotele. La seconda strada, invece, difende Ariosto, paradossalmente senza rinunciare all'impostazione aristotelica.

Nel clima del Concilio di Trento, il dibattito si allarga e, da retorico e letterario, diventa una questione emblematica di politica culturale. Dopo i tentativi di far risorgere la tragedia classica, si vuole rinnovare l'epica: essa, infatti, è in grado di propagandare valori forti e di assolvere a un compito educativo, secondo i princìpi della Controriforma. Il *Furioso*, al contrario, è visto come un'opera romanzesca piuttosto che epica; e, soprattutto, volta più al diletto che all'utile. **È, insomma, un testo moralmente discutibile.** Inizia in questo clima la contrapposizione tra Ariosto e Tasso, che continuerà nei secoli seguenti, pur assumendo significati diversi. La *Gerusalemme liberata* viene anteposta al *Furioso*.

Fuori d'Italia, questi problemi non sussistono. È del 1590-1596 *The Faerie Queene* [La regina delle fate], il poema epico romanzesco di **Edmund Spenser**, ampiamente ispirato al *Furioso*. Una lettura ancora diversa è quella di **Cervantes**. Il *Don Chisciotte* (1605 e 1615) non è pensabile senza il *Furioso*: più volte citato e imitato, esso è uno dei suoi modelli privilegiati.

Il *Furioso* ha insomma, nel tardo Cinquecento, un ampio successo europeo.

Ma in genere **il Seicento**, soprattutto italiano, **non ama Ariosto**. La ricerca barocca del sublime e del patetico è meglio soddisfatta da Tasso: in tale contesto la contrapposizione non è ideologica (come nella seconda metà del secolo precedente), ma di gusto. Una notevole eccezione è **Galileo**, che rovescia il confronto tra *Furioso* e *Liberata* a favore del primo.

Nel Settecento le valutazioni non sono più inquadrabili organicamente: Ariosto continua a essere letto, ma sta diventando meno attuale. I motivi possono essere opposti. Se Settecento vuol dire languore sentimentale, ad Ariosto si preferisce Tasso; se Settecento vuol dire razionalità, di Ariosto si rifiutano le invenzioni fantastiche.

L'inizio della **ricezione romantica di Ariosto** è segnato da un celebre passo del saggio *Sulla poesia ingenua e sentimentale* (1796) di Schiller. Qui il poeta tedesco, citando l'ottava sulla «gran bontà de' cavallieri antiqui» (canto I, ottava 22), la pone a esempio di poesia sentimentale, cioè di poesia moderna, che sente come lontana e perduta l'immediatezza degli antichi. In Germania, Ariosto viene citato dai pensatori più impegnati a definire le caratteristiche del mondo contemporaneo.

In Italia, fra fine Settecento e primo Ottocento, sono le categorie di Schiller ad avere fortuna. Per **Foscolo** la parte drammatica del *Furioso* supera l'*Iliade*; la descrizione di certi caratteri (Olimpia, Isabella, Fiordiligi) è degna di Shakespeare; l'arte narrativa e la "conoscenza del cuore umano" sono ammirevoli. Anche Foscolo dunque fa di Ariosto uno dei primi moderni. Procedono su questa linea i romantici, come Borsieri e Di Breme (per il quale Ariosto è, addirittura, un «lussureggiante romantico»). Estraneo a questa linea interpretativa è invece **Leopardi**. Grande ammiratore di Tasso, considera Ariosto un poeta non sentimentale, ma ingenuo, da mettere accanto a Omero.

La centralità critica dell'Ottocento

Con la **seconda metà dell'Ottocento** il *Furioso* torna a essere uno dei punti-chiave della storia della critica. La sua ricomparsa sulla scena della produzione letteraria avviene dopo un secolo, e in grande stile.

Le riprese nel Novecento

Dei primi anni '70 del **Novecento** è una riduzione teatrale del poema di Edoardo Sanguineti, con la regia di **Luca Ronconi** che ne trae uno sceneggiato televisivo in sei puntate e un adattamento per il cinema. Ne viene fuori un Ariosto inquieto, riletto con una sensibilità novecentesca.

Ma per capire l'atteggiamento della cultura novecentesca verso il *Furioso* bisogna partire da più lontano e seguire un'altra pista. Accenni sparsi al poema sono in **Jorge Luis Borges**. Per lo scrittore argentino la letteratura è finzione, ricerca intellettuale, immagine del mondo come labirinto di segni indecifrabili. Ariosto, con le *Mille e una notte* o Cervantes, è per lui uno degli autori più consapevoli di questa dimensione. È l'Ariosto che con il palazzo di Atlante, il mondo della luna, la narrazione intrecciata e illusionistica costruisce un «risplendente labirinto»; è un Ariosto letto in chiave anzitutto formalista, da opporre a un'idea di letteratura come realismo e impegno.

Borges e Ariosto

L'utilizzazione del modello ariostesco da parte di Calvino

I risultati cui giunge **Italo Calvino** (non a caso grande estimatore di Borges) sono in parte analoghi. Lettore appassionato del *Furioso* (ne cura un'antologia nel 1970), egli ne apprezza la mescolanza di realtà e fantasia, l'arte costruttiva, la posizione che il narratore assume nel testo, giocando con il pubblico. Già nel *Sentiero dei nidi di ragno* (1947) Pavese sentiva un «sapore ariostesco»; ma questo è più forte nella trilogia *I nostri antenati*. Così nel *Cavaliere inesistente* (1959) ritornano l'artificio del manoscritto, l'ambientazione carolingia fantastica e divertita, nomi e situazioni ariostesche (cfr. **S6**). Per Calvino, dunque, Ariosto può essere uno dei modelli che consentono di allontanarsi dal neorealismo e di costruire un apologo sull'inconsistenza dell'individuo. Negli anni, egli si avvicina a un'idea borgesiana della letteratura e intensifica il rapporto con Ariosto. Il culmine è il *Castello dei destini incrociati* (1973). Il libro è una «macchina combinatoria», un «labirinto» in cui storie diverse si compongono «secondo certe ferree regole». Calvino, ispirato dallo strutturalismo e dalla narratologia, scompone la trama del *Furioso* in singole novelle. Al tempo stesso, conserva il progetto di una generale coerenza: non più segno di armonia, ma lucida immagine del caos.

- S • I critici del *Furioso*
- S • La posizione di De Sanctis
- S • Il nuovo approccio al *Furioso* (W. Binni)

S6 — INFORMAZIONI

Calvino e Ariosto, *Il cavaliere inesistente* e l'*Orlando furioso*

Nel 1959, dopo *Il visconte dimezzato* (1952) e *Il barone rampante* (1957), Italo Calvino scrive il primo elemento della trilogia *I nostri antenati*: *Il cavaliere inesistente*. L'epoca è quella di Carlo Magno: la possibilità – data la materia – di un racconto storico viene subito scartata, a favore di un racconto fantastico, in cui dati reali e immaginari, plausibili o non plausibili, si mescolano giocosamente.

È questo il primo segno della lezione di Ariosto. Il *Furioso* agisce sul romanzo a vari livelli. Il primo riguarda la materia narrativa: personaggi e situazioni sono spesso desunti dal poema. Non si tratta però di un rapporto passivo, imitativo. L'omaggio ad Ariosto non esclude la parodia: ed è, proprio per questo carattere scherzoso, pienamente ariostesco. È il caso dell'VIII capitolo: dove Agilulfo, che si trova solo nottetempo con la bella Priscilla, tutto fa fuorché l'amore – come invece sarebbe accaduto nel *Furioso*.

Un secondo livello, più sottile, riguarda i temi. Come nel poema, nel libro di Calvino la vicenda umana è una continua, e spesso frustrante, ricerca della propria identità. Questo implica un recupero degli stessi meccanismi narrativi ariosteschi: nel VII capitolo si dipartono avventurose *quêtes* (Agilulfo ricerca Sofronia, Bradamante insegue Agilulfo, inseguita da Rambaldo; Torrismondo vuole ritrovare il padre) che finiranno per intersecarsi e sovrapporsi. E nel X capitolo l'intreccio, ironicamente arzigogolato, sembra una rivisitazione del complicato finale del poema. Il tema della ricerca dell'identità si sviluppa poi nella struttura del "romanzo di formazione": Rambaldo e Torrismondo, insomma, come Ruggiero.

Scivoliamo così nel terzo livello: quello della tecnica narrativa, nel quale si esplicita l'approccio novecentesco al capolavoro rinascimentale. Il *Cavaliere* è tutto percorso da un gioco metaletterario che ripropone gli insegnamenti di Ariosto alla luce di Borges e delle sperimentazioni francesi contemporanee. La voce narrante anche qui prende la maschera di un personaggio: ma un personaggio che, si scoprirà, è uno dei personaggi della *fabula*. Come il narratore del *Furioso*, anche quello del *Cavaliere* commenta, in tono spesso ironico, le vicende, e lo fa per lo più in veri e propri proemi. Oppure mette in scena la propria funzione di regista. Ma se Ariosto è il narratore onnisciente, il demiurgo divino, il narratore di Calvino procede per tentativi: l'intreccio si muove da solo, e le vicende si ricompongono quasi per caso. Eppure, al di là di questa inquietudine, Calvino si vuole proporre, con la leggerezza di tono e la godibilità di racconto apprese da Ariosto, come un nuovo, piccolo classico.

Percorso
LO SPAZIO E IL TEMPO

Il labirinto temporale e spaziale dell'*Orlando furioso*

Decorazione pavimentale con labirinto, XII secolo. Chartres, Cattedrale di Notre Dame.

La geografia del *Furioso* è varia, mobile, aperta. Esiste anzitutto una geografia attendibile e documentata, per la quale Ariosto consultava i trattati e le carte del tempo. Essa abbraccia i vari luoghi d'Europa, da Lipadusa (Lampedusa) sino all'isola estrema di Ebuda (nelle Ebridi), l'Africa e il Catai, dove regna il padre di Angelica; ma Ariosto arriva anche ad accennare all'America, celebrando le scoperte geografiche. Esiste poi una geografia fantastica: quella dei mondi ultraterreni visitati da Astolfo (l'Inferno e il Paradiso terrestre sul monte del Purgatorio), per giungere al mondo della luna. La luna è, aristotelicamente, corpo perfetto del mondo ultraterreno, «un acciar che non ha macchia alcuna», ma anche, contraddittoriamente, complemento della terra. Ha fiumi, monti e valli dove «ciò che si perde [sulla terra], là si raguna», uno specchio che riflette l'immagine rovesciata della terra (cfr. **T7**).

L'ampiezza di scenari del poema è strettamente collegata al suo versante romanzesco, in cui i cavalieri percorrono distanze illimitate inseguendo l'oggetto delle loro ricerche. I luoghi dell'epica sono invece fissi e non concedono spazio alle divagazioni: perciò l'azione bellica si concentra prima quasi tutta a Parigi, ad Arles poi.

Ma il vero spazio dell'azione narrativa è costituito da una geografia ideale, carica di suggestioni simboliche: la selva, il palazzo di Atlante, il mare, le isole. **Domina su tutti la selva**, luogo della ricerca, della fuga, dell'incontro fortuito, dell'attesa delusa, della follia. Essa incarna materialmente, nell'intrico dei sentieri, nei suoi «calli obliqui», il labirinto delle emozioni e passioni in cui i cavalieri si aggirano e si perdono. È insomma lo spazio del desiderio amoroso, in cui si inoltra anche Orlando, dopo il sogno di Angelica: «Or questo, e quando quel luogo cercando / va, per trovar de la sua donna l'orma» (IX, 41). **Tutti i luoghi sono comunque centri temporanei della vicenda, punti di incontro di direttrici autonome. Scompare la geografia teocentrica medievale, con un centro fisso, e si afferma una geografia opposta, mobile, con molteplici centri.**

Anche la selva è uno spazio mutevole soggetto a un continuo cambiamento di prospettiva: da orrida e paurosa diventa *locus amoenus*, boschetto fiorito (cfr. **T2**), partecipa

Bartolomeo Veneto, *Ritratto di uomo*, primo quarto del XVI secolo. Cambridge, Fitzwilliam Museum.

L'uomo ritratto da Bartolomeo veneto indossa un ricco abito decorato con un grande labirinto in tutto simile all'antica decorazione pavimentale della cattedrale di Chartres. Una iscrizione nel dipinto ("Esperance me guide") suggerisce che il labirinto alluda all'errare nella vita guidati dalla speranza. È una visione laica ed avventurosa del destino umano in cui la figura del labirinto viene accostata all'altro motivo con cui è ricamata la veste: un simbolo propriziatorio detto nodo di Salomone che potrebbe indicare il ritrovato favore di Dio.

fisicamente all'idillio amoroso di Angelica e Medoro, è luogo sconvolto dalla pazzia di Orlando. La foresta, simbolo del labirinto della follia, ha una funzione importante nell'episodio della pazzia di Orlando. Lo stesso scenario arcadico, che reca incise le tracce dell'amore di Angelica e Medoro, diviene sfondo al tormento e all'ossessione del paladino, luogo in cui «il forsennato e furioso Orlando» regredisce a essere primitivo e bestiale (cfr. **T6**).

Questa corrispondenza tra paesaggio e uomo svela il carattere simbolico dello spazio della **selva ariostesca, emblema dell'"errare" e dell'"errore" dei cavalieri**. Ha lo stesso significato, esaltato e concentrato in uno spazio chiuso, il palazzo incantato di Atlante. Qui i cavalieri, presi dall'inganno del desiderio, si aggirano dietro fantasmi, alla ricerca dell'oggetto d'amore perduto. Orlando cerca Angelica, come Ruggiero cerca Bradamante, e corre di qua, corre di là, di su, di giù, per ritornare sui suoi passi con un movimento circolare senza meta, proprio come nella selva. La vanità dell'inchiesta qui è esplicita: «A tutti par che quella cosa sia, / che più ciascun per sé brama e desia» (cfr. **T4**).

Mentre la dimensione spaziale è in qualche modo controllabile, quella temporale lo è molto meno. In effetti, Ariosto pone delle indicazioni cronologiche nei punti nodali dell'azione. Per esempio, quando Orlando parte alla ricerca di Angelica, siamo «tra il fin d'ottobre e il capo di novembre» (IX, 7, 1). Ma è la struttura dell'*entrelacement* a impedire l'esistenza di un quadro stabile. **Ariosto infatti conduce parallelamente storie diverse, che hanno tempi diversi, e che però finiscono con l'intrecciarsi.** Se volessimo misurare la durata di ciascuna di esse, ci accorgeremmo che i calcoli non tornano. Non sempre, infatti, quando due personaggi si incontrano è passato lo stesso numero di giorni per entrambi dall'ultima volta che erano insieme e si sono separati. Naturalmente, questo non ha alcuna importanza. Saranno i teorici aristotelici, nemici dell'*entrelacement*, a volere scansioni temporali precise; e infatti le troveremo nella *Gerusalemme liberata*. **Ariosto non è solo il padrone del destino dei personaggi; è anche il padrone del tempo, che piega ai propri disegni narrativi.**

Il rapporto tra tempo e spazio (cronotopo) è dunque irreale e regolato dalla legge dell'«a un tratto», che caratterizza il romanzo cavalleresco medievale. Gli incontri tra i personaggi sono sempre fortuiti, improvvisi e imprevisti: sia si tratti di perfetta sincronia (Ruggiero giunge al momento giusto per salvare Angelica), sia di sincronia negativa (Orlando giunge dai pastori subito dopo che Angelica è partita) o di mancanza di sincronia (Orlando va per salvare Angelica e trova Olimpia). Il meccanismo narrativo dell'attesa delusa, che ha una funzione centrale nella struttura del poema, è legato ai caratteri del cronotopo ariostesco, riassumibile nella regola: **nessuno trova quello che cerca, tutti trovano quello che non cercano.**

Il labirinto spaziale – luogo senza centro, senza direzione e meta precise – e quello temporale, la simultaneità e la casualità delle azioni, costituiscono le coordinate del mondo del *Furioso*, un mondo governato dalla fortuna, dove il viaggio dell'uomo verso la conoscenza è un viaggio alla cieca con il rischio continuo di perdere se stesso.

Richard Morris, *Glass Labyrint*, 2014. Kansas City, Nelson-Atkins Museum of Art.

Il labirinto è una forma che arriva fino all'età contemporanea. L'artista Robert Morris, ad esempio, costruisce labirinti, ma in modo che siano difficili o addirittura inaccessibili. In *Glass Labyrinth*, per esprimere l'idea di una definitiva perdita dell'orientamento, Morris ha sostituito la forma circolare o quadrangolare dei labirinti tradizionali con una struttura triangolare in cui i muri consistono in superfici di vetro, che possono essere attraversate dalle ombre che una struttura in bronzo proietta al suolo, con l'effetto di amplificare il senso di smarrimento e precarietà.

Percorso
L'ANIMA E IL CORPO

PERCORSI TEMATICI

Passione e ragione nell'*Orlando furioso*

Arnold Bocklin, *Ruggiero e Angelica*, 1871-74. Berlino, Nationalgalerie.

Il tema della bellezza è al centro del *Furioso*. I termini della questione non sono, in apparenza, nuovi. **La bellezza del corpo deve essere specchio della nobiltà dell'anima.** Così accade per Medoro, che proprio per il suo aspetto impietosisce Zerbino e si salva la vita (cfr. **T5**, *Cloridano e Medoro*). **Ma è anche possibile che questa rispondenza non esista più.** Anzi, è questo il tema su cui Ariosto preferisce insistere, come dimostrano le figure di Angelica (cfr. **T2**, *Il primo canto* e **T3**, *Ruggiero libera Angelica dall'orca*) o di Alcina. La prima è il vero emblema della bellezza nel poema, ma questo dato non ha nulla a che vedere con una sua possibile nobiltà d'animo. Come già in Boiardo, ella è angelica d'aspetto, ma è lontana dalle donne angelo della tradizione lirica. Beatrice conduceva alla salvezza; Laura induceva Petrarca al peccato, ma dopo la morte lo guida alla virtù; Angelica sconvolge l'ordine sociale e mentale e porta Orlando alla pazzia, cioè alla punizione divina. In Alcina, più direttamente, la bellezza fisica è un inganno e una tentazione da superare: il suo corpo si rivela laido e ripugnante; essa è, infatti, profondamente malvagia, e vorrebbe distrarre Ruggiero dai suoi doveri.
Grazie a questo divario tra corpo e anima, Ariosto può insistere sul tema dell'irrazionalità dell'amore e sulla vanità e il rischio dell'inchiesta amorosa. Dietro l'«errore» c'è la follia.
Il dissidio tra anima e corpo è ancora più violento in Orlando dove la follia diventa realtà (cfr. **T6**, *La pazzia di Orlando*): qui, addirittura, il senno, la parte razionale dell'anima, abbandona il corpo per trasmigrare sulla luna (cfr. **T7**, *Astolfo sulla luna*). Senz'anima il corpo si abbrutisce. Orlando perde la sua identità non solo di cavaliere e di amante cortese, ma di uomo, diventa irriconoscibile, «come porco, di loto e di guazzo / tutto era brutto e volto e petto e schene». Anche nella forma esteriore, nell'estetica rinascimentale, si deve esprimere un equilibrio razionale: la bellezza è proporzione, decoro, armonia.
Ma qual è l'«errore» di Orlando?

Orlando impazzisce per un eccesso di idealizzazione della donna amata e per la conseguente incapacità di vedere e di accettare la realtà. Perciò Orlando sperimenta i poli estremi dell'idealismo eroico e della degradazione bestiale. La concezione platonica e cortese dell'amore è così rovesciata. La bellezza e l'amore portano alla perdita della ragione. Assolutizzare l'amore e la fedeltà può avere conseguenze negative, perché l'ideale e la realtà non coincidono. Questa divisione allude al conflitto tra la materialità incontrollabile della passione e l'elevatezza della ragione, tra l'animalità a cui si riduce Orlando e la fuga del senno sulla luna, lontano da questa terra.
La luna permette di vedere la realtà umana da una prospettiva inedita, che allarga il significato dell'esperienza di Orlando: in essa si raduna tutto ciò che si perde sulla terra. Astolfo è meravigliato dalla quantità di senno che vi trova. **L'irrazionalità, la follia, la vanità delle azioni umane sono una condizione comune a tutti gli uomini.**
Il recupero del senno, grazie ad Astolfo, permette a Orlando di riacquistare l'equilibrio interiore ed esteriore. La saggezza consiste nel riconoscere, in un realistico relativismo, valori e limiti della passione e dell'idealismo cortese. Ciò permette di adattarsi al gioco mutevole della fortuna e alle disillusioni del mondo reale, un mondo privo dell'orizzonte ultraterreno e non così facilmente plasmabile dalla ragione e dai desideri degli uomini.

Nicolas Poussin, *Il mago Atlante rapisce la donna di Pinabello* (Ariosto, *Orlando furioso*, canto II, 38), 1635-1638.

Percorso
L'AMORE E LA DONNA

L'amore-follia dell'*Orlando furioso*

Arnold Böcklin, *La furia di Orlando*, 1901. Lipsia, Museum der bildenden Künste.

Böcklin, interessato agli aspetti inquietanti e tragici della natura e del sentimento, raffigura Orlando nel pieno della furia distruttrice (l'episodio si trova all'inizio del XXIV canto del poema), come una sorta di primitivo che semina terrore. È l'immagine più distante possibile dal *Roland* valoroso e perfetto cavaliere della *Chanson*.

Se per la tradizione petrarchesca l'amore è errore, **per Ariosto l'amore è follia**. L'episodio di Orlando impazzito porta alle estreme conseguenze questo tema (cfr. **T6**, *La pazzia di Orlando*); ma in tutto il *Furioso* il poeta insiste sulle sofferenze e sull'irrazionalità della passione, esplorando in profondità il carattere complesso, ambiguo e ossessivo della psicologia amorosa. Anche Bradamante, che pure finirà con lo sposare felicemente Ruggiero, se ne tormenta; e persino Angelica, innamorandosi di Medoro, patisce. Per Ariosto, infatti, l'amore in quanto passione è sempre unito alla gelosia: tema questo assente dalla tradizione lirica. La gelosia si collega al fatto che l'amore implica, nel *Furioso*, il possesso fisico e non più l'ardore solo contemplativo dell'amor platonico della lirica petrarchesca. È questa, per esempio, l'origine del lamento di Sacripante (cfr. **T2**, *Il primo canto*).
Tuttavia l'amore è il motore delle azioni degli uomini, attiva un processo di conoscenza che spinge a percorrere tutte le occasioni possibili dell'esperienza umana fino al limite estremo della follia.
Le donne incarnano la natura molteplice dei sentimenti umani: Angelica la bellezza, Bradamante e Fiordiligi la fedeltà, Olimpia l'amore tradito, Doralice l'incostanza, Alcina la lussuria, Isabella la castità. Le figure femminili del *Furioso* sono spesso complesse, e complesso è il modo di guardarle da parte di Ariosto.
Angelica è la donna che sfugge e non si concede. Ma è anche la donna attiva, artefice del proprio destino: si sottrae con la magia alle *avances* di Ruggiero (cfr. **T3**, *Ruggiero libera Angelica dall'orca*), ed è lei a dichiararsi a Medoro, mentre la norma vorrebbe il contrario. Nonostante ciò Angelica è anche, e proprio per la sua bellezza, una creatura fragile e sottoposta ai capricci del destino.
La funzione narrativa di Angelica è fondamentale nel poema, poiché dà origine alla *quête* dei cavalieri; eppure la donna non ha spessore psicologico come personaggio. È un puro simbolo dell'eros. **Angelica rappresenta la bellezza eccessiva che scatena in tutti un desiderio incontrollato, sconvolge l'ordine, mette in crisi l'etica guerriera, la divisione tra l'amico e il nemico**. Già nel primo canto è chiaramente delineato questo suo ruolo. Il personaggio è caratterizzato da pochi tratti convenzionali, il bel viso, l'angelico sembiante, ma vive intensamente nel desiderio dei cavalieri; **la realtà di Angelica si identifica con il desiderio maschile** (cfr. il lamento di Sacripante nel canto primo o il sogno – canto VIII – e poi la pazzia di Orlando). Il valore, l'avventura psichica e intellettuale è in chi vive questa passione, non in chi la provoca. La storia d'amore di Angelica approda invece all'idillio familiare più noto e scontato. Il capitombolo infine con cui essa esce di scena non è proprio un segno di simpatia dell'autore.
Diversa è Bradamante, del tutto estranea ai connotati di superbia e capricciosità di Angelica. In quanto promessa sposa dell'eroe Ruggiero, capostipite della stirpe estense, la sua statura morale non può essere posta in discussione. Essa, tutta tesa a realizzare il proprio progetto matrimoniale, rappresenta un principio d'ordine, una funzione salvifica, che riassorbe l'effetto, altrimenti inquietante, della sua immagine di donna-amazzone.
Alcina rappresenta invece la seduzione fisica, il sesso. Essa, sempre uguale a se stessa, diventa invece esperienza di formazione per Astolfo e per Ruggiero. Alcina, descritta accuratamente secondo i canoni della bellezza rinascimentale, si rivela forma ingannevole. Sotto le belle apparenze compare una vecchia ripugnante. Nonostante il culto della bellezza e l'edonismo rinascimentali, il corpo della donna provoca ancora inquietudine e orrore.
L'atteggiamento dell'Ariosto di fronte alle donne è duplice, proprio per queste differenze. Accanto a un atteggiamento di simpatia compaiono talvolta, in chiave ironica, degli sfoghi misogini. **Egli lascia in effetti aperta la pluralità di prospettive che mette a confronto**. È presente nel poema il tema rinascimentale della fedeltà e infedeltà della donna, del-

PERCORSI TEMATICI

Percorso L'AMORE E LA DONNA — L'amore-follia dell'*Orlando furioso*

la celebrazione e denigrazione del sesso femminile, su cui Ariosto non prende una posizione decisa. Nel canto XXVIII la novella di Astolfo e Iocondo presenta, nella figura di Fiammetta e delle mogli infedeli, la tradizionale tesi misogina della donna corrotta e insaziabile. Ma a Fiammetta è contrapposto il sacrificio con cui Isabella difende la fedeltà alla memoria del marito. All'incostanza e al tradimento di Doralice si affianca la ferrea castità di Olimpia. In certi passi del poema la difesa delle donne acquista toni moderni, là dove l'autore denuncia l'ingiusto stato di inferiorità sociale a cui esse sono sottoposte. Per questo motivo Ariosto commenta, a proposito della spietata legge dell'isola di Ebuda: «Ben ch'esser donna sia in tutte le bande / danno e sciagura, quivi era pur grande». Il caso più esplicito è quello in cui Rinaldo scopre «l'aspra legge di Scozia, empia [= spietata] e severa». In quel regno si decreta la morte per tutte le donne che si uniscano a un uomo senza esserne moglie. Legge che non vale per gli uomini. Rinaldo rivendica un simile trattamento per le donne crudeli ed esclama:

> Una donzella dunque de'[1] morire
> perché lasciò sfogar ne l'amorose
> sue braccia al suo amator tanto desire?[2]
> Sia maladetto chi tal legge pose,
> e maladetto chi la può patire!
> debitamente muore una crudele,[3]
> non chi dà vita al suo amator fedele.
>
> *Orlando furioso*, IV, 63

1 **de'**: *deve*.
2 **tanto desire**: *un così grande desiderio*.
3 **una crudele**: *una donna crudele*.

Una crudele del genere non manca nel poema: è quella Lidia che incontra Astolfo, e che è punita nell'Inferno per essersi comportata ingiustamente con chi l'amava (*Furioso* XXXIV, 16-43). Una morale come questa è quanto mai lontana dalla tradizione petrarchesca; ma, a ben vedere, non è neanche la stessa di Boccaccio. La storia di Orlando mette in discussione l'amor cortese. A esso Ariosto contrappone l'amore coniugale. Il primo porta allo smarrimento della ragione e alla degradazione animalesca dell'uomo, l'altro invece segna il percorso di maturazione di Ruggiero che, inizialmente giovane incostante e facile alle tentazioni, impara a controllare razionalmente le passioni, come esigeva il modello di saggezza e di equilibrio dell'uomo rinascimentale.

---

per approfondire
Suggerimenti bibliografici, Marina Zancan, *La donna*, in AA.VV., *Letteratura italiana*, dir. da A. Asor Rosa, vol. V, Einaudi, Torino 1986.

Dosso Dossi, *Alcina*, 1523. Roma, Galleria Borghese.

Percorso
LA GUERRA E LA PACE

La guerra nell'*Orlando furioso*

Pisanello, *Battaglia di Louvezerp*, particolare (1424-1426 circa). Mantova, Palazzo Ducale.

Il tema delle armi ha nel *Furioso* ampio spazio. La guerra costituisce lo sfondo generale del poema; è un dato permanente, ma generico. Ha soprattutto una funzione strutturale, controbilancia il movimento centrifugo dei cavalieri, facendoli convergere nei luoghi di battaglia. Questo diffuso fragore di armi, che nella realtà imperversava drammaticamente, prende le forme della guerra cavalleresca, allontanata in uno spazio e in un tempo remoti, e con motivazioni religiose ormai perdute. La guerra tra cristiani e saraceni, all'inizio del poema, è presentata quasi come una vendetta privata di re Agramante, che viene a vendicare la morte del padre «sopra re Carlo imperator romano».

Ariosto è molto lontano da ogni celebrazione dello spirito bellico. **Di tale spirito restano l'ammirazione per le virtù cavalleresche, la generosità, l'onore, la fedeltà al signore; ma sono valori tipici del perfetto cortigiano** più che del guerriero. Nell'episodio di Cloridano e Medoro l'esaltazione dei due eroi non ha di mira la loro virtù militare: passare a fil di spada i nemici addormentati e ubriachi si rivela più un'avventura incosciente che una manifestazione di prodezza. L'episodio è solo un mezzo per proporre il tema della fedeltà al proprio signore (cfr. **T5**, *Cloridano e Medoro*). L'onore consiste in questo ed è un valore che si esprime più nella quotidiana vita di corte che in guerra.

Paolo Uccello, *Battaglia di San Romano. Niccolò da Tolentino alla testa dei fiorentini*, 1438. Londra, National Gallery.

Percorso
LA GUERRA E LA PACE — La guerra nell'*Orlando furioso*

La guerra è inoltre lo scenario di grandi azioni individuali. Rodomonte e Orlando, i più forti guerrieri dell'esercito saraceno e cristiano, si allontanano dal campo per amore seguendo un percorso di eroiche imprese personali. Queste culminano nella prova del duello, espressione suprema del coraggio e delle virtù individuali del cavaliere. La guerra è sempre decisa da scontri individuali e casuali. L'arrivo imprevisto di questo o quell'eroe determina le sorti della battaglia. Tipico è, nella battaglia di Parigi, il protagonismo di Rodomonte, la cui furia scatenata travolge gli assediati e accentra in sé tutta la guerra. Così come l'arrivo di Rinaldo provoca esso solo la rotta dei saraceni. La guerra non è mai descritta nelle sue dimensioni collettive, nei movimenti di massa; mentre il disprezzo per le truppe da parte dei cavalieri regna ovunque sovrano.

Il duello, l'impresa individuale, presuppone un pubblico di spettatori, diventa spettacolo pittoresco e cortese, ed evoca le giostre signorili. **Del resto, anche in guerra, per Ariosto deve sopravvivere un superiore senso di cortesia**: è il motivo per cui Zerbino non uccide Medoro, pur avendo motivo di farlo. È lo stesso atteggiamento di Ruggiero nel duello finale del poema: egli vorrebbe risparmiare Rodomonte e gli dà la morte quasi contro la propria volontà. Questi valori di civiltà caratterizzano l'ideologia delle classi aristocratiche: perciò nel poema riguardano i grandi eroi, mentre il tema delle sofferenze del popolo per la guerra resta del tutto ignorato.

Ariosto è affascinato dai valori della civiltà cavalleresca, ma è anche consapevole della loro perdita, nonostante l'aggiornamento che di quei valori proponeva la società cortigiana. **Perciò**, pur non arrivando, come Cervantes, alla parodia del mondo cavalleresco, **ne propone un abbassamento**. La solennità eroica ed epica è ridimensionata sul piano quotidiano e prosaico dell'utile o su quello passionale del travolgimento amoroso (cfr. la razionale interruzione del duello tra Rinaldo e Sacripante nel primo canto, in **T2**). **Il movente delle azioni dei cavalieri sta nei sentimenti privati, soprattutto nell'amore**. Orlando pazzo per amore si spoglia e getta le armi di qua e di là, rinunciando alla sua identità di cavaliere (cfr. **T6**, *La pazzia di Orlando*). Il ritorno alla saviezza di Orlando è anche il suo ritorno alla guerra, la reintegrazione nell'ordine e nelle virtù di paladino esemplare. La concezione cavalleresca non poteva essere ancora totalmente rovesciata.

La guerra che domina negli ultimi canti del *Furioso* è ancora **una guerra ideale, che rimuove i caratteri della vera guerra rinascimentale**, combattuta da grandi masse e resa più terribile dalle armi da fuoco. Nella descrizione della battaglia di Ravenna (cfr. canto XIV, 1-10) Ariosto ignora completamente l'uso delle artiglierie. È una mistificazione, rassicurante per il pubblico di corte, della nuova guerra, avvertita come una minaccia per la classe aristocratica e l'assetto politico italiano ed europeo. In un solo punto del poema compare la consapevolezza che la guerra è cambiata, là dove egli si scaglia contro l'arma da fuoco, «machina infernal»:

> Come trovasti, o scelerata e brutta
> invenzïon, mai loco in uman core?
> Per te la militar gloria è distrutta,
> per te il mestier de l'arme è senza onore;
> per te è il valore e la virtù ridutta,[1]
> che spesso par del buono il rio[2] migliore:
> non più la gagliardia, non più l'ardire
> per te può in campo al paragon[3] venire.
>
> *Orlando furioso*, XI, 26

1. **ridutta**: *ridotta*.
2. **rio**: *malvagio, vigliacco*.
3. **al paragon**: *a misurarsi*.

Ariosto in genere condanna le guerre (cfr. **S1**). **Soprattutto condanna l'imbarbarimento che la guerra conosce nell'epoca moderna**. Anche questo è un tema che si lega all'ideologia aristocratica. La moderna guerra delle armi da fuoco è spersonalizzante, cancella le differenze e annulla il valore e la gloria delle armi su cui si era basato per secoli il dominio politico dell'aristocrazia feudale.

Sebastiano del Piombo, *Ritratto di uomo in arme*, 1512. Hartford, CT, Wadsworth Atheneum Museum of Art.

DAL RIPASSO ALLA VERIFICA

MAPPA CONCETTUALE *Orlando furioso*

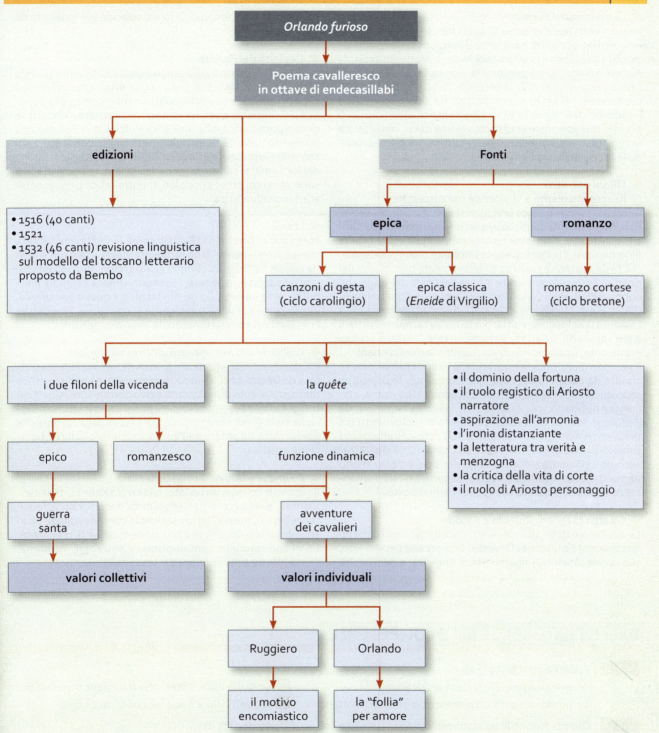

DAL RIPASSO ALLA VERIFICA

SINTESI

● La stesura del *Furioso*
Ariosto inizia la stesura dell'*Orlando furioso* intorno al 1505, quando ha poco più di trent'anni. È la «gionta» (la continuazione) all'*Orlando innamorato* di Matteo Maria Boiardo. Al *Furioso* Ariosto lavora per tutta la vita. Nel 1516 pubblica la prima versione; nel 1521 la seconda, con dei ritocchi per lo più formali; nel 1532, alcuni mesi prima della morte, esce l'edizione definitiva. In essa, l'aggiunta di alcuni episodi porta gli originari quaranta canti a quarantasei; ma la fatica maggiore è l'accurata revisione linguistica, condotta secondo le teorie di Pietro Bembo.

● I filoni narrativi: il racconto d'armi e le vicende romanzesche
Il *Furioso* non ha un unico protagonista né una trama lineare. Perciò un riassunto continuativo del poema risulterebbe difficile e intricato. È tuttavia possibile distinguere due grandi filoni narrativi. Il primo è quello del racconto d'armi, cioè epico, che fa da scenario e riguarda collettivamente tutti gli eroi del poema. Esso si apre mentre infuria l'assedio di Parigi, che oppone i Cristiani di Carlo Magno ai Saraceni di Agramante, re d'Africa, e di Marsilio, re di Spagna. Il conflitto si conclude a Lipadusa (Lampedusa) con un duello fra tre campioni cristiani e tre saraceni: Orlando, Brandimarte e Oliviero contro Agramante, Gradasso e Sobrino. La vittoria è dei cristiani.
Il secondo grande filone è quello delle vicende romanzesche vissute da ciascuno dei cavalieri. Fra queste, le principali sono quella di Orlando e quella di Ruggiero. La prima, con l'amore di Orlando per Angelica e la follia che ne deriva, dà il titolo al poema. La seconda permette lo svolgimento del tema encomiastico: dall'amore di Ruggiero e Bradamante sorgerà la casa degli Este. Tra i due grandi filoni che attraversano il poema, per tutto il corso dell'opera c'è un attrito ben percepibile. E forse tra il versante epico e quello romanzesco è proprio a questo che spetta il primo posto.

● Gli altri cavalieri. Rinaldo e Astolfo
Le avventure degli altri cavalieri si ricollegano più o meno direttamente a quelle di Orlando. Così accade per Rinaldo, suo cugino, anch'egli innamorato di Angelica, e per Astolfo che recupererà il senno di Orlando volando sull'ippogrifo fin sulla luna.

● L'epicità del *Furioso*
L'invenzione di uno stile epico illustre è la prima grande innovazione ariostesca. Essa segna una netta differenza rispetto alle varie poetiche quattrocentesche: quella popolare dei canterini; quella di imitazione popolare di Boiardo e quella parodistica o "comica" di Pulci. C'è in Ariosto una profonda volontà di avvicinamento ai modelli epici e il modello più presente è Virgilio. Tuttavia, Ariosto stesso pone dei forti limiti al carattere epico del *Furioso*. I valori dell'epica sono valori collettivi e popolari, mentre l'etica cinquecentesca è individualistica.

● I temi
I temi più ricorrenti nel *Furioso* sono: la *quête* prospettata come inseguimento di un fantasma interiore e di un sogno (la *quête* che Orlando compie è, letteralmente, una pazzia, perché pazzia è, in genere, l'esistenza umana), l'amore nelle più diverse varietà, da quello tragico a quello lussurioso, inteso come passione travolgente e irrazionale, che distrae i cavalieri dal combattimento; la guerra e l'eroismo.

● Dall'*Orlando innamorato* all'*Orlando furioso*
L'*Orlando furioso*, riprendendo la materia cavalleresca trattata da Boiardo nell'*Orlando innamorato*, obbedisce all'intento prevalente di ironizzarla e rivolgerla a nuovi significati. Il gusto dell'avventura lascia il posto a una implicita riflessione sulla condizione umana, sulla forza della fortuna che guida i fatti, sul potere dell'immaginazione e della elaborazione artistica.

● Il *Furioso* e la civiltà rinascimentale
Il *Furioso* si collega, da un lato, alla civiltà delle corti rinascimentali, ai valori cortigiani (equilibrio, decoro, onore, fedeltà, bellezza), ma dall'altro esprime la consapevolezza di un equilibrio turbato, di una condizione di crisi e di precarietà. Le vicende storiche contemporanee non sono, insomma, senza effetto sulla visione ariostesca della vita.

DALLE CONOSCENZE ALLE COMPETENZE

1. Il poema ariostesco (§ 1)
- [A] prende a modello la *Chanson de Roland*
- [B] unisce la lirica cortese alla tradizione novellistica
- [C] prende a modello il romanzo cavalleresco cortese
- [X] fonde il ciclo arturiano e quello carolingio

2. Quante furono le edizioni dell'*Orlando furioso* e in cosa differiscono? (§ 8)

3. Sintetizza in poche righe i principali filoni narrativi del poema (§ 3)
- la guerra
- la storia di Orlando
- la storia di Ruggiero

4 Collega correttamente

Orlando — è il più valoroso paladino cristiano
Rinaldo — cugino e rivale in amore di Orlando
Astolfo — va sulla luna a recuperare il senno di Orlando
Ruggiero — sposa Bradamante
Medoro — è il saraceno che sposa Angelica
(— è il più valoroso guerriero saraceno)

5 Quali sono i temi ricorrenti nel poema? Come cambia il motivo della *quête* rispetto alla tradizione del romanzo arturiano? (§ 5)

6 A quale tipologia di narratore Ariosto ricorre nel poema? (§ 6)

7 In quale edizione del *Furioso* Ariosto compie una 'classificazione' linguistica? A quali modelli letterari si ispira e a quale pubblico si rivolge? (§ 8)

8 In che cosa è possibile parlare di epicità del *Furioso*? Esponi anche i giudizi forniti da Croce e Zatti. (§ 4, S2, S5)

9 Il primo canto si incentra sul motivo della *quête*: indica i personaggi che entrano in scena, alla ricerca di chi e di che cosa. (§ 9, T2)

10 Rileggi la ottava 5 del primo canto (T2) e individuane gli *enjambements*: sai dire quale funzione ritmica essi assolvono?

11 La tecnica dell'*entrelacement* allude (T2)
- A alla struttura a catalogo della narrazione
- B ☒ all'intreccio delle diverse storie dei cavalieri
- C all'intreccio di numerose figure retoriche
- D alla struttura ipotattica della narrazione

12 Il vano aggirarsi dei paladini nel palazzo di Atlante è allegoria di un destino umano (§ 12, T4)
- A dominato dall'avventura
- B controllato dalla ragione
- C sconvolto dalla passione amorosa
- D ☒ in balìa del caso

13 Rifletti sui gesti di Orlando impazzito: quali mettono maggiormente in questione la sua identità umana e guerriera? Motiva la risposta (§ 14, T6)
- ☒ getta via le armi → mette in dubbio l'aspetto guerriero
- • sradica alberi e se ne fa una clava
- ☒ si denuda → perde la sua identità umana.
- • fa a pezzi tutto quello che incontra

14 Astolfo sulla luna passa in rassegna la follia umana, ma il bersaglio resta la corte. Individua in T7 i punti in cui l'autore si sofferma su questo tema. (§ 15, T7)

15 Il tempo e lo spazio sono definiti realisticamente nel poema? Chiarisci la logica che regola il cronotopo (il rapporto tra tempo e spazio) ariostesco e quindi il movimento e gli incontri dei personaggi.

16 Amore e follia. Orlando è forse il più famoso fra i tanti personaggi letterari che distruggono se stessi per amore di un'altra persona; rintracciane altri esempi nella letteratura o nel cinema contemporanei (oppure in un triste fatto di cronaca). Rifletti infine sui rischi che un'intensa emozione, un'intensa passione può provocare all'uomo; chiediti se sia necessario per l'individuo trovare una misura nella vita emotiva.

DAL RIPASSO ALLA VERIFICA

PROPOSTE DI SCRITTURA

ANALISI E INTERPRETAZIONE DEL TESTO

Ludovico Ariosto
Angelica e Medoro

33
Angelica a Medor la prima rosa
coglier lasciò, non ancor tocca inante:[1]
né persona fu mai sì avventurosa,
che in quel giardin potesse por le piante.[2]
Per adombrar, per onestar la cosa,[3]
si celebrò con cerimonie sante
il matrimonio, ch'auspice ebbe Amore,
e pronuba[4] la moglie del pastore.

34
Fersi le nozze sotto all'umil tetto
Le più solenni che vi potean farsi;
e più d'un mese poi stero a diletto
i duo tranquilli amanti a ricrearsi.
Più lunge non vedea del giovinetto
la donna,[5] né di lui potea saziarsi;
né per mai[6] sempre pendergli dal collo,
il suo disir sentia di lui satollo.[7]

35
Se stava all'ombra o se del tetto[8] usciva,
avea dì e notte il bel giovine a lato:
matino e sera or questa or quella riva
cercando andava,[9] o qualche verde prato:
nel mezzo giorno un antro li copriva,
forse non men di quel commodo e grato,
ch'ebber, fuggendo l'acque,[10] Enea e Dido,
de' lor secreti testimonio fido.[11]

L. Ariosto, *Orlando furioso*, XIX, 33-35

1. **inante**: *prima di allora*.
2. **che...piante**: *che potesse entrare in quel giardino*: sia la rosa che il giardino rimandano alla verginità di Angelica, concessa solo a Medoro.
3. **adombrar...onestar**: *rendere legittima e onesta*.
4. **pronuba**: *testimone femminile*.
5. **Più lunge...la donna**: Angelica non vedeva altro che Medoro.
6. **né per mai**: *né sebbene*.
7. **satollo**: *soddisfatto*.
8. **del tetto**: *dalla casa*.
9. **cercando andava**: *andava esplorando*.
10. **fuggendo l'acque**: *riparandosi dal temporale*.
11. **testimonio fido**: *testimone fedele*.

COMPRENDERE

1. Riassumi brevemente il contenuto di ogni ottava.

ANALIZZARE

2. Il termine «tetto» torna due volte (ottave 34 e 35): con quale significato?
3. Individua le principali metafore presenti nella prima ottava. A che cosa alludono?
4. L'espressione «per onestar» ha valore
   - [A] causale
   - [B] condizionale
   - [C] concessivo
   - [D] finale
5. L'Angelica descritta in queste ottave è ben diversa da quella che abbiamo conosciuto finora, ma conserva ancora un ruolo egemone: spiega perché.

INTERPRETARE E APPROFONDIRE

6. Di che cosa è simbolo Angelica oltre che della bellezza femminile?
7. Il paragone con Enea e Didone ha funzione nobilitante o ironica?
8. Dei due filoni, guerresco e amoroso che si intrecciano nel poema, quale prevale a tuo avviso? Motiva la risposta facendo riferimento ai testi letti e collegandoli al contesto della cultura rinascimentale.

LA TRATTAZIONE SINTETICA

L'irrompere della follia in un paladino senza macchia e senza paura come Orlando quale minaccia rappresenta per l'uomo rinascimentale? Spiegalo in una trattazione sintetica che non superi le dieci righe.

IL SAGGIO BREVE

La funzione dei personaggi ariosteschi

Il critico Lanfranco Caretti afferma: «La vita affettiva dei personaggi ariosteschi non è mai approfondita [...]. Parlerei, al contrario, di una intensa vita di relazione, cioè di rapporti contigui tra ciascun personaggio e gli altri personaggi, sì che le figure, anziché fare argine allo svolgimento della vicenda...ne vengono a rappresentare i protagonisti attivi o le vittime». Verifica questo giudizio in un saggio breve esaminando la funzione di Angelica.

IL TEMA

Follia e ragione nelle vicende umane

Nell'episodio di Astolfo sulla luna (T7) possiamo cogliere almeno due spunti interessanti: l'immagine di un mondo speculare a quello terreno e l'onnipresenza della follia nelle vicende umane. Prova ad approfondire almeno uno dei seguenti aspetti.

- contestualizza, prendendo in considerazione la cultura umanistica e rinascimentale, la riflessione sulla compresenza di follia e ragione nella condotta dell'uomo;
- cerca qualche altro esempio, in autori contemporanei ad Ariosto, di raffigurazione di mondi utopici speculari rispetto alla terra;
- descrivi ora un "vallone dei beni perduti" attuale per l'uomo contemporaneo; illustra analogie e differenze rispetto a quello ariostesco. Rifletti infine sull'utilità o meno della perdita di tempo e valori per la vita dell'uomo.

  • **Materiali per il recupero** Ariosto e l'*Orlando furioso*   • Indicazioni bibliografiche

prometeo 3.0

Personalizza il tuo libro selezionando per questo capitolo materiali integrativi da Prometeo
(di seguito ti proponiamo un elenco di materiali, ma puoi trovarne altri utilizzando il motore di ricerca).

- **VIDEO** LEZIONE D'AUTORE   Giulio Ferroni, *Astolfo sulla luna*
- **VIDEO** INCONTRO CON I CLASSICI   Da Ariosto a Cervantes: follia del cavaliere, follia del lettore (G. Ferroni)
- **TESTO**   *Bradamante attende Ruggiero* [XXXII, 10-23; 26-27]
- **MODULO TEMATICO INTERDISCIPLINARE**   La follia
- **MODULO TEMATICO INTERDISCIPLINARE**   La malattia d'amore
- **SCHEDA**   Eurialo e Niso
- **SCHEDA**   Calvino e Ariosto, *Il castello dei destini incrociati*
- **SCHEDA**   Ariosto, Borges e Calvino
- **SCHEDA**   Luca Ronconi *Orlando Furioso* (1974)

Capitolo XII
La parodia del poema cavalleresco e la scrittura dell'eccesso

My eBook+

Cliccando su questa icona, docenti e studenti accedono ad un'area di personalizzazione che permette di arricchire i contenuti digitali già linkati lungo le pagine del libro. Nell'area di personalizzazione è possibile infatti salvare ulteriori materiali: selezionati da *Prometeo* , prodotti autonomamente o ricercati nella rete.

▶ Per un elenco di materiali integrativi presenti nella biblioteca multimediale di Prometeo o per attivare una ricerca cfr. p. 454

Hieronymus Bosch, *Allegoria della gola e della lussuria*, 1488-1510. New Haven, Yale University Art Gallery.

1. Da Pulci a Folengo e a Rabelais, sino al romanzo picaresco

La scrittura grottesca e comico-realistica in Europa

Folengo e Rabelais

Nella **prima metà del Cinquecento**, accanto al prevalente classicismo espresso da Bembo, si sviluppano, prendendo a modello il *Morgante* di Pulci (cfr. cap. IV, § 2), forme di scrittura che privilegiano il grottesco, il comico-realistico, il caricaturale, l'espressionistico. È **una controtendenza** attiva non solo in Italia, dove ha in **Folengo** il suo massimo rappresentante, ma anche in Francia, con **Rabelais**. Il **gusto per l'eccesso** si manifesta **sia nei temi e nei personaggi** (sempre violenti, abnormi, eccessivi), **sia nel linguaggio**, che assume forme maccheroniche, trasgressive e deformanti. Lo stesso piacere dell'avventura tende già alla sfrontatezza del romanzo picaresco spagnolo, chiamato così dal termine *pícaro* che indica un furfante di bassissima estrazione sociale (sono appunto picari i protagonisti di questo tipo di narrazione; cfr. cap. XIII, § 4).

Rivolta anticlassicistica e invenzione linguistica in Folengo e in Rabelais

La rivolta anticlassicistica intende colpire l'insieme di regole che vengono canonizzate in questi anni, non certo la cultura umanistico-rinascimentale: anzi, Folengo e Rabelais bene ne esprimono le tendenze naturalistiche e realistiche (presenti in modi diversi, per esempio, pure nell'Aretino o in Machiavelli). Rientra in tale ribellione anche l'uso del linguaggio. Il *Baldus* è in lingua maccheronica, ma ascendenze maccheroniche rivela anche il capolavoro di Rabelais.

Le origini del linguaggio maccheronico

Il latino maccheronico (cfr. **S1**) consiste nell'applicazione delle norme morfologiche sintattiche e metriche del latino classico al lessico volgare, che nel caso di Folengo non è solo il toscano, ma anche il dialetto veneto e padano. Esso fiorì nell'ambiente studentesco di Padova (e in questa città Folengo soggiornò dal 1513 al 1516), dove era stato portato a dignità letteraria da un padovano, Tifi Odasi. Questi, morto nel 1492, era autore del poemetto **Macharonea** (1490), che ebbe su Folengo notevole influenza. **Il linguaggio maccheronico non è affatto segno d'ignoranza** o di scarsa conoscenza dei classici; presuppone anzi una ottima educazione umanistica: solo chi ben conosce il

Cultura umanistica e uso del maccheronico

S1 INFORMAZIONI

Il latino maccheronico

L'invenzione del latino maccheronico rispecchia, a fini artistici, le frequenti miscele linguistiche che ancora nel XVI secolo si presentavano in Italia, dove latino e volgare convivevano in stretta simbiosi.

Anticipato nelle satire anticlericali dei goliardi, e sviluppatosi in ambito studentesco nella Padova della seconda metà del Quattrocento, il latino maccheronico è una lingua artificiale, una contaminazione tra latino e italiano, usata nelle "maccaronee", ovvero in componimenti in versi di carattere burlesco ed eroicomico, ma anche satirico o serio, che ebbero nella *Macharonea* del padovano Tifi Odasi (fine secolo XV) il prototipo del genere e nel *Baldus* del mantovano Teofilo Folengo il capolavoro.

"Maccaronea", da cui l'aggettivo "maccheronico", deriva da "maccherone", nel senso di 'cibo grossolano, piatto rustico', che a sua volta deriva o dal greco *makaría* ('piatto di brodo e orzo') o da "macco", una polenta di fave sminuzzate e quindi una vivanda poco raffinata. Folengo stesso, nelle sue *Maccheronee* (in cui è compreso il *Baldus*), dà una definizione dell'arte maccheronica come arte derivata dai maccheroni, una pietanza rozza fatta con un miscuglio di farina, formaggio e burro. In effetti, il latino maccheronico è un miscuglio di italiano e latino, quindi un latino grossolano, rozzo: non nel senso che esso era usato da uomini incolti, ma nel senso che i letterati se ne servivano per mettere in burla la goffaggine di chi si avventurava a esprimersi in latino non avendone più la competenza necessaria. Spesso infatti negli atti notarili o nel parlare di certi ecclesiastici poco colti il latino compariva in una forma sgrammaticata e approssimativa.

L'effetto parodico del latino maccheronico non sta naturalmente nel riprodurre un latino scorretto ma nell'uso della contaminazione linguistica. Nel latino maccheronico, infatti, la base italiano-dialettale del lessico poggia su una struttura morfologico-grammaticale e metrica latina, e l'una e l'altra subiscono macroscopiche alterazioni. Alle parole italiane, o provenienti dai dialetti padani, viene aggiunta la desinenza latina (per cui, per esempio, nel *Baldus* si trovano sostantivi come «compagnus», «pegorarus», o «cativellus» e verbi come «ammazzor», «cagat», o «buttat»), mentre vengono utilizzate forme sintattiche apparentemente latine e in realtà impossibili in quella lingua. Questa mescolanza linguistica (che in Folengo prevede anche l'inserimento di parole straniere) si innesta sull'esametro latino, con straordinario effetto comico-parodico.

Oggi l'aggettivo "maccheronico" non si riferisce più soltanto alla lingua di tradizione folenghiana, ma si allarga a significare, per estensione, ciò che è scritto o parlato in una forma storpiata, alterata, scorretta o sgrammaticata (per esempio: "una lettera in inglese maccheronico").

S2 INFORMAZIONI

La poesia fidenziana

Analogamente alla poesia maccheronica (cfr. **S1**), quella fidenziana è un genere satirico nato in Italia intorno alla metà del Cinquecento con il fine di contrapporsi in modo ironico e grottesco a certi eccessi di pedanteria del classicismo umanistico, pur all'interno di una evidente conoscenza e dimestichezza con quel mondo: il linguaggio aulico e dottorale della cultura umanistica viene perciò caricaturalmente imitato utilizzando il lessico latino e arcaizzante all'interno di una struttura morfologico-sintattica e metrica italiana (al contrario della poesia maccheronica, che utilizza la struttura latina adattandole un lessico italiano quando non dialettale). La poesia fidenziana presenta dunque una parodia piuttosto erudita che burlesca.

La poesia fidenziana prende il nome dai *Cantici di Fidenzio Glottocrisio Ludimagistro* del vicentino Camillo Scroffa, che, traendo spunto dall'*Hypnerotomachia Poliphili* di Francesco Colonna (cfr. cap. V, § 1), imita in forma satirica la pedanteria dei grammatici e la fissità convenzionale del petrarchismo. Ecco, per esempio, un sonetto di Camillo Scroffa:

> Le tumidule genule, i nigerrimi
> occhi, il viso peramplo et candidissimo,
> l'exigua bocca, il naso decentissimo,
> il mento che mi dà dolori acerrimi;
> il lacteo collo, i crinuli, i dexterrimi
> membri, il bel corpo symmetriatissimo
> del mio Camillo, il lepor venustissimo,
> i costumi modesti et integerrimi;
> d'hora in hora mi fan si Camilliphilo,
> ch'io non ho altro ben, altre letitie,
> che la soave lor reminiscentia
> Non fu nel nostro lepido Poliphilo
> di Polia sua tanta concupiscentia,
> quanta in me di sì rare alte divitie.

Questo sonetto rispetta, oltre alla metrica (endecasillabi e rime secondo lo schema ABBA, ABBA; CDE, CED), la struttura sintattica italiana nella particolare versione stilistica petrarchesca (si veda l'elenco di attributi fisici dell'oggetto d'amore che procurano al soggetto – nel ricordo – dolore e insieme desiderio), ma intessendola di vocaboli prettamente latini («tumidule», «genule», «peramplo», «lepor» ecc.) o costruiti su base greca («Camilliphilo» = amante di Camillo, dal greco *philéo* 'amare').

*Le guanciotte (**genule**) paffutelle (**tumidule**), gli occhi nerissimi, il viso spazioso (**peramplo**) e bianchissimo, la bocca piccola, il naso graziosissimo (**decentissimo**), il mento che mi dà dolori terribili; il collo bianco come il latte (**lacteo**), i capellucci, le agilissime (**dexterrimi**) membra, il bel corpo proporzionatissimo (**symmetriatissimo**) del mio Camillo [: il giovane scolaro cui il pedante Fidenzio Glottocrisio Ludimagistro canta il proprio amore], il garbo (**lepor**) elegantissimo, i costumi modesti e onestissimi; mi rendono di ora in ora così amante di Camillo (**Camilliphilo**) che io non ho altro bene, altre gioie, che il loro ricordo soave. Nel nostro amabile (**lepido**) Poliphilo [: il protagonista dell'*Hypnerotomachia Poliphili*] non c'è stato tanto desiderio della sua Polia, quanto ce n'è in me di tanto rare e nobili ricchezze (**divitie**).*

latino e la poesia degli antichi può giocare con successo sullo scarto fra l'elevatezza della sintassi e della metrica e l'aspetto umile e dimesso del lessico dialettale. Analogamente il pubblico deve avere un buon livello culturale per apprezzare l'aspetto comico-caricaturale delle soluzioni linguistiche prospettate.

La lingua fidenziana

Ciò vale anche per la **lingua fidenziana (o pedantesca)**, che, per certi versi, appare opposta al maccheronico. Essa consiste infatti nell'attribuzione dell'intonazione morfologica sintattica e metrica del volgare al lessico latino. Il nome deriva dai *Cantici di Fidenzio Glottocrisio Ludimagistro*, composti fra il 1540 e il 1545 dal nobile vicentino Camillo Scroffa (cfr. **S2**, p. 435).

In entrambi i casi – il maccheronico e il fidenziano – si è in presenza, insomma, di una **reazione consapevole**, ironica sino alla parodia, **agli eccessi del gusto classicistico**.

2 | Vita e opere di Folengo: il *Baldus*

Vita e opere di Folengo

Folengo nacque a Mantova nel **1491**; il nome proprio era Girolamo, divenuto **Teofilo**, nel 1508, al momento dell'assunzione dell'abito monastico. Infatti Folengo fu **benedettino**, come il fratello. Dopo essere stato qualche anno nel monastero di san Benedetto Po, presso Mantova, dal 1513 al 1516 fu ospite del convento di santa Giustina a Padova, entrando in contatto con la lingua maccheronica dei circoli goliardici. È in questo periodo che lavora alla prima redazione delle **Maccheronee**, uscita nel 1517 a Venezia. Seguiranno altre redazioni, fino alla definitiva, postuma, del 1552. L'opera, in cui l'autore assume lo pseudonimo di **Merlin Cocai**, comprende vari scritti in linguaggio maccheronico, fra i quali il poema *Baldus*.

Le *Maccheronee*

L'*Orlandino*

Nel **1525** Folengo **uscì dall'ordine benedettino**, andando a vivere a Venezia, al servizio di Camillo Orsini, capitano della Repubblica. Scrisse in volgare il poema cavalleresco *Orlandino*, in ottave, che racconta la storia dei genitori di Orlando e l'infanzia di quest'ultimo. Sempre di questo periodo (1526-1527) è il *Caos del Triperuno*, bizzarra opera allegorica in cui i tre protagonisti, Merlino, Limerno e Funica, tutti proiezione dell'autore, si esprimono rispettivamente in maccheronico, in latino classico e in volgare. Nel **1534**, dopo un periodo di penitenza, Folengo è **riammesso nell'ordine dei benedettini**. Dopo alcuni anni passati in conventi siciliani, Folengo ritorna nel nord Italia dove muore nel **1544**.

Il *Caos del Triperuno*

La *Moscheide*

Folengo deve la sua fama alle **Maccheronee**, opera composta in latino maccheronico che comprende, oltre al poema cavalleresco **Baldus**, il poema eroicomico **Moscheide**, l'egloga **Zanitonella** e diversi epigrammi.

La *Zanitonella*, parodia delle *Bucoliche*

Assai rilevante è la **Zanitonella**, che comprende **diciotto elegie ed egloghe**, che si rifanno, parodiandole, alle *Bucoliche* di Virgilio. L'opera è lo sfogo amoroso di un contadino, Tonello, invano innamorato di Zanina, la quale peraltro non compare mai direttamente sulla scena. Nella parte finale Tonello si pente del proprio amore e lo riconosce come errore e assurdità. Con la *Zanitonella* abbiamo a che fare con una **lirica maccheronica**, esattamente come il *Baldus* è un'epopea maccheronica; si tratta, cioè, di una lirica degradata, che prende di mira i modelli lirici forniti da Petrarca e da Bembo, e da Catullo e da Virgilio, per rovesciarli ponendo in primo piano, al posto dei sentimenti più nobili e rarefatti, le funzioni corporali e gli aspetti più materiali della vita.

T • Teofilo Folengo, *Mira Tonnelli vis*

Il *Baldus*: effetto comico e trasgressivo della fusione tra latino e volgare

Poema maccheronico è il *Baldus*. Particolarmente efficace risulta in esso la organica fusione di sistemi linguistici fra loro estranei (il volgare e il latino), con inevitabile **effetto comico e trasgressivo** derivante dal loro attrito. Analogamente vi convivono, e vi interagiscono comicamente, una **cultura popolare**, ispirata alla corporalità e alla materialità del mondo contadino, e una **cultura**

umanistica fondata soprattutto sulla conoscenza di Virgilio: se la *Zanitonella* riprendeva parodicamente le *Bucoliche*, qui il referente è l'*Eneide* (cfr. T1, p. 438). L'universo basso, stravolto, irrazionalisticamente dominato dal gusto plebeo dell'eccesso e della violenza del *Baldus* è accostato all'eroismo sublime e alle situazioni eccezionali dell'epica classica, di continuo evocata. Si tratta dunque di un poema cavalleresco che mira a costituire, attraverso la fusione dell'epico e del burlesco, **un antimodello** rispetto al contemporaneo e classico modello dell'*Orlando furioso* ariostesco.

Nella prima redazione, uscita a Venezia nel 1517, l'opera comprendeva **17 libri**, divenuti **25 già nella seconda** del 1521. Le due successive redazioni del 1540 e del 1552 apportano numerose varianti ma non modificano il numero dei canti. Il verso è l'esametro latino. L'autore usa lo **pseudonimo di Merlin Cocai**: il nome deriva dal leggendario mago Merlino e conferma l'immagine di poeta come vate bizzarro e mago che Folengo intendeva offrire di sé; quanto a Cocai sembra derivato da un termine veneziano che significa "sciocco".

Teofilo Folengo, *Macaronea*, copia stampata a Venezia nel 1520. Pisa, Biblioteca dell'Università.

L'opera si divide in **due parti**. La prima occupa i **primi undici libri** e racconta l'infanzia e la prima giovinezza di Baldo, anche se protagonista di spicco è il suo compagno **Cingar**, modellato sul Margutte di Pulci. Baldo nasce dall'amore del barone Guidone di Montalbano e di Baldovina, figlia del re di Francia. I due si rifugiano a Cipada, vicino a Mantova, dove, nella casa di un contadino, Berto Panada, viene alla luce Baldo, che resta a lungo ignaro delle sue nobili origini, vivendo con coetanei rozzi e scapestrati. Suoi amici e compagni sono, oltre all'astuto furfante Cingar, il **gigante Fracasso** (che, anche lui, ricorda un personaggio di Pulci, Morgante) e **Falchetto**, metà uomo e metà cane. **La seconda parte del poema** occupa **gli ultimi quattordici libri** (dal XII al XXV). Il gruppo di allegri furfanti comincia un percorso di iniziazione che li spinge a **strani viaggi** fra incantesimi, streghe, maghi, indovini, demoni. Fra l'altro incontrano il padre di Baldo che rivela al figlio la sua vera origine. Intraprendono anche un percorso sotterraneo, dirigendosi verso l'**inferno** e imbattendosi nello stesso poeta, Merlin Cocai. Nella casa della fantasia, trovano una gigantesca **zucca**, dove stanno gli astrologi, i cantori e i poeti, tutti raccontafrottole, che per questo sono torturati da tremila barbieri incaricati di togliere loro denti che rinascono continuamente (sono le bugie che poeti e indovini incessantemente raccontano). La zucca è la sede più adatta per il poeta: così Merlin Cocai abbandona i personaggi e interrompe la narrazione prima che Baldo abbia condotto a termine la sua lotta contro le potenze infernali e che la storia sia giunta a conclusione. Anche la fine, dunque, è paradossale.

La **tendenza all'eccesso e all'iperbole**, largamente presente nei contenuti (basti pensare al tema, già incontrato in Pulci, del cibo e delle grandi mangiate), ritorna nel linguaggio e nello stile. La varietà dei linguaggi e dei toni, il **«cannibalismo» letterario** – che induce l'autore ad appropriarsi ludicamente di materiali letterari di ogni tipo –, la conseguente tendenza all'espressionismo, al grottesco, al surreale fanno parte di un programma letterario che non a caso evoca la fantasia in apertura e in chiusura del poema, che si apre proprio con la parola «Phantasia» (fantasia) (cfr. T1).

T1 Teofilo Folengo
L'invocazione iniziale alle Muse maccheroniche

OPERA
Baldus, I, 1-63

CONCETTI CHIAVE
- il tema gastronomico
- il linguaggio maccheronico

FONTE
T. Folengo, *Opere*, a cura di C. Cordié, in Folengo, Aretino, Doni, *Opere*, Ricciardi, Milano-Napoli 1977; la traduzione è del curatore, ma è qui riportata con qualche piccola modifica.

All'inizio del poema il poeta invoca non Apollo e le Muse del Parnaso ma le grasse Camene, che abitano nel paese di Bengodi e cuociono maccheroni per cibarne il poeta e aiutarlo così a intonare il suo canto.

  Phantasia mihi plus quam phantastica venit
  historiam Baldi grassis cantare Camoenis,
  altisonam cuius phamam nomenque gaiardum
  terra tremat baratrumque metu sibi cagat adossum.
5 Sed prius altorium vestrum chiamare bisognat,
  o macaronaeam Musae quae funditis artem.
  An poterit passare maris mea gundola scoios,
  quam recomandatam non vester aiuttus habebit?
  Non mihi Melpomene, mihi non menchiona Thalia,
10 non Phoebus grattans chitarinum carmina dictent;
  panzae nanque meae quando ventralia penso,
  non facit ad nostram Parnassi chiacchiara pivam.
  Pancificae tantum Musae doctaeque sorellae,

Mi è venuta la fantasia – matta più che mai – di cantare con le grasse Camene la storia di Baldo. La sua fama altisonante, il suo nome gagliardo ammira tremando la terra, e il baratro d'inferno per la paura si caca addosso. Ma prima bisogna invocare l'aiuto vostro, o Muse che effondete con larghezza l'arte maccheronica. Potrà mai la mia gondola superare gli scogli del mare, se il vostro aiuto non l'avrà raccomandata? No, i carmi non mi dettino Melpomene, né quella minchiona di Talia, né Febo che gratta la sua chitarrina; ché, se penso alle budella della mia pancia, non si addicono alla mia piva le ciance di Parnaso. Ma soltanto le Muse pancifiche, le dotte so-

---

METRICA esametri.

- **1-6** Il poema inizia, secondo lo schema classico dell'epica, con la protasi: alla presentazione dell'argomento (la storia di Baldo, vv. 1-2) segue l'invocazione alle Muse (vv. 5-6). E tuttavia la protasi mostra immediatamente la natura parodica del poema: le Muse, con l'aiuto delle quali il poeta vuole cantare la storia di Baldo, sono le grasse Camene ispiratrici dell'arte maccheronica. **Plus quam phantastica** (*matta più che mai*): la traduzione letterale è "più che fantastica", che riproduce la figura etimologica **phantasia...phantastica**. **Grassis...Camoenis** (*con le grasse Camene*): le Camene, divinità romane identificate con le Muse greche, sono definite *grasse* perché ispirano l'arte maccheronica, cioè una poesia legata alla sfera del cibo. Poco oltre sono definite **pancificae** (*pancifiche*, cioè 'panciute', v. 13) e **grassae...colantes** (*grasse...sbrodolone*, v. 17). **Terra**: è il soggetto di **tremat** (*ammira tremando*). **Altorium** (*aiuto*): dal latino "adiutorium" (= aiuto, soccorso). **Baratrumque...adossum** (*e il baratro d'inferno...addosso*): il baratro, dal latino "barathrum", è la voragine infernale. Si noti il contrasto tra epicità e grottesco, tra la terra che trema al nome glorioso di Baldo e l'inferno che **si caca addosso** per la paura.

- **7-16** La metafora della navigazione per designare il viaggio della mente e la stesura dell'opera è propria della tradizione epica (basti pensare anche solo alla «navicella del mio ingegno» con cui Dante apre il primo canto del *Purgatorio*). La **gundola** (*gondola*) di Folengo riduce però la solennità dell'impresa, unendo all'atto di modestia l'inevitabile comicità prodotta dalla connotazione realistica e regionale della gondola (la gondola è infatti un'imbarcazione caratteristica della laguna di Venezia, città in cui il poeta visse dal 1525 al 1530). Anche le Muse classiche subiscono uno stravolgimento in senso parodico: esse non si addicono infatti alla materialità corporea dell'ispirazione di Folengo, rispetto alla quale l'arte del Parnaso (il monte presso il quale abitano Apollo e le Muse) è definita **chiacchiara** (*ciancia*). A ispirare il poeta, imboccandolo con gustosi manicaretti, sono piuttosto le Muse panciute e grasse della poesia maccheronica. **Melpomene...Thalia...Phoebus** (*Melpomene...Talia...Febo*): sono rispettivamente, nella mitologia classica, la musa della tragedia, la musa della commedia e il dio della poesia. Si noti la degradazione parodica di Apollo, tradizionalmente rappresentato a suonare la cetra e qui abbassato a grattare le corde di una chitarrina. **Pivam** (*piva*): è uno strumento simile alla zampogna, simbolo della poesia pastorale. Folengo le attribuisce un valore positivo, di autenticità nella rozzezza, rispetto alla cetra della poesia lirica. **Gosa... Pedrala**: si tratta di nomi propri, che in alcuni casi evocano cognomi diffusi ancora oggi nel bresciano (p. es. Pedrali, Maffolini), e in altri casi caratteristiche fisiche o culturali del

            Gosa, Comina, Striax Mafelinaque, Togna, Pedrala,
15   imboccare suum veniant macarone poëtam,
            dentque polentarum vel quinque vel octo cadinos.
                    Hae sunt divae illae grassae nymphaeque colantes,
            albergum quarum, regio propriusque terenus
            clauditur in quodam mundi cantone remosso,
20   quem Spagnolorum nondum garavella catavit.
            Grandis ibi ad scarpas Lunae montagna levatur,
            quam smisurato si quis paragonat Olympo
            collinam potius quam montem dicat Olympum.
            Non ibi caucaseae cornae, non schena Marocchi,
25   non solpharinos spudans mons Aetna brusores,
            Bergama non petras cavat hinc montagna rotondas,
            quas pirlare vides blavam masinante molino:
            at nos de tenero, de duro deque mezano
            formaio factas illinc passavimus alpes.
30   Credite, quod giuro, neque solam dire bosiam
            possem, per quantos abscondit terra tesoros:
            illic ad bassum currunt cava flumina brodae,
            quae lagum suppae generant pelagumque guacetti.
            Hic de materia tortarum mille videntur

relle, Gosa, Comina, Striazza, Mafelina, Togna, Pedrala, vengano a imboccare di gnocchi il loro poeta, e mi rechino un cinque o un otto catini di polenta.

Queste son quelle grasse mie dee, queste le ninfe sbrodolone il cui albergo, regione e territorio stan racchiusi in un remoto cantone del mondo che la caravella degli spagnoli non ancora ha raggiunto. Si leva in tal luogo una grande montagna che giunge fino alle scarpe della Luna, e, se qualcuno la paragona allo smisurato Olimpo, dirà pure l'Olimpo una collinetta piuttosto ma non un monte. Qui non ci sono i corni del Caucaso, non le giogaie del Marocco, non l'Etna che sputa i suoi bruciori di zolfo; qui non si cavano, come nella montagna di Bergamo, le rotonde pietre che vedi pirlare nel mulino a macinare la biada; alpi di formaggio invece noi abbiamo attraversato laggiù, di formaggio tenero, stagionato e stagionatello.

Credetemelo, ve lo giuro, per quanti tesori la terra nasconde, una bugia non potrei mai dirvela: scorrono colaggiù profondi fiumi di brodo che formano un lago di zuppa e un pelago di guazzetto. E qui, fatti di pasta di torta, si vedono passare e ripassare mille zattere,

---

bresciano, terra un tempo di gozzuti (**Gosa**) e di processi alle streghe (**Striax**); essi suonano perciò familiari al poeta. Folengo definisce le cinque sorelle **doctae** (*dotte*) per antifrasi. **Macarone** (*gnocchi*): il significato attuale di "maccheroni" inizia a partire dal Settecento; nel Cinquecento "macarone" significava genericamente 'cibo grossolano' e qui indica in particolare gli gnocchi.

● **17-29** Inizia la descrizione del regno di Bengodi dove dimorano le Muse maccheroniche. La descrizione avviene prima per negazione, ovvero elencando caratteristiche naturali reali (Caucaso, Marocco, Etna, Bergamo) che non si trovano in quel paese, e poi attraverso una serie di elementi fantastici possibili solo nel regno culinario del Bengodi: monti di formaggio, fiumi di brodo, imbarcazioni fatte con pasta dolce ecc. **In quodam...remosso** (*in un remoto cantone di mondo*): è il paese della Cuccagna o del Bengodi tipico della tradizione popolare e in particolare descritto da Boccaccio nella novella di Calandrino. **Spagnolorum...catavit** (*la caravella degli spagnoli non ancora ha raggiunto*): è un'allusione alle navigazioni di Colombo e alle scoperte geografiche: nessuno è ancora riuscito, né riuscirà, a scoprire e conquistare il paese dell'evasione fantastica. **Ad scarpas Lunae** (*alle scarpe della Luna*): cioè ai piedi della Luna. La montagna è perciò altissima. **Olympo** (*Olimpo*): è il monte della mitologia greca in cima al quale dimorano gli dei. **Cornae caucaseae** (*i corni del Caucaso*): le cime del Caucaso, il sistema montuoso che si snoda tra il Mar Nero e il Mar Caspio. **Schena Marocchi** (*le giogaie del Marocco*): le catene montuose del Marocco, nel nordafrica. **Bergama**: una città della Lombardia, le cave presso la quale (a Sarnico) fornivano pregiate pietre da mulino. **Alpes** (*Alpi*): si intende genericamente 'montagne'.

● **30-42** Prosegue la descrizione del regno di Bengodi: all'orografia "casearia", segue l'idrografia di brodaglie: fiumi e laghi sono attraversati da varie imbarcazioni di pasta dolce, dalle quali le Muse pescano con reti fatte di trippa di maiale e di vitello. **Pelagumque guacetti** (*e un pelago di guazzetto*): cioè un mare di sugo; il guazzetto è un sugo piutto-

35   ire redire rates, barchae grippique ladini,
       in quibus exercent lazzos et retia Musae,
       retia salsizzis vitulique cusita busecchis,
       piscantes gnoccos, fritolas gialdasque tomaclas.
       Res tamen obscura est, quando lagus ille travaiat
40   turbatisque undis coeli solaria bagnat.
       Non tantum menas, lacus o de Garda, bagordum,
       quando cridant venti circum casamenta Catulli.
           Sunt ibi costerae freschi tenerique botiri,
       in quibus ad nubes fumant caldaria centum,
45   plena casoncellis, macaronibus atque foiadis.
       Ipsae habitant nymphae super alti montis aguzzum,
       formaiumque tridant gratarolibus usque foratis.
       Sollicitant altrae teneros componere gnoccos,
       qui per formaium rigolant infrotta tridatum,
50   seque revoltantes de zuffo montis abassum
       deventant veluti grosso ventramine buttae.
       O quantum largas opus est slargare ganassas,
       quando velis tanto ventronem pascere gnocco!
       Squarzantes altras pastam, cinquanta lavezzos
55   pampardis videas grassisque implere lasagnis.
       Atque altrae, nimio dum brontolat igne padella,
       stizzones dabanda tirant sofiantque dedentrum,

barche, brigantini leggeri, da cui le Muse gettano di continuo lacci e reti cucite con budella di maiale e con busecche di vitello, e pescano gnocchi, frittole e gialle tomacelle. Ma son dolori quando quel lago va in tempesta, e con le onde turbate bagna i soffitti del cielo. Non tempeste di tal fatta, o lago di Garda, tu meni quando strepitano i venti intorno alle case di Catullo.

Qui le costiere sono di fresco e tenero burro, e cento pentole mandano il fumo sino alle nubi, cento pentole, piene di tortelli, di gnocchi e di tagliatelle. Le ninfe abitano sulla cima dell'alto monte, e tritano continuamente formaggio sulle grattuge forate. Altre si dan da fare a formar teneri gnocchi che rotolano già alla rinfusa nel formaggio grattugiato e dal ciuffo del monte van sempre giù ruzzolando sino a farsi grossi come panciute botti. O quanto fa d'uopo spalancare le ganasce ancorché larghe, se d'un tal gnocco vuoi pascere la ventraia! Altre tagliano a strisce la fogliata e tu le vedi riempire cinquanta lavezzi di tagliatelle e di grasse lasagne. Nel frattempo altre, mentre la padella brontola per il troppo fuoco, tirati da parte i tizzoni, vi

sto abbondante in cui si fa cuocere il pesce o la carne. **Grippique ladini** (*brigantini leggeri*): l'agg. "ladino", in molti dialetti settentrionali, significa 'facile'; qui vale 'leggero' in riferimento al piccolo tonnellaggio del brigantino, una imbarcazione a vela. **Gialdasque tomaclas** (*e gialle tomacelle*): le "tomacelle" sono una specie di salsicciotti di frattaglie tritate e speziate con zafferano (donde il colore giallo), chiuse in una reticella di maiale per essere fritte. **Casamenta Catulli** (*case di Catullo*): il poeta latino Catullo (I sec. a. C.) possedeva una villa a Sirmione, sul lago di Garda.

● **41-63** Viene descritta l'alacre attività delle Muse-ninfe: poste in cima a un monte (come le divinità in cima all'Olimpo), esse sono intente a preparare gustosi manicaretti tra camini fumanti e pentole in ebollizione. In questa singolare fucina gastronomica, il poeta ha colto per primo l'arte maccheronica ed è diventato poeta *pancifico* (come le Muse del v. 13). **Casoncellis...foiadis** (*tortelli...tagliatelle*): si tratta di piatti ancora in uso in Veneto e nel mantovano. **Seque revoltantes... buttae** (*rotolano...botti*): gli gnocchi rotolano a valle dalla cima del monte mescolandosi al formaggio e diventando via via più grossi: c'è un'analogia con la caduta delle slavine. **O quantum...gnocco!** (*o quanto...gnocco!*): l'esclamazione vuole essere di tono epico, ma la visione grottesca e bassa della bocca spalancata in attesa dello gnocco rotolato dal monte gli conferisce un tono piuttosto burlesco e satirico. Il **ventronem** (cioè il grosso addome) rimanda al ventre grasso delle Muse maccheroniche; ma ricorda anche che l'ispirazione poetica giunge al poeta attraverso un nutrimento non intellettuale, ma materiale e grossolano. **Pastam** (*fogliata*): è la pasta tirata con il mattarello, fino a diventare una sfoglia. **Lavezzos** (*lavezzi*): si tratta di pentole o tegami.

>   nanque fogo multo saltat brodus extra pignattam.
>   Tandem quaeque suam tendunt compire menestram,
> 60   unde videre datur fumantes mille caminos,
>   milleque barbottant caldaria picca cadenis.
>   Hic macaronescam pescavi primior artem,
>   hic me pancificum fecit Mafelina poëtam.

soffiano sopra, se per il molto fuoco il brodo salta fuori dalla pignatta. Per farla breve, ognuna di esse si dà da fare a cuocere la propria minestra; ond'è che mille camini vedi fumare, e mille pentole borbottano appese alla catena.

È qui che ho pescato, primo fra tutti, l'arte maccheronesca, qui Mafelina mi ha fatto pancifico poeta.

T1 DALLA COMPRENSIONE ALL'INTERPRETAZIONE

COMPRENSIONE

Un proemio *sui generis* Questo proemio del *Baldus* è una **parodia degli *incipit* solenni dei poemi tradizionali**: Folengo opera un **duplice rovesciamento** che coinvolge il piano dei contenuti e quello del linguaggio. Come i poemi classici, anche il *Baldus* si apre con l'invocazione alle Muse: questa volta però sono invocate non le solite Muse che abitano l'Olimpo, ma le **Muse «grasse» e «pancificae» che abitano il fantastico reame di Bengodi**, popolato di mari di salse e brodi, di montagne di formaggio, di colline di gnocchi e di altre squisite leccornie. Dissacratoria è anche la scelta di utilizzare il **latino maccheronico**, vale a dire una lingua che riproduce correttamente il latino sul piano della morfologia, della sintassi e della metrica, ma usa il lessico del volgare. Così vocaboli dell'italiano letterario, del dialetto, del latino o addirittura inventati sono coniugati e collegati tra loro nel rispetto delle norme della lingua latina, producendo un **effetto comico**.

ANALISI

L'effetto comico del linguaggio maccheronico Ci limitiamo a un esempio. Al v. 4, dopo aver detto – secondo il linguaggio elevato della tradizione epica – che la terra ammira tremando l'«*altisonam phamam*» e il «*nomen gaiardum*» (l'altisonante fama e il nome gagliardo) di Baldo, il poeta aggiunge che il baratro dell'inferno «*metu sibi cagat adossum*» (per la paura si caca addosso). Qui la **giustapposizione al tono elevato** e alle parole latine «*metu*» e «*sibi*» dell'**espressione bassa e plebea** "cacarsi addosso" provoca un effetto comico di improvviso **straniamento**, accentuato dall'uso della **morfologia latina per una parola volgare** (nel duplice senso di "italiana" e "triviale") come «*cagat*».

Il tema gastronomico: l'accumulo del cibo e quello linguistico Il tema gastronomico appare già con forza in **Pulci** e soprattutto nel personaggio di Margutte (cfr. cap. IV, T1, p. 96). Si collega al motivo naturalistico della **corporalità** e a quello del **mondo alla rovescia** dell'immaginario popolaresco, da sempre dominato dal tema della fame e dal sogno del **paese della Cuccagna** (o di Bengodi) dove è lecito mangiare a crepapelle. L'insistenza sui diversi tipi di cibo (tortelli, gnocchi, tagliatelle, brodi, formaggi, lasagne, guazzetti) è espressa attraverso la tecnica dell'**accumulo** e dell'elenco. Va segnalato, insomma, un parallelismo fra il **tema dell'eccesso** e le forme della scrittura, pure tendenti all'**elencazione iperbolica**. Così sarà anche in Rabelais (cfr. § 3). Nel quarto libro di *Gargantua e Pantagruele*, Pantagruele e Panurge assistono al sacrificio culinario che i Gastrolatri (adoratori del Ventre) fanno al loro dio. Vengono offerti: «Ippocrate bianco, con rosticcini secchi e friabili, pan bianco, pan di semola, panetti al burro, pan cittadino, carne ai ferri di sei qualità, arrosti di capra, strisciole di vitello arrosto fredde, senapizzate di polvere di zenzero, gnocchi di carne, rigaglie, fricassea, pasticcio di fegato al piatto, zuppe grasse di prima, zuppe di lepre, zuppe lionesi, cavoli cappucci alla midolla di bue, carne al ragù, guazzetti, e beveraggio perpetuo frammezzo, cominciando col buono e abboccato vin bianco, seguendo col chiaretto e vermiglio fresco, ma dico freddo come il ghiaccio, servito e presentato in grandi tazze d'argento». Ci fermiamo qui, ma l'elenco – davvero pantagruelico – continua per altre sei pagine.

INTERPRETAZIONE

L'elemento parodico e la poetica di Folengo Come abbiamo visto, le grasse Camene qui invocate sono il rovescio comico delle Muse: non vivono sul monte del Parnaso, ma nel paese di Bengodi, trasfigurazione di quello favoloso della Cuccagna; non hanno nomi resi famosi dal mito, ma quelli rustici delle donne contadine; non sono dedite ad alte attività rivolte a nobilitare la vita umana ma cuociono maccheroni e polenta per sostenere il loro panciuto poeta e aiutarlo a intonare il suo canto. L'elemento comico-parodico è collegato al tema dell'eccesso e alla **figura dell'iperbole**: nel paese di Bengodi tutto è gigantesco: vi si levano alpi di formaggio e vi scorrono fiumi di brodo, mentre in laghi di zuppe e in mari di guazzetto galleggiano imbarcazioni fatte di pasta di torta. Il paesaggio, insomma, non è misurato e idillico, con ruscelli, alberi e greggi, come nella tradizione classica e nella sua ripresa umanistica (si pensi al paesaggio dell'*Arcadia* di Sannazaro: cfr. cap. V, **T2**, p. 131), ma smisurato e ricco di umori corporali e grossolani legati al **motivo del cibo**. Quest'ultimo, poi, appare strettamente connesso alla poetica dell'autore e al linguaggio da lui usato: il **"maccheronico" infatti rinvia alla «*macaronaeam artem*»** (arte maccheronica) del v. 6, cioè alla capacità di allestire, sul piano letterario, cibi grossolani: la scrittura, insomma, vuole essere un equivalente dell'**arte culinaria** di preparare i "macaroni", un impasto rustico di farina, formaggio e burro. Si nota, anche qui, una poetica del rovesciamento: mentre i poeti classicisti vogliono essere nobilmente raffinati, Folengo si propone polemicamente di essere "maccheronico".

T1 LAVORIAMO SUL TESTO

ANALIZZARE

1. **LINGUA E LESSICO** Sottolinea nel testo i termini che rimandano all'area semantica gastronomica.
2. **LINGUA E LESSICO** Illustra le caratteristiche sintattiche e lessicali del linguaggio maccheronico.

INTERPRETARE

3. La rappresentazione tradizionale delle Muse è volutamente rovesciata: a quale scopo mira l'autore? (Segna la risposta errata)
   - A puro divertimento
   - B effetto comico
   - C intento polemico
   - D libero gioco della fantasia
4. In che senso il *Baldus* si può considerare un antimodello di poema cavalleresco?

3 Il Rinascimento in Francia: Rabelais e la scrittura dell'eccesso

Il romanzo in prosa in Spagna e in Francia

Mentre **in Italia** la narrativa si sviluppa soprattutto in versi e il **romanzo in prosa stenta ad affermarsi**, non è così né **in Spagna**, dove il *Lazarillo de Tormes* dà inizio al romanzo picaresco, né **in Francia**, dove Rabelais, con *Gargantua et Pantaguel*, crea un grande capolavoro in una prosa moderna.

La cultura e la vita di Rabelais

In *Gargantua et Pantagruel* [Gargantua e Pantagruele] **François Rabelais** (1494-1553) è capace di fondere il naturalismo della cultura rinascimentale e quello della cultura popolare, rimasta quasi inalterata nel passaggio dal Medioevo al Rinascimento. **La rivalutazione del corpo e delle esigenze materiali della vita** era d'altronde patrimonio sia dell'una che dell'altra cultura (cfr. **S3**). La fiducia nella vita, il gusto del viaggio, dell'avventura e della fantasia e le spinte di una incessante curiosità umana e intellettuale e di una inesauribile sete di conoscere e di abbracciare ogni elemento dello scibile spiegano le vicende della vita di questo **frate benedettino** (come Folengo, dunque), divenuto medico e segretario di alti prelati. Ma spiegano anche **le caratteristiche della sua arte**, che rivela una cultura umanistica, una vasta apertura a interessi non solo letterari, ma scientifici e religiosi e un vivo entusiasmo per le posizioni filosofiche e morali di Erasmo da Rotterdam.

Rabelais e l'Italia

I suoi **frequenti viaggi in Italia** (soprattutto a Roma, ma anche in Piemonte) gli permisero certamente di conoscere l'opera di Pulci e di Folengo e di ispirarsi al mondo dei giganti Morgante, Mar-

S3 INFORMAZIONI

Una nuova idea del corpo, una nuova idea del mondo

Il corpo è un tema dominante in *Gargantua e Pantagruele* e luogo di incontro dei principali motivi dell'opera. È rappresentato sotto tutti gli aspetti, nella struttura anatomica, nel funzionamento fisiologico (mangiare, bere, fare l'amore, defecare), nella nascita e nella morte. Una particolare attenzione è dedicata anche al vestiario.

Nel Medioevo il corpo era negato dall'ideologia ascetica. L'Umanesimo lo rivaluta in nome dell'ideale classico di un'armoniosa integrazione fra anima e corpo. Rabelais, oltre che umanista, era medico e aggiunge all'immagine umanista del corpo, bello, elegante, specchio della perfezione interiore, un'altra immagine caratterizzata da una realistica, biologica materialità: l'immagine del corpo "grottesco", deforme, gigantesco, scandaloso, che si oppone all'estetica classica e rinascimentale del bello per attingere alla tradizione comica e popolare. È stato Bachtin, in un celebre saggio, a valorizzare il significato ideologico della tematica del corpo in Rabelais collegandolo all'effetto liberatorio e dissacrante del riso e alla concezione carnevalesca della vita. Il critico russo vede in questa rappresentazione del corpo il segno di una rivoluzione contro la vecchia concezione della vita, lo strumento di distruzione dell'assetto gerarchico medievale e di fondazione di un nuovo quadro del mondo. La sconcertante nascita dall'alto, dall'orecchia, anziché dal basso, di Gargantua offre fin dalle prime pagine del romanzo un esempio in cui confluiscono aspetti e funzioni del corpo grottesco (il ventre, il mangiare, il generare, il capovolgimento) e in cui la precisione dell'analisi anatomica e fisiologica si fonde con la deformazione comico-fantastica.

Il corpo ha un ruolo importante nell'educazione dell'uomo nuovo, dove la salute fisica è strettamente legata alla libertà dello spirito. L'infanzia di Gargantua, con il riconoscimento del suo diritto al gioco, a vivere pienamente la propria fisicità e le proprie pulsioni istintuali, comprese quelle sessuali, rivoluziona la concezione medievale del fanciullo. Nei capitoli sull'educazione di Gargantua, Rabelais non solo attribuisce grande importanza agli esercizi fisici, ma anche durante le attività intellettuali la dimensione corporea non è mai dimenticata fino ad arrivare alla simultaneità delle azioni: mentre mangia Gargantua discute, mentre viene massaggiato e fa toeletta continua ad ascoltare le lezioni. Il corpo viene educato secondo il modello umanista, in modo che cresca energico, elegante, forte e agile, in funzione di un ideale di vita attiva: l'uomo è addestrato alla piena espressione delle sue tensioni vitali e insieme a scaricare gli impulsi aggressivi nelle attività sportive e nelle arti cavalleresche. La dimensione gigantesca e frenetica delle attività fisiche di Gargantua ha effetti comici, ma è anche celebrazione del piacere fisico della gioia di vivere.

Lucas Cranach, *L'età dell'oro*, 1530 circa. Monaco, Alte Pinakotheck.
In questa raffigurazione dell'umanità primitiva Cranach insiste sul tema del nudo e del godimento libero e disinibito del corpo. Rispetto ai maestri italiani del Rinascimento i pittori dell'Europa del nord si sono mostrati più liberi di fronte alla visione idealizzatrice e misurata del corpo umano.

gutte, Cingar, Fracasso. Ma, nella descrizione che egli fa dell'abbazia di Thelème nel *Gargantua*, e in particolare nella rappresentazione dei gentiluomini e delle dame che la frequentano, non manca l'eco del *Cortegiano* di Castiglione.

Rabelais resta però lontanissimo dal senso della misura e dell'equilibrio che era proprio del *Cortegiano*, e semmai riprende e **sviluppa in modi originalissimi la tendenza a una scrittura dell'eccesso** presente in Pulci e in Folengo. Essa si manifesta sul piano dell'invenzione tematica (i protagonisti stessi sono dei giganti) e di quella linguistica.

Gargantua e Pantagruele: la struttura e la trama

Il primo romanzo pubblicato da Rabelais, *Les horribles et épouvantables faicts et prouesses du très renommé Pantagruel, roi des Dipsodes, fils du grand gèant Gargantua* [Gli orribili e spaventevoli fatti e prodezze del famosissimo Pantagruele, re dei Dipsodi, figlio del grande gigante Gargantua], comparve nel **1532**, firmato da Alcofribas Nasier, un anagramma di François Rabelais. **Il successo fu enorme** e indusse l'autore ad aggiungere al primo **altri tre libri**, pubblicati rispettivamente nel 1534, nel 1546, nel 1552 (nel 1564 venne pubblicato il *Quinto libro di Pantagruele*, che non è tutto opera di Rabelais).

Ogni libro è preceduto da un **prologo** in cui l'autore presenta ai lettori in tono di giocosa complicità il tema dominante del libro stesso. Particolare importanza hanno i primi due prologhi.

È difficile dare un'idea della struttura del *Gargantua e Pantagruele* (è questo il titolo corrente dell'opera rabelaisiana), perché **manca una trama vera e propria**. Essa consta di **una serie di episodi** che, anche quando sono unificati da un personaggio o da un tema, contengono digressioni e ramificazioni di vario genere.

Tuttavia è possibile rintracciare nei **primi due libri** una struttura simile, articolata secondo lo schema del **romanzo di formazione**, che racconta infanzia, educazione e prodezze dell'eroe. Ne risulta una specie di parodia del romanzo cavalleresco.

Il **Libro primo** (in realtà pubblicato per secondo nel 1534) narra la **nascita** singolare **del gigante Gargantua**, principe ereditario della terra di Utopia, che la madre partorisce da un orecchio. Egli passa l'**adolescenza** nel «bere, mangiare e dormire, mangiare, dormire e bere» (cfr. **T2**, p. 446), finché viene istruito da un teologo secondo i vecchi metodi dell'erudizione scolastica. Il padre però si accorge che il figlio non ne trae giovamento, anzi diventa strambo e scemo; allora lo affida a **Panocrate** che lo educa a un sano sviluppo del corpo e della mente, secondo i princìpi della pedagogia umanistica. Dopo la parte pedagogica, l'episodio centrale è la **guerra tra gli abitanti del paese di Utopia e il re Picrocole**, scoppiata per una lite tra i venditori di focacce di Lerné e i pastori del paese di Gargantua. Gargantua corre a difendere il proprio paese invaso dai nemici, validamente aiutato nell'impresa dall'irruente Frate Fracassatutto. Dopo la vittoria, per ricompensarlo, Gargantua fonda **l'abbazia di Thelème**, un convento, che è tutto l'opposto di quelli reali, dove uomini e donne vivono piacevolmente all'insegna della massima «Fa' quel che vuoi».

Nel **Libro secondo** (pubblicato per primo nel 1532) si narrano la **nascita di Pantagruele**, l'infanzia e il **viaggio a Parigi**, dove il gigante riceve un'educazione moderna. Il programma di studi è contenuto in una famosa lettera che Gargantua scrive al figlio, un vero e proprio inno alla cultura umanistica. A Parigi Pantagruele incontra **Panurge**, un chierico vagante che parla tredici lingue, malizioso, ingannatore e bevitore, e d'ora in poi compagno fedele del gigante. La fama della saggezza di Pantagruele si diffonde ovunque e un gran dottore d'Inghilterra sfida Pantagruele a una pub-

La scrittura dell'eccesso in Rabelais	
La storia editoriale del romanzo	
I prologhi	
Un romanzo di formazione	
Libro primo: nascita e adolescenza del gigante Gargantua	 T • François Rabelais, *L'educazione di Gargantua*
	 T • François Rabelais, *L'abbazia di Thelème*
Libro secondo: vita e opere di Pantagruele	

GARGANTUA E PANTAGRUELE (1532-1564)			
genere e struttura • romanzo di formazione in 5 libri (l'ultimo libro non è stato scritto interamente da Rabelais)	**temi** • rivalutazione del corpo • fiducia nella vita • gusto del viaggio	**argomento** • infanzia, educazione, viaggi e avventure del gigante Gargantua	**forma e stile** • stile comico che mescola registri e linguaggi diversi all'insegna del riso e della parodia • ottica straniante ed "eccessiva" del gigante • iperbole, accumulazione, paradosso

Gustave Doré, *L'infanzia di Pantagruele*. Illustrazione per *Gargantua e Pantagruele* di Rabelais.

blica discussione, ma viene sconfitto da Panurge attraverso una disputa a segni. **Scoppia la guerra in terra di Utopia**, invasa dai Dipsodi. Il gigante, con il suo seguito, parte da Parigi per soccorrere il proprio paese finché, sconfitti i Dipsodi, Pantagruele ne diventa re liberale e tollerante.

Libro terzo: Pantagruele e Panurge

Nel **Libro terzo** (1545) si raccontano le **avventure di Pantagruele e di Panurge**. Quest'ultimo vuole sposarsi, ma ha paura di trovare una moglie infedele e non sa decidersi. Per avere consiglio va a trovare vari personaggi: una sibilla, un vecchio poeta, un astrologo, un teologo, un medico filosofo, un giudice, un pazzo, senza ottenere un responso soddisfacente sull'opportunità del matrimonio, anche perché Pantagruele e Panurge interpretano sempre in modo divergente le ambigue risposte che vengono loro date. I due decidono allora di recarsi a consultare l'**oracolo della Divina Bottiglia**.

Libro quarto: la ricerca della Divina Bottiglia

Il **Libro quarto** (1552) descrive le **peregrinazioni alla ricerca della Divina Bottiglia** nei paesi più strani, dall'isola dei Papafichi (i protestanti) a quella dei Papimani (i cattolici), dove si criticano la Curia romana e la pratica delle indulgenze, all'isola di Procurazione, dove vivono i Mangiaprocessi (satira degli avvocati pedanti e cavillosi).

Libro quinto: il responso dell'oracolo: «Trink»

Nel **Libro quinto** (1564) continua il viaggio favoloso di Pantagruele e di Panurge: dall'**Isola Sonante** (con allusione a Roma, città delle campane e con nuovi attacchi alla Curia papale), dopo varie tappe, i due arrivano al paese dove si adora l'**oracolo della Divina Bottiglia** e la sacerdotessa Bacbuc comunica loro il responso: «Trink» ('Bevi'). Il vino è l'unico rimedio contro le incertezze e il dubbio. Il senso simbolico che tale enigmatica conclusione vuole suggerire è l'invito rivolto all'uomo a bere a tutte le fonti del sapere per impadronirsi della realtà, invece di attendere la soluzione dagli oracoli. Si deve ricordare che **il quinto libro**, pubblicato postumo, **non è tutto opera di Rabelais**: molti episodi scritti da Rabelais furono probabilmente rielaborati da altre mani.

Gargantua e Pantagruele: i temi, lo stile, il carnevalesco

Lo smarrimento del lettore

L'originalità della rappresentazione, nel *Gargantua e Pantagruele*, sta nel fatto che essa genera nel lettore una **profonda insicurezza per i rapidi mutamenti del punto di vista** e per la ricchezza straordinaria delle prospettive.

L'ottica "gigantesca" (cfr. **S4**, p. 449) è un mezzo privilegiato per alterare la visione normale. Il motivo del gigantismo in chiave eroicomica era già stato diffuso dalla letteratura italiana, dal *Morgante* di Pulci e dal *Baldus* di Folengo, che Rabelais conosceva e a cui si ispira per certi personaggi e per certe situazioni.

T • François Rabelais, *La vendetta di Panurge*

La lingua di Rabelais

La lingua di Rabelais è una lingua visiva, che unisce la parola all'immagine e dà alla rappresentazione un vigore straordinario. Il ricorso all'iperbole e all'accumulazione, il gusto del dettaglio portato fino al paradosso provocano un'alterazione dimensionale e una continua sfaccettatura delle cose, illuminate da molteplici punti di vista. Rabelais fa un **uso estremamente libero del linguaggio**, mescolando i registri e i toni più diversi, anche se privilegia lo stile comico. Su questa strada, caratterizzata dalla "dismisura", in cui Rabelais sperimenta fino all'assurdo le risorse linguistiche, egli arriva a raggiungere effetti surrealistici.

T • François Rabelais, *Le parole gelate*

La complessità e la voluta ambiguità dell'opera di Rabelais ne rendono **quanto mai problematica l'interpretazione**. La critica, in passato, ha privilegiato il significato serio del testo; poi l'attenzione si è spostata sull'aspetto comico. Senza dubbio, attraverso il riso, Rabelais trasmette un messaggio: la fiducia nella civiltà umanistica e nella bontà della natura umana si traduce in una **concezione della vita creativa e gioiosamente vitale**.

La funzione del riso

Impossibilità di un'interpretazione univoca

Rabelais prende posizione sui problemi più scottanti del tempo, sull'educazione, sulla politica e sulla religione. Tuttavia **la sua opera non tollera interpretazioni univoche**. In essa si confrontano diversi discorsi sul mondo; mai si trova un significato sicuro e definitivo, tutto è sempre rimesso in discussione.

L'interpretazione di Bachtin

Il contributo più originale e significativo alla comprensione del comico rabelaisiano ci viene da **Bachtin**. **Il riso è concepito come visione del mondo** legata al tema del corpo grottesco e del carnevale, tipico della cultura comica popolare. Esaltare il basso-corporeo, mettere in alto il basso, significa anche attuare un rovesciamento di valori che trova la sua massima espressione nello **spirito carnevalesco**.

S • La ricezione del *Gargantua e Pantagruele*

T2 François Rabelais
L'infanzia di Gargantua

OPERA
Gargantua e Pantagruele, Libro I, cap. XI

CONCETTI CHIAVE
- l'infanzia e il dominio degli istinti
- la libertà linguistica

FONTE
F. Rabelais, *Gargantua e Pantagruele*, a cura di M. Bonfantini, Einaudi, Torino 1973.

Rabelais mostra particolare attenzione all'infanzia dei suoi eroi, a cui dedica più di un capitolo, rivelando una coscienza nuova del mondo infantile che era assente nel Medioevo. Ma questo tema, per l'esplosione di fisicità, per la sfrenatezza irrazionale dei bisogni e dei desideri del fanciullo, costituisce il supporto più congeniale all'affermazione delle esigenze espressive e della straordinaria libertà inventiva dello stile rabelaisiano.

Gargantua dai tre ai cinque anni fu allevato e istruito in ogni disciplina conveniente all'età, per ordine di suo padre; egli passò quel tempo come gli altri bambini del paese, vale a dire: nel bere, mangiare e dormire, mangiare, dormire e bere, dormire, bere e mangiare.

Si ruzzolava sempre nel fango, si sporcava il naso, si impiastricciava la faccia, scalcagnava le scarpe, sbadigliava spesso alle mosche, e correva volentieri dietro ai farfalloni dei quali suo papà aveva l'imperio.[1] Si pisciava sulle scarpe, cacava nella camicia, si puliva il naso coi gomiti, smocciava nella minestra, e pasticciava dappertutto, e beveva nella pantofola, e si grattava il
10   ventre di solito con un paniere. Si aguzzava i denti con uno zoccolo, si lavava le mani col brodo, si pettinava con un bicchiere, si sedeva fra due sgabelli col culo per terra, si copriva se aveva freddo con un sacco bagnato, beveva mentre ingoiava la zuppa; mangiava il companatico senza pane, mordeva ridendo, rideva mordendo, sputava spesso nel piatto, e scorreggiava bagnato; pisciava contro vento, si cacciava nell'acqua per difendersi dalla pioggia, batteva il ferro a freddo, calcolava a vuoto, faceva lo smorfioso, e faceva spesso i fuochi d'artificio con la bocca;[2] diceva il paternoster delle scimmie;[3] tornava ai suoi montoni,[4] dava le perle ai porci, picchiava il

---

- **1 dei quali...imperio**: soggetti alla giurisdizione dell'impero paterno.
- **2 faceva...con la bocca**: sbruffava, bofonchiava.
- **3 diceva...scimmie**: *faceva boccacce*; **paternoster**: *padre nostro*, latino.
- **4 tornava ai suoi montoni**: *tornava al punto di partenza*; qui e di seguito Rabelais si diverte a prendere alla lettera una serie di modi di dire figurati.

basto[5] invece dell'asino, metteva il carro davanti ai buoi, si grattava dove non gli prudeva, insegnava ai gatti a rampicare, voleva troppo e non stringeva niente, spegneva il fuoco con la stoppa, ferrava le cicale, si faceva il solletico per farsi ridere, adoperava le pentole per tamburi, scherzava coi santi e lasciava stare i fanti, faceva cantare il *Magnificat* a mattutino[6] e trovava che andava benissimo; mangiava cavoli e cacava purea, conosceva a prima vista il bianco dal nero, faceva lo sgambetto alle mosche, scarabocchiava la carta e sgorbiava la pergamena, metteva le ali ai piedi, gettava i soldi dalla finestra, faceva i conti senza l'oste, seminava vento e raccoglieva tempesta, prendeva i fiaschi per fischi e le lucciole per lanterne, versava due vini da una sola bottiglia, si fingeva scemo per non pagar dazio, dopo il dito si lasciava prendere il braccio, voleva acchiappar le tortore col sale sulla coda; non ammetteva che una goccia dopo l'altra riempia il barile, a caval donato guardava sempre in bocca, saltava di palo in frasca, metteva la pera marcia con le buone, scavava un buco per riempirne un altro, faceva la guardia alla luna perché non la mangiassero i lupi e si aspettava che le nuvole rosse pisciassero rosolio,[7] faceva di necessità virtù, rendeva pan per focaccia, metteva tutte le erbe in un sol fascio, e si riempiva la sera per vomitare al mattino. I cagnolini di suo papà mangiavano nella sua scodella, e lui mangiava nelle loro. Lui mordeva a loro le orecchie, e loro gli graffignavano il naso, lui gli soffiava sotto la coda, e loro gli leccavano il mostaccio.[8]

E savèi la pi béla, giouvnòt?![9] che possiate ballar per la ciucca![10] Quel piccolo birbante metteva sempre le mani addosso alle sue governanti, come veniva veniva, davanti e di dietro, e sotto ragazzi! E cominciava già a esercitar la braghetta;[11] che tutti i giorni le sue governanti gli ornavano di bei mazzolini e bei nastrini con qualche bella gala[12] o fiocchetto, e avevano per passatempo di farsela venir su fra le mani, come un saltaleone[13] di gesso, e poi scoppiavano a ridere, quand'essa drizzava le orecchie, come se quel gioco le divertisse moltissimo.

E una la chiamava la mia spinetta, l'altra la mia pignolina, l'altra il mio rametto di corallo, l'altra il mio tamponcino, il mio turacciolo, il mio trapano, il mio cacciavite, il mio succhiello, il mio ciondolino, il mio bel giochetto duro e bassetto, il mio drizzatoio, il mio bel salamino rosso, il mio pannocchino d'oro.[14]

– È mia, tutta mia, – diceva una.

– No, è la mia, – diceva l'altra.

– Come, – diceva un'altra, – e io niente? Vuol dire che gliela taglierò.

– Come, tagliargliela? – diceva l'altra. – Ma gli fareste male, signora! Tagliare il coso ai bambini? E come farà ad andare in giro senza il codino?

E per farlo divertire, come gli altri bambini del paese, gli fecero una bella girandola con le ali di un mulino a vento di Mirabello.[15]

- 5 **basto**: *sella*.
- 6 **faceva...mattutina**: mentre il *Magnificat* (una preghiera che ripete le parole della Madonna dopo l'annunciazione: *L'anima mia magnifica il Signore...*) si recita ai vespri, di sera.
- 7 **rosolio**: un liquore dolce.
- 8 **mostaccio**: *muso*, gerg. (propr., *i baffi*).
- 9 *E savèi...giouvnot*: e sapete la più bella, giovanotti?
- 10 **ciucca**: *sbronza*.
- 11 **braghetta**: indumento che ricopriva gli organi sessuali.
- 12 **gala**: *nastro*.
- 13 **saltaleone**: spirale di filo metallico usata per molle.
- 14 *E una...d'oro*: sono tutte metafore per indicare il genitale maschile.
- 15 **Mirabello**: oggi Mirebeau, borgo non lontano da Poitiers, che Rabelais ricorda spesso per i suoi mulini, i suoi asini e per il buon vino.

T2 DALLA COMPRENSIONE ALL'INTERPRETAZIONE

COMPRENSIONE

La vitalità esuberante del gigante bambino Nel brano che abbiamo letto **tutto è smisurato, eccessivo**: non solo il protagonista è un gigante ma gigantesche e illimitate sono l'estro inventivo e la **gioia trascinante della narrazione**. In queste righe è descritta l'**infanzia di Gargantua** che trascorre il tempo assecondando i suoi bisogni naturali e istintivi, bevendo, mangiando, dormendo, sporcandosi, dando libero sfogo alla sua vitalità al di fuori delle regole. La prima parte del testo (righi

1-31) descrive i comportamenti abituali del **gigante bambino** ed è caratterizzata dal proliferare di una **scrittura sovrabbondante**, onnivora, fatta di **enumerazioni espanse e caotiche**.

Nella seconda parte (righi 32-48) Rabelais racconta giocosamente le irrefrenabili **pulsioni erotiche del bambino** che non perde occasione per mettere le mani addosso alle governanti.

ANALISI

Lo stile Il comportamento di Gargantua è ritratto attraverso un elenco di rapide azioni, di gesti allineati senza ordine, secondo la tecnica dell'accumulo. Questo procedimento, a cui Rabelais ricorre spesso, si basa sull'**accostamento caotico di dati contrastanti**, realistici e inverosimili («Si aguzzava i denti con uno zoccolo... si pettinava con un bicchiere»), di atti incongruenti («si grattava dove non gli prudeva»), sul **rovesciamento** di proverbi e luoghi comuni («metteva il carro davanti ai buoi... a caval donato guardava sempre in bocca»), sulla creazione di **legami inediti tra le cose** fino al paradosso e al **non senso** («faceva lo sgambetto alle mosche... ferrava le cicale... faceva la guardia alla luna perché non la mangiassero i lupi»). Rabelais distrugge le relazioni consuete e normali tra i dati della realtà, dissolve tutti i luoghi comuni, associando tra loro elementi inconciliabili, abolendo ogni criterio logico e realistico. Ne deriva una rappresentazione della realtà che, pur gremita di oggetti concreti e quotidiani, tende alla **deformazione paradossale e surrealistica**.

Il rovesciamento dunque non è solo tematico (il basso al posto dell'alto), né si risolve in un gioco stilistico fine a se stesso, ma coglie nel profondo – dilatandola – la logica irrazionale e contraddittoria che presiede al comportamento infantile. Alla variabilità e incontrollabilità degli istinti e della fantasia corrisponde uno **stile rapido**, dove tutto è sullo stesso piano, con fulminei accostamenti, imprevisti rovesciamenti, una totale infrazione di ogni norma di costume e di buon senso, all'insegna di una incondizionata libertà. È la regola aurea dell'abbazia di Thelème: «Fa' quel che vuoi».

INTERPRETAZIONE

La scoperta dell'infanzia Il testo presenta innanzitutto una novità: il sentimento e la **rappresentazione dell'infanzia come età autonoma**, con bisogni propri e diversi dal mondo degli adulti. Questa scoperta stimola nel Rinascimento un crescente interesse per i problemi dell'educazione del bambino. Sino allora era mancata la consapevolezza delle particolari caratteristiche del mondo infantile e il bambino tendeva ad essere omologato all'adulto: il bambino era di fatto un adulto in miniatura. Rabelais, invece, con intuizione tutta moderna, ne esplora l'esuberante e fantastica istintualità, che culmina nella **scoperta della sessualità**.

A tutto ciò Rabelais sembra arrivare d'istinto, quasi per una felice conseguenza del suo spregiudicato metodo di indagine e di rappresentazione carnevalesca della realtà. Il tema dell'infanzia comporta infatti per sua natura altri due temi fondamentali dell'opera di Rabelais, quelli del corpo e della libertà di giudizio e di comportamento.

Tutta la vita di Gargantua fanciullo si risolve in un rapporto puramente fisico e corporeo con il mondo, nella **soddisfazione di bisogni elementari**, che sono ribaditi nella triplice ripetizione e variazione «bere, mangiare e dormire, mangiare, dormire e bere, dormire, bere e mangiare».

La **corporeità** infantile è attinente alla terra, al basso, agli escrementi («Si ruzzolava sempre nel fango, si sporcava il naso, si impiastricciava la faccia... Si pisciava sulle scarpe, cacava nella camicia»), all'animalità («i cagnolini di suo papà mangiavano nella sua scodella, e lui mangiava nella loro»), al sesso. I giochi sessuali stabiliscono la prima forma di relazione sociale. E qui, a livello di gerarchia di valori, si attua un primo capovolgimento rispetto alla concezione spiritualistica e idealistica della vita dominante: le radici vitali dell'esistenza stanno nella libera e sana espansione delle **pulsioni erotico-istintuali**.

L'altra dimensione dell'infanzia, ancora più ricca di risorse espressive, è il rapporto fantastico che il bambino stabilisce con la realtà.

T2 LAVORIAMO SUL TESTO

COMPRENDERE

1. Da che cosa è dettato il comportamento scatenato del piccolo Gargantua?

ANALIZZARE

2. In quali passaggi del testo l'autore individua la specificità del mondo infantile? Quale spazio vi ha la corporeità? E la fantasia?

3. In che modo gli adulti interagiscono con l'esuberanza infantile di Gargantua? Ti sembra che l'assecondino o la reprimano?

INTERPRETARE

Una pedagogia rovesciata

4. In questo frenetico quadro dell'infanzia, quale modello educativo Rabelais prende implicitamente di mira? Prova a dedurlo rovesciando il comportamento di Gargantua descritto, per esempio, ai righi 4 sgg.

> **LE MIE COMPETENZE: INDIVIDUARE COLLEGAMENTI**
>
> *Gargantua e Pantagruele* è un testo moderno, anche se è stato scritto cinquecento anni fa, perché anticipa molte idee che sono nostre: ci dice quanto importante sia per noi il corpo, quanto sia importante ridere e divertirsi, e provare a guardare le cose da punti di vista diversi dal solito, proprio come farebbe un gigante che abitasse il nostro mondo. Individua un film, un cartone animato o un romanzo di oggi in cui l'adozione di un punto di vista anomalo e straniante ci fa vedere le cose in modo diverso dal solito, liberando il campo dalle convenzioni con le quali siamo abituati a convivere.

S4 — MATERIALI E DOCUMENTI

L'epica smisurata di Rabelais secondo Primo Levi

Gargantua e Pantagruele è uno dei libri più amati dallo scrittore Primo Levi. Per Levi quest'opera è piena di ottimismo e rappresenta uno dei frutti più alti della civiltà del Rinascimento: Rabelais è convinto della bellezza della vita e ne esalta i piaceri materiali.

▶▶ Alcuni libri ci sono cari senza che ci riesca definirne il perché: in questi casi, approfondendo l'indagine quanto basta, è probabile che ne risulterebbero affinità insospettate, ricche di rivelazioni sui lati meno palesi del nostro carattere. Ma altri libri ci accompagnano per anni, per la vita, ed il perché ne è chiaro, accessibile, facile ad esprimersi in parole: fra questi, con reverenza ed amore, oso citare *Gargantua e Pantagruele*, opera colossale ma unica di Rabelais, «mon maître» [mio maestro]. È noto lo strano destino del libro: nato dall'amor di vita e dagli ozi colti di Rabelais, monaco, medico, filologo, viaggiatore ed umanista, cresce e prolifera [s'ingrandisce] con assoluta mancanza di piano per quasi vent'anni e per più di mille pagine, accumulando le invenzioni più strabilianti in piena libertà fantastica, per metà robusta buffonata epico-popolare, per metà intriso della vigorosa e vigile consapevolezza morale di un grande spirito del Rinascimento. Ad ogni foglio si incontrano, audacemente accostate, scurrilità geniali, o ribalde [furfantesche], o melense, ed insieme citazioni (autentiche e non, quasi tutte fatte a memoria) da testi latini, greci, arabi, ebraici; dignitose e sonanti esercitazioni oratorie; sottilità aristoteliche da cui si diparte una risata da gigante, altre sottoscritte ed avallate [approvate] con la buona fede dell'uomo di vita pura.

Se a questa tessitura fondamentalmente discontinua, e alle frequenti difficoltà linguistiche, si aggiungono le violente critiche e satire dirette contro la Curia romana, è facile comprendere come *Gargantua e Pantagruele* abbia trovato in ogni tempo un pubblico ridotto, e come si sia spesso tentato di contrabbandarlo, opportunamente amputato e rimaneggiato, come letteratura infantile. Eppure mi basta aprirlo per sentirvi il libro d'oggi, voglio dire il libro di tutti i tempi, eterno, che parla un linguaggio che sarà sempre compreso.

Non già che vi si trattino i temi fondamentali della commedia umana: ché anzi, invano vi si cercherebbero le grandi sorgenti poetiche tradizionali, l'amore, la morte, l'esperienza religiosa, il destino precario. Perché in Rabelais non c'è ripiegamento, ripensamento, ricerca intima: è vivo in ogni sua parola uno stato d'animo diverso, estroso, estroverso, sostanzialmente quello del novatore, dell'inventore (non dell'utopista); dell'inventore di cose grosse e piccole, anche del «bosin»,[1] dell'estemporaneo [improvvisatore] da fiera. Si tratta, d'altronde, di un ritorno non casuale; è noto che il libro ha avuto un oscuro precursore, da secoli scomparso senza traccia: un almanacco da fiera paesana, le *Chroniques du grand Géant Gargantua*.

Ma i due giganti della sua dinastia non sono soltanto montagne di carne, assurdi bevitori e mangiatori: insieme, e paradossalmente, essi sono gli epigoni [continuatori, eredi] legittimi dei giganti che mossero guerra a Giove,[2] e di Nembrotto, e di Golias,[3] e sono ad un tempo principi illuminati e filosofi gioiosi. Nel gran respiro e nel gran riso di Pantagruele è racchiuso il sogno del secolo, quello di una umanità operosa e feconda, che volge le spalle alle tenebre e cammina risoluta verso un avvenire di prosperità pacifica, verso l'età dell'oro descritta dai latini,[4] non passata né lontanamente futura, ma a portata di mano, purché i potenti della terra non abbandonino le vie della ragione, e si conservino forti contro i nemici esterni ed interni.

Questa non è speranza idilliaca, è robusta certezza. Basta che lo vogliate, ed il mondo sarà vostro: bastano l'educazione, la giustizia, la scienza, l'arte, le leggi, l'esempio degli antichi. Dio esiste, ma nei cieli: l'uomo è libero, non predestinato, è «faber sui» [artefice di se stesso], e deve e può dominare la terra, dono divino. Perciò il mondo è bello, è

---

1 «bosin»: è così chiamato, in dialetto milanese, il cantastorie, il poeta di strada.

2 giganti...Giove: è il mito classico della "gigantomachia", cioè della battaglia dei Giganti. I Giganti, incitati dalla madre Gea, scalano l'Olimpo per muovere guerra contro Zeus (Giove, nella versione latina) ma il loro attacco è respinto grazie all'intervento di Eracle. Per gli antichi Greci i Giganti sono nati prima di Zeus e incarnano il disordine e il caos primordiale.

3 Nembrotto...Golias: sono i giganti che compaiono nella Bibbia. Nembrotto, o Nimrod, è il fondatore del regno di Babele; Golias è il corpulento avversario di Davide. Anche nella tradizione ebraica, per le loro dimensioni smisurate, i giganti sono considerati esseri inquietanti, fuori dalla norma: la loro disarmonia fisica è il segno di una natura maligna, corrotta, inumana.

4 l'età dell'oro...latini: età mitica di pace e prosperità, che nella tradizione classica si colloca all'inizio dei tempi. Gli scrittori latini, come Orazio e Virgilio, immaginano il ritorno ciclico di questa epoca utopica: così, ad esempio, nella quarta egloga Virgilio canta l'arrivo di un fanciullo divino, capace di riportare sulla terra una nuova età dell'oro.

pieno di gioia, non domani ma oggi: poiché ad ognuno sono dischiuse le gioie illustri della virtù e della conoscenza, ed anche le gioie corpulente, dono divino anch'esse, delle tavole vertiginosamente imbandite, delle bevute «teologali»,[5] della venere [amore sensuale] instancabile. Amare gli uomini vuol dire amarli quali sono, corpo ed anima, «tripes et boyaux» [trippe e budella].

L'unico personaggio del libro che abbia dimensioni umane, e non sconfini mai nel simbolo e nell'allegoria, Panurgo, è uno straordinario eroe a rovescio, un condensato di umanità inquieta e curiosa, in cui, assai più che in Pantagruele, Rabelais sembra adombrare [rappresentare] se stesso, la propria complessità di uomo moderno, le proprie contraddizioni non risolte, ma gaiamente accettate. Panurgo, ciurmatore [imbroglione], pirata, «clerc» [chierico], volta a volta uccellatore [ingannatore] e zimbello, pieno di coraggio «salvo che nei pericoli», affamato, squattrinato e dissoluto, che entra in scena chiedendo pane in tutte le lingue viventi ed estinte, siamo noi, è l'Uomo. Non è esemplare, non è la «perfection», ma è l'umanità, viva in quanto cerca, pecca, gode e conosce.

Come si concilia questa dottrina intemperante, pagana, terrena, col messaggio evangelico, mai negato né dimenticato dal pastore d'anime Rabelais? Non si concilia affatto: anche questo è proprio della condizione umana, di essere sospesi fra il fango e il cielo, fra il nulla e l'infinito. La vita stessa di Rabelais, per quanto se ne sa, è un intrico di contraddizioni, un turbine di attività apparentemente incompatibili fra loro e con l'immagine dell'autore che tradizionalmente si ricostruisce dai suoi scritti.

Monaco francescano, poi (a quarant'anni) studente in medicina e medico all'ospedale di Lione, editore di libri scientifici e di almanacchi popolari, studioso di giurisprudenza, di greco, d'arabo e d'ebraico, viaggiatore instancabile, astrologo, botanico, archeologo, amico di Erasmo,[6] precursore di Vesalio[7] nello studio dell'anatomia sul cadavere umano; scrittore fra i più liberi, è simultaneamente curato di Meudon,[8] e gode per tutta la sua vita della fama di uomo pio ed intemerato; tuttavia lascia di se stesso (deliberatamente, si direbbe) il ritratto di un sileno, se non di un satiro.[9] Siamo lontani, siamo all'opposto della sapienza stoica del giusto mezzo.[10] L'insegnamento rabelaisiano è estremistico, è la virtù dell'eccesso: non solo Gargantua e Pantagruele sono giganti, ma gigante è il libro, per mole e per tendenza; gigantesche e favolose sono le imprese, le baldorie, le diatribe [discussioni], le violenze alla mitologia e alla storia, gli elenchi verbali.

Gigantesca sovra ogni altra cosa è la capacità di gioia di Rabelais e delle sue creature. Questa smisurata e lussureggiante epica della carne soddisfatta raggiunge inaspettatamente il cielo per un'altra via: poiché l'uomo che sente gioia è come quello che sente amore, è buono, è grato al suo Creatore per averlo creato, e perciò sarà salvato. Del resto, la carnalità descritta dal dottissimo Rabelais è così ingenua e nativa da disarmare ogni intelligente censore: è sana e innocente e irresistibile come lo sono le forze della natura.

Perché Rabelais ci è vicino? Non ci assomiglia certo, anzi, è ricco delle virtù che mancano all'uomo d'oggi, triste, vincolato ed affaticato. Ci è vicino come un modello, per il suo spirito allegramente curioso, per il suo scetticismo bonario, per la sua fede nel domani e nell'uomo; ed ancora per il suo modo di scrivere, così alieno dai tipi e regole. Forse si può far risalire a lui, e alla sua abbazia di Telema,[11] quella maniera oggi trionfante attraverso Sterne e Joyce[12] di «scrivere come ti pare», senza codici né precetti, seguendo il filo della fantasia così come si snoda per spontanea esigenza, diversa e sorprendente ad ogni svolta come una processione di carnevale. Ci è vicino, principalmente, perché in questo smisurato pittore di gioie terrene si percepisce la consapevolezza permanente, ferma, maturata attraverso molte esperienze, che la vita non è tutta qui. In tutta la sua opera sarebbe difficile trovare una sola pagina melanconica, eppure Rabelais conosce la miseria umana; la tace perché, buon medico anche quando scrive, non l'accetta, la vuole guarire:

Mieulx est de ris que de larmes escrire
Pour ce que rire est le propre de l'homme.[13]

P. Levi, L'altrui mestiere, in Opere, vol. III, Einaudi, Torino 1990.

---

5 bevute «teologali»: nel libro primo del *Gargantua e Pantagruele* si incontrano espressioni come «tracannare teologalmente» o «bere teologalmente», da intendere nel senso di "bere smodatamente". Usando l'avverbio «teologalmente», Rabelais allude anche al fatto che i personaggi spesso discutono di teologia e di filosofia tra abbuffate e grandi bevute.
6 Erasmo: Erasmo da Rotterdam (1466-1533), il grande umanista olandese, autore tra l'altro dell'*Elogio della follia*.
7 Vesalio: Andreas Vesalius (1514-1564), medico fiammingo considerato il padre dell'anatomia moderna.
8 Meudon: cittadina nel nord della Francia.
9 sileno…satiro: si tratta di creature della mitologia greca dall'aspetto umano ma con orecchie, coda e zoccoli di cavallo nel caso dei sileni, di capra in quello dei satiri. Questi ultimi vivono nei boschi e fanno parte del corteo del dio Dioniso. Nel linguaggio corrente, per satiro s'intende un uomo vecchio dissoluto e vizioso, dedito ai piaceri, il cui comportamento è inadeguato all'età.
10 sapienza… mezzo: i pensatori greci della scuola filosofica dello Stoicismo sostenevano che, per essere felici, è necessario coltivare la virtù del giusto mezzo, già raccomandata da Aristotele, che consiste nel vivere con moderazione, con equilibrio e misura, senza eccessi.
11 abbazia di Telema: nel primo volume del *Gargantua e Pantagruele* si narra l'episodio dell'avventurosa fondazione dell'abbazia di Telema, la cui unica regola è «fai ciò che vuoi». L'abbazia di Telema è il luogo utopico in cui è possibile vivere in piena armonia, assecondando sia i bisogni spirituali sia gli impulsi del corpo, conciliando la libertà dei desideri con la virtù.
12 Sterne e Joyce: Laurence Sterne (1713-1768) è uno scrittore irlandese del Settecento, la cui opera *Vita e opinioni di Tristram Shandy* scardina il modello tradizionale del romanzo e propone una scrittura umoristica, che, nel suo procedere, non segue una trama cronologica, ma avanza attraverso continue divagazioni, per libere associazioni. Altrettanto innovativa è la scrittura di uno principali scrittori novecenteschi, l'irlandese James Joyce (1882-1941), che nell'*Ulisse* attraverso la tecnica del "flusso di coscienza" riproduce l'andamento disordinato dei pensieri del personaggio principale, Leopold Bloom, nel suo inquieto girovagare per le strade di Dublino.
13 Mieulx…de l'homme: *Meglio scrivere di riso che di lacrime / perché il riso è proprio dell'uomo*.

Percorso
LO SPAZIO E IL TEMPO

Il paese di Cuccagna

Pieter Bruegel il Vecchio, *Banchetto nuziale*, 1566-1569. Vienna, Kunsthistorisches Museum.

Il paese di Cuccagna è un mito radicato nella fantasia popolare, che si manifesta a livello letterario già in Boccaccio per diventare motivo diffuso nella poesia comico-burlesca e nella letteratura che si rifà alla tradizione carnevalesca. Questa, ispirandosi al riso del carnevale, esprime una visione dal basso della realtà, dando voce ai bisogni materiali dell'esistenza e ai settori emarginati e subalterni della vita sociale, come quello contadino. Già nel *Morgante* di Pulci il tema del cibo, della fame insaziabile e del banchetto gigantesco caratterizza le avventure dei personaggi ed evoca gli eccessi gastronomici del paese di Bengodi.
Il paese di Cuccagna è strettamente legato al mondo alla rovescia del carnevale, che era il periodo del ribaltamento dei ruoli: il basso diventava alto e viceversa. I bambini comandavano sulla comunità, le donne sugli uomini, il buffone sostituiva il vescovo. Era la festa della maschera e del travestimento, gli uomini si vestivano da donne, le suore da frati, i giovani da vecchi. Le stampe popolari del XVI e

La città incantata, film d'animazione giapponese del 2001 di Hayao Miyazaki, prodotto dallo Studio Ghibli.

Nel film *La città incantata* Hayao Miyazaki racconta la storia di Chihiro, una bambina di 10 anni. Durante il trasferimento in una nuova città, Chihiro e i suoi genitori si imbattono in un luogo abbandonato, fatto soltanto di ristoranti pieni di cibo. I genitori, attratti dall'abbondanza, iniziano a mangiare e si trasformano in maiali. Per Chihiro, allora, si apre una serie di prove da superare in cui il mito del paese di cuccagna viene rovesciato: per riscattare i genitori, infatti, dovrà lavorare molto duramente in un centro termale alle dipendenze di una strega che si impossessa del suo nome e che ha un figlio capriccioso e gigantesco, che ricorda Pantagruele.

Percorso LO SPAZIO E IL TEMPO — Il paese di Cuccagna

PERCORSI TEMATICI

XVII secolo ci hanno tramandato le immagini del mondo rovesciato: pesci che volano, lepri che nuotano, uomini che filano, donne con il fucile, pecore che tosano il pastore. **Ma è con Folengo e soprattutto con Rabelais (nell'arte figurativa possiamo citare Pieter Bruegel il Vecchio e Pieter van der Heyden) che questo tema raggiunge nel Cinquecento la massima diffusione letteraria.**

Folengo apre il *Baldus* all'insegna del paese di Cuccagna. Rovescia così il paesaggio arcadico, tradizionale sede delle Muse: niente più boschetti, limpide acque, fresche ombre, ma un paese costituito solamente di delizie culinarie. Egli ne disegna una precisa topografia, che fissa lo stereotipo popolare e a cui pare ispirarsi lo stesso Bruegel nel suo *Il paese di Cuccagna*.

Cuccagna è un luogo immaginario, «un remoto cantone del mondo che la caravella d'Ispania non ha ancora raggiunto». La sua configurazione gastronomica è ingigantita dall'iperbole e dalla tecnica dell'accumulo. Lo recingono immense montagne di «formaggio tenero, stagionato e stagionatello». Vi scorrono «fiumi di brodo» che formano un «lago di zuppa e un pelago di guazzetto». Ai bordi una costa di «fresco e tenero burro». Da zattere e barche di torta si pescano gnocchi, frittelle e salsicciotti. Gnocchi, tortelli e tagliatelle bollono in cento pentole. In questo paesaggio si muovono le Muse folenghiane, mutate in cuoche grasse e panciute, impegnate a far tagliatelle e lasagne, a grattare formaggio e rotolarvi gnocchi enormi come «panciute botti». Il poeta stesso non si ciba d'ambrosia, ma di gnocchi in «otto catini di polenta». La poesia non nasce dal cuore, ma «dalle budella della mia pancia».

Folengo usa la metafora del cibo e del paese di Cuccagna per rovesciare, sul piano dei contenuti e dello stile, i generi alti della letteratura illustre. La parodia dei valori cavallereschi e del linguaggio epico passa attraverso la comicità di una realtà contadina, in cui vengono abbassati e per così dire degradati gli eroi epici. La metafora popolare è dunque in funzione di una parodia puramente letteraria.

In Rabelais invece l'immagine del banchetto acquista un significato diverso legato al tono gioioso della festa popolare, dove il mangiare e il bere sono le manifestazioni più importanti della vita corporale.

«Beviamo» è una delle prime e l'ultima parola del romanzo scritta da Rabelais. Nel quarto libro, nell'episodio dei Gastrolatri (Adoratori del ventre) viene inserita la più lunga enumerazione di cibi e bevande che conosca la letteratura mondiale.

La deformazione iperbolica del tema del cibo, tramite l'inesauribile elencazione gastronomica, rimanda ai riti popolari della festa di carnevale, qui direttamente evocata, festa dell'abbondanza e dello spreco e insieme prefigurazione del sogno del paese di Cuccagna.

Ma il mito dell'abbondanza tipico dell'immagine del banchetto popolare non va confuso con l'immagine dell'avidità e della cupidigia.

Incisione di Pieter van der Heyden, da un disegno di Bruegel il Vecchio, *La cucina opulenta* (1563).

La cucina opulenta, complementare alla tavola *La cucina magra*, rigurgita di cibi come un paese di Bengodi, in cui si abbuffano panciuti personaggi di ogni età. L'immagine in primo piano della prosperosa madre che allatta con un bicchiere di vino in mano sottolinea il simbolismo positivo del cibo come principio generatore di vita.

Incisione di Pieter van der Heyden, dai disegni di Bruegel il Vecchio sui sette peccati capitali (1556-1557).

La contaminazione animale dei corpi umani allude all'abbrutimento dell'uomo nel peccato. «L'ebbrezza e l'eccesso di cibo vanno evitati» è il sottotitolo del quadro.

DAL RIPASSO ALLA VERIFICA

MAPPA CONCETTUALE | La letteratura parodica

La letteratura parodica
- nella prima metà del Cinquecento in Europa
- gusto per l'eccesso sia nei temi e nei personaggi sia nel linguaggio
- linguaggio maccheronico e lingua fidenziana
- reazione consapevole agli eccessi del gusto classicistico

Baldus di Teofilo Folengo
- antimodello rispetto all'_Orlando furioso_
- epopea maccheronica
- tendenza all'eccesso e all'iperbole
- fusione di epico e burlesco
- cultura popolare e cultura umanistica

si sviluppa la narrativa in versi in Italia

Gargantua e Pantagruele di François Rabelais
- parodia del romanzo di formazione
- concezione della vita creativa e gioiosa
- iperbole, accumulazione, paradosso
- rivalutazione del corpo e gusto del viaggio
- gigantismo
- rapidi mutamenti del punto di vista
- "visività" della lingua
- registri e toni diversi
- stile comico
- funzione del riso come visione del mondo

si afferma il romanzo in prosa in Francia

SINTESI

● **Forme di scrittura "divergenti"**
Nella prima metà del Cinquecento, accanto alla prevalente codificazione classicista espressa da Bembo e prendono a modello il _Morgante_ di Pulci, si sviluppano forme di scrittura che privilegiano il grottesco, il comico-realistico, il caricaturale, l'espressionistico. È una controtendenza attiva non solo in Italia, dove ha in Folengo il suo massimo rappresentante, ma anche in Francia, con Rabelais. Il gusto per l'eccesso si manifesta sia nei temi e nei personaggi (sempre violenti, abnormi, eccessivi), sia nel linguaggio, che assume forme maccheroniche, trasgressive e deformanti.

● **Il maccheronico e il fidenziano**
La rivolta anticlassicistica si esprime, in Italia, nelle forme del latino maccheronico e del fidenziano. Nel latino maccheronico la base italiano-dialettale del lessico poggia su una struttura morfologico-grammaticale e metrica latina, e l'una e l'altra lingua subiscono macroscopiche alterazioni. La lingua fidenziana, che per certi versi appare opposta al maccheronico, consiste nell'utilizzare il lessico latino e arcaizzante all'interno di una struttura morfologico-sintattica e metrica italiana. In entrambi i casi, il maccheronico e il fidenziano, si è in presenza di una reazione consapevole, ironica sino alla parodia, agli eccessi del gusto classicistico.

● **Il _Baldus_ di Teofilo Folengo**
Teofilo Folengo (1491-1544) deve la sua fama alle _Maccheronee_, opera composta in latino maccheronico che comprende, oltre al capolavoro, il poema cavalleresco _Baldus_, il poema eroicomico _Moscheide_, l'egloga _Zanitonella_ e diversi epigrammi. Il _Baldus_ è un'epopea maccheronica. L'opera, in venticinque libri, si divide in due parti. La prima occupa i primi undici libri e racconta l'infanzia e la prima giovinezza di Baldo. Nella seconda parte (dal XII al XXV libro), il gruppo degli allegri furfanti, già incontrato prima, comincia un percorso d'iniziazione che li spinge a strani viaggi fra incantesimi, streghe, maghi, indovini, demoni. Si tratta di un poema cavalleresco dove convivono cultura popolare e cultura umanistica e che mira a costruire, attraverso la fusione dell'epico e del burlesco, un antimodello rispetto al contemporaneo e classico modello dell'_Orlando furioso_ ariostesco.

DAL RIPASSO ALLA VERIFICA

● La narrativa in Spagna e Francia
Mentre in Italia la narrativa si sviluppa soprattutto in versi e il romanzo in prosa stenta ad affermarsi, non è così né in Spagna, dove il *Lazarillo de Tormes* dà inizio al romanzo picaresco, né in Francia, dove il *Gargantua e Pantagruele* di Rabelais (1494-1553) fornisce un contributo fondamentale alla nascita della moderna prosa d'arte.

● *Gargantua e Pantagruele* di François Rabelais
Il *Gargantua e Pantagruele* fu pubblicato in quattro libri, dal 1532 al 1552. Un quinto libro, pubblicato postumo nel 1564, non è tutto opera di Rabelais: molti episodi furono probabilmente rielaborati da altre mani. Nell'opera Rabelais fonde il naturalismo della cultura rinascimentale e quello della cultura popolare, all'insegna della rivalutazione del corpo e delle esigenze materiali della vita. La fiducia nella vita, il gusto del viaggio, dell'avventura, della fantasia e le spinte di una incessante curiosità umana e intellettuale e di una inesauribile sete di conoscere spiegano le vicende della vita di questo frate benedettino divenuto medico e segretario di alti prelati. Ma spiegano anche le caratteristiche della sua arte, che rivela una cultura umanistica, una vasta apertura a interessi non solo letterari, ma anche scientifici e religiosi. Rabelais sviluppa in modi originalissimi la tendenza a una scrittura dell'eccesso presente in Pulci e Folengo. Essa si manifesta sul piano dell'invenzione tematica (i protagonisti sono dei giganti) e di quella linguistica mescolando registri e toni diversi, ma privilegiando sempre lo stile comico.

DALLE CONOSCENZE ALLE COMPETENZE

1 Quali sono le caratteristiche tematiche e stilistiche della scrittura grottesca e comico-realistica del primo Cinquecento? (§ 1)

2 Chi inaugura nel Cinquecento la parodia del poema cavalleresco? (§ 1)

3 Quali sono le differenze tra maccheronico e fidenziano? (§ 1)

4 Il linguaggio maccheronico è segno di (§ 1, S1)
- [A] ignoranza
- [B] scarsa conoscenza dei classici
- [C] ottima conoscenza del latino
- [D] ignoranza della codificazione classicista

5 Qual è l'argomento del *Baldus* di Folengo e perché è possibile considerarlo un antimodello di poema cavalleresco? (§ 2)

6 L'atteggiamento di Folengo verso il mondo contadino è diverso da quello dei precedenti autori. Infatti è improntato a (due risposte) (§ 2)
- [A] aristocratica superiorità
- [B] distacco letterario
- [C] conoscenza diretta della realtà contadina
- [D] forte realismo

7 A partire da T2 spiega in che cosa consiste la spregiudicata libertà espressiva del linguaggio di Rabelais.

8 Il tema del gigantismo, presente in *Gargantua e Pantagruele* e nel *Baldus*, compare già nel *Morgante* di Pulci (cfr. cap. IV, T1). Individua
- quale ottica nuova esso introduce nella narrazione
- quali strumenti espressivi predilige

9 Che funzione ha il riso nel *Gargantua e Pantagruele*? (§ 3)

● Indicazioni bibliografiche

prometeo 3.0

Personalizza il tuo libro selezionando per questo capitolo materiali integrativi da Prometeo
(di seguito ti proponiamo un elenco di materiali, ma puoi trovarne altri utilizzando il motore di ricerca).

- **MODULO TEMATICO INTERDISCIPLINARE** Itinerario nel mondo alla rovescia
- **SCHEDA** *Gargantua e Pantagruele*: la prospettiva mutevole della narrazione (E. Auerbach)
- **SCHEDA** Legami nuovi e inattesi tra le cose creano un nuovo quadro del mondo (M. Bachtin)

Capitolo XIII — La novellistica e la nascita del romanzo moderno

Tiziano, *Donna allo specchio*, 1515 circa. Parigi, Museo del Louvre.

 My eBook+

Cliccando su questa icona, docenti e studenti accedono ad un'area di personalizzazione che permette di arricchire i contenuti digitali già linkati lungo le pagine del libro. Nell'area di personalizzazione è possibile infatti salvare ulteriori materiali: selezionati da Prometeo, prodotti autonomamente o ricercati nella rete.

▶ *Per un elenco di materiali integrativi presenti nella biblioteca multimediale di Prometeo o per attivare una ricerca cfr. p. 469*

1 Uno sguardo all'Europa

Nascita del moderno romanzo in prosa in Francia e in Spagna

Nel Cinquecento il romanzo in prosa si sviluppa non in Italia ma in Francia e soprattutto in Spagna. **In Francia Rabelais** (cfr. cap. XII, § 3) costruisce già ampie strutture narrative di tipo romanzesco, ma immagina personaggi e ambienti fantastici, per lo più lontani dalla dimensione della quotidianità contemporanea. È invece con **Lazarillo de Tormes** che nasce, **in Spagna**, il romanzo moderno, con protagonisti e situazioni ispirati al presente e alla vita di ogni giorno. D'altronde, sempre in Spagna, all'inizio del secolo si era imposto, con l'*Amadigi di Gaula*, il romanzo cavalleresco in prosa (cfr. cap. XI, § 1). Non sarà certo un caso che proprio in Spagna, all'inizio del Seicento, esca il primo grande capolavoro romanzesco della modernità, il **Don Chisciotte** di Cervantes. D'altra parte, a partire dagli anni di Carlo V e poi di Filippo II, è proprio la Spagna, forte delle sue conquiste americane, a esercitare un ruolo egemonico sulla scena mondiale.

La narrativa in prosa in Spagna

La narrativa in prosa in Germania

Il romanzo in prosa d'argomento moderno compare, seppure timidamente, anche in Germania, a opera di Jörg Wickram (1500-1562), autore, fra l'altro, di romanzi educativi ispirati ai princìpi pedagogici umanistici e tuttavia a carattere fortemente popolare come *Der Jungen Knaben Spiegel* [Lo specchio dei fanciulli, 1554], e *Der Goldtfaden* [Il filo d'oro, 1554].

La narrativa in prosa in Francia e in Inghilterra

Nella **novellistica francese** l'influsso del *Decameron* è evidente nella maggiore raccolta di racconti di questo periodo, l'*Heptaméron* [Eptameron, 1558] di Margherita di Navarra. **In Inghilterra**, dopo Chaucer, il materiale novellistico troverà spazio soprattutto nel teatro elisabettiano e in Shakespeare.

La narrativa in prosa in Italia

A differenza che in Spagna, **in Italia** il romanzo in prosa con finalità d'arte è raro e resta comunque un'esercitazione dotta, di letterati umanisti per altri umanisti. Nel nostro Paese si sviluppa piuttosto – e giunge anzi a un massimo di diffusione – **la novellistica**, sia nella variante «municipalistica» toscana che in quella «cortigiana» degli autori settentrionali.

2. La novella in Italia

La novella nel Quattrocento e nel Cinquecento

Nel Cinquecento si ebbe una grande diffusione della **novellistica**. Dopo la sua affermazione nel Trecento, essa era **decaduta nel corso del Quattrocento**, in cui si era abbreviata e ridotta a **facezia**. Sempre nel Quattrocento, era cominciato l'uso di scrivere novelle in modo occasionale, al di fuori di ogni architettura di raccolta, nella forma delle "spicciolate". Questa consuetudine permane anche nel **Cinquecento** (si veda, ad esempio, la novella *Belfagor arcidiavolo* di Machiavelli; cfr. cap. VII, **T6**, p. 210), ma si accompagna alla ripresa di strutture ampie e complesse, sull'esempio del *Decameron* di Boccaccio, per quanto non sempre con l'impiego della cornice. Anche la misura dei racconti tende ad arricchirsi e ad allungarsi.

Il successo di pubblico della novella

Le **ragioni della grande diffusione della novella nel Cinquecento** sono anzitutto d'ordine sociale ed editoriale: **il racconto** si pone come **punto d'incontro fra letteratura alta**, destinata a pochi, **e letteratura d'intrattenimento**, rivolta a lettori più numerosi e di cultura più modesta. Dato il successo di pubblico cui poteva aspirare, l'affermazione della novellistica corrispondeva dunque a precise esigenze editoriali.

Ragioni culturali del successo della novella

Vi è poi una **seconda ragione** nel successo della novella, questa volta d'ordine culturale: **l'individualismo rinascimentale** poteva compiacersi per le beffe, per i motti e per le avventure di personaggi che agiscono per lo più in una dimensione ormai del tutto laica e borghese.

La linea toscana e quella settentrionale

Si possono distinguere **due linee diverse**: **quella toscana**, che continua a ispirarsi alla cronaca «comunale» o «cittadina» sull'esempio di Boccaccio ma anche di Sacchetti, e **quella «cortigiana»**, dovuta ad autori settentrionali, più autonoma rispetto alla materia del *Decameron* e tendente semmai, con Bandello, a trarre argomento per i racconti più dalle vicende storiche che dalla cronaca cittadina.

La novellistica di autori toscani

Agnolo Firenzuola, autore dei *Ragionamenti*

Il primo a rilanciare nel Cinquecento la tradizione della novellistica fu il fiorentino **Agnolo Firenzuola** (1493-1543). Firenzuola immagina un'architettura complessa come quella del *Decameron* per i suoi *Ragionamenti*. Questi, suddivisi in sei giornate, avrebbero dovuto comprendere, per ogni giornata, sei dialoghi, sei novelle e sei liriche. Del programma originario Firenzuola compose, fra il 1523 e il 1525, solo l'introduzione, la prima giornata per intero e due novelle della seconda. Ha a che fare con la novellistica anche un'altra notevole opera di Firenzuola, ***La prima veste de' discorsi degli animali*** (1540), trascrizione («prima veste» significa «prima traduzione») di un'antica raccolta di favole indiane, il *Panciatantra* [*I cinque libri*].

La prima veste de' discorsi degli animali

Anton Francesco Grazzini, detto il Lasca, autore delle *Cene*

Il gusto di Firenzuola per la forma ritorna in altri toscani, come il fiorentino **Anton Francesco Grazzini**, detto il Lasca (1503-1584). Oltre a farse, commedie e rime, Grazzini scrisse una raccolta di novelle, ***Cene***, rimasta incompiuta e pubblicata solo nel Settecento, in un linguaggio ispirato al fiorentino quotidiano e al parlato popolaresco e con una tecnica del racconto spesso apertamente teatrale.

LA NOVELLA NEL CINQUECENTO			
linea municipale toscana	**temi** • vita cittadina	**lingua** • fiorentino contemporaneo	**autori** • Agnolo Firenzuola • Anton Francesco Grazzini, detto il Lasca
linea cortigiana degli autori settentrionali	**temi** • vicende storiche o problematiche intellettuali e morali	**lingua** • il linguaggio vorrebbe aderire ai precetti di Bembo, ma è pieno di termini locali	**autori** • Giovan Francesco Straparola • Matteo Bandello

La novellistica «cortigiana» di autori settentrionali

Gli autori settentrionali rispondono a un **gusto cortigiano** e sovraregionale, trattano una materia non ispirata alla cronaca cittadina ma a vicende storiche o a problematiche intellettuali e morali, scrivono in un linguaggio che, anche quando vorrebbe ispirarsi ai criteri suggeriti da Bembo, risulta intessuto di termini locali. Ci riferiamo a **Giovan Francesco Straparola** – autore di *Le piacevoli notti* – e soprattutto a **Matteo Bandello**, il maggior novelliere del Cinquecento, autore di 214 racconti riuniti nei *Quattro libri delle novelle*, usciti, i primi tre, a Lucca nel 1554 e l'ultimo, postumo, a Lione nel 1573. Bandello non segue i suggerimenti linguistici di Bembo, ma scrive in una lingua cortigiana, secondo le indicazioni di Castiglione. **La sua lingua** presenta una consistente base di fiorentino letterario, ma anche forti infiltrazioni lombarde. Inoltre egli non ricorre alla cornice. Tuttavia le sue novelle sono sempre introdotte da una **lettera dedicatoria** a un importante personaggio del tempo, dove l'autore riferisce l'occasione in cui ha sentito narrare la novella e fa alcune osservazioni sull'argomento. Attraverso l'artificio delle lettere dedicatorie Bandello può narrare i ricordi della propria vita cortigiana e nello stesso tempo dare un colorito storico ai racconti, inseriti in situazioni reali e raccontati da illustri personaggi. Inoltre, dalla lettera dedicatoria questa verosimiglianza storica passa alla narrazione delle novelle, cosicché esse ci danno un **quadro ricco e vario dei costumi della società rinascimentale** e della vita cortigiana. Nello stesso tempo l'artificio delle lettere dedicatorie serviva a mostrare la prestigiosa rete di relazioni sociali intessuta dall'autore e indicava anche a quale pubblico, eminentemente cortigiano, egli indirizzava le proprie novelle.

Bandello nacque nel **1485** a Castelnuòvo Scrivia, che allora faceva parte del Ducato di Milano, e morì in Francia nel **1561**, ad Agen, dove fu anche vescovo, per undici anni. Pubblicò durante il periodo francese le sue 214 novelle, che in realtà erano state scritte assai prima, durante un cinquantennio, già a partire dal 1506.

Bandello scrive novelle erotiche, tragiche, comiche, orride, narrando **episodi storici**, come nella novella di Ugo e della Parisina (cfr. T1) o **avvenimenti di cronaca**, come in quella di Giulia Di Gazuolo. Bandello è un realistico pittore di costumi e di situazioni e si propone non solo di dilettare ma anche di informare, cosicché le sue novelle sembrano avere spesso anche **una funzione, si direbbe oggi, «giornalistica»**. Egli non idealizza la realtà, né la sottopone a una misura di perfezione e di equilibrio. Della cultura rinascimentale non conosce l'idealismo rassicurante, né il senso del potere dell'azione umana.

È tipico di Bandello il **gusto dell'orroroso**, la tendenza cioè a privilegiare il resoconto di passioni smisurate, di crudeltà inaudite, di fatti di sangue tragici e orribili. In questo prevalente gusto dell'orroroso si deve cogliere il segno della **crisi della cultura rinascimentale**, il venir meno della fiducia nell'uomo e nell'armonia del mondo e della natura che l'avevano caratterizzata.

T1 — Matteo Bandello
La novella di Ugo e della Parisina

OPERA
Quattro libri delle novelle, Parte I, novella XLIV

CONCETTI CHIAVE
- una tragica storia d'amore
- un'indimenticabile protagonista femminile

FONTE
M. Bandello, *Tutte le opere*, a cura di F. Flora, Mondadori, Milano 1966 [1934].

La novella è preceduta da una lettera dedicatoria a Baldassar Castiglione, autore del Cortegiano. A Castiglione la novella è inviata in cambio di un testo letterario che questi avrebbe mandato in lettura a Bandello. Il racconto sarebbe stato oralmente narrato da Bianca d'Este, discendente di Niccolò III, il principe di Ferrara protagonista della novella. Niccolò fece decapitare il figlio Ugo, avuto dal primo matrimonio, e la seconda moglie, la Parisina, sorpresi in adulterio. Fra i tre protagonisti del racconto, Bandello privilegia la donna: pur condannandola, non nasconde del tutto una qualche ammirazione per la sua sfrenata passione.

Il marchese Niccolò terzo da Este trovato il figliuolo con la matrigna in adulterio, a tutti dui in un medesimo giorno fa tagliar il capo in Ferrara.

Sì come è chiarissima fama per tutta Europa, fu il marchese Niccolò terzo da Este,[1] mio avo paterno, fu, dico, singolarissimo e magnificentissimo signore, e più volte si vide esser arbitro tra i prencipi de l'Italia quasi ogni volta che dissensione[2] o guerra tra loro accadeva. E perciò che legitimo non era, fu da Azzo quarto da Este suo carnal cugino gravemente molestato.[3] Ma con la sua buona fortuna e con il favore dei Veneziani, Fiorentini e Bolognesi avendo fatto relegare Azzo in Creta, che oggi Candia si chiama, la signoria de la città di Ferrara gran tempo pacificamente ottenne.[4] Prese poi egli per moglie la signora Gigliuola figliuola del signor Francesco giovine da Carrara, che in quei tempi signoreggiava Padova.[5] Da questa egli ebbe un bellissimo figliuolo senza più, che Ugo conte di Rovigo[6] fu chiamato. Né guari[7] dopo il parto stette la madre di lui in vita, che da gravissima infermità oppressa passò a l'altra vita con gran dispiacere del marchese che unicamente[8] l'amava. Fu nodrito[9] il conte Ugo come a figliuolo di così fatto prencipe si conveniva, e in ogni cosa che faceva secondo l'età sua era mirabile. Il marchese si diede poi ad amare diverse femine,[10] ed essendo giovine e pacifico ne lo stato, ad altro non attendeva che a darsi piacere. Onde tanta turba di figliuoli bastardi gli nacque che averebbe fatto di loro un essercito. E per questo su il Ferrarese[11] ancora si costuma di dire: – Dietro al fiume del Po trecento figliuoli del marchese Niccolò hanno tirata l'altana[12] de le navi. – [...] Lasciando adunque costoro,[13] vi dico che il marchese Niccolò deliberò un'altra fiata[14] maritarsi. Ed avendone in Italia e fuori alcune per le mani, si risolse prender moglie una figliuola del signor Carlo Malatesta,[15] alora potentissimo signore di molte città ne la Marca e ne la Romagna e tra italiani stimato gran capitano de l'arte militare. Era la sposa fanciulletta, perché non passava ancora quindeci anni, bella e vezzosa molto. Venne a Ferrara accompagnata onoratissimamente da marchegiani e romagnoli e fu dal marchese Niccolò molto pomposamente ricevuta. Ella non stette troppo col marchese che s'avvide come egli era il gallo di Ferrara, di modo che ella ne perdeva assai.[16] Ed in effetto il marchese era il più feminil uomo[17] che a quei tempi si ritrovasse, che quante donne vedeva tante ne voleva. Non si seppe perciò che ad alcuna da lui fosse fatta violenza già mai.[18] Ora veggendo la marchesana[19] che 'l suo consorte era di cotal natura che per logorar quello di fuori risparmiava il suo,[20] deliberò anch'ella non star con le mani a cintola e consumar la sua giovanezza indarno.[21] Onde considerati i modi e costumi degli uomini di corte, le vennero per mala sorte gettati gli occhi a dosso al suo figliastro il conte Ugo, il quale nel vero era bellissimo e di leggiadri costumi ornato. Essendole adunque grandemente piacciuto, di lui in modo s'innamorò che non le pareva aver mai riposo né contentez-

---

- **1 Niccolò terzo da Este**: Niccolò (1382-1441), figlio naturale di Alberto V («legitimo non era», scrive Bandello), cercò di consolidare il potere estense migliorando le relazioni con i Visconti di Milano, città nella quale morì forse per avvelenamento. La sua corte era ritrovo di umanisti e di letterati.
- **2 dissensione**: *dissenso, contrasto politico*.
- **3 fu da...molestato**: Azzo IV d'Este, a capo di alcune famiglie ferraresi, cercò di togliere il potere al cugino, ma cadde prigioniero e fu condotto in esilio a Candia.
- **4 ottenne**: *tenne*.
- **5 Prese...Padova**: Niccolò sposa giovanissimo Gigliola da Carrara che muore nel 1416 senza, tuttavia, lasciare eredi. In Bandello, come si può notare, storia e leggenda corrono in parallelo.
- **6 Ugo conte di Rovigo**: in realtà Ugo è figlio naturale (come i fratelli Leonello e Borso) di Niccolò e di Stella dei Tolomei († 1423), appartenente alla famosa famiglia senese, che aveva possedimenti anche tra Rovigo e Lendinara.
- **7 guari**: *molto [tempo]*.
- **8 unicamente**: *in modo ineguagliabile*.
- **9 Fu nodrito**: *fu educato*.
- **10 Il marchese...femine**: gli storici del tempo riferiscono che egli ebbe 21 o 22 figli naturali, stabilendo, tuttavia, pene severissime per ogni donna che avesse commesso adulterio.
- **11 su il Ferrarese**: *nella zona di Ferrara*.
- **12 l'altana**: indica, in genere, una loggia sopra il tetto di un palazzo; qui è sinonimo di «alzaia», la fune per trascinare le barche contro corrente lungo i fiumi o i canali.
- **13 costoro**: i figli bastardi del marchese.
- **14 fiata**: *volta*.
- **15 figliuola...Malatesta**: si tratta di Parisina Malatesta, che nel 1418 (appena quattordicenne) sposò Niccolò III. In realtà Parisina era figlia di Andrea de' Malatesti e di Lucrezia degli Ordelaffi, e non di Carlo Malatesta, come scrive Bandello.
- **16 di modo...assai**: *cosicché ella perdeva molte delle attenzioni che il marito avrebbe dovuto dedicarle* [e che invece dedicava alle amanti].
- **17 il più feminil uomo**: *l'uomo più dedito alle femmine*, un donnaiolo.
- **18 Non si...mai**: *Non si sentì dire mai, tuttavia (**perciò**), che ad alcuna donna da lui fosse stata usata violenza*. Nelle parole di Bianca d'Este prevale sempre la moderazione nei confronti di Niccolò, cercando di mantenersi in una valutazione oggettiva dei fatti e delle persone, non giungendo mai all'esplicita condanna.
- **19 marchesana**: *marchesa*.
- **20 che per...suo**: metafora sessuale per dire che le avventure amorose di Niccolò lo portavano a trascurare Parisina, a «risparmiare» sul suo amore.
- **21 indarno**: *invano*.

za se non quando lo vedeva e ragionava con lui. Egli che mai a sì gran sceleratezza non averebbe pensato, faceva quell'onore e quella istessa riverenza a la matrigna che ogni buon ed ubidiente figliuolo deve a la madre propria fare. Ma ella che altre riverenze[22] voleva e che era di lui estremamente invaghita, s'ingegnava con atti e cenni farlo capace del fuoco amoroso nel quale ella miseramente ardeva. Più volte veggendo ella che il conte Ugo, che era giovanetto di sedici in dicesette[23] anni, e a' suoi lascivi atti non metteva mente, come quello che ogn'altra cosa fuor che questa si sarebbe imaginato,[24] si trovava troppo di mala voglia,[25] né era osa[26] con parole così disonesti e scelerati appetiti discoprire, e ancora che[27] alquante volte si sforzasse parlargli di questo, la vergogna le annodava di maniera la lingua che mai non seppe di ciò far parola. Viveva adunque ella in una pessima contentezza[28] e non sapeva che farsi, non ritrovando in conto alcuno conforto a le sue accerbe passioni[29] che d'ora in ora si facevano maggiori. E poi che ella più giorni in questo modo un'acerbissima vita fece, conoscendo chiaramente che la vergogna sola era quella che chiudeva la via a discoprirsi e far il conte Ugo consapevole di questo amore, deliberò,[30] avendo il petto a così disoneste fiamme aperto, aprir anco la bocca a dirle, e cacciata ogni vergogna trovar compenso[31] ai casi suoi, e senza fidarsi di nessuno, essere quella che al conte Ugo ogni cosa manifestasse. Fatta questa deliberazione, avvenne che il marchese Niccolò chiamato dal duca Filippo Vesconte andò a Milano,[32] ove anco deveva alcuni giorni dimorare. Essendo adunque la marchesana un giorno in camera a' suoi disii fieramente[33] pensando, né più potendo contenersi[34] e parendole il tempo convenevole a ciò che intendeva di fare, quasi che di cose importanti volesse al conte Ugo parlare, mandò a chiamarlo. Egli il cui pensiero era da quello de la marchesana molto diverso, senza alcuno indugio dinanzi a lei si presentò, e fattale la debita riverenza si pose come ella volle appo[35] di lei sedere, attendendo quello che ella volesse dirli.[36] Ora poi che ella alquanto sovra di sé[37] fu stata, combattendo in lei vergogna ed amore, a la fine da amore sospinta che ogni vergogna e rispetto via aveva fatto fuggire, tutta nel viso divenuta vermiglia[38] e spesso sospirando, con tremante voce e interrotte parole che le cadenti lagrime e singhiozzi impedivano, in questa guisa a la meglio che elle puoté a parlar cominciò:[39] – Io non so, dolcissimo signor mio, se voi mai avete pensato sovra la[40] poco lodata vita che il marchese Niccolò vostro padre fa e i modi che egli tiene, i quali veramente sono tali che sempre mi saranno cagione d'una perpetua e mala contentezza. Egli poi che rimase, morendo la felice memoria de la signora vostra madre,[41] vedovo, si diede di sì fatta maniera dietro a le femine che in Ferrara e per il contado non ci è cantone ove egli non abbia alcun figliuolo bastardo. Credeva ciascuno che dopo che mi sposò egli devesse cangiar[42] costumi; ma perché[43] io sia sua moglie divenuta, in parte alcuna non s'è mutato da la sua perversa consuetudine, ché, come faceva, quante femine vede tante ne vuole.[44] E credo per

---

- **22 altre riverenze**: la narratrice dimostra una certa sensuale ironia nel tratteggiare il comportamento di Parisina, vera e propria protagonista e guida della relazione amorosa, nella quale appare quanto mai appassionata e convincente.
- **23 di sedici in dicesette**: *tra i sedici e i diciassette*.
- **24 e a' suoi...imaginato**: *e non prestava attenzione ai suoi* [: *della donna*] *gesti sensuali, come colui che avrebbe potuto immaginarsi qualsiasi cosa all'infuori di questa*.
- **25 si trovava...voglia**: *era di cattiva disposizione d'animo*.
- **26 né era osa**: *né osava*.
- **27 ancora che**: *sebbene*.
- **28 in una pessima contentezza**: *in una tale profonda infelicità*. Alcune righe più sotto la definirà «una perpetua e mala contentezza».
- **29 non ritrovando...passioni**: *non ricavandone nessun conforto a le sue infelici* (**accerbe**) *passioni* (cfr. anche «un'acerbissima vita fece»).
- **30 deliberò**: regge i seguenti infiniti («aprir...trovar...essere»).
- **31 trovar compenso**: *porre rimedio*.
- **32 il marchese...Milano**: nel 1420 Niccolò giunse a Milano su invito del duca Filippo Maria Visconti per le trattative relative a Parma e a Reggio.
- **33 fieramente**: *ardentemente*.
- **34 contenersi**: *trattenersi*.
- **35 appo**: *presso*.
- **36 dirli**: *dirgli*.
- **37 sovra di sé**: *tra sé e sé*, come pensando a che cosa fare.
- **38 vermiglia**: *rossa per la vergogna*, nonostante il predominio e la forza dell'amore.
- **39 Ora poi...cominciò**: tutto questo lungo periodo pare simulare lo sforzo e la fatica della donna per riuscire a trovare le parole adatte a esprimere il proprio sentimento.
- **40 avete...sovra la**: *avete riflettuto sulla*.
- **41 morendo...madre**: come abbiamo visto in precedenza (cfr. nota 5), Bandello considera erroneamente Ugo figlio di Gigliola da Carrara, morta nel 1416.
- **42 cangiar**: *cambiare*, dal francese «changer».
- **43 perché**: *sebbene*.
- **44 ché...ne vuole**: come in molti altri passi del racconto, le parole della Parisina riprendono quanto già detto da Bianca («che quante donne vedeva tante ne voleva») in una specie di «ritornello».

giudicio mio che egli prima ci lascerà la vita che mai lasci di prender piacere con questa e quell'altra femina, pur che ne trovi. Ed essendo signore, chi sarà che gli dica di no? Ma quello che peggio mi pare è che egli più stima fa di queste sue puttane e triste femine e dei figliuoli da loro avuti che non fa di me né di voi che di così vertuosa e nobil signora nasceste. E se voi ci avete posta la fantasia, ve ne sarete di leggero potuto accorgere.[45] Io sentii essendo ancora in casa del signor mio padre dire ad un nostro cancegliero[46] che molto si dilettava di legger croniche, che tra i nostri antichi il signor Fresco indegnato contra Azzo secondo suo padre lo uccise, perché Azzo gli aveva menata matrigna in casa, che era perciò figliuola di Carlo secondo re di Napoli.[47] Per questo io non vo' già che voi bruttiate le mani nel sangue di vostro padre divenendo di lui micidiale[48] ma vo' ben dirvi che debbiate aprir gli occhi e diligentemente avvertire che non restiate qualche giorno beffato e schernito e con una canna vana[49] in mano. Non avete voi sentito dire come vostro padre, non toccando a lui il marchesato di Ferrara perché non era di legitimo matrimonio procreato, e di ragione apparteneva al signor Azzo quarto, che col favore dei suoi amici cacciò il detto Azzo fuor de la signoria e col mezzo dei veneziani lo fece mandare in essilio ne l'isola de la Candia, ove miseramente il povero signor è morto? Guardate che simil disgrazia non intravenga a voi, e che di tanti bastardi quanti ce ne sono, uno non vi faccia, come si costuma dire, la barba di stoppa e vi mandi a sparviero.[50] Io per me, quando altro di vostro padre avvenisse,[51] per voi a rischio e la roba[52] e la vita metterei, a ciò che lo stato, secondo che è il devere, ne le vostre mani si rimanesse. E ben che communemente si dica che le matrigne non amano i figliastri, nondimeno voi potete esser sicurissimo che io più che me stessa assai v'amo. Avesse pur voluto Iddio che di me quello fosse avvenuto che io già sperai, imperciò che[53] quando primieramente il signor mio padre mi ragionò[54] di maritarmi in Ferrara, egli mi disse ch'io devevo sposarmi con voi e non con vostro padre; né so io come poi il fatto si mutasse. Che Dio perdoni a chi di cotal baratto fu cagione! Voi, signor mio, ed io siamo di convenevol età per esser congiunti insieme. Il perché assai meglio ci saremmo accoppiati tutti dui insieme che io non faccio col marchese. E tanto più fòra[55] stata la vita mia lieta e contenta avendovi voi per marito e signore che ora non è, quanto che[56] io prima amai voi che il marchese, essendomi stata data speranza che io deveva divenir vostra e voi mio. E per dirvi il vero io sempre affettuosissimamente v'ho amato ed amo più che l'anima mia, né m'è possibile che io ad altro mai rivolga i pensieri che a voi, sì fattamente[57] ne le radici del core mi sète abbarbicato. Onde, dolcissimo signor mio e lume degli occhi miei – e questo dicendo, perché erano soli in camera, gli gettò le braccia al collo ed amorosamente in bocca lo basciò[58] due e tre volte, – abbiate di voi e di me compassione. Deh, signor mio, rincrescavi di me e siate così mio come io sono e sarò eternamente vostra, ché se questo farete, e voi senza dubio rimarrete de lo stato signore e me d'infelicissima che sono farete la più felice e contenta donna del mondo. – Il conte Ugo che pure attendeva a qual fine i discorsi[59] ragionamenti de la marchesana devessero riuscire, a quest'ultime parole e agli amorosi e soavissimi basci da lei avuti rimase in modo fuor di se stesso che né rispondere né partir si sapeva, e stava proprio che chi veduto l'avesse in quel modo attonito e stupefatto più tosto ad una statua di marmo che ad uomo l'averebbe

---

- **45 E se...accorgere**: *E se voi ci aveste prestato attenzione* (**la fantasia**), *ve ne sareste facilmente* (**di leggero**) *potuto accorgere*.
- **46 cancegliero**: *cancelliere*.
- **47 il signor Fresco...Napoli**: Azzo aveva sposato Beatrice d'Angiò, figlia di Carlo II. Nominò suo successore Folco, il nipote avuto dal figlio naturale Fresco. I cronisti cinquecenteschi ritengono falsa la notizia dell'uccisione di Azzo per mano di Fresco, come invece riporta Bandello.
- **48 micidiale**: *omicida*.
- **49 vana**: *vuota* [: *inutile*].
- **50 non vi faccia...sparviero**: le espressioni «fare la barba di stoppa» (come ai pupazzi) e «mandare a sparviero» significano 'prendersi beffa di qualcuno'.
- **51 quando...avvenisse**: Parisina, insomma, ipotizza la morte del marito, padre di Ugo.
- **52 la roba**: *i miei beni*.
- **53 imperciò che**: *poiché*.
- **54 mi ragionò**: *mi parlò*.
- **55 fòra**: *sarebbe*. **Fòra** è la forma di condizionale derivata dal piuccheperfetto indicativo latino ("fuerat").
- **56 quanto che**: *in quanto che*.
- **57 sì fattamente**: *in modo siffatto*, cioè così profondo.
- **58 lo basciò**: *lo baciò*, dal lat. "basiare" e "basium" = bacio.
- **59 discorsi**: *riferiti*, come participio passato da "discorrere".

assimigliato. Era la marchesana bellissima e vaga e così baldanzosa e lasciva, con dui occhi che amorosamente in capo le campeggiavano, che se Fedra così bella e leggiadra fosse stata, io porto ferma credenza che averebbe a' suoi piaceri il suo amato Ippolito reso pieghevole.[60] Ora veggendo la marchesana che il suo signor Ugo non s'era turbato e che anco non si levava,[61] ma se ne stava immobile e motto[62] alcuno non diceva, fece pensiero mentre il ferro era caldo tenerlo ben battuto e non gli lasciar tempo di prender ardire di risponderle, o pensar quanta fosse la sceleraggine che si ordiva e vituperosa ed enorme l'ingiuria[63] che al padre faceva, ed altresì a quanto rischio e periglio si metteva. Avendone ella l'agio, un'altra fiata avvinchiatogli il collo con le braccia e lascivissimamente basciandolo[64] e mille altri scherzi e vezzi disonesti facendogli e dolcissime parole usando, di modo inescò[65] ed abbagliò il misero giovinetto che egli sentendosi crescer roba per casa[66] e già la ragione avendo in tutto dato il freno in mano al concupiscibile appetito,[67] egli anco cominciò lascivamente a basciare e morsicar lei e porle le mani nel candisissimo petto e le belle, tonde e sode poppe amorosamente toccare. Ma che vado io ogni lor particolarità raccontando? Eglino[68] volentieri in quel punto averebbero dato compimento a le lor voglie, ma non si fidando del luogo, dopo l'aversi insieme accordati di trovar luogo commodo ai loro piaceri, conchiusero che non era possibile potersi senza manifestissimo periglio[69] insieme godere se d'una de le sue donne[70] ella non si fidava. Presa questa conchiusione, la marchesana considerate le qualità de le sue donne fece elezione d'una che molto più che nessuna altra le parve esser sufficiente.[71] Così un giorno presa l'oportunità,[72] a lei il suo desiderio manifestò e così bene la seppe persuadere che la donna le promise di far tutto quello che ella le commetteria.[73] Da l'altra banda[74] il conte Ugo partitosi de la camera restò sì ebro[75] del cocente amore de la matrigna che in altro che ne le bellezze di quella non poteva pensare. E se la marchesana desiderava di ritrovarsi con lui, egli non meno di lei lo bramava.[76] Non molto adunque dapoi[77] col mezzo de la fidata cameriera si ritrovarono insieme, ove gli ultimi diletti amorosi[78] con infinito piacere di tutte due le parti presero. E ben che i cortegiani vedessero qualche domestichezza[79] tra loro, nondimeno non v'era chi male alcuno pensasse. Ora durò questa lor pratica amorosa più di dui anni senza ch'alcuno sospetto ne prendesse, e in quell'ultimo[80] avvenne che la cameriera si mise inferma a letto e se ne morì. Onde usando gli amanti meno che discretamente[81] la domestichezza loro, un cameriero del conte Ugo se n'avvide non so come. E per meglio chiarirsene metteva mente ad ogni cosa che il padrone faceva, e non so in che modo ebbe aiuto[82] di salir sovra la camera ne la quale gli amanti si trastullavano. Egli da ora che[83] non era sentito fece nel solaro un picciolo buco, per il cui pertugio[84] una e due volte vide gli sfortunati amanti prender insieme amoroso piacere. Egli

- **60** **e così...pieghevole**: *e così ardita e sensuale, con due occhi che risaltavano sul viso amorosamente, che se Fedra fosse stata così bella e affascinante io credo certamente (***io porto ferma credenza***) che avrebbe reso arrendevole (***pieghevole***) ai suoi piaceri il suo amato Ippolito*. Si allude qui alla vicenda di Fedra, figlia di Minosse e di Pasifae, moglie di Teseo. Il figliastro Ippolito non corrispose all'amore della matrigna, ma Fedra, prima di uccidersi, lo accusò presso il padre Teseo, che ne decretò la morte. Del famosissimo mito esistono numerose versioni, talora discordanti, che dalle tragedie di Euripide e di Seneca giungono fino a Racine e a d'Annunzio, oltre alle versioni musicali di Gluck, Paisiello, Massenet, Honegger.
- **61** **anco...levava**: *ancora non se ne andava*.
- **62** **motto**: *parola*, dal francese "mot".
- **63** **l'ingiuria**: *l'affronto*.
- **64** **Avendone...basciandolo**: *Dato che ne aveva la possibilità (***l'agio***), stringendolo un'altra volta con le braccia al collo e baciandolo in modo assai impudico*.
- **65** **inescò**: *accese*.
- **66** **sentendosi...casa**: espressione metaforica per indicare l'erezione.
- **67** **al...appetito**: *al desiderio dei sensi*. Al contrario di Ippolito, in Ugo la ragione finisce per cedere ai richiami pressanti della sensualità di Parisina, dominatrice assoluta della "scena".
- **68** **Eglino**: *Essi*.
- **69** **periglio**: *pericolo*, dal lat. "periculum" attraverso il provenzale "perilh".
- **70** **de...donne**: *delle sue domestiche*.
- **71** **fece...sufficiente**: *ne scelse una che molto più di qualsiasi altra sembrò adatta (***sufficiente***)* [allo scopo].
- **72** **presa l'oportunità**: *colta l'occasione*.
- **73** **le commetteria**: *le avrebbe ordinato*.
- **74** **Da...banda**: *D'altra parte*.
- **75** **ebro**: *ebbro* [: *stordito*].
- **76** **egli...bramava**: si noti l'eleganza di questa chiusura endecasillabica.
- **77** **Non...dapoi**: *Non molto [tempo] dopo, dunque*.
- **78** **gli...amorosi**: intende quelli che non avevano ancora potuto procurarsi per il pericolo di essere scoperti.
- **79** **domestichezza**: *familiarità*, ma con il senso di un'eccessiva confidenza.
- **80** **in quell'ultimo**: *nell'ultimo periodo*.
- **81** **meno che discretamente**: *con poca discrezione*.
- **82** **aiuto**: *l'opportunità*.
- **83** **da ora che**: *in un'ora in cui*.
- **84** **per...pertugio**: *attraverso la cui stretta fessura*.

140 veduta così abominevol sceleratezza, pigliata l'oportunità[85] il tutto al marchese Niccolò da quel buco fece vedere. Di tanto scorno[86] il marchese oltra modo s'attristò e dolente ne divenne, e l'amore che a la moglie e al figliuolo portava in crudelissimo odio convertì, deliberando contra l'una e l'altro incrudelire.[87] Era il mese di maggio e circa l'ora de la nona[88] quando egli vide gli amanti insieme trastullarsi. Il perché vicino a le venti ore[89] mentre che lo sfortunato conte Ugo

145 su la piazza giocava a la palla, chiamò il marchese il capitano de la guardia con i suoi provigionati[90] ordinando che tutti s'armassero. Erano molti dei primi[91] di Ferrara in palazzo col marchese quando egli, venuto il capitano, con meraviglia grandissima di chiunque l'udì, gli comandò che alora alora andasse a pigliar al conte Ugo ed in ferri e ceppi lo mettesse ne la torre del castello verso la porta del leone, ove adesso stanno imprigionati don Ferrando e don Giulio

150 fratelli del duca.[92] Poi comandò al castellano che presa la marchesana la facesse porre ne l'altra torre. Indi agli astanti narrò la cagione di queste commissioni.[93] Giocava a la palla, com'è detto, lo sciagurato conte Ugo,[94] e perché era giorno di festa, che i popolani sono scioperati,[95] tutta Ferrara era a vederlo giocare. Arrivò con i suoi sergenti il capitano in piazza e per iscontro[96] a l'orologio vituperosamente[97] al conte Ugo diede de le mani a dosso, e con universal dolor di

155 qualunque persona a così fiero spettacolo fu presente, quello legato condusse in prigione. Il castellano medesimamente imprigionò la marchesana. Quella stessa sera il fiero padre mandò dui frati di quelli degli Angeli[98] al conte Ugo, dicendoli che al morire si preparasse. Egli intesa la cagione di tanto inopinato annunzio e del suo infortunio,[99] amaramente il suo peccato pianse e a sofferir la meritata morte con grandissima contrizione si dispose, e tutta la notte in

160 santi ragionamenti e detestazione del suo fallo consumò. Mandò anco a chieder perdono al padre de l'ingiuria contro quello fatta. La marchesana, poi che si vide imprigionata e seppe il conte Ugo esser cattivo,[100] supplicò assai di poter parlar al marito, ma ottener la grazia non puoté già mai. Mandògli adunque dicendo come ella sola era consapevole[101] e quella che il conte Ugo aveva ingannato, onde degno era che ella sola de la commessa sceleraggine fosse

165 punita. Intendendo poi che a tutti dui si deveva mozzar il capo, entrò in tanta furia che mai non fu possibil d'acquetarla, chiarissimamente dimostrando che nulla o poco de la sua morte le incresceva, ma che di quella del conte Ugo non poteva aver pazienza.[102] Ella altro giorno e notte mai non faceva che chiamar il suo signor Ugo, di modo che per tre continovi[103] giorni che in prigione dimorò, sempre nomando[104] il conte Ugo se ne stette. Aveva anco il marchese man-

170 dato dui frati a confortar la marchesana e disporla a sofferir pazientemente il supplicio de la morte; ma eglino indarno[105] s'affaticarono. Da l'altra parte il contrito giovine perseverò tre continovi giorni in compagnia dei due frati, sempre di bene in meglio disponendosi a la vicina morte e ragionando di cose sante.[106] Passato il terzo giorno, la matina a buon'ora un di quei

---

- **85 pigliata l'oportunità**: *scelto il momento propizio*.
- **86 Di tanto scorno**: *Di tanta profonda umiliazione*.
- **87 e l'amore...incrudelire**: la figura retorica della paronomasia («crudelissimo...incrudelire») rafforza ed evidenzia il passaggio dei sentimenti di Niccolò dall'amore coniugale e paterno all'odio più feroce.
- **88 l'ora de la nona**: *le tre del pomeriggio*.
- **89 Il perché...ore**: *Per questo motivo intorno alle otto di sera*.
- **90 provigionati**: *stipendiati*, cioè i dipendenti del capitano.
- **91 dei primi**: *ovvero dei più importanti*.
- **92 ove adesso...duca**: nel discorso di Bianca c'è un accenno a fatti di attualità, in particolare alla congiura di Ferrante e di Giulio contro i fratelli Alfonso e Ippolito (tutti figli di Ercole I e di Eleonora d'Aragona, ma Giulio come illegittimo, da Isabella Arduino). Una volta scoperti, furono condannati al carcere a vita.
- **93 Indi...commissioni**: *Quindi ai presenti spiegò il motivo di questi ordini*. Il comportamento di Niccolò si dimostra, almeno apparentemente, dotato di una certa freddezza.
- **94 Giocava...Ugo**: la narrazione ritorna all'immagine colta in precedenza per sottolineare il momento drammatico e patetico dell'arresto del giovane.
- **95 scioperati**: *senza far niente*. Anche questa osservazione serve ad accrescere il senso di spensieratezza intorno al gioco di Ugo nella piazza di Ferrara.
- **96 per iscontro**: *di fronte*.
- **97 vituperosamente**: *in modo infamante*.
- **98 dui...Angeli**: cioè del convento di Santa Maria degli Angeli.
- **99 infortunio**: *caso sfortunato*.
- **100 cattivo**: *prigioniero*, dal latino "captivus".
- **101 Mandògli...consapevole**: *Gli mandò dunque a dire che essa soltanto era colpevole*.
- **102 ma che...pazienza**: *ma che non poteva sopportare* (**aver pazienza**) *quella del conte Ugo*.
- **103 continovi**: *continui*.
- **104 nomando**: *nominando*.
- **105 indarno**: *invano*.
- **106 sempre...sante**: anche nel modo di prepararsi alla morte risalta la differenza fra il carattere di Parisina, tutta presa dalla sua travolgente passione amorosa, e quello di Ugo, che sente il peso del peccato e si dispone alla preghiera. Come detto più avanti, Parisina, invece, prega soltanto «che una volta veder le lasciassero il suo signor Ugo».

175 frati gli disse la messa; ed in fine il giovine con grandissime lagrime chiedendo a Dio e al mondo perdono dei suoi peccati, prese divotamente il santissimo corpo del nostro Salvatore. La sera poi, quasi ne l'imbrunir de la notte, in quella medesima torre per comandamento del padre gli fu dal manigoldo[107] mózzo il capo. Fu altresì a la donna in quell'ora medesima ne l'altra torre tagliata la testa, ben che ella punto non mostrasse esser de la commessa sceleraggine pentita, perciò che mai non si volle confessare, anzi altro non faceva già mai che pregare che
180 una volta veder le lasciassero il suo signor Ugo. E così col tanto gradito ed amato nome del conte Ugo in bocca la misera e sfortunata fu decapitata. Il seguente giorno poi fece il marchese tutti duo i corpi ben lavati e signorilmente vestiti metter in mezzo del cortile del palazzo, ove fu lecito di vederli a qualunque persona volle, fin che venne la sera che in una medesima sepoltura gli fece in San Francesco porre con pompa funerale accompagnati.[108]

---

[107] **dal manigoldo**: *dal boia*.
[108] **Il seguente…accompagnati**: Niccolò appare inflessibile nella condanna dell'adulterio, ma dimostra rispetto per i due giovani ponendoli accanto «in una medesima sepoltura».

T1 DALLA COMPRENSIONE ALL'INTERPRETAZIONE

COMPRENSIONE

Amore tragico, incesto, vendetta sanguinaria La novella racconta la tragica storia dell'amore incestuoso tra la Parisina e il figliastro Ugo. Sorpresi in adulterio da Niccolò (padre di Ugo e marito di Parisina), i due amanti sono decapitati. Il **tema dell'incesto** fra matrigna e figliastro è di per sé tragico (Racine, in Francia, ne trarrà, di lì a poco, la grande tragedia *Fedra*); a ciò si aggiunge il **fatto di sangue** (la decapitazione), reso più terribile dalla giovane età delle vittime e dal fatto che la condanna è decretata dal padre e marito, mosso da «crudelissimo odio». Il fatto stesso che il giovane viene arrestato mentre spensieratamente gioca a palla di fronte al popolo aggiunge un tocco pietoso. Né vengono taciuti i particolari dell'attesa della morte da parte delle vittime rinchiuse in due distinte torri.

ANALISI

Il tema orroroso L'**amore a sfondo tragico** non è un motivo nuovo nella letteratura amorosa, ma in Bandello il tema si complica di **motivi patetico-orrorosi**. Incesto, decapitazione, assassinio, stupro, suicidio sono l'esito di passioni smisurate e proibite, di vendette crudeli e costituiscono un potenziale tragico che spiega la fortuna di Bandello presso Shakespeare (si pensi a *Romeo e Giulietta*) e presso gli altri autori del teatro elisabettiano. Nel nuovo **clima di crisi** della cultura rinascimentale e di inquietudine religiosa diffuso dalla Controriforma viene meno la fiducia nella bontà della natura umana e nell'armonia dell'uomo con il mondo. Il modo in cui la Parisina rivendica spregiudicatamente i diritti della propria femminilità («Ora veggendo la marchesana che 'l suo consorte era di cotal natura che per logorar quello di fuori risparmiava il suo, deliberò anch'ella non star con le mani a cintola e consumar la sua giovinezza indarno») e studia attentamente gli uomini di corte prima di fare la sua scelta («Onde considerati i modi e costumi degli uomini di corte, le vennero per mala sorte gettati gli occhi a dosso il suo figliastro il conte Ugo»), richiama analoghi comportamenti di Ghismunda (cfr. vol. 1, Parte Seconda, cap. III, T7). Ma l'eros, a cui Boccaccio riconosce il diritto a una piena e sana affermazione tende adesso a diventare passione tragica o a ripiegare entro i confini rassicuranti della fedeltà coniugale.

INTERPRETAZIONE

Il personaggio della Parisina L'attenzione del narratore si concentra soprattutto sulla donna, alla quale viene concesso assai più rilievo che a Ugo. Ha osservato Luigi Russo che «il senso della muliebrità [femminilità] fu fortissimo» in Bandello, inducendolo a descrivere o donne terribili nel crimine e nel peccato o donne profondamente amorose. Secondo Russo, Bandello fu «il più copioso dipintore di donne» dei narratori del suo secolo. La Parisina è descritta giovinetta «bella e vezzosa molto»; poi «divenuta vermiglia» e combattuta fra vergogna e amore al momento di confessare la propria passione a Ugo; e infine in tutta la sua sensualità, «baldanzosa e lasciva, con due occhi che amorosamente in capo le campeggiavano» e con un «candidissimo petto e le belle, tonde e sode poppe». Nella novella, a parlare e a esprimersi direttamente è la Parisina, non Ugo e neppure Niccolò. È lei a vivere consapevolmente la **forza della passione erotica**, mentre il figliastro è mostrato nella sua ingenuità giovanile. È lei a sentire quasi eroicamente l'**amore**, a chiedere al marito di ucciderla ma di salvare Ugo. È lei, infine, che anche in punto di morte, resta **coraggiosamente fedele alla propria passione**, senza pentirsi e senza volersi confessare, mentre l'altro riconosce il peccato e chiede perdono. Ovviamente Bandello si ricorda di **Paolo e Francesca**, nell'*Inferno* dantesco, ove protagonista è di nuovo la donna. Ma mentre Dante nella *Commedia* si scaglia contro Fedra, «spietata e perfida noverca [matrigna]»; *Paradiso*, XVII, 47, Bandello osserva, laicamente e spregiudicatamente, che se fosse stata bella come la Parisina anche Ippolito avrebbe ceduto. Evidentemente parla in lui una cultura assai diversa da quella religiosa medievale di Dante.

T1 LAVORIAMO SUL TESTO

COMPRENDERE

1. Quale personaggio nella novella parla e si esprime direttamente? Che cosa caratterizza le sue parole?

ANALIZZARE

2. **TRATTAZIONE SINTETICA** In una trattazione sintetica (max 10 righe) spiega qual è il tema della novella e che cosa lo rende particolarmente tragico.

INTERPRETARE

3. Quale atteggiamento assume l'autore di fronte al comportamento del Marchese e della Parisina? Ti pare che il giudizio sul tradimento amoroso sia lo stesso?

3 La novella in Francia: l'*Heptaméron* di Margherita di Navarra

Margherita di Navarra

La cultura rinascimentale francese ruota, all'inizio del Cinquecento, intorno all'**"italianismo"** promosso dal re Francesco I e soprattutto dalla sorella, Margherita di Navarra, così detta dal suo secondo matrimonio con Henri d'Albret, re di Navarra.

L'Heptaméron e l'influenza di Boccaccio

Margherita di Navarra (1492-1549) conosceva bene l'italiano e lo spagnolo e studiò a lungo il latino e il greco. Compose numerose opere in versi, ma il suo capolavoro è l'**Heptaméron**, pubblicato postumo nel 1558 e rimasto incompleto. L'opera si ispira apertamente al *Decameron* di Boccaccio di cui riprende la struttura e diversi temi (particolarmente quello erotico).

La struttura e la vicenda

L'*Heptaméron* doveva contenere **cento novelle**, ma restò incompiuto al numero di **settantadue**: le prime **sette giornate** sono complete, dell'**ottava** rimangono solo le prime due novelle (il titolo, che non è di Margherita, allude alle sette giornate "completate"), mentre altre cinque novelle sono state rintracciate dagli studiosi, ma restano di

Ritratto di Margherita di Navarra attribuito a Jean Clouet, 1527 circa. Liverpool, Walker Art Gallery.

T • Margherita di Navarra, *La novella della pia donna che si innamora del predicatore*

difficile collocazione. Per dieci giorni dieci interlocutori – cinque donne e cinque uomini, tutti dell'alta società – sono costretti dallo straripamento di un torrente a sostare in un'abbazia e trascorrono il tempo discutendo e raccontando novelle. **La cornice** non è solo un omaggio a Boccaccio: in realtà essa serve all'autrice per agitare le **questioni che le stanno a cuore**, l'amore, il matrimonio, la condizione delle donne (con elementi culturali che possono definirsi prefemministi), la morale. Gli stessi racconti sono presentati come «realmente accaduti» perché devono servire come esempi per le teorie esposte dai dieci novellatori.

4. Il *Lazarillo de Tormes* e la nascita del romanzo moderno

Lo sviluppo della prosa in Spagna

In Spagna la **tradizione della scrittura in prosa** era particolarmente rigogliosa. Nel poco più di mezzo secolo che intercorre fra la fine del Quattrocento e quella del regno di Carlo V (1555) essa si era sviluppata non solo nel **romanzo cavalleresco** (l'*Amadigi di Gaula* è del 1508) ma soprattutto nel **dialogo umanista** e anche nella prosa dialogata per il teatro.

La *Vida de Lazarillo de Tormes* e il romanzo picaresco

È in questo quadro che matura l'arte dell'ignoto autore della **Vida de Lazarillo de Tormes**. Il romanzo, che ebbe tre edizioni già nel 1554 (e una, probabile, l'anno precedente), è l'ultimo grande evento letterario del regno di Carlo V: ebbe un **successo travolgente** e inaugurò un **nuovo genere, quello picaresco** (la parola «pícaro» indica uno scaltro furfante di bassa estrazione sociale).

Con il *Lazarillo de Tormes* ha inizio il romanzo moderno

La novità e il significato storico dell'opera vanno individuati nel fatto che **da essa può essere fatto cominciare il romanzo moderno**. Infatti:

1. il racconto è del tutto autonomo da esigenze erudite o religiose, né ha bisogno di giustificazioni letterarie: la narrazione vi si afferma in quanto tale, senza cornici, spiegazioni allegoriche, intenti moralistici;
2. vi si applica la finzione autobiografica di un «io» narrativo che non ha alcun rapporto con l'autore reale, come in molti romanzi moderni;
3. la materia, pur essendo frutto di una finzione narrativa, è realistica: la vicenda si ispira al presente, alla vita contemporanea e all'esistenza di ogni giorno.

S • Il *Lazarillo de Tormes* anticipa il romanzo moderno (F. Rico)

La vicenda, narrata in prima persona

Nel romanzo a parlare è **Lazarillo**, un banditore, al servizio di un arciprete che vende vini. Egli racconta in prima persona la propria **vita di disperato e di emarginato**, rivolgendosi a un signore che, almeno in apparenza, risulta il destinatario dell'opera. Figlio di un povero mugnaio, rimasto ben presto senza padre, è posto dalla madre **al servizio di un cieco**, che si guadagna la vita chiedendo l'elemosina e prevedendo il futuro. Il giovane accattone, sempre alle prese con il problema della fame a causa dell'avarizia del cieco, è costretto a imparare dal suo precettore le regole spietate della sopravvivenza e finisce per applicare, contro di lui, i trucchi che quello gli insegna. Poi Lazarillo passa da padrone a padrone, incontrando anche **uno scudiero** che vive in assoluta povertà ma che vuole conservare tutte le apparenze di un rango superiore. Dopo esser passato al servizio di **un frate** che fa commercio di bolle papali e di **un pittore di tamburelli**, finalmente compie la sua piccola ascesa sociale divenendo **banditore di vini per conto di un arciprete** di cui ha sposato la serva-amante e con cui finisce per condividere la donna.

T • *Lazarillo e il cieco*

T • *Lazarillo e lo scudiero*

Una società degradata

La storia di Lazarillo è dunque quella di una **spietata iniziazione sociale**. Il lieto fine conclusivo suona paradossale: l'inserimento sociale del protagonista è solo adattamento a una società ipocrita, dominata dalla corruzione del clero, dal logoramento di ogni istituzione e professione, dalla crisi dei valori. **Ogni lavoro e ogni professione appaiono degradati**, esattamente come ogni ideale: l'unico che crede ancora ai valori è lo scudiero, che in realtà si comporta come un folle e sembra anticipare per qualche aspetto Don Chisciotte.

Percorso
L'AMORE E LA DONNA

Amori sfortunati. Un giudizio diverso sul comportamento amoroso maschile e femminile

Lorenzo Lotto, *Ritratto di gentildonna nelle vesti di Lucrezia*, 1530-1532 circa. Londra, National Gallery.

Le novelle di Bandello offrono spunti interessanti di riflessione. Una lettura sociologica dei racconti ci permette di capire quale fosse l'atteggiamento della mentalità collettiva dell'epoca verso il comportamento amoroso maschile e femminile. **Nella novella di Ugo e della Parisina l'ideologia dell'autore è influenzata dal diverso criterio con cui la società del tempo giudicava il tradimento dell'uomo e della donna.** Al tradimento del Marchese e a quello della Parisina sono infatti applicati due pesi e due misure. Questo è uno dei temi più scottanti nella *querelle des femmes* [disputa delle donne], su cui prende coraggiosamente posizione Margherita di Navarra battendosi a favore di un uguale trattamento dell'adulterio maschile e femminile. Ma la mentalità dominante era molto diversa, ed è ben rappresentata da Bandello.
Il Marchese era «il gallo di Ferrara», la voce popolare gli attribuiva trecento figli, «era il più feminil uomo che a quei tempi si ritrovasse, che quante donne vedeva tante ne voleva. Non si seppe perciò che ad alcuna da lui fosse fatta violenza già mai». **A nessuna censura è sottoposto questo poco lodevole costume da parte di chi narra.** La narratrice è sì una donna, Bianca Sanseverino d'Este, ma in realtà si tratta di una voce narrante fittizia. Nell'indugio narrativo sull'iperbolica prole c'è una sottaciuta ammirazione per la invidiabile energia virile del marchese e per la facilità e il successo delle sue conquiste. Le donne non resistevano al suo fascino. Ben diverso è il giudizio di Parisina che denuncia il potere reale del marito: «Ed essendo signore, chi sarà che gli dica di no?».
Ciò che è permesso al Marchese diventa invece per la Parisina gravissima colpa. Essa è l'unica a non accettare il comportamento del marito-marchese e il tentativo di reagirvi, affermando il suo diritto alla giovinezza e all'amore, è punito con la morte, una morte legalmente decretata. Il giudizio sulla donna, nonostante la comprensione delle sue motivazioni, è di ferma condanna. La sua passione è «gran scelleratezza» di cui ella stessa è consapevole

Lorenzo Lotto, *Ritratto di Marsilio Cassotti e della sua sposa Faustina*, 1523. Madrid, Museo del Prado.

«né era osa con parole così disonesti e scelerati appetiti discoprire», «la vergogna le annodava [...] la lingua». È lei la responsabile della seduzione dell'ingenuo giovinetto.
Il marchese, scoperto il tradimento, non sopporta lo «scorno» e fa decapitare gli sfortunati amanti. È una regolare condanna a morte, giacché al privilegio maschile si unisce quello del potere signorile. Il narratore sente il bisogno di giustificare, almeno psicologicamente, la crudeltà della punizione «e l'amore che a la moglie e al figliuolo portava in crudelissimo odio convertì»: è, questo, un amore di cui non v'è traccia nella novella, e che certamente non era avvertito dalla Parisina.
Alla donna, la vera protagonista della novella, si riconosce tuttavia una grandezza nel peccato, di cui ella si assume la responsabilità fino in fondo, affrontando la morte senza pentirsi della «commessa sceleraggine».
È la donna la vera eroina dell'amore di fronte al fragile Ugo, che piange amaramente il suo peccato, e al Marchese che si prende piacere di tutte, senza amare nessuno (cfr. T1, *La novella di Ugo e della Parisina*).
Ancora più interessante per un'indagine tesa a illuminare la radice di pregiudizi secolari è la *Novella di Giulia di Gazuolo* (cfr. espansioni digitali T), che rappresenta in modo duramente realistico il tema dello stupro. Si pensi alla sublimazione che lo stesso tema aveva avuto nel genere della «pastorella», provenzale e stilnovistica. In questo caso la tragica eloquenza del fatto di cronaca non solo impedisce a Bandello un resoconto conforme all'ideologia dominante, ma impone una sua demistificazione.
L'antagonismo tra la richiesta amorosa del servitore, in realtà un capriccio, come dimostra il suo comportamento anche dopo lo stupro, e il rifiuto di Giulia è insostenibile per la donna. Dati i rapporti di forza esso non può avere altra soluzione che la violenza. Il corpo della donna, specialmente se di origine umile, è puro oggetto di un desiderio da soddisfare a ogni costo e su di esso esiste un implicito diritto al possesso maschile. L'atteggiamento del servitore è in fondo lo stesso del Marchese, ma senza il privilegio di cui gode il signore. Diversa è l'ottica del narratore: intesa a celebrare l'eroica virtù di Giulia essa non manca di sottolineare l'ipocrisia sentimentale del giovane e la brutalità del suo gesto. **La difesa della virtù da parte di Giulia è pagata con lo stupro, la difesa dell'onore con la morte**.
Il finale tragico impone al narratore una rappresentazione della violenza sessuale in cui la donna è solo vittima. Ma la necessità da parte di Giulia di testimoniare con la morte la propria innocenza, ribadita dal rituale della bianca vestizione, è conseguenza di un pregiudizio sociale, durissimo a morire, che la protagonista denuncia con fermezza nelle parole alla vecchia, prima di gettarsi nel fiume. È utile riportare un passo della novella di Giulia di Gazuolo: «Non voglia Iddio che io stia in vita, poi che perduto ho l'onore che di stare in vita m'era cagione. Già mai non avverrà che persona mi mostri a dito o sugli occhi mi dica: "Ecco gentil fanciulla ch'è divenuta puttana e la sua famiglia ha svergognato [...]". Non vo' che a nessuno dei miei mai rinfacciato sia, che io volontariamente abbia al cameriero compiaciuto. Il fine mio farà a tutto il mondo manifesto e darà certissima fede che, se il corpo mi fu per forza violato, che sempre l'animo mi restò libero». È una denuncia rara, se non unica nella letteratura del tempo, della convinzione da sempre diffusa che tende a trovare in una supposta complicità femminile un'attenuante alla violenza maschile e un motivo di infamia per la donna.

Tiziano, *Il marito geloso che pugnala la moglie*, 1511. Padova, Scuola del Santo.

L'immagine è un fotogramma di straordinaria intensità. «La donna è a terra urlante; l'uomo l'afferra per i capelli brandendo il pugnale. [...] Ciò che vediamo è un'aggressione brutale e dura un istante» (Argan). Il pittore non si sofferma sulle espressioni, non analizza i gesti, non divaga: punta esclusivamente sull'emozione visiva. Colpiscono subito la massa colorata e scomposta della veste della donna, ripresa di scorcio, le striscie rosse della casacca dell'uomo. Poi entro questo lampo di colore, il braccio levato della donna, il pugnale pronto a colpire. La reazione morale è unicamente affidata al trauma visivo, che l'immagine provoca nello spettatore. Il tema della gelosia d'amore, che emerge nell'immaginario cinquecentesco, sarà ripreso in una delle più popolari tragedie di Shakespeare, l'*Otello*.

DAL RIPASSO ALLA VERIFICA

MAPPA CONCETTUALE — La narrativa europea del Cinquecento

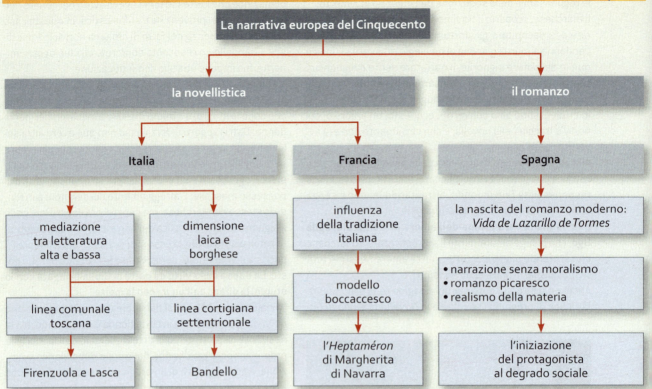

SINTESI

La novellistica in Italia

A differenza che in Spagna, in Italia il romanzo in prosa è raro e resta comunque un'esercitazione dotta, di letterati umanisti per altri umanisti. Nel nostro Paese si sviluppa piuttosto e giunge a un massimo di diffusione la novellistica. Dopo la sua affermazione nel Trecento, essa era decaduta nel corso del Quattrocento, si era abbreviata e ridotta a facezia. Nel Cinquecento si assiste alla ripresa di strutture più complesse; anche la misura del racconto tende ad arricchirsi e allungarsi. Fra il 1520 e il 1560 vengono fissate alcune norme della novellistica, ma non c'è ancora una rigida codificazione, per la quale occorrerà attendere gli anni Sessanta e Settanta.
Le ragioni della grande diffusione della novella nel Cinquecento sono anzitutto di ordine sociale ed editoriale: il racconto si pone come punto d'incontro fra letteratura alta, destinata a pochi, e letteratura d'intrattenimento, rivolta ai lettori più numerosi e di cultura più modesta.

La linea municipale toscana e quella cortigiana settentrionale

Nella narrativa del Cinquecento si possono distinguere due linee diverse: quella municipale toscana e quella cortigiana degli autori settentrionali; la prima si ispira alla cronaca cittadina e tende a rifarsi all'immediatezza del fiorentino contemporaneo, mentre la seconda, che affronta problematiche intellettuali e morali, vorrebbe essere rispettosa delle indicazioni linguistiche di Bembo e Castiglione, ma in realtà è piena di termini locali.

Firenzuola, Grazzini, Straparola e Bandello

I principali esponenti della linea toscana sono Agnolo Firenzuola (1493-1543), autore dei *Ragionamenti* e della *Prima veste de' discorsi degli animali*, e Anton Francesco Grazzini (1503-1584), detto il Lasca, autore delle *Cene*. Esponenti di primo piano della linea cortigiana sono Giovan Francesco Straparola (nato alla fine del XV secolo e morto dopo il 1577), autore delle *Piacevoli notti*, e soprattutto Matteo Bandello, di cui uscirono fra il 1554 e il 1573: *Quattro libri delle novelle*.

L'*Heptaméron* di Margherita di Navarra e la *Vida de Lazarillo de Tormes*

Fuori d'Italia il modello boccacciano viene ripreso in Francia nell'*Heptaméron* (1558) di Margherita di Navarra. In Spagna con la *Vida de Lazarillo de Tormes* (1554), opera di un autore ignoto ma che certamente era un umanista, si inaugura un nuovo genere, quello picaresco (la parola "pícaro" indica uno scaltro furfante di bassa estrazione sociale). La novità e il significato storico dell'opera vanno individuati nel fatto che con essa comincia di fatto il romanzo moderno.

DALLE CONOSCENZE ALLE COMPETENZE

1. Spiega perché la novella ha una grande diffusione nell'Italia e nell'Europa del Cinquecento. (§§ 1, 2)
2. Spiega le differenze tra la linea municipale toscana e la linea cortigiana. (§ 2)
3. Quale romanzo con il suo travolgente successo inaugura nel 1554 il romanzo picaresco? (§ 4)
4. Quale novità Bandello introduce nella struttura dei suoi *Quattro libri delle novelle*? (§ 2)
5. Qual è la novità e il significato storico della *Vida de Lazarillo de Tormes*? (§ 4)
6. Componi il riassunto di un romanzo che hai letto ed esponi le tue riflessioni.

 • Indicazioni bibliografiche

prometeo 3.0

Personalizza il tuo libro selezionando per questo capitolo materiali integrativi da Prometeo (di seguito ti proponiamo un elenco di materiali, ma puoi trovarne altri utilizzando il motore di ricerca).

- SCHEDA   Gli episodi di iniziazione sociale del protagonista del *Lazarillo* (G. Samonà)
- TESTO   Anton Francesco Grazzini, *L'introduzione alle* Cene
- TESTO   Matteo Bandello, *Lettera dedicatoria a Giovanni dalle Bande Nere* [*Quattro libri delle novelle*, I, XL]

Capitolo XIV — Petrarchismo e antipetrarchismo

My eBook+

Cliccando su questa icona, docenti e studenti accedono ad un'area di personalizzazione che permette di arricchire i contenuti digitali già linkati lungo le pagine del libro. Nell'area di personalizzazione è possibile infatti salvare ulteriori materiali: selezionati da Prometeo , prodotti autonomamente o ricercati nella rete.

▶ Per un elenco di materiali integrativi presenti nella biblioteca multimediale di Prometeo o per attivare una ricerca cfr. p. 488

Andrea del Sarto, *Dama col petrarchino* (particolare), 1528. Firenze, Galleria degli Uffizi.

1 Il *Canzoniere* diventa un *"best seller"*

Le due fasi del petrarchismo nel Cinquecento

Nel petrarchismo si possono distinguere **due fasi diverse**: **nella prima**, che va dall'ultimo decennio del Quattrocento sino alla fine degli anni Venti del Cinquecento, permane ancora la poesia lirica cortigiana, in cui **il petrarchismo convive con altre tendenze** (per esempio, di tipo popolareggiante) ma già tende a depurarsi e a divenire centro ispiratore largamente prevalente; **nella seconda**, a partire dalla fine degli anni Venti, **s'impone il petrarchismo bembistico**: il lessico trecentesco e le situazioni liriche del *Canzoniere* di Petrarca diventano un codice espressivo unico, omogeneo, quasi obbligato.

Gli autori della prima e della seconda fase

Nella **prima fase** i canzonieri di maggior successo sono ancora espressione di una poesia cortigiana, ispirata a un **petrarchismo eclettico e generico**. Alla **seconda fase** appartengono centinaia di poeti e di versificatori che si limitano a imitare il canone dominante, ma anche i maggiori poeti lirici del secolo, che lo rielaborano in modi autonomi: **Giovanni Della Casa**, **Michelangelo Buonarroti**, **Galeazzo di Tarsia**. In questo secondo momento della lirica cinquecentesca si segnala anche il fatto nuovo della **lirica femminile**, in cui spicca il canzoniere di Gaspara Stampa.

La società cortigiana diviene una società letteraria omogenea

Attraverso il petrarchismo, la società cortigiana tende a divenire una società letteraria: una società omogenea, unificata linguisticamente e culturalmente. **Il petrarchismo crea** – in tutta Europa – **un immaginario e una sensibilità comuni**, comuni costumi e persino una moda comune che si manifestano non solo nella poesia, ma nella corrispondenza, nella conversazione mondana, nel modo quotidiano con cui le classi più elevate vivono il paesaggio, l'amore, la religione. Attraver-

---

IL SIGNIFICATO DELLE PAROLE

- **Eclettico**
L'aggettivo *eclettico* indica l'atteggiamento di chi, evitando di fare riferimento a un solo modello, utilizza materiali di diversa provenienza, si ispira a fonti differenti. Nel linguaggio comune 'eclettico' è sinonimo di 'vario, composito'.

so di esso dame e gentiluomini, che spesso comunicano fra loro scambiandosi sonetti e comunque usando il lessico petrarchesco, si riconoscono appartenenti allo stesso ambito di civiltà, accomunati da un'**ideologia elitaria** ma facilmente accessibile, che comporta un alto tasso di idealizzazione e di astrazione, implica la sublimazione delle contraddizioni reali e l'evasione da esse, e favorisce l'autopromozione sociale. Il petrarchismo insomma è **fenomeno, insieme, "di massa" e di** *élite*, e ciò è reso possibile dal fatto che si pone come codice di comunicazione sociale raffinato ma alla portata di qualsiasi persona che ambisca a una certa elevazione, dato che è depositato in un unico libro, il *Canzoniere*, stampato sempre più frequentemente da un numero crescente di editori e a prezzi molto più accessibili rispetto alla produzione manoscritta.

2. Il modello di Petrarca nella lirica italiana del Cinquecento

Il petrarchismo divenne **una convenzione letteraria** che incoraggiò per secoli un modo retorico di comporre, di leggere e di vivere la poesia. **La lingua** della poesia si "specializza" e **assume caratteri fissi**, cristallizzandosi in formule ricorrenti. Inoltre il petrarchismo favorì il **distacco della letteratura dalla vita**, una pericolosa tendenza all'astrattezza e all'evasione. Nello stesso tempo, però, esso contribuì in modo decisivo a creare una lingua letteraria unica sul piano nazionale e a tenere in vita quei valori di decoro e di misura che, sorti con l'Umanesimo, poterono prolungarsi sino al nostro secolo.

In genere il petrarchismo lirico viene suddiviso **per aree geografiche**: vi furono un petrarchismo veneto, un petrarchismo lombardo, uno toscano-romano, uno infine meridionale che ha una sua interessante specificità: l'accentuazione dell'elemento patetico.

Il contrastato petrarchismo di Michelangelo Buonarroti

Anche nell'attività poetica del più grande artista del Rinascimento, **Michelangelo Buonarroti**, si può riscontrare un **primo periodo** (dal 1503 alla fine degli anni Venti) più vario ed eclettico e **un secondo** (dagli anni Trenta alla morte) più coerentemente petrarchesco. Ma in ogni caso il petrarchismo di Michelangelo non è mai pacificato, resta sempre contrastato e contraddittorio.

Lo corregge anzitutto il gusto per Dante, e poi la fedeltà a una tradizione toscana, comico-realistica, attenta a Pulci e a Berni, ma anche sensibile all'influenza di Lorenzo e di Poliziano.

Allo stesso modo l'esperienza di vita di Michelangelo, la sua personalità aspra e contraddittoria, non sono del tutto riconducibili all'orizzonte cortigiano; resta in lui, infatti, un attaccamento agli ideali della Repubblica fiorentina e all'insegnamento di Savonarola che aveva segnato la sua adolescenza e la sua prima giovinezza. **Il classicismo di Michelangelo** tende insomma a rompere gli ordinati equilibri del decoro rinascimentale e ad aprirsi alle vibrazioni e agli scompensi del Manierismo (cfr. cap. I, § 1); e ciò vale sia per la poesia, sia per la produzione artistica della fase più tarda.

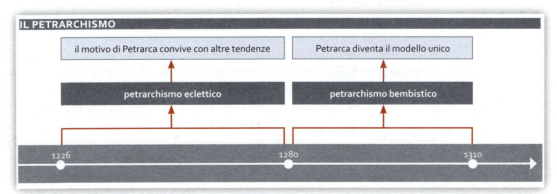

Ritratto di Michelangelo attribuito a Sebastiano del Piombo, 1520 circa. Amburgo, Galerie Hans.

La vita e le opere

Michelangelo, nato nel **1475** a Caprese, trascorse l'infanzia e la giovinezza a Firenze nella bottega di Domenico Ghirlandaio e in casa di Lorenzo de' Medici. Nel **1496** si recò **a Roma**, dove restò cinque anni. Dopo un ritorno a Firenze, è di nuovo a Roma, dove comincia nel 1505-6 a lavorare per papa Giulio II, fra l'altro affrescando, a partire dal 1508, la volta della Cappella Sistina. Resta a Roma, al servizio di Leone X e di Clemente VII, **sino al 1527**. Dal 1527 al 1529 partecipa delle sorti della Repubblica fiorentina, approntando le fortificazioni della città. Dopo il **1532** torna a Roma, dove lavora per papa Paolo III. Nel 1535 dà inizio ai lavori del *Giudizio Universale* nella Cappella Sistina. Dal 1536 al 1547 stringe un legame di amicizia e di amorosa corrispondenza, secondo i dettami del petrarchismo, con la poetessa Vittoria Colonna. Nel 1547 è nominato architetto di San Pietro. Muore a Roma nel **1564**.

T • Michelangelo Buonarròti, «*Caro m'è 'l sonno*»
T • Michelangelo Buonarròti, «*I' ho già fatto un gozzo in questo stento*»

Il ruolo della poesia nella sua attività di artista

Michelangelo è soprattutto un grande pittore, scultore e architetto. La poesia, che qualche volta gli serve per accompagnare e commentare la sua stessa attività artistica, resta in lui un'attività secondaria. Le sue *Rime* uscirono solo postume, nel **1623**.

Le rime per Tommaso de' Cavalieri e per Vittoria Colonna

Le rime della vecchiaia

Di Michelangelo restano, non ordinati, **302 testi**, tra finiti e non finiti, databili fra il 1503 e il 1560. Le rime del primo periodo risentono dell'influenza dell'ambiente fiorentino; del petrarchismo risentono invece soprattutto i versi d'amorosa corrispondenza scritti, a partire dal 1532, per il giovane Tommaso de' Cavalieri e poi per Vittoria Colonna. Le poesie della vecchiaia, infine, sono dominate dal senso del peccato e della morte (cfr. T1).

Il petrarchismo "grave" e il «verseggiare rotto» di Giovanni Della Casa

Le *Rime*

Di Giovanni Della Casa (1503-1556) autore del *Galateo*, già abbiamo parlato nel capitolo sul trattato (cfr. cap. VI, § 4). Le sue *Rime* furono pubblicate postume nel **1558**. Si tratta di 64 componimenti (per lo più sonetti), divisi in due parti secondo il modello petrarchesco.

La "gravità" di Della Casa: uno stile solenne

Il «verseggiare rotto»

Il petrarchismo di Della Casa è, nello stesso tempo, **"grave"** e **"rotto"**. "Gravità" significa stile solenne e sostenuto, a forte tensione retorica: in effetti è questo lo stile di Della Casa (cfr. T2 «*O Sonno, o della queta, umida, ombrosa*», p. 473). E tuttavia già Foscolo, grande ammiratore di Della Casa, ne aveva esaltato un aspetto nuovo e moderno, il «verseggiare rotto», la tendenza, cioè, a rendere inquieta, mossa, frantumata quella solennità o gravità attraverso l'uso insistito dell'*enjambement* che serve a spezzare la linearità ritmica del verso e a sottolineare le parole-chiave. Questo secondo aspetto costituisce poi l'elemento di maggiore novità rispetto al modello petrarchesco, che dunque è accettato ma anche variato e rinnovato dall'interno. Il «verseggiare rotto», infatti, serve a Della Casa, soprattutto nelle poesie scritte dopo il 1549-1550, a esprimere il **senso del disinganno e della delusione** (particolarmente dopo il trauma della mancata nomina a cardinale), l'angoscia del peccato e dell'attesa della morte: tutti temi, questi, che hanno la prevalenza sul tradizionale motivo amoroso. È questa la stagione più moderna di Della Casa, quella in cui il suo classicismo assume le forme inquiete del **Manierismo** (cfr. cap. I, § 1). A ragione si può dire, dunque, che Della Casa esprime il momento di passaggio della lirica cinquecentesca da Bembo a Tasso.

Il petrarchismo meridionale: Galeazzo di Tarsia

Il petrarchismo meridionale ha **un'originale intensità di pathos**: le situazioni esistenziali, il paesaggio, il mondo degli affetti sono posti in un rilievo particolarmente intenso ed energico. Ciò vale, oltre che per **Luigi Tansillo** (1510-1568), soprattutto per **Galeazzo di Tarsia**. Barone calabrese, questi ebbe un'esistenza breve (1520-1553) e avventurosa: fu più volte sottoposto a processi e imprigionato dal governo spagnolo. La moglie, Camilla, gli morì dopo cinque anni di matrimonio, nel 1549. Fu assassinato, dopo aver partecipato con gli spagnoli all'assedio di Siena, nel 1553.

Nei suoi versi (un esiguo gruppo di componimenti pubblicati postumi nel 1617) queste avventure, spesso dolorose o tragiche, trovano un riscontro diretto non tanto perché vi siano realisticamente rappresentate, quanto perché vi lasciano una loro eco amara, gonfia di sentimenti e di suggestioni. Basti pensare ai sonetti per la moglie morta o per la prigione di Castel Capuano. Nello stesso tempo il poeta si caratterizza per l'**uso di immagini rare e persino bizzarre**, per un gusto dell'artificio e della sperimentazione che possono far pensare già al Barocco. Questo **aspetto barocco** pone Galeazzo di Tarsia in contrasto rispetto alle soluzioni proposte da Bembo e dunque in una posizione di forte rinnovamento all'interno dell'area del petrarchismo.

T1 Michelangelo Buonarroti
«Giunto è già 'l corso della vita mia»

OPERA
Rime, 285

CONCETTI CHIAVE
- vanità dei desideri umani

FONTE
Michelangelo, *Rime*, a cura di E. Barelli, Rizzoli, Milano 1987 [1975].

Sonetto della vecchiaia, scritto fra il 1552 e il 1554. Sia l'arte che l'amore gli sembrano ora, davanti alla morte che si avvicina e che può coincidere con l'eterna dannazione, cause soltanto d'errore e di peccato.

Giunto è già 'l corso della vita mia,
con tempestoso mar, per fragil barca,
al comun porto, ov'a render si varca
conto e ragion d'ogni opra trista e pia.

5   Onde l'affettüosa fantasia
che l'arte mi fece idol e monarca
conosco or ben com'era d'error carca
e quel c'a mal suo grado ogn'uom desia.

METRICA sonetto con rime secondo lo schema ABBA, ABBA; CDE, CDE.

- **1-4** *Il corso della vita mia è ormai* (**già**) *giunto, per mezzo di* (**per**) *una fragile barca in un mare tempestoso, al porto comune* [: la morte], *dove si passa* (**si varca**) *a rendere conto e ragione di ogni opera colpevole* (**trista**) *e virtuosa* (**pia**). L'allegoria della navigazione per indicare la vita umana è assai frequente, e si ritrova per esempio in Petrarca («*Passa la nave mia colma d'oblio*»). La condizione tempestosa del mare rappresenta le difficoltà incontrate nell'esistenza; la fragilità dell'imbarcazione, le debolezze umane; il porto, la meta della morte e dell'aldilà.

- **5-8** *Per cui* (**onde**) *ora conosco bene* [: capisco] *come era piena* (**carca** = carica) *di errore la* [mia] *fantasia appassionata* (**affettüosa**) *che trasformò per me* (**mi fece**) *l'arte in idolo e sovrano* (**monarca**) [: che mi fece guidare dai valori dell'arte], [*e conosco bene*] *ciò* (**quel**) *che ognuno* (**ogn'uom**) *desidera* (**desia**) *contro il proprio stesso bene* (**a mal suo grado**) [: l'amore, che allontana anch'esso dalla spiritualità]. L'arte e l'amore hanno in somma sviato la vita dell'autore, il quale riconosce ora il proprio errore.

Gli amorosi pensier, già vani e lieti,
che fien or, s'a duo morte m'avvicino?
D'una so 'l certo, e l'altra mi minaccia.

Né pinger né scolpir fie più che quieti
l'anima, volta a quell'amor divino
c'aperse, a prender noi, 'n croce le braccia.

- **9-11** *Che cosa diventeranno* (**che fien**) *ora i pensieri d'amore, già inutili* (**vani**) *e felici* (**lieti**), *se mi avvicino a due morti* [: del corpo e dell'anima]? *Di una* [di queste due morti: quella corporale] *so che è certa* ('**l certo** = il sicuro [compiersi]), *e l'altra* [: la morte spirituale, cioè la dannazione] *mi minaccia*. Giunto davanti alla fine della vita e al rischio della dannazione, il poeta si interroga sul significato dei propri amori terreni.

- **12-14** *Né dipingere né scolpire accadrà* (**fie** = sarà) *più che consoli* (**quieti**) *la* [mia] *anima,* [ormai] *rivolta a quel dio amoroso* (**quell'amor divino**; metonimia) [: Cristo] *che aprì le braccia in croce per accogliere* (**prender**) *noi* [*uomini*; cioè per salvare l'umanità]. All'amore terreno si sostituisce l'amore divino, verso il quale il poeta si rivolge, sentendo ormai insufficiente anche la consolazione rappresentata fino a quel momento dall'esercizio artistico.

T1 — DALLA COMPRENSIONE ALL'INTERPRETAZIONE

COMPRENSIONE

Un bilancio esistenziale Il sonetto può essere così riassunto:
1. vv. 1-8: arrivato alla fine della propria vita, il poeta ne fa un bilancio; troppo spesso **l'arte e l'amore** lo hanno distratto e adesso riconosce il suo errore;
2. vv. 9-11: giunto alla fine della vita e al rischio della dannazione, il poeta si interroga sul **significato dei propri amori terreni**;
3. vv. 12-14: all'amore terreno si sostituisce l'**amore divino**, verso il quale il poeta si rivolge, sentendo ormai insufficiente anche la consolazione rappresentata fino a quel momento dall'esercizio artistico.

ANALISI

Il petrarchismo contrastato La metafora della prima quartina, che paragona il corso della vita a una «fragil barca» abbandonata in un «tempestoso mar», riprende l'immagine impiegata da **Petrarca** nel sonetto CLXXXIX: «Passa la nave mia colma d'oblio / per aspro mare…». Tuttavia la fluidità di Petrarca e dei suoi seguaci non è riscontrabile nello stile michelangiolesco. Vari elementi determinano un'**asprezza** e una **durezza** lontane dal petrarchismo di scuola:
1. ricorre più volte l'allitterazione di 'r' + consonante, particolarmente insistita nel verso finale, con la faticosa pronuncia del nesso triconsonantico «'n croce»;
2. nell'ultima terzina compare un doppio *enjambement*: è fortissimo soprattutto quello fra i vv. 12 e 13, che mette in risalto la parola chiave «anima»;
3. l'espressione «Né pinger né scolpir» (v. 12) sottolinea un rifiuto netto e categorico nei confronti dell'attività artistica.

INTERPRETAZIONE

L'arte è «d'error carca» Al centro del sonetto sta un tema tipicamente petrarchesco: la vanità delle cose umane di fronte alla prospettiva della morte. Michelangelo si sofferma in particolare sul valore dell'esperienza artistica: nel corso della sua vita il pittore ha erroneamente elevato l'arte a «idol e monarca». Ora, davanti alla morte e al rischio della dannazione, si rende conto che solo l'«amor divino» può portargli la pace.

T1 — LAVORIAMO SUL TESTO

COMPRENDERE

Un bilancio esistenziale

1. Giunto quasi al termine della vita, Michelangelo tira le somme: quale giudizio esprime sull'arte e sull'amore?

   A sono stati gli unici valori che lo hanno reso felice
   B non li ha mai presi in considerazione
   C sono stati valori che gli sono stati imposti
   D sono i valori che lo hanno distratto dalla propria vita

Quando l'arte non basta più

2. L'attività artistica non è più in grado di consolare l'anima dell'artista. A che cosa si rivolge ora Michelangelo?
   - [A] all'amore per le donne
   - [B] all'amore divino
   - [C] alla riflessione filosofica
   - [D] all'attività poetica

ANALIZZARE

Asprezze

3. Il linguaggio michelangiolesco è lontano dalla fluidità petrarchesca. Rintraccia nel testo gli elementi stilistici che determinano una certa asprezza di espressione.

INTERPRETARE

Un «idol e monarca»

4. Nel sonetto Michelangelo si sofferma sulla sua esperienza artistica: quale rapporto egli stabilisce con la propria arte nella giovinezza e nella vecchiaia?

LE MIE COMPETENZE: PRODURRE

La poesia che hai letto è un esempio del petrarchismo inquieto e contrastato di Michelangelo Buonarroti. Michelangelo però, oltre che poeta, è soprattutto un grande pittore, scultore e architetto, che con la sua straordinaria versatilità sembra incarnare l'ideale rinascimentale dell'"uomo totale", capace di eccellere in tutte le arti. Fai una ricerca e raccogli tutto il materiale che riesci a reperire sulla sua attività artistica. Seleziona il materiale e organizzalo in un progetto coerente; quindi traccia un profilo della vita e delle opere di Michelangelo Buonarroti creando un prodotto multimediale a tua scelta (una presentazione, una galleria di immagini, una linea del tempo interattiva, ecc.) intitolato *Michelangelo: un artista "totale"*. Presenta il tuo lavoro in classe con l'ausilio della LIM.

T2 Giovanni Della Casa
«O Sonno, o de la queta, umida, ombrosa»

OPERA
Rime, 54

CONCETTI CHIAVE
- il sonno come prefigurazione della morte

FONTE
G. Della Casa, *Rime*, a cura di R. Fedi, Salerno, Roma 1978.

In questo sonetto il poeta è malinconico e stanco: il peso delle fatiche quotidiane opprime il suo corpo e gravose preoccupazioni consumano il suo animo. Egli invoca quindi il Sonno, come sollievo ai problemi che lo tormentano.

  O Sonno, o de la queta, umida, ombrosa
  Notte placido figlio; o de' mortali
  egri conforto, oblio dolce de' mali
  sì gravi ond'è la vita aspra e noiosa;

5 soccorri al core omai che langue e posa
  non ave, e queste membra stanche e frali
  solleva: a me ten vola, o Sonno, e l'ali
  tue brune sovra me distendi e posa.

  Ov'è 'l silenzio che 'l dì fugge e 'l lume,
10 e i lievi sogni che con non secure
  vestigia di seguirti han per costume?

  Lasso!, che 'nvan te chiamo e queste oscure
  e gelide ombre invan lusingo. O piume
  d'asprezza colme, o notti acerbe e dure!

METRICA sonetto con rime secondo lo schema ABBA, ABBA; CDC, DCD.

1-8 *O sonno, o placido figlio* [: conseguenza serena] *della notte tranquilla* (**queta**), *umida, scura* (**ombrosa**); *o conforto degli uomini* (**de' mortali**) *sofferenti* (**egri**), *dolce dimenticanza* (**oblio**) *dei mali tanto* (**sì** = così) *pesanti* (**gravi**) *dei quali* (**ond<e>**) *la vita è dura* (**aspra**) *e dolorosa* (**noiosa**); *ormai dai ristoro* (**soccorri**) *al* [mio] *cuore, che languisce e non ha* (**non ave**) *pace* (**posa**), *e ristora* (**solleva**) *queste* [mie] *membra stanche e fragili* (**frali**): *vola* [: vieni presto] *da* (**a**) *me, o sonno, e distendi e posa sopra di me le tue ali scure* (**brune**).

9-11 *Dov'è il silenzio che evita* (**fugge**) *il giorno* ('**l dì**) *e la luce* ('**l lume**) [: la luce del giorno, con endiadi]? *e* [dove sono] *i sogni leggeri* (**lievi**) *che hanno l'abitudine* (**per costume**) *di seguirti* [: rivolto al sonno] *con passi* (**vestigia**) *non affidabili* (**non secure**)? *Dopo l'invocazione al sonno, ecco l'invito al silenzio della notte e ai sogni.*

12-14 *Povero me* (**lasso**)!, *che ti invoco* (**te chiamo**) *inutilmente* (<i>**nvan**<o>), *e imploro inutilmente queste ombre oscure e gelide. O letto* (**piume**) *colmo di sofferenza* (**d'asprezza**), *o notti angosciose* (**acerbe**) *e dure!*

T2 DALLA COMPRENSIONE ALL'INTERPRETAZIONE

COMPRENSIONE

La struttura Il sonetto può essere diviso in tre momenti:
1) vv. 1-8: presenta l'**invocazione al sonno** da parte del poeta; stanco dei problemi quotidiani che lo affliggono egli prega che il sonno lo raggiunga presto;
2) vv. 9-11: **introduce la domanda** che il poeta fa al sonno: dove sono andati a finire i sogni leggeri che spesso lo accompagnano?
3) vv. 12-14: **riporta due esclamazioni**; la prima è rivolta al poeta stesso che, invano, desidera il sonno; la seconda è verso il letto, luogo di notti angoscianti e lunghe da passare.

ANALISI

Un ritmo spezzato Il sonetto è ricco di *enjambements*, un procedimento caro a Della Casa, che spezza continuamente il ritmo della poesia. Essi sono molto forti, perché spesso separano aggettivo e sostantivo (vv. 1-2, 2-3, 3-4, 7-8, 10-11, 11-12), verbo e complemento (vv. 5-6, 6-7). Il loro scopo è introdurre un **elemento di disordine nella simmetria** che il sonetto, specie nella forma usata da Petrarca, tende ad avere.

INTERPRETAZIONE

Il sonno e la morte Il sonno è un tema tradizionale della letteratura e trova nel Cinquecento una certa diffusione: in genere, si ricollega alle sofferenze amorose cui qui, però, non si accenna. La sofferenza di cui parla Della Casa sembra legata alla natura stessa della «vita aspra e noiosa». Il poeta manifesta un'**angoscia esistenziale più moderna**, che nasce da una stanchezza insanabile. L'insonnia diventa così il sintomo di un disagio profondo, raffigurando implicitamente la morte. L'unico riposo sta nella negazione, momentanea o definitiva, della vita.

T2 LAVORIAMO SUL TESTO

COMPRENDERE

Un bilancio esistenziale

1. La poesia è un'invocazione al sonno. Perché il poeta non riesce a dormire?
   - A per l'amore non corrisposto
   - B perché è pentito dei propri peccati
   - C per una sorta di angoscia esistenziale
   - D perché il letto ha un materasso scomodo

ANALIZZARE

La metrica e lo stile

2. Il testo è ricco di *enjambements*. Sottolineali nel testo. Quale effetto stilistico vogliono produrre?

INTERPRETARE

3. Secondo te perché il tema del sonno è molto diffuso nella letteratura del Cinquecento? Formula la tua ipotesi interpretativa.

3. Una lettura femminile del *Canzoniere*

Il ruolo delle donne nella politica di corte

Le donne, figlie o mogli del signore, hanno **un ruolo di primo piano** nella politica culturale signorile alla fine del Quattrocento e poi per tutto il Cinquecento. A loro talora spetta l'organizzazione stessa della politica culturale del principe. Tuttavia il petrarchismo offre un codice di comunicazione non solo alle **donne aristocratiche**, ma anche a **donne di estrazione sociale più umile**, che

Le cortigiane

trovano in esso uno strumento di elevazione e di affermazione sociale. È il caso, questo, delle cantanti, o delle suonatrici, o delle cortigiane di alto rango, che stabilivano relazioni erotiche solo con grandi personaggi. D'altra parte la legislazione dell'epoca, anche in uno Stato libero come la Repub-

Sebastiano del Piombo, *Ritratto di Vittoria Colonna*, 1520-1525 circa. Barcellona, Museu nacional d'art de Catalunya.

blica di Venezia, non lasciava alternativa: la donna o era «onesta» (cioè o in convento o sposata) o era «meretrice». Lo *status* di **«cortesana»** era per certi versi assimilato alla seconda condizione, ma con tratti particolari – ambigui e trasgressivi, eppure in qualche misura riconosciuti dal potere stesso – che gli conferivano alcuni privilegi sociali e soprattutto una maggiore, e seppure precaria, dignità. La capacità di partecipare alla conversazione dotta, l'educazione artistica, il successo letterario contribuivano in modo decisivo a conferire tale dignità (cfr. **S1**, p. 478).

Una voce femminile e un codice maschile

La poesia delle donne nasce e si afferma entro il petrarchismo, poiché è questo l'unico linguaggio codificato della lirica, la cui conoscenza e il cui uso consentono alle donne di essere ascoltate e riconosciute. Sul piano poetico, dunque, la voce femminile deve fare i conti con un **codice** di comunicazione e di stile **che riflette l'immaginario e il potere maschili**. «Il dramma della poesia femminile è in questo suo essere la voce dell'altro, di ciò che la donna non è, della violenza storica e materiale che la donna subisce». **L'adeguamento** che le donne realizzano nel loro tentativo di impadronirsi di un «linguaggio altrui» (Ferroni) **in qualche caso è massimo**, **in altri è più contrastato**. Il **primo** è il caso della nobildonna Vittoria Colonna; **al polo opposto**, la «cortesana» veneziana Gaspara Stampa. Ma fra i due estremi vi sono poi **vari gradi intermedi**, rappresentati dalle nobildonne Veronica Gambara, Tullia d'Aragona e Isabella di Morra, e da un'altra celebre cortigiana veneziana, Veronica Franco. A esse va aggiunto il nome della poetessa lucchese Chiara Matraini.

Vittoria Colonna: l'adeguamento al modello

Vittoria Colonna

Vittoria Colonna (1490-1547) fu la moglie di Ferdinando Francesco d'Avalos, marchese di Pescara, morto dopo la battaglia di Pavia (1525). Ella fu in corrispondenza con i principali intellettuali e con i maggiori scrittori e artisti dell'epoca, da Michelangelo a Galeazzo di Tarsia, che le dedicarono numerose poesie. La sua raccolta, uscita nel **1538**, è il **primo canzoniere femminile** e quindi offrirà alle altre poetesse un punto di riferimento obbligato.

Il suo canzoniere

La Colonna divide il suo canzoniere in **due parti**, in vita e in morte dell'amato, secondo lo schema petrarchesco, e spinge la propria fedeltà al modello sino alla composizione di **centoni** (vale a dire di testi composti da versi altrui: in questo caso, di Petrarca). Costruisce il testo poetico con abilità e perizia formale, privilegiando l'aspetto logico e "filosofico", lontano dall'esperienza vissuta.

Il petrarchismo "privato" di Gaspara Stampa

La breve vita di Gaspara Stampa

Gaspara Stampa nacque a Padova nel 1523. Proveniva da una famiglia nobile, che si era dedicata al commercio di gioielli per superare le difficoltà economiche. Rimasta orfana del padre, si stabilì a Venezia con la madre, la sorella Cassandra e il fratello Baldassarre, anch'egli poeta. Era nota come cantante (cantava, fra l'altro, le poesie di Petrarca) e come musicista; la sua casa divenne così un punto di riferimento e un ritrovo intellettuale e mondano. Nel 1548 incontrò il conte Collaltino di Collalto, con il quale instaurò una breve e difficile relazione, durata in tutto meno di tre anni, dal 1548 al 1551. La Stampa morì poco più che trentenne, nel **1554**, e nello stesso anno, postumo, uscì il suo canzoniere, a cura della sorella Cassandra e con dedica a Giovanni Della Casa.

S • La politica di Venezia verso le donne e la figura di Gaspara Stampa (M. Zancan)

S1 — INFORMAZIONI

Codici maschili, scrittura femminile

Nel Cinquecento le donne cominciano a scrivere e a pubblicare. Ciò è dovuto alla maggiore diffusione della cultura promossa dalla stampa e alla maggiore attenzione che il Rinascimento rivolge all'educazione, anche femminile. A diverse donne aristocratiche e dell'alta borghesia è permesso l'accesso alla cultura umanistica. Esse leggono i classici in volgare e in latino e soprattutto leggono come un romanzo autobiografico Petrarca, di cui si moltiplicano le edizioni. Non bisogna dimenticare il ruolo svolto dal petrarchismo come fenomeno sociale e di costume che coinvolge ogni strato sociale, comprese le donne. Esso diventa un codice di comunicazione di largo uso nella società colta.

La donna assume in questo secolo un ruolo più attivo nella vita culturale: non è più solo oggetto di discorso, ma partecipa al dibattito sull'amore e sul matrimonio, che anima i numerosi trattati.

Per la «donna di palazzo», delineata nel *Cortegiano*, la cultura è funzionale alla sua partecipazione alla vita di corte, che valorizza nel rapporto tra i sessi anche il dialogo culturale. È un ornamento necessario alla donna, il cui sapere è tuttavia concepito come specchio del sapere maschile, come capacità di un raffinato e mondano intrattenimento (cfr. cap. VI, § 3).

La donna che scrive invece produce direttamente un suo discorso, che esprime una autonoma visione del mondo. Quasi tutte le donne scrittrici appartengono alla nobiltà oppure sono cortigiane di lusso.

Quella di cortigiana è una condizione nuova, che si pone al confine tra la donna "onesta", per virtù di costumi, per castità e fedeltà, e la meretrice. Una legge veneziana del 21 febbraio 1543 definisce prostitute tutte le donne non sposate e non vergini, nonché tutte le donne sposate, separate dai mariti, che non osservino la castità assoluta «et habino comercio con uno over più omini».

Verso la metà del secolo al processo di formazione di modelli ideali, che disegnano un modello di donna alto ed equilibrato, garante dell'armonia anche nei rapporti tra i sessi, subentra una trattatistica che mira a regolare entro rigide norme i comportamenti sociali e intellettuali delle donne. E questo proprio in un momento in cui le donne, prendendo direttamente la parola, tendono, sul piano del pensiero e della scrittura, a proporre una pluralità di modelli di esistenza.

Tale codificazione di norme, che fissano la donna in precisi ruoli sessuali e sociali, corrisponde alla definizione giuridica dell'istituto familiare e alla crescente importanza ideologica che assume la famiglia nell'Europa della Riforma e della Controriforma. In questo periodo, in tutta Europa, si tende a codificare la saldezza dell'unione coniugale, in quanto garanzia della conservazione del patrimonio, e si ribadisce l'obbligo per la donna della fedeltà, in funzione della certezza della paternità.

Di fatto, però, negli anni Quaranta-Sessanta del Cinquecento, prima che il processo di normalizzazione si stabilizzasse definitivamente, esiste uno spazio che consente alle donne di vivere ai margini delle norme codificate. «In questo spazio di confine si profila allora una terza figura femminile, la "cortesana", una donna sola (né figlia, né moglie) come la meretrice, una donna colta», in relazione con intellettuali e uomini del potere, ma soprattutto capace di fare un uso libero di sé e della propria cultura e di determinare la propria vita. È figura ambigua, trasgressiva, ma anche riconosciuta dal potere stesso, la cui ambivalenza si riflette nella definizione di "cortigiana onesta".

Sul piano poetico la voce femminile deve fare i conti con un codice di comunicazione e di stile maschile assolutamente dominante sul piano culturale. Tutta la poesia delle donne nasce e si afferma entro il petrarchismo, giacché è l'unico linguaggio codificato della lirica, la cui conoscenza e il cui uso consentono alle donne di essere ascoltate e riconosciute. Quanto più si è vicini al modello, tanto maggiori sono la dignità e il successo.

Dall'ortodossia petrarchesca all'immediatezza affettiva

Il punto di partenza di Gaspara Stampa è il petrarchismo "ortodosso" di Bembo e Vittoria Colonna. Ma poi ella varia il modello sia sul piano stilistico che su quello tematico, forzandolo a rappresentare l'immediatezza di un diario d'amore e una particolare esigenza di espressività. Giunge così a esprimere il **massimo punto di lontananza dal modello petrarchesco**, quale era stato rigidamente definito e codificato da Bembo. Il rispetto formale di questo modello, cioè, contrasta con il contenuto irregolare della sua poesia: le rime di Gaspara Stampa mostrano l'attrito tra un linguaggio che tende alla sublimazione e all'astrazione, e l'urgenza di dare voce all'immediatezza degli affetti, all'amore materialmente vissuto come passione sensuale nelle sue contraddizioni, nella sua dose quotidiana di dolore, di gelosie e di esaltazione.

La novità di Gaspara Stampa

In Gaspara l'alta stilizzazione petrarchesca cede il posto alla **verità diretta di una cronaca d'amore**. Il sonetto «*Rimandatemi il cor, empio tiranno*» (cfr. T3, p. 480), che inizia con un *tópos* tradizionale della poesia amorosa, il poeta rimasto senza cuore, assume per esempio nella seconda quartina l'andamento prosastico di una comunicazione epistolare. Questa novità, che mira ad abbassare il tono della poesia alta rifiutando ogni artificio retorico, raggiunge la massima espressione nella semplicità del madrigale.

Una vicenda d'amore contrastata

T • Gaspara Stampa, «*Conte, dov'è andata*»
T • Gaspara Stampa, «*O notte, a me più cara e più beata*»

Sul piano tematico, le *Rime* non raccontano una storia d'amore esemplare né un rapporto in cui l'"io" lirico si elevi, attraverso l'amore, verso sentimenti religiosi. Gaspara Stampa racconta di **un amore niente affatto esemplare**, e anzi difficile e contrastato, roso dal «verme» della gelosia, un amore in cui l'amante si sdoppia tra un'immagine di bellezza ed eroismo e un'altra di crudeltà e slealtà. Spesso, anzi, è proprio l'autrice che rappresenta se stessa come portatrice di valori positivi rispetto all'amato, mostrando così la profonda differenza dal modello petrarchesco.

Isabella di Morra, Veronica Franco, Chiara Matraini, Louise Labé

Tra i due nomi "maggiori" della Stampa e della Colonna, che rappresentano anche i due estremi del rapporto con il modello petrarchesco (di adeguamento, la Colonna; di ribellione, la Stampa), si suole collocare **una produzione frastagliata**, a opera di **nobildonne** come Veronica Gambara, Tullia d'Aragona, Isabella di Morra, **o di famose cortigiane** come Veronica Franco. A esse si aggiunge la poetessa lucchese Chiara Matraini, rivalutata più recentemente dalla critica. Il rapporto con il modello petrarchesco assume per ognuna di loro forme differenti.

Il linguaggio aspro e doloroso di Isabella di Morra

Isabella di Morra, patrizia lucana, nata nel 1520, vissuta in un selvaggio isolamento nel castello di Favale (tra la Basilicata e la Calabria), fu uccisa a soli ventisei anni dai fratelli, che avevano scoperto la sua corrispondenza (probabilmente a carattere non amoroso, ma intellettuale) con il poeta spagnolo Diego de Sandoval, che abitava nel feudo vicino. Pur muovendosi nella "zona" poetica del petrarchismo, Isabella utilizza un **linguaggio aspro e doloroso**: per lei, anche per il motivo biografico e poetico dell'isolamento, si è parlato di petrarchismo tassiano e leopardiano. La sua poesia nasce da un insopprimibile dolore biografico, trasfigurato in una misura stilistica che tuttavia non lo riequilibra mai completamente.

Lo stile colto e raffinato di Chiara Matraini

Chiara Matraini (1514 - dopo il 1597) rappresenta invece il caso, piuttosto raro nella poesia femminile, di una **diretta utilizzazione dello stile sublime**. La sua poesia è situata sulla linea del petrarchismo praticato da Bembo e dalla Colonna. Si trova inoltre nella poesia della Matraini anche un singolare riassorbimento del linguaggio stilnovista e dantesco («[...] già mostra esser vicino / l'immenso lume et a sparir le stelle. // Onde spero veder quel giorno ancora / che ne discoprirà l'alto camino / ch'arriva al sommo delle cose belle»). La specificità della sua voce è dunque costruita su una **lingua alta**, sulla sostenutezza delle invocazioni, e insomma su quella ciceroniana "gravità" che era cara a Bembo.

L'immediatezza espressiva di Veronica Franco

Veronica Franco, nata nel 1546, esercitò la professione di **"cortigiana onesta"** nell'ambiente mondano di Venezia. Nei suoi componimenti (le *Terze Rime*) è molto accentuato il carattere prosastico ed epistolare (come d'altronde è caratteristico del <mark>capitolo</mark>). La Franco si colloca, secondo

---

IL SIGNIFICATO DELLE PAROLE

• **Capitolo**
Il termine *capitolo* è qui usato in un senso specialistico e indica una particolare forma metrica: un componimento poetico piuttosto ampio in terzine dantesche.

alcune letture, in una **dimensione quasi di antipetrarchismo**, se si intende il petrarchismo come incontro di perfezione formale e scarsa partecipazione emotiva. Il punto di forza di questa poesia infatti non è la "cultura", la finezza dell'elaborazione formale, ma l'espressività e il linguaggio diretto. D'altro canto il filone erotico che la Franco frequenta cantando le "gioie d'amore", presenta un elemento di vicinanza a Petrarca nell'indagine accurata delle sfumature psicologiche e dei movimenti emotivi che guidano la costruzione del rapporto amoroso.

Il classicismo sensuale di Louise Labé

La francese **Louise Labé** (Lione 1520 circa - 1566) condivide con le poetesse italiane che abbiamo preso in esame il modello di vita intellettuale e il sistema di riferimenti poetici. Proveniva da una ricca famiglia di commercianti di canapa e condusse una vita piuttosto spregiudicata all'interno del provinciale ambiente lionese. Era in contatto con molti poeti e intellettuali importanti dell'epoca. **Il suo petrarchismo** è plasmato su quello di **Pierre Ronsard** (cfr. § 5): sono forti i riferimenti alla cultura classica e il rapporto d'amore è modulato in immagini di una sensualità accesa. Un riferimento esplicito al modello petrarchesco è nel primo sonetto, composto in italiano in omaggio all'autore del *Canzoniere*.

T3 Gaspara Stampa
«Rimandatemi il cor, empio tiranno»

OPERA
Rime, CXLII

CONCETTI CHIAVE
- la crudeltà dell'amato
- il linguaggio diaristico

FONTE
G. Stampa, *Rime*, a cura di R. Ceriello, Rizzoli, Milano 1994.

La donna ha ceduto il proprio cuore all'amante, che però non mantiene la parola data e non le fa avere alcuna notizia di sé.

Rimandatemi il cor, empio tiranno,
ch'a sì gran torto avete ed istraziate,
e di lui e di me quel proprio fate,
che le tigri e i leon di cerva fanno.

5 Son passati otto giorni, a me un anno,
ch'io non ho vostre lettre od imbasciate,
contro le fé che voi m'avete date,
o fonte di valor, conte, e d'inganno.

Credete ch'io sia Ercol o Sansone
10 a poter sostener tanto dolore,
giovane e donna e fuor d'ogni ragione,

massime essendo qui senza 'l mio core
e senza voi a mia difesione,
onde mi suol venir forza e vigore?

METRICA sonetto con schema ABBA, ABBA; CDC, DCD.

1-4 *Rimandatemi il cuore* (**cor**), *crudele* (**empio**) *tiranno* [: il conte Collaltino di Collalto], *perché* (**ch'**) *a torto* [*lo*] *tenete* (**avete**) *e* [*lo*] *straziate* (**istraziate**), *e del mio cuore* (**di lui**) *e di me* [*stessa*] *fate quello* (**quel proprio**) *che le tigri e i leoni* (**leon**) *fanno di* [*una*] *cerva*. Da osservare l'uso, frequente in tutto il componimento, di aggettivi, verbi e sostantivi in coppia, secondo una modalità tipicamente petrarchesca: **empio tiranno**, **avete... istraziate**, **tigri... leon**. **Istraziate**: utilizzata, in questo caso per ragioni metriche, la *i* prostetica davanti a *s* più consonante.

5-8 *Sono passati otto giorni, per* (**a**) *me* [*come*] *un anno,* [*da*] *che* (**ch'**) *io non ho* [*più ricevuto*] *vostre lettere* (**lettre**) *o* [*vostri*] *messaggi* (**imbasciate**), *contrariamente* (**contro**) [*al*] *le promesse* (**fé**) *che voi mi avete fatte* (**date**), *conte, valoroso* (**o fonte di valor**) [*in pubblico*] *e sleale* (**d'inganno**) [*con me*].

9-14 *Credete che* (**ch'**) *io sia* [*come*] *Ercole o Sansone, per* (**a**) *poter sostenere tanto dolore,* [*io che sono*] *giovane e donna e folle* (**fuor d'ogni ragione**), *soprattutto* (**massime**) *perché sono* (**essendo**) *qui senza il* (**'l**) *mio cuore e senza voi in* (**a**) *mia difesa* (**difesione**), *da dove* (**onde**) *solitamente mi vengono* (**mi suol venir**) *forza e vigore?* **Ercol...Sansone**: Ercole, figlio di Giove e di Alcmena, nella mitologia greca è figura mitologica che simboleggia una forza invincibile; Sansone, eroe biblico, è famoso per la sua straordinaria forza fisica, dovuta alla sua folta capigliatura.

T3 DALLA COMPRENSIONE ALL'INTERPRETAZIONE

COMPRENSIONE

Crudeltà e lontananza dell'amato Possiamo distinguere due parti di questo sonetto:
- nelle **quartine** la poetessa prega l'amato di restituirle il suo cuore innamorato e straziato dall'angoscia: la mancanza di notizie dell'uomo fa infatti soffrire atrocemente la donna;
- nelle **terzine** la poetessa afferma di non avere la forza di andare avanti senza la protezione, la vitalità e il vigore che le venivano dalla presenza dell'amato.

ANALISI

Lo stile diaristico Per un'analisi stilistica, lasciamo la parola a Baldacci che trova nel sonetto «la perfetta risoluzione dei suoi motivi di repertorio [petrarchesco] nel colorito appassionato di un'eloquenza borghese»; e aggiunge: «Le *tigri e i leon*, *fonte di valor*, *Ercole e Sansone*: si veda come gli elementi di un linguaggio non suo [quello petrarchesco] siano contemperati da un parlare dimesso e dalla fede di chi ne ha già facilmente sperimentato la meravigliosa suggestione e voglia quasi introdurla a conforto supremo dei propri argomenti». Insomma Gaspara Stampa risolve termini e luoghi del linguaggio sublime del petrarchismo in **linguaggio privato e diaristico**. In tale uso e in tale coraggio sta la sua originalità.

INTERPRETAZIONE

Il *topos* del poeta rimasto senza cuore Il *topos*, tipico della poesia d'amore, del **poeta rimasto senza cuore**, avendolo ceduto all'amante, viene qui rinnovato da Gaspara Stampa. La **donna**, rimasta senza cuore non può difendersi dall'amato, che ne fa strazio. L'amato, poi, non è affatto un esempio di virtù (come dovrebbe essere secondo lo schema petrarchesco), ma offre un'immagine di irrisolte contraddizioni: è «fonte di valor» ma anche d'«inganno». L'antitesi petrarchesca nella raffigurazione della persona amata come crudele e al tempo stesso benigna per chi la ama, risulta significativamente variata: il valore e l'eroismo appartengono esclusivamente all'immagine pubblica dell'**amato**, che invece è **spietato e crudele nel rapporto privato** con l'amante.

Una doppia contraddizione La contraddizione e l'ambivalenza non riguardano solo l'amato, ma penetrano anche nel cuore dell'amata, che risulta divisa tra la denunzia della slealtà di chi non mantiene la parola data («contro le fé che voi m'avete date», v. 7) e dunque causa sofferenze insopportabili in una «giovane donna e fuor d'ogni ragione» (v. 11), e il bisogno di protezione, di «difension» (v. 12), che solo dall'amato può venire. La contraddizione risulta stridente se si confrontano il primo e l'ultimo verso del sonetto. L'«**empio tiranno**» del v. 1 è la stessa persona che dà «forza e vigore» del v. 14. Ma non si tratta solo della riproposizione di un *topos* antico (l'amore dolce e amaro di Saffo, l'odio e l'amore di Catullo...). Nel sonetto di Gaspara Stampa sembra di intravedere anche il conflitto tra la scrittura femminile e il linguaggio e l'immaginario maschile in cui questa è costretta. D'altra parte l'interesse del canzoniere di Gaspara Stampa sta proprio nella **conflittualità tra adesione al modello petrarchesco e ribellione** ad esso. Se il sonetto di apertura delle *Rime* di Gaspara ripercorre quello che apre i *Rerum vulgarium fragmenta* (è sufficiente confrontare le quartine del sonetto proemiale di Gaspara con «*Voi ch'ascoltate in rime sparse il suono*», vol. 1, Parte Seconda, cap. VII, **T1**: «Voi ch'ascoltate in queste meste rime / in questi mesti, in questi oscuri accenti / il suon degli amorosi miei lamenti / e delle pene mie tra l'altre prime [più tormentose di tutte le altre] // ove fia chi valor apprezzi e stime, / gloria non che perdon dei miei lamenti / spero trovar fra le ben nate genti, / poi che la lor cagione è sì sublime»), molte sono poi le prese di distanza dal modello. Quello di Gaspara Stampa, insomma, è un **petrarchismo inquieto** e tutt'altro che appagato in una pedante imitazione.

T3 LAVORIAMO SUL TESTO

COMPRENDERE

1. Riassumi il contenuto della poesia.

ANALIZZARE

2. **LINGUA E LESSICO** Individua l'irruzione nel testo di forme immediate e dirette di espressione. Individua ora il lessico letterario.

INTERPRETARE

3. Questo sonetto, secondo te, esprime una sensibilità tipicamente femminile? Motiva con precisi riferimenti al testo la tua posizione.

4. L'antipetrarchismo e la poesia burlesca e satirica di Francesco Berni

Il rifiuto dei modelli

La tendenza al classicismo e al petrarchismo suscita **come controtendenza** un **drastico rifiuto dei modelli canonizzati**. Ne abbiamo già visto qualche esempio con l'**Aretino** (cfr. cap. VI, § 5) e con **Folengo** (cap. XII, § 2), nel campo, rispettivamente, del trattato e del poema cavalleresco. Nel **genere della lirica** l'opposizione fu non meno radicale, e venne naturalmente dall'ambiente toscano, in cui la tradizione comico-realistica del Duecento e del Trecento era stata ripresa e continuata nel Quattrocento da Burchiello (cfr. cap. III, § 1) e da Pulci (cfr. cap. IV, § 2). Infatti il principale rappresentante della reazione antipetrarchista è il toscano **Francesco Berni**; e prevalentemente toscani sono, nel Cinquecento, i poeti detti appunto "berneschi", come **Anton Francesco Grazzini**, detto il Lasca, che già abbiamo incontrato come narratore (cfr. cap. XIII, § 2), **Agnolo Firenzuola** (cfr. cap. XIII, § 2), altro narratore, e lo stesso Giovanni Della Casa, che si dedicò al genere giocoso da giovane, poi rifiutandolo.

La reazione antipetrarchista: Berni e altri toscani

Il rovesciamento ironico del mito del cortigiano

La vita di **Francesco Berni** (1478-1535) è segnata da una serie di mediocri esperienze cortigiane. **Della vita cortigiana** – sia quella delle corti laiche sia, soprattutto, quella della curia pontificia e delle corti episcopali – **egli colse il lato negativo**. Mentre Castiglione la idealizza nel *Cortegiano*, Berni nei suoi versi ne rivela meschinità e miserie, eccellendo, anche in questo caso, nell'arte del rovesciamento dei miti e delle ideologie allora più diffusi.

La produzione poetica di Berni

Fra la seconda metà degli anni Venti e gli inizi degli anni Trenta si colloca la parte più consistente dell'attività poetica di Berni e il **rifacimento dell'*Orlando innamorato*** di Boiardo, che, uscito postumo nel 1542, ebbe enorme fortuna, tanto è vero che per secoli l'*Orlando innamorato* nella versione berniana sostituì quello originale. Le *Rime*, pubblicate postume a partire dal 1537, contengono sonetti satirici e capitoli. **I sonetti** prendono di mira, parodiandolo, il petrarchismo di Bembo (cfr. **T4**), ma possono anche aggredire personaggi dell'epoca (da papa Adriano VI ad Aretino) o rappresentare burlescamente aspetti della vita cortigiana. Sono però **i capitoli** in terza rima lo strumento privilegiato della vena burlesca e satirica di Berni. Se i poeti petrarchisti coltivano sentimenti raffinati, egli celebra le scorpacciate. Se quelli levano lamenti d'amore, egli invece si duole per la malanotte fattagli trascorrere da un prete (è il famoso *Capitolo del prete di Povigliano*).

T • Francesco Berni, «Se mi vedesse la segretarìa»
T • Francesco Berni, Il capitolo del prete di Povigliano

T4 Francesco Berni
«Chiome d'argento fino, irte e attorte»

OPERA
Rime, XXIII

CONCETTI CHIAVE
- parodia del modello petrarchesco e rovesciamento comico dei canoni della bellezza

FONTE
F. Berni, *Rime*, a cura di G. Barberi Squarotti, Einaudi, Torino 1969.

È un sonetto che fa la parodia di un altro sonetto, quello di Bembo «Crin d'oro crespo e d'ambra tersa e pura» (cfr. cap. VI, **T1**, p. 143). Con pochi ma strategici cambiamenti rispetto al modello petrarchesco seguito da Bembo, i canoni della bellezza e della giovinezza della donna amata sono comicamente rovesciati.

> Chiome d'argento fino, irte e attorte
> senz'arte intorno ad un bel viso d'oro;
> fronte crespa, u' mirando io mi scoloro,
> dove spunta i suoi strali Amor e Morte;

METRICA sonetto con schema ABBA, ABBA; CDE, DCE.

● **1-4** Capelli (**chiome**) bianchi (**d'argento fino**), ispidi (**irte**) e spettinati (**attorte / senz'arte**) intorno a un bel viso giallo (**d'oro**); fronte rugosa (**crespa**), dove (**u'**) guardando (**mirando**) io impallidisco (**mi scoloro**) [: per il ribrezzo], dove [sia] Amore [che] Morte spuntano le loro frecce (**i suoi strali**) [: sono entrambi impotenti]. La donna qui rappresentata è una vecchia, incapace di innamorarsi e restia a morire. **Bel**: aggettivo utilizzato in senso volutamente ironico. **Crespa**: increspata dalle rughe. **U'**: dal latino "ubi" = dove.

                    5   occhi di perle vaghi, luci torte
                        da ogni obietto diseguale a loro;
                        ciglie di neve, e quelle, ond'io m'accoro,
                        dita e man dolcemente grosse e corte;

                        labra di latte, bocca ampia celeste;
                   10   denti d'ebeno rari e pellegrini;
                        inaudita ineffabile armonia;

                        costumi alteri e gravi: a voi, divini
                        servi d'Amor, palese fo che queste
                        son le bellezze della donna mia.

- **5-8** *occhi graziosi* (**vaghi**) *di lacrime e cispe* (**di perle**), *occhi* (**luci**) *distorti* (**torte**) [: *che distolgono lo sguardo*] *da ogni oggetto* (**obietto**) *che non siano loro stessi* (**diseguale a loro**) [: *strabici*]; *ciglia* (**ciglie**) *canute* (**di neve**), *e quelle dita e* [*quelle*] *mani* (**man**) *dolcemente grosse e corte, per cui* (**ond'**) *io soffro* (**m'accoro**). La parodia investe tutto il sistema delle metafore petrarchesche; da notare inoltre l'effetto antifrastico dell'avverbio **dolcemente**, affiancato a aggettivi evidentemente dispregiativi.
- **9-14** *labra* (**labra**) *pallide* (**di latte**), *bocca larga* (**ampia**) [*e*] *livida* (**celeste**); *denti neri come l'ebano* (**d'ebeno**), *radi* (**rari**) *e poco saldi* (**pellegrini**); *voce* (**armonia**) *incredibile* (**inaudita**) *e indicibile* (**ineffabile**); *modi* (**costumi**) *sdegnosi* (**alteri**) *e fieri* (**gravi**): *a voi, platonici* (**divini**) *cultori dell'amore cortese* (**servi d'Amor**) [: *tra questi, il Bembo*], *dichiaro* (**palese fo**) *che sono* (**son**) *queste le bellezze della mia donna*. **Celeste**: il sarcasmo dell'aggettivo sta nella polivalenza del significato: "celeste" significa sia 'ceruleo' (qui, 'livido'), che 'proprio di una dea'.

T4 DALLA COMPRENSIONE ALL'INTERPRETAZIONE

COMPRENSIONE E ANALISI

Una parodia del petrarchismo La **strategia comica** di Berni qui è messa in atto per fare la **parodia del sonetto «Crin d'oro crespo e d'ambra tersa e pura» di Bembo**, che è una sorta di "manifesto" del petrarchismo. Essa consiste nell'usare i termini consueti della lode d'amore in **senso antifrastico**. Alcuni esempi: l'oro e l'argento sono spesso evocati dai poeti d'amore per sottolineare il carattere raro delle qualità fisiche della donna. Bembo, per esempio, inizia il suo sonetto con «Crin d'oro». Parallelamente Berni usa l'immagine dell'argento («Chiome d'argento»), ma la qualità da positiva diventa negativa: i capelli della donna sono bianchi. Subito dopo, con il «bel viso d'oro», Berni recupera da Bembo il riferimento a questo prezioso metallo, ma per indicare un viso giallo. Insomma Berni, con una mossa sola, realizza un **doppio movimento**: da un lato enumera **qualità tradizionalmente positive volgendole al negativo**, dall'altro ricalca le parole di Bembo spostandole dalla loro consueta area semantica (qui dai capelli al volto) e così cambiandone il segno. Analogamente al v. 3 l'aggettivo «crespa» è ripreso dal v. 1 di Bembo, ma invece d'essere attribuito al «crin» è riferito alla fronte, cosicché si cambia in negativo (la fronte è rugosa). E ancora: al v. 5 si parla di «occhi di perle», mentre Bembo aveva usato la metafora delle perle, naturalmente, per i denti (applicata agli occhi comporta invece il senso di occhi cisposi), e lo stesso si può dire per «cigli di neve» (Bembo impiega la parola «neve» per indicare il candore del volto). Un altro accorgimento è quello di usare le stesse espressioni della poesia petrarchesca, ma in modo equivoco, così, cioè, da poter loro assegnare anche una valenza diversa: per esempio, «u' mirando io mi scoloro» significa in ogni caso "io guardandole il viso impallidisco", ma si può impallidire tanto per l'ammirazione e l'amore quanto per il ribrezzo o il disgusto (e, in Berni, il significato è appunto questo secondo). La stessa cosa si può dire per il v. 4: la superiorità rispetto all'amore e alla morte (personificati, secondo la tradizione petrarchesca, a cui appartiene anche il termine «strali») può essere indizio della divinità della donna, ma anche di una bruttezza tale da scoraggiare amore e morte dall'avvicinarsi. Si noti infine che in tutto il sonetto, ma soprattutto nell'ultima terzina (dove ci si rivolge direttamente ai poeti d'amore), **la parodia non riguarda solo il significato delle parole ma anche il ritmo dei versi**, che riproduce quello solenne e "grave" dei petrarchisti.

INTERPRETAZIONE

Oltre la parodia: l'interpretazione di Bàrberi Squarotti Secondo Bàrberi Squarotti il carattere fondamentale della poesia di Berni «è il netto distacco dai canoni cinquecenteschi del decoro e della convenienza». Precisa il critico: «Si badi bene: non si tratta di un movimento parodico nei confronti della selezione linguistica e tematica del petrarchismo bembiano, anche se questo aspetto è pur presente entro il "libro" del Berni, quanto, piuttosto, della dimostrazione *in re*, nella costruzione anzitutto del discorso [...] di una fondamentale disposizione al capovolgimento dei significati, alla confusione delle situazioni verbali, alle estreme tensioni delle parole come mezzi per stabilire un **mondo stravolto**, difforme, deformato. E neppure si tratta di una condizione analoga a quella di un Aretino, con la sua tipica negazione delle regole della codificazione bembiana e classicistica della poesia e dell'ordinamento boccacciano della prosa: al Berni non interessa una problematica esclusivamente letteraria, non importa un'effettiva mediazione intorno al senso e ai modi della letteratura. [...] Egli non si pone problemi di norme, di imposizioni, non ricerca nuovi modelli o non istituisce dichiarazioni di libertà letteraria, non sperimenta lingue o stili o livelli nuovi di espressione o di genere [...]. L'operazione del Berni è, al tempo stesso, meno facile e meno radicale. Berni contrappone semplicemente alla costruzione chiusa e prevista della poesia bembiana [...] una **costruzione priva di intrinseca necessità, di misura essenziale e definita**».

T4 LAVORIAMO SUL TESTO

COMPRENDERE E ANALIZZARE

1. «u'mirando io mi scoloro» (v. 3): chiarisci nel contesto l'ambiguità di questa espressione.

INTERPRETARE

2. Confronta il testo con il sonetto di Bembo «*Crin d'oro crespo e d'ambra tersa e pura*» (cfr. cap. VI, **T1**, p. 143) e completa quanto segue. Berni riprende
   - lo schema, cioè ....
   - la struttura sintattica, cioè ....
   - alcuni termini, cioè ....

   Con quale effetto?

5 Il petrarchismo nell'Europa del Cinquecento: Ronsard in Francia

Il mutamento di ruolo sociale: il poeta diventa cortigiano nelle grandi corti europee

Vi sono ragioni sociali e culturali che spiegano la **diffusione del petrarchismo in Europa**. Si sta realizzando, in vari paesi europei, un profondo mutamento del ruolo sociale del poeta, quale era già stato anticipato in Italia nel corso del secolo XV: l'intellettuale si trasforma in cortigiano e vive in corti che – in Spagna, in Francia, in Inghilterra – non solo sono centralizzate e potenti, ma aspirano a svolgere una funzione di promozione culturale. **Il letterato** è ora consapevole di una sua separatezza dal mondo della pratica e della politica, in cui può essere solo un funzionario subalterno, ma anche dei privilegi che gli derivano dall'essere il depositario della cultura umanistica. Subalternità

Psicologia sociale dei letterati

e autonomia, dipendenza e orgoglio, senso di frustrazione e d'inferiorità per una condizione di dipendenza e senso di superiorità per la capacità di indagare la sfera intima e di padroneggiare gli strumenti della cultura e dello stile: i tratti di una psicologia sociale che risalivano a Petrarca e che Castiglione aveva idealizzato nel *Cortegiano* (non a caso tradotto nel Cinquecento in tutta Europa) vengono ora istituzionalizzati attraverso il petrarchismo.

L'influenza del petrarchismo italiano all'estero

A queste ragioni generali se ne aggiunsero di particolari. **Le guerre d'Italia** favorirono la presenza nelle varie corti italiane di diplomatici, di ufficiali, di funzionari – dunque di intellettuali – soprattutto spagnoli e francesi. L'influenza del petrarchismo italiano passa attraverso questi personaggi, e talora è promossa direttamente dai sovrani (come nel caso del re di Francia Francesco I e della sorella Margherita di Navarra). In altri casi si tratta invece di una influenza indiretta.

La prima fase del petrarchismo in Francia

Benché diffuso ben presto anche in Inghilterra e in Spagna, **il petrarchismo** diede nel Cinquecento i suoi risultati più significativi **in Francia**, dove però occorre distinguere **due fasi diverse**. Ci fu, come in Italia, una **prima fase** caratterizzata da un petrarchismo eclettico che si rifaceva alla poesia cortigiana del nostro Paese.

La seconda fase del petrarchismo francese: la *Deffense* (1549)

Il manifesto che annuncia il passaggio alla **seconda fase** del petrarchismo francese è del 1549 e si intitola *Deffense et illustration de la langue française* [Difesa e illustrazione della lingua francese], opera appassionata e violentemente polemica, scritta in due libri da Joachim Du Bellay, in collaborazione molto probabilmente con Ronsard. Du Bellay intende attaccare le rigide norme dell'Umanesimo, che inducevano a privilegiare il latino. Con questo manifesto nasce la scuola letteraria della **«Pléiade»** (la Pleiade è una costellazione di sette stelle principali: sette infatti furono i poeti che ne fecero parte) e, di fatto, la letteratura nazionale francese; ma nasce contraendo certamente un notevole debito nei confronti dei classici greci e latini e dei contemporanei modelli italiani.

Pierre de Ronsard

Il caposcuola indiscusso della «Pléiade», **Pierre de Ronsard** (1524-1585), visse all'inizio nell'ambiente di corte. Ma la sua carriera di uomo pubblico fu interrotta da una malattia che lo condannò alla sordità. Allora si volse agli studi e alla poesia, intraprendendo la carriera ecclesiastica e divenendo poeta ufficiale della corte di Carlo IX.

Gli *Amori*

Dopo aver contribuito a stendere la *Deffense et illustration de la langue française*, nel 1550 pubblica le *Odes*, ispirate a Pindaro. Ma i risultati più alti sono raggiunti quando unisce la lezione di Orazio a quella di Petrarca nel **primo libro di *Amours*** [Amori, 1552], dedicato a una giovane donna italiana, Cassandra Salviati, e composto di 183 sonetti. Il ricordo per la donna fuggevolmente intravista e poi sposa di un altro diventa desiderio struggente di perfezione e di bellezza. Un **secondo libro** di *Amours* uscì più tardi, e vi sono raccolte le liriche per Marie Dupin, fra cui quelle famose *Sur la mort de Marie* [Per la morte di Marie]: in esse una classica e composta grazia si unisce a un senso malinconico, tutto moderno, della caducità. Sempre sulla linea di *Amours* si collocano i due libri di *Sonnets pour Hélène* [Sonetti per Elena] pubblicati nel 1578 e dedicati ad una damigella di Caterina de' Medici, Hélène de Surgères.

T • Pierre de Ronsard, *Per la morte di Marie*

I *Sonetti per Elena*

Ronsard, creatore della lingua poetica francese

Ronsard può essere considerato il **creatore della lingua poetica moderna in Francia**. Nelle sue liriche la forte impronta letteraria dei versi, dovuta al culto della forma, all'erudizione, alla ripresa di spunti di poeti classici e di Petrarca, non soffoca e anzi favorisce l'espressione di una serena e genuina sensualità, con il suo gaio vitalismo e con le sue spossatezze e malinconie.

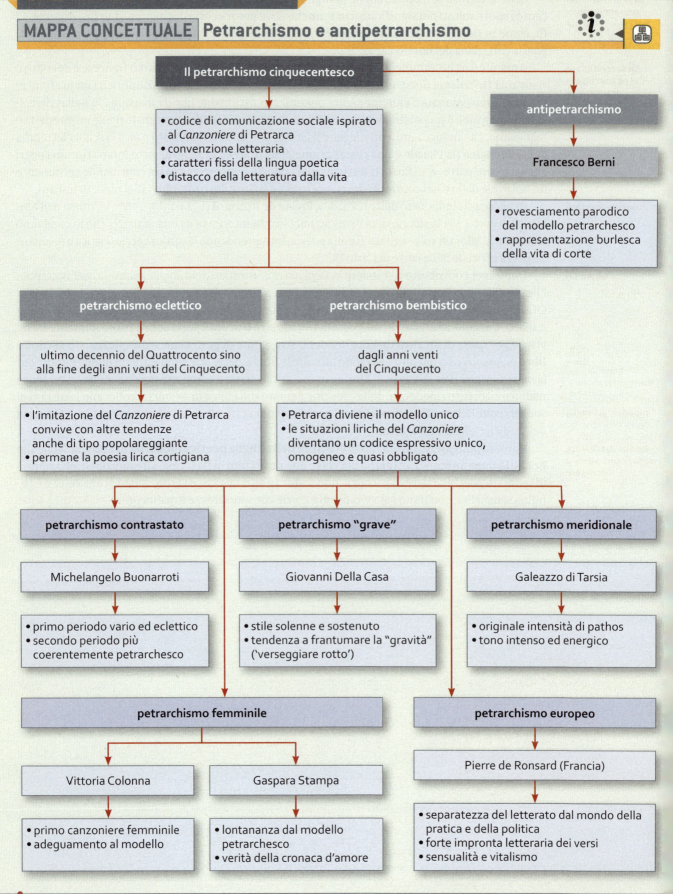

SINTESI

Le due fasi del petrarchismo cinquecentesco
Nel petrarchismo del Cinquecento si possono distinguere due fasi. Nella prima, che va dall'ultimo decennio del Quattrocento sino alla fine degli anni Venti del Cinquecento, permane ancora la poesia lirica cortigiana, in cui l'imitazione del *Canzoniere* convive con altre tendenze anche di tipo popolareggiante (si parla di un "petrarchismo eclettico"); nella seconda, a partire dagli anni Venti, s'impone il "petrarchismo bembistico". Alla seconda fase appartengono Michelangelo Buonarroti, Giovanni Della Casa e Galeazzo di Tarsia. In questo secondo momento della lirica cinquecentesca si segnala anche la novità della lirica femminile, in cui spicca il Canzoniere di Gaspara Stampa.

Michelangelo Buonarroti
Le *Rime* di Michelangelo (1475-1564) apparvero postume, nel 1623. Il petrarchismo di Michelangelo non è mai pacificato, resta sempre contrastato e contraddittorio. Lo ravvivano anzitutto il culto per Dante e la fedeltà alla tradizione comico-realistica toscana. Nell'attività poetica di Buonarroti si riscontra un primo periodo (dal 1503 alla fine degli anni Venti) più vario ed eclettico e un secondo (dagli anni Trenta alla morte) più coerentemente petrarchesco.

Giovanni Della Casa
Le *Rime* di Giovanni Della Casa (1503-1556), autore del *Galateo*, furono pubblicate, anch'esse postume, nel 1558. In Della Casa la "gravità" di uno stile solenne e sostenuto si unisce al "verseggiare rotto", la tendenza cioè a rendere inquieta e mossa quella gravità. Questo secondo aspetto costituisce l'elemento di maggiore novità rispetto al modello petrarchesco.

Galeazzo di Tarsia
Nei pochi versi (pubblicati postumi nel 1617) di Galeazzo di Tarsia (1520-1553), il poeta indulge a immagini rare e persino bizzarre, a un gusto dell'artificio e della sperimentazione che possono far pensare già al Barocco.

Il petrarchismo delle donne. Vittoria Colonna e Gaspara Stampa
Il petrarchismo offre un codice di comunicazione anche alle donne, e non solo alle donne aristocratiche. Tuttavia questo codice espressivo riflette inevitabilmente l'immaginario e il potere maschili, dunque è di fatto un codice estraneo. Tra le nobildonne va ricordata Vittoria Colonna (1490-1547), autrice del primo canzoniere femminile (1538) che offrirà alle poetesse un punto di riferimento obbligato. Al polo opposto è la più importante poetessa del periodo, la «cortesana» veneziana Gaspara Stampa (1523-1554), che varia il modello sia sul piano stilistico che su quello tematico per adattarlo alle esigenze della scrittura femminile. In quest'ultima l'alta stilizzazione petrarchesca cede il posto alla verità diretta di una cronaca d'amore.

L'antipetrarchismo di Francesco Berni
La tendenza al classicismo suscita come controtendenza un drastico rifiuto dei modelli canonizzati. Nel genere della lirica l'opposizione venne dall'ambiente toscano in cui la tradizione comico-realistica non aveva mai cessato di essere attiva. Il principale rappresentante della reazione antipetrarchista è infatti il toscano Francesco Berni (1487-1535), le cui *Rime* furono pubblicate postume a partire dal 1537.

Il petrarchismo in Europa. Pierre de Ronsard
Vi sono ragioni sociali e culturali che spiegano la diffusione del petrarchismo in Europa. In Francia è fondamentale il ruolo svolto dalla «Pléiade» e dal suo indiscusso caposcuola, Pierre de Ronsard (1524-1585), creatore della lingua poetica moderna francese. Nelle sue liriche la forte impronta letteraria dei versi, dovuta al culto della forma, all'erudizione, alla ripresa di spunti di poeti classici e di Petrarca, non soffoca e anzi favorisce l'espressione di una serena e genuina sensualità e di un gioioso vitalismo.

DALLE CONOSCENZE ALLE COMPETENZE

1 Individua l'affermazione sbagliata: il petrarchismo (§§ 1 e 2)
- A è un fenomeno puramente letterario
- B è un fenomeno culturale e sociale
- C si unisce al platonismo
- D caratterizza la società cortigiana

2 Collega correttamente (§ 1)

petrarchismo eclettico •
petrarchismo bembistico •

• dopo gli anni Venti del Cinquecento
• prende come unico modello il *Canzoniere*
• i *Trionfi* sono il nuovo canone da imitare
• la lirica petrarchesca convive con altre tendenze
• ultimi decenni del Quattrocento – anni Venti del Cinquecento

DAL RIPASSO ALLA VERIFICA

3 **Vero o falso? Il petrarchismo**
- A [V] [F] si apre a inflessioni locali
- B [V] [F] favorisce la tendenza all'evasione letteraria
- C [V] [F] salvaguarda i valori di decoro e di misura
- D [V] [F] contribuisce alla omogeneizzazione della lingua letteraria sul piano nazionale
- E [V] [F] stimola l'invenzione linguistica personale
- F [V] [F] provoca la cristallizzazione del linguaggio lirico

4 Quale era il ruolo delle donne nella politica di corte alla fine del Cinquecento? (§ 3)

5 Trascrivi, a fianco di ciascun poeta, le rispettive caratteristiche stilistiche desumendole dalle espressioni che trovi in calce (attenzione all'intruso) (§ 2)

Giovanni Della Casa ....

Galeazzo di Tarsia ....

Michelangelo ....

- tende a uno stile solenne e frantumato
- descrive paesaggio e affetti con intensità patetica
- il gusto dell'artificio e della sperimentazione lo induce a innovare il linguaggio petrarchesco
- la sua poesia è ricca di contrasti e aperta all'influenza di Petrarca e di Dante

6 **Collega correttamente (§ 3)**

- Gaspara Stampa •   • si adegua perfettamente al canone petrarchesco
- Vittoria Colonna •   • si ribella al canone petrarchesco
- Isabella di Morra •   • aspira a uno stile sublime e raffinato
- Chiara Matraini •   • esprime in un linguaggio aspro e sostenuto una tragica esperienza biografica
- Veronica Franco •   • si serve della poesia per comunicare elegantemente
-   • si distingue per lo stile prosastico e antipetrarchesco

7 Spiega come Gaspara Stampa riesca ad esprimere il modo di sentire femminile all'interno del petrarchismo, cioè di un modello di comunicazione eminentemente maschile. (§ 3 e T3)

8 Attraverso quali temi e trovate stilistiche Berni fa la parodia del petrarchismo? (§ 4 e T4)

9 Quale pensi sia il ruolo delle donne oggi? Discuti di una scrittrice del Novecento o contemporanea consigliata dal docente.

• Indicazioni bibliografiche

prometeo 3.0

Personalizza il tuo libro selezionando per questo capitolo materiali integrativi da Prometeo (di seguito ti proponiamo un elenco di materiali, ma puoi trovarne altri utilizzando il motore di ricerca).

- **SCHEDA** Il Michelangelo di Montale: un poeta in lotta con lo schema del sonetto
- **SCHEDA** Capitolo
- **TESTO** Michelangelo Buonarroti, «*Non ha l'ottimo artista alcun concetto*» [*Rime*, 151]
- **TESTO** Galeazzo di Tarsia, «*O felice e di mille e mille amanti*»
- **TESTO** Pierre de Ronsard, «*Quando sarai già vecchia*»

parte terza   L'età delle corti. La civiltà umanistico-rinascimentale (1380-1545)

Capitolo XV — Il teatro a corte

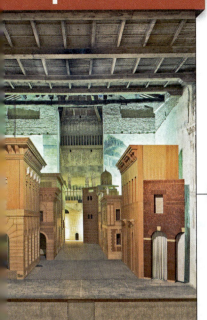

Vincenzo Scamozzi, *Teatro Olimpico*, 1587. Sabbioneta.

My eBook+

Cliccando su questa icona, docenti e studenti accedono ad un'area di personalizzazione che permette di arricchire i contenuti digitali già linkati lungo le pagine del libro. Nell'area di personalizzazione è possibile infatti salvare ulteriori materiali: selezionati da **Prometeo**, prodotti autonomamente o ricercati nella rete.

▶ *Per un elenco di materiali integrativi presenti nella biblioteca multimediale di Prometeo o per attivare una ricerca cfr. p. 506*

1 L'«invenzione» del teatro nelle corti rinascimentali

Il teatro diventa un'istituzione nella prima metà del Cinquecento

Gli studiosi hanno parlato di una **«invenzione del teatro»** (Macchia) avvenuta **nei primi decenni del Cinquecento**. In effetti, nella prima metà del secolo, il teatro passa da forma incerta e sperimentale a istituzione codificata. L'**istituzionalizzazione del teatro** (cioè il suo diventare "istituzione", elemento stabile e codificato del panorama culturale e sociale) è determinata dal peso decisivo che viene ad avere il testo letterario drammatico, dalla individuazione di luoghi specifici per la rappresentazione scenica e dall'elaborazione di complesse scenografie. **L'importanza del testo e degli autori** che lo compongono conferisce dignità letteraria e culturale al teatro – si pensi che vi si dedicano Ariosto e Machiavelli –; **l'individuazione di spazi specifici e la scenografia** affidata a professionisti di valore gli danno dignità artistica. L'affermazione del teatro favorì lo sviluppo di compagnie di attori. Nacque anche la professione di impresario teatrale.

Le ragioni culturali dell'affermazione del teatro

Alla base dell'«invenzione» cinquecentesca del teatro stanno **due fattori**, uno culturale, l'altro politico. **Sul piano culturale**, l'Umanesimo aveva scoperto il teatro latino e greco. Plauto e Terenzio per la commedia, Seneca per la tragedia divennero modelli da imitare. Lo studio del trattato latino di Vitruvio (I secolo d.C.), dedicato all'architettura, ma con un libro, il V, sulla scenografia e sugli edifici teatrali, dette suggerimenti sulla impostazione delle scene.

Il cambiamento del pubblico

Il teatro cessò così di essere rudimentale rappresentazione popolare o borghese di sacre rappresentazioni religiose e divenne **spettacolo signorile e cortese** di natura laica e profana. Il popolo poteva talora assistervi, quasi mai parteciparvi direttamente.

Le ragioni politiche dell'affermazione del teatro

C'è poi un **elemento politico** che favorì lo sviluppo del teatro: la rappresentazione delle commedie (in misura minore anche delle tragedie e di altre forme teatrali) in occasione di feste (per il carnevale, ma anche per nozze, battesimi ecc.) divenne un fatto mondano e culturale che sottolineava solennemente momenti cruciali della politica dinastica e dava comunque particolare presti-

Scena teatrale di Bernardo Buontalenti in occasione del matrimonio di Ferdinando de' Medici e Cristina di Lorena, Firenze 1589. New York, Metropolitan Museum of Art.

gio alla corte. Si sviluppava così la **concorrenza fra le varie corti**, che cominciarono a pagare cifre notevoli per la scenografia e la messa in scena degli spettacoli. Proprio queste ragioni politiche favorirono in un primo tempo lo **sviluppo della commedia** rispetto alla tragedia: la prima, infatti, si prestava assai meglio a celebrare le feste di corte (cfr. **S1** e **S2**).

Come per gli altri generi, anche per il teatro è possibile distinguere **due fasi** nella sua storia nel corso del Cinquecento: **all'inizio** prevalgono forme sperimentali; **poi**, negli anni Trenta e soprattutto nel corso dei Quaranta, il modello si stabilizza e infine viene codificato in modi che diventano (soprattutto per la tragedia) sempre più rigidi e costrittivi.

Lo spettacolo teatrale: la scena e gli attori • Lo spettacolo teatrale nell'Italia rinascimentale

S1   MATERIALI E DOCUMENTI

La nascita del teatro moderno come "spazio chiuso"

Mario Baratto, studioso storicista con forti interessi sociologici, ricostruisce qui l'affermazione del teatro come "spazio chiuso" e manifestazione di un'*élite* (nel Medioevo e nel Quattrocento le rappresentazioni si svolgevano invece in piazza o in chiesa ed erano aperte a tutti).

▶▶ Il primo punto delle nostre sintetiche definizioni concerne l'idea di uno *spazio chiuso*, all'interno del quale bisogna penetrare per godere lo spettacolo. Quale significato ha, sul piano tecnico, specificatamente teatrale, tale definizione? Significa che nasce, tra la fine del Quattro e i primi decenni del Cinquecento, l'idea di un *luogo teatrale specifico*, cioè di un luogo preparato e destinato al teatro.

In generale, tale luogo è offerto, nella grande maggioranza dei casi, da una *sala* o da una *corte* o cortile di un palazzo. [...]

Poi, si tende in alcune città a trasformare una sala, all'interno del palazzo, in *teatro permanente*. Si fa strada insomma l'idea del teatro come luogo specifico dello spettacolo, di tale rito profano per un pubblico nuovo. Il primo esempio che conosciamo di tale trasformazione è il teatro fatto costruire sotto la direzione dell'Ariosto, nel 1531, nel Palazzo Ducale di Ferrara, del quale nulla ci resta, perché fu distrutto l'anno seguente da un incendio. Né mancano esempi di teatri costruiti in luogo esterno, come il teatro in legno costruito a Roma in Campidoglio nel 1513 [...].

Dapprima, dunque, una sala o una corte addobbate in modo provvisorio, poi una sala o uno spiazzo già allestiti in modo permanente; infine la via per percorrere gli ultimi passi, verso la costruzione, dopo la metà del secolo, di un teatro autonomo, cioè di uno spazio sfruttato o di un edificio costruito esclusivamente per lo spettacolo. [...] Si passa così lentamente da un teatro provvisorio all'interno di una sala o di un cortile a un teatro permanente, con edificio in muratura, costruito per lo spettacolo.

M. Baratto, *La commedia del Cinquecento*, Neri Pozza, Vicenza 1975, pp. 41-49, con tagli.

Le origini dell'architettura teatrale

Anche in architettura il teatro moderno è un'invenzione dei primi del Cinquecento. Per lungo tempo, infatti, i testi teatrali furono rappresentati in spazi di corte non destinati esclusivamente a questo scopo.

A Ferrara, tra la fine del XV e i primi anni del XVI secolo, Pellegrini Prisciani, colto intellettuale di corte, concepisce l'idea di un edificio destinato esclusivamente agli spettacoli. A Ferrara in quegli anni dagli spettacoli del cortile di Palazzo Ducale si passa così alla Sala Grande, e poi alla Sala delle Udienze a Palazzo della Ragione; ad una prima fase in cui gli allestimenti prevedono la partecipazione di parte della cittadinanza ne segue una in cui la separazione fra la piazza e la corte diventa più sensibile. In nome del teatro classico, infatti, si costruisce una prima rudimentale struttura di teatro all'antica, con cavea e gradinata curva per accogliere il pubblico: un primo tentativo di ricostruzione filologica di teatro antico che Prisciani fissa nelle pagine degli *Spectacula*. L'idea di un luogo fisico stabile in cui mettere in scena la traduzione di un testo classico o un testo moderno prende corpo nemmeno venti anni dopo a Padova, nella loggia e nell'odèo Cornaro (1524). Si tratta di un ampio spazio privato, inserito nel disegno di un grande giardino, su cui si affacciano due edifici, la loggia e il cosiddetto odèo (nell'età greco-romana 'odèon' è il piccolo teatro destinato all'ascolto musicale). La loggia fu costruita nel 1524 dall'architetto Giovanni Maria Falconetto su commissione di Alvise Cornaro. Si tratta di un loggiato a cinque fornici (apertura arcuata) con funzione di scenografia, prospiciente un ampio spazio libero da cui il pubblico poteva assistere allo spettacolo quasi senza distinzione rispetto allo spazio scenico. Un secondo edificio che si affaccia sullo stesso spazio aperto, il cosiddetto odèo, fu costruito per la fruizione musicale: la sala ottagonale, dalla perfetta acustica, è decorata con il repertorio antico di grottesche e candelabri che riemerge dai primi scavi romani nella *Domus aurea* di Nerone.

Tuttavia il progetto di un grande teatro all'antica coperto e in muratura sarà realizzato molto più tardi, dal 1580 al 1585, con il Teatro Olimpico di Vicenza di Andrea Palladio: un monumentale proscenio di nicchie e semicolonne, ornato con statue e rilievi, apre cinque fughe prospettiche su una città antica; di fronte una cavea a gradoni coronata da un colonnato e statue. Il teatro, realizzato in buona parte dall'architetto Vincenzo Scamozzi (Palladio muore nel 1580), fu inaugurato nel 1585 con la rappresentazione dell'*Edipo re* di Sofocle e porta a compimento le ricerche sul teatro antico che avevano avuto inizio un secolo prima con Leon Battista Alberti.

Giovanni Maria Falconetto, Loggia Cornaro, 1524. Padova.

Gualtiero Padovano, decorazione a grottesche della sala ottagonale, 1530 circa. Padova, Odèo Cornaro.

Andrea Palladio, Teatro Olimpico, 1580-1585. Vicenza.

Pellegrino Prisciani, una pagina degli *Spectacula*, fine del XV secolo. Modena, Biblioteca Estense.

Ma l'edificio teatrale che idealmente chiude il secolo è il teatro Olimpico di Sabbioneta (1587). La costruzione, affidata da Vespasiano Gonzaga a Vincenzo Scamozzi, deve molto al Teatro Olimpico di Vicenza. E tuttavia nuova è la concezione dell'edificio come entità autonoma, che si aggiudica uno spazio esclusivo nel tracciato della città, che non deve farsi spazio fra strutture preesistenti. Il riferimento alla grandezza ispiratrice di Roma (*Roma quanta fuit ipsa ruina docet*, 'Le rovine stesse testimoniano quanto fu grande Roma'), ripetuto a lettere di bronzo nel marcapiano esterno, è ormai ridondante.

Vincenzo Scamozzi, Teatro Olimpico, 1587. Sabbioneta.

2. Gli iniziatori della commedia moderna: Ariosto, Machiavelli, Bibbiena

I "padri fondatori" della commedia moderna

I «**padri fondatori**» della commedia moderna sono Ariosto, Machiavelli e Bernardo Dovizi da Bibbiena (detto Bibbiena). Essi si ispirano direttamente ai modelli latini (Plauto e Terenzio) e a Boccaccio e conferiscono alle loro opere i caratteri principali di questo genere letterario, quali si prolungheranno sino ai nostri giorni.

Dal verso di Ariosto alla prosa di Machiavelli e Bibbiena

Mentre **Ariosto** (cfr. cap. X, § 6) preferisce il verso, in realtà poco adatto a rappresentazioni realistiche e borghesi, **Machiavelli** (cfr. cap. VII, § 9) e **Bibbiena** optano per la prosa, stabilendo un modello che si imporrà decisamente negli anni Venti. Ancora: mentre Ariosto, che risente delle esigenze e delle pressioni della corte estense, si rifà soprattutto a Terenzio e a un modello di teatro comico che sia anche pedagogico e morale, i toscani Machiavelli e Bibbiena scelgono come modelli Plauto e Boccaccio e puntano sulla rappresentazione, anche impietosa, dei costumi.

La commedia si afferma non casualmente in Toscana e nel Veneto

Anzi, bisogna notare sin da ora che **la commedia**, la quale esige ampio ricorso al parlato, e si basa su un repertorio popolare e borghese di beffe e di facezie, **si sviluppa soprattutto in Toscana** (Machiavelli, Bibbiena) o con autori toscani (Aretino), **oppure in Veneto**. Qui infatti il ricorso al dialetto – e dunque a un linguaggio vivo e parlato – come lingua della Repubblica di Venezia era prassi normale, mentre forme e spettacoli di tipo teatrale in dialetto erano frequenti e accoglievano spesso spunti del mondo contadino e popolaresco. Da questa realtà regionale e popolare muove il grande autore veneto Ruzzante, che scrive appunto in dialetto.

La *Mandragola* di Machiavelli e *La Calandria* di Bibbiena, modelli di commedia negli anni Venti

È soprattutto grazie ai successi della *Calandria* di Bibbiena e della *Mandragola* di Machiavelli che la **commedia esce negli anni Venti dal carattere sperimentale** che l'aveva contrassegnata sino allora, assumendo le forme che i due toscani le avevano dato. Mentre per la *Mandragola* rimandiamo al capitolo su Machiavelli (cfr. cap. VII, § 9), un'attenzione particolare merita *La Calandria*, che offrì al teatro cortigiano un fortunatissimo modello, a partire dall'ambientazione a Roma, destinata a divenire un *tópos*.

Bernardo Dovizi, detto il Bibbiena

L'autore, **Bernardo Dovizi**, era nato a **Bibbiena** (Arezzo) nel 1470: fu cardinale filomediceo, ed ebbe alle sue dipendenze Berni (cfr. cap. XIV, § 4). Castiglione lo presenta fra gli interlocutori del *Cortegiano*, come arguto maestro di facezie. Morì a Roma nel 1520.

La vicenda e le fonti della *Calandria*

La Calandria fu allestita a Urbino per il carnevale del 1513 e a Roma l'anno successivo. Lo spunto è tratto dai *Menaechmi* di Plauto, storia di due gemelli alla ricerca l'uno dell'altro, ma la vicenda è variata con trovate e beffe desunte dal *Decameron*. I gemelli Lidio e Santilla sono separati. Lidio cerca la sorella a Roma, dove s'innamora di Fulvia, moglie di Calandro, che già nel nome evoca la figura dello sciocco Calandrino di Boccaccio. Poiché per entrare in casa di Calandro, Lidio si veste da donna, Calandro se ne innamora a sua volta. Abbiamo così la **situazione paradossale** del marito tradito innamorato dell'amante della moglie, scambiato per donna. Parallelamente anche la sorella gemella Santilla vive travestita da uomo in casa di un mercante che vuole farle sposare la figlia. La vicenda è ovviamente basata sulle sventure del povero Calandro e termina con il ritrovamento di Lidio e Santilla.

La commedia, in sé, non ha riferimenti concreti alla società dell'epoca se non nel **prologo**, scritto in uno stile frizzante e irriverente, che prende di mira aspetti del costume e della vita quotidiana, coinvolgendo sin dall'inizio gli spettatori nella vicenda drammatica che sta per aprirsi.

T • Bibbiena, *Il prologo della* Calandria

3 La commedia in dialetto nel Veneto: *La Veniexiana*; Ruzzante

Ritardo dell'istituzione del teatro a Venezia

Mentre le varie corti italiane mettevano in scena Plauto e Terenzio o commedie di autori contemporanei, **nella Venezia repubblicana**, dove una corte non esisteva, **lo sviluppo del teatro** come istituzione **è più tardivo**. Inoltre nel 1508 il Consiglio dei Dieci aveva vietato, per ragioni morali ma in realtà politiche, le rappresentazioni teatrali. In compenso, esistevano a Venezia tradizioni popolari di tipo teatrale.

Le Compagnie della Calza

A partire dagli anni Venti si formano però le **Compagnie della Calza**, così chiamate per il colore della calza destra dei suoi membri, che raggruppano giovani patrizi. Queste compagnie allestiscono rappresentazioni teatrali per il carnevale, o per festeggiare qualche membro, o in occasione delle visite di ospiti illustri. Sono loro a organizzare per la prima volta messe in scena in sale aperte al pubblico pagante. **A poco a poco**, nonostante le diffidenze del senato, **il teatro conquista le classi alte**. La presenza del toscano Aretino (che abita a Venezia a partire dal 1527 e compone varie commedie) contribuisce a tale evoluzione (cfr. § 4).

La Veniexiana

Sono dei nobili dilettanti, protetti dall'anonimato, a ideare e a mettere in scena, intorno al 1536, in cinque atti, una delle commedie più riuscite del secolo, *La Veniexiana* (cioè, la commedia di Venezia), dove i personaggi, escluso uno (il giovane Iulio, che parla in italiano), usano il **dialetto** (quello veneto, naturalmente; ma non manca un facchino che parla in dialetto bergamasco). Si tratta dunque di una commedia plurilinguistica. Protagoniste sono due donne, la vedova **Angela** e la sposa novella **Valeria**, entrambe innamorate di **Iulio**, un giovane proveniente dalla Lombardia. Dapprima è Angela che, con l'aiuto della serva Nena, riesce ad avere per una notte Iulio; poi è Valeria, fiera e orgogliosa, che dopo una scenata di gelosia, aiutata dalla serva Oria, prende per sé il giovane. Il tema dominante è quello sensuale.

T • *La notte d'amore fra Angela e Iulio*

Verso la commedia dell'arte

A metà del secolo si chiude questa fase aperta e spontanea della produzione teatrale veneziana. Prevalgono forme sempre più chiuse e ripetitive che segnano il **passaggio alla commedia dell'arte**, basata su "canovacci" (cfr. **S3**, p. 494).

Angelo Beolco, detto il Ruzzante e il personaggio del contadino "pavano"

Presentò a Venezia le proprie commedie **Angelo Beolco, detto Ruzzante**, il quale però restò sempre legato all'ambiente natale di Padova, nei cui pressi era nato intorno al 1496. Beolco fu al servizio di un nobile veneziano, Alvise Cornaro, ricco proprietario di terre nella campagna padovana. Egli divenne l'amministratore delle terre di Cornaro, avendo così modo di conoscere da vicino il mondo contadino. Accanto a questa attività, ben presto egli cominciò a svolgerne un'altra

S3 ITINERARIO LINGUISTICO

Canovaccio

Il significato che la parola 'canovaccio' assume a partire dal XVI secolo all'interno della commedia dell'arte è figurato: infatti il "canovaccio" è propriamente un panno ruvido di canapa che si usa per lo più in cucina per asciugare stoviglie o simili (la voce deriva dal latino tardo *canapa*, attraverso la forma piemontese e lombarda *canovas* = strofinaccio; cfr. francese *canevas* = fatto di canapa, attestato nel XIII secolo). Dalla trama piuttosto rada della tela deriva il significato figurato: il "canovaccio" è infatti la trama di una commedia scritta in modo incompleto, cioè con l'indicazione degli atti e delle scene e una traccia sommaria dell'azione ma senza dialoghi: questi sono lasciati al talento e all'improvvisazione degli attori.

Dal significato figurato di "canovaccio" deriva oggi, per estensione, quello di 'abbozzo, linee schematiche, traccia' (per esempio di un'opera letteraria).

---

di attore, di impresario teatrale, di autore di testi drammatici. **Egli inventò per sé il personaggio del contadino "pavano"**, cioè padovano, **Ruzzante** (o Ruzante; si tratta di un cognome diffuso fra i contadini della zona, ma che all'autore evocava anche il termine "ruzzare", cioè 'giocare'). È un personaggio che vede la realtà da una prospettiva rovesciata rispetto a quella prevalente: una prospettiva dominata esclusivamente dalle esigenze primarie e dai bisogni naturali. L'uso del dialetto "pavano" è strettamente funzionale a tale ottica.

L'evoluzione verso il classicismo

Beolco morì nel 1542 quando si apprestava a mettere in scena una tragedia, la *Canace* di Sperone Speroni. E anche questa scelta è significativa della sua **evoluzione verso il classicismo**, che coincide, d'altronde, sul piano nazionale, con la fine della fase sperimentale del teatro cinquecentesco e con la sua istituzionalizzazione in norme sempre più rigide.

Ruzzante e Folengo

Ruzzante interpreta una figura d'intellettuale non lontana da quella di Folengo (cfr. cap. XII, § 2). È indubbiamente un **uomo di raffinata cultura umanistica**, che però si oppone al petrarchismo e al classicismo dominanti. Non si tratta dunque di un ingenuo autodidatta estraneo al mondo dei colti, come a lungo si credette, ma di un intellettuale che consapevolmente **polemizza con gli eccessi e gli artifici del mondo letterario** trovando un antidoto in quello popolare e contadino, nella sua "naturalità" contrapposta alle convenzioni della vita cittadina. Nelle sue opere **il personaggio del contadino** fa ridere non perché mostra la volgarità e i limiti della realtà popolare, ma perché rivela, con la sua vitalità e con la sua adesione ai bisogni materiali dell'esistenza, la logica rovesciata della società dominante. Insomma la **"naturalità"** è una poetica che da un lato presuppone l'idea umanistica di una natura felice e spontanea e dall'altro si ricollega alle tradizioni "carnevalesche" radicate nel mondo popolare. L'uso del "pavano" non è scelta di persona ignorante, ma lo strumento linguistico più adeguato a questa poetica.

"Naturalità" contadina e artificio cittadino

La tendenza di Ruzzante a una rivalutazione del mondo contadino, si rivela, oltre che nelle prime due opere, la **Pastoral** e la **Betìa**, anche nella **Prima Orazione**, in cui il contadino "pavano" si rivolge in dialetto a un cardinale per esprimere esigenze e bisogni del mondo contadino.

T • Ruzzante, *Le richieste di un contadino a un cardinale*

I *Dialoghi rustici*: Parlamento de Ruzzante e Bilora

I due capolavori della produzione teatrale di Ruzzante – i ***Dialoghi rustici*** che oggi portano il titolo di ***Parlamento de Ruzzante che iera vegnù de campo*** [Discorso di Ruzzante reduce dal campo militare] e di ***Bilora*** – riflettono però un'**evoluzione pessimistica**, evidente anche nella più importante commedia di questa fase, la **Moscheta** (che prende il titolo dal parlar "moscheto", cioè in modo letterario e fiorentineggiante, cui a un certo punto ricorre Ruzzante). Qui si percepisce uno stato d'animo di delusione. Le illusioni sulle virtù contadine sono ormai cadute: ma se da un lato Beolco denuncia l'**involuzione del personaggio contadino**, dall'altro, tuttavia, continua a vedere in esso quella fedeltà alla natura che consente ancora all'autore una **prospettiva diversa** rispetto al mondo delle convenzioni nobiliari e borghesi. Alla luce di tale prospettiva, la tragica condizione dei contadini può essere così realisticamente mostrata in tutta la sua obbiettività (cfr. **S4**).

S • I *Dialoghi rustici* e l'atteggiamento di Ruzzante verso il mondo contadino (L. Zorzi)

La vicenda del *Parlamento*

I dialoghi sono degli atti unici. **Nel primo dialogo**, il *Parlamento*, Ruzzante, reduce dal campo militare, va a Venezia a cercare la moglie Gnua, la quale intanto vive sotto la protezione di un bravaccio. Non solo la moglie, che ha sperimentato una condizione più agiata, non torna con lui, ma il bravaccio lo bastona. A Ruzzante non resta che sfogarsi con il compare Menato e sognare un'improbabile rivincita (cfr. T1, p. 496). **Nel secondo** (*Bilora*), ambientato anch'esso a Venezia, protagonista è Bilora, contadino subdolo e sanguinario, pure lui reduce dal campo di battaglia. **Nella *Moscheta*** ritorna il personaggio di Ruzzante, che si traveste parlando "moscheto" per misurare la fedeltà della moglie Betìa, la quale però gli preferisce un soldato bergamasco.

T • Ruzzante, *La guerra di Ruzzante*

Le ultime commedie: la *Piovana*, la *Vaccaria*, l'*Anconitana*

Nell'ultima fase della sua produzione, quella degli anni Trenta, anche Beolco **si avvicina ai modelli classici** e in particolare a Plauto, cui si ispirano le sue due nuove commedie: la *Piovana* e la *Vaccaria*. Tuttavia non c'è un passivo adeguamento agli schemi: l'autore continua a usare il "pavano" nella prima, mentre nella seconda esso è messo in bocca ai servi e i personaggi di più elevata condizione parlano in italiano. Un plurilinguismo ancora più complesso si trova nell'*Anconitana*, ove i personaggi si esprimono, oltre che in pavano e in italiano, anche in veneziano.

Ruzzante, *Moscheta*, regia di Marco Sciaccaluga, con Tullio Solenghi e Maurizio Lastrico. Produzione del Teatro Stabile di Genova, 2011.

S4 INFORMAZIONI

I contadini e la guerra

Con Ruzzante si rompe il silenzio storico che gravava da secoli sulla realtà del mondo contadino. Il villano, sia pure sotto la maschera comica, prende direttamente la parola per esprimere esigenze e bisogni delle classi subalterne. In polemica contro l'artificioso mondo pastorale dell'Arcadia, Ruzzante rivaluta il mondo rurale per la sua "naturalità", contrapposta all'ipocrisia cittadina. Nel *Parlamento de Ruzzante che era vegnù de campo*, Ruzzante disegna uno spaccato demistificante della realtà della guerra e degli sconvolgimenti sociali che ne derivavano nel mondo contadino. Vista dal basso, la guerra è una storia allucinata di terrori, di fughe, di massacri, di saccheggi, una storia nella quale comincia ad affiorare nei contadini un'embrionale presa di coscienza.

Tanto il rovesciamento del valore guerriero in quello della pura e semplice sopravvivenza, quanto il rifiuto di uccidere servono senz'altro a giustificare la paura e la vigliaccheria. Ma, insieme, essi esprimono una logica elementare di totale estraneità alla guerra, una logica non priva di buon senso e di una carica sovvertitrice nei confronti dell'esaltazione ufficiale del coraggio e dell'abnegazione militari. Questa immagine della guerra sfugge alla retorica degli uomini politici e dei condottieri, anch'essi, d'altronde, smitizzati da Ruzzante.

Il dialogo di Ruzzante con Menato e poi con la moglie Gnua mette a nudo le vere ragioni che spinsero i contadini ad arruolarsi nell'esercito ai tempi della Lega di Cambrai, nel 1509: non lo hanno fatto certo per ragioni patriottiche, ma per sfuggire alla miseria e fare fortuna.

Il comportamento di Ruzzante è decisamente antieroico, tutto l'opposto del soldato modello: getta via la spada, cambia bandiera per salvare la pelle, è sempre pronto alla fuga, cerca di rifarsi rubando agli altri contadini. Nessun senso dell'onore, nessun valore, nessuna identificazione in una causa, se non in quella del cibo. La speranza di mangiare si rivela presto illusoria: «Ma non ho guadagnato, né saccheggiato altro, io. Ho invece mangiato perfino le mie armi».

La fame e la roba sono i temi insistenti che caratterizzano il dialogo di Ruzzante con la moglie Gnua. Il ritorno a casa del reduce, sano e salvo, ma senza un soldo, completa il quadro dei disastri della guerra, che non solo non migliora, ma anzi peggiora le condizioni di Ruzzante. Egli perde anche la moglie. Il confronto con Gnua getta una luce crudele sulla dura determinazione economica che regola il rapporto fra i sessi. Alle proteste di affetto e di fedeltà del marito Gnua risponde con la continua richiesta di cibo e di roba. La moglie preferirebbe che fosse tornato senza un braccio o senza un occhio ma «l'avesse fatto per guadagnare»: «Egli mi promise di morire o di guadagnare, eppure è tornato come vedete». Due logiche inconciliabili: da una parte il valore della vita, dell'amore, della fedeltà, dall'altra la legge crudele della roba (cfr. T1). Lo sradicamento prodotto dalla guerra si riflette nella nuova condizione di Gnua, che sfugge alla miseria, trapiantandosi in città, e acquisendo la mentalità della prostituta cittadina. L'umiliazione di Ruzzante, con la scarica di bastonate inflittagli da chi gli ha rubato la moglie, è così totale.

Il tema della guerra vista dal rovescio, nelle conseguenze sconvolgenti che comporta sulle masse popolari, avrà fortuna in Europa nei secoli a venire, a cominciare dal fortunato romanzo tedesco del Seicento di Grimmelhausen, *L'avventuroso Simplicissimus*. Esso narra le picaresche avventure di un contadino sullo sfondo degli incendi, dei massacri e degli stupri che sconvolgono la Germania nella guerra dei Trent'anni. La carica di contestazione contro le classi dirigenti, già qui presente, diventa aperto rifiuto della guerra nel celebre dramma di Brecht, *Madre Courage* (1938-1939), che al *Simplicissimus* si ispira ed è pure ambientato durante la terribile guerra dei Trent'anni. Una vivandiera segue con il carretto gli eserciti, vivendo della guerra, che le uccide tutti i figli, e per tutta la vita continua a girare per sopravvivere tra campi distrutti e villaggi carbonizzati.

Questo punto di vista ingenuo, di totale estraneità agli eventi e ai valori ufficiali della guerra, sarà usato anche da Voltaire. *Candido* (il romanzo è del 1759), che nella guerra dei Sette anni vaga da un esercito all'altro, unicamente preoccupato di salvare la vita in tanta follia, diventa il pretesto per demistificare la guerra, che appare solo un cumulo di insensata violenza. E così fino a un

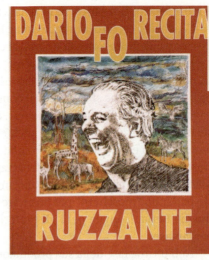

Manifesto dell'affabulazione in due atti di *Dario Fo recita Ruzzante* realizzato da Dario Fo. Teatro Nuovo di Spoleto, 1993.

altro illustre personaggio novecentesco, il buon soldato Švejk, il prototipo dell'ingenuo imbecille, che, nell'omonimo romanzo di J. Hašek (1923), è costretto a marciare verso il fronte russo, durante la Prima guerra mondiale. Qui è l'ottica quasi animalesca di un "cretino notorio", riformato per idiozia dalla commissione medica militare, che permetterà a Švejk di sottrarsi ai rischi della guerra e di sfuggire alle catene di una società oppressiva e violenta. Questo modo di vedere la guerra dal basso arriva fino al teatro contemporaneo di Dario Fo, che aggredisce, nei suoi dialoghi in fantasiosa lingua dialettale, luoghi comuni e retorica dell'ideologia ufficiale. Il punto di vista ingenuo del mondo popolare diventa qui punto di vista di classe, con una carica di consapevole rivolta contro un secolare dominio padronale.

T1 Ruzzante
Ruzzante ritrova la moglie Gnua

OPERA
Parlamento de Ruzzante, scena 3ª

CONCETTI CHIAVE
- i valori di Ruzzante contrapposti alla logica materiale della Gnua

FONTE
Ruzzante, *I dialoghi. La seconda oratione. I prologhi alla «Moscheta»*, ed. critica a cura di G. Padoan, Antenore, Padova 1981.

Alla fine della scena II Menato informa Ruzzante che la moglie è venuta a stare a Venezia e frequenta gli ambienti della prostituzione. Ruzzante all'inizio fa lo sbruffone; poi appare la moglie, che, vistolo così povero e in malarnese, dichiara la sua intenzione di non ritornare da lui. Quello fra Ruzzante e Gnua è un perfetto esempio di dialogo fra sordi: i valori a cui fa riferimento il primo (lealtà e amore, ad esempio) vengono sistematicamente irrisi dalla seconda. La logica di Gnua è ben riassunta nella domanda «Non sai che ogni giorno si mangia?».

GNUA Ruzante? Situ ti? Ti è vivo, ampò? Pota![1] Te è sì sbrendoloso, te he sì mala çiera...[2] Te n'he guagnò ninte, n'è vero, no?[3]

GNUA Ruzante? Sei tu? Tu sei vivo, infine? Potta![1] Tu sei così cencioso, tu hai così brutta cera...[2] Tu non hai guadagnato niente, non è vero, no?[3]

- 1 **Pota** (*Potta*): come i successivi **cancaro** (*canchero*) e **morbo** vale per interiezione di uso popolare.
- 2 **sì...çiera** (*così...cera*): *un così brutto aspetto*.
- 3 **Te...no** (*Tu...no*): il passaggio dalla considerazione dell'aspetto esteriore di Ruzzante alla immediata valutazione concreta dalla sua miseria è il tratto caratterizzante di Gnua (abbreviazione di "Benvegnua", 'Benvenuta', che suona ironico nel contesto).

RUZANTE   Mo n'hegi guagnò assé per ti, s'a' t'he portò el corbame[4] vivo?

GNUA   Poh, corbame! Te me he ben passù. A' vorae che te m'aissi pigiò qualche gonela pre mi.

RUZANTE   Mo n'è miegio che sípia tornò san de tutti i limbri, com a' son?

GNUA   Mei sì, limbri mé, in lo culo! A' vorae che te m'aissi pigiò qualche cosa. Mo a' vuogio andare, ché a' son aspità.

RUZANTE   Pota! Mo te he ben la bella fuga al culo. Mo aspeta un può.

GNUA   Mo che vuotu ch'a' façe chì, s'te n'he gniente de far de mi? Làgame andare.

RUZANTE   Oh, cancaro a quanto amore a' t'he portò! Te te vuosi ben presto andar a imbusare,[5] e sì a' son vegnù de campo a posta per veerte.

GNUA   Mo non m'hetu vezua? A' no vorae, a dirte el vero, che te me deroiniessi; ché a' he uno che me fa del ben, mi. No se cata cossì, agno dì, de ste venture.

RUZANTE   Poh, el te fa del ben! A' te l'he pur fatto an mi. A' no t'he fatto zà mé male, com te sé. El no te vuol zà tanto ben com a' te vuogio mi.

GNUA   Ruzante, setu chi me vol ben? Chi me 'l mostra.[6]

RUZANTE   Mei sì, che a' no te l'he mé mostrò?

GNUA   Che me fa che te me l'ebi mostrò, e che te no me 'l puosi mostrare adesso, ché adesso a' he anche de besogno? No setu che agno dì se magna? Se me bastasse un pasto a l'anno, te porissi dire. Mo el besogna che a' magne ogni dì, e perzò besognerae che te me 'l poissi mostrare anche adesso, ché adesso he de besogno.

RUZANTE   Ma non ho guadagnato assai per te, se ti ho portato il carcame[4] vivo?

GNUA   Poh, carcame! Mi hai ben pasciuta. Vorrei che tu mi avessi pigliato qualche vestito per me.

RUZANTE   Ma non è meglio che sia tornato sano di tutte le membra, come sono?

GNUA   Ma sì, membra, eh, nel culo! Vorrei che tu mi avessi pigliato qualche cosa. Ma voglio andare, ché sono aspettata.

RUZANTE   Potta! Ma tu hai proprio una gran fretta al culo. Via, aspetta un poco.

GNUA   Ma che vuoi tu che faccia qui, se tu non hai niente da fare con me? Lasciami andare.

RUZANTE   Oh, canchero a quanto amore ti ho portato! Tu ti vuoi subito andare a imbucare,[5] eppure sono venuto dall'accampamento apposta per vederti.

GNUA   Beh, non mi hai vista? Non vorrei, a dirti il vero, che tu mi rovinassi; perché ho uno che mi fa del bene, io. Non si trovano così, ogni giorno, di queste fortune.

RUZANTE   Poh, lui ti fa del bene! Te l'ho pur fatto anch'io. Non ti ho già fatto mai male, come tu sai. Lui non ti vuole certo tanto bene come ti voglio io.

GNUA   Ruzante, sai chi mi vuol bene? Chi me lo mostra.[6]

RUZANTE   Ebbene, (forse) che non te l'ho mai mostrato?

GNUA   Che mi fa che tu me l'abbia mostrato, e che tu non me lo puoi mostrare adesso, ché adesso ho ancora di bisogno? Non sai che ogni giorno si mangia? Se mi bastasse un pasto all'anno, tu potresti parlare. Ma bisogna che mangi ogni giorno, e perciò bisognerebbe che tu me lo potessi mostrare ancora adesso, ché adesso ho di bisogno.

---

4   **el corbame** (*il carcame*): *la carcassa*. Efficace e paradossale risulta l'accostamento ossimorico con l'aggettivo **vivo**, a sottolineare quasi il prodigio del suo ritorno dalla guerra.

5   **a imbusare** (*a imbucare*): *a nascondere*.

6   **Ruzante...mostra** (*Ruzante...mostra*): l'affetto di Ruzante, che non si concretizza in benefici visibili, non consente alcuna forma di apprezzamento da parte di Gnua. La sua attuale condizione di benessere non può essere rifiutata per motivi "sentimentali" estranei alla logica della sopravvivenza; quella logica che, subito dopo, le fa chiedere al marito: «Non sai che ogni giorno si mangia?» («No setu che agno dì se magna?»).

RUZANTE Poh, mo el se de' pur far deferinçia da om a omo. Mi, com te sé, a' son om da ben e om compio...

GNUA Mo a' la fazo ben: mo el ghe è an deferinçia da star ben a star male.[7] Aldi, Ruzante: s'a' cognossesse che te me poissi mantegnire – che me fa a mi? – a' te vorae ben mi, intiéndi-tu? Mo com a' penso che te si' pover om, a' no te posso veere. No che a' te vuogie male, mo a' vuogio male a la to sagura: ché a' te vorae veere rico, mi, açò a stassem ben mi e ti.

RUZANTE Mo, se a' son povereto, a' son almanco leale...

GNUA Mo che me fa ste tuò lealté, s'te no le può mostrare? Che vuotu darme? qualche peogion, an?

RUZANTE Mo te sé pure che, se aesse, a' te darae, com t'he zà dò. Vuotu ch'a' vaghe a robare e a farme apicare? Me consegeretu mo?

GNUA Mo vuotu ch'a' viva de agiere? e che a' staghe a to speranza? e che a' muora a l'ospeale?[8] Te ni è troppo bon compagno, a la fe', Ruzante. Me consegieretu mo mi?

RUZANTE Pota! Mo a' he pur gran martelo[9] de ti, mo a' sgangolisso! Mo no hetu piaté?

GNUA E mi he pur gran paura de morir da fame, e ti no te 'l pinsi. Mo n'hetu consinçia? El ghe vuol altro cha vender radichio né polizuolo, com a' fazo, a la fe', a vivere!

RUZANTE Pota! Mo, s'te me arbandoni, a' moriré d'amore.[10] A' muoro, a' te dighe che a' sgangolo...

GNUA E mi l'amore me è andò via dal culo per ti, pensando che te n'he guagnò com te dîvi.

RUZANTE Poh, ma si deve far differenza da uomo a uomo. Io, come tu sai, sono uomo dabbene e uomo costumato...

GNUA Non lo metto in dubbio: ma c'è anche differenza da star bene a star male.[7] Ascolta, Ruzante: se sapessi che tu mi potessi mantenere – che mi fa a me? – ti vorrei bene io, intendi? Ma quando penso che sei pover uomo, non ti posso vedere. Non che ti voglia male, ma voglio male alla tua sfortuna: ché ti vorrei vedere ricco, io, acciò (che) stessimo bene io e tu.

RUZANTE Ma, se sono poveretto, almeno sono leale...

GNUA Ma che mi fanno queste tue lealtà, se tu non le puoi mostrare? Che vuoi darmi? qualche pidocchione, eh?

RUZANTE Via, tu sai che, se avessi, ti darei, come ti ho già dato. Vuoi che vada a rubare e a farmi impiccare? Mi consiglierai così?

GNUA E vuoi che io viva di aria? e che stia alla tua speranza? e che muoia all'ospedale?[8] Neppure tu sei troppo buon compagno, in fede, Ruzante: mi consiglierai me così?

RUZANTE Potta! Eppure ho una gran passione[9] di te, spasimo! Ma non hai pietà?

GNUA E io pure ho gran paura di morir di fame, e tu non te lo pensi. Ma non hai coscienza? Per vivere, in fede, ci vuol altro che vendere radicchio né insalata, come faccio!

RUZANTE Potta! Ma, se tu mi abbandoni, morirò d'amore.[10] Muoio, ti dico che spasimo...

GNUA E io, l'amore mi andò via dal culo per te, pensando che tu non hai guadagnato come tu dicevi.

- **7 Mo a'...male** (*Non lo...male*): nel sistema dei valori della donna la differenza non riguarda le qualità morali (sostenute, in qualche modo, da Ruzante) ma quelle della convenienza immediata, del soddisfacimento dei bisogni primari di sussistenza (stare bene/stare male).
- **8 a l'ospeale** (*all'ospedale*): l'ospedale funzionava anche come estremo ricovero per i poveri.
- **9 gran martelo** (*gran passione*): espressione figurata per dire il tormento d'amore.
- **10 a'...d'amore** (*morirò d'amore*): la differenza tra Ruzante e Gnua è qui evidentissima: mentre l'uno muore di amore e se ne strugge, l'altra, in realtà, non vuole morire di fame e si adopera a evitare questo incombente pericolo.

RUZANTE Pota! Te he ben paura che 'l ne manche. No manca zà mé... a robare.

GNUA Pota! Te he pur gran cuore e tristi lachiti.[11] A' no vego niente, mi.

45 RUZANTE Pota! Ma a' no son se lomé arivò chive...

GNUA Mo l'è pur quatro misi che ti te partissi.

RUZANTE L'è ben an quatro misi che no te he dò fastidio.

GNUA Mo el non è minga asé questo che te me di' adesso, a veerte cossì pover om? E anche sempre a' n'he abù, ché a' me pensava ben, mi, che l'anderae cossì,[12] che te tornerissi frofante.

50 RUZANTE Mo l'è stò per mea segura...

GNUA Mo porta an la penitinçia ti. Vuotu che la porte mi, an, compagnon? Saràela mo onesta? A' cherzo ben de no.

RUZANTE Mo a' no he zà colpa mi...

GNUA Mo sì, a' l'he mi, Ruzante! Chi no se mette a prìgolo, no guagna. A' no cherzo che
55 ti t'abi cazò troppo inanzo per guagnare; ché el se te ne veerae pur qualche segno.[13] Se Dié m'ai', te no si' stò gnian in campo: te si' stò in qualche ospeale. No vitu che te he fatto tuta la çiera da un furfante?

MENATO Viu, compare, se la è com a' ve dighe mi? A' di' po' vu de avere sfrisò o tagiò el viso. Saráela mo megio per vu, ché la 'l creerae che a' fossé stò soldò e braoso.

60 GNUA Compare, a' vorae che l'aesse pì presto butò via un brazo o una gamba, o cavò un ogio, o tagiò via el naso: e che 'l paresse che 'l foesse stò ananzo da valent'omo,[14] e che 'l paresse che l'aesse fatto per guagnare, o per amore, intendiu, compare?

RUZANTE Potta! Tu hai ben paura che ci manchi. Non manca certo mai... a rubare.

GNUA Potta! Tu hai pure gran coraggio e stinchi molli.[11] Non vedo niente, io.

45 RUZANTE Potta! Ma non sono che appena arrivato qui...

GNUA Ma sono pure quattro mesi che tu ti partisti.

RUZANTE Sono ben anche quattro mesi che non ti ho dato fastidio.

GNUA Ma non è mica assai questo che tu mi dici adesso, a vederti così pover uomo? E ancora sempre ne ho avuto, che mi pensavo bene, io, che l'andrebbe così,[12] che tu torneresti miserabile.

50 RUZANTE Ma l'è stato per mia salvezza...

GNUA E porta anche la penitenza tu. Vuoi che la porti io, ah, compagnone? La sarebbe forse giusta? Credo bene di no.

RUZANTE Ma non ho certo colpa io...

GNUA Ma sì, l'ho io, Ruzante! Chi non si mette in pericolo, non guadagna. Non credo che tu ti
55 sia cacciato troppo innanzi per guadagnare; ché te se ne vedrebbe pure qualche segno.[13] Se Dio m'aiuti, tu non sei neanche stato in guerra: tu sei stato in qualche ospedale. Non vedi che tu hai fatto tutta la cera di un miserabile?

MENATO Vedete, compare, se la è come vi dico io? Parlate poi voi di avere sfregiato o tagliato il viso. La sarebbe pur meglio per voi, ché lei lo crederebbe che foste stato soldato e spavaldo.

60 GNUA Compare, vorrei che lui avesse piuttosto buttato via un braccio o una gamba, o cavato un occhio, o tagliato via il naso: e che si vedesse che lui fosse stato innanzi da valentuomo,[14] e che si vedesse che lui l'avesse fatto per guadagnare, o per amore mio, intendete, compare?

---

11 gran...lachiti (gran...molli): modo di dire proverbiale con il senso di "molto fumo e poco arrosto" ovvero molta apparenza e poca sostanza.

12 che l'anderae cossì (che l'andrebbe così): che sarebbe andata così.

13 qualche segno: Gnua allude alle eventuali ferite che sul corpo di Ruzante dovrebbero attestare la sua partecipazione "eroica" alla guerra. Il fatto che il marito sia ritornato a casa tutto sommato sano e salvo fa malignamente dubitare la donna.

● **14** e che...valent'omo (e che...valentuomo): cioè che il marito si fosse esposto con coraggio in prima linea, a sprezzo del pericolo (cosa che, dalla scena seconda, sappiamo assai difficile).

No che a' faza, compare – intendiu? – per roba; ché mi – intendiu? – no me pò mancare: mo perché el par che l'eba pur fatto puoco conto de mi, e che 'l sìpia stò poltron, e che el s'abia portò da poltron, intendiu? El me promesse de morire o guagnare, e sì è tornò com a' vi'.[15] No che, compare, a' volesse che l'aesse male. Mo chi creerae che 'l foesse stò in campo?
　　　　Menato　A' v'intendo, comare. Se Dié m'ai', che aì rason. A' ghe l'he ditto an mi: a' vossevu un signale che 'l foesse stò ananzo. Almanco cossì, una sfrisaura...
　　　　Gnua　Sì, che 'l poesse dire e mostrarme: «A' he questa per to amore».
　　　　Ruzante　Oh, morbo a la roba e chi la fé mé![16]

　　　　Non che faccia, compare – intendete? – per roba; ché a me – intendete? – non mi può mancare: ma perché appare che l'abbia pur fatto poco conto di me, e che sia stato vigliacco, e che si sia comportato da vigliacco, intendete? Egli mi promise di morire o guadagnare, eppure è tornato come vedete.[15] Non che, compare, volessi che lui avesse male. Ma chi crederebbe che lui fosse stato in guerra?
　　　　Menato　V'intendo, comare. Se Dio m'aiuti, che avete ragione. Gliel'ho detto anch'io: voi vorreste un segno che lui fosse stato innanzi. Almeno così, uno sfregio...
　　　　Gnua　Sì, che lui potesse dire e mostrarmi: «Ho questa per amor tuo».
　　　　Ruzante　Oh, morbo alla roba e chi la inventò mai![16]

- **15** *El me...vi'* (*Egli mi...vedete*): in pratica Ruzante non ha corrisposto a nessuna delle promesse fatte: non è morto (da valoroso) e neppure è diventato ricco; e soprattutto quest'ultimo fatto Gnua non è in grado di sopportarlo.
- **16** *Oh, morbo...mé* (*Oh, morbo...mai*): a Ruzante non rimane che maledire le stringenti ragioni economiche che gli hanno allontanato per sempre l'affetto della donna.

T1 DALLA COMPRENSIONE ALL'INTERPRETAZIONE

COMPRENSIONE E ANALISI

Ruzzante, Gnua, Menato　Sulla scena a dividersi le battute sono in tre: Ruzzante, Gnua, Menato.
Menato, compare di Ruzante, assolve al **ruolo di "spalla"**. Interviene solo due volte, la prima rivolgendosi a Ruzante, la seconda a Gnua. In entrambi i casi sostiene la stessa tesi, rimproverando dolcemente Ruzante e assecondando pacatamente Gnua: sarebbe stato meglio per il compare ritornare dalla guerra con un segno tangibile, uno «sfregio» qualunque a testimonianza del suo *status* di combattente. E questo per farsi perdonare di essere tornato vivo ma senza un quattrino in più rispetto a quando era partito.
Tutto il resto del dialogo è occupato dalle **battute di Ruzzante e di Gnua**. Le lingue che essi parlano sono totalmente estranee. Ruzante dice di voler bene a Gnua e Gnua replica subito che voler bene significa saperlo "mostrare", cioè dimostrare in modo concreto, ad esempio procurando di che mangiare ogni giorno. Ruzante rivendica le sue qualità di «uomo dabbene e uomo costumato» e Gnua ribatte che potrebbe anche volergli bene così com'è, «dabbene e costumato», se sapesse di poter essere mantenuta come si conviene; ma dal momento che Ruzzante è un «pover'uomo», l'integrità e l'onestà – lussi tollerabili in un ricco – diventano insignificanti, quasi fastidiosi. Gnua aggiunge poi che non ce l'ha con Ruzzante, ma con la sua «sfortuna», che vorrebbe vederlo ricco per poter stare con lui e amarlo. Ma **l'amore è un sentimento volatile**, un altro lusso da ricchi, e comunque quest'amore di cui ciancia Ruzzante, sostenendo che per esso potrebbe anche morire, le è "andato via dal culo" quando ha scoperto che la **guerra** non ha minimamente ingrossato il portafoglio di Ruzzante, che è, se possibile, più miserabile di prima. Se le cose stanno così – a questo punto la logica di Gnua diventa ancora più crudelmente conseguenziale – la ragione non può essere che una sola: Ruzzante è tornato povero perché in fondo lo ha voluto, non si è esposto, ha preferito salvare la pelle piuttosto che rischiare. «Chi non si mette in pericolo, non guadagna»: e queste parole sono una pietra tombale sulle argomentazioni di Ruzzante. Uno che ritorna come è partito, senza un quattrino in più e senza uno «sfregio», una ferita, una mutilazione da esibire, in guerra potrebbe non esserci nemmeno stato: «Non che, compare, volessi che lui avesse male. Ma chi crederebbe che lui fosse stato in guerra?».

INTERPRETAZIONE

Ruzzante e Gnua: due diversi "caratteri" ma anche due logiche a confronto **Ruzzante** non riduce mai le proprie ragioni a quelle dell'egoismo. In un brano qui non antologizzato cercava delle **motivazioni ideali, sia pure alla rovescia**, per giustificare il proprio comportamento, sostenendo, per esempio, che in guerra sono valentuomini quanti riescono a salvarsi. In questo brano mostra di credere ancora alla forza dei sentimenti e dei valori, seppure elementari, come la lealtà e la fedeltà. Questa sua parziale non identificazione con se stesso e con la realtà delle cose gli lascia ancora uno spazio per l'immaginazione, che si rivela nelle smargiassate, nelle promesse, nelle minacce. Viceversa **la moglie conosce solo la logica della realtà, cioè della fame e del bisogno**. Anche lei ha fuggito la miseria, spostandosi dalla campagna alla capitale (Venezia), ma, a differenza del marito, ha raggiunto, seppure con la prostituzione, il suo obiettivo: avere ogni giorno da mangiare. A Ruzzante, che minaccia di morire d'amore, si limita a rispondere che l'affetto che ella aveva per lui è finito vedendo in quale stato è ritornato dalla guerra. **I sentimenti dipendono dalle condizioni materiali**, e Ruzzante non può garantirle quelle che lei ha trovato a Venezia. Il torto del marito è stato di averle promesso di «morire o guadagnare» e invece è tornato povero e senza un graffio. Non si tratta certo di una richiesta di coraggio ispirata a valori ideali. E infatti Ruzzante ne capisce subito il senso esclamando «Oh, morbo a la roba e chi la fé mé!» («Oh, morbo alla roba e chi la inventò mai!»). La **logica crudele della roba** fa così ingresso, per la prima volta con tanto rigore e vigore, nella letteratura italiana.

T1 LAVORIAMO SUL TESTO

COMPRENDERE

1. Riassumi brevemente il dialogo tra Ruzzante e la moglie Gnua.
2. Dove si svolge la scena?
3. Che cosa intende Gnua quando afferma che il bene bisogna saperlo "mostrare"? (righi 17-22, 30)

ANALIZZARE

Il linguaggio dell'amore e della roba

4. Individua le qualità che rivendica costantemente Ruzzante.
5. Che cosa pensa Gnua dell'amore?
6. A quale crudele conclusione approda Gnua con la frase: «Chi non si mette in pericolo, non guadagna?»
7. **LINGUA E LESSICO** La simpatia dell'autore per il mondo popolare e contadino si manifesta anche nel linguaggio, in che modo?

INTERPRETARE

Un dialogo tra sordi

8. Quali illusioni aveva fomentato la guerra tra i contadini? Perché il confronto tra Ruzzante e Gnua assume subito la forma di un conflitto?

«morire o guadagnare»

9. Morire o guadagnare: questa era stata la promessa di Ruzzante prima di partire per la guerra. Invece egli torna a casa vivo e senza un soldo. Per il contadino chi salva la pelle è «valentuomo», per Gnua invece è un vigliacco. Come spieghi il giudizio della donna? La moglie condivide forse le ragioni della guerra?

«morbo e la roba e chi la fé mé»

10. **TRATTAZIONE SINTETICA** Spiega in una trattazione sintetica (max 15 righe) il perché di questa invettiva finale di Ruzzante. Considera quali conseguenze ha avuto la guerra per lui sulla vita privata e i rapporti familiari.

4 Aretino e la normalizzazione della commedia; la "commedia dell'arte"

La poetica anticlassicistica di Aretino e la sua attività di commediografo

Coerentemente con la sua poetica anticlassicistica, **Aretino** (di cui abbiamo trattato vita, opere e poetica nel cap. VI, § 5) si ispira alla natura e alla realtà assai più che ai modelli classici. Era questa, d'altronde, anche la tendenza prevalente a Venezia dove egli era andato a risiedere nel 1527. **Oggetto delle commedie di Aretino** è la società contemporanea, satiricamente rappresentata nei costumi e nella vita quotidiana. Prima di giungere a Venezia, a Roma aveva scritto una commedia, *La cortigiana* (1525), in cui aveva messo sotto accusa i vizi della curia e della città e preso drasticamente le distanze – sin dal titolo – dal libro di Castiglione che, per quanto ancora non

La cortigiana

Pietro Aretino, Il dovere del matrimonio e le sue "gioie"

pubblicato, circolava manoscritto. A Venezia riscrive questa commedia in una seconda redazione del 1534, più organica dal punto di vista della struttura teatrale e meno acremente polemica. Già l'anno prima però aveva composto **Il marescalco**, in cui, oltre a discutere comicamente sulle gioie del matrimonio, mette in scena la beffa fatta dai cortigiani a un omosessuale, il marescalco appunto, costretto suo malgrado a prendere moglie; ma si tratta di una finzione e la sposina è in realtà un giovanotto. Le tre commedie successive – **Talanta e Ipocrito** del 1542 e **Il filosofo** del 1544 ma stampata due anni dopo – confermano la grande inventività linguistica e mimetica dell'Aretino, ma già tendono a cristallizzarsi in schemi classici: anche Aretino, insomma, non sfugge ai criteri che andavano imponendosi in quegli anni e comincia a rifarsi ai modelli canonici di Terenzio e di Boccaccio. Per certi versi, anzi, egli «anticipa un fenomeno, che sarà ben presto generale, di regolamentazione interna del genere e insieme di anestesia della sua carica trasgressiva» (Marzia Pieri). Di questa conversione al classicismo dell'anticlassicista Aretino è documento anche la **tragedia in versi Orazia** (1546).

La conversione al classicismo nelle commedie successive

Fra gli anni Quaranta e i Sessanta la commedia fu sottoposta a una **normativa via via sempre più costrittiva** da vari teorici come Bernardino Daniello, Trissino, Giraldi Cinzio. Questa normalizzazione, a cui bisogna unire il clima moralistico e censorio che si andava affermando con la Controriforma cattolica, provocò una crisi della commedia e la sua progressiva **trasformazione in "commedia dell'arte"**. Quest'ultima non prevedeva più un testo scritto, sostituito da un canovaccio (cfr. **S3**, p. 494), che conteneva un riassunto della vicenda, diviso in scene. Tutto, o quasi tutto, veniva lasciato all'inventività di attori professionisti, i quali improvvisavano rifacendosi in realtà agli schemi di un repertorio popolare basato sui tipi fissi delle maschere (Arlecchino, Pantalone, Brighella ecc.).

La normalizzazione della commedia e l'affermazione della "commedia dell'arte"

5 La tragedia

La tragedia e la Poetica aristotelica

Per Aristotele la tragedia è, con il poema epico, il genere più alto e nobile. **La scoperta della Poetica aristotelica**, prima nella traduzione latina di Lorenzo Valla (1498), poi nel testo greco (pubblicato nel 1508), alimenta le discussioni teoriche fra i letterati e le loro ambizioni di confrontarsi con un modello così elevato. Tuttavia l'interesse per la tragedia resta, nel primo trentennio del secolo, più filologico e letterario che teatrale.

Caratteri, fonti e modelli della tragedia

Le **caratteristiche della tragedia** sono già chiare: il linguaggio deve essere aulico e solenne, mentre l'argomento, ispirato alla storia o alla mitologia, deve essere luttuoso, con colpe e pene messe in opportuno rilievo per provocare la finale catarsi (cfr. **S5**) dello spettatore.

Il modello greco e la Sofonisba di Trissino

All'inizio, nell'ambiente fiorentino, prevale il modello greco, promosso soprattutto da **Giangiorgio Trissino**, autore della **Sofonisba** pubblicata nel 1524, qualche anno dopo la sua composizione.

Trissino può essere considerato con la Sofonisba il **fondatore del genere tragico**. Tuttavia, sul piano strettamente teatrale, la tragedia si affermerà grazie all'opera di un altro autore, **Giovan Battista Giraldi Cinzio**, intellettuale della corte ferrarese di Ercole II d'Este.

Il modello latino e Giraldi Cinzio

Giovan Battista Giraldi, detto Cinzio, rifiuta la formula ispirata al modello greco e opta invece per il **modello latino di Seneca**. Inoltre imposta in senso moralistico e già controriformistico le sue tragedie (ne scriverà dieci), facendo coincidere morale e ragion di Stato. Il successo della sua prima, famosissima tragedia, l'**Orbecche** (1541), sarà dovuto all'unione di moralismo cattolico e di temi e toni forti a carattere orrido, con cadaveri senza testa, gesti violenti, spettri e furie portati sulla scena.

Amore e ragion di Stato nell'Orbecche di Giraldi Cinzio

S5 ITINERARIO LINGUISTICO

Catarsi

La voce 'catarsi' deriva dal greco *kátharsis* che significa 'purificazione': essa è entrata nell'uso attraverso la *Poetica* del filosofo greco Aristotele (IV sec. a.C.), in cui si afferma che il compito della tragedia è la «kátharsis tōn pathématon» (cioè la 'purificazione dalle passioni') degli spettatori attraverso il loro coinvolgimento emotivo. Gli uomini sono infatti sconvolti da passioni e sentimenti e la tragedia li aiuta a liberarsene per lasciare l'animo sgombro e pronto al suo vero compito, cioè la meditazione.

Dalla dottrina aristotelica (e dalla religione greca, dove la "catarsi" era un rito magico per purificare corpo e anima dalla contaminazione del male e delle passioni), la voce ha assunto il significato filosofico di 'purificazione dell'anima dal corpo e dalla materia', cioè di 'purificazione spirituale'. Il termine 'catarsi' è usato anche in psicoanalisi con il significato di 'liberazione da esperienze traumatiche ottenuta facendo riaffiorare alla coscienza, e facendo rivivere sul piano razionale, gli eventi responsabili di quelle esperienze'.

La polemica fra Giraldi Cinzio e Sperone Speroni

La discussione a questo punto si estende e si fa vivace anche per la **polemica fra Giraldi Cinzio** e il padovano **Sperone Speroni** che nel frattempo aveva prodotto *Canace* (1542), opera più disimpegnata sul piano ideologico e morale, più libera dalle preoccupazioni del dogmatismo retorico e rivolta a un pubblico più borghese che aristocratico. Il contrasto tra Giraldi Cinzio e Speroni tende a risolversi, a partire dalla metà del secolo, a favore del primo con l'affermazione di una tragedia controriformista sul modello dell'*Orbecche*.

DAL RIPASSO ALLA VERIFICA

MAPPA CONCETTUALE | Il teatro

SINTESI

Il teatro nel Cinquecento
Nella prima metà del Cinquecento il teatro assume un'importanza nuova e si dà regole "precise". Nella storia del teatro cinquecentesco è possibile distinguere due fasi: in una prima fase si assiste alla sperimentazione di nuove forme; a partire dagli anni Trenta, però, viene messo a punto un modello, che prevede il rispetto di norme stabilite in modo via via più rigoroso. Alla base dell'«invenzione» cinquecentesca del teatro stanno due fattori, uno culturale, l'altro politico. Sul piano culturale, l'Umanesimo aveva scoperto il teatro latino e greco. Il teatro cessa così di essere rudimentale rappresentazione popolare o borghese di sacre rappresentazioni religiose e diviene spettacolo signorile e borghese di natura laica e profana. Sul piano politico, la rappresentazione teatrale diviene un fatto mondano e culturale che sottolinea i momenti cruciali della politica dinastica e dà prestigio alla corte. Proprio per queste ragioni politiche in un primo tempo si sviluppa la commedia rispetto alla tragedia.

I fondatori della commedia moderna
I "padri fondatori" della commedia moderna sono Ariosto, Machiavelli e Bernardo Dovizi da Bibbiena (detto il Bibbiena). È soprattutto grazie ai successi della *Calandria* (1513) e della *Mandragola* (1518) che la commedia esce dal carattere sperimentale che l'aveva contrassegnata sino ad allora.

La Veniexiana
Nella Venezia repubblicana, malgrado le diffidenze e i divieti del senato, il teatro a poco a poco conquista le classi alte. Sono dei nobili dilettanti a mettere in scena, intorno al 1536, una delle commedie più riuscite del secolo, *La Veniexiana*.

Ruzzante
Presentò a Venezia le proprie commedie anche Angelo Beolco (1496 ca.-1542), detto Ruzzante. Egli inventò per sé il personaggio del contadino "pavano" (cioè padovano) Ruzante che vede la realtà da una prospettiva rovesciata rispetto a quella prevalente: una prospettiva dominata esclusivamente dalle esigenze primarie e dai bisogni naturali. I capolavori di Ruzzante sono i due *Dialoghi rustici*, in cui vengono a cadere le illusioni sulle virtù contadine.

La tragedia. Trissino e Giraldi Cinzio
La scoperta della *Poetica* aristotelica alimenta le discussioni teorico-letterarie sulla tragedia. All'inizio prevale il modello greco, grazie soprattutto alla *Sofonisba* (1524) di Giangiorgio Trissino. Sul piano strettamente teatrale, però, la tragedia si afferma con Giovan Battista Giraldi Cinzio: la sua prima tragedia, l'*Orbecche* (1541) gode di uno straordinario successo.

DALLE CONOSCENZE ALLE COMPETENZE

1 L'affermazione del teatro nella prima metà del Cinquecento è dovuta (§ 1)

- A ☐V ☐F al grande successo di alcune commedie
- B ☐V ☐F all'importanza che il teatro assume a corte
- C ☐V ☐F alla capacità di improvvisazione di grandi attori
- D ☐V ☐F al peso decisivo che assume il testo letterario
- E ☐V ☐F alla rigida codificazione classicistica del genere
- F ☐V ☐F alla scoperta del teatro religioso e popolare
- G ☐V ☐F alla scoperta del teatro latino e greco

2 Qual è l'importanza storica della *Mandragola* e della *Calandria*? (§ 2)

3 "Canovaccio" significa (§ 3)

- nel linguaggio corrente ....
- nel linguaggio figurato ....

4 La "catarsi" è (S5)
- A la parte iniziale della tragedia
- B il culmine della tensione drammatica
- C lo scioglimento della tensione drammatica
- D la purificazione dalle passioni da parte degli spettatori

5 Quali sono le ragioni culturali e politiche che permettono l'istituzionalizzazione del teatro nelle corti rinascimentali? (§ 1)

6 Che importanza ha la scoperta della *Poetica* aristotelica ai fini della codificazione della tragedia? (§ 5)

7 L'uso del dialetto "pavano" da parte di Ruzzante a quale ottica è funzionale? (§ 3)

8 Che cosa differenzia la "commedia dell'arte" dalla *Mandragola*? (§§ 3 e 4)

9 I *Dialoghi* di Ruzzante riflettono la tradizionale satira contro il villano o rivelano un atteggiamento diverso verso il mondo contadino? (§ 3, T1)

• Indicazioni bibliografiche

prometeo 3.0

Personalizza il tuo libro selezionando per questo capitolo materiali integrativi da Prometeo (di seguito ti proponiamo un elenco di materiali, ma puoi trovarne altri utilizzando il motore di ricerca).

- **LO SPETTACOLO TEATRALE: LA SCENA E GLI ATTORI** Il teatro del Quattrocento fra tradizione e sperimentazione

GLOSSARIO

A

ablativo assoluto costrutto sintattico tipico della lingua latina. È formato da un part. e da un sost. grammaticalmente autonomi rispetto alla frase principale e che, in latino, sono in caso ablativo. Nell'italiano letterario l'*a. a.* ha funzione di inciso. P. es. «per ciò che di me altro possa avvenire che quello che della minuta polvere avviene, la quale, *spirante turbo*, o egli di terra non la muove, o se la muove la porta in alto e spesse volte sopra le teste degli uomini [...] la lascia» (BOCCACCIO).

acròstico componimento poetico (e gioco enigmistico) in cui le lettere iniziali della prima parola di ogni verso (o quelle iniziali di ogni parola), lette in verticale, formano un nome o una frase di senso compiuto. L'esempio più illustre di *a.* è l'*Amorosa visione* di Boccaccio: le lettere iniziali di ogni **terzina**, lette di séguito, formano una serie di tre **sonetti** che fungono da **proemio** all'opera.

adynaton (gr. = cosa impossibile) figura retorica che consiste nel rimarcare l'impossibilità di un fatto tramite una **perifrasi** a carattere **iperbolico** e **paradossale**. P. es., «Lo mar potresti arompere, a venti asemenare, / l'abere d'esto secolo tut[t]o quanto asembrare: / avere me non pòteri a esto monno» (CIELO D'ALCAMO).

afèresi fenomeno linguistico per cui si ha la caduta di uno o più suoni all'inizio di una parola. P. es.: "state" per 'estate' e "verno" per 'inverno'.

aforìsma (o *aforismo*) breve testo o frase dal carattere sentenzioso, spesso **paradossale** e **antifrastico**. L'*a.* enuncia una verità assoluta che di solito non coincide con l'opinione comune.

agiografia genere in cui è narrata la vita esemplare di un santo. Nel Medioevo l'*a.* ha un carattere spiccatamente fantastico e si avvicina ai modi della leggenda.

allegorìa figura retorica per cui un concetto astratto (ideale, morale, religioso, politico) viene espresso attraverso una serie di immagini concrete alle quali l'autore ha attribuito un significato **metaforico**. L'*a.* per **antonomasia** della letteratura italiana è la *Commedia* dantesca (cfr. **figura**), ma un buon es. è anche in Petrarca (*Canz.* CLXXXIX): la nave che solca il mare in tempesta rappresenta la vita umana che si muove tra difficoltà e pericoli; il naufragio è la morte, e il porto la salvezza e la pace (anche in senso religioso).

allitterazione figura retorica che consiste nella ripetizione degli stessi suoni all'inizio di due o più parole contigue o anche all'interno di esse. Può essere impiegata per rafforzare legami semantici tra parole o per crearne di nuovi. P. es.: «a *mezza* via *come* nemico *armato*» (PETRARCA).

anacoluto costruzione (che la grammatica normativa giudica scorretta) consistente nel cominciare una frase senza terminarla in modo sintatticamente adeguato, di solito variandone il soggetto dopo un inciso. Fenomeno comune nel parlato (p. es. "*Io*, ieri, *mi capitò* una brutta avventura"), può essere impiegato in letteratura a fini **mimetici** o **espressionistici**. Spesso in Boccaccio si hanno *a.* del tipo: «*Il Saladino*, [...] avendo in diverse guerre e in grandissime sue magnificenze speso tutto il suo tesoro [...], *gli venne* a memoria un ricco giudeo, il cui nome era Melchisedech».

anàfora figura retorica consistente nella ripetizione di una stessa parola (o di più parole) all'inizio di versi o enunciati successivi. P. es.: «*Figlio*, l'alma t'è 'scita, / *figlio* de la smarrita, / *figlio* de la sparita, / *figlio* attossecato!» (JACOPONE).

anagramma figura retorica (e gioco di parole) che consiste nella permutazione (cioè nello scambio reciproco) delle lettere che compongono una parola allo scopo di formarne un'altra di significato diverso. Quattro possibili anagrammi della parola "Roma" sono, p. es., "ramo", "armo", "mora" e "amor".

analessi in linguistica, ripresa di una stessa parola. In narratologia, l'*a.* (o *flashback*) è la rievocazione di un evento passato rispetto al momento in cui si svolge l'azione principale (p. es., nell'*Odissea*, il racconto retrospettivo di Ulisse ai Feaci, che risale fino alla caduta di Troia). È il fenomeno opposto alla **prolessi**.

analogìa procedimento compositivo per cui si sostituiscono ai consueti rapporti logici, sintattici e semantici delle parole altri rapporti basati su somiglianze (anche remote ma percepibili intuitivamente) tanto sul piano del **significato** quanto su quello del **significante** (cfr. anche **simbolismo** e **fonosimbolismo**). Un'*a.* può esplicitarsi in una **metafora** oppure rimanere implicita nel testo.

anàstrofe figura retorica consistente nell'inversione dell'ordine abituale degli elementi del periodo. Riguarda di solito il compl. di specificazione e l'agg. («fue / *di cherubica luce uno splendore*»: Dante) oppure il compl. ogg. e il verbo. Può essere considerata come una sottospecie dell'**iperbato**.

anticlimax o **climax discendente** consiste in una progressiva discesa di **registro** linguistico o di **stile**, talvolta (ma non necessariamente) con effetti **parodici** e **satirici**. Un es. di *a.* "seria" è «O mia stella, o Fortuna, o Fato, o Morte» (PETRARCA).

antifrasi è la forma più esplicita di **ironia** e consiste nel dire qualcosa intendendo l'esatto contrario di ciò che si dice. L'eliminazione di eventuali ambiguità è sempre garantita dal contesto. Un es. di *a.* ricorrente nella lingua parlata è la frase "Che bella giornata!" per intendere che il tempo è brutto.

antinomìa in filosofia, termine indicante la contraddizione tra due proposizioni (*tesi* e *antitesi*) entrambe dimostrabili come vere.

antìtesi figura retorica consistente nell'accostamento di due parole o frasi di significato opposto. P. es. «*Pace* non trovo, et non ò da far *guerra*; / e *temo* et *spero*; et *ardo* et son un *ghiaccio*» (PETRARCA).

antonomàsia figura retorica che consiste nella sostituzione a) di un nome comune con un nome proprio (p. es. "imperatore" con «Cesare»: DANTE); b) di un nome proprio con una **perifrasi** che lo caratterizza in termini universalmente noti (p. es. 'Italia' con «il bel paese / ch'Appennin parte, e 'l mar circonda et l'Alpe»: PETRARCA); c) di un nome proprio con un appellativo che lo identifica in modo inequivocabile (p. es. 'Afrodite' con «Citerea» [cioè 'di Citera', l'isola che accolse Venere dopo la sua nascita]: DANTE).

apòcope (o *troncamento*) caduta della vocale o della sillaba finale di una parola. P. es. "amor" (= amore), "van" (= vanno).

apòdosi nel periodo ipotetico, è la proposizione principale da cui dipende logicamente una subordinata condizionale (detta **protasi**). P. es.: "se oggi non piove, *uscirò a fare quattro passi*".

apòlogo (dal gr. "apòlogos" = racconto) narrazione di tipo **allegorico** con espliciti fini pedagogici, morali o filosofici.

apòstrofe figura retorica che consiste nel rivolgere bruscamente il discorso a un **destinatario** reale o immaginario (presente o assente), in tono sdegnato o commosso. Può essere associato con la **personificazione**. P. es.: «Ahi Pisa, vituperio de le genti / del bel paese là dove 'l sì suona, / poi che i vicini a te punir son lenti, / muovasi la Capraia e la Gorgona, / e faccian siepe ad Arno in su la foce, / sì ch'elli annieghi in te ogne persona» (DANTE).

àrea semàntica (o *campo semantico*) insieme strutturato di parole che fanno riferimento a una data area concettuale, la cui unitarietà è accettata intuitivamente dai parlanti di una lingua. P. es., l'insieme dei termini di colore ("rosso", "nero", "blu") o quello delle parole relative alla sfera dei sentimenti ("amore", "amicizia", "affetto", ecc.) formano due distinte *a.s.*

asìndeto figura retorica consistente nella soppressione delle congiunzioni coordinanti (p. es.: "e", "o", "ma") all'interno della frase. L'uso reiterato di queste congiunzioni dà luogo invece al **polisindeto**. Un es. di *a.* è «*Fresco ombroso fiorito* e verde colle» (PETRARCA).

assimilazione fenomeno linguistico che si ha quando un suono (vocalico o consonantico) si adatta (diventa simile) al suono che lo precede o lo segue nel corpo della parola. Nel caso dell'ital. "fatto", dal lat. "factum", si parla di *a.* consonantica *regressiva*, tipica del toscano. Nel romanesco "monno", dal lat. "mundum", l'*a.* consonantica si dice invece *progressiva* e si ritrova solo nei dialetti centro-meridionali.

assonanza identità delle sole vocali della parte finale di due parole, a cominciare dalla vocale **tonica**. P. es.: *sole*: *ponte*.

àtona, sìllaba sillaba non accentata (contrario di **tonica**). Nella parola "sillaba", p. es., "la" e "ba" sono atone.

atto ciascuna delle suddivisioni principali di un'opera teatrale (v. **tragedia** e **commedia**). Si chiama **atto unico** la rappresentazione drammatica costituita da un solo *a.*

àulico (dal lat. "aula" = corte, reggia) agg. riferito a parola o **stile** alto, legato a una tradizione illustre. *A.* deve essere, per Dante, il volgare modello (*De vulgari eloquentia*). **Aulicismo**, di conseguenza, si definisce il termine letterario di tradizione colta, spesso un latinismo o un arcaismo.

autobiografia genere letterario in prosa in cui autore, narratore e personaggio principale sono la stessa persona. Nell'*a.*, diversamente da generi a essa affini come la **memorialistica**, il racconto (di tipo retrospettivo, a differenza del diario) ricopre tendenzialmente l'intera vita dell'individuo, privilegiandone lo sviluppo della personalità rispetto agli avvenimenti esterni che possono entrare a far parte della narrazione.

autògrafo in **filologia** è l'orginale, scritto di proprio pugno dall'autore. P. es., l'unico *a.* pervenutoci del *Decameron* di Boccaccio è il **codice** Hamilton 90 (o B), conservato a Berlino. Di Dante non si conserva nessun *a.*, mentre del *Canzoniere* di Petrarca abbiamo una *a.* (il Vat. lat. 3196) e un **codice**, il Vat. lat. 3195, solo in parte *a.* ma redatto sotto la sorveglianza dell'autore e perciò considerabile a tutti gli effetti come un originale.

avanguàrdia categoria storiografica moderna: in senso proprio si può parlare di *a.* solo a partire dall'Ottocento. Il concetto di *a.* (strettamente collegato a quello di **sperimentalismo**) fa riferimento a un gruppo di scrittori la cui **poetica** e attività creativa si situa consapevolmente in una posizione di rottura nei confronti della tradizione.

B

ballata (o *canzone da ballo*) forma strofica elaborata nel Duecento, originariamente con accompagnamento musicale e destinata alla danza. La struttura della *b.* prevede una **ripresa** (o **ritornello**) e una (o più) **stanze**, ognuna delle quali si divide in almeno due **piedi** e una **volta** (che ha schema identico alla ripresa). Il primo verso della volta rima con l'ultimo verso del secondo piede, e l'ultimo con l'ultimo verso della ripresa. La *b.* si può chiudere con una **replicazione** di forma uguale alla volta o alla ripresa. Tra i diversi tipi di *b.* ricordiamo: a) la **ballata mezzana**, con ripresa di tre versi **endecasillabi** (oppure due endecasillabi più uno o due **settenari**), usata tre volte dal Petrarca nel *Canzoniere* (LV, LIX, CCCXXIV); b) la **ballata minore**, con ripresa di tre versi (p. es. «*In un boschetto trova' pasturella*» di Cavalcanti).

biografia genere storiografico di origine classica in cui è narrata la vita di un personaggio illustre. Nel Medioevo il genere è ripreso da Petrarca nel *De viris illustribus*. Cfr. anche **agiografia**.

bisillabo verso di due sillabe, assai raro nella metrica italiana.

bucòlico (o *pastorale*), **gènere** il *g.b.* ha come modello le *Bucoliche* di Virgilio e l'**idillio** greco ed è ambientato nel mondo felice e idealizzato dei pastori (l'Arcadia, simbolo della poesia). In Italia il genere viene coltivato soprattutto nel Quattrocento, tanto in poesia (cfr. **egloga**) quanto nel **romanzo** e, successivamente, anche come forma drammatica. Gli ultimi esempi di *g.b.* si hanno ai primi del Settecento con gli arcadi.

burlesco, gènere genere poetico nato in Toscana a partire dalla seconda metà del XIII sec. con alcuni precedenti nella poesia goliardica latina medievale. Appartiene alla corrente della *poesia giocosa* rappresentata da Rustico Filippi, Forese Donati, Cecco Angiolieri e Folgòre da San Gimignano. La forma tipica del *g.b.* è la **parodia**, inizialmente spesso esercitata nei confronti dello stilnovismo: alla idealizzazione stilnovista della donna, i poeti giocosi contrappongono una concezione sensuale e carnale dell'amore.

C

calligramma componimento poetico in cui la disposizione tipografica dei versi raffigura un oggetto (di solito l'argomento stesso della poesia). Il termine deriva da *Calligrammes*, titolo di una raccolta poetica di Guillaume Apollinaire (1880-1918), ma la tradizione della *poesia figurata* risale all'antichità.

campo semàntico cfr. **area semantica**

cànone per *c.* letterario o estetico si intende l'insieme degli autori e delle opere che, in una data epoca, si ritiene debbano obbligatoriamente far parte delle letture di una persona colta. Il *c.* offre in concreto, agli scrittori, modelli **stilistici** e regole di **genere** da seguire e rispettare.

cantare genere popolare trecentesco in **ottave**, di argomento avventuroso, **epico** o cavalleresco, cantato nelle piazze dai giullari. Il *c.* è spesso anonimo (p. es. *Fiorio e Biancifiore*), ma compongono cantari anche Boccaccio e Pulci.

canterina che si riferisce ai **cantari**.

càntica l'insieme dei canti, rispettivamente, di *Inferno*, *Purgatorio* e *Paradiso*, ovvero ognuna delle tre parti in cui è divisa la *Commedia* di Dante.

canti carnascialeschi genere poetico-musicale con struttura metrica affine a quella della **ballata**, di contenuto licenzioso e osceno ma a volte anche satirico e politico. I *c.c.* venivano eseguiti a Firenze (tra il XV e il XVI sec.) nel periodo di carnevale. I *trionfi* si distinguono dagli altri *c.c.* perché destinati a essere cantati in cortei di maschere ispirate a personaggi mitologici: l'esempio più famoso di *trionfo* è la Canzona di Bacco (detta anche *Trionfo di Bacco e Arianna*) di Lorenzo de' Medici.

canzone forma metrica derivata dalla **canso**, in origine con accompagnamento musicale. La *c. classica* (o *antica* o *petrarchesca*) è formata da un numero variabile di **stanze** (in genere tra cinque e sette) uguali tra loro per numero di versi, per disposizione dei tipi di verso (che sono, a partire da Petrarca, solo **endecasillabi** e **settenari**) e per schema di **rime**. Le stanze sono formate dalla **fronte** (che può essere divisa o meno in **piedi**) e dalla **sirma**, collegate tra loro dalla **chiave**. La canzone conclude di solito con un **congedo**. Dal Seicento in poi si ha anche la *c. libera* (o *leopardiana*) in cui le **stanze** sono di lunghezza irregolare ed endecasillabi e settenari si alternano secondo uno schema libero e privo di rime obbligatorie.

canzone da ballo cfr. **ballata**.

canzonetta genere poetico-musicale spesso di argomento amoroso e tono popolare. Metricamente, può assumere varie forme, tra cui quelle della **canzone** (ma con struttura semplificata e con versi più brevi dell'**endecasillabo**), del **madrigale** e della **ballata** (soprattutto nel Quattrocento). Un es. di *c.* è «*Meravigliosamente*» di Giacomo da Lentini.

capìtolo forma metrica composta da **terzine** di **endecasillabi** a **rima incatenata** e conclusa da un verso isolato (ABA BCB CDC ... YZY Z). Sono *c.* i canti della *Commedia* di Dante e i *Trionfi* del Petrarca.

catàcresi **metafora** istituzionalizzata ed entrata nell'uso comune: p. es. "il collo della bottiglia".

catarsi nella *Poetica* di Aristotele designa la purificazione delle passioni degli spettatori a opera della **tragedia**.

cesura è la pausa di intonazione (coincidente con un limite di parola) che divide il verso; nell'**endecasillabo**, individua due **emistichi**.

chanson de geste locuzione francese che indica un genere **epico** in versi (di solito **décasyllabes**) in **rima** o **assonanza**, nato in Francia nel XII sec. e diffuso nelle piazze dai giullari. Celebra le imprese (le "gesta") di un eroe nelle guerre nazionali. Un es. è la *Chanson de Roland*.

chiasmo figura retorica consistente nel disporre in modo incrociato, rompendo il normale parallelismo sintattico, i membri corrispondenti di due **sintagmi** o di due proposizioni. P. es.: «Siena mi fé, disfecemi Maremma» (DANTE).

chiave (o *concatenàtio*) nella **stanza** è la **rima** che unisce il primo verso della **sirma** con l'ultimo della **fronte**.

classicismo nella storia letteraria il termine ha due significati: a) il culto di alcuni autori greci e latini in funzione normativa e prescrittiva (come nell'Umanesimo e nel Rinascimento o nel Neoclassicismo settecentesco); b) l'imitazione di scrittori diversi ritenuti esemplari in un dato periodo e rispondenti a determinate caratteristiche estetiche come equilibrio, chiarezza, linearità ecc.

climax (o *gradàtio*) figura retorica che può designare un'**anadiplosi** continuata oppure, nell'accezione moderna, una progressione crescente e graduale di parole o **sintagmi** con generale effetto di amplificazione. Si parla in questo caso più precisamente di *c. ascendente* (per il *c. discendente* cfr. **anticlimax**). P. es.: «e *videmi* e *conobbemi* e *chiamava*» (DANTE). Per analogia il concetto di *c.* può essere esteso anche alla metrica e al ritmo.

còdice in **filologia** è il libro antico manoscritto. Dal lat. "codex" = tronco d'albero, perché in passato si scriveva su tavolette di legno cerate; per **metonimia** il termine è passato a designare il nuovo materiale scrittorio, che è inizialmente pelle di animale e poi carta.

còmico, stile nella **teoria degli stili** medievali, lo *s.c.* o *medio* (contrapposto al **tragico**) privilegia un **registro** medio-basso, contenuti quotidiani e terreni e metri come il **sonetto**. È rivolto a un pubblico vasto che comprende, oltre alle *élites* nobiliari e alto-borghesi, anche i ceti intermedi e gli artigiani. È anche lo stile usato da Dante in molte parti della *Commedia*.

commèdia genere teatrale nato in Grecia intorno al VI sec. a.C. Strutturalmente, al contrario della **tragedia**, è caratterizzato dalla presenza di un inizio triste (o da una situazione incerta per il protagonista) e di finale lieto. Lo **stile** adottato è quello **comico**. Dante definisce il proprio poema «comedìa» proprio perché vi dominerebbe lo stile comico o medio.

comparazione a) figura retorica consistente in un paragone tra due termini ("la mia camera è grande quanto la tua") b) **similitudine** più articolata espressa mediante forme correlative del tipo "come...così", "quale...tale". P. es.: «E *come* quei che con lena affannata / uscito fuor del pelago a la riva / si volge a l'acqua perigliosa e guata, / *così* l'animo mio, c'ancor fuggiva, / si volse a retro a rimirar lo passo / che non lasciò già mai persona viva» (DANTE).

concatenazione cfr. **chiave**

congedo (o *commiato*; in prov. *tornada*) **strofa** che di solito chiude la **canzone**. Riproduce in genere la forma della **sirma** o della parte finale della **stanza**, ma può anche avere uno schema proprio.

consonanza identità delle sole consonanti della parte finale di due parole, dopo la vocale **tonica**. P. es.: *seme*:*ramo*. Cfr. anche **assonanza**.

contrasto genere poetico di vario metro e contenuto (amoroso, politico o storico) ma sempre strutturato in forma di dialogo. Famoso è il *Contrasto* di Cielo d'Alcamo.

coro nella **tragedia** greca era la parte declamata da un gruppo di attori-danzatori (*coreuti*) che esprimevano il punto di vista della collettività. Nella tragedia moderna (p. es. in quella manzoniana) e nel dramma musicale, il *c.* è invece un brano lirico in cui l'autore esprime il proprio personale stato d'animo nei confronti degli eventi narrati.

crònaca genere medievale basato sull'esposizione cronologica dei fatti storici, riguardanti una città o un'area geografica limitata. Importanti sono le *c.* di Dino Compagni e Giovanni Villani.

D

deaggettivale detto di nome o verbo che deriva da un aggettivo. P. es. "bellezza" e "abbellire", da "bello".

decasìllabo verso di dieci sillabe (se l'**uscita** è **piana**) con accenti di 3ª, 6ª e 9ª nella forma canonica (dal Settecento in poi, p. es. in Manzoni). È usato raramente nella poesia antica, talvolta come variante **anisosillàbica** del **novenario** e dell'**endecasillabo** (p. es. in Jacopone).

décasyllabe verso francese e provenzale di dieci **piedi**. È il metro di molti generi **lirici**, come il *planh* provenzale e la *ballade* in lingua d'oïl, e ha costituito il modello dell'**endecasillabo** italiano. Un es. da Villon: «Je n'ay plus soif, tairie est la fontaine» [Non ho più sete, asciutta è la fontana].

dedicatàrio **neologismo** coniato sul modello di **destinatario**. È la persona a cui è dedicato un testo letterario (una poesia, una **tragedia**, ecc.) e il cui nome figura a volte all'inizio del componimento.

dedicatòria lettera di dedica con cui l'autore invia il proprio testo a un **dedicatario**, spesso allo scopo di assicurarsene la protezione.

denominale parola derivata da un nome preesistente. P. es. "terremotare" e "terremotato" (da "terremoto").

dentali, consonanti nel sistema fonetico italiano, p. es., la [t] (*sorda*) e la [d] (*sonora*).

destinatàrio nel modello comunicativo della **semiotica** di R. Jakobson è la persona a cui è inviato il messaggio. L'*emittente* invia un*messaggio* al *d.* in riferimento a un *contesto* (o *referente*), servendosi di un *contatto*, cioè di un canale fisico. La comunicazione è possibile solo se emittente e destinatario condividono (in tutto o in parte) lo stesso *codice*, cioè lo stesso insieme di convenzioni linguistiche, culturali, ecc.

deverbale neoformazione derivata da un verbo. P. es. "operazione" da "operare".

diacronìa/sincronìa in linguistica, il termine *d.* indica l'evoluzione cronologica di una lingua. Alla linguistica *diacrònica* si oppone quella *sincrònica*, che studia il funzionamento di una lingua in una fase particolare del suo sviluppo.

dialefe fenomeno metrico per cui, all'interno del verso, la vocale di una parola e quella iniziale della parola successiva vengono pronunciate separatamente (cioè con uno **iato**) e devono essere considerate come parti di due differenti sillabe. La *d.* è assai diffusa nel Duecento e in Dante, ma cade in disuso con Petrarca (che in genere preferisce la **sinalefe**). P. es. «*O a*nima cortese mantoana» (DANTE).

diàlogo come genere umanistico, il *d.* è per lo più scritto in latino sul modello ciceroniano (anche se non mancano *d.* in volgare). La sua struttura esprime una nuova concezione della verità intesa come processo al quale compartecipano voci e opinioni diverse. I temi del *d.* spaziano dalla filosofia e dalle arti sino all'economia domestica e all'educazione dei figli (p. es. nei *Libri della famiglia* di L.B. Alberti).

didascàlica (o *didàttica*), **poesia** genere letterario medievale praticato anche in Grecia, in forma di **poemetto** o **capitolo**, a carattere enciclopedico (e in molti casi **allegorico**) e con intenti educativi. Sono es. di *p.d.* il *Tesoretto* di Brunetto Latini e il *Fiore* attribuito a Dante.

diegèsi termine aristotelico (gr. "diégesis" = racconto) con cui la moderna **narratologia** designa la narrazione come fenomeno distinto dalla **mimesi**. Ha carattere diegetico, p. es., l'**epica**, dove il narratore generalmente descrive fatti e situazioni anziché rappresentarli in forma diretta (ripetendo p. es. gesti e discorsi dei vari personaggi).

dièresi nella lettura metrica è il fenomeno opposto alla **sineresi**. Si ha all'interno di parola e consiste nella pronuncia separata di due vocali consecutive che normalmente formerebbero un **dittongo**. P. es.: «faceva tutto rider l'orïente» (DANTE).

disgiuntiva, coordinazione (o *disgiunzione*) tipo di coordinazione ottenuta tramite congiunzioni disgiuntive come "o", "oppure", "ovvero", che stabiliscono un rapporto di esclusione reciproca tra due proposizioni. P. es.: "non so se è uscito oppure è ancora dentro".

dìstico coppia di versi, di solito a **rima baciata**. Il *d. elegiaco* nella metrica latina, è invece la coppia **esametro+pentametro**, usata soprattutto nell'**elegia**. P. es.: «Dívitiás aliús fulvó sibi cóngerat áuro / ét teneát cultí iúgera múlta solí» [Un altro ammassi per sé ricchezze di fulvo oro e si tenga molti iugeri di terreno coltivato] (TIBULLO).

dittologìa sinonìmica contiguità di due vocaboli aventi lo stesso significato. P. es.: «ché per mezzo lo cor me lanciò un dardo / che d'altre 'n parte lo *taglia e divide*» (GUINIZZELLI).

dittongo unione, all'interno di parola, di due vocali contigue in una sola sillaba. P. es. *tuòno* (*d. ascendente*), *mài* (*d. discendente*).

domanda retòrica domanda che ha in se stessa la propria risposta (essendo, in realtà, un'asserzione che non ammette repliche). P. es.: "Non è forse vero che la scuola è maestra di vita?".

E

ègloga (o *ècloga*) genere poetico, modellato sulle *Bucoliche* di Virgilio (le cui singole parti erano chiamate *eclogae*, cioè 'estratti'), appartenente al più vasto **genere pastorale**. Le forme metriche principali dell'*e.* in italiano sono la **terza rima** e l'**endecasillabo sciolto**.

elegìa genere poetico di origine greco-latina in **distici elegiaci** caratterizzato da toni nostalgici e malinconici e di contenuto amoroso.

elegìaco, stile nella **teoria degli stili** medievale è lo «stile degli sfoghi dolorosi» (DANTE) e richiede l'utilizzo del volgare umile. Corrisponde al *genus humilis* della retorica antica.

ellissi figura retorica per cui si sottintendono uno o più elementi della frase che il contesto permette di ricostruire facilmente. P. es., nell'espressione dantesca «Questo io a lui; ed elli a me» è sottinteso per due volte il verbo "dire".

emistìchio metà di un verso diviso dalla **cesura** in due versi di misura minore.

endecasìllabo verso composto da 11 sillabe (nella forma a **uscita piana**), con accento principale sulla 10ª. Deriva dal **décasyllabe** francese e provenzale ed è il verso più importante della tradizione italiana. L'*e. canonico* è di due tipi: *a maiore* (p. es. «Nel mezzo del cammín | di nostra vita»: DANTE) con accenti di 6ª e 10ª; *a minore* («Per me si vá | ne la città dolénte»: DANTE) se l'accento è di 4ª oltre che di 10ª. Quando è possibile dividere il verso in un **settenario** seguito da un **quinario**, si parla di **cesura** *a maiore*; di cesùra *a minore* quando, viceversa, è possibile dividerlo in un quinario seguito da un settenario. Gli altri accenti sono liberi. Prima della codificazione operata da Dante e soprattutto da Petrarca, però, anche le forme non canoniche erano ammesse, entro una certa misura, in poesia. Si parla di **endecasillabo sciolto** nel caso di composizioni in *e.* senza rime regolari.

endiadi figura retorica consistente nella sostituzione di una singola espressione composta da due membri con due espressioni separate dalla congiunz. (di solito due nomi). P. es.: «O eletti di Dio, li cui soffrir / *e giustizia e speranza* [= 'speranza di giustizia'] fa men duri, / drizzate noi verso gli alti saliri» (DANTE).

ènfasi procedimento retorico consistente nel porre in rilievo una o più parole mediante il tono della voce o un gesto, oppure, nello scritto, con il punto esclamativo, il corsivo ecc., per evidenziare un'accezione particolare o un significato **metaforico**. P. es.: "lui sì che è un uomo!".

enjambement in poesia si ha *e.* (termine fr. che può essere tradotto con 'accavallamento') quando la fine di verso separa un nesso sintattico forte, p. es. del tipo agg.+sost.: «ad *immortale* / *secolo* andò, e fu sensibilmente» (DANTE).

enumerazione (o *elenco*) procedimento retorico comune a vari generi del discorso consistente nell'elencazione di parole o **sintagmi** per via **asindetica** oppure mediante congiunzioni coordinanti. P. es. «Benedetto sia *'l giorno, e 'l mese, et l'anno, / et la stagione, e 'l tempo, et l'ora, e 'l punto, / e 'l bel paese, e 'l loco* ov'io fui giunto / da' duo begli occhi che legato m'ànno» (PETRARCA).

epìgrafe in senso moderno, iscrizione in lingua latina o in latino letterario e aulico a carattere funebre o commemorativo. È chiamata *e.* anche la citazione da un autore posta all'inizio di un testo (in questa accezione, è sinonimo di *esergo*).

epigramma genere poetico di origine greca, inizialmente impiegato nelle iscrizioni funebri o votive e caratterizzato dall'estrema brevità. Con il poeta latino Marziale (I sec. d.C.) l'*e.* si codifica come genere **satirico**, arguto e tagliente.

epìstola genere letterario di origine classica, sia in prosa che in versi. L'*e.* medievale in latino, praticata anche da Dante e Petrarca, è rigidamente codificata secondo le regole dell'**ars dictandi**.

epìtesi aggiunta non giustificata etimologicamente di una vocale o di un nesso cons.+voc. alla fine della parola. Molto frequente è l'*e.* di "-e" in monosillabi tonici (p. es. «udìe» per "udì" in Dante) e di "-ne", in certe parlate centro-meridionali ma anche, a scopi metrici ed eufonici, in poesia. P. es.: «si pòne» [si può] in rima con «persone» e «ragione» (DANTE).

epìteto agg. o sost. riferiti ad altro sost. del quale dichiarano qualità generali per lo più ininfluenti rispetto al contesto immediato della frase. L'*e.* (detto anche *e. esornativo*, cioè 'ornamentale') può ricorrere più volte nello stesso testo e in questo caso serve per identificare e qualificare immediatamente (con una formula stereotipa) un dato personaggio (è un procedimento tipico dell'**èpica**). P. es.: «l'astuto Ulisse» (OMERO).

esàmetro verso greco-latino di sei **piedi** proprio dell'**epica** e della poesia **didascalica**. Unito al **pentametro** forma il **distico elegìaco**. Un es. di *e.* latino (con l'indicazione degli accenti per la lettura metrica) è: «Árma virúmque canó | Troiaé qui prímus ab óris» (VIRGILIO).

escatologìa parte della teologia che ha per oggetto il destino ultimo dell'umanità e del mondo. Per il Cristianesimo a questa concezione è associata l'attesa messianica del Cristo nuovamente risorto e del Giudizio finale a opera di Dio.

esergo citazione anteposta al testo vero e proprio (v. **epigrafe**).

espressionismo in senso storico, tendenza artistica e letteraria sorta in Germania agli inizi del Novecento. Per estensione, si dicono di tipo espressionistico quelle forme di rappresentazione antinaturalistica che tendono all'esasperazione dei contrasti (cromatici, sonori, lessicali) e in genere a una marcata deformazione linguistica. In questo senso l'*e.* è una categoria stilistica ed è possibile parlare, p. es., di "*e.* dantesco".

estètica disciplina filosofica che ha come oggetto la bellezza nella natura e nell'arte. Il primo a usare il termine con questo significato è stato A.G. Baumgarten, nel Settecento. È connesso etimologicamente con il gr. "áisthesis" = sensazione.

etimologìa il termine designa sia la disciplina che studia la derivazione di una parola da un'altra più antica (e, spesso, appartenente a un'altra lingua), sia il suo oggetto (l'ètimo, dal gr. "étymon" = vero [significato]). L'etimologia di "parola", a es., è il lat. "parabola(m)" (a sua volta dal gr. "parabolé" = paragone) cioè la 'parola' per **antonomasia**, quella evangelica. Le *e.* medievali sono invece, molto spesso, delle **paretimologie**.

eufemismo attenuazione (per scrupolo morale, sociale o culturale) di un'espressione troppo cruda o realistica mediante la sua sostituzione con un sinonimo o con una **perifrasi** (spesso una **litote**). P. es.: "passare a miglior vita" per 'morire'.

eufonìa accostamento gradevole di suoni. In particolare sono dette *consonanti eufoniche* quelle che si aggiungono alla congiunzione "e" o ad alcune preposizioni per evitare l'incontro con la vocale iniziale della parola successiva (soprattutto quando le due vocali sono uguali). P. es.: "fu costretto a*d* arrendersi". Nell'it. ant. la *cons. eufonica* si può avere anche dopo "che": «E, come que' che*d* allegrezza mena, / gridò»: A. PUCCI). Le *vocali eufoniche* si aggiungono invece per evitare l'incontro di due consonanti; p. es.: "in Ispagna" (cfr. **prostesi**).

exemplum (lat. = esempio) breve narrazione inserita nelle **agiografie**, nelle prediche o nella **poesia didascalica** allo scopo di fornire un modello di comportamento e un esempio morale a un destinatario di ceto e cultura medio-bassa. Nella sua forma originaria l'*e.* risponde ad alcuni requisiti particolari: deve essere tratto da una *fonte autorevole*; deve avere estensione *breve*; deve essere presentato come *veridico*; il suo significato deve essere *inequivocabile*; deve essere *piacevole*.

èxplicit conclusione; *e.* è abbreviazione di "explicitum est" (lat. = è stato srotolato), che nei papiri indicava che il rotolo era stato svolto sino alla fine. In filologia, indica le parole finali di un testo. Cfr. **incipit**.

F

fàbula (lat. = favola) nella terminologia dei **formalisti** russi, la *f.* è l'insieme dei fatti che costituiscono la narrazione considerati secondo l'ordine cronologico, che il lettore può ricostruire *a posteriori*, p. es. tenendo conto di *flashbacks*, **agnizioni**, ecc. La nozione di *f.* è complementare a quella di **intreccio**: la distinzione è utile per descrivere forme narrative complesse (come il **romanzo** moderno), dove esiste una notevole sfasatura tra lo svolgersi logico-temporale degli eventi e l'ordine in cui essi compaiono nel testo.

facèzia genere letterario umanistico, per lo più in prosa, modellato su esempi greci e latini. Consiste in un motto di spirito salace o in una battuta che rivela l'intelligenza di chi la enuncia. Le *f.* possono essere in latino (Poggio Bracciolini, *Liber facetiarum*) o in volgare (Poliziano, *Detti piacevoli*), anche a carattere popolaresco (*Motti e facezie del Piovano Arlotto*). Il genere continuerà ad avere fortuna fino al Seicento.

farsa genere teatrale a carattere comico e popolaresco nato nel Medioevo come intermezzo da recitarsi durante le **sacre rappresentazioni**. I temi trattati sono il vino, l'amore carnale, i piaceri della vita. In Francia la *farce* è già largamente diffusa nel sec. XIII, mentre i primi esempi di *f.* letteraria in Italia si hanno solo nel XVI sec. (Ruzzante, Sannazaro).

figura nella concezione cristiana medievale un fatto storico è *f.* di un altro (successivo e più importante) quando lo preannuncia, quando cioè può essere interpretato (spesso secondo un procedimento di tipo **allegorico**) come la prefigurazione di un evento che è destinato ad adempiersi nel futuro. La liberazione del popolo ebraico, p. es., è *f.* della Redenzione. Il filologo tedesco E. Auerbach ha messo in luce l'importanza della "concezione figurale" nella *Commedia* dantesca.

figura etimològica (o *gioco etimològico*) ripetizione di una stessa radice **etimologica** (più o meno scientificamente accertata) in parole vicine con effetto di sottolineatura semantica. P. es.: «sfiorata Fiore» [sfiorita Firenze] (GUITTONE D'AREZZO).

filologìa nella sua accezione più ristretta (quella di *critica testuale*), è la disciplina che si occupa di ricostruire il testo così come doveva essere stato licenziato dall'autore. La *f.* studia soprattutto i **codici** (ma anche i testi a stampa) e la loro **tradizione manoscritta**. Il risultato finale del lavoro del filologo è in genere l'**edizione critica** di un testo.

focalizzazione in narratologia indica la *prospettiva* o il *punto di vista* dal quale il narratore considera i fatti narrati e i personaggi. Se il narratore è in grado di vedere fin dentro l'animo dei personaggi (i loro sentimenti, le loro sensazioni, ecc.), allora si parla di racconto a *focalizzazione zero* (o senza focalizzazione): per es., *I promessi sposi* di Manzoni (cfr. anche **narratore onnisciente**). Se il narratore riporta e conosce solo quello che sa il personaggio (e nulla di più), allora si parla di *focalizzazione interna* (che può essere *fissa* se orientata su di un solo personaggio; *variabile* se si sposta di volta in volta su un personaggio diverso, per es. in *Con gli occhi chiusi* di Tozzi; *multipla*, nel caso per es. del romanzo epistolare a più mani). Se il narratore sa meno dei personaggi, non ha la facoltà di vedere dentro di essi e può solo descriverne il comportamento, si parla infine di *focalizzazione esterna* (spesso usata nel romanzo giallo, perché il lettore non scopra subito chi è il colpevole).

fonema è il suono linguistico considerato nel suo aspetto funzionale ed è anche la più piccola unità distintiva della lingua. Questo significa che: a) un *f.* non è ulteriormente scomponibile in unità minori b) in una parola, sostituendo un *f.* con un altro, si ha anche cambiamento di significato (p. es.: la parola "dare" è formata da quattro *f.*, /d/, /a/, /r/, /e/; sostituendo /d/ con /m/, si ha "mare", con mutamento semantico).

fonètica/fonologìa la *fonetica* è la scienza che studia i suoni del linguaggio da un punto di vista fisico e sperimentale (i *foni*, segnalati dalle parentesi quadre: [a], [b] ecc.). La *fonologia*, invece, studia i suoni di una lingua in relazione alla loro funzione nella comunicazione linguistica (i **fonemi**, tra barre oblique: /a/, /b/ ecc.).

fonosimbolismo procedimento compositivo (soprattutto poetico) che consiste nel produrre, attraverso una successione di suoni, un significato aggiuntivo rispetto a quello comunicato dal testo. P. es.: «graf*f*ia li spirti ed iscoia ed isquatra» (DANTE, *Inf.*, VI, 18): il senso generale di 'cosa tagliente, affilata' è suggerito dalle fricative ([f]), dalle sibilanti ([s]) e dalle vibranti ([r]). Tra Otto e Novecento il *f.* si distanzia dall'**onomatopea** (cui è spesso assimilabile) e dal **mimetismo** e viene inteso dai poeti (p. es. da Pascoli) sempre più spesso come una forma di suggestione sonora di tipo astratto e musicale.

fonte in senso storico-letterario, un testo o un documento che sta all'origine di un'opera letteraria o di una sua parte. Una delle *f.* della *Commedia* di Dante, p. es., è l'*Eneide* di Virgilio. Il rapporto tra l'opera e una sua *f.* è un caso particolare di **intertestualità**.

fronte è la prima parte della **stanza** della **canzone**. Per analogia, anche la prima parte (le due **quartine**) del **sonetto**.

G

gènere letteràrio insieme di opere che condividono determinati elementi *espressivi* (stile, lessico, metrica, ecc.) e di *contenuto* (temi, motivi, ideologia), aventi una *funzione* e un **destinatario** particolari. Le regole compositive di un *g.l.* si trovano spesso codificate nei trattati di **poetica**, ma possono anche essere ricostruite *a posteriori* dagli storici della letteratura.

glossa nota esplicativa, in senso generico. Nella prassi interpretativa medievale, annotazione a margine o in interlinea del copista, di un lettore o dello stesso autore a testi biblici, letterari e giuridici.

grottesco in senso generale è sinonimo di 'bizzarro' e 'deforme' e, perciò, 'ridicolo'. In accezione più tecnica, designa una forma teatrale nata in Italia negli anni Dieci del Novecento, caratterizzata da situazioni paradossali ed enigmatiche in cui sono denunciate, con sarcasmo e ironia, l'assurdità della condizione umana e le contraddizioni della società.

I

iato si ha *i.* quando due vocali contigue non formano un **dittongo** ma vengono pronunciate separatamente. P. es.: "e allora", "maestro", "riesame".

icàstico nella stilistica letteraria, l'agg. *i.* è impiegato per qualificare un modo di rappresentazione della realtà per mezzo di immagini particolarmente forti, evidenti e incisive. Il termine deriva da gr. "eikàzein" = rappresentare.

idillio (gr. "eidyllion" = piccola immagine) genere poetico greco dal contenuto prevalentemente pastorale. Il suo equivalente latino è l'**egloga**.

idiomatismo particolarità di una determinata lingua o dialetto. Una locuzione idiomatica (o "frase fatta") è un'espressione che non può essere tradotta letteralmente in un'altra lingua (p. es.: "avere un diavolo per capello").

immaginàrio l'insieme degli **archetipi**, dei **simboli**, dei desideri e delle paure che formano l'inconscio collettivo di una società (o dell'umanità in genere), in relazione a un dato periodo storico. Oggetto privilegiato dell'antropologia culturale, la nozione di *i.* ha anche a che fare con la letteratura, che può essere considerata come una formalizzazione delle spinte disordinate provenienti dalla sfera dell'*i.*

impressionismo in senso storico, movimento pittorico nato in Francia nella seconda metà dell'Ottocento. Per estensione, anche in letteratura, qualsiasi procedimento che tende a cogliere impressioni e stati d'animo soggettivi nella loro immediatezza, mediante rapide annotazioni e brevi squarci lirici.

ìncipit (lat. = inizio) le parole iniziali del testo. Cfr. **explicit**.

inno genere poetico a carattere religioso. Nel Medioevo l'*i.* cristiano in **strofe** metriche e ritmiche destinate al canto celebra Dio e i santi. Dal Settecento, il termine passa a designare anche componimenti a carattere profano (politico, sociale, patriottico). Cfr. **ode**.

intermezzo scena a carattere giocoso, accompagnata da musica e danze, che tra Cinquecento e Seicento veniva rappresentata durante gli intervalli di un'opera seria o di una commedia per svagare gli spettatori. Nel Settecento, benché finalizzato a riempire l'intervallo tra un atto e l'altro dell'opera seria, l'*i.* divenne un **genere** autonomo, ovvero un'opera comica breve a due sole voci (soprano e basso), con accompagnamento di archi e clavicembalo. L'*i.* costituisce le origini dell'opera buffa italiana e francese. Nell'Ottocento il termine *i.* indica anche brevi pezzi pianistici in forma libera.

interrogazione retòrica cfr. **domanda retorica**.

intertestualità è il rapporto che un testo letterario stabilisce con un altro testo anteriore. La nozione di *i.* (introdotta nella teoria letteraria solo negli anni Settanta) comprende una serie di fenomeni noti da sempre (citazione, reminiscenza, allusione, rapporto con le **fonti**) ma li riordina in chiave *dialogica*: l'*i.*, cioè, instaura un dialogo, un confronto che fa uscire il testo dal suo isolamento e lo immette in un discorso a più voci. Si dice *i. interna* quella che riguarda i riferimenti di un autore a un'altra propria opera o fra parti diverse della stessa.

intreccio nel linguaggio dei **formalisti** russi è l'insieme degli eventi narrati secondo l'ordine in cui sono presentati nell'opera, a prescindere dai loro rapporti causali e temporali. Cfr. **fabula**.

invèntio cfr. **retorica**

inversione cfr. **anastrofe**

invettiva in latino tardo *oratio invectiva* è chiamato il discorso aggressivo e violento con cui ci si rivolge a qualcuno per denunciarne il pensiero o la condotta morale. È un procedimento frequente anche nella *Commedia* dantesca (cfr. **apostrofe**). Nell'antichità, l'*i.* era un genere oratorio vero e proprio, spesso anonimo.

ipàllage figura retorica che consiste nel riferire un aggettivo non al sostantivo cui semanticamente è legato ma a un altro sostantivo vicino. P. es.: «io vedea di là da Gade *il varco / folle* d'Ulisse» (DANTE).

ipèrbato figura retorica di tipo sintattico per cui gli elementi della frase che normalmente sarebbero uniti in un **sintagma** sono invece separati. P. es.: «che l'anima col corpo morta fanno» (DANTE).

ipèrbole figura retorica che consiste nell'esagerare la portata di quanto si dice amplificando o riducendo in modo eccessivo il significato dei termini impiegati per rappresentare una data cosa. Due es. dal parlato: "Mi piace *da morire*", "è questione di *un secondo*".

ipèrmetro si dice di un verso che eccede di una o più sillabe la sua misura regolare. P. es.: «en questo loco lassato» (JACOPONE) è un **settenario** *i.* (la sillaba eccedente è la prima: "en").

ipòmetro verso che ha una o più sillabe in meno rispetto alla sua misura regolare. P. es.: «Vale, vale, vale» (JACOPONE) è un **settenario** *i.* perché manca della prima sillaba.

ipotassi (o *subordinazione*) costruzione tipica della lingua scritta caratterizzata dalla successione di proposizioni subordinate disposte in modo gerarchico. L'*i.* è il costrutto della complessità concettuale e dell'argomentazione logica; esprime di solito una presa di posizione esplicita e dichiara un punto di vista preciso. Si contrappone alla **paratassi**.

ironìa figura retorica che consiste nel mascherare il proprio discorso dicendo l'opposto di ciò che si pensa (**antifrasi**) oppure servendosi di una **litote** o di una **reticenza** o di una citazione distorta dal discorso altrui, a scopo derisorio e talvolta sarcastico. P. es.: «A voi che siete ora in Fiorenza dico, / che ciò ch'è divenuto, par, v'adagia, / e poi che li Alamanni in casa avete, / servite i bene, e faitevo mostrare / le spade lor, con che v'han fesso i visi, / padri e figliuoli aucisi» (GUITTONE D'AREZZO).

iterazione (o *ripetizione*) procedimento formale riscontrabile in varie figure retoriche (come l'**anadiplosi**, l'**anafora**, l'**epanalessi**, ecc.) e nel linguaggio poetico in genere (p. es. nella **rima**).

K

koinè (gr. "koinè diàlektos" = lingua comune) in senso tecnico, dialetto condiviso da un territorio relativamente ampio; il dialetto di *k.* è un dialetto fortemente contaminato dalla lingua nazionale e in cui sono ridotti al minimo gli **idiotismi**. In senso esteso, *k.* può significare 'comunità linguistica e culturale', e anche 'linguaggio comune o dominante'.

L

làuda (pl. *laudi* o *laude*) genere poetico-musicale duecentesco in latino e poi in volgare, a carattere religioso. È una preghiera cantata in diversi momenti della giornata ma al di fuori della messa vera e propria. Il primo es. di *l.* in volgare sono le *Laudes creaturarum* di san Francesco. Il metro della *l.*, inizialmente vario, diventa quello della **ballata** con Guittone e Jacopone. A partire dal Trecento si ha anche la *l. drammatica* (cioè dialogata) in **ottava rima** o in **polimetro** (verso caratteristico della poesia teatrale), destinata alla recitazione sul sagrato della chiesa.

laudàrio raccolta di **laudi** delle varie confraternite religiose (in particolare quella dei *laudesi*). L'esemplare più antico è il *Laudario cortonese* (ca. 1270-80). In alcuni casi, oltre al testo, sono conservate anche le musiche.

Leitmotiv (ted. = motivo ricorrente) in musica, è il motivo conduttore, cioè il tema (ovvero la melodia) ricorrente associato a un personaggio o a una particolare situazione emotiva. Per estensione, tema o argomento a cui si fa costante riferimento in un'opera letteraria.

lessema la minima unità linguistica con significato autonomo.

lezione in **filologia** si chiama *l.* la forma in cui sono attestati una parola o un passo particolare del testo in un **codice** o in una stampa. P. es. nella *Commedia*, per *Purg.* VI, 111 accanto alla *l.* «com'è oscura» alcuni codici danno «com'è sicura» e «come si cura».

lìquide, consonanti in italiano sono la [r] e la [l], secondo una denominazione tradizionale dei grammatici antichi.

lìrica in Grecia, la *l.* è la poesia cantata con l'accompagnamento della "lira", uno strumento a corde. In generale il termine designa una particolare modalità enunciativa (l'uso della prima pers. sing.) e una particolare tonalità affettiva (l'espressione soggettiva dei sentimenti del poeta). Come **genere** in particolare, nelle lett. **romanze**, e in primo luogo con i provenzali la *l.* si definisce per alcune caratteristiche costanti come l'adozione di certe forme metriche (**canzone, ballata**, ecc.) e temi specifici (l'amor cortese, l'idealizzazione della donna) peculiari, oltre che per una suddivisione in diversi sottogeneri (**canso, sirventese, planh, joc partit, alba**, ecc.). Nella letteratura italiana il modello del genere *l.* è per almeno tre secoli (dal XIV al XVI) il *Canzoniere* di Petrarca e le sue caratteristiche sono il **monolinguismo**, l'autoreferenzialità, l'assenza di narratività, ecc.

litote figura consistente, nella sua forma più semplice, nell'esprimere un concetto negando il suo contrario. P. es. "non sto male" per 'sto bene'. L'effetto della *l.* può essere quello di attenuare la forza di un'espressione che, enunciata in modo diretto, risulterebbe offensiva per qualcuno (cfr. **eufemismo**) oppure presuntuosa. In altri casi può colorarsi di **ironia** più o meno benevola, come nella frase "non è un genio" per 'è uno stupido'.

locutore in linguistica, è il soggetto che parla e produce enunciati.

locuzione in linguistica, unità lessicale costituita da almeno due parole.

M

madrigale genere poetico-musicale polifonico del Trecento, a carattere **lirico** e di argomento per lo più amoroso. Come forma strettamente metrica, il *m. antico* (o *trecentesco*) è formato da **endecasillabi** (p. es. Petrarca, *Canz.* LII) o **endecasillabi** e **settenari** divisi in **terzine** (da due a cinque), più uno o due **distici** conclusivi (o, più raramente, un verso isolato). Lo schema delle rime è variabile. Il *m. cinquecentesco* ha forma ancora più libera e, in genere, non supera i 12 versi.

mèdio (o *mezzano*), **stile** cfr. **comico, stile**.

melodramma genere teatrale in musica nel quale i personaggi si esprimono mediante il canto. Può avere sia carattere serio che comico (p. es. l'*opera buffa* settecentesca). Il *m.* nasce sul finire del XVI sec. a Firenze dagli *intermedii* [intermezzi] musicali rappresentati tra un atto e l'altro del dramma vero e proprio (che era recitato e non cantato) per alleggerirne la tensione. Il primo *m.* è la *Dafne* di J. Peri su testo di O. Rinuccini (1598). Nell'Ottocento, in Italia, il genere raggiunge la sua massima fioritura con Rossini, Bellini, Donizetti e Verdi.

memorialistica genere letterario in prosa di tipo autobiografico. Differisce dalla **autobiografia** in senso stretto per la mancanza di un'attenzione esclusiva alla storia della personalità di chi scrive e per una maggiore importanza concessa agli eventi esterni.

metàfora figura retorica che consiste nella sostituzione di una parola (o di un'espressione) con un'altra il cui significato presenta una somiglianza (più o meno evidente) con il significato della prima. Può essere considerata come una **similitudine** abbreviata e priva dell'avverbio di paragone ("come"). La *m.* è usata tanto nel linguaggio quotidiano (p. es. sotto forma di **catacresi**) quanto in quello poetico. Nel secondo caso, in particolare, è possibile avere sia metafore altamente codificate (come «capelli d'oro» per 'capelli biondi come l'oro') il cui riconoscimento è ormai meccanico, sia *m.* d'invenzione, nelle quali la distanza tra espressione letterale ed espressione figurata è tale da rendere più difficile e più stimolante il ritrovamento delle somiglianze. P. es.: in Dante «fonte ond'ogne ver deriva» è *m.* per 'Dio'.

metàtesi fenomeno linguistico per cui due suoni interni ad una parola si scambiano di posto senza mutare il significato della parola stessa. In antico italiano si ha spesso con le semivocali (p. es.: "aira" per 'aria') e con [r] preceduta da consonante ("drento" per 'dentro').

metonìmia (o *metonimìa*) figura retorica consistente nella sostituzione di una parola con un'altra che appartiene a un campo concettuale vicino e interdipendente. In particolare: la *causa* per l'*effetto*: «Ora sento *'l coltello* [la ferita] / che fo profitizzato» (JACOPONE); l'*effetto* per la *causa*: "guadagnarsi da vivere *col sudore della fronte*" (= con fatica); l'*astratto* per il *concreto*: «quello amor paterno» = 'quel padre amoroso' (DANTE); il *contenente* per il *contenuto*: "bere un bicchiere"(= bere il liquido contenuto nel bicchiere), l'*autore* per l'*opera*: "un Picasso"(= un quadro di Picasso); il *materiale* per l'*oggetto*: in poesia, "il ferro"(= la spada).

mètrica quantitativa la metrica classica (greca e latina) si basa, diversamente da quella italiana e romanza, sull'opposizione tra **sillabe lunghe** e **brevi**. L'unione di due o più sillabe forma il **piede**.

mezzano (o *medio*), **stile** cfr. **comico, stile**.

mimèsi (gr. "mímesis" = imitazione) termine opposto e complementare a **diegesi**. Si ha *m.* quando l'autore rappresenta i discorsi di un personaggio riproducendoli in modo diretto, a volte anche secondo caratteristiche stilistiche peculiari. È un procedimento spesso usato da Dante nella *Commedia* ed è proprio dei generi teatrali.

monolinguismo unità di tono, lessico e registro linguistico in un'opera o in un autore. Si contrappone spesso il *m.* (o *unilinguismo*) di Petrarca al **plurilinguismo** di Dante.

monostilismo nozione affine a quella di **monolinguismo**, con un riferimento più marcato alla uniformità, in un'opera o in un autore, di **stili** e **generi letterari**.

N

narràtio (lat. = narrazione; esposizione) nella **retorica** la *n.* indica quella parte dell'orazione, successiva all'**exordium**, in cui venivano esposti all'uditorio i fatti, con un racconto accurato e obiettivo che poteva sia seguire l'ordine naturale in cui si erano svolti, sia partire da un punto ritenuto particolarmente importante.

narratore voce narrante del racconto, non necessariamente identificabile con la persona biograficamente intesa che ha scritto il testo (autore-scrittore). In quanto finzione letteraria, il *n.* può essere assente dal racconto (p. es. Omero) o presente come personaggio della vicenda (p. es. Dante nella *Commedia*). Può d'altra parte essere esterno al racconto, e perciò in grado di giudicare eventi e personaggi, o interno a esso, cioè nascosto in una narrazione guidata dai personaggi: nel primo caso si parla di *narratore onnisciente*, cioè di un *n.* che come un burattinaio guida dall'alto l'azione conoscendone perfettamente lo sviluppo (è il caso dei *Promessi sposi* di A. Manzoni); nel secondo si parla di *impersonalità della narrazione*, cioè di una narrazione in cui il *n.* subisce gli eventi dell'azione come i personaggi, poiché ne sa quanto loro e a volte meno di loro (è il caso p. es. dei *Malavoglia* di G. Verga).

neologismo parola creata in tempi recenti o inserita in una lingua mutuandola da un'altra dall'insieme dei parlanti o da un singolo scrittore. Il *n.* può rispondere a esigenze tecniche, scientifiche, espressive, ecc. ma anche mirare a effetti dissacranti nei confronti di una tradizione letteraria che si vuole trasgredire già a livello linguistico. Dante è autore di molti *n.* (p. es.: "dislagare", "indiarsi", ecc.).

nominale forma stilistica (o sintattica) in cui i nomi (sostantivi, aggettivi, ecc.) prevalgono sui verbi o questi sono del tutto assenti; essa si basa spesso sull'enumerazione, ovvero sul raggruppamento di parole o **sintagmi** coordinati tramite **asindeto** o **polisindeto**.

novella componimento narrativo per lo più in prosa (esiste anche la *n.* in versi), di tono realistico ma a carattere avventuroso o fantastico, spesso con intenti morali o didascalici. Mescolando elementi storico-realistici a spunti favolosi o leggendari, la *n.* anticipa il romanzo moderno. La *novellistica* è sia il genere letterario della *n.* o lo studio sistematico di tale genere, sia l'insieme di *n.* relative a un determinato ambito letterario.

novella in versi tra i principali generi narrativi del Romanticismo italiano (vi si dedicarono tra gli altri Grossi, Tommaseo, Giusti, Padula, Cantù e Prati), la *n.* può avere un metro abbastanza libero, ma spesso assume lo schema dell'**ottava**. Il Medioevo (culla del passato della Nazione) fa spesso da sfondo a vicende d'amore contrastato o tradito.

novenàrio verso di nove sillabe metriche con accento principale sull'ottava. P. es.: «le parolette mie novèlle / che di fiori fatto han ballàta» (DANTE).

O

ode componimento poetico in stile elevato, diffuso a partire dal Cinquecento. Simile alla **canzone** nella struttura strofica, l'*o.* si distingue in *canzone-ode* (con stanze ridotte rispetto alla **canzone** petrarchesca), *canzone pindarica* (a imitazione della tripartizione di Pindaro – V sec. a. C. – in strofe, antistrofe ed epodo) e *ode-canzonetta* (destinata spesso alla musica).

omofonìa identità fonica tra parole di significato diverso. P. es.: «o cameretta che già fosti un *porto* / [...] / fonte se' or di lagrime nocturne, / che 'l dì celate per vergogna *porto*» (PETRARCA).

omotelèuto identità fonica della terminazione di parole soprattutto se ricorrenti nei luoghi ritmicamente significativi di un testo. Nell'*o.*, a differenza della **rima** (che ne è un tipo), l'identità fonica prescinde dalla vocale **tonica**.

onomatopèa imitazione acustica di un oggetto o di un'azione attraverso il **significante** (p. es.: "cin-cin" = 'brindisi', dal rumore che fanno i calici nell'incontrarsi in segno di augurio).

orazione genere letterario diffusosi nel XV sec., che, nella forma del trattatello filosofico, etico o letterario è finalizzato all'affermazione di una tesi e alla persuasione della sua correttezza. Una famosa *o.* quattrocentesca è quella *Sulla dignità dell'uomo* di Pico della Mirandola.

ossìmoro accostamento di due termini di significato opposto che sembrano escludersi a vicenda. P. es.: «vera mortal Dea» o «cara nemica» (PETRARCA).

ossìtono sinonimo meno comune di **tronco**.

ottava rima strofa composta da otto **endecasillabi** disposti secondo lo schema ABABABCC (nel caso dell'*o. toscana*; l'*o. siciliana* segue invece lo schema ABABABAB), in uso nella poesia discorsiva (epica narrativa, religiosa). È detta anche semplicemente *ottava*.

ottonàrio verso di otto sillabe metriche con accento principale sulla settima. P. es.: «o Signor, per cortesìa» (JACOPONE DA TODI).

ottosillabo verso francese e provenzale ("octosyllabe") composto da otto sillabe, con accento principale sull'ultima. Usato sia nella poesia lirica che in quella didattico-narrativa, l'*o.* viene ripreso nella metrica italiana antica dal **novenario**.

P

palatale letteralmente, 'che riguarda il palato'. In **fonetica**, si dicono consonanti *p.* quelle articolate tra il palato duro e il dorso della lingua (e che, a seconda del luogo di fonazione – anteriore, mediano o posteriore del palato – si dividono in prepalatali, mediopalatali e postpalatali: casa, *gatto*; *circo*, *giallo*; *stagno*, *agli*; *sciare*) e vocali *p.* quelle articolate nella parte anteriore della cavità orale (la *e* e la *i*). Per *palatalizzazione* si intende il processo tramite il quale un suono diventa palatale (p. es. la *c* di 'Cicerone' rispetto alla pronuncia 'Kikerone' del lat. repubblicano).

panegìrico discorso solenne ed enfatico pronunciato davanti a un vasto uditorio, durante una cerimonia ufficiale, al fine di celebrare persone o istituzioni. In epoca classica il *p.* si teneva in onore di personaggi illustri, mentre in epoca medievale e moderna per lo più in onore di santi.

paradosso controsenso; affermazione apparentemente assurda che contraddice la logica o il buon senso comune sorprendendo il lettore (o l'ascoltatore). P. es.: «Vergine pura, d'ogni parte intera, / del tuo parto gentil *figliuola* et *madre*» (PETRARCA).

paràfrasi esposizione dettagliata del contenuto di un testo, soprattutto poetico, utilizzando parole diverse e una forma più semplice rispetto all'originale, al fine di renderne più comprensibile il significato.

parallelismo procedimento stilistico in cui alcuni elementi del discorso (da fonetici a sintattici) vengono disposti parallelamente all'interno di una frase o di un periodo (cfr. p. es. **anafora, polisindeto**).

paratassi rapporto di coordinazione tra proposizioni principali e secondarie, che vengono poste l'una accanto all'altra, all'interno del periodo, senza una relazione di subordinazione. P. es.: «Orlando sente che il suo tempo è finito. / Sta sopra un poggio scosceso, verso Spagna; / con una mano s'è battuto il petto» (dalla *Chanson de Roland*).

paretimologìa **etimologia** arbitraria, ovvero basata non su fondamenti storici o scientifici, ma su analogie di suono o significato con una parola di uso più frequente (è detta anche *etimologia popolare)*. P. es.: la località «Sanluzzo» in luogo di "Saluzzo" in una **novella** di Boccaccio.

parodìa imitazione intenzionale di qualcosa (un personaggio, un testo, uno stile, ecc.) in forma **ironica**, per evidenziare la distanza critica dal modello e attuarne il rovesciamento. Un esempio di *p.* di un **exemplum** medievale è la **novella** boccaccesca *Nastagio degli Onesti*.

paronomàsia (o *adnominatio*) accostamento di due parole che hanno un suono simile. P. es.: «e son un *ghiaccio* / [...] e *giaccio* in terra» (PETRARCA).

pastiche (fr. = pasticcio; imitazione letteraria, rielaborazione di modelli diversi) giustapposizione di parole appartenenti a registri o codici diversi, perlopiù a fini stranianti e ironico-parodistici.

pastorale in letteratura è un genere (prevalentemente in versi) che si ispira alla vita idealizzata dei pastori, traendo spesso spunto da una vicenda d'amore tra un pastore e una pastorella. Vivo già nel mondo classico greco e latino (p. es. con Teocrito e Virgilio), il genere *p.* viene ripreso in Italia intorno al XV sec. e, attraverso un ampio sviluppo in Europa tra XVI e XVII sec. (soprattutto nella forma del *dramma p.*, ma anche in quella **parodistica** della *farsa rusticale*), culmina – e si estingue – nella poesia settecentesca dell'Arcadia.

pastorella genere letterario medievale, di derivazione franco-provenzale, in forma di **contrasto** amoroso: il dialogo, fatto di vivaci botte e risposte, si svolge durante un incontro campestre tra un cavaliere (identificabile in genere con il poeta) e una pastorella cui questi fa profferte galanti. P. es.: «*In un boschetto trova' pasturella*» di CAVALCANTI.

perìfrasi giro di parole con cui si esprime indirettamente un concetto, o si descrive una persona o un oggetto, al fine di evitare espressioni volgari o dolorose, termini troppo tecnici ecc., o anche al fine di attenuare l'espressione o renderla più solenne. P. es.: «l'amor che move il sole e l'altre stelle» (DANTE), cioè Dio.

peripezìa nell'intreccio della tragedia greca, l'improvviso cambiamento di una situazione nel suo contrario. Più in generale, con il termine *p.* si designano le vicende avventurose vissute dai protagonisti di una narrazione.

personificazione allegòrica (o *prosopopèa*) introduzione nella narrazione di cose inanimate o astratte (p. es. la patria, la gloria, ecc.), o anche di animali o persone morte, come se fossero animate o vive. P. es.: la *p.* di Firenze nella **canzone** «*Ahi lasso, or è stagion de doler tanto*» di GUITTONE D'AREZZO.

piana parola accentata sulla penultima sillaba (p. es.: "casàle", "ritòrno"). Un verso si dice *p.* quando termina con una parola accentata sulla penultima sillaba, e così un testo poetico composto da tali versi.

piede unità di misura della metrica **quantitativa** greco-latina. I *p.* più importanti sono il *giambo*, il *trocheo*, l'*anapesto*, il *dattilo* e lo *spondeo*. Nella metrica italiana indica ciascuna delle due parti nelle quali può essere strutturata la **fronte** della **canzone**.

plazèr (provenz. = piacere) componimento in versi in cui si elencano le cose della vita (o i fatti o le persone) che più danno diletto. Ne è un esempio italiano il **sonetto** di Dante «*Guido, i' vorrei che tu e Lapo ed io*».

pleonasmo espressione sovrabbondante; consiste nell'uso di una o più parole grammaticalmente o concettualmente superflue alla comprensione dell'enunciato. P. es.: «con meco» (PETRARCA), dove «meco» significa 'con me' (dal lat. "mecum").

plurilinguismo mescolanza di lingua e dialetto, di lingue diverse o di differenti registri linguistici (tecnico, gergale, letterario, ecc.) a fini sperimentali o parodistici.

pluristilismo mescolanza in uno stesso testo di registri stilistici diversi.

poema composizione narrativa in versi, di ampia estensione e di stile elevato, generalmente divisa in canti o libri. A seconda dell'argomento, il *p.* si divide nei seguenti generi: **p. allegorico-didattico**, che vuole impartire precetti morali e religiosi (p. es.: la *Commedia* di Dante); **p. didascalico**, che vuole divulgare, secondo le regole dell'enciclopedismo, teorie filosofiche, scientifiche o estetiche (p. es.: il *Roman de la Rose* di G. de Lorris e J. de Meung, il *Tesoretto* di B. Latini o il *Fiore* attribuito a Dante); **p. cavalleresco**, che tratta le gesta eroiche e amorose dei cavalieri, alternando toni epici e non di rado burleschi (il *p.c.*, nato in Francia in epoca medievale, conosce tre cicli diversi: quello *carolingio*, a carattere epico – *Chanson de Roland* –; quello *bretone*, a carattere romanzesco e amoroso – *Roman de Brut*, di Wace, *Lais* di Maria di Francia, ecc. –; e quello *classico*, in cui vengono rielaborate leggende classiche adattandole ai gusti cortesi e cavallereschi – *Roman de Thèbes*, *Roman de Troie*, ecc. –. Una originale ripresa del *p.c.* si ha nel Rinascimento italiano con l'*Orlando innamorato* di Boiardo, il *Morgante* di Pulci, l'*Orlando furioso* di Ariosto e la *Gerusalemme liberata* di Tasso; **p. eroicomico**, che è una **parodia** del *p. cavalleresco*, del quale riprende alcuni **topoi** (eroi, valori cavallereschi, ecc.) degradandoli, oltre che nell'uso di un linguaggio basso, attraverso il loro inserimento in un contesto comico e grottesco. Cfr., p. es., *La secchia rapita* di A. Tassoni.

poemetto componimento in versi simile al **poema**, per contenuto e tono, ma più breve. P. es.: il *p.* l'*Intelligenza* attribuito a Dante.

poesia pastorale cfr. **egloga**

poètica complesso delle idee di un artista, di una tendenza o di una scuola intorno al fare artistico; le forme, i modi, le finalità tenuti esplicitamente o implicitamente presenti come modello. La prima teorizzazione intorno al concetto di *p.* risale all'omonimo trattato del filosofo greco Aristotele (IV sec. a. C.) e giunge fino al Medioevo, attraverso la mediazione dell'*Ars poetica* del poeta latino Orazio (I sec. a. C.), soffermandosi essenzialmente sulle caratteristiche retoriche dell'opera. Solo a partire dal XVIII sec., all'impostazione retorica della *p.* si è affiancata, fino a sostituirla, quella estetica.

polifonìa in campo musicale è l'unione di più voci o strumenti che svolgono contemporaneamente, su base contrappuntistica, il proprio disegno melodico. In narratologia è la pluralità delle voci, cioè la molteplicità dei punti di vista dei personaggi, assunta dal narratore in molti romanzi moderni.

poliptoto figura sintattica per cui una parola, in genere la prima di una frase, viene ripetuta a breve distanza cambiando funzione (ovvero caso, genere, numero, ecc.). P. es.: «e alcuna volta gli era *paruto* migliore il mangiare che non *pareva* a lui che dovesse *parere* a chi digiuna per divozione» (BOCCACCIO).

polisenso come agg.: che ha o assume significati diversi e che è quindi suscettibile di interpretazioni differenti; come sost.: caratteristica del linguaggio poetico in cui una parola o un'espressione possono assumere molteplici significati a seconda del contesto (a differenza del linguaggio scientifico in cui a ogni termine corrisponde un *unico* significato). P. es.: il verbo "salutare" significa in Dante sia 'dare il saluto' che 'trasmettere la salvezza'. Parlando di un testo letterario, s'intende per *polisemia* la proprietà di un significante di avere più significati, non solo propri ma anche **metaforici**.

polisillabo parola composta da più sillabe, generalmente da quattro o più.

polisìndeto ripetizione frequente della congiunzione copulativa *e*, a fini espressivi, tra le parole che formano una serie o tra varie proposizioni che formano un periodo. P. es.: «e videmi e conobbemi e chiamava» (DANTE).

preterizione figura retorica per la quale fingendo di tacere una cosa la si dice, attribuendole in questo modo maggiore rilievo. P. es.: «Cesare *taccio* che per ogni piaggia / fece l'erbe sanguigne / di lor vene» (PETRARCA).

proèmio parte introduttiva di un'opera e, in particolare, del **poema** (soprattutto epico); si divide in due parti: la **protasi** e l'*invocazione*, in cui il poeta si rivolge agli dèi (in età classica) o ai santi (in età medievale) per ottenere le forze necessarie a scrivere il **poema**. A volte il *p.* comprende anche la *dedica* al mecenate dell'opera o comunque al suo **destinatario**.

prolessi anticipazione nella proposizione principale dell'enunciato di una secondaria (p. es.: "di questo ti prego, di fare silenzio"). In narratologia la *p.* è l'evocazione di un evento futuro rispetto al momento della narrazione.

pròlogo scena iniziale di un'opera, sia epica che teatrale, nella quale vengono esposti gli antefatti dell'azione e se ne illustrano le linee fondamentali.

prosa scrittura che procede diritta, utilizzando cioè l'"a capo" per ragioni non metriche (come nel caso della scrittura in versi) ma concettuali. Legata all'oratoria latina, la *p.* medievale ne ricalca l'andamento ritmico, ovvero la struttura cadenzata, attraverso il **cursus** (**prosa ritmica**); l'andamento ritmico della *p.* è dato anche dal far rimare tra loro le parole finali di due o più frasi (**prosa rimata**). Quando la scrittura in *p.* si concentra piuttosto sulla qualità stilistica che sugli aspetti concettuali e narrativi, si parla di **prosa d'arte**.

prosìmetro componimento in cui si alternano versi e prosa (p. es.: la *Vita nuova* di Dante).

prosopopèa cfr. **personificazione allegorica**

pròtasi parte introduttiva di un **poema** in cui viene dichiarato l'argomento.

pseudònimo nome non corrispondente a quello reale, usato per non rivelare la vera identità.

purismo tendenza linguistica (e letteraria) in cui si vogliono normativamente preservare i caratteri tradizionali di una lingua, rifiutando – in nome della purezza – la contaminazione di forestierismi, neologismi, ecc.

Q

quadrisìllabo verso di quattro sillabe metriche con accento principale sulla terza; è detto anche *quaternario*. Per *q.* s'intende tuttavia anche una parola formata da quattro sillabe.

quartina **strofa** di quattro versi, rimati per lo più secondo gli schemi ABBA, ABAB, AABB o AAAA (*q. monorima*); la *q.* può essere sia costituita da quattro versi omogenei all'interno di una strofa più ampia, sia costituire un'unità all'interno di uno schema metrico più complesso (p. es. il **sonetto**).

quantità cfr. **metrica quantitativa**.

quasi rima cfr. **rima**.

quaternàrio cfr. **quadrisillabo**.

quinàrio verso di cinque sillabe metriche con accento principale sulla quarta. P. es.: «– in quel cespùglio –» (SACCHETTI).

R

raddoppiamento fono-sintàttico caratteristica fonetica, diffusa soprattutto in Toscana e nell'Italia centro-meridionale, che prevede il raddoppiamento (solo sonoro, non grafico) della consonante iniziale di una parola in determinati contesti sintattici (p. es. quando preceduta da monosillabi o da vocaboli **tronchi**: "tre (c)case"; "città (v)vecchia").

recitativo tipo di canto che mira a riprodurre la naturalezza del parlato attraverso la riduzione (o l'assenza) della melodia vocale. Si distingue in *r. secco* (voce accompagnata da basso continuo) e *r. accompagnato* (voce accompagnata da più strumenti o dall'orchestra).

refrain (franc. = ritornello) gruppo di pochi versi (in genere da due a quattro, ma anche uno solo) che si ripete prima o dopo ogni **strofa**.

registro specifico livello della lingua dato dall'insieme omogeneo di elementi lessicali, sintattici, stilistici ecc.; la lingua letteraria, per esempio, utilizza un *r.* fortemente formalizzato, lessicalmente ricco e stilisticamente elaborato, mentre quella familiare ne utilizza uno più povero, sia dal punto di vista lessicale che da quello stilistico. Le singole opere letterarie sono spesso caratterizzate da un unico *r.* linguistico (comico-realistico, lirico, tragico, ecc.), ma non poche sono quelle in cui vengono utilizzati contemporaneamente *r.* diversi (p. es. la *Commedia* di Dante).

replicazione ripetizione di una parola all'interno di un periodo, in forma anche variata (p. es. «qual è colui che suo dannaggio *sogna*, / che *sognando* desidera *sognare*», DANTE) e a breve distanza, con fini espressivi.

reticenza interruzione intenzionale di una frase che lascia al lettore (o all'ascoltatore) il compito di completarne il senso ricostruendo gli elementi sottintesi; può servire a insinuare dubbi, ad attenuare espressioni troppo forti, ad alludere a qualcosa, ecc. P. es.: «Io cominciai: "Frati, i vostri mali..."; / ma più non dissi...» (DANTE).

retòrica arte del parlare e dello scrivere in modo efficace al fine di persuadere un uditorio e ottenerne il consenso; basata su regole codificate nel tempo, la *r.* affonda le radici nell'età classica, quando costituiva la normativa dei discorsi pubblici, e giunge fino alla contemporaneità come eloquenza, cioè tecnica della perfetta espressione.

riassunto forma di accelerazione del racconto in cui il narratore non si sofferma analiticamente a descrivere eventi o personaggi, ma sintetizza in poche pagine o in poche righe ampi lassi di tempo.

ricezione l'atto del ricevere un messaggio; modo di accogliere un'opera da parte del pubblico.

ridondanza ripetizione; abbondanza in un discorso di elementi accessori, ovvero non indispensabili alla sua comprensione ma utili alla comunicazione.

rima identità di suono tra la parte finale di due (o più) parole a partire dalla vocale **tonica** compresa. *R. al mezzo*: tra la parola finale di un verso e una parola posta nel mezzo di un altro verso (per lo più il successivo), generalmente in chiusura del primo **emistichio**; *r. alternata*: tra parole finali di due versi separati fra loro da un altro (ABABAB); *r. baciata*: tra parole finali di due versi consecutivi (AA BB ecc.); *r. equivoca*: tra due parole di uguale suono ma di diverso significato; *r. guittoniana* (o *aretina*): tra *i* ed *e* sia aperta che chiusa e di *u* con *o* sia aperta che chiusa; *r. identica*: di una parola con se stessa; *r. imperfetta*: con identità parziale, come p. es. nelle **assonanze** e **consonanze**, ma anche nella *r. aretina*; *r. incrociata*: tra le parole finali dei due versi estremi e tra quelle dei versi centrali di una **quartina** (ABBA); *r. interna*: che cade non in **punta di verso** ma al suo interno (vedi p. es. la *r. al mezzo*); *r. per l'occhio*: identità grafica e non fonetica tra le parti finali di due versi; *quasi r.*: identità non completa tra le parti finali di due versi (p. es.: *làude*: *cade*); *r. ricca*: identità anche di alcuni suoni precedenti la vocale **tonica**; *r. siciliana*: tra le vocali **toniche** *e* chiusa ed *i* e *o* chiusa con *u*.

ripresa nome del **ritornello** nella **ballata**.

ritornello breve **strofa** introduttiva della **ballata** che si ripete prima di ogni **strofa**.

romanza (o *ballata romàntica*) genere letterario tipico dell'età romantica, a metà tra lirica e narrativa, nato sull'esempio di testi tedeschi e inglesi. Metricamente libera, la *r.* è perlopiù composta da versi lunghi e ritmati (**novenari**, **decasillabi**) e caratterizzata da **rime tronche**.

romanzo (agg.) designa l'insieme delle lingue derivate dal latino (portoghese, spagnolo, catalano, provenzale, ladino, sardo, francese, italiano, rumeno), a seguito della dominazione romana, e le rispettive letterature.

romanzo (sost.) genere narrativo in prosa, diverso per la maggior estensione dalla **novella**, basato su una trama più o meno avventurosa relativa alle vicende realistiche o fantastiche di alcuni personaggi, e classificabile, a seconda dell'argomento, in storico, fantastico, d'amore, poliziesco, psicologico, ecc. L'origine del *r.* è ascrivibile addirittura alle antiche letterature orientali (assiro-babilonese, araba, ecc.), e conosce una prima fioritura europea in epoca ellenistico-romana (primi secoli d.C.: p. es. Longo Sofista e Petronio). Nel Medioevo il *r.*, che è scritto anche in versi, si sviluppa inizialmente in Francia, dove affronta narrazioni legate alla storia classica (*Roman de Troie*), o al mondo cortese e cavalleresco (*Lancelot*). Per *r. cavalleresco* si intende la narrazione delle avventure e degli amori dei cavalieri che dall'epoca francese medievale giunge fino al XVI sec. (p. es. il *Don Chisciotte* di Cervantes); per *r. cortese* si intende un genere nato in Francia intorno al XII sec., legato ai valori e agli ideali della società cortese e rivolto al pubblico aristocratico portatore di quei valori e di quegli ideali; per *r. esotico* si intende un tipo di narrativa, diffusa tra Settecento e Ottocento, in cui viene accolto il recente interesse per il primitivo e per le forme di vita e di civiltà di paesi extraeuropei, soprattutto orientali o tropicali; il *r. di formazione* (ted. *bildungsroman*) è un racconto incentrato sulla vicenda biografica ed esistenziale del protagonista, sulla sua formazione intellettuale, morale e sentimentale attraverso le diverse fasi della vita; per *r. gotico* si intende un genere letterario nato in Inghilterra nel XVIII secolo, ambientato nel Medioevo e ispirato agli aspetti misteriosi e lugubri della realtà; per *r. pastorale* si intende un genere narrativo misto di prosa e versi, di ambientazione rustica e d'argomento **bucolico** (ma di stile alto), che ha nell'*Arcadia* di Sannazzaro il proprio modello (e nell'*Ameto* di Boccaccio un importante precedente) e che si diffonderà soprattutto nel XVI sec. Uno sviluppo eccezionale il *r.* ha poi a partire dal Settecento, soprattutto in Inghilterra e in Francia, al punto da diventare il genere caratteristico della modernità; per *r. picaresco* s'intende un genere narrativo diffusosi in Spagna a partire dalla seconda metà del Cinquecento (con il romanzo, di anonimo, *Lazarillo de Tormes*), avente per oggetto le avventure spesso comiche e crude di personaggi popolareschi perlopiù astuti e imbroglioni (dallo spagnolo "picaro" = furfante). Uno sviluppo eccezionale il *r.* ha poi a partire dal Settecento, soprattutto in Inghilterra e in Francia, al punto da diventare il genere caratteristico della modernità.

rubrica nei codici manoscritti indica i titoli, i sommari o le lettere iniziali (per lo più scritti in rosso); nei libri divisi in capitoli, come p. es. il *Decameron*, la *r.* indica in sintesi il contenuto dei singoli capitoli cui è premessa.

rusticale agg. che designa un tipo di poesia che riguarda gli aspetti e i caratteri della campagna.

S

saga genere in versi e in prosa delle letterature nordiche antiche, sviluppatosi in Islanda tra XII e XIV sec. e diffuso anche nell'ambiente culturale germanico, che narra in un'ottica leggendaria le vicende di un popolo o di importanti famiglie locali (clan) i cui protagonisti incarnano i valori più alti di una data società (la *Saga degli abitanti di Eyr*, la *Saga dei Nibelunghi*, ecc.).

sarcasmo ironia amara e caustica, spesso ispirata da risentimento e aggressività.

sàtira composizione poetica derivata dalla lat. "satura" (= composizione piena, mista di vari elementi), che, con un tono a metà tra il comico e il serio, rappresenta a fini moraleggianti o critici, e con modi ora benevoli ora ironicamente polemici o violentemente aggressivi, personaggi e ambienti della realtà sociale, denunciandone debolezze, vizi, ecc. Nel Medioevo, in particolare, la *s.* ha carattere soprattutto morale, prediligendo il discorso **allegorico** (gli animali come simbolo delle virtù e dei vizi umani), sociale (come nei canti dei goliardi) e politico (oltre che antimonastica o misogina). In età **umanistica** e rinascimentale, la *s.* ha invece interessi prevalentemente letterari (come le *Satire* di L. Ariosto). Per *satira menippea* si intende un testo composto di prosa e versi, di argomento filosofico e morale, inventato dal filosofo greco Menippo di Gadara (IV-III sec. a. C.) e diffuso anche nella latinità del I sec. d. C. (Seneca e Petronio).

scémpia si dice di una consonante semplice, cioè non doppia.

scenario l'insieme delle strutture che delimitano e raffigurano il luogo in cui si svolge un'azione teatrale (fondali, quinte ecc.).

sdrùcciola parola accentata sulla terz'ultima sillaba (p. es.: "màrtire", "càmera"). Un verso si dice *s.* quando termina con una parola accentata sulla penultima sillaba e così un testo poetico composto da tali versi.

semiòtica scienza dei segni volta allo studio di quei sistemi (linguistici, gestuali, simbolici, ecc.) che costituiscono un codice convenzionale di comunicazione. È detta anche *semiologia*.

senàrio verso di sei sillabe metriche con accento principale sulla quinta.

senhal (provenz. = segno; leggi *segnàl*) nome fittizio o riferimento cifrato dietro il quale il trovatore celava la persona (e soprattutto la donna) cui era rivolta la poesia. Tale mascheratura, resa necessaria dall'etica cortese del segreto, viene ripresa anche dalla successiva poesia italiana: p. es. il *s.* «Fioretta» nella **ballata** di Dante «*Per una ghirlandetta*» e, in Petrarca, i s. «l'aura»(= l'aria) o «lauro»(= alloro) in riferimento all'amata Laura.

sestina **strofa** di sei **endecasillabi** rimati secondo lo schema ABABCC, detta anche *sesta rima*. *S.* è detta pure un tipo di **canzone** costituita da sei *s.* più una **terzina**, nelle quali non si ha però lo schema di rime proprio della *s.* ma sei parole-rima che si ripetono in tutte le strofe nel seguente modo: ABCDEF FAEBDC CFDABE ECBFAD DEACFB BDFECA (p. es.: la *s.* «*Al poco giorno e al gran cerchio d'ombra*» di DANTE).

settenàrio verso di sette sillabe metriche con accento principale sulla sesta (spesso alternato all'**endecasillabo**, ne può costituire un **emistichio**). P. es.: «per una ghirlandetta ch'io vidi, mi farà / sospirare ogni fiore» (DANTE).

significato/significante un segno linguistico (p. es. la parola "pane") è costituito dall'associazione di un *significato* e di un *significante*, ovvero di un elemento concettuale (il *significato*, cioè il concetto di "pane") e uno formale, fonico e grafico (il *significante*, cioè l'insieme dei **fonemi** e dei segni grafici che formano la parola "pane").

sillogismo argomentazione logica definita per la prima volta dal filosofo greco Aristotele (IV sec. a. C.) nei seguenti elementi: A) *presentazione* (di ciò che si deve dimostrare), B1) *premessa maggiore* e B2) *premessa minore* (rispetto a ciò che si deve dimostrare), C) *conclusione* (che deve essere uguale alla *presentazione*). P. es.: A) = "I greci sono mortali"; se "tutti gli uomini sono mortali" (B1) e "i greci sono uomini" (B2), ne consegue che "i greci sono mortali" (C). Per **sillogistico** si intende un ragionamento basato sul *s.*, ma anche un discorso sottile e complesso.

sìmbolo attribuzione immediata e intuitiva di un **significato** a un'immagine; il *s.* stabilisce tra universale e particolare (l'uno colto nell'altro) un rapporto necessario e organico, istantaneo e alogico, implicando perciò la soggettività individuale ed esistenziale piuttosto che, come avviene nell'**allegoria**, quella di una razionalità collettiva.

similitùdine rapporto di somiglianza tra persone o cose diverse, introdotto da *come*, da altri avverbi di paragone ("tale", "simile a", ecc.) o da forme analoghe ("sembra", "pare", ecc.). P. es.: "un uomo forte *come* un leone").

sinalefe fusione all'interno di un verso, per ragioni metriche, tra la vocale finale di una parola e quella iniziale della successiva, per cui nella lettura viene eliminata la prima delle due vocali. È detta anche *elisione metrica*. P. es.: «voi ch'ascoltate in rime sparse il suono» (PETRARCA).

sìncope caduta di uno o più **fonemi** all'interno di una parola con conseguente fusione di due sillabe in una (p. es.: "vienmi" = "vienimi").

sincronìa/diacronìa cfr. **diacronia/sincronia**

sinèddoche come la **metonimia** e la **metafora**, riguarda uno spostamento di significato da un termine a un altro posti in rapporto di contiguità. La *s.* consiste nell'estendere o nel restringere il significato di una parola, e si ottiene indicando la parte per il tutto (p. es.: "il mare è pieno di *vele*" = il mare è pieno di *barche a vela*) o il tutto per la parte (p. es.: "non ci è mai mancato il *pane*" = abbiamo sempre avuto da *mangiare*), il sing. per il plur. (p. es.: "*lo spagnolo* è più passionale dell'*inglese*" = *gli spagnoli* sono più passionali degli *inglesi*) o il plur. per il sing. (p. es.: "occuparsi dei *figli*" = occuparsi del *proprio figlio*), la materia di cui è fatto un oggetto per l'oggetto stesso (p. es.: "legno" = barca).

sinèresi contrazione, all'interno di una parola, di due sillabe in una (p. es.: «quand'era in parte altr'*uom* da quel ch'i' sono», PETRARCA); nella lettura metrica si oppone alla **dieresi**.

sinestesìa forma particolare di **metafora** in cui si associano, nella stessa espressione, voci che si riferiscono ad àmbiti sensoriali diversi (tatto, gusto, vista, olfatto, udito; p. es.: "dolce rumore" – rapporto gusto/udito –; "bel sapore" – rapporto vista/gusto, ecc.).

sinizesi contrazione vocalica. Cfr. **sineresi**.

sinònimo parole diverse nel **significante** ma aventi lo stesso **significato** (p. es.: "busto" "tronco" "torace" "torso"). La **sinonimìa** è pertanto l'identità di significato tra due o più parole o espressioni, a prescindere dal contesto in cui esse vengono utilizzate (p. es.: "quella donna ha un bel viso"; "essere triste in volto").

sintagma gruppo di due o più elementi linguistici (articolo, pronome, aggettivo, verbo, sostantivo, ecc.) che forma in una frase un'unità minima dotata di significato (p. es.: "di corsa", "mal di testa", "andare a scuola", ecc.).

sirma nella **canzone** indica la seconda parte di ciascuna **stanza** (la prima è la **fronte**), normalmente indivisa da Petrarca in poi (*s. indivisa*); fino a Dante la *s.* poteva invece essere strutturata in due **volte**. Nella **ballata** è sinonimo di **volta** e nel **sonetto** di **sestina** o **terzina**. È detta anche *coda*.

sonetto forma poetica molto antica probabilmente inventata da Jacopo da Lentini (1210-60) nell'àmbito della Scuola siciliana. Il *s.* è composto da quattordici **endecasillabi** divisi in quattro **strofe**, due **quartine** e due **terzine**. La disposizione delle **rime** segue per lo più lo schema lentiniano ABAB ABAB CDE CDE (o CDC DCD) e quello stilnovistico ABBA ABBA CDC CDC. Per *s. caudato* si intende un *s.* al quale è stata aggiunta una coda di tre versi (un **settenario** – che rima con l'ultimo verso della seconda terzina – e due endecasillabi in **rima baciata**), o anche solo un **distico** di endecasillabi in rima baciata.

Spannung (ted. = tensione) in narratologia, il momento culminante di una narrazione.

sperimentalismo atteggiamento letterario ed artistico volto alla costante ricerca e sperimentazione, a fini espressivi, di stili e tecniche nuove.

stanza le **strofe** di una **canzone** o un componimento poetico di un'unica strofa.

stile espressione propria e caratteristica di ciascun autore, e anche l'insieme degli aspetti formali di un'opera. In accezione più ampia, il termine *s.* indica gli elementi formali e culturali propri di un movimento letterario (il *Dolce stil novo*), di una scuola (la *Scuola siciliana*) o di un'epoca (*stile rinascimentale*).

stilema costruzione formale che ricorrendo nel linguaggio di un autore ne diventa un tratto distintivo (p. es.: «Ed ecco...», espressione usata da Dante nella *Commedia* per indicare improvvisi sviluppi della narrazione); modulo caratteristico, non necessariamente linguistico, di specifici **generi** (letterari, musicali, pittorici, ecc.), di **poetiche** ecc.

stili (**teoria degli**) elaborazione teorica in base alla quale a ogni argomento corrisponde uno **stile** appropriato: quello *umile* (per temi banali e realistici), quello *medio* (per temi pastorali e agresti) e quello *sublime* (per temi filosofici, amorosi ed eroici). Questa rigorosa tripartizione, nata in età classica con le formulazioni di Cicerone e di Orazio, subisce in epoca medievale e in ambito cristiano un rimescolamento dettato dalla necessità di rappresentare artisticamente tutta la realtà in quanto essa ha dignità in tutti le sue componenti: così Dante – che pure distingue tra stile *comico*, *elegiaco* e *tragico* – dà vita nella *Commedia* a una grande mescolanza degli stili tradizionali.

stilistica (**critica**) studio storico-critico dell'opera di un autore attraverso l'analisi dello **stile**, alla luce di una visione sostanzialmente linguistica del prodotto letterario.

stilizzazione termine proprio delle arti figurative che indica la rappresentazione p. es. di una figura secondo uno schema essenziale di linee e colori; per estensione, la *s.* è anche la riduzione, alleggerita e affinata nella forma, di un personaggio o di un ambiente.

strofa (o *strofe*) unità metrica della poesia costituita da uno schema fisso per numero e misura dei versi e per disposizione delle **rime** (vedi anche **stanza**). Da Leopardi in poi (XIX sec.) tale schema diventa libero e la *s.* diventa, più in generale, un gruppo di versi evidenziato come tale anche da semplici segni grafici (lo spazio tipografico).

strutturalismo indirizzo specifico della linguistica che individua nella lingua, attraverso le analisi di F. de Saussure (1857-1913), un sistema in cui ogni elemento acquista valore e significato in relazione agli altri componenti del sistema. In senso più ampio, lo *s.* è una teoria critico-filosofica, sviluppatasi in Francia a partire dagli anni Sessanta del Novecento e applicata a molte discipline (dall'antropologia all'economia, all'estetica, alla psicoanalisi), che studia le varie strutture (antropologiche, economiche, ecc.) analizzando le interazioni tra le parti che le compongono.

sublimazione idealizzazione; in psicoanalisi, è un meccanismo secondo il quale le pulsioni aggressive e gli impulsi primitivi legati alla sfera della sessualità si trasformano in contenuti socialmente accettabili (p. es. le creazioni artistiche).

T

tautologia proposizione in cui il sogg. e il predicato sono identici nella sostanza ma espressi in termini formalmente diversi; definizione che asserisce ciò che invece dovrebbe spiegare (p. es.: "il triangolo ha tre angoli").

tecnicismo vocabolo (o locuzione) di uso tecnico, ovvero specifico di un determinato ambito.

tempo del racconto è il tempo seguito dalla scrittura, che non ricalca necessariamente con precisione l'ordine cronologico della narrazione (*tempo della storia*) ma procede o lentamente, dilungandosi nella rappresentazione di episodi o nella descrizione di personaggi e paesaggi, o velocemente, riassumendo in poco spazio giorni e addirittura anni (cfr. **riassunto**).

tenzone disputa poetica; il termine, derivato dal provenz. **tenso**, indica un dibattito tra poeti in cui, con vivaci botta e risposta, un poeta propone il tema (la *proposta*, in genere d'argomento amoroso, morale, o letterario) e gli altri (ma anche uno solo) rispondono secondo le proprie convinzioni, utilizzando per lo più lo stesso schema metrico e di rime della *proposta* (*risposta a rime obbligate* o *per le rime*). P. es.: la *T*. fra Dante e Forese. Cfr. anche **contrasto**.

ternàrio cfr. **trisillabo**

terzina strofa composta di tre versi (vedi anche **sonetto**). La *t. incatenata* (o *dantesca*), formata da tre **endecasillabi** legati da **rime** secondo lo schema ABA BCB CDC ecc., è diventata uno dei modelli della poesia italiana, soprattutto didascalica e allegorica.

tipo personaggio del quale viene messo in particolare risalto un singolo attributo caratteriale, rendendolo una sorta di stereotipo, di maschera fissa (p. es.: lo snob, il geloso, il burbero, ecc.). Per **tipizzazione** s'intende quindi la riduzione delle caratteristiche individuali di un personaggio a una fondamentale, così da farne un *t*.

tònico dotato di accento. Le vocali o le sillabe su cui cade l'accento all'interno di una parola (o di un verso) sono perciò dette *tòniche*.

tópos (plur. "tópoi"; gr. = luogo) termine che indica genericamente un luogo comune, ovvero un motivo (un'immagine, un concetto, un sentimento) ripreso con una certa frequenza dagli scrittori al punto da diventare una enunciazione convenzionale (p. es.: le ninfe che si lavano a una fonte, la purificazione dell'anima attraverso la discesa agli inferi, l'amore per la donna lontana, la corrispondenza tra amore e primavera ecc.). Nella **retorica**, i *t*. erano degli argomenti prestabiliti utili alla comprensione e all'efficacia persuasiva di un discorso.

tradizione in **filologia** indica l'insieme dei **testimoni** esistenti di un certo testo. La *t. manoscritta* è quella che comprende solo **apografi** copiati a mano (cioè non a stampa).

tragèdia genere teatrale nato nella Grecia classica avente per argomento grandi problematiche interiori dell'uomo, espresse con uno stile elevato e con ricchezza di *pathos*. A carattere inizialmente religioso, con la rappresentazione di un'umanità idealizzata, la *t*. si è poi sviluppata in senso realistico fino ad affrontare – in epoca moderna – i drammi della società borghese. Nelle **poetiche** medievali e in Dante, il termine *t*. si contrappone a **commedia** e indica un componimento in stile alto e d'argomento elevato.

tràgico nelle **poetiche** medievali si intende per stile o genere *t*. quello di tono elevato e sublime avente per modello l'*Eneide* del poeta latino Virgilio (I sec. a. C.); la sua applicazione nel sistema dei **generi** è da riferirsi, secondo Dante, alla **canzone**.

traslato come agg., vale 'trasferito, spostato'; il sost. indica invece uno spostamento di tipo **metaforico**.

trionfi cfr. **canti carnascialeschi**

trisillabo parola composta di tre sillabe; verso di tre sillabe metriche con accento principale sulla seconda.

trobàr termine provenzale che significa 'comporre versi'. Cfr. anche **trovatore**.

tronca parola accentata sull'ultima sillaba in quanto troncata dell'ultima sillaba nel passaggio dal lat. all'ital.: "virtùtem" = "virtù", "pietàtem" = "pietà"). Un verso si dice *t*. quando termina con una parola accentata sull'ultima sillaba e così un testo poetico composto da tali versi.

troncamento cfr. **apocope**

trovatore il termine deriva dal prov. **trobar** e designa i poeti-musici provenzali o quei poeti che, benché non provenzali, presero questi a modello (p. es. il *t. italiano* Sordello da Goito). Per poesia **trovatòrica** o **trobadòrica** si intende quindi la poesia d'argomento per lo più amoroso tipica dei provenzali o delle scuole italiane che la presero a modello.

Umanésimo movimento intellettuale sviluppatosi tra la seconda metà del XIV sec. e il XVI, avente il proprio fine culturale nel recupero filologico dei classici latini e greci e nell'affermazione dei valori terreni dell'individuo.

unità aristotèliche si tratta delle unità di luogo, di tempo, d'azione che, nella descrizione di Aristotele, caratterizzavano la tragedia classica greca. Esse furono interpretate come norma rigorosa da alcuni teorici cinquecenteschi e messe in pratica da molti scrittori teatrali. Le *u. a.* implicano che l'azione teatrale si svolga in un unico luogo, nell'arco di ventiquatt'ore, senza divagazioni dalla trama principale.

uscita di verso parte finale del verso, con riferimento in genere all'ultima parola.

variante in **filologia** indica ogni diversa **lezione**, ovvero ogni diversa soluzione espressiva tramandata dai vari **testimoni** rispetto all'originale, generata da errori di trascrizione dei copisti, da loro eventuali fraintendimenti, da ipotesi diverse di ricostruzione del testo in caso di luoghi lacunosi, ecc. Per **variante d'autore** si intende una *v*. dovuta all'autore stesso, cioè una sua correzione o un ripensamento, e presente in fogli, appunti o altro lasciati dall'autore: il *Canzoniere* petrarchesco è p. es. ricchissimo di *v. d'a.*, a causa delle continue revisioni del testo da parte dell'autore.

velare si definiscono *v*. quei fonemi (consonanti e vocali) che si articolano con il dorso della lingua ravvicinato al velo palatino (cioè alla volta del palato che termina con l'ugola: p. es. le consonanti /k/ (*c*asa, *chi*esa, *qu*esto), /g/ (*g*atto, *ghi*sa) ed /n/ (davanti a /k/ e /g/: ba*n*co, ve*n*go), e le vocali /ò/, /ó/ e /u/.

verso libero verso che rompe i tradizionali schemi metrici aprendo la struttura chiusa della strofa e variando liberamente il numero delle sillabe. Teorizzato e usato inizialmente dai simbolisti francesi nel XIX sec., il *v. l.* è usato in Italia a partire dagli **scapigliati** e dalla *metrica barbara* di Carducci: presente poi in tutta la poesia del Novecento (soprattutto sperimentale), esso ha il suo più lucido teorico in G. P. Lucini (1867-1914) e la sua sistematica utilizzazione nei **futuristi**.

visione genere letterario (e devozionale) mediolatino e poi volgare in cui l'autore narra di aver avuto una *v*. del mondo ultraterreno, infernale o celeste, e di aver così conosciuto la dimensione sovrannaturale delle pene e delle beatitudini.

volgarizzamento traduzione in volgare di un'opera latina (o greca) con alcune modifiche rispetto al testo originale per adattarlo al nuovo contesto culturale; il termine si riferisce anche a traduzioni da lingue moderne (p. es. l'antico francese).

volta ciascuna delle due parti in cui può essere strutturata la **sirma**. Cfr. anche **ballata** e **canzone**.

vulgata termine latino ('divulgata') che indica la versione della Bibbia accettata dalla Chiesa cattolica (cioè quella di san Girolamo), o, più in genere, la versione più diffusa di un testo letterario.

zeppa parola inserita in un verso non per esigenze di contenuto o di espressione ma per ragioni puramente metriche, ovvero per far tornare la misura di un verso o per ottenere una **rima**.

zèugma figura retorica in cui due o più termini dipendono da uno stesso verbo, mentre dovrebbero dipendere da due verbi differenti. P. es.: «parlare e lagrimar *vedrai* insieme» (DANTE).

INDICE DEI NOMI

l'indice fa riferimento esclusivamente alla trattazione storico-letteraria

Adriano VI, papa 482
Alberti, Leon Battista 25, 26, **34-35**, 37, 69
Alessandro di Afrodisia 31
Alessandro VI Borgia, papa 72, 250
Alighieri, Dante 4, 34, 58, 73, 140, 179, 209, 242, 261, 330, 336, 360, 471
Andrea da Barberino 92, 93, 348
Angiolieri, Cecco 69
Antonello da Messina 39
Apollonio di Perge 31
Apuleio, Lucio 210
Aragona, Tullia d' 477, 479
Archimede 31
Aretino, Pietro 19, **165-166**, 434, 482, 492, 493, 501-502
Ariosto, Ludovico 6, 27, 103, **329-433**, 489, 492
Ariosto, Niccolò 331
Ariosto, Virginio 332
Aristofane 217
Aristotele 20, 29, 32, 261, 420, 502
Avalos, Ferdinando Francesco d' (marchese di Pescara) 477

Bachtin, Michail Michajlovič 446
Bandello, Matteo 456, **457**
Bec, Christian 13
Bellini, Giovanni 41
Bembo, Pietro 6, 8, 14, 36, 37, 38, 139, **140-142**, 155, 156, 165, 166, 209, 242, 330, 332, 334, 343, 351, 361, 431, 434, 436, 457, 473, 479
Benucci, Alessandra 333
Bernardino da Siena 68
Berni, Francesco 36, 471, **482**, 493
Bibbiena (Bernardo Dovizi, detto) 492, **493**
Boccaccio, Giovanni 3, 4, 20, 28, 32, 58, 69, 139, 142, 210, 217, 242, 244, 330, 342, 360, 379, 399, 456, 464, 465, 492, 493, 502
Boiardo, Matteo Maria 32, 33, **103-105**, 330, 334, 343, 348, 350, 351, 352, 354, 355, 361, 379, 399, 420, 482
Borges, Jorge Luis 421
Borgia, Cesare (il Valentino) 182, 189, 250
Borgia, Lucrezia 140
Borsieri, Pietro 420
Botticelli (Sandro Filipepi, detto) 78
Bracciolini, Poggio 12, 29, 34, 208
Bramante, Donato 8, 41
Brunelleschi, Filippo 39
Bruni, Leonardo 12, **34**, 208
Budé, Guillaume 46
Buondelmonti, Zanobi 191, 192, 204
Burchiello (Domenico di Giovanni, detto il) 33, **69**, 482
Burckhardt, Jacob 3

Caboto, Giovanni 38
Calmeta (Vincenzo Colli) 38
Calvino, Giovanni (Jean Cauvin) 10
Calvino, Italo 170, 172, 419, 421
Capponi, Neri di Gino 208
Caprara, Antonia 103
Carlo IX di Francia 485
Carlo V d'Asburgo 8, 46, 154, 166, 316, 333, 360, 455, 465
Carlo VIII di Francia 6, 8, 13, 46, 104, 317
Castiglione, Baldassar 6, 8, 12, 13, 14, 36, 38, 139, **153-156**, 166, 209, 444, 457, 482, 484, 493, 501
Cattaneo, Simonetta 73, 78
Catullo, Gaio Valerio 334, 436
Cavalca, Domenico 68
Cellini, Benvenuto 38
Cervantes Saavedra, Miguel de 27, 420, 421, 455
Charles, d'Orléans 58
Chaucer, Geoffrey 455
Chrétien de Troyes 93, 356
Cicerone, Marco Tullio 25, 31, 32, 36, 154
Cimabue (Cenni di Pepo, detto) 322, 323
Cisneiros, Jiménez de 46
Clemente VII, papa (Giulio de' Medici) 6, 166, 182, 208, 209, 305, 306, 317, 472
Collaltino di Collalto 478
Colombo, Cristoforo 28, 38, 96
Colonna, Fabrizio 204
Colonna, Francesco 124
Colonna, Vittoria 472, **477-478**, 479
Copernico, Niccolò (Nikolaj Kopernik) 31
Cornaro, Alvise 493
Cortés, Hernán 28
Cortese, Paolo 32
Costantino, imperatore 20, 36
Croce, Benedetto 69, 180, 245, 246

Daniello, Bernardino 502
De Caprio, Vincenzo 15
Della Casa, Giovanni 165, 470, **472-473**, 478, 482
De Sanctis, Francesco 292, 307
De Silva, Michele 154
Di Breme, Ludovico 420
Diderot, Denis 292
Diego de Sandoval 479
Donatello (Donato de' Bardi, detto) 39
Donati, Lucrezia 73
Du Bellay, Joachim 485
Dupin, Marie 485

Enrico II 46
Enrico VIII Tudor 171
Erasmo da Rotterdam 11, 46, **170-171**, 172, 442
Este, Alfonso I d' 333
Este, Ercole I d' 104, 331, 332, 351, 500
Este, Ercole II d' 502
Este, Ippolito d' 332, 333, 351, 359

Este, Isabella d' 123, 332
Euclide 31

Ferdinando I d'Aragona 125
Ferroni, Giulio 399, 477
Fichte, Johann Gottlieb 292
Ficino, Marsilio 23, 29, 30, 73, 96
Filippo II di Spagna 455
Firenzuola, Agnolo (Agnolo Giovannini, detto) **456**, 482
Folengo, Teofilo 434, **436-437**, 442, 444, 445, 482, 494
Foscolo, Ugo 420
Francesco I di Valois 46, 123, 166, 360, 464, 484
Francesco II Gonzaga 123
Francesco Maria, duca della Rovere 154
Franco, Veronica 477, **479**
Freud, Sigmund 180
Fust, Giovanni 18

Galeazzo di Tarsia 470, **473**, 477
Galilei, Galileo 124, 420
Gambara, Veronica 477, 479
Garin, Eugenio 20
Ghirlandaio, Domenico 472
Giberti, Giovan Matteo 166
Gilbert, Felix 239
Giorgione (Giorgio Barbarella) 41
Giotto 323
Giraldi Cinzio, Giovan Battista **502-503**
Girolamo da Praga 34
Giulio II, papa 6, 332, 472
Giustinian, Leonardo 69
Gonzaga, Elisabetta 123, 154, 155
Gonzaga, Federigo 154, 166
Gonzaga, Francesco 154
Gramsci, Antonio 246
Grazzini, Anton Francesco detto il Lasca **456**, 482
Guicciardini, Francesco 14, 36, 182, 303, **304-322**
Guidobaldo di Montefeltro 123, 142, 154, 155
Gutenberg, Johann 18

Hegel, Georg Wilhelm Friedrich 292
Hélène de Surgères 485
Henri d'Albret (re di Navarra) 464
Hobbes, Thomas 245
Hutten, Ulrich von 46

Ignazio di Loyola 11
Isabella di Morra 477, **479**
Isocrate 246

Labé, Louise 479, **480**
Las Casas, Bartolomé de 28
Leonardo da Vinci 30, 38, 39, 96, **123-124**
Leone X, papa (Giovanni de' Medici) 6, 142, 154, 305, 317, 332, 343, 472

Leopardi, Giacomo 420
Livio, Tito 191
Lucrezio Caro, Tito 181
Luigi XII di Francia 46, 182, 189
Lutero, Martin 6, 10, 46, 170, 171, **172**
Luzi, Mario 58

Macchia, Giovanni 489
Machiavelli, Niccolò 6, 12, 13, 14, 36, 38, 139, 153, 170, **178-302**, 303, 304, 305, 306, 307, 317, 434, 456, 489, 492
Magellano, Ferdinando 27
Malaguzzi Valeri, Daria 331
Manetti, Giannozzo **36**
Manrique, Jorge 58
Manuzio, Aldo 16, 140
Margherita di Navarra 46, 455, **464-465**, 484
Marx, Karl 180
Masaccio, (Tommaso di ser Giovanni di Mone Cassai) 39
Massimiliano I d'Asburgo 182
Masuccio Salernitano (Tommaso Guardati, detto) 69
Matraini, Chiara 477, **479**
Medici, Alessandro de' 303, 306
Medici, Caterina de' 485
Medici, Cosimo de' (detto Il Vecchio) 12, 29, 303, 322
Medici, Giuliano de' 71, 78, 155, 239
Medici, Lorenzo de' (detto il Magnifico) 4, 5, 6, 8, 26, 33, 37, 69, 71, **72-73**, 78, 79, 93, 103, 208, 210, 239, 246, 303, 350, 471, 472
Medici, Lorenzo di Piero (duca di Urbino) 241
Medici, Piero II de' 72, 246
Melantone, Filippo 46
Melzi, Francesco 123
Michelangelo Buonarroti 6, 8, 41, 322, 323, 472, **471-472**, 477
Monicelli, Mario 95
Montaigne, Michel Eyquem de 28, 246
Montalvo, García Rodríguez de 348
Montefeltro, Federico di 16
Moro, Tommaso 46, 170, **171-172**

Nietzsche, Friedrich 180

Odasi, Tifi 434
Olmi, Ermanno 205
Omero 420
Orazio Flacco, Quinto 140, 332, 334, 335, 485
Orsini, Camillo 436
Ovidio Nasone, Publio 79, 104, 379

Paolo III, papa 28, 306, 316, 317, 322, 472

Paracelso (Hohenheim, Philipp Theophrast von) 30
Parini, Giuseppe 28
Passavanti, Jacopo 68
Perugino (Pietro di Cristoforo Vannucci, detto il) 41
Petrarca, Francesco 3, 4, 20, 58, 139, 140, 142, 209, 242, 330, 331, 333, 334, 335, 360, 399, 470, 471, 478, 480, 484, 485
Pico della Mirandola, Giovanni Francesco 23, 25, 34, 72
Pieri, Marzia 502
Piero della Francesca 39
Pindaro 485
Pizarro, Francisco 28
Platone 20, 29, 154, 261
Plauto, Tito Maccio 33, 217, 333, 342, 489, 492, 493, 495
Poggi Salani, Teresa 38
Polibio 193
Poliziano, Angelo (Angelo Ambrogini, detto) 20, 32, 33, 37, 73, 360, 471
Polo, Marco 28
Pomponazzi, Pietro 31
Pontano, Giovanni 261
Properzio, Sesto Aurelio 334
Pucci, Antonio 93
Puccini, Dario 95
Pulci, Luigi 28, 32, 33, 72, **93-95**, 103, 350, 354, 360, 420, 434, 437, 444, 445, 471, 482

Quintiliano, Marco Fabio 31, 36

Rabelais, François 58, 96, 434, **442-446**, 455
Raffaello Sanzio 6, 8, 41
Ronconi, Luca 421
Ronsard, Pierre de 480, **484-485**
Rousseau, Jean-Jacques 28, 292
Rucellai, Cosimo 191, 192
Rustico Filippi 69
Ruzzante (pseud. di Angelo Beolco) 492, **493-495**

Salutati, Coluccio 12, 20, 32
Salviati, Cassandra 485
Salviati, Maria 304
Sanguineti, Edoardo 58, 421
Sannazaro, Iacopo 33, 37, **125**
Sanseverino, Roberto 93
Sassomarino, Orsolina 332
Savonarola, Girolamo 10, 71, **72**, 73, 181, 471
Savorgnan, Maria 140
Schiller, Friedrich von 420
Schöffer, Peter 18

Scroffa, Camillo 436
Segre, Cesare 335
Seneca 502
Senofonte 154
Sepúlveda, Juan Ginés de 28
Sforza, Ludovico (il Moro) 123, 154
Shakespeare, William 420, 455
Silvestro, papa (Gerberto di Aurillac) 36
Sisto IV, papa 71
Soderini, Giovan Battista 190
Soderini, Pier 182, 303
Sofronio Eusebio Girolamo (san Girolamo) 20
Sorrentino, Paolo 292
Spenser, Edmund 420
Speroni, Sperone 494, **502**
Spitzer, Leo 58
Stampa, Baldassarre 478
Stampa, Cassandra 478
Stampa, Gaspara 470, 477, **478-479**
Stazio, Publio Papinio 33
Stigliani, Tommaso 28
Straparola, Giovan Francesco 457
Strozzi, Lorenzo di Fillippo 204

Tansillo, Luigi 473
Tasso, Torquato 28, 420, 473
Teocrito 125
Terenzio Afro, Publio 33, 217, 333, 342, 489, 492, 493, 502
Tibullo, Albio 332, 334
Tiziano, Vecellio 166
Tommaso d'Aquino 179, 261
Tommaso de' Cavalieri 472
Tornabuoni, Lucrezia 72
Trissino, Giangiorgio 38, 209, **502**
Turpino 104

Valla, Lorenzo 20, 31, 36, 502
Van Eyck, Jan 39
Vasari, Giorgio **322-323**
Verrocchio, Andrea del 123
Vesalio, Andrea 30
Vespucci, Amerigo 38
Vettori, Francesco 182, 209, 239
Villani, Giovanni 208
Villon, François **58-67**
Virgilio (Publio Virgilio Marone) 25, 79, 125, 140, 351, 354, 393, 436, 437
Vitruvio Pollione 35, 489

Weber, Max 11, 180
Wickram, Jörg 455

Zwingli, Huldrych 10

INDICE DEGLI AUTORI

nell'indice sono anche inserite (*in corsivo*) le opere anonime o di dubbia attribuzione

Aretino, Pietro   167
Ariosto, Ludovico   336, 362, 367, 380, 387, 394, 400, 414

Bandello, Matteo   455
Baratto, Mario   488
Battaglia, Salvatore   154
Bembo, Pietro   143, 147, 149
Berni, Francesco   480
Boiardo, Matteo Maria   106, 108, 112, 116
Bologna, Corrado   141
Buonarroti, Michelangelo   471
Burchiello (Domenico Di Giovanni, detto il)   69

Caretti, Lanfranco   355

Castiglione, Baldassar   158, 162
Croce, Benedetto   358, 398

Della Casa, Giovanni   473

Ferroni, Giulio   277
Folengo, Teofilo   436

Gramsci, Antonio   290
Guicciardini, Francesco   308, 312, 314, 318

Leonardo da Vinci   126
Levi, primo   447

Machiavelli, Niccolò   183, 194, 197, 201, 205, 210, 219, 223, 228, 247, 251, 253, 257, 263, 269, 278, 285
Martin, Henri-Jean   19
Medici, Lorenzo de'   75

Pico della Mirandola, Giovanni Francesco   35
Poliziano (Angelo Ambrogini, detto il)   81, 83
Pulci, Luigi   96, 100

Quondam, Amedeo   155

Rabelais, François   444
Ruzzante (pseud. di Angelo Beolco)   494

Sannazaro, Iacopo   131
Stampa, Gaspara   478

Villon, François   60

Weber, Max   11

Zatti, Sergio   398

Ulteriori brani antologici sono presenti nel webook dell'opera e nel sistema Prometeo